제9판

# 거시경제학

MACROECONOMICS 제9판

# 거시경제학

Olivier Blanchard 지음
최희갑 · 김성철 · 김지운 · 박승규 · 오종석 · 임성택 옮김

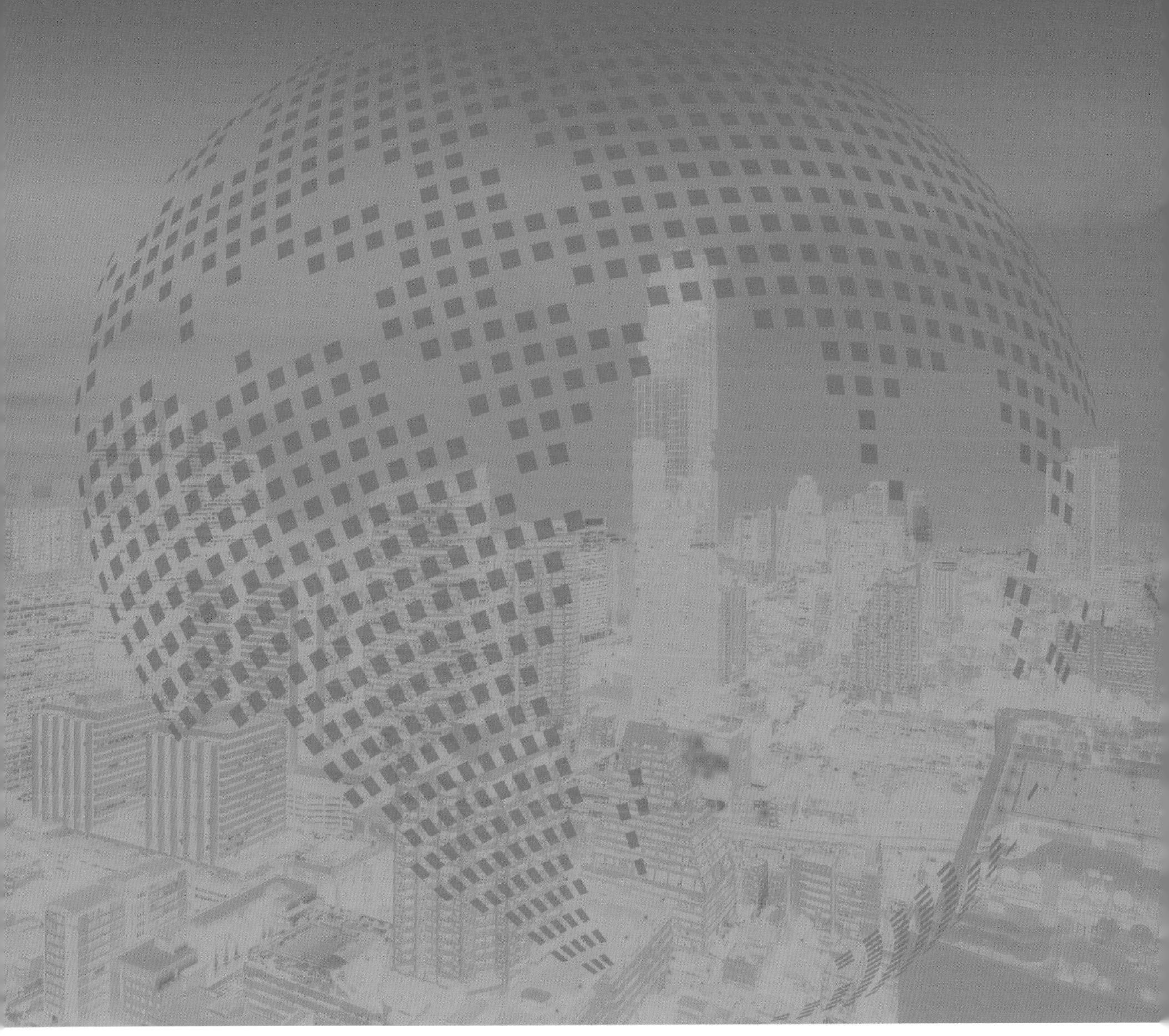

Published by
Pearson Education South Asia Pte Ltd
63 Chulia Street, #15-01
Singapore 049514

Pearson Education offices in Asia: *Bangkok, Beijing, Ho Chi Minh City, Hong Kong, Jakarta, Kuala Lumpur, Manila, Seoul, Singapore, Taipei, Tokyo*

4 3 2 1
29 28 27 26

Authorized translation from the English language edition, entitled 'Macroeconomics 9th edition' by Olivier Blanchard, ISBN 9780138119010, published by PEARSON Education, Copyright ©2025.



Cover Image by Smile-Sky Ztudio/Shutterstock

발행일: 2026년 1월 5일
공급처: 한빛아카데미㈜(02-336-7112/question@hanbit.co.kr)
ISBN: 978-981-3352-09-4(93320)
가격: 48,000원

www.pearson.com/asia

# 역자 서문

이 책은 케인스 학파 거시경제학의 본산인 MIT에서 거시경제학 연구를 오랫동안 선도하고 있는 올리비에 블랑샤르 교수가 저술한 거시경제학 교재이다. 현대 거시경제학의 역사는 케인스의 『고용, 이자율, 화폐에 관한 일반 이론』의 발간과 더불어 약 80년 전인 1936년에 시작했다. 케인스 학파 거시경제학은 시장경제에서 과도하게 오래 지속되는 경기변동을 시장 불완전성에 초점을 맞추어 이해하는 동시에 이를 완화하기 위한 정책 처방을 제안하며 거시경제학의 발전에 기여했다. 때로는 시장경제에 대한 과도한 정부 개입을 야기한다는 오해가 있지만, 그럼에도 불구하고 케인스 학파 거시경제학은 시장경제와 정부의 행태에 대한 이해의 지평을 꾸준히 넓혀 왔다.

이 책은 단순한 거시경제학 교재가 아니라 학술적, 실용적으로 큰 의미가 있다. 학술적인 측면에서는 케인스 학파 거시경제학을 주도하고 있는 경제학자의 입을 통해 케인스 학파 거시경제학의 진수를 직접 맛볼 수 있다. 독자는 이 책을 읽으며 케인스 학파 거시경제학의 근본적인 사고방식을 마주하게 될 것이다. 이런 점에서 이 책은 모든 견해를 전부 담아내려는 다른 거시경제학 교과서와 근본적으로 다르며, 결과적으로 독자는 이 책을 통해 논쟁 또는 학파의 종류보다는 관점을 얻게 될 것이다.

실용적인 측면에서 이 책은 두 가지 이점이 있다. 첫째, 정부에 대한 일정한 역할을 부지불식간에 요구하는 우리나라의 현실에 비추어 볼 때 이 책의 내용은 상당히 한국적이다. 하지만 그동안의 거시경제학 연구 성과가 잘 보여주듯이 이 책은 매우 조심스러운 정부의 역할을 요청한다. 결과적으로 독자는 이 책을 통해 우리의 현실에 적합한 정부 정책의 내용을 반추해 볼 기회를 얻게 될 것이다.

둘째, 이 책은 뚜렷한 케인스 학파의 관점을 주는 만큼 그에 비례해 우리가 접하는 매일의 경제적 현상을 해석하는 힘을 줄 수 있다. 기존의 거시경제학 교과서들은 학파 간 논쟁을 지나치게 부각해 왔다. 그래서 과거의 독자는 거시경제 현상과 정책에 대한 비판적 시각을 키우는 데에는 꽤 도움을 받았지만, 대신 머릿속에 학파들과 그 논쟁거리만 남고 경제 현상을 바라보는 자기 자신의 관점을 얻지는 못했다. 그러나 이 책에서 보여주듯이 거시경제학은 논쟁이 치열하긴 하지만 그 과정에서 합의된 의견도 상당히 축적된 경제학 분과이기도 하다. 역자들은 독자가 이 책을 읽고 현실의 거시경제에 대한 스스로의 관점을 확고하게 갖추기를 바란다.

이 책으로 학습할 때 유의할 점이 있다. 좌우를 구분하지 못하면 운전하기 곤란하듯이 우리나라와 반대인 미국 기준의 환율 표기를 사용한다면 개방경제로서의 한국 경제를 이해하거나 분석하는 데 혼란을 겪을 것이다. 따라서 환율에 대해 설명할 때 우리나라에서 표준적인 환율 표기 방식으로 확고하게 자리 잡은 직접표시(direct quotation) 또는 유럽식 표시(European terms)를 따랐다. 즉, 명목환율 $E$는 외국통화 1단위에 대해 지불하는 자국통화 단위를 나타낸다. 예를 들어 $E$가 원/달러 명목환율로서 1,000이라면 이는 1달러에 대해 1,000원을 지불해야 함을 나타낸다. 예를 들어 원/달러 환율 $E$의 상승은 원화의 가치하락, 즉 절하를 의미하며, 반대로 원/달러 환율 $E$의 하락은 원화의 가치 상승, 즉 절상을 의미한다. 우리가 신문이나 방송에서 매일 접하고 있는 바로 그 정의이다. 실질환율 $\varepsilon$ 역시 명목환율의 정의를 따라 직접표시 방법에 의해 외국재 1단위에 대해 지불하는 국내재 단위를 나타내도록 했다. 이러한 환율 표기 방법을 채택한 것은 번역서로 공부한 학생이 일상생활에서 거시경제학을 혼란 없이 적용하도록 하기 위함이다.

끝으로 각자 현직에서 맡은 역할을 다하느라 바쁜 가운데 번역서 출간에 힘을 보태준 역자들에게 깊이 감사드린다.

2025년 12월

역자 대표 최희갑

# 저자 서문

이 책의 두 가지 중요한 목표는 다음과 같다.

- 현시대의 거시경제 문제를 면밀히 파악한다. 거시경제학이 흥미로운 이유는 전 세계에서 일어나고 있는 일들을 조명한다는 점이다. COVID-19 위기 이후의 인플레이션 돌발부터 높은 공공부채에 대한 우려, 중국의 경제성장에 대한 의문, 인공지능이 성장과 불평등에 미칠 영향, 지구 온난화와의 투쟁까지 다양한 일들이 거시경제에 영향을 준다. 이러한 문제들을 비롯한 여러 주제가 책의 각주가 아닌 본문과 FOCUS 글상자에 자세하게 담겨 있다. 각 FOCUS 글상자는 학습한 내용을 활용하여 이러한 사건들을 이해하는 방법을 보여준다. FOCUS 글상자는 거시경제학의 생명력을 전달할 뿐만 아니라, 모형에서 얻을 수 있는 시사점을 명확히 하여 더욱 구체적으로 이해하기 쉽게 돕는다.
- 거시경제학에 대한 통합적 시각을 제공한다. 이 책은 재화시장, 금융시장, 노동시장이라는 세 가지 시장의 균형조건이 시사하는 바를 도출하는 하나의 기본 모형을 기반으로 한다. 당면한 문제에 따라 해당 문제와 관련된 부분을 더욱 세부적으로 전개하며, 다른 부분은 단순화하거나 배경으로 둔다. 그러나 항상 동일한 기본 모형을 사용한다. 이렇게 하면 거시경제학을 여러 모형의 집합이 아닌 일관된 전체로 볼 수 있다. 또한 과거의 거시경제 사건뿐만 아니라 미래에 펼쳐질 사건도 이해할 수 있을 것이다.

## 개정된 내용

이전 판과 마찬가지로 제9판에서도 모든 관련 숫자와 논의 내용을 2023년 초까지의 상황을 반영하여 갱신했다.

제8판 이후 주요 거시경제 사건은 COVID-19 위기와 그에 따른 인플레이션이다. 2000년대 후반의 세계 금융위기와 2020~2021년의 COVID-19 위기는 통화 정책의 큰 변화 및 공공부채의 대규모 증가로 이어졌다. 8장에서는 인플레이션 급등에 대한 논의를 제시한다. 23장에서는 통화 정책의 대응에 대해 논의한다. 22장에서는 높은 공공부채의 시사점을 논의한다. 장기적인 문제 중에서도 인공지능과 지구 온난화의 시사점을 더 크게 부각했다. 이러한 문제는 13장에서 자세히 논의한다.

또한 앞서 언급했듯이 새롭게 저술한 1장에서는 이 책을 쓰는 시점에 세계에서 무슨 일이 일어나고 있는지보다는 문제에 더 초점을 맞추고 있으며, COVID 이후의 인플레이션을 고려하여 8장에서는 인플레이션 동학에 대한 보다 개선된 설명을 제공한다.

FOCUS 글상자를 개편했다. 예를 들어 22장에서는 유럽연합의 재정규칙 개혁에 대해 논의한다. 또한 2개의 새로운 FOCUS 글상자를 추가했다.

- 6장 'SVB 은행인출쇄도'
- 12장 '황금률에 대한 재논의'

## 이 책의 구성

이 책은 핵심 모형과 두 가지 중요한 확장으로 구성되어 있다. 핵심 모형에 앞서 서론을 제공하고, 모형의 확장 후에는 정책에 대한 검토가 이어지며, 거시경제학의 역사를 소개하며 끝맺는다.

- 1장과 2장은 **거시경제학에 대한 기본적인 사실과 쟁점**을 소개한다. 1장은 COVID-19 이후 선진국의 인플레이션부터 중국의 성장까지 거시경제학이 중점적으로 다루는 문제들을 이해하기 위해 새롭게 저술했다. 일부 강사는 2장을 먼저 다룬 뒤 1장을 학습하는 것을 선호할 수 있다. 2장은 기초 개념을 소개하고 단기, 중기, 장기 개념을 명확하게 하며 독자에게 책의 전반적인 내용을 간략하게 설명한다.

  2장은 기초적인 **국민소득계정**을 다루지만, 부록 1에서는 국민소득계정에 대한 자세한 내용을 담았다. 이러한 구성은 이 책을 처음 읽는 이의 부담을 덜고, 부록에서 보다 자세한 학습을 가능하게 한다.
- 3~13장은 **핵심 모형**을 다룬다.

  3장부터 6장까지는 **단기**에 초점을 맞춘다. 3장부터 5장까지는 재화시장과 금융시장의 균형을 분석하고, 산출의 단기적 움직임을 연구하는 데 사용되는 기본모형인 IS-LM 모형을 도출한다. 6장은 금융 시스템의 역할을 반영해 기본적인 IS-LM 모형을 확장한다. 이어서 이를 사용하여 금융위기의 초기 단계에서 발생한 상황을 설명한다.

  7~9장은 **중기**에 초점을 맞춘다. 7장은 노동시장의 균형에 초점을 맞추고 자연실업률을 소개한다. 8장은 필립스 곡선으로 알려져 있는 실업과 인플레이션의 관계를 도출하고 논의한다. 9장은 재화시장, 금융시장, 노동시장에서의 균형을 고려한 IS-LM-PC(여기서 PC는 필립스 곡선의 약자) 모형을 발전시킨다. 이 모형은 단기와 중기에서 경제활동의 변화와 인플레이션의 변화를 이해하는 방법을 보여준다.

  10~13장은 **장기**에 초점을 맞춘다. 10장에서는 여러 국가의 장기간에 걸친 산출 변화를 보여주는 사실들을 설명한다. 11장과 12장에서는 성장 모형을 발전시켜 자본 축적과 기술 진보가 경제성장을 어떻게 결정하는지 설명한다. 13장에서는 불평등에서 기후 변화에 이르기까지 성장의 과제에 초점을 맞춘다.
- 14~20장은 핵심 모형을 두 가지 측면에서 **확장**한다.

  14~16장에서는 단기와 중기에서 **기대**의 역할에 초점을 맞춘다. 기대는 대부분의 경제

의사결정에서 주요한 역할을 하며, 그에 따라 산출 결정에서도 주요한 역할을 한다.

17~20장에서는 현대 경제의 특징인 **개방성**이 지닌 시사점을 살펴본다. 20장은 변동환율제도부터 고정환율제도, 통화위원회, 달러라이제이션까지 상이한 환율제도가 제공하는 시사점에 초점을 맞춘다.

- 21~23장은 **거시경제 정책**으로 되돌아간다. 앞의 20개 장 대부분에서도 어떤 형태로든 거시경제 정책에 대해 끊임없이 논의하지만, 21~23장은 이들을 맥락 있게 연결한다. 21장은 거시경제 정책의 역할과 한계를 전반적으로 살펴본다. 22장과 23장은 통화 정책과 재정 정책을 검토한다. 일부 강사는 이 장들의 일부를 앞부분에서 학습할 때 다룰 수 있다. 예를 들어 22장의 정부예산제약에 대한 논의나 23장의 인플레이션 목표제에 대한 논의를 앞에서 미리 다룰 수 있다.
- 24장은 이 책의 **에필로그**이다. 지난 80년간 거시경제학의 발전을 살펴보고 현재의 연구 방향을 논의함으로써 거시경제학을 역사적 관점에서 검토한다.

## 강의 구성 방식

책 내용이 광범위하므로 다양한 방식으로 강의를 구성할 수 있다. 각 장은 일반적인 교과서보다 짧게 서술되었으므로 저자의 경험에 비추어 본다면 각 장은 한 시간 반 안에 마칠 수 있다. 5장, 9장 같은 몇몇 장은 두 번의 강의가 필요할 수도 있다.

- 단기 강의(15강 이하)

  단기 강의는 2개의 서론적 장과 핵심 모형을 중심으로 구성할 수 있다(13장은 연속성을 유지하면서 제외할 수 있다). 이후 16장의 기대(독립적으로 진행 가능)와 17장의 개방경제를 기반으로 하여 한두 개의 확장을 단순하게 소개하면 모두 14강의 수업을 진행할 수 있다.

  단기 강의에서는 성장(장기)에 관한 연구를 생략할 수 있다. 이 경우 강의는 서론적 장들, 핵심 모형의 3~9장까지를 중심으로 구성할 수 있다. 이렇게 하면 총 9강의 수업이 제공되므로, 예를 들어 기대에 관한 16장과 개방경제에 대한 17~19장을 포함하여 총 13강의 수업을 다룰 수 있다.
- 장기 강의(20~25강)

  완전한 1학기 강의의 경우 핵심 모형과 두 가지 확장 중 하나 또는 둘 다, 그리고 정책에 대한 검토를 다루는 데 충분한 시간을 가질 수 있다. 핵심 모형의 확장은 핵심 모형에 대한 이해를 전제로 하지만, 대부분 독립적으로 학습할 수 있다. 다양한 선택을 할 수 있지만, 이 책의 순서 그대로가 최선일 것이다. 기대의 역할을 학습한 뒤에는 이자율 평형조건과 환율 위기의 속성을 이해하기 쉬울 것이다.

## 혁신적 특징

이 책은 현실 세계와 무관하게 이론만 소개되지 않도록 구성했다. 책 본문에서 현실 세계에 대해 논의했을 뿐만 아니라 많은 FOCUS 글상자를 통해 미국이나 세계 각국의 거시경제 사건이나 사실들을 논의했다. 그중 상당수는 이번 개정판에서 처음 소개되는 내용이다.

강의실에서 일어나는 학생과 교수 간의 상호작용이 재현될 수 있도록 본문 바로 옆 여백에 측주를 실었다. 측주를 통해 독자와의 대화가 이루어지도록 함으로써 본문의 더 어려운 내용을 평이하게 하고, 그에 따라 개념과 결과에 대한 독자의 이해를 돕고 심화할 것이다.

각 장은 서론의 말미에 한두 문장의 요약에서 시작하여 해당 장의 내용을 확실히 소화할 수 있도록 세 가지 항목으로 마무리한다.

- 각 장의 주요 요점 요약
- 핵심 용어
- 각 장 끝부분의 연습문제: '기초문제'는 쉽고, '심화문제'는 다소 어려우며, '보충문제'는 일반적으로 인터넷이나 스프레드시트 프로그램의 사용이 필요하다.
- 책 뒷면에 실린 '이 책에서 사용된 기호' 목록은 본문에서 사용한 기호들의 의미를 쉽게 떠올리게 할 것이다.

# 저자 소개

## 올리비에 블랑샤르(Olivier Blanchard)

프랑스에서 태어나, 1977년 MIT에서 경제학 박사학위를 취득한 후 하버드대학교에서 근무하다가 1982년 MIT로 돌아왔다. 1998년부터 2003년까지 경제학과장을 역임했으며, 2008년에는 IMF의 연구부서를 이끌었고, 2015년 10월부터 워싱턴 소재 피터슨국제경제연구소(Peterson Institute for International Economics)에서 선임연구원으로 재직 중이다. 또한 MIT의 Robert M. Solow 명예교수이다.

그는 통화 정책의 역할에서부터 투기적 버블의 속성, 노동시장의 속성과 실업의 결정 요인, 과거 공산주의 국가들의 체제 이행, 세계 금융위기의 배후 요인, 그리고 최근의 인플레이션 급증까지 광범위한 거시경제 문제를 연구해 왔다. 이 과정에서 수많은 국가 및 국제기구와 협력했으며, 다수의 저서를 집필했다. 그는 피셔(Stanley Fischer)와 함께 저술한 대학원 수준의 교과서를 포함해 많은 논문을 저술했다.

그는 「Quarterly Journal of Economics」와 「NBER Macroeconomics Annual」의 전 편집장이자, 「AEJ Macroeconomics」의 창립 편집장도 역임했다. 또한 Econometric Society의 회원이자 전 이사회 위원이며, American Economic Association의 전 회장을 역임했고, American Academy of Sciences의 회원이기도 하다.

# 요약 차례

## 핵심 모형



## 확장

# 차례

## 핵심 모형

## Part 1 서론



## Part 2 단기

# Part 1 서론

1부의 2개 장에서는 거시경제학의 주요 문제와 접근 방법을 소개한다.

**Chapter 1**

거시경제학을 탐구한다. 거시경제학이 무엇인지 이해하는 데 도움이 되도록 COVID-19 위기와 그로 인한 인플레이션의 영향, 높은 공공부채의 함의, 중국의 부상, 지구 온난화의 경제적 영향과 그 해결 노력을 살펴본다.

**Chapter 2**

이 책을 여행해 본다. 거시경제학의 3대 변수인 산출, 실업, 인플레이션을 정의한 후 이 책을 구성하는 세 가지 개념인 단기, 중기, 장기를 소개한다.

# 세계 경제로의 여행

# 1

거시경제학이란 무엇인가? 이 질문에 가장 잘 답하는 방법은 거시경제학의 공식적인 정의를 제시하는 것이 아니라, 거시경제학자들과 정책 입안자들로 하여금 밤잠을 설치게 만드는 몇 가지 문제를 살펴보는 것이다.

**1-1** COVID-19 위기와 이후 이어진 인플레이션에 대해 살펴본다.

**1-2** 많은 선진국에서의 공공부채 증가에 대해 살펴본다.

**1-3** 중국의 성장에 대해 살펴본다.

**1-4** 불평등, 그리고 불평등과 성장의 관계를 살펴본다.

**1-5** 지구 온난화가 거시경제에 미치는 영향에 대해 살펴본다.

이 장은 신문기사를 읽듯이 읽으면 된다. 단어의 정확한 의미나 모든 논점을 완전히 이해할 수 없다고 걱정하지 말자. 단어들은 나중에 정의할 것이고, 논점은 자세히 다룰 것이다. 이 장은 거시경제학의 주요 쟁점들을 소개하고, 그 중요성을 느끼게 해주기 위한 동기부여를 위한 장이다. 1장을 즐겁게 읽는다면 이 책 전체를 즐길 수 있을 것이다. 이 책을 모두 읽고 난 후 1장으로 돌아와 주요 문제에 대한 자신의 입장을 검토하고 여러분의 거시경제학 수준이 얼마나 높아졌는지 판단해 보자.

◀ 그렇지 않다면 미안하다.

**이 장의 핵심 주제:** 경제는 시간에 따라 변화한다. 거시경제학은 경제가 어떻게 성장하고, 어떻게 병들게 되며, 이에 대해 어떤 정책을 처방할지를 다루는 학문이다. ▶▶▶

## 1-1 COVID-19 위기, 인플레이션, 그리고 이자율

2019년 12월, 중국의 대도시 우한에서 새로운 바이러스 감염 사례가 발생했다는 기사가 신문에 보도되기 시작했다. 2020년 1월, 중국 당국은 우한을 봉쇄했다. 도시 안팎의 모든 이동이 멈추었고, 도시 내 대중교통도 모두 중단되었으며, 사람들은 집에 머물러야 했다. 전 세계는 이 혼란이 중국에, 그리고 그에 따라 중국의 경제 파트너들에게 어떤 영향을 미칠지 지켜보았다. 많은 글로벌 공급망이 중국에서의 생산에 의존하고 있는 상황에서, 이러한 공급망이 과연 붕괴될 것인지가 관건이었다.

바이러스는 중국에만 머무르지 않고 전 세계로 퍼질 것이라는 예측은 곧 현실화되었다. 2020년 1월에는 이탈리아에서 확진자가 발생했고, 곧 유럽 전역으로 확산되었다. 2월에는 미국으로까지 전파되었다. 3월 초부터 유럽에서 사망자 수가 급격히 증가했고, 미국에서도 몇 주 뒤에 사망자 수가 급증했다.

이러한 갑작스러운 사태에 직면하자, 각국 정부는 잇달아 강력한 조치를 취했고, 2020년 3월 말까지 거의 모든 나라가 봉쇄령을 발동했다. 유럽에서는 4월 초, 하루 4,000명에 달하는 사망자가 발생하며 정점을 찍었다. 미국에서는 4월 중순, 하루 2,500명이 넘는 사망자가 발생하며 정점을 기록했다. 이후 사망자 수는 감소하기 시작했고, 5월 말에는 대부분의 강력한 봉쇄 조치가 해제되었다. 하지만 이것이 팬데믹의 끝은 아니었다. 첫 번째 유행 이후 각국에서 시기를 달리하여 추가적인 확산이 이어졌고, 이는 다시 봉쇄로 이어지기도 했다. 예를 들어, 미국은 2021년 초에 더 치명적인 두 번째 유행을 겪었고, 2022년 초에는 세 번째 유행이 발생했다.

결국 2020년 말, 백신이 도입되고 면역이 형성되면서 COVID-19로 인한 사망자 수는 감소하기 시작했다. 하지만 희생자 수는 막대했다. 이 글을 쓰는 시점인 2023년 초 기준으로 전 세계 공식 사망자 수는 거의 700만 명에 달하지만, 많은 사례가 제대로 분류되지 않아 실제 사망자 수는 2,000만 명에 가까울 것으로 보인다. 여기에 COVID-19의 장기 후유증인 '코로나 감염 후유증(Long Covid)'까지 더하면 그 영향은 훨씬 더 큰데, 전 세계적으로 6,000만 명 이상이 코로나 감염 후유증에 시달리는 것으로 추정된다.

경제위기를 촉발한 것은 (보건 위기와는 달리) 사망자 수 자체가 아니었다. 물론 죽음은 슬프고 무서운 일이지만, 전 세계 인구 규모에 비하면 사망자 수는 상대적으로 적었다. 경제위기를 불러온 진짜 원인은 감염과 사망자가 더 이상 파국적으로 증가하는 것을 막기 위해 각국 정부가 내린 봉쇄 조치(그리고 그에 따른 경제활동의 중단)였다. 보건 측면에서는 정당화될 수 있었지만, 그 경제적 여파는 엄청났다. 사람들은 외출해서 물건을 살 수 없었고, 기업들은 노동자가 없기 때문에 생산을 할 수 없었다. 생산은 붕괴되었다.

이는 두 시계열 모두 원래 수치를 2019년 1분기의 값으로 나누어 계산되었다는 것을 의미한다. ▶

그림 1-1은 미국과 유로 지역(유로화라는 동일 화폐를 사용하는 유럽 국가 그룹)의 산출량, 조금 더 경제학적 용어를 사용하자면, 국내총생산(GDP)의 변화를 보여준다. 두 시계열은 2019년 1분기가 1이 되게끔 정규화되어 있다.

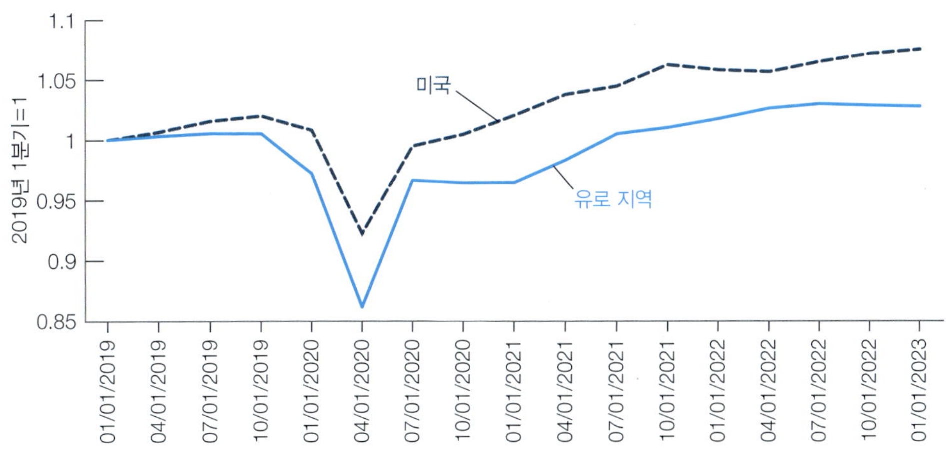


**그림 1-1**

**미국과 유로 지역의 산출량 수준(2019년 1분기~2023년 1분기)**

출처: Federal Reserve Economic Data(FRED): 미국(GDPC1), 유로 지역(CLVMNACSCAB1GQEA19).

2020년 2분기에 있는 큰 폭의 하락은 각국이 봉쇄 조치를 시행했던 시점에 해당한다. 역사적으로 봤을 때도 이 하락은 매우 큰 규모이다. 미국의 GDP는 2019년 4분기 수준에 비해 10% 가까이 감소했고, 유로 지역의 GDP는 약 14% 가까이 감소했다.

2008~2009년의 글로벌 금융위기 동안 미국의 GDP는 4% 감소했는데, 이 감소는 1년이 넘는 기간에 걸쳐 일어났었다.

그러나 그림에서 볼 수 있듯이 가장 심각했던 침체는 오래가지 않았다. 봉쇄 조치가 해제되고 기업들이 다시 문을 열면서 경제활동은 대부분 회복되었고, 특히 미국에서는 빠르게, 유럽에서는 다소 더디게 회복되었다. 그러나 경제가 회복되자 정책 입안자들이 예상치 못한 일이 발생했다. 인플레이션이 상승하기 시작한 것이다.

그림 1-2는 소비자물가지수(미국에서는 CPI라고 하며, 유로 지역에서는 소비자물가조화지수, HICP라고 함)의 분기별 변화율을 연율로 환산하여 인플레이션의 진화 과정을 보여준다. COVID-19 이전 20년 동안 중앙은행들은 인플레이션을 2%에 가깝게 유지하겠다고 약속했고, 실제로 미국과 유로 지역 모두 평균 인플레이션은 2% 이하로 유지되어 왔다. 2020년에는 오히려 인플레이션이 감소했었다. 하지만 2021년부터는 꾸준히 상승하기 시작했고, 2022년에는 유로 지역에서 9.9%, 미국에서는 8.6%로 정점을 찍었다. 2022년 중반 이후 인플레이션은 하락세를 보였지만, 이 글이 쓰이는 시점에도 여전히 중앙은행이 목표로 하는 2%보다 훨씬 높은 수준을 유지하고 있다.

'연율로 환산하여'라는 말은 분기별 변화율에 4를 곱했다는 뜻이다.

왜 인플레이션이 급등했을까? 간단히 말해 경제가 과열되었기 때문이다. 2020년과 2021년 동안 정부는 일을 하지 못해 소득을 잃은 사람들과 판매가 중단되어 정부의 지원 없이는 파산할 수밖에 없었던 기업들을 보호하기 위한 프로그램을 시행했다. 이러한 지원은 특히 미국에서 매우 파격적이었는데, 트럼프 행정부와 바이든 행정부가 2020년과 2021년에 시행한 여러 지원 프로그램의 총액은 5조 달러를 넘어섰다. 이는 2021년 미국의 GDP가 23조 달러였음을 감안하면 매우 큰 규모였다.

그 결과 강한 수요가 발생했고, 특히 소비자들의 소비수요가 증가하면서 노동시장과 재화시장 모두가 과열되었다. 노동시장에서는 봉쇄 기간 중 정점을 찍었던 실업률이 빠르게 감소하면

**그림 1-2**

**미국과 유로 지역의 인플레이션율(2019년 1분기~2023년 1분기)**

출처: FRED: 미국(CPIAUCSL), 유로 지역(CPHPTT01EZM659N).

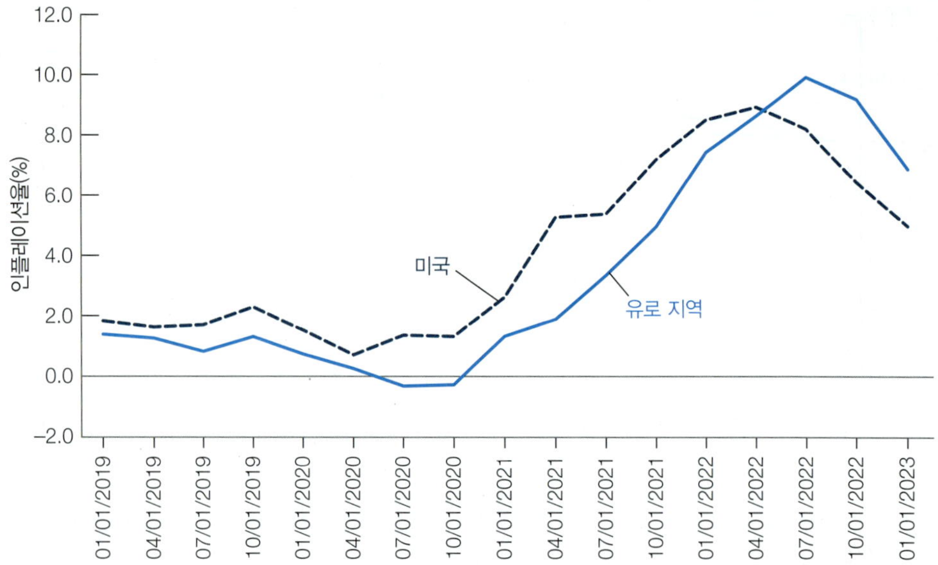


서 임금 상승 압박이 생겼다. 재화시장에서는 높은 수요가 상품에 대한 수요로 이어졌고, 그 결과 세계 에너지 및 식료품 가격이 급등했다. 이로 인해 유로 지역처럼 재정 지원 규모가 상대적으로 작았던 국가나 지역에서도 인플레이션이 발생했다.

강한 수요는 공급 측의 문제들과 맞물렸다. 봉쇄는 끝났지만 COVID-19 관련 문제들로 인해 많은 공급망이 붕괴되었다. 그 결과 (자동차 제조에 필요한 반도체와 같은) 필수 부품들이 부족해지자 기업들은 가격을 크게 올리는 방식으로 수요를 제한했다.

인플레이션이 심각해지는 상황에서도 중앙은행들은 인플레이션의 상승이 일시적일 것이라는 믿음에서 신속히 대응하지 않았다. 그림 1-3은 미국과 유로 지역의 정책금리의 변화를 보여준다. 2020년, 미국 중앙은행인 연방준비제도는 수요를 뒷받침하기 위해 정책금리를 0으로 낮췄고, 유럽중앙은행은 이미 0%였기 때문에 그대로 유지했다. 금리를 올리기 시작한 것은 인플레이션이 발생한 지 1년이 지난 2022년이었으며, 이는 과열을 잠재우고 인플레이션율을 낮추기 위한 조치였다.

이 글을 쓰는 시점에 미국의 정책금리는 5%이고, 유로 지역의 정책금리는 4%에 가까운 수준이다. 그림 1-2에서 볼 수 있듯이 2022년 중반 이후 인플레이션은 하락했는데, 이는 공급망의 개선과 원자재 가격의 안정(때로는 하락) 때문이다. 그러나 인플레이션은 여전히 대부분의 중앙은행이 목표로 하는 2%보다 훨씬 높은 수준이다. 중앙은행들이 당면한 질문은 지금까지의 조치가 충분했는가, 그리고 금리 인상이 과열을 낮추고 인플레이션을 목표 수준으로 되돌리는 데 효과적일 것인가라는 질문이다. 만약 조치를 너무 강하게 취하면 경제활동이 너무 많이 둔화되어 심각한 경기침체를 유발할 수 있다. 반대로 너무 약하게 취하면 인플레이션이 오랫동안 목표치를 초과한 상태로 유지되어 중앙은행의 목표에 대한 신뢰가 약화되고, 이는 장기적으로 인플레이션을 통제하는 것을 더욱 어렵게 만들 수 있다. 여러분이 이 장을 읽는 시점에는 그 정

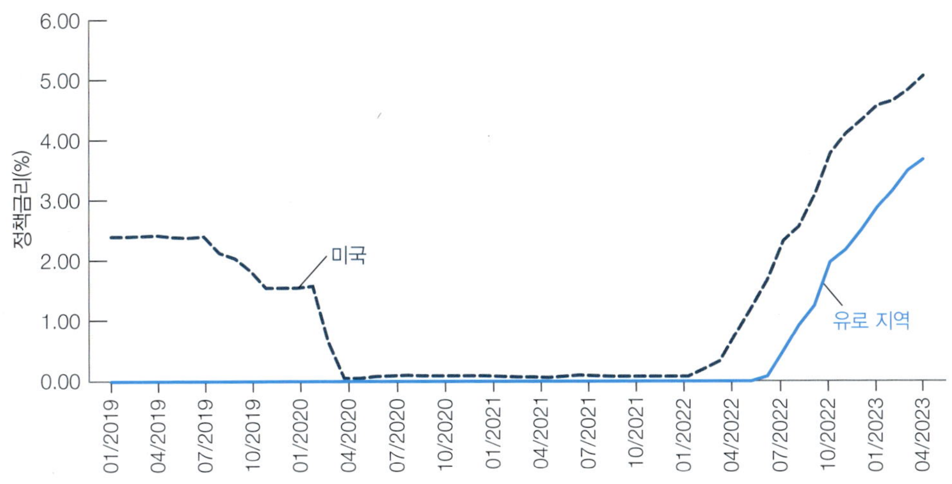


**그림 1-3**

**미국과 유로 지역의 통화 정책금리(2019년 1월~2023년 5월)**

출처: FRED: 미국(FEDFUNDs), 유로 지역(ECBMRRFR).

답을 알게 될 것이다. 중앙은행들은 기다릴 여유가 없으며, 어려운 선택에 직면했다. 그들의 결정은 실업과 인플레이션에 영향을 미침으로써 우리 모두에게 영향을 줄 것이다.

## 1-2 공공부채의 증가

재정적자는 공공부채의 증가로 이어진다. 그리고 그 규모가 너무 크면, GDP 대비 공공부채 비율의 상승으로 이어질 수 있다. 이것이 지난 20년 동안 대부분의 선진국에서 실제로 일어난 일이다.

그림 1-4는 2001년 이후 미국, 프랑스, 독일, 일본 네 나라의 부채비율(GDP 대비 공공부채 비율) 변화를 보여준다. 이 네 나라 중 세 나라에서는 부채비율이 2배 이상 증가했다. 특히 일본의 증가폭이 두드러지는데, 2001년 74%였던 부채비율이 2023년에는 161%에 달했다. 미국과 프랑스도 상당한 증가폭을 보였다. 미국은 33%에서 95%로, 프랑스는 49%에서 99%로 상승했다. 반면 독일은 다른 세 나라와 뚜렷이 대비되는데, 독일의 부채비율은 2001년과 2023년 모두 46%로 동일하다.

그림을 자세히 보면 부채비율에 두 번의 큰 상승이 있었다는 것을 알 수 있다. 첫 번째는 2000년대 후반의 글로벌 금융위기 시기에서였고, 두 번째는 COVID-19 위기의 초기 단계에서였다. 이는 놀라운 일이 아니다. 위기 상황에서는 정부수입이 정부지출보다 더 크게 감소하면서 자동적으로 재정적자가 커지게 된다. 게다가 정부는 COVID-19 위기 당시 때처럼 사람들과 기업들을 돕기 위해 추가적인 정책을 취할 수도 있다. 하지만 이 두 위기만으로는 부채비율 증가를 전부 설명할 수 없다는 점 또한 쉽게 알 수 있다. 정부들은 세금을 인상하거나 지출을 줄이는 방식으로 예산의 균형을 맞추려고 하기보다는, 지속적으로 재정적자를 활용해 온 것으로 보인다.

그림 1-4

**2001년 이후 프랑스, 독일, 일본, 미국의 GDP 대비 부채비율의 변화**

출처: World Economic Outlook Database(WEO), GDP 대비 일반정부 부채비율(%).

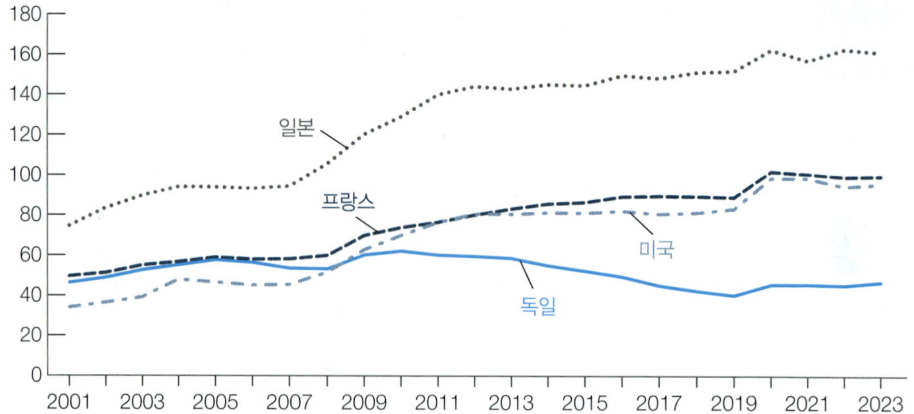


현재 거시경제 정책 입안자들이 직면한 질문은 "이제 어디로 가야 하는가"이다.

일부는 재정적자를 줄이고, 세금인상이나 지출삭감(또는 둘 다)을 통해 높은 부채비율을 점진적으로 낮추는 것이 시급하다고 주장한다. 이들은 높은 부채가 결국 미래 납세자들에게 큰 부담을 지운다고 말한다. 미래의 납세자들이 부채에 대한 이자를 감당할 만큼 충분한 세금을 내야 하기 때문이다. 또한 이들은 정치인들이 단기적 시야를 가지고 있고 세금인상보다는 적자재정을 선호하는 경향이 있다는 증거를 제시하면서 '적자 편향(deficit bias)'이 존재한다고 주장한다. 그러므로 정부가 스스로에게 엄격한 재정준칙을 부과해 시간이 지남에 따라 부채를 줄이도록 강제해야 한다고 주장한다.

다른 이들은 부채감축이 바람직하긴 하지만 높은 부채의 비용은 그렇게 크지 않은 반면, 부채를 줄이기 위해 흑자재정을 운영하는 데 따른 거시경제적 비용이 매우 클 수 있다고 주장한다. 이들은 중요한 것은 부채 자체가 아니라 부채에 대한 이자 지급, 즉 부채 서비스라고 본다. COVID-19 이전에는 금리가 매우 낮았고, 비록 인플레이션과의 싸움으로 인해 금리가 일시적으로 상승했지만, 앞으로 다시 낮은 수준으로 돌아갈 가능성이 높다고 지적한다. 또한 일부 지출이, 예를 들어 지구 온난화를 줄이기 위한 녹색 투자 같은 것이라면, 이를 부채로 재원을 마련하는 것이 정당화될 수 있으며, 결과적으로 부채는 늘어나더라도 미래 세대에게 보다 살기 좋은 지구를 물려줄 수 있다고 주장한다. 마지막으로 부채를 빠르게 줄이기 위해 세금을 급격히 인상하거나 정부지출을 크게 줄이는 것은 수요감소로 이어져 경기침체를 유발할 수 있다고 본다. 그래서 이들은 보다 실용적인 태도를 취한다. 즉, 부채를 안정화시키되, 부채감축의 속도에 대해서는 유연해야 한다는 입장이다.

이는 추상적인 논쟁이 아니다. 실제로 이 글을 쓰는 시점에서 유럽연합(유럽 GDP의 약 85%를 차지하는 27개국으로 구성)은 어떤 재정준칙을 채택할지를 두고 논의 중이다. 과거에 채택했던 엄격한 규칙들은 지나치게 경직적이어서 각국이 이를 지키지 못했고, 이 때문에 새로운 규칙이 필요해진 것이다. 쉽게 예상할 수 있듯이 다른 나라들보다 더 엄격한 입장을 취해오면서 부채비율을 늘리지 않았던 독일은 다른 나라들도 비슷한 행동을 하도록 강제할 수 있는 엄격한 규칙을 도입하길 원하고 있다. 반면 일부 다른 국가들은 보다 유연한 접근을 요구하며 반대하고 있다. 이들이 어떤 결정을 내리느냐는 단지 부채뿐만 아니라 생산과 투자(녹색 투자 포함)에도 중대한 영향을 미칠 것이다.

## 1-3 중국의 성장

지난 수십 년간 가장 중요한 경제적 변화 중 하나는 중국의 성장과 세계 경제에서 중국의 중요성이 커지고 있다는 점이다.

그림 1-5는 1960년 이후 중국과 미국의 GDP 변화를 보여준다. 여기서 주의할 점이 하나 있다. 통화가 다르고 물가수준이 다른 국가들의 GDP를 비교하는 것은 어려운 작업이라는 점이다. 여기서는 구매력 평가(purchasing power parity, PPP)로 알려진 방법을 사용하여 구한 수치로 비교한다.

국가 간 GDP를 어떻게 비교할 것인가와 관련된 문제는 10장에서 다룬다. 그림의 수치가 2019년까지밖에 없는 이유는 구매력 평가(PPP)로 조정된 수치를 계산하려면 많은 정보가 필요하고 시간이 오래 걸리기 때문이다. 그 결과 이용 가능한 가장 최근 연도는 2019년이다.

그림을 보면 매우 놀랍다. 1960년에는 중국의 GDP가 미국의 GDP의 20%에 불과했지만, 2019년에는 미국과 대략 비슷한 수준에 도달했다. (더 최근 연도들의 자료가 나온다면 중국의 GDP가 미국의 GDP를 넘어섰을 가능성이 크다.) 다시 말해 중국의 경제성장률은 미국보다 훨씬 높았다. 연평균 성장률은 중국이 5.6%, 미국이 3.0%였으며, 이를 통해 중국은 미국을 완전히 따라잡을 수 있었다.

연간 성장률 차이가 2.6%라고 하면 별로 커 보이지 않을 수도 있다. 하지만 60년을 놓고 보면, 이는 1.026의 60제곱, 즉 약 4.66배의 상대적 증가를 의미한다. 이는 실제로 중국의 GDP가 미국의 GDP에 비해 증가한 비율과 일치한다.

하지만 이것이 중국 시민들이 미국 시민들과 동등한 생활 수준을 누리고 있다는 뜻은 아니다. 중국의 인구는 미국보다 훨씬 많다. 중국은 약 13억 명, 미국은 약 3억 3,000만 명이다. 그림 1-6은 중국의 1인당 산출량(생활 수준의 상대적 지표)을 미국과 비교해 보여준다. 여기서 두 가지 흥미로운 점이 있다. 첫째이자 가장 중요한 점은 중국의 1인당 산출량이 1960년에는 미국의 약 5% 수준이었지만 현재는 23% 수준까지 올라왔는데, 이는 큰 개선이긴 하지만 여전히 미국 수준에는 크게 못 미친다. 둘째, 이러한 뚜렷한 증가는 1980년대 초반부터 나타났다는 점이다. 그림 1-5에서 볼 수 있듯이 그 이전까지도 GDP 자체는 증가했지만 이는 주로 인구증

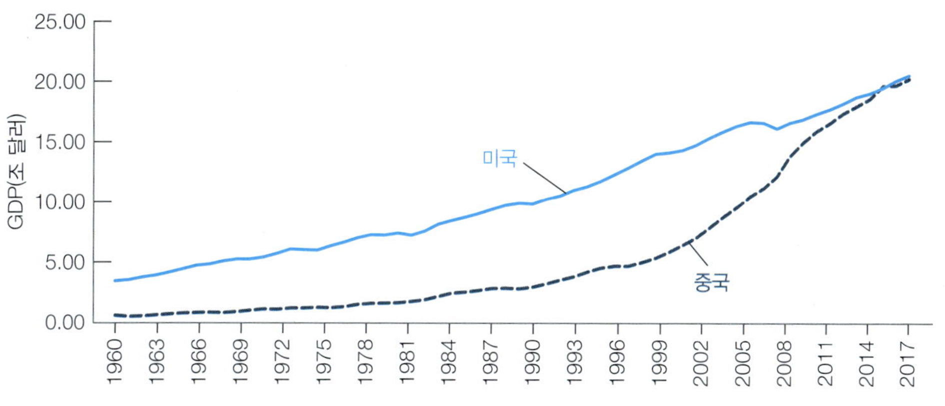


**그림 1-5**

**중국, 미국의 PPP GDP (1960~2019년)**

출처: 흐로닝언대학교, Penn World Tables, 2017년 달러가치를 사용하여 PPP로 환산한 생산 측면 실질 GDP(단위: 1조 달러).

그림 1-6

**미국 1인당 GDP 대비 중국의 1인당 GDP(1960~2019년)**

출처: 흐로닝언대학교, Penn World Tables, 2017년 달러가치를 사용하여 PPP로 환산한 생산 측면 1인당 실질 GDP(단위: 1조 달러).

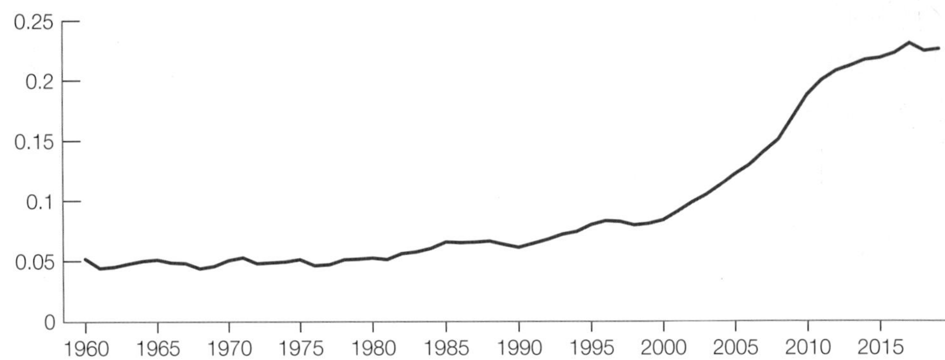


가에 따른 것이었고, 1인당 생산성 증가 때문은 아니었다. 중국의 1인당 산출량이 본격적으로 증가하기 시작한 것은 1980년대 이후, 특히 2000년대 이후부터이다.

중국의 성장률은 왜 그렇게 높았을까? 몇 가지 요인을 생각해 볼 수 있는데, 이들 요인은 서로 충돌하지 않는다.

첫째, 기계부터 사회기반시설에 이르기까지 물적자본의 대규모 증가는 노동자의 생산성을 높이는 데 기여한다. 실제로 중국의 GDP 대비 투자 비율은 약 40%로서 이는 미국의 2배에 달한다.

둘째, 경제학자들이 인적자본이라고 말하는 것(즉, 더 많고 질 좋은 교육과 훈련)이 크게 증가하면 노동자들은 더 나은 일자리를 얻고 더 높은 생산성을 발휘할 수 있다. 이에 관한 수치도 놀라울 정도이다. 중국에서 25세 이상 인구의 평균 정규교육 이수 기간은 1960년 1.6년에서 현재는 8년 가까이로 증가했다. (물론 이는 미국의 수치인 약 13.5년에 비해 훨씬 낮은 수준이다.)

'인적자본'이라는 용어는 비경제학자들에게 거부감을 줄 수 있으며, 어쩌면 그럴 만도 하다. 사람은 분명 단순한 인적자본 그 이상의 존재이기 때문이다. 그럼에도 불구하고 교육을 중요한 자본의 한 형태로 간주하면 유용하다.

셋째, 기술진보는 물적자본과 인적자본이 주어진 상태에서 더 많은 산출을 가능하게 해준다. 미국과 같이 기술 프런티어(최전선)에 있는 국가들은 새롭고 더 효율적인 생산방식을 찾아 혁신해야 한다. 반면 기술 수준이 뒤처진 국가들의 과제는 선진국의 기술을 따라가고, 배우고, 적용하는 것이다. 이런 의미에서 후발국들이 기술 수준을 높이는 것은 혁신이 필요한 선진국들보다 더 쉬운 측면이 있다. 기존 기술을 적용하는 것은 외국 기업들에게 기술 이전을 강요하거나, 다른 나라 기업들의 특허를 훔치기까지 했다는 비판을 받아온 중국의 경우 분명히 중요한 역할을 했다.

이상의 요인들 하나하나는 분명 중요한 역할을 했다. 그 요인들이 어떠한 역할을 할지 가늠해 보는 것은 적어도 몇 가지 측면에서 중요하다.

첫째, 앞으로를 내다볼 때, 이러한 요인들이 여전히 작동하여 중국이 고성장을 이어나갈 것인가, 아니면 일부 요인들이 약화되어 성장률이 낮아질 것인가? 분명 출산율 저하로 인한 인구 감소는, 다른 조건들이 같다면 성장둔화로 이어질 것이다. 그러나 1인당 경제성장률, 즉 중국인들의 생활 수준은 앞으로 어떻게 될 것인가?

둘째, 중국의 경험이 다른 나라에서도 재현될 수 있을까? 세계에서 또 다른 거대 국가인 인도의 경험을 보면 중국의 성장방식이 적용되기가 쉽지 않을 수 있음을 보여준다. 인도의 1인당 GDP는 1960년에 미국의 5% 수준이었는데, 현재는 10%로 중국의 절반에도 미치지 못한다. 그 밖의 많은 저소득 국가들 역시 매우 낮은 성장률을 경험해 왔다. 부유한 나라와 가난한 나라의 성장을 결정하는 요인이 무엇인지, 그리고 정책이 도움이 될 수 있는지, 있다면 어떻게 도움이 되는지가 거시경제학에서의 핵심 쟁점이다. 앞으로의 전개는 세계 경제의 구조와 국가 간 불평등의 진화를 결정할 것이며, 그에 따른 필연적인 결과로 미래의 지정학적 질서에도 영향을 미치게 될 것이다.

◀ 다음 링크에서 1960년 이후 중국과 인도의 GDP 변화를 적절히 시뮬레이션한 자료를 볼 수 있다. https://twitter.com/HuXijin_GT/status/1691841747717145023?s=20.

## 1-4 성장과 불평등

국가 간 불평등은 대체로 감소했지만, 국가 내에서, 특히 부유한 국가 내에서 불평등은 오히려 증가하는 경우가 많았다.

불평등은 여러 측면으로 파악할 수 있다. 얼마나 많은 사람들이 빈곤 속에 살고 있는지, 중산층이 얼마나 두터운지, 또는 매우 부유한 사람들의 소득수준이 어느 정도인지 등이 그 예이다. 완전한 그림을 그리려면 수많은 그래프가 필요할 것이다. 그림 1-7과 1-8은 각각 미국과 프랑스의 불평등에 관한 세 지표인데, 여러 측면 가운데 일부를 보여주고 있다(물론 소득 분포의 최하위 계층에서 무슨 일이 일어났는지는 보여주지 않는다). 미국과의 비교 국가로 프랑스를 선택한 이유는, 프랑스의 사례가 유럽대륙 내 변화들을 비교적 잘 대표하기 때문이다.

이 그림들은 1960년 이후 국민소득 중 상위 1%와 10%(즉, 최상위층과 상위층) 그리고 하위 50%가 차지하는 비율을 보여준다.

이 그림들로부터 두 가지 중요한 양상을 알 수 있다. 첫째, 불평등은 프랑스보다 미국에서 더 심하지만, 두 나라 모두 높은 수준이라는 점이다. (이용 가능한 가장 최근 연도인) 2021년을 기준으로, 상위 1%의 소득 점유율은 프랑스에서 거의 10% 그리고 미국에서 20%였고, 이들이 인

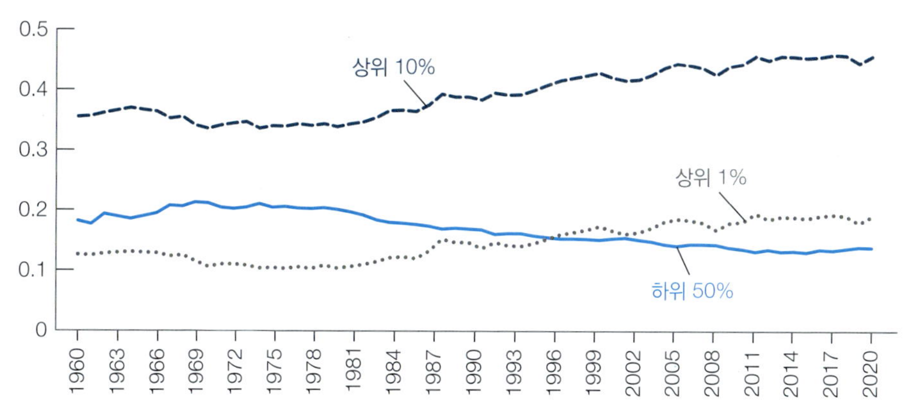


**그림 1-7**

**미국의 상위 1%, 상위 10%, 하위 50%의 세전 소득 점유율(1960~2021년)**

출처: World Inequality Database: Data, Indicators, 상위 10%, 상위 1%, 하위 50% 점유율.

그림 1-8

**프랑스의 상위 1%, 상위 10%, 하위 50%의 세전 소득 점유율(1960~2021년)**

출처: World Inequality Database: Data, Indicators, 상위 10%, 상위 1%, 하위 50% 점유율.

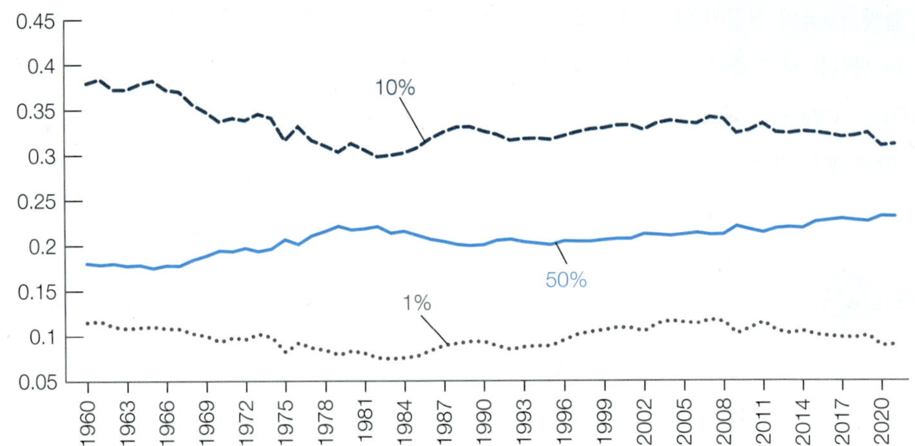


구에서 차지하는 비중의 10~20배에 달했다. 상위 10%의 점유율은 프랑스에서 31%, 미국에서 45%였고, 하위 50%의 점유율은 프랑스에서 23%, 미국에서 14%였다.

둘째, 미국에서는 상위 1%와 10%의 소득 점유율이 증가하면서 불평등이 심화된 반면, 프랑스에서는 이 두 비율이 감소하면서 불평등이 약간 완화되었다는 점이다. 상위 1%의 점유율은 11%에서 9%로, 상위 10%의 점유율은 38%에서 31%로 감소했다.

이러한 양상에 대해 두 가지 측면을 덧붙여야 한다. 첫째, 이 수치는 소득 불평등을 보여주는 것이다. 부의 불평등은 훨씬 더 심각해서, 불평등의 실제 그림은 더 좋지 않다. 둘째, 이 수치는 세전 소득, 즉 세금을 내기 전의 소득을 기준으로 한다. 유럽 국가들, 특히 프랑스에서는 누진세와 기타 재정 정책 등을 통해 불평등이 상당히 줄어들었다. 세후 소득에 관한 수치를 구하는 것은 더 어렵지만, 예를 들어 프랑스의 경우 상위 10%의 소득 점유율은 세전 기준으로 31%였던 것이 세후 기준으로는 25%로 줄고, 하위 50%의 소득 점유율은 세전 기준으로 25%였던 것이 세후 기준으로는 32%까지 늘어나는 것으로 알려져 있다. 미국에서는 이러한 재분배 효과가 훨씬 작다. 이 두 가지 점은 그림 1-7이 보여주는 것보다 미국의 불평등이 훨씬 심각하다는 사실을 시사한다.

> 흥미롭게도 이러한 수치에도 불구하고 여론조사에 따르면 프랑스인이 미국인보다 불평등에 더 적대적인 태도를 보이는 것으로 나타났다.

이러한 수치는 근본적인 질문을 제기한다. 성장과 불평등은 어떤 관계가 있는가? 시장경제가 성장하면 모두에게 혜택이 돌아가는가, 아니면 자연적으로 일부에게 더 많은 혜택이 돌아가는가? 기술 진보는 불평등을 심화시키는가? 그 답은 '경우에 따라 다르다'이다.

예를 들어 현재 벌어지고 있는 인공지능(AI)에 대한 논의를 생각해 보자. 두 가지 극단적인 시나리오를 생각할 수 있다. 하나는 AI 기반 로봇과 프로그램이 중간 숙련 노동자들을 대체하게 되어 많은 이들이 실업 상태에 놓이거나 더 낮은 임금의 일자리를 받아들여야 하는 경우이다. 다른 하나는 AI 로봇과 프로그램이 저숙련 노동자들이 더 복잡한 업무를 수행할 수 있도록 도와 더 나은 일자리를 얻을 수 있게 하는 경우이다. 첫 번째 시나리오는 불평등을 심화하고, 두 번째는 불평등을 완화한다. 어느 쪽이 현실이 될까? 정부가 보조금이나 여타 수단을 사용해 기업으로 하여금 첫 번째 선택이 아니라 두 번째 선택을 하도록 유도함으로써 결과에 영향을 미칠 수 있을까? 이것 역시 거시경제학에서의 핵심 쟁점이다. 그 결과는 불평등의 향방뿐만 아니라, 그에 따른 포퓰리즘(populism)이라는 유혹의 가능성, 더 일반적으로는 정치적 역학을 결정하게 될 것이다.

## 1-5 지구 온난화

지구 온난화는 더 이상 가설이나 먼 미래의 위협이 아니다. 이제 그것이 실제로 일어나고 있다는 압도적인 증거가 존재한다. 그림 1-9는 1880년 이후 전 세계 평균기온이 1951~1980년의 평균기온에서 얼마나 벗어났는지를 보여준다. 1960년대 중반 이후 약 섭씨 1도가량 상승한 것은 매우 두드러진 변화이다. 아무런 조치가 취해지지 않는다면 이번 세기 말까지 온도가 추가로 3도 더 상승할 것이라는 예측도 있다. 그 결과는 재앙적일 것이다. 아프리카 대륙의 많은 지역이 고온과 가뭄으로 인해 사람이 살 수 없는 곳이 될 것이고, 해수면은 1.8~3.7미터 상승하여 방글라데시와 인도네시아 같은 저지대 국가들을 상당 부분 잠식할 것이다.

다행스럽게도 정부들이 행동에 나서기 시작했다. 각국은 산업화 이전 수준 대비 지구 평균기온 상승 폭을 섭씨 1.5도로 제한한다는 목표에 합의했다. 이를 위해서는 신규 배출량을 획기적으로 줄여야 한다. 미국을 포함한 여러 국가는 2050년경까지 이산화탄소 배출량을 '0'으로 만든다는 목표를 세웠다. 그러나 기후변화와의 싸움에서 승리할 수 있을지는 확실치 않다.

여기에는 두 가지 문제가 있다.

첫 번째 문제는 기후변화와의 싸움이 기술적으로 승산이 있는지, 에너지원의 공급원을 적시에 다양화시켜 이산화탄소 배출을 줄이고 궁극적으로 없앨 수 있을지 여부이다. 이에 대한 대답은 아마도 '그렇다'일 것이다. 녹색 에너지 분야에서 기술 발전은 매우 빠르게 이루어지고 있다. 예를 들어 태양광 패널로 1와트를 생산하는 비용은 1975년 100달러에서 2000년 5달러로, 2021년에는 25센트로 하락했다. 또한 정부는 녹색 기술의 연구·개발에 대한 보조금 지급부터

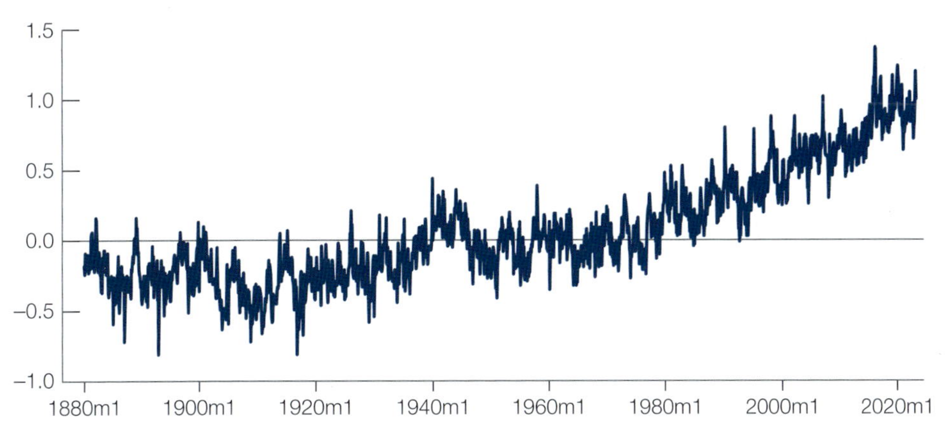


**그림 1-9**

**1880년 이후 세계의 기온 변화**

출처: Our World in Data: 월별 기온 편차(역자 주: 1951~1980년 평균 대비).

배출량이 많은 기술의 사용 비용을 증가시키기 위한 탄소세, 배출량을 줄이는 기업에 대한 보조금 지급에 이르기까지 이 과정을 가속화할 수 있는 다양한 정책 도구를 보유하고 있다.

탄소 제로 목표가 양의 경제성장과 양립할 수 있을까? 이에 대한 답도 아마 '그렇다'일 것이다. 선진국들은 성장을 이어가면서도 배출을 상당히 줄이는 데 성공해 왔다. 미국과 유럽은 2000년 이후 배출량을 25% 줄이면서도 성장을 유지했다. 그럼에도 불구하고 덜 입증된 새로운 기술로의 전환은 한동안 성장둔화를 가져올 수 있다. 그리고 산출량이 계속 증가하더라도 투자 증가로 인해 소비할 수 있는 양이 줄어들 수 있다. 지구 온난화와 싸우는 데는 비용이 든다. 하지만 싸우지 않을 경우 대가는 그보다 훨씬 크다.

두 번째 문제는 그렇게 할 정치적 의지가 있느냐는 점이다. 기후변화 대응 노력에는 막대한 비용이 들며, 지금까지는 몇 가지 이유에서 정부가 해야 할 일을 실제로 할지는 여전히 불확실하다.

지출을 늘려야 하는 상황에서 정부는 세금이나 부채를 통해 재원을 조달할 수 있다. 하지만 유권자들은 세금 인상을 받아들이려 하지 않을 수 있고, 동시에 앞서 논의했듯이 부채를 지나치게 더 많이 늘리는 것도 위험할 수 있다.

또한 자국의 행동이 전 세계 배출량에 미치는 영향이 미미하다는 사실을 고려해, 정부는 스스로는 거의 아무것도 하지 않고 다른 나라의 행동에 기대려는 유혹을 받을 수도 있다. 이렇기 때문에 국제 협약이 존재하지만, 그것만으로는 충분하지 않을 수 있다. 지금까지 정부들이 해온 것은 약속이지 확약이 아니었다.

세 번째 문제로 근본적인 지정학적 문제가 존재한다. 먼저 산업화한 부유한 국가들은 지금까지 누적된 탄소 배출의 대부분에 책임이 있다. 그렇다면 아직 그만큼 산업화하지 못한 가난한 국가들이 지구 온난화 대응 비용을 감당할 수 있도록 도와줘야 하지 않을까? 그렇지 않다면 이미 막대한 부채 부담을 지고 있는 가난한 국가들이 그 비용을 감당할 수 있을까? 이는 매우 중요한 거시경제학에서의 쟁점이다. 이러한 문제가 어떻게, 그리고 과연 해결되는지가 지구의 미래를 결정할 것이다.

## 앞으로의 논의

이 장의 정신없는 여행을 통해 지치기보다는 오히려 거시경제학을 이해하는 것이 우리 주변의 세계를 이해하는 데 얼마나 중요한지 설득되었기를 바란다. 이 책의 목적은 바로 그 이해를 가능케 하는 도구들을 제공하는 데 있다. 앞으로 위에서 다룬 쟁점들과 많은 다른 주제를 다루면서, 여러분은 이러한 도구가 제시하는 해답을 보게 될 것이다.

## 연습문제

### 기초문제

1. 이 장의 내용에 기초해 다음에 대해 '사실', '거짓', '불확실' 여부를 밝히고 그 이유를 간단히 설명하라.
   a. 2020년 2분기 미국의 산출 감소는 봉쇄 조치 때문이었다.
   b. 2020년 2분기 미국의 산출 감소는 불확실성으로 인한 소비 급감 때문이었다.
   c. 2020년 COVID-19의 급성기 당시에는 인플레이션이 낮았다.
   d. 2021년과 2022년의 높은 인플레이션은 COVID-19와 아무 관련이 없었다.
   e. 2020년과 2021년의 낮은 금리가 인플레이션의 원인이다.
   f. 선진국에서 부채는 확실히 폭발적으로 증가하고 있다.
   g. 중국의 산출 증가 대부분은 인구 증가로 인한 것이다.
   h. 현재 중국 사람들은 미국 사람들보다 더 부유하다.
   i. 중국의 성장은 곧 끝날 것이다.
   j. 성장은 항상 불평등을 동반한다.
   k. 인공지능(AI)은 불평등을 증가시킬 것이 확실하다.
   l. 지구 온난화와의 싸움에는 성장 억제 전략이 필요하다.
2. 대부분의 서방 국가는 지난 20년 동안 GDP 대비 공공부채 비율이 크게 증가했다.
   a. 일부 경제학자들이 정부가 즉시 부채비율을 낮추기 위한 조치를 취해야 한다고 믿는 이유를 기술하라.
   b. 다른 경제학자들은 부채를 줄이는 것이 바람직하지만 시급하지 않다고 보는 이유를 기술하라.
   c. 나중에 경제 데이터를 더 잘 이해하게 되었을 때, 그리고 가설들을 검증할 데이터를 구하게 되었을 때 자신의 생각을 바꿀 수 있는 여지를 남겨두자. 지금 여러분이 보기에 가장 설득력 있는 주장은 무엇인가?
3. 부유한 국가들이 가난한 국가들에게 이산화탄소 배출을 줄일 시간을 더 줘야 한다고 생각하는가? 또는 녹색 기술 도입 비용을 지원해야 한다고 생각하는가? 이에 대한 답변을 하고 그 이유를 설명하라.
4. 2022년에 중국과 미국 모두 구매력 평가(PPP) 기준 GDP가 21조 달러라고 가정하자. 이는 중국의 1인당 GDP가 14,720달러, 미국의 1인당 GDP가 64,000달러임을 의미한다. 향후 10년 동안 중국 경제가 연 5% 성장한다고 가정하되, 이 GDP 증가가 전부 인구 증가에 따른 것이라고 가정하자. 같은 기간 동안 미국의 1인당 GDP는 연 2%씩 증가하고, 인구는 연 1%씩 증가한다고 가정하자.
   a. 2032년 중국과 미국의 GDP 및 1인당 GDP를 계산하라.
   b. 이제 중국 경제가 향후 10년 동안 연 5%씩 성장하지만, 이번에는 성장이 생산성 증가에 따른 것이라고 가정하자. 이 경우 10년 후 중국의 1인당 GDP는 얼마인가?
   c. 세계 무대에서 더 강력한 중국은 어느 쪽인가? 인구 증가로 인해 GDP가 성장하는 중국인가? 아니면 생산성 증가로 인해 GDP가 성장하는 중국인가?

### 심화문제

5. 이 장의 집필 당시, 1인당 산출량의 증가율이 미국이 직면한 주요 문제 가운데 하나로 지적되었다. 「2018년 대통령 경제보고서(2018 Economic Report of the President)」(www.whitehouse.gov/wp-content/uploads/2018/02/ERP_2018_Final-FINAL.pdf)의 'Productivity and Related Data'라는 제목의 표(Table B-16)를 찾아라. 이 표는 엑셀 파일로 다운로드할 수 있다.
   a. 비농업 비즈니스 부문(nonfarm business sector)에 종사하는 사람들의 시간당 산출량 수준을 보여주는 열을 찾아라. 이 값은 2009년 수치를 100으로 한 지수로 제시되어 있다. 2009년에서 2010년까지 시간당 산출량의 퍼센트 증가율을 계산하라. 이 값은 무엇을 의미하는가?
   b. 이제 스프레드시트를 활용해 1970~1979년, 1980~1989년, 1990~1999년, 2000~2009년, 2010~2017년 각 10년 동안의 시간당 산출량의 평균 퍼센트 증가율을 계산하라. 가장 최근 구간(2010~2017년)의 생산성 성장은 이전 구간들과 비교하여 어떤가?
   c. 더 최근의 「대통령 경제보고서」가 있다면, 2017년 이후 연도를 포함해 시간당 산출량 성장률의 평균치를 갱신하라. 생산성 성장률이 증가했다는 증거가 있는가?

### 보충문제

6. 미국의 경기침체

이 문제에서는 지난 60년간의 미국의 경기침체를 살펴본다. 이를 위해 먼저 www.bea.gov에서 1960년부터 최근까지의 미국 분기별 경제성장률 데이터를 구하라. 표 1.1.1은 실질 GDP의 퍼센트 변화를 보여준다. 이 데이터는 스프레드시트로 다운로드할 수 있다. 1960년 1분기부터 가장 최근 분기까지 분기별 GDP 성장률을 그림으로 나타내라. 음(−)의 성장률을 보인 분기가 있는가? 2분기 또는 그 이상 연속적으로 음의 성장률이 나타나는 시기로 정의되는 경기침체에 대한 표준적 정의에 기초해 다음 문제에 답하라.

a. 1960년 2분기 이후 미국 경제는 경기침체를 몇 차례나 경험했는가?
b. 각 경기침체는 몇 분기 동안 지속되었는가?
c. 기간과 규모 측면에서 가장 심각했던 두 번의 경기침체를 찾아라.

7. 문제 6에서 발견한 경기침체들에서 경기침체가 시작된 분기들을 적어라. 세인트루이스 연방준비은행 데이터베이스(FRED)에서 계절 조정된 실업률에 대한 월별 시계열 **civilian unemployment rate**를 찾아라. 1969년부터 최근까지의 월별 실업률 시계열을 가져오되, 모든 시계열이 계절 조정되었는지 확인하라.

a. 1969년 이후 각 경기침체를 살펴보라. 음의 성장률을 보인 첫 분기 첫 달의 실업률은 얼마였는가? 음의 성장률을 보인 마지막 분기 마지막 달의 실업률은 얼마였는가? 실업률이 얼마나 변했는가?
b. 어떤 경기침체에서 실업률 증가폭이 가장 컸는가? 산출이 처음 감소한 분기의 이전 달 실업률로부터 시작하여 다음 경기침체가 발생하기 전에 경험한 가장 높은 실업률까지를 측정하라.

## 부록 1 거시경제 데이터의 출처

지난 5년간 독일의 인플레이션율을 알고 싶다고 하자. 50년 전의 답은 독일어를 배우고, 독일 책이 있는 도서관을 방문하여, 인플레이션율이 적힌 페이지를 찾아 옮겨 적고, 깨끗한 종이 위에 손으로 그림을 그려보는 것이었다. 오늘날 데이터 수집 방법의 개선, 컴퓨터 및 전자 데이터베이스의 발전, 인터넷 접속 덕분에 이런 일은 훨씬 쉬워졌다. 이 부록은 데이터를 찾는 방법을 알려준다. 데이터는 작년의 말레이시아 인플레이션율일 수도 있고, 1959년 미국의 소비일 수도 있으며, 1980년대 아일랜드의 실업률일 수도 있다.

### 데이터를 찾으려면

무료로 쉽게 다운로드할 수 있는 네 가지 좋은 데이터 소스가 있다.

- FRED(Federal Reserve Economic Database): 세인트루이스 연방준비은행이 지속적으로 업데이트하며 관리하는 데이터베이스로, 미국뿐만 아니라 다른 국가들의 많은 거시경제와 금융자료를 제공한다. https://fred.stlouisfed.org
- WEO(World Economic Outlook Database): 세계 대부분의 국가(현재 190개국)를 포함하는 국제기구인 **국제통화기금**(IMF)이 관리하는 데이터베이스이다. 1년에 두 번 업데이트되어 모든 회원국에 대한 기본적인 거시경제 자료를 제공한다. 2025년 4월 자료는 https://www.imf.org/en/Publications/WEO/weo-database/2025/april에서 확인할 수 있다.
- OECD.stat: 세계의 부국 대부분을 포함하는 국제기구인 **경제협력개발기구**(OECD)에서 유지하는 데이터베이스이다. 이들 국가는 세계 산출의 약 70%를 담당한다. OECD 자료의 한 가지 장점은 많은 변수를 회원국 간에 비교할 수 있다(또는 비교할 수 없는 경우 알려준다)는 것이다. https://data-explorer.oecd.org
- AMECO: 유럽연합위원회가 관리하는 연간 거시경제(annual macroeconomic) 데이터베이스로, 모든 유럽연합 회원국에 대한 상세한 거시경제 자료를 제공한다. https://economy-finance.ec.europa.eu/economic-research-and-databases/economic-databases/ameco-database_en

훨씬 더 긴 과거 시계열(historical time series) 자료가 필요

할 경우 다음 소스를 참고하면 좋다.

- 미국의 경우 상무부 인구조사국에서 발행하는 *Historical Statistics of the United States, Colonial Times to 1970*, Parts 1 and 2(https://www.census.gov/library/publications/1975/compendia/hist_stats_colonial-1970.html).
- Angus Maddison의 *The World Economy: A Millennial Perspective*(2001, OECD)에서는 성장에 관한 폭넓은 사실이 제시되고 있다. 관련 사이트인 www.theworldeconomy.org에는 지난 2,000년 동안의 성장에 관한 방대한 사실과 데이터가 수록되어 있다.
- 성장부터 불평등, 지구 온난화의 영향까지 거시경제학의 모든 것에 관한 다양한 흥미로운 도표를 제공하는 사이트로 https://ourworldindata.org가 있다.

### 최신 상태를 유지하려면

이 장을 읽을 때쯤이면 새로운 사건이 많이 발생했을 것이다. 현재의 경제상황에 대한 정보를 계속 얻으려면 다음 세 가지 자료가 매우 유용할 것이다.

- WEO(World Economic Outlook): IMF가 매년 두 차례 발간하는 보고서로, 전 세계 및 개별 회원국들에서 일어나는 주요 경제 사건을 다룬다. https://www.imf.org/en/Publications/WEO
- OECD Economic Outlook: OECD가 회원국의 주요 경제 문제를 설명한다(연 2회 발행). www.oecd.org/eco/outlook/economic1-outlook
- *The Economist*: 매주 발행되는 「The Economist」는 전 세계의 경제 및 정치적 사건들을 다루는 데 매우 유익한 정보와 의견을 제시하는 잡지이다. 마지막 네 페이지에서는 많은 국가의 가장 최근 산출량, 실업률, 인플레이션, 환율, 금리, 주가 데이터를 제공한다. 안타깝게도 대부분의 기사와 자료는 유료이다.

좋은 경제 블로그가 여러 개 있다. 목록은 계속 바뀌므로 구글 검색을 통해 최신 목록을 확인하되, 모든 블로그가 좋은 것은 아니라는 점을 명심해야 한다. https://onalytica.com/blog/posts/top-200-most-influential-economics-blogs에 있는 블로그는 일반적으로 괜찮지만, 더 이상 존재하지 않는 링크도 일부 포함되어 있다.

또한 X(구 트위터)에서 이루어지는 논의도 종종 흥미롭다. 나 역시 시사 문제와 이슈에 대해 X에 종종 의견을 올린다. 나를 팔로우하고 내가 팔로우하는 사람들을 살펴볼 수도 있다.

### 핵심용어

경제협력개발기구(Organization for Economic Cooperation and Development, OECD)

국제통화기금(International Monetary Fund, IMF)

## 부록 2 거시경제학자가 하는 일

거시경제학을 수강하는 데는 여러 이유가 있을 수 있다. 일부는 단순히 주변에서 일어나는 일을 더 잘 이해하기를 원하며, 일부는 전공을 이수하고 경제학 학사 학위를 취득하고 취업하기 위해 수업을 듣는다. 또 다른 일부는 경제학 석사나 박사 학위를 취득하기 위해서 거시경제학을 수강한다.

거시경제학을 전공하는 사람은 어떤 직업을 가질 수 있는지, 어떤 일을 할지, 얼마나 벌 수 있는지 알고 싶을 것이다. 간단히 말해 학사 학위를 취득하면 대기업이든 금융기관이든 민간 부문에서 일하며 경제상황을 평가하는 데 도움을 줄 것으로 기대할 수 있다. 연준과 같은 중앙은행이나 IMF나 세계은행과 같은 국제기구에서 일하려면 박사 학위가 필요하다. 학계의 일자리도 이와 요건이 비슷하다. 미국경제학회(American Economic Association, AEA) 홈페이지(www.aeaweb.org/resources/students/careers)에서 경제학 전공자의 경력에 대한 정보를 얻을 수 있다.

# 2 책으로의 여행

매일 신문이나 저녁 뉴스에 산출, 실업, 인플레이션이라는 단어가 등장한다. 따라서 1장에서 이러한 단어를 사용했을 때 여러분은 무슨 말을 하는지 대충 알고 있었을 것이다. 이제 이 장의 처음 세 절을 통해 이 단어들을 더 엄밀하게 정의해 보자.

**2-1** 산출을 살펴본다.

**2-2** 실업률을 살펴본다.

**2-3** 인플레이션율을 살펴본다.

**2-4** 이 세 변수 사이의 두 가지 중요한 관계인 오쿤의 법칙과 필립스 곡선을 소개한다.

**2-5** 이 책을 관통하는 세 가지 중심 개념을 소개한다.

- 단기: 매년 경제에는 무슨 일이 발생하는가?
- 중기: 10년 정도의 기간에 경제에는 무슨 일이 발생하는가?
- 장기: 50년 이상의 기간에 경제에는 무슨 일이 발생하는가?

**2-6** 이 세 가지 개념에 기초하여 이후의 장들에 대한 로드맵을 제공한다.

**이 장의 핵심 주제:** 세 가지 중심적인 거시경제 변수는 산출, 실업, 인플레이션이다. ▶▶▶

## 2-1 총산출

19세기 또는 대공황 시기에 경제활동을 연구한 경제학자에게는 국민경제의 총체적 활동(aggregate activity, 'aggregate'는 거시경제학자가 'total'의 의미로 사용하는 용어)에 대한 척도가 없었다. 대신 철광 출하액, 백화점 매출액 등 단편적 정보를 모아 경제 전반에 무슨 일이 발생하는지 추측해야 했다.

하버드대학교의 쿠즈네츠(Simon Kuznets)와 케임브리지대학교의 스톤(Richard Stone)은 국민소득과 생산계정의 발전에 대한 기여로 노벨상을 수상했다. 이는 대단한 지적, 실증적 성과였다.

제2차 세계대전이 끝나서야 **국민소득과 생산계정**(national income and product accounts, NIPA), 즉 국민소득계정(national income accounts)이 취합되었다. 미국의 경우 1947년 10월 이후 총산출에 대한 측정치가 정기적으로 발표되었다. (이전 총산출은 공표된 수치를 소급해 작성되었다.)

다른 회계 시스템처럼 국민소득계정은 먼저 개념을 정의하고 그에 해당하는 척도를 구성한다. 이 계정을 아직 개발하지 않은 국가들의 통계를 살펴보면 국민계정통계가 정확성과 일관성 면에서 얼마나 중요한지 알 수 있다. 이들이 없다면 합산된 숫자가 남거나 모자라며, 이를 파악하려 해도 마치 다른 사람이 작성한 회계장부를 맞추려는 느낌이 든다. 그렇다고 국민계정의 상세한 부분 때문에 고생할 필요는 없다. 그러나 때때로 변수의 정의와 변수 간 관계를 알아야 하기 때문에 이 책의 부록 1에서는 오늘날 미국(그리고 약간의 수정만 거치면 대부분의 다른 국가)에서 사용하고 있는 기초적인 국민소득계정을 소개한다. 경제자료를 살펴볼 일이 있을 때 이 부록을 참고하면 매우 유용할 것이다.

때때로 **국민총생산**(gross national product, GNP)이라 불리는 또 다른 명칭을 만날 수 있다. '국내'와 '국민' 간에서처럼 GDP와 GNP 간에도 미묘한 차이가 있다. 이 차이는 18장과 부록 1에서 검토한다. 그러나 일단 무시하자.

### GDP: 생산과 소득

국민계정에서 **총산출**(aggregate output) 측정치는 **국내총생산**(gross domestic product, GDP)이라 불린다. GDP가 계산되는 방식을 알기 위해서는 간단한 예를 살펴보는 것이 좋다. 두 기업만으로 구성된 경제를 고려하자.

현실적으로 철강 생산에는 노동자와 기업뿐만 아니라 철광석, 전기 및 다른 재료도 필요하다. 그러나 예를 단순화하기 위해 다른 투입물을 무시할 것이다.

- 기업 1은 노동자와 기계로 철강을 생산한다. 이 기업은 자동차를 생산하는 기업 2에게 철강을 100달러에 판매한다. 기업 1은 노동자에게 80달러를 지불하고 20달러는 이윤으로 남긴다.
- 기업 2는 구입한 철강으로 노동자와 기계에 의존해 자동차를 생산한다. 자동차 판매로 얻는 수입은 200달러이다. 200달러 중 100달러는 철강 구입대금으로 사용하고, 70달러는 노동자에게 가고, 30달러는 이윤으로 남는다.

이 내용을 표로 요약하면 다음과 같다.

| 철강 회사(기업 1) | | | 자동차 회사(기업 2) | | |
|---|---|---|---|---|---|
| 매출액 | | 100달러 | 매출액 | | 200달러 |
| 비용 | | 80달러 | 비용 | | 170달러 |
| 임금 | 80달러 | | 임금 | 70달러 | |
| | | | 철강 구입 | 100달러 | |
| 이윤 | | 20달러 | 이윤 | | 30달러 |

이렇게 두 기업만 있는 경제에서 총산출은 어떻게 정의할까? 생산된 모든 재화의 가치를 합산할까? 이 경우 철강 생산으로부터 얻은 100달러와 자동차 생산으로부터 얻은 200달러를 합한다면 총산출은 300달러이다. 아니면 자동차의 가치만으로 총산출을 정의할까? 이 경우는 200달러이다. 약간만 생각해 보면 정답이 200달러임을 알 수 있다. 왜일까? 철강이 **중간재**(intermediate goods)이기 때문이다. 즉 철강은 자동차 생산에 사용되었다. 일단 자동차 생산액을 계산하고 나면, 자동차를 만드는 데 투입된 재화의 생산은 다시 계산할 필요가 없다.

◀ 중간재는 다른 재화의 생산에 사용되는 재화이다. 일부 재화는 최종재와 중간재로 모두 사용될 수 있다. 감자는 소비자에게 직접 판매될 경우 최종재이다. 포테이토칩을 생산하기 위해 사용되는 감자는 중간재이다. 또 다른 예를 생각해 볼 수 있는가?

이상은 GDP의 첫 번째 정의로 이어진다.

1. GDP는 주어진 기간 동안 경제 내에서 생산된 최종재화와 용역의 가치이다.

여기서 중요한 단어는 최종(final)이다. 즉 중간재가 아니라 **최종재**(final goods)의 생산만을 포함해야 한다. 앞의 예를 사용해 다른 방법으로 이 점을 살펴보자. 두 기업이 합병했다고 가정하자. 이 경우 철강 매출액은 새로운 기업의 내부에서 발생하며 더 이상 기록되지 않게 된다. 새 기업의 회계장부는 다음 표와 같다.

| 철강 및 자동차 회사 | |
|---|---|
| 매출액 | 200달러 |
| 비용(임금) | 150달러 |
| 이윤 | 50달러 |

여기서 볼 수 있는 것이라곤 자동차를 200달러에 판매하는 기업이 노동자에게 80 + 70 = 150달러를 지불하고 20 + 30 = 50달러를 이윤으로 얻고 있다는 점이다. 측정치 200달러는 당연히 바뀌지 않아야 한다. 총산출의 측정치는 합병 여부에 의존하지 않아야 하는 것이다.

첫 번째 정의는 GDP를 구축하는 한 가지 방법을 제공한다. 최종재의 생산액을 기록하고 합산하는 것이다. 사실 이 방식이 실제 GDP가 집계되는 방식이다. 하지만 이것은 GDP를 합산하는 두 번째 방식도 제공한다.

2. GDP는 주어진 기간 동안 경제 내에서 부가된 가치, 즉 부가가치의 합계이다.

**부가가치**(value added)라는 용어는 문자 그대로의 의미를 갖는다. 기업이 부가한 가치는 해당 기업이 생산한 생산물의 가치에서 생산에 사용된 중간재의 가치를 뺀 값으로 정의된다.

두 기업으로 구성된 경제에서 철강 회사는 중간재를 사용하지 않는다. 이 기업이 부가하는 가치는 단순히 자신이 생산한 철강의 가치인 100달러와 같다. 그러나 자동차 회사는 철강을 중간재로 사용한다. 따라서 자동차 회사가 부가한 가치는 자신이 생산한 자동차의 가치에서 생산에 사용된 철강의 가치를 차감한 값이다(200 − 100 = 100달러). 경제 전체에서 부가된 총가치 또는 GDP는 100 + 100 = 200달러와 일치한다. (총부가가치는 철강 회사와 자동차 회사가 합병해 하나의 기업이 되더라도 마찬가지이다. 이 경우 중간재 생산 규모를 알 수 없다. 기업 내에서 생산된 철강이 그대로 자동차 생산에 투입될 것이다. 기업이 부가한 가치는 단순히 생산된 자동차의 가치 또는 200달러와 일치한다.)

이 정의는 GDP를 이해하는 두 번째 방법을 제공한다. 종합하면, 두 정의는 최종재화와 용역의 가치(GDP의 첫 번째 정의)를 경제 내 모든 기업에 의해 부가된 가치의 합(GDP의 두 번째 정의)으로도 생각해 볼 수 있음을 보여준다.

지금까지는 GDP를 생산 측면에서 살펴보았다. GDP는 소득 측면에서도 파악할 수 있다. 예로 돌아가서 중간재에 대금을 지불한 뒤 기업에 남겨진 수입을 생각해 보자. 수입의 일부는 노동자에게 돌아가며 **노동소득**(labor income)이라 불린다. 나머지는 기업에 가며 **자본소득**(capital income) 또는 이윤(profit income)이라 불린다(자본소득인 이유는 생산에 사용된 자본의 소유자에 대한 보상으로 볼 수 있기 때문이다).

철강 회사가 부가한 가치인 100달러 중에서 80달러는 노동자에게 가고(노동소득), 나머지 20달러는 기업에게 간다(자본소득). 자동차 회사가 부가한 가치 100달러 중에서 70달러는 노동소득으로, 30달러는 자본소득으로 돌아간다. 경제 전체에 대해 노동소득은 150(= 80 + 70)달러이고 자본소득은 50(= 20 + 30)달러이다. 따라서 부가가치는 노동소득과 자본소득의 합으로 200(= 150 + 50)달러이다.

이 예에서 노동소득분배율은 75%이다. 선진국에서 노동소득분배율 비중은 실제로 통상 60~75% 수준이다.

이상의 논의는 GDP의 세 번째 정의를 제공한다.

3. GDP는 주어진 기간 동안 경제에서의 소득의 합계이다.

요약하면 총산출, 즉 GDP는 세 가지 다른, 그러나 크기가 일치하게 되는 방식으로 파악할 수 있다.

두 가지를 기억하자. ① GDP는 총산출의 측정치이다. 이는 생산 측면(총생산)이나 소득 측면(총소득)으로 생각할 수 있다. ② 총생산과 총소득은 항상 일치한다.

- 생산 측면: GDP는 주어진 기간 동안 한 국가에서 생산된 재화와 용역의 가치와 같다.
- 생산 측면: GDP는 주어진 기간 동안 한 국가에서 부가된 가치의 합계이다.
- 소득 측면: GDP는 주어진 기간 동안 한 국가에서 발생한 소득의 합계이다.

## 명목 GDP와 실질 GDP

미국의 GDP는 2022년에 25조 4,600억 달러로, 1960년의 5,430억 달러와 잘 대비된다. 미국의 2022년 생산 규모가 실제로 1960년보다 47배 커졌을까? 답은 '아니다'이다. 생산 규모의 상당 부분은 생산량 증가보다는 가격 상승을 반영한다. 이는 명목 GDP와 실질 GDP 간의 구별로 이어진다.

경고! 사람들은 종종 '명목'을 수량이 사소한 상황을 지칭할 때 사용한다. 경제학자는 현재 가격으로 표시된 변수에 '명목'이라는 단어를 사용한다. 그리고 분명히 이는 사소한 수량을 나타내지 않는다. 수량은 통상 십억 달러나 조 달러 단위이다.

**명목 GDP**(nominal GDP)는 생산된 최종재화의 수량에 현재 가격을 곱해 합계한 것이다.

이 정의에 비추어 볼 때 명목 GDP는 두 가지 이유 때문에 증가할 수 있음이 분명하다.

- 첫째, 대부분의 재화 생산은 점차 증가한다.
- 둘째, 대부분의 재화 가격도 점차 상승한다.

만약 생산 규모와 그 변화를 측정하는 데 목적이 있다면, GDP의 측정치에서 가격 상승 효과를 제거해야 한다. 이 때문에 **실질 GDP**(real GDP)는 최종재화의 수량에 현재의 가격(또는 경상가격)보다는 일정한 가격(또는 불변가격)을 곱한 뒤에 합계하는 방식으로 구축된다.

만약 어떤 국민경제가 한 가지 최종재, 예를 들어 특정한 자동차 모델 한 가지만을 생산한다면 실질 GDP의 구축은 쉬울 것이다. 특정 연도의 자동차 가격을 선택하고 각 연도에 생산된 자동차의 수량을 곱하면 된다. 예를 보면 도움이 된다. 자동차만 생산하는 경제를 고려하자. 아울러 후에 다룰 문제를 피하기 위해 매년 동일한 모델이 생산된다고 하자. 3년간 자동차 수량과 가격이 다음과 같다고 하자.

◀ 이 3개 연도를 선택한 이유는 미국의 실제 수치를 설명할 때 제시될 것이다.

| 연도 | 자동차 생산량 | 자동차 가격 (달러) | 명목 GDP (달러) | 실질 GDP (2017년 기준, 달러) |
|---|---|---|---|---|
| 2016년 | 10 | 20,000 | 200,000 | 240,000 |
| 2017년 | 12 | 24,000 | 288,000 | 288,000 |
| 2018년 | 13 | 26,000 | 338,000 | 312,000 |

자동차 생산량과 그 가격의 곱인 명목 GDP는 2016년 200,000달러에서 2017년 288,000달러로 증가했다(44% 증가). 그리고 2017년 288,000달러에서 2018년에는 338,000달러로 증가했다(17% 증가).

- 실질 GDP를 구축하려면 매년 생산된 자동차 대수에 공통가격을 곱해야 한다. 2017년의 자동차 가격을 공통가격으로 사용한다고 하자. 이 방식을 통해 2017년 기준 실질 GDP를 산출할 수 있다.
- 이 방식을 사용하면 2016년 GDP(2017년 불변가격)는 10대×대당 24,000달러=240,000달러이다. 2017년 실질 GDP(2017년 불변가격)는 12대×대당 24,000달러=288,000달러이며, 이는 2017년의 명목 GDP와 일치한다. 한편 2018년의 실질 GDP(2017년 불변가격)는 13대×대당 24,000달러=312,000달러이다. 따라서 실질 GDP는 2016년 240,000달러에서 2017년 288,000달러로 20% 상승했고, 2017년 288,000달러에서 2018년 312,000달러로 다시 8% 상승했다.
- 만약 실질 GDP 계산에 2017년 가격 대신 2018년 가격을 사용했다면 계산 결과는 달라질까? 당연히 달라질 것이다(2018년의 가격은 2017년과 다르기 때문이다). 그러나 연간 증가율은 위에 나타낸 표와 동일할 것이다.

◀ 확인을 원한다면 2018년 달러 기준으로 실질 GDP를 계산하고 이어서 2016년부터 2017년까지, 그리고 2017년부터 2018년까지의 성장률을 계산해 보라.

실제로 실질 GDP 계산에서 중요한 문제는 국민경제 내에 1개 이상의 최종재가 있다는 점이다. 실질 GDP는 모든 최종재 생산물의 가중평균으로 정의되어야 하는데, 이것은 가중치가 무엇이 되어야 하는지의 문제를 낳는다.

자연스러운 가중치는 재화의 **상대가격**일 것이다. 어떤 재화의 단위당 가격이 다른 재화보다 2배 높다면, 실질 산출을 계산하는 데 그 재화는 다른 재화보다 2배로 반영되어야 한다. 하지만 이것은 새로운 질문을 유발한다. 일반적인 경우처럼 상대가격이 변한다면 어떻게 될까? 특정 상대가격을 계속 사용해야 할까, 아니면 바꿔야 할까? 가중치 선정과 미국에서의 실질 GDP 계산 방법에 대한 상세한 논의는 이 장의 부록에 수록되어 있다. 다만 미국의 경우 실질 GDP의 측정은 상대가격 변화를 반영하는 가중치를 사용한다는 점을 알아야 한다. 이러한 GDP 측정치를 **연쇄 (2017년 기준) 실질** GDP[real GDP in chained (2017) dollars]라 부른다. 여기서 2017년 기준이라 한 것은 실질 GDP와 명목 GDP가 일치하는 해가 2017년이기 때문이다. 현 단계에서 이런 GDP 계산 방식이 최선인 것이며, 그 수치 변화는 미국의 산출량이 어떻게 증가해 왔는지를 보여준다.

물가지수를 구축하는 데 사용한 연도(여기선 2017년)는 '기준연도(base year)'라 한다. 기준연도는 주기적으로 바뀌며, 독자가 이 책을 읽고 있을 때 변경되어 있을 수 있다.

그림 2-1은 1960년 이래 명목 GDP와 실질 GDP의 추이를 보여준다. 계산 방식으로 인해 2017년에 대한 두 수치는 일치한다. 2022년의 실질 GDP는 1960년의 약 6.1배로 상당한 증가로 보이지만 같은 기간 47배 증가한 명목 GDP보다는 증가 규모가 확실히 작다. 두 지표 간 이러한 차이는 물론 물가 상승에 기인한다.

실질 GDP가 2017년 달러 기준 대신 2000년 달러 기준으로 측정되었다고 하자. 그림에서 명목 GDP선과 실질 GDP선은 어디에서 교차하겠는가?

명목 GDP와 실질 GDP는 종종 달리 불리며, 이 용어들을 자주 마주치게 될 것이다.

- 명목 GDP는 **경상** GDP(GDP in current dollars)라고도 한다.
- 실질 GDP는 **불변** GDP(GDP in constant dollars), **인플레이션 조정** GDP(GDP adjusted for inflation), **2017년 기준** GDP(GDP in 2017 dollars)라고 한다. 2017년은 실질 GDP와 명목 GDP가 일치하는 해로, 현재 미국은 이 기준을 사용한다.

**그림 2-1**

**미국의 명목 GDP와 실질 GDP(1960~2022년)**

명목 GDP는 1960년부터 2022년까지 47배 증가했고, 실질 GDP는 6.1배 증가했다.

출처: FRED. Series GDPC, GDP.

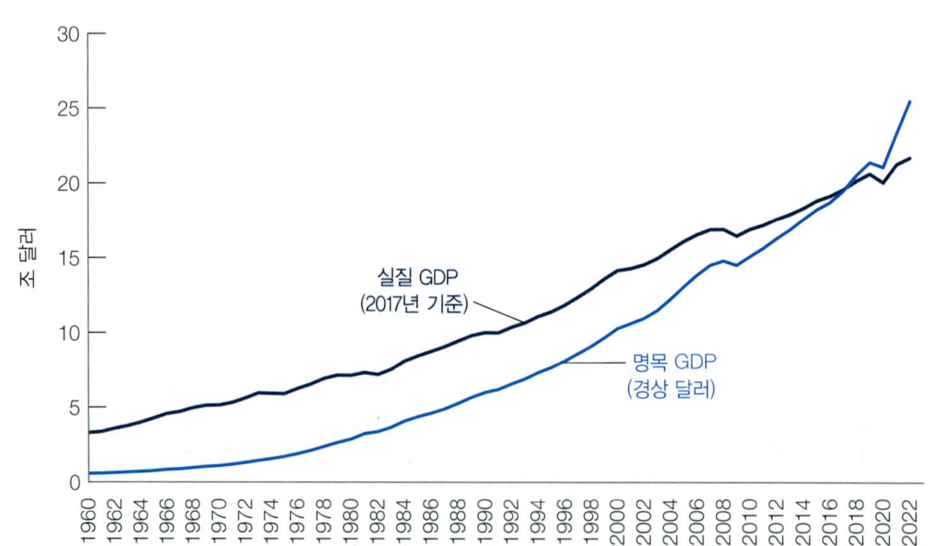

FOCUS

## 실질 GDP, 기술 진보, 컴퓨터 가격

실질 GDP 계산에서 어려운 문제는 기존 상품의 질적 변화를 어떻게 다루는가이다. 가장 어려운 사례 중 하나가 컴퓨터이다. 2023년형 개인용 컴퓨터가 20년 전에 제작된 개인용 컴퓨터와 성능이 동일하다고 가정하는 것은 분명히 터무니없다. 2023년형은 2003년형보다 훨씬 더 기능이 많다. 하지만 얼마나 더 많을까? 또 그것을 어떻게 측정할까? 속도, RAM이나 하드 디스크 크기, 인터넷 접속 속도의 개선 등을 어떻게 감안해야 할까?

경제학자가 품질 향상을 감안하기 위해 사용하는 접근법은 특정 연도에 상이한 특성을 지닌 컴퓨터가 어떤 가치를 갖는지 보는 것이다. 예를 들어 시장에서 판매 중인 다른 모형의 가격에 대비할 때 사람들은 3GHz 컴퓨터에 비해 4GHz(4,000MHz) 컴퓨터에 대해 10% 더 지불할 용의가 있다고 하자. (1996년에 이 책의 초판이 출판되었을 때는 50MHz와 16MHz의 두 가지 컴퓨터를 비교했다. 이러한 변화는 기술 진보의 좋은 예이다.) 올해 새로 나온 컴퓨터의 속도가 4GHz이고, 지난해 새로 나온 컴퓨터의 속도가 3GHz라고 가정해 보자. (기술 진보의 복잡성에 대한 또 다른 사례는 최근에 가까워질수록 기술 진보가 프로세서 속도의 향상보다는 멀티코어 프로세서 사용에서 비롯한다는 것이다. 이런 측면은 더 이상 다루지 않겠지만, 국민계정 담당자는 이러한 점을 고려해야 한다.) 아울러 금년의 신형 컴퓨터 가격이 작년의 신형 컴퓨터 가격과 같다고 하자. 이 경우 경제학자는 금년의 새로운 컴퓨터 가격이 사실상 전년보다 10% 낮아졌다고 결론 내릴 것이다.

이러한 접근 방식은 **헤도닉 가격책정**(hedonic pricing)이라 불리며[그리스어 '헤돈(hedone)'은 '쾌락'을 의미한다. 재화의 가치는 그것이 제공하는 효용(쾌락)의 정도이다], 재화의 특성들 각각에 암묵적 가격을 부과한다(컴퓨터의 경우에는 속도, 메모리 등이다). 실질 GDP를 구축하는 미국 상무부에서는 헤도닉 가격책정을 이용해 자동차나 컴퓨터 같은 복잡하고 빠르게 변화하는 재화의 가격 변화를 추정한다. 이 접근 방식을 사용해 미국 상무부는 가격이 일정하다고 할 때 신형 노트북의 품질이 1999년 이래 연평균 20%씩 증가했다고 추정한다(이는 FRED 데이터베이스에서 PCU33411133411172로 제공한다).

이 책에서는 달리 언급하지 않는 한 다음과 같이 표현한다.

- 실질 GDP는 GDP라 하고, $Y_t$는 $t$년도의 실질 GDP를 나타낸다.
- 명목 GDP 또는 현재 가격으로 측정된 변수는 앞에 달러($) 기호를 붙인다. 예를 들어 $\$Y_t$는 $t$년도의 명목 GDP를 말한다.

## GDP: 수준과 성장률

지금까지는 실질 GDP의 절대 규모에 집중했다. 이 지표는 한 국가의 경제 규모를 나타내는 중요한 수치이다. 다른 나라의 2배에 달하는 GDP를 가진 국가는 경제 규모가 2배이다. 마찬가지로 또는 더 중요한 것이 실질 GDP를 그 나라의 인구수로 나눈 **1인당 실질 GDP**(real GDP per person)이다. 그 나라의 평균 생활 수준을 대표하기 때문이다.

◀ 경고! 비교하는 방법에 주의해야 한다. 실질 GDP 측정치는 해당 국가의 상대가격을 사용한다. 그렇다면 국가마다 상대가격이 다르다면 어떻게 될까? 이에 대한 더 자세한 논의는 10장에서 다룬다.

경제학자는 매년 경제성과를 평가할 때 실질 GDP의 성장률 또는 **경제성장률**(GDP growth)에 초점을 맞춘다. 양(+)의 경제성장률을 보이는 상태를 **경기확장**(expansion)이라 하고, 음(−)의 경제성장률을 보이는 상태를 **경기침체**(recession)라 부른다.

1960년 이래 미국 경제의 경제성장률 추이는 그림 2-2와 같다. $t$년도 경제성장률은 $(Y_t - Y_{t-1})/Y_{t-1}$로 정의되며 백분율로 환산된다. 그림은 미국이 일련의 경기확장기를 거쳤으며, 단기적인

그림 2-2

**미국 GDP의 성장률(1960~2022년)**

1960년 이래 미국 경제는 짧은 경기침체로 방해받은 일련의 경기확장을 경험했다. 가장 최근의 두 차례 경기침체는, 첫 번째는 글로벌 금융위기, 두 번째는 COVID-19로 인해 발생한 것으로서 이례적으로 규모가 컸다.

출처: FRED, GDPC.

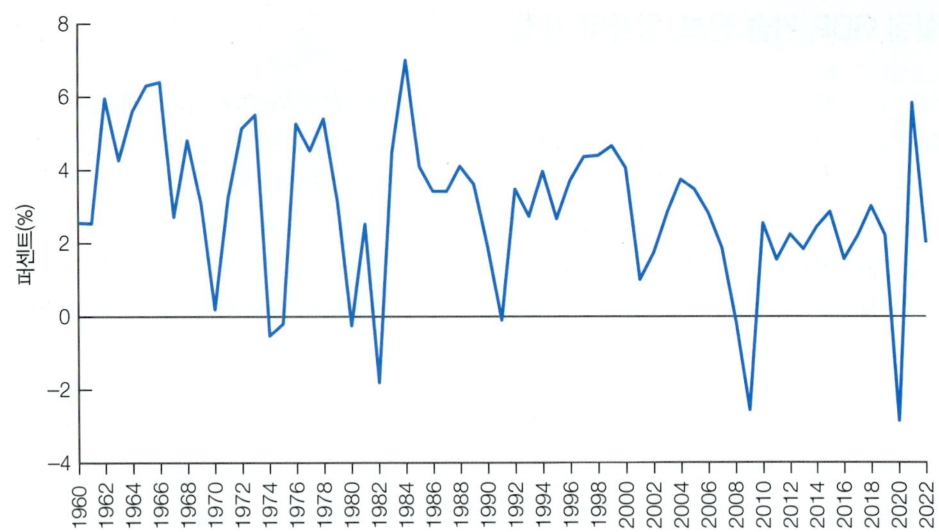


2020년의 산출 감소가 왜 그림 1-1에 나타낸 것보다 훨씬 작게 나타나는지 궁금할 수 있다. 그 이유는 그림 1-1은 (연율로 환산한) 산출의 분기별 변화율을 보여주는데, 2분기에는 이 수치가 크게 마이너스로 감소했기 때문이다. 이 그림은 전년 대비 변화율을 보여주므로 이후 분기에서 경제가 상당 부분 회복되면서 감소 폭이 훨씬 작게 나타난 것이다.

경기침체로 방해받아 왔음을 보여준다. 최근의 두 번의 큰 하락에 주목할 필요가 있다. 첫 번째는 2008년과 2009년 글로벌 금융위기로 인한 것이고, 두 번째는 2020년 COVID-19 사태로 인한 것이다.

## 2-2 실업률

GDP는 총경제활동에 관한 측정치이므로 거시경제변수 중 가장 중요하다. 그러나 다른 두 변수, 즉 실업과 인플레이션은 경제성과의 다른 중요한 측면을 말해준다. 이 절은 실업에 초점을 맞춘다.

두 가지 정의에서 출발하자. **취업자 수**(employment)는 직업을 가진 사람의 수이며, **실업자 수**(unemployment)는 직업이 없어 찾고 있는 사람의 수이다. 따라서 취업자 수와 실업자 수를 더하면 **경제활동인구**(labor force)가 된다.

$$L = N + U$$

경제활동인구 = 취업자 수 + 실업자 수

**실업률**(unemployment rate)은 경제활동인구 중 실업 상태에 있는 사람의 비율이다.

$$u = \frac{U}{L}$$

$$\text{실업률} = \frac{\text{실업자 수}}{\text{경제활동인구}}$$

실업률의 도출은 겉보기와 달리 쉽지 않다. 고용 여부와 달리 실업 여부를 결정하는 것은 어렵다. 실업자의 정의상 실업자로 분류되려면 두 조건을 만족시켜야 한다. 즉 (1) 일자리가 없고,

(2) 일자리를 찾고 있어야 한다. 이 두 번째 조건을 만족시키는지를 평가하는 것이 쉽지 않다.

1940년대까지 미국에서 그리고 최근까지 대부분의 다른 국가에서 이용 가능한 유일한 실업자 관련 자료원은 실업급여사무소에 등록된 사람들의 숫자였다. 결국 이들만이 실업자로 계산되었다. 이 방식은 실업자를 정확하게 측정하지 못하는 문제를 초래했다. 일자리를 찾는 사람 중 실업급여사무소에 등록하는 사람들의 비중은 나라마다, 시기마다 달랐다. 실업급여를 다 받았기 때문에 등록할 동기를 상실한 사람들은 굳이 실업급여사무소로 가지 않을 것이다. 결국 이 사람들은 실업자에 포함되지 않을 것이다. 실업자에게 충분한 실업수당을 주지 못하는 나라일수록 실업자 규모가 작을 것이며 실업률도 낮게 측정될 것이다.

오늘날 대부분의 부유한 국가는 실업률 계산을 위해 대규모 가계조사를 실시한다. 미국의 경우 이 조사를 **인구동향조사**(Current Population Survey, CPS)라 부르며, 인구조사국에서 이 업무를 수행한다. 인구조사국은 매월 6만 가구를 조사한다. 이 조사는 조사 시점에 직업을 가지고 있으면 취업자로 분류한다. 만약 직업을 갖지 않고 동시에 **지난 4주 동안 직업을 찾기 위해 노력했다면** 실업자로 분류한다. 대부분의 다른 국가도 유사한 실업자 정의를 사용한다. 미국에서 2022년 12월 실시한 CPS 조사에 기초한 추정치를 보면, 평균 1억 5,800만 명이 취업자이고 600만 명이 실업자로, 실업률은 6.0/(158+6.3)=3.6%였다.

◀ 미국 전체 인구의 표본으로 6만 가구가 선정된다. 따라서 표본은 전체 인구의 상황에 대한 좋은 추정치를 제공한다.

일자리를 찾는 사람만이 실업자로 계산된다는 점에 주의해야 한다. 직업이 없는데도 직업을 찾지 않는다면 **비경제활동인구**(not in the labor force)로 계산된다. 실업률이 높으면 실업자 중 일부는 일자리 찾는 것을 포기하게 되어 결국 더는 실업자에 포함되지 않는다. 이런 사람을 **실망실업자**(discouraged worker)라 부른다. 극단적인 예를 보자. 만약 직업이 없는 모든 노동자가 직업 찾기를 포기한다면 실업률은 0%일 것이다. 이 문제 때문에 실업률은 노동시장 상황을 적절히 반영하지 못한다. 물론 이 예는 너무 극단적이다. 실제로 성장이 둔화하면 실업률도 증가하고 경제활동을 포기하는 사람도 증가한다. 다시 말해 실업률이 증가하면 통상적으로 **경제활동참가율**(participation rate)의 하락도 병행된다. 여기서 경제활동참가율이란 생산가능인

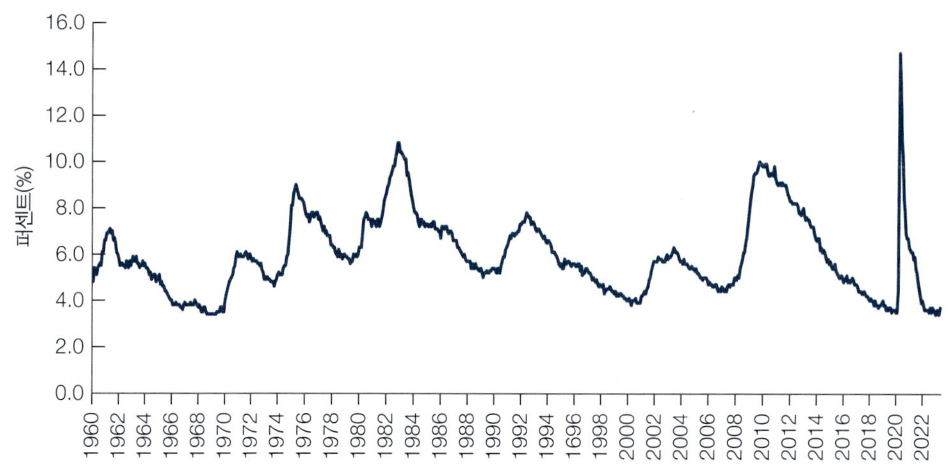


**그림 2-3**

**미국의 실업률(1960~2022년)**

1960년 이후 미국의 실업률은 3~15% 사이에서 변동해 왔다.

출처: FRED Series: UNRATE.

실업률과 고용률이 함께 상승했다면 어떤 결론을 내릴 수 있겠는가?

구 대비 경제활동인구의 비율로 정의된다.

그림 2-3은 1960년 이후 미국의 실업률 추이를 보여준다. 실업률은 경기침체기에는 상승하고 경기확장기에는 하락하면서 3%에서 15% 사이에서 변동해 왔다. 무엇보다도 최근 두 차례의 예외적인 급등에 주목할 필요가 있다. 첫 번째는 2010년으로서 글로벌 금융위기의 영향이 반영된 것이고, 두 번째는 2020년으로서(훨씬 가파르게 상승했지만 빨리 회복되었다) COVID-19로 인한 강력한 봉쇄 조치의 부정적 영향이 반영된 것이다.

### 경제학자가 실업에 신경을 쓰는 이유

경제학자는 두 가지 이유 때문에 실업에 신경을 쓴다. 첫째, 실업이 실업자의 복지에 직접적인 영향을 미치기 때문에 실업에 주목한다. 오늘날의 실업급여는 과거 대공황기보다 훨씬 좋아졌지만, 실업은 아직도 금전적, 심리적 고통과 종종 관련된다. 고통의 정도는 실업의 속성에 의존한다.

공항을 예로 들어 생각해 보자. 공항이 승객들로 가득 차 있다고 하자. 이러한 상황은 두 가지 이유로 발생할 수 있다. 많은 사람이 비행기를 타기 위해 빠르게 이동하고 있는 경우이거나, 비행기가 연착되어 사람들이 다음 비행기를 기다리고 있는 경우이다. 각각의 경우 사람들의 기분은 어떻게 다를까?

실업과 관련된 하나의 이미지는 장기간 실업자 상태인 사람이 정체의 늪에 빠진 것처럼 보인다는 것이다. 평상시의 미국은 이러한 이미지와는 거리가 멀다. 매월 많은 사람이 실업자가 되지만, 동시에 많은 실업자가 직업을 갖게 된다. 그러나 실업률이 상승하면 실업과 관련된 이미지처럼 변한다. 더 많은 사람이 실업자가 될 뿐만 아니라 이들 중 많은 수가 장기간 실업 상태에 머문다. 예를 들어 평균 실업기간은 2000~2007년간 평균 16주에서 글로벌 금융위기가 끝날 무렵 2011년에는 40주로 증가했다. 실업률이 높아지면 실업이 더 널리 퍼질 뿐만 아니라 실업자에게도 고통이 가중된다.

둘째, 경제학자들이 실업률에 주목하는 이유는 그것이 경제에서 일부 자원이 사용되지 않고 있음을 보여주는 신호이기 때문이다. 실업률이 높다면 일하고 싶어하는 많은 노동자가 일자리를 찾지 못하고 있고, 경제가 인적자원을 효율적으로 활용하지 못하고 있음을 의미한다. 이 관점에서 볼 때 매우 낮은 실업률도 문제가 될 수 있을까? 답은 '그렇다'이다. 너무 빠른 속도로 달리는 엔진과 마찬가지로, 매우 낮은 실업률을 가진 경제의 경우 인적자원을 지나치게 활용하고 있는 셈이고, 결국 노동력 부족 문제에 봉착할 수 있다. 얼마나 낮아야 '지나치게 낮다'고 할 수 있을까? 이는 답하기 어려운 질문이지만 2023년 중반 현재 매우 중요한 문제이다. 이 책을 집필하는 현재 실업률은 3.5%로 그림 2-3에서 볼 수 있듯이 역사적으로 낮은 수준이다. 경제가 과열 상태에 있는지, 연준이 과열을 잠재우고 실업률 상승을 허용해야 하는지 여부가 현재 연준이 직면한 주요 정책적 이슈이다.

이 주장 때문에 경제학은 '우울한 과학(dismal science)'으로 불리는 것 같다.

디플레이션은 드물지만 실제로 발생한다. 미국은 대공황 기간이었던 1930년대에 디플레이션을 경험했다(9장 FOCUS 참조). 일본은 1990년대 말 이래 디플레이션을 경험하고 있다. 보다 최근에 유로 지역은 짧은 기간이나마 디플레이션을 경험했다.

## 2-3 인플레이션율

**인플레이션**(inflation)은 **물가**(price level)의 지속적인 상승 현상이다. **인플레이션율**(inflation rate)은 물가의 상승률이다. [반대로 **디플레이션**(deflation)은 물가의 지속적인 하락 현상을 말

FOCUS

## 실업과 행복

실업은 얼마나 고통스러울까? 이 질문에 답하려면 특정 개인에 관한 정보와 실업 상태에서 이들의 행복이 어떻게 변하는지를 알아야 한다. 이 정보는 독일사회경제패널 조사에서 구할 수 있다. 이 조사는 1984년 이래 매년 약 11,000 가구를 추적하며, 가계 구성원의 취업 상태, 소득, 행복에 대해 많은 질문을 던졌다. 행복에 관한 설문조사에서 사용된 질문은 구체적으로 다음과 같다. "현재 당신의 삶에 대해 전반적으로 얼마나 만족합니까?" 대답은 0('완전히 불만족')부터 10('완전 만족')까지로 평가된다.

이 방식으로 정의된 행복에 대한 실업의 효과가 그림 1에 나타나 있다. 이 그림은 1년 동안 실업 상태였고 4년 전과 4년 후에 고용된 사람들의 평균적인 삶의 만족도를 보여준다. 0년도는 실업한 해이고, −4~−1년은 실업 이전의 해, 1~4년은 다시 고용된 후의 해이다.

그림은 세 가지 결론을 제시한다. 첫 번째이자 가장 중요한 결론은 실업자가 되면 행복이 크게 감소한다는 것이다. 그 행복의 감소 정도에 대해 다른 연구들은 실업에 따른 행복의 감소가 이혼이나 별거로 인한 행복의 감소에 가깝다고 한다. 둘째, 실업이 실제로 시작되기 전부터 행복이 감소한다. 이는 노동자가 실업 가능성이 높아진다는 것을 인지하거나 또는 직업 만족도가 점차 감소하고 있음을 나타낸다. 셋째, 실업 기간이 끝나고 4년 후에도 행복은 완전히 회복되지 않는다. 이는 실업 그 자체의 경험 때문에 또는 새로운 직업이 과거 직업만큼 만족스럽지 않기 때문에 실업이 영구적인 손상을 줄 수 있음을 시사한다.

실업에 대처하는 방법을 고려할 때 실업이 행복을 감소시키는 경로를 이해하는 것이 필수적이다. 이 점에서 한 가지 중요한 발견은 행복의 감소가 실업수당 크기에 크게 의존하지 않는다는 것이다. 즉 실업의 경우 심리문제만큼 금융문제가 행복에 큰 영향을 미치지 않는다는 것이다. 노벨상 수상자 애커로프(George Akerlof)를 인용하면, "실업자는 소득만 상실하는 것이 아니라 인간으로서 기대되는 의무를 다하고 있다는 느낌도 상실한다."

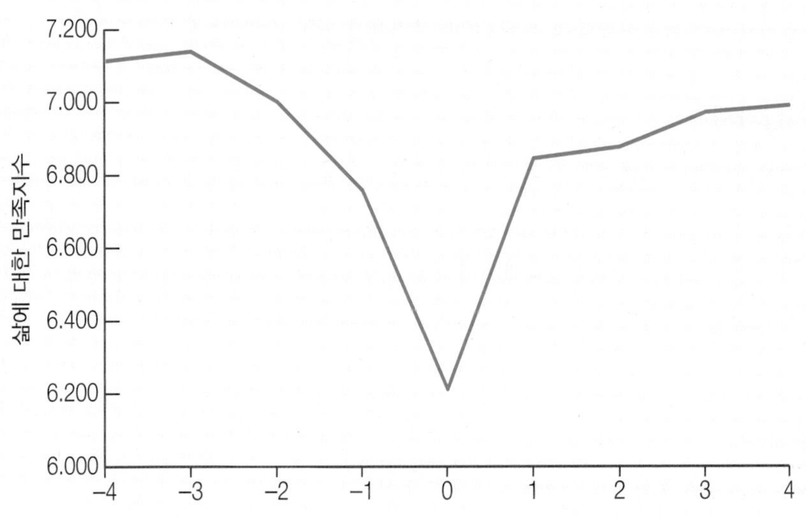


**그림 1**

**실업이 행복에 미치는 영향**

출처: 이 FOCUS의 일부 내용(특히 그림)은 다음 출처에서 가져왔다. "Unemployment and Happiness", by Rainer Winkelmann, *IZA World of Labor, 2014*: 94, pp 1−9.

하며 마이너스 인플레이션율에 해당한다. **디스인플레이션**(disinflation)은 인플레이션율이 하락하는 것을 의미한다.]

실질적 문제는 물가를 어떻게 정의해 인플레이션율을 측정하는지이다. 거시경제학자는 일반적으로 GDP 디플레이터와 소비자물가지수라는 두 가지 물가지수에 의존한다.

## GDP 디플레이터

앞서 명목 GDP의 증가가 실질 GDP의 증가나 물가 상승에서 비롯한다고 했다. 다시 말해 명목 GDP가 실질 GDP보다 빨리 증가한다면, 그 차이는 반드시 물가 상승에서 비롯해야 한다.

이 논의는 GDP 디플레이터에 대한 정의를 이끈다. $t$년도의 **GDP 디플레이터**(GDP deflator) $P_t$는 $t$년도의 실질 GDP 대비 명목 GDP의 비율로 정의된다.

$$P_t = \frac{\text{명목 GDP}_t}{\text{실질 GDP}_t} = \frac{\$Y_t}{Y_t}$$

계산 방식에 의해 실질 GDP와 명목 GDP가 일치하는 해(미국은 2017년)의 경우 물가는 1의 값을 갖는다는 점에 주의해야 한다. 이 점은 강조할 필요가 있다. GDP 디플레이터는 **지수**(index number)의 하나이다. 지수의 크기는 임의로 선택되어 2017년은 1과 같은데, 이는 아무런 경제적 의미가 없다. 그러나 그 변화율 $(P_t - P_{t-1})/P_{t-1}$(이하에서는 이를 $\pi_t$로 표기)은 분명한 경제적 의미를 갖는다. 이것은 일반 물가의 증가율, 즉 인플레이션율을 말한다.

기준연도의 지수는 종종 1보다는 100으로 둔다. FRED의 GDP 디플레이터 시계열 GDPDEF를 보면 2017년은 기준연도로 그 수치는 100이며 2018년은 102.3이다.

물가를 GDP 디플레이터로 정의할 경우 정의에 의해 **명목 GDP, 실질 GDP, GDP 디플레이터** 간에는 단순한 관계가 성립한다.

$$\text{명목 GDP} = P_t Y_t$$

즉, **명목 GDP는 GDP 디플레이터에 실질 GDP를 곱한 것과 같다.** 또는 변화율로 나타내면 명목 GDP 증가율은 인플레이션율에 실질 GDP 증가율을 더한 값과 같다.

2017년 자동차 가격을 공통가격으로 하여 실질 GDP를 계산했던 2.1절의 자동차 예로 돌아가서 2016년부터 2017년까지 그리고 2017년부터 2018년까지의 GDP 디플레이터와 인플레이션율을 구하라. 수준 변수에서 변화율을 계산하려면 이 책 부록 2의 명제 7을 참조하라.

## 소비자물가지수

GDP 디플레이터는 산출, 즉 한 국가 내에서 **생산된** 최종재화의 평균가격을 나타낸다. 그러나 소비자들은 소비재, 즉 자신이 **소비하는** 재화의 평균가격에 관심이 있다. 이 두 가격이 같을 필요는 없다. 한 국가에서 생산되는 재화의 종류와 소비자가 구입하는 재화의 종류는 두 가지 이유로 같지 않다.

- GDP에 포함된 일부 재화는 소비자가 아니라 기업(예: 공작 기계), 정부 또는 외국인에게 판매된다.
- 소비자가 구입하는 일부 재화는 국산품이 아니라 외국에서 수입된 것이다.

소비의 평균가격 또는 **생계비**(cost of living)를 측정하기 위해 거시경제학자는 또 다른 지수인 **소비자물가지수**(Consumer Price Index, CPI)를 살펴본다. 미국의 경우 CPI는 1917년부터 사용되기 시작했으며 매월 발표된다. (참고로 GDP와 GDP 디플레이터는 분기별로 계산되고 발표된다.) CPI는 특정한 재화와 용역 목록의 달러 표시 비용의 변화를 보여준다. 소비지출의 상세한 연구에 기초한 이 목록은 전형적인 도시 소비자의 소비 바구니를 나타내며, 대체로 2년마다 한 번씩 갱신된다.

CPI와 PPI(생산자물가지수, producer price index)를 혼동하지 말라. PPI는 국내 제조업, 광업, 농업, 어업, 임업, 전기 생산업에서 생산된 재화의 물가지수이다.

미국의 경우 매월 노동통계청(Bureau of Labor Statistics, BLS) 직원들이 상점을 방문해 목록에 있는 재화의 가격에 어떤 변화가 생겼는지를 살펴본다. 가격은 38개 도시, 211개 항목을 대상으로 수집된다. 이어서 이 가격들은 CPI를 계산하는 데 사용된다.

GDP 디플레이터(총산출인 GDP와 관련된 물가)와 마찬가지로 CPI 역시 지수이다. 소비자물가지수는 기준으로 선택된 기간에서는 100의 값이다. 이런 점에서 소비자물가지수의 절대적 수준은 특별한 의미가 없다. 미국의 경우 현재의 기준 기간은 1982~1984년이고, 이 기간에 대한 소비자물가지수 평균은 100이다. 2022년 소비자물가지수는 292였는데, 이는 동일한 소비 바구니를 구매하기 위해 1982~1984년보다 대체로 3배 더 비용이 든다는 것을 말해준다.

◀ 왜 이렇게 이상해 보이는 기준 연도를 선택했는지 묻지 않길 바란다. 아무도 기억하지 못하고 있는 것 같다.

그렇다면 GDP 디플레이터로 계산되는가 아니면 CPI로 계산되는가에 따라 인플레이션율이 달라질 수 있을까? 이에 대한 답이 두 방식으로 계산된 1960년 이래 미국의 인플레이션율을 보여주는 그림 2-4에 나타나 있다. 이 그림은 두 가지 결론을 제시한다.

- CPI와 GDP 디플레이터가 대부분 함께 움직인다. 연도별 인플레이션율을 비교해 보면 두 인플레이션율은 대부분 1% 미만의 차이를 보인다.
- 그러나 분명한 예외도 있다. 1979년과 1980년에 CPI 증가율은 GDP 디플레이터 증가율보다 상당히 컸다. 그 이유를 어렵지 않게 찾을 수 있다. GDP 디플레이터는 국내에서 생산된 재화의 가격이며, CPI는 국내에서 소비된 재화의 가격이다. 즉 수입재 가격이 국산재 가격에 비해 상승하면 CPI가 GDP 디플레이터보다 더 빨리 상승한다. 1979년과 1980년에 바로 이 일이 발생했다. 유가가 2배가 되었다. 미국도 산유국이지만, 국내 생산규모는 국내 소비규모의 절반밖에 안 된다. 즉, 미국은 원유수입국이다. 따라서 CPI는 GDP 디플레이터보다 더 빠르게 상승했다.

이제부터는 논의의 편의를 위해 두 지수가 함께 움직인다고 가정할 것이다. 다시 말해 두 지

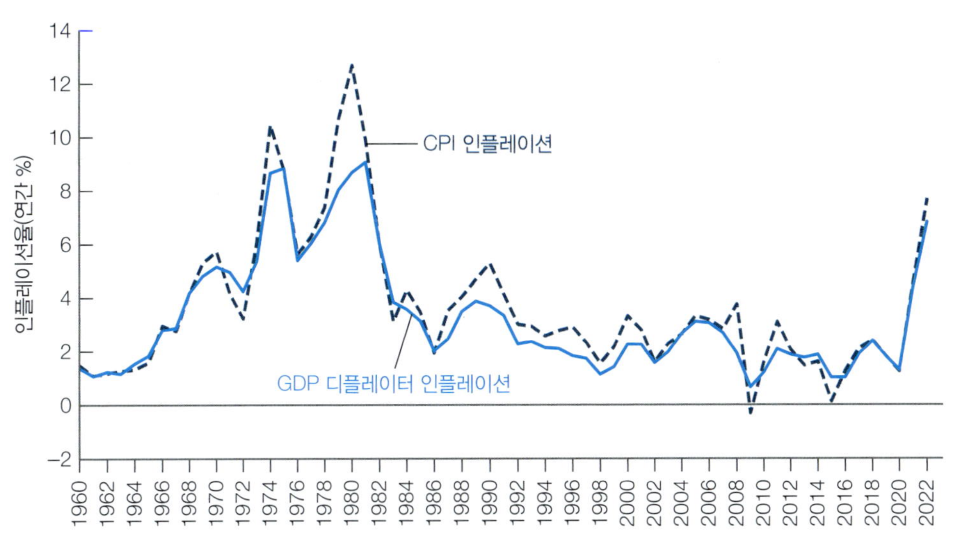


**그림 2-4**

**미국의 CPI와 GDP 디플레이터를 사용한 인플레이션율(1960~2022년)**

인플레이션율은 CPI를 사용하든 GDP 디플레이터로 계산하든 대체로 유사하다.

출처: FRED: CPIAUCSL and GDPDEF.

수의 차이를 애써 구별하지 않는다. 두 지수는 똑같이 **물가**라 할 것이고 $P_t$로 표기할 것이다.

## 경제학자들은 왜 인플레이션에 유념하는가

높은 인플레이션이 모든 가격과 임금이 비례적으로 상승한 결과라면[이런 경우를 **순수 인플레이션(pure inflation)**이라 부른다], 인플레이션은 단지 약간의 불편함에 그칠 것이다. 재화 간의 상대가격은 변하지 않았기 때문이다.

예를 들어 노동자의 **실질임금**, 즉 화폐가 아닌 재화 단위로 측정한 임금을 생각해 보자. 물가상승률이 2%이고 임금상승률이 4%이므로, 생산성 증가를 반영해 실질임금이 매년 2%씩 증가한다고 가정하자. 이제 대신 물가상승률이 4%이고 임금상승률이 6%였다고 가정해 보자. 실질임금은 여전히 6% − 4% = 2%로 증가할 것이다. 즉 인플레이션이 높아져도 실질임금(또는 기타 상대가격)에는 영향을 미치지 않는다. 하지만 인플레이션이 전혀 무관한 것은 아닐 것이다. 사람들은 의사결정을 하려면 계속 가격과 임금이 상승하는 상황을 추적해야 한다.

그렇다면 경제학자는 왜 인플레이션에 유념할까? 바로 현실은 순수 인플레이션 상태와는 거리가 멀기 때문이다.

- 인플레이션 기간 동안 모든 가격과 임금이 비례적으로 상승하지는 않는다. 그러므로 인플레이션은 소득 분배에 영향을 미친다. 예를 들어 많은 국가에서 은퇴한 사람들은 물가 상승에도 불구하고 이전과 동일한 연금을 받기 때문에 인플레이션이 심화하면 다른 집단에 비해 손해를 본다. 미국의 경우 이런 일이 생겨나지는 않는다. 소비자물가지수가 상승하면 사회보장급여도 그에 따라 자동적으로 인상되어 퇴직자를 보호하기 때문이다. 그러나 예를 들어 1990년대 러시아에서 발생했던 매우 높은 인플레이션 기간 동안 퇴직연금은 인플레이션을 따라가지 못했다. 결국 많은 퇴직자가 거의 기아 상태로까지 몰릴 수밖에 없었다.
- 인플레이션으로 인한 왜곡은 그뿐만이 아니다. 상대가격 변동은 불확실성을 증폭시켜 투자와 같은 미래에 관한 의사결정을 더욱 어렵게 만든다. 어떤 가격은 규제에 의해 고정되어 다른 가격에 비해 상승이 지연되고, 결국 상대가격의 변화가 발생한다. 조세제도의 경우 인플레이션과 상호작용하며 더 심한 왜곡을 야기한다. 세금을 부과하는 소득 기준이 인플레이션에 따라 조정되지 않는다면, 사람들은 실질소득은 똑같은데 명목소득이 증가한다는 이유만으로 더 많은 세금을 내야만 하는 세율 구간으로 옮겨가게 된다.

이는 브래킷 크리프(bracket creep)로 알려져 있다. 미국에서 세율 구간은 인플레이션율에 따라 자동적으로 조정된다. 만약 인플레이션율이 5%이면, 모든 세율 구간 역시 5% 상승한다. 다시 말해 브래킷 크리프는 없다. 대조적으로 1970년대 후반 인플레이션율이 평균 17%였던 이탈리아에서는 브래킷 크리프로 인해 소득세율이 거의 9%p 상승했었다. ▶

만약 인플레이션이 그렇게 나쁘다면, 디플레이션(음의 인플레이션)은 좋다는 것일까?

신문에서는 때때로 디플레이션과 경기침체를 혼동한다. 이들은 함께 진행될 수도 있지만 같은 것은 아니다. 디플레이션은 물가 하락을 의미하며, 경기침체는 실질산출의 하락을 의미한다. ▶

그렇지 않다. 첫째, 높은 디플레이션(높은 음의 인플레이션율)은 경제적 왜곡부터 불확실성의 증폭까지 높은 인플레이션이 초래하는 것과 동일한 문제를 상당수 야기한다. 둘째로, 나중에 4장에서 보겠지만 낮은 수준의 디플레이션조차도 통화 정책 당국이 산출에 영향을 미칠 수 있는 능력을 제한한다. 그렇다면 어떤 수준이 '최선'의 인플레이션율일까? 대다수 거시경제학자는 최선의 인플레이션율은 1~4% 정도의 낮고 안정적인 인플레이션율이라고 믿고 있다.

23장에서 상이한 수준의 인플레이션율의 장단점을 살펴본다. ▶

## 2-4 산출, 실업, 인플레이션율: 오쿤의 법칙과 필립스 곡선

지금까지 국민경제의 전체 활동을 경제성장률, 실업률, 인플레이션의 세 가지 측면으로 나누어 보았다. 분명히 이들은 서로 독립적인 것은 아니며, 이 책의 많은 부분에서 이들 간의 관계를 자세히 분석할 것이다. 하지만 일단 잠시 살펴보면 유용할 것이다.

### 오쿤의 법칙

직관적으로 경제성장률이 높다면 실업률은 감소할 텐데, 실제로 그렇다. 미국 경제학자 오쿤(Arthur Okun)이 이 관계를 처음 검토해 **오쿤의 법칙**(Okun's law)이라고 알려졌다. 그림 2-5는 2000년 1분기 이후 미국을 대상으로 수평축에 경제성장률, 수직축에 실업률의 변화를 나타내고 있다. 아울러 점들을 가장 잘 설명하는 직선을 추가했다. 직선은 두 가지 결론을 제시한다.

시각적인 이유에서 그래프에서는 2020년 2분기와 3분기에 해당하는 관측치를 제외했다. 2분기에는 봉쇄 조치로 인해 산출이 극도로 감소하고 실업이 급격히 증가했으며, 3분기에는 이러한 변화가 상당 부분 회복되었다. 이들을 포함하면 다른 관측치들이 시각적으로 한데 몰려 보이게 된다.

오쿤은 1960년대에 미국 케네디 대통령의 경제자문위원회에서 활동했다. 물론 오쿤의 법칙은 법률이 아니라 실증적 규칙성이다.

- 직선은 우하향하며 전체 점을 상당히 잘 설명한다. 경제학 용어로 말하면 두 변수 간에 긴밀한 상관관계가 존재한다. 즉 경제성장률의 증가는 실업률 하락으로 이어진다. 직선의 기울기는 −0.3이다. 이는 경제성장률이 1% 상승하면 평균적으로 실업률은 0.3% 하락할 것임을 시사한다. 이것이 바로 실업률이 경기침체기에 증가하고, 경기확장기에 감소하는 이유이다. 이 관계는 단순하지만 중요한 시사점을 준다. 실업률을 감소시키는 열쇠는 충분히 높은 경제성장률이다.
- 분기별 경제성장률이 대체로 0.5%와 일치할 때 또는 연간 경제성장률이 2%일 때 직선은 수평선과 교차한다. 경제학 용어로 말하면 실업률을 일정하게 유지하려면 약 2%의 경제성장률이 필요하다는 것이다. 이는 두 가지 이유 때문이다. 첫째, 인구 그리고 그에 따라 생산가능인구가 점차 증가하므로 고용 역시 점차 증가해야 실업률이 일정하게 유지된다. 둘째, 노동자 1인당 산출 역시 점차 증가하므로 경제성장률은 고용 증가율보다 높아야 한다. 예를 들어 생산가능인구가 1%로 증가하고 1인당 산출이 1%로 증가한다고 하자. 이 경우 실업률을 일정하게 유지하기 위해서는 경제성장률이 2%(1%+1%)가 되어야 한다.

한 변수의 값과 그 변수에 대응하는 다른 변수의 값을 동시에 나타내는 그림을 '산포도(散布度, scatter plot)'라 한다. 직선은 '회귀선(regression line)'이라 한다. 회귀에 대한 더 자세한 내용은 이 책의 부록 3을 참조하라.

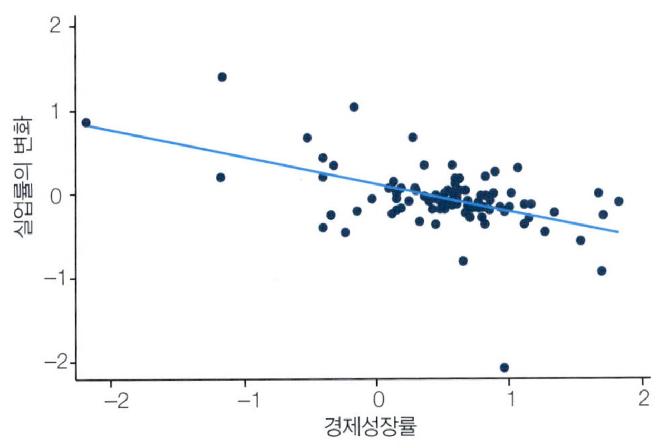


**그림 2-5**

**미국에서의 실업률 변화와 경제성장률(2000년 1분기~2022년 4분기)**

통상적인 경우보다 높아진 경제성장률은 실업률 하락과 관련된다. 통상적인 경우보다 낮아진 경제성장률은 실업률 상승과 관련된다.

출처: FRED, Series GDPC, UNRATE.

## 필립스 곡선

오쿤의 법칙은 경제성장이 충분하다면 실업률을 매우 낮은 수준으로 낮출 수 있음을 시사한다. 그러나 직관적으로 실업률이 매우 낮아질 때 경제는 과열될 가능성이 높고, 이는 인플레이션 상승 압력으로 이어질 것이다. 그리고 대체로 이것은 사실이다.

이 관계는 뉴질랜드 경제학자 필립스(A. W. Phillips)가 1958년에 처음 지적해 **필립스 곡선**(Phillips curve)이라 불린다. 필립스는 실업률과 인플레이션율을 그림으로 나타냈다. 그림 2-6은 수직축에 분기별 **근원 인플레이션**(core inflation rate, 식량, 에너지 등의 변동성 물가를 제외한 물가상승률)을, 수평축에 실업률을 두고 2000년 1분기 이후의 데이터를 나타낸 것이다. 파란 점은 COVID-19 사태가 시작되기 전인 2020년 2분기까지의 관측치를, 검은 점은 COVID-19 사태가 시작된 이후 2022년 4분기까지의 관측치를 나타낸다. 여기서도 점들의 분포를 가장 잘 설명하는 직선을 추가했다. 그림과 직선을 보고 두 가지 결론을 도출할 수 있다.

필립스 관계(Phillips relation)가 더 적절한 이름이겠지만 바꾸기에는 너무 늦었다. ▶

- 추정된 직선은 우하향한다. 지난 20년 동안 실업률이 높을수록 평균적으로 인플레이션이 낮게 나타나는 경향이 있었다. 그러나 이 결론에는 강한 주의가 필요하다.
- COVID-19 이전 자료(파란 점)만 보더라도 이 관계는 앞서 살펴본 오쿤의 법칙만큼 강하지 않다. 또한 직선이 매우 완만한데, 실업률 변화가 인플레이션에 미치는 영향이 제한적임을 시사한다.

검은 점들은 확연하게 추정된 직선과 맞지 않는다. 2021년부터 인플레이션은 이 직선이 예측한 수준보다 훨씬 높았다. 이러한 높은 인플레이션은 COVID-19로 인한 인플레이션이다. 2021년에 인플레이션이 완만할 것이라고 예측한 사람들은 경제가 직선 부근에 있을 것이라고 생각했으나 실제로는 그렇지 않았고, 인플레이션은 그들의 예측보다 훨씬 높게 나타났다. 8장에서 실업과 인플레이션의 관계를 다시 자세히 다루겠지만, 검은 점들은 중요한 사항을 말해준다. 실업과 인플레이션의 관계는 복잡하고, 시간이 지남에 따라 진화하고 변화해 왔으며, 이는 인플레이션과 실업을 모두 신경 쓰는 중앙은행의 일을 더욱 어렵게 만든다는 점이다.

**그림 2-6**

**미국에서의 인플레이션율 변화와 실업률(2000년 1분기~2022년 4분기)**

낮은 실업률은 높은 인플레이션율과, 높은 실업률은 낮은 인플레이션율과 연결된다.

출처: FRED. Series GDPC, CPILFESL.

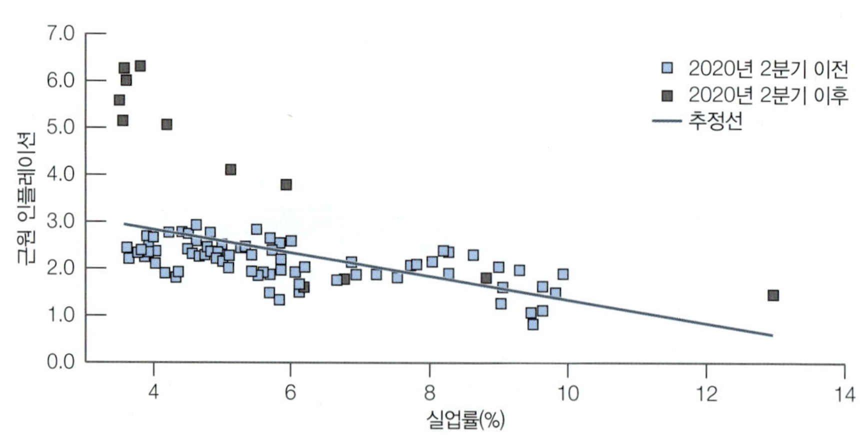

분명히 성공적인 경제는 높은 경제성장률, 낮은 실업률, 낮은 인플레이션율이 결합된 경제이다. 이들 목표를 모두 동시에 달성할 수 있을까? 낮은 실업률이 낮지만 안정적인 인플레이션과 양립할 수 있는가? 정책 당국은 낮은 인플레이션율을 유지하면서 성장을 지속하고 낮은 실업률도 동시에 달성할 수 있는 정책수단을 가지고 있는가? 이 책 전체에 걸쳐 이러한 질문을 다룰 것이다. 이어지는 두 절은 이 책에서 다룰 내용에 관한 개요이다.

## 2-5 단기, 중기, 장기

무엇이 한 경제의 총산출 수준을 결정할까? 다음 세 가지 답을 고려할 수 있다.

- 신문기사를 보면 첫 번째 답이 떠오른다. 산출 변화는 수요의 변화에 기인한다. 다음과 같이 시작하는 신문기사를 본 적이 있을 것이다. "소비자 신뢰의 급등으로 소비자들의 자동차 대리점 방문 횟수는 신기록을 기록했고 자동차 생산과 매출이 지난달에 더 커졌다." 이러한 이야기는 총산출을 결정하는 데 있어 수요가 하는 역할을 부각시킨다. 이들은 수요에 영향을 미치는 요인, 예를 들어 소비자 신뢰부터 이자율까지 다양한 요인을 지적한다.
- 그러나 인도에서 아무리 많은 인도인이 자동차 대리점에 나타난다 해도 인도의 산출 규모가 미국의 산출 수준까지 증가할 수는 없다. 이는 두 번째 답변으로 이어진다. 총산출과 관련된 논의에서 중요한 것은 공급 측면, 즉 한 나라에서 얼마나 많은 재화를 생산할 수 있느냐이다. 얼마나 많이 생산할 수 있는지는 그 국가의 기술이 얼마나 발전해 있고, 얼마나 많은 자본 설비와 노동자의 능력이 사용되고 있는지에 달렸다. 소비자 신뢰가 아닌 바로 이러한 요소들이 한 나라의 산출 수준을 결정하는 근본적인 요인이다.
- 이제 이 주장은 한 단계 더 나아갈 수 있다. 기술이나 자본, 숙련도 중 그 무엇도 주어진 것은 아니다. 한 나라의 기술적 정교함은 신기술을 혁신하고 도입하는 능력에 달려있다. 한 나라의 자본 규모는 사람들이 얼마나 많이 저축하는지에 달려있다. 노동자의 숙련도는 교육시스템의 질에 의존한다. 다른 요인도 마찬가지로 중요하다. 예를 들어 기업이 효율적으로 경영되려면 기업이 지켜야 할 법률 체계가 분명해야 하며 이 법률을 집행하는 정부 역시 정직해야 한다. 이 논의는 세 번째 답변으로 이어진다. 즉 산출의 진정한 결정 요인은 그 국가의 교육시스템, 저축률, 정부의 특성과 같은 것이다. 만약 산출 수준을 결정하는 요인을 이해하고 싶다면 이 요인들을 살펴보아야 한다.

이 시점에서 세 가지 답 중 무엇이 옳은 것인지 고민스러울 것이다. 사실 세 답변이 모두 맞다. 그러나 각각은 다른 기간에 대해 적용되어야 한다.

◀ 아래 세 가지 요점이 이 책의 가장 중요한 부분일 것이다.

- 2년 등 **단기**(short run)에 있어서는 첫 번째 답변이 적절하다. 산출의 연간 변화는 주로 수요 변화에 의해 주도된다. (COVID-19 봉쇄로 인한 산출 감소는 이러한 규칙에 대한

보기 드문 예외였다.) 수요 변화, 이를테면 소비자 신뢰의 변화나 다른 요인들의 변화에 따른 수요 변화는 산출 감소(경기침체)나 산출 증가(경기확장)로 이어질 수 있다.

- 10년과 같은 **중기**(medium run)에 있어서는 두 번째 답변이 적절하다. 중기에 경제는 자본 규모, 기술 수준, 노동력 규모와 같은 공급 요인에 의해 결정되는 산출 수준으로 복귀하는 경향이 있다. 아울러 10여 년 동안 이들 요인의 변화는 매우 느리기 때문에 변하지 않는다고 간주할 수 있다.
- 20~30년 또는 그 이상의 **장기**(long run)에는 세 번째 답변이 적절하다. 1980년 이래 어떻게 중국이 미국보다 빠른 속도로 성장했는지를 이해하려면 왜 중국의 자본 및 기술 수준이 미국에 비해 그렇게 더 빠르게 증가했는지를 설명해야 한다. 이를 위해 주목할 요인은 교육 체계, 저축률, 정부의 역할 등이다.

산출 결정 요인에 대한 이러한 사고방식은 거시경제학의 기초가 되며 이 책의 구성도 이에 기초하고 있다.

## 2-6 책으로의 여행

이 책은 핵심 모형, 두 가지 확장 모형, 그리고 거시경제정책의 역할에 관한 논의의 세 부분으로 구성되어 있다. 책의 구성은 그림 2-7에 나타나 있다. 이를 좀 더 상세히 살펴보자.

### 핵심 모형

핵심 모형은 단기, 중기, 장기의 세 부분으로 구성되어 있다.

- 3~6장에서는 단기에 산출이 어떻게 결정되는지 살펴본다. 수요의 역할에 초점을 맞추기 위해 기업은 주어진 가격에서 어떤 산출 규모라도 모두 공급하려 한다고 가정한다. 다시

그림 2-7
책의 구성

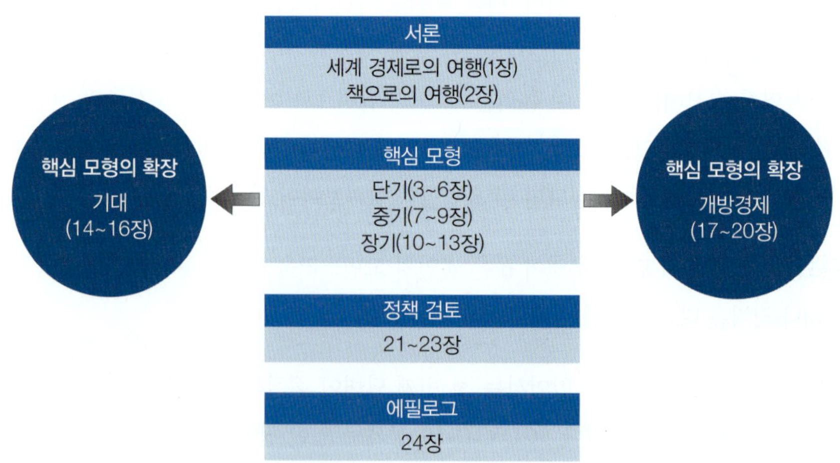

말해 공급상 제약은 존재하지 않는다. 3장은 수요가 산출 수준을 어떻게 결정하는지 알아본다. 4장은 통화 정책이 금리 수준을 어떻게 결정하는지 살펴본다. 5장은 수요가 금리에 의존하도록 허용함으로써 3장과 4장을 결합하고, 산출결정에 있어서 통화 정책과 재정 정책의 역할을 본다. 6장은 보다 포괄적인 금융 시스템을 도입해 모형을 확장한 뒤 2000년대 말 글로벌 금융위기 동안 발생한 현상들을 설명한다.

- 7~9장은 공급 측면을 발전시키고 중기 산출결정을 살펴본다. 7장은 노동시장을 소개한다. 8장은 이를 바탕으로 인플레이션과 실업의 관계를 도출한 후, COVID-19 위기 동안의 인플레이션의 동향에 대해 논의한다. 9장은 모든 논의를 모아 단기와 중기에서의 산출, 실업, 인플레이션의 결정을 살펴본다.
- 10~13장은 장기에 초점을 맞춘다. 10장은 산출의 증가 또는 경제성장에 관한 각국의 오랜 시간에 걸친 경험을 살펴보며 관련 사실을 소개한다. 11장과 12장은 자본 축적과 기술 진보가 어떻게 성장을 결정하는지를 논의한다. 13장은 불평등에서 지구 온난화에 이르기까지 성장에 대한 도전 과제를 살펴본다.

## 핵심 모형의 확장

핵심 모형은 단기, 중기, 장기에 있어 산출(그리고 실업과 인플레이션)이 어떻게 결정되는지에 관한 사고방식을 제공한다. 그러나 이 모형은 상당 부분을 누락하고 있으므로 두 가지 방향으로 확장한다.

- 기대는 거시경제학에서 핵심적 역할을 한다. 자동차 매입이든, 채권과 주식 간의 선택이든, 새로운 공장의 설립이든 거의 모든 의사결정은 미래의 이익, 미래의 이자율 등에 관한 기대에 기초한다. 재정 및 통화 정책은 직접적 효과뿐만 아니라 사람과 기업의 기대에 대해 간접적 영향을 통해 경제활동에 영향을 미친다. 핵심 모형에서 이들 문제를 다루었지만, 14~16장은 이를 더 자세히 다루고, 재정 및 통화 정책에 대한 시사점을 살펴본다.
- 핵심 모형은 다른 나라와의 상호작용이 무시된 **폐쇄경제**를 중심으로 분석한다. 그러나 현실에서는 경제가 점점 **개방**되어 각국 상호 간에 재화, 서비스, 금융자산이 거래되고 있다. 결국 각국은 더욱더 상호 의존적으로 변모하고 있다. 이러한 상호 의존성의 특성과 통화 및 재정 정책에 대한 시사점이 17~20장의 주제이다.

## 정책 검토

이 책의 거의 대부분 장이 통화 정책과 재정 정책을 논의한다. 그러나 핵심 모형과 확장 모형을 다루고 나면 되돌아가 정책의 역할을 평가하기 위해 모든 것을 다시 모아볼 필요가 있다.

21장은 정책에 관한 일반적 문제를 다룬다. 예를 들어 거시경제학자는 정책을 안정화 수단으로 사용하기에 충분할 정도로 경제의 작동 방식을 알고 있는지 살펴본다. 아울러 정책 당국이 적절한 정책을 시행하는 데 있어 믿을 만한지도 다룬다.

22~23장은 통화 및 재정 정책의 역할을 다룬다.

### 후기

거시경제학은 고정된 지식 체계가 아니다. 시간이 지남에 따라 진화한다. 마지막 24장은 거시경제학의 역사를 다루며 어떻게 거시경제학자가 오늘날과 같은 사고 체계를 갖게 되었는지 살펴본다. 통상적으로 거시경제학자는 '케인스 학파', '통화주의자', '새로운 고전학파', '공급 중시 경제학자' 등 여러 학파로 분할된 분야로 그려진다. 그러나 그런 이미지와 달리 거시경제학에 있어 실제 연구 과정은 보다 질서정연하고 생산적이다. 이 장에서는 거시경제학자 간의 주요한 차이점을 구별해 내는 한편, 오늘날 거시경제학의 핵심을 정의하는 일련의 명제를 밝힌다.

## 요약

- 총산출의 측정치인 GDP는 세 가지 대등한 방식으로 정의할 수 있다. (1) GDP는 주어진 기간 동안 경제 내에서 생산된 최종재화와 용역의 가치이다. (2) GDP는 주어진 기간 동안 경제에서 부가된 가치의 합계이다. (3) GDP는 주어진 기간 동안 경제 내에서 발생한 소득의 합계이다.
- 명목 GDP는 최종재들의 생산량에 각각의 현재 가격을 곱한 뒤 합한 것이다. 이는 명목 GDP의 변화가 수량 변화와 가격 변화를 동시에 반영한다는 것을 의미한다. 실질 GDP는 산출의 측정치이다. 실질 GDP의 변화는 수량 변화만을 반영한다.
- 직업이 없어 구직 중인 개인은 실업자로 분류된다. 실업률은 경제활동인구(노동력) 대비 실업자 수의 비율이다. 경제활동인구는 취업자 수와 실업자 수의 합이다.
- 경제학자가 실업에 신경을 쓰는 이유는 실업이 초래하는 인간적 비용 때문이다. 경제학자는 경제가 그 자원을 얼마나 효율적으로 사용하는지에 관한 신호를 제공하기 때문에 실업을 살펴본다. 높은 실업률은 경제가 인적자원을 효율적으로 사용하고 있지 못함을 보여준다.
- 인플레이션은 일반적 가격 수준, 즉 물가의 지속적 상승을 말한다. 인플레이션율은 물가가 상승하는 속도이다. 거시경제학자는 물가의 두 가지 측정치를 살펴본다. 첫째는 GDP 디플레이터로, 경제 내에서 생산된 재화의 평균가격이다. 둘째는 소비자물가지수(CPI)로, 경제 내에서 소비된 재화의 평균가격이다.
- 인플레이션은 소득 분배를 변화시킨다. 아울러 왜곡과 불확실성의 증가도 야기한다.
- 산출, 실업, 인플레이션 간에는 두 가지 중요한 관계가 있다. 첫째는 오쿤의 법칙으로, 경제성장률과 실업률 변화의 관계이다. 높은 경제성장률은 일반적으로 실업률의 감소를 가져온다. 둘째는 필립스 곡선으로, 실업률과 인플레이션율 변화의 관계이다. 낮은 실업률은 일반적으로 인플레이션율 증가로 이어진다.
- 거시경제학자는 단기(수년), 중기(10년), 장기(20~30년 이상)를 구별한다. 단기의 산출은 수요에 의해 결정된다. 중기의 산출은 기술 수준, 자본 축적, 노동력에 의해 결정된다. 장기의 산출은 교육, 연구, 저축, 정부의 질 등과 같은 요인에 의해 결정된다.

## 핵심용어

경기침체(recession)
경기확장(expansion)
경상 GDP(GDP in current dollars)
경제성장률(GDP 성장률, GDP growth)
경제활동인구(labor force)
경제활동참가율(participation rate)
국내총생산(gross domestic product, GDP)
국민소득과 생산계정(national income and product accounts, NIPA)
국민총생산(gross national product, GNP)
근원 인플레이션(core inflation)
단기(short run)
디플레이션(deflation)
명목 GDP(nominal GDP)
물가(price level)
부가가치(value added)
비경제활동인구(not in the labor force)
생계비(cost of living)
소비자물가지수(Consumer Price Index, CPI)
실망실업자(discouraged workers)
실업률(unemployment rate)
실업자 수(unemployment)
실질 GDP(real GDP)
연쇄 (2012년 기준) 실질 GDP[real GDP in chained (2012) dollars]
오쿤의 법칙(Okun's law)
인구동향조사(Current Population Survey, CPS)
인플레이션(inflation)
인플레이션율(inflation rate)
장기(long run)
재화로 표시한 GDP(GDP in terms of goods), 불변 GDP (GDP constant dollars), 인플레이션 조정 GDP(GDP adjusted for inflation), 2012년 기준 실질 GDP(GDP in 2012 dollars)
중간재(intermediate good)
중기(medium run)
지수(index number)
총산출(aggregate output)
최종재(final good)
취업자 수(employment)
필립스 곡선(Phillips curve)
헤도닉 가격책정(hedonic pricing)
1인당 실질 GDP(real GDP per person)
GDP 디플레이터(GDP deflator)

## 연습문제

### 기초문제

1. 이 장의 내용에 기초해 다음에 대해 '사실', '거짓', '불확실' 여부를 밝히고, 그 이유를 간단히 설명하라.
   a. 2022년 미국 GDP는 1960년에 비해 38배 더 크다.
   b. 실업률이 높으면 경제활동참가율도 높을 가능성이 크다.
   c. 실업률은 경기확장기에 하락하고 경기침체기에 상승한다.
   d. 현재 일본의 CPI가 108이고 미국의 CPI가 104라면, 일본의 인플레이션율은 미국의 인플레이션율보다 높다.
   e. CPI를 사용해 계산된 인플레이션율은 GDP 디플레이터를 사용해 계산된 인플레이션율보다 더 양호한 인플레이션 지수이다.
   f. 오쿤의 법칙은 경제성장률이 정상 수준보다 낮아지면 실업률이 상승하는 경향이 있음을 보여준다.
   g. 음(−)의 경제성장률이 나타나는 시기를 경기침체기라 한다.
   h. 경제가 정상적으로 작동하면 실업률은 0%이다.
   i. 필립스 곡선은 물가 수준과 실업률 수준의 관계를 보여준다.

2. 경제 내에서 생산된 모든 재화와 용역의 최종 가치를 합산해 미국 GDP를 측정하려 한다고 하자. 다음 거래가 GDP에 미치는 파급 효과를 결정하라.
   a. 해산물 식당이 어부로부터 물고기를 100달러어치 구입한다.
   b. 어떤 가족이 해산물 식당에서 저녁 식사에 100달러를

지출한다.

c. 델타항공이 보잉으로부터 새로운 제트기를 2억 달러에 구입한다.

d. 그리스국립항공이 보잉으로부터 새로운 제트기를 2억 달러에 구입한다.

e. 델타항공이 제트기 한 대를 제니퍼 로렌스에게 1억 달러에 매각한다.

3. 어떤 해에 다음 활동이 발생했다.

i. 은을 채굴하는 회사는 노동자가 은을 75파운드 채굴하면 20만 달러를 지불한다. 이 은은 귀금속 제조업체에 30만 달러에 팔린다.

ii. 귀금속 제조업체는 은목걸이를 제조한 노동자에게 25만 달러를 지급한다. 은목걸이는 소비자에게 100만 달러에 팔린다.

a. '최종재 생산' 접근 방식을 사용하면 이 경제의 GDP는 얼마인가?

b. 각 생산 단계에서 부가된 가치는 무엇인가? '부가가치' 접근 방식을 사용하면 GDP는 얼마인가?

c. 벌어들인 총임금과 이윤은 얼마인가? 소득 접근 방식을 사용하면 GDP는 얼마인가?

4. 한 경제에서 자동차, 컴퓨터, 오렌지의 세 가지 재화를 생산한다. 2020년과 2021년 단위당 수량과 가격은 다음과 같다.

| | 2020년 | | 2021년 | |
|---|---|---|---|---|
| | 수량 | 가격(달러) | 수량 | 가격(달러) |
| 자동차 | 10 | 2,000 | 12 | 3,000 |
| 컴퓨터 | 4 | 1,000 | 6 | 500 |
| 오렌지 | 1,000 | 1 | 1,000 | 1 |

a. 2020년과 2021년 명목 GDP는 얼마인가? 2020년 대비 2021년 명목 GDP는 몇 % 변화했는가?

b. 2020년 가격을 공통가격으로 사용하면 2020년과 2021년의 실질 GDP는 얼마인가? 2020년 대비 2021년 실질 GDP는 몇 % 변화했는가?

c. 2021년 가격을 공통가격으로 사용하면 2020년과 2021년의 실질 GDP는 얼마인가? 2020년 대비 2021년 실질 GDP는 몇 % 변화했는가?

d. 문제 b와 c에서 계산한 두 경제성장률이 상이한 이유는 무엇인가? 어떤 것이 정확한가? 이에 대해 설명하라.

5. 문제 4에서 설명한 경제를 고려하자.

a. 2020년 가격을 2020년과 2021년의 공통가격으로 사용해 2020년과 2021년의 실질 GDP를 계산하는 데 사용한다고 하자. 2020년과 2021년에 대한 GDP 디플레이터를 계산하라. 그리고 2020년 대비 2021년의 인플레이션율을 계산하라.

b. 2021년 가격을 2020년과 2021년의 공통가격으로 사용해 2020년과 2021년의 실질 GDP를 계산하는 데 사용한다고 하자. 2020년과 2021년에 대한 GDP 디플레이터를 계산하라. 그리고 2020년 대비 2021년의 인플레이션율을 계산하라.

c. 왜 위의 두 인플레이션율은 상이한가? 어떤 것이 정확한가? 이에 대해 설명하라.

6. 문제 4에서 설명한 경제를 고려하자.

a. 2년에 걸친 각 재화의 평균가격을 사용해 2020년과 2021년 실질 GDP를 계산하라.

b. 2020~2021년간 실질 GDP는 몇 % 증가했는가?

c. 2020년과 2021년 GDP 디플레이터를 계산하라. 계산한 GDP 디플레이터를 이용해 2020~2021년 인플레이션율을 계산하라.

d. 이 방법이 문제 4와 5에서 지적한 문제(즉, 사용된 공통가격의 종류에 따라 두 가지 상이한 성장률과 인플레이션율이 나타나는 문제)에 대한 적절한 해법인가? (답은 '그렇다'이며 이것이 바로 연쇄 유형의 디플레이터를 계산하는 이유이다. 더 자세한 논의는 이 장의 부록을 참조하라.)

7. 소비자물가지수

소비자물가지수는 가계가 소비하는 재화의 평균가격을 나타낸다. 소비자물가지수에는 수천 개의 상품이 포함된다. 여기서는 소비자가 음식(피자)과 석유만 사는 것으로 가정한다. 아래 표는 미국 경제분석국(Bureau of Economic Analysis)이 소비자물가지수 구성을 위해 수집하는 데이터의 종류를 보여준다. 기준연도인 2020년의 경우 구입한 상품의 가격과 수량을 모두 수집한다. 다음 해에는 가격만 수집한다. 매년 경제분석국은 당해 재화의 가격을 수집하고 정확히 동일한 두 개념을 나타내는 물가지수를 구성한다. 당해 연도에 동일한 재화품목을 구매하는 데 기준연도에 비해 얼마나 많은 돈이 소요되는가? 당해 연도의 상품 묶음으로 측정한 화폐의 구매력은 기준연도에 비해 얼마나 하락했는가?

자료: 2020년 평균적인 주(week)에 경제분석국은 수많은 소비자를 설문조사해서 평균적인 소비자는 매주 피자 2판과 석

유 6갤런을 구매한다고 정했다. 각 연도의 피자와 석유 가격은 아래와 같다.

| 연도 | 피자 가격(달러) | 석유 가격(달러) |
|---|---|---|
| 2020 | 10 | 3 |
| 2021 | 11 | 3.30 |
| 2022 | 11.55 | 3.47 |
| 2023 | 11.55 | 3.50 |
| 2024 | 11.55 | 2.50 |
| 2025 | 11.55 | 3.47 |

a. 2020년에 소비자가 위의 재화 묶음을 구매하는 데 지출한 비용은 얼마인가?

b. 2021년 이후 소비자가 위의 재화 묶음을 구매하는 데 지출한 비용은 얼마인가?

c. 소비자의 연간 구매비용을 지수로 나타내라. 2020년 지숫값은 100으로 두라.

d. 지숫값을 이용해 2021년 이후 연간 인플레이션율을 계산하라.

다음 표를 채우며 계산하면 도움이 될 것이다.

| 연도 | 소비자물가지수 2020년 = 100 | 인플레이션율 |
|---|---|---|
| 2020 | 100 | |
| 2021 | | |
| 2022 | | |
| 2023 | | |
| 2024 | | |
| 2025 | | |

e. 인플레이션율이 마이너스인 해가 있는가? 왜 이런 일이 생겼는가?

f. 2023년에 발생한 인플레이션의 원인은 무엇인가? 이는 2021년과 2022년의 원인과 어떻게 다른가?

g. 2020년에 100달러로 재화 묶음을 얼마나 살 수 있는가? 2025년에는 그 100달러로 재화 묶음을 얼마나 살 수 있는가? 화폐의 구매력의 % 변화율은 얼마인가? 화폐의 구매력의 변화율 하락은 2020~2025년 물가지수의 변화와 어떻게 관련되는가?

h. 2021년부터 2023년까지 피자 가격은 변하지 않았지만 석유 가격은 상승했다. 소비자는 이런 변화에 어떻게 반응하겠는가? 2024년에 석유 가격이 하락했다. 이러한 상대가격의 변화는 소비자물가지수를 계산하는 데 어떤 영향을 미치겠는가?

i. 경제분석국이 2025년에 소비자가 주당 평균 피자 2판과 석유 7갤런을 구매한다고 정했다고 하자. 스프레드시트를 사용해서 소비자물가지수를 계산하라. 단, 2025년의 지숫값은 100으로 두고, 2025년의 재화 묶음을 사용해 2020년부터 2025년까지의 지숫값을 거꾸로 계산하라. 다음 표를 채워라.

| 연도 | 소비자물가지수 2025년 = 100 | 인플레이션율 |
|---|---|---|
| 2020 | | |
| 2021 | | |
| 2022 | | |
| 2023 | | |
| 2024 | | |
| 2025 | 100 | |

왜 문제 d와 i에서 인플레이션율이 조금 다르게 나타나는가?

8. 거시경제 관계를 사용하라.

a. 오쿤의 법칙은 경제성장률이 정상보다 높아지면 실업률이 하락하는 경향이 있다고 한다. 왜 정상적인 경제성장률은 양(+)의 값을 갖는가?

b. 경제성장률이 2%인 연도와 −2%인 연도 중 실업률이 더 상승한 연도는 언제인가?

c. 필립스 곡선은 인플레이션율의 변화와 실업률 수준의 관계이다. 필립스 곡선에 따르면 인플레이션율이 2%일 경우 실업률은 0%인가?

d. 필립스 곡선은 음의 기울기를 갖는 직선으로 그려지기도 한다. 그림 2-6에서 기울기는 약 −0.17이다. 여러분의 생각에 기울기가 더 크면(예: −0.5) 경제에 더 좋겠는가, 아니면 기울기가 더 작으면(예: −0.1) 경제에 더 좋겠는가?

## 심화문제

9. 헤도닉 가격책정

일부 경제학자들은 노동을 자본(기계)으로 대체하는 자동화가 기술적 실업을 초래할 수 있다고 우려한다. 생산성이 연 3%씩 증가하고 인구가 연 1%씩 증가한다고 가정해 보자. 고용이 일정하게 유지되려면 경제는 얼마나 빠르게 성장해야 할까?

2장의 첫 번째 FOCUS에서 설명한 것처럼 특성이 변하는 재화에 대한 가격 상승의 적절한 값을 측정하는 것은 어렵다. 이런 재화의 경우 가격 상승의 일부분은 품질 개선에 기인할 수 있다. 헤도닉 가격책정은 품질 향상으로 인한 재화의 특성 변화가 반영된 가격 상승, 즉 품질조정(quality-adjusted) 가격 상승을 계산하는 방법을 제공한다.

a. 종합건강검진 서비스의 가격 변화를 측정하기 위해 헤도닉 가격 모형을 사용해야 하는 이유를 설명하라.

이제 임산부의 건강검진을 고려하자. 새로운 초음파 검진법이 도입되었다고 하자. 새로운 검진법을 이용할 수 있는 첫해에 의사들의 절반이 새로운 검진법을 사용하고 나머지 절반은 기존 검진법을 사용한다고 하자. 새로운 검진법은 기존 검진법보다 비용이 10% 더 많이 든다.

b. 퍼센트 기준으로 새로운 검진법은 기존 검진법에 비해 얼마나 품질 향상이 이루어진 것인가? (힌트 : 일부 여성은 기존 방법을 사용하는 의사보다 새로운 방법을 사용하는 의사를 선택한다는 점을 고려하자.)

이제 추가적으로 검진법이 이용 가능하게 된 첫해에 새로운 검진법을 사용한 검진 가격이 (모든 사람이 기존의 방법을 사용한) 전년의 검진 가격보다 15% 높아졌다고 하자.

c. (전년의 검진과 비교할 때) 새로운 방법을 사용한 검진의 가격 상승 중 얼마가 검진 가격의 상승을 반영하고, 얼마가 품질 상승을 반영하는가? 달리 말해 새로운 검진법을 사용한 검진의 품질조정 가격은 전년의 검진 가격에 비해 얼마나 높아졌는가?

많은 경우 문제 b와 c에서 사용한 종류의 정보는 이용할 수 없다. 예를 들어 새로운 초음파 방법이 도입된 해에 모든 의사가 새 방법을 사용해서 기존 방법이 더 이상 사용되지 않는다고 하자. 이와 더불어 새 방법이 도입된 해에 검진 가격은 (모든 사람이 기존 방법을 사용했던) 전년의 검진 가격에 비해 15% 높아졌다고 가정하자. 따라서 검진 가격이 15% 상승했지만, 검진 품질이 좋아졌다고 가정하자.

d. 이 가정하에서 검진의 품질조정 가격 상승을 계산하는 데 필요한 정보가 누락된 것이 있는가? 누락된 정보가 없다 해도 검진의 품질조정 가격 상승에 대해 언급할 수 있는 것은 없는가? 15%를 상회하겠는가, 아니면 15%를 하회하겠는가? 이에 대해 설명하라.

10. 측정된 GDP와 실제 GDP

1시간을 들여 저녁을 준비하는 대신, 1시간 동안 추가로 일을 해서 12달러를 벌기로 했다. 이어서 10달러짜리 중국음식을 배달받았다.

a. GDP 측정치는 얼마나 증가하겠는가?

b. 측정된 GDP의 증가는 일하기로 한 결정이 산출에 미친 파급 효과를 정확히 반영하는가? 이에 대해 설명하라.

11. 2010년 금융위기를 겪은 한 대도시 지역에서 다음과 같은 인구 통계치를 보였다(모든 수치는 천 명 단위이다).

| 고용 데이터 | 2010년 | 2011년 |
|---|---|---|
| 성인인구 | 1,000 | |
| 경제활동인구 | 600 | |
| 실업자 | 60 | |
| 실망실업자 | 0 | 5 |
| 실업률 | | |
| 경제활동참가율 | | |

a. 2010년의 실업률과 경제활동참가율을 계산하라.

b. 경제 여건이 변하지 않은 상황에서 5명의 노동자가 낙담하여 구직을 포기한다고 가정하자. 이 정보를 반영하여 2011년에 해당하는 열을 완성하라.

c. 각 연도의 실업률과 경제활동참가율을 비교하라. 그리고 값들이 왜 이렇게 나왔는지 설명하라. 이러한 결과가 일반적인가?

d. 2011년에 5명이 수감되었다고 가정하자. 이들이 처음에는 실업자였다고 가정하자. 수감되면 더 이상 경제활동인구로 집계되지 않는다. 이러한 변화가 실업률과 경제활동참가율에 어떤 영향을 미치는가? 그리고 경제 정책 결정자들에게 더 큰 문제가 되는 것은 실망실업자인가, 수감된 노동자인가? 그 이유를 설명하라.

### 보충문제

12. 2000년 경기침체와 2008년 경기침체 비교

거시경제 데이터 자료원들 중 사용하기 매우 쉬운 자료원이 FRED 데이터베이스이다. 실질 GDP를 측정하는 시계열은 GDPC1으로 각 연도의 분기별 실질 GDP가 계절조정된 연율(SAAR로 표현)이다. 실업률에 대한 월별 시계열은 UNRATE이다. 이 시계열들은 FRED 데이터베이스에서 다양한 방법으로 다운로드할 수 있다.

a. 1999~2001년 분기별 실질 GDP 데이터와 2007~

2009년 분기별 실질 GDP 데이터를 살펴보라. GDP 증가율이 가장 큰 음의 값을 보였던 경기침체는 2000년 경기침체인가, 아니면 2008년 경기침체인가?

b. 실업률 UNRATE 시계열에 따르면 실업률은 2001년 경기침체와 2009년 경기침체 중 언제 더 높았는가?

c. 경기침체 시점을 계산하는 전미경제연구소(National Bureau of Economic Research, NBER)는 2001년 3월에 시작해 2001년 11월에 끝나는 기간을 경기침체로 식별했다. 다음에 생긴 더 긴 경기침체기는 2007년 12월부터 2009년 6월까지였다. 달리 말해 NBER에 따르면 경제는 2001년 11월과 2009년 6월부터 경기회복을 시작했다. 문제 a와 b의 답에 기초해 볼 때 노동시장은 GDP만큼 빠르게 회복되었는가? 이에 대해 설명하라.

NBER의 경기침체 시점에 대한 보다 자세한 내용을 보려면 웹페이지 www.nber.org를 방문하라. 이 웹페이지에서는 과거 경기침체 시점에 대한 자료와 시점 구분에 대한 방법론 논의를 제공하고 있다.

## 부록 실질 GDP의 구축, 연쇄 지수

이 장에서 사용했던 예는 오직 한 가지 최종재(자동차)만을 고려했고, 그에 따라 실질 GDP 계산이 용이했다. 그렇다면 한 가지 이상의 최종재가 존재할 경우 실질 GDP는 어떻게 계산할 수 있을까? 이 부록은 그 답을 보여준다.

최종재가 다양한 경제에서의 실질 GDP 구축 방법은 최종재가 2개만 존재하는 경제를 고려하는 것으로 충분하다. 재화가 2개만 존재하는 경우에 적용되는 방식은 수백만 개의 재화가 존재하는 경우에도 그대로 적용된다.

두 가지 최종재, 예를 들어 포도주와 감자만을 생산하는 경제를 가정하자.

- 0년도에 파운드당 1달러로 감사 10파운드를 생산하고, 병당 2달러로 포도주 5병을 생산한다.
- 1년도에 파운드당 1달러로 감자 15파운드를 생산하고, 병당 3달러로 포도주 5병을 생산한다.
- 이 경우 0년도와 1년도의 명목 GDP는 각각 20달러와 30달러로 계산된다.
- 계산 방법은 다음 표에 정리되어 있다.

0년도와 1년도의 명목 GDP

| | 0년도 | | |
|---|---|---|---|
| | 수량 | 가격(달러) | 총액(달러) |
| 감자(파운드) | 10 | 1 | 10 |
| 포도주(병) | 5 | 2 | 10 |
| 명목 GDP | | | 20 |

| | 1년도 | | |
|---|---|---|---|
| | 수량 | 가격(달러) | 총액(달러) |
| 감자(파운드) | 15 | 1 | 15 |
| 포도주(병) | 5 | 3 | 15 |
| 명목 GDP | | | 30 |

이 수치를 이용하면 0년도에서 1년도까지의 명목 GDP 증가율은 (30달러 − 20달러)/20달러 = 50%로 계산되는데, 실질 GDP 증가율은 어떻게 계산되겠는가?

이를 위해서는 각 연도에 대해 실질 GDP를 계산해야 한다. 실질 GDP 계산에 사용하는 아이디어는 각 연도의 생산 수량을 동일한 가격을 사용해 평가한다는 데 있다.

예를 들어 0년도 가격을 선택했다고 하자. 이 경우 0년도는 **기준연도**(base year)라 불리며, 계산은 다음과 같다.

- 0년도의 실질 GDP는 두 재화에 대한 0년도의 생산 수량에 0년도의 가격을 곱한 뒤 합한 것이다. 즉 (10 × 1달러) + (5 × 2달러) = 20달러이다.
- 1년도의 실질 GDP는 두 재화에 대한 1년도의 생산 수량에 0년도의 가격을 곱한 뒤 합한 것이다. 즉 (15 × 1달러) + (5 × 2달러) = 25달러이다.
- 0년도에서 1년도로의 실질 GDP 증가율은 이제 (25달러 − 20달러)/20달러 또는 25%로 계산된다.

그러나 이 계산법에는 중요한 문제가 있다. 기준연도로 0년도 대신 1년도를 사용할 수도 있고 다른 연도를 사용할 수도 있다. 예를 들어 기준연도로 1년도를 사용했다고 하자. 그러면

- 0년도의 실질 GDP는 (10 × 1달러 + 5 × 3달러) = 25달러이다.
- 1년도의 실질 GDP는 (15 × 1달러 + 5 × 3달러) = 30달러이다.
- 0년도에서 1년도로의 실질 GDP 증가율은 5달러/25달러 또는 20%이다.

따라서 1년도를 기준연도로 사용한 실질 GDP는 0년도를 기준연도로 사용한 실질 GDP와 다를 것이다. 기준연도 선택에 따라 산출 증가율 계산 결과가 이렇게 달라진다면 어떤 기준연도를 선택해야 하는가?

1990년대 중반까지 미국에서 그리고 오늘날 아직도 대부분 국가에서의 관행은 기준연도를 선택한 뒤 그리 빈번하지 않게, 예를 들어 5년마다 기준연도를 바꾸는 것이다. 예를 들어 미국에서 1987년은 1991년 12월부터 1995년 12월까지 사용된 기준연도였다. 즉 1994년 발표된 1994년과 이전 연도의 실질 GDP의 추정치는 1987년 가격을 사용해 구축되었다. 국민소득계정은 1995년 12월에 기준연도를 1992년으로 변경했다. 따라서 모든 이전 연도의 실질 GDP 측정치는 1992년 가격을 사용해 다시 계산되었다.

이러한 관행은 논리적으로 매력적이지 않았다. 기준연도가 변경되고 새로운 가격이 사용될 때마다 실질 GDP의 모든 과거 수치(그리고 모든 과거의 경제성장률)가 다시 계산되기 때문이다. 결과적으로 경제의 역사가 5년마다 다시 쓰이는 셈이 된다. 이를 감안해 GDP 수치를 생산하는 미국 경제분석국(BEA)은 1995년 12월부터 이 문제가 발생하지 않는 새로운 GDP 계산법을 사용하기 시작했다.

새로운 GDP 계산법은 네 단계를 거친다.

1. 두 가지 서로 다른 방식으로 $t$년도에서 $t + 1$년도까지의 실질 GDP 변화율을 계산한다. 우선 $t$년도로부터의 가격을 공통가격으로 사용하고, 두 번째는 $t + 1$년의 가격을 공통가격으로 사용한다. 예를 들어 2017~2018년까지의 GDP 변화율은 다음과 같이 계산된다.
   - 2017년 가격을 공통가격으로 사용해 2017년의 실질 GDP와 2018년의 실질 GDP를 계산하고 2017년부터 2018년까지의 GDP 증가율을 계산
   - 2018년 가격을 공통가격으로 사용해 2017년의 실질 GDP와 2018년의 실질 GDP를 계산하고 2017년부터 2018년까지의 GDP 증가율을 계산
2. 이 두 변화율의 평균으로 실질 GDP 변화율을 구축한다.
3. 각 연도의 변화율을 **연결해(연쇄해)** 실질 GDP 수준에 대한 지수를 구축한다. 이때 임의의 특정 연도를 선정해 1로 둔다. 이 책이 쓰인 시기에 임의의 특정 연도는 2017년이었다. BEA가 계산한 2017~2018년간 변화율이 2.2%이므로, 2018년의 지수는 (1 + 2.2%) = 1.022와 같았다. 2019년 지수는 2018년 지수에 2018~2019년의 변화율을 곱해 구한다. 이런 식으로 지수를 구축한다.
4. 이 지수를 2017년의 명목 GDP로 곱하면, **연쇄 (2017년) 달러 기준 실질 GDP**가 유도된다. 2017년의 지수가 1이므로, 이는 2017년의 실질 GDP는 2017년의 명목 GDP와 동일하다는 것을 시사한다.

   **연쇄**는 변화율을 연결했음을 의미한다. (2017년)은 계산 과정상 실질 GDP와 명목 GDP가 일치하는 해를 말한다.

이 지수는 1995년 이전에 사용된 지수에 비해 구축하기가 더 복잡하다. [각 단계의 이해를 확실히 하려면 앞의 예에서 1년도에 대해 연쇄 (0년도) 달러 기준 실질 GDP를 구축해 보라.]* 그러나 이는 분명히 개념적으로 우월하다. 즉 인접한 두 연도에서 실질 GDP를 평가하는 데 사용하는 가격은 해당하는 2년의 평균 가격이 적절한 가격이다. 그리고 한 해에서 다음 해로의 변화율은 임의적인 기준연도 가격보다는 해당 2년의 가격을 사용해 구축되므로, 기준연도를 5년마다 변경하는 기존 실질 GDP 구축 방법과는 달리 역사가 5년마다 다시 쓰이지 않는다.

* 기준연도를 변경하거나 실질 GDP성장률이 변화하면 실질 GDP 측정치는 어떻게 되겠는가?

(보다 상세한 내용은 www.bea.gov/scb/pdf/national/nipa/1995/0795od.pdf를 참조하라.)

### 핵심용어

기준연도(base year)

# Part 2 단기

단기에 수요는 산출을 결정한다. 소비자 신뢰부터 금융 시스템의 상태, 재정 및 통화 정책까지 많은 요인이 수요에 영향을 미친다.

**Chapter 3**

재화시장에서의 균형과 산출의 결정 과정을 살펴본다. 수요, 생산, 소득 간의 상호작용에 초점을 맞춘다. 또한 재정 정책이 산출에 어떻게 영향을 미치는지 알아본다.

**Chapter 4**

금융시장과 이자율의 결정을 살펴본다. 통화 정책이 이자율에 어떻게 영향을 미치는지 알아본다.

**Chapter 5**

재화시장과 금융시장을 함께 살펴본다. 단기에 무엇이 산출과 이자율을 결정하는지를 보여주며, 재정 정책과 통화 정책의 역할을 검토한다.

**Chapter 6**

보다 포괄적인 금융 시스템을 도입해 모형을 확장한 2000년대 후반 금융위기 동안 발생한 상황을 설명한다.

# 3

# 재화시장

경제학자들은 경제활동의 연간 변동에 대해 고려할 때 생산, 소득, 수요 간의 상호작용에 초점을 맞춘다.

- 재화에 대한 수요 변화는 생산 변화로 이어진다.
- 생산 변화는 소득 변화로 이어진다.
- 소득 변화는 수요 변화로 이어진다.

다음 만화는 이를 잘 설명해 주고 있다.

이 장에서는 이러한 상호작용과 그에 따른 시사점을 살펴본다.

**3-1** GDP의 구성 요소를 살펴보고 수요의 상이한 원천을 검토한다.

**3-2** 재화의 수요를 결정하는 요인을 살펴본다.

**3-3** 재화의 생산이 재화에 대한 수요와 일치해야 한다는 조건이 어떻게 균형을 결정하는지 알아본다.

**3-4** 투자와 저축의 일치 조건에 기초해 균형을 생각하는 방식을 소개한다.

**3-5** 재정 정책이 균형산출에 미치는 영향을 이해한다.

**이 장의 핵심 주제:** 일반적으로 단기에는 수요가 산출량을 결정한다. ▶▶▶

## 3-1 GDP의 구성

기업이 기계를 구입하는 것과 소비자가 어느 식당에 갈지 선택하는 것, 그리고 정부가 전투기를 구입하는 일은 매우 다른 의사결정이며, 매우 상이한 요인에 의존한다. 따라서 무엇이 재화의 수요를 결정하는지 알고 싶다면 생산되는 재화별로, 그리고 이들 재화에 대한 구매자별로 총산출을 분석하는 것이 합리적이다.

'산출량'과 '생산'은 동의어이다. 무엇을 사용해야 하는지에 관한 규칙은 없다. 듣기에 더 적절한 것을 사용하자.

표 3-1에 거시경제학자들이 일반적으로 사용하는 GDP(이 책에서 대수는 문자 *Y*로 표시)가 어떻게 구성되어 있는지 나타나 있다. 정확한 정의가 포함된 더 자세한 내용은 이 책의 부록 1을 참조하라.

- 첫 번째로 **소비**(consumption, *C*)가 있다. 소비는 음식부터 항공권, 새 차 등에 이르기까지 소비자가 구매하는 재화와 서비스이다. 소비는 GDP에서 가장 큰 비중을 차지하며, 2022년에는 GDP의 68.1%를 차지했다.
- 두 번째는 **투자**(investment, *I*)로, 재고투자와 구분하기 위해 **고정투자**(fixed investment)라고도 한다(이 부분은 나중에 설명한다). 투자는 기업이 새로운 공장이나 새로운 기계(터빈에서 컴퓨터까지)를 구입하는 **비주거용 투자**(nonresidential investment)와 사람들이 새 주택이나 아파트를 구입하는 **주거용 투자**(residential investment)의 합이다.

주의! 대부분의 사람들에게 '투자'라는 용어는 금이나 제너럴모터스(General Motors)의 지분과 같은 자산을 구매하는 것을 의미한다. 경제학자들은 투자를 (새로운) 기계, (새로운) 건물 또는 (새로운) 주택과 같은 '새로운 자본재'의 구매를 지칭할 때 사용한다. 경제학자들이 금이나 제너럴모터스의 지분 또는 기타 금융자산을 구매할 때는 '금융투자'라는 용어를 사용한다.

비주거용 투자와 주거용 투자에 대한 결정은 처음 볼 때보다 공통점이 많다. 기업은 미래에 생산물을 생산하기 위해 기계나 공장을 구입한다. 사람들은 미래에 주거 서비스를 받기 위해 주택이나 아파트를 구입한다. 두 경우 모두 구매 결정은 이러한 재화가 미래에 창출될 서비스에 따라 달라지므로 함께 취급하는 것이 합리적이다. 비주거용 투자와 주거용 투자를 합하면

**표 3-1 미국 GDP의 구성(2022년)**

| | 구분 | 10억 달러 | GDP 비중(%) |
|---|---|---|---|
| | GDP(*Y*) | 25,462 | 100.0 |
| 1 | 소비(*C*) | 17,357 | 68.1 |
| 2 | 투자(*I*) | 4,473 | 17.5 |
| | 비주거용 | 3,347 | 13.1 |
| | 주거용 | 1,126 | 4.4 |
| 3 | 정부지출(*G*) | 3,522 | 17.4 |
| 4 | 순수출 | −975 | −3.8 |
| | 수출(*X*) | 2,975 | 11.6 |
| | 수입(*IM*) | −3,950 | −15.5 |
| 5 | 재고투자 | 159 | 0.6 |

출처: Survey of Current Business, June 2023, Table 1-1-5.

2022년 GDP의 17.5%에 해당된다.

- 세 번째는 **정부지출**(government spending, *G*)이다. 이는 연방, 주, 지방 정부의 재화 및 서비스 구매를 나타낸다. 재화는 비행기부터 사무용품까지 다양하다. 서비스에는 공무원이 제공하는 서비스가 포함된다. 사실상 국민계정은 정부가 공무원이 제공하는 서비스를 구매한 다음 이러한 서비스를 국민에게 무상으로 제공하는 것으로 간주한다.

  *G*에는 메디케어나 사회보장지급과 같은 **정부이전지출**(government transfer)은 포함되지 않으며, 정부 부채에 대한 이자 지급도 포함되지 않는다. 이는 분명 정부지출이지만, 재화 및 서비스 구매는 아니다. 그렇기 때문에 표 3-1의 재화 및 서비스에 대한 정부지출 수치는 GDP의 17.4%로, 이전지출과 이자 지급을 포함한 총정부지출 수치보다 작다. 2022년 연방, 주, 지방 정부의 이전지출과 이자 지급을 합할 경우 GDP의 약 33.9%를 차지한다.

- 1, 2, 3번 행의 합은 미국 소비자, 미국 기업, 미국 정부의 재화 및 서비스 구매를 나타낸다. 미국 재화 및 서비스 구매를 확인하려면 두 단계가 더 필요하다.

  첫째, 외국인의 미국 재화 및 서비스 구매인 **수출**(export, *X*) 값을 더해야 한다.

  둘째, 미국 소비자, 미국 기업 및 미국 정부의 외국 재화 및 서비스 구매인 **수입**(import, *IM*) 값을 빼야 한다.

  ◀ 수출 > 수입 ⇔ 무역흑자
  수입 > 수출 ⇔ 무역적자

  수출과 수입의 차이를 **순수출**(net export, *X-IM*) 또는 **무역수지**(trade balance)라고 한다. 수출이 수입보다 많으면 **무역흑자**(trade surplus)라고 한다. 수출이 수입보다 적으면 **무역적자**(trade deficit)라고 한다. 2022년 미국 수출은 GDP의 11.6%를 차지했다. 미국의 수입은 GDP의 15.5%에 해당하므로 미국은 GDP의 3.8%에 해당하는 무역적자를 기록했다.

- 지금까지 2018년 미국 재화와 서비스의 다양한 구매(판매) 원천을 살펴보았다. 2018년 미국의 생산량을 확인하려면 마지막으로 한 단계 더 나아가야 한다.

  특정 연도에 생산과 판매가 같을 필요는 없다. 특정 연도에 생산된 재화 중 일부는 그 해에 판매되지 않고 그다음 해에 판매될 수 있다. 그리고 특정 연도에 판매된 재화 중 일부는 전년도에 생산되었을 수도 있다. 특정 연도에 생산된 재화와 판매된 재화의 차이, 즉 생산과 판매의 차이를 **재고투자**(inventory investment)라고 한다.

  '재고투자'라고 하지만 '투자'라는 단어는 약간 오해의 소지가 있다. 기업의 의사결정에 따른 고정투자와 달리 재고투자는 기업이 생산 계획을 세울 때 매출을 정확하게 예측하지 못했다는 사실을 반영해 부분적으로 비자발적으로 이루어진다. ◀

생산이 매출을 초과하고 그 결과 기업이 재고를 축적하면 재고투자는 양(+)의 값을 갖는다. 생산량이 판매량보다 적으면 기업의 재고가 감소하고 재고투자는 음(−)의 값을 갖는다. 재고투자는 일반적으로 어떤 해에는 소폭으로 양(+)의 값, 어떤 해에는 음(−)의 값을 나타낸다. 2022년 재고투자는 양(+)의 값으로 1,590억 달러에 달했다. 다시 말해 생산이 매출보다 560억 달러 더 많았다는 뜻이다.

◀ 생산, 매출, 재고투자의 관계를 설명하는 이 세 가지 방법을 각각 이해해야 한다.
재고투자 = 생산 − 판매
생산 = 판매 + 재고투자
판매 = 생산 − 재고투자

이제 우리는 생산량 결정의 첫 번째 모형을 개발하는 데 필요한 것을 얻었다.

## 3-2 재화 수요

재화에 대한 총수요를 $Z$라고 지칭할 경우 3-1절의 GDP 구성을 사용하여 $Z$를 다음과 같이 나타낼 수 있다.

$$Z \equiv C + I + G + X - IM$$

재고투자는 수요의 일부가 아니라는 점을 기억하자. ▶

이 방정식은 **항등식**(identity)이다(등호가 아닌 '≡' 기호를 사용하는 이유도 바로 이 때문이다). 이 방정식은 소비, 투자, 정부지출, 수출을 더한 값에 수입을 뺀 값으로 $Z$를 정의한다.

이제 $Z$의 결정 요인을 생각해 보자. 쉽게 살펴보기 위해 몇 가지를 단순화하자.

모형은 보통 '가정하자'(또는 '~로 하자')로 시작한다. 이는 당면한 문제에 집중하기 위해 현실을 단순화한다는 의미이다. ▶

- 모든 기업이 동일한 재화를 생산하고, 재화는 소비자가 소비하거나 기업이 투자하거나 정부가 사용하는 것으로 가정하자. 이러한 과감한 단순화를 통해 우리는 하나의 시장, 즉 '재화'시장만 살펴볼 수 있으며, 그 시장에서 무엇이 수요와 공급을 결정하는지 고찰할 수 있다.
- 기업들은 주어진 물가수준($P$)에서 얼마든지 재화를 공급할 의향이 있다고 가정하자. 이 가정을 통해 생산량 결정에서 수요가 하는 역할에 집중할 수 있다. 앞으로 살펴보겠지만 이 가정은 단기적으로만 유효하다(COVID-19 초기의 봉쇄로 인한 생산량의 급격한 감소는 드문 예외이다). (7장부터 시작하는) 중기로 넘어가면 이러한 가정을 제외한다. 하지만 지금 당장은 논의를 단순화하기 위해 사용한다.
- 경제가 다른 세계(국가)와의 교역에서 **폐쇄**된 것으로 가정하자. 즉, 수출과 수입이 모두 0이다. 이 가정은 사실과는 다르다. 다시 말해 현대 경제는 전 세계와 무역을 한다. 나중에 (17장부터) 이 가정 역시 버리고 경제가 개방되었을 때 어떤 일이 일어나는지 살펴볼 것이다. 하지만 현재로서는 이 가정을 사용하여 수출과 수입을 결정하는 요인에 대해 생각할 필요가 없으므로 논의를 단순화한다.

경제가 폐쇄적이라고 가정하면 $X = IM = 0$이므로, 재화 $Z$에 대한 수요는 단순히 소비, 투자, 정부지출의 합과 같다.

$$Z \equiv C + I + G$$

이 세 가지 구성 요소를 차례대로 살펴보자.

### 소비($C$)

소비에 대한 결정은 다양한 요인에 의존한다. 하지만 가장 중요한 것은 단연 소득, 더 정확하게는 **처분가능소득**(disposable income, $Y_D$), 즉 소비자가 정부이전지출을 받고 세금을 낸 후 남는 소득이다. 처분가능소득이 증가하면 사람들은 재화를 더 많이 구매하고, 감소하면 재화를 더 적게 구매한다.

소비와 처분가능소득에 대한 관계를 다음과 같이 나타낼 수 있다.

$$C = \underset{(+)}{C(Y_D)} \tag{3.1}$$

이는 소비 $C$가 처분가능소득 $Y_D$의 함수라는 것을 공식적으로 표현하는 방법이다. 따라서 $C(Y_D)$ 함수를 **소비함수**(consumption function)라고 지칭한다. $Y_D$ 아래의 양수 부호는 처분가능소득이 증가하면 소비도 증가한다는 사실을 의미한다. 경제학자들은 이 방정식이 행태의 어떤 측면(이 경우 소비자의 행태)을 나타내므로, 이러한 방정식을 **행태방정식**(behavioral equation)이라고 부른다.

이 책에서는 변수 간의 관계를 표현하는 방법으로 함수를 사용할 것이다. 함수에 대해 알아야 할 내용은 이 책의 부록 2에 수록되어 있는데, 이는 이 책을 이해하는 데 필요한 수학적 지식을 쌓게 도와줄 것이다. 함수를 처음 소개할 때는 설명을 추가할 것이므로 걱정할 필요가 없다.

종종 함수의 형태를 좀 더 구체적으로 설명하는 것이 유용할 때가 많다. 소비함수 또한 바로 그러한 경우로, 소비와 처분가능소득의 관계는 다음과 같은 좀 더 간단한 관계로 가정하는 것이 합리적이다.

$$C = c_0 + c_1 Y_D \tag{3.2}$$

즉, 이 함수는 **선형관계**(linear relation)로 가정하는 것이 적절하다. 그러면 소비와 처분가능소득의 관계는 2개의 **모수**(parameter), 즉 $c_0$와 $c_1$로 특징지어진다.

- 모수 $c_1$을 **소비성향**(propensity to consume) 또는 **한계소비성향**(marginal propensity to consume)이라고 한다. 단순화하기 위해 한계(marginal)라는 용어는 생략하겠다. 이는 처분가능소득 1달러가 추가로 소비에 미치는 영향을 나타낸다. $c_1$이 0.6이면 처분가능소득 1달러에 의한 소비는 1달러 × 0.6 = 60센트의 증가를 의미한다.

  $c_1$은 일반적으로 양수(+)로 제한된다. 처분가능소득의 증가로 인해 소비가 증가하기 때문이다. 또 다른 제한으로는 $c_1$은 1보다 작다. 평균적으로 사람들은 처분가능소득 증가분 중 일부만 소비하고 나머지는 저축할 가능성이 높다.

◀ 자신의 소비 행태를 생각해 보자. 여러분의 $c_0$와 $c_1$의 값은 어떻게 되는가?

- 모수 $c_0$는 문자 그대로 해당 연도의 처분가능소득이 0일 경우 사람들이 소비하는 정도이다. 즉, 식 (3.2)에서 $Y_D$가 0이면 $C = c_0$이다. 이 해석을 사용하면 현재 소득이 0이더라도 소비는 여전히 양수라는 제한을 이해할 수 있다. 다시 말해 소득이 있든 없든 사람들은 여전히 먹고 살아야 한다! 이는 $c_0$가 양수라는 것을 의미한다. 만약 소득이 0이라면 사람들이 어떻게 양(+)의 소비를 할 수 있을까? 답은 간단하다. 그들은 음(−)의 저축을 한다. 사람들은 자산의 일부를 팔거나 빌려서 소비한다.
- 모수 $c_0$는 문자 그대로의 의미보다는 더 자주 사용되는 해석 방법이 있다. $c_0$의 변화는 처분가능소득이 일정한데도 나타나는 소비 변화를 의미한다. $c_0$의 증가는 소득이 일정한데

그림 3-1

**소비와 처분가능소득**

소비는 처분가능소득에 의해 증가하지만 소득 증가에 비해 작다. $c_0$가 감소하면 소비함수인 직선은 아래로 이동한다.

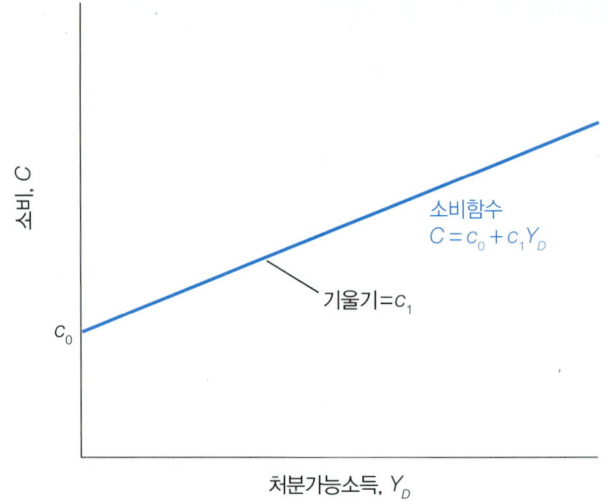


도 나타나는 소비의 증가를 반영하는 반면, $c_0$의 감소는 소득이 일정한데도 소비의 감소를 반영한다. 처분가능소득이 일정한데도 소비를 늘리거나 줄이기로 결정하는 데에는 여러 가지 이유가 있다. 예를 들어 대출이 더 쉬워지거나 어려워지는 경우, 또는 미래에 대해 낙관적이 되거나 비관적이게 되는 경우가 있을 수 있다. FOCUS '리먼 파산, 대공황 재현의 공포 그리고 소비함수의 이동'에서 $c_0$가 감소하는 예시를 확인할 수 있다.

식 (3.2)에서의 소비와 처분가능소득의 관계는 그림 3-1과 같다. 선형관계이므로 직선으로 표시된다. 수직축의 절편은 $c_0$이고, 기울기는 $c_1$이다. $c_1$이 1보다 작으므로 선의 기울기는 1보다 작다. 즉, 선은 45도 선보다 평평하다. $c_0$의 값이 증가하면 그와 동일한 양만큼 직선이 위로 이동한다(그래프, 기울기, 절편에 대한 자세한 내용은 이 책의 부록 2 참조).

다음으로 처분가능소득 $Y_D$은 다음과 같이 정의한다.

$$Y_D \equiv Y - T$$

미국에서 개인이 납부하는 두 가지 주요 세금은 소득세와 사회보장보험료이다. 주요 정부이전지출은 사회보장급부, 메디케어(은퇴자를 위한 의료보험), 메디케이드(빈곤층을 위한 의료보험)이다. 2022년 개인이 납부한 세금과 사회보장보험료는 3조 1,960억 달러, 개인에 대한 정부이전지출은 3조 8,390억 달러였다. ▶

여기서 $Y$는 소득, $T$는 납부한 세금에서 소비자가 받은 정부이전지출을 뺀 값이다. 여기서는 $T$를 간단히 세금이라고 부르지만, 실제로는 세금에서 이전지출을 뺀 것과 같다는 점을 기억하자. 이 방정식은 '≡'로 표시된 항등식이라는 점에 유의하자.

식 (3.2)에 $Y_D$를 대입하면 다음과 같다.

$$C = c_0 + c_1(Y - T) \tag{3.3}$$

식 (3.3)은 소비 $C$가 소득 $Y$와 세금 $T$의 함수임을 나타내며, 소득이 높을수록 소비는 증가하지만, 소득 증가의 규모에 비해 소비 증가의 규모는 작다. 세금이 높아지면 소비가 감소하지만 소비 감소의 규모 역시 세금 감소의 규모에 비해 작다.

## 투자($I$)

경제학에서 다루는 모형에는 두 가지 유형의 변수가 있다. 일부 변수는 모형의 다른 변수에 의존하여 모형 내에서 설명된다. 이러한 변수를 **내생변수**(endogenous variable)라고 한다. 앞서 설명한 소비가 이에 해당한다. 다른 변수는 모형 내에서 설명되지 않고 주어진 것으로 간주된다. 이와 같은 변수를 **외생변수**(exogenous variable)라고 한다. 여기서는 투자를 외생변수로 취급한다. 투자를 주어진 것으로 간주할 경우 다음과 같이 표기한다.

$$I = \bar{I} \tag{3.4}$$

투자($I$)에 바(bar)를 붙이는 것은 투자를 주어진 것으로 간주하는 표기 방식이다.

◀ 내생변수: 모형 내에서 설명되는 변수
외생변수: 주어진 것으로 간주되는 변수

모형의 단순화를 위해 투자를 주어진 것으로 간주했지만 이 가정이 현실적인 것은 아니다. 뒤에 생산 변화의 파급 효과를 다루는데, 이 가정이 맞다면 생산이 변하더라도 투자는 변하지 않는다는 것을 시사한다. 이는 현실 세계를 잘못 묘사한 것이라 할 수 있다. 생산이 증가하는 상황에서 기업은 더 많은 기계를 필요로 할 것이고 그에 따라 투자도 증가할 것이다. 하지만 당분간 모형에서는 이 과정을 배제하기로 한다. 5장에서는 보다 현실적인 측면에서의 투자를 소개할 것이다.

## 정부지출($G$)

우리 모형에서 수요의 세 번째 구성 요소는 정부지출 $G$이다. 세금 $T$와 함께 $G$는 정부의 세금 및 지출 선택, 즉 **재정 정책**(fiscal policy)을 설명한다. 투자와 마찬가지로 $G$와 $T$를 외생적인 것으로 간주할 것이다. 그러나 $G$와 $T$를 외생적이라고 가정하는 이유는 투자를 외생적이라고 가정한 이유와는 다르다. 이는 다음 두 가지 이유에 근거한다.

◀ 세금은 세금에서 정부이전지출을 뺀 값을 의미한다.

- 첫째, 정부는 소비자나 기업과 같은 규칙성을 갖고 행동하지 않기 때문에, 예를 들어 소비에 대해 작성한 규칙과 같이 $G$ 또는 $T$에 대해 신뢰할 수 있는 규칙은 없다. (하지만 이 주장이 전적으로 옳지는 않다. 정부가 소비자처럼 단순한 행태를 따르지 않더라도 그들의 행태 중 상당 부분은 예측이 가능하다. 이러한 문제는 22장과 23장에서 자세히 살펴볼 것이므로 그때까지는 따로 다루도록 하겠다.)
- 둘째, 더 중요한 것은 거시경제학자의 임무 중 하나는 다양한 정부지출과 세금 결정의 함의를 생각하는 것이다. "정부가 $G$와 $T$에 대해 이 값을 선택하면 이런 일이 일어날 것이다"라는 식으로 분석하고 싶은 것이다. 이 책에서는 일반적으로 $G$와 $T$를 정부가 선택한 변수로 간주하고 모형 내에서 이를 설명하지는 않는다.

(거의 항상) $G$와 $T$를 외생변수로 간주하기 때문에 변수 위에 고정 바($\bar{G}$, $\bar{T}$)를 사용하여 표기하지 않을 것이다. 이렇게 하면 표기가 보다 단순해진다. ◀

## 3-3 균형산출의 결정

지금까지 소개한 내용을 종합해 보자.

수출과 수입을 모두 0이라고 가정하면 재화에 대한 수요는 소비, 투자, 정부지출의 합과 같다.

$$Z \equiv C + I + G$$

$C$와 $I$에 식 (3.3) 및 (3.4)를 대입하면 다음과 같다.

$$Z = c_0 + c_1(Y - T) + \bar{I} + G \tag{3.5}$$

재화 $Z$에 대한 수요는 소득 $Y$, 세금 $T$, 투자 $\bar{I}$, 정부지출 $G$에 의존한다.

이제 재화시장의 **균형**(equilibrium)과 생산 및 수요의 관계에 대해 살펴보자. 기업이 재고를 보유하고 있다면 생산이 수요와 동일할 필요는 없다. 예를 들어 기업은 재고를 활용하여 수요 증가를 충족시킬 수 있는데, 이를 음(−)의 재고투자라고 한다. 또한 수요가 감소하는 경우에는 생산과 재고 축적을 통해 대응할 수 있는데, 이를 양(+)의 재고투자라고 한다. 하지만 이러한 복잡성을 무시하고 기업이 재고를 보유하지 않는다고 가정하는 것부터 시작하자. 이 경우 재고투자는 항상 0과 같으며, **재화시장의 균형**(equilibrium in the goods market)은 생산 $Y$가 재화 $Z$의 수요와 같아야 한다.

헤어커트 서비스만 생산하는 경제를 생각해 보자. 생산했지만 팔리지 않은 헤어커트의 재고는 있을 수 없으므로 생산량은 항상 수요와 같아야 한다. ▶

$$Y = Z \tag{3.6}$$

이 방정식을 **균형조건**(equilibrium condition)이라고 한다. 경제 모형을 포함한 모형은 항등식, 행태방정식, 균형조건이라는 세 가지 유형의 방정식으로 구분된다. 각각의 예에 대해서는 앞서 살펴보았다. 처분가능소득을 정의하는 방정식은 항등식이고, 소비함수는 행태방정식이며, 생산이 수요와 일치하는 조건은 균형조건이다.

방정식에는 항등식, 행태방정식, 균형조건의 세 가지 유형이 있다. ▶

식 (3.6)의 수요 $Z$에 식 (3.5)를 대입하면 다음과 같다.

$$Y = c_0 + c_1(Y - T) + \bar{I} + G \tag{3.7}$$

식 (3.7)은 3장의 서두에서 언급한 내용을 대수적으로 표현한 것이다.

이 설명을 3장의 시작 부분에 있는 만화와 연관지어 생각해 보자. ▶

균형식에서 생산 $Y$(방정식의 좌변)는 수요(방정식의 우변)와 같다. 수요는 그 자체로 생산량과 동일한 소득 $Y$에 의존한다.

생산과 소득에 동일한 기호 $Y$를 사용하고 있다는 점에 유의하자. 이는 우연이 아니다. 2장에서 살펴보았듯이 GDP는 생산 측면에서 볼 수도 있고, 소득 측면에서 볼 수도 있다. 생산과 소득은 항등적으로 일치한다.

모형을 만들었으므로 이를 풀어서 무엇이 생산량을 결정하는지, 이를 테면 정부지출의 변화에 따라 생산량이 어떻게 변화하는지 살펴보자. 모형을 푼다는 것은 단순히 대수적으로 푸는 것뿐만 아니라 결과가 왜 그런지 이해하는 것을 의미한다. 이 책에서 모형을 푼다는 것은 때로는 대수적인 풀이는 생략하고 그래프를 사용해 결과를 특성화하고, 결과와 과정을 일상어로 설명하는 것을 의미하기도 한다. 거시경제학자들은 항상 이 세 가지 도구를 사용한다.

1. 논리가 올바른지 확인할 수 있는 수식
2. 직관력을 키울 수 있는 그래프
3. 결과를 설명하기 위한 일상어

이와 같은 방식을 습관화하자.

## 수식 활용하기

식 (3.7)을 다시 살펴보자.

$$Y = c_0 + c_1 Y - c_1 T + \bar{I} + G$$

$c_1 Y$를 좌변으로 이동하고 우변을 재정렬하면 아래 식이 도출된다.

$$(1 - c_1)Y = c_0 + \bar{I} + G - c_1 T$$

그리고 양변을 $(1 - c_1)$로 나누면 아래 식이 도출된다.

$$Y = \frac{1}{1 - c_1}[c_0 + \bar{I} + G - c_1 T] \tag{3.8}$$

식 (3.8)은 생산량이 수요와 동일할 때 산출 수준인 균형생산량을 의미한다. 우변의 괄호 중 두 항에 대해 살펴보자.

- $[c_0 + \bar{I} + G - c_1 T]$는 재화에 대한 수요 가운데 생산량에 의존하지 않는 일부이다. 이러한 이유로 이는 **독립적 지출**(autonomous spending)이라 한다.

  독립적 지출이 양(+)의 값을 갖는 것으로 확신할 수 있을까? 확신할 수는 없지만 그럴 가능성이 매우 높다. 괄호 안의 첫 두 항인 $c_0$와 $\bar{I}$는 양수이다. 마지막 두 항인 $G - c_1 T$는 어떨까? 정부는 세금과 정부지출이 동일한 **균형재정**(balanced budget)을 운영하고 있다고 가정해 보자. $T = G$이고 앞서 가정한 것과 같이 소비성향($c_1$)이 1보다 작다면 $(G - c_1 T)$는 양수이며, 독립적 지출 역시 양수이다. 정부가 매우 큰 재정흑자를 내는 경우, 즉 세금이 정부지출보다 훨씬 큰 경우에만 독립적 지출이 음(−)이 될 수 있다. 여기서는 이러한 경우는 무시해도 된다.

- 첫 번째 항인 $1/(1 - c_1)$을 살펴보자. 소비성향($c_1$)은 0과 1 사이이므로 $1/(1 - c_1)$은 1보다 크다. 이 때문에 독립적 지출을 증가시키는 이 숫자를 **승수**(multiplier)라고 한다. $c_1$이 1에 가까워질수록 승수는 증가한다.

◀ Autonomous는 독립적임을 의미하며, 이 경우 생산량과 무관한 것(독립, 관계가 없음)을 의미한다.

$T = G$일 때 $(G - c_1 T) = (T - c_1 T) = (1 - c_1)T > 0$ 관계가 도출된다.

이때 승수의 의미는 무엇일까? 주어진 소득 수준에서 소비자는 소비를 더 많이 하는 것으로 결정했다고 가정해 보자. 보다 구체적으로 식 (3.3)의 $c_0$에 10억 달러가 증가했다고 가정해 보자. 식 (3.8)을 통해 생산량은 10억 달러 이상 증가하는 것을 파악할 수 있다. 예를 들어 $c_1$이 0.6이면 승수는 $1/(1-0.6)=1/0.4=2.5$이므로, 생산량은 $2.5\times10$억 달러=25억 달러가 증가한다.

지금까지 소비의 증가를 살펴봤는데, 식 (3.8)의 투자 변화, 정부지출 변화, 세금 변화 등 독립적 지출의 변화는 모두 동일한 효과를 보이며, 독립적 지출에 대한 직접적인 효과보다 더 많은 양의 산출을 변화시킨다.

이러한 승수 효과는 어디에서 발생하는가? 식 (3.7)에서 그 단서를 찾을 수 있다. $c_0$의 증가는 수요를 증가시킨다. 이 수요의 증가는 생산의 증가를 유도한다. 생산의 증가는 소득의 동등한 증가로 이어진다(이 둘은 항등적으로 같다는 점을 기억하자). 소득의 증가는 소비를 더욱 증가시켜 수요를 더욱 증가시키게 된다. 이러한 관계를 설명하는 가장 좋은 방법은 그래프를 사용하여 균형을 나타내는 것이다. 이제 그래프를 사용해 보자.

## 그래프 사용하기

균형의 특징을 그래프로 파악해 보자.

- 첫째, 생산을 소득의 함수로 구성해 보자.

  그림 3-2는 수직축에 생산을 나타내며, 수평축에 소득을 나타낸다. 생산을 소득의 함수로 나타내는 것은 간단하다. 생산과 소득은 항등적 관계라는 점을 고려할 때 생산과 소

**그림 3-2**

**재화시장에서의 균형**

균형산출은 생산과 수요가 일치한다는 조건에 의해 결정된다.

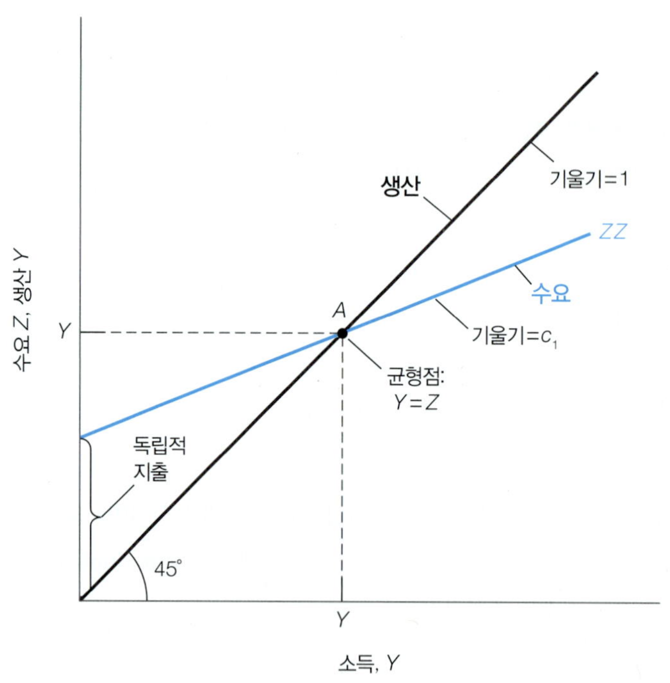

득의 관계는 45도 선, 즉 기울기가 1과 같은 직선이다.

- 둘째, 수요를 소득의 함수로 나타내보자.

  수요와 소득의 관계는 식 (3.5)와 같다. 괄호 안의 독립적 지출에 대한 용어를 편의상 함께 묶어 재작성해 보자.

$$Z = (c_0 + \bar{I} + G - c_1T) + c_1Y \tag{3.9}$$

  수요는 독립적 지출 및 소득에 따라 달라지며, 이를 통해 소비에 대한 영향으로 파급된다. 수요와 소득의 관계는 그래프에서 $ZZ$로 나타나 있다. 소득이 0일 때의 수요 값을 나타내는 수직축의 절편은 독립적 지출과 같다. 선의 기울기는 소비성향 $c_1$을 의미한다. 즉, 소득이 1만큼 증가하면 수요는 $c_1$만큼 증가한다. $c_1$이 양수이지만 1보다 작다는 제약 때문에 직선은 우상향하지만 직선의 기울기는 1보다 작다.

- 균형 상태에서 생산과 수요는 같다.

  따라서 균형 생산인 $Y$는 45도 선과 수요 함수가 교차하는 점 $A$에서 발생한다. 점 $A$의 왼쪽에서는 수요가 생산을 초과하고, 점 $A$의 오른쪽에서는 생산이 수요를 초과한다. 오직 점 $A$에서만 수요와 생산이 동일하다.

경제가 그림 3-2와 같이 점 $A$에서 초기 균형에 있고 생산은 $Y$와 같다고 가정하자.

이제 $c_0$이 10억 달러 증가한다고 가정해 보자. 초기 소득 수준, 즉 $T$는 변하지 않는 처분가능소득을 나타내는 점 $A$에서 소비자는 소비를 10억 달러 증가시킨다. 어떤 일이 일어나는지는 그림 3-2를 기반으로 그림 3-3에서 파악할 수 있다.

◀ 이는 $c_0$의 변화에 대한 또 다른 의미를 전달할 수 있다. 즉 주어진 소득 수준에서 소비자가 얼마나 더 기꺼이 지출할 의향이 있는지에 대해 해석할 수 있다.

식 (3.9)에 따르면 어떤 소득 값에서든 $c_0$가 10억 달러 증가하면 수요 역시 10억 달러 증가

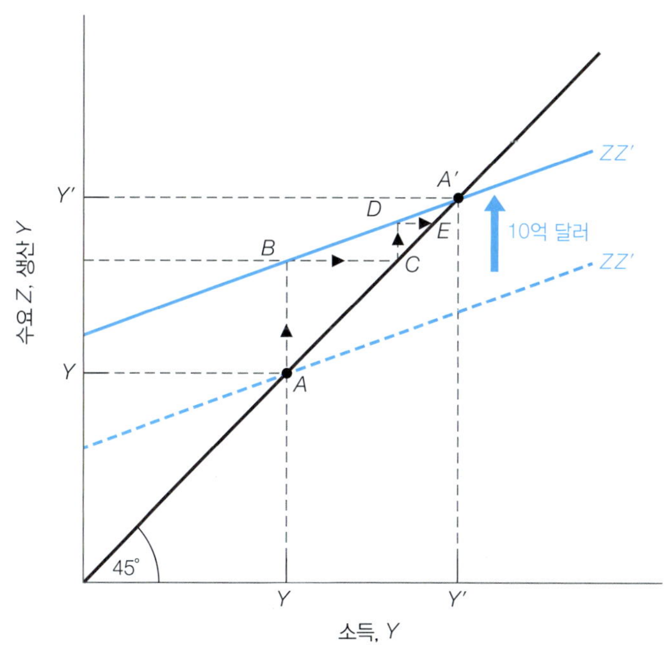


**그림 3-3**

**독립적 지출 증가와 산출에 대한 영향**

독립적 지출의 증가는 균형 산출에 일대일 이상의 효과를 낳는다.

한다. $c_0$가 증가하기 전 수요와 소득의 관계는 $ZZ$ 선과 같다. $c_0$가 10억 달러 증가한 후 수요와 소득의 관계는 $ZZ$와 평행하지만 10억 달러 더 높은 $ZZ'$ 선과 같다. 즉, 수요 곡선이 10억 달러만큼 상향 이동한다. 따라서 새로운 균형은 45도 선과 새로운 수요 곡선이 교차하는 점 $A'$과 같다.

수직축을 보자. 수직축에서 $Y$와 $Y'$ 사이의 거리 $(Y' - Y)$는 10억 달러에 해당하는 $A$와 $B$ 사이 거리보다 크다. ▶

균형 생산량은 $Y$에서 $Y'$으로 증가하며, 수평축 또는 수직축에서 측정할 수 있는 생산 증가분 $(Y' - Y)$는 초기 소비 증가분인 10억 달러보다 크다. 이러한 특성을 승수 효과라고 한다.

그래프를 통해 경제가 '왜' 그리고 '어떻게' 점 $A$에서 점 $A'$으로 이동했는지 쉽게 알 수 있다. 초기 소비의 증가는 10억 달러의 수요 증가로 이어지며, 초기 소득 수준인 $Y$에서의 수요 수준은 점 $B$와 같다.

수요가 10억 달러 더 증가하면 이러한 높은 수준의 수요를 충족시키기 위해 기업은 생산을 10억 달러 증가시키게 된다. 생산이 10억 달러 증가하게 되면 소득 역시 10억 달러 증가('소득 = 생산'인 점을 상기하자)하여 점 $C$로 이동하게 된다(즉, 생산과 소득 모두 10억 달러 증가한다.) 하지만 이것이 끝은 아니다. 소득의 증가는 추가적인 수요 증가를 유발한다. 이제 수요는 점 $D$와 같으며, 점 $D$에서 더 높은 수준의 생산으로 연계된다. 생산과 수요의 변화는 생산과 수요가 다시 일치하는 점 $A'$에 도달할 때까지 지속된다. 점 $A'$은 새로운 균형을 의미한다.

이 설명에서 조금 더 나아가 승수에 대해 고찰할 수 있는 또 다른 방법이 있다.

- 그림 3-3의 거리 $AB$로 표시된 첫 번째 수요 증가는 10억 달러와 일치한다.
- 첫 번째 수요 증가는 10억 달러의 동일한 생산 증가로 이어지며, 이 역시 거리 $AB$로 나타난다.
- 첫 번째 생산 증가는 거리 $BC$로 나타낸 소득 증가로 이어지며, 이 역시 10억 달러와 일치한다.
- 거리 $CD$로 나타낸 두 번째 수요 증가는 10억 달러(첫 번째의 소득 증가)에 소비성향 $c_1$을 곱한 $c_1 \times$ 10억 달러와 같다.
- 두 번째 수요 증가는 거리 $CD$에 해당하는 생산 증가로 연계되며, 거리 $DE$로 나타낸 것과 동일한 소득 증가로 이어진다.
- 세 번째 수요 증가는 두 번째 소득 증가분인 $c_1 \times$ 10억 달러에 소비의 한계성향인 $c_1$을 곱한 값으로, $c_1 \times c_1 \times$ 10억 달러 $= c_1^2 \times$ 10억 달러와 일치하며, 이러한 과정은 지속된다.

이 논리에 따르면 $(n+1)$번째 이후의 총 생산 증가는 다음 식에 10억 달러를 곱한 것과 같다.

$$1 + c_1 + c_1^2 + \cdots + c_1^n$$

이러한 합을 **기하급수**(geometric series)라고 한다. 기하급수 방식은 이 책에 자주 등장하며, 이 책의 부록 2에서 보다 자세히 살펴볼 수 있다. 기하급수의 한 가지 특성은 여기서처럼 $c_1$이 1보다 작을 때 $n$이 점점 커지면 그 합이 계속 증가하지만 일정한 극한값에 수렴한다는 것이다.

그 극한값은 $1/(1-c_1)$과 같으며, 결국 생산의 최종 증가량은 $1/(1-c_1) \times 10$억 달러가 된다.

$1/(1-c_1)$은 익숙해질 필요가 있는 표현이다. 이는 다른 방식으로 도출된 승수를 의미한다. 이러한 방식은 승수에 대해 보다 더 직관적인 도출 방식을 제공한다. 초기의 수요 증가는 연속적인 생산 증가를 촉발하고, 생산 증가는 소득 증가로 연계된다. 소득 증가는 다시 수요 증가로 이어지고, 증가된 수요로 인해 다시 생산 증가로 지속적으로 연계된다. 승수는 이러한 모든 연속적인 생산 증가의 합을 의미한다.

트릭 문제 : 연속된 차수의 결과로 승수를 생각해 보자. 소비성향 $c_1$이 만약 1보다 크다면 연속되는 매 차수에서는 어떤 일이 일어날까?

## 일상어 사용하기

지금까지 파악한 것을 일상어를 사용하여 어떻게 요약할 수 있을까?

생산은 수요에 의존하고, 수요는 소득에 의존하여 소득과 생산은 동일해진다. 정부지출 증가와 같은 수요의 증가는 생산 증가와 함께 이로 인한 소득을 증가시킨다. 이러한 소득의 증가는 다시 수요의 증가로 이어지고, 이는 다시 생산의 증가로 이어진다. 최종적인 결과는 초기 수요 변화에 비해 승수와 동일한 계수만큼 생산이 증가하게 된다.

승수의 크기는 소비성향 값과 직접적으로 연계된다. 즉, 소비성향이 높을수록 승수 역시 증가한다. 현재 미국의 소비성향은 얼마일까? 이 질문에 답하기 위해 또는 더 일반적인 행태방정식으로 모수를 추정하기 위해 경제학자들은 경제학에서 사용되는 통계적 방법의 집합인 **계량경제학**(econometrics)을 사용한다. 계량경제학이 무엇이며, 어떻게 사용되는지 파악하려면 이 책의 부록 3을 읽어보자. 부록 3은 소비성향을 추정하는 예제와 함께 계량경제학에 대한 간략한 소개를 제공한다. 현재 미국의 소비성향에 대한 추정치는 약 0.6이다(부록 3의 회귀분석을 통한 추정치는 0.5및 0.8과 같다). 즉, 처분가능소득 1달러 증가로 인한 평균적인 소비 증가는 약 60센트와 같다. 이를 통해 승수가 $1/(1-c_1) = 1/(1-0.6) = 2.5$라는 것을 파악할 수 있다.

실증적 분석에 따르면 승수는 일반적으로 이보다는 작다. 이 장에서 활용한 단순한 모형은 여러 중요한 측면을 배제했다. 지출 변화에 대한 통화 정책의 반응 및 수입재에 대한 수요 부분을 그 예로 들 수 있다. 이러한 측면에 대해서는 논의가 진행됨에 따라 다시 논의하겠다.

## 산출이 조정되는 데 얼마나 걸리는가

마지막으로 예시로 돌아가 보자. $c_0$가 10억 달러 증가하는 것으로 가정하자. 이제 승수 $1/(1-c_1)$에 10억 달러를 곱한 만큼 산출이 증가된다는 것을 알고 있다. 그렇다면 산출이 $1/(1-c_1) \times$ 10억 달러에 도달하기까지 얼마나 걸릴까?

지금까지의 가정에 따르면 답은 '즉시'이다. 균형조건 식 (3.6)에서 생산은 항상 수요와 같다고 가정했다. 즉, 생산은 수요에 즉각적으로 반응한다고 가정했다. 소비함수 식 (3.2)에서도 소비는 처분가능소득 변화에 즉각적으로 반응하는 것으로 가정했다. 이 두 가지 가정하에서 경제는 그림 3-3의 점 $A$에서 점 $A'$으로 즉각적으로 이동한다. 즉, 수요 증가는 즉각적인 생산 증가로 이어지고, 생산 증가로 인해 증가된 소득은 즉각적인 수요 증가로 이어진다. 수식을 사용할 경우에는 한 번에 이러한 결과가 나타나지만, 앞에서와 같이 연속적인 차수의 관점에서 조정(adjustment)을 고려하는 것 역시 잘못된 것은 아니다.

앞서 살펴본 모형에서는 기업이 재고를 보유하지 않고 수요 증가를 충족하기 위해 재고를 줄이는 데 의존할 수 없다고 가정하여 이러한 가능성을 배제했다.

이러한 즉각적인 조정은 실제와는 다르다. 즉, 수요 증가에 직면한 기업은 재고를 줄여 수요를 충족시키는 것보다는 생산 조정을 위해 잠시 기다릴 수도 있다. 임금이 인상된 근로자 역시 소비를 바로 조정하지 않을 수도 있다. 이러한 지연은 생산량 조정에 시간이 소요되는 것을 의미한다.

경제학자들이 조정에 대한 **동학**(dynamics)을 수식으로 제시하고, 이를 푸는 과정인 시간의 변화에 따라 산출물의 조정 과정을 묘사하는 것은 현재 단계에서는 매우 어렵다. 그러나 말로 표현하는 것은 어렵지 않다.

- 예를 들어 기업이 매 분기 초에 생산 수준에 대한 결정을 내린다고 가정하자. 한번 결정을 내리면 나머지 분기 동안은 생산량을 조정할 수 없다. 소비자의 구매가 생산보다 많으면 기업은 재고를 줄여 구매를 충족시킨다. 반면에 구매가 생산보다 적으면 기업의 재고는 증가한다.
- 이제 소비자가 더 많은 소비를 하기로 결정하여 $c_0$를 늘린다고 가정하자. 이런 일이 발생한 분기 동안 수요는 증가하지만, 생산은 분기 초에 설정되어 있다고 가정했기 때문에 아직 변경되지 않는다. 따라서 수입 역시 변하지 않는다.
- 수요 증가를 관찰한 기업은 다음 분기에는 더 높은 수준의 생산 규모를 설정할 가능성이 높다. 이러한 생산 증가는 그에 상응하는 소득 증가와 수요의 추가적인 증가로 연계된다. 구매가 여전히 생산량을 초과할 경우 기업은 다음 분기에 생산량을 더 늘리는 방식 등으로 생산 규모를 증가시킨다.
- 즉, 소비자 지출 증가에 대응하여 생산은 새로운 균형으로 이동하는 것이 아니라 시간이 지남에 따라 $Y$에서 $Y'$으로 증가한다.

조정에 걸리는 시간은 소비자가 소득 변화에 얼마나 빨리 반응하며, 기업이 매출 변화에 얼마나 빨리 반응하는지에 달렸다. 기업이 과거의 구매 증가에 대응하여 생산 일정을 더 자주 조정하면 조정은 더 빨리 이루어질 것이다.

이러한 과정은 이 책에서 자주 반복될 것이다. 먼저 균형 산출의 변화에 대해 살펴본 다음 경제가 균형점에서 새로운 균형점으로 이동하는 과정을 설명할 것이다. 이 방식은 경제에서 무엇이 발생하는지를 보다 현실적으로 느끼게 할 뿐만 아니라 왜 균형이 바뀌는지에 대한 직관을 강화할 것이다.

이 절에서는 수요 증가에 초점을 맞추었다. 하지만 관계는 반대 방향에도 적용이 되어 수요 감소는 생산 감소로 이어진다. 2008~2009년의 경기침체는 독립적 지출의 네 가지 구성 요소 중 두 가지가 동시에 큰 폭으로 감소한 결과이다. 독립적 지출은 $[c_0 + I + G - c_1T]$인 점을 상기하자. FOCUS '리먼 파산, 대공황 재현의 공포 그리고 소비함수의 이동'은 언제 그리고 어떻게 글로벌 금융위기가 시작되고, 위기가 시작될 때 처분가능소득이 아직 감소하지 않았는데도 미래에 대한 우려로 소비자가 지출을 줄인다는 것을 보여준다. 즉, $c_0$가 급격히 감소한다. 집값의 하락으로 주택 신축은 바람직하지 않게 되었다. 주택 신축은 투자 지출의 일부이므로 투

FOCUS

## 리먼 파산, 대공황 재현의 공포 그리고 소비함수의 이동

처분가능소득이 변하지 않았음에도 소비자의 소비가 위축되는 이유는 무엇일까? 또는 식 (3.2)의 관점에서 $c_0$의 감소가 수요, 산출 등의 위축으로 이어지는 이유는 무엇일까?

가장 먼저 떠오르는 이유 중 하나는 현재 소득이 변하지 않더라도 소비자는 미래에 대해 걱정하여 더 많이 저축하기로 결정하기 때문이다. 이것이 바로 2008년 말과 2009년 초 글로벌 금융위기가 시작되었을 때 일어난 일이다.

기본적인 사실은 그림1과 같다. 그림 1은 2008년 1분기부터 2009년 3분기까지 처분가능소득과 전체 소비의 약 15%를 차지하는 자동차나 컴퓨터 같은 재화에 대한 소비인 내구재 소비 두 변수의 추이를 나타낸다(더 정확한 정의는 이 책의 부록 1 참조). 시각적으로 단순화하기 위해 2008년 1분기의 두 변수는 1로 정규화했다.

2008년 한 해 동안 비교적 변화가 없었던 처분가능소득에 비해 같은 해 마지막 두 분기 동안 내구재 소비는 급격하게 감소한 차이에 대해 주목하자. 이 두 분기 동안 내구재 소비가 처분가능소득에 비해 크게 감소한 이유는 무엇일까?

답은 글로벌 금융위기가 시작되었기 때문이다. 2008년 9월 15일, 초대형 은행인 리먼 브라더스가 파산했고, 이후 몇 주 동안 더 많은 은행이 파산하고 금융 시스템이 붕괴될 수 있다는 우려가 커졌다. 대부분의 사람들에게 문제의 주요 징후는 신문에서 읽은 내용이었다. 즉, 여전히 직장이 있고 매달 소득 수표를 받고 있었지만, 이 사건은 대공황과 그에 따른 고통을 떠올리게 했다. 이러한 사고방식을 이해할 수 있는 한 가지 방법은 2008년 1월부터 2009년 9월까지 '대공황'에 대한 검색 횟수를 제공하는 구글 트렌드 분석으로 파악할 수 있다(그림 2 참조). 이 시계열은 2년간의 평균값이 1이 되도록 정규화되어 있다. 2008년 10월에 급격히 정점을 찍은 후 2009년 한 해 동안 서서히 감소했다. 위기 자체는 심각했지만 정책 입안자들이 대공황의 반복을 피하기 위해 할 수 있는 모든 것을 하려고 한 것이 분명해졌기 때문이다.

만약 경제가 또 다른 대공황에 빠질 수 있다고 생각한다면 어떻게 하겠는가? 당장의 처분가능소득은 변화가 없지만 실직 또는 향후 소득 감소에 대한 우려로 인해 소비를 줄이려 노력할 것이다. 그리고 앞으로의 상황이 불확실하기 때문에 보다 조심하고 자동차 또는 TV 구매와 같이 미룰 수 있는 구매를 미룰 수도 있다. 그림 1에서 볼 수 있듯이 2008년 말 소비자들은 정확히 그렇게 행동했다. 즉, 내구재소비가 위축되었다. 2009년, 안개가 서서히 걷히고 최악의 시나리오가 점차 희박해지면서 처분가능소득이 감소하고 있음에도 불구하고 내구재 소비는 부분적으로 회복되었

**그림 1**

**미국의 처분가능소득, 소비, 내구재 소비(2008년 1분기~2009년 3분기)**

출처: FRED: DSPIC96, PCDGCC96.

다. 그러나 그 무렵에는 다른 많은 요인이 위기의 원인이 되었고, 그 영향은 몇 년간 더 지속되었다.

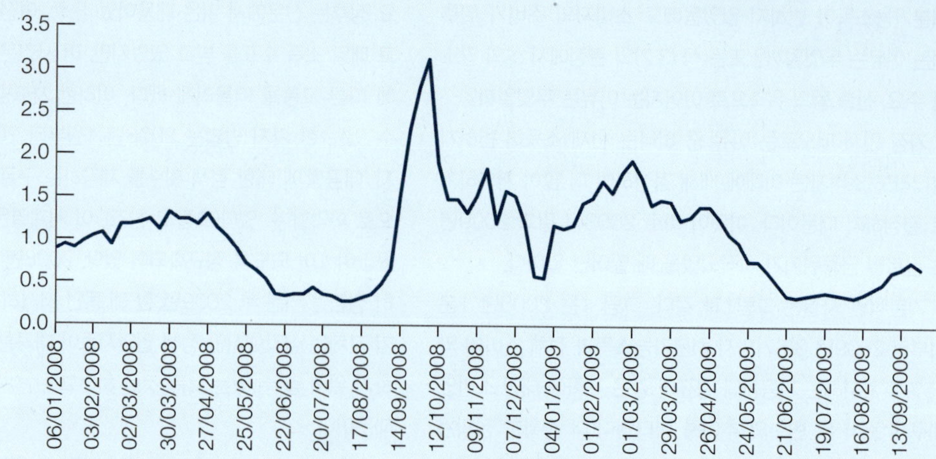


**그림 2**

**'대공황'에 대한 구글 검색량(2008년 1월~2009년 9월)**

출처: Google Trends, "Great Depression."

자 역시 급격히 감소했다. 독립적 지출의 감소로 인해 재화의 총수요가 감소하자 산출 역시 감소했다.

## 3-4 투자와 저축의 일치: 재화시장 균형에 대한 대안적 사고방식

지금까지는 재화시장의 균형을 재화의 생산과 수요의 일치라는 관점에서 고려했다. 균형에 대한 동등하지만 대안적인 사고방식은 투자와 저축에 초점을 맞추는 것이다. 이 방법은 케인스(John Maynard Keynes)가 1936년에 저서 『고용, 이자 및 화폐의 일반이론(The General Theory of Employment, Interest and Money)』에서 처음 사용했다.

먼저 저축부터 살펴보자. 저축은 민간저축과 정부저축의 합과 같다.

민간저축은 모든 이윤을 분배하지 않고 이익잉여금(retained earnings)을 투자자금으로 사용하는 기업에 의해서도 발생할 수 있다. 단순화를 위해 여기서는 기업저축을 무시한다. 그러나 식 (3.10)에서의 투자와 저축의 일치는 이러한 단순화 가정에 의존하지 않는다. ▶

- 정의에 따르면 **민간저축**(private saving, *S*), 즉 소비자의 저축은 처분가능소득에서 소비를 뺀 값과 같다.

$$S \equiv Y_D - C$$

처분가능소득의 정의를 사용하면 민간저축은 소득에서 세금과 소비를 제외한 값으로 나타낼 수 있다.

$$S \equiv Y - T - C$$

정부저축 ⇔ 재정흑자 ▶

- 정의에 따르면 **정부저축**(public saving, $T - G$)은 세금(순이전지출)에서 정부지출을 뺀 값과 같다. 세금이 정부지출보다 많으면 정부가 **재정흑자**(budget surplus)를 내는데, 이때의 정부저축은 양(+)의 값을 갖는다. 세금이 정부지출보다 적으면 정부는 **재정적자**

(budget deficit)에 직면하며, 정부저축은 음(−)의 값을 갖는다.

■ 이제 앞서 도출한 재화시장의 균형 방정식으로 돌아가 보자. 생산은 소비, 투자, 정부지출의 합계인 수요와 같아야 한다.

$$Y = C + I + G$$

이때 양변에서 세금($T$)을 빼고 소비를 좌변으로 이동시키면 다음과 같다.

$$Y - T - C = I + G - T$$

이 방정식의 좌변은 단순히 민간저축($S$)이므로 다음과 같이 정리할 수 있다.

$$S = I + G - T$$

또는 이를 다음과 같이 표현할 수 있다.

$$I = S + (T - G) \tag{3.10}$$

좌변은 투자이며, 우변은 민간저축과 정부저축의 합과 같다.

식 (3.10)은 재화시장의 균형에 대한 또 다른 관점을 제공한다. 즉, 재화시장의 균형에서는 투자가 민간저축과 정부저축의 합인 저축이 동일해야 한다는 것이다. 이러한 균형에 대한 관점은 재화시장의 균형조건에서 '투자는 **저축**(saving)과 같다'는 것을 의미하는 ***IS* 관계**(*IS* relation)로 지칭된다. 즉, 기업이 투자($I$)하고자 하는 것은 국민과 정부가 저축($S$)하고자 하는 것과 같아야 한다는 것이다.

식 (3.10)을 이해하기 위해 소비, 투자, 저축의 양을 결정하는 사람이 단 한 명인 경제, 즉 '로빈슨 크루소'의 경제를 예로 들어보자. 로빈슨 크루소에게 저축과 투자 결정은 하나이며, 그가 투자한 것(즉, 저녁 식사로 토끼를 잡아먹는 대신 번식용으로 키우는 것)은 자동으로 저축된다. 그러나 현대 경제에서 투자 결정은 기업이 내리는 반면, 저축은 소비자와 정부가 결정한다. 식 (3.10)의 균형점에서는 이 모든 결정은 일관성을 유지해야 한다. 즉, 투자는 반드시 저축과 같아야 한다.

요약하면 재화시장의 균형조건은 다음 두가지로 표현할 수 있다.

생산 = 수요

투자 = 저축

앞서 식 (3.6)으로 첫 번째 조건을 특징지었다. 이제 식 (3.10)을 사용하여 두 번째 조건을 특징지을 것이다. 결과는 같지만 유도 과정은 균형에 대한 다른 관점을 제시할 것이다.

■ 먼저 소비와 저축 결정은 하나이며 동일하다는 점을 주의하자. 처분가능소득이 주어진 상태에서 소비자가 소비를 선택하면 저축이 결정되고, 그 반대의 경우 역시 마찬가지이다. 소비 행태를 명시한 방식은 민간저축이 다음과 같이 주어진다는 것을 의미한다.

$$S = Y - T - C$$
$$= Y - T - c_0 - c_1(Y - T)$$

이를 다시 정리하면 다음과 같다.

$$S = -c_0 + (1 - c_1)(Y - T) \tag{3.11}$$

■ $c_1$을 소비성향이라 한 것과 동일하게 $(1-c_1)$을 **저축성향**(propensity to save)이라고 할 수 있다. 저축성향은 사람들이 추가 소득 단위 중 얼마를 저축하는지를 의미한다. 앞서 소비성향($c_1$)을 0과 1 사이의 값으로 가정한 것과 같이 저축성향$(1-c_1)$ 역시 0과 1 사이 값을 갖는 것으로 가정한다. 민간저축은 처분가능소득에 따라 증가하지만, 처분가능소득이 1달러 추가될 때마다 1달러 미만으로 증가한다.

균형에서 투자는 민간저축과 정부저축의 합계인 저축과 일치해야 한다. 식 (3.10)의 민간저축을 식 (3.11)의 식으로 바꾸면 다음과 같다.

$$I = -c_0 + (1 - c_1)(Y - T) + (T - G)$$

이를 통해 산출을 도출하면 다음과 같다.

$$Y = \frac{1}{1 - c_1}[c_0 + \overline{I} + G - c_1 T] \tag{3.12}$$

식 (3.12)는 식 (3.8)과 완전히 동일하다. 이는 놀라운 일이 아니다. 우리는 동일한 균형조건을 다른 방식으로 살펴보고 있는 것이다. 이러한 방식은 이 책 후반부의 다양한 분야에서 유용하게 사용될 것이다. FOCUS에서는 케인스가 처음 강조한 '저축의 역설'에 대한 사례를 살펴본다.

개인적으로 이 글은 이 책의 FOCUS 글 가운데 가장 중요한 내용 중 하나로 꼽을 수 있다고 생각한다. ▶

## 3-5 경고: 정부는 전능한가

식 (3.8)은 정부가 지출 수준($G$) 또는 세금 수준($T$)을 선택함으로써 원하는 수준의 산출을 선택할 수 있음을 의미한다. 예를 들어 10억 달러만큼 산출을 확대하고 싶다면 $G$를 $(1-c_1) \times 10$억 달러 늘리면 된다. 이론적으로 정부지출을 이렇게 늘리면 승수 $1/(1-c_1)$과의 곱을 통해 10억 달러의 산출 증가를 가져올 수 있다.

과연 정부가 원하는 수준의 산출을 달성할 수 있을까? 당연히 불가능하다. 만약 가능하다면, 그리고 앞에서 말한 것처럼 쉬운 일이라면 미국 정부가 왜 경기침체를 허용하겠는가? 정부는 왜 지금 성장률을 높여 실업을 더 빨리 줄이지 않을까? 아직 모형에 반영하지 않은 현실의 많은 측면이 있으며, 모두 정부의 역할을 복잡하게 만든다. 적절한 시점에 소개하겠지만, 여기서 간략하게 살펴보자.

더 긴 목록을 개관하려면 22장 1절의 '재정 정책: 지금까지 학습한 내용과 현 위치'를 참고할 수 있다. ▶

## 저축의 역설

FOCUS

우리는 절약의 미덕에 대해 들으면서 자란다. 수입을 모두 소비하는 사람은 결국 가난해질 수밖에 없다고 비난받는다. 저축하는 사람은 행복한 삶을 약속받는다. 마찬가지로 정부는 저축하는 경제가 튼튼하고 번영하는 경제라고 말한다. 하지만 이 장에서 살펴본 모형은 조금 다른 놀라운 측면을 제기한다.

주어진 처분가능소득 수준에서 소비자가 더 많은 저축을 하기로 결정한다고 가정하자. 즉, 소비자들이 $c_0$를 감소시켜 주어진 처분가능소득 수준에서 소비를 줄이고 저축을 증대한다고 가정해 보자. 생산량과 저축은 어떻게 될까?

식 (3.12)를 보면 균형산출이 감소하는 것을 알 수 있다. 즉, 사람들이 초기 소득 수준에서 더 많이 저축하면 소비가 감소한다. 하지만 이렇게 감소한 소비는 수요를 감소시켜 생산을 감소시킨다.

저축은 어떨까? 다시 민간저축에 대한 식 (3.11)로 돌아가 보자. 이때 정부저축에는 변화가 없다고 가정하므로, 저축과 민간저축은 함께 움직인다는 점을 기억하자.

$$S = -c_0 + (1 - c_1)(Y - T)$$

한편으로는 $-c_0$이 더 증가한다[즉, 더 작은 음(-)의 값이다]. 소비자는 소득 수준에 관계없이 더 많은 저축을 하며, 이는 저축을 증가시키는 경향이 있다. 그러나 다른 한편으로는 생산이 낮아지기 때문에 소득 $Y$가 더 낮아진다. 이는 저축을 감소시킨다. 순효과는 모호해 보일 수 있지만 사실 어느 쪽인지는 말할 수 있다. 이를 알아보기 위해 식 (3.10)을 참고하면 균형조건에서는 투자와 저축이 동일하다.

$$I = S + (T - G)$$

가정에 의하면 투자는 변하지 않는다. 즉, $I = \bar{I}$이다. $T$나 $G$ 역시 변하지 않는다. 따라서 균형조건은 균형상태에서 민간저축 $S$도 변하지 않는 것을 요구한다. 사람들은 주어진 소득 수준에서 더 많이 저축하고 싶어 하지만, 소득이 그만큼 감소하기 때문에 저축은 변하지 않는다.

즉, 사람들이 저축을 많이 할수록 결과적으로 산출 감소와 저축이 변하지 않는 좋지 않은 결과에 도달한다. 이 놀라운 결과를 저축의 역설(또는 절약의 역설)이라고 한다. 민간저축이 아닌 정부저축을 살펴봐도 같은 결과를 얻을 수 있다. 즉, 재정적자가 감소해도 전체 (공공 및 민간) 저축은 변하지 않고 산출도 감소할 것이다. 투자가 일정하다고 가정하지 않고 산출에 따라 감소하는 것으로 모형을 확장하면(5장 참조) 결과는 더욱 극적으로 달라질 수 있다. 즉, 소비자나 정부가 더 많이 저축하려는 시도는 산출 감소, 투자 감소, 그리고 결과적으로 저축 감소로 이어질 것이다.

그렇다면 옛 지혜를 버려야 할까? 정부는 사람들에게 덜 절약하라고 요청해야 할까? 그렇지 않다. 이 간단한 모형의 결과는 단기적으로는 많은 관련성이 있다. 이전 FOCUS 글상자에서 살펴본 것처럼 글로벌 금융위기를 포함한 많은 미국의 경기침체에서 소비자들이 더 많이 저축하려는 욕구는 중요한 요인이었다. 그러나 나중에 중기 및 장기적인 관점에서 살펴보겠지만, 시간이 지남에 따라 다른 메커니즘이 작용하며, 저축의 증가는 더 많은 저축과 더 높은 소득으로 이어질 가능성이 높다. 하지만 한 가지 경고가 남아 있다. 즉, 저축을 장려하는 정책은 중기 및 장기적으로는 좋을 수 있지만, 단기적으로는 수요와 산출 감소, 심지어 경기침체로 이어질 수 있다는 것이다.

- 정부지출이나 세금을 변경하는 것은 쉽지 않다. 미국 의회에서 법안을 통과시키는 데는 항상 시간이 소요된다. 법안의 내용을 실행하는 데는 보다 더 많은 시간이 소요된다(21, 22장).
- 여기서는 투자가 일정하다고 가정했다. 그러나 투자는 다양한 방식으로 반응할 가능성이 높다. 수입 역시 마찬가지이다. 즉, 소비자와 기업의 수요 증가 중 일부는 국내재에 대한 것이 아니라 해외 재화에 대한 것이다. 환율은 변동할 수 있다. 이러한 모든 반응은 복잡하고 동학적인 효과와 연관될 가능성이 높기 때문에 정부가 정책의 효과를 확실하게 평

가하기 어렵다(5, 9, 18~20장).

- 기대치 역시 중요할 수 있다. 예를 들어 감세에 대한 소비자의 반응은 감세를 일시적인 것으로 생각하는지 아니면 영구적인 것으로 생각하는지에 따라 달라질 수 있다. 감세가 영구적이라고 인식할수록 소비 반응은 더 커질 것이다. 마찬가지로 지출 증가에 대한 소비자의 반응은 정부가 지출을 충당하기 위해 세금을 인상하는 시점에 따라 달라질 수 있다(14~16장).
- 주어진 수준의 산출을 달성하는 것은 뜻하지 않는 부작용을 수반할 수 있다. 예를 들어 너무 높은 수준의 생산량을 달성하려고 하면 인플레이션이 증가하여 중기에 지속하지 못할 수 있다(9장).
- 감세나 정부지출 확대는 단기적으로는 매력적으로 보일 수 있지만 대규모 재정적자와 공공부채 누적으로 이어질 수 있다. 대규모 부채는 장기적으로 역효과를 낳는다. 이는 오늘날 전 세계 거의 모든 선진국이 경험하는 뜨거운 논란거리이다(9, 11, 16, 22장).

간단히 말하면 정부가 재정 정책을 통해 단기적으로 수요와 산출에 영향을 미칠 수 있다는 명제는 중요하고 올바른 명제이다. 그러나 분석을 구체화하면 일반적으로 정부의 역할, 특히 재정 정책을 성공적으로 사용하는 것이 점점 더 어려워진다는 것을 알 수 있다. 이 장에서 살펴본 것처럼 정부의 역할이 그렇게 뛰어날 수는 없을 것이다.

## 요약

GDP의 구성 요소에 대해 기억해야 할 사항은 다음과 같다.

- GDP는 소비, 투자, 정부지출, 재고투자, 수출에서 수입을 뺀 값의 합계이다.
- 소비($C$)는 소비자가 재화와 서비스를 구매하는 것을 말한다. 소비는 수요의 가장 큰 구성 요소이다.
- 투자($I$)는 기업의 신규 공장 및 신규 기계 구매와 같은 비주거용 투자와 국민의 신규 주택 또는 아파트 구매와 같은 주거용 투자의 합이다.
- 정부지출($G$)은 연방, 주, 지방 정부의 재화 및 서비스 구매를 의미한다.
- 수출($X$)은 외국인의 국내 재화 구매를 의미한다. 수입($IM$)은 국내 소비자, 기업, 정부의 해외 재화 구매이다.
- 재고투자는 생산과 구매의 차이로, 양(+) 또는 음(−)의 값이 될 수 있다.

다음은 첫 번째 생산 결정 모형에서 기억해야 할 사항이다.

- 단기적으로는 수요가 생산을 결정한다. 생산은 소득과 같으며, 소득은 다시 수요에 영향을 미친다.
- 소비함수는 처분가능소득에 따라 소비가 어떻게 달라지는지를 보여준다. 소비성향은 주어진 처분가능소득 증가에 대해 소비가 얼마나 증가하는지를 설명한다.
- 균형산출량은 생산이 수요와 일치하는 생산량 수준이다. 균형에서 산출은 독립적 지출에 승수를 곱한 값과 같다. 독립적 지출은 소득에 의존하지 않는 수요의 일부이다. 승수는 $1/(1-c_1)$과 같으며, 여기서 $c_1$은 소비성향을 나타낸다.
- 소비자 신뢰, 투자 수요, 정부지출 또는 세금의 증가는 모두 단기적으로 균형산출을 증가시킨다.
- 재화시장의 균형조건을 다른 방식으로 표현하면 투자는 민간저축과 정부저축의 합인 저축과 동일해야 한다는 것이다. 이러한 이유로 이 균형조건을 $IS$ 관계라고 한다(이때 $I$는 투자, $S$는 저축을 의미).

## 핵심용어

계량경제학(econometrics)
고정투자(fixed investment)
균형(equilibrium)
균형예산(balanced budget)
균형조건(equilibrium condition)
기하급수(geometric series)
내생변수(endogenous variable)
독립적 지출(autonomous spending)
동학(dynamics)
모수(parameter)
무역수지(trade balance)
무역적자(trade deficit)
무역흑자(trade surplus)
민간저축(private saving, $S$)
비주거투자(nonresidential investment)
선형관계(linear relation)
소비(consumption, $C$)
소비성향(propensity to consume, $c_1$)
소비함수(consumption function)
수입(import, $IM$)
수출(export, $X$)
순수출(net export, $X-IM$)
승수(multiplier)
외생변수(exogenous variable)
재고투자(inventory investment)
재정적자(budget deficit)
재정 정책(fiscal policy)
재정흑자(budget surplus)
재화시장의 균형(equilibrium in the goods market)
저축(saving)
저축성향(propensity to save)
저축의 역설(paradox of saving)
정부이전지출(government transfers)
정부저축(public saving, $T-G$)
정부지출(government spending, $G$)
주거용 투자(residential investment)
처분가능소득(disposable income, $Y_D$)
투자(investment, $I$)
항등식(identity)
행태방정식(behavioral equation)
*IS* 관계(IS relation)

## 연습문제

### 기초문제

1. 이 장의 내용에 기초해 다음에 대해 '사실', '거짓', '불확실' 여부를 밝히고, 그 이유를 간단히 설명하라.
   a. GDP의 가장 큰 항목은 소비이다.
   b. 2022년 정부이전지출을 포함한 정부지출은 GDP의 17.4%이다.
   c. 소비성향은 반드시 양(+)의 값을 가져야 한다. 하지만 어떤 양의 값을 가져도 상관없다.
   d. 2009년 경기침체의 한 요인은 모수 $c_0$ 값의 하락이었다.
   e. 재정 정책은 정부지출과 세금의 선택과 관련이 있으며, 본문의 재화시장 모형에서는 외생변수로 간주된다.
   f. 재화시장의 균형조건은 소비가 산출과 일치한다는 것이다.
   g. 정부지출이 한 단위 증가하면 균형산출도 한 단위 증가한다.
   h. 소비성향이 증가하면 산출은 감소한다.
2. 경제의 행태방정식이 다음과 같다고 가정할 때 아래 변수를 도출하라.

$$C = 160 + 0.6Y_D$$
$$I = 150$$
$$G = 150$$
$$T = 100$$

   a. 균형 GDP($Y$)
   b. 처분가능소득($Y_D$)
   c. 소비 지출($C$)

3. 문제 2에서 다룬 경제를 사용하여 다음 문제에 답하라.

a. 균형산출을 도출하라. 총수요를 계산하라. 이는 생산과 같은가? 이에 대해 설명하라.

b. 이제 $G$를 110이라고 가정하여 균형산출을 도출한 후 총수요를 계산하라. 이는 생산과 같은가? 이에 대해 설명하라.

c. $G$를 110이라고 가정할 경우 생산은 문제 b에서 도출된다. 민간저축과 정부저축의 합을 계산하라. 민간저축과 정부저축의 합은 투자와 같은가? 이에 대해 설명하라.

4. 내생변수와 외생변수의 차이점을 설명하라. 모든 변수가 내생변수인 세상을 가정할 때 정책 입안자들은 경제의 결과를 바꿀 수 있는가?

## 심화문제

5. 균형재정승수

정치적인 이유와 거시경제적인 이유로 정부는 재정적자 운영을 꺼리는 경우가 많다. 여기서는 균형재정을 유지하기 위해 $G$와 $T$의 정책 변화가 거시경제적으로 중립적인지 살펴본다. 다시 말해 정부 재정이 균형을 유지하도록 $G$와 $T$의 변화를 통해 산출에 영향을 미칠 수 있는지 살펴본다.

식 (3.8)에서 시작하자.

a. $G$가 한 단위 증가하면 $Y$는 얼마나 증가하는가?

b. $T$가 한 단위 증가하면 $Y$는 얼마만큼 감소하는가?

c. a와 b의 답이 다른 이유는 무엇인가?

경제가 균형재정으로 시작한다고 가정하자. 즉, $G = T$이다. 만약 $G$의 증가가 $T$의 증가와 같다면, 재정은 균형을 유지한다. 이제 균형재정승수를 계산하자.

d. $G$와 $T$가 각각 한 단위씩 증가한다고 가정하자. 위의 문제 a와 b의 답을 사용할 경우 균형 GDP의 변화는 얼마인가? $G$와 $T$의 균형재정 변화는 거시경제적으로 중립적인가?

e. 소비성향의 특정 값은 a의 답에 어떤 영향을 미치는가? 그 이유는 무엇인가?

6. 자동안전장치

이 장에서는 재정 정책 변수 $G$와 $T$가 소득 수준과 독립적이라고 가정했다. 그러나 현실 세계에서는 그렇지 않다. 세금은 일반적으로 소득 수준에 따라 달라지므로 소득이 높을수록 더욱 증가한다. 이 문제에서는 독립적 지출의 변화가 산출에 미치는 영향을 줄이는 데 이러한 세금의 자동 반응이 어떻게 도움이 될 수 있는지 살펴본다.

다음 행태방정식을 고려하자.

$$C = c_0 + c_1 Y_D$$
$$T = t_0 + t_1 Y$$
$$Y_D = Y - T$$

$G$와 $I$는 모두 상수이며, $t_1$은 0과 1 사이의 값으로 가정하자.

a. 균형산출값을 도출하라.

b. 승수는 무엇인가? 경제는 $t_1$이 0일 때 또는 $t_1$이 양(+)의 값을 가질 때 독립적 지출의 변화에 더 크게 반응하는가? 이에 대해 설명하라.

c. 이 경우 재정 정책을 자동안전장치라고 부르는 이유는 무엇인가?

7. 균형재정과 자동안전장치

균형재정 수정안이 실제로는 경제를 불안정하게 만든다는 주장이 종종 제기된다. 이 주장을 이해하기 위해 문제 6의 경제를 고려해 보자.

a. 균형산출값을 도출하라.

b. 균형 세금을 도출하라.

정부가 균형재정으로 시작하고 $c_0$이 감소한다고 가정하자.

c. $Y$는 어떻게 되는가? 또한 세금은 어떻게 되는가?

d. 정부가 재정균형을 유지하기 위해 정부지출을 삭감한다고 가정하자. $Y$에 미치는 영향은 어떻게 되는가? 재정균형을 맞추기 위해 필요한 지출 삭감이 생산량에 대한 $c_0$의 감소 효과를 상쇄하거나 강화하는가? (수식을 이용하지 말고 직관적으로 답변하라.)

8. 세금과 이전지출

세금 $T$는 이전지출을 차감한 값으로 정의할 수 있다. 즉, 다음과 같다.

$$T = \text{세금} - \text{이전지출}$$

a. 정부가 민간 가계에 대한 이전지출을 늘리지만, 이 이전지출은 세금 인상으로 조달하지 않는다고 가정하자. 대신 정부는 이전지급금을 지불하기 위해 차입한다. 이 정책이 균형산출량에 어떤 영향을 미치는지 (그림 3-2와 유사한) 그림을 이용해 설명하라.

b. 정부가 이전지출 증가에 상응하는 세금 인상으로 이전지출 증가분을 지불한다고 가정하자. 이 경우 이전소득의 증가는 균형산출에 어떤 영향을 미치는가?

c. 전체 인구에 두 유형의 사람들이 포함된다고 하자. 한 유형은 높은 소비성향을 가진 사람들이고, 다른 유형은 낮은 소비성향을 가진 사람들이다. 이전지출 정책을 추진하여 높은 소비성향을 가진 사람에 대한 이전지출을 위해 낮은 소비성향을 가진 사람에 대한 세금을 인상했다고 하자. 이 정책은 균형산출에 어떤 영향을 미치는가?

d. 소득 수준에 따라 개인별로 소비성향이 달라지는가? 다시 말해 고소득층의 소비성향과 저소득층의 소비성향은 다른가? 이에 대해 설명하라. 답에 기초할 때 세금 인하조치가 어떤 소득계층에 집중되는 것이 산출 증가에 보다 효과적이라고 생각하는가? 저소득층인가, 아니면 고소득층인가?

9. 투자와 소득

이 문제는 투자가 생산량에 의존하도록 허용하는 것의 의미를 살펴본다. 5장에서는 이 분석을 훨씬 더 발전시켜 이 문제에서는 검토하지 않은 필수적인 관계, 즉 이자율이 투자에 미치는 영향을 소개한다.

a. 경제가 다음과 같은 행태방정식으로 특징지어진다고 가정해 보자.

$$C = c_0 + c_1 Y_D$$
$$Y_D = Y - T$$
$$I = b_0 + b_1 Y$$

정부지출과 세금은 일정하다. 이제 투자는 생산량에 따라 증가한다는 점에 유의하자(이 관계에 대한 이유는 5장 참조). 균형산출값을 구한다.

b. 승수의 값은 얼마인가? 투자와 산출의 관계는 승수의 값에 어떤 영향을 미치는가? 승수가 양(+)의 값을 가지려면 $(c_1 + b_1)$이 어떤 조건을 만족시켜야 하는가? 이에 대해 설명하라.

c. $(c_1 + b_1) > 1$이면 어떻게 될까? (각 지출 단계에서 어떤 일이 일어날지 생각해 보자.)

d. 비즈니스 신뢰도라고도 하는 모수 $b_0$가 증가한다고 가정해 보자. 균형산출은 어떤 영향을 받는가? 투자는 $b_0$의 변화에 비해 변화가 더 많은가, 아니면 더 적은가? 그 이유는 무엇인가? 또한 국가 저축은 어떻게 되는가?

## 보충문제

10. 저축의 역설을 다시 살펴보자.

이 문제는 수식을 사용하지 않고도 풀 수 있지만, 아래 문제 a는 도식을 활용하는 것이 효율적일 수 있다. 이 문제에서는 경제 변수의 변화 크기를 계산할 필요 없이 변화의 방향만 계산하면 된다.

a. 문제 9에서 다룬 경제를 고려하자. 소비자들이 주어진 처분가능소득에서 더 적게 소비하기로 결정한다고 가정하자. 즉, 더 많이 저축한다. 특히 소비자 신뢰도($c_0$)가 하락한다고 가정하면 산출은 어떻게 되는가?

b. 위의 문제 a에서 결정한 산출에 대한 파급 효과로 투자는 어떻게 되겠는가? 정부저축은 어떻게 되는가? 민간저축은 어떻게 되는가? 이에 대해 설명하라. (힌트: 균형의 저축은 투자와 같은 특성을 고려하라.) 또한 소비에 미치는 영향은 어떠한가?

c. 소비자들이 소비 지출을 늘리기로 결정하여 $c_0$가 증가했다고 가정해 보자. 이 경우 생산, 투자, 민간저축에 미치는 영향은 어떠한가? 이에 대해 설명하라. 소비에는 어떤 영향이 있는가?

d. 다음 논리에 대해 논하라. "산출이 지나치게 낮을 경우 재화와 서비스에 대한 수요의 증가가 필요하다. 투자는 수요의 한 구성 요소이며 저축은 투자와 같다. 따라서 정부가 가계가 저축을 더 많이 하도록 설득할 수만 있다면 투자와 산출은 증가할 것이다."

산출만이 투자에 영향을 미치는 유일한 변수는 아니다. 경제 모형을 발전시켜 가면서 저축의 역설을 다시 살펴볼 것이다.

11. 2009년의 경기침체를 피하기 위해 재정 정책을 사용해 보자. 2009년의 GDP는 약 15조 달러였으며, 2009년 GDP는 약 3%p 하락했다.

a. 15조 달러의 3%p는 얼마인가?

b. 소비성향이 0.5일 경우 산출 감소를 막기 위해 정부지출을 얼마만큼 늘려야 하는가?

c. 소비성향이 0.5일 경우 산출 감소를 막기 위해 세금을 얼마만큼 인하해야 하는가?

d. 의회가 정부지출과 세금을 2009년과 같은 수준으로 증가시키기로 결정했다고 가정하자. 2009년에 산출 감소를 막기 위해 정부지출과 세금을 얼마나 늘려야 하는가?

12. '출구 전략' 문제

금융위기에 따른 경기침체를 극복하기 위해 세금을 인하하고 정부지출을 증가시켰다. 그 결과 대규모 정부 재정적자가 발생했다. 이 적자를 줄이려면 세금을 올리거나 정부지출을 줄여야 한다. 이것이 대규모 적자에서 벗어나는 '출구 전략'이다.

a. 어떤 방식으로 적자를 줄이면 단기적으로 균형산출 수준에 영향을 미치겠는가?

b. 무엇이 균형산출을 더 많이 변화시키는가?

(i) $G$를 1,000억 달러 삭감

(ii) $T$를 1,000억 달러 증액

c. 한계소비성향의 값에 따라 위의 문제 b의 답은 어떻게 달라지는가?

d. 재정적자를 줄이면 소비자와 기업의 신뢰도가 높아져 재정적자 감소로 인해 발생할 수 있는 산출 감소를 줄일 수 있다는 주장이 있다. 이 주장은 타당한가?

13. 가장 간단한 모형으로 본 재정 정책과 2018년의 호황을 살펴보자.

2017년 12월 감세 및 일자리 법안이 의회에서 통과되었다. GDP는 2017년 19조 6,100억 달러(2017년 달러 기준)에서 2018년 20조 1,800억 달러(2017년 달러 기준)로 증가했다.

a. 2017년부터 2018년까지 실질 GDP는 몇 퍼센트 증가했는가?

b. 미국 의회예산처의 추정에 따르면 2018년 감세 및 일자리 법안과 관련된 감세 효과는 약 1,500억 달러(경상달러 기준)이다. 2018년 GDP 디플레이터(2012년 = 100)는 110이다. 2012년 달러 기준으로 감세 효과는 어느 정도인가?

c. 한계소비성향이 0.6이라면 감세로 인한 실질 GDP의 증가는 어느 정도인가?

d. 한계소비성향이 0.6일 때 2017년부터 2018년까지의 실질 GDP 성장에서 감세가 차지하는 비중은 몇 퍼센트인가?

e. 감세가 소비자와 기업의 신뢰를 높여 평소보다 더 크게 수요를 증가시킨다는 주장이 있다. 미국의 실질 GDP의 정상적인 성장률이 2%라면 2018년 감세 효과가 이 주장을 뒷받침할 수 있는가? 미국 실질 GDP의 정상 성장률이 1%라면 답은 어떻게 달라지는가? 앞서 1장에서 최근 몇 년간 노동 생산성의 정상적인 성장률은 1%에 가까운 것을 보았다.

14. 2020년의 COVID-19 경기침체를 피하기 위해 재정 정책을 사용했다.

2019년 말에 GDP는 약 23조 달러였다. 2020년 2분기에 GDP는 약 10%p 하락했으며, 2020년과 2021년에는 2019년 말에 비해 5% 정도 낮아질 것이라는 예측이 나왔다. 2020년과 2021년에 걸쳐 트럼프와 바이든 행정부는 기업과 고용을 보호하기 위해 총 5조 달러를 지출했다.

a. 23조 달러의 10%p(2020년 5%p, 2021년 5%p)는 얼마인가?

b. 소비성향이 0.3이라면 산출 감소를 막기 위해 정부지출을 얼마나 늘려야 하는가?

c. 실제 지출은 생산량 감소를 막기 위해 필요한 지출과 비교했을 때 어떻게 다른가?

d. 필요한 경우 1장을 참조하여 설명하라. COVID-19에 대응한 지출이 경제에 미친 실제 영향은 어떠했는가?

# 금융시장 I

4

금융시장은 복잡한 구조와 다양한 참여자로 구성되어 있어 쉽게 다가가기 어렵지만, 오늘날 경제에서의 역할과 중요성은 갈수록 커지고 있다. 이 시장에는 은행부터 머니마켓펀드, 뮤추얼펀드, 투자펀드, 헤지펀드에 이르기까지 다양한 참여자들이 복잡하게 얽혀 있다. 거래되는 금융상품도 채권, 주식뿐만 아니라 스왑, 옵션과 같이 생소한 이름을 가진 다양한 금융청구권까지 포함한다. 신문의 금융 면에서는 다양한 국채, 회사채, 단기 및 장기 채권의 이자율이 인용되므로 혼란스러울 수 있다. 하지만 금융시장은 경제에서 핵심적인 역할을 한다. 기업, 가계, 정부가 자금을 조달하는 비용을 결정하며, 이는 다시 이들의 지출 결정에 영향을 미친다. 이러한 금융시장의 역할을 이해하려면 단계적으로 접근해야 한다.

이 장에서는 이러한 이자율에 영향을 미치는 중앙은행의 역할에 초점을 맞춘다. 이를 위해 현실을 과감히 단순화하여, 경제에 이자 지급이 없는 자산인 화폐와 이자를 지급하는 자산인 채권이라는 두 가지 금융자산만 존재하는 것으로 가정한다. 이러한 접근 방식을 통해 채권의 이자율이 어떻게 결정되는지, 그리고 그 결정에서 중앙은행[미국의 경우 **연방준비제도**(Federal Reserve System), 즉 **미 연준**(Fed)]의 역할을 알아보자.

5장에서는 3장에서 구축한 재화시장 모형과 이번 장에서 전개할 금융시장 모형을 결합하여 균형산출량을 다시 살펴볼 것이다. 그 후 6장에서 다시 금융시장으로 돌아가 더 다양한 금융자산과 이자율을 고려하며, 은행 및 기타 금융기관의 역할을 더 깊이 탐구할 것이다. 이러한 확장은 더욱 풍부한 모형을 제공하며, 2000년대 후반 글로벌 금융위기에서 어떤 일이 벌어졌는지를 더 깊이 이해하는 데 도움이 될 것이다.

**4-1** 통화수요를 살펴본다.

**4-2** 중앙은행이 통화공급을 직접 통제한다는 가정하에 이자율이 어떻게 조정되어 통화수요와 통화공급이 일치하는지를 설명한다.

**4-3** 은행을 통화공급의 주체로 도입하고 금리 결정에 대한 논의를 확대하는 한편, 그러한 맥락에서 중앙은행의 역할을 설명한다.

**4-4** 채권 이자율이 마이너스가 될 수 없기 때문에 통화 정책이 제약을 받는 유동성 함정의 사례를 다룬다. 실제로 지난 글로벌 금융위기 당시 유동성 함정은 중앙은행의 통화 정책 수행에 중요한 제약으로 작용했다.

**이 장의 핵심 주제 :** 단기에는 중앙은행이 이자율을 결정한다. ▶▶▶

## 4-1 통화수요

5만 달러를 채권과 통화 사이에서 어떻게 배분할지 결정하는 일은 당장 중요한 문제처럼 느껴지지 않을 수 있을 것이다. 지금 당장은 5만 달러가 없을 테니 말이다. 하지만 언젠가 미래에 이 문제가 중요한 의미를 가지게 되기를 바란다.

얼마를 저축할지 결정하는 문제와 주어진 자산을 통화와 채권에 어떻게 배분할지의 문제는 확실히 구분해야 한다.

신용카드로 결제하고 현금을 들고 다니지 않을 수도 있다. 그러나 신용카드 회사에 돈을 지불할 때는 요구불예금 계좌에 통화가 있어야 한다.

이 절에서는 **통화수요**(demand for money)*의 결정 요인을 살펴본다. 시작에 앞서 주의할 점이 있다. **통화**(money)나 **부**(wealth)와 같은 단어는 경제학에서 특정한 의미로 사용되며, 일상 언어에서의 의미와 다를 수 있다. FOCUS '의미의 함정: 통화, 소득, 부'는 이러한 혼동을 피하는 데 도움을 줄 것이다. 반드시 정독하고, 때때로 참고하길 바란다.

과거에 소득의 일부를 꾸준히 저축하여 금융자산으로 5만 달러를 모았다고 하자. 앞으로도 계속 저축하여 자산을 더 늘릴 수 있겠지만, 어디까지나 현재 기준으로 부의 규모는 5만 달러이다. 또한 두 가지 자산, 즉 통화와 채권 중에서만 선택할 수 있다고 가정하자.

- 돈 또는 화폐라고도 표현하는 **통화**(money)는 거래에 사용할 수 있지만, 이자를 지급하지 않는다. 현실에서는 통화에 두 가지 형태가 있다. 지폐와 동전 같은 **현금**(currency)뿐만 아니라, 필요하면 언제든지 직불카드를 사용하거나 수표를 발행할 수 있는 **요구불예금**(checkable deposits)도 통화이다. 앞으로 통화공급을 살펴볼 때 이들 둘 사이를 구분하는 것이 중요하다. 현재로서는 둘의 차이가 중요하지 않으므로 무시하고 현금에 집중한다.
- **채권**(bond)은 양(+)의 이자율 $i$를 지급하지만, 거래에 사용할 수는 없다. 현실 세계에는 다양한 종류의 채권과 기타 금융자산이 있으며, 각각 특정한 이자율을 지급한다. 하지만 이러한 현실을 무시하고 투자가 가능한 채권의 종류는 오직 하나이며, 그 채권은 이자율 $i$를 지급한다고 하자.

채권을 사고파는 데 일정한 비용이 든다고 가정하자. 예를 들어 중개인에게 전화하고 거래 수수료를 지불해야 할 수 있다. 5만 달러의 자산 중 얼마를 통화로, 그리고 얼마를 채권으로 보유해야 할까? 모든 부를 통화로 보유하면 확실히 매우 편리하다. 중개인에게 전화하거나 수수료를 낼 일도 없다. 그러나 이는 아무런 이자수입도 얻지 못함을 의미한다. 반면에 모든 부를 채권 형태로 보유하면 이자수입을 얻을 수 있지만, 지하철을 타거나 커피를 사 마시는 등 통화가 필요할 때마다 중개인에게 전화를 걸어야 한다. 이런 식의 일상생활은 당연히 꽤나 불편할 것이다.

누구든 통화와 채권 모두 필요한 것이 자명하다. 하지만 어느 정도의 비율로 보유해야 하는가? 이는 주로 두 가지 변수에 의존한다.

- 거래 규모: 통화 확보를 위해 채권을 지나치게 자주 매각하는 것을 피하려면 수중에 충분한 통화를 보유하고 있어야 한다. 예를 들어 한 달에 보통 3,000달러를 지출한다고 하자. 이 경우 평균적으로 두 달치의 지출액에 해당하는 금액, 즉 6,000달러를 통화로 보유하

---

* 역자 주: 이 책에서 money(통화 또는 화폐)는 'currency(현금 또는 현금통화)'와 'checkable deposits(요구불예금)'을 합한 개념으로, 거래수단으로 사용되는 통화 전체를 의미한다. currency는 시중에 유통되는 지폐와 동전을, checkable deposits는 언제든 인출 및 결제가 가능한 요구불예금을 가리킨다.

고, 나머지 50,000 − 6,000=44,000달러는 채권으로 보유하면 된다. 한 달에 보통 4,000달러를 지출한다면 8,000달러를 통화로, 그리고 42,000달러를 채권으로 보유하면 된다.

- **채권 이자율**: 부를 채권 형태로 보유하려는 유일한 이유는 이자수입이 발생하기 때문이다. 이자율이 높을수록 채권을 사고파는 데 따르는 불편함과 거래비용을 감수할 유인이 더 커진다. 이자율이 매우 높으면 평균 2주치 지출액인 1,500달러(월 지출을 3,000달러라고 가정)만을 통화로 보유하려 애쓸 것이다. 이런 식으로 평균 48,500달러를 채권으로 보유하게 되면 보다 많은 이자수입을 얻을 수 있다.

이제 앞서 마지막에 언급한 내용을 더 구체적으로 설명해 보자. 대다수의 사람들은 직접적으로 채권을 보유하고 있지 않을 것이며, 증권사와도 직접 접촉하지 않을 것이다. 하지만 금융기관에 머니마켓계좌를 보유하고 있다면 간접적으로 채권에 투자하고 있는 셈이다. **머니마켓펀드**(money market fund, MMF)는 다수의 투자자로부터 자금을 모아 이를 단기금융상품에 공동으로 운용하는 펀드이다. 펀드는 일반적으로 단기 국채와 같은 채권을 매입하는 데 사용된다. MMF는 편입한 채권 자산에서 발생한 이자수익보다 약간 낮은 이자율을 적용하여 투자자에게 수익을 지급한다. 이 차이는 펀드 운영에 소요되는 관리비용과 운용사의 이윤 마진에서 비롯된다.

1980년대 초반, MMF의 연이자율이 14%에 이르렀을 때(현재 기준으로는 매우 높은 수준) 기존에 모든 자산을 요구불예금(이자가 없거나 거의 무시할 수 있을 정도로 낮은 수준)에만 예치해 두었던 사람들은 자산의 일부를 MMF로 옮기면 상당한 이자수익을 얻을 수 있다는 사실을 깨닫게 되었다. 현재는 이자율이 훨씬 낮아졌기 때문에 MMF에 많은 돈을 투자하지는 않는다. 즉, 거래 규모가 일정하다고 가정하면 사람들은 1980년대 초반에 비해 더 많은 자산을 통화 형태로 보유하고 있는 셈이다.

◀ 최근의 금리 인상(1장 참조)은 1980년대 초에 비하면 훨씬 낮은 수준이지만 일부 사람들은 자금을 요구불예금에서 MMF로 다시 이동시켰다.

## 통화수요의 유도

이제 앞서 논의한 내용을 바탕으로, 통화수요를 수식으로 표현해 보자.

민간 부문의 개인과 기업 등이 보유하고자 하는 통화의 양, 즉 통화에 대한 수요를 $M^d$로 나타내자(여기서 위 첨자 $d$는 demand를 의미). 경제 전체의 통화수요는 경제 내에 있는 경제주체들의 개별적인 통화수요를 모두 합한 값이다. 따라서 통화수요는 경제 전반의 거래 규모와 이자율 수준에 의존한다. 거래 규모 자체는 정확히 측정하기 어렵지만, 일반적으로 명목소득에 비례한다고 간주된다. 예컨대 명목소득이 10% 증가하면 경제 전체의 거래 규모도 대체로 10% 가량 증가하고, 경제주체들이 보유하고자 하는 통화의 양도 10% 증가할 것이라고 보는 것이 합리적일 것이다. 따라서 통화수요, 명목소득, 이자율의 관계를 다음처럼 표시할 수 있다.

◀ 사실 미국 달러화에 대한 수요의 상당 부분은 비거주자에게서 발생한다. 이에 대해서는 FOCUS '누가 미국의 현금통화를 보유하는가?'에서 더 자세히 설명한다.

◀ 철강회사와 자동차회사로 구성된 경제에 관한 2장의 예를 다시 검토해 보라. 이 경제에서의 거래 규모와 GDP의 관계를 계산해 보라. 철강회사와 자동차회사의 규모가 2배 증가하면 거래 규모와 GDP에는 어떤 변화가 발생하겠는가?

$$M^d = \$Y\, \underset{(-)}{L(i)} \tag{4.1}$$

FOCUS

## 의미의 함정: 통화, 소득, 부

일상 대화에서 '돈(통화)'이라는 단어는 매우 다양한 의미로 사용한다. 예를 들어 "그가 돈을 잘 번다"는 표현에서 돈은 소득과 동일한 의미이며, "그녀는 돈이 많다"는 표현에서는 부와 같은 뜻으로 쓰인다. 그러나 경제학에서는 이러한 용어를 훨씬 더 정확하고 조심스럽게 구분해야 한다. 다음은 경제학에서 사용되는 몇 가지 주요 개념의 정확한 정의에 대한 기본적인 안내이다.

**통화**(money)란 거래의 대가로, 직접 사용이 가능한 수단을 말한다. 여기에는 현금과 은행의 요구불예금, 즉 수표를 발행하거나 직불카드로 인출 가능한 예금이 포함된다.

**소득**(income)은 근로의 대가로 받는 수입에 이자와 배당 수익을 더한 것이다. 이는 일정한 기간을 단위로 측정되는 **유량**(flow) 변수로, 주간소득, 월간소득, 연간소득과 같이 표현된다. 한 기자가 석유왕 폴 게티에게 소득이 얼마냐고 묻자, 그는 "1,000달러"라고 답했다. 이는 명확한 답은 아닌데, 실제로는 '1분당 1,000달러'를 의미한 것이다.

**저축**(saving)은 세후 처분가능소득 중 지출하지 않은 부분을 말하며, 이 역시 유량 변수이다. 예컨대 월소득이 3,000달러이고, 그중 10%를 저축한다면 월저축액은 300달러가 된다. 한편 저축을 뜻하는 영어 saving의 복수형인 savings는 때로 부의 동의어로 사용되어, 시간이 흐르며 축적된 자산의 가치를 의미하기도 한다. 하지만 혼동을 피하고자 이 책에서는 'savings'라는 용어는 사용하지 않겠다.

**금융자산**(financial wealth), 또는 간단히 부(wealth)는 보유한 모든 금융자산의 가치에서 모든 금융부채를 뺀 순자산을 의미한다. 소득이나 저축이 유량 변수인 것과 달리 부는 **저량**(stock) 변수이다. 즉, 주어진 특정 시점에서 측정되는 자산 가치를 뜻한다.

금융자산은 저량 변수이므로 특정 시점에서는 그 총액을 바꿀 수 없다. 금융자산의 총액은 시간이 흐르면서 저축하거나 소비하거나, 자산과 부채의 가치가 변할 경우에만 달라진다. 그러나 금융자산의 구성은 언제든지 바꿀 수 있다. 예를 들어 요구불예금에서 수표를 발행하여 주택담보대출의 일부를 상환할 수 있다. 이 경우에는 부채(모기지대출)가 줄어들고, 그에 상응하여 자산(예금 잔액)도 줄어든다. 그러나 이 변화는 자산과 부채가 동일하게 감소하는 것이므로, 순자산 크기에는 변화가 없다.

재화를 구매하는 데 직접 사용될 수 있는 금융자산은 통화라고 한다. 부유한 사람이라도 통화 보유액이 소액일 수 있다. 예컨대 주식으로 100만 달러를 갖고 있어도, 요구불예금에는 500달러밖에 없을 수 있다. 마찬가지로 소득이 많아도 통화 보유액은 적을 수 있다. 예를 들어 월 소득이 1만 달러인 사람이 요구불예금에는 1,000달러만 갖고 있을 수도 있다.

경제학에서 **투자**(investment)라는 용어는 기계·공장·사무용 건물 등 새로운 자본재를 구입하는 행위에 한정하여 사용한다. 주식이나 기타 금융자산을 매입하는 경우에는 이를 **금융투자**(financial investment)라고 명확히 구분해 표현해야 한다. 경제학적으로 올바른 표현법을 익혀보자.

"메리가 돈을 많이 벌고 있어"라고 하지 말고 "메리의 소득 수준이 높다"고 해보자.

"조는 돈을 많이 갖고 있어"라는 표현 대신 "조는 매우 부유하다"는 표현을 사용해 보자.

여기서 $Y는 명목소득을 의미하고 $L(i)$는 통화수요 $M^d$가 이자율 $i$의 감소함수를 나타낸다. 즉, 이자율이 높아지면 통화수요가 줄어든다. 수식 아래의 마이너스 부호(−)는 이자율이 통화수요에 음(−)의 영향을 미친다는 점을 나타낸다. 이자율의 상승은 사람들에게 더 많은 부를 채권으로 보유하게 함으로써 통화수요를 감소시킨다.

여기서 중요한 것은 실질소득이 아니라 달러화로 측정된 명목소득이다. 실질소득이 변하지 않은 상태에서 물가가 2배로 오르면 명목소득도 2배가 되며, 사람들은 동일한 소비 바구니를 구매하기 위해 2배의 통화를 보유해야 한다. ▶

식 (4.1)은 지금까지 논의한 다음 두 가지 핵심 내용을 요약한다.

- 첫째, 통화수요는 명목소득에 비례한다. 명목소득이 $Y에서 $2Y로 2배가 되면 통화수요도 $YL(i)에서 $2YL(i)로 2배 증가한다.

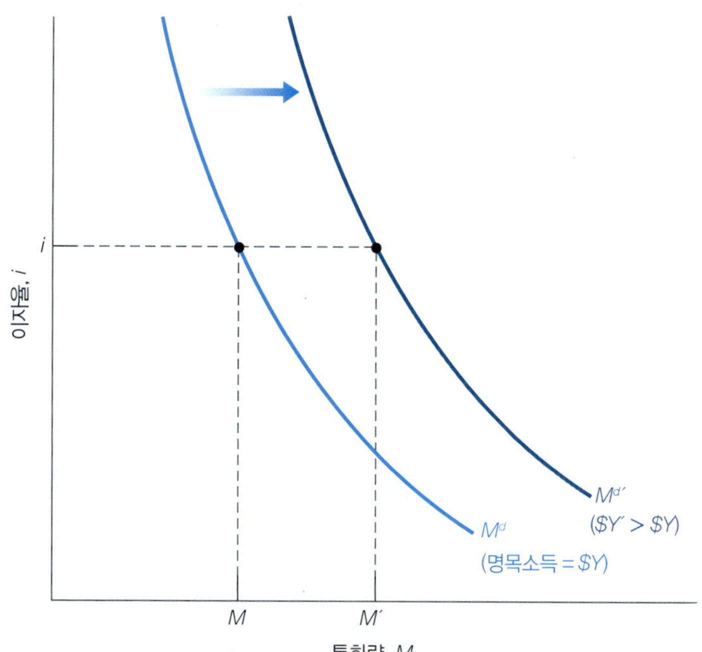


**그림 4-1**

**통화수요**

명목소득이 일정할 때 이자율 하락은 통화수요를 증가시킨다. 이자율이 일정할 때 명목소득 증가는 통화수요곡선을 오른쪽으로 이동시킨다.

- 둘째, 통화수요는 이자율에 반비례한다. 이자율이 상승하면 통화수요는 감소한다. 이는 $L(i)$가 이자율 $i$의 감소함수라는 점과 수식 하단의 (−) 부호를 통해 표현된다.

식 (4.1)이 대표하는 통화수요, 명목소득, 이자율의 관계가 그림 4-1에 나타나 있다. 이자율 $i$는 수직축으로, 통화량 $M$은 수평축으로 측정되었다.

주어진 명목소득 수준 $\$Y$에서 통화수요와 이자율의 관계는 $M^d$ 곡선으로 나타나며, 이 곡선은 우하향하는 기울기를 갖는다. 즉, 이자율이 하락할수록($i$가 낮을수록) 사람들이 보유하려는 통화량은 증가한다.

이자율이 일정할 때 명목소득의 증가는 통화수요를 증가시킨다. 즉 명목소득의 증가는 통화수요곡선을 $M^d$에서 오른쪽의 $M^{d'}$으로 이동시킨다. 예를 들어 이자율이 $i$인 상황에서 명목소득이 $\$Y$에서 $\$Y'$으로 증가하면 통화수요는 $M$에서 $M'$으로 증가한다.

## 4-2 이자율의 결정 I

앞서 통화수요를 살펴보았으므로, 이제 통화공급과 균형조건을 살펴보자.

현실 세계에는 두 종류의 통화가 존재한다. 하나는 은행이 공급하는 요구불예금이고, 다른 하나는 중앙은행이 공급하는 현금(지폐와 동전)이다. 이 절에서는 경제 내 통화가 중앙은행이 공급하는 현금통화만 있다고 가정하자. 물론 이는 비현실적인 가정이지만, 기본적인 메커니즘을 가장 명확하게 설명하기 위함이다. 다음 절에서는 요구불예금을 다시 도입하고, 은행의 역

FOCUS

## 누가 미국의 현금통화를 보유하는가?

2006년 가계 조사에 따르면 미국 가구는 평균적으로 1,600달러의 현금통화(지폐와 동전)를 보유하고 있었다. 당시 미국 전체 가구 수는 약 1억 1,000만으로 추정되므로, 이를 곱하면 미국 가계가 보유한 총현금통화 규모는 약 1,700억 달러에 달한다.

그러나 달러화를 실제로 발행하고 유통량을 정확히 파악하고 있는 미국 연방준비제도(Fed)에 따르면, 당시 유통 중인 전체 현금통화 규모는 이보다 훨씬 많은 7,500억 달러에 이르렀다. 바로 여기서 수수께끼가 발생한다. 가계가 1,700억 달러만 보유하고 있다면 나머지 5,800억 달러는 과연 어디에 있는 것일까?

일부는 가계가 아닌 기업이 보유하거나, 일부는 지하경제나 불법 활동에 연루된 이들이 소지하고 있었을 것이다. 예를 들어 마약 거래에서는 수표가 아닌 달러 지폐(최근에는 비트코인까지)가 거래 수단으로 사용된다. 하지만 기업에 대한 조사와 미국 국세청(IRS)의 지하경제 추정치를 종합하면 이러한 비공식 부문에서 보유한 현금은 많아야 800억 달러 수준에 불과하다. 결국 전체 현금통화의 66%에 해당하는 5,000억 달러는 여전히 설명되지 않는다. 그렇다면 이 현금통화는 어디에 있는가? 답은 '해외'이다. 미국 외에서 거주하는 비거주자들이 상당량의 달러화를 보유하고 있었던 것이다.

실제로 에콰도르, 엘살바도르 등 일부 국가는 달러화를 자국 통화로 채택하고 있다. 이들 국가에서는 달러 지폐가 일상적인 거래 수단으로 사용되지만, 경제 규모가 작아 이 수수께끼를 설명하기에는 충분하지 않다.

과거 고인플레이션을 겪은 국가의 사람들은 자국 통화의 가치 하락을 경험한 탓에 달러화를 안전하고 편리한 자산으로 여기는 경향이 있다. 대표적인 예로 아르헨티나와 러시아가 있다. 미국 재무부 추산에 따르면 아르헨티나는 500억 달러, 러시아는 800억 달러 이상의 달러 지폐를 보유하고 있으며, 이 두 나라를 합치면 미국 전체 가계의 보유량에 근접한다.

또 다른 경우로는 미국으로 이민 간 이들이 본국으로 달러 지폐를 송금하거나, 관광객들이 달러로 일부 거래를 결제하면서 그 달러 지폐가 해당 국가 내에 잔류하는 경우도 있다. 멕시코와 태국이 여기에 해당한다.

이처럼 유통 중인 달러화의 상당 부분을 비거주자가 보유하고 있다는 사실은, 두 가지 중요한 거시경제적 시사점을 제시한다. 첫째, 전 세계가 기꺼이 달러화를 보유함으로써 미국은 사실상 약 5,000억 달러 규모의 무이자 대출을 세계로부터 받고 있는 셈이다. 둘째, 일반적으로 통화수요(현금과 요구불예금을 포함한 개념)는 이자율과 국내 거래 규모에 의해 결정된다고 보지만, 미 달러화 통화수요는 이 외의 외부 요인들에도 영향을 받는다. 예를 들어 세계 각국에서 내란이나 사회적 불안이 증가한다면 미 달러화에 대한 통화수요는 어떻게 되겠는가?

할도 함께 살펴볼 것이다.

### 통화수요, 통화공급, 균형이자율

중앙은행이 $M$에 해당하는 통화를 공급하기로 했다고 하자. 즉, 다음과 같다.

$$M^s = M$$

이 절에서 money(통화)는 중앙은행이 발행한 현금통화를 의미한다. ▶

여기서 위 첨자 $s$는 공급(supply)을 의미한다. (중앙은행이 정확히 어떻게 이런 규모의 통화량을 공급하는지는 잠시 잊자. 이 문제는 잠시 후에 다룬다.)

금융시장에서의 균형은 통화공급이 통화수요와 일치할 것을, 즉 $M^s = M^d$를 요구한다. 여기서 통화공급 식 $M^s = M$과 통화수요 식 (4.1)을 이용하면 균형조건은 다음과 같다.

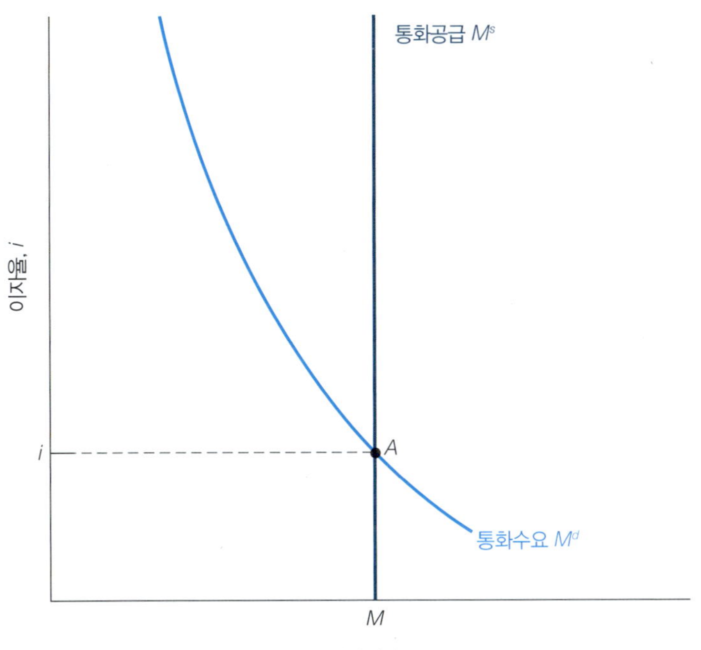


**그림 4-2**

**이자율 결정**

이자율은 중앙은행이 외생적으로 결정한 통화공급과 경제 내 통화수요가 일치하는 수준에서 결정된다.

$$\text{통화공급} = \text{통화수요} \quad (4.2)$$
$$M = \$Y\ L(i)$$

이 식은 명목소득 $\$Y$가 주어졌을 때 사람들이 보유하고자 하는 통화량이 통화공급 $M$과 일치하도록 이자율 $i$가 결정되어야 함을 보여준다.

이 균형조건은 그림 4-2에 도식적으로 나타나 있다. 그림 4-1과 마찬가지로 수평축에는 통화량($M$), 수직축에는 이자율($i$)이 표시되어 있다. 주어진 명목소득 $\$Y$에서의 통화수요곡선($M^d$)은 우하향 곡선이며, 이자율이 낮아질수록 사람들이 보유하려는 통화량이 증가함을 의미한다. 통화공급($M^s$)은 수직선으로 나타나며, 이자율과 무관하게 통화공급량이 $M$으로 고정되어 있음을 보여준다. 균형은 점 $A$에서 형성되며, 이때의 균형이자율은 $i$이다.

통화시장에서의 균형이자율이 어떻게 결정되는지 살펴보았으므로, 이제부터는 중앙은행의 통화공급 변화나 명목소득의 변화가 균형이자율에 어떤 영향을 미치는지 알아보자.

- 그림 4-3은 중앙은행의 통화공급 증가가 이자율에 미치는 영향을 보여준다.

  최초의 균형은 점 $A$에서 형성되며, 이때 이자율은 $i$이다. 통화공급이 $M^s = M$에서 $M^{s\prime} = M'$으로 증가하면 통화공급곡선은 $M^s$에서 $M^{s\prime}$으로, 즉 오른쪽으로 이동하고, 새로운 균형은 점 $A'$에서 형성된다. 그 결과 이자율은 $i$에서 $i'$으로 하락한다.

  즉, 중앙은행이 통화를 더 많이 공급하면 이자율은 하락한다. 이자율 하락은 통화수요를 증가시키고, 그 결과 통화수요는 증가한 통화공급과 일치하게 된다.

- 그림 4-4는 명목소득 증가가 이자율에 미치는 영향을 보여준다.

**그림 4-3**

**통화공급 증가의 이자율에 대한 파급 효과**

통화공급 증가는 이자율 하락을 이끈다.

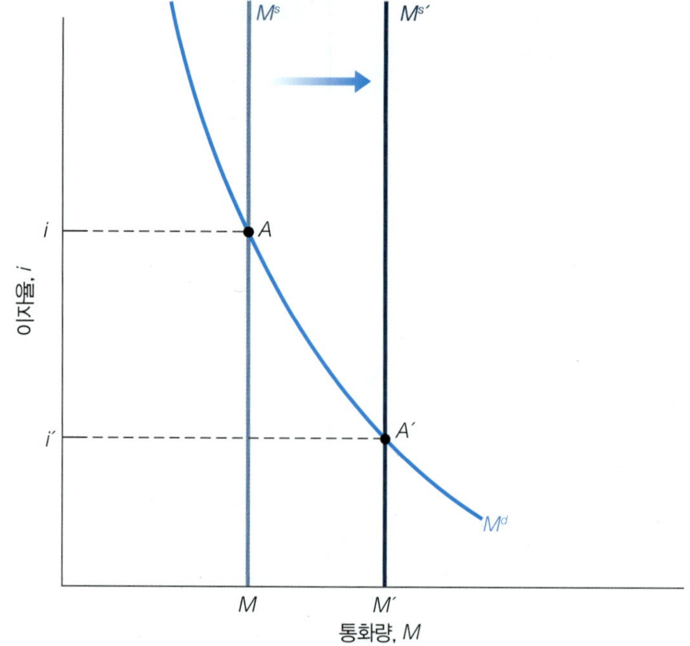


**그림 4-4**

**명목소득 증가의 이자율에 대한 파급 효과**

통화공급이 일정한 상황에서 명목소득 증가는 이자율 상승으로 이어진다.

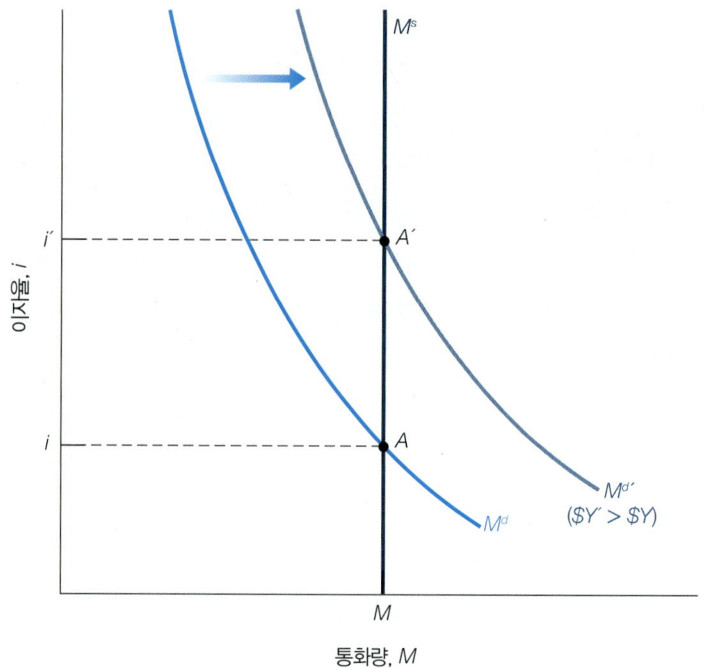


이 그림은 그림 4-2와 동일한 구조를 갖고 있으며, 초기 균형은 점 $A$에서 형성되고, 이때 이자율은 $i$이다. 명목소득이 $\$Y$에서 $\$Y'$으로 증가하면 거래 규모가 확대되며, 모든 이자율 수준에서 통화에 대한 수요가 증가한다. 이에 따라 통화수요곡선은 $M^d$에서 $M^{d\prime}$으로, 즉 오른쪽으로 이동하고, 균형은 점 $A$에서 점 $A'$으로 이동, 이자율은 $i$에서 $i'$으로 상승한다.

즉, 통화공급이 일정한 상황에서 명목소득이 증가하면 이자율이 상승한다. 그 이유는, 초기 이자율에서는 통화수요가 통화공급을 초과하기 때문이다. 이자율이 상승하면 사람들이 보유하고자 하는 통화량, 즉 통화수요가 감소하게 되고, 이로써 새로운 균형이 성립한다.

## 통화 정책과 공개시장운영

그림 4-3과 4-4의 결과를 더 명확히 이해하려면 중앙은행이 실제로 통화공급을 어떻게 조절하는지, 그리고 그에 따라 어떤 일이 발생하는지를 더욱 면밀히 살펴볼 필요가 있다.

중앙은행은 통상적으로 채권시장에서 채권을 매매함으로써 통화공급을 조절한다. 중앙은행은 실제로 채권 외에도 다른 자산을 거래하거나, 은행에 대한 대출 및 차입을 통해 통화 정책을 수행한다. 그러나 여기서는 채권 매매를 통한 조정만을 중심으로 살펴보자. 중앙은행이 시중 통화량을 늘리고자 할 경우 채권을 매입하고, 그 대금은 새로 발행한 통화로 지급한다. 반대로 통화량을 줄이려는 경우 중앙은행은 채권을 매도하고, 그 대가로 받은 통화를 시중에서 흡수한다. 이러한 조치를 **공개시장운영**(open market operations)이라 하는데, 이는 채권이 거래되는 '공개시장'에서 이루어지기 때문이다.

◀ 중앙은행은 다른 자산을 매매하거나, 은행에 대한 대출 또는 차입을 통해서도 통화 정책을 수행할 수 있다. 그러나 여기서 이러한 방식에 대한 논의는 잠시 생략한다.

### 중앙은행의 대차대조표

공개시장운영의 효과를 이해하려면 그림 4-5에 제시된 중앙은행의 대차대조표에서 시작하는 것이 유용하다. 중앙은행의 자산은 포트폴리오 내에 보유 중인 채권이며, 부채는 경제 내에 유통되는 통화발행잔액, 즉 본원통화(high-powered money)이다. 공개시장운영은 중앙은행의 자산과 부채에 동일한 크기의 변화를 초래한다.

◀ 은행(또는 기업, 개인)의 대차대조표란 특정 시점에서 보유한 자산과 부채 및 자본을 복식부기 원리에 의거해 정리한 표이다. 자산은 해당 경제 주체가 소유한 항목과 타인이 그 주체에 갚아야 할 채권을 포함하며, 부채는 타인에 대한 채무를 의미한다. 그림 4-5는 설명 목적을 위해 단순화한 중앙은행의 대차대조표이다.

예를 들어 중앙은행이 100만 달러어치의 채권을 매입하면, 중앙은행이 보유한 채권의 양이 100만 달러만큼 증가하고, 동시에 경제 내 유통되는 통화량도 100만 달러만큼 증가한다. 이러한 조치는 중앙은행이 통화공급을 확대하는 것이므로 **확장적 공개시장운영**(expansionary open market operation)이라고 한다.

반대로 중앙은행이 100만 달러어치의 채권을 매도하면 보유 채권 잔액이 100만 달러만큼

**중앙은행의 대차대조표**

| 자산 | 부채 |
| --- | --- |
| 채권 보유액 | 통화 잔액(지폐 및 동전) |

**확장적 공개시장운영의 효과**

| 자산 | 부채 |
| --- | --- |
| 채권 보유액 증가: +100억 원 | 통화 총잔액 증가: +100억 원 |

**그림 4-5**

**중앙은행의 대차대조표와 확장적 공개시장운영의 효과**
중앙은행의 자산은 중앙은행이 보유한 채권이며, 부채는 경제 내에 유통되는 통화 잔액이다. 중앙은행이 채권을 매입하고 그 대가로 통화를 발행하는 공개시장운영은 중앙은행의 자산과 부채를 동일한 규모로 증가시킨다.

감소하고, 중앙은행의 부채 항목인 발행통화 잔액도 같은 규모로 줄어든다. 이 경우 중앙은행은 통화공급을 축소하게 되므로, 이를 **긴축적 공개시장운영**(contractionary open market operation)이라고 한다.

### 채권가격과 만기수익률

지금까지는 채권의 수익률에 초점을 맞춰왔다. 하지만 실제로 채권시장에서 결정되는 것은 수익률이 아니라 채권가격이다. 채권가격과 수익률은 밀접하게 연관되어 있다. 이 관계를 이해하는 것은 여기서뿐 아니라 이 책 전체 내용을 이해하는 데에도 매우 유용하다.

- 채권이 1년 만기라고 가정해 보자. 즉, 1년 후에 100달러를 지급한다고 약속하는 채권이다. 미국에서는 이러한 만기가 1년 이하의 국채를 미국 **재무부 단기채권**(Treasury bills, T-bills)이라 한다. 오늘 현재 채권가격을 $\$P_B$라고 하자(B는 bond를 의미). 이 채권을 오늘 $\$P_B$에 매입하여 1년간 보유한 뒤, 1년 후 100달러를 수령한다면 이 채권의 연간수익률은 $(\$100-\$P_B)/\$P_B$가 된다. 즉, 이 채권의 만기수익률 $i$는 다음과 같다.

$$i=\frac{\$100-\$P_B}{\$P_B}$$

  채권가격($\$P_B$)이 99달러이면, 만기수익률은 1달러/99달러=0.010 또는 연간 1.0%이다. $\$P_B$가 90달러라면, 만기수익률은 10달러/90달러=11.1%가 된다. **채권가격이 하락할수록 만기수익률은 높아진다.**

- 만기수익률이 주어지면 동일한 공식을 이용해 채권가격을 계산할 수 있다. 위의 식을 변형하면 1년 후 100달러를 지급하는 1년 만기 채권의 현재 가격은 다음과 같다.

$$\$P_B=\frac{100}{1+i}$$

  현재 시점의 채권가격은 만기지급액을 (1+만기수익률)로 나눈 값이다. 만기수익률이 양(+)이면 현재 채권가격은 만기지급액보다 적다. **만기수익률이 높을수록 현재 채권가격은 낮아진다.** 신문이나 방송에서 "오늘 채권시장이 상승했다"는 말을 들을 수 있는데, 이는 채권가격이 상승했다는 뜻이며, 따라서 만기수익률이 하락했다는 것을 의미한다.

### 공개시장운영의 재검토

이제 공개시장운영이 통화시장 균형에 어떤 영향을 미치는지를 다시 살펴볼 준비가 되었다.

먼저 중앙은행이 채권시장에서 채권을 매입하고, 그 대가로 통화를 새로 발행하는 확장적 공개시장운영을 생각해 보자. 중앙은행이 채권을 매입하면 채권에 대한 수요가 증가하고, 그에 따라 채권가격이 상승한다. 반대로 채권의 만기수익률은 하락하게 된다. 이때 중앙은행은 새로 발행한 통화로 채권을 매입함으로써 시중 통화공급을 증가시킨 것이라는 점에 주목해야 한다.

이번에는 중앙은행이 통화공급을 줄이기 위해 채권을 매도하는 긴축적 공개시장운영을 생각해 보자. 이 경우 채권가격은 하락하고, 그 결과 만기수익률은 상승하게 된다. 중앙은행은 가계가 보유하고 있던 통화와 채권을 교환하여 시중 통화를 회수함으로써 통화공급을 감소시킨 것이다.

이런 방식으로 통화 정책이 만기수익률에 어떻게 영향을 미치는지를 설명하는 것이 더 직관적이다. 통화와 교환해 채권을 매입하거나 판매함으로써 중앙은행은 채권가격에 영향을 미치고, 그에 따라 채권의 만기수익률에 영향을 미친다.

앞서 두 절에서 지금까지 배운 내용을 정리해 보자.

- 이자율은 통화공급과 통화수요가 일치하는 균형조건에 따라 결정된다.
- 중앙은행은 통화공급을 조절함으로써 이자율에 영향을 줄 수 있다.
- 중앙은행은 채권을 통화와 교환하는 매매(공개시장운영)를 통해 통화공급을 변화시킨다.
- 중앙은행이 채권을 매입함으로써 통화공급을 늘리는 경우 채권가격은 상승하고 이자율은 하락한다. 이는 그림 4-3에서 중앙은행의 채권 매입이 통화공급곡선을 오른쪽으로 이동시키는 것으로 나타난다.
- 중앙은행이 채권을 매도하여 통화공급을 줄이는 경우 채권가격은 하락하고 이자율은 상승한다. 이는 그림 4-3에서 중앙은행의 채권 매도가 통화공급곡선을 왼쪽으로 이동시키는 것으로 나타난다.

## 통화량 또는 이자율 선택

다음 주제로 넘어가기 전에 한 가지 더 짚고 넘어가자. 지금까지는 중앙은행이 통화공급량을 결정하고 통화공급과 통화수요가 일치하는 지점에서 이자율이 결정된다고 설명해 왔다. 그러나 이렇게 설명하는 대신 중앙은행이 먼저 원하는 이자율을 설정하고, 그 이자율을 달성하기 위해 통화공급을 조절한다고 설명할 수도 있다.

이를 이해하려면 그림 4-3을 다시 보자. 그림 4-3은 중앙은행이 통화공급을 $M^s$에서 $M^{s\prime}$으로 늘림으로써 이자율이 $i$에서 $i'$으로 하락하는 효과를 보여준다. 하지만 이 그림은 중앙은행이 이자율을 $i$에서 $i'$으로 낮추기로 결정하고, 그 목표를 달성하기 위해 통화공급을 $M^s$에서 $M^{s\prime}$으로 증가시킨 과정으로도 해석할 수 있다.

그림 4-4에서도 이와 비슷한 해석이 가능하다. 그림 4-4는 명목소득의 증가로 인해 통화수요곡선이 $M^d$에서 $M^{d\prime}$으로 이동하고, 그 결과 이자율이 $i$에서 $i'$으로 상승하는 상황을 보여준다. 하지만 중앙은행이 이자율 상승을 원하지 않았다고 가정해 보자. 이 경우 중앙은행은 이자율이 변하지 않고 $i$로 유지될 때까지 통화공급을 오른쪽으로 이동시킬 수 있다. 이 경우 통화수요의 증가는 같은 크기의 통화공급 증가로 완전히 상쇄된다.

그렇다면 왜 중앙은행이 이자율을 선택하는 방식으로 생각하는 것이 유용할까? 그 이유는 이것이 현대의 중앙은행, 특히 미국 연방준비제도(Fed)가 실제로 통화 정책을 수행하는 전형적인 방식이기 때문이다. 중앙은행은 먼저 목표로 하는 이자율을 정하고, 그 목표를 달성하기 위해 통화공급을 조절한다. 그래서 뉴스에서도 "오늘 연준이 통화공급을 줄였다"는 표현은 잘 들을 수 없고, 대신 "오늘 연준이 이자율을 인상하기로 결정했다"는 식의 보도가 나오는 것이다. 연준은 이러한 이자율 목표를 달성하기 위해 통화공급을 적절히 축소하는 방식으로 정책을 수행한 것이다.

## 4-3 이자율 결정 II

4-2절에서는 경제 내 모든 통화가 중앙은행이 공급한 현금통화로만 구성된다고 가정하는 단순화된 접근을 택했다. 하지만 현실 세계에서 통화는 현금통화뿐 아니라 요구불예금도 포함한다. 이러한 요구불예금은 중앙은행이 아니라 민간 은행이 제공한다. 이번 절에서는 요구불예금을 다시 분석에 포함시키고, 이로 인해 앞서 도출된 결론이 어떻게 달라지는지를 살펴보자. 결론부터 말하자면 이러한 더 복잡한 환경에서도 중앙은행은 본원통화*의 공급량을 조절함으로써 여전히 이자율을 통제할 수 있으며, 실제로도 그렇게 한다.

현금과 요구불예금이 함께 존재하는 경제에서 이자율을 결정하는 요인을 파악하려면 우선 은행이 하는 일을 볼 필요가 있다.

### 은행의 역할

현대 경제의 특징 중 하나는 다양한 종류의 **금융중개기관**(financial intermediary)이 존재한다는 점이다. 이러한 기관들은 가계나 기업으로부터 자금을 조달받아 그 자금으로 금융자산을 매입하거나 다른 가계나 기업에 대출을 제공한다. 이러한 기관의 자산은 그들이 보유한 금융자산과 대출금이며, 부채는 자금을 제공한 가계와 기업에 대한 채무로 구성된다.

은행은 금융중개기관의 한 형태이다. 일반적인 금융중개기관이 아닌 은행에 초점을 맞추는 이유는, 은행의 부채, 즉 요구불예금이 통화이기 때문이다. 사람들은 자신의 요구불예금 계좌 잔액 한도 내에서 수표를 발행하여 거래대금을 지불할 수 있다. 이제 은행이 수행하는 기능을 더 구체적으로 살펴보자.

은행은 요구불예금 외에도 다양한 형태의 부채를 지니고 있으며, 채권 보유나 대출 외에도 다양한 활동을 수행한다. 이와 같은 복잡한 사항은 여기에서는 생략하고, 6장에서 자세히 다룰 것이다.

은행의 대차대조표는 그림 4-6(b)에 제시되어 있다.

- 은행은 가계나 기업으로부터 직접 예금된 자금이나, 예컨대 급여의 자동이체와 같은 방식으로 요구불예금 계좌에 이체된 자금을 수취한다. 이러한 예금자들은 언제든지 자신의 요구불예금 계좌 잔액 한도 내에서 수표를 발행하거나 직불카드를 사용하거나 현금을 인출할 수 있다. 따라서 은행의 부채는 이와 같은 요구불예금의 총액과 일치한다.

---

* 역자 주: 4-2절에서는 저자의 단순화된 가정에 따라 'central bank money'를 중앙은행이 발행한 현금통화로만 한정했다. 그러나 4-3절부터는 은행의 지급준비금까지 포함하는 의미로 확장되므로 'central bank money'를 '본원통화'로 번역하는 것이 적절하다.

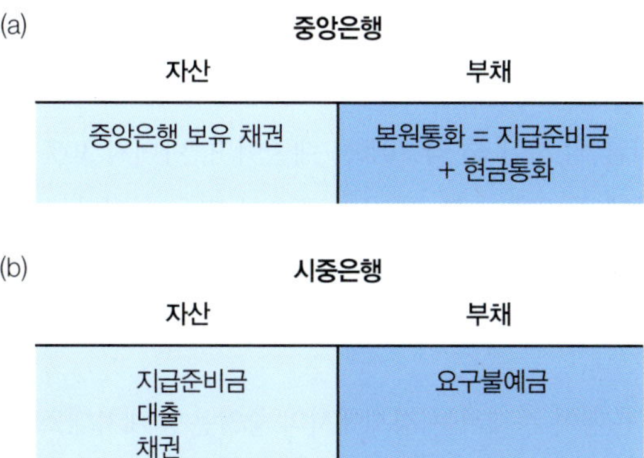


**그림 4-6** 시중은행과 중앙은행의 대차대조표 재구성

- 은행은 수취한 자금의 일부를 **지급준비금**(reserves)으로 보유한다. 이 지급준비금은 일부는 현금(시재금)으로, 나머지는 중앙은행에 개설한 계좌(지급준비금계정, reserve account)에 예치된다. 은행은 필요할 때 이 계좌에서 자금을 인출할 수 있다. 은행이 지급준비금을 보유하는 이유는 크게 네 가지이다.
  - 매일 일정량의 예금 인출과 입금이 발생하기 때문이다. 어떤 날은 일부 예금자가 현금을 인출하고, 다른 사람은 새로운 자금을 예치한다. 이 현금 흐름의 유입과 유출이 항상 일치하지는 않으므로, 은행은 수요 변화에 대응할 수 있도록 일정량의 현금을 확보해야 한다.
  - 고객 간의 수표 거래 때문이다. 예를 들어 한 은행의 고객이 다른 은행의 고객에게 수표를 발행하거나, 반대로 다른 은행의 고객이 이 은행의 고객에게 수표를 발행하는 일이 발생한다. 그 결과 은행 간에 주고받는 자금의 순액이 언제든 불균형할 수 있으며, 이에 대비하기 위해 은행은 준비금을 보유해야 한다.
  - 대부분의 국가에서 은행은 법정 지급준비율에 따라 일정 비율의 지급준비금을 보유해야 한다. 예를 들어 미국에서는 연방준비제도(Fed)가 이 비율을 설정하며, 2020년 COVID-19 대응 조치로 지급준비율을 10%에서 0%로 인하한 이후 현재까지 유지되고 있다. 그러나 대부분의 다른 나라에서는 여전히 양(+)의 지급준비율이 적용된다.
  - 미국을 포함한 많은 나라에서 중앙은행은 현재 지급준비금에 대해 이자를 지급하고 있다. 지급준비금에 대한 이자율이 높을수록 은행이 채권을 매입하거나 대출을 제공하는 대신 지급준비금을 보유하는 것이 덜 불리해진다. 따라서 은행이 자발적으로 보유하려는 지급준비금이 많아질수록, 지급준비율(reserve ratio)* 또한 더 높아진다.

이 절에서는 논의를 단순화하기 위해 지급준비금에는 이자가 지급되지 않는다고 가정하며, 지급준비율은 고정된 것으로 간주한다. 그러나 실제로 지급준비금에 대한 이자율

* 역자 주: 여기서 말하는 지급준비율은 법적으로 요구되는 법정 지급준비율(required reserve ratio)이 아닌 은행이 실제로 보유하는 지급준비금과 요구불예금의 비율을 의미하는 실효 지급준비율(effective reserve ratio) 또는 초과 지급준비율(excess reserve ratio)에 가까운 개념으로 보인다.

은 현대 통화 정책에서 점점 더 중요한 정책수단이 되고 있으며, 이에 대해서는 23장에서 다시 살펴볼 것이다.

대출과 채권의 구분은 다른 영역에서도 중요하다. 예컨대 은행인출쇄도(대규모 예금인출사태)의 가능성이나 연방예금보험(federal deposit insurance)의 역할을 이해하는 데 핵심적이다. 이 주제는 6장에서 더 자세히 다룬다. ▶

- 은행의 지급준비금 외 자산 중 약 70%는 대출이며, 나머지 30%는 채권이다. 채권과 대출의 구분은 이 장의 목적에서 볼 때 그리 중요한 것은 아니다. 따라서 논의를 단순화하기 위해 은행은 대출을 하지 않고, 오직 지급준비금과 채권만을 자산으로 보유한다고 가정할 것이다.

그림 4–6의 (a)는 은행이 존재하는 경제에서의 중앙은행 대차대조표를 보여준다. 이는 앞서 그림 4–5에서 보았던 중앙은행의 대차대조표와 유사하다. 자산 측면은 이전과 동일하게 중앙은행이 보유한 채권으로 구성된다. 그러나 부채 측면은 현금통화뿐 아니라 은행이 보유한 지급준비금까지 포함하는 **본원통화**(central bank money)로 확장된다. 그림 4–5와 비교했을 때 새로운 점은, 이 통화가 전부 일반 대중의 현금으로 보유되는 것이 아니라 일부는 은행이 지급준비금으로 보유한다는 것이다.

## 본원통화에 대한 수요와 공급

보다 현실적인 이 상황에서 균형을 어떻게 생각할 수 있을까? 기본적으로 이전과 마찬가지로 **본원통화에 대한 수요와 공급**의 틀에서 파악할 수 있다.

- 본원통화에 대한 수요는 이제 '가계의 현금 수요와 은행의 지급준비금 수요'를 합한 것과 같다.
- 본원통화의 공급은 중앙은행이 직접 통제할 수 있다.
- 균형이자율은 본원통화의 수요와 공급이 일치하는 수준에서 결정된다.

## 본원통화에 대한 수요

본원통화에 대한 수요는 두 가지 요소로 구성된다. 하나는 가계의 현금(통화) 수요이고, 다른 하나는 은행의 지급준비금 수요다. 그러나 수식을 간단하게 하기 위해 여기서는 사람들이 현금을 보유하지 않고 요구불예금만 보유한다고 가정한다. 이 가정을 완화하면 수학적으로 더 복잡해지지만, 기본적인 결론에는 변함이 없다.

이 경우 본원통화에 대한 수요는 단순히 은행의 지급준비금 수요를 의미한다. 이 지급준비금 수요는 다시 사람들의 요구불예금에 대한 수요에 달려 있다. 따라서 먼저 요구불예금 수요부터 살펴보자. 사람들이 현금을 보유하지 않는다고 가정하면 요구불예금에 대한 수요는 곧 사람들의 통화수요와 동일하다. 그러므로 요구불예금 수요는 이전에 사용한 동일한 식[식 (4.1)]으로 표현할 수 있다.

$$M^d = \$Y\, \underset{(-)}{L(i)} \qquad (4.3)$$

거래 수준이 높을수록, 그리고 채권의 이자율이 낮을수록 사람들은 더 많은 요구불예금을 보유하려 한다.

이제 은행의 지급준비금 수요를 살펴보자. 요구불예금이 많을수록 은행은 더 많은 지급준비금을 보유해야 한다. 이는 안전성과 규제라는 두 가지 이유 때문이다. 여기서 $\theta$(세타)는 **지급준비율**(reserve ratio)을 의미하며, 이는 은행이 1달러의 요구불예금에 대해 보유하고자 하는 지급준비금의 비율을 나타낸다.

따라서 식 (4.3)을 이용하면 은행의 지급준비금 수요($H^d$)는 다음과 같이 표현할 수 있다.

◀ *H*라는 문자를 사용하는 것은, 본원통화를 high-powered money라고도 하며, 이는 균형이자율을 결정하는 데 중요한 역할을 하기 때문이다. 본원통화의 또 다른 명칭은 **통화기초**(monetary base)이다.

$$H^d = \theta M^d = \theta \$Y\ L(i) \tag{4.4}$$

첫 번째 등식은 지급준비금 수요가 요구불예금 수요에 비례함을 나타낸다. 두 번째 등식은 요구불예금 수요가 명목소득과 이자율에 결정됨을 나타낸다. 따라서 본원통화에 대한 수요, 즉 은행의 지급준비금 수요는 가계의 통화수요에 $\theta$배 한 것과 동일하다.*

## 본원통화 시장에서의 균형

앞서 설명했듯이 민간이 현금을 보유하지 않고 전액을 요구불예금으로만 보유한다고 가정하면 은행의 지급준비금은 중앙은행의 통제하에 놓인다. 중앙은행은 공개시장운영을 통해 본원통화 $H$의 양을 조절할 수 있다.

균형조건은 본원통화의 공급이 본원통화에 대한 수요와 일치해야 한다는 것이다.

$$H = H^d \tag{4.5}$$

또는 식 (4.4)를 사용하면 다음과 같이 표현할 수 있다.

$$H = \theta \$Y\ L(i) \tag{4.6}$$

식 (4.6)으로 표현된 균형조건을 그림 4-7과 같이 나타낼 수 있다. 이 그림은 그림 4-2와 유사하지만, 수평축에 통화량($M$) 대신 본원통화량($H$)이 사용된다는 점에서 다르다. 수직축에는 이자율이 표시된다. 본원통화에 대한 수요 $H^d$는 주어진 명목소득 수준에서 그려지며, 이자율이 높아질수록 사람들의 요구불예금 수요와 이에 따른 은행의 지급준비금 수요가 감소하면서 본원통화 수요도 줄어든다. 본원통화 공급량은 고정되고, $H$ 위치에 수직선으로 표시된다. 균형은 수요곡선과 공급곡선이 만나는 점 $A$에 형성되며, 이때의 이자율은 $i$이다.

---

* 역자 주: 언뜻 이해하기 어려우므로 이해를 돕기 위해 식 (4.4)를 다음과 같이 풀어서 설명하겠다.
첫 번째 등식은 지급준비금 수요가 요구불예금 수요에 비례함을 나타낸다.

$$H^d = \theta \cdot M^d$$

두 번째 등식은 요구불예금 수요가 명목소득과 이자율에 의존함을 나타낸다.

$$M^d = \$Y \cdot L(i)$$

따라서 본원통화 수요(은행의 지급준비금 수요)는 가계의 통화수요를 $\theta$배 한 것과 같다.

$$H^d = \theta \cdot \$Y \cdot L(i)$$

그림 4-7

**본원통화 시장의 균형과 이자율의 결정**

균형이자율은 본원통화의 공급과 수요가 일치하는 수준에서 결정된다.

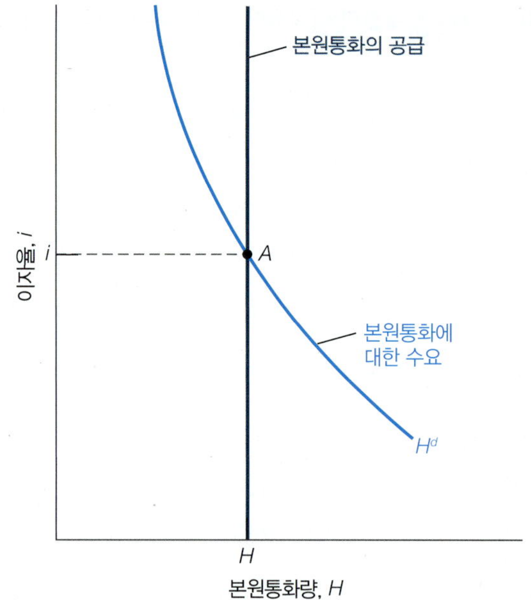


명목소득의 변화든, 본원통화 공급의 변화든 그 효과는 앞 절에서 설명한 바와 질적으로 동일하다. 특히 본원통화 공급이 증가하면 수직 공급선이 오른쪽으로 이동하며 이자율이 하락한다. 반대로 본원통화 공급이 줄어들면 이자율은 상승한다. 따라서 기본 결론은 4-2절과 동일하다. 중앙은행이 본원통화의 공급량을 조절함으로써 채권의 이자율을 결정할 수 있다.

### 연방기금시장과 연방기금금리

은행 지급준비금의 수요와 공급이 실제로 이러한 이자율을 결정하는 시장이 존재하는지 의문이 들 수 있다. 실제로 미국에는 은행 지급준비금을 거래하는 실질적인 시장이 존재하며, 이 시장에서 이자율은 준비금의 수요와 공급이 일치하도록 조정된다. 이러한 시장을 **연방기금시장**(federal funds market)이라고 한다. 이 시장에서 결정되는 이자율을 **연방기금금리**(federal funds rate)라고 한다. 미 연준(Fed)은 본원통화량 $H$를 조절함으로써 실질적으로 연방기금금리를 원하는 수준으로 결정할 수 있다. 따라서 연방기금금리는 일반적으로 미국 통화 정책의 핵심 지표로 간주된다. 이러한 이유로 연방기금금리에 많은 관심이 집중되며, 금리 변화는 언론의 1면을 장식하는 주요 뉴스가 되곤 한다.

## 4-4 유동성 함정

앞의 세 절에서 도출한 주요 결론은 다음과 같다. 중앙은행은 본원통화의 공급량을 조절함으로써 원하는 수준의 이자율을 선택할 수 있다. 즉, 이자율을 인상하려면 본원통화량을 줄이고, 이자율을 인하하려면 본원통화량을 늘리면 된다. 그러나 이 절에서는 이 결론에 중요한 단서가

FOCUS

## 비트코인이 달러를 대체할 수 있을까?*

비트코인은 거래에 사용할 수 있는 가상자산이다. 이는 제3자의 개입 없이도 거래를 수행할 수 있는 기술에 기반하고 있다. 2022년 11월 기준으로 유통 중인 비트코인은 약 1,880만 개였으며, 1비트코인의 가격은 약 1만 6,600달러였다. 이를 기준으로 전체 비트코인의 가치는 약 3,120억 달러에 달했다. 이 숫자가 커 보일 수 있지만, 미국이 발행해 유통 중인 현금통화인 1조 5,000억 달러에 비하면 상대적으로 작은 규모이다. 그럼에도 불구하고 일부 비트코인 지지자들은 언젠가 비트코인이 달러(및 유로와 엔 등)를 대체해 대부분의 거래에 사용되는 통화가 될 것이라고 주장한다. 만약 그런 일이 실제로 일어난다면 통화공급은 더 이상 미 연준이나 다른 중앙은행이 아닌, 시간이 지남에 따라 새로운 비트코인이 발행되도록 설계된 기술적 규칙에 의해 자동적으로 결정될 것이다. 그렇게 되면 우리가 알고 있는 형태의 통화정책은 사라지고, 이 책의 상당 부분도 다시 써야 할 것이다.

이런 세상이 정말로 가능할까? 모든 가격이 비트코인으로 표시되고, 모든 이자율도 비트코인 기준으로 결정되며, 개인과 기업이 모든 거래를 비트코인으로 수행하는 세상을 상상해 볼 수 있다. 그렇게 되면 달러(혹은 다른 통화)를 보유할 이유는 사라지고, 달러 자체도 사라질 것이다.

그런 일이 실제로 일어날 확률은? 거의 없다. 이유는 세 가지이다.

첫째, 경제적 이유 때문이다. 대부분의 가격이 달러로 표시되는 한, 비트코인으로 거래를 하는 것은 '가격 변동 위험'이라고 불리는 문제를 수반한다. 비트코인의 달러 기준 가격이 안정적이라면 그 위험은 제한적일 것이다. 그러나 그렇지 않다. 그림 1에 나타나 있듯이 도입 이후 비트코인 가격은 심하게 변동해 왔다. 2019년 초 약 3,600달러였던 가격은 2021년에 두 차례 급등하여 11월에는 6만 7,000달러에 도달했다. 이후 하락하여 2022년 말에는 1만 6,000달러 수준이 되었다. 비트코인을 보유하는 것은 매우 위험한 선택이며, 앞으로도 그러할 가능성이 크다.

둘째, 기술적 이유 때문이다. 비트코인의 기술 구조는 검증 과정과 새로운 비트코인을 생성하는 과정이 비용이 많이 들도록 되어 있다. 비트코인 관련 작업을 수행하는 컴퓨터들이 사용하는 전력은 핀란드 전체의 전력 소비량을 초과한다! 만약 비트코인의 사용이 급격히 증가한다면 그에 따른 비용도 대부분 비례해 증가할 것이다.

셋째, 정치적 이유 때문이다. 세뇨리지 수입과 경기 조절 기능 등을 고려하면 대부분의 정부는 자국 통화를 포기하지 않을 것이다. 비트코인이 주요 또는 유일한 통화가 되는 균형으로 전환하려면 가격 설정자들 간의 광범위한 협조가 필요하다. 대부분의 기업은 '대부분이 계속 달러로 가격을 표시하는데 왜 우리가 비트코인으로 표시하겠는가?'라고 생각할 것이고, '모두가 비트코인으로 가격을 표시하게 되면 우리도 참여'하게 될 것이다. 이러한 수준의 협조는 국가의 개입 없이는 거의 불가능하며, 대부분의 정부는 기꺼이 자국 통화를 포기하지 않을 것이다.

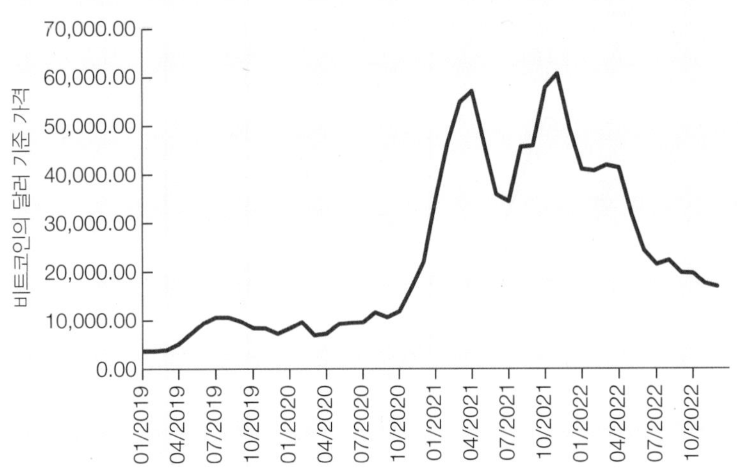


그림 1

**비트코인의 달러 기준 가격 (2019~2022년)**

비트코인의 가격은 시간에 따라 심하게 변동해 왔다.

출처: https://fred.stlouisfed.org

* 역자 주: 미국에서는 스테이블코인의 법제화가 진행되는 등 비트코인을 포함한 디지털코인이 상당히 민감한 이슈이며, 앞으로 변동될 여지가 크다.

'유동성 함정'이라는 개념은 통화량(즉, '유동성')을 증가시켜도 이자율에 영향을 미치지 못하는 상황을 의미하며(유동성이 '갇힌' 상태), 1930년대에 케인스(John Maynard Keynes)가 처음 제안했다. '유동성 함정'이라는 표현 자체는 그보다 뒤에 등장했으며, 후대 경제학자들에 의해 널리 사용되었다.

그림 4-1을 보면 이자율이 0에 가까운 경우 통화수요곡선을 일부러 그리지 않음으로써 이 문제를 피했음을 알 수 있다.

실제로 현금을 매우 큰 규모로 보유하는 것은 불편하고 위험하다는 점 때문에 사람들과 기업은 수익률이 다소 마이너스일지라도 일부 채권을 기꺼이 보유하려 한다. 이는 독일에서 발생했던 현상이기도 하며(독일 국채 수익률은 인터넷에서 확인 가능), 여기서는 이와 같은 복잡한 상황은 다루지 않기로 한다.

따름을 보여준다. 이자율은 0보다 낮아질 수 없다는 제약이 있으며, 이를 명목이자율의 제로금리하한 또는 간단히 **제로금리하한**(zero lower bound)이라고 한다. 이자율이 0까지 내려가면 통화 정책은 이를 더 이상 인하할 수 없게 된다. 통화 정책이 더 이상 작동하지 않는 이러한 상황을 **유동성 함정**(liquidity trap)이라 한다.

20년 전만 해도 제로금리하한은 거의 중요하지 않은 문제로 여겨졌다. 대부분의 경제학자들은 마이너스 금리를 도입할 필요가 생기지는 않을 것이라 보았기 때문에, 이 제약은 별 의미가 없다고 생각했다. 그러나 FOCUS '유동성 함정의 실제 작동'에 제시된 그림 2에서 볼 수 있듯이 2000년대 후반의 글로벌 금융위기는 이러한 인식을 바꿔놓았다. 미 연준을 포함한 많은 중앙은행이 기준금리를 0% 수준까지 인하했으며, 실제로는 그보다 더 낮추고자 했다. 그러나 제로금리하한이 그 길을 막았고, 이는 통화 정책에 있어 중대한 제약으로 작용하게 되었다.

이제 논점을 좀 더 면밀히 살펴보자. 4-1절에서 통화수요를 도출할 때는 이자율이 0까지 떨어졌을 경우 어떤 일이 발생할지에 대해서는 고려하지 않았다. 이제 그 질문을 던져야 한다. 이에 대한 답은 다음과 같다. 채권의 이자율이 0까지 내려가고, 사람들이 거래목적에 충분한 통화를 이미 보유하고 있는 경우 그들은 나머지 금융자산을 통화로 보유할지, 채권으로 보유할지에 대해 무차별해진다. 통화와 채권 모두 동일한 이자율, 즉 0의 이자소득을 제공하기 때문이다. 따라서 통화수요는 그림 4-8과 같이 나타난다.

- 채권의 이자율이 하락할수록 사람들은 더 많은 통화를 보유하고자 하며(따라서 채권은 더 적게 보유하게 되고), 그 결과 통화수요는 증가한다.
- 이자율이 0에 도달하면 사람들은 *OB*만큼에 해당하는 통화량을 보유하려한다. 이는 거래목적에 필요한 금액이다. 그러나 이자율이 0인 상황에서는 통화와 채권이 무차별해지므로, 사람들은 기꺼이 그 이상으로도 통화를 보유하려 한다(따라서 채권은 더 적게 보유한

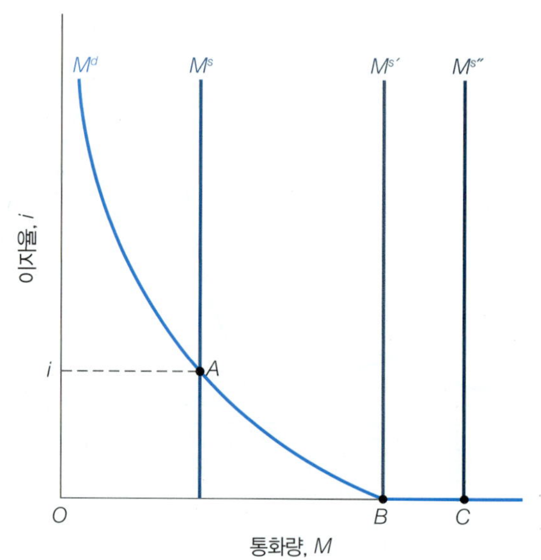


**그림 4-8**

**통화수요, 통화공급, 유동성 함정**

이자율이 0이 되고, 사람들이 거래 목적을 위한 충분한 통화를 보유하게 되면, 통화와 채권을 보유하는 데 있어 무차별적이게 된다. 이 시점부터 통화수요 곡선은 수평이 된다. 이자율이 0일 때는 통화공급이 증가하더라도 이자율에 아무런 영향을 주지 못하며, 이자율은 0으로 유지된다.

FOCUS

## 유동성 함정의 실제 작동

2008년까지 미 연준은 기준금리를 0%까지 낮춰야 하는 상황에 직면한 적이 없었다. 당시에는 경기 부양이 필요할 때 기준금리를 인하할 여지가 충분하다고 판단했다. 그림 1에서 볼 수 있듯이 1990년부터 2008년까지 연방기금금리는 등락을 반복했지만 줄곧 0보다 높은 수준을 유지했다. 2008년 초부터 글로벌 금융위기의 조짐이 나타나면서 연준은 기준금리를 점진적으로 인하했고, 그해 9월 리먼브라더스의 파산 이후 12월에는 마침내 제로금리하한에 도달했다. 이후 연방기금금리는 2016년까지 제로 수준에 머물렀고, 2016년부터 연준은 금리 인상을 시작했으나, 2020년 COVID-19 위기가 발생하자 다시 제로금리하한으로 되돌아갔다. 최근에는 인플레이션을 억제하기 위한 대응으로 금리가 다시 실질금리를 웃도는 수준까지 인상되어 긴축적으로 운용되고 있지만, 향후 물가상승률이 안정된 뒤 금리가 어떤 방향으로 움직일지는 여전히 불확실하다.

2008년으로 돌아가 보자. 연준이 제로금리하한에 도달했을 때 무엇을 했는가? 2008년 말부터 연준은 공개시장운영을 통해 통화공급을 지속적으로 확대했다. 즉, 채권을 매입하고 그 대가로 통화를 시중에 공급한 것이다. 본문에서의 분석은, 비록 연방기금금리가 0으로 유지되더라도 가계의 요구불예금과 은행의 지급준비금이 증가해야 한다는 점을 보여준다. 실제로 그림 3에서 확인할 수 있듯이 이러한 변화가 발생했다. 2008년 초까지 가계와 기업의 요구불예금은 약 5,500억~6,000억 달러 수준에서 유지되었으나, 2008년 말 연준의 대규모 양적 완화가 시작되면서 요구불예금이 빠르게 증가해 2015년 말에는 약 2조 달러 수준에 이르렀다. 은행의 지급준비금 역시 2008년 중반까지는 약 100억 달러 수준에 불과했으나 2008년 말에는 약 7,000억 달러로 급증했고, 2015년 말에는 약 2조 5,000억 달러에 달했다. 다시 말해 본원통화공급의 대규모 증가는 제로금리 수준이 장기간 유지되는 가운데 가계와 은행에 의해 기꺼이 흡수되었다.*

이 간단한 설명과 그림 2를 통해 다음 두 가지 질문을 던질 수 있다.

1. 연방기금금리가 0으로 유지되어 아무런 영향을 미치지 못했음에도 연준이 통화공급을 계속 확대한 이유는 무엇인가? 이는 6장에서 논의할 것이다. 여러 종류의 채권이 존재하는 경제에서는 공개시장운영이 다른 채권의 수익률에 영향을 줄 수 있고, 이로 인해 실물경제에 영향을 줄 수 있기 때문이다.
2. 2015년 말부터 연방기금금리가 상승하기 시작했음에도

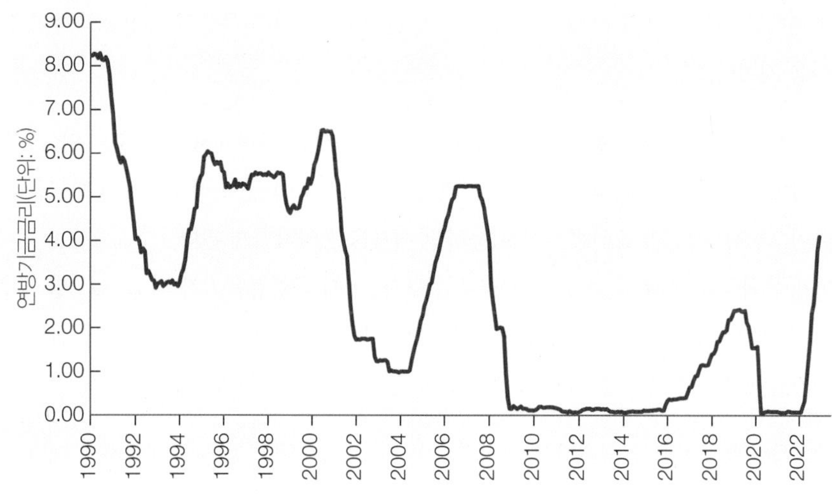


그림 2

**연방기금금리의 1990년 이후 추이(1990~2022년)**

출처: https://fred.stlouisfed.org

* 역자 주: 미 연준의 기준금리는 우리나라와 달리 목표금리의 범위(하단과 상단)를 제시하는 방식으로 운영된다. 예를 들어 2008년 12월 FOMC는 기준금리의 목표 범위를 0.00%~0.25%로 설정했다. 참고로 연준은 공개시장운영 등 통화 정책 수단을 활용해 연방기금시장에서 실제 거래금리(실효 연방기금금리)가 이 목표 범위 내에서 형성되도록 유도한다.

불구하고 은행들은 왜 높은 수준의 지급준비금을 계속 유지하려 했는가? 이는 22장에서 논의할 것이다. 연준은 은행들이 높은 수준의 지급준비금을 유지하도록 유도하기 위해 지급준비금에 대한 이자율*을 인상했고, 이 정책 수단은 점차 더 중요한 역할을 하고 있다.

**그림 3**

**요구불예금과 은행지급준비금 추이(2005~2018년, 단위: 10억 달러)**

출처: FRED: TCP, WRESBAL

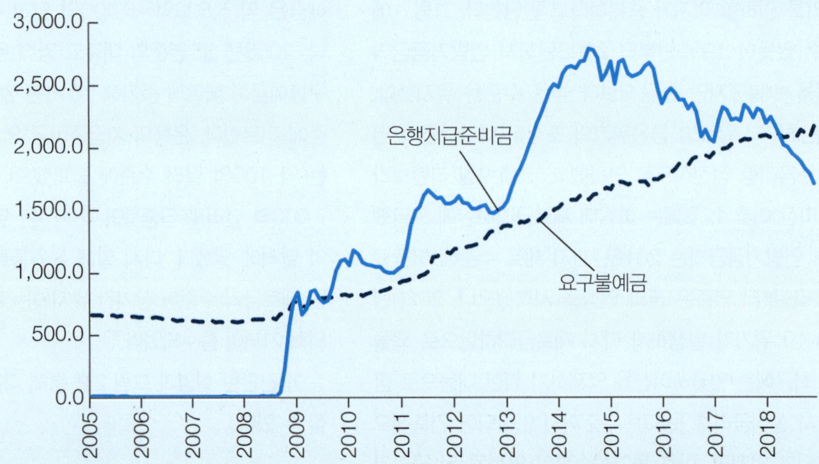


* 역자 주: '지급준비금에 대한 이자율'이란, 연방준비제도(Fed)가 은행이 중앙은행에 예치한 지급준비금에 대해 지급하는 이자율을 말하며, 공식 명칭은 지급준비예치금 이자율(Interest on Reserve Balances, IORB rate)이다. 2020년 3월부터 미 연준은 법정 지급준비율을 0%로 유지하고 있으므로, 현재 은행이 연준의 지급준비금 계정에 예치한 금액은 사실상 전액이 IORB 이자율의 적용을 받는다.

다). 결과적으로 통화수요($M^d$) 곡선은 점 $B$를 지나면서 수평이 된다.

이제 통화공급 증가가 미치는 영향을 살펴보자. (우선 당분간 은행 부문은 생략하고, 4-2절에서와 마찬가지로 모든 통화가 현금이라고 가정하자. 이 경우 통화수요의 수평 구간을 반영해 확장한 형태로 그림 4-2를 그대로 사용할 수 있다. 이어서 다시 은행과 은행통화에 대한 논의로 돌아올 것이다.)

- 통화공급이 $M^s$일 경우를 생각해 보자. 이때 금융시장 균형에서 이자율은 양(+)의 값을 가지며 $i$와 같다. (이는 4-2절에서 살펴본 경우이다.) 이 균형 상태에서 통화공급이 증가하면, 즉 $M^s$ 곡선이 오른쪽으로 이동하면 이자율은 하락하게 된다.
- 이제 통화공급이 $M^{s\prime}$으로 증가한 경우를 보자. 이때 균형점은 $B$가 되고, $M^{s\prime\prime}$일 경우는 $C$가 된다. 이 두 경우 모두 초기 이자율은 0이다. 그리고 어느 경우든 통화공급의 증가는 이자율에 아무런 영향을 미치지 못한다. 다음과 같이 생각해 보자.

중앙은행이 통화공급을 늘린다고 가정하자. 이는 중앙은행이 채권을 매입하고 대가로 통화를 창출하는 공개시장운영을 통해 이루어진다. 이자율이 0이기 때문에 사람들은 보유하는 통화와 채권의 비중에 무차별하게 되며, 결과적으로 채권을 덜 보유하고 통화를 더 보유하려 한다. 그러나 이자율은 여전히 0으로 유지되므로, 통화공급은 증가하지만 이자율에는 아무런 영향을 미치지 못한다.

4-3절에서처럼 요구불예금과 은행의 역할을 다시 도입하면 어떤 일이 벌어질까? 지금까지 논의한 내용은 여전히 민간의 통화수요에 적용된다. 이자율이 0이라면 사람들은 통화를 보유하든 채권을 보유하든 무차별하다. 양쪽 모두 이자를 지급하지 않기 때문이다. 이와 유사한 논리가 이제 은행의 선택에도 적용된다. 즉, 은행들도 지급준비금을 보유할지, 채권을 매입할지를 결정할 때에도 이자율이 0이라면 두 선택지 간에 무차별하다. 둘 다 이자수익이 없기 때문이다. 따라서 이자율이 0인 상태에서 중앙은행이 통화공급을 늘리면 요구불예금과 은행 지급준비금이 함께 증가할 가능성이 높다. FOCUS에서 볼 수 있듯 이는 금융위기 동안 실제로 나타난 현상이다. 연준이 기준금리를 0%까지 낮추고 통화공급을 지속적으로 확대하자, 사람들의 요구불예금과 은행의 지급준비금이 꾸준히 증가했다.

## 요약

- 통화수요는 경제 내 거래 규모에 비례하고, 이자율에는 반비례한다.
- 이자율은 통화공급과 통화수요가 일치하는 균형조건에 의해 결정된다.
- 통화공급이 주어진 상태에서 소득이 증가하면 통화수요가 증가하고 이자율도 상승한다. 소득이 주어진 상태에서 통화공급이 증가하면 이자율은 하락한다.
- 중앙은행은 공개시장운영을 통해 통화공급을 조절한다.
- 중앙은행이 채권을 매입해 통화공급을 증가시키는 확장적 공개시장운영은 채권가격 상승과 이자율 하락을 유도한다.
- 중앙은행이 채권을 매도해 통화공급을 축소하는 긴축적 공개시장운영은 채권가격 하락과 이자율 상승을 초래한다.
- 통화가 현금과 요구불예금을 모두 포함할 때 시장금리(실효연방기금금리)는 본원통화의 수요와 공급이 일치하는 지점에서 결정된다.
- 본원통화의 공급은 중앙은행이 통제한다. 만약 사람들이 요구불예금만 보유한다고 가정할 경우 본원통화에 대한 수요는 은행의 지급준비금 수요와 같으며, 이는 은행이 선택한 지급준비율에 통화수요를 곱한 값과 같다.
- 은행 간 지급준비금을 거래하는 시장은 **연방기금시장**이라고 하며, 이 시장에서 결정되는 이자율을 **연방기금금리**라고 한다.
- 중앙은행이 설정하는 정책목표금리는 0% 이하로 떨어질 수 없다. 금리가 0%가 되면 사람들과 은행은 통화와 채권을 보유하는 데 무차별해진다. 이때 통화공급이 증가하면 통화수요와 은행의 지급준비금은 증가하지만 금리는 변하지 않는다. 이러한 상황을 유동성 함정이라고 하며, 이 경우 통화 정책은 더 이상 금리에 영향을 미치지 못한다.

## 핵심용어

공개시장운영(open market operation)
금융자산(financial wealth)
금융중개기관(financial intermediaries)
금융투자(financial investment)
긴축적 공개시장운영(contractionary open market operation)
머니마켓펀드(money market fund, MMF)
미국 연방준비제도(Federal Reserve System, Fed)
본원통화(central bank money)
소득(income)
연방기금금리(federal funds rate)
연방기금시장(federal funds market)
요구불예금(checkable deposits)

유동성 함정(liquidity trap)
유량(flow)
재무부 단기채권(Treasury Bills, T-Bills)
저량(stock)
저축(savings)
제로금리하한(zero lower bound)
(은행) 지급준비금[(bank) reserves]
지급준비율(reserve ratio)
채권(bond)
통화(money)
통화기초(monetary base)
투자(investment)
현금 또는 현금통화(currency)
확장적 공개시장운영(expansionary open market operation)

## 연습문제

### 기초문제

1. 이 장의 내용에 기초해 다음에 대해 '사실', '거짓', '불확실' 여부를 밝히고 그 이유를 간단히 설명하라.
   a. 소득과 금융자산은 모두 저량 변수이다.
   b. 경제학에서 투자는 채권 및 주식 구매를 의미한다.
   c. 통화수요는 이자율에 영향을 받지 않는다. 왜냐하면 이자는 채권에서만 발생하기 때문이다.
   d. 미국 통화의 상당 부분은 미국 외부에서 보유되고 있는 것으로 보인다.
   e. 중앙은행은 채권을 매도함으로써 통화공급을 늘릴 수 있다.
   f. 연준은 통화공급을 결정할 수 있지만, 이자율은 조절할 수 없다.
   g. 채권가격과 이자율은 항상 반대 방향으로 움직인다.
   h. 통화공급이 일정할 때 소득 증가(GDP 증가)는 항상 이자율 상승을 초래한다.
   i. 금리가 0이 되면 연준은 더 이상 사용할 수 있는 정책 수단이 없다.

2. 한 개인의 연소득이 6만 달러이고, 통화수요 함수가 다음과 같다고 하자.

$$M^d = \$Y(0.35 - i)$$

   a. 이자율이 각각 5%, 10%일 때 이 개인의 통화수요는 얼마인가?
   b. 이자율이 통화수요에 어떤 영향을 미치는지 설명하라.
   c. 이자율이 10%일 때 연소득이 50% 감소한다면 통화수요는 몇 퍼센트 감소하는가?
   d. 이자율이 5%일 때 연소득이 50% 감소한다면 통화수요는 몇 퍼센트 감소하는가?
   e. 소득이 통화수요에 미치는 영향을 요약하라. 이자율에 따라 그 효과가 어떻게 달라지는지에 대해서도 설명하라.

3. 1년 후 100달러를 지급하는 채권을 고려하라.
   a. 채권가격이 각각 75달러, 85달러, 95달러일 때 만기수익률은 얼마인가?
   b. 채권가격과 만기수익률 간의 관계를 설명하라.
   c. 만기수익률이 8%일 때 이 채권의 현재 가격은 얼마인가?

4. 통화수요 함수가 다음과 같다.

$$M^d = \$Y(0.25 - i)$$

   단, $\$Y = 100$달러이고, 통화공급량($M$)은 20달러라고 하자.
   a. 균형이자율은 얼마인가?
   b. 연준이 (문제 a에서 구한 값에서) 균형이자율을 10%p 높이려 한다면 통화공급량을 얼마로 조정해야 하는가?

### 심화문제

5. 어떤 사람의 자산이 5만 달러이고, 연소득은 6만 달러라고 하자. 또한 통화수요함수는 다음과 같다.

$$M^d = \$Y(0.35 - i)$$

   a. 채권수요함수를 유도하라. 이자율이 10%포인트 상승할 경우 채권 수요에 어떤 영향을 미치는가?
   b. 자산이 증가하면 통화수요와 채권 수요에 어떤 영향을 미치는지 설명하라.
   c. 소득이 증가할 경우 통화수요와 채권 수요에 어떤 변화가 있는지 설명하라.
   d. "사람들이 소득을 더 많이 벌면 당연히 더 많은 채권을 보유하게 된다"는 주장에는 어떤 문제가 있는가?

6. 채권에 대한 수요

이 장에서는 이자율이 상승하면 채권이 더 매력적인 자산이 되어 사람들이 화폐보다 채권에 더 많은 자산을 보유하게 된다는 점을 배웠다. 그러나 동시에 이자율 상승은 채권가격을 하락시킨다는 사실도 배웠다.

이자율이 상승하면 채권이 더 매력적으로 보이는데, 그와 동시에 채권가격이 하락하는 이유는 무엇인가? 이에 대해 설명하라.

7. ATM과 신용카드

ATM과 신용카드의 도입이 통화수요에 미친 영향을 검토한다. 단순화를 위해 4일 동안의 통화수요를 가정하자. ATM과 신용카드 도입 이전에 이 사람은 4일마다 한 번 은행에 가서 4일치 현금을 인출했다고 하자. 하루 필요한 금액은 4달러이다.

a. 은행에 갈 때마다 이 사람이 인출하는 금액은 얼마인가? 1일부터 4일까지 아침마다 이 사람이 보유한 통화량을 계산하라.

b. 이 사람이 평균적으로 보유하는 통화량은 얼마인가? 이제 ATM 도입으로 인해 이 사람이 이틀에 한 번씩 인출한다고 하자.

c. 문제 a의 답을 다시 계산하라.

d. 문제 b의 답을 다시 계산하라.

마지막으로 신용카드 도입 후에는 이 사람이 모든 구매를 신용카드로 결제한다고 하자. 이 사람은 4일째까지 현금을 인출하지 않으며, 4일째에 지난 4일 동안의 구매를 한꺼번에 결제하기 위해 필요한 전체 금액을 인출한다고 하자.

e. 문제 a의 답을 다시 계산하라.

f. 문제 b의 답을 다시 계산하라.

g. 앞선 답변을 근거로 ATM과 신용카드가 통화수요에 어떤 영향을 미쳤는지 설명하라.

8. 통화와 은행 시스템

4-3절에서는 은행이 포함된 단순한 통화 시스템을 설명했다. 다음 조건을 가정하자.

i. 민간은 현금을 보유하지 않는다.

ii. 예금에 대한 지급준비율은 0.1이다.

iii. 통화수요 함수는 다음과 같다.

$$M^d = \$Y(0.8 - 4i)$$

초기에 본원통화공급은 1,000억 달러이고, 명목소득은 5조 달러이다.

a. 본원통화에 대한 수요는 얼마인가?

b. 본원통화에 대한 수요와 공급이 같아지도록 균형이자율을 구하라.

c. 전체 통화공급량은 얼마인가? 이는 문제 b에서 구한 이자율에서 통화수요와 일치하는가?

d. 본원통화가 3,000억 달러로 증가하면 이자율에는 어떤 변화가 발생하는가?

e. 전체 통화공급량이 3조 달러로 증가하면, 이자율 $i$에는 어떤 변화가 나타나는가? (힌트: 문제 c에서 구한 내용을 활용하라.)

9. 이자율을 안정시키기 위해 필요한 연준의 조치

다음 도표는 서로 다른 3개의 통화수요곡선과 목표이자율 $i^*$를 보여준다.

세 번째 행을 예로 삼아 표를 완성하라.

| 실질소득 *Y*와 물가 *P*에 대한 초기 통화수요곡선 | | | | 실질소득 *Y*와 물가 *P*에 대한 최종 통화수요곡선 | | | | 목표 이자율 $i^*$ 유지를 위해 연준이 취해야 할 조치 및 설명 |
|---|---|---|---|---|---|---|---|---|
| 초기 $M^d$ 곡선 | $Y$ | $P$ | $\$Y$ | 최종 $M^d$ 곡선 | $Y$ | $P$ | $\$Y$ | 설명 |
| $M_2^d$ | 250 | 100 | 250 | $M_3^d$ | 300 | 105 | 315 | 명목소득이 상승(실질소득과 물가의 상승)함에 따라 연준은 통화공급을 증가시켜야 함 |
| $M_2^d$ | 200 | 80 | | | 250 | 100 | | |
| $M_2^d$ | 250 | 100 | | | 300 | 100 | | |
| $M_2^d$ | 250 | 100 | | | 200 | 95 | | |
| $M_2^d$ | 250 | 100 | | | 275 | 80 | | |

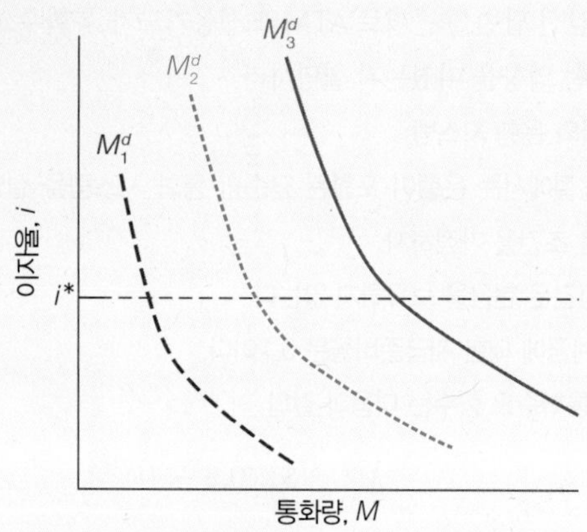


10. 통화량 또는 이자율 선택

통화수요 함수가 다음과 같이 주어졌다고 하자.

$$M^d = \$Y(0.25 - i)$$

여기서 $Y는 100달러이다.

a. 미 연준이 금리 목표를 5%로 설정한다면 연준이 공급해야 하는 통화량은 얼마인가?
b. 미 연준이 금리 목표를 *i*를 5%에서 10%로 인상하고자 할 경우 새롭게 설정해야 하는 통화공급량은 얼마인가?
c. 금리 목표를 5%에서 10%로 올릴 경우 연준의 대차대조표에는 어떤 변화가 생기는가?

11. 유동성 함정에서의 통화 정책

통화수요 함수는 이자율이 0보다 클 경우 다음과 같다.

$$M^d = \$Y(0.25 - i)$$

다음 문제는 이자율이 0인 상황을 전제로 한다.

a. 이자율이 0이고 $\$Y=80$일 때의 통화수요는 얼마인가?
b. $\$Y=80$일 때 이자율이 0이 되기 위한 최소한의 통화공급량은 얼마인가?
c. 이자율이 0이 된 이후에도 중앙은행은 계속해서 통화공급을 늘릴 수 있는가?
d. 2008년 이후 미국은 오랜 기간 제로금리 상태를 경험했다. 이 시기에 통화공급이 계속 증가했다는 증거를 본문에서 찾을 수 있는가?
e. 세인트루이스 연방준비은행의 FRED 데이터베이스에 접속하여 BOGGMBASE(본원통화) 시계열 자료를 확인하라. 2010년부터 2015년까지 이 데이터 추이는 어떠했는가? 같은 기간 동안 연방기금금리는 어떻게 변화했는가?

## 보충문제

12. 현재의 통화 정책

연방준비제도이사회의 웹사이트(www.federalreserve.gov)에 접속하여 통화 정책을 결정하는 연방공개시장위원회(FOMC)의 최신 통화 정책 발표문(FOMC statement AND Implementation Note)을 다운로드하라. 단순한 연준 보도자료가 아니라 가장 최근의 FOMC 발표문(FOMC Press Release)을 확인하라.

a. 현재 통화 정책의 기조는 무엇인가? (통화 정책은 '통화공급량'이나 '본원통화'의 증감이 아닌 '연방기금금리'의 인상 또는 인하로 설명된다는 점에 유의하라.)
b. 연방기금금리의 인상 또는 인하가 결정된 시기의 FOMC 보도자료를 찾아보라. 해당 통화 정책 변화의 필요성에 대해 연준은 어떻게 설명하고 있는가?

마지막으로 미 연준(Fed) 홈페이지에서 현재의 금리 정책을 설명한 각종 성명서들을 찾아보라. 이 성명서들은 5장에서 전개될 분석의 토대가 된다. 또한 5장을 읽고 나면 성명서의 일부 대목이 더욱 분명해질 것이다.

13. 연방기금금리 추이 도표 재작성

세인트루이스 연방준비은행의 데이터(FRED, https://fred.stlouisfed.org)를 사용하여 연방기금금리 도표(그림 4-1)를 다시 작성하라. 도표 상단의 날짜 선택 기능을 이용해 시계열 시작일을 2006년 1월 1일로 설정하라.

a. 2009년과 2020년에 연방기금금리를 0으로 낮추게 만든 사건은 무엇인가?
b. 2018년과 2022년에 연준이 연방기금금리를 다시 인상하게 만든 사건은 무엇인가?

13a. FRED 데이터를 사용하여 통화량(현금통화 및 요구불예금 포함) 도표를 작성하라. 도표 작성 시 세로축의 단위에 주의하고, 시계열 시작일은 2006년 1월 1일로 설정하라. 어느 시기에 통화량의 가장 급격한 변화가 나타났는가?

b. 은행의 지급준비금을 추가하라. 세로축의 단위가 현금통화 및 요구불예금과 같도록 설정하되, 단위가 다를 경우에는 'Customize data' 기능의 수식 옵션을 활용해 단위를 일치시켜라. 어느 시기에 은행 지급준비금이 가장 뚜렷하게 변했는가?

# 재화시장과 금융시장: IS-LM 모형

5

3장에서 재화시장, 4장에서 금융시장을 살펴보았다. 이제 재화시장과 금융시장을 함께 보자. 이 장을 마치면 단기에 산출과 이자율이 어떻게 결정되는지 생각할 수 있는 틀이 마련될 것이다.

이 틀을 발전시키면서 1930년대 후반과 1940년대 초반에 활동한 경제학자인 힉스(John Hicks)와 한센(Alvin Hansen)이 밟았던 경로를 쫓을 것이다. 경제학자 케인스(John Maynard Keynes)가 1936년에 『일반 이론(General Theory)』을 발표했을 때, 그의 책은 근본적이면서도 거의 공격할 데가 없다는 공감대가 형성되었다. 실제로 이 책을 읽어보면 공감할 것이다. 케인스가 '정말 말하려 했던 것'이 무엇인지에 대한 수많은 논쟁이 있었다. 1937년에 힉스는 케인스의 중요한 기여라고 여겨지는 내용을 요약했다. 그것은 재화시장과 금융시장의 통합적 설명이었다. 그의 분석은 후에 한센이 확장했는데, 힉스와 한센은 자신들이 공식화한 내용을 IS-LM 모형이라 불렀다.

거시경제학자는 1940년대 초반 이래 상당한 진전을 이루었다. 그래서 IS-LM 모형이 24장이 아닌 5장과 6장에서 다루어지는 것이다. 여러분이 40년 전에 거시경제학을 배웠다면 이미 과정이 거의 끝났을 것이다. 그러나 대부분의 경제학자에게 있어 IS-LM 모형은 단순하지만 여전히 단기에 경제에서 발생하는 많은 일을 파악하게 하는 핵심적 체계이다. 이것이 IS-LM 모형을 아직도 학습하고 사용하는 이유이다.

◀ 이 책에 소개된 IS-LM 모형은 힉스와 한센이 개발한 모형과 약간 다르긴 하지만 더 간단하다. 이는 4장에서 보았듯이 중앙은행의 통화 정책 집행 방식이 통화량 통제에서 이자율 통제로 변화한 것을 반영한다.

이 장에서는 기초적인 IS-LM 모형을 제시한다.

**5-1** 재화시장의 균형을 살펴보고 IS 관계를 도출한다.

**5-2** 금융시장의 균형을 살펴보고 LM 관계를 도출한다.

**5-3, 5-4** IS 관계와 LM 관계를 통합하고, 그에 따른 IS-LM 모형을 사용해 재정 정책과 통화 정책의 효과를 연구한다.

**5-5** 동태적 요소를 도입하고 IS-LM 모형이 단기에 경제에서 발생하는 현상을 어떻게 파악해 내는지 살펴본다.

**이 장의 핵심 주제:** 단기에서 산출은 재화시장과 금융시장의 균형에 의해 결정된다. ▶▶▶

## 5-1 재화시장과 IS 관계

우선 3장에서 배운 것을 요약하자.

- 재화시장의 균형은 생산* $Y$가 재화에 대한 수요 $Z$와 일치한다는 조건으로 특징지었다. 이 조건을 IS 관계라 불렀다.
- 수요는 소비, 투자, 정부지출의 합으로 정의되었다. 아울러 소비는 처분가능소득(가처분소득, 세금을 차감한 소득)의 함수라 가정했고, 투자지출, 정부지출, 세금이 모두 일정하게 주어진 것으로 간주했다.

$$Z = C(Y - T) + \bar{I} + G$$

3장에서는 계산 과정을 단순화하기 위해 소비 $C$와 처분가능소득 $Y-T$의 관계가 선형이라고 가정했다. 하지만 이 장에서는 이 가정 대신 더 일반적인 형태인 $C = C(Y-T)$를 사용한다.

- 이제 균형조건은 다음과 같다.

$$Y = C(Y - T) + \bar{I} + G$$

이 균형조건을 사용해 균형산출을 변화시키는 요인을 살펴보았다. 특히 정부지출과 소비수요의 변화에 따른 파급 효과를 살펴보았다.

이 첫 번째 모형에서 가장 중요한 단순화는 이자율이 재화수요에 아무런 영향도 미치지 않는다는 것이었다. 이 장에서 우선 해야 할 일은 더 이상 이러한 단순화 가정을 하지 않고, 대신 이자율을 재화시장의 균형 모형에 도입하는 것이다. 우선 이자율이 투자에 미치는 효과에만 초점을 맞추고, 수요의 다른 구성요소에 미치는 효과에 대한 논의는 뒤로 미루자.

이자율이 소비와 투자에 미치는 영향에 대한 보다 상세한 논의는 15장에서 한다. ▶

### 투자, 매출, 이자율

3장에서 투자는 일정하다고 가정했다. 이는 단순화를 위해서였다. 사실 투자는 일정하다고 보기 어려우며, 주로 두 가지 요인에 의존한다.

- 매출 규모: 매출이 증가해 생산을 늘려야 하는 기업을 고려하자. 생산을 늘리려면 새로운 기계를 추가로 구입하거나 공장을 추가로 지어야 한다. 다시 말해 투자를 해야 한다. 한편 매출이 저조한 기업은 그럴 필요가 없으며, 투자에도 거의 지출하지 않을 것이다.
- 이자율: 새로운 기계를 구매할지 결정해야 하는 기업을 고려하자. 새로운 기계를 구매하려면 자금을 차입해야 한다고 하자. 이자율이 높을수록 자금을 빌려 기계를 구매하는 것

기업이 내부자금을 사용해도 ▶ 이 주장은 성립한다. 이자율이 높을수록 새로운 기계를 매입하기보다는 자금을 대여하는 것이 더 매력적이다.

* 역자 주: '생산'과 '산출'을 혼용했다.

이 덜 매력적일 것이다. [잠시 단순화를 위해 두 가지 가정을 하자. 우선 모든 기업이 동일한 이자율(4장에서 결정한 채권 이자율)로 차입할 수 있다고 가정한다. 사실 많은 기업이 은행에서 차입하며, 적용 이자율은 기업마다 다르다. 아울러 명목이자율(화폐 기준으로 나타낸 이자율)과 실질이자율(재화 기준으로 나타낸 이자율)을 구분하지 않을 것이다. 물론 이러한 구분은 중요하며 6장에서 다시 다룰 것이다.] 이자율이 충분히 높아지면 새로운 기계를 사용하는 데 따른 추가적 이윤은 이자를 지급하기에 부족할 것이고, 새로운 기계는 매입할 가치가 없을 것이다.

이상의 두 효과를 포착하기 위해 투자관계를 다음과 같이 설정할 수 있다.

$$I = \underset{(+,-)}{I(Y, i)} \tag{5.1}$$

식 (5.1)은 투자 $I$가 산출 $Y$와 이자율 $i$에 의존한다는 것을 나타낸다. 여기서도 재고투자는 없다고 가정할 것인데, 그에 따라 생산과 판매는 항상 일치한다. 따라서 $Y$는 판매를 나타내는 동시에 생산을 나타내기도 한다. $Y$ 아래의 양(+)의 기호는 생산 증가(마찬가지로 판매 증가)가 투자 증가로 이어진다는 것을 나타낸다. 이자율 $i$ 아래의 음(−)의 기호는 이자율 상승이 투자 감소를 초래한다는 것을 나타낸다.

◀ 산출 증가는 투자 증가로 이어진다. 이자율 상승은 투자 감소로 이어진다.

## 산출 결정

투자관계식 (5.1)을 고려하면 재화시장에서의 균형조건은 다음과 같다.

$$Y = C(Y - T) + I(Y, i) + G \tag{5.2}$$

생산(식의 좌변)은 재화에 대한 수요(우변)와 일치해야 한다. 식 (5.2)는 확장된 IS 관계이다. 이제 이자율이 변화할 때 산출에 어떤 변화가 발생하는지를 살펴볼 수 있다.

우선 그림 5-1에서 출발하자. 재화에 대한 수요는 수직축으로 측정되며, 산출은 수평축으로 측정된다. 이자율 $i$가 일정할 때 수요는 두 가지 이유로 산출의 증가함수가 된다.

- 산출 증가는 소득과 처분가능소득의 증가로 이어진다. 처분가능소득의 증가는 소비 증가를 야기한다. 이 관계는 이미 3장에서 검토했다.
- 산출 증가는 투자 증가로 이어지기도 한다. 투자와 생산의 이러한 관계는 이 장에서 소개한다.

간단히 말해 산출 증가는 소비와 투자에 대한 파급 효과를 통해 재화에 대한 수요 증가를 초래한다. 이자율이 일정할 때 수요와 산출의 관계는 우상향하는 곡선 ZZ로 나타난다.

그림 5-1의 곡선은 두 가지 특징을 보여준다.

- 식 (5.2)에서 소비와 투자 관계가 선형이라고 가정하지 않았으므로, ZZ는 일반적으로 직

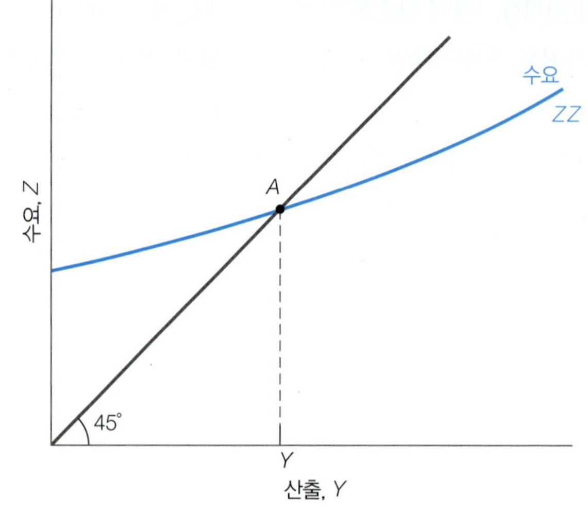


**그림 5-1**

**재화시장에서의 균형**

재화에 대한 수요는 산출의 증가함수가 된다. 균형은 재화에 대한 수요가 산출과 일치할 것을 요구한다.

선이 아닌 곡선의 형태를 취한다. 따라서 ZZ는 그림 5-1에서 곡선으로 표시되었다. 하지만 소비와 투자 관계가 선형이고 ZZ가 직선이어도 앞으로 논의할 내용은 그대로 적용된다.

- ZZ는 45° 선에 비해 더 평평하다. 즉, 산출 증가는 일대일에 못 미치는 수요 증가로 이어진다고 가정했다. 투자가 일정하다고 가정한 3장에서 이러한 제약은 소비자가 늘어난 소득의 전부가 아니라 일부만을 소비한다는 가정으로부터 자연스럽게 유도되었다. 그러나 여기서 생산은 투자에 영향을 미친다고 했으므로, 이러한 제약은 더 이상 성립하지 않을 수 있다. 산출이 증가할 때 소비 증가와 투자 증가의 합은 최초의 산출 증가 규모를 초과할 수 있다. 이론적으로 이런 일이 발생할 수 있지만, 실증분석 증거들은 실제로 이런 일이 생겨나지 않음을 보여준다. 그래서 수요는 산출이 증가할 때 일대일에 못 미치는 반응을 보이며 곡선은 45° 선보다 평평하다.

이 두 주장이 같은 의미를 갖는지 확인해 보라. ▶

재화시장의 균형은 재화에 대한 수요와 산출이 일치하는 점에서 이루어진다. 즉, 곡선 ZZ와 45° 선이 교차하는 점 *A*에서 재화시장의 균형이 발생한다. 이때 균형산출 수준은 *Y*로 결정된다.

지금까지는 3장의 분석을 그대로 확장한 것이다. 하지만 이제 IS 곡선을 유도할 준비가 다 되었다.

## IS 곡선의 유도

이상에서는 이자율이 일정하다는 가정하에 그림 5-1에서 수요관계 ZZ를 유도했다. 이제 그림 5-2에서 이자율이 변화하면 어떤 변화가 발생하는지 살펴보자.

그림 5-2(a)에서 수요곡선이 ZZ로 주어지고 초기 균형은 점 *A*에 있다고 하자. 이자율이 처음 $i$ 수준에서 $i'$수준으로 높아졌다고 하자. 산출 수준이 일정할 때 높아진 이자율은 투자와 수요를 낮춘다. 수요곡선 ZZ는 아래로 이동해 ZZ′이 된다. 주어진 산출 수준에서 수요가 낮아진

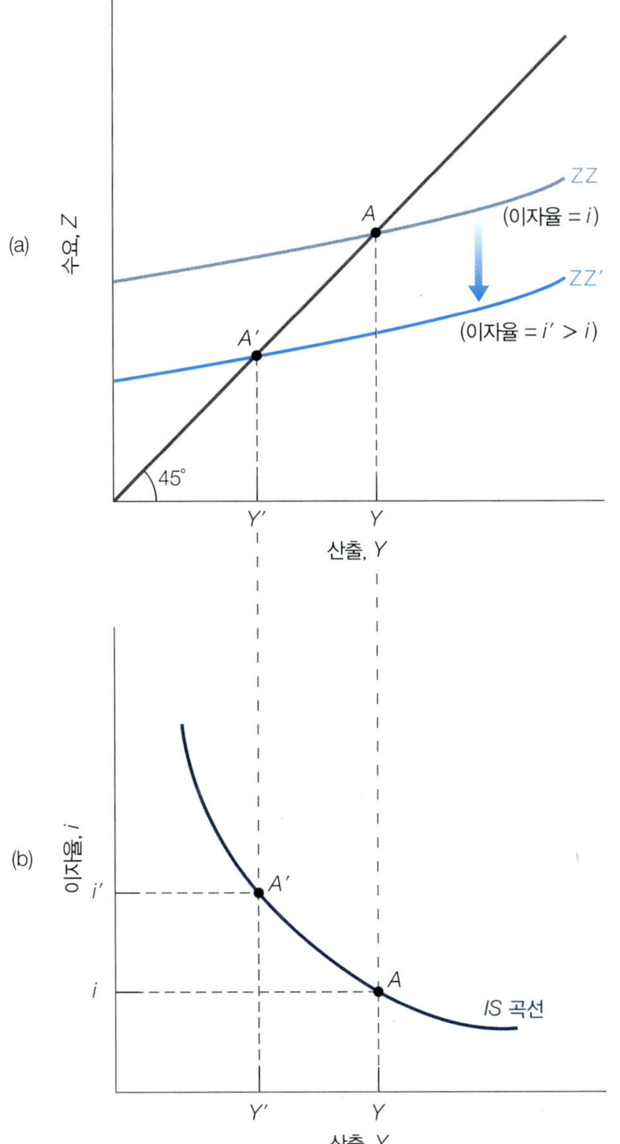


**그림 5-2**

**IS 곡선의 유도**

(a) 이자율 증가는 모든 산출 수준에서 재화에 대한 수요를 감소시켜 균형산출 수준을 낮춘다. (b) 재화시장의 균형은 이자율 상승이 산출 감소로 이어진다는 것을 시사한다. 따라서 재화시장의 균형을 이루는 이자율과 산출의 관계를 나타내는 IS 곡선은 음의 기울기를 갖는다.

다. 새로운 균형은 낮아진 수요곡선 $ZZ'$과 45° 선이 교차하는 점 $A'$에서 발생한다. 이제 균형산출은 $Y'$과 같다. 즉, 이자율의 상승은 투자 위축을 불러온다. 투자 위축은 산출 감소를 야기하고, 이는 다시 승수 효과를 통해 소비와 투자의 감소를 가져온다.

그림을 통해 승수의 크기를 보여줄 수 있을까? (힌트: 투자의 최초 감소 규모 대비 균형산출의 감소 규모 비율을 살펴보라.)

그림 5-2(a)를 사용하면 특정 이자율 수준과 관련된 균형산출 수준을 찾아낼 수 있다. 이에 따른 균형산출과 이자율의 관계는 그림 5-2(b)와 같이 유도된다. 그림 5-2(b)는 균형산출 $Y$를 수평축에, 이자율을 수직축에 나타냈다. 그림 5-2(b)에서 점 $A$는 그림 5-2(a)의 점 $A$에 대응하며, 그림 5-2(b)의 점 $A'$은 그림 5-2(a)의 점 $A'$에 대응한다. 이자율이 높아질수록 산출 수준은 낮아진다.

재화시장 균형은 이자율 상승이 산출 감소를 야기할 것임을 시사한다. 이 관계는 우하향하는 IS 곡선으로 나타낼 수 있다.

이자율과 산출의 이러한 관계는 그림 5-2(b)에서 우하향하는 곡선으로 나타났는데, 이 곡선을 IS **곡선**(IS curve)이라 한다.

## IS 곡선의 이동

그림 5-2에서는 세금 $T$와 정부지출 $G$가 변하지 않는다는 가정하에 IS 곡선을 유도했다. $T$나 $G$의 변화는 IS 곡선의 이동을 유발한다.

이자율이 일정할 때 세금 인상은 산출 감소를 초래한다. 그림 5-3에 나타나듯이 세금 인상은 IS 곡선을 왼쪽으로 이동시킨다.

이를 보기 위해 그림 5-3을 참조하자. 그림에서 IS 곡선은 균형산출을 이자율의 함수로 나타낸다. 단, 세금과 정부지출은 일정하다고 가정한 상태에서 도출된다. 이제 세금이 $T$에서 $T'$으로 인상되었다고 하자. 일정한 이자율, 예를 들어 $i$ 수준에서 처분가능소득이 감소하면 소비가 감소하고, 이는 다시 재화에 대한 수요의 감소와 균형산출의 하락으로 이어진다. 균형산출 수준은 $Y$에서 $Y'$으로 하락한다. 다시 말해 IS 곡선은 왼쪽으로 이동한다. 주어진 이자율 수준에서 균형산출은 세금이 인상되기 전에 비해 감소한다.

정부가 사회보장제도에 문제가 있어 앞으로 퇴직수당을 축소한다고 발표했다고 하자. 소비자는 어떻게 반응하겠는가? 현재의 수요와 산출은 어떻게 반응하겠는가?

보다 일반적으로 주어진 이자율에 대해 균형산출을 하락시키는 모든 요인은 IS 곡선을 왼쪽으 로 이동시킨다. 지금까지는 세금이 인상되는 경우를 살펴보았다. 그러나 동일한 변화가 정부지출이 감소하거나 소비자 신뢰가 약화하는 경우(이는 처분가능소득이 일정해도 소비를 감소시킨다)에도 발생한다. 이에 반해 이자율이 일정할 때 균형산출을 증가시키는 모든 요인(세금 인하, 정부지출 증가, 소비자 신뢰 개선)은 IS 곡선을 오른쪽으로 이동시킨다.

이제 요약해 보자.

- 재화시장의 균형은 이자율 상승이 산출 감소로 이어진다는 것을 시사한다. 이 관계는 우하향하는 IS 곡선으로 대표된다.
- 이자율이 일정할 때 재화에 대한 수요를 감소시키는 변화는 IS 곡선을 왼쪽으로 이동시킨

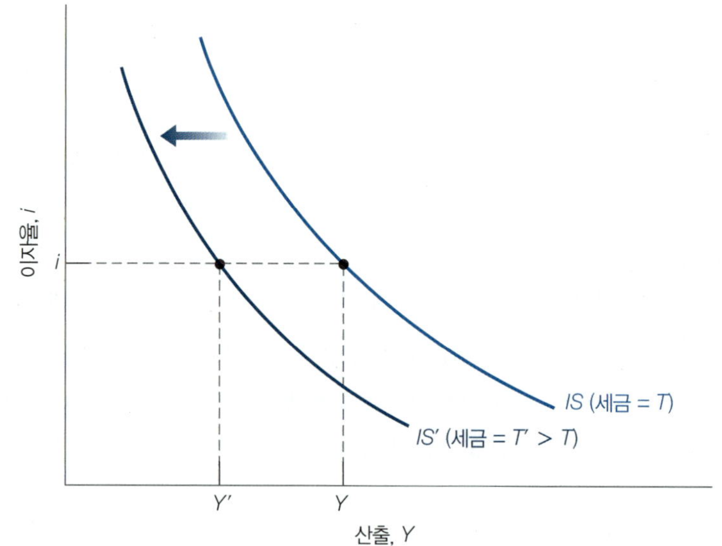


**그림 5-3**

**IS 곡선의 이동**

세금 인상은 IS 곡선을 왼쪽으로 이동시킨다.

다. 반면에 이자율이 일정할 때 재화에 대한 수요를 증가시키는 변화는 IS 곡선을 오른쪽으로 이동시킨다.

## 5-2 금융시장과 LM 관계

이제 금융시장으로 관심을 돌려보자. 4장에서 이자율은 통화에 대한 수요와 공급이 일치하는 수준에서 결정된다는 사실을 알았다.

$$M = \$Y\ L(i)$$

여기서 좌변의 $M$은 명목통화량이다. 여기서는 4-3절에서 다루었던 자세한 통화공급 과정은 무시하고 단순히 중앙은행이 $M$을 직접 통제한다고 간주한다.

우변은 명목소득 $\$Y$와 명목이자율 $i$의 함수로서 통화에 대한 수요를 나타낸다. 4-1절에서처럼 명목소득 증가는 통화수요 증가를 초래한다. 이자율 상승은 통화수요를 위축시킨다. 균형은 통화공급(식의 좌변)이 통화수요(식의 우변)와 일치할 것을 요구한다.

### 실질통화, 실질소득, 이자율

식 $M = \$Y\ L(i)$는 통화, 명목소득, 이자율 간의 관계를 제시한다. 이는 실질통화(즉, 재화 단위로 표시한 통화), 실질소득(즉, 재화 단위로 표시한 소득), 이자율 간의 관계로 다시 나타내는 것이 편리하다.

명목소득을 물가로 나누면 실질소득 $Y$와 같다는 점을 상기해 보자. 마찬가지로 식의 양변을 물가 $P$로 나누면 다음을 얻는다.

> 2장에서 명목 GDP가 실질 GDP × GDP 디플레이터, 즉 $\$Y = Y\,P$와 일치한다고 두었다. 달리 말해 실질 GDP는 명목 GDP $\$Y$를 GDP 디플레이터 $P$로 나눈 값과 일치한다. 즉, $Y = \$Y/P$이다.

$$\frac{M}{P} = Y\ L(i) \qquad (5.3)$$

따라서 균형조건은 **실질통화공급**(재화의 단위로 표시한 통화량)이 실질소득 $Y$와 이자율 $i$에 의존하는 **실질통화수요**와 일치한다는 조건으로 다시 표현되었다.

통화에 대한 '실질'수요라는 개념은 다소 추상적이다. 예를 살펴보면 이해가 빠를 것이다. 일반적인 통화수요를 모두 생각하기보다는 동전에 대한 수요만을 생각하자. 매일 여러분이 두 잔의 커피를 사기 위해 주머니에 동전을 갖고 다니려 한다고 하자. 만약 커피 한 잔에 2달러라면 4달러의 동전이 필요할 것이다. 이것이 바로 동전에 대한 명목수요이다. 마찬가지로 여러분은 주머니에 충분한 동전을 보유해 두 잔의 커피를 사려 할 것이다. 이것이 바로 재화 단위로 표시한 동전에 대한 수요이다. 물론 여기서는 커피의 잔 수로 표시한 것이다.

이제부터 식 (5.3)을 LM 관계라 하자. 균형조건을 이렇게 나타내는 것은 **명목소득 $\$Y$ 대신 실질소득 $Y$**가 우변에 나타난다는 장점 때문이다. 왜냐하면 실질소득(즉, 실질산출)은 재화시장의 균형을 분석할 때 초점이 되는 변수이기 때문이다. 이 식을 편리하게 읽기 위해 식 (5.3)의 좌변과 우변을 '실질통화공급'과 '실질통화수요'라고 정확하지만 번잡하게 표현하기보다는 단순히 '통화공급'과 '통화수요'로 부를 것이다. 마찬가지로 '실질소득' 역시 '소득'으로 부르기로 하자.

## LM 곡선의 유도

IS 곡선을 유도할 때 정부지출 $G$와 세금 $T$의 두 가지 정책변수를 고려했다. LM 곡선을 유도할 때는 통화 정책을 통화량 $M$의 선택 문제로 할지, 이자율 $i$의 선택 문제로 할지를 결정해야 한다.

통화 정책을 명목통화공급량 $M$의 선택 문제로 보면, 단기에는 고정된 것으로 가정되는 물가 하에서 통화 정책은 실질통화량 $M/P$을 선택하는 문제가 된다. 이 경우 식 (5.3)은 우변의 실질통화수요가 좌변의 주어진 실질통화공급과 일치해야 한다. 예를 들어 실질소득이 증가할 경우 화폐수요가 증가하는데, 이때 화폐수요가 고정된 화폐공급과 일치하려면 이자율이 상승해야 한다. 즉 통화공급이 일정할 때 소득 증가는 자동적으로 이자율 상승으로 이어진다.

그림 4–4를 확인해 보라.

이상은 LM 관계와 그에 따른 LM 곡선을 유도하는 전통적인 방법이다. 그러나 중앙은행이 통화량을 선택하고 이자율이 그에 따라 조정되도록 한다는 가정은 오늘날의 현실과 맞지 않다. 과거에는 중앙은행이 통화공급을 통화 정책 변수로 생각했지만, 오늘날에는 이자율에 직접 초점을 맞추고 있다. 중앙은행은 특정 이자율 수준 $\bar{i}$를 선택하고, 이를 달성하기 위해 통화공급을 조정한다. 따라서 다음에는 중앙은행이 이자율을 선택한다고(그리고 그 이자율을 달성하기 위해 적절한 통화공급을 한다고) 가정할 것이다. 이는 그림 5–4에서 매우 단순한 LM 곡선, 즉 중앙은행이 선택한 이자율 $\bar{i}$의 값에서 수평인 LM 곡선이 생성된다.

가정에 따라 LM 관계는 단순한 수평선이다. 그러나 전통을 따라 '곡선'이라는 용어를 사용했다.

**그림 5-4**

**LM 곡선**

중앙은행은 이자율을 선택한다(그리고 이 이자율을 유지하기 위해 통화공급을 조절한다).

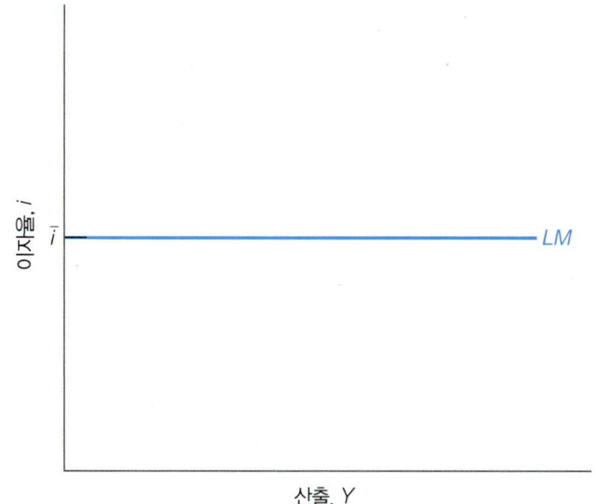

## 5-3 IS 관계와 LM 관계의 결합

IS 관계는 재화시장 균형에서 유도되고, LM 관계는 금융시장 균형에서 유도되는데, 두 관계는 동시에 성립해야 한다.

$$\text{IS 관계: } Y = C(Y - T) + I(Y, i) + G$$

$$\text{LM 관계: } i = \bar{i}$$

두 관계는 함께 산출 수준을 결정한다. 그림 5-5는 IS 곡선과 LM 곡선을 동시에 나타낸다. 수평축은 산출 또는 생산이나 소득을, 수직축은 이자율을 측정한다.

우하향하는 IS 곡선의 각 점은 재화시장의 균형에 대응하며, 수평인 LM 곡선의 각 점은 금융시장의 균형에 대응한다. 점 $A$에서만 두 균형조건을 모두 만족시킨다. 이는 산출 수준 $Y$, 이자율 수준 $\bar{i}$와 관련된 점 $A$가 재화시장과 금융시장에서 균형이 동시에 성립하는 점이라는 것을 의미한다.

여기서 한 가지 의문이 생길 것이다. 균형이 점 $A$라는 것이 어떤 의미일까? 이 사실은 현실 세계와 직접적으로 어떻게 관련될까? 아직 낙담하기에는 이르다. 그림 5-5는 거시경제학의 수많은 질문에 대한 답을 갖고 있다. 적절히 사용된다면 이는 중앙은행이 통화량을 증가시켰을 때, 또는 정부가 세금을 인상했을 때, 혹은 소비자가 미래에 대해 비관적으로 바뀔 때 산출과 이자율에 어떤 변화가 생겨날지를 이해하도록 도와준다.

◀ 앞으로 이어지는 장에서는 글로벌 금융위기, 기대의 역할 또는 개방 경제에서 정책의 역할을 검토하는 방법을 제시한다.

이제 통화 정책과 재정 정책의 효과를 통해 IS-LM 모형의 시사점을 살펴보자.

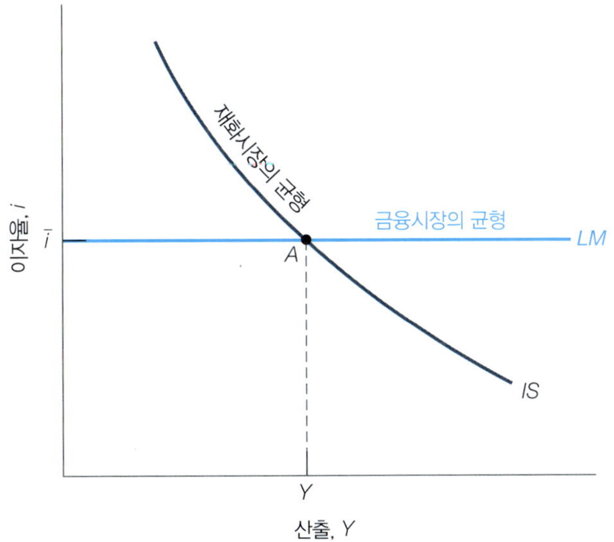


**그림 5-5**

**IS-LM 모형**

재화시장의 균형은 이자율 증가가 산출 감소로 이어진다는 것을 의미한다. 이는 IS 곡선으로 표현된다. 금융시장의 균형은 수평의 LM 곡선으로 표현된다. 두 곡선이 교차하는 점 $A$에서만 재화시장과 금융시장이 동시에 균형을 이룬다.

## 재정 정책

정부가 재정적자를 축소시키고자 정부지출은 그대로 유지하지만 세금을 인상했다고 하자. 이러한 재정 정책의 변화는 종종 **재정긴축**(fiscal contraction) 또는 **재정위축**(fiscal consolidation)이라 한다. 이에 대칭적으로 정부지출 증가나 세금 인하로 인한 재정적자의 증가는 **재정확장**(fiscal expansion)이라 한다.

G-T의 감소 ⇔ 재정긴축 ⇔ 재정위축
G-T의 증가 ⇔ 재정확장

정부가 재정적자를 감축하기로 하고, 이를 증세에 의존하기로 했다고 하자. 재정긴축은 산출, 산출의 구성, 이자율에 어떤 영향을 미칠까?

정책 변화 또는 보다 일반적으로 외생변수 변화의 효과에 관한 이러한 질문에 답할 때는 항상 다음 3단계를 거치는 것이 좋다.

1. 변화가 재화시장의 균형과 금융시장의 균형에 어떻게 영향을 미칠지 질문하라. 즉, 변화는 IS 곡선과 LM 곡선을 어떤 방향으로 이동시키겠는가?
2. 변화가 IS 곡선과 LM 곡선의 교점에 미치는 파급 효과를 파악하라. 즉, 변화는 균형산출과 균형이자율에 어떤 영향을 미치겠는가?
3. 파급 효과를 일상적 표현으로 설명하라.

시간과 경험이 쌓이게 되면 곧장 세 번째 단계로 갈 수 있다. 그때쯤이면 매일매일의 경제 문제를 즉각 평가할 수 있을 것이다. 하지만 그런 수준의 전문성에 도달하기 전까지는 한 단계씩 나아가자.

그리고 확신이 생기면 TV에 출연해 경제 문제를 설명해 보라(왜 그렇게 많은 TV 출연 경제학자가 나비넥타이를 매는지는 수수께끼이다).

이 경우에서 3단계는 간단하지만, 이를 살펴보는 것이 어쨌든 좋은 연습이다.

- 첫 질문은 세금 인상이 재화시장에서의 균형, 즉 IS 곡선으로 포착된 산출과 이자율 사이의 관계에 어떤 영향을 미치는지이다. 이전에는 그림 5-3에서 그 해답을 도출했다. 주어진 이자율에서, 세금 인상은 산출을 감소시킨다. 따라서 IS 곡선은 그림 5-6의 *IS*에서

**그림 5-6**

**세금 인상의 파급 효과**

세금 인상은 IS 곡선을 왼쪽으로 이동시킨다. 이것은 균형산출 수준을 감소시킨다.

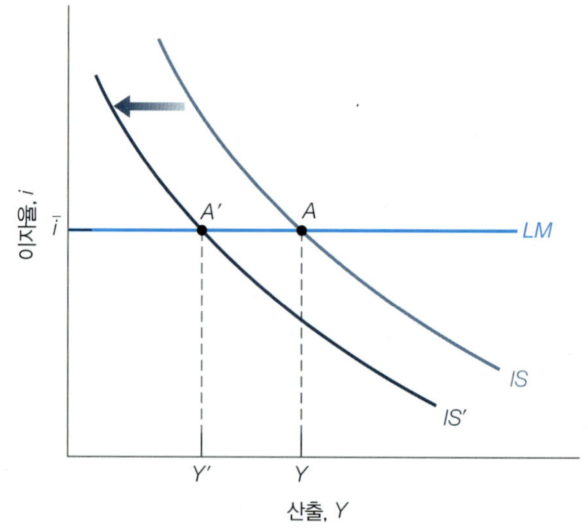

$IS'$으로 왼쪽으로 이동한다.

다음으로 LM 곡선에 어떤 일이 발생하는지 알아보자. 가정에 따라 재정 정책의 변화만 살펴보므로 중앙은행은 이자율을 변경하지 않는다. 따라서 LM 곡선, 즉 $i = \bar{i}$에서의 수평선은 변하지 않는다. 다시 말해 LM 곡선은 이동하지 않는다.

- 이제 균형을 결정하는 2단계를 고려하자.

세금 인상 전에 균형은 IS 곡선과 LM 곡선의 교차하는 점 $A$로 주어진다. 세금 인상과 IS 곡선의 $IS$에서 $IS'$으로의 왼쪽 이동 후에, 새로운 균형은 점 $A'$으로 주어진다. 산출은 $Y$에서 $Y'$으로 감소한다. 가정에 따라 이자율은 변하지 않는다. 따라서 IS 곡선이 **이동**함에 따라 경제는 LM 곡선을 따라 $A$에서 $A'$으로 **이동**한다. 이 단어들을 고딕체로 표시한 이유는 곡선의 **이동**(여기서는 IS 곡선의 이동)과 곡선상의 **이동**(여기서는 LM 곡선상의 이동)을 구별하는 것이 항상 중요하기 때문이다. 이들을 구별하지 않을 경우 많은 실수가 생긴다.

◀ 세금의 증가는 IS 곡선을 이동시키지만 LM 곡선은 그대로이다. 경제는 LM 곡선을 따라 움직인다.

- 3단계는 말로 표현하는 것이다.

주어진 이자율에서 세금이 인상되면 처분가능소득이 줄어들어 개인은 소비를 감소시킨다. 이러한 수요 감소는 결과적으로 승수를 통해 산출과 소득을 감소시키며, 그에 따라 투자가 감소한다.

◀ 이상은 3장의 FOCUS '저축의 역설'에서 다룬 공공저축 증가(여기서는 세금 증가에 따른 공공저축 증가)의 파급 효과에 대한 비공식적 논의를 공식적으로 다룬 것이다.

## 통화 정책

이제 통화 정책으로 넘어가자. 중앙은행이 이자율을 인하한다고 가정하자. 이를 위해 중앙은행은 통화공급을 증가시키므로, 통화 정책의 이러한 변화를 **통화확장**(monetary expansion)이라 한다. [반대로 통화공급의 감소를 통해 이루어진 이자율 인상은 **통화긴축**(monetary contraction, monetary tightening)이라 한다.]

◀ $i$ 하락⇔$M$ 증가⇔통화확장
$i$ 상승⇔$M$ 감소⇔통화긴축

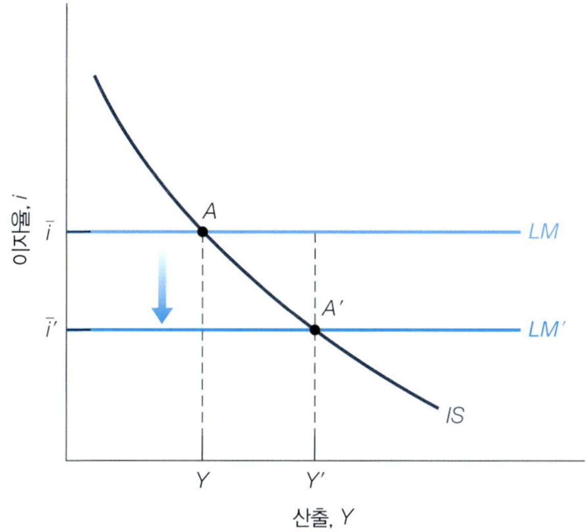


**그림 5-7**

**이자율 하락의 파급 효과**

통화확장은 LM 곡선을 아래로 이동시키고 산출 증가를 야기한다.

■ 다시 1단계는 IS 곡선과 LM 곡선의 이동 여부와 이동 방향을 확인하는 것이다.

IS 곡선이 왜 이동하지 않는지 확인하라. ▶

먼저 IS 곡선을 살펴보자. 이자율 변화는 산출과 이자율 사이의 관계를 변화시키지 않으므로, IS 곡선은 이동하지 않는다. 그러나 이자율의 변화는 LM 곡선의 이동을 이끈다. 즉, LM 곡선은 수평선 $i = \bar{i}$에서 수평선 $i = \bar{i}'$으로 하향 이동한다.

■ 2단계는 이러한 이동이 균형에 어떤 영향을 주는지 살펴보는 것이다. 균형은 그림 5-7에 나타나 있다. IS 곡선은 이동하지 않는다. LM 곡선은 아래로 이동한다. 경제는 IS 곡선을 따라 이동하고, 균형은 점 $A$에서 점 $A'$으로 이동한다. 산출은 $Y$에서 $Y'$으로 증가하고, 이자율은 $\bar{i}$에서 $\bar{i}'$으로 하락한다.

■ 3단계는 말로 표현하는 것이다. 이자율이 낮을수록 투자가 증가하고 수요와 산출이 증가한다. 산출의 구성요소를 살펴보면 산출 증가와 이자율 하락은 모두 투자 증가로 이어진다. 소득의 증가는 처분가능소득의 증가로 이어지고, 소비 증가를 이끈다. 따라서 소비와 투자가 모두 증가한다.

## 5-4 정책 조합의 활용

지금까지는 통화 정책과 재정 정책을 따로 살펴보았다. 이상에서의 목적은 각 정책이 어떻게 작동하는지를 보는 것이었다. 그러나 현실 세계에서 두 정책은 종종 함께 사용된다. 통화 정책과 재정 정책의 조합은 **통화-재정 정책 조합**(monetary-fiscal policy mix) 또는 단순히 **정책 조합**(policy mix)이라 한다.

때때로 올바른 정책 조합은 재정 정책과 통화 정책을 같은 방향으로 사용하는 것을 의미한다. 예를 들어 경제가 침체되어 있고 산출 수준이 너무 낮다고 가정하자. 이 경우 재정 정책과 통화 정책을 모두 사용해 산출을 늘릴 수 있다. 이 조합은 그림 5-8에 나타나 있다. 초기 균형은 $IS$와 $LM$이 교차하는 점 $A$로 나타나고, 그에 상응하는 산출은 $Y$이다. 확장적 재정 정책은 세금 감면을 통해 IS 곡선을 $IS$에서 $IS'$으로 우측 이동시킨다. 확장적 통화 정책은 LM 곡선을 $LM$에서 $LM'$으로 이동시킨다. 새로운 균형은 점 $A'$에서 이루어지고, 그에 상응하는 산출은 $Y'$이다. 따라서 재정 정책과 통화 정책 모두 산출 증가에 기여한다. 즉, 소득의 증가와 세금의 감소는 소비 증가를 이끌며, 이는 다시 산출 증가와 이자율의 하락이 가세해 투자 증가로 이어진다.

재정 정책과 통화 정책의 이러한 조합은 일반적으로 경기침체에 대처하는 데 사용된다. FOCUS '2001년 미국의 경기침체'가 한 가지 예이다. 2001년 경기침체는 이제 조금 오래되었지만(여러분들은 아마 그 당시 태어나지도 않았을 것이다) 이 경기침체를 선택한 이유는 다른 많은 경기침체의 주요 특징을 잘 보여주는 '표준적인' 사례이기 때문이다. 글로벌 금융위기와 COVID-19로 인한 최근 두 번의 경기침체는 여러 면에서 특이했다.

이 책 후반부에서 다른 예들을 살펴볼 것이다. 6-5절은 글로벌 금융위기 시에 재정 정책과 통화 정책의 역할을 검토한다. ▶

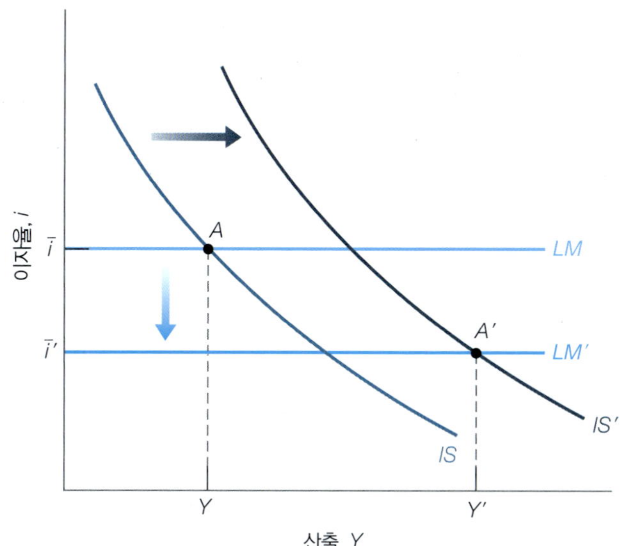


**그림 5-8**

**재정확장과 통화확장 조합의 파급 효과**

재정확장은 IS 곡선을 오른쪽으로 이동시킨다. 통화확장은 LM 곡선을 아래로 이동시킨다. 두 정책의 조합은 더 높은 산출을 이끈다.

여기서 질문이 생길 수 있다. 두 정책 중 하나만 사용해도 원하는 결과를 얻을 수 있는데, 두 정책을 모두 사용해야 하는 이유는 무엇인가? 앞서 보았듯이 원칙적으로 재정 정책을 사용하는 것만으로도 산출 증가를 달성할 수 있다. 정부지출을 충분히 크게 늘리거나 세금을 충분히 줄이면 된다. 아니면 통화 정책을 사용해 이자율이 충분히 크게 인하되면 가능하다. 대답은 정책 당국이 정책 조합을 사용하고자 하는 이유가 다양하다는 것이다.

- 재정확장은 정부지출 증가나 세금 인하 또는 둘 다를 의미하며 재정적자의 증가(또는 예산이 초기에 흑자였다면 흑자의 감소)를 시사한다. 나중에 보겠지만, 이미 큰 적자를 기록하고 정부 부채가 늘어나는 상황에서 이것이 위험한 이유를 쉽게 추측할 수 있다. 이 경우 적어도 부분적으로 통화 정책에 의존하는 것이 좋다.
- 통화확장은 이자율의 하락을 의미한다. 이자율이 매우 낮으면 통화 정책을 사용할 여지가 제한될 수 있다. 이 경우 재정 정책의 역할이 커진다. 이자율이 이미 0%인 경우 모든 역할은 재정 정책이 담당해야 한다.
- 재정 정책과 통화 정책은 산출 구성에 다른 영향을 미친다. 예를 들어 소득세가 감소하면 투자 대비 소비가 증가하는 경향이 있다. 이자율 하락은 소비보다 투자에 더 큰 영향을 미친다. 따라서 산출의 초기 구성에 따라 정책 당국은 통화 정책과 재정 정책의 상대적 역할을 조정할 것이다.
- 재정 정책이나 통화 정책의 작동은 완전하지 않다. 세금이 감소해도 소비가 증가하지 않을 수 있다. 금리가 하락해도 투자가 증가하지 않을 수 있다. 따라서 특정 정책이 제대로 작동하지 않을 경우 두 정책을 모두 사용하는 것이 좋다.

◀ 이에 대한 추가 논의는 22장을 참조하라.

때때로 두 정책을 반대 방향으로 사용하는 것(예: 재정긴축과 통화확장을 병행하는 경우)이

FOCUS

## 2001년 미국의 경기침체

1992년 미국 경제는 장기 확장을 시작했다. 1990년대의 남은 기간 동안 경제성장률은 높았다. 그러나 2000년에 확장이 종결되었다. 2000년 3/4분기부터 2001년 4/4분기까지 경제성장률은 미소한 양의 값을 갖거나 음의 값을 가졌다. 당시 이용 가능한 자료에 기초할 때 2001년 첫 3분기 동안 성장률은 음의 값이었던 것으로 보인다. 그림 1과 같이 수정된 데이터에 기초할 때 1999년 1분기부터 2002년 4분기까지의 경제성장률은 2분기에 실제로 작지만 양의 값이었던 것으로 보인다. (이런 자료 수정은 자주 있다. 그래서 특정 시점에 국민소득통계 담당자가 인식했던 것이 실제로 그렇지 않았음을 보게 된다.) 전통적으로 미국의 경기침체와 팽창의 시점을 발표하는 비영리 단체인 NBER(National Bureau of Economic Research)은 미국이 실제로 2001년에 경기침체를 경험했다(2001년 3월에 시작해 2001년 12월에 종결)고 결론 내렸다. 이 기간은 그림에서 음영 처리된 부분으로 나타나 있다.

경기침체를 야기했던 것은 투자수요의 급락이었다. 비주거용 투자(기업의 건물과 장비에 대한 수요)는 2001년에 4.5% 감소했다. 원인은 그린스펀(Alan Greenspan)이 '비합리적 과열(irrational exuberance)'의 시기라 불렀던 것의 종결에 있었다. 1990년대 후반에 기업은 미래에 대해 극히 낙관적이었고 투자율은 매우 높았다. 1995년부터 2000년까지 연평균 투자 증가율은 10%를 초과했다. 그러나 2001년이 되자 기업이 지나치게 낙관적이었고 투자를 너무 많이 했다는 점이 분명해졌다. 이는 결국 기업의 투자 감축을 초래해 수요 감소를 야기한 한편, 승수 효과를 통해 GDP 감소를 불러왔다.

경기침체는 훨씬 더 악화할 수도 있었다. 그러나 거시경제 정책의 강력한 대응으로 경기침체의 기간과 강도가 분명히 제한되었다.

우선 통화 정책을 살펴보자. 2001년 초부터 연준은 경기가 위축되고 있음을 감지하고 공격적으로 통화공급을 늘리고 연방기금금리를 인하하기 시작했다. (그림 2는 1991년 1분기부터 2002년 4분기까지의 연방기금금리의 행태를 보여준다.) 연준은 이 정책을 연중 내내 지속했다. 기금금리는 1월에 6.5%에 머물렀지만 연말에는 2%를 밑돌았는데, 이는 역사적으로 보아도 매우 낮은 수준이었다.

재정 정책으로 관심을 돌려보자. 2000년 선거 캠페인 동안 부시(George W. Bush) 대통령 후보는 감세를 공약으로 내세워 선거전을 치렀다. 연방 예산이 흑자이므로 예산을 균형으로 유지하면서 세율을 인하할 여지가 있다는 주장이었다. 2001년에 부시 행정부가 출범했을 때 경제 속도가 둔화되는 것이 분명해졌으므로 세금 인하의 이유가 커졌다. 즉, 수요를 증가시켜 경기침체와 싸우기 위해 세금을 인

그림 1

**미국 성장률(1999년 1분기~2002년 4분기)**

출처: Federal Reserve Economic Data(FRED)의 GDPC1 시계열을 사용해 계산, http://research.stlouisfed.org/fred2/

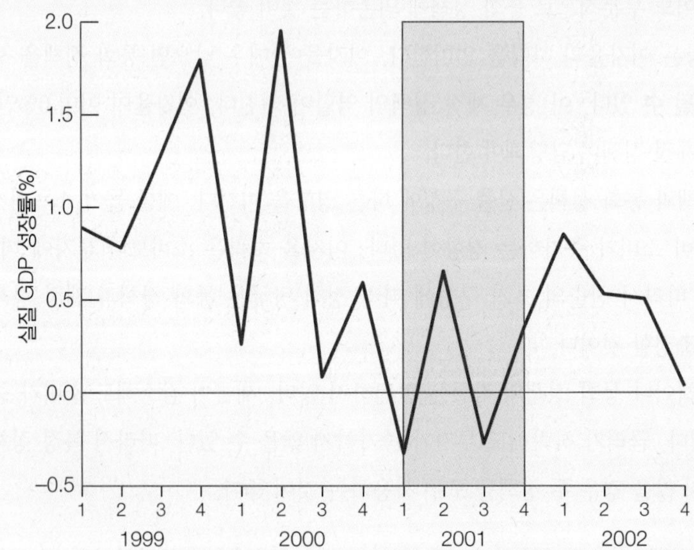

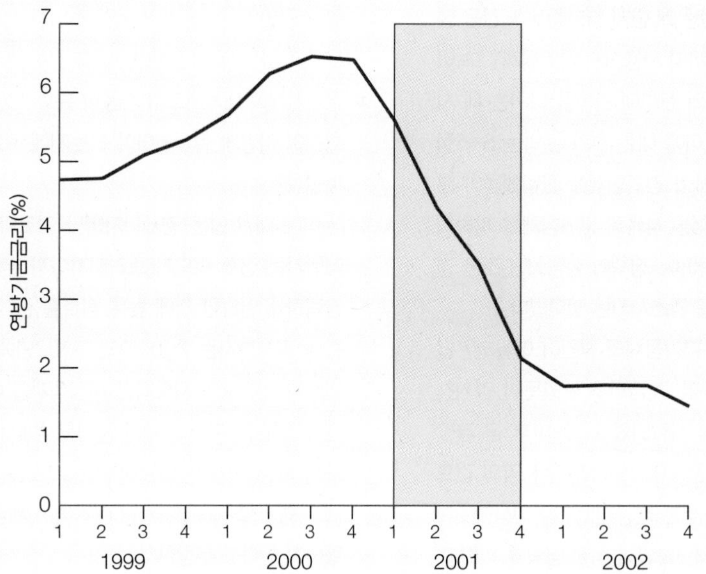


**그림 2**

**연방기금금리(1999년 1분기~2002년 4분기)**

출처: Federal Reserve Economic Data(FRED)의 GDP, FGRECPY, FGEXPND 시계열을 사용해 계산, http://research.stlouisfed.org/fred2/

하해야 한다는 것이었다. 2001년과 2002년 예산은 모두 세율의 상당한 하락을 포함했다. 지출 측면에서는 2001년 9·11 사태가 대부분 국방과 국내 방위에 집중된 지출 증가를 불러왔다.

그림 3은 1999년 1분기~2002년 4분기 중 연방정부 세입과 지출의 추이를 보여준다. 두 수치 모두 GDP 대비 비율이다. 2001년 3분기부터 시작된 세입의 급격한 감소에 주목하라. 세율 인하가 없었더라도 경기침체 동안 세입은 감소했을 것이다. 산출 감소와 소득 감소는 기계적으로 낮은 세수입을 시사한다. 그러나 세금 인하 때문에 2001년과 2002년 중 세입 감소는 경기침체가 설명할 수 있는 규모보다 훨씬 컸다. 같은 시점 근방에서 시작한, 더 작긴 하지만 지속적인 지출의 증가에도 주목하자. 결과적으로 재정흑자(세입과 지출의 차이)는 2000년까지 양의 값을 보였지만, 2001년에 음으로 돌아섰고, 2002년에는 더 심화했다.

이 상황에서 제기할 수 있는 네 가지 질문을 다루면서 마무리하자.

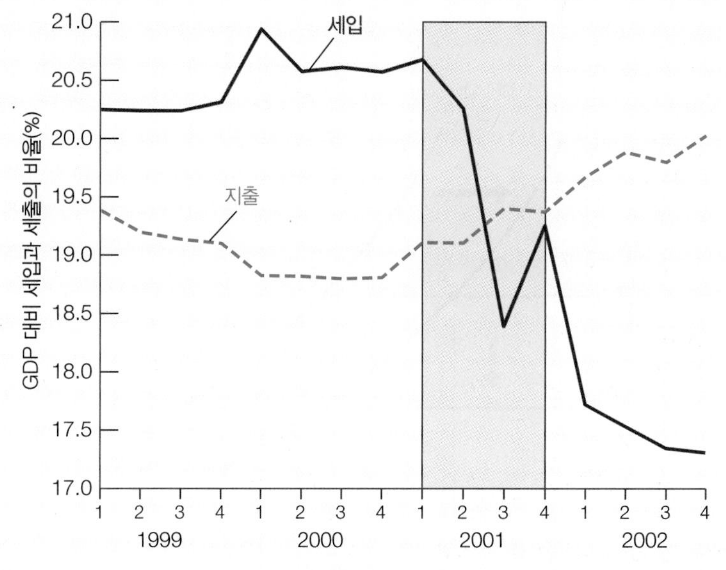


**그림 3**

**미국 연방정부의 세입과 지출(GDP 대비 비율, 1999년 1분기~2002년 4분기)**

출처: Federal Reserve Economic Data(FRED)의 GDP, FGRECPY, FGEXPND 시계열을 사용해 계산, http://research.stlouisfed.org/fred2

- 통화 정책 및 재정 정책은 왜 단지 경기침체 제한을 넘어 경기침체를 막는 데까지 사용되지 않았을까? 그 이유는 정책 변화가 수요와 산출에 영향을 미치는 데 시간이 걸리기 때문이다(이에 대한 추가 논의는 5-5절 참조). 따라서 미국 경제가 경기침체에 진입했음이 분명해진 시점에서는 정책을 사용해 경기침체를 피하기에 이미 너무 늦었던 것이다. 정책이 달성했던 것은 경기침체의 기간과 강도를 감소시키는 것이었다.
- 2001년 9·11 사태도 경기침체의 원인이 아닐까? 답은 간단하게 '아니다'이다. 지금까지 보았듯이 경기침체는 9월 11일 이전에 시작되었고, 그 이후 곧 끝났다. 사실상 경제성장률은 2001년 4분기에 양의 값으로 반전되었다. 사실 대부분의 경제학자가 예상했듯이 9·11 사태는 산출에 대규모의 부정적 영향을 미쳤고, 특히 소비자와 기업으로 하여금 향후 전망이 보다 분명해질 때까지 지출결정을 미루도록 했다고 생각할 수 있다. 사실 지출이 감소한 기간은 짧았으며 감소 규모도 제한적이었다. 9·11 사태 이후 연방기금금리의 하락이(그리고 2001년 4분기의 자동차 생산기업의 대규모 할인이) 해당 기간 동안 소비자 신뢰와 소비지출을 유지하는 데 결정적이었다고 간주된다.
- 경기침체에 대처하고자 사용한 통화-재정 정책 조합은 정책이 어떻게 실시되어야 하는지에 관한 교과서적인 예인가?

이에 대한 답은 경제학자마다 다르다. 대부분의 경제학자는 경제 속도가 느려지자마자 연준이 이자율을 강력하게 인하한 것에 높은 점수를 준다. 그러나 대부분의 경제학자는 2001년과 2002년에 도입된 세금 인하가 대규모의 지속적인 재정적자를 야기했다고 믿는다. 이들은 미국 경제가 경기침체에서 탈출할 수 있도록 세금 인하가 필요했지만, 그것은 일시적이어야 했고 경기침체에서 탈출한 이후에는 세금 인하를 중지했어야 한다고 주장한다.

- 왜 통화-재정 정책으로 2009년 글로벌 금융위기에 따른 경기침체를 피할 수 없었을까? 간단히 말해 답은 두 가지이다. 충격이 훨씬 컸고 대응하기에 너무 어려웠다. 그리고 정책 대응의 여지가 훨씬 제한적이었다. 이 두 가지 점에 대해서는 6장에서 다룬다.

적절한 정책일 수 있다. 예를 들어 정부가 막대한 재정적자를 보여 이를 감축하고 싶지만 경기침체를 촉발하고 싶지 않다고 가정해 보자. 그림 5-9의 관점에서 초기 균형은 IS 곡선과 LM 곡선 이 교차하는 점 $A$로 주어진다. 산출은 적정 수준으로 판단되지만, 재정적자 $T$-$G$는 지나치게 크다.

**그림 5-9**

**재정긴축과 통화확장 조합의 파급 효과**

재정긴축은 IS 곡선을 왼쪽으로 이동시킨다. 통화확장은 LM 곡선을 아래로 이동시킨다. 두 정책의 조합은 산출을 변화시키지 않지만, 재정적자는 감소시킨다.

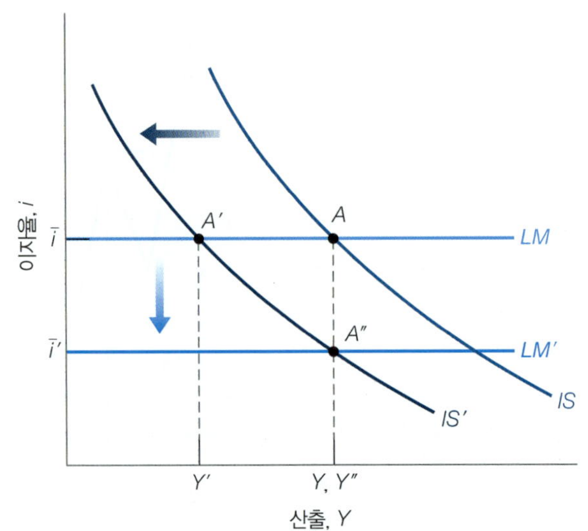

## 재정적자 감소: 투자에 좋은 것일까?

FOCUS

이전에 다음과 같은 주장을 들어본 적이 있을 것이다. "민간저축은 재정적자를 충당하거나 투자자금으로 사용될 수 있다. 재정적자 감축은 투자에 이용 가능한 저축을 늘려 투자가 증가한다는 결론은 천재가 아니라도 생각할 수 있다."

이 주장은 설득력 있게 들린다. 그러나 본문에서 보았듯이 잘못된 것이다. 예를 들어 적자 감소가 이자율 하락을 수반하지 않는다면 산출이 감소한다는 것을 알고 있으며(그림 5-6 참조), 그에 따라 산출에 의존하는 투자 역시 감소할 것이다. 이 경우 무슨 일이 일어나고 있는 것일까?

식 (3.10)으로 돌아가 보자. 거기서는 재화시장의 균형조건을 다음과 같이 생각해 볼 수 있음을 배웠다.

$$\text{투자} = \text{민간저축} + \text{공공저축}$$
$$I = S + (T-G)$$

균형에서 투자는 민간저축에 공공저축을 더한 값과 일치한다. 공공저축이 양의 값을 갖는다면 정부는 재정흑자를 보인다고 하고, 공공저축이 음의 값을 갖는다면 정부는 재정적자를 보인다고 한다. 따라서 민간저축이 일정할 때 정부가 재정적자를 감축하면(세금 인상이나 정부지출 감소를 통해 $T-G$가 올라가면) 투자는 증가해야 한다. $S$가 일정할 때 $T-G$의 상승은 $I$의 상승을 시사한다.

그러나 이 주장에서 중요한 부분은 '민간저축이 일정할 때'이다. 초점은 재정긴축이 민간저축에도 영향을 미친다는 데 있다. 긴축은 산출 감소를 불러오고, 그에 따라 소득 하락을 야기한다. 소비가 소득보다 덜 하락하므로 민간저축 역시 감소한다. 민간저축이 재정적자가 감소하는 것보다 더 하락할 수 있어 투자를 증가시키기보다는 감소시킬 수 있다. 위의 식을 기준으로 $S$는 $T-G$가 증가한 이상 감소하므로 $I$는 감소한다. (대수를 통해 민간저축이 실제로 $T-G$ 증가 이상으로 감소한다는 것을 확인할 수 있다.)

이는 적자 감소가 투자를 항상 감소시킨다는 것을 의미하는 것일까? 대답은 분명히 '아니다'이다. 이는 이미 그림 5-9에서 보았다. 적자가 감소하면 중앙은행은 산출을 일정하게 유지하기 위해 이자율을 낮추고 투자는 필연적으로 증가한다. 산출이 변하지 않아도 금리가 낮으면 투자가 증가한다.

이 글의 교훈은 분명하다. 재정적자 감소가 투자 증가로 연결되는지는 모호하다. 이는 통화 정책의 대응에 따라 달라질 수 있다.

정부가 $T$를 늘리거나 $G$를 줄여 적자를 줄이면 IS 곡선은 $IS$에서 $IS'$으로 좌측 이동한다. 균형은 $A'$으로 나타나며, 산출은 $Y'$ 수준을 보일 것이다. 주어진 이자율에서 세금 증가나 지출 감소는 수요를 줄이며 승수를 통해 산출을 감소시킨다. 따라서 적자 축소는 경기침체로 이어질 것이다.

그러나 통화 정책도 동시에 사용된다면 경기침체를 피할 수 있다. 중앙은행이 이자율을 $\bar{i}'$으로 낮추면 균형은 점 $A''$으로 나타나고, 이때 산출은 $Y'' = Y$로 주어진다. 따라서 두 정책을 동시에 사용하는 정책 조합으로 적자는 감소하지만, 경기침체를 피할 수 있다.

이 경우 소비와 투자는 어떻게 될까? 적자가 어떻게 감소하느냐에 따라 소비 변화가 달라진다. 세금 감면보다 정부지출 감소의 형태로 적자가 축소되면 소득도 변하지 않고 처분가능소득도 변하지 않으므로 소비는 변하지 않는다. 적자 감소가 소득세 증가의 형태로 이루어지면 처분가능소득이 감소하므로 소비도 감소한다. 투자에 어떤 일이 발생할지도 분명하다. 산출이 변하지 않고 이자율이 낮아지면 투자는 증가한다. 재정적자 감소와 투자의 관계는 FOCUS '재정적자 감소: 투자에 좋은 것일까?'에서 더 자세히 논의한다.

이러한 정책 조합이 1990년대 초 미국에서 사용되었다. 빌 클린턴 미국 전 대통령이 1992년

대통령에 선출되었을 때 우선순위로 꼽은 정책 중 하나는 정부지출 삭감과 세금 인상의 결합을 통해 재정적자를 줄이는 것이었다. 그러나 클린턴은 이러한 재정긴축이 수요 감소로 이어지고 또 다른 경기침체를 촉발할 것을 우려했다. 적절한 전략은 적자 해소를 위한 재정긴축과 (수요와 산출의 유지를 위한) 통화확장을 결합하는 것이었다. 실제로 빌 클린턴(재정 정책 담당)과 앨런 그린스펀(통화 정책 담당)은 이 정책 조합을 채택하고 수행했다. 이러한 정책 조합으로 말미암아, 그리고 약간의 행운과 더불어 1990년대에 재정적자는 꾸준히 감소(1990년대 말에 재정흑자로 전환)했고 산출은 꾸준히 증가했다.

유사한 논의가 오늘날 유로 지역에서도 진행되고 있지만 약간의 차이가 있다. 정부는 높은 국가 부채를 우려해 재정적자를 감소시켜 부채를 줄이는, 이른바 **재정긴축**(fiscal austerity)으로 알려진 정책을 사용할 것이다. 생산에 부정적 영향을 미치더라도 재정긴축이 필요하다는 의견과 재정긴축이 생산에 미치는 부정적인 영향을 상쇄하기 위한 통화 정책이 사용될 수 있도록 재정긴축이 더 느리게 진행되어야 한다는 의견이 팽팽하게 맞서고 있다.

## 5-5 IS-LM 모형은 현실을 얼마나 잘 설명하는가

지금까지는 동학(dynamics)을 무시했다. 예를 들어 그림 5-6에서 세금 인상의 파급 효과를 살펴볼 때나 그림 5-7에서 통화확장의 파급 효과를 살펴볼 때 경제가 $A$에서 $A'$으로 즉각 움직이는 것처럼, 산출이 $Y$에서 $Y'$으로 즉각 변화하는 것처럼 분석했다. 확실히 이는 비현실적이다. 산출이 조정되는 데는 반드시 시간이 필요하다. 이 시간 요인을 고려하기 위해 동학을 다시 도입할 필요가 있다.

동학을 자세히 살펴보는 것은 어렵다. 그러나 3장에서처럼 일상적 표현으로 기본적인 메커니즘을 묘사할 수 있다. 이 메커니즘의 일부는 3장에서 논의한 바 있어 익숙하겠지만 일부는 새로운 것이다.

- 처분가능소득의 변화에 따라 소비자가 소비를 조정하는 데 시간이 걸릴 수 있다.
- 매출이 변화함에 따라 기업이 투자를 조정하는 데 시간이 걸릴 수 있다.
- 이자율이 변화함에 따라 기업이 투자를 조정하는 데 시간이 걸릴 수 있다.
- 매출이 변화함에 따라 기업이 생산을 조정하는 데 시간이 걸릴 수 있다.

따라서 세금 인상이 발생하면 그에 따른 처분가능소득 하락에 대응해 소비지출을 조정하는 데 시간이 걸리고, 소비지출 하락에 대응해 생산을 조정하는 데 시간이 걸리며, 동시에 매출 감소에 대응해 투자를 감소시키는 데도 시간이 더 걸린다. 이러한 과정은 계속 이어진다.

통화확장이 발생하면 그에 따른 이자율 하락에 대응해 투자를 조정하는 데 시간이 걸리고, 수요 증가에 대응해 생산을 증가시키는 데 시간이 걸리며, 동시에 생산 증가에 따라 소비지출과 투자지출을 늘리는 데도 시간이 걸린다. 이러한 과정은 꼬리에 꼬리를 물고 이어진다.

이러한 동학의 모든 요인이 시사하는 조정 과정을 묘사하는 것은 확실히 복잡하다. 그러나 기본적인 시사점은 뚜렷하다. 통화 및 재정 정책의 변화에 따라 산출이 조정되는 데는 시간이 필요하다는 것이다. 얼마나 많은 시간이 필요할까? 이에 대한 답은 실제 자료를 살펴보고 계량경제학을 사용해야 구할 수 있다. 그림 5-10은 1960~1990년 미국 경제를 대상으로 한 계량경제학 연구의 결과를 보여준다.

이 연구는 중앙은행이 연방기금금리를 1% 인상할 때 다양한 거시경제변수에 나타나는 전형적인 파급 효과를 추적하고 있다. 그림 5-10의 각 도표는 이자율 변화가 해당 변수에 미친 파급 효과를 보여준다. 각 도표는 세 가지 선을 담고 있다. 각 대역의 중심에 있는 실선은 이자율

◀ 연방기금시장과 연방기금금리는 4-3절에서 다루었다.

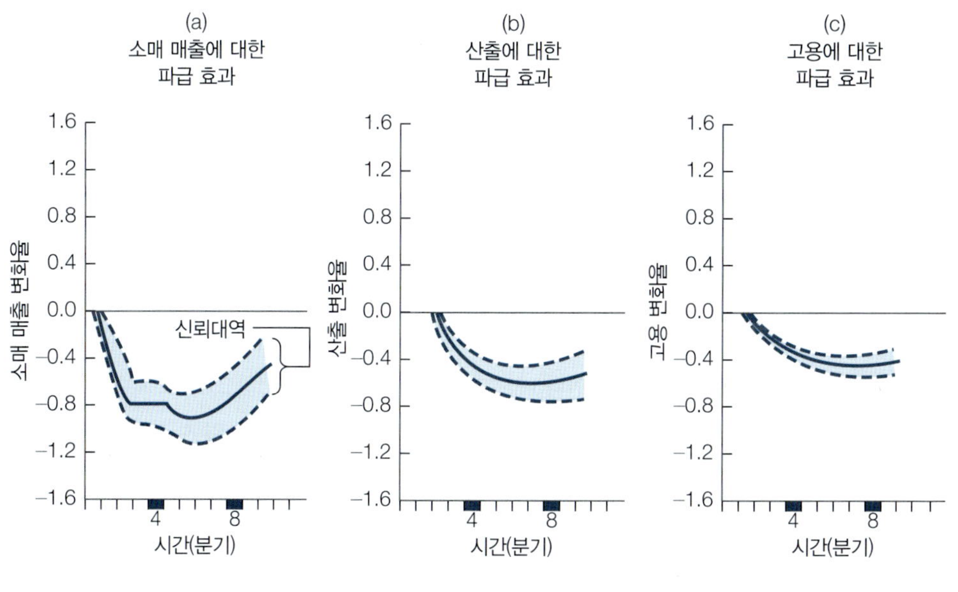


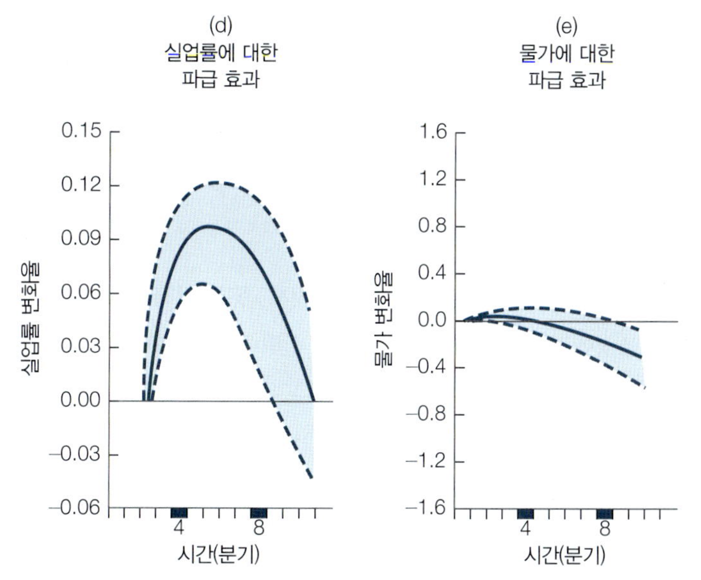


**그림 5-10**

**연방기금금리 1% 증가 시 파급 효과에 대한 실증분석**

단기에 있어 연방기금금리 인상은 산출 감소와 실업 증가로 이어진다. 그러나 물가에 대한 영향은 미미하다.

출처 : Lawrence Christiano, Martin Eichenbaum, and Charles Evans, "The Effects of Monetary Policy Shocks: Evidence from the Flow of Funds," *Review of Economics and Statistics*, 1996, 78 (February): pp. 16–34.

계량경제학에서는 계수의 정확한 값이나 한 변수의 다른 변수에 대한 정확한 영향의 크기와 같은 것을 알려 하지 않는다. 그보다는 오히려 최우량 추정치(여기서는 실선)와 추정치에 대한 신뢰도(여기서는 신뢰대역)를 제공한다.

변화가 도표에서 보고자 하는 변수에 미친 파급 효과에 대한 최우량(best) 추정치를 나타낸다. 두 점선 사이의 엷은 배경색이 있는 공간은 **신뢰대역**(confidence band)을 나타낸다. 신뢰대역은 파급 효과가 60%의 확률로 놓여 있을 공간을 나타낸다.

- 그림 5-10(a)는 연방기금금리의 1% 상승이 소매 매출에 미친 파급 효과가 시간이 지남에 따라 어떻게 변하는지 보여준다. 소매 매출의 변화율은 수직축에, 분기 단위의 시간은 수평축에 나타나 있다.

  최우량 추정치(실선)를 보면 연방기금금리의 1% 상승이 소매 매출의 위축을 불러온다는 것을 알 수 있다. 소매 매출이 −0.9%의 최대 하락률을 보이는 시점은 5분기가 지나서이다.
- 그림 5-10(b)는 매출 감소가 어떻게 산출 하락을 불러오는지 보여준다. 매출 위축에 대응해 기업은 생산을 감축하지만 생산 감소 규모는 매출 감소 규모보다 작다. 다시 말해 기업은 일정 기간 재고를 축적한다. 생산 조정은 매출 조정보다 훨씬 완만하고 지연된다. 생산이 가장 큰 감소율(−0.7%)을 보이는 시점은 8분기가 지나서이다.

이는 통화 정책이 2001년 경기침체(FOCUS '2001년 미국의 경기침체' 참조)를 막을 수 없었던 이유를 설명한다. 2001년이 시작되었을 때 연준은 연방기금금리의 인하를 시작했지만 이미 너무 늦어 2001년에는 큰 효과를 볼 수 없었다.

다시 말해 통화 정책은 위력을 발휘하지만, 오랜 시차를 두고 작동한다. 통화 정책이 생산에 완전한 효과를 갖기까지 거의 2년이 소요된다.

- 그림 5-10(c)는 산출 감소가 어떻게 고용 위축으로 이어지는지를 나타낸다. 기업은 생산을 감소시킬 때 고용도 함께 줄인다. 산출과 더불어 고용은 천천히 그리고 지속적으로 감소하며 8분기 후에 −0.5%의 감소율에 도달한다. 고용 감소는 그림 5-10(d)의 실업률 증가에 반영되고 있다.
- 그림 5-10(e)는 물가의 행태를 보여준다. IS-LM 모형의 가정 중 하나가 바로 물가가 일정하게 주어진다는 것이므로 수요가 변화하더라도 물가는 변화하지 않는다. 그림 5-10(e)는 이 가정이 단기에 있어 현실을 묘사하는 데 그리 나쁘지 않은 근사치가 될 수 있음을 잘 보여준다. 물가는 처음 6분기가량 거의 변하지 않는다. 첫 6분기가 지난 뒤에야 물가는 하락하는 것처럼 보인다. 이는 중기로 분석 기간이 확장되면 IS-LM 모형의 신뢰성이 감소하는 이유를 잘 보여준다. 중기에는 더 이상 물가가 일정하다고 가정할 수 없으며 물가의 움직임이 중요해진다.

그림 5-10은 두 가지 중요한 교훈을 제공한다. 첫째, 통화 정책에 따른 산출과 다른 거시경제변수의 동태적 조정에 대한 감을 제공한다. 또한 신뢰대역은 정책의 효과가 불확실하다는 점을 분명히 보여준다. 이러한 관찰은 오늘날에도 매우 유효하다. 1장에서 살펴봤듯이 연준은 인플레이션에 맞서 싸우기 위해 금리를 인상했다. 그러나 (이 글을 쓰는 시점에) 지금까지 금리 인상이 경제 활동에 미치는 영향은 제한적이었다. 일부 사람들은 인플레이션은 시간 문제일 뿐이며 연준이 더 이상의 조치를 취해서는 안 된다고 생각한다. 한편 다른 일부 사람들은 금리 인

상이 충분하지 않으므로 연준이 더 많은 조치를 취해야 한다고 주장한다.

둘째, 그리고 보다 근본적으로 경제에서 실제로 관찰되는 것이 IS-LM 모형의 시사점과 일관성이 있음을 보여준다. 물론 IS-LM 모형이 올바른 모형임을 증명하는 것은 아니다. 실제 경제에서 관찰되는 것은 완전히 다른 메커니즘의 결과이며, IS-LM 모형이 잘 들어맞는다는 것은 우연의 일치일 수 있다. 그러나 그럴 가능성은 낮아 보인다. IS-LM 모형은 단기에 있어 경제활동의 움직임을 관찰할 때 견고한 기반이 될 수 있는 것으로 보인다. 후에 IS-LM 모형을 확장해 기대의 역할을 살펴보고(14~16장), 재화시장과 금융시장이 개방됨에 따른 시사점도 살펴볼 것이다(17~20장). 그러나 이에 앞서 중기에 있어 산출이 무엇에 의해 결정되는지를 이해해야 한다. 이것이 바로 7, 8, 9장의 주제이다.

## 요약

- IS-LM 모형은 재화시장과 금융시장 모두에서 균형이 주는 시사점을 구체화한다.
- IS 관계와 IS 곡선은 재화시장의 균형과 일관성 있는 이자율 및 산출 수준의 조합을 보여준다. 이자율 상승은 산출 감소를 불러온다. 따라서 IS 곡선은 음의 기울기를 갖는다.
- LM 관계와 LM 곡선은 금융시장의 균형과 일치하는 이자율과 산출 수준의 조합을 보여준다. 중앙은행이 이자율을 선택한다고 가정할 경우 LM 곡선은 중앙은행이 선택한 이자율에서 수평선으로 나타난다.
- 재정확장에 따라 IS 곡선이 오른쪽으로 이동해 산출이 증가한다. 재정긴축으로 IS 곡선이 왼쪽으로 이동해 산출이 감소한다.
- 통화확장은 LM 곡선을 아래로 이동시켜 이자율을 하락시키고 산출을 증가시킨다. 통화긴축은 LM 곡선을 위로 이동시켜 이자율을 높이고 산출을 감소시킨다.
- 통화 정책과 재정 정책의 병행은 통화-재정 정책 조합 또는 간단히 정책 조합으로 불린다. 통화 정책과 재정 정책은 때로는 같은 방향으로, 때로는 반대 방향으로 사용된다. 재정긴축과 통화확장은, 예를 들어 산출 감소를 피하면서 재정적자를 감소시킬 수 있다.
- IS-LM 모형은 단기에 경제의 행태를 잘 묘사하는 것으로 보인다. 특히 모형에 동학이 도입되면 통화 정책의 효과는 IS-LM 모형이 시사하는 것과 유사하다. 통화긴축에 따른 이자율의 상승은 약 8분기가 경과한 후 최대 효과가 발생하면서 산출의 지속적 하락을 이끈다.

## 핵심용어

신뢰대역(confidence band)
재정긴축(fiscal austerity, fiscal contraction)
재정위축(fiscal consolidation)
재정확장(fiscal expansion)
통화긴축(monetary contraction, monetary tightening)
통화- 재정 정책 조합(monetary-fiscal policy mix)
통화확장(monetary expansion)
IS 곡선(IS curve)
LM 곡선(LM curve)

## 연습문제

### 기초문제

1. 이 장의 내용에 기초해 다음에 대해 '사실', '거짓', '불확실' 여부를 밝히고 그 이유를 간단히 설명하라.
   a. 투자의 주요 결정 요인은 매출 수준과 이자율이다.
   b. IS 관계의 모든 외생변수가 일정할 경우 이자율을 인하하면 산출 수준을 높일 수 있다.
   c. IS 곡선은 음의 기울기를 갖는다. 재화시장 균형은 세금 인상이 산출 수준을 낮출 것을 시사하기 때문이다.
   d. 정부지출과 세금이 동일한 규모만큼 증가하면 IS 곡선은 이동하지 않는다.
   e. LM 곡선은 중앙은행이 선택한 이자율 수준에서 수평선이다.
   f. LM 곡선상에서 실질통화공급은 일정하다.
   g. 명목통화공급이 4,000억 달러이고 물가지수가 100에서 103으로 상승하면 실질통화공급이 증가한다.
   h. 명목통화공급이 4,000억 달러에서 4,200억 달러로 증가하고 물가지수가 100에서 102로 상승하면 실질통화공급이 증가한다.
   i. IS-LM 모형에서 정부지출의 증가는 투자를 감소시킨다.
2. 3장에서 보았듯이 투자가 일정한 재화시장 모형을 고려하자. 소비는 다음과 같다. 단, *I*, *G*, *T*는 일정하다.

$$C = c_0 + c_1(Y - T)$$

   a. 균형산출을 구하라. 승수는 얼마인가?

   이제 투자가 매출액과 이자율에 모두 의존한다고 하자.

$$I = b_0 + b_1Y - b_2i$$

   b. 3장의 방법을 따라 균형산출을 구하라. 주어진 이자율에서 위의 문제 a에서보다 더 큰 독립적 지출의 변화가 발생하면 그 효과는 어떠한가? 그 이유는 무엇인가? ($c_1 + b_1 < 1$를 가정한다.)
   c. 중앙은행이 $\bar{i}$의 이자율을 선택했다고 가정하자. 이 이자율하에서 균형산출을 구하라.
   d. IS-LM 곡선을 사용해 이 경제의 균형을 구하라.
3. 재정 정책에 대한 경제의 반응
   a. IS-LM 그림을 사용해 정부지출 감소가 산출과 이자율에 미치는 효과를 나타내라. 투자에 발생하는 변화를 설명할 수 있는가? 그 이유는 무엇인가?

   이제 다음과 같은 IS-LM 모형을 고려하자.

$$C = c_0 + c_1(Y - T)$$
$$I = b_0 + b_1Y - b_2i$$
$$Z = C + I + G$$
$$i = \bar{i}$$

   b. 이자율이 $\bar{i}$일 때 균형산출을 구하라. $c_1 + b_1 < 1$라고 가정하라. (힌트: 이 단계가 어렵게 느껴진다면 문제 2를 다시 검토하라.)
   c. 투자의 균형 수준을 구하라.
   d. 화폐시장의 무대 뒤로 가보자. 화폐시장의 균형조건 $M/P = d_1Y - d_2i$를 이용해 $i = \bar{i}$일 때 실질통화공급의 균형 수준을 구하라. 정부지출의 변화에 따라 실질통화공급은 어떻게 달라지는가?
4. 이 장의 수평 LM 곡선에 대한 이해도를 높이기 위해 화폐시장을 고려하자.

   LM 관계식[식 (5.3)]은 $\frac{M}{P} = YL(i)$이다.

   a. 식 (5.3)의 좌변을 설명하라.
   b. 식 (5.3)의 우변을 설명하라.
   c. 그림 4-2에서 함수 $L(i)$는 어떻게 나타내는가?
   d. 그림 4-2를 수정해 식 (5.3)을 두 가지 방법으로 나타낼 수 있다. 수평축에는 어떤 변수가 되겠는가? 이제 통화수요함수를 이동시키는 변수는 무엇이겠는가? 적절한 변수를 이용해 그림 4-2를 수정하라.
   e. 수정된 그림 4-2를 사용해 (1) 산출이 증가할 때 이자율을 일정하게 유지하려면 중앙은행이 실질통화공급량을 증가시켜야 하며, (2) 산출이 감소할 때 이자율을 일정하게 유지하려면 실질통화공급을 감소시켜야 한다는 것을 나타내라.
5. 다음과 같은 IS-LM 모형을 고려하자.

$$C = 200 + 0.25Y_D$$
$$I = 150 + 0.25Y - 1{,}000i$$
$$Z = 250$$
$$T = 200$$
$$\bar{i} = .05$$

   a. IS 관계를 유도하라. (힌트: 이 관계식에서는 좌변에 Y

가, 나머지 변수는 모두 우변에 나타날 것이다.)

b. 중앙은행은 이자율을 5%로 설정한다. 이러한 결정은 방정식에서 어떻게 나타나겠는가?

c. 이자율이 5%일 때 실질통화공급량은 얼마인가? 다음 식을 사용하라.

$$(M/P) = 2Y - 8{,}000i$$

d. $C$와 $I$에 대한 균형값을 구하고 $C$, $I$, $G$를 더해 구한 $Y$의 값이 앞에서 구한 $Y$와 동일한지 보여라.

e. 중앙은행이 금리를 3%로 인하했다고 가정하자. LM 곡선은 어떻게 변화하겠는가? $Y$, $I$, $C$에 대해 식의 해를 구하고, 확장적 통화 정책의 효과를 말로 표현하라. $M/P$ 공급의 새로운 균형 수준은 얼마인가?

f. 중앙은행이 설정한 이자율이 5%인 원래의 상황으로 돌아가자. 이제 정부지출이 $G = 400$으로 증가한다고 가정하자. $Y$, $I$, $C$에 대한 확장적 재정 정책의 효과를 요약하라. 확장적 재정 정책이 실질통화공급에 미치는 영향은 무엇인가?

g. 이자율 5%와 정부지출 250단위에서 시작해 정부지출을 400으로 높이고 실질화폐공급을 1,600으로 고정하자. (힌트: 화폐시장은 균형상태에 있어야 하므로 $1{,}600 = 2Y - 8{,}000i$[문제(c)]이고 상품시장도 균형상태에 있어야 하므로 동일한 값의 $Y$와 $i$에서 $Y = C + I + G$이다.) 정부지출 증가의 $Y$, $I$, $C$에 대한 영향을 문제 g에서의 동일한 $G$ 증가의 경우와 비교하고, 그 차이를 설명하라.

## 심화문제

6. 투자와 이자율

이 장에서는 이자율이 상승할 때 투자가 감소하는 이유를 '이자율이 상승할 때 차입비용 역시 증가하며, 이는 투자 유인을 감소시킨다'는 것으로 설명했다. 그러나 기업은 종종 자기 자신의 자금을 사용해 투자 자금을 조달한다.

이 경우 실제로 아무런 차입도 발생하지 않는데, 이자율이 상승하면 투자가 위축되겠는가? 이에 대해 설명하라. (힌트: 여러분 자신이 일정 이익을 거둔 기업의 소유주라 간주하고, 자신의 이익을 신규 투자를 위한 재원으로 활용할지 아니면 채권 매입에 사용할지 결정해야 한다고 상상해 보자. 신규 투자에 대한 결정이 이자율에 영향을 받겠는가?)

7. 부시-그린스펀 정책 조합

2001년에 연준은 매우 팽창적인 통화 정책을 추구했다. 동시에 부시 대통령은 소득세 인하를 추진했다.

a. 이 정책 조합이 산출에 미치는 효과를 설명하라.

b. 이 정책 조합은 클린턴-그린스펀 정책 조합과 어떻게 다른가?

c. 2001년 산출에는 어떤 일이 일어났는가? 재정-통화 정책이 팽창적이라는 사실과 2002년에 성장이 크게 낮았다는 사실은 어떻게 조화될 수 있는가? (힌트: 이 외에 어떤 일이 발생했는가?)

8. 아래에 주어진 목표를 달성하기 위한 통화 정책과 재정 정책의 적절한 조합은 무엇인가?

a. $\bar{i}$가 일정한 상태에서 $Y$를 증가시키자. 투자 $I$가 변화하겠는가?

b. $Y$를 일정하게 유지하면서 재정적자를 감축하자. $\bar{i}$ 역시 변해야 하는 이유는 무엇인가?

9. (덜 역설적인) 저축의 역설

3장 연습문제에서는 투자가 산출에는 의존하지만 이자율에는 의존하지 않는 경우 소비자 신뢰의 위축이 민간저축과 투자에 미치는 파급 효과를 고려했다. 이제 IS-LM 모형하에서 투자가 이자율과 산출에 모두 의존한다고 할 때 소비자 신뢰의 위축이 미치는 영향을 다시 검토하자.

a. 가계가 저축을 더 하기로 결정했다고 하자. 즉, 소비자 신뢰가 위축되었다고 하자. IS-LM 그림을 통해 소비자 신뢰가 산출과 이자율에 미치는 영향을 나타내라.

b. 소비자 신뢰의 위축이 소비, 투자, 민간저축에 어떤 영향을 미치는가? 저축을 더 하려는 시도가 반드시 더 많은 저축을 이끄는가? 이 시도가 반드시 저축의 감소로 이어지는가?

10. 재정 정책과 투자. FOCUS '재정적자 감소: 투자에 좋은 것일까?'를 읽어보라.

아래의 각 경우에 재정긴축이 있다고 하자. 재화시장의 균형조건을 다음과 같이 나타낼 수 있다는 점을 상기하자.

$$I = S + (T - G)$$

a. 재정긴축은 어떻게 공공저축을 증가시키는가? 공공저축의 변화와 민간저축의 변화를 계산하라. (a), (b), (c)에서의 변화를 설명하기 위해 목표이자율은 어떻게 되어야 하는가?

(a)

| 연 | $Y$ | $C$ | $I$ | $G$ | $T$ | $S$ |
|---|---|---|---|---|---|---|
| 정책 전 | 1,000 | 500 | 200 | 300 | 200 | |
| 정책 후 | 950 | 400 | 300 | 250 | 250 | |

(b)

| 연 | $Y$ | $C$ | $I$ | $G$ | $T$ | $S$ |
|---|---|---|---|---|---|---|
| 정책 전 | 1,000 | 500 | 200 | 300 | 200 | |
| 정책 후 | 900 | 450 | 250 | 200 | 200 | |

(c)

| 연 | $Y$ | $C$ | $I$ | $G$ | $T$ | $S$ |
|---|---|---|---|---|---|---|
| 정책 전 | 1,000 | 500 | 200 | 300 | 200 | |
| 정책 후 | 975 | 480 | 195 | 300 | 300 | |

11. 2020년에 COVID-19가 경제에 큰 충격을 가져왔다. 생산량이 감소하자 정부는 팬데믹으로 인해 일자리를 잃은 근로자에게 일시불 지원금을 지급했다. $T$를 납부한 세금에서 이전지출(일시불 지원금)을 뺀 금액으로 정의하자.
    a. 이전지출 지급 전, 팬데믹이 IS 곡선 또는 LM 곡선, 그리고 IS-LM 균형에 어떤 변화를 가져왔는가?
    b. 이전지출(일시불 지원금) 지급이 IS 곡선과 LM 곡선을 어떻게 변화시키는지 추적하고, 새로운 IS-LM 균형에 대해 설명하라.

12. 경제성장률은 낮지만 실업자 수는 거의 완전고용 수준에 가까운 상황에 직면한 트럼프 대통령은 감세와 재정지출 확대를 통해 투자를 늘려 경제를 성장시키려고 했다. 2017년 12월 22일에 통과된 '감세 및 일자리 법안(TCJA)'이 이 계획을 실행에 옮겼다. 도움이 되는 경우 FRED 데이터를 사용하여 아래 질문에 답하라.
    a. 실질 GDP 성장률에 대한 FRED 데이터를 사용하여 TCJA 통과 후 2년간의 성장률이 이전 2년간에 비해 증가했는지 확인하라. 이 기간에 TCJA가 경제성장률을 높였다는 증거가 있는가?
    b. 법 통과 이후 2년간 연방기금금리 변화로 측정한 연준의 대응은 어떠했는가?
    c. 연준의 대응이 재정확장과 함께 통화긴축을 초래했는가? 통화긴축의 목표는 무엇이었는가?
    d. TCJA의 일부 지지자들은 감세가 더 높은 경제성장을 통해 그 효과를 거둘 수 있다고 주장했다. TCJA 시행 후 2년간의 연방정부 세수 및 지출에 대한 FRED 데이터를 사용하여 이 주장을 뒷받침하는 증거를 찾을 수 있는가?
    e. TJCA가 실업자 수를 줄였는가?

## 보충문제

13. 클린턴-그린스펀 정책 조합

    본문에서 보듯이 클린턴 행정부 동안 정책 조합은 재정 정책의 긴축성 강화와 통화 정책의 팽창성 강화로 변화했다. 이 문제는 정책 조합에 있어 이러한 변화가 주는 시사점을 이론과 사실 양면에서 살펴보자.
    a. $G$가 하락하고 $T$가 상승하더라도 이러한 정책 조합이 산출에 영향을 미치지 않도록 하려면 연방준비은행은 무엇을 해야 하는가? 이러한 정책의 효과를 IS-LM 그림으로 나타내라. 이자율과 투자는 어떻게 되겠는가?
    b. 미국 정부의 *Economic Report of the President* 웹사이트(www.govinfo.gov/app/collection/erp/2019)를 방문하라. 통계 부록의 표 B-46을 보자. 1992~2000년 연방정부의 세수입, 지출, 재정적자의 GDP 대비 비율에 어떤 변화가 발생했는가? (연방정부지출에는 IS-LM 모형에서 정의된 $G$에 누락된 이전지출이 포함된다. 하지만 이 차이를 무시하자.)
    c. 미국 연방준비은행은 최근의 연방기금금리를 www.federalreserve.gov/release/h15/data.htm에 발표한다. 일별, 주별, 월별, 연도별로 주어진 기간을 선택해야 한다. 1992~2000년의 연도별 데이터를 보자. 통화 정책은 언제 더 팽창되었는가?
    d. *Economic Report of the President*의 표 B-2에서 1992~2000년 실질 GDP와 실질 총국내투자 데이터를 구하자. 각 연도에 대해 GDP 대비 투자율을 계산하라. 이 기간 중 투자에 어떤 변화가 있었는가?
    e. 표 B-31에서 1인당 실질 GDP(2005년 기준 연쇄가격) 데이터를 구하라. 각 연도의 경제성장률을 계산하라. 1992~2000년간 연평균 성장률은 얼마인가? 10장에서 1950~2004년 미국의 1인당 실질 GDP의 연평균 성장률이 2.6%인 것을 보게 될 것이다. 1992년과 2000년 사이의 성장률은 2차 세계대전 이후의 성장률 평균과 비교하여 어떠한가?

14. 2001년의 소비, 투자, 경기침체

    이 문제는 2001년 경기침체를 기준으로 2001년 이전, 연중, 이후의 투자와 소비 움직임을 검토한다. 아울러 2001년 9·11 사태에 대한 투자와 소비의 반응을 검토한다.

경제분석국(Bureau of Economic Analysis)의 웹사이트(www.bea.gov)를 방문하라. 실질 GDP와 그 구성의 변화율을 보여주는 NIPA에 관한 표, 특히 표 1.1.1의 분기별 수치, 그리고 GDP 구성요소의 GDP 전체 변화율에 대한 기여도를 보여주는 표 1.1.2를 찾아보라. 표 1.1.2는 구성요소 변화율을 그 규모만큼 가중한다. 투자는 소비보다 더 변동성이 크지만 소비는 투자보다 그 규모가 더 크다. 따라서 소비 변화율이 투자 변화율보다 작아도 GDP에는 동일한 영향을 미칠 수 있다. 분기별 변화율이 연간 증가율로 전환되었음에 주목하라. 표 1.1.1과 1.1.2로부터 1999~2002년 실질 GDP, 소비, 총 민간 국내투자, 비주거용 고정투자에 대한 분기별 자료를 구하라.

a. 2000~2001년에 음의 성장률이 나타난 분기를 찾아라.

b. 이제 2000~2001년에 걸쳐 소비와 투자를 추적하라. 표 1.1.1에서 이 기간 중 가장 큰 변화율을 보인 변수는 무엇인가? 비주거용 고정투자와 전체 고정투자를 비교하라. 어떤 변수가 더 큰 변화율을 보였는가?

c. 표 1.1.2에서 1999~2001년 기간에 대해 소비와 투자의 GDP 성장률에 대한 기여도를 계산하라. 각 연도에 대해 각 변수에 대한 분기별 기여도의 평균을 계산하라. 이제 2000년과 2001년에 대해 각 변수의 기여도 변화를 계산하라(즉, 2000년 소비의 평균 기여도에서 1999년 소비의 평균 기여도를 차감하고, 2001년 소비의 평균 기여도에서 2000년 소비의 평균 기여도를 차감하라. 그리고 투자에 대해서도 동일하게 계산하라). 어떤 변수가 성장률에 대한 기여도에서 더 큰 감소를 보였는가? 2001년 경기침체에 대한 가장 근사한 원인은 무엇인가? (투자수요 감소인가, 아니면 소비수요 감소인가?)

d. 이제 9·11 사태 이후 2001년 3분기와 4분기, 그리고 2002년 첫 두 분기의 소비와 투자에 어떤 일이 발생했는지 살펴보라. 2001년 말의 소비 감소가 이해되는가? 투자 감소는 얼마나 오랫동안 지속되었는가? 이 시기의 소비에는 어떤 변화가 발생했는가? 특히 2001년의 소비 변화를 어떻게 설명하겠는가? 9·11 사태가 2001년의 경기침체를 유발했는가? 이 부분의 질문에 답할 때는 본문의 논의와 직관에 의존하라.

6

# 금융시장 II: 확장된 IS-LM 모형

지금까지는 화폐와 채권이라는 두 가지 금융자산과 통화 정책에 의해 결정되는 단 하나의 이자율, 즉 채권금리만 있다고 가정해 왔다. 익히 아는 것처럼 금융 시스템은 이보다 훨씬 더 복잡하다. 수많은 금리와 수많은 금융 기관이 존재한다. 그리고 금융 시스템은 경제에서 중요한 역할을 한다. 미국에서는 보험 및 금융 서비스 부문이 GDP의 8%를 차지할 정도로 큰 비중을 차지한다.

2008년 위기 이전에는 거시경제학에서 금융 시스템의 중요성이 경시되었다. 모든 금리는 통화 정책에 의해 결정되는 금리에 따라 움직인다고 가정했기 때문에 통화 정책에 의해 결정되는 금리에만 집중하고 다른 금리는 그에 따라 움직일 것이라고 가정하는 경우가 많았다. 하지만 이번 위기는 이러한 가정이 지나치게 단순하며 금융 시스템이 거시경제에 큰 영향을 미치는 위기를 겪을 수 있다는 사실을 고통스럽지만 분명하게 보여주었다. 이 장에서는 금융 시스템의 역할과 거시경제에 미치는 영향을 자세히 살펴본 다음, 글로벌 금융위기 동안 어떤 일이 일어났는지 설명한다.

◀ 이 장이 금융 관련 교재를 대체할 수는 없다. 하지만 금융 시스템이 거시경제의 핵심인 이유를 이해하는 데는 충분할 것이다.

**6-1** 명목이자율과 실질이자율의 차이점을 소개한다.

**6-2** 위험의 개념과 위험이 차입자에게 부과되는 이자율에 미치는 영향을 소개한다.

**6-3** 금융중개기관의 역할을 살펴본다.

**6-4** IS-LM 모형을 확장하여 방금 배운 내용과 통합한다.

**6-5** 이 확장된 모형을 사용하여 최근 금융위기와 거시경제적 영향을 설명한다.

**이 장의 핵심 주제:** 금융 시스템은 중요하며, 금융위기는 거시경제에 큰 영향을 미칠 수 있다. ▶▶▶

## 6-1 명목이자율과 실질이자율

왜 이 두 날짜를 고려했을까? ▶ 보다시피 1980년과 2006년을 비교하는 것이 요점을 전달하는 좋은 방법이다.

1980년 2분기에 1년 만기 미국 재무부 단기채권금리(1년 만기 국고채금리)는 10.3%였다. 2006년 1분기에는 이자율이 5.0%에 불과했다. 1980년보다 2006년에 대출하는 것이 훨씬 더 저렴했던 게 분명하다.

진짜 그랬을까? 1980년 2분기에 다음 4분기 동안의 기대인플레이션은 약 8.9%였다. 2007년 1분기의 다음 4분기 기대인플레이션은 약 2.1%였다. 이는 관련성이 있어 보인다. 이자율은 오늘 1달러를 더 보유하는 대가로 미래에 얼마나 많은 달러를 지불해야 하는지를 알려준다. 그러나 우리가 차용을 할 때 정말로 알고 싶은 것은 오늘 얻는 재화의 대가로 미래에 얼마나 많은 재화를 포기해야 하는 것이다. 마찬가지로 빌려줄 때 오늘 포기하는 재화의 대가로 미래에 얼마나 많은 재화를 얻을 수 있는지, 즉 달러가 아니라 재화의 양을 알고 싶어 한다. 인플레이션의 존재는 이러한 구분을 중요하게 만든다. 지금과 그때 사이의 인플레이션이 너무 높아서 미래에 받을 이자로 더 많은 상품을 살 수 없다면 높은 이자를 받는 것이 무슨 의미가 있는가?

이것이 바로 명목이자율과 실질이자율의 차이이다.

명목이자율은 달러로 표시된 이자율이다. ▶

- 달러(또는 더 일반적으로는 국가 통화 단위)로 표시되는 이자율을 **명목이자율**(nominal interest rate)이라고 한다. 신문 금융 면에 표시되는 이자율은 일반적으로 명목이자율이다. 예를 들어 1년 만기 미국 재무부 단기채권금리가 5.0%라고 하면, 정부가 1년 만기 단기채권을 발행해 차입한 1달러에 대해 앞으로 1년에 1.05달러를 지급하겠다고 약속한다는 뜻이다. 더 일반적으로 $t$년도의 1년 만기 명목이자율이 $i_t$라면 올해 1달러를 빌리면 내년에 $1+i_t$달러를 내야 한다는 뜻이다. (여기서 '올해'는 '오늘'로, '내년'은 '오늘로부터 1년 후'로 혼용하여 사용하겠다.)

실질이자율은 상품에 대한 이자율이다. ▶

- 재화로 표시되는 이자율을 **실질이자율**(real interest rate)이라고 한다. $t$년도의 실질이자율을 $r_t$로 표시하면 정의에 따라 올해 재화 1개에 해당하는 금액을 차입하기 위해 내년에 재화 $1+r_t$에 해당하는 금액을 지불해야 한다.

명목이자율과 실질이자율의 관계는 무엇인가? 우리가 일반적으로 관찰하는 명목이자율에서 일반적으로 관찰하지 않는 실질이자율로 어떻게 이동할 수 있을까? 직관적인 답은 다음과 같다. 기대인플레이션을 고려하여 명목이자율을 조정해야 한다.

단계별 도출 과정을 살펴보자. 경제에 빵이라는 재화 하나만 있다고 가정하자(나중에 잼과 다른 재화를 추가하겠다). 1년 명목이자율을 달러 기준으로 $i_t$로 표시한다. 올해 1달러를 빌리면 내년에 $(1+i_t)$달러를 상환해야 한다. 하지만 정말 알고 싶은 것은 올해 빵 1파운드를 더 먹을 수 있을 만큼 빌린다면 내년에 상환해야 하는 금액은 빵 파운드 기준으로 얼마인가이다.

그림 6-1은 답을 도출하는 데 도움이 된다. 그림의 상단에는 1년 실질이자율의 정의가 반복되어 있다. 아랫부분은 1년 명목이자율과 빵 가격에 대한 정보로부터 1년 실질이자율을 도출

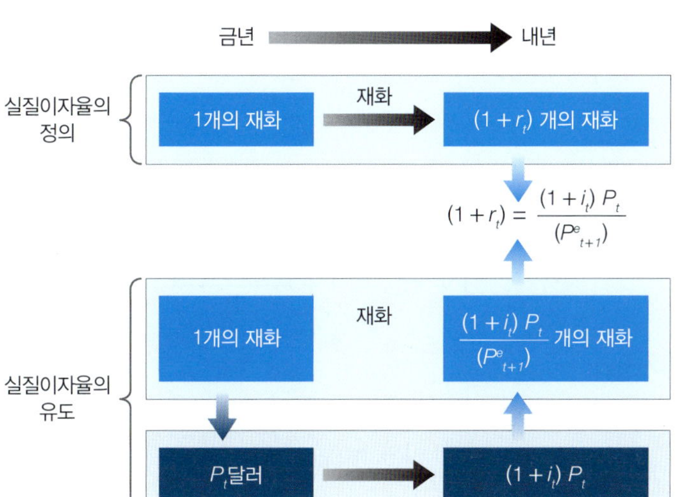


**그림 6-1**

**실질이자율의 정의와 유도**

하는 방법을 보여준다.

- 그림 6-1의 왼쪽 하단에 있는 아래쪽 화살표부터 시작하자. 올해 빵을 1파운드 더 먹고 싶다고 가정해 보겠다. 올해 빵 1파운드의 가격이 $P_t$달러라면 빵 1파운드를 더 먹으려면 $P_t$달러를 빌려야 한다.
- 만약 1년 명목이자율, 즉 달러로 환산한 이자율이 $P_t$달러라면 내년에 $(1+i_t)P_t$달러를 갚아야 한다. 이는 그림 6-1의 하단에 있는 왼쪽에서 오른쪽으로 가는 화살표로 표시된다.
- 그러나 우리가 신경 쓰는 것은 달러가 아니라 빵의 파운드이다. 따라서 마지막 단계는 내년에 달러를 다시 빵 파운드로 변환하는 것이다. $P^e_{t+1}$을 내년에 지불할 것으로 예상되는 빵의 가격이라고 가정한다. (위 첨자 $e$는 이것이 예상치임을 나타내며, 내년에 빵 가격이 얼마인지는 아직 알 수 없다.) 따라서 내년에 상환해야 할 금액은 빵 파운드 기준으로 $(1+i_t)P_t$(내년에 상환해야 할 달러 수)를 $P^e_{t+1}$(내년에 예상되는 달러 기준 빵 가격)으로 나눈 값, 즉 $(1+i_t)P_t/P^e_{t+1}$과 같다. 이는 그림 6-1의 오른쪽 아래에서 위를 가리키는 화살표로 표시한다.

내년에 10달러를 상환해야 하고 빵 가격이 한 덩어리에 2달러로 예상되는 경우, 내년에 10/2=5개의 빵을 상환해야 할 것으로 예상할 수 있다. 따라서 달러 금액 $(1+i_t)P_t$를 내년 예상 빵 가격인 $P^e_{t+1}$으로 나눈다.

그림 6-1의 상단과 하단에 표시된 내용을 종합하면 1년 실질이자율인 $r_t$는 다음과 같다.

$$1 + r_t = (1 + i_t)\frac{P_t}{P^e_{t+1}} \tag{6.1}$$

이 관계는 어렵게 보이지만, 두 가지 간단한 조작으로 더 익숙한 관계로 바꾸면 다음과 같이 표현할 수 있다.

- $t$와 $t+1$ 사이의 기대인플레이션을 $\pi^e_{t+1}$으로 표기하자. 재화가 빵 하나만 있다고 가정하면 기대인플레이션율은 올해와 내년 사이의 빵 달러 가격의 예상 변화를 올해 빵 달러 가

격으로 나눈 값과 같다.

$$\pi^e_{t+1} \equiv \frac{(P^e_{t+1} - P_t)}{P_t} \tag{6.2}$$

식 (6.2)의 양변에 1을 더하면 다음과 같다.

$$1 + \pi^e_{t+1} = 1 + \frac{(P^e_{t+1} - P_t)}{P_t}$$

이후 재구성한다.

$$1 + \pi^e_{t+1} = \frac{P^e_{t+1}}{P_t}$$

양변의 역의 값을 구하면 다음과 같다.

$$\frac{1}{1 + \pi^e_{t+1}} = \frac{P_t}{P^e_{t+1}}$$

식 (6.2)를 사용하여 식 (6.1)의 $P_t/P^e_{t+1}$을 대체하면 다음을 도출할 수 있다.

$$(1 + r_t) = \frac{1 + i_t}{1 + \pi^e_{t+1}} \tag{6.3}$$

부록 2의 명제 6을 참조하라. $i$=10%, $\pi^e$=5%라고 가정하자. 식 (6.3)으로부터 $r_t$=4.8%가 도출된다. 또한 식 (6.4)의 근사치는 5%로, 매우 유사하다. 그러나 $i$와 $\pi^e$이 크면 근사치가 상당히 달라질 수 있다. 예를 들어 $i$=100%, $\pi^e$=80%인 경우 정확한 관계는 $r$=11%이지만 근사치는 $r$=20%로 큰 차이가 나타난다.

1 + 실질이자율은 1 + 명목이자율을 1 + 기대인플레이션율로 나눈 비율과 같다.

- 식 (6.3)은 실질이자율과 명목이자율 및 기대인플레이션의 관계를 정확하게 알려준다. 그러나 명목이자율과 기대인플레이션이 모두 너무 크지 않은 경우(예: 연간 10% 미만)에는 이 수식에 대한 근사치(≈로 표시)를 활용하여 다음과 같이 나타낸다.

$$r_t \approx i_t - \pi^e_{t+1} \tag{6.4}$$

식 (6.4)를 정확히 기억하자. 실질이자율은 명목이자율에서 기대인플레이션을 뺀 값과 (대략) 같다. [이 책의 나머지 부분에서는 식 (6.4)의 관계를 마치 항등식인 것처럼 취급할 것이다. 하지만 이는 근사치일 뿐이라는 점을 기억하자.]

식 (6.4)의 몇 가지 함의에 주목하자.

- 기대인플레이션이 0이면 명목이자율과 실질이자율은 동일하다.
- 기대인플레이션은 일반적으로 양수이므로, 실질이자율은 일반적으로 명목이자율보다 작다.
- 명목이자율이 주어진 상태에서 기대인플레이션율이 높을수록 실질이자율은 작아진다.

기대인플레이션이 명목이자율과 같은 경우는 좀 더 살펴볼 필요가 있다. 명목이자율과 기대인플레이션이 모두 10%이고 자신이 차입자라고 가정해 보자. 올해 1달러를 빌릴 때마다 내년에 1.10달러를 상환해야 한다. 비싸 보인다. 그러나 빵으로 환산하면 내년에는 달러의 가치가 10% 낮아질 것이다. 따라서 올해 1파운드의 빵을 빌렸다면 내년에는 1파운드의 빵을 상환해야 한다. 차입의 실제 비용, 즉 실질이자율은 0과 같다. 이제 자신이 대출자라고 가정해 보자. 올해 1달러를 빌려주면 내년에는 1.10달러를 받게 된다. 좋아 보이지만 빵으로 환산하면 내년에는 달러의 가치가 10% 낮아질 것이다. 올해 1파운드에 해당하는 빵을 빌려주면 내년에는 1파운드에 해당하는 빵을 받게 된다. 즉, 명목이자율은 10%이지만 실질이자율은 0과 같다.

지금까지 빵이라는 재화가 하나만 있다고 가정했지만, 이러한 논의는 여러 재화에 쉽게 일반화할 수 있다. 식 (6.1) 또는 (6.3)에서 물가 수준(재화의 가격)을 빵의 가격으로 대입하기만 하면 된다. 물가 수준을 측정하기 위해 소비자물가지수(CPI)를 사용한다면 실질이자율은 오늘 더 소비하기 위해 내년에 얼마나 많은 소비를 포기해야 하는지 알려준다.

## 1978년 이후 미국의 명목이자율과 실질이자율

이 절의 시작 부분에 있는 질문으로 돌아가 보겠다. 이제 다음과 같이 다시 질문할 수 있다. 2007년 1분기의 실질이자율이 1980년 2분기보다 더 낮은가? 보다 일반적으로 지난 40년 동안 미국의 실질이자율은 어떻게 변했는가?

1978년 이후 명목이자율과 실질이자율에 대한 답은 그림 6-2에 나와 있다. 각 분기의 명목이자율은 해당 분기 동안의 1년 만기 미국 재무부 단기채권 평균 이자율이다. 실질이자율을 구성하려면 기대인플레이션, 더 정확하게는 현재와 다음 3개 분기 동안 예상되는 인플레이션율의 측정값이 필요하다. 이 책에서는 전문 예측가들을 대상으로 한 설문조사에서 얻은 평균 예측을 사용한다.

실질이자율($i-\pi^e$)은 기대인플레이션을 기준으로 한다. 실제 인플레이션이 기대인플레이션과 다르다면 실현된 실질이자율($i-\pi$)은 실질이자율과 달라진다. 이러한 이유로 실질이자율을 **사전 실질이자율(ex-ante real interest rate)**이라고도 한다(ex-ante는 '사실 이전'을 뜻하며, 여기서는 인플레이션이 알려지기 전을 의미한다). 실현된 실질이자율을 **사후 실질이자율(ex-post**

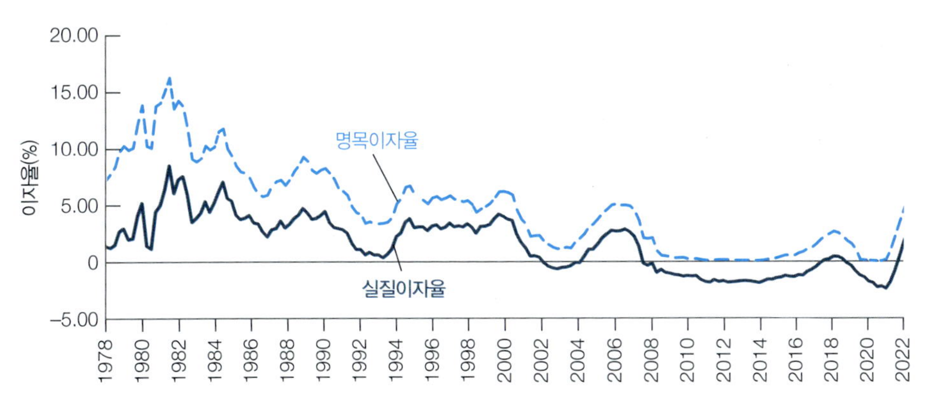


**그림 6-2**

**미국 재무부 1년 단기채권의 명목 및 실질이자율 (1978년 이후)**

1980년대 초 이후 명목이자율은 크게 하락했지만, 기대인플레이션율도 하락했기 때문에 실질이자율은 명목이자율보다 덜 하락했다.

출처: 1년 국고채금리: FRED: DGS1. 기대인플레이션, 전문 예측가 설문조사: INFPGDP1YR.

real interest rate)이라고 한다(ex-post는 '사실 이후'를 뜻하며, 여기서는 인플레이션이 알려진 이후를 의미한다).

그림 6-2는 인플레이션 조정의 중요성을 보여준다. 2007년 1분기의 명목이자율은 1980년 2분기보다 훨씬 낮았지만, 실질이자율은 1980년(약 1.4%)보다 2007년(약 2.9%)이 오히려 더 높았다. 다시 말해 명목이자율이 크게 하락했음에도 불구하고 2006년에는 1981년보다 차입금리가 실제로 더 비쌌다는 뜻이다. 이는 1980년대 초반부터 인플레이션(또는 이에 따른 기대인플레이션)이 꾸준히 하락했기 때문이다. (명목이자율과 실질이자율의 상승은 인플레이션의 상승과 명목이자율의 더 큰 상승을 반영한다.)

### 명목이자율과 실질이자율: 제로금리하한과 디플레이션

적어도 사람과 기업에게 중요한 것은 실질이자율이다. 하지만 사람과 기업은 때때로 인플레이션에 적응하는 데 어려움을 겪는다. 실질이자율의 변화가 없더라도 명목이자율의 변화에 민감하게 반응할 수 있다. ▶

IS 관계에 어떤 이자율을 사용해야 할까? 소비나 투자 결정에 대해 생각할 때 개인이나 기업이 중요하게 생각하는 것은 재화 기준 금리를 나타내는 실질이자율이다. 이는 통화 정책에 직접적인 영향을 미친다. 중앙은행은 (4장에서와 같이) 명목이자율을 선택하지만, 실질이자율이 소비 결정에 영향을 미치는 이자율이기 때문에 실질이자율에 집중한다. 따라서 실질이자율을 설정하려면 기대인플레이션을 고려해야 한다.

중앙은행이 실질이자율을 $r$로 설정하려면 기대인플레이션 $\pi^e$을 감안할 때 실질이자율 $r=i-\pi^e$이 원하는 수준이 되도록 명목이자율 $i$를 선택해야 한다. 예를 들어 실질이자율이 4%이고 기대인플레이션이 2%인 경우 명목이자율 $i$는 6%로 설정해야 한다.

그러나 4장의 유동성 함정에서 논의했듯이 제로금리하한은 명목이자율이 음(−)의 값일 수 없음을 의미한다. 그렇지 않다면 사람들은 채권을 보유하려 하지 않을 것이다. 이는 실질이자율이 물가상승률의 마이너스보다 낮을 수 없음을 의미한다. 예를 들어 기대인플레이션이 2%라면 실질이자율의 최저치는 0%−2%=−2%이다. 이러한 마이너스 실질이자율도 경기침체기에는 수요를 충분히 자극하지 못할 수 있다. 6-5절에서 살펴보겠지만 2008년 글로벌 금융위기와 그 이후 상당 기간 동안 통화 정책에서의 제로금리하한이 내포하는 한계가 심각한 문제로 드러났다.

## 6-2 위험과 위험 프리미엄

지금까지는 채권에는 한 가지 유형만 있다고 가정했다. 하지만 채권은 여러 방면에서 다르다. 만기, 즉 지급을 약속하는 기간에 따라 다르다. 예를 들어 1년 만기 국채는 1년에 한 번 지급을 약속하고, 10년 만기 국채는 10년에 걸쳐 지급을 약속하고 마지막에 최종 지급을 약속한다. 위험 측면에서도 차이가 있다. 일부 채권은 거의 위험이 없으며 대출자가 상환하지 않을 확률이 무시할 수 있을 정도로 낮다. 대신 일부 채권은 위험도가 높으며, 차입자가 상환할 능력이 없거나 상환할 의사가 없을 가능성이 무시할 수 없을 정도로 높다. 이 장에서는 만기 문제 외에 위험에 초점을 맞추겠다.

14장에서는 보다 정규화된 검토를 통해 '기대'를 알아본 후 만기와 만기가 다른 채권의 이자율 관계를 논의한다.

우리는 연준이 정한 연방기금금리로 차입할 수 없다. 또한 미국 정부와 같은 이자율로 차입할 수도 없다. 여기에는 그럴 만한 이유가 있다. 우리에게 돈을 빌려주는 사람은 우리가 상환하지 못할 가능성이 있다는 것을 알고 있기 때문이다. 채권을 발행하는 기업도 마찬가지이다. 어떤 회사는 위험이 거의 없고, 어떤 회사는 위험이 더 크다. 이러한 위험을 보상하기 위해 채권 보유자는 **위험 프리미엄**(risk premium)을 요구한다.

무엇이 위험 프리미엄을 결정할까?

- 첫 번째 요인은 채무불이행 가능성 자체이다. 이 확률이 높을수록 투자자는 더 높은 이자율을 요구할 것이다. 좀 더 공식적으로 무위험 채권의 명목이자율은 $i$이며, 채무불이행 가능성 $p$가 있는 위험 채권의 명목이자율을 $i+x$라고 하자. 이때 $x$를 위험 프리미엄이라고 한다. 투자자가 위험 중립적이어서 무위험 채권과 위험 채권에 대해 동일한 기대수익률을 원한다고 가정해 보자. 두 종류의 채권에 대한 기대수익률은 다음과 같은 관계를 유지해야 한다.

$$(1 + i) = (1 - p)(1 + i + x) + p(0)$$

좌변은 무위험 채권의 수익률을 나타낸다. 우변은 위험 채권의 기대수익률을 나타낸다. 확률 $(1-p)$의 고려로 채무불이행이 없으면 채권은 $(1+i+x)$를 지급한다. 확률 $p$로 채무불이행이 발생하면 채권은 아무것도 지불하지 않는다. 이를 재구성하면 다음과 같다.

$$x = (1 + i)p/(1 - p)$$

예를 들어 무위험 채권의 이자율이 4%이고 위험 채권의 채무불이행 확률이 2%라면 무위험 채권과 동일한 기대수익률을 주기 위해 필요한 위험 프리미엄은 2.1%이다.

$i$와 $p$의 값이 작은 경우 이 공식에 대한 좋은 근사치는 간단히 $x=p$이다.

- 두 번째 요인은 채권 보유자의 **위험기피**(risk aversion) 정도이다. 위험 채권의 기대수익률이 무위험 채권과 동일하더라도 위험 자체 때문에 위험 채권 보유를 꺼리게 된다. 따라서 그들은 위험을 보상하기 위해 더 높은 프리미엄을 요구함으로써 $x$가 보다 높아질 것이다. 얼마나 더 높을지는 채권 보유자의 위험기피 정도에 따라 달라진다. 그리고 그들의 위험기피 성향이 강해지면 채무불이행 확률이 변하지 않더라도 위험 프리미엄은 올라간다.

이것이 왜 중요한지 보여주기 위해 그림 6-3은 2000년 이후 세 가지 유형의 채권 이자율을 도식화했다. 거의 위험이 없는 것으로 간주되는 미국 국채, 가장 안전한 것으로 평가되는 회사채(AAA), 채권평가기관이 덜 안전한 것으로 평가하는 회사채(BAA)이다.

채권 평가기관마다 다른 등급 체계를 사용한다. 여기서 사용하는 등급 척도는 스탠더드앤드푸어스(Standard and Poor's)의 등급 척도로, AAA(거의 위험이 없는 채권), BBB~C(부도 가능성이 높은 채권)로 구분된다.

그림 6-3에서 다음 세 가지 사항을 유의하자. 첫째, 가장 높은 등급(AAA)의 회사채금리도 미국 국채금리보다 평균 약 1.5%의 프리미엄이 붙는다. 미국 정부는 미국 우량 기업보다 더 저렴한 금리로 차입할 수 있다. 둘째, 신용등급이 낮은(BAA) 회사채의 금리가

그림 6-3

**미국 재무부 10년 채권과 AAA, BBB 회사채에 대한 수익률(2000년 이후)**

2008년 9월 금융위기는 기업이 차입할 수 있는 이자율의 급격한 상승을 초래했다.

출처: FRED: 10년물 금리: DGS10; AAA 등급 금리: DAAA; BAA 등급 금리: DBAA.

가장 높은 신용등급 회사채의 금리보다 평균 1%의 프리미엄이 더 높다. 셋째, 2008년과 2009년의 금융위기 때 어떤 일이 일어났는지 주목하자. 연준의 정책금리 인하 결정을 반영해 국채금리는 하락했지만, 저등급 채권의 금리는 급격히 상승해 위기가 절정에 달했을 때 10%에 달했다. 다시 말해 연준이 정책금리를 제로로 낮췄음에도 불구하고 신용등급이 낮은 기업이 차입할 수 있는 금리는 훨씬 높아져 이들 기업이 투자할 매력이 매우 떨어졌다. IS-LM 모형의 관점에서 보면 이는 정책금리가 IS 관계에 사용되는 것을 가정할 수 없는 이유를 보여준다. 많은 차입자가 차입할 수 있는 금리는 정책금리보다 훨씬 높을 수 있다.

이제까지 실질이자율과 명목이자율, 위험 프리미엄을 살펴보았다. 6-4절에서는 이러한 개념을 모두 고려하여 IS-LM 모형을 확장해 보겠다. 그 전에 금융중개기관의 역할을 살펴보자.

## 6-3 금융중개기관의 역할

채권 금융은 최종 차입자, 즉 기업이 최종 대출자인 가계로부터 직접 차입하는 **직접 금융**(direct finance)의 한 형태이다. 실제로 대부분의 차입과 대출은 금융중개기관을 통해 이루어지며, 금융중개기관은 일부 투자자로부터 자금을 받아 다른 투자자에게 빌려주는 금융기관이다. 이러한 기관에는 은행뿐만 아니라 모기지 회사, 머니마켓 펀드, 헤지 펀드와 같은 '비은행'도 점점 더 많아지고 있다. 은행의 '그림자'에서 성장했기 때문에 금융 시스템에서 비은행 부문을 **그림자 금융**(shadow banking)이라 한다. 그러나 이제는 규모가 커져 더 이상 음지가 아니다.

금융중개기관은 중요한 기능을 수행한다. 이들은 특정 대출자에 대한 전문지식을 발전시키고 대출자의 특정 요구에 맞게 대출을 제공할 수 있다. 평상시에는 원활하게 작동하며, 수익을 내기 위해 차입금리보다 약간 높은 이자율을 부과하면서 대출을 해주고 빌려준다. 하지만 가끔씩 문제가 발생하는데, 세계 금융위기가 바로 이런 경우이다. 이를 이해하기 위해 먼저 은행으

| 은행 대차대조표 | |
|---|---|
| 자산 100 | 부채 80<br>자본 20 |

그림 6-4

**은행의 자산, 자본, 부채**

로 돌아가 은행이 보유한 자산과 관련된 위험을 고려하고 그림 6-4의 훨씬 단순화된 은행 대차대조표로 시작하자(이 논의는 비은행에도 적용되는데, 이는 나중에 다시 다룰 것이다).

◀ 은행의 대차대조표가 이렇게 단순하고 투명했으면 좋았을 것이다. 그랬다면 위기는 훨씬 더 제한적이었을 것이다.

자산이 100, 부채가 80, 자본이 20인 은행이 있다고 가정해 보자. 은행의 소유주가 자금 중 20을 직접 투자하고, 다른 투자자로부터 80을 차입하고, 100만큼 다양한 자산을 매입했다고 생각할 수 있다. 부채는 당좌예금, 이자 지급예금 또는 투자자 및 다른 은행으로부터의 차입금일 수 있다. 자산은 지급준비금(본원통화), 소비자에 대한 대출, 기업에 대한 대출, 다른 은행에 대한 대출, 모기지, 국채 또는 기타 형태의 유가증권일 수 있다.

4장에서 은행 대차대조표를 그릴 때 자산과 관련된 위험을 무시하고 단순히 자본을 배제했다(대신 지급준비금과 기타 자산의 구분에만 집중했다). 당시에는 자본을 무시하는 것이 중요하지 않았다. 하지만 이제 위험을 고려하는 것이 중요해졌다. 그 이유를 살펴보자.

## 레버리지

먼저 두 가지 정의부터 살펴보자. 은행의 **자본 비율**(capital ratio)은 자산에 대한 자본의 비율로 정의되므로 그림 6-4의 은행의 경우 20/100 = 20%이다. 은행의 **레버리지 비율**(leverage ratio)은 자본 대비 자산의 비율로 정의되므로, 자본 비율의 역수, 즉 이 경우 100/20 = 5이다. 레버리지 측면에서 고려하고 레버리지 비율에 집중하는 것이 전통적이다. 이 책 역시 전통을 따른다. 하지만 둘 사이의 단순한 관계를 고려할 때 자본 비율을 기준으로 논의할 수도 있다.

둘 사이에는 다른 기술적 차이점이 있지만, 여기서는 무시해도 된다. ◀

어떤 레버리지 비율을 선택해야 할지 고민할 때 은행은 두 가지 요소의 균형을 맞춰야 한다. 레버리지 비율이 높을수록 기대수익률이 높은 것을 의미한다. 그러나 이는 또한 파산위험이 높다는 것을 뜻한다. 각 요소를 차례대로 살펴보자.

- 자산에 대한 기대수익률이 5%이고 부채에 대한 기대수익률이 4%라고 가정해 보자. 그러면 은행의 기대수익은 (100 × 5% − 80 × 4%) = 1.8이 된다. 은행의 소유주가 자금 중 20을 투자했다고 가정하면 자본 단위당 기대수익은 1.8/20 = 9%이다. 이제 은행 소유주가 자금 중 10만 투입하고 90을 차입하기로 결정했다고 가정해 보자. 그러면 은행의 자본 비율은 10/100 = 10%, 레버리지 비율은 10, 기대수익은 (100 × 5% − 90 × 4%) = 1.4가 된다. 자본 단위당 기대수익은 1.4/10 = 14%로 훨씬 더 높아진다. 레버리지를 늘리고 자체 자금을 줄임으로써 은행은 자본 단위당 기대수익을 늘릴 수 있다

은행이 레버리지를 0으로 선택한 경우 자본 단위당 예상 수익은 얼마일까? 또한 만약 은행이 최대 레버리지(자본금 없음)를 선택했다면 얼마일까? (두 번째 질문은 트릭 질문이다.) ◀

- 그렇다면 은행이 높은 레버리지 비율을 선택하면 안 되는 이유는 무엇일까? 레버리지가

높다는 것은 자산의 가치가 부채의 가치보다 낮아질 위험이 높아진다는 것을 의미하며, 이는 곧 **부도위험**(insolvency)이 높아진다는 것을 의미하기 때문이다. 그림 6-4에 등장하는 은행의 경우 자산 가치가 80까지 감소해도 부도위험에 처해 파산하지 않을 수 있다. 그러나 레버리지 비율을 10으로 선택한다면 자산 가치가 90 이하로 감소할 경우 부도위험에 처하게 된다. 파산위험이 훨씬 더 높아진다.

은행은 자산의 가치가 부채의 가치를 초과하면 지급 능력이 있다고 볼 수 있다. 그렇지 않을 경우 부도위험에 처한다. ▶

따라서 은행은 두 가지 요소를 모두 고려한 레버리지 비율을 선택해야 한다. 레버리지 비율이 너무 낮으면 수익이 줄어들며, 너무 높은 레버리지 비율은 높은 파산위험을 초래한다.

은행이 선호하는 레버리지 비율을 선택한 후 자산 가치가 하락한다고 가정해 보자. 예를 들어 그림 6-4의 은행 자산이 부실 대출로 인해 100에서 90으로 감소한다고 가정해 보자. 이제 은행의 자본은 90 − 80 = 10만큼 감소한다. 레버리지 비율은 5에서 9로 증가한다. 은행은 여전히 지급 능력이 있지만 이전보다 분명히 더 위험에 처했다. 은행은 무엇을 하고 싶을까? 예를 들어 다른 투자자에게 자금을 요청하여 자본을 늘리고 싶을 수 있다. 하지만 대차대조표의 규모를 줄이고 싶을 수도 있다. 예를 들어 일부 대출을 40으로 상환하여 자산을 90 − 40 = 50으로 줄인 다음, 40을 사용하여 부채를 80 − 40 = 40으로 줄인다면 자본 비율은 10/50 = 20%인 원래 값으로 돌아간다. 그러나 은행의 자본 비율은 원하는 수준으로 돌아갔지만 그 효과는 은행의 대출이 급격히 감소하는 것이다.

한 걸음 더 나아가 보자. 그림 6-4의 대차대조표에서 시작하여 자산 가치의 감소가 100에서 70으로 크게 감소했다고 가정해 보자. 은행은 부도위험에 처해 파산하게 된다. 은행에 의존하던 대출자들은 다른 대출기관을 찾는 데 어려움을 겪을 수 있다.

이것이 왜 우리와 관련이 있는가? 은행이 지급 능력을 유지하든 대출을 줄이든 부도위험에 처하든, 이로 인한 대출 감소는 거시경제에 큰 악영향을 미칠 수 있기 때문이다. 다음 절에서 거시경제에 미치는 영향을 논의하기 전에 금융중개의 또 다른 차원인 유동성을 살펴보자.

## 유동성

은행이 보유한 자산은 일반적으로 좋은 가격에 빠르게 매각하기 어렵거나 심지어 불가능할 정도로 **비유동적**(illiquid)이다. 예를 들어 은행이 대차대조표에 보유하고 있는 대출을 생각해 보자. 대출은 **만기**(maturity)가 긴 경우가 많다. 상당한 기간 동안 대출이 이루어진다. 일단 대출이 이루어지면 상환 기한이 도래하기 전에는 쉽게 상환을 요청할 수 없다. 일반적으로 차입자는 대출금을 청구서 지불, 자동차 구입, 기계 구입 등에 사용해 더 이상 자금이 없는 경우가 많다. 대출을 다른 은행에 매각하는 것도 어려울 수 있다. 원래 은행이 보유한 대출자에 대한 구체적인 정보가 없는 다른 은행은 대출의 가치를 평가하는 것이 불가능할 수 있다.

은행의 부채는 일반적으로 훨씬 더 **유동적**(liquid)이다. 대부분 만기가 짧다. 당좌예금은 예금자가 필요할 때 자금을 인출할 수 있기 때문에 **요구불예금**(demand deposit)이라고도 한다.

엄밀히 말하면 만기가 없다. 다른 자금 출처, 저축 계좌, 다른 투자자의 자금은 유동성이 떨어질 수 있지만 일반적으로 투자자는 자금을 빠르게 찾을 수 있다.

자산의 만기와 부채의 만기 사이의 이러한 차이를 **만기불일치**(maturity mismatch)라고 하며, 이는 은행 업무의 핵심이다. 예금자와 다른 투자자들은 유동성을 중시하기 때문에 예금 및 기타 자금 출처의 이자율이 대출 이자율보다 낮아져 은행에 이익이 발생한다. 그러나 이러한 불일치는 금융 문제의 원인이 될 수도 있다.

투자자가 은행 자산의 가치를 확신하지 못하고 옳든 그르든 자산 가치가 하락할 수 있다고 믿는 경우를 생각해 보자. 투자자가 은행 자산의 가치에 대해 의구심을 갖는다면 가장 안전한 방법은 은행에서 자금을 인출하는 것이다. 이는 투자자에게 상환할 자금을 마련해야 하는 은행에 심각한 문제를 야기한다.

일반적으로 다른 사람들이 은행 자산의 가치를 평가하기 어려울수록 은행은 자산을 매각하지 못하거나 대출의 실제 가치보다 훨씬 낮은 가격인 **급매가격**(first sale price)으로 매각할 가능성이 높아진다. 이러한 매각은 은행의 상황을 더욱 악화시킨다. 자산의 가치가 감소함에 따라 은행은 부도위험에 처해 파산할 수도 있다. 이런 일이 일어날 수 있다는 사실을 투자자들이 알게 되면 자금을 회수할 가능성이 높아져 급매물이 더 많이 발생하고 문제가 악화될 수 있다. 투자자의 초기 의심이 전혀 근거가 없었고 애초에 은행 자산의 가치가 하락하지 않았더라도 이런 일이 발생할 수 있다는 점에 유의하자. 투자자들의 자금 회수 결정과 이로 인해 촉발된 보유 자산의 급매(fire sale)는 애초부터 지급 능력이 충분했던 은행을 부도위험에 빠뜨릴 수 있다.

미국의 금융 역사는 이러한 **은행인출쇄도**(bank run)로 가득 차 있다. 정당한 이유(부실 대출을 했기 때문)로든, 잘못된 이유(부실 대출을 했다는 근거 없는 소문 때문)로든 은행은 은행인출쇄도의 대상이 되어 문을 닫아야 한다. 이야기는 여기서 끝나지 않을 수 있다. 은행이 문을 닫으면 다른 은행의 예금자들을 공황에 빠트려 다른 은행에서도 돈을 인출하게 하여 결국 그 은행도 문을 닫게 만든다. 매년 크리스마스 무렵 TV에서 방영되는 제임스 스튜어트 주연의 고전 영화 〈멋진 인생(It's a Wonderful Life)〉을 본 적이 있을 것이다. 스튜어트가 사는 마을의 다른 은행이 파산하자 그가 관리하는 저축은행과 대출은행의 예금자들도 겁을 먹고 돈을 인출하려고 한다. 스튜어트는 좋은 생각이 아니라고 설득하는 데 성공한다. 영화 〈멋진 인생〉은 해피엔딩으로 끝났지만, 현실에서 대부분의 은행인출쇄도는 좋은 결말을 맺지 못한다.

◀ 은행인출쇄도가 어떻게 시작되는지를 다룬 또 다른 유명한 영화로 〈메리포핀스(Mary Poppins)〉가 있다.

은행인출쇄도를 피하기 위해 무엇을 할 수 있을까?

한 가지 잠재적 해결책은 **내로우뱅킹**(narrow banking)이다. 내로우뱅킹은 은행이 미국 재무부 단기채권과 같은 유동성 있고 안전한 국채를 보유하도록 제한하는 것이다. 대출은 은행이 아닌 다른 금융중개기관을 통해 이루어져야 한다. 이렇게 하면 은행인출쇄도는 사라질 가능성이 높다. 최근 미국의 일부 규제 변경은 이러한 방향으로 진행되어 예금에 의존하는 은행이 일부 금융 업무에 참여하는 것을 제한했지만 내로우뱅킹을 도입하는 것에는 훨씬 못 미친다. 내로우뱅킹에 대한 한 가지 문제는 실제로 인행인출쇄도를 없앨 수는 있지만, 그림자 은행으로

국립 기록 보관소 및 기록 관리

1930년대의 전형적인 은행인출쇄도

이동하여 그곳에서 은행인출쇄도가 발생할 수 있다는 것이다.

실제로 이 문제는 두 가지 방법으로 해결되었다. 첫째, 애초에 은행인출쇄도를 제한하는 방법, 둘째, 그럼에도 불구하고 은행인출쇄도가 발생하면 중앙은행이 은행에 자금을 공급해 은행이 급매를 하지 않아도 되게 하는 방법이다.

대부분의 선진국 정부는 은행인출쇄도를 제한하기 위해 예금보험제도를 시행하고 있다. 예를 들어 미국은 1934년에 **연방예금보험**(federal deposit insurance)을 도입했다. 현재 미국 정부는 2008년부터 각 당좌예금 계좌에 대해 25만 달러 한도까지 보험을 제공하고 있다. 그 결과 보험에 가입하지 않은 예금자, 즉 25만 달러 미만 예금자는 돈을 인출할 이유가 없어졌다.

하지만 예금보험은 그 자체로도 문제가 있다. 예금에 대해 걱정할 필요가 없는 예금자들은 더 이상 자신의 계좌가 있는 은행의 활동을 살피지 않게 된다. 그러면 은행은 예금보험이 없었다면 하지 않았을 대출을 함으로써 잘못된 행동을 할 수 있다. 은행은 너무 많은 위험을 감수하고 너무 많은 레버리지를 취할 수 있다.

안타깝게도 2008~2009년의 금융위기가 보여주었듯이 예금보험만으로는 더 이상 충분하지 않다. 첫째, 은행은 예금 이외의 자금 출처에 의존하며, 종종 다른 금융기관과 투자자로부터 하룻밤 사이에 차입하기도 한다. 이러한 다른 자금은 보험에 가입되어 있지 않으며, 위기 동안 사실상 많은 은행에서 전통적인 예금자가 아닌 도매 자금 제공자로부터의 자금 이탈이 발생했다. 둘째, 은행 이외의 금융기관도 투자자들이 자금을 빨리 돌려받기를 원하고 자산을 빨리 처분하거나 매각하기 어려운 상황에서 동일한 문제에 직면할 수 있다.

따라서 은행인출쇄도를 완전히 막을 수는 없지만, 중앙은행은 은행이 인출쇄도에 직면했을 때 자금을 지원하는 프로그램을 마련했다. 이러한 상황에서 중앙은행은 은행이 자산을 매각할 필요가 없도록 은행의 자산 가치에 상응하는 금액을 은행에 대출하여 자산매각을 피할 수 있게 한다. 이러한 조항은 전통적으로 은행만 이용할 수 있었다. 그러나 최근의 위기는 다른 금융기관도 인출쇄도의 대상이 될 수 있으며 이 조항을 이용할 필요가 있다는 것을 보여주었다.

FOCUS

## SVB 은행인출쇄도

실리콘밸리은행(SVB)은 이름에서 알 수 있듯이 주로 기술 산업 분야의 스타트업에 대한 대출에 중점을 두고 1983년에 설립되었다. 1983년 60억 달러의 자산으로 시작해 빠르게 성장하여 2022년에는 자산 규모가 2,100억 달러에 달해 자산 규모 기준으로 미국에서 16번째로 큰 은행이 되었다. 이 중 약 700억 달러는 하이테크 기업과 개인에 대한 대출 형태였고, 나머지는 대부분 국채였다.

2023년 3월, 예금자들과 다른 투자자들은 은행의 대차대조표에 대해 우려를 나타내기 시작했다. 일부 대출이 부실해 보였기 때문이다. 그러나 더 중요한 것은 은행이 장기 국채에 막대한 투자를 했다는 점이 걱정의 원인이었다. 연준이 금리를 꾸준히 인상하면서 금리가 여전히 매우 낮을 때 발행한 이 채권들의 가치는 꾸준히 하락했다. (6-1절에서는 1년 만기 채권의 경우 채권 가치와 이자율의 반비례 관계를 보여주었다. 14장에서는 SVB가 보유한 채권 유형인 10년 만기 채권과 같이 만기가 긴 채권을 살펴볼 때 이 관계가 어떻게 확장되고 증폭되는지 보여줄 것이다.)

예금자들이 SVB에 자금을 계속 예치했다면 은행은 만기까지 장기 채권을 보유할 수 있었고 손실을 보지 않았을 것이다. 그러나 일부 거액 예금자들은 대출 포트폴리오의 잠재적 손실과 채권 포트폴리오의 가치 하락을 우려하여 자금을 인출하기로 결정했다. 최대 25만 달러까지 예금이 보장된다는 점을 감안할 때, 왜 그렇게 했는지 물어볼 수 있다. 알고 보니 이들 중 상당수는 25만 달러보다 훨씬 많은 금액, 심지어 수천만 달러까지 계좌에 보유하고 있었다. 25만 달러를 초과하는 금액에 대해서는 보험에 가입되어 있지 않았기 때문에 걱정해야 했다.

그때 은행인출쇄도가 작동하기 시작했다. 자금을 원하는 예금자들에게 돈을 지급하기 위해 SVB는 채권 포트폴리오의 일부를 매각해야 했고, 그 결과 큰 손실이 발생해 은행이 점점 더 부도위험에 처하게 되면서 더 많은 예금자들이 자금을 돌려달라고 요구하고 더 많은 매각을 강요하게 되었다. 거액의 예금 중 일부는 임금 청구서를 충당하기 위한 것이었고, 자금을 받지 못하면 일부 기업은 직원들에게 임금을 지급할 수 없을 것이라는 우려가 발생했다. 소셜 미디어는 은행인출쇄도를 증폭시켰다.

은행은 국채 만기까지 자금을 확보할 수만 있다면 유동성 문제는 사라질 것이라고 주장하며 다른 투자자를 찾으려고 노력했다. 그러나 대출 포트폴리오를 걱정하는 외부 투자자들은 이 은행의 제안을 검토한 후 거절하기로 결정했다. 신규 자금이 부족했던 은행은 예금자들에게 이자를 지급할 수 없었고, 며칠 후 문을 닫아야 했다. 이 은행의 자산과 부채는 예금보험 제공과 부도위험 은행 인수를 담당하는 정부 기관인 연방예금보험공사에 인수되었다.

이것이 이야기의 끝이 아니었다. 보험 금액을 초과하는 계좌를 보유한 다른 은행의 예금자들은 불안해 자금을 인출하기 시작했고, 다른 은행들도 잠재적인 문제에 직면한 것처럼 보였다. 이에 미국 재무부는 보험 가입 여부와 관계없이 모든 예금자에게 전액을 지급하기로 약속했다. 이로써 사태는 일단락되었지만, 앞서 설명했듯이 예금보험에 문제가 없는 것은 아니다. 예금자가 전액을 지급받을 수 있다는 것을 안다면 은행을 감시할 인센티브가 있을까? 규제 및 감독 당국이 위험을 제한할 것이라고 신뢰할 수 있을까? 그들은 SVB 은행인출쇄도의 경우 위험을 제대로 파악하지 못했다.

예금보험과 마찬가지로 중앙은행의 **유동성 공급**(liquidity provision)도 완벽한 해결책은 아니다. 실제로 중앙은행은 어려운 선택에 직면할 수 있다. 은행 외에 어떤 금융기관이 유동성 공급에 접근할 수 있는지 평가하는 것은 미묘한 문제이다. 자산의 가치를 평가하여 금융기관에 얼마를 빌려줄 수 있는지 결정하는 것도 어려울 수 있다. 중앙은행은 실제로 파산한 기관에 자금을 공급하고 싶지 않을 것이지만, 금융위기 상황에서는 파산과 유동성 부족의 차이를 구분하기 어려울 수 있다. 규제 강화와 유동성 공급에도 불구하고 은행인출쇄도는 사라지지 않고 있다. FOCUS 'SVB 은행인출쇄도'는 가장 최근에 발생한 사례를 설명한다.

## 6-4 IS-LM 모형의 확장

5장에서 소개한 IS-LM 모형은 이자율이 하나뿐이었다. 이자율은 중앙은행이 결정했고, 이자율은 지출 결정에 영향을 미쳤다. 이는 LM 관계와 IS 관계 모두에서 나타났다. 이 장의 앞 세 절에서는 이것이 유용한 첫 단계였지만, 현실은 더 복잡하며 초기 모형을 확장해야 한다는 것을 보여주었다.

첫째, 명목이자율과 실질이자율을 구분해야 한다. 둘째, 중앙은행이 정한 정책금리와 차입자가 부담하는 이자율을 구분해야 한다. 앞서 살펴본 바와 같이 이자율은 차입자의 위험과 금융중개기관의 건전성 상태에 따라 달라진다. 위험이 높거나 중개기관의 레버리지 비율이 높을수록 차입자가 지불해야 하는 이자율은 높아진다. IS-LM을 다음과 같은 방식으로 재작성하여 이 두 가지 측면을 고려하자.

$$\text{IS 관계: } Y = C(Y - T) + I(Y, i - \pi^e + x) + G$$
$$\text{LM 관계: } i = \bar{i}$$

중앙은행은 통화 공급을 조정하여 명목이자율을 통제한다. (복습이 필요한 경우 4장으로 돌아가자.) ▶

LM 관계는 동일하게 유지된다. 중앙은행은 여전히 명목이자율을 통제한다. 그러나 IS 관계에는 두 가지 변화가 있다. 즉, 기대인플레이션($\pi^e$)과 위험 프리미엄($x$)이 존재한다.

- 기대인플레이션 항은 다른 모든 조건이 동일할 때 지출 결정이 명목이자율이 아닌 실질이자율($r = i - \pi^e$)에 따라 달라진다는 사실을 반영한다.
- 위험 프리미엄 $x$는 앞서 설명한 요소, 즉 채무불이행 확률과 위험기피 수준을 간단히 포착한다. 대출기관이 차입자가 상환하지 않을 위험을 더 높게 인식하거나 위험기피 성향이 강하기 때문에 위험 프리미엄이 높을 수 있다. 또는 금융중개기관이 지급 능력이나 유동성에 대한 우려로 대출을 줄이고 있기 때문에 높을 수도 있다.

두 가지 중요한 구분: 실질이자율과 명목이자율, 정책금리와 차입금리 ▶

두 수식은 LM 수식의 이자율 $i$가 더 이상 IS 관계의 이자율 $r+x$와 같지 않다는 것을 보여준다. LM 수식의 이자율을 (명목) **정책금리**(policy rate, 통화 정책에 의해 결정되기 때문)라고 부르고, IS 수식의 이자율을 (실질) **차입금리**(borrowing rate, 소비자와 기업이 차입할 수 있는 이자율이기 때문)라고 부르자.

한 가지 단순화하자면 6-2절에서 논의했듯이 중앙은행은 공식적으로는 명목이자율을 선택하지만, 원하는 실질이자율을 달성하는 방식으로 이자율을 선택할 수 있다(이는 우리가 돌아가야 할 제로금리하한 문제를 무시한 것이다). 따라서 중앙은행이 실질 정책금리를 직접 선택하는 것으로 생각할 수 있으며, 두 식을 다음과 같이 정리할 수 있다.

$$\text{IS 관계: } Y = C(Y - T) + I(Y, r + x) + G \quad (6.5)$$
$$\text{LM 관계: } r = \bar{r} \quad (6.6)$$

중앙은행은 실질 정책금리인 $r$을 선택하지만, 지출 결정과 관련된 실질이자율은 정책금리뿐

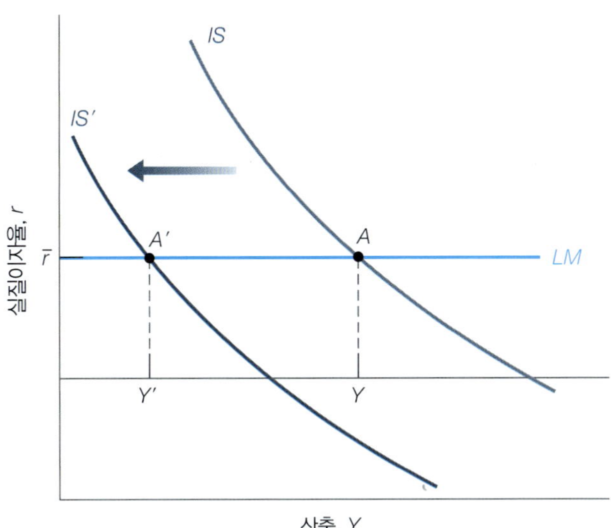


그림 6-5

**금융충격과 산출**

$x$의 증가는 IS 곡선의 왼쪽 이동과 균형산출 감소로 이어진다.

만 아니라 위험 프리미엄에 의존하는 차입금리인 $r+x$이다.

두 식은 그림 6-5와 같다. 수직축에는 중앙은행이 암묵적으로 선택한 실질이자율인 정책금리가, 수평축에는 산출이 측정되어 있다. IS 곡선은 $G$, $T$, $x$가 일정하다는 가정하에 도식화되어 있다. 다른 모든 조건이 동일할 경우 실질 정책금리가 증가하면 지출이 감소하고, 결과적으로 산출이 감소하는 IS 곡선이 그려진다. 즉, IS 곡선은 하향 경사 곡선이다. LM은 정책금리의 수평선이다. 균형은 산출이 $Y$일 때 점 $A$와 같다.

## 금융충격과 정책

어떤 이유로 $x$가 증가한다고 가정해 보자. 여기에는 여러 가지 시나리오가 있다. 예를 들어 투자자들이 위험기피 성향이 강해져 더 높은 위험 프리미엄을 요구하거나, 특정 금융기관이 파산함으로써 투자자들이 다른 은행의 건전성을 의심하여 인출이 쇄도하고 다른 은행들이 대출을 줄이기 시작했기 때문일 수 있다. 그림 6-5에서 IS 곡선이 왼쪽으로 이동한다. 동일한 정책금리 $r$에서 차입금리($r+x$)가 증가하여 수요와 산출이 감소한다. 새로운 균형은 점 $A'$에 있다. 금융 시스템에 문제가 생기면 경기침체가 발생하고, 금융위기는 거시경제 위기로 이어진다.

간단하게 설명하기 위해 외생적인 $x$의 증가를 살펴봤다. 그러나 $x$ 산출에 따라 달라질 수 있다. 경기침체와 같은 산출 감소는 일부 대출자가 상환하지 못할 확률을 높이며, 실업자 수의 증가로 근로자는 대출금을 갚지 못할 가능성이 늘어나고, 매출이 줄어든 기업은 파산할 수 있다. 위험의 증가는 위험 프리미엄의 추가 상승으로 이어져 차입금리가 더 상승하고, 이는 산출을 더욱 감소시킨다.

정책은 무엇을 할 수 있을까? 5장에서 설명한 것처럼 재정 정책은 $G$를 늘리거나 $T$를 줄임으로써 IS 곡선을 오른쪽으로 이동시켜 산출을 늘릴 수 있다. 그러나 지출을 크게 늘리거나 세금을 감면하면 재정적자가 크게 늘어날 수 있으므로, 정부는 이를 꺼릴 수 있다.

그림 6-6

**금융충격, 통화 정책, 산출**

정책 이자율의 하락이 충분히 큰 경우 원칙적으로 위험 프리미엄의 증가를 상쇄할 수 있다. 그러나 명목이자율 하한은 실질이자율의 하락을 제한할 수 있다.

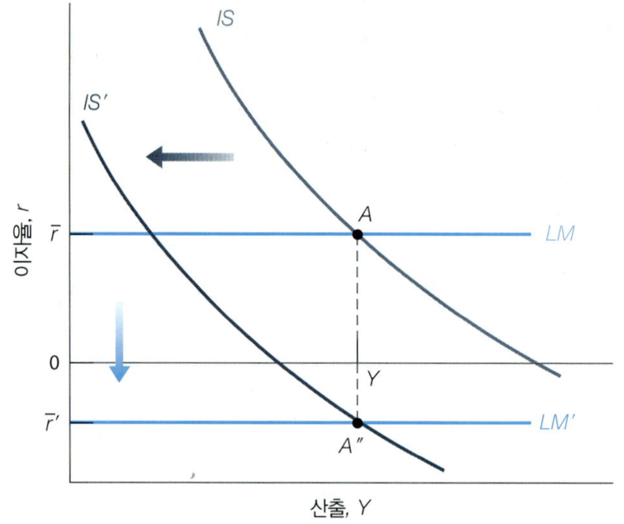


낮은 생산량의 원인이 차입금 이자율이 너무 높기 때문이라는 점을 감안하면 통화 정책이 더 나은 수단으로 보인다. 그림 6-6에서 볼 수 있듯이 정책자율금리를 충분히 인하하면 원칙적으로 경제를 점 $A$로 끌어올리고 산출을 초기 수준으로 유지하기 충분할 수 있다. 사실상 중앙은행은 $x$가 증가하더라도 지출 결정과 관련된 비율인 $r+x$를 변경하지 않고 유지하기 위해 $r$을 감소시켜야 한다.

그림 6-6과 같이 수요를 충분히 증가시키고 산출을 이전 수준으로 회복시키는 데 필요한 정책금리는 음(−)일 수 있다. 예를 들어 초기 균형에서 $r$이 2%이고 $x$가 1%라고 가정해 보자. 이제 $x$가 1%에서 5%로 4% 증가한다고 가정하자. $r+x$가 동일한 값을 유지하려면 중앙은행은 정책금리를 2%에서 2%−4%=−2%로 낮춰야 한다. 이는 제로금리하한이 0이기 때문에 발생하는 제약을 야기한다.

명목이자율이 제로금리하한일 경우 중앙은행이 달성할 수 있는 최저 실질이자율은 $r=i-\pi^e=0-\pi^e=-\pi^e$이다. 즉, 중앙은행이 달성할 수 있는 가장 낮은 실질 정책금리는 음(−)의 인플레이션이다. 인플레이션이 5%로 충분히 높으면 명목이자율이 제로인 경우 실질이자율은 −5%로, 이는 $x$의 증가를 상쇄할 수 있을 만큼 낮을 것이다. 그러나 인플레이션이 낮거나 심지어 음(−)인 경우 중앙은행이 달성할 수 있는 최저 실질이자율은 $x$의 증가를 상쇄하기에 충분하지 않을 수 있으며, 경제를 균형으로 되돌리기에는 충분하지 않을 수 있다. 앞으로 살펴보겠지만 글로벌 금융위기의 두 가지 특징은 실제로 $x$의 큰 증가와 낮은 실제 및 기대 인플레이션으로 인해 중앙은행이 통화 정책을 사용하여 $x$의 증가를 상쇄하는 데 한계가 있었다는 것이다.

이제 2008년 글로벌 금융위기를 촉발한 요인과 그것이 어떻게 주요 거시경제 위기로 변모했는지 이해하는 데 필요한 요소를 갖추었다. 이것이 다음 절이자 이 장 마지막 절의 주제이다.

## 6-5 세계 금융위기: 주택 문제에서 금융위기까지

2006년 미국에서 주택가격이 하락하기 시작했을 때 대부분의 경제학자들은 이것이 수요 감소와 성장 둔화로 이어질 것이라고 예측했다. 이것이 거시경제 위기로 이어질 것이라고 예상한 경제학자는 거의 없었다. 대부분의 사람들이 예상하지 못했던 것은 주택가격 하락이 금융 시스템과 경제에 미치는 영향이었다.

◀ 일부 예측가들은 임박한 재앙을 지속적으로 예측하고 위기를 예측한 공로를 인정받기도 한다. 때때로 그러한 예측가들은 실제로 옳은 것으로 판명되고 그것을 자랑한다…. 하지만 대부분의 경우 우울과 파멸을 예견하는 사람들은 무시해야 한다.

### 주택가격과 서브프라임 모기지

그림 6-7은 2000년 이후 미국 주택가격 지수의 변화를 보여준다. 이 지수를 만든 두 경제학자의 이름을 따서 케이스-실러 지수(Case-Shiller index)로 알려져 있다. 이 지수는 2000년 1월을 100으로 정규화되었다. 2000년대 초반에 가격이 크게 상승한 후 큰 폭으로 하락한 것을 볼 수 있다. 2000년 100이었던 지수는 2006년 중반에 226까지 상승했다. 그 후 하락하기 시작했다. 금융위기가 시작된 2008년 말에는 지수가 162까지 떨어졌다. 2012년 초에 150으로 최저치를 기록한 후 이후 회복세를 보이기 시작했다. 이 글을 쓰는 시점에는 301까지 상승하여 2006년 중반의 최고치를 크게 상회했다.

인터넷에서 '케이스-실러 지수'를 검색하여 최근의 변화 추이를 확인하자. 또한 거주하고 있는 도시의 물가에 어떤 변화가 있었는지 확인할 수도 있다. ◀

2000년부터 2006년까지의 급격한 가격 상승은 정당화될 수 있을까? 돌이켜보면, 그리고 그 후의 폭락을 생각하면 분명 그렇지 않다. 하지만 당시 물가가 상승하고 있을 때 경제학자들은 그렇게 확신하지 못했다. 일부 가격 상승은 분명히 정당화될 수 있다.

사람들이 주택담보대출을 받아 주택 구입 자금을 조달하지 않더라도 저금리는 주택가격의 상승으로 이어졌을 것이다. 이에 대한 자세한 내용은 14장에서 설명한다. ◀

- 2000년대는 비정상적으로 낮은 이자율의 시기였다. 모기지금리가 낮았기 때문에 주택에 대한 수요가 증가하여 가격이 상승했다.
- 다른 요인도 작용했다. **모기지 대출기관**(Mortgage lender)은 점점 더 위험한 대출자에게 대출을 해주려고 했다. **서브프라임 모기지**(subprime mortgage), 즉 **서브프라임**(subprime)으로 알려진 이러한 모기지는 1990년대 중반부터 존재했지만 2000년대 들어 더욱 널리 퍼졌다. 2006년에는 미국 전체 모기지의 약 20%가 서브프라임 모기지였다. 이는 반드시 나쁜 것일까? 당시 대부분의 경제학자들은 이를 대체로 긍정적인 발전으로

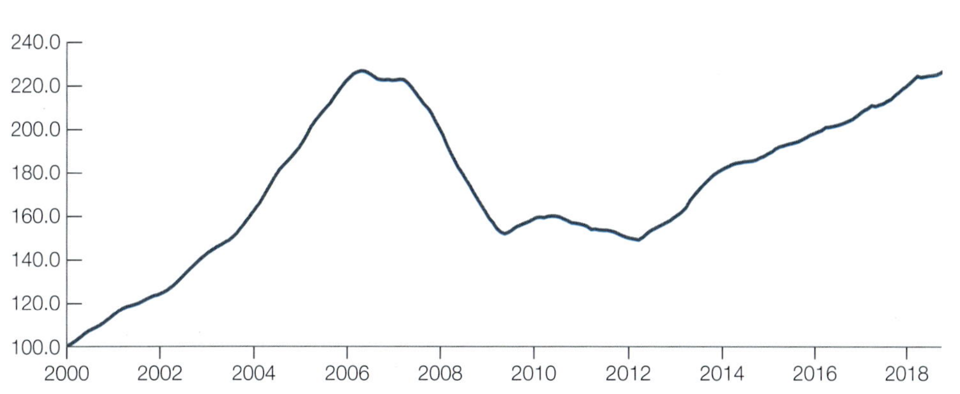


**그림 6-7**

**미국의 주택가격(2000년 이후)**

주택가격은 2000년부터 2006년까지 급격히 증가했지만 2006년 이후부터 같은 정도로 급격히 하락했다.

출처: FRED: Case-Shiller Home Price Indices, 10-city home price index, Series SPCS10RSA.

일부 경제학자들은 주택가격이 오르는 동안에도 걱정했다. 케이스-실러 지수를 만든 두 경제학자 중 하나인 실러(Robert Shiller)도 그중 한 사람으로, 가격 상승은 거품이며 거품이 꺼질 가능성이 크다고 경고했다. 그는 자산 가격에 관한 연구로 2013년 노벨 경제학상을 수상했다. ▶

보았다. 더 많은 가난한 사람들이 집을 살 수 있게 되었고, 주택가격이 계속 상승하여 시간이 지남에 따라 주택가격에 비해 모기지의 가치가 하락할 것이라는 가정하에 대출기관이나 대출자 모두에게 안전해 보였기 때문이다. 과거에 비추어 볼 때 주택가격이 하락하지 않을 것이라는 가정도 합리적으로 보였다. 그림 6-7에서 볼 수 있듯이 2001년 경기침체기에도 주택가격은 하락하지 않았다.

돌이켜보면 이러한 상황은 대부분의 경제학자들이 생각했던 것보다 훨씬 덜 긍정적인 방향으로 전개되었다. 첫째, 2006년부터 분명해진 것처럼 주택가격이 하락할 수 있었다. 이런 일이 발생하자 많은 대출자들이 현재 대출한 모기지가 집값을 초과한다는 것을 알게 되었다[이런 경우 모기지를 **부실대출**(underwater)이라고 한다]. 둘째, 많은 경우 모기지가 실제로는 대출기관이 생각하거나 대출자가 이해한 것보다 훨씬 더 위험하다는 것이 분명해졌다. 많은 경우 대출자들은 '티저금리'로 알려진 낮은 초기 차입금리로 모기지를 받았기 때문에 초기 이자 상환액이 낮아 나중에 상환액이 급격히 증가할 것이라는 사실을 충분히 인식하지 못했을 것이다. 주택가격이 하락하지 않았더라도 이러한 대출자 중 상당수는 모기지 상환을 감당하지 못했을 것이다.

이러한 대출 중 일부는 닌자 대출['무소득, 무직, 무자산'의 약자(no income, no job, no assets)]로 알려지게 되었다. ▶

따라서 많은 대출자가 채무불이행을 하게 되면서 대출기관은 큰 손실에 직면하게 되었다. 2008년 중반, 모기지로 인한 손실은 약 3,000억 달러로 추산되었다. 이는 큰 규모이지만 미국 경제 규모에 비하면 미국 GDP의 약 2%에 불과하다. 미국 금융 시스템이 충격을 흡수할 수 있고 산출에 미치는 악영향이 제한적일 것이라고 생각했을 수도 있다. 하지만 그렇지 않았다. 위기의 발단은 주택가격 하락이었지만, 그 영향은 엄청나게 증폭되었다. 주택가격의 하락을 예상했던 경제학자들도 그 증폭 메커니즘이 얼마나 강력할지는 예상하지 못했다. 이러한 메커니즘을 이해하기 위해 금융중개기관의 역할을 살펴보자.

## 금융중개기관의 역할

앞서 높은 레버리지, 자산의 비유동성, 부채의 유동성은 모두 금융 시스템에 문제를 야기할 위험을 높인다는 것을 살펴보았다. 2008년에는 이 세 가지 요소가 모두 존재하여 더할 나위 없이 나쁜 상황으로 치달았다.

### 레버리지

은행의 레버리지는 매우 높았는데, 여러 가지 이유가 있다. 첫째, 은행들은 자사가 감수하고 있는 위험을 과소평가했을 것이다. 경기가 좋을 때는 은행도 사람과 마찬가지로 나쁜 시기의 위험을 과소평가하는 경향이 있다. 둘째, 보상 및 보너스 제도로 인해 관리자들은 파산위험을 충분히 고려하지 않은 채 높은 기대수익률만을 추구하도록 인센티브를 받았다. 셋째, 금융 규제에 따라 은행은 자본 비율을 일정 수준 이상으로 유지해야 했지만, 은행들은 **구조화 투자회사**(structured investment vehicle, SIV)를 만들어 규제를 피하는 새로운 방법을 찾았다.

부채 측면에서 SIV는 일반적으로 단기 부채의 형태로 투자자로부터 차입했다. 자산 측면에서 SIV는 다양한 형태의 증권을 보유했다. 투자자에게 상환받을 수 있다는 확신을 주기 위해 SIV는 일반적으로 자신을 설립한 은행으로부터 필요한 경우 은행이 SIV에 자금을 제공하겠다는 보증을 받았다. 1988년 시티그룹이 최초의 SIV를 설립했지만, 2000년대 들어 SIV는 급속도로 성장했다. 은행이 왜 별도의 기구를 만들지 않고 자체 대차대조표에서 이 모든 일을 하지 않았는지 의문을 가질 수 있다. 가장 큰 이유는 레버리지를 늘릴 수 있었기 때문이다. 은행이 직접 이러한 작업을 수행했다면 해당 작업은 대차대조표에 나타나고 규제 자본 요건의 적용을 받아 파산위험을 제한할 충분한 자본을 보유해야 했을 것이다. SIV를 통해 이러한 작업을 수행하면 은행은 자본을 투입할 필요가 없었다. 이러한 이유로 은행은 SIV를 설립함으로써 레버리지와 기대수익을 높일 수 있었고, 실제로 그렇게 했다.

주택가격이 하락하기 시작하고 많은 모기지가 부실로 판명되자 SIV가 보유한 유가증권의 가치가 하락했다. SIV의 지급 능력에 대한 의문이 제기되었고, 필요한 경우 은행이 SIV에 자금을 제공하기로 한 보증을 고려할 때 은행 자체의 지급 능력에 대한 의문이 제기되었다. 그 후 증권화와 도매금융이라는 두 가지 다른 요인이 등장했다.

### 자산의 증권화와 비유동성

1990년대와 2000년대 금융의 중요한 발전은 **증권화**(securitization)의 성장이었다. 전통적으로 대출을 해주거나 모기지를 발행한 금융중개기관은 이를 자체 대차대조표에 기록했다. 여기에는 분명한 단점이 있었다. 현지 대출과 모기지를 장부에 기록하는 현지 은행은 현지 경제 상황에 크게 노출되어 있었다. 예를 들어 1980년대 중반 유가가 급락하고 텍사스가 경기침체에 빠졌을 때 많은 지역 은행이 파산했다. 이 은행들은 여러 지역에 분산된 모기지 포트폴리오를 가지고 있었다면 파산을 피할 수 있었을 것이다.

이것이 바로 증권화의 개념이다. 증권화란 대출이나 모기지 등 자산 묶음을 기반으로 증권을 만드는 것을 말한다. 예를 들어 **주택저당증권**(mortgage-backed security, MBS)은 모기지 묶음의 수익에 대한 소유권으로, 기초 모기지가 수만 건에 이르는 경우가 많다. MBS의 장점은 많은 투자자가 주택담보대출은 직접 보유하길 꺼리지만 주택저당증권은 보유할 의향이 있다는 데 있다. 투자자가 이들 증권을 매각하여 이루어지는 자금공급은 차입비용을 낮출 수 있다.

다른 형태의 증권화도 생각해 볼 수 있다. 이를테면 기초 자산 묶음의 수익에 동일한 청구권을 발행하는 대신 다른 유형의 증권을 발행할 수 있다. 예를 들어 묶음의 수익에 대해 먼저 청구권을 갖는 **선순위 증권**(senior security)과 선순위 증권이 지급된 후 남은 금액이 있을 경우에만 지급하는 **후순위 증권**(junior security)을 발행할 수 있다. 선순위 증권은 적은 위험을 원하는 투자자에게, 후순위 증권은 더 많은 위험을 감수하고자 하는 투자자에게 매력적이다. **부채담보부증권**(collateralized debt obligation, CDO)이라 하는 이러한 증권은 1980년대 후반에 처음 발행되었지만 1990년대와 2000년대 들어 중요성이 커졌다. 증권화는 이전에 발행된 CDO를 결합한 $CDO^2$이라는 CDO를 만들면서 더욱 발전했다.

◀ 금융 시스템을 이해하는 데 있어 한 가지 장애물은 SIV, MBS, CDO 같은 약어이다.

증권화는 위험을 분산시키고 가계나 기업에 대한 대출에 더 많은 투자자를 참여시키는 좋은 아이디어로 보였을 것이다. 그리고 실제로 그랬다. 그러나 이는 두 가지 문제를 동반하며, 위기 동안 이 점이 명확해졌다. 첫 번째는 은행이 모기지를 증권화 묶음의 일부로 판매하여 대차대조표에 반영하지 않으면 대출자의 상환을 보장할 인센티브가 줄어든다는 것이었다. 두 번째는 다양한 유가증권의 위험을 평가하는 **채권평가기관**(rating agency)이 대부분 놓치고 있던 위험으로, 기초 모기지가 부실화되면 주택저당증권(MBS), 더 나아가 부채담보부증권(CDO)의 가치를 평가하는 것은 매우 어려운 일이라는 것이다. 이러한 자산은 **독성 자산**(toxic asset)으로 알려져 있다. 이로 인해 투자자들은 최악의 상황을 가정하고 해당 자산을 보유하거나 이를 보유한 SIV와 같은 기관에 계속 대출하는 것을 꺼리게 되었다. 은행, SIV 및 기타 금융중개기관이 보유한 자산의 대부분은 비유동성이었다. 가치를 평가하기가 매우 어려웠기 때문에 급매가격이 아니면 매각하기가 어려웠다.

### 도매금융과 부채의 유동성

1990년대와 2000년대 또 다른 발전은 은행의 수시입출금식 예금 이외의 자금 조달원이 등장했다는 점이다. 점점 더 많은 은행이 자산 매입 자금을 조달하기 위해 단기 부채의 형태로 다른 은행이나 다른 투자자로부터의 차입에 의존했는데, 이를 **도매금융**(wholesale funding)이라고 한다. 은행이 설립한 금융 법인인 SIV는 전적으로 도매금융을 통해 자금을 조달했다.

도매금융은 은행이 대출이나 자산 매입에 사용할 수 있는 자금의 양에 유연성을 부여하는 좋은 아이디어처럼 보였다. 그러나 이 역시 문제를 동반했으며, 위기 동안 이 점이 명확해졌다. 수시입출금식 예금 보유자는 예금보험의 보호를 받아 걱정할 필요가 없었지만, 다른 투자자들은 그렇지 않았다. 따라서 투자자들은 은행이나 SIV가 보유한 자산의 가치에 대해 걱정하면서 자금을 돌려달라고 요청했다. 은행과 SIV는 자산보다 훨씬 많은 유동성 부채를 보유하고 있었다.

높은 레버리지, 비유동자산, 유동성 부채의 조합은 큰 금융위기로 이어졌다. 주택가격이 하락하고 일부 모기지가 부실화되면서 높은 레버리지는 은행과 SIV의 자본이 급격히 감소하는 것을 의미했다. 이로 인해 일부 자산을 매각해야 했다. 이러한 자산은 가치를 평가하기 어려운 경우가 많았기 때문에 은행은 급매가격에 매각해야 했다. 이는 결과적으로 은행의 대차대조표나 다른 금융중개기관의 대차대조표에 남아 있는 유사한 자산의 가치를 하락시켜 자본비율을 더욱 떨어뜨리고 자산의 추가 매각과 추가적인 가격 하락을 강요했다. 은행과 SIV가 보유한 유가증권의 복잡성으로 인해 지급 능력을 평가하기가 어려웠다. 따라서 투자자들은 이들에 대한 지속적인 대출을 꺼리게 되었고, 도매금융이 중단되어 추가적인 자산 매각과 가격 하락을 강요했다. 은행들조차 대출을 꺼리게 되었다. 2008년 9월 15일, 자산 규모가 6,000억 달러가 넘는 대형 은행인 리먼브라더스가 파산을 선언하자 금융 관계자들은 대부분의 은행과 금융기관은 아니더라도 많은 은행이 위험에 처해 있다고 결론을 내렸다. 9월 말에는 금융 시스템이 마비되었다. 은행들은 기본적으로 서로에게 또는 다른 사람에게 대출을 중단했다. 금융위기로 시작했던 사태는 순식간에 거시경제 위기로 번졌다.

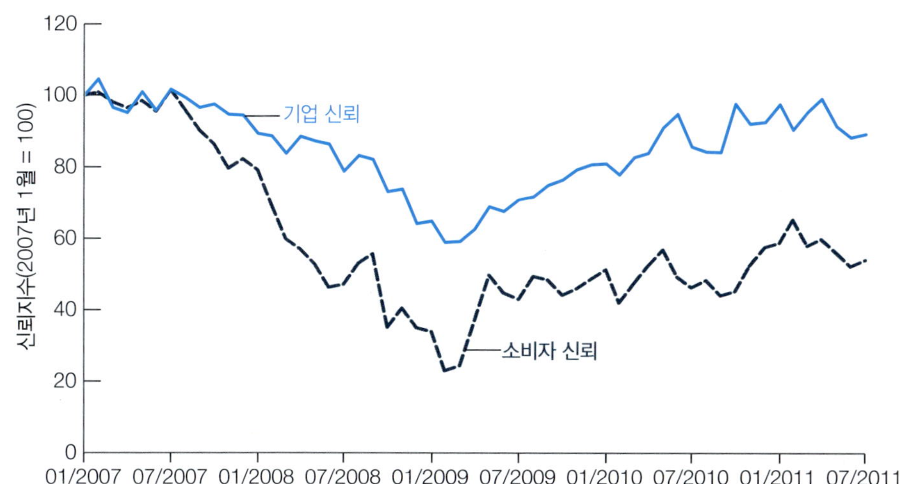


**그림 6-8**

**미국의 소비자 신뢰지수와 기업 신뢰지수(2007~2011년)**

2009년 초 금융위기는 신뢰의 급락을 야기했다.

출처: Bloomberg L.P.

## 거시경제적 영향

금융위기가 거시경제에 미친 즉각적인 영향은 두 가지로, 첫째는 개인과 기업이 차입할 수 있는 금리가 크게 상승한 것이고, 둘째는 신뢰가 급격히 하락한 것이다.

그림 6-3에서 다양한 이자율에 미치는 영향을 확인할 수 있다. 2008년 말, 신용등급이 높은(AAA) 채권의 금리는 6.3%로, 신용등급이 낮은(BBB) 채권의 금리는 9.2%로 상승했다. 갑자기 대부분의 기업에게 차입 비용이 매우 비싸졌다. 그리고 채권을 발행하기에는 규모가 너무 작아 은행 신용에 의존하는 많은 기업은 아예 차입 자체가 불가능에 가까웠다.

2008년 9월의 사건은 또한 소비자와 기업들 사이에 광범위한 불안감을 불러일으켰다. 또 다른 대공황에 대한 우려와 더 일반적으로 금융 시스템에서 일어나는 일에 대한 혼란과 두려움으로 인해 신뢰도가 크게 떨어졌다. 그림 6-8의 소비자신뢰지수와 기업신뢰지수의 변화는 둘 다 2007년 1월을 100으로 정규화했다. 2007년 중반부터 하락하기 시작한 소비자 신뢰지수가 2008년 가을에 급격히 하락하여 2009년 초에 22로 역사적 저점을 훨씬 밑도는 최저치를 기록했다. 신뢰도 하락과 주택 및 주식 가격 하락의 결과는 소비의 급격한 감소로 이어졌다.

◀ 3장의 FOCUS '리먼 파산, 대공황 재현의 공포 그리고 소비함수의 이동'을 참조하라.

## 정책적 대응

높은 차입 비용, 낮은 주가, 낮은 신뢰도가 모두 결합하여 재화에 대한 수요를 감소시켰다. IS-LM 모형의 경우 그림 6-5와 같이 IS 곡선의 급격한 역방향 이동이 발생했다. 이러한 큰 수요 감소에도 불구하고 정책 입안자들은 소극적인 태도로 일관하지 않았다.

### 금융 정책

가장 시급한 조치는 금융 시스템을 강화하는 것이었다.

- 예금자들의 예금인출을 방지하기 위해 연방예금보험은 계좌당 10만 달러에서 25만 달러로 인상되었다. 그러나 은행 자금의 대부분은 예금이 아니라 투자자를 대상으로 한 단기

채권 발행에서 나왔다는 점을 기억하자. 은행이 도매금융을 통해 계속 자금을 조달할 수 있도록 연방 정부는 은행의 신규 채권 발행을 보장하는 프로그램을 제공했다.

- 연방준비은행은 금융 시스템에 자금을 제공했다. 투자자들이 자금을 회수하려면 은행은 자산의 일부를 급매가격에 팔아야 했다. 많은 경우 이는 파산을 의미했을 것이다. 이러한 결과를 피하기 위해 연준은 은행과 기타 금융중개기관이 연준에서 쉽게 대출할 수 있도록 여러 **유동성 공급장치**(liquidity facility)를 마련했다. 또한 연준은 금융기관이 연준에서 대출할 때 **담보**(collateral, 대출자가 대출기관에서 대출할 때 담보로 제공하는 자산을 말하며, 대출자가 채무불이행을 하면 해당 자산은 대출기관으로 넘어가는 것을 의미)로 사용할 수 있는 자산을 늘렸다. 이러한 제도를 통해 은행과 금융중개기관은 자산을 매각하지 않고도 투자자에게 상환할 수 있게 되었다. 또한 은행과 금융중개기관이 파산할 위험을 줄여 투자자들의 자금 회수 유인을 낮췄다.
- 또한 정부는 은행 정상화를 목적으로 하는 **부실자산구제 프로그램**(Troubled Asset Relief Program, TARP)을 도입했다. 2008년 10월에 도입된 7,000억 달러 규모인 이 프로그램의 초기 목표는 은행 대차대조표에서 복잡한 자산을 제거하여 불확실성을 줄이고 투자자를 안심시키며 각 은행의 건전성을 더 쉽게 평가할 수 있도록 하는 것이었다. 그러나 재무부도 개인 투자자와 같은 문제에 직면했다. 복잡한 자산을 미국 재무부 단기채권과 교환할 경우 어떤 가격에 교환해야 할까? 몇 주 만에 각 자산의 가치를 평가하는 작업이 매우 어렵고 시간이 오래 걸린다는 것이 분명해졌고, 초기 목표는 포기하게 되었다. 새로운 목표는 은행의 자본을 늘리는 것이 되었다. 이는 정부가 지분을 인수하여 대부분의 미국 대형 은행에 자금을 제공하는 방식으로 이루어졌다. 자본 비율을 높이고 레버리지 비율을 낮춤으로써 은행들은 파산을 피하고 시간이 지나면서 정상으로 돌아갈 수 있었다. 2009년 9월 말 기준, TARP에 따른 총지출은 3,600억 달러였으며, 이 중 2,000억 달러는 은행 지분 매입을 통해 지출되었다.

현재 모든 은행이 지분을 매입하여 정부에 상환했다. 실제로 최종 추산에 따르면 TARP는 실제로 약간의 이익을 얻었다. ▶

재정 정책과 통화 정책 역시 공격적으로 사용되었다.

### 통화 정책

2007년 여름, 연준은 성장 둔화를 우려하여 처음에는 천천히 정책금리를 인하했으나, 위기가 고조되자 나중에는 빠르게 인하했다. 1990년 이후 연방기금금리의 변화는 4장의 FOCUS '유동성 함정의 실제 작동' 그림 1에 나타나 있다. 2008년 12월에는 금리가 제로로 떨어졌다. 그러나 통화 정책은 제로금리하한에 제약을 받았고, 정책금리를 더 이상 인하할 수 없었다. 그 후 연준은 차입자들이 직면한 이자율에 직접적인 영향을 미치기 위해 다른 자산을 매입하는 이른바 **비전통적 통화 정책**(unconventional monetary policy)으로 전환했다. 비전통적 통화 정책의 다양한 측면은 23장에서 더 자세히 살펴보겠다. 이러한 조치들은 유용했지만, 그럼에도 불구하고 통화 정책의 효과는 제로금리하한에 의해 심각하게 제약을 받았다고 말할 수 있다.

차입자가 직면하는 이자율은 $r+x$로 주어진다. 전통적 통화 정책은 $r$을 선택하는 것이며, 비전통적 통화 정책은 $x$를 감소(제거하지는 않음)시키는 조치라고 생각할 수 있다. ▶

### 재정 정책

부정적 충격의 규모가 명확해지자 미국 정부는 재정 정책으로 눈을 돌렸다. 2009년 취임한 오바마 행정부의 최우선 과제는 수요를 늘리고 경기침체 규모를 줄일 수 있는 재정 프로그램을 설계하는 것이었다. 이러한 재정 프로그램인 **미국 경제회복 및 재투자법**(American Recovery and Reinvestment Act)이 2009년 2월에 통과되었다. 이 법은 2009년과 2010년에 걸쳐 세금 감면과 지출 증가의 형태로 7,800억 달러의 새로운 조치를 요구했다. 미국의 재정적자는 2007년 GDP의 1.7%에서 2010년 최고치인 9.0%로 증가했다. 산출 감소가 자동적으로 세수 감소로 이어지고 실업 수당과 같은 이전 프로그램이 증가했기 때문에 이러한 증가는 주로 위기의 기계적 효과였다. 그러나 이는 또한 민간 또는 공공 지출을 늘리기 위한 재정 프로그램의 구체적인 조치의 결과이기도 했다. 일부 경제학자들은 상황의 심각성을 고려할 때 지출 증가와 세금 감면 규모가 더 커져야 한다고 주장했다. 그러나 다른 사람들은 재정 적자가 너무 커지고 있고 공공 부채가 폭발적으로 늘어날 수 있어 이를 줄여야 한다고 우려했다. 2011년부터 재정적자는 실제로 감소하기 시작하여 2015년에는 2.4%로 감소했다.

그러나 2015년 이후 재정적자는 증가하여 2022년에는 5.4%에 달했다. 이러한 증가는 트럼프 행정부가 시행한 감세와 트럼프 행정부와 바이든 행정부가 가계와 기업을 보호하기 위해 취한 COVID-19 위기 조치를 반영한 것이다. 자세한 내용은 22장에서 확인하자.

앞서 발전시킨 IS-LM 모형으로 돌아가서 논의를 요약할 수 있다. 이는 그림 6-9에서 확인할 수 있다. 금융위기로 인해 IS 곡선이 *IS*에서 *IS'*으로, 즉 왼쪽으로 크게 이동했다. 정책 변화가 없었다면 균형은 점 *A*에서 점 *B*로 이동했을 것이다. 금융 및 재정 정책이 일부 이동을 상쇄하여 경제가 *IS'*으로 이동하는 대신 *IS"*으로 이동했다. 그리고 통화 정책으로 인해 LM이 *LM*에서 *LM'*으로 하락하여 결과적으로 균형이 점 *A'*에 도달했다. 이 시점에서 제로금리하한은 실질 정책금리를 더 이상 낮출 수 없음을 의미했다. 그 결과 산출은 *Y*에서 *Y'*으로 감소했다. 초기 충격이 너무 커서 금융, 재정, 통화 정책의 조합만으로는 큰 폭의 생산량 감소를 피할 수 없었다. 미국 GDP는 2008~2009년에 4% 하락했고 그 이후에는 천천히 회복되었다.

이러한 정책이 없었다면 어떤 일이 일어났을지 알기는 어렵다. 산출 감소가 훨씬 더 커서 대공황이 반복되었을 것이라고 생각하는 것은 합리적일 수 있지만 증명하기는 불가능하다.

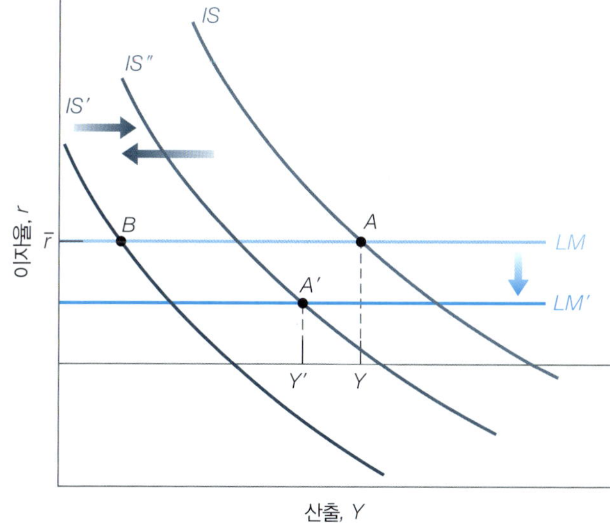


**그림 6-9**

**금융위기와 금융, 재정 및 통화 정책의 사용**

금융위기로 인해 IS가 왼쪽으로 이동했다. 금융재정 정책은 IS를 일부 오른쪽으로 되돌렸다. 통화정책은 LM을 아래쪽으로 이동시켰다. 그러나 이러한 정책들은 심각한 경기침체를 피하기에는 역부족이었다.

## 요약

- 명목이자율은 오늘 1달러를 받는 대가로 미래에 몇 달러를 갚아야 하는지를 알려준다.
- 실질이자율은 오늘 1달러를 주고 미래에 몇 개의 재화를 상환해야 하는지를 알려준다.
- 실질이자율은 명목이자율에서 기대인플레이션을 뺀 값과 거의 같다.
- 명목이자율의 제로금리하한은 실질이자율이 기대인플레이션보다 낮아질 수 없음을 의미한다.
- 채권의 이자율은 채권 발행자의 채무불이행 위험과 채권 보유자의 위험기피 정도에 따라 달라진다. 부도 확률이 높거나 위험기피 정도가 높을수록 이자율이 높아진다.
- 금융중개기관은 투자자로부터 자금을 받은 다음 이 자금을 다른 사람에게 빌려준다. 레버리지 비율을 선택할 때 금융중개기관은 기대수익과 부도위험을 절충한다.
- 레버리지로 인해 금융 시스템은 지급 능력과 비유동성 위험에 모두 노출된다. 두 가지 모두 금융중개기관으로 하여금 대출을 줄이도록 유도할 수 있다.
- 레버리지 비율이 높을수록, 즉 자산의 비유동성이 높을수록, 부채의 유동성이 높을수록 금융중개기관에 대한 은행 인출쇄도 위험이 높아진다.
- IS-LM 모형을 확장해 명목이자율과 실질이자율의 차이, 중앙은행이 선택한 정책금리와 기업과 국민이 차입할 수 있는 이자율의 차이를 고려해야 한다.
- 금융 시스템에 충격이 가해지면 주어진 정책금리에 대해 개인과 기업이 차입할 수 있는 이자율이 상승하게 된다. 이는 산출 감소로 이어진다.
- 2000년대 후반의 글로벌 금융위기는 주택가격 하락에서 촉발되었다. 이는 금융 시스템에 의해 증폭되었다.
- 위기 당시 금융중개기관들의 레버리지는 높았다. 증권화로 인해 자산을 평가하기 어려웠고 따라서 유동성이 떨어졌다. 도매금융으로 인해 부채는 유동성이 높았다. 은행인출쇄도로 금융중개기관들은 대출을 줄이게 되었고, 이는 생산에 큰 악영향을 미쳤다.
- 금융, 재정, 통화 정책이 사용되었다. 그러나 심각한 경기침체를 막기에는 충분하지 않았다.

## 핵심용어

구조화 투자회사(structured investment vehicle, SIV)
그림자 은행(shadow banking)
급매가격(fire sale price)
내로우뱅킹(narrow banking)
담보(collateral)
도매금융(wholesale funding)
독성 자산(toxic asset)
레버리지 비율(leverage ratio)
만기불일치(maturity mismatch)
명목이자율(nominal interest rate)
모기지 대출기관(mortgage lender)
미국 경제회복 및 재투자법(American Recovery and Reinvestment Act)
부도위험(insolvency)
부실대출(underwater)
부실자산구제 프로그램(Troubled Asset Relief Program, TARP)
부채담보부증권(collateralized debt obligation, CDO)
비유동적(illiquid)
비전통적 통화 정책(unconventional monetary policy)
서브프라임 모기지/서브프라임(subprime mortgage/subprime)
선순위 증권(senior security)
실질이자율(real interest rate)
연방예금보험(federal deposit insurance)
요구불예금(demand deposit)
위험기피(risk aversion)
위험 프리미엄(risk premium)
유동성 공급(liquidity provision)
유동성 공급장치(liquidity facility)

유동적(liquid)
은행인출쇄도(bank run)
자본 비율(capital ratio)
정책금리(policy rate)
주택저당증권(mortgage-backed security, MBS)
증권화(securitization)
직접 금융(direct finance)
차입금리(borrowing rate)
채권평가기관(rating agency)
후순위 증권(junior security)

# 연습문제

### 기초문제

1. 이 장의 내용에 기초해 다음에 대해 각각 '사실', '거짓', '불확실' 여부를 밝히고 그 이유를 간단히 설명하라.
   a. 명목이자율은 재화를 기준으로 측정한다. 실질이자율은 화폐를 기준으로 측정한다.
   b. 기대인플레이션이 대체로 일정하게 유지되는 한, 실질이자율 변화는 명목이자율 변화와 대체로 일치한다.
   c. 2019년 미국에서 명목 정책이자율은 명목이자율 하한에 도달했다.
   d. 기대인플레이션이 상승하면 실질이자율이 하락한다.
   e. 모든 채권은 동일한 채무불이행 위험을 가지며, 따라서 동일한 이자율을 지불한다.
   f. 명목 정책이자율은 중앙은행이 결정한다.
   g. 은행의 레버리지 비율이 증가하면 은행의 기대이익과 파산위험이 증가하는 경향이 있다.
   h. 실질 차입이자율과 실질 정책이자율은 항상 같은 방향으로 움직인다.
   i. 은행과 기타 금융중개기관의 자산가치를 평가하는 것은 어려울 수 있다. 특히 금융위기 상황에서 그렇다.
   j. 은행의 레버리지가 높고 유동성이 낮은 경우 자산을 급매가격으로 판매해야만 할 수 있다.
   k. 은행과 기타 금융중개기관은 부채보다 유동성이 낮은 자산을 보유한다.
   l. 주택가격은 2000년 이후 계속 상승했다.
   m. 금융위기에 대응하기 위해 미국이 채택한 재정팽창 프로그램은 총수요 감소를 상쇄하고 경기침체의 강도를 줄이는 데 도움이 되었다.
   n. 미국이 채택한 재정팽창 프로그램은 GDP 대비 재정적자의 대규모 증가를 포함했다.
2. a~c에 나열된 각 가정의 집합에 대한 정확한 공식과 근사 공식을 사용해 실질이자율을 계산하라.
   a. $i=4\%$, $\pi^e=2\%$
   b. $i=15\%$, $\pi^e=11\%$
   c. $i=54\%$, $\pi^e=46\%$
3. 아래 표를 채우고 표의 데이터와 관련된 질문에 답하라.

| 상황 | 명목 정책 이자율 | 기대 인플레이션 | 실질 정책 이자율 | 위험 프리미엄 | 명목 차입 이자율 | 실질 차입 이자율 |
|---|---|---|---|---|---|---|
| A | 3 | 0 | | 0 | | |
| B | 4 | | 2 | 1 | | |
| C | 0 | 2 | | 4 | | |
| D | | | | 2 | 6 | 3 |
| E | 0 | −2 | | | | 5 |

   a. 어떤 상황이 4장에서 정의한 유동성 함정에 해당하는가?
   b. 어떤 상황이 명목 정책이자율이 명목이자율 하한에 있는 경우에 해당하는가?
   c. 어떤 상황에서 위험 프리미엄이 가장 높은가? 채권시장의 어떤 두 요인이 양의 위험 프리미엄으로 이어지는가?
   d. 명목 정책이자율이 명목이자율 하한에 있을 때 양의 기대인플레이션을 유지하는 것이 왜 그렇게 중요한가?
4. 현대 은행인출쇄도

   자산 100, 자본 20, 예금 80을 갖는 간단한 은행을 고려하자. 4장에서 보았듯이 요구불예금은 은행의 부채이다.
   a. 은행의 대차대조표를 설정하라.
   b. 이제 은행 자산의 평가가치가 10으로 하락했다고 가정하자. 은행자본의 가치는 얼마로 변하는가? 은행의 레버리지 비율은 얼마인가?
   c. 예금이 정부에 의해 보증된다고 가정하자. 은행의 자본가치 하락에도 불구하고 예금자가 은행에서 자금을 인출할 이유가 있는가? 은행 자산의 평가가치가 15, 20,

25로 떨어지면 답이 바뀌는가? 이에 대해 설명하라.

이제 자산 100, 자본 20이지만 요구불예금 대신 단기 차입이 80인 다른 은행을 고려하자. 만기가 되었을 때 단기 차입은 상환되거나 재차입(롤오버)되어야 한다.

d. 이 은행의 대차대조표를 설정하라.

e. 은행 자산의 평가가치가 하락했다고 가정하자. 대출기관이 은행의 지급 능력을 걱정한다면 낮은 이자율로 단기 신용을 계속 제공할 의향이 있겠는가?

f. 은행이 추가로 자본을 조달할 수 없다고 가정하면 부채 상환에 필요한 자금을 어떻게 조달할 수 있는가? 많은 은행이 동시에 이러한 상황에 놓인다면(그리고 은행이 유사한 유형의 자산을 보유하고 있다면) 이들 은행의 자산가치는 어떻게 되겠는가? 이는 대출기관의 단기 차입 제공 의사에 어떻게 영향을 미치는가?

5. 보다 복잡한 금융시장을 가진 IS-LM 모형

본문에서 그림 6-6의 경제를 고려하자.

a. 그림 6-6의 수직축 단위는 무엇인가?

b. 명목이자율이 5%이고 기대인플레이션율이 3%라면 LM 곡선의 수직축 절편값은 얼마인가?

c. 명목이자율이 5%라고 가정하자. 기대인플레이션이 3%에서 2%로 하락할 경우 LM 곡선을 이동하지 않게 하려면 중앙은행이 명목이자율에 어떻게 해야 하는가?

d. 기대인플레이션율이 3%에서 2%로 하락하면 IS 곡선은 이동하는가?

e. 기대인플레이션율이 3%에서 2%로 하락하면 LM 곡선은 이동하는가?

f. 위험 채권에 대한 위험 프리미엄이 5%에서 6%로 상승하면 LM 곡선이 이동하는가?

g. 위험 채권에 대한 위험 프리미엄이 5%에서 6%로 상승하면 IS 곡선이 이동하는가?

h. 위험 채권에 대한 위험 프리미엄의 상승이 산출 감소로 이어지는 것을 막을 수 있는 재정 정책은 무엇인가?

i. 위험 채권에 대한 위험 프리미엄의 상승이 산출 감소로 이어지는 것을 막을 수 있는 통화 정책은 무엇인가?

## 심화문제

6. 전 세계의 명목이자율과 실질이자율

a. 전 세계적으로 명목이자율이 마이너스를 기록한 적이 몇 차례 있다. 이 책을 읽는 현재 적용 중일 수도 있고, 아닐 수도 있다. 스위스의 명목 정책금리(스위스의 연방기금금리에 해당하는 금리)는 세인트루이스 연방준비은행에서 관리하는 FRED 데이터베이스의 시계열 IR3TIB01CHM156N이다. 스위스의 명목 정책자율금리는 2014~2022년에 마이너스였다. 그렇다면 채권 대신 현금을 보유하지 않는 이유는 무엇인가?

b. 실질이자율은 종종 마이너스이다(그림 6-2 참조). 어떤 상황에서 마이너스가 될 수 있을까? 그렇다면 채권 대신 현금을 보유하지 않는 이유는 무엇인가?

c. 마이너스 실질이자율이 차입금과 대출에 미치는 영향은 무엇인가?

d. 「이코노미스트(The Economist)」 최근 호를 찾아 뒷면의 “경제 및 금융 지표(Economic and financial indicators)”라는 표를 살펴보자. 명목 정책 이자율의 대용물로 3개월 화폐시장 금리를 사용하고, 기대인플레이션율의 척도로 가장 최근 3개월 소비자물가 변동률을 사용하자(둘 다 연간 단위로 표시). 명목이자율이 가장 낮은 나라는 어디인가? 명목 정책금리가 마이너스인 국가가 있는가? 실질이자율이 가장 낮은 국가는 어디인가? 이러한 실질이자율 중 일부는 마이너스인가?

7. 부실자산구제 프로그램(TARP)

자산 100, 자본 20, 단기 신용 80의 은행이 있다고 가정해 보자. 이 은행의 자산 중에는 주택가격에 따라 가치가 달라지는 증권화 자산이 있다. 이 자산의 가치는 50이다.

a. 은행의 대차대조표를 설정하라.

주택가격 하락의 결과로 은행의 증권화된 자산의 가치가 하락해 현재 25~45 정도로 추정된다고 하자. 증권화된 자산을 ‘부실 자산’이라 하자. 다른 자산의 가치는 50으로 유지된다. 은행 자산의 가치에 대한 불확실성으로 말미암아 대출기관은 단기 신용(은행 입장에서는 단기 차입) 제공을 꺼린다.

b. 은행의 자산가치에 대한 불확실성을 감안할 때 은행 자본가치의 범위는 얼마인가?

이 문제에 대응해 정부는 시장이 안정화된 후 다시 매각할 의도로 부실자산을 구매할 것을 고려한다(이것은 처음 의도했던 TARP의 내용이다).

c. 정부가 문제가 있는 자산에 대해 25달러를 지불하면 은행의 자본가치는 얼마인가? 은행자본의 가치가 마이너스가 되지 않도록 하기 위해 정부가 문제가 있는 자산에 대해 얼마를 지불해야 할까? 정부가 문제가 있는 자

산에 대해 45달러를 지불했지만 실제 가치가 훨씬 낮은 것으로 판명되면 이 잘못된 평가에 대한 비용은 누가 부담하는가? 이에 대해 설명하라.

정부가 문제가 있는 자산을 매입하는 대신 시장이 안정되면 지분을 재매각할 목적으로 소유 지분을 매입하는 방식으로 은행에 자본을 제공한다고 가정해 보자. [이것이 바로 부실자산구제 프로그램(TARP)이다.] 정부는 미국 재무부 장기채권(은행의 자산이 되는 채권)을 소유 지분과 교환한다.

d. 정부가 25개의 미국 재무부 장기채권을 소유 지분으로 교환한다고 가정해 보자. 최악의 시나리오를 가정하여 (문제가 된 자산의 가치가 25개에 불과하도록) 은행의 새 대차대조표를 설정한다. (현재 이 은행은 문제가 없는 자산 50개, 문제가 있는 자산 25개, 미국 재무부 장기채권 25개의 세 가지 자산을 가지고 있다는 것을 기억하자.) 은행 자본의 총가치는 얼마인가? 은행이 부도 위험에 처할 것인가?

e. 여러분의 답과 본문의 자료를 고려할 때, 왜 자본 재조정이 문제가 있는 자산을 매입하는 것보다 더 나은 정책일 수 있는가?

8. 채권에 대한 위험 프리미엄 계산하기

$$(1 + i) = (1 - p)(1 + i + x) + p(0)$$

$p$는 채권이 상환되지 않고(채권 발행자가 파산한 경우) 수익률이 0이 될 확률이다.

$i$는 명목 정책 이자율이다.

$x$는 위험 프리미엄이다.

a. 파산 확률이 0인 경우 위험 채권의 이자율은 얼마인가?

b. 위험 채권의 명목이자율이 8%이고 명목 정책금리가 3%일 때 파산 확률을 계산하라.

c. 파산 확률이 1%이고 명목 정책금리가 4%일 때 차입자의 명목이자율을 계산하라.

d. 파산 확률이 5%이고 명목 정책금리가 4%일 때 차입자의 명목이자율을 계산하라.

e. 이 공식은 채무불이행 시 지급액이 0이라고 가정한다. 실제로는 양수인 경우가 많다. 이 경우 공식을 어떻게 바꾸겠는가?

9. 비전통적 통화 정책: 금융 정책과 양적 완화

IS-LM 모형은 다음과 같다.

IS 관계: $Y = C(Y-T) + I(Y, r + x) + G$ (6.5)

LM 관계: $r = \bar{r}$ (6.6)

이자율은 기대인플레이션이 차감된 연방기금금리, 즉 연준의 실질 정책이자율로 해석하라. 기업의 차입이자율이 연방기금금리보다 훨씬 높아 IS 식에서 프리미엄 x가 높다고 가정하자.

a. 정부가 금융 시스템의 지급 능력을 개선하기 위한 조치를 취한다고 가정하자. 정부의 조치가 성공하고 은행의 (서로 간의 그리고 비금융기관에 대한) 대여 의사가 높아질 경우 프리미엄에 어떤 일이 일어날 것인가? 그림 6-6에 기초할 때 IS-LM 그림은 어떻게 되겠는가? 금융 정책을 거시경제 정책의 일종으로 간주할 수 있겠는가?

b. 명목이자율이 0%인 상황에서 연준은 금융시장에서 신용흐름을 촉진하기 위해 증권을 직접 매입하기로 결정했다고 가정하자. 이 정책을 양적 완화라고 한다. 양적 완화가 성공적이어서 금융기관과 비금융 기업이 신용을 얻는 것이 쉬워진다면 프리미엄은 어떻게 되겠는가? 이는 IS-LM 그림에 어떤 영향을 미치겠는가? 양적 완화 정책이 효과가 있다면 연방기금금리가 0%일 때 연준이 경제를 자극할 정책대안이 없다는 것이 사실인가?

c. 후에 살펴볼 양적 완화 정책에 대한 한 가지 주장은 양적 완화가 기대인플레이션을 증가시킨다는 것이다. 양적 완화가 기대인플레이션을 증가시킨다고 가정하자. 이는 그림 6-6의 LM 곡선에 어떤 영향을 주는가?

10. 은행은 수익성 운영에 영향을 미치는 여러 요인을 처리해야 한다. 경기침체 직전과 경기침체기는 중요한 시기이다. 연준은 이러한 시기에 통화 정책을 통해 경기침체를 제한하려고 노력한다.

a. FRED 데이터를 사용하여 연도별 은행 수익을 보여주는 그래프를 작성하라(시계열 BPBSTLKTEQKTBKEQKNDIVPRO). 그래프 편집에서 단위를 백분율 변화로 변경하라. 경기침체 전과 중에 은행 수익에 눈에 띄는 추세가 있는가?

b. 은행이 직면하는 한 가지 위험은 대출이 상환되지 않을 것이라는 인식으로 인한 자산 가치의 손실이다. 은행이 재무제표에서 대출의 가치를 낮추어 손실을 인정할 때 상각(charge-off)이 발생한다. FRED에서 모든 대출, 모든 상업 은행(CORALACBS)의 상각 비율을 검색하라. 경기침체 전후의 상각 비율에 일정한 패턴이 나타나는가?

c. 은행이 직면하는 또 다른 위험은 만기불일치다. 은행의 자산이 30년 만기 모기지로 구성되어 있고 부채가 단기이며 평균적으로 1년 채권등급평가금리를 지불한다고 가정한다. FRED 데이터를 사용하여 1980년부터 가장 최근의 데이터까지 30년 만기 모기지(MORTGAGE30US)와 1년 만기 채권(DGS1)의 이자율을 그래프로 표시한다. 경기침체기를 중심으로 어떤 일이 일어나는지 파악할 수 있는가? 추세를 더 쉽게 파악하기 위해 30년 만기 모기지 이자율에서 1년 만기 이자율을 빼보자. 추세가 보다 더 명확해졌는가?

d. 연준은 부실 대출 상각으로 인한 은행 수익 감소에 이자율 인하로 대응할 수 있다. 그림 6-2를 사용하여 이 조치를 확인하라. 경기침체 시기를 확인하는 데 도움이 된다면 FRED 데이터를 사용하여 그래프를 다시 작성하라. 본문의 어떤 그림이 연준의 조치를 가장 잘 나타내는 것 같은가?

## 보충문제

11. 무위험 채권과 위험 채권 간의 스프레드

본문에서는 그림 6-3을 사용하여 10년 만기 미국 재무부 장기채권의 무위험금리와 10년 만기 AAA 및 BBB 회사채의 스프레드 변동을 설명했다. 이 수치는 세인트루이스 연방준비은행 FRED 데이터베이스로 이동하여 업데이트할 수 있다. 10년 만기 미국 재무부 장기채권 수익률은 DGS10 변수, 무디스 10년 만기 AAA 채권은 DAAA 시계열, 뱅크 오브 아메리카 BBB 채권 수익률은 BAMLC0A4CBBBEY 시계열이다.

a. 이 문제를 보고 있는 날과 가장 가까운 날의 이 세 가지 수익률의 값을 구하라. 어느 것이 가장 높은 수익률이고 어느 것이 가장 낮은 수익률인가? BBB와 AAA 수익률 사이의 스프레드는 얼마인가? BBB와 국채 수익률 사이의 스프레드는 얼마인가?

b. 이제 1년 전으로 돌아가서 동일한 수익률을 찾아 세 가지 스프레드를 계산해 보자. 아래 표를 작성하라.

| 시점 | BBB | AAA | 재무부 채권 | BBB-AAA | 재무부 채권 AAA | 재무부 채권 BBB |
|---|---|---|---|---|---|---|
| 현재 | | | | | | |
| 1년 전 | | | | | | |

c. 지난 1년 동안 위험 프리미엄에 변화가 있었는가? 아니면 비교적 안정적이었는가? 이에 대해 설명해 보라.

12. 물가연계지수채권(Inflation-indexed bonds)

미국 재무부에서 발행하는 일부 채권은 인플레이션에 연동하여 투자자에게 인플레이션에 대한 보상을 지급한다. 따라서 이러한 채권의 현재 이자율은 실질이자율, 즉 상품에 대한 이자율이다. 이러한 이자율은 명목이자율과 함께 기대인플레이션의 척도를 제공하는 데 사용할 수 있다. 방법을 알아보자.

미국 연방준비제도이사회 웹사이트로 이동하여 이자율이 수록된 최신 통계 자료를 확인하라(www.federalreserve.gov/releases/h15/Current). 만기가 5년인 재무부 증권의 현재 명목이자율을 구하라. 이제 만기 5년의 '물가연동지수' 국채의 현재 이자율을 구하라. 금융 시장 참여자들은 향후 5년간 평균 인플레이션율이 얼마가 될 것이라고 생각하는가?

13. 식 (6.4)는 $r_t$에 대한 근사치로 $r_t \approx i_t - \pi^e_{t+1}$를 제공하며, 정확한 정의는 식 (6.3)과 같다. 식 (6.3) 및 (6.4)를 $r_t$에 대해 계산하라. $i_t = 0.07$이고 $\pi^e_{t+1} = 0.05$라고 가정하자. $r_t$의 대략적인 추정치와 정확한 값의 차이는 무엇인가?

# Part 3 중기

중기에 경제는 자연실업률과 관련된 산출 수준으로 복귀한다.

**Chapter 7**

노동시장의 균형을 살펴본다. 경제가 중기에 복귀하는 실업률 수준, 즉 자연실업률을 논의한다.

**Chapter 8**

인플레이션과 실업의 관계인 필립스 곡선을 살펴본다. 단기에 실업률은 통상적으로 자연율에서 벗어난다. 인플레이션의 변화는 실업률과 자연실업률의 편차에 의존한다. 중기에 실업률은 자연실업률로 돌아간다.

**Chapter 9**

단기와 중기 모형을 다룬다. 모형은 IS-LM 모형과 필립스 곡선을 결합하므로 IS-LM-PC 모형이라고 한다. 단기와 중기 모두에서 산출 및 실업의 동학을 설명한다.

# 노동시장

7

수요 증가에 대응해 기업이 생산을 증가시킬 때 어떤 변화가 발생할지 생각해 보자. 생산 증가는 고용 증가를 유발한다. 고용 증가는 실업률을 낮춘다. 실업 감소는 임금 상승을 초래한다. 임금 상승은 생산비용을 높이고, 기업은 제품가격 인상으로 대응한다. 가격 상승은 노동자로 하여금 높은 임금을 요구하게 한다. 더 높은 임금은 추가적인 가격 상승으로 이어지고, 이런 현상은 계속 반복된다.

지금까지는 이러한 연쇄반응을 무시했다. IS-LM 모형에서 물가가 일정하다고 가정함으로써 실질적으로 기업이 주어진 가격에서 어떤 규모의 산출량도 공급할 수 있으며, 또한 실제로 공급한다고 가정한 셈이 되었다. 분석의 초점이 단기에 있는 한 이러한 가정은 납득할 만하다. 그러나 분석의 초점을 중기로 옮길 경우 이러한 가정은 완화되어야 하고, 시간이 지남에 따라 가격과 임금이 어떻게 변화하고 산출과 인플레이션에 어떤 영향을 미치는지 살펴보아야 한다. 이 장과 이어지는 2개 장은 이러한 주제를 다룬다.

COVID-19 위기의 초기 단계에서 생산을 크게 감소하게 만든 봉쇄 조치는 드문 반례이다. 봉쇄로 인해 많은 기업이 제품을 공급할 수 없었고, 그 결과 품절 사태가 발생 ◀ 했다.

◀ 그림 5-10에서 물가의 행태를 참고하라.

이러한 연쇄반응의 중심에 임금이 결정되는 노동시장이 있다. 그래서 이 장에서는 6개의 절로 나누어 노동시장을 살펴본다.

**7-1** 노동시장을 개관한다.

**7-2** 실업에 초점을 맞춰 실업이 어떻게 변해가며, 실업의 움직임이 어떻게 개별 노동자에게 영향을 미치는지 살펴본다.

**7-3, 7-4** 임금과 가격 결정을 살펴본다.

**7-5** 노동시장의 균형을 다룬다. 중기에 경제가 복귀하려는 실업률 수준인 자연실업률의 특성을 살펴본다.

**7-6** 다음은 어디로 향할지 살펴본다.

**이 장의 핵심 주제:** 자연실업률은 노동자가 요구하는 임금 수준이 기업이 결정하는 가격 수준과 일관성이 있을 때의 실업률이다. ▶▶▶

## 7-1 노동시장 개관

2022년 미국의 총인구는 3억 3,330만 명이다(그림 7-1). 근로연령(16세) 미만이거나 군대나 감옥에 있는 사람을 제외하고 고용될 수 있는 사람, 즉 **노동가능인구**(non-institutional civilian population)는 2억 6,400만 명이다.

**경제활동인구**(labor force, 일하고 있는 사람과 일을 찾고 있는 사람의 합)는 1억 6,430만 명이다. 나머지 9,970만 명은 **비경제활동인구**(out of the labor force)로, 시장에서 노동활동을 하지 않거나 일자리를 찾지 않고 있는 사람들이 이에 해당한다. 따라서 노동가능인구에 대비한 경제활동인구의 비율로 정의되는 **경제활동참가율**(participation rate)은 16,430/26,400, 즉 62%이다. 경제활동참가율은 1950년 이후로 증가해 왔지만, 1999년 이후로는 감소하고 있으며, 이는 주로 여성의 경제활동참가율 증가를 반영하고 있다. 여성은 1950년에 3명 중 1명꼴로 경제활동인구에 속했지만, 지금은 3명 중 2명꼴로 경제활동인구에 속하고 있다.

요리나 육아 등 가사 노동은 ▶ 공식 통계에서 노동으로 분류되지 않는다. 이는 이 활동을 측정하기 어렵다는 점을 반영한 것이지 노동이 무엇이어야 하는지에 대한 가치판단 때문은 아니다.

노동가능인구 중 1억 5,830만 명이 고용되어 있고, 600만 명은 실업 상태에 있어 일자리를 찾고 있다. 따라서 경제활동인구 대비 실업자의 비율로 정의되는 **실업률**(unemployment rate)은 600/16,430=3.6%이다.

### 노동자의 대규모 흐름

개별 노동자에게 있어 일정한 실업률이 무엇을 의미하는지 감을 잡기 위해 다음을 생각해 보자.

먼저 여행객으로 가득 찬 공항을 상상해 보자. 공항이 붐비는 이유는 많은 항공기가 오가고 많은 여행객이 공항을 빠르게 진출입하기 때문일 것이다. 또는 날씨가 좋지 않아 비행기 운항이 지연되고 승객들의 발이 묶여 날씨가 좋아지기만을 기다리고 있기 때문일 수 있다. 공항의

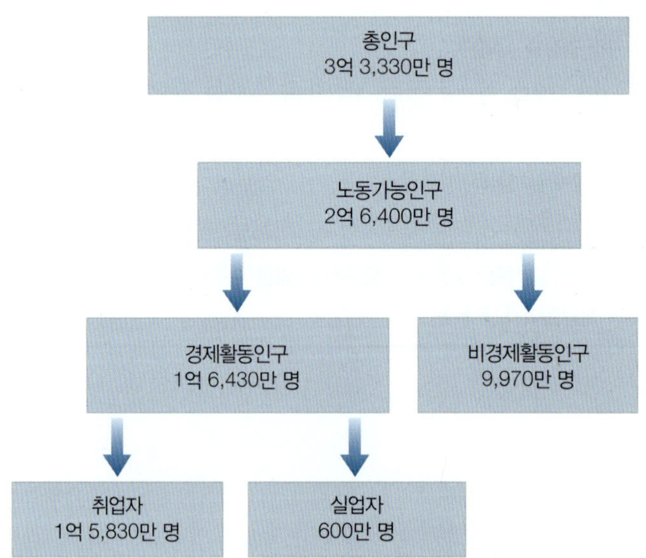


**그림 7-1**

**미국의 인구, 경제활동인구, 고용과 실업(2022년, 단위: 만 명)**

출처: Current Population Survey www.bls.gov/cps/.

승객 수는 두 경우 모두 높겠지만 내부 사정은 크게 다르다. 두 번째 상황에 놓인 고객들은 그리 유쾌하지 않을 것이다.

마찬가지로 똑같은 실업률이라 해도 매우 다른 상황을 반영할 수 있다. 크게 활성화된 노동시장을 반영할 수도 있고, 동맥경화 상태를 보이는 노동시장을 반영할 수도 있다. 활성화된 노동시장에서는 **입직**(hire)도 활발하고, **이직**(separation)도 활발해 많은 노동자가 실업 상태에 들어갔다가 곧 빠져나온다. 경직된 노동시장에서는 입직도, 이직도 적어 정체된 실업군을 형성한다.

◀ 의학용어인 '경화증(sclerosis)'은 동맥이 경화되는 것을 의미한다. 이 용어는 경제학에서 기능이 제대로 작동하지 못하고 거래가 미미한 시장을 묘사하기 위해 사용된다.

총실업률 뒤에 숨어 있는 실제 상황을 이해하기 위해서는 노동자 이동에 관한 데이터가 필요하다. 미국의 경우 **인구동향조사**(Current Population Survey, CPS)라 불리는 월간조사 자료를 활용하면 된다. 1990년부터 2022년까지 미국 CPS로부터 계산된 월평균 흐름이 그림 7-2에 나타나 있다. (CPS에서의 노동자 유출입에 관한 자세한 논의는 FOCUS '인구동향조사'를 참조하라.)

◀ 평균을 계산할 때 2020년 4월부터 12월까지의 수치는 제외했다. 그 기간은 봉쇄 조치로 인해 노동자 흐름이 매우 크게 나타나서 (이 자체로는 흥미로운 내용이지만) 정상적인 시기를 대표하지는 않기 때문이다.

그림 7-2에는 세 가지 두드러진 특징이 있다.

- 취업 상태에서 유출입하는 노동자의 흐름이 매우 크다.

  평균적으로 매월 910만 명의 이직(취업자 1억 3,900만 명)이 발생하며 340만 명이 한 직장에서 다른 직장으로 직접 이동한다(그림 맨 위쪽의 원형 화살표). 또 다른 390만 명은 고용 상태에서 비경제활동 상태로 옮겨간다(고용에서 비경제활동으로 향하는 화살표). 그리고 180만 명은 고용 상태에서 실업 상태로 이동한다(고용에서 실업으로 향하는 화살표).

보다 극적으로 달리 말한다면 평균적으로 미국에서 매일 6만 명의 노동자가 실업자가 된다. ◀

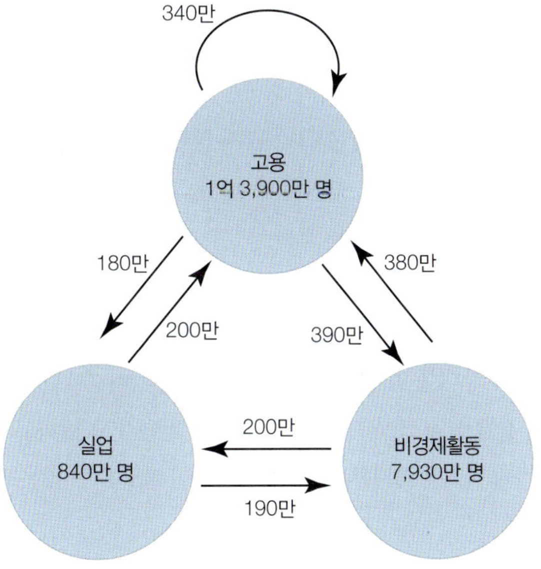


**그림 7-2**

**미국에서의 고용, 실업, 비경제활동의 평균적인 월별 흐름(1990~2022년, 단위: 만 명)**

(1) 고용에서 유출입하는 노동자 규모가 크다. (2) 실업에서 유출입하는 노동자 규모가 실업자 규모에 비해 상대적으로 크다. (3) 경제활동인구로부터도 대규모의 유출입이 있는데, 상당수가 고용으로부터의 직접적인 유 · 출입이다.

출처: FRED: Employment: CE16OV. Unemployment: UNEMPLOY. Out of the labor force: LNS15000000. Flows: LNS 17600000 LNS17200000 LNS 17900000 LNS17800000 LNS17100000 LNS17400000.

왜 이렇게 많은 이직이 매월 발생할까? 모든 이직의 3/4은 보다 나은 대안을 찾아 직장을 떠나는 **자발적 이직**(quit)이며, 나머지 1/4은 비자발적 이직, 즉 **해고**(layoff)이다. 해고는 기업별로 고용 규모가 달라지는 데에서 대부분 기인한다. 서서히 변화하는 총취업자 수는 각 기업에서 발생하는 끊임없는 직업 소멸과 생성의 현실을 감추고 있다. 매 순간 일부 기업은 수요 침체로 고통받으며 고용을 줄이지만, 다른 기업은 수요 증가를 즐기며 고용을 늘린다.

실업의 평균 지속기간은 매월 실업 상태를 벗어나는 실업자 비율의 역수(逆數)이다. 한 가지 예를 보자. 실업자 수가 일정해 100명이라 하고, 각 실업자는 2개월간 실업 상태로 남는다고 하자. 결국 매 시점에서 1개월간 실업 상태에 있는 사람이 50명이 있고, 2개월간 실업 상태에 있는 사람이 50명이 있다. 매월 2개월간 실업 상태에 있던 50명이 실업 상태를 벗어난다. 이 예에서 실업 상태를 벗어나는 실업자의 비율은 매월 50/100 또는 50%이다. 이 경우 실업 지속기간은 2개월로, 1/50%의 역수이다.

- 실업에서 유출입하는 사람들의 규모가 실업자 규모에 비해 더 크다. 실업 상태에서 빠져나오는 노동자가 월평균 390만 명이다. 이 중 200만 명은 새로운 일자리를 얻지만, 190만 명은 일자리 찾기를 포기하고 경제활동인구에서 빠져나간다. 다시 말해 실업자 중 실업 상태를 벗어나는 사람이 매월 46%(390/840)에 달한다. 즉, 평균 **실업지속기간**(duration of unemployment, 사람들이 실업 상태에 놓인 평균 기간)은 2~3개월이다.

  이 사실은 중요한 시사점을 제공한다. 실업자를 무작정 직장을 찾아 기다리는 사람들로 구성된 정체된 집단으로 생각하면 안 된다. 실업자가 모두 다 그런 것은 아니지만 대부분에게 실업 상태는 직장 사이에 긴 대기시간이라기보다는 빠른 이전기간으로 보아야 한다. 하지만 이 시점에서 두 가지를 지적해야겠다. 첫째, 미국은 이 점에서 예외적이다. 많은 유럽국가의 평균 실업 지속기간은 미국보다 훨씬 길다. 둘째, 다음 내용에서 살펴보겠지만 미국에서조차도 글로벌 금융위기 때처럼 실업률이 높을 때는 평균 실업 지속기간이 훨씬 길어진다. 실업 상태가 훨씬 고통스러워진다.

- 경제활동 상태로부터 유출입하는 노동자 역시 놀라울 정도로 많다. 매월 570만 명(390만 명+180만 명)의 노동자가 경제활동을 포기한다. 그리고 이보다 약간 더 많은 580만 명(380만 명+200만 명)이 경제활동에 참여한다. 이러한 두 가지 흐름이 학교를 졸업하고 처음 노동시장에 진입하는 사람들과 은퇴하는 사람들로 구성되었을 것이라고 예상할 수 있다. 그러나 실제로 이런 사람들은 그리 많지 않다. 매월 45만 명의 새로운 노동자가 노동시장에 진입하고 35만 명만이 은퇴할 뿐이다. 그러나 노동시장에 유출입하는 실제 규모는 1,160만 명으로, 약 16배 정도 크다.

  이 사실이 의미하는 것은 '노동시장을 빠져나오는' 또는 '경제활동 상태로부터의 이탈'로 분류되는 많은 사람이 실제로는 일할 의사를 갖고 있으며 노동시장을, 또는 경제활동 상태와 비경제활동 상태를 넘나든다는 것이다. 사실상 비경제활동 상태라고 분류되는 사람 중 상당수는 직장을 찾고 있지 않지만 '직장을 원한다'고 답하고 있다. 이 표현이 실제 무엇을 의미하는지 불분명하지만, 이들에게 직장이 제공되면 많은 사람이 실제로 직장을 선택한다고 한다.

반대 방향으로도 작용한다. 실업자 중 일부는 자신에게 주어진 취업 기회를 받아들이려 하지 않을 수 있으므로 실업자로 계산되어서는 안 될 것이다. 실제로는 적극적으로 직장을 찾고 있지 않기 때문이다.

  이 사실은 또 다른 중요한 시사점을 갖는다. 경제학자, 정책 당국, 언론에서 보여주는 실업률에 대한 민감한 관심은 부분적으로 그 방향이 잘못되었다는 것이다. 비경제활동인구로 분류된 일부 사람들은 실업자와 매우 유사하다. 사실 이들은 **실망실업자**

FOCUS

## 인구동향조사

인구동향조사(Current Population Survey, CPS)는 미국의 경제활동인구, 고용, 경제활동 참가, 소득에 대한 주요 통계 자료원이다.

1940년에 CPS가 시작되었을 때는 8,000가계에 대한 설문조사에 기초했다. 이후 표본은 상당히 커졌고, 현재는 매월 6만 가계 이상에 설문조사가 이루어지고 있다. 가계는 표본이 미국 인구를 대표할 수 있도록 선택되었다. 각 가계는 4개월간 표본에 포함되고, 이후 8개월간 표본에서 누락된 후 다시 4개월 동안 표본에 포함되며, 이후에는 표본에서 영원히 사라진다.

조사는 컴퓨터를 활용한 인터뷰에 기초한다. 인터뷰는 사람이 직접 하거나(이 경우 조사자가 노트북 컴퓨터를 사용) 전화로 이루어진다. 일부 질문은 모든 조사에서 사용되지만 어떤 질문은 노동시장의 특별한 측면을 파악하기 위해 특정 조사에서만 사용된다.

노동부는 이 자료를 이용해 연령별, 성별, 교육수준별, 산업별로 고용, 실업, 경제활동 참가에 대한 수치를 계산하고 발표한다. 경제학자는 대규모 컴퓨터 파일로 제공되는 이 자료를 두 가지 방식으로 사용한다.

첫째는 노동시장이 각 시점에서 어떤 상황에 있는지에 대한 정보를 얻기 위해 다음과 같은 질문에 답을 구하는 것이다. 초등교육만을 받은 스페인계 미국 노동자에 대한 임금 분포는 어떠한가? 그리고 이러한 분포는 10년 전 또는 20년 전의 동일한 분포와 어떻게 비교되는가?

둘째는 그림 7-2가 한 예로서, 설문조사가 사람들의 동태적 행태를 조사한다는 사실을 활용한다. 동일한 사람을 대상으로 인접한 두 달을 살펴봄으로써, 예를 들면 지난달에 실업자였던 사람 중 얼마나 많은 사람이 이번 달에 고용되었는지를 조사할 수 있다. 이 수치는 전월의 실업자가 직업을 발견할 확률에 대한 추정치를 제공한다.

CPS에 대한 보다 자세한 내용을 알아보려면 CPS 홈페이지(www.bls.gov/cps/home.htm)를 방문하라.

(discouraged worker)이다. 이들은 적극적으로 직장을 찾지는 않지만, 직장을 발견할 수 있다면 취업할 것이다.

이런 이유로 경제학자는 때때로 실업률보다는 노동가능인구 중 고용된 인구의 비율인 **고용률**(employment rate)에 초점을 맞춘다. 실업률이 높을수록, 또는 경제활동인구에서 빠져나오는 인구가 많을수록 고용률은 낮아진다.

◀ 2022년에 취업자 수는 1억 5,830만 명이고, 노동가능인구는 2억 6,400만 명이다. 이에 따라 고용률은 59.9%였다. 고용률은 때때로 '인구 대비 취업자 수의 비율'이라고도 불린다. (고용률과 실업률의 합은 왜 1이 아닌지 확실히 이해하라. 분모가 다르다.)

이 책에서는 전통을 따라 실업률에 초점을 맞추지만, 실업률이 취업할 수 있는 사람들에 대한 최선의 추정치가 아니라는 점을 기억해야 한다.

## 7-2 실업률의 변화

실업률은 일정하지 않다. 이는 2장에서 1960년 이후 실업률의 움직임을 보여주는 그림 2-3에서도 분명하게 드러난다. 이 그래프에는 두 가지 주요 특징이 나타난다. 첫째, 경기침체와 확장에 따라 실업률이 3%에서 15% 사이로 크게 변동한다는 점이다. 둘째, 뚜렷한 추세는 보이지 않으며, 2020년 말의 실업률이 1960년의 실업률과 대체로 비슷하다는 점이다.

이러한 경제 전체의 실업률 변화는 개별 노동자에게 어떤 영향을 미칠까? 이는 중요한 질문인데, 이에 대한 답이 다음의 두 효과를 결정하기 때문이다.

- 실업률 변화가 개별 노동자의 후생에 미치는 파급 효과
- 실업률의 임금에 대한 파급 효과

이제 기업이 수요 위축에 대응해 어떻게 고용을 감소시킬 수 있는지부터 알아보자. 기업은 신규 채용 규모를 감소시키거나 기존 노동자를 해고할 수 있다. 일반적으로 기업은 우선 신규 채용을 지연시키거나 중단하고, 자발적 이직과 은퇴를 통해 고용 규모를 감소시키는 것을 선호한다. 그러나 수요 위축이 크다면 이것만으로는 부족하며 결국 노동자를 해고한다.

이제 취업자와 실업자에 대한 시사점을 보자.

- 만약 고용조정이 신규 채용 억제를 통해 이루어진다면 실업자가 직장을 얻을 기회는 줄어든다. 채용 감소는 일자리가 적어졌다는 것이고, 실업률 증가는 일자리 지원자가 많아졌다는 것을 의미한다. 일자리 감소와 일자리 지원자 증가는 함께 결합해 실업자의 구직을 어렵게 만든다.
- 대신 고용조정이 해고를 통해 이루어진다면 취업자가 직장을 잃을 위험이 커진다.

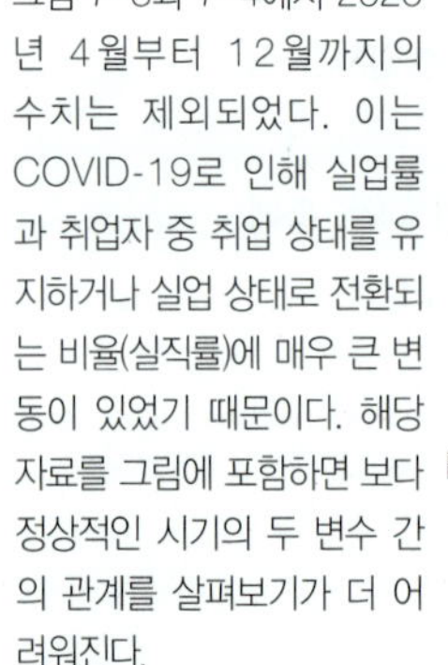
그림 7-3과 7-4에서 2020년 4월부터 12월까지의 수치는 제외되었다. 이는 COVID-19로 인해 실업률과 취업자 중 취업 상태를 유지하거나 실업 상태로 전환되는 비율(실직률)에 매우 큰 변동이 있었기 때문이다. 해당 자료를 그림에 포함하면 보다 정상적인 시기의 두 변수 간의 관계를 살펴보기가 더 어려워진다.

일반적으로 기업은 두 가지 형태의 고용조정 방식을 모두 사용한다. 결국 높은 실업률은 실업자가 직장을 발견할 가능성을 낮추고, 취업자가 직장을 잃을 가능성을 높인다. 그림 7-3과 7-4는 1990년부터 2022년까지의 미국을 대상으로 이 두 효과를 보여준다.

그림 7-3은 실업률(오른쪽의 수직축)과 매월 직장을 얻은 실업자의 비율(구직률, 왼쪽의 수직축)의 추이를 보여준다. 구직률은 월중 실업에서 취업으로의 흐름을 월초의 실업자 수로 나누어 구한 것이다. 이들 두 변수 간의 관계를 보다 분명히 보기 위해 실업률의 추이는 축을 뒤

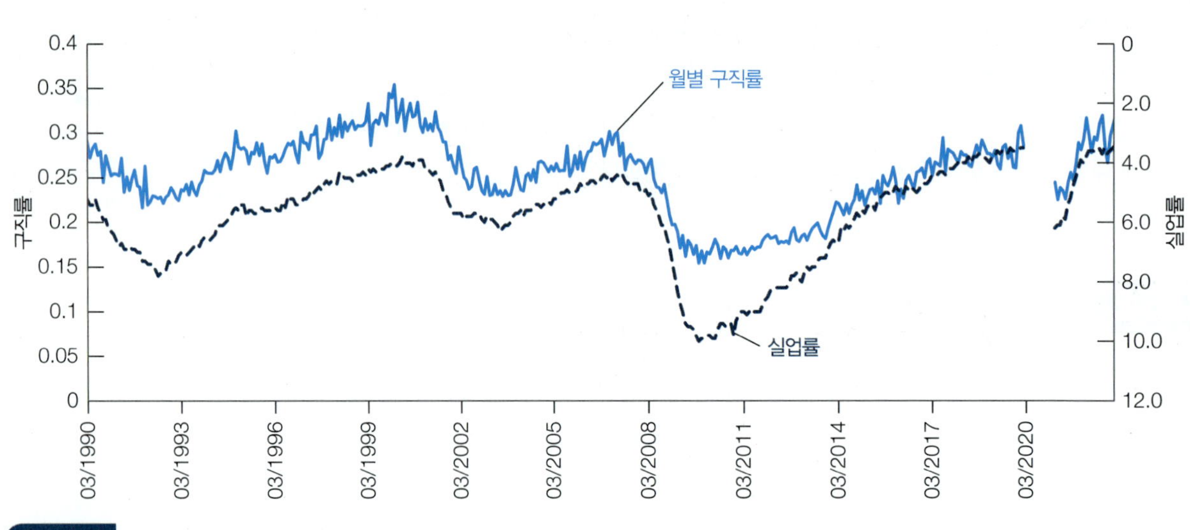


**그림 7-3**

**실업률과 구직률(1990년 1월~2022년 12월)**

실업률이 높아지면 직장을 잡은 실업자의 비율은 낮아진다. 오른쪽의 수직축에서 위치가 높을수록 실업률이 낮아짐을 유의하라.

출처: FRED: UNRATE; LNS17100000.

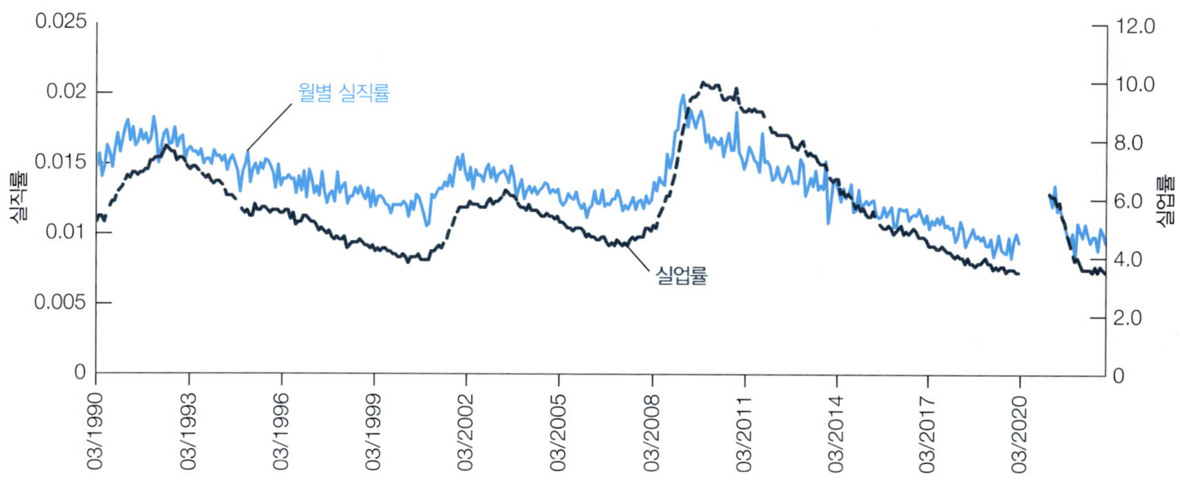


그림 7-4

**실업률과 실직률(1996~2022년)**

실업률이 높아지면 보다 많은 노동자가 실업 상태로 빠져든다.

출처: FRED, UNRATE, LNS17400000.

집어 나타냈다. 따라서 오른쪽 수직축에서는 축에서의 위치가 높을수록 실업률이 낮아진다는 점에 주의해야 한다.

구직률과 실업률의 관계는 놀랍다. 실업률이 높아진 시기에는 구직률이 훨씬 낮다. 예를 들어 실업률이 10%에 근접한 2010년에 월중에 구직률은 약 15%에 지나지 않았는데, 실업률이 3.5%였던 2022년 말의 31%와 잘 대비된다.

유사하게 그림 7-4는 실업률(오른쪽 수직축)과 고용으로부터 실업으로 전환되는 비율(실직률, 왼쪽의 수직축)의 추이를 보여준다. 실직률은 월중 취업에서 실업으로 전환되는 규모를 월중의 취업자 수로 나누어 구했다. 실직률과 실업률의 관계는 분명하다. 실업률이 높아지면 실직률도 높아진다. 실업률이 높은 시기의 실직률은 실업률이 낮은 시기에 비해 거의 2배 가까이 높아진다.

◀ 이직률(separation rate)을 보아도 유사한 결론에 도달한다. 이직은 실업 상태로 전환되는 인구와 비경제활동인구로 전환되는 인구의 합이다.

이상의 논의를 요약하면 다음과 같다. 실업률이 높아지면 노동자는 두 가지 방식으로 열악해진다.

- 취업자는 직장을 잃을 가능성이 높아진다.
- 실업자는 직장을 발견할 가능성이 낮아져 오랫동안 실업 상태를 지속할 수 있다.

## 7-3 임금 결정

실업을 살펴보았으므로 임금이 어떻게 결정되는지와 임금과 실업의 관계를 살펴보자.

단체협상은 노동조합(또는 노동조합 집단)과 기업(또는 기업 집단) 간의 협상이다. ▶

임금은 여러 방식으로 결정된다. 때때로 임금은 기업과 노조의 협상, 즉 **단체협상**(collective bargaining)에 의해 결정된다. 그러나 미국의 경우 단체협상의 역할은 적으며, 비제조업의 경우에는 더욱 그러하다. 오늘날 미국 노동자 중 10%를 조금 상회한 인원만이 단체협상으로 임금을 결정한다. 나머지는 고용주가 결정하거나 개별 노동자가 결정한다. 해당 직업에서 필요한 기능 수준이 높을수록 협상이 발생할 가능성이 크다. 맥도날드와 같이 노동시장에 최초로 진입하는 사람에게 제시되는 임금은 무조건 받아들이거나 거절해야 하는 임금이다. 다른 한편으로, 갓 졸업한 대학생은 통상 계약의 일부 항목만을 협상한다. 하지만 기업의 최고경영자나 미식축구 스타는 더 많은 계약 내용을 협상할 수 있다.

단체협상은 국가별로 큰 차이가 있다. 일본과 대부분의 유럽국가에서는 단체협상이 중요한 역할을 한다. 협상은 기업 단위에서 이루어지기도 하고 산업 단위에서 이루어지기도 하며 경제 전체의 임금이 협상되기도 한다. 때때로 협상된 임금은 협상에 동의한 기업에게만 적용되지만, 다른 경우 해당 산업이나 경제 전체의 모든 기업과 노동자에게 자동적으로 확장되기도 한다.

노동자별, 국가별로 이러한 차이가 존재하는데, 과연 임금 결정에 관한 일반 이론을 기대할 수 있을까? 답은 '그렇다'이다. 비록 제도적 차이가 임금 결정에 영향을 미치지만 모든 국가에서 작동하는 공통 요인은 존재한다. 특히 두 가지 사실이 부각된다.

- 노동자는 통상적으로 자신의 **유보임금**(reservation wage)을 넘어서는 임금을 지급받는다. 유보임금은 취업 상태에 있거나 실업 상태에 있거나 노동자에게는 무차별한 임금 수준이다. 다시 말해 대부분의 노동자는 실업보다는 취업해 있는 편이 유리할 만큼 충분히 높은 임금을 받고 있다.
- 임금은 통상적으로 노동시장의 상황에 의존한다. 실업률이 낮을수록 임금은 높다. (이에 대해서는 다음 절에서 더 자세히 다룬다.)

이러한 두 가지 사실을 고려하기 위해 경제학자는 두 가지 설명 방식에 초점을 맞추어 왔다. 첫째로 단체협상 과정을 거치지 않는다 해도 노동자는 자신의 유보임금을 넘어서는 임금을 받을 수 있고, 또한 실제 받는 데 사용할 수 있는 일종의 협상력을 갖는다. 둘째로 기업은 다양한 이유 때문에 노동자에게 유보임금 이상의 임금을 지불하길 원한다. 각각의 설명을 차례로 살펴보자.

### 협상

노동자가 얼마나 강한 **협상력**(bargaining power)을 보유하는지는 두 가지 요인에 좌우된다. 첫째는 기업이 퇴직하는 노동자를 대체하는 데 얼마나 많은 비용을 치를지와 관련된 것이다. 둘째는 퇴직할 경우 노동자가 다른 직장을 잡는 것이 얼마나 어려운지에 대한 것이다. 기업이 퇴직노동자를 대체하는 것이 어려울수록, 그리고 노동자가 다른 직장을 찾는 것이 쉬울수록 노동자는 더 강한 협상력을 갖는다. 이는 두 가지를 시사한다.

- 노동자가 얼마나 강한 협상력을 갖는지는 우선 직업의 성격에 의존한다. 맥도날드에서 노동자를 대체하는 것은 그리 많은 비용이 들지 않는다. 필요한 기능은 쉽게 가르칠 수 있으며 수많은 사람이 이미 지원서를 제출해 놓았다. 이 상황에서 노동자는 그리 강한 협상력을 갖지 못할 것이다. 노동자가 임금을 올려달라고 하면 기업은 그를 해고하고 최소 비용으로 대체인력을 찾을 수 있다. 반대로 기업이 어떻게 움직이는지 자세히 알고 있는 매우 숙련된 노동자를 대체하기란 쉽지 않고 비용이 뒤따른다. 결국 노동자는 보다 강한 교섭력을 가지며, 해당 노동자가 높은 임금을 요구하면 기업은 임금을 올려주는 것이 최선이라고 판단할 것이다.
- 노동자가 얼마나 강한 협상력을 갖는지는 노동시장 상황에도 의존한다. 기업은 실업률이 낮을 때 만족할 만한 대체인력을 찾기가 더 어렵다. 동시에 노동자로서는 새로운 직장을 찾기가 더 쉽다. 이런 상황에서 노동자는 강해진 협상력을 가지며 더 높은 임금을 획득할 수도 있을 것이다. 역으로 실업률이 높아지면 기업으로서는 양질의 대체인력을 찾기 쉽고 노동자로서는 새로운 직장을 구하기가 쉽지 않다. 협상력이 약화된 상태에서 노동자는 낮은 임금을 받아들이는 것 외에는 대안이 없을 것이다.

다이아몬드(Peter A. Diamond), 모텐슨(Dale Mortensen), 피사리데스(Christopher Pissarides)는 노동시장의 특성을 대규모의 유동적 흐름과 임금협상으로 규명한 업적으로 2010년에 노벨 경제학상을 받았다.

## 효율성 임금

노동자의 협상력과 상관없이 기업은 유보임금보다 더 많이 지불하려 할 수 있다. 기업은 노동자가 생산적이길 원하며, 높은 임금은 이러한 목표를 달성하는 데 도움이 될 수 있다. 예를 들어 노동자가 직무를 제대로 수행하는 것을 배우기까지 시간이 걸린다면 기업 입장에서는 노동자가 좀 더 오랫동안 머물기를 원할 것이다. 그러나 유보임금만 지불된다면 노동자는 해당 기업에 머물거나 떠나는 것이 딱히 큰 차이가 없다고 느낄 것이다. 이 경우 많은 노동자가 그만둘 것이고 노동자의 이직률은 높아질 것이다. 유보임금 이상을 지불하면 노동자로서는 머무는 것이 금전적으로 더 유리하다.

이러한 예의 배경에는 보다 일반적인 명제가 담겨 있다. 대부분의 기업은 소속 노동자가 자신들의 직무에 좋은 감정을 갖길 원한다. 만족감은 작업의 질을 개선하고 높은 생산성으로 이어진다. 높은 임금은 기업이 이러한 목적을 달성하는 데 사용할 수 있는 한 가지 수단일 수 있다(FOCUS '헨리 포드에서 제프 베이조스까지' 참조). 노동자의 생산성 또는 효율성을 지급받는 임금과 관련짓는 이론을 경제학자는 **효율성 임금 이론**(efficiency wage theory)이라 한다.

2001년 9월 11일 이전에 항공 보안에 대한 접근 방식은 저임금 노동자를 고용하되, 그로 말미암은 높은 이직률을 감수하는 것이었다. 그러나 이제 항공 보안은 매우 높은 우선권을 갖게 되었기 때문에 이 일자리를 더 매력적으로 만들기 위해 임금 인상을 도모하고 있다. 이를 통해 근로 동기가 더 강하고 더 능력 있는 노동자를 얻는 한편, 이직률도 줄이고자 하는 것이다. 항공보안청(TSA) 직원의 평균 연봉은 4만 달러이며, 현재 항공보안청의 이직률은 서비스 업계 평균과 거의 비슷한 수준이다.

협상에 기초한 이론처럼 효율성 임금 이론 역시 임금이 직무의 속성과 노동시장 상황에 의존한다.

- 노동자의 사기와 헌신이 작업의 질에 있어 핵심적이라고 보는 첨단산업 기업은 노동자의 작업이 더 정형적인 산업의 기업보다 더 많은 임금을 지불할 것이다.
- 노동시장 상황은 임금에 영향을 미친다. 낮은 실업률하에서 노동자는 퇴직하는 것이 더

FOCUS

## 헨리 포드에서 제프 베이조스까지

1914년 당시 세계에서 가장 대중적인 자동차였던 모델 T (Model T)를 제조한 헨리 포드(Henry Ford)는 놀라운 발표를 했다. 모든 적격 노동자에게 일당(8시간) 최소 5달러를 지급할 것이라고 했다. 이는 대다수 노동자에게 매우 큰 폭의 임금 상승이었다. 당시 노동자는 일당(9시간) 평균 2.30달러를 받고 있었다. 포드의 관점에서 이러한 임금 증가는 무시할 수 없는 수준으로 당시 회사 이윤의 약 절반에 해당했다.

포드의 동기가 무엇이었는지는 분명하지 않았다. 포드는 너무 많은 이유를 제시했기 때문에 그가 실제로 믿었던 것이 무엇인지 알 수 없다. 이전의 임금으로 노동자를 고용하는 데 어려움이 있었기 때문은 아니었다. 그러나 노동자를 회사에 계속 다니게 하는 데 어려움이 있었다는 것은 분명했다. 노동자의 이직률과 불만이 매우 높았다.

포드의 결정에 담긴 이유가 무엇이든 표 1에서 보듯 임금 인상의 결과는 놀라웠다. 연간 이직률(이직자 수/노동자 수)은 1913년 370%의 높은 수준에서 1915년 16%의 낮은 수준으로 급락했다. (연간 이직률이 370%라는 것은 평균적으로 회사 노동자의 31%가 매월 회사를 떠난다는 것을 의미한다. 이에 따라 연중 고용 대비 이직의 비율은 31%×12=370%였다.) 해고율은 62%에서 거의 0%로 급락했다. 표에 나타나지 않은 평균 결근율은 1913년에 10%에 가까웠지만 1년 뒤 2.5%로 하락했다. 높아진 임금이 이런 변화의 주요 원천이라는 점에는 의문의 여지가 없다.

포드에서 생산성은 이런 임금 상승 비용을 상쇄하기에 충분했는가? 이에 대한 답은 덜 분명하다. 생산성은 1913년보다 1914년에 훨씬 높아졌다. 30~50%의 범위에 속하는 생산성 추정치의 증가율이 나타났다. 높아진 임금에도 불구하고 이윤 역시 1913년보다 1914년에 더 높아졌다. 그러나 이러한 이윤 증가의 어느 정도가 노동자의 행태 변화에 기인한 것인지 아니면 모델 T의 성과에 기인한 것인지는 밝히기 더 어렵다.

이상의 효과는 효율성 임금 이론을 지지하지만, 최소한 이윤극대화의 시각에서 볼 때 일당 5달러의 임금 상승액은 지나친 것일 것이다. 그러나 헨리 포드는 다른 목표도 염두에 두었다. 여기에는 노동조합의 약화, 자신과 기업의 대중성 제고 등이 포함된다. 이러한 목표는 달성되어 노동조합은 약화되었고, 포드 자신이나 회사의 지명도는 확실히 높아졌다.

흥미롭게도 또 하나의 유사한 실험을 목격하고 있는지도 모른다. 2018년 10월, 제프 베이조스는 아마존이 25만 명의 정규직 근로자와 10만 명의 계절직 근로자에게 지급하는 최저임금을 시간당 15달러로 인상하겠다고 발표했다(이는 연방 최저임금인 시간당 7.50달러에 비해 높은 수준이다). 이러한 결정을 한 이유 중 하나는 매우 낮은 실업률 속에서 인력을 유치하고 유지하기 위한 필요성 때문이다. 또 다른 이유는 아마존이 받아온 부정적인 여론을 반전시키기 위한 시도로 볼 수 있다. 포드의 경우와 마찬가지로, 사기와 생산성을 향상시키고자 하는 바람도 이유 중 하나일 수 있다. 이 글을 쓰는 시점에도 이직률은 여전히 높으며, 전국 평균보다 훨씬 높은 수준을 유지하고 있다.

출처: Daniel Raff and Lawrence Summers, "Did Henry Ford Pay Efficiency Wages?" *Journal of Labor Economics*, 1987, 5(4), Part 2: pp. S57-S87. Louise Matsakis, " Why Amazon Really Raised Its Minimum Wage to $15," Wired, October 2, 2018, www.wired.com/story/why-amazon-really-raised-minimum-wage. "Amazon's staff turnover is costing a quarter of its profits", https://tech.co/news/amazon-staff-turnover-costing-quarter-profits.

**표 1 포드의 노동자 이직률과 해고율(1913~1915년)**

| 구분 | 1913년 | 1914년 | 1915년 |
|---|---|---|---|
| 이직률(%) | 370 | 54 | 16 |
| 해고율(%) | 62 | 7 | 0.1 |

욱 유리할 것이다. 즉, 실업이 감소할 때 퇴직이 늘어나는 것을 피하고자 하는 기업은 노동자가 기업에 머물도록 하기 위해 임금을 인상해야만 할 것이다. 이런 일이 벌어지면 낮은 실업률은 고임금으로, 높은 실업률은 저임금으로 이어질 것이다.

## 임금, 물가, 실업

다음 식은 임금 결정에 대한 지금까지의 논의를 나타낸다.

$$W = P^e F(u, z) \qquad (7.1)$$
$$(-,+)$$

즉, 국민경제 전체의 명목임금 $W$는 세 가지 요인에 의존한다.

- 기대물가 수준 $P^e$
- 실업률 $u$
- 임금 결정에 영향을 미칠 수 있는 그 외 모든 기타 변수 $z$

이제 각 요인을 차례로 살펴보자.

## 기대물가 수준

우선 기대물가와 실제물가의 차이를 무시하고 '물가는 왜 임금에 영향을 미치는가?'에 대해 검토하자. 이에 대한 답은 노동자나 기업 모두 명목임금이 아닌 **실질**임금에 관심을 갖기 때문이라는 것이다.

- 노동자는 얼마나 많은 금액을 받는지에는 관심 없지만 그 돈으로 얼마나 많은 재화를 살 수 있는지에는 주의한다. 즉, 노동자가 관심 있는 것은 명목임금 $W$가 아니라 자신이 구매하는 재화의 가격 $P$에 대비한 명목임금이다. 노동자는 $W/P$에 초점을 맞춘다.
- 마찬가지로 기업이 관심 있는 것은 지급하는 명목임금이 아니라 자신이 판매하는 재화의 가격($P$)에 대비한 명목임금($W$), 즉 $W/P$이다.

다른 방식으로 고려해 보자. 노동자는 자신이 구매하는 재화의 가격, 즉 물가가 2배가 될 것으로 예상한다면 명목임금이 2배가 되기를 요구한다. 기업은 자신이 판매하는 재화의 가격, 즉 물가가 2배가 될 것으로 기대한다면 명목임금을 2배 지불하려 한다. 따라서 노동자와 기업이 물가가 2배가 될 것으로 기대한다면 양자는 명목임금을 2배로 인상해 실질임금을 일정하게 만드는 데 동의할 것이다. 이러한 논리가 식 (7.1)에 담겨 있다. 물가가 2배 상승할 것으로 기대된다면 임금이 설정될 때 2배가 되는 명목임금이 선택될 것이다.

◀ 기대물가의 상승은 동일한 비율만큼의 명목임금 상승을 불러온다.

임금은 왜 **실제**물가 $P$보다 **기대**물가 $P^e$에 의존할까?

이는 임금이 명목 단위 또는 화폐 단위로 설정되기 때문이며, 더욱이 임금이 설정될 때 관련된 물가는 아직 알려지지 않았기 때문이다.

예를 들어 미국은 대부분의 노조 계약에서 명목임금이 미래의 3년을 대상으로 설정된다. 노조와 기업은 향후 3년에 걸친 물가가 어떻게 될 것인지에 관한 예상에 기초해 향후 3년에 걸친 명목임금을 결정해야 한다. 임금을 기업이 결정하거나 기업과 각 노동자 간의 협상으로 결정할 때조차도 통상 향후 1년을 대상으로 명목임금이 결정된다. 설령 물가가 연중에 예상치 않게 상승해도 명목임금은 통상 재조정되지 않는다. (노동자와 기업이 물가에 대한 기대를 어떻게 형성하는지는 다음 2개의 장 내내 주된 관심사가 될 것이다. 하지만 잠시 이 문제를 제쳐두자.)

## 실업률

식 (7.1)에서 총임금에 영향을 미치는 중요한 요인으로 실업률 $u$를 들 수 있다. $u$ 밑의 음의 기호는 실업률 증가가 임금을 감소시킨다는 것을 나타낸다.

임금이 실업률에 의존한다는 사실은 앞에서 내렸던 중요한 결론 중 하나이다. 만약 임금을 협상에 의해 결정되는 것으로 간주한다면 높은 실업률은 노동자의 협상력을 약화시켜 낮은 임금을 받아들이게 만들 것이다. 만약 효율성 임금 요인이 고려되어 임금이 결정된다면 실업이 높아질 때 기업은 좀 더 낮은 임금을 지불하더라도 노동자의 노동의욕을 전과 같이 유지할 수 있다.

실업률 상승은 명목임금 하락을 불러온다. ▶

실업률은 노동시장 상태를 나타내는 유일한 지표가 아니며, 가장 좋은 지표라고 보기도 어렵다. 또 다른 지표는 빈 일자리(job vacancy) 대비 실업자 비율이다. 빈 일자리가 많다는 것은 근로자를 구하는 기업이 많다는 의미이고, 실업자가 많다는 것은 일자리를 구하는 근로자가 많다는 의미다. 빈 일자리가 많고 실업자가 적을수록 근로자들의 협상력이 더 강해진다. 여기서는 실업률을 사용하겠다.

## 기타 요인

식 (7.1)의 세 번째 변수 $z$는 기대물가 수준과 실업률이 일정할 때 임금에 영향을 미치는 다른 모든 요인을 나타낸다. 관례상 $z$의 상승이 임금의 상승을 시사하도록 $z$ 변수를 정의하기로 하는데, $z$ 변수 밑의 양의 기호는 바로 이를 나타낸다. 앞에서 논의한 대로라면 수많은 잠재적 요인이 이에 속한다.

$z$의 정의에 따라 $z$의 상승은 명목임금 상승을 불러온다. ▶

예를 들어 노동자가 직장을 잃었을 때 받게 되는 실업급여의 지급, 즉 **실업보험**(unemployment insurance)을 생각하자. 직장을 잃었지만 다른 직장을 찾는 데 어려움을 겪는 노동자에게 사회가 일정한 보험을 제공해야 하는 당연한 이유가 있다. 하지만 여유로운 실업급여는 실업 가능성에 따른 스트레스를 줄이므로 실업률이 일정해도 임금 상승을 야기할 수 있다. 극단적 예로 실업보험이 존재하지 않는다고 가정하자. 일부 노동자는 생활의 근거가 사라질 것이고 실업 상태로 남아 있는 것을 피하려 매우 낮은 임금을 기꺼이 받아들일 것이다. 그러나 다행히도 실업급여가 존재하면 실업자는 더 높은 임금을 바라며 기다릴 것이다. 이 경우 $z$는 실업급여의 규모를 나타낸다. 실업률이 일정할 때 실업수당의 상승은 임금을 상승시킨다.

다른 요인들도 쉽게 이해될 수 있다. 최저임금 인상은 최저임금을 상승시킬 뿐만 아니라 최저임금 바로 위의 임금 역시 상승시킬 것이다. 결국 실업률이 일정하다고 해도 평균임금 $W$가 상승할 것이다. 아니면 **고용보호**(employment protection)가 강화되었다고 하자. 이 경우 기업이 노동자를 해고하는 비용이 높아진다. 이러한 변화는 해당 규제의 도움을 받을 수 있는 노동자의 협상력을 높일 것이고(기업으로서는 노동자를 해고하거나 다른 노동자를 고용하는 것에 더 많은 비용을 지불해야 한다), 결국 실업률이 일정하다고 해도 임금 상승으로 이어진다.

임금에 영향을 미치는 기타 요인은 여기서 끝나지 않는다. 세계화는 다른 국가와의 경쟁을 심화시킴으로써 임금에도 영향을 미친다. 인구구조도 중요한 역할을 한다. 젊은 근로자는 고령 근로자보다 더 자주 이직한다. 고령화 사회에서는 이동이 잦은 근로자가 적다. 우버(Uber)와 같은 기업은 더 유연한 일자리를 제공하지만 임금은 낮다. 인터넷은 기업의 근로자 탐색과 근로자의 일자리 탐색을 용이하게 한다. 임금에 영향을 미치는 기타 요인들의 종류가 많으며 자연실업률에 미치는 영향도 종종 복잡하다. 앞으로 논의가 진행됨에 따라 이러한 요인을 심도 있게 살펴볼 것이다.

## 7-4 가격 결정

임금 결정을 살펴보았으므로, 이제 가격 결정으로 관심을 돌리자.

기업이 결정하는 가격은 자신들의 비용에 의존한다. 그리고 이들 비용은 생산 과정에 사용된 투입 요소와 생산된 산출의 관계인 **생산함수**(production function)의 특성과 이들 투입 요소의 가격에 의존한다.

기업이 노동만을 투입해 재화를 생산한다고 가정하자. 이 경우 생산함수는 다음과 같다.

$$Y = AN$$

여기서 $Y$는 산출, $A$는 노동생산성, $N$은 고용이다. 이러한 생산함수는 노동자 1인당 산출로 정의되는 **노동생산성**(labor productivity)이 일정하며 $A$와 같다는 것을 시사한다.

미시경제학 용어를 사용하면 이 가정은 '생산에서 노동에 대한 수확불변'을 시사한다. 기업이 고용인원을 2배 증가시키면 생산하는 산출물 역시 2배 증가한다.

당연히 이는 지나치게 단순화한 것이다. 현실 세계에서 기업은 노동 외에 다양한 생산 요소를 사용한다. 기계와 공장 등 자본을 사용하며 석유와 같은 원자재도 사용한다. 더욱이 기술은 계속 진보해 노동생산성 $A$는 일정하지 않으며 지속적으로 상승한다. 후에 이러한 요인을 모두 고려할 것이다. 석유가격 변화에 따른 파급 효과를 분석하는 8장에서 다른 생산 요소들을 도입할 것이고, 이것이 1장에서 논의한 COVID-19 인플레이션의 일부를 어떻게 설명하는지 살펴볼 것이다. 10~13장에서는 장기의 산출 결정 문제를 다룰 때 자본의 역할과 기술 진보에 초점을 맞출 것이다. 하지만 여기서 설정한 산출과 고용의 단순한 관계는 현재의 목적에 충분하다.

노동생산성 $A$가 일정하다는 가정하에 논의를 더 단순화할 수 있다. 다시 말해 노동자가 1단위의 산출을 생산한다고 산출 단위를 표준화하자. 즉, $A$를 1로 두자. (이러한 가정을 하면 문자 $A$를 계속 끌고 다닐 필요가 없고 수식을 단순화할 수 있다.) 따라서 생산함수는 이제 다음과 같다.

$$Y = N \tag{7.2}$$

이 생산함수는 산출 1단위를 생산하는 비용이 $W$의 임금으로 노동자를 1명 더 고용하는 비용임을 시사한다. 미시경제학 용어를 사용한다면 산출을 1단위 더 생산할 때의 비용, 즉 생산의 한계비용은 $W$와 같다.

재화시장이 완전 경쟁적이면 산출 1단위의 가격은 한계비용과 일치한다. 즉, $P$는 $W$와 일치한다. 그러나 많은 재화시장이 경쟁적이지 못하며 기업은 제품가격을 자신의 한계비용보다 더 높게 설정한다. 이 사실을 나타내는 단순한 방식이 바로 기업이 제품가격을 다음 식을 따라 설정한다고 가정하는 것이다.

$$P = (1 + m)\, W \tag{7.3}$$

여기서 $m$은 제품가격 중 비용을 초과하는 부분으로 **마크업**(markup)이라 한다. 재화시장이 경쟁적이지 못하고 기업이 시장지배력을 가지면 $m$은 양의 값을 가지며 제품가격 $P$는 임금 $W$를 $(1+m)$배만큼 초과한다.

## 7-5 자연실업률

이제 임금과 가격 결정이 실업률에 제공하는 시사점을 알아보자.

이 장의 나머지는 $P^e = P$의 가정에 기초한다.

이 장의 나머지에서는 명목임금이 기대물가 $P^e$보다는 실제 물가 $P$에 의존한다고 가정한다(왜 이 가정이 필요한지는 곧 분명해진다). 이 가정을 추가하면 **자연실업률**(natural rate of unemployment)이라 불리는 균형실업률은 임금 설정과 가격 설정에 의해 결정된다. 이제 어떻게 이런 결과에 도달하는지 살펴보자.

### 임금 설정 관계

명목임금이 기대물가($P^e$)보다는 실제 물가($P$)에 의존한다는 가정하에 임금 설정의 특성을 규정하는 식 (7.1)은 다음과 같다.

$$W = P\, F(u, z)$$

양변을 물가로 나누면 다음과 같다.

$$\frac{W}{P} = F(\underset{(-,}{u}, \underset{+)}{z}) \tag{7.4}$$

단체협상에 의해 임금이 설정되면 '임금 설정자'는 노조와 기업이 되고, 노동자별로 설정되면 임금 설정자는 개인 노동자와 기업이 되며, 양자택일식으로 결정되면 임금 설정자는 기업이 된다.

결국 임금 설정식은 실질임금 $W/P$와 실업률 $u$ 간에 음의 관계가 성립함을 시사한다. **실업률이 높아질수록 임금 설정자가 선택하는 실질임금은 낮아진다.** 직관적으로 보면 당연하다. 실업률이 높아질수록 노동자의 협상력은 약화되며, 결국 실질임금도 낮아진다.

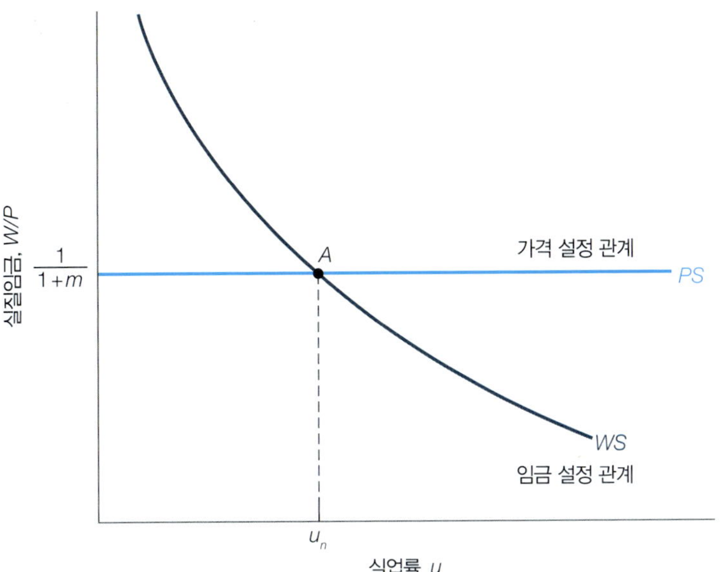


**그림 7-5**

**임금, 물가, 자연실업률**

자연실업률은 임금 설정에서 선택된 실질임금이 가격 설정이 시사하는 실질임금과 동일한 실업률이다.

실질임금과 실업률의 관계는 통상 **임금 설정 관계**(wage-setting relation)라 하며 그림 7-5와 같이 나타낼 수 있다. 여기서 수직축은 실질임금, 수평축은 실업률이다. 임금 설정 관계는 음의 기울기를 갖는 곡선 *WS*('wage setting'의 첫 글자)로 나타나 있다. 실업률이 높을수록 실질임금은 낮아진다.

## 가격 설정 관계

이제 가격 설정의 시사점을 알아보자. 가격 설정식 (7.3)을 명목임금으로 나누면 다음을 얻는다.

$$\frac{P}{W} = 1 + m \tag{7.5}$$

기업의 가격 설정 행태가 시사하는 임금에 대한 물가의 비율은 (1+마크업)이다. 이제 식의 양변에 역수를 취하면 실질임금에 관한 식을 얻을 수 있다.

$$\frac{W}{P} = \frac{1}{1 + m} \tag{7.6}$$

이 식이 무엇을 말하는지 주의하자. 기업이 가격을 설정하면 그와 동시에 기업이 지급하는 실질임금이 결정되는 것이다. 마크업의 상승은 기업이 지급해야 하는 임금이 일정한 상태에서 제품가격의 인상을 초래한다. 다시 말해 마크업 상승은 실질임금 하락을 야기한다.

식 (7.5)에서 (7.6)으로의 변환은 수식으로는 간단하다. 그러나 실제로 어떻게 가격 설정이 기업이 지불하는 실질임금을 결정하는지는 직관적으로는 분명하지 않을 수 있다. 이렇게 생각해 보자. 여러분이 일하는 기업에서 마크업을 증가시켰고, 그에 따라 제품가격이 상승했다고 하자. 여러분의 실질임금은 크게 변화하지 않았다. 여러분은 여전히 똑같은 임금을 지급받고 여러분이 근무하는 기업에서 생산한 제품이 여러분 소비에서 차지하는 비중도 아주 적다. 이제 여러분이 일하는 기업뿐만 아니라 경제 내 모든 기업이 모두 마크업을 증가시켰다고 하자. 이 경우 모든 가격이 상승한다. 여러분은 똑같은 명목임금을 받지만, 이번에는 여러분의 실질임금이 하락한다. 따라서 기업이 설정하는 마크업이 높아질수록 여러분의 실질임금은 낮아진다. 식 (7.6)은 이를 보여준다.

식 (7.6)의 **가격 설정 관계**(price-setting relation)는 그림 7-6의 수평선 *PS*('price setting'의 첫 글자)로 나타나 있다. 가격 설정 관계가 시사하는 실질임금은 $1/(1+m)$이며, 이는 실업률에 의존하지 않는다.

## 균형 실질임금과 실업

노동시장 균형은 임금 설정에서 선택된 실질임금이 가격 설정에서 시사하는 실질임금과 일치할 것을 요구한다. (물론 이런 식으로 균형 조건을 나타내는 것이 이상하게 보일 수 있다. 미시경제학을 배운 사람이라면 당연히 노동수요와 노동공급으로 균형을 바라보는 사고방식을 배웠을 것이기 때문이다. 임금 및 가격 설정과 노동 수요 및 공급은 첫인상보다 훨씬 밀접한 관계를 가지며, 이는 부록에서 더 깊이 다룬다.) 그림 7-6에서 균형은 결국 점 *A*로 결정되며 균형실업률은 $u_n$으로 주어진다.

균형은 수식으로도 나타낼 수 있다. 식 (7.4)와 (7.6)에서 실질임금 $W/P$를 소거하면 다음을 얻는다.

**그림 7-6**

**실업급여와 자연실업률**

실업급여의 증가는 자연실업률의 상승을 초래한다.

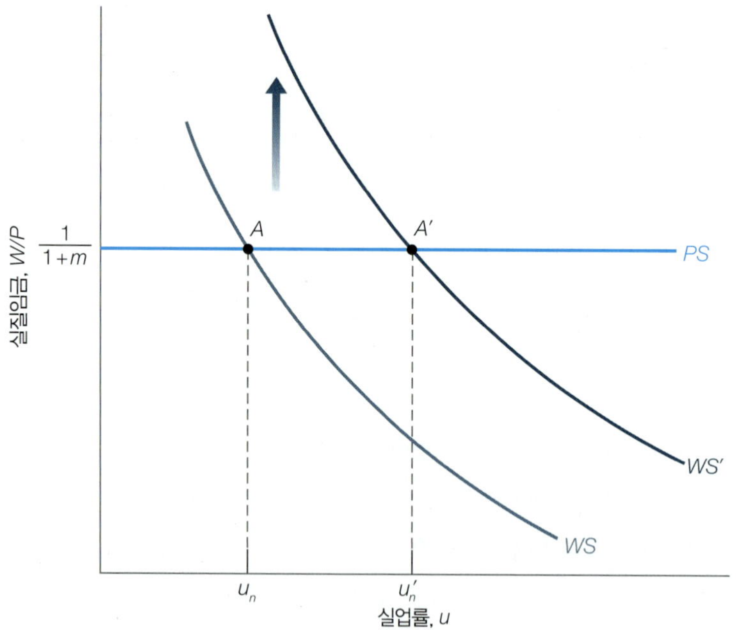

$$F(u_n, z) = \frac{1}{1+m} \tag{7.7}$$

여기서 균형실업률 $u_n$은 임금 설정 관계[식 (7.7)의 좌변]에서 선택된 실질임금과 가격 설정 관계[식 (7.7)의 우변]가 시사하는 실질임금이 일치하는 실업률이다.

◀ 다시 말해 균형실업률은 가격 설정과 임금 설정이 서로 일치하는 상태에서의 실업률을 의미한다.

균형실업률 $u_n$은 **자연실업률**(natural rate of unemployment, 이런 이유로 아래 첨자 $n$이 사용됨)이라 불린다. 사실 이런 용어는 표준적이지만 그리 적절한 단어는 아니다. '자연'이라는 단어는 제도나 정책에 의해 영향을 받지 않는 자연의 본성을 시사한다. 도출 과정에서 분명히 알 수 있듯이 '자연'실업률이란 자연스러운 것이 아니다. 임금 설정 곡선과 가격 설정 곡선의 위치, 균형실업률은 모두 $z$와 $m$에 동시에 의존한다. 두 가지 예를 살펴보자.

◀ 웹스터 사전에 따르면 '자연'은 "인공에 의한 변화 없이 자연에 의해 주어진 상태"를 의미한다.

- 실업급여의 증가. 실업급여의 증가는 $z$의 증가로 나타난다. 실업급여의 증가는 실업에 처할 경우 예견되는 고통을 완화하므로 실업률 수준이 똑같아도 임금 설정자가 설정하는 임금을 높이게 된다. 따라서 실업급여 증가는 임금 설정 관계를 $WS$에서 $WS'$으로 상승시키며(그림 7-6), 경제는 $PS$ 선을 따라 $A$에서 $A'$으로 움직여간다. 자연실업률은 $u_n$에서 $u'_n$으로 증가한다.

  즉, 실업률이 일정할 때 실업급여가 증가하면 실질임금이 상승한다. 실질임금을 기업이 기꺼이 지불하려는 수준까지 하락시키려면 실업률의 증가가 필요하다.

◀ 실업급여의 증가는 임금 설정 곡선을 위로 이동시킨다. 이때 경제는 가격 설정 곡선을 따라 이동하며 균형실업률은 증가한다. 그렇다면 실업급여는 좋지 않은 생각일까? (힌트: 그렇지 않다. 하지만 부작용이 있다.)

◀ 이로 인해 일부 경제학자들은 실업을 '규율 장치(discipline device)'라고 부른다. 다소 가혹하게 들릴 수 있지만, 실업률 상승은 기업이 감당할 수 있는 수준으로 임금이 조정되게 하는 경제적 메커니즘이다.

- 독점규제의 완화. 규제 완화에 따라 기업들이 보다 쉽게 결탁하고 시장지배력을 높일 수 있다면 이는 결국 마크업 증가로 이어진다. 마크업 $m$의 증가는 기업이 지불하는 실질임금의 하락을 시사하며, 그림 7-7에서 임금 설정 관계는 $PS$에서 $PS'$으로 하향 이동한다. 즉, 경제는 $WS$를 따라 움직이고 균형은 $A$에서 $A'$으로 이동하므로 균형실업률은 $u_n$에서 $u'_n$으로 증가한다.

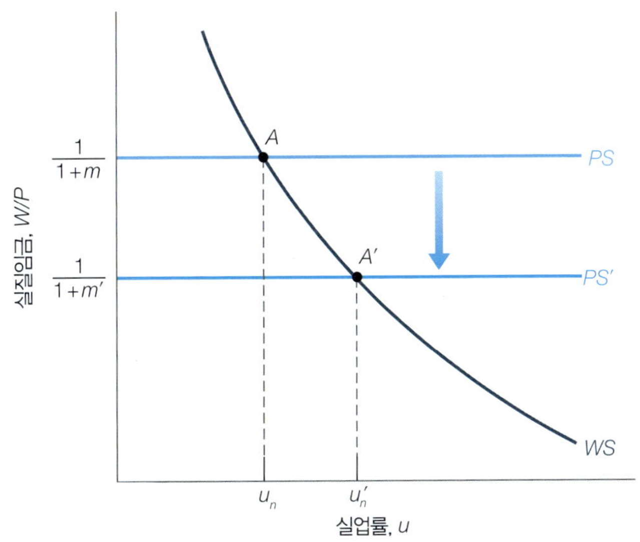


**그림 7-7**

**마크업과 자연실업률**

마크업 증가는 자연실업률 증가로 이어진다.

FOCUS

## 무엇이 유럽의 실업률을 설명하는가?

유럽과 미국 두 지역 모두 실업률은 시간에 따라 변동하지만, 유럽의 실업률이 일반적으로 미국보다 더 높았다. 예를 들어 2000년부터 2020년까지 유로 지역의 평균 실업률은 9.4%였던 반면, 미국은 6.0%였다.

많은 전문가는 유럽의 실업률이 더 높은 원인으로 '노동시장의 경직성(labor market rigidity)'을 지적한다. 그들은 다음과 같은 내용을 예로 든다.

- 관대한 실업보험 제도. 실업급여의 임금대체율(세후 임금 대비 실업자가 받는 실업급여의 비율)이 유럽에서 종종 더욱 높으며, 실업급여 지급기간 또한 보통 수년에 걸쳐 이어진다.

  실업보험제도는 분명히 바람직한 제도이다. 그러나 관대한 실업급여는 적어도 두 가지 방식으로 실업률을 높일 가능성이 있다. 첫째, 실업자들이 일자리를 찾으려는 유인을 줄인다. 둘째, 기업이 근로자에게 지급하는 임금 수준을 높일 수 있다. 이 장에서 다룬 효율성 임금과 관련된 논의를 떠올려보자. 실업급여 수준이 높을수록 기업은 근로자들의 동기를 부여하고 회사를 떠나지 않게 하기 위해 더 높은 임금을 지급해야 한다.

- 높은 수준의 고용보호. 경제학자들이 말하는 고용보호란, 기업이 근로자를 해고할 때 추가적인 비용을 발생시키는 일련의 규정을 의미한다. 여기에는 높은 해고수당, 해고 사유를 정당화해야 하는 의무, 근로자가 해고에 대해 이의를 제기하고 결정을 번복시킬 수 있는 가능성 등이 포함된다.

  고용보호의 목적은 해고를 줄여 근로자를 실업의 위험으로부터 보호하는 것이다. 실제로 이런 제도는 해고를 줄이는 데 효과가 있다. 그러나 동시에 기업이 근로자를 고용하는 데 더 신중해지게 만들고, 그 결과 실업자들이 일자리를 구하는 것이 더 어려워진다. 여러 근거에 따르면 고용보호는 실업률을 반드시 높이진 않지만, 실업의 양상을 바꾼다. 즉, 실업으로의 진입과 실업으로부터의 탈출이 모두 줄어들며, 평균 실업기간이 길어지는 경향이 있다. 실업기간이 길어질수록 실업자는 기술과 의욕을 잃을 위험이 커지며, 이로 인해 고용가능성이 낮아진다.

- 최저임금. 대부분의 유럽 국가들은 전국 단위의 최저임금제도를 운영하고 있다. 그리고 일부 국가에서는 최저임금이 중위임금에 비해 매우 높은 수준일 수 있다. 높은 최저임금은 분명히 숙련도가 낮은 노동자들의 고용을 제한할 위험이 있으며, 그 결과 이들의 실업률을 높일 수 있다.

- 협상 규정. 많은 유럽 국가에서는 노동계약이 **확장 합의**(extension agreement)의 적용을 받는다. 이는 일부 기업과 노조가 체결한 계약이 해당 산업의 모든 기업에 자동으로 적용될 수 있다는 것을 의미한다. 이러한 제도는 비노조 기업들이 임금을 낮게 유지하며 경쟁할 수 있는 여지를 줄이기 때문에 노조의 협상력을 상당히 강화시킨다. 본문에서 보았듯이 노조의 협상력이 강해질수록 실업률이 높아질 수 있다. 안타깝게도 높은 실업률은 근로자들의 더 높은 임금 요구와 기업이 실제로 지급할 수 있는 임금 수준을 조정(타협)하는 경제적 메커니즘의 결과로 볼 수 있다.

이러한 노동시장 제도가 유럽의 높은 실업률을 실제로 잘 설명할 수 있을까? 결론이 명확하게 내려진 문제일까? 그렇지는 않다. 여기서 두 가지 중요한 사실을 다시 한번 떠올려볼 필요가 있다.

사실 1: 유럽의 실업률이 항상 높았던 것은 아니다. 1960년대에는 프랑스, 독일, 이탈리아, 스페인 등 4개의 주요 유럽 대륙 국가의 실업률은 약 2~3% 수준으로 미국보다 낮았다. 당시 미국 경제학자들은 '유럽의 실업률 기적'을 연구하기 위해 유럽으로 건너오곤 했다. 하지만 오늘날 이들 국가의 자연실업률은 약 8~9% 정도로 올라갔다. 이렇게 실업률이 상승한 원인은 무엇일까?

한 가지 가설은, 과거의 제도는 지금과 달랐고 노동시장의 경직성은 불과 지난 40년 사이에 생겨났다는 것이다. 그러나 이는 사실이 아니다. 1970년대의 부정적 충격(특히 유가 급등에 따른 두 차례의 경기침체)에 대응하기 위해 많은 유럽 정부가 실업보험과 고용보호를 강화한 것은 사실이다. 그러나 1960년대에도 유럽의 노동시장 제도는 미국과는 전혀 달랐다. 사회적 보호 수준은 유럽이 훨씬 높았음에도 불구하고, 당시에는 오히려 실업률이 더 낮았던 것이다.

더 설득력 있는 설명은 제도와 외부 충격 간의 상호작용에 초점을 맞춘다. 어떤 노동시장 제도는 특정 환경에서는 문제가 없을 수 있지만, 다른 환경에서는 비용이 크게 발생할 수 있다. 예를 들어 고용보호를 생각해 보자. 기업 간 경쟁이 제한적이라면 각 기업이 인력을 조정해야 할 필요도 적어지고, 고용보호로 인한 비용도 낮을 수 있다. 하지만 국내외 기업 간 경쟁이 치열해지면 고용보호로 인한 비용이 크게 늘어날 수 있다. 노동력을 빠르게 조정하지 못하는 기업은 경쟁에서 밀려 폐업하게 될 수도 있다.

사실 2: 유럽 국가들 간에 평균 실업률에는 큰 차이가 나타난다. 이는 2000년부터 2020년까지 15개 유럽 국가의 실업률을 보여주는 그림 1에서 확인할 수 있다.

보다시피 프랑스, 스페인, 이탈리아 등 유럽 대륙의 주요 3개국의 실업률은 실제로 높았다.

하지만 영국, 덴마크, 네덜란드, 노르웨이 같은 여러 나라의 실업률이 낮았다는 점도 주목할 필요가 있다. 실업률이 낮은 이들 국가가 모두 낮은 복지 혜택, 약한 고용보호, 약한 노조를 가지고 있었을까? 안타깝게도 상황은 그렇게 단순하지 않다. 예를 들어 스페인은 높은 수준의 사회안전망을 갖추고 있으며, 매우 높은 평균 실업률을 기록하고 있다. 그런데 네덜란드 역시 높은 수준의 사회안전망을 가지고 있지만 평균 실업률은 낮은 편이다.

그렇다면 결론은 무엇일까? 경제학자들 사이에서 점차 형성되고 있는 공감대는, "악마는 디테일에 있다"는 점이다. 관대한 사회적 보호가 반드시 높은 실업률을 초래하는 것은 아니며, 관대한 사회적 보호가 효율적으로 제공될 때는 낮은 실업률과도 공존할 수 있다는 것이다. 실업급여는 실업자가 일자리가 있을 때 적극적으로 취업하도록 유도할 수 있는 수준까지는 관대해도 괜찮다. 고용보호(예: 관대한 해고수당 지급) 역시 기업이 근로자를 해고할 때 행정적 또는 법적 불확실성에 장기간 직면하지 않는다면 낮은 실업률과 양립할 수 있다. 노르웨이 같은 나라들은 이러한 목표를 비교적 성공적으로 달성한 것으로 보인다. 실업자들이 일자리를 구하도록 유도하는 정책을 만들고, 고용보호 규정을 간소화하는 것이 많은 유럽 정부의 개혁 과제에 올라와 있다. 앞으로 이러한 노력이 실업률 감소로 이어지기를 기대할 수 있다.

유럽 실업률에 대해 더 알고 싶다면 블랑샤르(Olivier Blanchard)의 논문 "European Unemployment: The Evolution of Facts and Ideas," *Economic Policy*, 2006, 21(45): pp. 1–54를 참고하라.

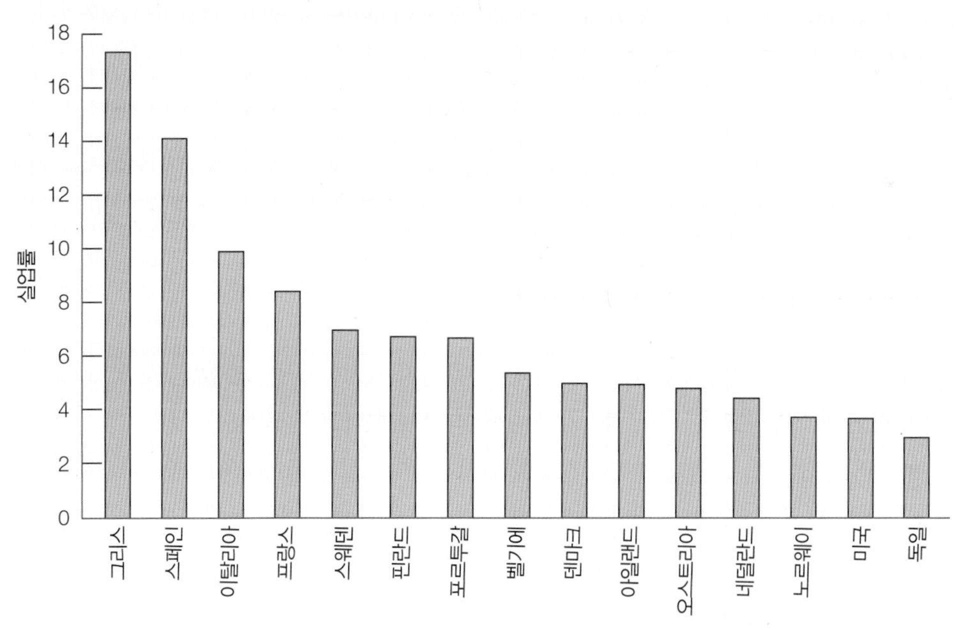


그림 1

유럽 15개국의 평균 실업률(2000~2020년)

출처: WEO 데이터베이스

마크업의 상승은 가격 설정 곡선(이 경우는 가격 설정선)을 이동시킨다. 경제는 임금 설정 곡선을 따라 이동하고 균형실업률은 증가한다.

마크업의 상승은 실질임금을 낮추고 자연실업률을 증가시킨다. 즉, 독점규제의 완화는 명목임금이 일정하더라도 가격 상승을 가능하게 하고, 이는 결국 실질임금의 하락을 유발한다. 실업률이 높아진 상황에서 노동자는 낮아진 실질임금을 수용할 수밖에 없으므로 자연실업률의 증가가 발생한다.

실업급여의 증가나 독점규제 완화와 같은 요인은 자연의 결과물이라 보기 어렵다. 이들은 오히려 경제 구조가 지닌 다양한 특성을 반영한다. 이런 이유로 균형실업률을 **구조적 실업률**(structural rate of unemployment)이라 부르는 것이 더 나을 것이다. 하지만 지금까지 이런 명칭은 그리 널리 사용되고 있지 못하다.

이 이름은 컬럼비아대학교의 펠프스(Edmund Phelps)가 제안했다. 펠프스는 2006년에 노벨 경제학상을 수상했다. 펠프스의 업적에 대한 보다 자세한 내용은 8장과 24장을 참조하라.

실업률은 주기적으로 변하기 때문에 자연실업률은 직접적으로 관찰할 수 없다. 그러나 충분히 오랜 기간에 걸쳐 살펴보면 평균 실업률은 자연실업률의 좋은 지표가 될 수 있다. 그리고 FOCUS '무엇이 유럽의 실업률을 설명하는가?'에서 볼 수 있듯이 국가별로 평균 실업률에 큰 차이가 있다. 이러한 차이가 발생하는 요인을 파악하는 것은 분명 중요한 정책 과제이다.

## 7-6 앞으로의 방향

지금까지 노동시장 균형이 어떻게 균형실업률을 결정하는지를 살펴보았다. (이렇게 결정된 균형실업률을 **자연실업률**이라 했다.) 정확한 도출은 9장에서 다루겠지만, 경제활동인구가 일정할 때 실업률은 고용 수준을 결정하며, 생산함수가 일정할 때 고용 규모가 산출 수준을 결정한다는 것이 분명하다. 따라서 자연실업률에 대해 **자연산출 수준**(natural level of output)이 상응한다.

현시점에서 보았을 때 지난 4개의 장에서 한 것은 무엇일까? 만약 노동시장에서의 균형이 실업률과 그에 따른 산출 수준을 결정한다면 왜 재화시장과 금융시장을 분석하는 데 그렇게 많은 시간을 보냈을까? 아울러 산출 수준이 통화 정책, 재정 정책, 소비자 신뢰와 같은 요인에 의해 결정된다고 앞서 결론 내린 바 있다. 그러나 이러한 요인은 식 (7.7)에 포함되어 있지 않다. 그러므로 자연산출 수준에 영향을 미치지 않는 것이 아닌가?

답은 단기와 중기의 차이를 통해 살펴볼 수 있다.

- 자연실업률과 그에 대응하는 산출 수준을 두 가지 가정하에서 도출했다. 첫째, 노동시장의 균형을 가정했다. 둘째, 물가가 기대물가와 일치한다고 가정했다.
- 그러나 단기에 두 번째 가정이 성립할 근거가 없다. 실제 물가는 명목임금이 결정될 때 기대했던 물가와 얼마든지 다를 수 있다. 따라서 단기에 실제 실업률이 자연실업률과 또는 산출이 자연산출 수준과 일치할 이유는 없다.

단기에 산출의 변화를 결정하는 요인은 앞선 4개 장에서 초점을 맞춘 요인들로, 통화 정책, 재정 정책 등이 있다.

9장에서 보겠지만 단기에 산출의 움직임을 결정하는 요인은 사실상 앞서 4개 장에서 다루었던 요인, 즉 통화 정책, 재정 정책 등이었다. 여러분이나 저자나 시간을 낭비한 것은 아니다.

- 그러나 기대가 체계적으로 항상 잘못될 가능성(예: 기댓값이 항상 지나치게 높거나 낮을 가능성)은 크지 않다. 바로 이런 이유로 **중기에 실업률이 자연 수준으로 복귀하는 경향이 있으며, 산출은 자연산출 수준으로 복귀하는 경향을 갖는다. 중기에 있어 실업과 산출을 결정하는 요인은 식 (7.7)에 나타나는 것들이다.**

중기에 산출은 자연산출 수준으로 복귀하는 경향이 있다. 실업과 산출을 결정하는 요인은 이 장에서 중점적으로 살펴본 요인들이다.

요약하면 이것이 이 장의 첫 문장에서 던졌던 질문들에 대한 답이다. 이어지는 2개의 장에서는 이들 답변을 더 자세히 발전시킨다. 8장은 물가가 기대물가와 일치한다고 가정하고 필립스 곡선으로 알려진 인플레이션과 실업의 관계를 유도한다. 9장은 이 모든 것을 종합한다.

## 요약

- 경제활동인구는 일하고 있는 사람(취업자)과 일자리를 찾고 있는 사람(실업자)으로 구성된다. 실업률은 경제활동인구 수에 대비한 실업자 수의 비율과 같다. 경제활동참가율은 노동가능인구 대비 경제활동인구의 비율과 같다.
- 미국의 노동시장은 고용, 실업, '경제활동인구로부터의 이탈' 간에 발생하고 있는 대규모 흐름으로 특징지어진다. 월평균 실업자의 약 44%가 직업을 갖거나 경제활동인구로부터 이탈함으로써 실업 상태에서 벗어난다.
- 실업률은 경기침체기에 높아지고 경기확장기에 낮아진다. 실업률이 높은 기간 동안 일자리를 잃을 확률은 높아지지만 직업을 얻을 확률은 낮아진다.
- 임금은 기업이 일방적으로 결정하거나 노동자와 기업의 협상에 의해 결정된다. 임금은 실업률이 증가할 때 감소하며 기대물가가 상승하면 같이 상승한다. 임금이 기대물가에 의존하는 이유는 통상 명목가치를 기준으로 일정 기간 동안 고정되기 때문이다. 이 기간 동안 물가가 기대했던 수준과 다르게 실현되어도 임금은 통상 재조정되지 않는다.
- 기업이 설정한 가격은 임금과 임금 대비 가격의 마크업 수준에 의존한다. 기업이 선택한 마크업이 높아질수록 가격 설정 의사결정이 시사하는 실질임금은 낮아질 것이다.
- 노동시장에서의 균형은 임금 설정에서 선택된 실질임금과 가격 설정이 시사하는 실질임금이 일치할 것을 요구한다. 기대물가가 실제 물가와 일치한다는 추가적인 가정하에서 노동시장의 균형은 실업률을 결정한다. 이 실업률은 **자연실업률**로 알려져 있다.
- 일반적으로 실제 물가는 임금 설정자가 기대한 물가와 다르게 실현될 수 있다. 따라서 실업률이 자연실업률과 일치할 필요는 없다.
- 이어지는 장들은 단기에 실업률과 산출이 이전 4개 장에서 초점을 맞춰온 요인들에 의해 결정된다는 것을 보일 것이다. 그러나 중기에 실업률은 자연실업률로 다시 돌아가는 경향이 있으며, 산출 역시 자연산출 수준으로 다시 돌아가는 경향이 있다.

## 핵심용어

가격 설정 관계(price-setting relation)
경제활동인구(labor force)
경제활동참가율(participation rate)
고용률(employment rate)
고용보호(employment protection)
구조적 실업률(structural rate of unemployment)
노동생산성(labor productivity)
단체협상(collective bargaining)
마크업(markup)
비경제활동인구(out of the labor force)
노동가능인구(non-institutional civilian population)
생산함수(production function)

실망실업자(discouraged workers)
실업률(unemployment rate)
실업보험(unemployment insurance)
실업지속기간(duration of unemployment)
유보임금(reservation wage)
자발적 이직(quit)
이직(seperation)
인구동향조사(Current Population Survey, CPS)
임금 설정 관계(wage-setting relation)
입직(hire)
자연실업률(natural rate of unemployment)
해고(layoff)
협상력(bargaining power)
효율성 임금이론(efficiency wage theory)

## 연습문제

### 기초문제

1. 이 장의 내용에 기초해 다음에 대해 '사실', '거짓', '불확실' 여부를 밝히고 그 이유를 간단히 설명하라.
   a. 1950년 이래 미국의 경제활동참가율은 대체로 60% 수준에서 일정하게 머물렀다.
   b. 매월 고용 상태에서 유출입하는 흐름은 경제활동인구의 규모에 비해 매우 작다.
   c. 실업자의 10% 미만이 매년 실업자군을 이탈한다.
   d. 실업률은 경기침체기에 높아지며 경기확장기에는 낮아진다.
   e. 대부분의 노동자는 통상 자신의 유보임금을 받는다.
   f. 노조에 속하지 않은 노동자는 협상력이 없다.
   g. 노동자가 생각하는 유보임금보다 더 높은 임금을 지급하는 것이 고용주에게 유리할 수 있다.
   h. 자연실업률은 정책 변화에 영향을 받지 않는다.
2. 이 장의 내용에 기초해 다음 질문에 답하라.
   a. 고용 상태에서 매월 유출입(입직과 이직)하는 노동자의 규모는 취업자 대비 몇 %인가?
   b. 실업 상태에서 매월 유출입하는 노동자의 규모는 실업자 대비 몇 %인가?
   c. 매월 실업 상태에서 벗어나는 전체 규모는 실업자 대비 몇 %인가? 평균 실업지속기간은 얼마인가?
   d. 매월 경제활동인구에서 유출입하는 총인구 규모는 경제활동인구 대비 몇 %인가?
   e. 본문에서는 매월 45만 명의 새로운 노동자가 경제활동인구가 된다는 점을 보았다. 경제활동인구로 유입되는 인구 중 몇 %가 경제활동인구로 포함되는 신규 노동자에서 기인하는가?
3. 자연실업률 기업의 비용 대비 마크업이 5%이고 임금 설정식은 다음과 같다.

$$W = P(1 - u),$$

   여기서 $u$는 실업률이다.
   a. 임금 설정식에 의해 결정되는 실질임금 수준은 얼마인가?
   b. 자연실업률은 얼마인가?
   c. 기업이 책정하는 비용 대비 가격의 마크업이 10%로 증가했다고 하자. 자연실업률은 어떻게 바뀌겠는가? 여러분의 답을 얻는 데 사용한 논리를 설명하라.

### 심화문제

4. 유보임금
   1980년대 중반 어떤 유명한 슈퍼모델은 1만 달러(아마도 일당 기준)보다 적은 금액으로는 침대에서 나오지 않을 것이라고 말했다.
   a. 여러분의 유보임금은 얼마인가?
   b. 첫 직장에서의 임금은 여러분의 유보임금을 초과하겠는가?
   c. 각 직장에 들어갈 당시의 유보임금에 비교해 볼 때 어떤 직장의 임금이 더 높았는가? 첫 번째 직장인가, 아니면 10년 뒤 여러분이 기대하는 직장인가?
   d. 효율성 임금 이론에 기초해 a~c의 답을 설명하라.
   e. 위기에 대한 정책 대응 중 하나가 실업급여를 받는 기간을 연장하는 것이었다. 이러한 변화가 영구적인 것이라면 유보임금에 어떤 영향을 미치겠는가?
5. 협상력과 임금 결정
   단체협상이 없더라도 노동자는 자신의 유보임금보다 더 높은 임금을 갖도록 해주는 일종의 협상력을 갖는다. 각 노동자의 협상력은 자신의 직업이 갖는 특성과 경제 전체의 노동시장 조건에 모두 의존한다. 각 요인을 순서대로 검토하자.

a. 배송업과 컴퓨터 네트워크 관리업을 비교하라. 노동자는 어떤 직업에서 더 많은 협상력을 갖는가? 그 이유는 무엇인가?

b. 직업은 일정하다고 할 때 노동시장 여건은 노동자의 협상력에 어떤 영향을 미치는가? 노동시장 여건을 평가하기 위해 어떤 노동시장 변수를 참고할 것인가?

c. 노동시장 여건(b에서 고려했던 변수)은 일정하지만 경제 전반에서 노동자의 협상력이 증가했다고 하자. 이러한 변화는 중기에 실질임금에 어떤 영향을 미치겠는가? 단기에는 어떠한가? 이 장에서 설명한 모형에서 어떤 요인이 실질임금을 결정하겠는가?

6. 실업의 존재

a. 이 장의 부록에서 그림 1의 임금 설정 관계가 우상향하는 이유는 무엇인가? N이 L에 접근하면 실업률은 어떻게 되겠는가?

b. 가격 설정 관계는 수평선으로 나타난다. 마크업의 상승은 부록 그림 1의 가격 설정 관계의 위치에 어떤 영향을 미치는가? 이 마크업의 상승은 자연실업률에 어떤 영향을 주는가?

7. 비공식 노동시장

2장에서는 집에서의 비공식적 일(예: 식사 준비, 아동 보호 등)은 GDP에 포함되지 않는다고 했다. 아울러 이러한 일은 노동시장 통계에서 고용에 포함되지 않는다. 이러한 관찰을 염두에 두고 두 경제를 고려하자. 각 경제에는 100명의 사람이 4명씩 한 가구가 되어 25가구로 나뉘어 있다. 각 가구에서 한 사람은 집에 머물며 음식을 준비하고 두 사람은 음식업 이외의 업종에서 직업을 갖고 있으며, 한 사람은 실업자이다. 직업을 갖고 있는 두 사람은 각 경제에서 동일한 규모의 산출을 만들어낸다고 가정하자.

첫 번째, '내식' 경제에서는 25명의 음식 준비 노동자가 집에서 자기 가족을 위해 요리를 하고 집 밖에서는 일을 하지 않는다. 모든 음식은 집에서 준비되고 소비된다. 이 경제에서 25명의 음식 준비 노동자는 공식적 노동시장에서 일자리를 찾지 않는다(따라서 근로 여부를 질문하면 일자리를 찾지 않고 있다고 답한다). 두 번째, '외식' 경제에서는 25명의 음식 준비 노동자가 모두 식당에 고용되어 있다. 모든 음식은 식당에서 구입된다.

a. 각 경제에서 고용, 실업, 경제활동인구의 통계치를 계산하라. 각 경제에서 실업률과 경제활동참가율의 통계치를 계산하라. 어떤 경제에서 GDP 통계치가 더 높은가?

b. 이제 내식 경제가 변화했다고 하자. 몇 개의 식당이 장사를 시작했고 10가구의 10명의 음식 준비 노동자가 이들 식당에서 일자리를 잡았다. 나머지 15명의 음식 준비 노동자는 집에서 일을 계속하고 공식부문에서는 일자리를 찾지 않는다. 수치 없이 내식 경제에는 실업, 고용, 경제활동인구, 실업률, 경제활동참가율의 통계에 어떤 변화가 생기겠는가? 내식 경제에서 GDP 통계에는 어떤 일이 발생하겠는가?

c. 집에서 하는 일을 GDP와 고용통계에 포함하려 한다고 하자. GDP에서는 집에서 하는 일의 가치를 어떻게 측정하겠는가? 고용, 실업, 비경제활동인구의 정의를 어떻게 변화시키겠는가?

d. 위의 문제 c에서의 새로운 정의에 따른다면 외식 경제와 내식 경제의 노동시장 통계에는 차이가 있는가? 이들 경제에서 생산된 음식이 동일한 가치를 갖는다고 가정한다면 문제 b에서의 실험이 내식 경제의 노동시장이나 GDP 통계에 어떤 영향을 미치겠는가?

## 보충문제

8. 실업기간과 장기 실업

이 장에서 소개된 데이터에 따르면 실업자 중 44%가 매월 실업 상태를 벗어난다.

a. 모든 실업자가 실업에서 벗어날 확률이 동일하다고 하자. 실업자가 한 달이 지나도 여전히 실업 상태에 놓일 확률은 얼마인가? 2개월이 지나면 얼마인가? 6개월이 지나면 얼마인가?

이제 실업자의 구성을 살펴보자. 6개월 이상 실업 상태에 있는 실업자의 비율을 결정하기 위한 단순한 실험을 하고자 한다. 실업자의 수가 상수 $x$로 일정하다고 하자. 매월 실업자의 47%가 일자리를 가지며, 동일한 인원 만큼 노동자가 실업자가 된다고 하자.

b. 이달에 실업 상태에 있던 $x$명의 노동자 집단을 고려하자. 1개월 후에 이 집단의 몇 %가 여전히 실업 상태에 있겠는가? (힌트: 실업자의 47%가 매월 일자리를 갖는다면 원래의 실업자 $x$명 중 몇 %가 첫 번째 달에 일자리

를 얻지 못하겠는가?)

c. 2개월 후에 원래의 실업자 $x$명 중 몇 %가 최소한 2개월간 실업 상태에 있었겠는가? (힌트: 위의 문제 b에서의 답이 주어졌을 때, 최소한 1개월간 실업 상태에 있는 실업자 중 몇 %가 두 번째 달에 일자리를 갖지 못하겠는가?) 6개월 후에 원래의 실업자 $x$명 중 몇 %가 최소한 6개월간 실업 상태에 있었겠는가?

d. *Economic Report of the President*의 표 B-28(2022년 보고서의 표 번호)을 사용해 2000~2019년간 6개월(27주) 이상 실업 상태에 있는 실업자의 비율을 계산하라. 위기 이전인 2000~2008년간 이 수치는 위의 문제 c에서 구한 답과 어떻게 비교되는가? 이들 실제 수치와 계산한 수치 간의 차이를 유발한 원인은 무엇이라고 생각하는가? (힌트: 실업 상태에서 벗어날 확률은 실업지속기간이 증가하면 하락한다.)

e. 2009~2011년 금융위기 동안 6개월 이상 실업 상태에 있었던 실업자의 비율은 어떻게 되었는가?

f. 6개월 이상 실업 상태에 있었던 실업자 비율에서 금융위기가 끝났음을 보여주는 증거를 찾아볼 수 있는가?

g. 위기에 대한 정책 대응 중 하나는 실업자가 실업급여를 수령하는 기간을 확대하는 것이었다. 이러한 변화는 6개월 이상 실업 상태에 있는 노동자의 비중에 어떤 영향을 미치겠는가? 실제로 그런 일이 벌어졌는가?

9. 미국 노동통계국 웹사이트(www.bls.gov)를 방문해 최근의 고용상황 개요(Employment Situation Summary)를 찾아보라. 'National Employment' 링크 아래를 찾아보라.

a. 가장 최근의 미국 경제활동인구, 실업자 수, 실업률은 얼마나 되는가?

b. 얼마나 많은 사람이 취업해 있는가?

c. 표에서 첫 번째 수치에 비해 가장 최근의 실업자 수는 얼마나 변화했는가? 노동자 수는 얼마나 변화했는가? 실업 감소 규모는 고용 증가 규모와 일치하는가? 이에 대해 설명하라.

10. 경기침체기의 통상적인 실업률 동학

다음 표는 세 차례의 경기침체기에 나타난 연간 경제성장률의 행태이다. 이 데이터는 Economic Report of the President의 표 B-4에 나타나 있다.

| 연도 | 경제성장률 | 실업률 |
|---|---|---|
| 1981 | 2.5 | |
| 1982 | −1.9 | |
| 1983 | 4.5 | |
| 1990 | 1.9 | |
| 1991 | −0.2 | |
| 1992 | 3.4 | |
| 2008 | 0.0 | |
| 2009 | −2.6 | |
| 2010 | 2.9 | |

Economic Report of the President의 표 B-35를 이용해 위 표의 연간 실업률을 채우고 다음 질문에 답하라.

a. 경기침체기에 실업률은 언제 더 높아지는가? 산출이 감소한 해인가, 아니면 그다음 해인가? 그 이유를 설명하라.

b. 경기가 회복됨에 따라 실망실업자가 경제활동에 참여할 때 경기침체 후의 실업률 패턴을 설명하라.

c. 위기로 야기된 2009년 경기침체 이후에 실업률은 상당히 높아졌다. 당시의 경기침체기에 실업급여는 6개월에서 12개월로 연장되었다. 모형에 따르면 이러한 정책은 자연실업률에 어떤 영향을 미쳤겠는가? 데이터는 이러한 예측을 지지하는가?

11. 주(state) 단위 노동시장 변화에 대한 추가 검토

러스트 벨트(Rust Belt)의 쇠퇴와 주 단위 노동시장 간 차이에 대한 논의가 빈번하다. 아래 표는 금융위기 이전인 2003년, 위기가 최고조에 달했던 2009년, 위기 이후 2018년의 캘리포니아, 오하이오, 텍사스 노동시장을 요약한 것이다. 오하이오는 러스트 벨트에 포함된다.

출처: www.bls.gov/lau/ex14tables.htma.

| 주 | 캘리포니아 | 오하이오 | 텍사스 |
|---|---|---|---|
| 변수 | | 경제활동참가율 | |
| 2003 | 65.9 | 67.4 | 68.0 |
| 2009 | 65.1 | 66.0 | 60.8 |
| 2018 | 62.4 | 62.4 | 61.7 |
| | | 변수 고용률 | |
| 2003 | 61.5 | 63.3 | 63.4 |
| 2009 | 57.8 | 59.2 | 60.8 |
| 2018 | 59.8 | 59.5 | 61.7 |

| 변수 실업률 | | | |
|---|---|---|---|
| 2003 | 6.7 | 6.1 | 6.8 |
| 2009 | 11.3 | 11.8 | 7.5 |
| 2018 | 4.2 | 4.5 | 3.8 |

a. 2003~2018년 중 경제활동참가율이 가장 많이 하락한 주는 어디인가? 이는 러스트 벨트의 경제적 쇠퇴에 대한 이야기와 일치하는가?

b. 2003년부터 2009년까지의 실업률 증가를 사용해 경제적 스트레스를 측정한다면 금융위기로 가장 큰 타격을 입은 주는 어디인가?

c. 2003년부터 2009년까지의 참가율 하락을 사용해 경제적 스트레스를 측정한다면 금융위기로 가장 큰 타격을 입은 주는 어디인가?

d. 2018년 기준으로 세 가지 통계를 모두 사용할 때 노동시장이 가장 취약한 주는 어디인가?

12. 여성의 노동시장 참여는 꾸준히 변화해 왔다. 이 장 본문에서는 경제활동참가율, 실업률, 고용률(인구 대비 고용의 비율) 등 노동시장 참여도를 측정하는 세 가지 지표를 제시했다. FRED의 데이터를 사용하여 아래 과제를 수행하라.

a. 1980년부터 현재까지 10년 단위로 남성[경제활동참가율(LNS11300001), 실업률(LNS14000001), 고용률(LNS12300001)]과 여성[경제활동참가율(LNS11300002), 실업률(LNS14000002), 고용률(LNS12300002)]의 세 가지 통계를 비교하라. COVID-19 경기침체 시기를 포함시키지 않기 위해 마지막 10년 시기에 대해서는 2019년 자료를 사용하자.

b. 자료에서 추세가 보이는가?

c. 1982년, 1991년, 2002년, 2009년, 2020년 경기침체 시기에 대해 남성과 여성의 세 가지 통계를 비교하라.

d. 자료에서 추세가 보이는가?

## 부록 임금 및 가격 설정 관계와 노동수요 및 노동공급

미시경제학에서 노동수요와 노동공급을 이용해 노동시장 균형을 살펴보았을 것이다. 따라서 다음과 같은 질문이 떠오를 것이다. 임금 설정과 가격 설정에 의한 노동시장 모형과 미시경제학의 노동시장 모형은 어떤 관련이 있을까?

중요한 의미에서 두 가지 모형은 유사하다.

이유를 보기 위해 실질임금을 수직축, 고용 규모(실업률 대신)를 수평축으로 하여 그림 7-5를 다시 그려보자. 이는 그림 1에 나타나 있다.

수평축은 취업자 수 $N$을 측정한다. 취업자 수는 틀림없이 0과 경제활동인구 $L$ 사이에 놓일 것이다. 고용은 일자리에 이용 가능한 사람의 수, 즉 경제활동인구를 초과할 수 없다. 고용 규모가 $N$이면 실업자 수는 $u = L - N$으로 주어진다. 즉, 실업자 수는 $L$부터 시작해서 수평축을 따라 왼쪽으로 움직이면 측정할 수 있다. 실업자 수는 $L$과 $N$ 사이의 거리로 주어진다. 고용 규모 $N$이 낮아질수록 실업자 수는 증가하며 그에 따라 실업률 $u = U/L$는 증가한다.

이제 임금 설정과 가격 설정 관계를 나타내고 균형의 특성을 살펴보자.

- 고용 증가(수평축을 따라 오른쪽으로의 이동)는 실업 감소 그리고 그에 따른 임금 설정에서 선택된 실질임금의 증가를 시사한다. 따라서 임금 설정 관계는 양의 기울기를 갖는다. 고용 증가는 실질임금의 상승을 이끈다.

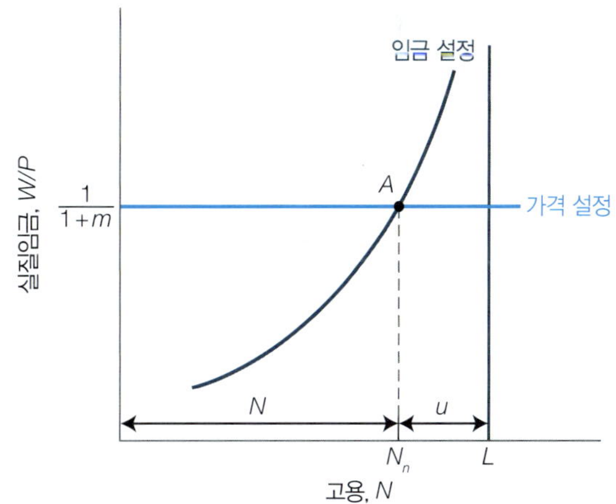


그림 1

**임금 및 가격 설정과 자연고용 규모**

- 가격 설정 관계는 여전히 $W/P = 1/(1+m)$에서 수평축으로 주어진다.
- 균형은 점 $A$로 주어지며, '자연'고용 수준은 $N_n$이다. 그리고 그에 따른 자연실업률은 $u_n = (L-N_n)/L$이다.

이 그림에서 임금 설정 관계는 노동공급 관계처럼 보인다. 고용이 증가함에 따라 노동자에게 지급되는 실질임금 역시 상승한다. 이런 이유로 임금 설정 관계는 때때로 '노동공급' 관계라 불린다.

가격 설정 관계는 평평한 노동수요 관계와 유사하다. 음의 기울기 대신 수평인 것은 생산에서의 노동에 대한 수확이 일정하다는 가정과 관련된다. 보다 전통적인 방식을 따라 생산에서 노동에 대한 수확체감이 있다고 한다면 가격 설정 곡선은 표준적인 노동수요곡선과 마찬가지로 음의 기울기를 갖는다. 고용이 증가함에 따라 생산의 한계비용은 증가하고, 결국 기업은 자신이 지급하는 임금에 대비해 가격을 인상한다. 다시 말해 고용이 증가함에 따라 가격 설정이 시사하는 실질임금은 감소한다.

그러나 많은 점에서 두 접근방식은 다르다.

- 표준적인 노동공급 관계는 일하려 하는 노동자 수에 특정 임금 수준이 대응한다. 임금이 높을수록 더 많은 노동자가 일하려 한다.

  반대로 임금 설정 관계에서 주어진 고용 수준에 대응하는 임금은 노동자와 기업 간의 협상 과정이나 기업에 의해 일방적으로 설정된 임금의 산물이다. 단체협상 구조나 임금을 이용한 사직 억제 등과 같은 요인이 임금 설정 관계에 영향을 미친다. 현실 세계에서 이러한 요인은 중요한 역할을 하는 것으로 보인다. 그러나 표준적인 노동공급 관계에서 이들은 아무런 역할을 하지 못한다.

- 표준적인 노동수요 관계는 주어진 실질임금하에서 기업이 선택한 고용 수준을 보여준다. 이 관계는 기업이 경쟁적인 재화 및 노동시장에서 운영되고, 이에 따라 임금과 가격, 실질임금을 주어진 것으로 간주한다는 가정하에서 유도된다.

  반대로 가격 설정 관계는 대부분의 시장에서 실제로 기업이 가격을 설정한다는 사실을 반영한다. 재화시장에서의 경쟁도 같은 요인은 마크업에 영향을 미침으로써 가격 설정 관계에 영향을 미친다. 그러나 이러한 요인은 표준적인 노동시장에서 고려되지 않는다.

- 노동공급과 노동수요 모형에서 실업자는 기꺼이 실업 상태에 있으려 한다. 균형 실질임금에서 이들은 일하기보다는 실업 상태를 더 선호한다.

  반대로 임금 및 가격 설정 모형에서 실업은 비자발적일 것이다. 예를 들어 기업이 (유보임금을 상회하는) 효율성 임금을 지급하면 노동자는 실업 상태에 있기보다는 고용되기를 원할 것이다. 다시 말해 실업자들은 취업을 더 선호할 것이다. 따라서 비자발적인 실업이 발생한다. 이 역시 전통적인 노동 수요-공급 관계보다 현실을 더 잘 포착하는 것으로 보인다.

이상이 이 장에서 균형의 특징을 살펴보는 데 있어 노동 수요-공급 모형보다는 임금 및 가격 설정 관계에 의존한 이유이다.

# 8

# 필립스 곡선, 자연실업률, 인플레이션

필립스(A. W. Phillips)는 1958년 영국을 대상으로 1861년~1957년의 실업률과 인플레이션을 도표화했다. 그는 인플레이션과 실업 간에 음의 관계가 존재한다는 명백한 증거를 찾아냈다. 실업률이 낮으면 인플레이션은 높고, 실업률이 높으면 인플레이션은 낮았으며 종종 음의 값을 보이기도 했다.

◀ 필립스는 런던경제대학에서 교수로 있었던 뉴질랜드인이다. 그는 젊은 시절에 악어 사냥꾼이었으며, 거시경제의 행태를 묘사하는 유압기계를 만들었다. 영국 케임브리지에 작동 가능한 기계가 여전히 전시되고 있다.

2년 뒤 새뮤얼슨(Paul Samuelson)과 솔로(Robert Solow)는 1900년~1960년의 미국 데이터를 사용해 필립스가 한 작업을 다시 반복했다. 그림 8-1은 이들의 발견을 다시 만든 것인데, 인플레이션 측정치는 CPI를 사용했다. 1930년대의 매우 높은 실업률이 나타난 시기를 제외하곤 미국에서도 인플레이션과 실업 간에 음의 관계가 나타나고 있다(1931~1939년은 삼각형으로 표시되어 있으며, 그림의 다른 점들에 비해 오른편에 놓여 있다). 새뮤얼슨과 솔로가 **필립스 곡선**(Phillips curve)이라 불렀던 이 관계는 빠르게 거시경제적 사고방식과 정책의 중심에 놓이게 되었다. 각국은 실업과 인플레이션의 상이한 조합 중에서 선택이 가능한 것처럼 보였다. 각국은 높은 인플레이션만 감수한다면 낮은 실업률을 달성할 수 있었다. 만약 높은 실업률을 감수한다면 물가안정(0%의 인플레이션율)을 달성할 수 있었다. 거시경제 정책에 대한 논의의 대부분은 사실 필립스 곡선상에서 어떤 점을 선택하느냐에 관한 논쟁이 되었다.

그러나 1970년대 들어 이러한 관계는 무너졌다. 미국과 대부분의 OECD 국가에서 높은 인플레이션과 높은 실업률이 병행되었다. 이는 분명히 원래의 필립스 곡선과 모순된다. 관계가 다시 나타나긴 했으나 그것은 실업률과 인플레이션율 변화 간의 관계로 나타났다. 1990년대에 관계가 다시 한번 변해 실업과 인플레이션의 기존 관계가 다시 나타났다. 2020년대에는 COVID-19로 인해 인플레이션이 급등하면서 그 관계가 또다시 변화했다.

이 장의 목적은 이러한 필립스 곡선의 변화를 탐구하는 한편, 보다 일반적으로는 인플레이션과 실업의 관계를 이해하는 데 있다. 앞으로 7장의 노동시장 모형으로부터 필립스 곡선을 도출할 것이다. 그리고 사람과 기업이 기대를 형성하는 방식이 변함에 따라, 그리고 COVID-19 위기 충격과 같은 공급 충격들로 인해 간혹 인플레이션이 폭발함에 따라, 필립스 곡선이 어떻게 변형되는지 볼 것이다.

◀ 경제학자들에 의해 또는 언론에서 '필립스 곡선은 죽었다'라는 발표가 심심찮게 나오곤 한다. 그러나 이는 잘못된 주장이다. 실업은 인플레이션에 영향을 미친다. 다만 이 주장에 담긴 일말의 진실은 그 관계가 실제로 매우 복잡하다는 점이다. 이 관계는 시간이 지나면서 변화해 왔으며 앞으로도 다시 변할 가능성이 크다. 정책 결정자들은 이를 이해하고 신중하게 활용해야 한다.

이 장은 4개의 절로 구성되었다.

**8-1** 앞서 살펴본 노동시장 모형이 인플레이션, 기대인플레이션, 자연실업률과 실업률의 불일치와 어떻게 연결되는지 살펴본다.

**8-2** 시간에 따라 필립스 곡선이 변형된 것을 설명하는 데 기대인플레이션의 역할에 초점을 맞춘다.

그림 8-1

**미국의 인플레이션과 실업률(1900~1960년)**

1900~1960년에 미국의 낮은 실업률은 통상 높은 인플레이션율과 관련이 있었고, 높은 실업률은 통상 낮은 또는 음의 인플레이션율과 관련이 있었다.

출처: Historical Statistics of the United States, http://hsus.cambridge.org/HSUSWeb/index.do.

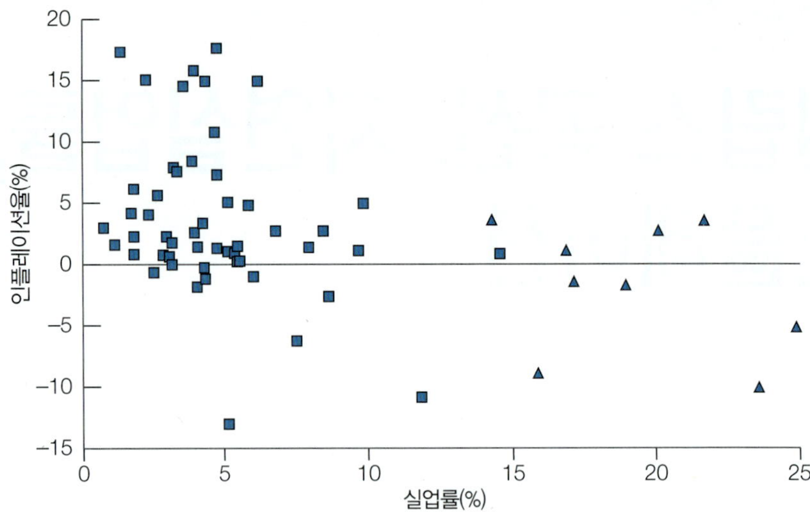


**8-3** 일반적으로는 공급 충격이, 특수하게는 COVID-19 충격이 필립스 곡선에 어떠한 영향을 미치는지 살펴본다.

**8-4** 요약과 함께 몇 가지 주의사항을 제시한다.

**이 장의 핵심 주제:** 낮은 실업률은 인플레이션에 상승 압박을 가하지만 두 변수 사이의 관계 형태는 개인과 기업이 기대를 형성하는 방식에 크게 의존한다. ▶▶▶

## 8-1 인플레이션, 기대인플레이션, 실업

7장에서 임금 결정에 대한 식 (7.1)을 도출했다.

$$W = P^e F(u, z)$$

임금 설정자가 설정하는 명목임금 $W$는 기대물가, 실업률 $u$, 실업급여에서 단체협상까지 임금 결정에 영향을 미치는 다른 모든 요인을 포함한 변수 $z$에 의존한다.

함수 $F$가 다음의 구체적 형태를 갖는다고 가정하는 것이 편리하다.

$$F(u, z) = 1 - \alpha u + z$$

이를 통해 실업률이 높을수록 명목임금이 낮아지고, $z$가 높을수록(예: 실업급여가 후할수록) 명목임금이 높아진다는 개념을 포착할 수 있다. 모수 $\alpha$(그리스어 소문자 알파)는 실업이 임금에 미치는 영향의 강도를 나타낸다. 위 방정식에서 함수 $F$를 이 특정 형태로 바꾸면 다음과 같다.

$$W = P^e(1 - \alpha u + z)$$

또한 7장에서 가격 결정에 대한 식 (7.3)도 도출했다

$$P = (1 + m)W$$

기업이 설정한 가격($P$), 즉 물가 수준은 명목임금($W$)에 1 + 마크업($m$)을 곱한 것과 같다.

실제 물가가 기대물가와 일치한다는 가정을 추가한 뒤, 이 두 식을 사용해서 자연실업률을 도출했다. 이제 이 추가적 가정이 없는 경우를 살펴보자.

두 번째 식의 명목임금을 첫 번째 식으로 대치하면 다음과 같다.

$$P = P^e\ (1 + m)(1 - \alpha u + z) \tag{8.1}$$

이는 물가($P$), 기대물가($P^e$), 실업률(u) 간의 관계를 제공한다.

$\pi$를 인플레이션율, $\pi^e$를 기대인플레이션율이라 하자. 그러면 식 (8.1)은 다음과 같이 **인플레이션율, 기대인플레이션율, 실업률 간의 관계**로 다시 나타낼 수 있다.

◀ 지금부터 가독성을 위해 '인플레이션율'을 간단히 '인플레이션', '실업률'을 '실업'으로 부르기도 할 것이다.

$$\pi = \pi^e + (m + z) - \alpha u \tag{8.2}$$

식 (8.1)에서 식 (8.2)를 유도하는 것은 어렵지 않지만 다소 지루하므로, 이 장의 부록으로 남겨두었다. 중요한 것은 식 (8.2)가 거시경제학에서 가장 중요한 식 중 하나라는 점이다. 이 식에서 중요한 것은 각 변수들의 변화의 효과를 이해하는 것이다.

◀ 식 (8.2)는 거시경제학에서 중요한 식들 중 하나이다.

- **기대인플레이션 $\pi^e$의 상승은 실제 인플레이션 $\pi$의 상승을 이끈다.**

  이유를 알기 위해 식 (8.1)부터 보자. 기대물가 $P^e$의 상승은 일대일로, 실제 물가 $P$의 상승으로 이어진다. 만약 임금 설정자가 더 높은 물가를 기대하면 그에 따라 더 높은 명목임금을 설정하고, 이는 곧 물가 상승으로 이어진다.

  이제 지난 기의 물가가 일정할 때 이번 기의 더 높아진 물가는 전기 대비 금기의 물가 상승률이 더 높아졌다는 것, 즉 **인플레이션율의 상승**을 의미한다는 것을 알았다. 마찬가지로 지난 기의 물가가 주어졌을 때 이번 기의 기대물가 상승은 전기 대비 금기의 기대물가 상승률이 더 높아졌다는 것, 즉 **기대인플레이션율의 상승**을 의미한다. 따라서 기대물가의 상승이 실제 물가의 상승을 이끈다는 사실은 다음과 같이 다시 나타낼 수 있다. 기대인플레이션율의 상승은 실제 인플레이션율의 상승을 이끈다.

  ◀ $\pi^e$의 상승 ⇒ $\pi$의 상승

- **기대인플레이션율 $\pi^e$ 그리고 실업률 $u$가 일정할 때 마크업 $m$의 상승 또는 임금 결정에 영향을 미치는 요인의 강화($z$의 상승)는 인플레이션율 $\pi$의 상승으로 이어진다.**

  식 (8.1)에서 기대물가 $P^e$가 일정할 때 $m$ 또는 $z$의 상승은 물가 $P$를 상승시킴을 알 수 있다. 앞의 항목과 같은 논리로 이 명제를 인플레이션과 기대인플레이션을 사용하여 다시 쓸 수 있다. 기대인플레이션율 $\pi^e$가 일정할 때 $m$이나 $z$의 상승은 인플레이션율 $\pi$의 상승을 불러온다.

  ◀ $m$이나 $z$의 상승 ⇒ $\pi$의 상승

- **기대인플레이션율 $\pi^e$가 일정할 때 실업률 $u$의 하락은 실제 인플레이션율 $\pi$의 상승으로 이어진다.**

식 (8.1)로부터 기대물가 $P^e$가 일정할 때 실업률 $u$의 하락은 명목임금의 상승을 유발하고, 이는 다시 물가 $P$의 상승을 초래한다. 이를 인플레이션과 기대인플레이션을 사용하여 다시 나타내보자. 기대인플레이션율 $\pi^e$가 일정할 때 실업률 $u$의 하락은 실제 인플레이션율 $\pi$의 상승으로 이어진다.

$u$의 하락 ⇒ $\pi$의 상승 ▶

이 장의 나머지에서 인플레이션과 실업의 변동을 살펴볼 때 종종 시간 첨자를 사용해 특정 연도의 인플레이션, 기대인플레이션, 또는 실업률 등의 변수를 언급하면 편리하다. 그래서 식 (8.2)를 다음과 같이 다시 나타낼 수 있다.

$$\pi_t = \pi_t^e + (m + z) - \alpha u_t \tag{8.3}$$

나중에 살펴보겠지만 COVID-19 인플레이션은 주로 $m$의 변화, 즉 주어진 임금 수준에서 가격이 상승함으로써 발생했다. ▶

여기서 변수 $\pi_t$, $\pi_t^e$, $u_t$는 각각 $t$년도의 인플레이션율, 기대인플레이션율, 실업률을 나타낸다. $m$이나 $z$에 시간 첨자가 없다는 점에 주의하자. 당분간 이것들은 상수로 취급할 것이다. 물론 이 가정은 나중에 완화될 것이다.

증거들을 살펴보기에 앞서 마지막으로 한 단계를 거치자. 7장에서 실제 물가 수준이 기대물가 수준과 같은 실업률을 자연실업률로 정의했다. 이와 마찬가지로 자연실업률을 실제 인플레이션율이 기대인플레이션율과 같은 실업률로 정의할 수도 있다.

자연실업률을 $u_n$으로 표기하자[$n$은 '자연(natural)'을 의미]. 그러면 실제 인플레이션과 기대인플레이션이 같다는 조건($\pi_t = \pi_t^e$)을 식 (8.3)에 적용하면 다음을 얻을 수 있다.

$$0 = (m + z) - \alpha u_n$$

$m$과 $z$가 일정하다는 가정하에서 자연실업률 역시 일정하므로 시간 첨자를 생략할 수 있다. $m$과 $z$가 변화하는 경우는 나중에 다룬다. ▶

$u_n$에 대해 풀면 다음과 같다.

$$u_n = \frac{m + z}{\alpha} \tag{8.4}$$

여기서 마크업 $m$이 높을수록 또는 임금 설정에 영향을 미치는 요인 $z$가 강해질수록 자연실업률은 높아진다는 것을 알 수 있다. 왜 그런지는 7장에서 논의했었다.

이제 식 (8.3)을 다시 쓰면 다음과 같다.

$$\pi_t - \pi_t^e = -\alpha\left(u_t - \frac{m + z}{\alpha}\right)$$

식 (8.4)로부터 우변의 분수가 $u_n$이므로, 실제 인플레이션과 기대인플레이션, 그리고 실업률과 자연실업률 간의 차이의 관계로 다시 쓸 수 있다. 이 식을 **필립스 곡선 관계**(Phillips curve relation)라고 부른다.

$$\pi_t - \pi_t^e = -\alpha(u_t - u_n) \tag{8.5}$$

이제 식 (8.3)과 (8.5)를 바탕으로 인플레이션과 실업 간의 관계, 그리고 그 관계가 시간에 따라 어떻게 변화해 왔는지 살펴보자.

## 8-2 인플레이션 기대의 역할

이제 필립스, 새뮤얼슨, 솔로가 처음 발견했을 때의 실업과 인플레이션의 관계에서 출발해 보자.

### 원래의 필립스 곡선

인플레이션율이 $\bar{\pi}$를 중심으로 매년 변화하고, 인플레이션이 지속성이 없어서 올해의 인플레이션율이 다음 해의 인플레이션율을 예측하는 데 도움이 되지 못한다고 가정하자. 필립스 또는 솔로와 새뮤얼슨이 연구하던 동안은 그랬다. 이러한 환경에서 임금 설정자는 전년도의 인플레이션율이 무엇이든 올해의 인플레이션율을 단순히 $\pi$라고 가정하는 것이 합리적이다. 그렇다면 $\pi_t^e = \bar{\pi}$이고, 식 (8.5)는 다음과 같이 나타낼 수 있다.

$$\pi_t = \bar{\pi} - \alpha(u_t - u_n) \tag{8.6}$$

이 경우 실업과 인플레이션 사이에는 음의 관계가 나타날 것이다. 이것이 바로 필립스가 영국에서, 그리고 솔로와 새뮤얼슨이 미국에서 발견한 실업과 인플레이션 간 음의 관계이다. 실업률이 높아진 경우 인플레이션율은 낮았으며, 때로는 음의 값을 보였다. 실업률이 낮아진 경우 인플레이션율은 양의 값을 가졌다.

이 결과를 발표할 때 이들은 정책 당국이 인플레이션과 실업의 상충관계에 직면하고 있다고 제안했다. 정책 당국이 더 높은 인플레이션을 받아들인다면 실업률을 낮출 수 있다. 이는 매력적인 상충관계로 비추어졌고, 1960년대 초부터 미국의 거시경제 정책은 점차 실업을 감소시키는 것을 목표로 삼았다. 그림 8-2는 1961~1969년까지 미국 연간 인플레이션율과 실업률 조합을 나타낸다. 1960년대 대부분 지속된 장기간의 경제팽창기 동안 식 (8.4)에 상응하는 실업과 인플레이션 간의 관계가 얼마나 잘 유지되었는지 주목하자. 1961~1969년까지 실업률은 6.8%에서 3.4%로 꾸준히 하락했으며, 인플레이션율은 1.0%에서 5.5%로 꾸준히 상승했다. 간단히 말해 미국 경제는 원래의 필립스 곡선을 따라 움직였다. 정책 당국이 높은 인플레이션율을 수용한다면 실제로 낮은 실업률을 유지할 수 있었다.

그러나 그림 8-2에서 그렇게 뚜렷했던 인플레이션율과 실업률의 관계는 1970년경 무너졌다. 그림 8-3은 1970년 이래 미국의 연도별 인플레이션율과 실업률 조합을 보여준다. 점들은 넓게 분포해 있다. 실업률과 인플레이션율 간에는 뚜렷한 관계가 더 이상 보이지 않는다.

원래의 필립스 곡선은 왜 사라졌을까? 임금 설정자가 인플레이션에 대한 기대를 형성하는 방식을 변화시켰기 때문이다.

기대를 형성하는 방식이 변한 것은 인플레이션의 양상이 변했기 때문이다. 정책 결정자들이 실업을 줄이기 위해 더 높은 인플레이션을 흔쾌히 감내하면서 인플레이션의 지속성이 높아졌다. 한 해의 높은 인플레이션이 다음 해의 높은 인플레이션으로 이어질 가능성이 커졌다. 그 결과 사람들은 기대를 형성할 때 인플레이션의 지속성을 고려하기 시작했다. 이어서 기대 형성의

**그림 8-2**

**미국의 인플레이션과 실업률 추이(1961~1969년)**

1960년대 미국 실업률의 지속적 하락은 인플레이션의 지속적 상승과 관련이 있다.

출처: Federal Reserve Economic Data (FRED) Series UNRATE, CPIAUSCL.

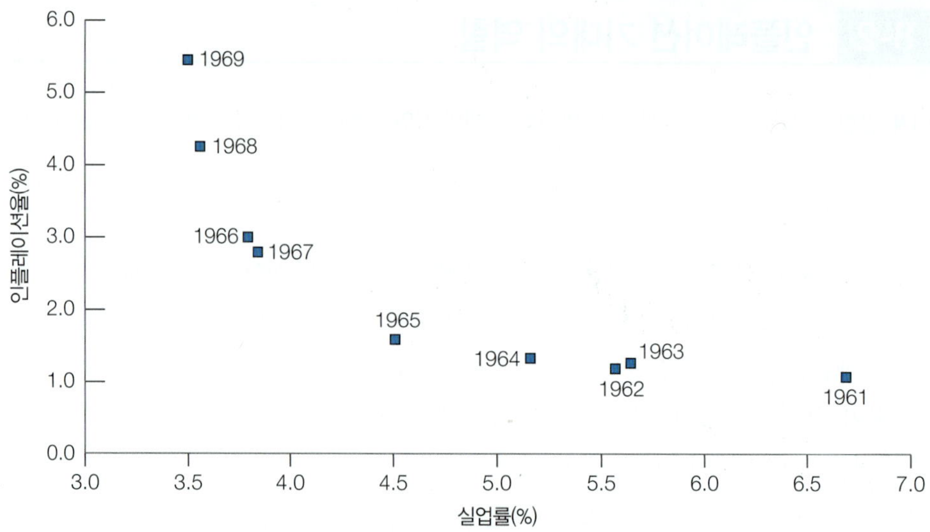


변화는 실업과 인플레이션 간 관계의 본질을 변화시켰다. 거시경제학 용어로 말하면, 이전에 일정한 수준에 **고정**(anchored)되었던 기대가 점차 **비고정화**(deanchored)되었다.

이제 바로 앞 구절의 주장을 더 자세히 살펴보자. 우선 인플레이션 기대가 다음과 같이 형성된다고 가정하자.

$$\pi_t^e = (1-\theta)\bar{\pi} + \theta\pi_{t-1} \tag{8.7}$$

즉, 올해의 기대인플레이션은 $1-\theta$의 비중으로 $\bar{\pi}$의 값에 의존하며, $\theta$의 비중으로 지난해의 인플레이션 $\pi_{t-1}$에 의존한다. $\theta$가 클수록 올해에 노동자와 기업이 인플레이션에 대한 기대치를 수정할 때 지난해의 인플레이션을 더 반영하고, 그에 따라 기대인플레이션율이 더 높아진다.

**그림 8-3**

**미국의 인플레이션과 실업률 추이(1970~1995년)**

1970년부터 미국에서 실업률과 인플레이션의 관계는 사라졌다.

출처: Federal Reserve Economic Data (FRED) Series UNRATE, CPIAUSCL.

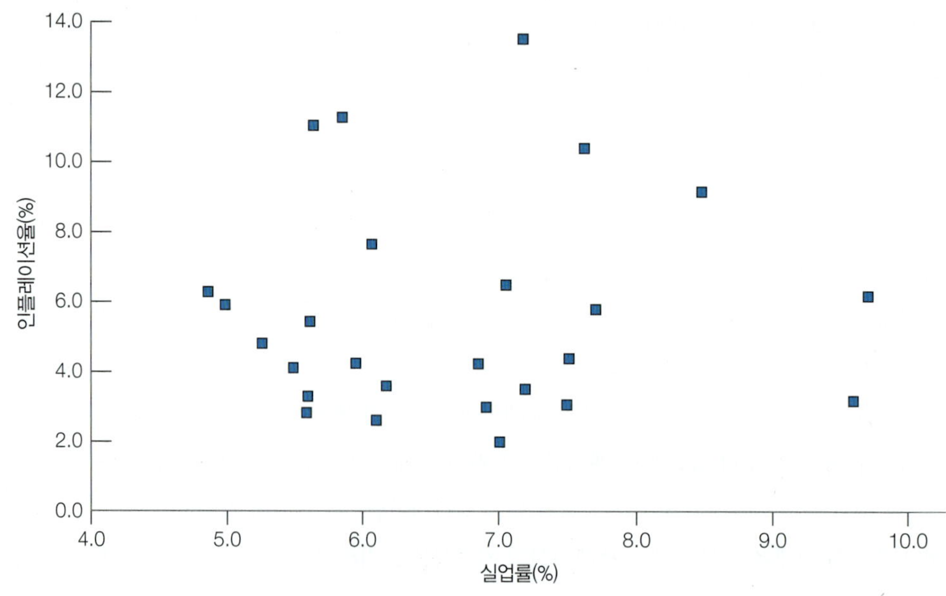

1970년대에 발생한 일은 $\theta$의 값이 높아진 것으로 해석할 수 있다.

- 인플레이션이 지속되지 않는 한 노동자와 기업이 과거의 인플레이션을 무시하고 인플레이션이 일정할 것이라 가정하는 것이 합리적이다. 필립스, 새뮤얼슨, 솔로가 다룬 기간 동안 $\theta$는 0에 근접했고, 기대는 대체로 $\pi^e = \bar{\pi}$로 나타났다. 필립스 곡선은 식 (8.6)으로 주어졌다.
- 그러나 인플레이션의 지속성이 커지자 노동자와 기업은 기대 형성 방식을 바꾸기 시작했다. 노동자와 기업은 인플레이션이 작년에 높아졌으므로 금년에도 높을 것이라고 가정하기 시작했다. 작년의 인플레이션율이 금년의 기대인플레이션율에 미치는 효과를 나타내는 모수 $\theta$는 커졌다. 실증분석 결과를 보면 1970년대 중반쯤 사람들은 금년의 인플레이션율이 작년의 인플레이션율과 같을 것이라고 예상하는 식으로 기대를 형성했음을 알 수 있다. 다시 말해 $\theta$는 1과 같아졌다.

◀ 그림 8-2로 돌아가서 1966년에서 1969년에 해당하는 점들을 보자. 1969년에 노동자들은 1970년에 인플레이션이 어떻게 될 것이라고 가정했겠는가? 그에 따라 얼마큼 명목임금의 인상을 요구했겠는가?

이제 상이한 $\theta$값이 인플레이션율과 실업률의 관계에 제공하는 시사점으로 관심을 돌려보자. 이를 위해 식 (8.7)을 식 (8.5)에서의 $\pi_t^e$에 대입하자.

$$\pi_t = \overbrace{(1-\theta)\bar{\pi} + \theta\pi_{t-1}}^{\pi_t^e} - \alpha(u_t - u_n)$$

- 여기서 $\theta$가 0이면 **원래의 필립스 곡선**(original Phillips curve), 즉 인플레이션과 실업률의 관계를 얻는다.

$$\pi_t = \bar{\pi} - \alpha(u_t - u_n)$$

- $\theta$가 양이면 인플레이션율은 실업률뿐만 아니라 지난해 인플레이션율에도 의존한다.

$$\pi_t = (1-\theta)\bar{\pi} + \theta\pi_{t-1} - \alpha(u_t - u_n) \tag{8.8}$$

- $\theta$가 1이면 다음의 관계를 얻을 수 있다(작년 인플레이션율을 식의 좌변으로 이농).

$$\pi_t - \pi_{t-1} = -\alpha(u_t - u_n) \tag{8.9}$$

따라서 $\theta = 1$일 때 실업률은 인플레이션율보다는 인플레이션율의 변화에 영향을 미친다. 높은 실업률은 하락하는 인플레이션율을 초래하고 낮은 실업률은 상승하는 인플레이션율로 이어진다.

이상의 논의는 1970년부터 계속 발생했던 상황을 이해할 수 있는 열쇠이다. $\theta$가 0에서 1로 커짐에 따라 실업률과 인플레이션율의 단순한 관계는 소멸했다. 이러한 소멸은 그림 8-3에서 이미 보았던 것이다. 1970년대 중반에 필립스 곡선 관계는 인플레이션율의 변화와 실업률과 자연실업률 간의 차이와의 관계가 되었다. 이를 원래의 필립스 곡선과 구별하기 위해 **가속도론자의 필립스 곡선**(accelerationist Phillips curve)으로 불리게 되었다(낮은 실업률이 인플레이션율을 높임으로써 물가 상승이 가속화한다는 것을 나타낸다).

◀ 원래의 필립스 곡선: $u_t$의 하락 ⇒ 인플레이션율의 상승
가속도론자의 필립스 곡선: $u_t$의 하락 ⇒ 인플레이션율 상승속도의 증가

FOCUS

## 시간을 앞섰던 이론: 프리드먼과 펠프스

경제학자들은 보통 중요한 변화가 일어나기 전에 이를 예측하는 데 능숙하지 않으며, 그들의 통찰 대부분은 사건이 발생한 후에 도출된다. 그러나 여기에 한 가지 예외가 있다.

원래의 필립스 곡선 관계가 마술처럼 잘 작동하던 1960년대 말에 두 경제학자 프리드먼(Milton Friedman)과 펠프스(Edmund Phelps)는 인플레이션과 실업 사이에 나타난 상충관계는 환상에 불과하며, 정책 결정자들이 그것을 활용하려 하면 그 관계는 사라질 것이라고 주장했다.

다음은 필립스 곡선에 대한 프리드먼의 주장을 인용한 것이다.

> "암묵적으로 필립스의 논문은 모든 사람이 명목가격이 안정적일 것이라 기대하고 실제 가격과 임금이 어떻게 변하든 상관없이 이러한 기대가 흔들림 없이 변하지 않는 세상을 전제로 한 것이다. 반대로 모든 사람이 물가가 연간 75% 이상 상승할 것이라고 기대한다고 하자. 실제로 몇 년 전 브라질 사람들이 그랬던 것처럼 말이다. 그러면 단순히 실질임금을 유지시키려면 임금은 마찬가지의 속도로 상승해야만 한다. 노동의 초과공급(프리드먼의 경우에는 높은 실업률을 의미한다)은 임금의 절대적 하락이 아니라 기대된 물가보다 더 낮은 속도의 명목임금 상승으로 반영될 것이다.
>
> [나의] 결론을 달리 말하면 인플레이션과 실업 간에는 일시적 상충관계가 항상 존재하지만 영원한 상충관계는 존재하지 않는다. 일시적 상충관계는 인플레이션 그 자체가 아니라 인플레이션율의 상승으로부터 생겨난다."

이어서 그는 미국에서 인플레이션과 실업의 명백한 상충관계가 얼마나 오래 지속될지 추측하려 했다.

> "그러나 여러분은 '일시적'이라는 것이 얼마나 긴 것이냐고 물을 것이다. 일부 역사적 증거에 대한 분석에 기초해 개인적인 판단을 감히 한다면, 기대되지 않았던 인플레이션율 상승의 초기 효과는 2~5년 정도 지속될 것이며, 이러한 초기적 효과는 이후 반전되기 시작한 뒤, 새로운 인플레이션율로의 완전한 조정은 이자율에서처럼 고용에서도 이를테면 수십 년이 걸릴 것이다."

프리드먼의 지적은 상당히 적절했다. 원래의 필립스 곡선은 정확히 수년 뒤에 프리드먼의 예측대로 사라지기 시작했다.*

* 출처: Milton Friedman (1968), "The Role of Monetary Policy," *American Economic Review* 58(1): 1–17. 다음 논문은 동일한 주장을 보다 엄밀하게 보였다. Edmund Phelps (1968), "Money-Wage Dynamics and Labor-Market Equilibrium," *Journal of Political Economy*, 76(4-part 2): 678–711.

그러나 이게 끝이 아니었다. 그림 8-4에서 볼 수 있듯이 1990년대 후반부터 그 관계는 다시 변하기 시작했다. 이 그림은 식 (8.8)을 추정해 얻은 $\theta$값을 시간에 따라 표시한 것이다. 각 점은 직전 20년간의 데이터를 사용해 추정한 결과에 해당하므로, 예컨대 1972년 점은 1953년부터 1972년까지의 데이터를 사용해 추정한 $\theta$값을 보여준다. 추정값 주위의 두 개의 띠(bands)는 90% 신뢰구간을 나타낸다. 이는 각 20년 표본에 대해 $\theta$의 실제 값이 이 구간 내에 있을 확률이 90%임을 의미한다.

1966년부터의 $\theta$가 상승하기 시작했던 것(위에서 논의했었다), 그리고 $\theta$가 1990년대 후반까지 1에 근접해 유지되었던 양상을 볼 수 있다. 그러나 1990년대 후반부터 $\theta$는 감소하기 시작하여 2020년에는 다시 0에 매우 가까워졌다. (끝부분에 추정된 $\theta$값이 음수라는 점은 무시해야 한다. 이는 가능성이 낮으며, 신뢰구간이 보여주듯이 $\theta$의 정확한 값을 알 수 없음을 나타내는 것이다.)

다시 말해 2020년 무렵에는 실업과 인플레이션 간의 관계가 가속도론자의 필립스 곡선보다

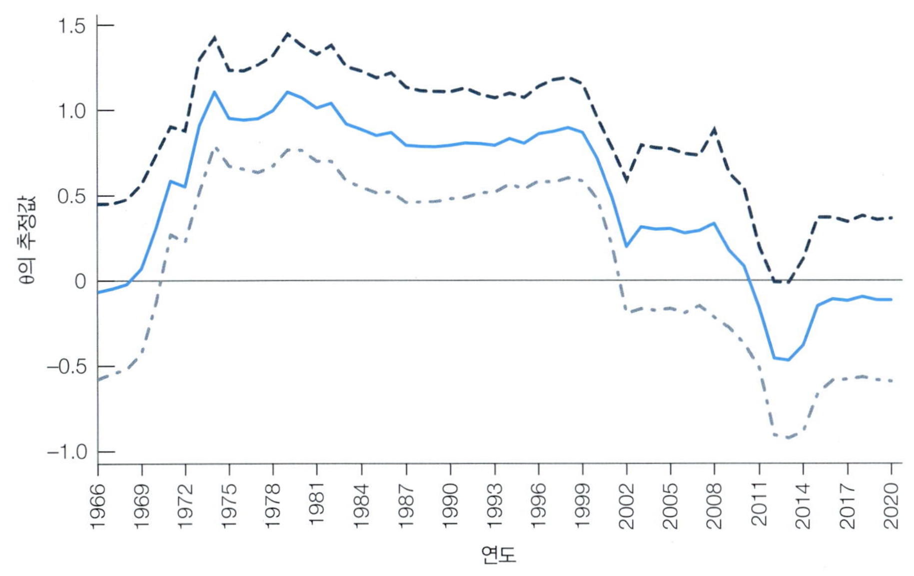


**그림 8-4**

**$\theta$값의 변화**(1967~2020년)

계수 $\theta$는 1970년대에 증가했으며, 1990년대 이후 계속 감소했다.

출처: 저자 계산. 식 (8.8)을 20년 단위의 이동 표본으로 추정한 $\theta$값. 자연실업률($u_n$)이 일정하다고 가정하면, 이 식은 $\pi_t = c + \theta\pi_{t-1} - \alpha u_t$로 다시 쓸 수 있다.

다시 원래의 필립스 곡선으로 더 잘 설명되었다. 그 이유는 무엇일까?

답은 바로 연준의 신뢰도가 높아졌기 때문이다.

1980년대 초부터 연준은 낮고 안정적인 인플레이션을 유지하겠다는 의지를 강조해 왔다. 2012년에는 2%의 명시적 목표 인플레이션율을 채택했고, 1990년대 후반에는 이 목표를 상당 부분 달성했다. 인플레이션은 10년 넘게 안정적으로 유지되었고, 그 결과 사람들의 기대 형성 방식이 다시 조정되었다. 어느 해에 인플레이션이 목표보다 높더라도 사람들은 중앙은행이 인플레이션을 목표 수준으로 되돌리기 위한 조치를 취할 것이라고 생각했다. 기대인플레이션은 대략 일정해졌으며, 연준이 설정한 목표 인플레이션율과 거의 동일하게 되었다. 1970~1980년대에 **비고정화**되었던 인플레이션 기대는 **재고정**(re-anchored)되었고, 실제 인플레이션 변동에 거의 혹은 전혀 반응하지 않게 되었다.

2020년대는 또 다른 변화가 있었다. 2000년 이후 분기별 실업률과 분기별 인플레이션율을 보여주는 그림 2-6으로 돌아가보자. 2000년부터 2020년까지는 인플레이션율과 실업률 사이에 안정적인 음의 관계가 존재했지만, 2021년과 2022년의 인플레이션율(회귀선보다 훨씬 위에 있는 8개의 분기별 점)은 그 관계(즉, 그림 속 회귀선이 나타내는 관계)를 바탕으로 예측할 수 있었던 수준보다 훨씬 높았다. 무슨 일이 일어난 것일까? 그리고 그것이 시사하는 바는 무엇일까? 이것이 다음 절에서 다룰 주제이다.

## 8-3 공급 충격의 역할, 그리고 COVID-19 인플레이션

앞 절에서는 세 가지 모수 $m$, $z$, $\alpha$가 일정하다고 가정했으며, 이는 자연실업률 $u_n$[이는 $(m+z)/\alpha$와 같다]도 일정하다는 것을 의미한다.

그러나 일정하다는 가정은 현실과 다를 수 있다. 7장에서 논의했듯이 이 모수들은 임금 결정에 영향을 미치는 노동 규제로부터 가격 설정에 영향을 미치는 독점력까지 매우 다양한 요인을 반영하는 것이며, 이러한 요인은 시간이 지나면서 변화할 가능성이 크다. 보통 이러한 변화는 느리게 일어나므로, 자연실업률 $u_n$이 일정하다고 가정하는 것은 받아들일 만한 근사치이다. 실제로 그림 2-3에서 미국 실업률의 변동을 보면 실업률은 꽤 안정적인 값을 중심으로 변동하는 것처럼 보인다. 이 안정적인 값을 자연실업률로 간주할 수 있는데, 오늘날의 자연실업률 수준도 1960년대와 크게 다르지 않아 보인다.

그러나 때로는 $m$이 크게 변하기도 하는데, 이는 주로 비노동 투입 요소 비용의 증가 때문이다. 예를 들어 1970년대에 독점적 행위를 할 수 있는 OPEC(석유수출국기구)이라는 산유국 카르텔이 결성되면서 유가가 5배 상승했었다. COVID-19 위기 동안에 원자재 가격이 크게 상승한 것도 바로 이와 같은 사례이다. 비노동 투입 요소의 비용이 증가하면 기업들은 이 추가 비용을 가격에 전가하게 되고, 이는 주어진 임금 수준에서 물가 수준의 상승을 초래하며, 결국 $m$의 증가로 이어지게 된다.

$P=(1+m)W \Rightarrow W/P=1/(1+m)$임을 기억하라.

이것이 어떤 의미를 갖는지 살펴보기 위해 식 (8.4)로 돌아가 보자. $z$와 $\alpha$가 일정할 때 $m$이 증가하면 자연실업률이 상승한다. 7장에서 왜 그러한지 논의했었다. $m$의 증가는 명목임금이 주어진 상태에서 물가 수준이 상승하는 것이며, 이는 자동적으로 명목임금과 물가 수준의 비율인 실질임금의 하락을 의미한다.

그렇다면 인플레이션이 어떻게 변할지는 두 가지 요인에 달려 있다. 노동자들이 동일한 실업률에서 실질임금의 하락을 수용할 수도 있다. 이는 식 (8.4)에서 $z$가 감소하여 $m$의 증가를 상쇄하는 경우이다. 또는 기업들이 이윤 폭을 감소시켜 이 비용 증가 충격을 흡수하기로 결정해 $m$이 증가하지 않게 할 수도 있다. 이러한 일들이 완벽하게 벌어지지 않는다면(그럴 것 같지는 않다) $(m+z)$는 상승하게 되고, 이는 자연실업률의 증가로 이어진다.

따라서 당분간 $(m+z)$가 상승한다고 가정하자. 이제 인플레이션에 어떤 일이 일어나는지 두 가지 동등한 방식으로 표현할 수 있다. 식 (8.3)으로 돌아가 보자.

$$\pi_t = \pi_t^e + (m + z) - \alpha u_t$$

주어진 실업률 $u_t$와 기대인플레이션 $\pi_t^e$에서, 인플레이션은 $(m+z)$의 증가를 반영하여 상승한다. 또는 식 (8.5)를 다시 쓰면 다음과 같다.

$$\pi_t - \pi_t^e = -\alpha(u_t - u_n)$$

주어진 실업률 $u_t$와 기대인플레이션 $\pi_t^e$에서 자연실업률이 상승하면 인플레이션이 증가한다.

이제 $(m+z)$가 증가하기 전에 실업률이 자연실업률과 같아서 인플레이션이 기대인플레이션과 같았다고 가정하자. 그리고 [$(m+z)$의 증가 후 자연실업률은 증가했지만-역자 주] 실제 실업률이 변하지 않아 이제 자연실업률보다 낮아졌다고 하자. 그렇다면 시간이 지나면서 인플레이션이 어떻게 변할지는 충격의 지속성과 기대의 조정에 달려 있다.

- 첫째, 당연하게도 이는 $(m+z)$가 초기 값으로 되돌아오는지, 그리고 얼마나 빠르게 되돌아오는지에 달려 있다. 이전보다 높은 상태로 유지되는 한, 인플레이션은 기대인플레이션보다 높은 수준에 있게 된다.
- 둘째, 이것이 인플레이션에 대해 의미하는 바는 앞 절에서 논의한 기대의 조정에 달려 있다. 만약 기대가 완전히 고정되어 있어 $\pi_t^e = \bar{\pi}$라면 $(m+z)$가 이전 값으로 돌아올 때 인플레이션도 목표 수준으로 되돌아간다. 즉, 인플레이션이 한 차례 급등(burst)하지만 저절로 사라지게 된다. $(m+z)$가 초기 값으로 돌아오면 인플레이션은 다시 기대인플레이션과 동일해지고, 실업률은 자연실업률과 동일해지며, 통화 정책을 사용하여 실업률을 높일 필요도 없다.

그러나 이는 최상의 시나리오일 뿐이다. 인플레이션이 지속되어 임금 설정자들이 중앙은행이 목표를 달성하려는 의지에 의문을 품게 되고, 실제 인플레이션을 반영하도록 기대인플레이션을 조정하기 시작한다고 가정해 보자. 즉, 앞 절에서의 방정식에서 $\theta$가 증가하는 것이다.

단순화를 위해 $\theta$가 1까지 증가하여 $\pi_t^e = \pi_{t-1}$이 되고, 인플레이션의 양상이 $\pi_t - \pi_{t-1} = -\alpha u_t + (m+z)$가 되는 극단적인 경우를 생각해 보자. 이 경우 $(m+z)$가 이전 값보다 높은 상태로 유지되는 한 인플레이션은 계속 상승한다. $(m+z)$가 다시 이전 값으로 돌아오더라도 인플레이션은 (그 과정 동안 상승했으므로) 충격 이전보다 높은 수준이 되고, 인플레이션을 목표 수준으로 되돌리기 위해서는 (긴축 정책을 통해–역자 주) 일정 기간 높은 실업을 경험해야 할 필요가 있다. 이는 훨씬 바람직하지 않은 시나리오이며, 통화 정책 운영에 중요한 시사점을 제공하는데, 이에 대해서는 9장에서 다시 논의할 것이다.

공급 충격, 경기과열, 기대 형성의 역할은 COVID-19 위기와 관련된 인플레이션 급등 사례에서 잘 드러난다.

2020년 1분기 COVID-19 위기는 미국에서 봉쇄 조치, 실업률의 급격한 상승, 그리고 인플레이션율이 처음에는 하락함과 동시에 시작되었다. 소비자물가지수(CPI)를 기준으로 연율로 환산한 분기 인플레이션율은 잠시 음수로 전환되었다. 그러나 그림 8–5의 남색 선이 보여주듯 그때부터 인플레이션은 상승해 2022년 중반에는 10%를 넘어섰는데, 이는 연준의 목표 인플레이션 2%를 훨씬 상회하는 수준이었다. 이후 2022년 3분기부터 하락하기 시작해 4분기에는 약 3% 수준으로 낮아졌다.

그렇다면 이러한 인플레이션 급등을 촉발한 것은 무엇일까?

수요 측면에서는 두 가지 요인이 분명히 작용했다. 첫째는 소비자들의 억눌렸던 수요(pent-up demand)였는데, 그들은 (불확실성으로 인해) 소비를 꺼리거나 (봉쇄 조치로 인해) 할 수 없었다. 둘째는 일련의 대규모 재정 정책이었는데, 가계로 하여금 높은 실업과 소득 손실을 견디게 하고, 봉쇄로 인한 매출 감소로 어려움을 겪는 기업들을 돕기 위한 것이었다. 2020년 3월 트럼프 행정부는 2조 달러 규모의 패키지를 발표했고, 2020년 12월에는 0.9조 달러, 2021년

그림 8-5

**CPI 인플레이션율과 에너지 가격의 변화율**

인플레이션 상승은 주로 에너지 가격 변화율의 상승 때문이었다.

출처: Federal Reserve Economic Data (FRED) CPIAUCSL, CPIENGSL_PCH.

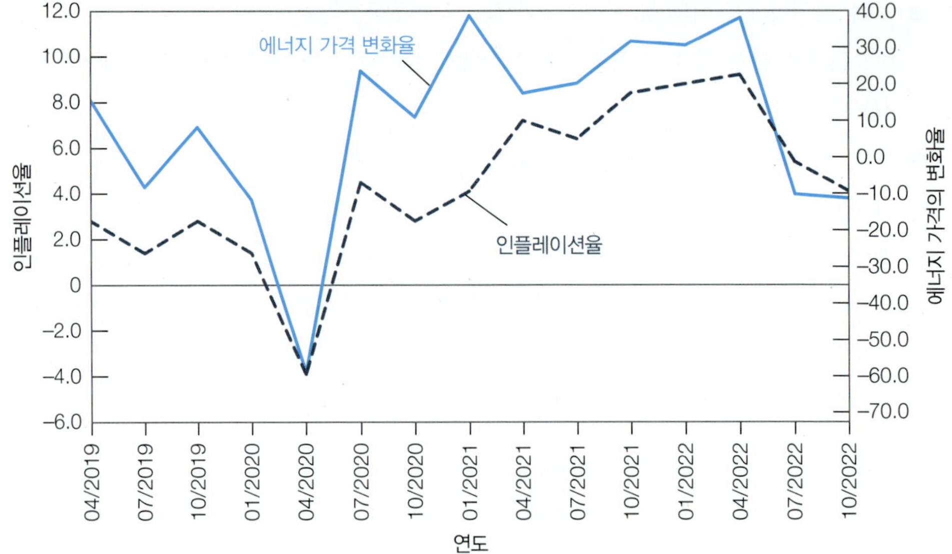


3월에는 바이든 행정부에 의해 1.9조 달러가 추가로 집행되었다. 이들 프로그램은 모두 합쳐 2020년 GDP의 15%에 달하는, 전례가 없던 평시의(peacetime) 재정 확대였다.

2021년 3월까지는 이러한 패키지들이 재화와 서비스에 대한 수요에 큰 영향을 미칠 것이 분명했었다. 인플레이션에 어떤 일이 벌어질지에 대해서는 두 가지 상반된 견해가 있었다.

- 다수 의견(연준의 견해 포함)은 수요 증가는 매우 커서 실업률이 크게 하락하겠지만, 인플레이션에 미치는 영향은 제한적일 것이라는 것이다. 식 (8.5)를 놓고 보면 $\alpha$는 작고, 기대는 잘 고정되어 있으며, $\theta$ 또한 작게 유지될 것이라는 주장이었다.
- 소수 의견은 예상되는 수요 증가의 규모를 고려할 때 지난 20년간 작동해 왔던 관계가 당연히 작동할 것으로 여기면 안 된다는 것이다. 실업률이 지나치게 낮아져 훨씬 더 큰 인플레이션 압력으로 이어질 수 있고, $\alpha$는 훨씬 더 커질 수 있다는 것이다. 그리고 인플레이션이 더 높아지면 기대가 비고정화되기 시작해 $\theta$가 증가할 수도 있어 이 두 효과가 결합하여 높은 인플레이션을 촉발할 수도 있다는 것이다.

결과적으로 두 의견은 맞은 부분도 있고 틀린 부분도 있었다. 실제로 상당한 인플레이션이 발생했으므로 낙관론자들이 틀렸지만, 그 인플레이션이 실업률의 영향이나 기대의 비고정화에서 주로 비롯된 것은 아니었으므로 비관론자들은 높은 인플레이션을 초래한 메커니즘을 잘못 짚은 셈이었다.

주요 경로는 명목임금이 주어진 상태에서의 가격 상승, 즉 식 (8.5)를 놓고 보면 마크업 $m$의 증가였다. 이는 두 가지로 설명할 수 있다.

- 첫째, 식품에서 원료, 석유에 이르기까지 전 세계 원자재 수요가 증가했기 때문이다. 이는 미국의 높은 수요뿐 아니라 각국 경제가 초기 침체에서 회복되면서 세계적으로 수요

가 증가했기 때문이다. 그림 8-5의 하늘색 선[소비자물가지수(CPI)의 구성요소 중 에너지 항목의 가격 변화율]이 보여주듯이 2021년 1분기부터 특히 에너지 가격이 크게 상승했다. 이어 2022년 1분기에 우크라이나 전쟁의 발발과 러시아 석유 금수 조치가 추가 상승을 가져왔으며, 2022년 하반기에 들어서야 가격이 하락세로 전환했다. 에너지 가격 상승은 기업의 생산비용을 높였고, 기업들은 임금이 주어진 상태에서 가격을 인상했다.

- 둘째, 공급망이 붕괴되었다. 봉쇄조치가 해제된 이후에도 국제·국내 공급망들은 계속해서 영향을 받았다. 핵심 중간재가 부족해졌고, 이로 인해 공급 부족과 가격 상승이 나타났다. 예를 들어 반도체 칩 부족은 자동차 생산에 큰 영향을 주었고, 그 결과 신차뿐 아니라 신차를 구하지 못한 소비자들이 몰린 중고차까지 재고가 부족해졌고 가격이 급등했다.

그림 8-6은 공급 부족에 대한 지표 하나를 보여주는데, 당시 어떤 일이 벌어졌는지 잘 보여준다. 이는 미국에서 'shortage(부족)'라는 단어에 대한 구글 트렌드(Google Trends) 검색 건수이다. 이 지표는 2021년 2분기에 정점을 기록했는데, 이는 3월의 재정 지원책으로 촉발된 재화 수요가 상당한 생산 제약에 직면한 가운데 급증했기 때문이다. 이 지표는 이 책을 집필하는 시점(2022년 4분기)에는 감소했지만, 여전히 COVID-19 이전보다 높은 수준이다. COVID-19만이 유일한 원인은 아니었다. 미국과 러시아, 중국 간의 긴장 관계 또한 공급망을 교란시켰다.

미국 경제가 에너지 가격의 큰 폭의 상승을 겪은 것은 이번이 처음은 아니다. 앞서 언급했듯이 1970년대에는 유가가 5배 상승했었다. 직접적인 결과는 인플레이션의 상승이었다. 나아가 간접적으로는 인플레이션 기대가 비고정화되어 $\theta$가 상승했고, 이로 인해 인플레이션은 더 상승했다. 1980년 1분기에 인플레이션은 연율 17%까지 도달했는데, 이를 4%까지 낮추는 데 거의 4년이 걸렸고, 그동안 높은 실업률의 기간을 겪어야 했다.

이번 인플레이션에서 다행인 점은 인플레이션 기대가 크게 비고정화되지 않았다는 점이다.

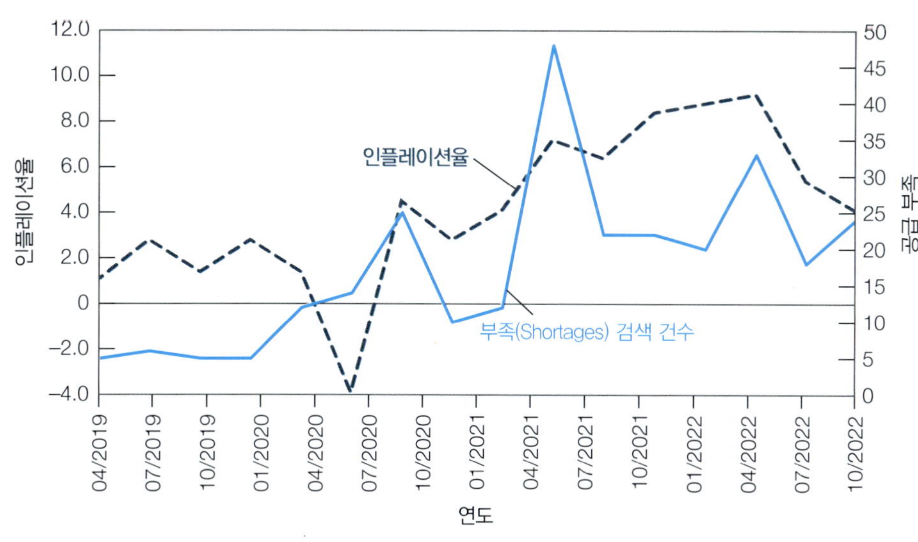


**그림 8-6**

**CPI 인플레이션율과 공급 부족 지표**

공급 부족과 그에 따른 가격 급등은 인플레이션 급등을 가져왔다.

출처: Federal Reserve Economic Data (FRED) CPIAUCSL. Google Trends: "Shortage" US.

그림 8-7은 전문가 예측조사에서 집계한 1년 및 10년 인플레이션 전망치를 보여준다. 여기서 볼 수 있듯이 1년 전망치는 상승했지만, 실제 인플레이션 상승폭에는 미치지 못했다. 10년 전망치는 거의 상승하지 않아 2022년에 2.4%로 가장 높았는데, 이는 연준의 목표치 2%를 약간 웃도는 수준이다. 그러므로 1970년대와 같이 매우 높은 인플레이션을 유발했던 증폭 메커니즘은 작동하지 않았고, 이는 원자재 가격이 하락세로 전환될 때 인플레이션도 마찬가지로 하락한 이유를 설명해 준다.

왜 1970년대와 결과가 이처럼 달랐을까? 가장 가능성 높은 답은, 반복하지만 중앙은행이 목표 인플레이션 달성에 대한 신뢰도를 높였기 때문이며, 이는 임금 및 가격 설정자들로 하여금 시간이 지나면 높은 인플레이션이 목표 수준으로 되돌아갈 것이라고 생각하게 만들었다.

이 글을 집필하는 시점에 인플레이션은 정점이었을 때에 비해 크게 낮아졌지만 여전히 목표 인플레이션율 2%를 웃돌고 있다. 여기서 연준이 직면한 문제는 다음과 같다. 원자재 가격 충격이 사라지고 공급 부족 현상이 결국 해소된다면 인플레이션은 저절로 목표 수준으로 돌아갈 것인가, 아니면 연준이 경기를 둔화시켜 실업률을 다소 높여야 할 것인가?

기대가 고정되어 $\theta$가 0이고 $\pi^e = \bar{\pi}$라고 가정하자. 식 (8.6)에서 보면 이는 실업률이 자연실업률과 같은지, 아니면 자연실업률보다 낮은지 여부에 달려 있다. 집필 시점에 실업률이 4% 미만임을 고려하면, 노동시장은 과열되어 있고 실업률이 자연실업률보다 (아마도 약 1% 정도) 낮다는 데는 많은 사람들이 폭넓게 동의하고 있다. 이 가정이 맞다면 인플레이션을 목표 수준으로 낮추기 위해 연준은 성장률을 둔화시키고 실업률을 다소 높여야 할 것이다.이 책을 읽을 때쯤이면 아마도 여러분은 결과를 알고 있고 이야기의 나머지 부분을 이야기할 수 있을 것이다.

**그림 8-7**

**인플레이션과 1년 및 10년 인플레이션 전망(2019년 4월~2022년 10월)**

인플레이션이 상승했지만 인플레이션 기대는 대체로 고정되어 있었다.

출처: Federal Reserve Economic Data (FRED) CPAUCSL SPF1YR SPF10Y.

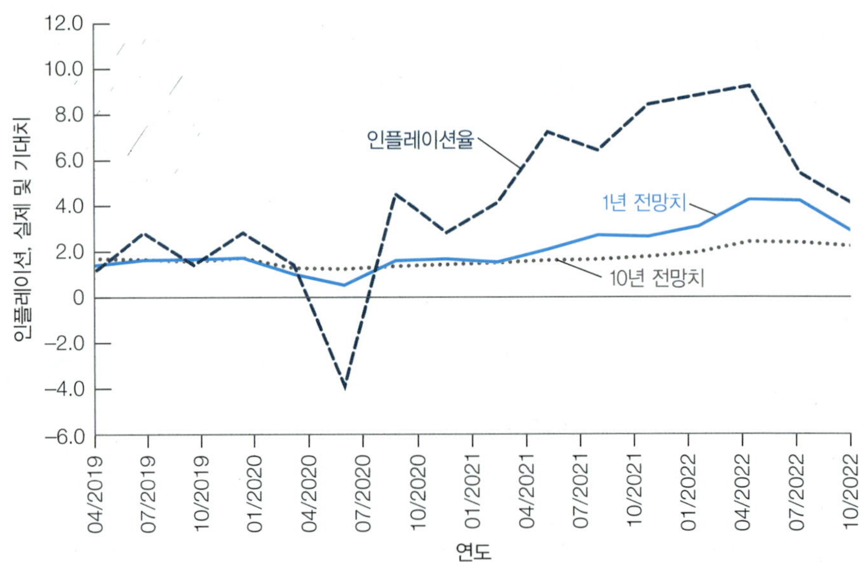

## 8-4 요약과 주의사항

지금까지 배운 내용을 정리해 보자.

- 인플레이션과 실업 간의 관계는 임금 설정자들이 인플레이션 기대를 어떻게 형성하는지에 달려 있다.
- (1960년대와 1990년대 중반 이후처럼) 기대가 고정되어 있는 경우 필립스 곡선은 인플레이션과 실업 간의 관계로 표현된다. 실업률이 자연실업률보다 낮으면 인플레이션은 기대인플레이션보다 높아지고, 실업률이 자연실업률보다 높으면 인플레이션은 기대인플레이션보다 낮아진다.
- 그러나 (1970년대와 1980년대처럼) 기대가 비고정화된 경우 올해의 기대인플레이션이 작년 인플레이션과 같다면 필립스 곡선 관계는 인플레이션의 변화와 실업 사이의 관계로 바뀐다. 실업률이 자연실업률보다 낮으면 인플레이션은 상승하고, 실업률이 자연실업률보다 높으면 인플레이션은 하락한다.
- 경제는 때때로 유가 상승이나 COVID-19로 인한 공급 부족과 같은 커다란 공급 충격을 받기도 한다. 이러한 충격은 인플레이션에 직접적으로 강한 영향을 미친다. 그 영향이 점점 커질지 그리고 오래갈지 여부는 무엇보다도 기대가 얼마나 강하게 고정되어 있는지에 달려 있다.

요컨대 인플레이션과 실업 간에는 관계가 있지만, 그것은 복잡한 관계이다. 그리고 불행히도 추가적인 주의가 필요하다. 7장에서 살펴본 바와 같이 자연실업률은 국가마다 다르며, 앞 절에서 본 것처럼 시간에 따라서도 변할 수 있다. 이번 절에서는 이에 더해 두 가지 문제를 다루고자 한다. 즉, 인플레이션이 매우 높을 때 또는 매우 낮아서 디플레이션으로 전환될 때 인플레이션과 실업 간의 관계는 완전히 사라질 수도 있다는 것이다.

### 높은 인플레이션과 필립스 곡선

1970년대에 인플레이션이 보다 지속적인 현상으로 자리 잡고 임금 설정자가 인플레이션 기대를 형성하는 방식을 변화시킴에 따라 미국의 필립스 곡선이 변화했다는 점을 상기해 보자. 이것이 주는 교훈은 보편적이다. 실업과 인플레이션의 관계는 인플레이션의 수준 및 지속성에 따라 변할 가능성이 크다. 높은 인플레이션을 보이는 국가들에 대한 증거가 이를 확인해 준다. 노동자와 기업이 기대를 형성하는 방식뿐만 아니라 제도 역시 변화한다.

인플레이션율이 높아지면 인플레이션 변동성도 커지는 경향이 있다. 그 결과 노동자와 기업은 장기간 명목임금을 고정시키는 노동계약에 합의하기를 더 꺼리게 된다. 인플레이션율이 기대보다 높게 실현되면 실질임금은 급락하고, 노동자는 생활 수준의 급격한 악화로 고통받는다. 반대로 인플레이션율이 기대보다 낮아지면 실질임금은 급격히 상승할 것이다. 기업은 임금을 보다 구체적으로 말하면 인플레이션이 연평균 2%를 기록할 때 임금 설정자들은 인플레이션이 1~3% 사이라고 확신할 수 있다. 인플레이션이 평균적으로 연 30%를 기록할 때 임금 설정자들은 인플레이션이 20~40% 사이라고 확신할 수 있다. 첫 번째 경우에 실질임금은 명목임금을 설정할 때 기대했던 것보다 1% 더 높게 또는 더 낮게 받게 될 수 있다. 두 번째 경우에는 기대했던 것보다 10% 더 높게 또는 더 낮게 받게 될 수 있다. 두 번째 경우에 훨씬 더 많은 불확실성이 존재한다.

지급하지 못할 수 있고, 일부는 파산할 수도 있다.

이런 이유로 임금협상의 조건은 인플레이션에 따라 변화한다. 명목임금이 설정되는 기간은 보다 짧아져 연간에서 월간으로 또는 더 짧게 줄어들 수 있다. 인플레이션에 따라 임금을 자동적으로 증가시키는 조항인 **물가연동임금제도**(wage indexation, 물가연동제)가 더 보편화된다.

이러한 변화는 다시 실업에 대한 인플레이션의 반응을 더 강하게 만든다. 이를 이해하려면 물가연동제에 기초한 예가 도움이 된다. 두 유형의 노동계약이 존재하는 경제를 고려하자. 노동계약 중 λ(그리스어 소문자 람다) 비율만큼이 물가에 연동되었다고 하자. 이들 계약에서 명목임금은 실제 물가의 변화에 따라 일대일로 변화한다. 노동계약 중 $1-\lambda$ 비율만큼은 물가에 연동되어 있지 않다. 명목임금은 기대인플레이션에 기초해 설정된다.

이러한 가정하에서 식 (8.5)는 다음과 같아진다.

$$\pi_t = [\lambda \pi_t + (1-\lambda)\pi_t^e] - \alpha(u_t - u_n)$$

우변에서 대괄호 안의 항은 임금계약 중 λ 비율만큼이 물가에 연동되어 실제 인플레이션($\pi_t$)에 반응하고, $(1-\lambda)$ 비율만큼은 기대인플레이션($\pi_t^e$)에 반응한다는 사실을 담고 있다. 이제 금년의 기대인플레이션율이 전년의 실제 인플레이션율과 같다($\pi_t^e = \pi_{t-1}$)고 가정하면 다음을 얻는다.

$$\pi_t = [\lambda \pi_t + (1-\lambda)\pi_{t-1}] - \alpha(u_t - u_n) \tag{8.10}$$

$\lambda = 0$일 때, 모든 임금은 전년도의 인플레이션율 $\pi_{t-1}$과 일치하는 기대인플레이션율에 기초해 설정되고 위 식은 다음과 같이 정리할 수 있다.

$$\pi_t - \pi_{t-1} = -\alpha(u_t - u_n)$$

그러나 λ가 양의 값을 가지면 임금 중 λ 비율이 기대인플레이션보다는 실제 인플레이션에 기초해 설정된다. 이것의 시사점을 보기 위해 식 (8.10)을 다시 정리하자. 대괄호의 항을 좌변으로 보낸 뒤, 좌변을 $(1-\lambda)$로 묶고 이어서 $1-\lambda$로 나누면 다음을 구할 수 있다.

$$\pi_t - \pi_{t-1} = -\frac{\alpha}{(1-\lambda)}(u_t - u_n)$$

이 식을 통해 물가연동제는 실업의 인플레이션에 대한 효과를 높인다는 것을 알 수 있다. 물가에 연동된 임금계약의 비율 λ가 높아질수록 실업의 인플레이션 변화에 대한 효과[즉 계수 $\alpha/(1-\lambda)$]는 커진다.

놀랍지 않게도 1970년대에는 높은 인플레이션 상황에서 물가연동 조항이 노동계약에서 널리 사용되었다. 그러나 그 이후 전반적으로 낮은 인플레이션이 지속되면서 이 조항은 거의 사라졌다. COVID-19 시기의 인플레이션 급등에도 물가연동 조항은 매우 드물게 사용되고 있다.

이에 대한 직관은 다음과 같다. 물가연동제가 없는 경우 실업 감소는 임금을 상승시키고, 이는 다시 물가 상승을 초래한다. 그러나 임금이 물가에 즉각 반응하지 않으므로, 그해 안에는 추가적인 물가 상승이 일어나지 않는다. 그러나 물가연동제가 존재할 경우 물가 상승은 그해 안에 임금의 추가 상승으로 이어지고, 이는 다시 물가의 추가 상승으로 이어지는 식으로 반복되며, 결과적으로 한 해 안에서 실업이 인플레이션에 미치는 효과가 더 커지게 된다.

만약 모든 노동계약에서 물가연동을 허용해 $\lambda$가 1에 가깝게 되면(즉, 대부분의 노동계약이 완전한 물가연동을 허용하게 된다면) 실업률의 사소한 변화가 인플레이션의 아주 큰 변화를 야기할 수 있다. 다시 말해 실업률에는 거의 아무런 변화가 없음에도 불구하고 큰 규모의 인플레이션 변화가 발생할 수 있다. 인플레이션율이 매우 높은 국가에서 이런 일이 생겨난다. 인플레이션과 실업의 관계는 점차 희미해지고 결국 완전히 사라진다.

◀ 인플레이션이 매우 높을 때 인플레이션 동학에 대한 추가적 논의는 22장을 참조하라.

## 디플레이션과 필립스 곡선

방금 인플레이션율이 매우 높을 때 필립스 곡선에 어떤 일이 발생하는지 보았다. 또 다른 문제는 인플레이션이 낮을 때 그리고 음의 값을 가질 때, 즉 디플레이션이 있을 때 어떤 일이 발생하는지이다.

이 질문을 제기하는 한 가지 동기는 이 장 도입부에서 언급했던 그림 8-1의 한 측면에서 비롯된다. 이 그림에서 1930년대에 대응하는 점(삼각형 점으로 나타냄)들이 다른 점들의 오른쪽에 위치해 있다. 실업률이 비정상적으로 높을 뿐만 아니라(이는 놀랄 일이 아니다. 대공황기의 연도를 보고 있기 때문이다.) 실업률이 이렇게 높은데도 인플레이션율이 놀랄 정도로 높다. 다시 말해 매우 높은 실업률하에서는 단순한 디플레이션이 아니라 높은 디플레이션율을 기대했어야

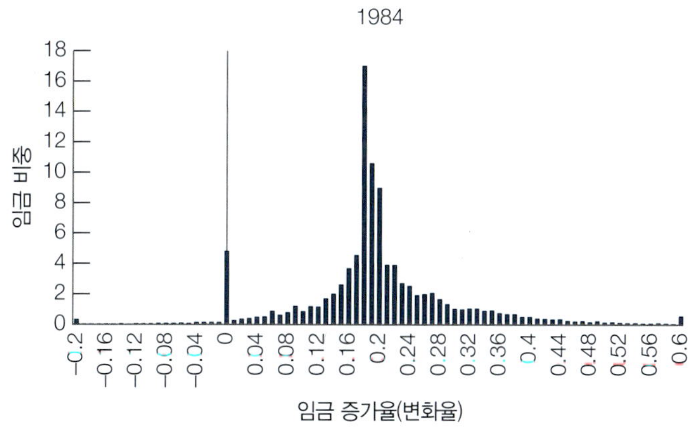


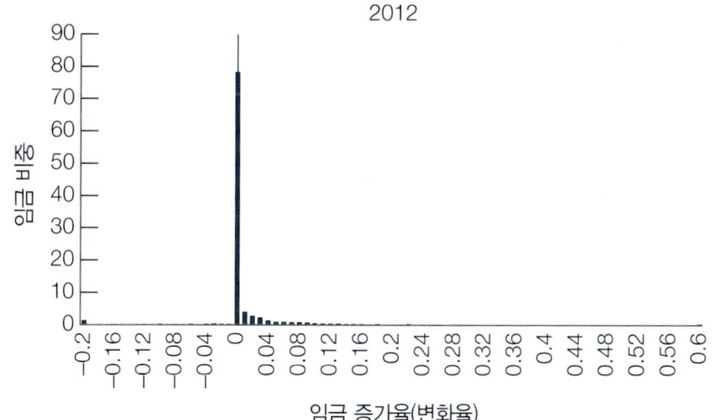


**그림 8-8**

**포르투갈의 인플레이션 상승(1984년)과 하락(2012년) 시 임금 변화의 분포**

명목임금은 거의 감소하지 않는다.

출처: Pedro Portugal, based on Portuguese household survey.

할 것이다. 실제로 디플레이션은 제한적이었고, 1934~1937년에 높은 실업률에도 불구하고 인플레이션율은 양의 값을 가졌다.

이 사실을 어떻게 해석해야 할까? 가능한 두 가지 설명이 있다.

$u$와 함께 $u_n$이 증가하면 $u$가 높더라도 $u-u_n$은 낮게 유지되어 인플레이션에 대한 하방 압력 역시 낮은 수준에 머물 것이다. ▶

첫 번째 설명은 대공황이 실제 실업률의 증가뿐만 아니라 자연실업률의 증가와도 관련이 있다는 것이다. 이 설명은 그럴듯해 보이지 않는다. 대부분의 경제사학자는 공황을 주로 총수요의 대규모 위축에 따른 결과로 보아(IS 곡선의 큼직한 좌측 이동을 생각하면 된다) 자연실업률 그 자체의 증가보다는 자연실업률을 상회하는 실제 실업률의 증가가 발생한 것으로 본다.

두 가지 시나리오를 고려하자. 인플레이션율이 4%이고 명목임금이 2% 올라간다. 인플레이션율이 0%이고 명목임금이 2% 삭감된다. 어느 것이 더 싫은가? 둘 사이에 무차별해야만 한다. 두 경우 모두 실질임금이 2% 하락한다. 그러나 증거에 따르면 많은 사람이 첫 번째 경우를 덜 고통스럽게 느낀다. 이는 24장에서 구체적으로 다룰 화폐환상(money illusion)을 보여준다. ▶

두 번째 설명은 경제가 디플레이션을 경험하기 시작할 때 필립스 곡선 관계가 무너진다는 것이다. 한 가지 이유는 노동자들이 명목임금의 인하를 주저한다는 것이다. 노동자들은 명목임금이 인플레이션율보다 천천히 증가함에 따라 발생하는 실질임금의 하락은 불가피하게 수용할 것이다. 그러나 똑같은 실질임금의 감소가 명목임금의 명백한 인하로 인해 비롯된다면 투쟁에 나설 것이다.

예를 들어 그림 8-8은 1984년과 2012년 포르투갈에서의 임금 변화율 분포를 보여준다. 1984년에 인플레이션율은 27%로 매우 높았고, 2012년에는 단지 2.1%에 머물렀다. 1984년에 임금 변화율은 대칭적으로 분포했지만, 2012년에는 0%에 집중되었고 음의 임금 변화율은 거의 나타나지 않았다. 이러한 메커니즘이 작동하는 한 경제가 0%의 인플레이션율에 근접할 경우 인플레이션 변화와 실업률 간의 필립스 곡선 관계가 사라지거나 최소한 약화될 수 있음을 시사한다.

## 요약

- 노동시장 균형으로부터 인플레이션, 기대인플레이션, 실업률이 자연실업률에서 벗어난 정도 사이의 관계를 도출할 수 있다. 실업률이 일정할 때 기대인플레이션의 상승은 인플레이션 상승으로 이어진다. 기대인플레이션이 일정할 때 실업률이 높을수록 인플레이션은 낮아진다. 다시 말해 자연실업률은 인플레이션이 기대인플레이션과 같아지는 실업률이다.
- 인플레이션에 대한 기대가 고정되어 있고 기대인플레이션율이 거의 일정하다면 필립스 곡선은 인플레이션율과 실업률의 관계로 나타난다. 이는 영국의 필립스와 미국의 솔로와 새뮤얼슨이 1950년대 후반 실업과 인플레이션의 움직임을 보고 찾아낸 것이다.
- 1970년대에 인플레이션이 더 높아지고 지속적으로 변화하자 인플레이션에 대한 기대는 비고정화되기 시작해 과거 인플레이션율에 더 의존적으로 바뀌었다. 필립스 곡선은 인플레이션율의 변화와 실업률의 관계로 나타났다. 높은 실업률은 인플레이션율의 하락을 야기하고, 낮은 실업률은 인플레이션율의 상승을 초래한다.
- 1980년대부터 연준은 인플레이션을 낮고 안정적으로 유지하기 위해 노력해 왔다. 1990년대까지 인플레이션에 대한 기대는 다시 고정되었고 기대인플레이션율은 거의 일정해졌다. 필립스 곡선은 다시 물가 상승률과 실업률의 관계가 되었다.
- 에너지 가격 상승이나 공급 부족으로 인한 가격 급등과 같은 공급 충격은 인플레이션에 직접적인 영향을 미친다. 인플레이션 상승으로 기대가 비고정화되면, 이 효과는 증폭되어 더 큰 인플레이션으로 이어진다.
- 시간에 따라 인플레이션율이 변동하는 방식의 변화는 임

금 설정자가 기대를 형성하는 방식에 영향을 미치고, 물가에 연동하는 임금 설정 방식을 얼마나 사용하는지에도 영향을 미친다. 물가연동임금제도가 광범위해지면 실업률의 사소한 변화도 인플레이션율을 매우 크게 변화시킬 수 있다. 인플레이션율이 크게 높아지면 인플레이션율과 실업의 관계는 완전히 사라진다.

- 매우 낮거나 음의 인플레이션율하에서는 인플레이션율과 실업률 사이의 관계 또한 약해진다. 대공황기 동안 실업률은 매우 높았지만 디플레이션은 제한되었다.

## 핵심용어

가속도론자의 필립스 곡선(accelerationist Phillips curve)
고정된(anchored)[비고정화된(de-anchored), 재고정된(re-anchored), 고정되지 않은(unanchored)] 기대(expectation)
물가연동임금제도(wage indexation)
원래의 필립스 곡선(original Phillips curve)
필립스 곡선(Phillips curve)
필립스 곡선 관계(Phillips curve relation)

## 연습문제

### 기초문제

1. 이 장의 내용에 기초해 다음에 대해 '사실', '거짓', '불확실' 여부를 밝히고, 그 이유를 간단히 설명하라.
   a. 원래의 필립스 곡선은 처음 영국에서 관찰된 실업률과 인플레이션율 간 음의 관계이다.
   b. 원래의 필립스 곡선은 국가나 시간 흐름에 상관없이 안정적인 것으로 나타났다.
   c. 과거 일부 시기에 연간 인플레이션의 지속성은 매우 높았다. 다른 시기에는 금년의 인플레이션이 다음 해의 인플레이션을 예측하는 데 좋은 지표가 되지 못했다.
   d. 정책 당국자는 실업과 인플레이션의 상충관계를 일시적으로만 활용할 수 있다.
   e. 기대인플레이션은 항상 실제 인플레이션과 같다.
   f. 1960년대 말에 경제학자 프리드먼과 펠프스는 정책 당국자가 원하는 만큼 낮은 실업률을 달성할 수 있다고 주장했다.
   g. 사람들이 인플레이션이 작년과 같다고 가정하면 필립스 곡선 관계는 인플레이션율 변화와 실업률의 관계가 될 것이다.
   h. 특정 국가 내에서 자연실업률 수준은 일정하다.
   i. 자연실업률 수준은 모든 국가에서 동일하다.
   j. 디플레이션은 인플레이션율이 음인 상황이다.
   k. 인플레이션에 대한 기대가 고정되면 필립스 곡선 관계는 인플레이션율의 변화와 실업률의 관계이다.
   l. 인플레이션에 대한 기대가 고정되면 실제 인플레이션이 기대인플레이션과 일치하기 때문에 실질임금은 일정할 것이다.
2. 다음 주장을 논의하라.
   a. 필립스 곡선은 실업률이 높을 때 인플레이션이 낮으며 그 역도 성립할 것임을 시사한다. 따라서 높은 인플레이션이나 실업을 경험해야 한다. 그러나 결코 두 현상을 동시에 경험하지는 않을 것이다.
   b. 높은 인플레이션을 우려하지 않는 한 원하는 만큼 낮은 실업률을 달성할 수 있다. 우리가 해야 할 것은 팽창적 재정 정책을 사용해 재화와 용역에 대한 수요를 증가시키는 것이 전부이다.
   c. 디플레이션 기간에 가격이 실제로 하락하고 있음에도 불구하고 노동자들은 명목임금의 인하에 저항한다.
3. 자연실업률
   a. 필립스 곡선은 $\pi_t = \pi_t^e + (m+z) = \alpha u_t$이다. 이 관계를 실업률의 자연실업률과의 격차, 인플레이션, 기대인플레이션 간의 관계로 전환하라.
   b. 이전 장에서는 자연실업률을 유도했다. 이를 유도할 때 물가와 기대물가에 대해 어떤 조건을 부과했는가? 이는 위의 문제 a에 부과된 조건과 어떻게 관련되는가?
   c. 자연실업률은 마크업과 어떤 관계를 갖는가?

d. 자연실업률은 변수 $z$와 어떤 관계를 갖는가?

e. 국가별, 시간별로 자연실업률 변동의 두 가지 중요한 원인을 설명하라.

4. 기대인플레이션의 형성

본문에서 다음의 기대인플레이션 모형을 제시했다.

$$\pi_t^e = (1-\theta)\,\overline{\pi} + \theta\pi_{t-1}$$

a. $\theta=0$일 때 기대인플레이션의 형성 과정을 설명하라.

b. $\theta=1$일 때 기대인플레이션의 형성 과정을 설명하라.

c. 여러분은 자신의 기대인플레이션을 어떻게 형성하는가? 위의 문제 a에 가까운가, 아니면 b에 가까운가?

5. 필립스 곡선의 변형

필립스 곡선이 다음과 같다고 가정하자.

$$\pi_t = \pi_t^e + 0.1 - 2u_t$$

그리고 기대인플레이션은 다음과 같이 주어졌다.

$$\pi_t^e = (1-\theta)\,\overline{\pi} + \theta\pi_{t-1}$$

또한 $\theta$는 처음에는 0의 값을 갖는 것으로 하고, $\overline{\pi}$는 주어진 값으로 변하지 않는다고 하자. $\overline{\pi}$는 0 또는 양의 값을 가질 수 있다. 처음에 실업률은 자연실업률과 일치한다고 가정하자. $t$년도에 정책 당국은 실업률을 3% 하락시켜 이후 그 수준을 계속 유지하기로 했다.

a. $t+1$, $t+2$, $t+3$, $t+4$, $t+5$기의 인플레이션율을 구하고 $\overline{\pi}$와 비교하라.

b. 위의 문제 a의 답을 확신하는가? 그 이유는 무엇인가? (힌트: 사람들이 어떻게 인플레이션 기대를 형성할 것인지를 생각해 보라.)

이제 $t+6$년도에 $\theta$가 0에서 1로 증가했다고 하자. 정부는 여전히 실업률을 3%로 계속 유지하려 한다고 가정하자.

c. $\theta$는 왜 이런 식으로 증가하는가?

d. $t+6$, $t+7$, $t+8$년의 인플레이션율은 얼마인가?

e. $\theta=1$이고 실업률이 자연실업률보다 낮게 유지되면 인플레이션은 어떻게 되는가?

f. $\theta=1$이고 실업률이 자연실업률로 유지되면 인플레이션은 어떻게 되는가?

## 심화문제

6. 물가연동 임금 설정의 거시경제적 효과

필립스 곡선이 다음과 같다고 하자.

$$\pi_t - \pi_t^e = 0.1 - 2u_t$$

단,

$$\pi_t^e = \pi_{t-1}$$

이제 $t-1$년도의 인플레이션율이 0이라 하자. $t$년도에 정책 당국은 실업률을 4%에서 영원히 유지하기로 결정했다.

a. $t$, $t+1$, $t+2$, $t+3$년도의 인플레이션율을 계산하라.

이제 노동자의 절반이 노동계약에서 임금을 물가에 연동했다고 하자.

b. 필립스 곡선은 어떻게 바뀌겠는가?

c. 위의 문제 b의 답에 기초해 a의 답을 다시 계산하라.

d. 물가연동임금제도는 $\pi$와 $u$ 간의 관계에 어떤 영향을 미치겠는가?

7. a. 지난 2년 동안 한 남미 국가는 이전에 2%로 안정적이었던 수준을 뛰어넘는 높은 인플레이션을 경험했다. $t-2$년에는 인플레이션이 7%로 상승했고, 1년 후 $t-1$년에는 12%로 상승했다. 이에 대응하여 노동자들은 7%와 12%의 인플레이션율에 맞춘 임금 인상을 요구했다. 식 (8.3)을 사용하여 기대인플레이션이 전년도 인플레이션율과 같다고 가정하고, $m=0.08$, $Z=0$, $\alpha=1.5$라고 가정하자. $t-1$년과 $t$년의 인플레이션과 실업률 간의 새로운 관계를 그래프로 나타내라.

b. 높은 인플레이션율로 인해 더 많은 노동자가 인플레이션에 임금이 연동되는 계약을 요구하고 있다. $\lambda$가 0.2에서 0.6으로 증가했다고 가정하자. 실업률이 인플레이션에 미치는 민감도가 얼마나 증가했는지 정량적으로 계산하라.

8. 아래의 각 표를 고려하라. 제시한 데이터가 임금 결정에 대한 필립스 곡선 모형과 일치하는가? 각 표에는 점 A와 점 B가 있다. '사실', '거짓', '불확실'로 답하고, 그에 대해 설명하라.

a. 자연실업률 = 5%

| 점 | 실업률 | 기대인플레이션율(%) | 임금 상승률(%) |
|---|---|---|---|
| A | 6% | 3 | 3 |
| B | 6% | 2 | 2 |

b. 자연실업률 = 5%

| 점 | 실업률 | 기대인플레이션율(%) | 임금 상승률(%) |
|---|---|---|---|
| A | 4% | 2 | 3 |
| B | 3% | 2 | 2 |

c. 자연실업률 = 4%

| 점 | 실업률 | 기대인플레이션율(%) | 임금 상승률(%) |
|---|---|---|---|
| A | 4% | 6 | 7 |
| B | 4% | 2 | 3 |

d. 자연실업률 = 5%

| 점 | 실업률 | 기대인플레이션율(%) | 임금 상승률(%) |
|---|---|---|---|
| A | 12% | 2 | 0 |
| B | 12% | −2 | 0 |

## 보충문제

9. a. 식 (8.7)을 사용하여 $\pi_t^e$와 $\pi_{t-1}$ 사이의 관계를 그래프로 나타내라. $\bar{\pi}=0.02$, $\theta$는 0.3이라고 가정하라. 두 변수 사이의 관계를 설명하라.
   b. $\bar{\pi}$가 0.07로 바뀌었다고 가정하자. $\pi_t^e$와 $\pi_{t-1}$ 사이의 새로운 관계를 그래프로 나타내라. 원래 직선과 새로운 직선 사이의 새로운 관계를 설명하라.
   c. $\theta$가 0.7로 바뀌고 $\bar{\pi}$는 0.02로 그대로 유지된다고 가정하라. $\pi_t^e$와 $\pi_{t-1}$ 사이의 새로운 관계를 그래프로 나타내라. $\theta$의 변화가 의미하는 인플레이션 기대의 비고정화가 원래의 곡선과 새로운 곡선의 관계를 어떻게 바꾸는지 설명하라.

10. 상이한 기간별 인플레이션율과 기대인플레이션

다음 표에 1960년대의 인플레이션율과 기대인플레이션 값을 채워 넣어라. 데이터는 FRED에서 찾고, 스프레드시트를 활용하면 가장 효율적으로 작업할 수 있다.

a. 1960년대에 대한 $\theta$ 값을 0으로 두는 것이 적절한 선택인가? $\bar{\pi}$=0으로 두는 것이 적절한가? 이러한 판단은 어떻게 내렸는가?

b. 1960년대에 대한 $\theta$ 값을 1로 두는 것이 적절한 선택인가? 이러한 판단은 어떻게 내렸는가?

c. 1970년대에 대한 $\theta$ 또는 $\bar{\pi}$ 값을 0으로 두는 것이 적절한 선택인가? 이러한 판단은 어떻게 내렸는가?

d. 1970년대에 대한 $\theta$ 값을 1로 두는 것이 적절한 선택인가? 이러한 판단은 어떻게 내렸는가?

e. 인플레이션 고정 수준을 2%로 설정한 모형은 2012년 이후의 데이터와 얼마나 잘 맞는가? 이러한 판단은 어떻게 내렸는가?

f. 2010년대에 대한 $\theta$ 값을 1로 두는 것이 적절한 선택인가? 이러한 판단은 어떻게 내렸는가?

g. 세 시기 동안의 인플레이션 양상, 평균 수준, 지속성을 어떻게 비교할 수 있는가?

1960년대

| | $\pi_t$ 실제 인플레이션 | $\pi_{t-1}$ 전기의 실제 인플레이션 | $\pi_t^e$ 기대인플레이션 | | $\pi_t^e - \pi_t$ 기대인플레이션−실제 인플레이션 | |
|---|---|---|---|---|---|---|
| 연도 | | | $\theta$=0, $\bar{\pi}$=0을 가정 | $\theta$=1.0을 가정 | $\theta$=0, $\bar{\pi}$=0을 가정 | $\theta$=1.0을 가정 |
| 1963 | | | | | | |
| 1964 | | | | | | |
| 1965 | | | | | | |
| 1966 | | | | | | |
| 1967 | | | | | | |
| 1968 | | | | | | |
| 1969 | | | | | | |

1970년대와 1980년대

| | $\pi_t$ 실제 인플레이션 | $\pi_{t-1}$ 전기의 실제 인플레이션 | $\pi_t^e$ 기대인플레이션 | | $\pi_t^e - \pi_t$ 기대인플레이션–실제 인플레이션 | |
|---|---|---|---|---|---|---|
| 연도 | | | $\theta=0, \bar{\pi}=0$을 가정 | $\theta=1.0$을 가정 | $\theta=0, \bar{\pi}=0$을 가정 | $\theta=1.0$을 가정 |
| 1973 | | | | | | |
| 1974 | | | | | | |
| 1975 | | | | | | |
| 1976 | | | | | | |
| 1977 | | | | | | |
| 1978 | | | | | | |
| 1979 | | | | | | |
| 1980 | | | | | | |
| 1981 | | | | | | |

2010년대

| | $\pi_t$ 실제 인플레이션 | $\pi_{t-1}$ 전기의 실제 인플레이션 | $\pi_t^e$ 기대인플레이션 | | $\pi_t^e - \pi_t$ 기대인플레이션–실제 인플레이션 | |
|---|---|---|---|---|---|---|
| 연도 | | | $\theta=0, \bar{\pi}=2.0$을 가정 | $\theta=1.0$을 가정 | $\theta=0, \bar{\pi}=2.0$을 가정 | $\theta=1.0$을 가정 |
| 2013 | | | | | | |
| 2014 | | | | | | |
| 2015 | | | | | | |
| 2016 | | | | | | |
| 2017 | | | | | | |
| 2018 | | | | | | |
| 미래 | | | | | | |

## 부록 인플레이션, 기대인플레이션, 실업률 간의 관계 도출

이 부록은 식 (8.1)에 주어진 물가, 기대물가, 실업률에 관한 다음의 관계로부터

$$P = P^e\,(1+m)(1-\alpha u + z)$$

식 (8.2)에 주어진 인플레이션, 기대인플레이션, 실업률에 관한 관계를 유도하는 과정을 보인다.

$$\pi = \pi^e + (m+z) - \alpha u$$

우선 물가, 기대물가, 실업률에 시간 첨자를 붙이자. 따라서 $P_t$, $P_t^e$, $u_t$는 각각 $t$년도에 있어서 물가, 기대물가, 실업률을 나타낸다. 식 (8.1)은 다음과 같이 표현할 수 있다.

$$P_t = P_t^e\,(1+m)(1-\alpha u_t + z)$$

이어서 물가를 인플레이션율로 바꾸어보자. 양변을 전년의 물가 $P_{t-1}$로 나누면 다음과 같다.

$$\frac{P_t}{P_{t-1}} = \frac{P_t^e}{P_{t-1}}\,(1+m)(1-\alpha u_t + z) \qquad (8A.1)$$

왼쪽의 $P_t/P_{t-1}$를 다음과 같이 정리해 보자.

$$\frac{P_t}{P_{t-1}} = \frac{P_t - P_{t-1} + P_{t-1}}{P_{t-1}}$$

$$= 1 + \frac{P_t - P_{t-1}}{P_{t-1}} = 1 + \pi_t$$

여기서 첫 번째 등식은 분자에서 $P_{t-1}$을 더하고 다시 빼서 구한 것이고, 두 번째 등식은 $P_{t-1}/P_{t-1}=1$이라는 사실에서 유도되었다. 그리고 세 번째 등식은 인플레이션율에 대한 정의 $\pi_t \equiv (P_t - P_{t-1})/P_{t-1}$에서 유도되었다.

오른쪽의 분수 $P^e_t/P_{t-1}$에 대해서도 기대인플레이션율에 대한 정의 $\pi^e_t \equiv (P^e_t - P_{t-1})/P_{t-1}$을 사용해 동일한 과정을 반복하라.

$$\frac{P^e_t}{P_{t-1}} = \frac{P^e_t - P_{t-1} + P_{t-1}}{P_{t-1}}$$

$$= 1 + \frac{P^e_t - P_{t-1}}{P_{t-1}} = 1 + \pi^e_t$$

식 (8A.1)에서 $P_t/P_{t-1}$와 $P^e_t/P_{t-1}$을 방금 유도한 표현으로 바꾸면 다음과 같다.

$$(1 + \pi_t) = (1 + \pi^e_t)(1 + m)(1 - \alpha u_t + z)$$

이는 $t$년도의 인플레이션($\pi_t$), 기대인플레이션($\pi^e_t$), 실업률($u_t$) 간의 관계를 제공한다. 남은 단계는 이 관계를 더 분명하게 보여줄 것이다.

양변을 $(1+\pi^e_t)(1+m)$으로 나누면 다음과 같다.

$$\frac{(1 + \pi_t)}{(1 + \pi^e_t)(1 + m)} = 1 - \alpha u_t + z$$

인플레이션, 기대인플레이션, 마크업이 아주 크지 않은 한 $1+\pi_t-\pi^e_t-m$이 방정식의 좌변에 대한 좋은 근사치가 될 것이다(이 책 부록 2의 명제 3과 명제 6 참조). 위 방정식의 좌변을 이로 대체하고 정리하면 다음을 얻을 수 있다.

$$\pi_t = \pi^e_t + (m + z) - \alpha u_t$$

시간 첨자를 빼면 본문의 식 (8.2)와 같으며, 시간 첨자를 유지하면 본문의 식 (8.3)과 같다.

인플레이션 $\pi_t$은 기대인플레이션 $\pi^e_t$와 실업률 $u_t$에 의존한다. 이 관계는 마크업 $m$, 임금 설정에 영향을 미치는 요인 $z$, 실업률의 임금에 대한 효과 $\alpha$에도 의존한다.

9

# 단기에서 중기로: IS-LM-PC 모형

3장에서 6장까지 재화시장과 금융시장의 균형을 살펴보았고, 단기적으로 산출이 수요에 의해 어떻게 결정되는지 알아보았다. 7장과 8장에서 노동시장의 균형을 살펴보고, 실업이 인플레이션에 어떻게 영향을 미치는지 도출했다. 이제 이 둘을 모아 단기와 중기에서의 산출, 실업, 인플레이션의 변화 양상을 분석해 보자. 특정 충격이나 정책에 관한 거시경제 질문에 직면할 때 IS-LM-PC(PC는 필립스 곡선)라 부르는 이 모형을 가지고 분석을 시작할 수 있다. 여러분도 유용하게 사용할 수 있길 바란다.

이 장은 다음과 같이 구성되어 있다.

**9-1** IS-LM-PC 모형을 발전시킨다.

**9-2** 경제가 단기 균형에서 중기 균형으로 어떻게 조정되는지 보여준다.

**9-3** 복잡한 문제를 다루고 상황이 어떻게 잘못될 수 있는지를 설명한다.

**9-4** 재정긴축의 동태적 파급 효과를 검토한다.

**9-5** 결론을 맺는다.

**이 장의 핵심 주제:** 단기에 산출은 수요에 의해 결정된다. 중기에는 정책의 도움으로 산출이 잠재 수준으로 복귀한다. ▶▶▶

## 9-1 IS-LM-PC 모형

6장에서 재화시장과 금융시장에서 균형의 의미를 살펴보았다.

재화시장의 균형조건으로부터 단기에서의 산출에 대한 다음 식[식 (6.5)]을 도출했다.

$$Y = C(Y - T) + I(Y, r + x) + G \tag{9.1}$$

단기에 산출은 수요에 의해 결정된다. 수요는 소비, 투자, 정부지출의 합이다. 소비는 세후소득, 즉 처분가능소득에 의존한다. 투자는 산출과 실질 차입금리에 의존한다. 투자 결정과 관련된 실질이자율은 중앙은행이 선택한 실질 정책이자율 $r$과 위험 프리미엄 $x$를 더한 차입이자율과 일치한다. 정부지출은 외생적이다.

6장에서와 같이 세금 $T$, 위험 프리미엄 $x$, 정부지출 $G$가 일정하게 주어졌을 때 식 (9.1)이 시사하는 산출 $Y$와 정책이자율 $r$ 사이의 관계에 기초해 IS 곡선을 그릴 수 있다. 이는 그림 9-1의 상단에 나타나 있는데, 곡선은 우하향한다. 실질 정책이자율 $r$이 낮아질수록 균형산출 수준은 커진다. 이 관계에 담긴 메커니즘은 이제 익숙할 것이다. 즉, 정책이자율 인하는 투자를 증가시킨다. 투자가 많을수록 수요가 늘어난다. 수요 증가는 산출 증가를 불러온다. 산출 증가는 소비와 투자를 더욱 증가시켜 수요를 더욱 높이며, 상호작용은 계속된다.

재화시장과 금융시장 균형: 실질이자율의 하락은 수요와 산출을 증가시킨다.

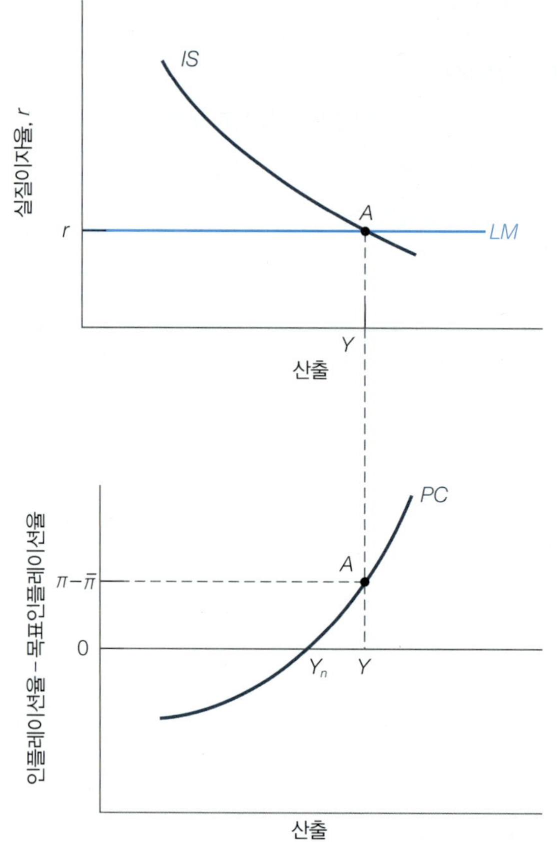


**그림 9-1**

**IS-LM-PC 모형: 산출과 인플레이션**

상단 그림: 실질이자율이 낮아지면 산출이 증가한다. 하단 그림: 산출이 증가하면 인플레이션이 높아진다.

금융시장 균형으로부터 평평한 LM 곡선을 도출했는데, 이는 중앙은행이 선택한 실질이자율 $r$을 보여준다. (4장에서는 원하는 이자율을 달성하기 위해 중앙은행이 배후에서 화폐공급을 어떻게 조정하는지 살펴보았다.) 상단 그림에서 $r$에서의 수평선으로 나타나 있다. 산출의 단기 균형 수준은 우하향하는 IS 곡선과 수평의 LM 곡선의 교점에서 구할 수 있다.

8장의 노동시장 균형으로부터 인플레이션과 실업의 관계에 대한 다음의 필립스 곡선 식[식 (8.5)]을 도출했다. (여기서는 불필요한 시간 첨자를 제외했다.)

$$\pi - \pi^e = -\alpha(u - u_n) \tag{9.2}$$

실업률이 자연실업률보다 낮으면 인플레이션은 기대 수준보다 높아진다. 실업률이 자연실업률보다 높으면 인플레이션은 기대 수준보다 낮아진다.

첫 번째 관계[식 (9.1)]는 산출을 기준으로 나타냈으므로, 첫 단계는 실업 대신 산출을 기준으로 필립스 곡선을 다시 유도하는 것이다. 쉽지만 몇 단계가 필요하다.

우선 실업률과 고용의 관계에서 출발하자. 정의에 따르면 실업률은 실업을 경제활동인구(노동력)로 나눈 값과 동일하다.

◀ 환기를 위해 2장을 검토하라.

$$u \equiv U/L = (L - N)/L = 1 - N/L$$

여기서 $N$은 고용, $L$은 경제활동인구, 즉 노동력이다. 첫 번째 등식은 단순히 실업률의 정의이다. 두 번째 등식은 실업의 정의를 따른 것이며, 세 번째 등식은 단순화한 것이다. 실업률은 1에서 고용률(경제활동인구 대비 고용의 비율)을 뺀 것과 같다. $u$의 함수로 $N$을 나타내기 위해 정리하면 다음을 얻는다.

$$N = L(1 - u)$$

즉, 고용은 경제활동인구에 (1−실업률)을 곱한 것과 같다. 산출을 보면 7장에서 사용한 단순화를 위한 가정, 즉 산출이 단순히 고용과 같다는 가정을 다시 사용한다.

◀ 이러한 단순화는 두 가지로 구성된다. 첫째, 산출은 규모에 대한 수확불변하에서 오직 노동만을 이용해 생산된다고 가정한다(다른 생산 요소, 특히 에너지가 포함되는 경우에 대해서는 뒤에서 다시 다룰 것이다). 따라서 생산함수는 $Y=AN$과 같이 쓸 수 있다. 둘째, 노동 1단위가 산출 1단위를 생산하도록 단위를 설정하여, $A$를 1로 놓을 수 있다. $A$를 계속 두어도 되지만, 표기만 복잡해질 뿐이다.

$$Y = N = L(1 - u)$$

여기서 두 번째 등식은 앞의 방정식을 따른 것이다.

따라서 실업률이 자연실업률 $u_n$과 일치하면 고용은 $N_n = L(1-u_n)$으로 주어지고, 산출은 $Y_n = L(1-u_n)$과 같다. $N_n$을 고용의 자연적 수준(줄여서 자연고용), $Y_n$을 산출의 자연적 수준(줄여서 자연산출)이라고 부른다. $Y_n$은 **잠재산출**(potential output)이라고도 하는데, 앞으로도 이 표현을 종종 사용할 것이다.

실업률의 자연실업률로부터의 편차를 기준으로 다음 식이 가능하다.

$$Y - Y_n = L((1 - u) - (1 - u_n)) = -L(u - u_n)$$

이는 산출의 잠재 수준으로부터의 편차와 실업률의 자연실업률로부터의 편차 간의 단순한 관계를 제공한다. 산출과 잠재산출의 편차를 **산출갭**(output gap)이라고 한다. 실업률이 자연실업률과 일치하면 산출은 잠재 수준과 일치하고, 산출갭은 0이다. 실업률이 자연실업률보다 높아지면 산출은 잠재 수준보다 낮아지고, 산출갭은 음수이다. 실업률이 자연실업률보다 낮아지면 산출은 잠재 수준보다 높아지고, 산출갭은 양수이다(이 식과 오쿤의 법칙, 즉 산출과 실업의 관계는 FOCUS '시간별·국가별 오쿤의 법칙' 참조).

식 (9.2)에서 $u - u_n$을 대체하면 다음을 얻을 수 있다.

$$\pi - \pi^e = (\alpha/L)(Y - Y_n) \tag{9.3}$$

이제 마지막 단계이다. 8장에서 임금 설정자가 인플레이션에 대한 기대를 형성하는 방식이 시간이 지남에 따라 변화함을 보았다. 8장에 비추어 볼 때 현재 미국에서 인플레이션 기대치가 고정되어 있고 임금 설정자들은 인플레이션을 연준이 설정한 목표치($\bar{\pi}$로 표시)와 일치할 것으로 예상한다는 합리적 가정을 할 수 있다. 당분간 이렇게 가정하자. 이 장의 여러 지점에서 이 가정이 성립하지 않을 때 어떤 일이 발생하는지 다시 설명할 것이다. 이 가정에 의해 인플레이션과 산출의 관계는 다음과 같다.

$$\pi - \bar{\pi} = (\alpha/L)(Y - Y_n) \tag{9.4}$$

$Y > Y_n \Rightarrow \pi > \bar{\pi}$
$Y < Y_n \Rightarrow \pi < \bar{\pi}$
$Y = Y_n \Rightarrow \pi = \bar{\pi}$ ▶

즉, 산출이 잠재 수준보다 높고 산출갭이 양수이면 인플레이션은 목표인플레이션보다 커지게 된다. 산출이 잠재산출보다 낮아서 산출갭이 음수이면 인플레이션은 목표인플레이션보다 작게 된다. 산출과 인플레이션의 양(+)의 관계는 그림 9-1의 아래쪽 그림에서 우상향하는 곡선으로 나타난다. 수평축은 산출을, 수직축은 인플레이션을 측정한다. 산출이 잠재 수준과 일치할 때, 달리 말해 산출갭이 0일 때 인플레이션은 목표인플레이션과 같아진다. 따라서 필립스 곡선은 산출이 잠재 수준과 일치하는 점을 지나간다.

이 절에서는 두 가지 관계를 도출했다. 첫 번째 관계는 재화시장과 금융시장 균형에서 유도한 것으로 **실질이자율과 산출**을 연결한다. 두 번째 관계는 노동시장 균형에서 유도한 것으로 **산출을 인플레이션**과 연결한다. 이 두 관계를 사용해 이제 단기와 중기에 어떤 일이 발생하는지 설명할 수 있다. 이것이 다음 절에서 할 일이다.

## 9-2 단기에서 중기로

그림 9-1로 돌아가자. 중앙은행이 선택한 정책이자율이 $r$이라고 가정하자. 그림의 상단은 이 정책이자율과 관련해 산출 수준이 $Y$로 주어진다는 것을 보여준다. 그림의 하단은 이러한 수준의 산출 $Y$가 $\pi$의 인플레이션율을 시사한다는 것을 말한다. 그림에서 나타난 방식을 참고하면, $Y$는 $Y_n$보다 커서 산출은 잠재 수준을 상회한다. 양의 산출갭이 발생하는 것으로, 이는 인플레이션율이 목표치보다 높다는 것을 시사한다. 즉, 경제는 과열되어 인플레이션에 압력을 가하고 있다. 이는 **단기균형**(short-run equilibrium)이다.

## 시간별·국가별 오쿤의 법칙

FOCUS

본문에서 유도한 산출과 실업의 관계는 2장에서 오쿤의 법칙으로 알려진 실증적 관계와 어떻게 관련될까?

이 질문에 답하기 위해서는, 먼저 본문에서 제시한 관계를 비교가 쉬운 형태로 다시 정리해야 한다. 몇 단계에 걸친 도출 과정에 앞서 최종 결과부터 보자. 본문에서 도출된 실업과 산출 간의 관계는 식 (9B.1)과 같이 다시 쓸 수 있다. [변수 다음의 (−1)은 해당 변수의 전년도 값을 의미한다.]

$$u-u(-1) \approx -g_Y \qquad (9B.1)$$

즉, 실업률 변화는 경제성장률($g_Y$)의 음의 값과 근사적으로 일치한다. (기호 ≈는 근사적으로 일치한다는 의미를 갖는다.)

다음은 도출 과정이다. 고용, 경제활동인구, 실업률 간의 관계식 $N=L(1-u)$에서 시작하자. 경제활동인구 $L$이 일정하다고 가정하면 전년도에 대해서도 $N(-1)=L(1-u(-1))$이 성립한다. 두 식을 합치면 다음과 같다.

$$N-N(-1)=L(1-u)-L(1-u(-1))$$
$$=L(u-u(-1))$$

즉, 고용 변화는 실업률 변화와 경제활동인구의 곱에 마이너스를 취한 값과 같다. 양변을 $N(-1)$로 나누면 다음과 같다.

$$(N-N(-1))/N(-1)=-(L/N(-1))(u-u(-1))$$

좌변은 고용 증가율이며, $g_N$으로 표기할 수 있다. 산출이 고용에 비례한다고 가정하면 $g_Y$로 표기하는 경제성장률은 $g_N$과 일치한다. 또한 $L/N(-1)$은 1에 근접한다. 예를 들어 실업률이 5%라면 경제활동인구의 고용 대비 비율은 1.05이다. 그래서 이를 1로 반올림해 다음과 같이 정리할 수 있다.

$$g_Y \approx -(u-u(-1))$$

이 식을 정리하면 원하는 식을 얻을 수 있다.

$$u-u(-1) \approx -g_Y \qquad (9B.1)$$

이제 실업률 변화와 경제성장률 간의 '실제 관계'를 보자. 이는 그림 1에 나타나 있는데 1960년 이후 분기별 데이터를 사용했다. (2장의 그림 2-5도 이와 동일한 관계를 보여주고 있는데 다만 2000년 이후 데이터만을 사용했었다.) 점들을 가장 잘 설명하는 회귀선은 다음과 같다.

$$u-u(-1)=-0.47(g_Y-0.76\%) \qquad (9B.2)$$

식 (9B.2)는 식 (9B.1)처럼 실업률 변화와 산출량 증가율 사이의 음의 관계를 보여준다. 그러나 식 (9B.1)과 두 가지 측면에서 다르다.

- 첫째, 실업률 상승을 막기 위해서는 분기별 경제성장률이 최소 0.76%, 연간 경제성장률이 최소 3%(=0.76%×4) 이상이어야 한다. 이는 도출 과정에서 무시한 두 가지 요인, 즉 경제활동인구 증가와 노동생산성 증가 때문이다. 일정한 실업률을 유지하려면 고용은 경제활동인구와 동일한 비율로 증가해야 한다. 경제활동인구가 연간 1.7% 증가한다고 가정하면, 고용은 매년 1.7%씩 성장해야 한다. 또한 노동생산성(즉 노동자 1인당 산출)이 연간 1.3% 증가하면, 이는 산출이 연간 3%(=1.7%+1.3%) 증가해야 함을 의미한다. 다시 말해 실업률을 일정하게 유지하려면 경제성장률이 경제활동인구 증가율과 노동생산성 증가율의 합과 같아야 한다는 것이다. 미국의 경우 경제활동인구 증가율과 노동생산성 증가율의 합은 1960년 이래로 연평균 3%에 이르고, 이 때문에 식 (9B.2)의 우변에 3%라는 수치가 등장한 것이다. (그러나 지난 10년간 생산성 증가는 둔화되었고 일정한 실업률을 유지하는 데 필요한 성장률이 3%보다 2%에 근접한다는 일부 증거가 있다. 이는 이후에 살펴볼 것이다.)
- 둘째, 식 (9B.2) 우변의 계수는 식 (9B.1)의 −1.0에 비해 −0.47에 지나지 않는다. 달리 말해 식 (9B.2)에 따르면 정상보다 1% 높은 경제성장은 실업률의 0.47% 감소로 이어질 뿐이다. 이유는 두 가지이다.

기업은 경제성장이 정상 수준과 다를 때 고용 규모를 일대일 미만으로 조정한다. 보다 구체적으로, 경제성장률이 1년 동안 정상 수준보다 1% 높은 경우 고용률은 0.63%만 증가할 뿐이다. 한 가지 이유는 산출 수준에 관계없이 일부 노동자는 반드시 필요하다는 것이다. 예를 들어 회사 매출이 정상보다 많든 적든, 회계 부서는 대략 같은 수의 직원을 필요로 한다. 또 다른 이유는 신입사원 교육에 비용이 많이 든다는 것이다. 이 때문에 기업은 생산이 정상 수준에 못 미칠 때 노동자를 해고하기보다는 계속 고용하며, 생산이 정상 수준을 넘어설 때 신입사원을 고용하기보다는 초과근무를 요구한다. 경기가 안 좋은 시기에 기업은 호시절에 필요한 노동을 효과적으로 저장(hoard)한다. 기업의 이런 행동을 **노동저장**(labor hoarding)이라고 한다.

고용률 증가는 실업률의 일대일 감소로 이어지지 않는다. 보다 구체적으로 고용률이 0.63% 증가하면 실업률은 0.47%만 감소한다. 이유는 경제활동참가율이 증가하기 때문이다. 고용이 증가하면 모든 새로운 일자리가 실업자로 채워지는 것은 아니다. 일부 일자리는 그동안 구직에 나서지 않았던 비경제활동인구에게 주어진다. 또한 실업자의 노동시장 전망이 개선됨에 따라 이전에 비경제활동인구로 분류되던 일부 실망실업자가 일자리를 적극적으로 찾기 시작할 것이고, 그에 따라 실업자로 분류된다. (7장의 그림 7-2는 비경제활동인구에서 고용으로의 흐름을 보여주었다.) 이러한 이유로 실업률 감소폭은 고용 증가폭보다 작다.

두 단계를 합쳐보자. 실업은 고용의 변화에 대해 일대일에 못 미치게 반응하는데, 고용 그 자체도 산출의 변화에 대해 일대일에 못 미치게 반응한다. 산출 증가의 실업률 변화에 대한 영향의 크기를 측정하는 계수(여기서는 0.47)를 **오쿤의 계수**(Okun coefficient)라고 한다. 이 계수를 결정하는 요인을 고려할 때 오쿤의 계수는 국가마다 다를 것으로 예상할 수 있으며, 실제로 그렇다. 예를 들어 평생고용의 전통을 가진 일본의 경우 기업은 산출량 변화에 따라 고용을 훨씬 덜 조정하므로 오쿤의 계수는 0.1에 불과하다. 산출 변동폭이 같더라도 일본의 실업률 변동폭은 미국보다 훨씬 작다.

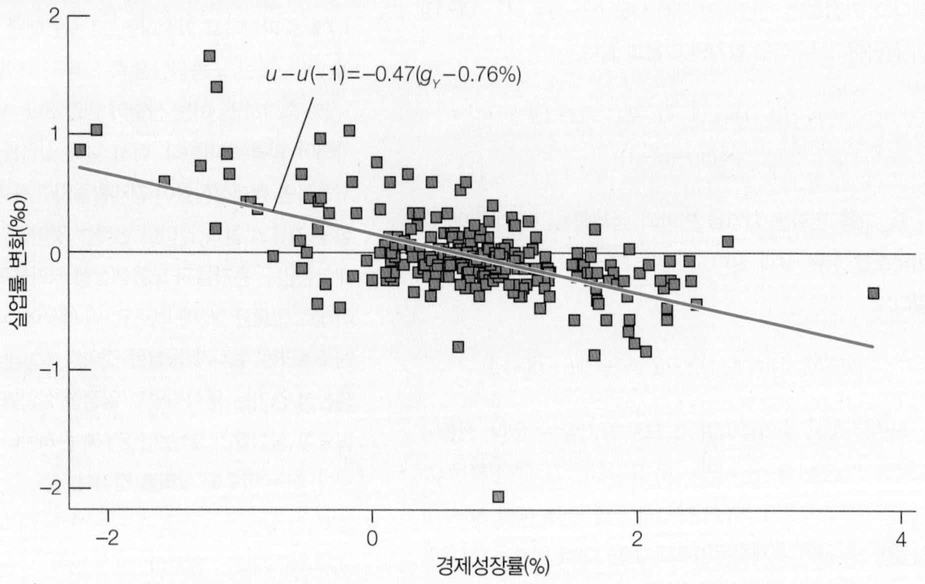


**그림 1**

**미국의 실업률과 경제성장률 변화(1960년 1분기~2022년 4분기)**

높은 경제성장률은 실업률 하락, 낮은 성장률은 실업률 증가와 관련이 있다.

출처: FRED: Series GDPCA, UNRATE. 시각적인 이유로, 2020년 2분기와 3분기에 해당하는 점들은 제외했다. 이 시기는 성장률과 실업률에서 매우 큰 변화가 있었던 시기로, 이 점들도 대체로 회귀선 위에 놓이지만 정상적인 시기의 관계를 보기 어렵게 만들기 때문에 생략했다.

시간이 지나면 어떻게 될까? 중앙은행이 실질이자율을 $r$로 유지한다고 가정하자. 그러면 산출은 잠재 수준 이상으로 유지되고, 인플레이션은 목표치를 초과한다. 어느 시점이 되면 기대가 조정되고, 인플레이션 기대가 비고정화될 가능성이 있다. 하지만 지금은 그러한 상황은 생각하지 말고(이 문제는 이후 내용 참조) 중앙은행이 인플레이션을 목표 수준으로 되돌리기 위한 조치를 취한다고 가정하자.

이를 위해 중앙은행은 이자율을 인상해야 하며, 그림 9-2에 그 조정 과정이 설명되어 있다.

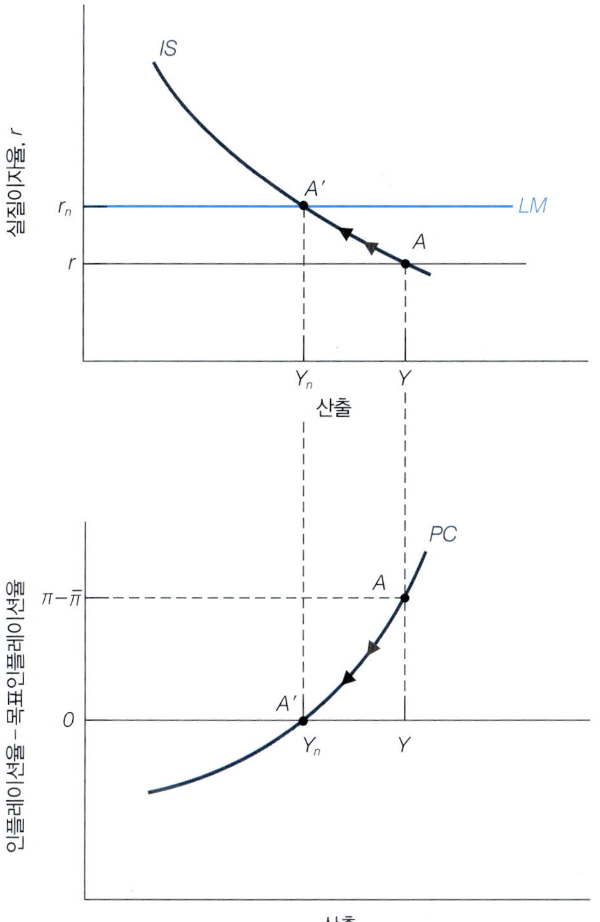


**그림 9-2**

**중기 산출과 인플레이션**

중기적으로 경제는 잠재산출로 수렴하며, 인플레이션은 목표인플레이션으로 수렴한다.

초기 균형은 위쪽과 아래쪽 그림 모두에서 점 $A$로 표시되어 있다. 중앙은행이 실질이자율을 점차 인상하면 LM 곡선이 위로 이동하고, 경제는 IS 곡선을 따라 $A$에서 $A'$으로 이동한다. 그 결과 산출량이 감소한다. 이제 아래쪽 그림을 살펴보자. 산출량이 감소하고 산출갭이 줄어들면서 경제는 PC 곡선을 따라 $A$에서 $A'$으로 내려오게 된다.

'PC 곡선'이라는 표현에서 C는 '곡선'을 나타내므로 잉여적 표현이지만 그대로 사용하기로 한다.

점 $A'$에서 경제는 **중기 균형**에 도달한다. 이를 좀 더 자세히 살펴보자.

중기에 산출은 원래 수준으로 되돌아간다. 즉, $Y = Y_n$이다. 동시에 실업은 자연실업률로 되돌아간다. 즉, $u = u_n$이다. 실업률이 자연실업률이 되면 인플레이션율은 목표치 $\pi = \bar{\pi}$로 되돌아간다.

이자율의 경우 실질이자율은 재화수요가 잠재산출과 같아야 하므로 그림 9-2에서 $r = r_n$으로 표시된다. 이 이자율을 (자연실업률 또는 자연산출 수준과 관련된 이자율이라는 사실을 반영하기 위해) 종종 **자연이자율**(natural rate of interest)이라고 부른다. 때에 따라 **중립이자율**(neutral rate of interest) 또는 **빅셀이자율**(Wicksellian rate of interest)이라고도 한다[이 개념을 19세기 말 스웨덴 경제학자 빅셀(Knut Wicksell)이 제시했기 때문이다]. 그렇다면 실질 차입이자율은 이제 $r_n + x$로 주어진다($x$는 위험 프리미엄).

명목이자율 $i$는 어떻게 될까? 6장[식 (6.4)]의 명목이자율과 실질이자율의 관계를 되돌아보자. 실질이자율은 명목이자율에서 기대인플레이션을 뺀 값과 같다. 다르게 말하면, 명목이자율은 실질이자율에 기대인플레이션을 더한 것과 같다. 즉, $i = r + \pi^e$이다. 이 상황에서 중기적으로 실질이자율은 중립이자율과 같고, 기대인플레이션은 실제 인플레이션과 같아진다. 실제 인플레이션 자체는 목표인플레이션과 같을 것인데, 이는 명목이자율이 $i = r_n + \bar{\pi}$여야 함을 시사한다. 결국 목표인플레이션율이 높을수록 명목이자율이 높아지는 것이다.

잠시 경제성장은 무시하고 있음에 주의하자. ▶

마지막으로 통화와 통화 증가율은 어떻게 될까? 통화의 실질 공급이 실질 통화수요와 같다는 5장에서의 균형조건[식 (5.3)]의 특징을 고려하자. 즉, $M/P = YL(i)$이다. 산출이 잠재 수준과 같고 명목이자율이 위에서처럼 결정된다면 이 식을 다음과 같이 다시 쓸 수 있다.

$$\frac{M}{P} = Y_n L(r_n + \bar{\pi})$$

우변의 세 변수인 자연산출, 자연이자율, 목표인플레이션은 모두 정상 상태에서 일정하므로 통화에 대한 실질수요 역시 정상 상태에서 일정하다. 이는 좌변인 통화의 실제 공급이 일정해야 한다는 것을 의미한다. 그리고 이는 물가 $P$가 명목통화 $M$과 같은 속도로 성장해야 함을 시사한다. 즉, 통화 증가율을 $g_M$으로 놓으면 이는 $\pi = g_M$임을 시사한다. 이를 명목이자율 식에 대입하고 $\bar{\pi} = \pi$라는 사실을 이용하면 명목이자율을 $i = r_n + g_M$으로 다시 정리할 수 있다. 즉, 중기적으로 명목이자율은 실질 중립이자율에 명목통화 증가율을 더한 것과 같다.

중기 결과의 요약: $Y=Y_n$, $u=u_n$, $\pi=\bar{\pi}=g_M$, $r=r_n$, $i=r_n+g_M$ ▶

요약하면 중기적으로 실질 변수는 그것이 산출이든, 실업률이든 또는 실질이자율이든 간에 통화 정책과는 무관하다. 통화 정책이 결정하는 것은 인플레이션율과 명목이자율이다. 중기적으로 더 높은 통화 증가율은 더 높은 인플레이션과 명목이자율을 초래할 뿐이다. 통화 정책이 중기적으로 실질변수에 영향을 미치지 않는다는 사실을 **화폐 중립성**(neutrality of money)이라고 한다.

## 9-3 복잡한 문제, 상황이 어떻게 잘못될 수 있는가

9-2절에서 중·장기 균형으로의 조정 과정은 순조롭고 쉬워 보였다. 실제로 여러분이 이 책을 읽는 동안 중앙은행이 인플레이션을 $\bar{\pi}$로, 산출을 $Y_n$으로 되돌리는 데 있어 실질이자율을 $r$에서 $r_n$으로 왜 즉시 인상하지 않았는지 궁금했을 것이다. 그렇게 했다면 즉시 중기 균형에 도달했을 것이다.

답은 중앙은행이 정말 경제가 $Y=Y_n$에 그리고 $\pi=\bar{\pi}$에 있기를 원했지만, 그림 9-2에서 쉬워 보이는 것과는 달리 현실은 더 복잡하다는 것이다.

## 불확실성

첫째, 잠재산출이 정확히 어느 수준이며, 그에 따라 산출이 잠재 수준에서 얼마나 멀리 떨어져 있는지 중앙은행이 정확히 파악하기 어려운 경우가 종종 있다. 인플레이션 기대가 고정되어 있다면 인플레이션이 목표치에서 벗어나는 정도는 산출갭(실제 산출량과 잠재 산출량의 차이)에 대한 신호를 제공한다. 그러나 단순한 방정식 (9.4)와 달리 그 신호에는 잡음이 섞여 있다.

둘째, 5장에서 논의한 바와 같이 경제가 반응하는 데는 시간이 걸린다. 조정은 즉시 이루어지지 않는다. 기업들이 투자 결정을 조정하는 데 시간이 걸린다. 실질이자율 인상에 따라 투자 지출이 둔화되어 수요 감소, 산출 감소, 소득 감소로 이어질 때 소비자가 소득 감소에 적응하고 기업이 매출 감소에 적응하는 데는 시간이 걸린다. 한마디로, 중앙은행이 신속하게 조치를 취하더라도 경제가 잠재산출 수준으로 돌아가려면 시간이 걸린다.

글을 집필하는 현재, 연준은 실제로 두 문제에 봉착해 있다.

첫 번째 문제에 관해서 말하자면 2022년 12월 실업률은 3.5%로, 일반적으로 이는 자연실업률보다 낮다고 여겨지지만, 그보다 쟁점은 자연실업률보다 얼마나 낮고, 연준이 목표로 삼아야 할 실업률이 얼마인가이다.

두 번째 문제에 대해서 말하자면 연준은 2022년 2월, 실업률이 3.8%일 때 기준금리를 인상하기 시작했었다. 그러나 그로부터 10개월이 지나서 이 글을 쓰고 있는 지금 시점에 실업률이 3.5%로 오히려 더 낮아졌다. 긴축적 통화 정책이 아직까지는 효과를 내고 있지 않은 것으로 보인다. 그 효과가 곧 나타날 것인가? 그렇다면 기다리는 것이 합리적일 수 있다. 아니면 현재의 통화 정책이 충분히 긴축적이지 않아서 기준금리를 더 인상해야 하는가? 이러한 질문 중 어느 하나도 명확한 해답이 없으며, 이러한 점이 연준의 결정을 특히 어렵게 만든다.

## 비고정화

위의 논의에 대한 한 가지 합리적인 반응은 중앙은행이 자연실업률 값을 확실히 모를 경우, 즉 잠재산출 수준을 확실히 모를 경우, 정책 속도를 완만하게 하고 실업률과 인플레이션의 움직임을 관찰해 나가면서 더 나은 사태파악을 해야 한다는 것이다.

하지만 정말 그래야 할까? 중앙은행이 실제로 정책 속도를 완만하게 해서 일정 기간 인플레이션이 목표인플레이션보다 높은 상태가 지속된다고 가정해 보자. 그러면 어느 시점에서 임금 설정자들은 기대를 형성하는 방식을 바꾸고 인플레이션이 계속 목표를 웃돌 것이라고 가정하기 시작할 가능성이 크다. 다시 말해 인플레이션 기대가 비고정화될 수도 있다는 것이다.

이러한 가능성에 대해 8장에서 다루었다. 기대인플레이션이 $\pi_t^e = (1-\theta)\bar{\pi} + \theta\pi_{t-1}$로 주어진다고 가정했고, $\theta$가 0에서 (가능하다면) 1까지 증가하는 것을 비고정화(deanchoring)라고 정의했었다. 위의 문제들과 어떻게 관련되는지 보기 위해, 그리고 식을 간단히 하기 위해 인플레이션이 충분히 오래 지속되어 $\theta$가 0에서 1까지 증가했다고 가정하자. ($\theta$가 1에는 못 미치지만

그림 9-3

**비고정화된 기대의 결과**

기대가 완전히 비고정화되면 인플레이션이 목표인플레이션을 웃도는 한, 인플레이션은 계속 상승한다. 따라서 실업률이 자연실업률로 돌아왔을 때 인플레이션은 목표보다 상당히 높아진다.

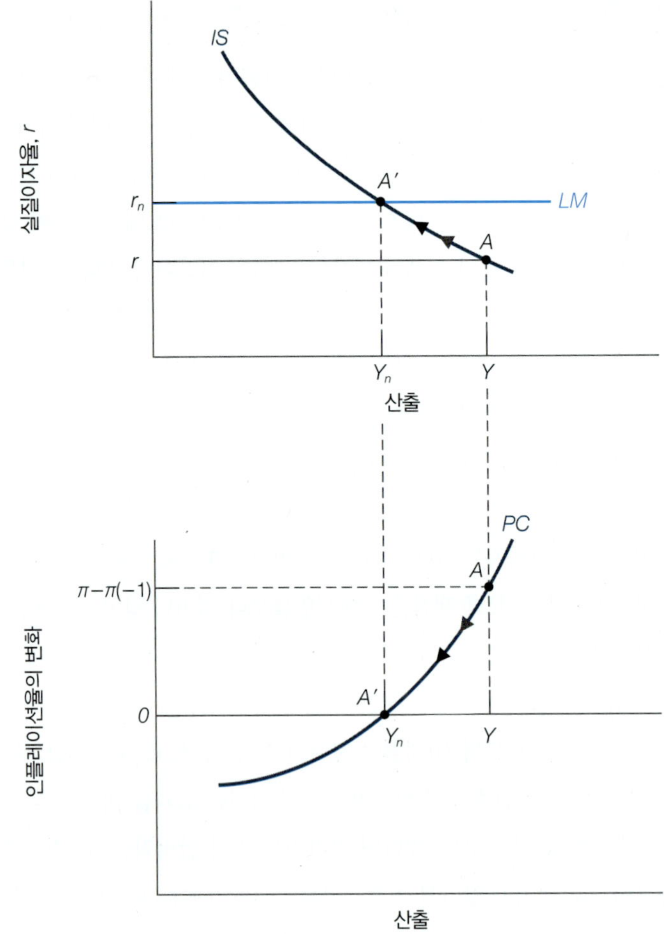


양수인 경우에도 결론은 본질적으로 같다.) 그림 9-3은 어떠한 일이 발생하는지 보여준다.

그림 9-3은 그림 9-2와 매우 유사하지만 한 가지 중요한 차이가 있다. $\pi^e = \pi(-1)$이므로 하단 그림이 나타내는 방정식은 다음과 같다.

$$\pi - \pi(-1) = (\alpha/L)(Y - Y_n)$$

따라서 하단 그림의 세로축 변수는 그림 9-2처럼 고정된 목표인플레이션과 인플레이션의 격차가 아니라 인플레이션의 변화이다. 이는 중요한 의미가 있다. 산출량이 잠재산출량을 초과하는 한, 인플레이션은 상승한다. 그러므로 산출량이 잠재 수준으로 돌아왔을 때, 그동안 누적된 인플레이션은 목표치보다 높아진다. 중앙은행이 다시 목표인플레이션 수준으로 복귀하기를 원한다면 잠재 수준보다 낮은 산출량(즉, 자연실업률보다 높은 실업률)의 기간을 의도적으로 설계해야 하며, 이는 고통스러운 결과를 초래한다.

그렇다면 중앙은행이 무엇을 해야 하는지에 관한 문제로 돌아가 보자. 한편으로는 불확실성을 감안한다면 정책 속도를 완만하게 하도록 접근할 필요가 있을 것이다. 다른 한편으로는 비고정화 위험 때문에 인플레이션이 중앙은행 목표치를 초과하는 기간이 길어질 수 있다. 이는 빠르게 대응해 인플레이션을 신속히 목표로 되돌려, 기대가 비고정화될 시간을 주지 않는 것이 바람직하다는 점을 시사한다. 여기서 두 가지 결론이 나온다. 첫째, 목표에 대한 초기 신뢰도와 중앙은행의 목표 달성 의지가 높을수록 비고정화 가능성이 낮아지고, 중앙은행의 업무는 더 쉬워진다. 이것이 중앙은행이 신뢰도를 매우 중시하는 이유이다. 둘째, 중앙은행이 충분히 신뢰를 받고 있는 경우라도 정책 속도가 너무 완만하지도 않고 너무 빠르지도 않은, 좁은 길을 찾는 것은 여전히 통화 정책의 큰 숙제이다.

지금까지 충분한 수요로 인해 산출량이 잠재 수준을 상회하고 있는 경제를 중심으로 설명했다. 그러나 에너지 가격 상승과 같은 공급 충격의 경우에도 마찬가지의 논리를 적용할 수 있다. 8장에서는 이런 가격 상승을 임금 대비 마크업($m$)의 상승으로 볼 수 있고, 그 결과 자연실업률이 상승하고 잠재산출이 감소함을 알았다. 따라서 경제가 처음에 잠재산출 수준에 있고, 산출량이 그대로인 상태에서 잠재산출량이 감소하면, 양(+)의 산출갭이 생기게 되고, 이는 더 높은 인플레이션으로 이어지게 된다. 결과는 그림 9-2와 매우 비슷하지만, 여기서 산출갭은 산출량 증가가 아니라 잠재산출 감소에서 비롯된다는 차이가 있다.

그렇다면 중앙은행은 어떻게 해야 할까? 중앙은행이 다음 세 가지를 믿는다고 가정해 보자. (1) 충격은 오래가지 않고 $m$이 빠르게 이전 수준으로 되돌아올 것이다. (2) 노동자들이 실질임금 하락을 받아들일 것이며, $z$(임금 협상력의 지표) 하락이 $m$의 상승을 상당 부분 상쇄하여 $(m+z)$가 거의 변하지 않게 되고, 따라서 자연실업률과 잠재산출량도 거의 변하지 않을 것이다. (3) 기대가 비고정화되지 않고, $\theta$가 0으로 유지될 것이다. 이 경우 중앙은행은 긴축하지 않고 산출량을 동일 수준으로 유지하며, 충격이 지속되는 동안 더 높은 인플레이션을 용인할 수 있다. 그리고 충격이 사라지면 인플레이션은 자연스럽게 목표 수준으로 돌아갈 것이다.

그러나 이 세 가지 가정 중 어느 하나라도 어긋나면 이러한 전략은 큰 대가를 치를 수 있다. 충격이 처음에 예상한 것보다 오래 지속되면 인플레이션도 오래 지속된다. 노동자들이 실질임금 하락을 받아들이지 않으면 인플레이션은 더 상하세 나타난다. 그리고 인플레이션이 더 길고 강하게 지속되면 기대가 비고정화될 수 있다. 그 경우 상황은 그림 9-2에서 설명한 시나리오와 비슷해진다. 인플레이션이 지속적으로 상승하고, 충격이 사라진 뒤에도 목표보다 높은 수준에 머물 수 있다. 이를 목표 수준으로 되돌리려면 중앙은행은 경제가 잠재 수준 이하의 산출(즉, 고통스러운 실업률)을 일정 기간 경험하도록 설계해야 한다.

이상의 논의에서 통화 정책을 운용하는 데 있어서의 어려움과 통화 정책 신뢰도가 중요한 이유가 충분히 설명되었으리라 믿는다. FOCUS '유가 상승: 왜 2000년대와 1970년대의 영향은 달랐는가?'는 신뢰도의 중요성을 잘 보여주는 사례이다.

다음 절에서는 중앙은행이 명목이자율 하한에 직면할 때 발생하는 전혀 다른 위험에 대해 살펴본다.

FOCUS

## 유가 상승: 왜 2000년대와 1970년대의 영향은 달랐는가?

지난 50년 동안 미국 경제는 네 차례의 큰 유가 충격을 겪었다.

첫 번째는 1973년에 발생했다. 이스라엘-이집트 분쟁에 대한 대응으로 주요 산유국들이 석유 금수 조치를 취하면서 유가는 1973년 12월 배럴당 4.3달러에서 1974년 1월 배럴당 10.1달러로 급등했다.

두 번째는 1979년과 1980년에 일어났다. 이란의 석유 수출 급감으로 유가는 1979년 6월 배럴당 17달러에서 1980년 4월 배럴당 39달러로 뛰었다.

세 번째는 2000년대에 있었다. 공급이 제한된 상태에서 강한 수요가 장기간 지속되면서 유가는 2002년 1월 배럴당 19달러에서 2006년 8월 배럴당 73달러로 상승했다.

네 번째는 COVID-19 위기와 관련되어 있다. 처음에는 유가가 급락했고, 이어서 급등했다. 2019년 12월 배럴당 59.9달러였던 가격은 2020년 3월 16.5달러로 떨어졌다가, 2022년 6월 114.8달러로 올랐으며, 이후 하락세를 보였다.

앞 장에서 다뤘었던 COVID-19 사태의 경우를 제외하면 1970년대 유가 상승과 2000년대 유가 상승의 영향은 매우 달랐다. 1970년대에는 인플레이션에 강한 영향을 주었지만, 2000년대에는 영향이 매우 제한적이었다. 이 차이는 어디에서 비롯된 것일까?

첫 번째 설명은, 1970년대에는 유가 상승 외에도 다른 충격들이 있었지만 2000년대에는 그렇지 않았다는 것이다. 1970년대에는 석유뿐 아니라 다른 많은 원자재 가격도 상승했었다. 따라서 유가만 올랐을 때보다 영향이 더 강했다.

그러나 계량경제학 연구들에 따르면 이러한 다른 요인을 통제하더라도 유가 상승의 영향은 두 시기에 달랐다. 그림 1은 두 시기의 데이터를 사용해 유가가 100% 상승했을 때 산출과 물가수준에 미치는 영향을 추정한 것이다. 검은색 선과 남색 선은 1970년 1분기부터 1986년 4분기까지의 데이터를 기반으로 유가 상승이 소비자물가지수(CPI)와 GDP에 미치는 영향을 나타낸 것이고, 하늘색 점선과 파란색 쇄선은 1987년 1분기부터 2006년 4분기까지의 데이터를 사용한 것이다(가로축의 시간 단위는 분기). 이 그림은 두 가지 결론을 제시한다. 첫째, 두 시기 모두 유가 상승은 CPI 상승과 GDP 감소를 초래했다. 둘째, 동일한 유가 상승이 CPI와 GDP에 미치는 영향은 2000년대가 이전 시기보다 대략 절반 정도로 작았다.

그렇다면 왜 유가 상승의 부정적 영향이 줄어들었을까? 여러 요인이 결합된 결과일 가능성이 높다.

1970년대의 유가 상승은 첫 번째로 금수 조치, 두 번째로 이란 수출의 급감에서 비롯된 명백한 공급 충격이었다. 반면 2000년대의 상승은 주로 세계 수요 증가에 의한 것으로, GDP에 미치는 부정적 영향이 적었다. 또한 2000년대의 상승은 5년에 걸쳐 서서히 진행되어 임금 조정이 더 용

**그림 1**

**유가가 100% 영구적으로 상승했을 때 CPI와 GDP에 미치는 영향**

유가 상승이 산출량과 물가 수준에 미치는 영향은 1970년대보다 2000년대에 더 작았다.

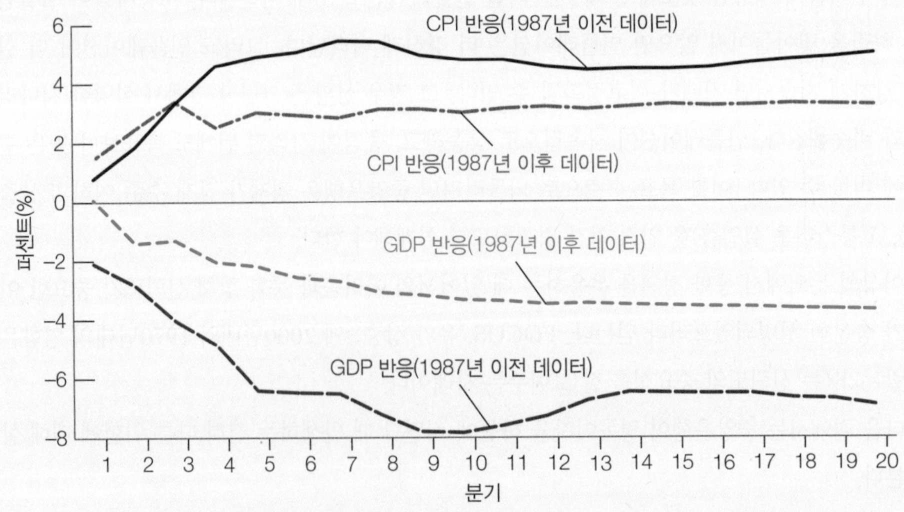

이했다.

2000년대의 미국 노동자들은 1970년대의 노동자들보다 협상력이 약했다. 그리고 1970년대에 널리 사용되었던 물가연동제도 2000년대에는 사라졌다. 따라서 유가 상승 시 노동자들은 실질임금 하락을 받아들일 수밖에 없었고, 이는 인플레이션 상승 폭을 제한했다.

통화 정책의 신뢰도도 높아져 GDP를 크게 희생하지 않고 인플레이션을 억제할 수 있었다. 8장에서 살펴본 것처럼 1970년대에는 인플레이션 기대가 고정되어 있지 않았다. 유가 상승으로 초기에 인플레이션이 오르자, 임금 설정자들은 인플레이션이 계속 높을 것이라고 예상하고 더 높은 명목임금을 요구했으며, 이는 인플레이션을 더욱 끌어올렸다. 반대로 2000년대에는 인플레이션 기대가 고정되어 있었다. 인플레이션이 다소 상승했음에도 임금 설정자들은 미래 인플레이션에 대한 기대를 (1970년대에 그랬던 것만큼) 크게 바꾸지 않았다. 따라서 인플레이션에 미치는 영향은 더욱 차단되었고, 연준이 높은 실질이자율과 낮은 산출을 통해 인플레이션을 잡아야 할 필요성도 줄어들었다.

## 명목이자율 하한과 디플레이션 함정

그림 9-2에서는 산출이 잠재산출 이상이고 인플레이션이 목표치 이상인 경우를 고려했다. 여기서는 그림 9-4에 표시된 것처럼 경제가 침체에 빠져 있는 경우를 고려해 보자. 실질이자율 $r$과 IS 곡선의 위치가 주어지면 균형은 점 $A$에서 발생한다. 산출 $Y$는 $Y_n$보다 낮으므로 산출갭은 음수이며, 이는 인플레이션이 목표인플레이션보다 낮다는 것을 의미한다. 산출갭이 매우 커서 ◀

예를 들어 산출갭이 음수라면 이 경우 인플레이션이 목표치보다 3% 낮으며($\pi - \bar{\pi} = -3\%$), 목표인플레이션율 $\bar{\pi}$가 2%일 수 있다. 이는 인플레이션이 2%−3% = −1%와 같다는 것을 의미한다.

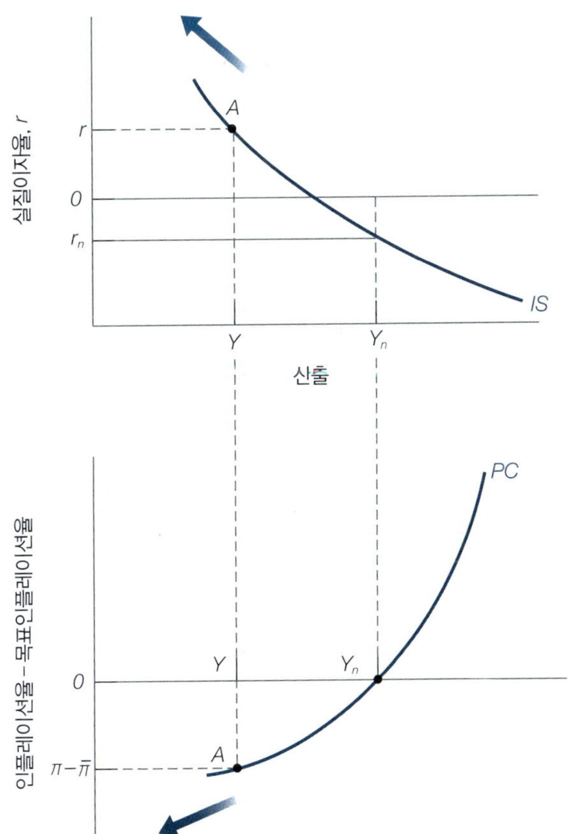


**그림 9-4**

**디플레이션 함정**

명목이자율 하한으로 인해 통화 정책이 산출을 잠재수준으로 증가시키지 못한다면 디플레이션 악순환이 나타날 수 있다. 디플레이션의 심화는 실질 정책이자율의 상승을 초래하며, 후자는 산출 하락과 디플레이션 악화로 나타난다.

인플레이션이 목표인플레이션보다 크게 낮으면 인플레이션은 음수이며 경제가 디플레이션을 겪고 있음을 의미할 수 있다.

이 경우 중앙은행이 할 일은 간단해 보인다. 산출이 자연 수준으로 다시 높아질 때까지 실질이자율을 인하해야 한다. 그림 9-4와 같이 실질이자율을 $r$에서 $r_n$으로 인하해야 한다. $r_n$에서 산출은 $Y_n$과 같고, 인플레이션은 목표치와 같다. 경제가 충분히 침체된 경우 산출을 자연 수준으로 되돌리는 데 필요한 실질이자율 $r_n$이 매우 낮을 수 있으며 어쩌면 음수일 수도 있다. 그림에서는 실질이자율이 음수가 되도록 그렸다.

실질이자율이 음수라고 해서 $r+x$의 실질이자율로 차입하는 개인과 기업도 음의 실질이자율에 직면한다는 것을 의미하지는 않는다. $x$가 충분히 크면 실질이자율이 음수라도 차입할 수 있는 실질이자율은 양수이다.

그러나 통화 정책이 달성할 수 있는 가장 낮은 수준의 명목이자율이 0%이기 때문에 명목이자율 하한은 음의 실질이자율을 달성하지 못하게 할 수 있다. 다만 디플레이션이 있다면 이는 통화 정책이 달성할 수 있는 가장 낮은 실질이자율이 실제로 양수이며, 디플레이션율과 같다는 것을 의미한다.

예를 들어 명목이자율이 0%이고 인플레이션이 −2%라고 가정하자. 이 경우 실질이자율은 $r = i - \pi = 0\% - (-2\%) = 2\%$이다.

이는 중앙은행이 산출을 잠재 수준으로 되돌릴 만큼 충분히 실질이자율을 낮추지 못할 수 있다는 것을 의미한다. 복잡해지는 것을 피하기 위해 중앙은행이 실질이자율을 $r$ 이하로 낮출 수 없다고 가정하자. (대신 실질이자율을 어느 정도 인하시킬 수 있지만 $r_n$까지 감소하지는 않는다고 가정할 수 있다.) 그러면 어떻게 될까?

첫 번째 답은 경제가 점 $A$에 머물고 있으며, 산출갭과 디플레이션이 모두 크며 좋은 결과는 아니라는 것이다. 그러나 올바른 답은 상황이 더 악화될 것이라는 것이다. 사람들은 인플레이션이 목표치보다 낮고 경제가 디플레이션을 겪고 있다는 것을 알게 되면서 기대치를 형성하고 디플레이션을 예상하는 방식을 바꾸기 시작한다. 기대는 변화하고 음의 산출갭은 이제 단지 디플레이션일 뿐만 아니라 점점 더 심한 디플레이션으로 이어진다. 뿐만 아니라 디플레이션이 심화함에 따라 (디플레이션율과 일치하는) 실질이자율이 상승한다. 디플레이션이 커질수록 실질이자율은 높아지고, 산출은 낮아지는 등의 **디플레이션 악순환**(deflation spiral) 또는 **디플레이션 함정**(deflation trap)으로 불리는 상황이 발생한다. 그림에서 2개의 화살표로 표시된 것처럼 경제는 중기 균형으로 돌아가지 않고 더 멀리 이동해 산출은 더 낮아지고 디플레이션은 더 커진다.

예를 들어 명목이자율이 0%라고 가정하자. 디플레이션이 2%일 때 실질이자율은 2%와 같다. 디플레이션이 2%에서 3%로 높아짐에 따라 실질이자율은 2%에서 3%로 상승하며 소비와 생산은 더욱 위축되어 더 큰 디플레이션으로 이어진다.

이 악몽 같은 시나리오는 단지 이론적인 문제만은 아니며, 실제로 대공황 동안 전개되었던 상황이다. FOCUS '대공황에서의 디플레이션'에서 보듯이 1929년부터 1933년까지 인플레이션은 점점 더 큰 디플레이션으로 바뀌었고, 다른 정책이 취해지고 경제가 반전되기 전까지 꾸준히 실질이자율이 높아지고 지출과 산출이 감소했다.

최근 글로벌 금융위기 당시에도 비슷한 염려가 있었다. 주요 선진국의 명목이자율이 0%로 하락하면서 인플레이션율이 마이너스로 전환돼 비슷한 악순환을 일으킬 것이라는 우려가 제기된 것이다. 다행히 그런 일은 일어나지 않았다. 인플레이션은 감소했고 일부 국가(예: 그리스, 스페인, 포르투갈)에서는 디플레이션으로 전환되었다. 중앙은행이 실질이자율을 낮추고 산출을 높일 수 있는 능력을 제한했지만, 디플레이션은 제한적이었고 디플레이션 악순환은 발생하

## 대공황에서의 디플레이션

FOCUS

1929년 주식시장 붕괴 후에 미국 경제는 공황에 빠졌다. 표 1의 첫 두 열에 나타나 있듯이 실업률은 1929년 3.2%에서 1933년 24.9%로 상승했으며, 경제성장률은 4년 연속 큰 음의 값을 보였다. 경제는 1933년부터 계속 천천히 회복되었지만, 1940년경 실업률은 여전히 14.6%라는 매우 높은 수준에 머물렀다.

대공황은 글로벌 금융위기와 많은 요소를 공유한다. 글로벌 금융위기 당시 주택가격 및 대공황 당시 주가와 같이 붕괴 전에 자산가격의 급등이 있었고, 이러한 충격이 은행 시스템을 통해 증폭되었다. 동시에 중요한 차이도 있다. 대침체 때보다 대공황기의 산출 감소와 실업 증가가 훨신 더 컸다.

여기에서는 대공황의 한 가지 면, 즉 명목이자율과 실질이자율의 추이와 디플레이션의 위험에만 초점을 맞출 것이다.

표의 3열에서 볼 수 있듯이 실업률이 올라가자 연준은 비록 천천히 진행했지만, 그리고 0% 근처까지 가지는 못했지만, 명목이자율(1년 만기 재무부 채권 이자율)을 인하했다. 명목이자율은 1929년 5.3%에서 1933년 2.6%로 하락했다. 동시에 4열에서 보듯이 산출 감소와 실업률 상승은 인플레이션의 급락을 초래했다. 인플레이션은 1929년에 0%였고 1930년에는 음으로 돌아섰으며, 1931년 −9.2%, 1932년에는 −10.8%를 기록했다. 만약 기대디플레이션율이 실제 디플레이션율과 매년 일치한다고 가정할 경우 실질이자율 시계열을 계산할 수 있다. 결과는 표의 마지막 열에 나타나 있는데, 이는 산출이 1933년까지 계속 하락한 이유에 대한 힌트를 제공한다. 실질이자율은 1931년에 12.3%, 1932년 14.8%에 달했지만, 1933년에도 7.8%로 여전히 아주 높은 수준에 머물렀다. 이자율이 이렇게 높은 상황에서 소비와 투자수요가 매우 낮은 수준에 머물고 불황이 더 악화되었다는 것은 그리 놀랄 만할 일이 아니었다.

1933년에 경제는 디플레이션 함정에 놓인 것으로 보였다. 경제활동의 부진이 디플레이션 심화, 실질이자율 상승, 지출 감소 등을 야기했던 것이다. 그러나 1934년부터 디플레이션이 인플레이션으로 반전되어 실질이자율은 큰 폭으로 하락했고, 경제는 회복되기 시작했다. 매우 높은 실업률에도 불구하고 미국 경제가 어떻게 추가적인 디플레이션을 피할 수 있었는지는 경제학에서 뜨거운 논쟁거리로 남아 있다. 일부 경제학자는 통화 정책의 변화를 지적해 통화공급의 막대한 증가가 기대인플레이션의 변화를 이끌었다고 한다. 다른 경제학자들은 뉴딜 정책, 특히 임금의 추가 하락을 막은 최저임금법의 도입을 지적한다. 이유가 무엇이건 이것으로 디플레이션 함정은 종식되었고, 장기간의 경제회복이 시작되었다.

대공황에 대해 더 알고 싶다면 다음을 참조하라.
Lester Chandler, *America's Greatest Depression* (HarperCollins, 1970)는 기초적인 사실을 제공한다. John A. Garraty, *The Great Depression*(Anchor, 1986)도 마찬가지이다. Peter Temin, *Did Monetary Forces Cause the Great Depression?*(W. W. Norton, 1976)은 거시경제적 문제를 더 자세히 살펴본다. 1993년 봄에 발행된 *Journal of Economic Perspectives*의 대공황 심포지엄에서의 논문들도 마찬가지이다.

미국 이외의 국가에서 대공황 상황을 살펴보려면 Peter Temin, *Lessons from the Great Depression*(MIT Press, 1989)을 참조하라.

**표 1** 실업률, 경제성장률, 명목이자율, 인플레이션율, 실질이자율(1929~1933년)

| 연도 | 실업률(%) | 경제성장률(%) | 명목이자율(%), $i$ | 인플레이션율(%), $\pi$ | 실질이자율(%), $r$ |
|---|---|---|---|---|---|
| 1929 | 3.2 | −9.8 | 5.3 | 0.0 | 5.3 |
| 1930 | 8.7 | −7.6 | 4.4 | −2.5 | 6.9 |
| 1931 | 15.9 | −14.7 | 3.1 | −9.2 | 12.3 |
| 1932 | 23.6 | −1.8 | 4.0 | −10.8 | 14.8 |
| 1933 | 24.9 | 9.1 | 2.6 | −5.2 | 7.8 |

지 않은 것이다. 이에 대한 한 가지 이유는 기대 형성에 대한 앞선 논의와 관련 있는데, 인플레이션 기대가 대체로 고정되어 있다는 것이 그것이다. 낮은 산출은 낮은 인플레이션과 어떤 경우에는 경미한 디플레이션으로 이어졌지만 대공황 기간처럼 지속적으로 커지는 디플레이션으로 이어지지는 않았다.

## 9-4 재정긴축의 재검토

이제 IS-LM-PC 모형을 검토할 수 있다. 이 절은 5장에서 논의한 재정긴축으로 되돌아가는데, 단기 효과뿐만 아니라 중기 효과도 살펴볼 수 있다.

산출이 잠재 수준에 있다고 가정하면 경제는 그림 9-5의 상단 그림과 하단 그림 모두에서 점 $A$로 나타난다. 산출 $Y$는 $Y_n$이고, 정책이자율은 $r_n$이며, 인플레이션은 목표인플레이션과 일치한다. 재정적자를 기록하고 있는 정부가 세금 인상 등으로 재정적자를 감축하기로 결정했다고 하자. 세금 인상은 IS 곡선을 $IS$에서 $IS'$으로 좌측 이동시킨다. 당분간 중앙은행이 실질 정책금리를 유지하기 때문에 LM 곡선은 움직이지 않는다고 가정하자. 새로운 단기 균형은 그림 9-5의 상단 그림과 하단 그림에서 점 $A'$으로 주어진다. 주어진 정책이자율 $r_n$에서 산출은 $Y_n$에

그림 9-5

**단기와 중기에서 재정긴축의 효과**

재정긴축은 단기에 산출 감소를 초래한다. 중기에 산출은 잠재 수준으로 복귀하고 이자율은 낮아진다.

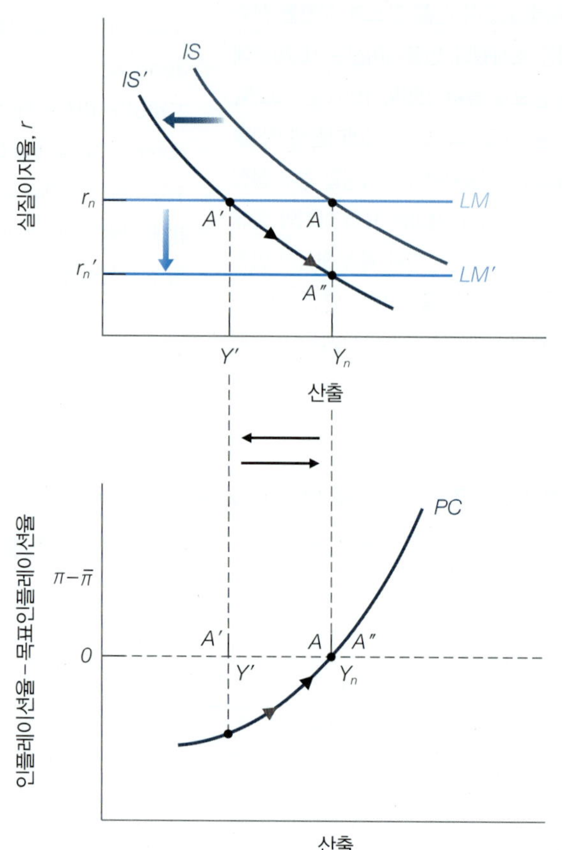

서 $Y'$으로 감소하고 인플레이션은 낮아진다. 다시 말해 산출이 처음에 잠재 수준에서 출발한다면 다른 이유에서 바람직했을 재정긴축이 불경기를 초래할 수 있다. 이것이 5-3절에서 특징지었던 단기 균형이다. 소득이 감소하고 세금이 증가함에 따라 소비는 두 가지 측면 모두에서 감소한다. 또한 산출이 감소하면 투자도 감소한다. 단기에 거시경제적 측면에서 재정긴축은 좋아 보이지 않는다. 경기침체를 촉발하고 소비와 투자 모두 감소하기 때문이다.

이제 동학과 중기를 생각해 보자. 산출이 너무 낮고 인플레이션이 목표치에 미달함에 따라 중앙은행은 산출이 다시 잠재 수준으로 복귀할 때까지 정책이자율을 인하할 것이다. 그림 9-5로 보면 상단 그림에서 LM 곡선이 아래로 이동하고 경제는 $IS'$ 곡선을 따라 아래로 움직이며 산출이 증가한다. 산출이 증가함에 따라 경제는 하단 그림의 PC 곡선을 따라 위로 움직이고, 산출은 잠재 수준으로 복귀한다. 따라서 중기 균형은 상단 그림과 하단 그림 모두에서 점 $A''$으로 주어진다. 산출은 $Y_n$으로 복귀하고 인플레이션은 다시 목표인플레이션과 같아진다. 산출을 잠재 수준으로 유지하는 데 필요한 정책이자율은 이전보다 낮아져 $r_n$이 아닌 $r_n'$이 된다.

이제 새로운 균형에서 산출의 구성을 살펴보자. 소득은 재정긴축 이전과 동일하지만 세금이 높아졌으므로, 소비는 단기에서만큼 낮지 않지만 그래도 낮아졌다. 산출은 이전과 동일하지만 이자율이 낮아져 투자는 이전보다 높다. 즉, 소비 감소가 투자 증가로 상쇄되므로 수요에는, 다시 말해 산출에는 변화가 없다. 이는 단기 균형과 잘 대비되며 재정긴축을 보다 바람직하게 보이도록 만든다. 투자는 단기에 감소하지만 중기에는 증가한다.

여기서 재정긴축 또는 정부저축의 증가를 보았다. 민간저축의 증가에도 같은 논의가 적용된다. 정책이자율을 올리면 단기적으로는 투자가 감소하지만 중기에는 투자가 증가한다(이러한 결과에 비추어 3장의 FOCUS '저축의 역설'과 5장의 FOCUS '재정적자 감소: 투자에 좋은 것일까?'를 다시 보라).

이 논의는 앞 절에서 논의한 것과 동일한 몇 가지 문제를 제기한다.

단기에 산출 감소 없이 재정긴축이 진행될 수 있는 것처럼 보인다. 필요한 것은 중앙은행과 정부가 조심스럽게 협조하는 것뿐이다. 재정긴축이 진행되면서 중앙은행은 산출을 자연 수준으로 유지하기 위해 정책이자율을 인하해야 한다. 다시 말해 재정 정책과 통화 정책을 적절히 조합하면 단기에서도 중기 균형의 결과를 달성할 수 있다. 그러한 협조는 실제로 이루어지기도 한다. 5장에서 보았듯이 1990년대 미국에서 재정긴축이 통화확장과 병행되었다. 그러나 항상 그런 것은 아니다. 한 가지 이유는 중앙은행이 명목이자율 하한 때문에 정책이자율을 충분히 낮추지 못할 수도 있기 때문이다. 이는 글로벌 금융위기에서 유로 지역의 사례에 해당한다. 유로 지역의 명목이자율이 0%일 때 통화 정책은 재정긴축의 부작용을 상쇄할 수 없었다. 그 결과 유럽 중앙은행이 정책이자율을 더 인하할 수 있는 상황과 비교할 때 재정긴축의 산출에 대한 영향이 더 강력하고 오래 지속되는 부작용이 있었다.

이로 인해 2010년부터 유럽에서 진행된 재정긴축이 정당화될 수 있는지에 대한 격렬한 논쟁이 벌어졌다. 이에 대한 자세한 내용은 22장에서 확인할 수 있다.

## 9-5 결론

이 장에서는 상당히 많은 주제를 다루었다. 핵심적인 아이디어를 반복하고 결론을 내리자.

## 단기 대 중기

이 장이 주는 한 가지 핵심적 시사점은 외부 충격이나 정책 변화가 단기와 중기에 있어 상이한 효과를 가질 수 있다는 것이다. 다양한 정책의 효과에 대한 경제학자의 의견 충돌은 염두에 두고 있는 기간이 다른 데서 종종 기인한다. 단기 산출과 투자에 대해 걱정한다면 재정긴축을 꺼릴 것이다. 그러나 중기나 장기에 초점을 맞춘다면 재정긴축이 투자를 돕고 결국 자본 축적의 증가를 통해 산출이 증가할 것이라고 생각할 것이다. 한 가지 시사점은 어떤 기간을 염두에 두는지는 특히 충격이 발생할 때 경제가 얼마나 빠른 속도로 조정된다고 생각하는지에 달려 있다는 것이다. 산출이 잠재 수준으로 복귀하는 데 오랜 시간이 걸린다고 믿는다면 단기에 초점을 맞출 것이고, 중기 효과가 없거나 부정적이라 해도 단기의 산출 증가를 가져올 수 있는 정책을 사용하려 할 것이다. 반대로 산출이 잠재 수준으로 빠르게 회복한다고 믿는다면 중기적 시사점에 더 큰 비중을 둘 것이고 그에 따라 그 정책들을 사용하는 것을 꺼리게 될 것이다.

## 충격과 파급경로

'충격'을 정의하는 것은 생각보다 어렵다. 한 라틴아메리카 국가에서의 경제 프로그램 실패가 국가에 정치적 혼돈을 야기하고, 이것이 이 지역의 전쟁 위험을 증가시키고, 이것이 다시 미국에서 소비자 신뢰를 위축시키며, 이로 인해 미국의 경기침체가 발생했다고 하자. 무엇이 '충격'인가? 실패한 프로그램? 민주주의의 위축? 전쟁의 위험 증가? 소비자 신뢰의 위축? 현실적으로 이러한 인과 고리를 어디에선가 끊어야 한다. 따라서 소비자 신뢰의 위축을 충격이라 부르고 이를 유발한 요인들을 무시할 것이다.

이 장은 때때로 추세를 중심으로 한 **산출변동**(output fluctuation) 또는 **경기변동**(business cycle)에 대한 일반적인 사고방식을 제공하기도 한다(지금까지는 추세를 무시했으며 10~13장에서 집중적으로 다룬다).

경제를 지속적으로 **충격**(shock)을 받는 어떤 것으로 생각할 수 있다. 이들 충격은 소비자 신뢰의 변화로 인한 소비 변화, 투자 변화, 또는 금융위기로 인한 위험 프리미엄 등을 포함할 수 있다. 또는 새로운 세법의 도입부터 새로운 사회간접자본 투자 프로그램, 인플레이션을 진정시키려는 중앙은행의 결정, 무역전쟁까지도 포함한다.

각각의 충격은 산출과 그 구성에 동태적 효과를 갖는다. 이들 동태적 효과는 충격의 **파급경로**(propagation mechanism)라 불린다. 파급경로는 충격이 달라질 때마다 달라진다. 경제활동에 대한 충격의 영향은 일정 기간 누적되어 중기에까지 영향을 미치거나 잠시 누적되다가 약화되어 사라질 수도 있다. 일부 충격은 충분히 크거나 부정적인 방식으로 결합해 경기침체를 야기하기도 한다. 1970년대 미국의 두 차례 경기침체는 두 차례의 유가 상승에 주로 기인했고, 1980년대 초반 경기침체는 통화 정책의 급격한 긴축에서 기인했다. 1990년대 초반의 경기침체는 주로 소비자 신뢰의 급격한 위축에서 비롯했고, 2001년의 침체는 투자지출의 급감에 기인했다. 2009년의 산출 급감은 주택시장 문제, 그로 인한 중대한 금융충격의 발생, 그리고 이어진 산출의 급감에서 비롯되었다. 2020년의 산출 감소는 COVID-19 충격과 봉쇄 조치로 인한 것이었다. 우리가 경기변동(economic fluctuation)이라 부르는 것은 이러한 충격의 결과이자 이 충격들이 산출에 미치는 동태적 파급 효과인 것이다.

일반적으로 경제는 시간이 지남에 따라 중기 균형으로 복귀한다. 주요 문제는 경제가 스스로 균형으로 돌아갈 것으로 기대될 수 있는지, 아니면 적극적인 정책 대응이 필요한지 여부이다. 논란의 여지가 있지만 경제는 저절로 안정되지 않으며, 통화 정책이든 재정 정책이든 적극적 정책 대응이 필요하다. 실제로 이 장에서 본 모든 사례에서 중앙은행의 대응은 산출이 시간이 지남에 따라 잠재산출로 되돌아가는 메커니즘이었다. 정책 대응이 없다면 인플레이션은 꾸준히 높아지거나 낮아질 것이며, 결국 더 고통스러운 정책 조정이 필요할 것이다. 이는 명목이자율 하한에 대한 논의에서 특히 분명했다. 통화 정책을 더 이상 사용할 수 없을 정도로 경제가 디플레이션 악순환에 빠질 위험이 있다. 글로벌 금융위기 동안 최악의 상황은 피했는데, 이는 부분적으로는 금융 시스템이 천천히 회복되었기 때문이고, 부분적으로는 재정 정책을 사용했기 때문이다.

## 요약

- 단기적으로 산출은 수요에 의해 결정된다. 산출과 잠재산출의 차이로 정의되는 산출갭은 인플레이션에 영향을 미친다.
- 양의 산출갭은 인플레이션을 기대인플레이션 이상으로 높인다. 인플레이션 상승은 중앙은행이 정책이자율을 인상하도록 유도한다. 정책이자율 인상은 산출량 감소로 이어져 결국 산출갭은 감소한다. 대칭적으로 산출갭이 음수이면 인플레이션은 기대인플레이션 이하로 낮아진다. 인플레이션율이 낮으면 중앙은행이 정책이자율을 낮출 수 있다. 정책이자율 하락은 산출을 증가시키므로 산출갭을 감소시킨다.
- 중기에 산출은 잠재산출과 일치한다. 산출갭은 0이고 인플레이션은 목표인플레이션과 같다. 잠재산출과 일치하는 산출과 관련된 이자율을 **자연이자율**이라고 한다.
- 조정의 과정은 임금 설정자들이 인플레이션 기대를 형성하는 방식에 크게 좌우된다. 기대가 덜 고정되어 있을수록, 즉 실제 인플레이션에 대한 기대인플레이션의 반응이 클수록 양의 산출갭이 인플레이션에 미치는 효과는 더 강해지고, 중앙은행이 인플레이션을 목표 수준으로 되돌리기는 더 어려워진다.
- 산출갭이 음수이면 명목이자율 하한과 디플레이션의 조합은 디플레이션 악순환으로 이어질 수 있다. 산출이 낮아지면 인플레이션이 낮아지고, 이는 높은 실질이자율로 이어진다. 인플레이션이 낮거나 마이너스로 유지되면 인플레이션 기대가 비고정화될 수 있고 디플레이션이 점점 더 심화되고 실질이자율은 점점 더 높아지며 산출은 더욱 위축될 수 있다.
- 단기에 세금 인상을 통한 재정긴축은 정책이자율을 변경하지 않고 산출 감소, 소비 감소, 투자 감소를 초래한다. 중기에 산출은 잠재 수준으로 복귀한다. 소비는 감소하지만 투자는 증가한다.
- 정책의 단기 효과와 중기 효과의 차이는 경제학자의 정책 권고의 차이를 유발하는 이유 중 하나이다. 일부 경제학자는 경제가 중기 균형에 빠르게 적응할 것으로 믿으므로 중기 정책의 영향을 강조한다. 다른 이들은 산출이 잠재 수준으로 돌아가는 조정 메커니즘은 느린 과정이라고 생각하며, 그에 따라 정책의 단기 효과에 보다 중점을 둔다.
- 경기변동은 지속적 충격의 흐름과 이들 충격의 산출에 미치는 동태적 효과의 결과물이다. 때로 충격은 충분히 부정적이어서 단독으로나 복합적으로 경기침체를 야기한다.

## 핵심용어

경기변동(business cycle)
노동저장(labor hoarding)
디플레이션 악순환(deflation spiral)
디플레이션 함정(deflation trap)
빅셀이자율(Wicksellian rate of interest)
산출갭(output gap)

산출변동(output fluctuation)
오쿤의 계수(Okun coefficient)
자연이자율(natural rate of interest)
잠재산출(potential output)
중립이자율(neutral rate of interest)
충격(shock)
파급경로(propagation mechanism)
화폐 중립성(neutrality of money)

## 연습문제

### 기초문제

1. 이 장의 내용에 기초해 다음에 대해 '사실', '거짓', '불확실' 여부를 밝히고 그 이유를 간단히 설명하라.

   a. IS 곡선은 $G$가 증가하거나, $T$가 증가하거나, $x$가 증가하면 위로 이동한다.

   b. $(u-u_n)$이 0보다 큰 경우 $(Y-Y_n)$은 0보다 크다.

   c. $(u-u_n)$이 0이면 산출은 잠재 수준에 있다.

   d. $(u-u_n)$이 0보다 작으면 산출갭은 음수이다.

   e. 산출갭이 양수이면 인플레이션은 기대인플레이션보다 높다.

   f. 오쿤의 법칙에 따르면 경제성장률이 1%p 증가하면 실업률은 1%p 하락한다.

   g. 자연실업률에서 인플레이션은 기대인플레이션과 같다.

   h. 중기 균형에서 인플레이션율은 0에서 안정적이다.

   i. 중앙은행은 언제나 산출을 잠재산출과 동일하게 유지할 수 있다.

   j. 충격이 영구적인 경우 경제를 중기 균형으로 되돌리려면 통화 정책이나 재정 정책의 적극적인 변화가 필요하다.

   k. 정부지출이 항구적으로 상승할 때 인플레이션이 안정적으로 유지되려면 중앙은행은 실질 정책이자율을 더 높게 유지해야 한다.

   l. 유가가 크게 상승하면 자연실업률이 높아진다.

2. 산후안은 남아메리카에 있는 국가이다. 통화 단위는 페소델솔(peso del sol)이다. 이 나라에 대한 거시경제 방정식들은 다음과 같다.

$$Y=C(Y-T)+I(Y,R)+G$$

   여기서 $C=6{,}300+.2(Y-T)$ 그리고 $I=.1Y-21{,}000r$

   a. 산후안의 IS-LM 곡선을 도출하라. 단, $G=1{,}000$, $T=750$이라고 가정하자. 잠재산출량에 해당하는 실질이자율은 0.06이다. 잠재산출량은 얼마인가?

   b. 어제 산후안의 로메우 대통령은 재선 선거운동 이전에 경제활동을 늘리기 위해 중앙은행을 설득하여 실질이자율을 4%로 낮추도록 했다. 그의 목표 산출량은 얼마인가? 이 목표 산출량이 만들어낼 산출갭은 얼마인가? 현재의 위치를 그래프로 나타내라.

   c. 산후안의 필립스 곡선 계수 $\alpha$는 0.5이고 $L=6{,}000$이다. 문제 a에서 도출한 IS-LM 곡선과 관련된 필립스 곡선을 구성하라. 중기 균형에서 양의 산출갭과 관련된 인플레이션 갭은 얼마인가?

   d. 로메우 대통령은 재선에 성공한 후, 즉시 중앙은행을 설득해 실질이자율을 6%로 되돌리게 했다. 로메우 대통령이 의도적으로 인플레이션 갭을 만들었을 때 어떤 인플레이션 위험을 감수했는가?

3. 중기 균형의 성립 여부와 중기 균형을 위해 필요한 중앙은행 정책

   다음과 같은 가상 경제가 있다고 하자.

$$Y_n=1{,}000,\ u_n=5\%,\ r_n=2\%,\ x=1\%,\ \pi^e=2\%$$

   그리고 아래의 표는 이 경제의 다양한 상태를 나타낸다.

| 상태 | $Y_n$ | $Y$ | $C$ | $I$ | $G$ | $i$(%) | $\pi$(%) | $u$(%) | $x$(%) |
|---|---|---|---|---|---|---|---|---|---|
| A | 1,000 | 1,000 | 700 | 150 | 150 | 4 | 2 | 5 | 1 |
| B | 1,000 | 1,050 | 730 | 170 | 150 | 2 | 3 | 3 | 1 |
| C | 1,000 | 950 | 670 | 130 | 150 | 4 | 1 | 8 | 3 |
| D | 1,000 | 950 | 670 | 150 | 130 | 4 | 1 | 8 | 1 |
| E | 1,000 | 1,050 | 730 | 150 | 170 | 4 | 3 | 3 | 1 |

   a. 상태 A가 중기 균형이고 상태 B, C, D, E가 중기 균형이 아닌 이유를 설명하라.

   b. 상태 B에서 중기 균형으로 이동하기 위해 중앙은행이 취해야 할 조치는 무엇인가?

   c. 상태 C에서 중기 균형으로 이동하기 위해 중앙은행이 취해야 할 조치는 무엇인가?

d. 상태 D에서 중기 균형으로 이동하기 위해 중앙은행이 취해야 할 조치는 무엇인가?

e. 상태 E에서 중기 균형으로 이동하기 위해 중앙은행이 취해야 할 조치는 무엇인가?

4. 중기 균형은 다음 네 가지 조건으로 특징지어진다.

산출은 잠재산출과 일치($Y = Y_n$)하며, 중앙은행은 실질 정책이자율 $r_n$을 다음이 성립하도록 선택한다.

실업률은 자연실업률과 일치($u = u_n$)한다.

실질 정책이자율은 자연이자율 $r_n$과 같다. 여기서 $r_n$은 $Y_n = C(Y_n - T) + I(Y_n, r_n + x) + G$가 성립하는 정책이자율로 정의된다.

기대 및 실제 인플레이션율 $\pi^e$는 고정(anchored) 또는 목표인플레이션율 $\bar{\pi}$와 같다. 이는 명목 정책이자율이 $i = r_n + \bar{\pi}$임을 시사한다.

a. $\pi^e$가 $\bar{\pi}$와 일치하도록 기대인플레이션이 형성될 때 중기 균형에서 인플레이션의 특징을 밝혀라.

b. $IS$ 관계를 $Y = C(Y-T) + I(Y, r+x) + G$로 나타내자. $r_n$을 2%라고 가정하자. $x$가 3%에서 5%로 증가할 경우 중앙은행이 기존의 중기 균형을 유지하려면 $r_n$을 어떻게 변경해야 하는가? 이에 대해 설명하라.

c. $G$가 항구적으로 증가한다고 가정하자. 중앙은행은 기존의 중기 균형을 유지하기 위해 $r$을 어떻게 변경해야 하는가? 이에 대해 설명하라.

d. $T$가 영구적으로 감소한다고 가정하자. 중앙은행은 기존의 중기 균형을 유지하기 위해 $r$을 어떻게 변경해야 하는가? 이에 대해 설명하라.

e. "중기에 재정팽창은 자연이자율의 상승을 초래한다"는 주장을 평가하라.

5. 이 장은 기대인플레이션이 중앙은행의 목표인플레이션율과 동일하다고 가정한다. 8장의 필립스 곡선에 대한 논의에서는 기대인플레이션은 전기 인플레이션과 동일하며 중앙은행의 목표인플레이션율에 의해 고정되지 않는다고 가정한 적이 있다. 이 문제에서는 통화 정책은 변하지 않고 주어진 상황에서 수요가 영구적으로 변할 때 기대인플레이션에 대한 이 두 가지 가정이 미치는 함의를 살펴본다.

이 문제에서 검토하는 수요의 영구적 변화는 소비자 신뢰도 상승이며, 이는 3장에서 등장한 모수 'a'가 더 큰 값을 갖는 것으로 나타난다.

한 가지 가정은 기대인플레이션 수준이 전기의 인플레이션과 동일하므로 시간이 지남에 따라 변한다는 것이다. 다른 가정은 기대인플레이션 수준이 중앙은행의 목표인플레이션율에 고정되어 있으며 절대 변하지 않는다는 것이다.

기간 $t$에서 실제 인플레이션과 기대인플레이션이 2%인 중기 균형으로부터 시작하자. $t+1$기에 소비자 신뢰가 증가했다고 하자.

다음 문제 a, b, c는 각 기의 기대인플레이션이 전기의 인플레이션율과 같다고 가정한다. 예를 들어 $t+2$기에 $\pi^e_{t+2} = \pi_{t+1}$이고 $t+1$기에는 $\pi^e_{t+1} = \pi_t$이다.

a. $t+1$기에 IS 곡선은 어디로 이동하는가? $t$기의 기대인플레이션율은 얼마인가? 중앙은행이 $t+1$기에 실질 정책이자율을 변경하지 않는 경우 $t$기와 $t+1$의 단기 균형 산출과 인플레이션율을 비교하라.

b. 이제 $t+2$기의 균형을 고려하자. $\pi^e_{t+2} = \pi_{t+1}$이고 소비자 신뢰가 여전히 높다고 가정하자. 중앙은행이 실질 정책이자율을 변경하지 않을 때 $t+2$기와 $t+1$기의 인플레이션율을 비교하라.

c. $t+2$기에 실질 정책이자율을 변경하지 않고 유지하는 중앙은행 정책에 대해 어떻게 평가하는가? 지속 가능한가?

다음 문제 d, e, f는 기대인플레이션이 목표인플레이션과 일치한다고 가정한다. 즉, 모든 기에 대해 $\pi^e = \bar{\pi}$가 성립한다.

d. $\pi^e = \bar{\pi}$라는 가정하에서 $t+1$기 균형을 고려하자. 중앙은행이 실질 정책이자율을 변경하지 않고 그대로 두었을 때 $t$기와 $t+1$기의 인플레이션율을 비교하라. $t$기와 $t+1$기의 산출 수준을 비교하라.

e. $\pi^e_{t+2} = \bar{\pi}$라는 가정하에서 $t+2$기 균형을 고려하자. 중앙은행이 실질 정책이자율을 변경하지 않는 경우 $t+1$기와 $t+2$기의 인플레이션율을 비교하라. $t+1$기와 $t+2$기의 산출을 비교하라.

f. $t+1$기에 실질 정책이자율을 원래 수준으로 유지하는 정책이 지속 가능하지 못한 이유를 설명하라.

a, b, c의 결과와 d, e, f의 결과 비교

g. 인플레이션, 기대인플레이션, 산출에 대해 위의 문제 a, b, c의 결과와 d, e, f의 결과를 비교하라.

h. 기대인플레이션에 대한 어떤 가정이 더 현실적인가? 이에 대해 논의하라.

6. 기대인플레이션 형성에 대한 가정이 달라지면 총공급에 대한 충격의 파급 효과가 달라질 것이다. 문제 5에서와 같이 첫 번째 가정은 기대인플레이션이 전기의 인플레이션과 같다는 것이다.

이때 시간이 지남에 따라 기대인플레이션 수준은 변화한다. 두 번째 가정은 기대인플레이션 수준이 중앙은행의 목표치에 고정되며 절대 변하지 않는다는 것이다. $t$기에 실제 인플레이션과 기대인플레이션이 2%가 되는 중기 균형에서 시작하자. 이어서 $t+1$기에 유가가 영구적으로 상승한다고 하자.

다음 문제 a, b, c에서 각 기의 기대인플레이션이 전기의 인플레이션과 같다고 가정한다. 예를 들어 $t+2$기에서 $\pi^e_{t+2}=\pi_{t+1}$과 $t+1$기에서 $\pi^e_{t+1}=\pi_t$이다.

a. $t+1$기에 PC 곡선은 어떻게 이동하는가? 중앙은행이 실질 정책이자율을 변경하지 않는다고 가정하자. $t$기와 $t+1$기의 산출 수준을 비교하라. $t$기와 $t+1$기의 인플레이션율을 비교하라.

b. $\pi^e_{t+2}=\pi_{t+1}$이고 중앙은행이 실질 정책이자율을 변경하지 않는다는 가정하에 $t+2$기의 균형을 고려하자. $t+1$기와 $t+2$기의 인플레이션율을 비교하라. $t+1$기와 $t+2$기의 산출을 비교하라.

c. $t$기 수준으로 실질 정책이자율을 유지하는 정책은 지속 가능한가?

다음 문제 d, e, f는 기대인플레이션이 목표인플레이션과 동일하다고 가정하므로 모든 기에 $\pi^e=\bar{\pi}$이다.

d. $\pi^e_{t+1}=\bar{\pi}$의 가정하에 $t+1$기 균형을 고려하자. 중앙은행이 실질 정책이자율을 변경하지 않고 그대로 둘 때 $t$기와 $t+1$기의 인플레이션율을 비교하라.

e. $\pi^e_{t+2}=\bar{\pi}$라는 가정과 중앙은행이 실질 정책이자율을 변경하지 않는다는 가정하에 $t+2$기의 균형을 고려하자. $t+1$기와 $t+2$기의 인플레이션율을 비교하라.

f. $t$기에 실질 정책이자율을 유지하는 정책은 지속 가능한가?

a, b, c의 결과와 d, e, f의 결과 비교

g. 위의 문제 a, b, c의 인플레이션 및 산출 수준과 d, e, f의 인플레이션 및 산출 수준을 비교하라.

h. 기대인플레이션에 대한 어떤 가정이 더 현실적이라고 생각하는가? 이에 대해 논의하라.

## 심화문제

7. COVID-19 위기를 겪고 있는 어떤 나라에 두 부문, 즉 피해를 입은 부문(예: 스포츠 경기)과 피해를 입지 않은 부문(예: 가정용 엔터테인먼트)이 있다. 피해를 입은 부문은 팬데믹의 영향을 크게 받아 자발적 그리고 정부 명령에 따른 봉쇄 조치가 시행된다. 피해를 입지 않은 부문은 사람들이 피해 부문(예: 외식)에서의 소비를 비피해 부문(예: 스트리밍 서비스)으로 대체하면서 일부 성장을 경험한다. 이 문제에서는 이러한 성장 효과가 봉쇄 조치와 경제 상황에 대한 불확실성으로 인해 많은 소비자의 소득이 감소한 효과와 정확히 상쇄된다고 가정한다.

   a. 팬데믹이 피해 부문에 미치는 단기적인 결과를 나타내고, 이후 이 부문에 대한 통화 및 재정 부양책의 효과를 설명하라.

   b. 팬데믹이 비피해 부문에 미치는 단기적인 결과를 나타내고, 이후 이 부문에 대한 통화 부양책과 재정 부양책의 효과를 설명하라.

8. 오쿤의 법칙이 $u-(u-1)=-0.4(g_y-3\%)$로 나타났다.

   a. 경기침체기에 $u-u(-1)$은 양인가, 음인가? 경기회복기에서 $u-u(-1)$의 부호는 무엇인가?

   b. 3%라는 수치가 어디서 나왔는지 설명하라.

   c. $(g_y-3\%)$의 계수가 $-1$이 아닌 $-0.4$인 이유를 설명하라.

   d. 미국에 1년간 입국 가능한 이민자 수가 급증했다고 가정하자. 오쿤의 법칙은 어떻게 바뀌겠는가?

9. 재정긴축과 명목이자율 하한

   경제가 명목이자율 하한 0%에 놓여 있다고 가정하자. 초기 균형 상태에서 이 경제는 양의 목표인플레이션과 잠재산출에 놓여 있었지만 $t$기에 대규모 정부적자가 발생했다. 새로 선출된 정부는 $t+1$기와 이후의 기간에 $G$를 삭감하고 $T$를 인상해 재정적자를 영구적으로 줄이겠다고 약속했다.

   a. 이 상황에서 초기 균형을 검토하고 기대인플레이션이 초기 수준에 고정된다는 가정하에 $t+1$, $t+2$기의 산출 수준에 대한 정책 효과를 계산하라.

   b. 인플레이션이 지속적으로 목표인플레이션보다 낮다면 기대인플레이션은 하락한다. 이 상황에서 인플레이션은 언제 마이너스가 되는가? 기대인플레이션이 음수로 바뀌면 실질 정책이자율은 어떻게 되겠는가? 기대인플레이션이 마이너스가 되는 기간의 산출에 어떤 영향을 미치는가?

   c. 명목이자율 하한이 0인 경우 재정긴축이 더 어려워지는 이유는 무엇인가? 이 정책은 디플레이션 악순환으로 이어질 수 있는가?

## 보충문제

10. 본문의 FOCUS '대공황에서의 디플레이션'의 데이터를 고려하자.

a. 1933년에 산출이 잠재 수준으로 회복했다고 생각하는가?

b. 어느 해가 그림 9-3에 묘사된 것과 같은 디플레이션 악순환을 보였다고 생각하는가?

c. 기대인플레이션율이 1929년 인플레이션의 실제 값에 고정되어 있었다면 대공황은 그다지 심하지 않을 것이라는 주장을 제시하라.

d. 1930년의 막대한 재정팽창은 대공황의 심각성을 완화했다는 주장을 제시하라.

11. 본문의 FOCUS '대공황에서의 디플레이션'의 데이터를 고려하자.

a. 기대인플레이션율이 전년의 인플레이션율과 같다는 가정하에 매년의 실질이자율을 계산하라. 1928년의 인플레이션율은 −1.7%였다. 실질이자율의 변화는 기대인플레이션율이 현재 인플레이션율이라고 가정할 때보다 실질 산출 증가율과 실업률에 대한 데이터를 더 잘 설명하는가?

b. 1930~1933년까지 매년 오쿤의 법칙 계수를 계산하라. 이를 위해 잠재산출이 증가하지 않았다고 가정하라. 산출 증가율이 9.1%인데도 불구하고 기업들은 왜 1933년에 추가 근로자를 고용하지 않았는가? [힌트: 잠재산출이 증가하지 않는다면 오쿤의 법칙은 $u-u(-1)=-\alpha g_y$가 된다.]

12. 영국에서의 대공황

다음 표에 있는 정보를 기초로 다음 질문에 답하라.

a. 1929년부터 1933년까지 영국에서 디플레이션 악순환의 증거가 있는가?

b. 높은 실질이자율이 산출에 미친 영향의 증거가 있는가?

c. 중앙은행이 실질 정책이자율을 잘못 선택했다는 증거가 있는가?

**영국의 명목이자율, 인플레이션, 실질이자율(1929~1933년)**

| 연도 | 실업률 (%) | 경제 성장률 (%) | 명목 이자율 (%), $i$ | 인플레이션율 (%), $\pi$ | 실질 이자율 (%), $r$ |
|---|---|---|---|---|---|
| 1929 | 10.4 | 3.0 | 5.0 | −0.9 | 5.9 |
| 1930 | 21.3 | −1.0 | 3.0 | −2.8 | 5.8 |
| 1931 | 22.1 | −5.0 | 6.0 | −4.3 | 10.3 |
| 1932 | 19.9 | 0.4 | 2.0 | −2.6 | 4.6 |
| 1933 | 16.7 | 3.3 | 2.0 | −2.1 | 4.1 |

13. 2018년의 연준 정책에 대한 트럼프 대통령의 불만이 뉴스가 되었다. 2017년 12월 22일 트럼프 대통령은 2018년 연방 세금을 대폭 인하하는 감세 및 고용법(Tax Cuts and Jobs Act) 법안에 서명했다.

a. 2018년 11월 20일 블룸버그통신은 트럼프 대통령이 기자들에게 중앙은행이 '문제'이며 '연준이 금리를 낮추기를 원한다'고 말했다고 보도했다. 이 논평은 영구적인 재정팽창 모형으로 어떻게 평가되는가?

b. 2018년 9월 25일 블룸버그 통신에 따르면 연준이 금리를 0.25%p 인상하자 트럼프 대통령은 뉴욕에서 열린 기자회견에서 다음과 같이 이야기했다. "우리는 국가로서 잘하고 있다. 불행히도 우리가 너무 잘하고 있기 때문에 그들은 금리를 약간 인상했을 뿐이다. 이런 상황은 기분이 좋지 않다." 이 말은 필립스 곡선 모형으로 어떻게 평가되는가?

# Part 4 장기

다음 4개 장은 경제성장의 장기적 관점에 초점을 맞춘다. 장기에 국민경제를 지배하는 것은 경기변동이 아니라 경제성장이다. 이제부터 답을 구할 질문은 "무엇이 경제성장을 결정하는가?"이다.

**Chapter 10**

경제성장에 관한 사실을 검토한다. 1950년 이래로 부국에서 산출은 크게 증가했다. 인류 역사 전체로 시야를 넓혀 보면 이러한 성장은 최근에 국한된 현상임을 알 수 있다. 또한 보편적인 현상도 아니다. 많은 빈국이 아직도 저성장이나 정체로 고통받고 있다.

**Chapter 11**

경제성장에서 자본축적의 역할을 살펴본다. 자본축적은 산출 수준에 영향을 미치지만 그 자체만으로는 경제성장을 지속시키지 못한다. 높은 저축률은 일반적으로 처음에는 소비를 낮추지만 장기적으로 소비를 높인다.

**Chapter 12**

기술 진보로 관심을 돌린다. 장기에 경제성장률이 어떻게 기술 진보율에 의존하는지 살펴본다. 이어서 기술 진보에서의 R&D와 제도의 역할을 살펴본다.

**Chapter 13**

경제성장이 직면한 여러 도전 과제를 살펴본다. 기술 진보가 과거와 같은 속도로 계속될 수 있는지, 인공지능(AI)과 로봇이 대규모 실업을 초래할 가능성이 있는지, 성장이 반드시 불평등 심화를 동반하는지와 이에 대해 어떤 대응이 가능한지, 그리고 성장을 포기하지 않고도 기후 변화를 완화할 수 있는지에 대해 논의한다.

13장을 마칠 무렵이면 거시경제학자가 주로 사용하는 세 가지 개념적 모형, 즉 단기 분석을 위한 IS-LM 모형, 중기 분석을 위한 IS-LM-PC 모형, 장기 분석을 위한 솔로의 성장 모형을 모두 접하게 될 것이다. 이 세 모형을 결합하면 기초적인 거시경제 메커니즘을 이해하는 데 필요한 토대가 될 것이다.

# 경제성장에 관한 사실

# 10

경제가 어떻게 돌아가고 있는지에 대한 인식은 대체로 연도별 경제활동의 변동에 의해 좌우된다. 경기침체는 비관을, 경기확장은 낙관을 불러온다. 그러나 한 걸음 물러서서 더 긴 기간(예: 수십 년)에 걸친 경제활동을 바라보면 모습은 달라진다. 단기 변동은 흐려지고, 시간에 따라 총산출이 꾸준히 증가하는 **성장**(growth)이 전체 모습을 지배하게 된다.

1995년 노벨 경제학상 수상자인 루카스(Robert Lucas)의 유명한 인용구가 있다. "한 번 성장에 대해 생각하기 시작하면 다른 어떤 것도 생각하기 어렵다."

그림 10–1은 1890년 이후 미국의 GDP[그림 10–1의 (a)]와 1인당 GDP[그림 10–1의 (b)]가 어떻게 변화해 왔는지를 보여준다(두 수치는 모두 2012년 달러 기준이다). 장기 시계열의 흐름은 주로 '증감률'로 해석하기 때문에, 수직축에 나타난 GDP나 1인당 GDP는 **로그값**(logarithmic scale)으로 표시되어 있다. 따라서 어떤 시계열 변수의 동일한 비율 증가는 세로축에서 동일한 길이로 표현된다.

로그값에 대해서는 이 책의 부록 2를 참조하라.

1929년부터 1933년까지의 수직 막대는 대공황 동안 산출이 크게 감소한 시기를 나타낸다. 다른 막대들은 각각 1980~1982년 경기침체(금융위기 이전까지 전후 최대 규모의 침체), 2008~2010년 글로벌 금융위기, 2020년 COVID 경기침체에 대응한다. 지난 130년에 걸친 1인당 산출의 꾸준한 증가와 비교해 보면 이 네 사건이 얼마나 작게 보이는지를 주목하라. 이어지는 만화 역시 경제성장과 경기변동의 관계에 대해 동일한 메시지를 더욱 명확히 보여준다.

이 점을 염두에 두고, 이제 초점을 경기변동에서 성장으로 전환한다. 경기변동이 지배적인 단기·중기 산출 결정의 분석에서 벗어나 경제성장이 뚜렷하게 나타나는 장기 산출의 결정 요인으로 시선을 옮긴다. 목표는 성장을 무엇이 결정하는지, 왜 어떤 나라들은 성장하는 반면 다른 나라들은 그렇지 않은지, 그리고 왜 어떤 나라는 부유한 반면 여전히 많은 나라는 가난한지를 이해하는 데 있다.

https://ourworldindata.org/economic-growth에는 경제성장과 관련된 다양한 도표와 사실들이 정리되어 있다.

**10–1** 핵심적인 측정 문제, 즉 '생활 수준을 어떻게 측정하는가?'를 다룬다.

**10–2** 미국 및 여타 부국에서의 지난 50년간 경제성장을 살펴본다.

**10–3** 시간적·공간적으로 시야를 넓혀본다.

**10–4** 경제성장에 대한 기초 개념을 설명하고, 이후 3개 장에서 전개될 분석의 기본 틀을 소개한다.

**이 장의 핵심 주제:** 장기적으로 보면 성장이 경기변동보다 훨씬 중요하며, 지속적인 성장의 핵심은 기술 진보이다. ▶▶▶

그림 10-1

**미국 GDP 및 1인당 GDP 추이(1890년 이후)**

(a) 1890년 이래 미국 산출량은 55배에 달하는 막대한 증가를 기록했다. (b) 산출 증가는 미국 인구가 6,300만 명에서 출발해 3억 3,800만 명 이상으로 늘어난 데 기인한 것만은 아니다. 1인당 산출량은 10.5배 증가했다.

출처: 1890~1947년: *Historical Statistics of the United States*. http://hsus.cambridge.org/HSUSWeb/toc/hsusHome.do. 1948~2014년: *National Income and Product Accounts*. 인구 추정치(1890~2014년): Louis Johnston and Samuel H. Williamson, "What Was the US GDP Then?" Measuring Worth, 2015. www.measuringworth.com/datasets/usgdp/. 더 최근 자료: FRED: GDPC1, A939RX0Q048SBEA.

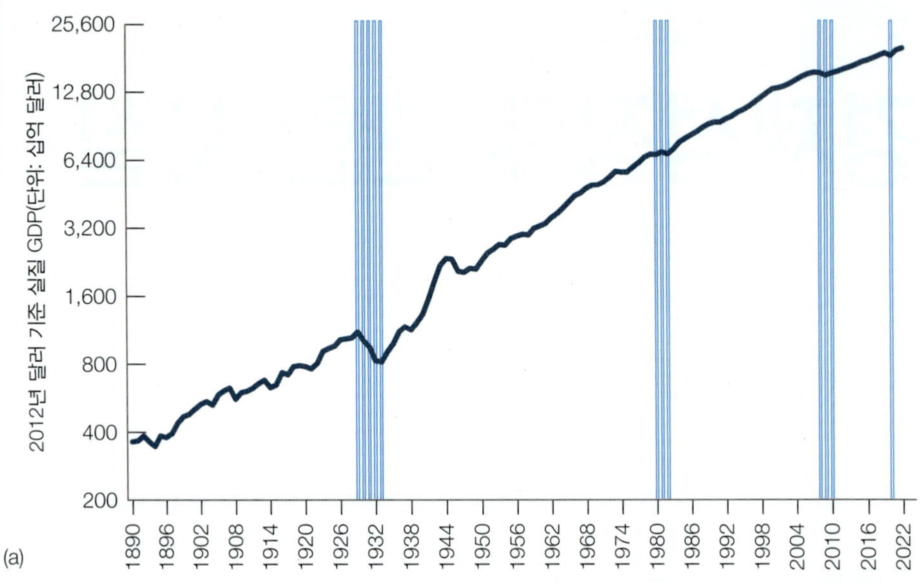


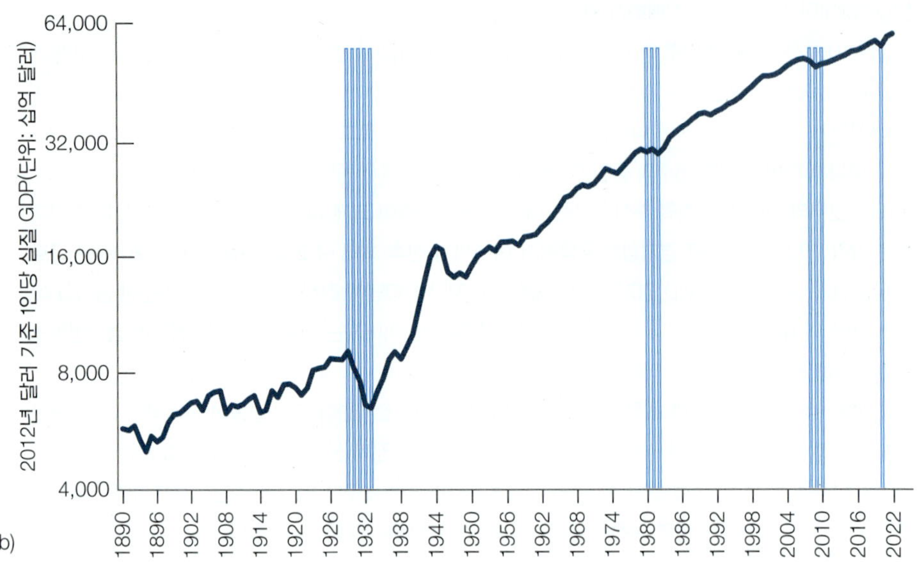


## 10-1 생활 수준 측정

성장의 다른 측면들도 중요하게 다룰 것이다. 특히 생활 수준의 향상으로 일부 사람들만 혜택을 받는지, 불평등이 증가하는지 감소하는지, 성장이 지속 가능성 측면에서 문제는 없는지 등을 고민한다. 이러한 내용은 13장에서 더 자세히 다룬다. ▶

경제성장에 유념하는 근본적 이유는 바로 국가의 평균 **생활 수준**(standard of living)에 유념하기 때문이다. 우리는 시간의 흐름을 따라가며 생활 수준이 얼마나 개선되었는지를 알고자 한다. 또한 국가별로 특정 국가의 생활 수준이 다른 국가에 비해 얼마나 높은지를 알고자 한다. 따라서 시간별로 또는 국가별로 초점을 맞추어 비교하고자 하는 변수는 산출 그 자체가 아니라 **1인당 산출량**(output per person)이다.

우리가 풀어야 할 실질적 문제는 국가별로 1인당 산출량을 어떻게 비교하느냐이다. 국가별로 다른 통화를 사용하므로, 각국의 산출은 자국의 통화로 표시된다. 자연스러운 해결책은 환율을 사용하는 것이다. 예를 들어 인도의 1인당 산출량과 미국의 1인당 산출량을 비교할 때 인도의 1인당 GDP를 루피로 계산하고, 환율을 사용해 달러 기준으로 변환하고, 이를 달러로 표시된 미국의 1인당 GDP와 비교한다. 그러나 이처럼 단순한 접근방식은 두 가지 이유로 적절하지 않다.

◀ 1인당 산출량의 영어 표현은 'output per person'인데 여기서 'person'을 라틴어로 '머리'를 의미하는 capita로 대체해 'output per capita'라고도 한다. 산출과 소득은 항상 같기 때문에, 이를 income per person 또는 income per capita라고 부르기도 한다.

- 첫째, 환율은 매우 크게 변동할 수 있다(이에 대한 더 자세한 내용은 17~20장 참조). 예를 들어 1980년대에 달러 가치는 미국의 주요 교역국 통화 대비 약 50% 상승한 후 다시 하락했다. 하지만 그 기간 동안 미국의 생활 수준이 교역국에 비해 50% 상승했다가 다시 50% 하락한 것은 아니다. 그러나 단순히 환율을 이용해 1인당 GDP를 비교한다면 그런 잘못된 결론에 도달하게 된다.
- 둘째 이유는 앞서 말한 환율 변동의 문제를 넘어서는, 보다 근본적인 사안이다. 2022년 환율을 기준으로 계산하면 인도의 1인당 GDP는 2,522달러로, 미국의 76,348달러와 비교된다. 분명 미국에서는 연 2,522달러만으로는 생활할 수 없을 것이다. 그러나 인도에서는(물론 아주 넉넉하지는 않지만) 실제로 그 수준의 소득으로 생활한다. 이는 인도에서는 생계에 필요한 기초 소비재의 가격이 미국보다 훨씬 낮기 때문이다. 기초 소비재를 주로 소비하는 인도의 1인당 소득 수준이 미국의 1인당 소득 수준보다 31배나 낮다고 보기는 어렵다. 이는 다른 국가에도 마찬가지로 적용된다. 일반적으로 한 나라의 1인당 산출량이 낮을수록 그 나라의 식료품과 기초 서비스 가격도 더 낮게 형성되는 경향이 있다.

Dana Fradon / The New Yorker Collection/The Cartoon Bank

"사실이야, 카이사르, 로마는 쇠퇴하고 있어.
하지만 다음 분기에 반등할 거야."

결국 생활 수준의 비교에 초점을 맞출 때 방금 언급한 두 가지 효과(환율 변동과 국가 간 가격 수준의 체계적 차이)를 보정해야 더 의미 있게 비교할 수 있다. 비교 방법의 구체적 내용은 복잡하지만 원리는 단순하다. GDP 수치와 1인당 GDP는 모든 국가에 대해 동일한 가격으로 계산되어야 한다. 이렇게 조정된 실질 GDP 수치들은 시간별·국가별로 **구매력**(purchasing power)의 척도라고 생각할 수 있으므로 **구매력평가**(purchasing power parity, PPP) 값이라 한다. 추가적 논의는 FOCUS 'PPP 수치 산술 방식'에서 실려 있다.

국가 간 생활 수준을 비교할 때는 반드시 PPP 수치를 사용해야 한다. 이는 1장에서 중국과 미국의 생활 수준을 비교할 때 사용한 방식이기도 하다. ▶

부유한 국가와 가난한 국가를 비교할 때 PPP 기준 수치와 현재 환율 기준 수치는 크게 다를 수 있다. 인도와 미국의 비교로 되돌아 가자. 앞서 현재 환율 기준으로 인도의 1인당 GDP 대비 미국의 1인당 GDP 비율은 30.2였다. PPP 기준으로 이 비율은 9에 지나지 않는다. 이 차이도 여전히 크지만 현재 환율 기준보다는 훨씬 작다. 부유한 국가들 간의 PPP 기준 수치와 현재 환율 기준 수치의 차이는 일반적으로 더 작다. 예를 들어 현재 환율 기준으로 미국의 2022년 1인당 GDP는 독일의 1인당 GDP의 155%와 같았다. PPP 기준으로 미국의 1인당 GDP는 독일의 1인당 GDP의 120%에 그친다. (더 일반적으로 PPP 기준 수치에서도 미국은 여전히 세계 주요국 중에서 1인당 GDP가 가장 높은 국가이다.)

선진국 중 PPP 기준 미국보다 1인당 GDP가 높은 나라는 아일랜드와 스위스뿐이다(WEO 데이터베이스 참조). PPP 기준 1인당 GDP가 높은 다른 나라로는 쿠웨이트와 카타르가 있다. 왜일까? ▶

경제성장을 자세히 살펴보기 전에 세 가지 사항에 주의하자.

- 사람들의 후생 수준에서 중요한 것은 소비이지 소득은 아니다. 따라서 생활 수준을 비교할 때는 1인당 산출량보다는 1인당 소비를 사용해야 한다. (실제로 FOCUS 'PPP 수치 산출 방식'도 이에 따른 것이다.) 통상 국가별 산출 대비 소비 비율은 유사하므로 1인당 소비를 사용하든 1인당 산출량을 사용하든 국가별 순위는 대체로 유사하다.
- 생산 측면을 다룰 경우 국가별 생활 수준 격차보다는 생산성 격차에 관심이 있다. 이 경우 적절한 척도는 **1인당 산출량**보다는 노동자 1인당 산출량 또는 총근로시간이 이용 가능하다면 **근로시간당 산출량**이다. 1인당 산출량과 노동자 1인당(또는 근로시간당) 산출량은 국가별 인구 대비 노동자 수의 비율에 따라 달라질 것이다. 앞서 지적한 미국과 독일의 1인당 산출량 격차 대부분은 생산성 차이보다는 1인당 근로시간 차이 때문에 발생한다(미국은 연간 1,780시간, 독일은 연간 1,360시간). 다시 말해 독일 노동자는 미국 노동자만큼 생산성이 높다. 그러나 독일 노동자의 근로시간이 적기 때문에 생활 수준이 더 낮다. 대신 더 많은 여가시간을 즐긴다.
- 생활 수준에 유념하는 궁극적인 이유는 아마도 행복(경제학에서 말하는 후생)에 관심을 갖기 때문일 것이다. 따라서 질문을 분명히 할 필요가 있다. 생활 수준이 높을수록 행복 수준도 높아질까? 이에 대한 답은 FOCUS '돈으로 행복을 살 수 있는가?'에 담겨 있다. 답은 대체로 그렇지만 몇 가지 고려할 점이 있다.

## PPP 수치 산출 방식

FOCUS

미국과 러시아를 예로 들어보자. 그러나 이 두 국가의 특징을 밀접하게 비교하려는 것은 아니다.

다음을 가정하자. 미국인의 연간 1인당 소비지출은 20,000달러이다. 미국에서 사람들은 각기 두 가지 재화를 구매한다. 매년 새로운 승용차를 10,000달러에 사고 그 나머지는 식품에 지출하는데, 연간 식품 묶음의 가격은 10,000달러이다.

또 다음을 가정하자. 러시아인의 연간 1인당 소비지출은 120,000루블이다. 사람들은 자신의 승용차를 15년간 보유한다. 승용차 가격은 600,000루블로 각 개인은 매년 평균 40,000루블(600,000/15)을 승용차에 지출한다. 러시아에서 연간 식품 묶음의 가격은 80,000루블이다.

러시아와 미국의 승용차는 같은 품질이며, 식품 역시 마찬가지다. (이러한 가정의 현실성에 의문을 제기할 수 있다. X 국가의 승용차가 Y 국가의 승용차와 동일할지의 여부는 PPP 수치를 구축하려는 경제학자가 직면한 문제와 매우 유사하다.) 환율은 1달러가 60루블과 동일하다고 설정되어 있다. 미국의 1인당 소비지출 대비 러시아에서의 1인당 소비지출은 얼마나 되는가?

이에 답하는 한 가지 방법이 러시아의 1인당 소비지출을 선택해 환율을 이용해 달러로 전환하는 것이다. 이 방법을 사용하면 러시아의 연간 1인당 소비지출은 2,000달러이다(120,000루블을 달러당 60루블인 환율로 나눈다). 이 수치에 따르면 러시아의 연간 1인당 소비지출은 미국인의 연간 1인당 소비지출의 10%에 지나지 않는다.

이러한 답이 과연 타당할까? 러시아인이 더 가난한 것은 사실이지만, 러시아에서는 식료품 가격이 훨씬 더 낮다. 미국 소비자가 자신의 2만 달러를 전부 식료품에 쓴다고 하면 식료품 묶음 2개를 살 수 있다(20,000달러÷10,000달러). 반면 러시아 소비자가 120,000루블 전체를 식료품에 쓴다면 1.5개의 식료품 묶음을 살 수 있다(120,000루블÷80,000루블). 식료품 묶음 기준으로 보면, 미국과 러시아의 1인당 소비 격차는 단순히 환율로 환산했을 때 나타나는 차이보다 훨씬 작다.

첫 번째 계산 결과를 보완할 수 있을까? 물론 가능하다. 한 가지 방법은 양국 모두에 같은 가격 체계, 예컨대 미국의 가격을 적용한 뒤, 그 기준하에서 각 나라 사람들이 소비하는 재화의 가치를 계산하는 것이다. 미국 가격을 기준으로 보면 미국인의 연간 1인당 소비지출은 여전히 20,000달러이다. 그렇다면 러시아인의 소비는 어느 정도일까? 평균적인 러시아인은 1년에 약 0.07대의 자동차(즉, 15년에 1대꼴)와 식품 한 묶음을 소비한다고 하자. 미국 기준 가격으로 자동차는 10,000달러, 식품 묶음도 10,000달러이므로, 러시아인의 연간 1인당 소비지출은 다음과 같이 계산할 수 있다. (0.07×10,000달러)+(1×10,000달러)=700달러+10,000달러=10,700달러이다. 즉, 두 나라 모두에 미국 가격을 적용해 소비를 계산하면 러시아인의 연간 1인당 소비지출은 10,700달러/20,000달러=미국의 53.5% 수준이 된다. 이러한 방식은 환율을 기준으로 계산했을 때 도출했던 10%라는 결과보다 훨씬 현실적인 비교를 제공하며, 양국의 상대적인 생활 수준을 더 정확하게 보여준다.

국가 간 경제변수를 공통의 가격 체계로 계산하는 방식, 즉 동일한 가격을 기준으로 여러 나라의 실질 변수를 비교하는 방법은 구매력 평가(PPP) 추정의 기반이 된다. 예를 들어, 앞선 사례에서는 미국 달러 기준 가격을 사용했지만, 실제 PPP 추정에서는 한 국가의 가격이 아닌, 여러 국가에서 수집된 대표 가격들의 평균을 사용한다. 이러한 평균 가격을 '국제 기준 가격(international dollar prices)'이라 한다. 이 장에서 사용하는 대부분의 추정치는 펜월드테이블(Penn World Table)이라고 하는 대규모 프로젝트의 산물이다. 이 프로젝트는 처음에 펜실베이니아대학교에서 시작되었으며, 크래비스(Irving Kravis), 서머스(Robert Summers), 헤스턴(Alan Heston)이 주도했다. 지난 40년 넘게 이 프로젝트는 전 세계 대부분의 국가에 대해 1950년까지 소급되는 PPP 시계열 자료를 구축했다. 이 시계열은 소비뿐 아니라 국내총생산(GDP) 전체와 그 구성요소까지 포함한다.

Robert C. Feenstra, Robert Inklaar, and Marcel P. Timmer, "The Next Generation of the Penn World Table," *American Economic Review*, 2015, 105(10): pp. 3150-3182를 참조하라. PPP 데이터의 최신 버전인 버전 10.0은 www.ggdc.net/pwt에서 다운로드할 수 있다.

## 10-2 1950년 이후 부국의 경제성장

1950년 이래 부국의 성장 경험을 살펴보며 시작하자. 다음 절에서는 시간별로 그리고 더 광범위한 국가들을 대상으로 살펴본다.

표 10-1은 1950년 이래 프랑스, 일본, 영국, 미국에서의 1인당 산출량(PPP로 측정한 GDP를 인구수로 나눈 값)의 추이를 나타낸다. 이 4개국이 선택된 것은 이들이 세계의 주요 경제대국이라서가 아니라 이들에게 발생한 일들이 지난 50년에 걸쳐 다른 선진국에서 발생한 일을 대체로 대표하기 때문이다.

표 10-1로부터 다음과 같은 주요 결론을 도출할 수 있다.

- 1인당 산출량이 크게 증가했다.
- 국가 간 1인당 산출량의 수렴 현상이 나타났다.
- 1인당 산출량 증가율이 점차 둔화되었다.

각각의 결론을 차례대로 살펴보자.

**표 10-1 1950년 이후 4개 선진국의 1인당 실질산출량의 장기 변화**

| 구분 | 1인당 산출량의 연평균 성장률(%) | | 1인당 실질산출량(2017년 달러) | | |
|---|---|---|---|---|---|
| | 1950~2019년 | (2000~2019년) | 1950년 | 2019년 | 2019년/1950년 |
| 프랑스 | 2.5 | 1.4 | 7,657 | 44,823 | 5.9 |
| 영국 | 2.2 | 1.5 | 9,967 | 51,593 | 4.6 |
| 미국 | 2.0 | 1.3 | 15,734 | 63,393 | 4.0 |
| 일본 | 3.8 | 0.5 | 2,879 | 39,637 | 13.8 |
| 평균 | 2.6 | 1.2 | 9,059 | 49,861 | 5.5 |

주: 마지막 행의 평균은 단순평균이다.

출처: Penn World Tables Version 10.01 www.ggdc.net/pwt RGPDE, POP. Latest available data: 2019.

### 1950년 이후 생활 수준의 큰 폭 상승

표 10-1의 마지막 열을 보자. 1950년부터 2019년까지 미국의 1인당 산출량은 약 4배, 프랑스는 5.9배, 일본은 13.8배 증가했다. 이러한 수치는 이른바 **복리 효과**(force of compounding)를 보여준다. 젊었을 때의 아주 사소한 저축이 은퇴할 무렵에는 상당한 규모로 누적될 것이다. 예를 들어 연이자율이 3.8%일 경우 1달러를 매년 이자까지 재투자하면 70년 후에는 약 13.6달러가 된다. 같은 논리는 경제성장률에도 적용된다. 1950년부터 2019년까지 일본의 1인당 실질 산출량의 연평균 증가율은 3.8%였고, 이러한 높은 성장률은 70년 동안 13.6배의 생활 수준 상승으로 이어졌다.

FOCUS

## 돈으로 행복을 살 수 있는가?

돈으로 행복을 살 수 있는가? 좀 더 정확히 말하면 사람들은 1인당 소득이 높아질수록 더 행복해지는가? 경제학자들이 한 나라의 성과를 1인당 소득 수준이나 그 성장률을 통해 평가할 때 전제하는 암묵적 가정은 '그렇다'는 것이다. 하지만 소득과 자기평가식 행복지표 간의 관계에 대한 초기 실증 연구들은 이 가정이 옳지 않을 수도 있음을 시사한다. 이러한 연구 결과는 이제 **이스털린의 역설**(Easterlin paradox)로 알려져 있으며, 이는 관련 증거를 체계적으로 검토한 최초의 경제학자 중 한 사람인 이스털린(Richard Easterlin)의 이름에서 유래된 것이다.

- 국가별로 볼 때 특정 국가의 행복은 1인당 소득 수준이 높을수록 커지는 것으로 나타난다. 그러나 이러한 관계는 상대적으로 빈곤한 국가에서만 성립하는 것으로 보인다. OECD 국가와 같은 부국을 검토하면 1인당 소득과 행복 간에는 일정한 관계를 찾아보기 어렵다.
- 시간의 흐름에 따라 개별 국가들을 살펴보면 부유한 국가들에서는 평균 행복 수준이 소득과 함께 크게 증가하지 않거나, 혹은 전혀 증가하지 않았다. (빈곤국에 대해서는 이와 관련 신뢰할 수 있는 자료가 없었다.) 다시 말해 부유한 국가에서는 1인당 소득이 높아져도 행복이 증가하지 않는 것으로 나타났다.
- 한 국가 내 개인 간 비교에서는 소득과 행복 간의 강한 양(+)의 상관관계가 관측되었다. 부유한 개인이 가난한 개인보다 더 행복하다는 결과는 빈곤국과 부유국 모두에서 일관되게 나타난다.

처음 두 사실은 일단 기초적 욕구가 채워지면 1인당 소득이 높아져도 행복이 증가하지 않음을 제시한다. 세 번째 사실은 절대적 소득 수준이 중요한 것이 아니라 다른 사람과 비교한 상대적 소득 수준이 중요함을 말한다.

이러한 발견이 사실이라면 세계와 경제 정책에 대한 중요한 시사점을 얻을 수 있다. 즉, 부국에서 1인당 소득을 높이려는 정책은 방향을 잘못 잡은 것이라는 사실이다. 중요한 것은 소득의 분포이지 평균 수준이 아니기 때문이다. 또한 빈국의 사람들이 서로를 비교하는 것이 아니라 부국의 사람들과 비교할 정도로 확대된 세계화와 정보 확산은 사실상 행복을 증가시키기보다는 감소시켰을지도 모른다. 예상할 수 있듯이 이러한 발견은 치열한 논쟁과 추가 연구를 자극했다. 새로운 자료를 이용할 수 있게 됨에 따라 새로운 증거가 쌓이고 있다. 스티븐슨(Betsey Stevenson)과 울퍼스(Justin Wolfers)는 현재의 연구 수준과 남아 있는 논쟁들을 최근 논문에서 분석했다. 이들의 결론은 그림 1에 잘 요약되어 있다.

그림 1에는 많은 정보가 담겨 있으므로 단계별로 살펴보자.

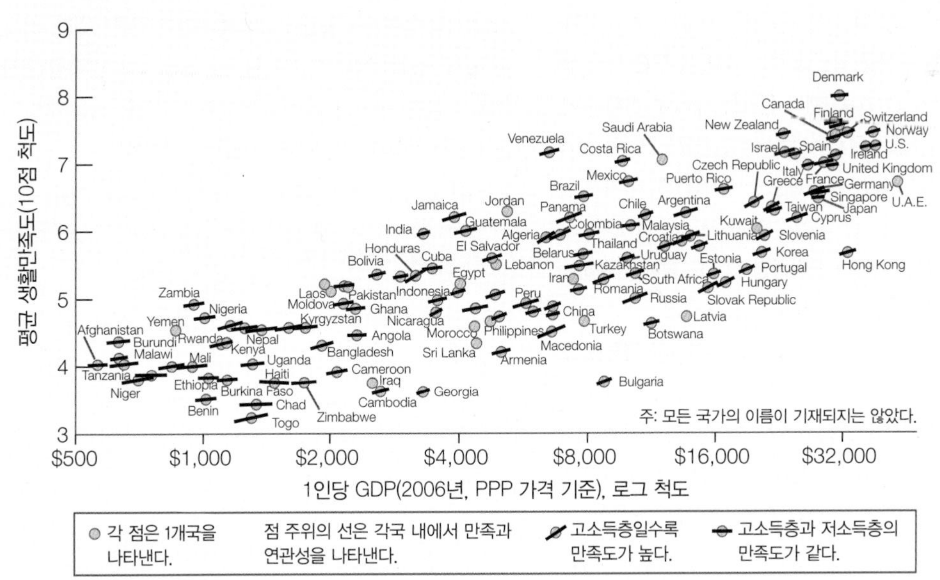


그림 1

**생활만족도와 1인당 소득**

출처: Betsey Stevenson and Justin Wolfers, Wharton School at the University of Pennsylvania. 허가하에 게재.

수평축은 131개 국가의 PPP 기준 1인당 GDP를 나타낸다. 척도는 로그값이어서 구간 크기는 1인당 GDP의 % 증가를 나타낸다. 수직축은 각 국가의 평균 생활만족도를 측정한다. 이 변수의 출처는 갤럽의 2006년 월드폴(2006 Gallup World Poll)로, 각국의 1,000명에게 다음 질문을 던진 결과이다.

> "여기에 '삶의 사다리'를 나타내는 사다리가 있습니다. 사다리의 가장 위의 단계에는 여러분이 그리는 최선의 삶이, 사다리의 가장 아래 단계에는 최악의 삶이 놓여 있다고 합시다. 현재 여러분은 사다리에서 어디에 위치한다고 생각하십니까?"

사다리 단계는 0에서 10까지로 측정되었다. 수직축 변수는 각국에서 개인이 답한 평균값을 나타낸다.

우선 각국을 나타내는 점들에 초점을 맞추고, 각 점을 지나는 선은 잠시 잊자. 시각적 인상은 분명하다. 국가별로 평균 소득과 평균 행복 간에는 강한 관계가 존재한다. 빈국의 경우 해당 지수의 값은 약 4이고 부국의 경우 약 8이다. 그리고 앞의 이스털린의 역설에 비추어 볼 때 더 중요한 것은 이 관계가 빈국이나 부국 모두에서 성립한다는 것이다. 더 나아가 삶에 대한 만족도는 1인당 소득이 증가함에 따라 빈국보다 부국에서 더 빨리 증가하는 것으로 보인다.

이제 각 점을 통과하는 선을 살펴보자. 이 선들의 기울기는 각 국가 내에서 소득과 생활만족도 간의 관계를 추정한 것이다. 먼저 모든 선이 우상향한다는 점에 주목하자. 이는 이스털린 역설의 세 번째 주장, 즉 각국 내에서 부자가 빈자보다 행복하다는 주장을 확인해 주는 것이다. 또한 이들 선의 기울기가 국가 간 소득–행복 관계를 나타낸 전체 추세선의 기울기와 대체로 유사하다는 점도 중요하다. 이 결과는 이스털린 역설의 핵심 주장과는 상반된다. 즉, 국가가 점점 부유해지는 경우든, 한 나라 안에서 개인이 상대적으로 부유해지는 경우든, 소득이 증가하면 행복도 함께 증가하는 것으로 나타난다.

스티븐슨과 울퍼스는 연구 결과로부터 명확한 결론을 도출했다. 개인의 행복은 소득 이상의 다양한 요소에 의해 좌우되지만, 소득이 증가할수록 행복도 분명히 증가한다. 일정 수준의 소득을 넘어서면 더 이상의 소득 증가는 삶의 만족에 영향을 미치지 않는다는 생각은 직관적으로 그럴듯해 보이지만, 데이터와는 부합하지 않는다. 따라서 경제학자들이 1인당 GDP 수준과 성장률에 우선적으로 초점을 두는 것은 정당하다.

그렇다면 이 논쟁은 끝난 것일까? 그렇지 않다. 비록 앞선 해석을 받아들인다 하더라도 경제의 다양한 측면이 후생에 영향을 미치며, 그중 하나는 소득 분배(income distribution)임이 분명하다. 또한 모든 사람이 이러한 증거에 설득된 것은 아니다. 특히 한 국가 내에서 시간에 따른 1인당 소득과 행복의 관계를 분석한 증거는 국가 간 혹은 개인 간의 비교에서 나타난 증거만큼 명확하지 않다.

이 질문이 중요한 만큼 논쟁은 쉽게 끝나지 않을 것이다. 예를 들어 노벨경제학상 수상자인 디턴(Angus Deaton)과 카너먼(Daniel Kahneman)의 연구는 다음과 같은 점을 명확히 보여준다. 사람들이 '행복'을 평가할 때는 두 가지 방식의 복지 인식을 구분할 필요가 있다. 첫째는 '정서적 복지'이다. 이는 스트레스, 슬픔, 분노, 기쁨, 애정 등 감정적 경험의 빈도와 강도를 의미하며, 삶의 즐거움이나 고통에 직접적인 영향을 준다. 정서적 복지는 소득이 낮을수록 더 악화되기 쉽고, 소득이 증가할수록 향상된다. 그러나 그 효과는 일정 수준에서 멈춘다. 2009년 실험 결과에 따르면 연소득이 약 75,000달러를 넘어서면 정서적 복지는 더 이상 유의미하게 증가하지 않았다. 둘째는 '삶의 만족도'이다. 이는 사람들이 자신의 삶 전반을 평가할 때 느끼는 주관적인 만족감이며, 소득 수준과 더욱 밀접하게 연관된 것으로 나타났다. 디턴과 카너먼은 고소득이 삶의 만족을 높이기는 하지만 반드시 정서적 행복까지 보장하지는 않는다고 결론지었다. 따라서 복지 개념을 정책 지표로 활용할 경우 삶의 만족을 중심으로 삼을지, 아니면 정서적 복지를 기준으로 삼을지에 대한 신중한 판단이 요구된다고 이들은 주장한다.

출처: Betsey Stevenson and Justin Wolfers, "Economic Growth and Subjective Well-Being: Reassessing the Easterlin Paradox," *Brookings Papers on Economic Activity*, 2008: pp. 1–87 and "Subjective Well-Being and Income: Is There Any Evidence of Satiation?" *American Economic Review: Papers & Proceedings*, 2013, 103(3): pp. 598–604; Daniel Kahneman and Angus Deaton, "High Income Improves Evaluation of Life But Not Emotional Well-Being," *Proceedings of the National Academy of Sciences*, 2010, 107(38): pp. 16,489–16,493. For a view closer to the Easterlin paradox and a fascinating discussion of policy implications, read Richard Layard, *Happiness: Lessons from a New Science* (2005, Penguin Books).

분명히 성장을 더 잘 이해하고 성장 정책을 설계한다면 생활 수준에 막대한 영향을 미칠 것이다. 성장률을 연간 1%가량 영원히 증가시킬 수 있는 정책은 70년 뒤에 생활 수준을 2배 더 높일 것인데, 이는 상당한 차이를 의미한다.

$1.01^{70}-1=2.00-1=100\%$. 아쉽게도 그런 마술 같은 결과를 낳는 정책은 찾기 어렵다.

## 1인당 산출량의 수렴

표 10-1의 2열과 3열은 1인당 산출량이 시간이 지남에 따라 더 가까워지며 수렴했음을 보여준다. 1인당 산출량의 수치는 1950년보다 2017년에 더 유사해졌다. 다시 말해 뒤처져 있던 국가가 더 빨리 성장해 미국과의 격차가 감소했다.

1950년 미국의 1인당 산출량은 프랑스의 약 2배였고 일본의 5배 이상이었다. 유럽이나 일본의 관점에서 보면 미국은 모든 것이 크고 더 나은 풍요의 땅으로 비추어졌다.

저자는 프랑스에서 살았던 1950년대의 어린 시절에 미국을 마천루, 대형 승용차, 할리우드 영화의 나라로 생각했다.

오늘날 이러한 인식은 약해졌으며 수치가 이를 말해준다. PPP 기준으로 미국의 1인당 산출은 아직 가장 높지만, 2019년에 미국의 1인당 산출량은 다른 국가들의 평균 수준에 비해 단지 45%가 높을 뿐이다. 이는 1950년대보다 훨씬 더 작은 차이라 할 수 있다.

국가 간 1인당 산출량 수준의 **수렴**(convergence)은 이들 4개국에 국한된 것이 아니다. OECD 국가에서도 수렴 현상이 관찰된다. 이는 그림 10-2에 나타나 있는데, 현재 OECD 회원국을 대상으로 1950년 이후 1인당 산출량의 성장률을 1950년 당시의 1인당 산출량 수준에 대비해 보여주고 있다. 분명히 초기의 1인당 산출 수준과 1950년 이후 성장률 간에는 음의 관계가 존재한다. 1950년에 뒤처졌던 나라일수록 그 이후 더 빠르게 성장했다. 하지만 이 관계는 완전하지 않다. 예를 들어 1950년에 일본과 동일한 수준의 낮은 1인당 산출량을 가졌던 튀르키예는 그 이후 일본의 절반 정도 되는 경제성장률을 기록했다. 그럼에도 불구하고 전반적인 수렴관계는 분명하게 존재하고 있다.

그림 10-2는 1950년 1인당 산출 수준에 대한 신뢰할 수 있는 추정치가 존재하는 OECD 회원국들만을 포함한다.

일부 경제학자들은 그림 10-2와 같은 도표가 안고 있는 한 가지 문제를 지적해 왔다. 오늘날 OECD 회원국들만을 대상으로 살펴보는 것은 사실상 경제적으로 성공한 국가들의 클럽을 들

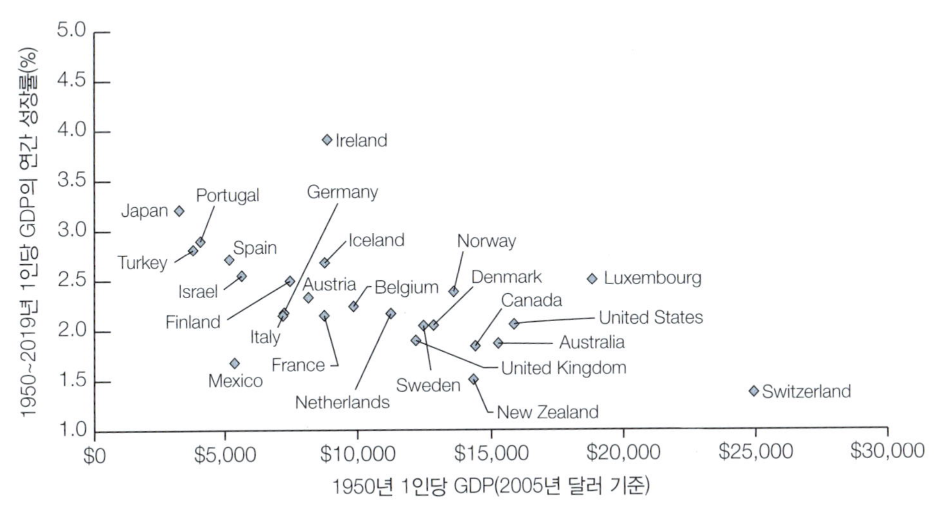


**그림 10-2**

**1950년 이후 1인당 GDP 성장률과 1950년 1인당 GDP 수준의 비교(OECD 국가)**

1950년에 1인당 GDP 수준이 더 낮았던 국가가 통상 더 빠른 속도로 성장했다.

출처: Penn World Tables Version 10.01. www.ggdc.net/pwt.

여다보는 셈이다. OECD 가입이 공식적으로는 경제적 성공을 기준으로 하지 않지만, 경제적 성공은 가입 여부를 결정짓는 중요한 요소이다. 따라서 경제적 성공을 기준으로 구성된 클럽을 살펴보면 과거에 뒤처져 있던 나라들이 가장 빠르게 성장했음을 발견하게 된다. 바로 그렇기 때문에 이들 국가가 그 클럽에 가입할 수 있었던 것이다! 즉, 국가 간 수렴 현상이 관찰되는 이유는 애초에 국가들을 선택한 방식에서 부분적으로 비롯된 것일 수도 있다.

수렴을 바라보는 더 나은 방식은 (그림 10-2처럼) 오늘날의 OECD 가입 여부에 따라 국가 집합을 정의하는 것이 아니라, 이를테면 1950년 당시의 위치를 기준으로 국가 집합을 정의하는 것이다. 예컨대 1950년에 1인당 산출량이 미국의 1/4 이상이었던 모든 국가를 살펴보고, 이 집단 내에서 수렴이 일어났는지를 관찰하는 방식이다. 이렇게 정의된 국가 집합 내에서는 대다수 국가에서 실제로 수렴이 발생했으며, 따라서 수렴 현상이 OECD에만 국한된 것은 아님을 알 수 있다. 그러나 일부 국가는 여전히 수렴하지 않았다. 예를 들어 우루과이와 베네수엘라는 1950년 당시 1인당 산출량이 프랑스와 거의 같았지만, 2019년에는 크게 뒤처져 우루과이는 프랑스의 1/3 수준, 베네수엘라는 1/5 수준에 그쳤다. (이후 PPP로 조정된 공식 수치는 없지만, 베네수엘라의 1인당 산출량이 그 이후로도 더욱 하락했다는 증거들이 있다.)

### 1인당 산출량 증가율의 둔화

표 10-1의 첫 번째와 두 번째 열은 세 번째 사실을 보여준다. 이들 선진국에서 1인당 산출량의 성장률이 시간이 지나면서 현저히 둔화되었다는 점이다. 2000년 이후의 평균 성장률은 전체 70년간 평균의 절반 수준에 불과하다. 이러한 둔화는 특히 일본에서 두드러진다. 전체 기간에 일본의 1인당 산출량은 연평균 3.8%라는 인상적인 속도로 증가했지만, 2000년 이후에는 연평균 0.5%에 불과한 저조한 증가율을 기록했다. 이러한 둔화는 총인구 대비 노동자 수의 감소 때문일 수 있다. 이는 곧 노동자 1인당 산출량에 비해 인구 1인당 산출량이 줄어드는 결과를 가져온다. 그러나 주된 원인은 생산성 증가율의 둔화에 있다. 이는 곧 생산성의 성장이 자동적으로 보장되지 않음을 시사하며, 생산성 성장을 유지하기 위해 어떤 정책적 노력이 필요한가 하는 문제를 제기한다. 이 문제는 12장에서 다시 다루게 될 것이다.

## 10-3 시간과 공간을 넓혀서 본 결과

앞 절에서는 부유한 국가를 대상으로 지난 50년간의 성장을 살펴보았다. 이제 훨씬 더 긴 기간과 더 많은 국가에 대한 증거를 검토해 맥락을 짚어보자.

### 2,000년간 추이

현재의 부국들에 있어 1인당 산출량은 표 10-1과 유사한 성장률을 항상 보여왔을까? 답은 '그렇지 않다'는 것이다. 성장률 추정 작업은 과거로 갈수록 계산이 분명히 어려워진다. 그러나 지난 2,000년간 주요한 진화 양상에 관한 경제사학자들의 의견은 일치하고 있다.

로마제국이 멸망한 476년 이후부터 약 1500년까지 유럽에서 1인당 산출량은 사실상 증가하지 않았다. 대부분의 노동자는 기술 진보가 거의 없었던 농업에 종사했다. 총산출 중 농업의 비중이 매우 컸기 때문에 농업을 벗어난 발견은 전반적인 생산과 산출을 끌어올리는 데 거의 기여할 수 없었다. 어느 정도 산출 증가는 있었지만, 인구도 거의 비례적으로 증가해 1인당 산출량은 대체로 일정하게 유지되었다.

1인당 산출량이 이렇게 정체된 시기를 종종 **맬서스의 시대**(Malthusian era)라 한다. 영국의 경제학자인 맬서스(Thomas R. Malthus)는 18세기 말 이러한 산출과 인구의 비례적 증가가 우연의 일치가 아니라고 주장했다. 그는 산출이 증가하면 사망률이 하락하고, 이는 인구 증가로 이어져 결국 1인당 산출량이 다시 원래 수준으로 되돌아가게 된다고 주장했다. 유럽은 1인당 산출량을 증가시킬 수 없는 **맬서스의 함정**(Malthusian trap)에 빠져 있었던 것이다.

결국 유럽은 이 함정을 벗어날 수 있었다. 약 1500년부터 1700년까지 1인당 산출량 증가율은 양의 값으로 바뀌었다. 하지만 그 규모는 연간 0.1% 수준에 불과했다. 1700~1820년 기간도 증가율은 연간 약 0.2%로 조금 높아졌을 뿐이다. 산업혁명과 더불어 성장률은 높아졌지만, 미국만 보더라도 1820~1950년 중 1인당 산출량의 증가율도 1.5%에 지나지 않았다. 따라서 인류 역사를 놓고 볼 때 1인당 산출량의 지속적 증가, 특히 1950년 이후 보아왔던 높은 성장률은 분명히 최근의 현상이다. FOCUS '성장의 현실: 1851년 미국 노동자의 가계부'는 지난 150년 동안 이루어진 이러한 진보를 생생하게 보여준다.

◀ 성장에 대한 폭넓은 사실은 매디슨(Angus Maddison)이 쓴 『The World Economy: A Millennial Perspective』(2001, OECD)에 제시되어 있다. 관련 웹사이트인 www.theworldeconomy.org에는 지난 2,000년간의 성장에 대한 수많은 사실과 데이터가 수록되어 있다.

## 국가별 추이

지금까지 OECD 국가들 간에 1인당 산출량이 수렴했다는 것을 보았다. 다른 국가들은 어떠한가? 가장 빈곤한 국가들 역시 더 빠르게 성장하는가? 이들이 비록 아직 뒤처져 있지만 미국으로 수렴하고 있는가?

이에 대한 답은 그림 10-3에 제시되어 있다. 이 그림은 85개 국가의 1960년 당시 1인당 산출량 수준을 가로축에, 그리고 1960년부터 2019년까지의 1인당 산출량 연평균 성장률을 세로축에 나타낸 것이다.

◀ 1950년 자료가 너무 많은 국가에서 누락되어 있어 그림 10-2와 같이 1950년을 기준 연도로 사용할 수 없다.

그림 10-3의 두드러진 특징은 뚜렷한 패턴이 없다는 점이다. 일반적으로 1960년에 뒤처져 있던 나라들이 더 빠르게 성장했던 것은 아니다. 일부 국가는 그랬지만, 많은 국가가 그렇지 못했다.

그러나 국가들을 서로 다른 집단으로 나눌 경우 몇 가지 흥미로운 패턴이 나타난다. 그림에서는 상이한 기호가 사용되었다. 다이아몬드는 OECD 국가, 네모는 아프리카 국가, 삼각형은 아시아 국가를 나타낸다. 이러한 그룹별 패턴을 살펴보면 세 가지 주요 결론을 얻을 수 있다.

그림 10-3

**85개국의 1960년 이후 1인당 GDP 성장률과 1960년 1인당 GDP(2005년 달러 기준)**

1960년 이후 경제성장률과 1960년 1인당 산출 수준 간에는 분명한 관계가 존재하지 않는다.

출처: Penn World Tables Version 10.1 www.ggdc.net/pwt.

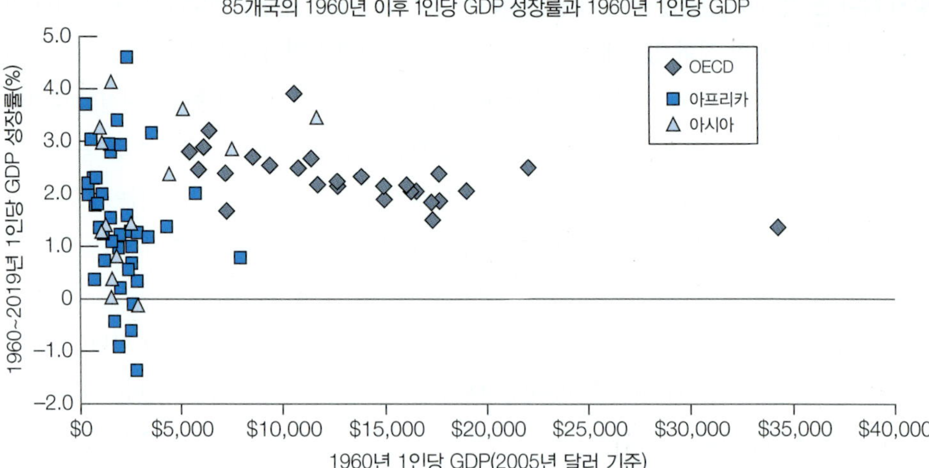


1. OECD 국가(즉, 부유한 국가)에 대한 그림은 그림 10-2와 거의 비슷하다. 그림 10-2는 1950년부터를, 이번 그림은 1960년 이후의 짧은 기간을 다룬다. 대부분의 국가들이 1960년 당시 미국의 1/3 이상 수준의 1인당 산출량에서 출발했고, 이후 명확한 수렴 현상을 보이고 있다.
2. 수렴 현상은 많은 아시아 국가에서도 나타난다. 고도성장을 기록한 국가 대부분이 아시아에 집중되어 있다. 일본이 가장 먼저 도약했고, 이후 10년 뒤인 1960년대에 **네 마리 호랑이**(four tigers)로 불리는 한국, 대만, 홍콩, 싱가포르가 뒤따랐다. 1960년 이들 국가의 1인당 산출량은 미국의 약 15% 수준이었으나, 2017년에는 약 85%까지 증가했다. 최근 주목할 국가는 중국이다. 높은 성장률뿐 아니라 경제 규모 자체가 워낙 크기 때문이다. 1960~2019년 동안 중국의 1인당 산출량의 연평균 증가율은 4.5%에 달했지만, 여전히 미국의 약 1/4 수준에 그치고 있다.
3. 아프리카 국가들의 양상은 다르다. 대부분의 아프리카 국가는 1960년에 매우 낮은 수준의 1인당 산출량에서 출발했으며, 이후에도 경제 성과가 좋지 않았다. 많은 국가가 내부 또는 외부 갈등을 겪었고, 그중 네 국가는 1인당 산출량이 오히려 감소했다. 예를 들어 중앙아프리카공화국의 경우 1960~2017년 동안 연평균 성장률은 평균 −1.1%였고, 그 결과 2017년의 1인당 산출량은 1960년 수준의 52%에 불과했다. 그러나 최근에는 변화의 조짐도 보인다. 사하라 이남 아프리카 지역의 1인당 산출량은 2000년 이후 연평균 약 1.7%의 성장률을 기록하고 있다.

역설적으로 그림 10-3에서 빠르게 성장하는 두 국가는 보츠와나와 적도 기니로, 모두 아프리카 국가이다. 그러나 두 경우 모두 고성장은 유리한 자연 자원 때문이다. 보츠와나는 다이아몬드, 적도 기니는 석유가 풍부하다. ▶

시간을 더 거슬러 올라가면 다음과 같은 그림이 나타난다. 1,000년의 대부분과 15세기까지는 중국이 세계에서 가장 높은 1인당 산출량 수준을 기록했을 가능성이 크다. 그 이후 몇 세기 동안 경제적 주도권은 북부 이탈리아의 도시들로 넘어갔다. 그러나 19세기 이전까지 국가 간의 경제 수준 격차는 현재보다 훨씬 작았다. 19세기에 들어서면서 먼저 서유럽, 그다음에는 북

FOCUS

## 성장의 현실: 1851년 미국 노동자의 가계부

1인당 GDP에 대한 자료는 성장의 현실과 그에 수반된 생활 수준 향상을 충분히 전달하지 못한다. 1851년 필라델피아 노동자의 가계부를 살펴보는 것이 이러한 개선의 정도를 훨씬 더 잘 보여준다.

**표 1 1851년 필라델피아 노동자의 연간 가계부(명목 기준 달러)**

| 소비지출 항목 | 지출액(달러) | 비중(%) |
|---|---|---|
| 정육점 고기(하루 2파운드) | 72.80 | 13.5 |
| 밀가루(연 6 1/2파운드) | 32.50 | 6.0 |
| 버터(주 2파운드) | 32.50 | 6.0 |
| 감자(주 2팩) | 26.00 | 4.8 |
| 설탕(주 4파운드) | 16.64 | 3.0 |
| 커피와 차 | 13.00 | 2.4 |
| 우유 | 7.28 | 1.3 |
| 소금, 후추, 식초, 전분, 비누, 이스트, 치즈, 계란 | 20.80 | 3.8 |
| 식료품 지출 합계 | 221.52 | 41.1 |
| 임대료 | 156.00 | 28.9 |
| 석탄(연 3톤) | 15.00 | 2.7 |
| 숯, 성냥, 장작 | 5.00 | 0.9 |
| 양초와 기름 | 7.28 | 1.4 |
| 가정용품 수선 | 13.00 | 2.4 |
| 침구 및 침구류 | 10.40 | 1.9 |
| 의복 | 104.00 | 19.3 |
| 신문 | 6.24 | 1.1 |
| 식료품 외 지출 합계 | 316.92 | 58.9 |

노동자가 식비로 지출한 금액은 총지출의 41%이다. 소비자물가지수(CPI) 산정에 사용되는 소비 바구니 구성에 따르면 오늘날의 식비 비율은 15.2%에 불과하다. 또한 외식을 제외한 가정에서의 식료품 지출은 총소비지출의 9.4%이다. 그러나 아마도 더 인상적인 비교는 식료품 소비의 구성일 것이다. 표의 식품과 오늘날 우리가 먹는 식품의 풍부함과 다양성을 비교해 보라.

출처: William Baumol, Sue Ann Batey Blackman, and Edward N. Wolff, *Productivity and American Leadership: The Long View* (1989, MIT Press), Chapter 3, Table 3.2. The composition of expenditures today comes from Appendix 9, Chapter 6, in the BLS *Handbook of Methods*.

미와 남미의 여러 나라가 다른 국가들보다 더 빠른 성장을 시작했다. 이후에는 아시아의 여러 국가도 빠르게 성장하면서 수렴 과정을 보이고 있다. 하지만 주로 아프리카에 속한 많은 국가는 그렇지 못하다.

이 장과 다음 장에서는 주로 부유한 국가들과 신흥국들의 경제성장에 초점을 둘 것이다. 앞서 언급한 사실들, 예컨대 왜 1인당 산출량의 성장이 19세기에 이르러 본격적으로 시작되었는

'성장 이론'과 '개발경제학'의 경계는 모호하다. 둘을 구분하는 한 가지 방법은 다음과 같다. 성장 이론은 한 나라의 제도, 예를 들어 법체계나 정부 형태를 주어진 조건으로 간주한다. 반면 개발경제학은 보다 근본적인 질문을 던진다. 지속적인 성장을 위해 어떤 제도가 필요한가? 그리고 그런 제도는 어떻게 구축하고 유지할 수 있는가?

지 또는 왜 아프리카는 지금까지도 매우 낮은 소득에 머물러 있는지와 같은 문제는 다루지 않을 것이다. 그것은 경제사나 개발경제학의 영역에 속하며, 이 책이 다루고자 하는 범위를 벗어나기 때문이다. 하지만 이러한 역사적 사실들은 앞서 OECD 국가들을 살펴보며 논의했던 두 가지 기초적 사실에 대해 보다 넓은 관점을 제공해 준다. 즉, 경제성장도, 국가 간 수렴도 결코 역사적으로 보장된 현상이 아니다.

## 10-4 경제성장이란 무엇인가: 개념과 기초

솔로는 경제성장 이론의 초기 발전에 관한 업적으로 1987년에 노벨상을 수상했다.

경제학자들은 성장을 분석할 때 1950년대 후반 MIT의 솔로(Robert Solow)가 개발한 성장 모형(일명 솔로 모형)을 사용해 왔다. 이 모형은 견고하고 유용한 것으로 평가되며, 여기서도 이 모형을 따를 것이다. 이 절에서는 그 개요를 소개하고, 11장과 12장에서 각각 자본 축적과 기술 진보가 성장에 어떤 역할을 하는지 더욱 구체적으로 살펴본다.

### 총생산함수

어떤 성장 이론이든 그 출발점은 **총생산함수**(aggregate production function)이다. 총생산함수는 총산출과 생산에 투입되는 요소들 간의 관계를 구체적으로 나타낸다.

7장에서 단기 및 중기 총산출을 분석하기 위해 사용한 생산함수는 단순한 형태였다. 산출량은 기업이 투입하는 노동의 양, 더 구체적으로는 고용된 노동자 수에 단순히 비례한다고 가정했었다[식 (7.2) 참조]. 산출량과 고용의 변동에 초점을 맞추는 한, 이러한 가정은 수용할 수 있었다. 그러나 이제 우리의 관심이 경제성장으로 이동한 만큼 이 가정은 더 이상 적절하지 않다. 이 가정은 노동자 1인당 산출량이 일정하다는 것을 의미하며, 따라서 노동생산성의 성장을 전혀 설명할 수 없다. 이제 이 가정을 완화할 때이다. 지금부터는 두 가지 생산 요소(자본과 노동)를 모두 포함하고, 총산출과 이 두 요소 간의 관계를 다음과 같이 가정한다.

$$Y = F(K, N) \tag{10.1}$$

총생산함수는 $Y=F(K, N)$이다. 총산출량($Y$)은 총자본 스톡($K$)과 총고용($N$)에 의해 결정된다.

여기서 $Y$는 총산출량, $K$는 자본으로서 경제 내 모든 기계, 공장, 사무실 건물 등, $N$은 노동으로서 경제 전체의 총노동자 수, $F(K, N)$는 주어진 자본과 노동의 양에서 얼마만큼의 산출이 가능한지를 나타내는 함수이며, 이를 **총생산함수**라고 부른다.

이러한 방식은 7장에서 사용한 단순한 노동 중심 모델에 비해 진일보한 분석이다. 하지만 여전히 현실을 과도하게 단순화하고 있다. 예를 들어 원자재와 같은 다른 투입 요소는 포함되지 않으며, 자본은 기계와 건물을 구분하지 않고 하나의 범주로 다룬다. 노동 역시 교육 수준이나 숙련도에 관계없이 단순히 노동자 수로 측정되므로, 고학력자와 저학력자 사이의 생산성 차이를 반영하지 않는다. 이러한 단순화는 이후 단계에서 점차 보완할 것이다. 현재로서는 노동과 자본이 모두 생산에 중요한 역할을 한다는 점을 강조하는 식 (10.1)의 형태로 충분하다.

다음 단계는 산출량을 자본과 노동이라는 두 생산 요소에 연결해 주는 총생산함수 $F$가 어디에서 비롯되는지를 고찰하는 것이다. 다시 말해 주어진 자본과 노동으로 얼마나 많은 산출을 낼 수 있는지를 결정하는 요인은 무엇인가? 그 해답은 바로 **기술 수준**(state of technology)이다. 기술이 더 발전한 국가는 동일한 자본과 노동을 투입하더라도 기술이 덜 발달한 국가보다 더 많은 산출물을 생산할 수 있다.

◀ 총산출물을 나타내는 함수 $F$는 기술 수준에 따라 달라진다. 기술 수준이 향상되면 같은 양의 자본과 노동을 투입하더라도 더 많은 산출물을 생산할 수 있다. 이로 인해 총생산함수 $F(K, N)$는 위로 이동하게 된다.

## 규모수익과 생산요소 수익

이제 총생산함수를 도입했으므로, 다음으로 살펴볼 질문은 이 함수에 어떤 제약 조건을 합리적으로 부여할 수 있을까 하는 것이다.

먼저 간단한 예를 들어보자. 경제 내 노동자 수와 자본의 양을 모두 2배로 늘린다면 산출량은 어떻게 될까? 마치 기존 경제를 복제한 것과 같으며, 복제된 경제는 원래 경제와 동일한 방식으로 산출물을 생산할 수 있다. 이러한 특성을 **규모에 대한 수확불변**(constant returns to scale)이라고 부른다. 즉, 자본과 노동 같은 생산 요소를 동일한 비율로 확대하면 산출량 역시 동일한 비율로 증가한다는 의미이다. 이 관계는 다음과 같은 수식으로 나타낼 수 있다.

$$F(2K, 2N) = 2Y$$

자본($K$)과 노동($N$)을 동일한 비율 $x$만큼 증가시키면 산출량($Y$)도 $x$배가 된다.

◀ 규모에 대한 수확불변: $F(xK, xN) = xY$.

$$F(xK, xN) = xY \qquad (10.2)$$

이제까지 자본과 노동을 모두 증가시켰을 때 생산에 어떤 변화가 나타나는지를 살펴보았다. 이번에는 다른 질문을 해보자. 경제 내 두 생산 요소 중 하나, 예를 들어 자본만 늘리면 어떤 일이 벌어질까?

산출량은 증가할 것이다. 이 점은 분명하다. 그러나 자본을 같은 양만큼 추가하더라도 그에 따른 산출량 증가폭은 짐짐 줄어들게 된다. 다시 말해 처음에 자본이 적을 때는 자본을 조금만 늘려도 산출량이 크게 증가할 수 있다. 반면 이미 자본이 충분히 많은 상태에서는 같은 양의 자본을 더 늘려도 산출량 증가에는 거의 영향을 주지 못할 수 있다. 왜 그럴까? 예를 들어 일정한 수의 비서들로 구성된 비서실을 생각해 보자. 자본은 컴퓨터라고 하자. 첫 번째 컴퓨터가 도입되면 시간 소모적인 작업 중 일부를 자동화할 수 있으므로 산출량이 크게 증가할 것이다. 이후 컴퓨터의 수가 늘어나고 더 많은 비서가 각자 컴퓨터를 갖게 되면 산출량은 계속 증가하지만, 컴퓨터 한 대가 추가될 때마다 발생하는 산출량 증가폭은 점점 줄어든다. 모든 비서가 이미 컴퓨터를 갖고 있는 상태에서 컴퓨터를 더 추가하더라도 산출량은 거의 늘지 않을 것이다. 추가된 컴퓨터는 사용되지 않은 채 포장 상자에 그대로 남아 있을 수도 있고, 결과적으로 산출량 증가에는 전혀 기여하지 못할 수도 있다.

◀ 이 예시가 다소 구식이라는 건 알지만, 내가 생각할 수 있는 가장 명료한 예시이다.

이 사례에서 산출량은 비서 서비스이고, 두 생산 요소는 비서(노동)와 컴퓨터(자본)이다. 생산함수는 비서 수와 김퓨터 수에 따라 얼마만큼의 비서 서비스를 산출할 수 있는지를 보여준다.

이처럼 자본을 증가시킬수록 산출량 증가폭이 점점 작아지는 특성을 **자본에 대한 수확체감**(decreasing returns to capital)이라고 한다. (이는 미시경제학을 수강한 독자에게 익숙한 개념일 것이다.)

이와 유사한 논리는 다른 생산 요소인 노동에도 적용된다. 자본이 고정된 상태에서 노동을 늘리면 산출량은 증가하지만, 그 증가폭은 점점 줄어든다. (앞선 사례를 다시 생각해 보자. 주어진 수의 컴퓨터에 대해 비서 수를 계속 늘리면 어떤 일이 벌어지는가?) 이처럼 **노동에 대한 수확체감**(decreasing returns to labor) 역시 존재한다.

▶ 규모에 대한 수확불변이 성립하더라도 다른 요소를 고정한 상태에서는 각각의 생산 요소에 대해 수확체감이 존재한다. 자본에 대한 수확체감이란, 노동이 주어진 상태에서 자본을 증가시킬수록 산출량 증가폭이 점차 줄어드는 것을 의미한다. 노동에 대한 수확체감이란, 자본이 주어진 상태에서 노동을 증가시킬수록 산출량 증가폭이 점차 줄어드는 것을 의미한다.

## 1인당 산출량과 1인당 자본량

앞서 제시한 생산함수는 규모에 대한 수확불변을 가정할 경우 1인당 산출량과 1인당 자본량 사이에 단순한 관계가 성립함을 의미한다.

이를 확인하기 위해 식 (10.2)에서 $x$에 $1/N$을 대입해 보자. 그러면 다음과 같은 식이 된다.

$$\frac{Y}{N} = F\left(\frac{K}{N}, \frac{N}{N}\right) = F\left(\frac{K}{N}, 1\right) \tag{10.3}$$

여기서 $Y/N$은 1인당 산출량이고, $K/N$은 1인당 자본량이다. 따라서 식 (10.3)은 1인당 산출량이 1인당 자본량에 의해 결정된다는 점을 보여준다. 이 두 변수 사이의 관계는 앞으로의 분석에서 핵심적인 역할을 하게 되므로, 이제 이를 좀 더 면밀히 살펴보자.

▶ 이 대수식의 의미를 이해하라. 자본과 노동자 수가 모두 2배로 증가하면 1인당 산출량은 어떻게 변하는가?

이 관계는 그림 10-4에 나타나 있다. 세로축은 1인당 산출량($Y/N$), 가로축은 1인당 자본량($K/N$)을 나타낸다. 두 변수 사이의 관계는 우상향하는 곡선으로 표현된다. 즉, 1인당 자본량이 증가하면 1인당 산출량도 증가한다. 그러나 이 곡선은 자본에 대한 수확체감 특성을 반영하여, 자본이 증가할수록 1인당 산출량의 증가폭이 점차 줄어들도록 그려져 있다. 자본량이 적은 점 $A$에서 1인당 자본량이 $AB$만큼 증가하면, 1인당 산출량은 $A'B'$만큼 증가한다. 반면 자본량이 많은 점 $C$에서 같은 양의 자본 증가($CD = AB$)는 1인당 산출량을 오직 $C'D'$만큼만 증가시킨다. 이는 앞서 언급한 예시, 즉 컴퓨터가 추가될수록 총산출량 증가 효과가 점점 줄어드는 것과 같은 원리이다.

▶ 1인당 자본량이 증가할수록 1인당 산출량의 증가폭은 점차 줄어든다.

## 성장의 원천

이제 핵심 질문으로 돌아갈 준비가 되었다. 성장의 원천은 어디에 있는가? 전체 인구 중 노동자의 비율이 일정하다고 가정하면 시간의 흐름에 따라 1인당 산출량이 증가하는 이유는 무엇인가? 이에 대한 첫 번째 답은 식 (10.3)에서 찾을 수 있다.

- 1인당 산출량($Y/N$)의 증가는 1인당 자본량($K/N$)의 증가에서 비롯될 수 있다. 이는 앞서 그림 10-4에서 살펴본 관계이다. 1인당 자본량($K/N$)이 증가하면, 즉 가로축에서 오른쪽으로 이동하면 1인당 산출량($Y/N$)도 증가한다.

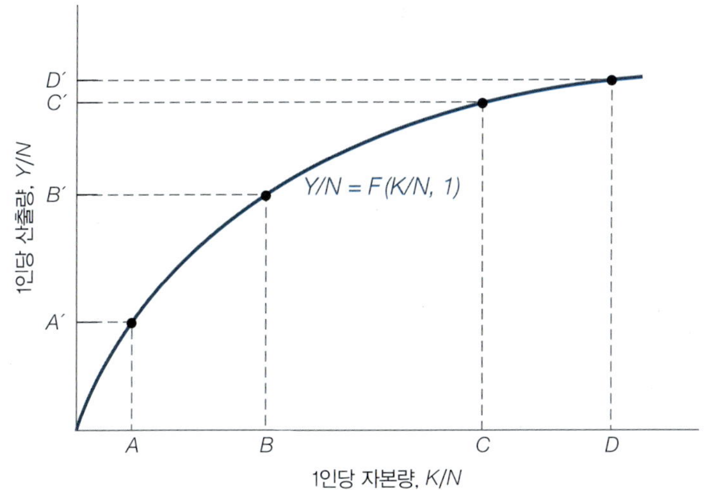


**그림 10-4**

**1인당 자본량과 1인당 산출량**

1인당 자본량이 증가할수록 1인당 산출량의 증가분은 점차 감소한다.

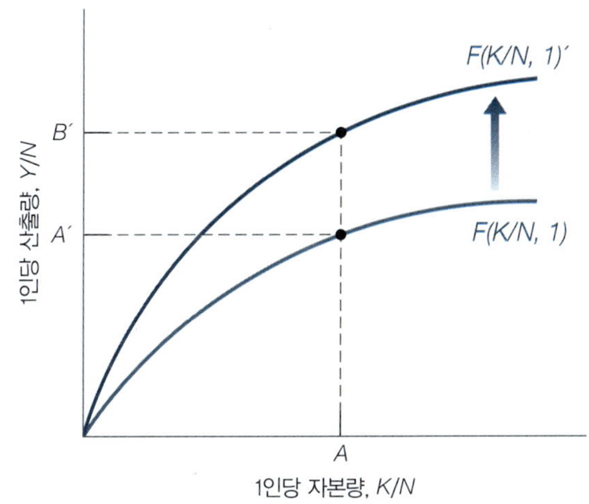


**그림 10-5**

**기술 수준 향상의 효과**

기술이 향상되면 생산함수가 위로 이동하고, 이는 주어진 1인당 자본량 수준에서 1인당 산출량의 증가로 이어진다.

- 또는 기술 수준의 향상으로 인해 생산함수 $F$가 위쪽으로 이동하면서, 동일한 1인당 자본량 수준에서 더 많은 1인당 산출량이 가능해질 수도 있다. 이는 그림 10-5에 나타나 있다. 기술 수준의 향상은 생산함수를 $F(K/N,\ 1)$에서 $F(K/N,\ 1)'$으로 위쪽으로 이동시킨다. 주어진 1인당 자본량 수준에서 기술의 향상은 1인당 산출량의 증가로 이어진다. 예를 들어 점 $A$에 해당하는 1인당 자본량 수준에서 1인당 산출량은 $A'$에서 $B'$으로 증가한다. (앞서 살펴본 비서실의 예로 돌아가자면 업무를 새롭게 재배치하면 분업의 효율이 높아지고 비서 1인당 산출량이 증가할 수 있다.)

1인당 자본량 증가: 생산함수(그래프) 위에서의 이동
기술 수준 향상: 생산함수(그래프) 자체의 위쪽 이동

따라서 성장은 **자본 축적**(capital accumulation)과 **기술 진보**(technological progress), 즉 기술 수준의 향상에서 비롯된다고 볼 수 있다. 그러나 곧 이 두 요인이 성장 과정에서 서로 다른 역할을 한다는 것을 보게 될 것이다.

- 자본 축적만으로는 성장을 지속할 수 없다. 이에 대한 엄밀한 논의는 11장에서 다루겠지

만, 그 직관은 이미 그림 10-5에서 확인할 수 있다. 자본에 대한 수확체감이 존재하기 때문에 1인당 산출량을 지속적으로 증가시키려면 1인당 자본량을 점점 더 크게 늘려야 한다. 그러나 어느 시점이 되면 경제는 자본을 더 늘릴 만큼 충분히 저축하고 투자하지 않거나, 그럴 능력이 없게 된다. 그 지점에서 1인당 산출량의 증가는 멈춘다. 그렇다면 경제의 **저축률**(saving rate, 소득 중 저축되는 비율)은 중요하지 않다는 의미일까? 그렇지 않다. 높은 저축률은 산출량의 성장률을 영구히 높일 수는 없지만, 더 높은 산출량 수준을 유지하게 할 수는 있다. 이를 약간 다른 방식으로 표현하면 다음과 같다. 단지 저축률만 다른 두 경제를 비교하면 이들은 결국 같은 **성장률**로 수렴하겠지만, 언제든 시점을 비교해 보면 저축률이 더 높은 경제가 더 높은 1인당 산출량 수준을 갖는다. 이러한 결과가 어떻게 나타나는지, 저축률이 산출량 수준에 얼마나 영향을 미치는지, 그리고 미국처럼 저축률이 낮은 나라가 저축률을 높여야 할지의 여부는 11장에서 논의할 것이다.

- 지속적인 성장은 지속적인 기술 진보를 필요로 한다. 이는 앞서 제시한 명제로부터 자연스럽게 도출된다. 산출 증가를 가능하게 하는 두 요인이 자본 축적과 기술 진보라면, 자본 축적으로는 성장을 영구히 지속할 수 없으므로, 기술 진보가 성장의 핵심이 되어야 한다. 그리고 실제로 그렇다. 12장에서는 한 경제의 1인당 산출 성장률이 궁극적으로 기술 진보율에 의해 결정된다는 사실을 살펴볼 것이다.

이 점은 매우 중요하다. 이는 장기적으로 더 높은 기술 진보율을 지속적으로 유지하는 경제가 결국 다른 모든 경제를 앞지르게 된다는 것을 의미한다. 물론 그다음 질문이 뒤따른다. 기술 진보율은 무엇에 의해 결정되는가? **기술 수준**은 한 경제에서 생산 가능한 제품의 범위와 그것들을 생산하는 방식을 규정하는 기술적 청사진, 즉 설계도의 집합이라고 볼 수 있다. 하지만 실제로 생산이 얼마나 효율적으로 이루어지는지는 단지 이 기술적 청사진에만 달려 있지 않다. 그것은 경제의 조직 방식(기업의 내부 조직, 법체계와 집행의 질, 정치 시스템 등)에도 좌우된다. 이에 대해서는 12장에서 관련 증거들을 검토할 것이다.

## 요약

- 장기적으로 보면 산출량의 단기 변동은 성장에 비해 미미한 수준이다. 성장이란 총산출이 시간에 따라 꾸준히 증가하는 현상을 말한다.
- 1950년 이후 프랑스, 일본, 영국, 미국 등 네 부유한 국가의 성장을 살펴보면 두 가지 중요한 사실이 드러난다.
  1. 네 나라 모두 강한 경제성장을 경험했고 생활 수준이 크게 향상되었다. 1950년부터 2019년까지 실질 1인당 산출량은 미국에서 4배, 일본에서는 13.6배 증가했다.
  2. 네 국가 간 1인당 산출량 수준은 시간이 지남에 따라 점차 수렴했다. 다시 말해 과거에 뒤처졌던 국가들이 더 빠르게 성장함으로써 선도국인 미국과의 격차를 줄여왔다.
- 더 많은 국가와 더 긴 기간에 걸친 자료를 살펴보면 다음과 같은 사실이 나타난다.
  1. 인류 역사 전체로 보면 지속적인 산출량 증가라는 현상은 매우 최근의 일이다.

2. 1인당 산출량 수준의 수렴은 전 세계적인 현상이 아니다. 많은 아시아 국가는 빠르게 선진국을 따라잡고 있는 반면, 다수의 아프리카 국가는 여전히 낮은 1인당 산출량과 낮은 성장률을 보이고 있다.

- 성장을 이해하기 위해 경제학자들은 자본과 노동이라는 두 생산 요소가 총산출과 어떤 관계인지를 나타내는 총생산함수에서 출발한다. 주어진 생산 요소로 얼마나 많은 산출이 가능한지는 기술 수준에 달려 있다.
- 규모에 대한 수확불변을 가정하면 총생산함수는 1인당 산출량 증가는 1인당 자본량 증가나 기술 수준의 향상에서 비롯된다는 것을 의미한다.
- 자본 축적만으로는 1인당 산출량의 성장을 영구히 지속할 수 없다. 그럼에도 한 국가가 얼마나 저축하는가는 매우 중요하다. 왜냐하면 저축률은 성장률까지는 아니더라도 1인당 산출량 수준을 결정하기 때문이다.
- 1인당 산출량의 지속적 성장은 궁극적으로 기술 진보에 달려 있다. 따라서 성장 이론에서 가장 중요한 질문은 무엇이 기술 진보를 결정하는가이다.

## 핵심용어

구매력(purchasing power)
구매력평가(purchasing power parity, PPP)
규모에 대한 수확불변(constant returns to scale)
기술 수준(state of technology)
기술 진보(technological progress)
네 마리 호랑이(four tigers)
노동에 대한 수확체감(decreasing returns to labor)
로그값(logarithmic scale)
맬서스 함정(Malthusian trap)
복리 효과(force of compounding)
생활 수준(standard of living)
성장(growth)
수렴(convergence)
이스털린 역설(Easterlin paradox)
자본에 대한 수확체감(decreasing returns to capital)
자본 축적(capital accumulation)
저축률(saving rate)
총생산함수(aggregate production function)
1인당 산출량(output per person)

## 연습문제

### 기초문제

1. 이 장의 내용에 기초해 다음에 대해 '사실', '거짓', '불확실' 여부를 밝히고, 그 이유를 간단히 설명하라.
   a. 로그값에서는 연간 5%씩 증가하는 변수는 기울기 0.05의 우상향 직선을 따른다.
   b. 가난한 나라일수록 식품 가격이 부유한 나라보다 더 높다.
   c. 실증분석 결과, 부유한 국가들에서는 1인당 산출량이 증가할수록 행복 수준도 증가하는 경향이 있다.
   d. 전 세계 거의 모든 국가에서 1인당 산출량은 미국의 1인당 산출 수준으로 수렴하고 있다.
   e. 로마 제국 멸망 이후 약 1,000년 동안 유럽에서는 산출량이 거의 증가하지 않았으며, 증가하더라도 인구가 비례적으로 증가해 1인당 산출량은 정체되었다.
   f. 장기적으로 산출 수준에 영향을 미치는 것은 자본 축적이 아니라 오직 기술 진보이다.
   g. 총생산함수는 산출과 노동 및 자본 간의 관계를 나타낸다.

2. 주어진 표를 바탕으로 멕시코와 미국의 소비를 분석하라.

| | 음식 | | 교통 서비스 | |
|---|---|---|---|---|
| | 가격 | 수량 | 가격 | 수량 |
| 멕시코 | 5페소 | 400 | 20페소 | 200 |
| 미국 | 1달러 | 1,000 | 2달러 | 2,000 |

   a. 미국의 1인당 소비를 달러 기준으로 계산하라.
   b. 멕시코의 1인당 소비를 페소 기준으로 계산하라.

c. 환율이 1달러=10페소일 때 멕시코의 소비를 달러 기준으로 계산하라.

d. 미국의 물가를 기준으로 구매력평가(PPP)를 적용하여 멕시코의 소비를 달러 기준으로 계산하라.

e. 방법별로 멕시코의 생활 수준은 미국보다 얼마나 낮은가? 방법에 따라 결과는 얼마나 다른가?

3. 다음 생산함수를 고려하라.

$$Y = \sqrt{K}\ \sqrt{N}$$

a. $K=49$, $N=81$일 때 $Y$를 계산하라.

b. $K$와 $N$이 모두 2배가 되면 $Y$는 어떻게 변하는가?

c. 이 함수는 규모에 대한 수확불변 특성이 있는가?

d. 1인당 산출량($Y/N$)과 1인당 자본량($K/N$) 간의 관계를 유도하라.

e. $K/N=4$일 때 $Y/N$의 값은 얼마인가? $K/N$을 8로 늘리면 $Y/N$도 2배가 되는가?

f. $Y/N$과 $K/N$ 간의 관계는 수확불변인가?

g. 위의 문제 f의 답과 c의 답이 같은가? 그 이유는 무엇인가?

h. $Y/N$과 $K/N$ 간의 관계를 그래프로 그리고, 그림 10-4와 같은 모양인지 설명하라.

### 심화문제

4. a. 표 10-1을 참고하여 볼리비아, 칠레, 에콰도르, 파나마, 페루의 데이터를 찾고, 2000년 기준의 1인당 실질 산출량 열을 추가하라. 성장률 계산을 위해 다음 공식을 활용하라.

$$GPD_{2019} = GDP_{1950}(1+g)^{69}$$

b. 이 다섯 국가의 1인당 소득은 수렴 경향을 보이는가?

c. 어떤 국가가 가장 두드러진 성과를 보였는가? 파나마는 왜 가장 두드러진 성과를 보였는가? 제도 이외에 어떤 요인이 파나마의 성장을 설명할 수 있는가?

5. 다음과 같은 형태의 생산함수가 있다고 가정하자.

$Y=AK^{\alpha}N^{\beta}$, 여기서 $\alpha+\beta=1$이고 $A=1$이다.

수식에 등장하는 각 항의 의미는 다음과 같다.

$Y$: 생산

$A$: 총요소생산성(총기술 수준), 여기서는 1로 고정됨

$K$: 자본

$N$: 노동

$\alpha, \beta$: 자본과 노동의 소득분배율

$\alpha+\beta=1$은 이 생산함수가 규모에 대한 수확불변임을 의미

a. 이 생산함수가 규모에 대한 수확불변임을 수학적으로 증명하라.

b. 이 생산함수를 다음과 같은 형태로 다시 표현하라.

$$\frac{Y}{N} = F\left(\frac{K}{N}, 1\right)$$

c. $\alpha=0.6$, $A=1$이라고 가정하고 생산함수를 그래프로 나타내라. $K/N=1$일 때의 $Y/N$은 얼마인가? $K/N=1.4$일 때는 얼마인가? 이 그래프는 생산함수의 기울기가 계속 줄어든다는 것을 시사하는가? 그렇다면 이는 경제성장에 어떤 의미인가?

d. $A$가 1.2로 증가한 경우의 생산함수도 그래프에 나타내라. 기술 진보가 $Y/N$과 성장에 어떤 영향을 주는지 설명하라.

6. 자본-생산 성장률 관계

문제 3에서 주어진 생산함수를 고려하라. $N$은 상수이며 1과 같다고 가정하자. 또한 만약 $z=x^a$라면, $g_z \approx ag_x$라는 근사식이 성립한다. 여기서 $g_z$와 $g_x$는 각각 $z$와 $x$의 성장률이다(자세한 내용은 부록 2 참조).

a. 위의 성장률 근사식을 바탕으로 생산 성장률과 자본 성장률 간의 관계식을 도출하라.

b. 생산이 연 2%씩 성장하도록 하려면 자본은 어느 정도의 성장률을 가져야 하는가?

c. 위의 문제 b에서 자본이 그러한 성장률을 유지한다고 할 때 시간에 따라 자본-생산 비율($K/Y$)은 어떻게 변하는가?

d. 이 경제에서 생산이 영구적으로 2% 성장하는 것이 가능한가? 그 이유는 무엇인가?

7. 1950년부터 1973년까지 프랑스, 독일, 일본은 모두 미국보다 최소 2%p 이상 높은 경제성장률을 기록했다. 그런데도 이 시기 가장 중요한 기술 혁신은 미국에서 이루어졌다. 어떻게 이런 일이 가능했을까?

### 보충문제

문제 8, 9, 10은 모두 펜월드테이블(Penn World Tables)에서 구매력평가(PPP)를 기준으로 측정된 1인당 실질 GDP 데이터를 활용해야 한다. 현재 이 데이터의 최신 버전은 10.01이다. 변수

rgdpo는 2017년 PPP 미국 달러 기준의 실질 GDP를 나타내며, 변수 pop은 인구(단위: 백만 명)를 나타낸다. 이 변수들을 스프레드시트에서 정리하여 각 국가의 연도별 1인당 실질 GDP를 계산할 수 있어야 한다. 스프레드시트로 데이터를 처리하면 문제 8, 9, 10에 모두 답할 수 있다.

8. 1960년 이후 일본과 미국 간의 수렴 현상

펜월드테이블의 데이터를 활용하여 1960년, 1990년, 그리고 가장 최근 이용 가능한 연도 기준으로 미국과 일본의 1인당 실질 GDP를 구하라.

a. 미국과 일본의 1인당 실질 GDP에 대해 ① 1960년부터 1990년까지, ② 1990년부터 가장 최근 연도까지의 두 기간에 걸쳐 연평균 성장률을 계산하라. 이 두 시기 각각에서 일본의 1인당 실질 GDP가 미국의 1인당 실질 GDP 수준에 수렴하는 경향을 보였는가? 이에 대해 설명하라.

b. 1990년 이후 매년 미국과 일본이 1960~1990년과 동일한 연평균 성장률을 유지했다고 가정할 때 오늘날 두 나라의 1인당 실질 GDP는 어느 정도 수준 차이를 보이게 되는가?

c. 실제로 1990년 이후 가장 최근 연도까지 일본과 미국의 1인당 실질 GDP 성장은 어떤 경로를 밟았는가?

9. 두 국가군 간의 수렴 분석

프랑스, 벨기에, 이탈리아의 부유한 3개국과 에티오피아, 케냐, 나이지리아, 우간다의 저소득 4개국을 고려하라. 각 국가에 대해 1970년과 가장 최근 이용 가능한 연도(예: 펜월드테이블 버전 9에서는 2014년 기준)의 1인당 실질 GDP를 미국의 같은 해 1인당 실질 GDP와 비교하여 비율로 나타내라. 이때 모든 연도에서 미국의 비율은 1이 되도록 기준을 설정하라.

a. 프랑스, 벨기에, 이탈리아의 1970년과 2014년(또는 가장 최신 연도)의 1인당 실질 GDP를 미국과 비교한 비율을 계산하라. 이 자료는 이들 국가가 미국과의 소득 격차를 줄여가는 수렴 경향을 보여주는가?

b. 에티오피아, 케냐, 나이지리아, 우간다에 대해서도 동일한 비율을 1970년과 2014년 기준으로 계산하라. 이 자료는 이들 국가가 미국과 수렴하고 있음을 보여주는가?

10. 성장의 성공과 실패 사례

펜월드테이블을 활용하여 1970년 기준으로 이용 가능한 모든 국가의 '연쇄지수(real) 1인당 실질 GDP 시계열 자료'를 찾아보라. 그런 다음 대부분의 국가에 대해 자료가 제공되는 가장 최근 연도에 대해서도 동일한 작업을 수행하라. (일부 국가는 이 지표를 작성하는 데 더 많은 시간이 소요될 수 있음에 유의하라.)

a. 1970년 기준 1인당 실질 GDP 수준에 따라 국가들을 순위 매기고, 상위 10개국을 나열하라. 예상 밖의 결과가 있는가?

b. 문제 a와 동일한 분석을 가장 최근 연도 기준으로 수행하라. 1970년 이후 상위 10개 부유한 국가의 목록에 변화가 있었는가?

c. 1970년과 가장 최근 연도 모두 데이터가 존재하는 모든 국가를 대상으로 하여 1970년 이후 1인당 실질 GDP 성장률이 가장 높은 10개국을 구하라.

d. 동일한 기준으로 1970년 이후 1인당 실질 GDP 성장률이 가장 낮은 10개국을 구하라.

e. 문제 c 또는 d에서 선정된 국가 중 하나에 대해 간단한 인터넷 검색을 수행하여 해당 국가가 성공적인 경제성장을 달성했거나 성장이 저조했던 이유를 설명할 수 있는 근거를 찾아보라.

11. 당신의 기관(대학, 연구소 등)은 「이코노미스트(The Economist)」 잡지 구독을 통해 해당 자료에 접근할 수 있으며, 또는 웹에서 이 그래픽을 찾을 수도 있다. 2019년 3월 23일 자 「이코노미스트」에 실린 "Graphic Detail: Happiness Economics" 섹션은 그림 1에서 제시된 것과 동일한 요점을 강조하고 있다.

a. 1인당 실질 GDP 수준이 높아질수록 행복 수준도 상승하는가?

b. 2005~2008년과 2015~2018년 기간을 비교하여 중국과 인도의 경제성장과 국민 행복의 변화를 대조하라.

# 11 저축, 자본 축적 및 산출

1980년 이후 미국의 국내총생산(GDP) 대비 저축 비율인 **저축률**(saving rate)은 평균 19%에 불과한 반면, 독일은 25%, 일본은 29%에 달했다. 미국의 저축률이 더 높았다면 같은 기간 동안 미국의 성장률이 더 높았을까? 미국의 저축률을 높이면 향후에도 미국의 성장률이 지속적으로 높아질 것인가?

이러한 질문에 대한 기본적인 답을 10장에서 파악했다. 답은 그렇지 않다. 장기간에 걸쳐(이는 지금 우리가 관심을 돌리려는 것으로 중요한 수식어이다) 경제성장률은 저축률에 의존하지 않는다. 지난 40년 동안 저축률이 높았다고 해서 미국의 성장률이 더 높았던 것으로 보이지는 않는다. 또한 저축률의 증가가 미국의 지속적인 성장률 상승으로 이어질 것이라고 기대해서는 안 된다.

그러나 이러한 결론이 미국의 낮은 저축률에 대해 우려하지 말아야 한다는 의미는 아니다. 저축률이 성장률에 영구적으로 영향을 미치지는 않더라도 산출 수준과 생활 수준에는 영향을 미치기 때문이다. 저축률이 높아지면 당분간 성장률이 높아지고, 결국 미국의 생활 수준도 높아질 수 있다.

이 장에서는 저축률이 산출 수준과 성장률에 미치는 영향에 초점을 맞춘다.

이 장과 다음 장에서 고려되는 성장 모형의 고전적인 설명은 솔로(Robert Solow)의 『Growth Theory: An Expositon』(1970)에 기초한다. 이것이 이 모형을 흔히 솔로 모형이라 부르는 이유이다.

**11-1, 11-2** 산출과 자본 축적 간의 상호작용과 저축률의 효과를 살펴본다.

**11-3** 관련된 규모를 더 잘 이해할 수 있도록 숫자를 활용한다.

**11-4** 물적자본뿐만 아니라 인적자본까지 고려하도록 논의를 확장한다.

**이 장의 핵심 주제:** 자본 축적은 생산량을 증가시키지만, 그 자체로는 성장을 지속시킬 수 없다.
▶▶▶

## 11-1 산출과 자본 간 상호작용

장기적으로 산출을 결정하는 핵심에는 산출과 자본 사이의 두 가지 관계가 있다.

- 자본의 양에 따라 생산되는 산출이 결정된다.
- 산출 규모는 저축의 규모를 결정하고, 저축의 규모는 다시 시간이 지남에 따라 축적되는 자본의 규모를 결정한다.

그림 11-1에 표시된 이 두 관계는 시간에 따른 산출과 자본의 변화를 함께 결정한다. 하늘색 화살표는 자본에서 산출로 이어지는 첫 번째 관계를 나타낸다. 파란색과 검은색 화살표는 두 번째 관계의 두 부분, 즉 산출에서 저축과 투자로, 그리고 투자에서 자본 저량의 변화로 이어지는 것을 나타낸다. 각 관계를 차례대로 살펴보자.

### 자본이 산출에 미치는 영향

10-4절에서 이 두 관계 중 첫 번째 관계, 즉 자본이 산출량에 미치는 영향에 대한 논의를 시작했다. 총생산함수를 파악했으며, 규모에 대한 수익 불변이라는 가정하에서 노동자 1인당 산출과 자본 사이의 관계를 식 (10.3)과 같이 정리할 수 있다.

$$\frac{Y}{N} = F\left(\frac{K}{N}, 1\right)$$

노동자 1인당 산출($Y/N$)은 노동자 1인당 자본($K/N$)의 증가함수이다. 자본에 대한 수확체감의 가정하에 주어진 노동자 1인당 자본의 증가가 노동자 1인당 산출에 미치는 영향은 노동자 1인당 자본의 비율이 커질수록 감소한다. 노동자 1인당 자본이 이미 높은 경우 노동자 1인당 자본이 추가로 증가해도 노동자 1인당 산출에 미치는 영향은 미미하다.

표기를 단순화하기 위해 노동자 1인당 산출과 노동자 1인당 자본 간의 관계를 다음과 같이 나타낼 수 있다.

$$\frac{Y}{N} = f\left(\frac{K}{N}\right)$$

▶ 여기서 함수 $f$는 노동자 1인당 산출과 자본 간의 관계를 나타내는 함수 $F$와 동일하다.

예를 들어 함수 $F$가 이중제곱근 형식 $F(K, N)=\sqrt{K}\sqrt{N}$이라면 $Y=\sqrt{K}\sqrt{N}$와 같다. 양변을 $N$으로 나누면 $\frac{Y}{N}=\frac{\sqrt{K}\sqrt{N}}{N}$와 같다. 이때 $\frac{\sqrt{N}}{N}=\frac{\sqrt{N}}{\sqrt{N}\sqrt{N}}$과 같은 것을 주의하자. 이 결과를 앞의 방정식에 사용하면 다음과 같은 1인당 소득 모형을 구할 수 있다. 즉, $\frac{Y}{N}=\frac{\sqrt{K}}{\sqrt{N}}=\sqrt{\frac{K}{N}}$이다. 따라서 이 경우 노동자 1인당 산출과 노동자 1인당 자본 간의 관계를 나타내는 함수 $f$는 단순히 제곱근의 함수로 다음과 같다.

$$f\left(\frac{K}{N}\right)=\sqrt{\frac{K}{N}}$$

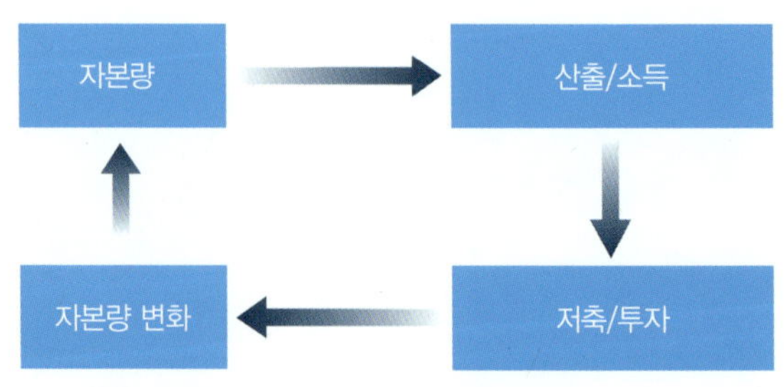


**그림 11-1**

**자본의 영향**

자본, 산출, 저축/투자

$$f\left(\frac{K}{N}\right) \equiv F\left(\frac{K}{N}, 1\right)$$

이 장에서는 두 가지 가정을 더 추가해 보자.

- 첫 번째는 인구 규모, 경제활동참가율, 실업률은 모두 일정하다. 이는 고용인 $N$도 일정하다는 것을 의미한다. 그 이유는 2장과 7장의 인구, 경제활동인구(노동력), 실업, 고용 간의 관계에서 파악할 수 있다.
  - 경제활동인구는 인구에 경제활동참가율을 곱한 값과 같다. 따라서 인구가 일정하고 경제활동참가율이 일정하다면 경제활동인구 역시 일정하다.
  - 반대로 고용은 경제활동인구에 1을 곱한 값에서 실업률을 뺀 값과 같다. 예를 들어 경제활동인구 규모가 1억 명이고 실업률이 5%라면 고용은 9,500만 명(1억 명×(1−0.05))이 된다. 따라서 경제활동인구가 일정하고 실업률이 일정하면 고용도 일정하다.

  이러한 가정하에서 노동자 1인당 산출, 1인당 산출, 산출 자체는 모두 비례적으로 움직인다. 일반적으로는 노동자 1인당 생산량 또는 자본의 움직임을 언급하지만, 보다 쉽게 표기하기 위해 '노동자 1인당' 또는 '1인당'이라는 수식어를 빼고 산출 또는 자본으로 지칭할 수 있다.

  ◀ 2022년 미국의 1인당 산출은 경상 달러 기준으로 76,300달러이며, 노동자 1인당 산출은 160,900달러로 더욱 높다. (이 두 수치에서 인구 대비 고용 비율을 도출할 수 있는가?)

  $N$이 일정하다고 가정하는 이유는 자본 축적이 성장에 미치는 영향에 더 초점을 맞추기 위해서이다. $N$이 일정하다면 시간에 따라 변하는 유일한 생산 요소는 자본뿐이다. 그러나 이 가정은 현실적이지 않으므로 다음 장에서 이 가정을 완화하겠다. (이는 두 가지 면에서 단순화한 것이다. 첫 번째는 인구와 고용은 일반적으로 시간이 지남에 따라 증가한다는 것이다. 두 번째는 앞의 9개 장에서 살펴본 것처럼 단기적으로 고용이 잠재 고용에서 벗어날 수 있다는 것이다.)
- 두 번째 가정은 기술 진보가 없으므로 생산함수 $f$(또는 이에 상응하는 $F$)는 시간이 지나도 변하지 않는다.

  다시 말하지만 현실과 명백히 반대되는 이 가정을 하는 이유는 자본 축적의 역할에만 초점을 맞추기 위해서이다. 12장에서 기술 진보를 소개하고, 여기서 도출한 성장에서 자본의 역할에 대한 기본 결론이 기술 진보가 있을 때도 성립한다는 것을 살펴볼 것이다. 이 단계는 나중으로 미루는 것이 좋다.

이 두 가지 가정을 통해 생산 측면에서 노동자 1인당 산출과 자본 사이의 첫 번째 관계는 다음과 같이 쓸 수 있다.

$$\frac{Y_t}{N} = f\left(\frac{K_t}{N}\right) \tag{11.1}$$

생산 측면에서 보면 노동자당 자본 수준에 따라 노동자당 생산량 수준이 결정된다. ◀

여기서 산출과 자본에는 시간 첨자를 사용했지만 노동 $N$은 일정하다고 가정했기 때문에 시간 첨자는 필요하지 않다.

간단히 말해 노동자당 자본이 높을수록 노동자당 산출은 증가한다.

## 산출이 자본 축적에 미치는 영향

산출과 자본 축적 사이의 두 번째 관계를 도출하기 위해 다음 두 단계를 진행한다.

먼저 산출과 투자 간의 관계를 도출한다.
그 후 투자와 자본 축적 간의 관계를 도출한다.

### 산출과 투자

17장에서 살펴보겠지만 개방경제에서는 저축과 투자가 반드시 같을 필요는 없다. 국가는 투자하는 것보다 덜 저축하고 그 차액을 다른 국가로부터 차입할 수 있다. 오늘날 미국의 경우가 그러하다. ▶

산출과 투자 간의 관계를 도출하기 위해 다음 세 가지를 가정했다.

- 여기서는 계속해서 경제가 폐쇄되어 있다고 가정한다. 3장의 식 (3.10)과 같이 투자($I$)는 저축, 즉 민간저축($S$)과 정부저축($T-G$)의 합과 같다.

$$I = S + (T - G)$$

- 민간저축에 초점을 맞추기 위해 정부저축인 $T-G$를 0으로 가정하자. (향후 재정 정책이 성장에 미치는 영향에 초점을 맞출 때 이 가정을 완화할 것이다.) 이 가정을 적용하면 이전 방정식은 다음과 같다.

$$I = S$$

즉, 투자는 민간저축과 같다.

지금까지 저축 행태(동등한 의미의 소비 행태)에 대한 두 가지 내용을 살펴보았다. 하나는 3장에서 단기적인 것이고, 다른 하나는 이 장에서 장기적인 것이다. 두 가지 내용이 서로 어떻게 관련되어 있는지, 그리고 일관성이 있는지 궁금할 것이다. 답은 '그렇다'이다. 이에 대한 자세한 논의는 15장에서 파악할 수 있다. ▶

- 민간저축은 소득에 비례한다고 가정하면 다음과 같다.

$$S = sY$$

이때 모수 $s$는 저축률이며, 0과 1 사이의 값을 갖는다. 이 가정은 저축에 대한 두 가지 기본 사실을 묘사한다. 첫째, 저축률은 국가가 부유해짐에 따라 체계적으로 증가하거나 감소하지 않는 것을 나타낸다. 둘째, 부유한 국가는 가난한 국가보다 저축률이 체계적으로 높거나 낮지 않은 것을 나타낸다.

이 두 가지 관계를 결합하고 시간 첨자를 도입하면 투자와 산출 사이의 간단한 관계를 나타낼 수 있다.

$$I_t = sY_t$$

투자는 산출에 비례하며, 산출량이 높을수록 저축이 많아지고 투자 역시 증가한다.

### 투자와 자본 축적

두 번째 단계는 유량(주어진 기간 동안 새로 생산된 기계와 새로 건설된 공장)인 투자와 저량

(한 시점의 경제에 존재하는 기존 기계와 공장)인 자본을 연관시킨다.

시간을 연 단위로 측정한다고 생각하면 $t$는 $t$년을 나타내고, $t+1$은 $t+1$년을 나타낸다. 자본 저량은 매년 초에 측정되는 것으로 생각하면 $K_t$는 $t$년 초의 자본 저량, $K_{t+1}$은 $t+1$년 초의 자본 저량이다.

◀ 기억하자. 유량은 시간적 차원을 갖는 변수(즉, 단위 시간당 정의되는 변수)이고, 저량은 시간적 차원이 없는 변수(한 시점에 정의되는 변수)이다. 산출, 저축, 투자는 유량이며, 고용과 자본은 저량이다.

자본은 매년 $\delta$(그리스어 소문자 델타)의 감가상각률로 감가상각된다고 가정하자. 즉, 한 해에서 다음 해로 넘어갈 때마다 자본 저량의 $\delta$ 비율만큼은 고장으로 쓸모없게 된다. 이와 동일하게 자본 저량의 일부$(1-\delta)$는 다음 해까지 그대로 유지된다.

그러면 자본 저량의 진화는 다음과 같이 주어진다.

$$K_{t+1} = (1-\delta)K_t + I_t$$

$t+1$년 초의 자본 저량인 $K_{t+1}$은 $t+1$년에도 그대로 유지되는 $t$년 초의 자본 저량인 $(1-\delta)K_t$에 $t$년도에 새로 투입된 자본 저량(즉, $t$년도의 투자 $I_t$)을 더한 값과 같다.

이제 산출과 투자의 관계와 투자와 자본 축적의 관계를 결합하여 성장에 대해 생각해야 할 두 번째 관계인 산출과 자본 축적의 관계를 파악했다.

앞서 도출한 투자를 위의 식에 대입하고 양쪽을 $N$(경제 내 노동자 수)으로 나누면 다음과 같다.

$$\frac{K_{t+1}}{N} = (1-\delta)\frac{K_t}{N} + s\frac{Y_t}{N}$$

즉, $t+1$년도 노동자 1인당 자본은 감가상각액으로 조정된 $t$년도 노동자 1인당 자본에 저축률에 $t$년도 노동자 1인당 생산량을 곱한 값인 $t$년도 노동자 1인당 투자를 더한 값과 같다.

$(1-\delta)\ K_t/N$을 $K_t/N-\delta K_t/N$으로 확장하고, $K_t/N$을 좌변으로 이동하여 우변을 정렬해 보자.

$$\frac{K_{t+1}}{N} - \frac{K_t}{N} = s\frac{Y_t}{N} - \delta\frac{K_t}{N} \tag{11.2}$$

즉, 좌변의 두 항의 차이로 표현되는 노동자 1인당 자본 저량의 변화는 우변의 첫 번째 항인 노동자 1인당 저축에서 우변의 두 번째 항인 감가상각을 뺀 값과 같다. 이 방정식은 노동자 1인당 산출과 자본 간의 두 번째 관계를 제공한다.

저축 측면에서 노동자 1인당 산출 수준은 시간에 따른 노동자 1인당 자본 수준의 변화를 결정한다.

## 11-2 저축률 변화의 함의

앞서 우리는 두 가지 관계를 도출했다.

- 생산 측면에서 식 (11.1)은 자본이 생산량을 결정하는 방식을 보여준다.
- 저축 측면에서 식 (11.2)는 산출이 자본 축적을 어떻게 결정하는지 보여준다.

이제 두 관계를 종합하여 시간에 따라 산출과 자본의 움직임을 어떻게 결정하는지 살펴보자.

## 자본과 산출의 동학

식 (11.2)의 노동자 1인당 산출($Y_t/N$)을 식 (11.1)의 노동자 1인당 자본($K_t/N$)으로 나타내면 다음과 같다.

$$\frac{K_{t+1}}{N} - \frac{K_t}{N} = sf\left(\frac{K_t}{N}\right) - \delta\left(\frac{K_t}{N}\right) \tag{11.3}$$

$t$년부터 $t+1$년까지의 자본 변화 = $t$년도 투자 − $t$년도 감가상각

이 관계는 노동자 1인당 자본에 어떤 일이 일어나는지를 보여준다. 올해에서 내년까지 노동자 1인당 자본의 변화는 두 기간의 차이에 따라 달라진다.

- 우변의 첫 번째 항인 노동자 1인당 투자: 올해 노동자 1인당 자본 수준에 따라 올해 노동자 1인당 산출이 결정된다. 저축률이 주어지면 노동자 1인당 산출이 노동자 1인당 저축액을 결정함으로써 올해 노동자 1인당 투자가 결정된다.

$K_t/N \Rightarrow f(K_t/N) \Rightarrow sf(K_t/N)$ ▶

- 우변의 두 번째 항인 노동자 1인당 감가상각: 노동자 1인당 자본 저량에 따라 올해 노동자 1인당 감가상각액이 결정된다.

$K_t/N \Rightarrow \delta K_t/N$ ▶

노동자 1인당 투자가 노동자 1인당 감가상각을 초과하면 노동자 1인당 자본의 변화는 양(+)의 값을 갖는다. 즉, 노동자 1인당 자본이 증가한다.

만약 노동자 1인당 투자가 노동자 1인당 감가상각보다 적으면 노동자 1인당 자본의 변화는 음(−)의 값을 갖는다. 즉, 노동자 1인당 자본이 감소한다.

노동자 1인당 자본이 주어지면 노동자 1인당 산출은 식 (11.1)로 주어진다.

$$\frac{Y_t}{N} = f\left(\frac{K_t}{N}\right)$$

힘든 과정은 끝났다. 식 (11.3)과 (11.1)에는 시간에 따른 자본과 산출의 동학을 이해하는 데 필요한 모든 정보가 들어 있다. 이를 해석하는 가장 쉬운 방법은 그래프를 사용하는 것이다. 그림 11-2는 이 과정을 나타낸다. 즉, 노동자 1인당 산출은 수직축, 노동자 1인당 자본은 수평축과 같다.

그림 11-2에서 먼저 노동자 1인당 자본의 함수를 나타내는 노동자 1인당 산출 $f(K_t/N)$을 살펴보자. 이 관계는 그림 10-4와 동일하다. 노동자 1인당 산출은 노동자 1인당 자본에 따라 증가하지만, 자본에 대한 수확체감 때문에 노동자 1인당 자본 수준이 높을수록 그 효과는 작아진다.

이제 식 (11.3) 우변의 두 구성 요소를 나타내는 두 곡선을 살펴보자.

- 노동자 1인당 투자를 나타내는 관계인 $sf(K_t/N)$는 생산함수와 같은 모양을 하고 있지만, 계수 $s$(저축률)에 의해 낮게 형성된 점에서 차이가 있다. 그림 11-2에서 노동자 1인당 자

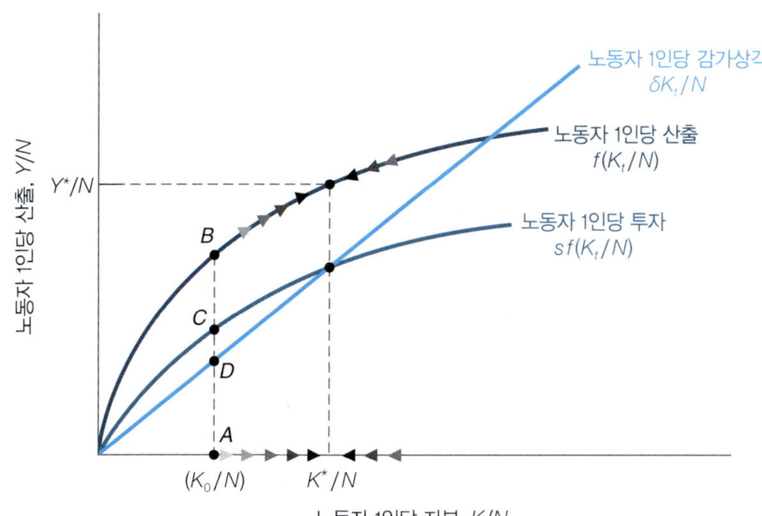


**그림 11-2**

**자본과 산출의 동학**

자본과 산출 규모가 작을 때 투자는 감가상각을 초과하고 자본은 증가한다. 자본과 산출 규모가 충분히 크면 투자는 감가상각을 하회하고 자본은 감소한다.

본 수준이 $K_0/N$과 같다고 가정하자. 그러면 노동자 1인당 산출은 수직거리 $AB$이며, 노동자 1인당 투자는 수직거리 $AB$의 $s$배에 해당하는 수직거리 $AC$와 같다. 따라서 노동자 1인당 산출과 마찬가지로 노동자 1인당 투자는 노동자 1인당 자본에 따라 증가하지만, 노동자 1인당 자본이 증가함에 따라 점차 감소한다. 노동자 1인당 자본이 이미 큰 상태에서는 노동자 1인당 자본의 추가 증가가 노동자 1인당 생산량에 미치는 영향, 즉 노동자 1인당 투자에 미치는 영향은 작다.

그래프를 더 쉽게 파악하기 위해 비현실적으로 높은 저축률을 가정했다(여기서 가정한 $s$의 대략적인 값을 말할 수 있는가? $s$의 적절한 값은 얼마가 되어야 하는가?).

- 노동자 1인당 감가상각을 나타내는 관계인 $\delta K_t/N$는 직선으로 표시된다. 노동자 1인당 감가상각비는 노동자 1인당 자본에 비례하여 증가하므로, 기울기가 $\delta$인 직선으로 표시된다. 노동자 1인당 자본 $K_0/N$ 수준에서 노동자 1인당 감가상각은 수직거리 $AD$로 표시된다.

노동자 1인당 자본의 변화는 노동자 1인당 투자와 노동자 1인당 감가상각의 차이로 주어진다. $K_0/N$에서 이 차이는 양(+)의 값을 갖는다. 노동자 1인당 투자가 노동자 1인당 감가상각보다 수직거리 $CD = AC - AD$로 표시되는 금액만큼 많으므로, 노동자 1인당 자본은 증가한다. 가로축을 따라 오른쪽으로 이동하여 점점 더 높은 수준의 노동자 1인당 자본을 살펴보면 투자는 점점 더 적게 증가하는 반면, 감가상각은 자본에 비례하여 계속 증가한다. 그림 11-2의 노동자 1인당 자본의 특정 수준을 나타내는 $K^*/N$에서 투자는 감가상각을 충당하기에 충분하며, 노동자 1인당 자본은 일정하게 유지된다. $K^*/N$의 왼쪽은 투자가 감가상각을 초과하고 노동자 1인당 자본이 증가한다. 이는 생산함수를 나타내는 곡선을 따라 오른쪽을 가리키는 화살표로 표시된다. $K^*/N$의 오른쪽은 감가상각이 투자를 초과하고 노동자 1인당 자본은 감소한다. 이는 생산함수를 나타내는 곡선을 따라 왼쪽을 가리키는 화살표로 표시된다.

노동자 1인당 자본이 낮으면 시간이 지남에 따라 노동자 1인당 자본과 노동자 1인당 산출이 증가한다. 노동자 1인당 자본이 높으면 노동자 1인당 자본과 노동자 1인당 산출은 시간이 지남에 따라 감소한다.

이제 시간에 따른 노동자 1인당 자본과 노동자 1인당 산출 변화를 특징짓는 것이 수월해졌다. 낮은 수준의 노동자 1인당 자본(예: 그림 11-2의 $K_0/N$)에서 시작하는 경제를 생각해 보자. 이 시점에서 투자가 감가상각을 초과하므로 노동자 1인당 자본이 증가한다. 그리고 산출은 자본과 함께 움직이므로 노동자 1인당 산출 역시 증가한다. 노동자 1인당 자본은 결국 $K^*/N$에 도달하며, 이때 투자와 감가상각은 일치한다. 경제가 노동자 1인당 자본 $K^*/N$ 수준에 도달하면 노동자 1인당 산출과 노동자 1인당 자본은 장기 균형 수준인 $Y^*/N$과 $K^*/N$에서 일정하게 유지된다.

예를 들어 전쟁 중 폭격으로 인해 자본 저량의 일부를 잃은 국가를 생각해 보자. 방금 살펴본 메커니즘에 따르면 인구 손실보다 자본 손실이 더 큰 국가는 종전이 되었을 때 노동자 1인당 자본이 낮은 수준, 즉 $K^*/N$의 왼쪽 지점에 있을 것이다. 그 후 이 나라는 한동안 노동자 1인당 자본과 노동자 1인당 산출이 모두 크게 증가하게 된다. 이는 제2차 세계대전 이후 인명 손실보다 자본 파괴가 비례적으로 더 컸던 국가들에게 일어난 일을 잘 설명한다(FOCUS '제2차 세계대전 이후 프랑스의 자본 축적과 성장' 참조).

> 한 국가가 인구와 자본에서 비례적인 손실을 입은 경우 전후 성장에 대해 이 모형은 무엇을 예측하는가? 그 답이 설득력이 있다고 생각하는가? 이 모형에서 누락된 요소는 무엇인가? ▶

한 국가가 높은 수준의 노동자 1인당 자본, 즉 $K^*/N$의 오른쪽에 있는 지점부터 시작하면 감가상각이 투자를 초과하고 노동자 1인당 자본과 노동자 1인당 산출은 감소한다. 초기 노동자 1인당 자본 수준은 저축률을 고려할 때 지속하기에는 너무 높다. 이러한 노동자 1인당 자본의 감소는 경제가 다시 투자가 감가상각과 같고 노동자 1인당 자본이 $K^*/N$ 지점에 도달할 때까지 지속된다. 그 이후부터는 노동자 1인당 자본과 노동자 1인당 산출은 일정하게 유지된다.

경제가 장기적으로 수렴하는 노동자 1인당 산출과 노동자 1인당 자본 수준을 좀 더 자세히 살펴보자. 노동자 1인당 산출과 노동자 1인당 자본이 더 이상 변하지 않는 상태를 경제의 **균제 상태**(steady state, 또는 정상 상태)라고 한다. 식 (11.3)의 좌변을 0으로 설정하면(균제 상태에서는 정의에 따라 노동자 1인당 자본의 변화는 0을 의미), 노동자 1인당 자본의 균제 상태 값인 $K^*/N$은 다음과 같다.

$$sf\left(\frac{K^*}{N}\right) = \delta\frac{K^*}{N} \tag{11.4}$$

노동자 1인당 자본의 균제 상태 값은 노동자 1인당 저축액(좌변)이 노동자 1인당 자본 저량(우변)의 감가상각을 충당하기에 정확하게 충분한 수준이다.

> $K^*/N$은 장기적인 수준의 노동자 1인당 자본이다. ▶

노동자 1인당 자본의 균제 상태 $K^*/N$가 주어지면 노동자 1인당 산출의 균제 상태 $Y^*/N$는 생산함수에 의해 결정된다.

$$\frac{Y^*}{N} = f\left(\frac{K^*}{N}\right) \tag{11.5}$$

이제 시간에 따라 그리고 균제 상태에서 저축률이 노동자 1인당 산출에 미치는 영향을 논의하는 데 필요한 모든 요소를 갖추었다.

FOCUS

## 제2차 세계대전 이후 프랑스의 자본 축적과 성장

1945년, 제2차 세계대전이 끝났을 때 프랑스는 모든 유럽 국가 중 가장 큰 손실을 경험했다. 4,200만 명의 인구 중 55만 명 이상이 사망하는 등 인명 손실이 컸다. 하지만 상대적으로 자본 손실은 보다 극심했다. 1945년 프랑스의 자본 규모는 전쟁 전 가치에 비해 약 30% 감소한 것으로 추정된다. 자본의 손실에 대한 현상은 표 1에 제시되어 있다.

앞서 살펴본 성장 모형은 자본 규모의 상당 부분을 잃은 국가에 어떤 일이 일어날지에 대한 명확한 예측 방안을 제시한다. 이 나라는 한동안 높은 자본 축적과 산출 증가를 경험하게 될 것이다. 그림 11-2에 따르면 노동자 1인당 자본이 초기 $K^*/N$보다 낮은 국가는 $K^*/N$로 빠르게 수렴하고 노동자 1인당 산출은 $Y^*/N$에 수렴할 것이다.

전후 프랑스의 경우 이 예측은 적절하다. 자본의 작은 증가가 산출의 큰 증가로 연계되는 일화적 증거는 많다. 주요 다리에 대한 작은 수리도 다리의 재개통으로 이어질 수 있다. 다리의 재개통으로 두 도시 사이의 이동 시간이 크게 단축되어 운송 비용이 훨씬 낮아질 것이다. 낮은 운송비로 공장은 필요한 물자를 더 많이 확보하고 생산을 늘릴 수 있다.

그러나 더 설득력 있는 증거는 실제 총산출 수치에서 직접 확인할 수 있다. 1946년부터 1950년까지 프랑스 실질 GDP의 연간 성장률은 9.6%로, 이로 인해 5년간 실질 GDP는 약 60% 증가했다.

프랑스 GDP의 증가는 모두 자본 축적의 결과였을까? 대답은 '아니다'이다. 이 모형의 메커니즘 외에도 다른 힘이 작용했다. 1945년에 남아 있던 자본 저량은 대부분은 오래된 것이었다. 1930년대(대공황이 주도했던 10년간)에는 투자는 저조했고, 전쟁 중에는 거의 전무했다. 전후 자본 축적의 상당 부분은 더 현대적인 자본의 도입과 더 현대적인 생산 기술의 사용과 관련이 있다. 이것이 전후 높은 성장률의 또 다른 이유이다.

**표 1** 프랑스에서 제2차 세계대전으로 손실된 자본의 비율

| 철도 | 철로 | 6% | 강 | 수로 | 86% |
|---|---|---|---|---|---|
| | 역 | 38% | | 운하갑문 | 11% |
| | 엔진 | 21% | | 바지선 | 80% |
| | 하드웨어 | 60% | 빌딩 | | (개수) |
| 도로 | 자동차 | 31% | | 주택 | 1,229,000 |
| | 트럭 | 40% | | 산업시설 | 246,000 |

출처: Gilles Saint-Paul, "Economic Reconstruction in France, 1945-1958," in Rudiger Dornbusch, Willem Nolling, and Richard Layard, eds., *Postwar Economic Reconstruction and Lessons for the East Today* (1993, MIT Press).

### 저축률과 산출

이 장의 서두에서 제기했던 질문으로 돌아가 보자. 저축률은 노동자 1인당 산출 증가율에 어떤 영향을 미칠까? 이 책의 분석에서는 답을 세 부분으로 찾을 수 있다.

1. 저축률은 노동자 1인당 산출의 장기 성장률에 아무런 영향을 미치지 않으며, 이는 0과 같다.

   이 결론은 분명하며, 결국 경제는 일정한 수준의 노동자 1인당 산출로 수렴한다. 즉, 장기적으로 볼 때 저축률 정도와는 상관없이 산출 증가율은 0과 같다.

그러나 이 결론에 대해 12장의 기술 진보를 고려할 때 유용한 사고방식이 있다. 장기적으로 노동자 1인당 산출의 지속적인 양(+)의 성장률을 유지하려면 무엇이 필요할지 생각해 보자. 노

일부 경제학자들은 1950년부터 1990년까지 소련이 달성한 높은 생산량 증가는 시간이 지남에 따라 저축률이 꾸준히 증가한 결과이지만, 이는 영원히 지속될 수 없다고 주장한다. 크루그먼(Paul Krugman)은 이러한 유형의 성장에 대해 '스탈린주의 성장(Stalinist growth)'이라는 용어를 사용했는데, 이는 시간이 지남에도 점점 더 높은 저축률로 인한 성장을 의미한다. ▶

동자 1인당 자본이 증가해야 할 것이다. 뿐만 아니라 자본에 대한 수확체감이 감소하기 때문에 노동자 1인당 산출보다 더 빠르게 증가할 것이다. 이는 경제가 매년 생산량의 점점 더 많은 부분을 저축하여 자본 축적에 기여하는 것을 의미한다. 어느 시점에서는 산출 중 저축 비율이 1보다 커질 것이다. 반면 기술 진보가 없는 한 지속적인 양(+)의 성장을 유지하는 것은 명백히 불가능하다. 장기적으로는 노동자 1인당 자본이 일정해야 하며, 노동자 1인당 산출 역시 일정해야 한다.

2. **그럼에도 불구하고 저축률에 따라 장기적으로 노동자 1인당 산출 수준이 결정된다.** 다른 모든 것이 동일하다면 저축률이 높은 국가는 장기적으로 노동자 1인당 산출을 달성할 것이다.

첫 번째 명제는 노동자 1인당 산출의 증가율에 대한 주장이다. 두 번째 명제는 노동자 1인당 생산량 수준에 대한 주장이다. ▶

그림 11-3은 이 점을 보여준다. 두 국가의 생산함수가 같고, 고용 수준과 감가상각률이 같지만 저축률이 $s$일 때 $s_1 > s_0$인 경우를 고려해 보자. 그림 11-3은 두 나라의 공통 생산함수 $f(K_t/N)$와 노동자 1인당 저축 또는 투자를 노동자 1인당 자본의 함수로 나타낸 함수 $s_0 f(K_t/N)$ 및 $s_1 f(K_t/N)$를 나타낸다. 장기적으로 저축률이 $s_0$인 국가는 노동자 1인당 자본 $K_0/N$, 노동자 1인당 산출 $Y_0/N$에 도달할 것이다. 저축률이 $s_1$인 국가는 더 높은 수준의 $K_t/N$과 $Y_1/N$에 도달할 것이다.

3. **저축률의 증가는 일정 기간 노동자 1인당 산출 증가로 이어지지만 영원하지는 않다.**

이 결론은 방금 논의한 두 가지 명제에서 비롯된다. 첫 번째 명제에서 저축률의 증가는 **노동자 1인당 산출의 장기 성장률**에 영향을 미치지 않으며, 이는 0으로 유지된다는 것을 알 수 있다. 두 번째 명제로 저축률의 증가는 장기적으로 **노동자 1인당 산출 수준**의 증가로 이어진다는 사실을 알 수 있다. 그러므로 저축률의 증가에 따라 노동자 1인당 산출이 새로운 높은 수준으로 증가함에 따라 경제는 성장기를 거치게 된다. 이 성장기는 경제가 새로운 균제 상태에 도달할 때까지 지속된다.

**그림 11-3**

**상이한 저축률의 파급 효과**

더 높은 저축률을 가진 국가가 노동자 1인당 산출에 있어 더 높은 정상 상태 값을 갖는다.

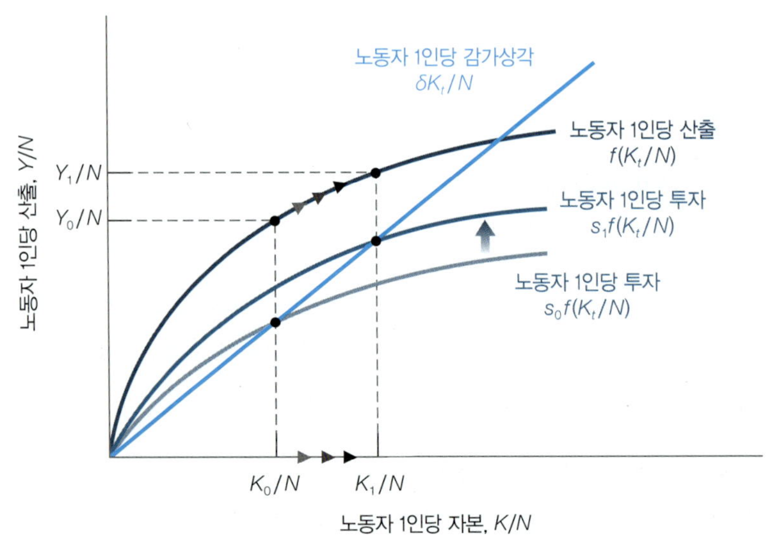

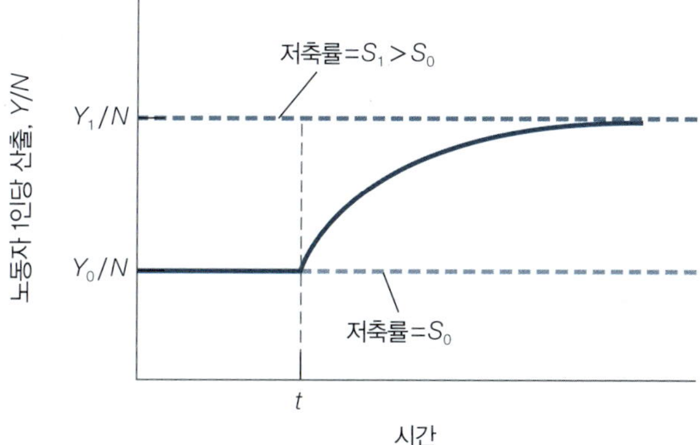


**그림 11-4**

**기술 진보가 없는 경제에서 저축률 증가의 노동자 1인당 산출에 대한 파급 효과**

저축률 증가는 산출이 새로운 더 높은 정상 상태에 이르기까지 고성장의 시기를 이끈다.

그림 11-3을 사용하여 이 점을 다시 설명할 수 있다. 초기 저축률이 $s_0$인 국가를 고려해 보자. 노동자 1인당 자본이 초기에 $K_0/N$와 같고, 관련 노동자 1인당 산출은 $Y_0/N$로 가정해 보자. 이제 저축률이 $s_0$에서 $s_1$으로 증가했을 때의 효과를 생각해 보자. 노동자 1인당 저축 또는 투자를 노동자 1인당 자본의 함수로 나타내는 관계는 $s_0 f(K_t/N)$에서 $s_1 f(K_t/N)$로 상향 이동한다.

노동자 1인당 자본의 초기 수준인 $K_0/N$에서는 투자가 감가상각을 초과하므로, 노동자 1인당 자본이 증가한다. 노동자 1인당 자본이 증가함에 따라 노동자 1인당 산출도 증가하여 경제는 양(+)의 성장기를 거치게 된다. 그러나 노동자 1인당 자본이 $K_1/N$에 도달하면 투자는 다시 감가상각과 동일해지며, 성장은 멈추게 된다. 이때부터 경제는 $K_1/N$으로 유지되며, 관련 노동자 1인당 산출은 $Y_1/N$이 된다. 시간 흐름에 따른 노동자 1인당 산출의 움직임은 그림 11-4와 같다. 노동자 1인당 산출은 초기 $Y_0/N$ 수준에서 일정하다. 시간 $t$에서 저축률이 증가하면 노동자 1인당 산출은 $Y_1/N$에 도달할 때까지 일정 기간 증가하며 이때의 성장률은 0과 같다.

기술 진보를 고려하지 않고 세 가지 결과를 도출함으로써 장기적으로 노동자 1인당 산출이 증가하지 않았다. 그러나 12장에서 살펴보겠지만 기술 진보를 고려할 경우에는 이 세 가지 결과는 경제를 더 확장시킨다. 이 방법에 대해 간략히 살펴보자.

기술 진보가 있는 경제에서는 장기적으로도 노동자 1인당 산출이 양(+)의 증가율을 보인다. 방금 논의한 첫 번째 결과의 연장선상에서 이 장기 성장률은 저축률과 무관하다. 그러나 두 번째 결과의 연장선상에서 저축률은 노동자 1인당 산출 수준에 영향을 미친다. 세 번째 결과의 연장선상으로 저축률이 증가하면 경제가 새로운 높은 경로에 도달할 때까지 한동안 정상 상태의 성장률보다 더 높은 성장률을 나타낸다.

이 세 가지 결과는 그림 11-5와 같으며, 이는 그림 11-4를 확장하여 기술 진보가 긍정적인 경제에서의 저축률 증가 효과를 나타낸 것이다. 이 그림은 노동자 1인당 산출을 측정하기 위해 로그 값을 사용했다. 노동자 1인당 산출이 일정한 비율로 증가하는 경제는 해당 성장률과 같은

그림 11-5

**기술 진보가 발생하는 경제에서 저축률 증가의 노동자 1인당 산출에 대한 파급 효과**

저축률 증가는 산출이 더 높은 수준에 도달할 때까지 일시적인 고성장의 시기를 이끈다.

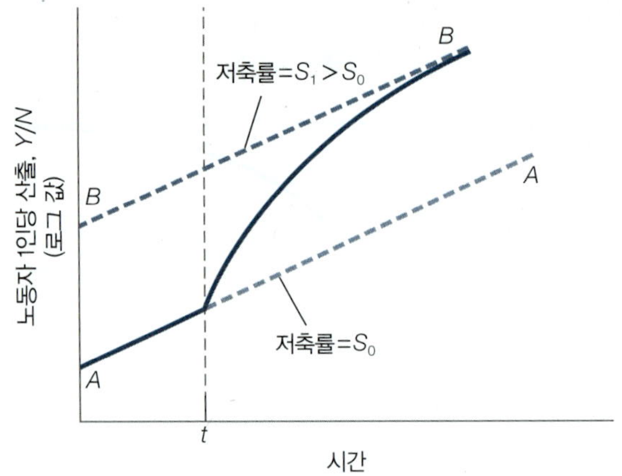


기울기를 가진 선으로 표시된다. 초기 저축률인 $s_0$에서 경제는 선 *AA*를 따라 움직인다. 저축률이 *t* 시점에서 $s_1$로 증가하면 경제는 새로운 더 높은 경로인 선 *BB*에 도달할 때까지 일정 기간 더 높은 성장을 경험한다. 그러면 성장률은 저축률 증가 이전과 동일해진다(즉, 선 *BB*의 기울기가 선 *AA*의 기울기와 동일해진다).

로그에 대한 설명은 이 책의 부록 2를 참조하라. ▶

## 저축률과 소비

정부는 다양한 방식으로 저축률에 영향을 미칠 수 있다. 첫째, 정부저축을 변화시킬 수 있다. 민간저축을 감안할 때 정부저축이 양(+)의 값을 나타내는 재정흑자일 경우 전체 저축은 증가한다. 반대로 정부저축이 음(−)의 값을 나타내는 재정적자의 발생은 전체 저축을 축소시킨다. 둘째, 정부는 세금을 사용하여 민간저축에 영향을 줄 수 있다. 예를 들어 저축하는 사람들에게 세금 감면 혜택을 줌으로써 저축을 더 매력적으로 만들어 민간저축을 늘릴 수 있다.

저축은 민간저축과 정부저축의 합이다. 다음을 기억하라.
양(+)의 정부저축⇔재정흑자
음(−)의 정부저축⇔재정적자 ▶

정부는 어느 정도의 저축률을 목표로 해야 할까? 이에 답하려면 초점을 생산의 행태에서 소비의 행태로 옮겨야 한다. 그 이유는 사람들에게 중요한 것은 얼마나 많이 생산하느냐가 아니라 얼마나 많이 소비하느냐이기 때문이다.

저축의 증가는 우선 소비의 감소에서 발생한다는 점은 분명하다(도움이 되는 경우를 제외하고 이 절에서는 '노동자 1인당'이라는 표현을 생략하여 노동자 1인당 소비가 아닌 소비, 노동자 1인당 자본이 아닌 자본 등으로 언급한다). 올해 저축률의 변화는 올해 자본에 영향을 미치지 않으므로, 결과적으로 올해 생산량과 소득에 영향을 미치지 않는다. 따라서 저축의 증가는 초기에는 동일한 소비 감소를 유발한다.

여기서는 고용이 일정하다고 가정하기 때문에 3, 5, 9장에서의 산출 증가에 대한 저축률의 단기적인 효과는 무시한다. 단기에서는 저축률의 증가는 주어진 소득 수준에서 소비를 감소시킬 뿐만 아니라 경기침체의 유발과 소득을 더 감소시킬 수도 있다. 저축률 변화의 단기 및 장기 효과는 16, 22장에서 논의할 것이다. ▶

저축의 증가에 따라 소비는 장기적으로 증가하는가? 반드시 그렇지는 않다. 초기뿐만 아니라 장기적으로 소비가 감소할 수 있다. 이는 의외의 결과일 수도 있다. 그림 11-3을 통해 저축률의 증가가 항상 노동자 1인당 산출 수준의 증가로 연계되는 것을 알게 되었지만 산출은 소비와 다르다. 이를 파악하기 위해 저축률 다른 두 극단적인 경우에 발생하는 결과를 살펴보자.

- 저축률이 항상 0인 경제에서는 자본은 0과 같다. 이 경우 산출 역시 0과 같으며, 소비 역시 마찬가지이다. 저축률이 0이라는 것은 장기적으로 소비가 0인 것을 의미한다.
- 이제 저축률이 1인 경제를 고려해 보자. 사람들은 모든 소득을 저축한다. 이 경제의 자본 수준과 그에 따른 산출은 높을 것이다. 그러나 사람들이 소득을 모두 저축하기 때문에 소비는 0과 같다. 따라서 경제가 과도한 양의 자본을 보유하고 있는 것을 의미한다. 단순히 그 수준의 생산량을 유지하려면 모든 생산량을 감가상각을 대체하는 데 투입해야 한다! 저축률이 1이라는 것은 장기적으로 소비가 0이라는 의미이기도 한다.

이 두 가지 극단적인 사례는 정상 상태의 소비 수준을 최대화하는 저축률의 값이 0과 1 사이에 있어야 한다는 것을 의미한다. 이 값 이하의 저축률 증가는 초기에는 소비 감소로 이어지지만, 장기적으로는 소비 증가로 이어진다. 이 값 이상으로 저축률이 증가하면 초기에 소비가 감소할뿐더러 장기적으로도 소비는 감소한다. 이는 저축률 증가에 따른 자본의 증가는 생산량 증가로 이어지지만, 그 증가가 감가상각률의 증가를 충당하기에는 너무 적기 때문이다. 다시 말해 경제가 너무 많은 자본을 보유하고 있다는 것을 의미한다. 균제 상태에서 가장 높은 수준의 소비를 유발하는 저축률과 관련된 자본의 수준을 **자본의 황금률 수준**(golden-rule level of capital)이라고 한다. 자본의 황금률 수준을 넘어서는 자본의 증가는 균제 상태의 소비를 감소시킨다.

이러한 논의는 저축률(수평축)에 대한 균제 상태의 노동자 1인당 소비(수직축) 도식인 그림 11-6에서 파악할 수 있다. 저축률이 0이라는 것은 노동자 1인당 자본과 노동자 1인당 산출 수준이 0인 것을 의미하며, 노동자 1인당 소비 수준 역시 0인 것을 의미한다. $s$가 0에서 $s_G$(황금률일 때를 $G$로 지칭)인 경우 저축률이 높을수록 노동자 1인당 자본, 노동자 1인당 산출, 노동자 1인당 소비는 증가한다. $s_G$보다 큰 $s$의 경우 저축률의 증가는 여전히 노동자 1인당 자본과 노동자 1인당 산출을 증가시키지만, 노동자 1인당 소비는 감소시킨다. 이러한 산출 증가는 자본 규모의 증가에 따른 감가상각 증가로 상쇄되기 때문이다. $s = 1$의 경우에는 노동자 1인당 소

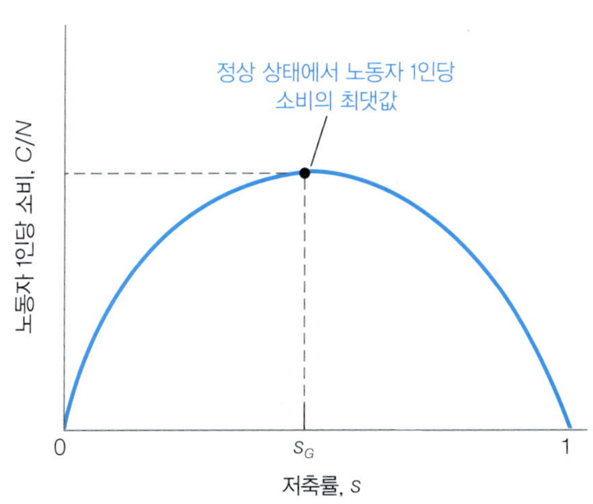


**그림 11-6**

**저축률이 1인당 정상 상태 소비에 미치는 영향**

저축률 증가는 처음에는 노동자 1인당 정상 상태 소비의 증가를 초래하지만, 결국 감소한다.

비는 0과 같다. 노동자 1인당 자본과 노동자 1인당 산출은 높지만 모든 산출은 감가상각을 대체에 사용되어 소비할 수 있는 부분은 없다.

경제가 이미 너무 많은 자본을 보유하여 황금률 이상으로 운영되고 있다면 저축 증가는 현재뿐만 아니라 미래에도 소비를 감소시킬 것이다. 이것이 적절한 우려일까? 실제로 일부 국가는 자본이 너무 많은가? 경험적 증거에 따르면 OECD 국가들은 일반적으로 자본의 황금률 수준에 미치지 못하고 있다. 만약 이들이 저축률을 높인다면, 이는 소비 감소가 아니라 향후 소비 증가로 이어질 것이다.

즉, 실제로 경제가 $s_G$의 오른쪽에 있는 한, 정부가 저축률을 높이면 당분간의 소비는 감소하지만 나중에는 증가하는 상충관계에 직면하게 된다. 그렇다면 정부는 어떻게 해야 할까? 황금률에 얼마나 가까워지도록 노력해야 할까? 이에 대한 답은 미래 세대(저축률 증대 정책으로부터 더 많은 것을 얻게 될 세대)의 후생과 현 세대(더 많은 것을 잃게 될 세대)의 후생 간에 각각 얼마나 많은 가중치를 부여하느냐에 달려 있다. 결국 정치 문제가 개입되는 것이다. 미래 세대는 아직 태어나지 않았기 때문에 투표권이 없다. 이는 정부가 현 세대에게 큰 희생을 요구하지 않을 가능성이 높다는 것을 의미하며, 결국 국가가 과잉 투자보다 과소 투자할 가능성이 높다는 것을 뜻한다. 이러한 세대 간 문제는 미국의 사회보장 개혁 논의의 전면에 놓여 있다. FOCUS '미국의 사회보장제도, 저축, 자본 축적'에서 이를 자세히 살펴본다.

## 11-3 정도에 대한 감 잡기

저축률 변화에 의한 장기적인 산출 영향은 어느 정도일까? 저축률의 증가는 얼마나 오랫동안 그리고 얼마나 성장에 영향을 미치는가? 미국은 자본의 황금률 수준에서 얼마나 멀리 떨어져 있을까? 이러한 질문에 대한 답을 더 잘 이해하기 위해 이제 좀 더 구체적인 가정을 세우고 몇 가지 숫자를 입력한 후 어떤 결과가 나오는지 살펴보자.

생산함수를 다음과 같이 가정하자.

$$Y = \sqrt{K}\sqrt{N} \tag{11.6}$$

이 생산함수가 규모에 대한 수확불변과 자본 또는 노동에 대한 수확체감을 모두 나타내는지 확인해 보자. ▶

산출은 자본의 제곱근과 노동의 제곱근의 곱과 같다(콥-더글라스 생산함수로 알려진 생산함수의 더 일반적인 형태와 성장에 대한 함의는 이 장의 부록 참조).

(노동자 1인당 산출에 관심이 있으므로) 양변을 $N$으로 나눠보자.

$$\frac{Y}{N} = \frac{\sqrt{K}\sqrt{N}}{N} = \frac{\sqrt{K}}{\sqrt{N}} = \sqrt{\frac{K}{N}}$$

두 번째 등식은 $\sqrt{N}/N = \sqrt{N}/(\sqrt{N}\sqrt{N}) = 1/\sqrt{N}$에서 유도된다. ▶

노동자 1인당 산출은 노동자 1인당 자본의 제곱근과 같다. 다시 말해 노동자 1인당 산출과 노동자 1인당 자본을 나타내는 생산함수 $f$는 다음과 같이 표현할 수 있다.

FOCUS

## 미국의 사회보장제도, 저축, 자본 축적

사회보장제도는 1935년 미국에서 도입되었다. 이 프로그램의 목표는 노령인구가 생활에 있어 충분하게 살 수 있도록 하는 것이었다. 시간이 지남에 따라 사회보장제도는 미국에서 가장 큰 정부 프로그램이 되었다. 은퇴자에게 지급되는 연금은 GDP의 5%를 초과한다. 은퇴자의 40%는 사회보장 혜택이 소득의 50% 이상을 차지한다. 사회보장제도가 그 자체로 큰 성공을 거두었고 노년층의 빈곤을 감소시켰다는 것은 의심의 여지가 없다. 또한 장기적으로 미국의 저축률을 낮춰 자본 축적을 낮추고 1인당 산출을 낮췄다는 점에서도 의문의 여지가 없다.

그 이유를 이해하려면 이론적으로 우회해야 한다. 사회보장제도가 없는 경제, 즉 근로자가 자신의 노후를 대비하기 위해 저축을 해야 하는 경제를 생각해 보자. 이제 근로자로부터 세금을 징수하여 은퇴자에게 혜택을 분배하는 사회보장제도를 도입한다. 여기에는 두 가지 방법이 있다.

- 첫 번째 방법은 근로자에게 세금을 부과하고, 근로자의 기여금을 금융 자산에 투자한 후 근로자가 은퇴할 때 원금과 이자를 근로자에게 지급하는 방식이다. 이러한 제도를 **완전적립식 사회보장제도**(fully funded social security system)라고 한다. 이 시스템은 언제든지 근로자의 누적 기여금과 동일한 기금을 보유하고 있으며, 이를 통해 근로자가 은퇴할 때 급여를 지급할 수 있다.
- 두 번째 방법은 근로자에게 세금을 부과하고, 그 세금을 현재 퇴직자에게 혜택으로 재분배하는 것이다. 이러한 제도를 **부과식 사회보장제도**(pay-as-you-go social security system)라고 한다. 이 제도는 사회보험료를 징수한 만큼 급부를 지급한다.

근로자의 관점에서 보면 두 제도는 대체로 비슷해 보일 수 있다. 두 경우 모두 근로자가 근로를 통해 사회보험료를 납부하고 퇴직할 때 혜택을 받는다. 하지만 두 가지 주요 차이점이 있다.

첫째, 퇴직자가 받는 혜택은 각 경우에 따라 다르다.

- 완전적립식 사회보장제도는 기금이 보유한 금융 자산의 수익률에 따라 수령액이 달라진다.
- 부과식 사회보장제도는 인구 구조(근로자 대비 퇴직자 비율)와 제도가 설정한 세율의 변화에 따라 퇴직자가 받는 금액이 달라진다. 인구가 고령화되고 근로자 대비 퇴직자 비율이 증가하면 퇴직자의 수령액이 줄어들거나 근로자가 더 많이 보험료를 납부해야 한다. 이는 현재 미국이 채택한 제도이다. 현재 약 0.3인 근로자 대비 퇴직자 비율은 20년 후에는 0.4~0.5로 증가할 것으로 예상된다. 현행 규정대로라면 현재 GDP의 5% 수준의 연금 혜택은 2050년에는 6%로 증가할 것이다. 따라서 과거에 사회보험료를 납부한 근로자의 이익은 감소하는 연금 혜택을 줄이거나, 현재 근로자의 사회보험료를 증대시켜 연금 혜택을 증가시키거나, 또는 이 두 가지를 조합하여 시행해야 할 것이다.

둘째, 고령화 문제 외에 두 제도는 거시경제에 대한 영향이 다르다.

- 완전적립식 사회보장제도에서는 근로자가 나이가 들었을 때 혜택을 받을 수 있을 것으로 예상하기 때문에 저축을 덜 한다. 그러나 사회보장제도는 근로자가 낸 보험료를 금융 자산에 투자함으로써 근로자를 대신해 저축을 한다. 사회보장제도의 존재는 전체 저축의 구성을 변화시킨다. 즉, 민간저축은 감소하고 정부저축은 증가한다. 그러나 첫 번째 근사치로는 총저축에 영향을 미치지 않으므로, 자본 축적에도 영향을 미치지 않는다.
- 부과식 사회보장제도 역시 근로자가 나이가 들었을 때 다시 혜택을 받을 수 있다는 기대감으로 저축을 적게 한다. 하지만 지금의 사회보장제도는 근로자를 대신해 저축을 하지 않는다. 민간저축의 감소는 정부저축의 증가로 보상되지 않는다. 총저축은 감소하고 자본 축적 역시 감소한다.

대부분의 사회보장제도는 부과식 사회보장제도 방식과 완전적립식 사회보장제도 방식의 중간 정도에 있다. 1935년 미국 사회보장제도가 도입될 당시의 목표는 부분적으로 기금을 조성하는 것이었다. 하지만 그렇게 되지 않았다. 근로자의 사회보험료는 투자되는 대신 퇴직자에게 급여를 지급하는 데 사용되었고, 그 이후에도 지속적으로 운영되어 왔다. 오늘날, 1980년대 초부터 사회보험료는 급여를 약간 초과했기 때문에 사회보장국은 **사회보장신탁기금**(Social Security trust fund)을 조성했다. 그러나 이 신탁 기금은 현재 가입자가 은퇴할 때 약속된 연금 혜택의 가치보다 훨씬 적었다. 미국 시스템은 기본적으로 부과식 사회보장제도 방식이며, 이로 인해 지난 70년 동안 미국의 저축률이 감소했을 것이다(신탁 기금은 감소하고 있으며 2035년에 고갈될 예정이다. 일부 정치인들은 이를 은퇴 제도의 파산이라고 표현한다. 그러나 예측이 정확하다면 2035년부터는 퇴직연금의 재원 조달은 더 낮은 급여, 더 높은 사회보험료 또는 미국 일반예산의 기여를 의미할 것이다).

이러한 맥락에서 일부 경제학자와 정치인들은 미국이 완전적립식 사회보장제도로 다시 전환해야 한다고 제안했다. 그들의 주장 중 하나는 미국의 저축률이 실제로 너무 낮으며 사회보장제도에 대한 지원은 저축률을 높일 수 있다는 것이다. 이러한 전환은 지금부터 세금 납부를 은퇴자에게 혜택으로 분배하는 대신 금융 자산에 투자함으로써 달성할 수 있다. 이러한 전환으로 사회보장제도는 꾸준히 기금을 축적하여 결국 완전적립식 사회보장제도가 될 것이다. 하버드대학교의 경제학자이자 이러한 변화를 지지하는 펠드스타인(Martin Feldstein)은 장기적으로 자본 규모를 34% 증가시킬 수 있다는 결론을 내렸다.

이러한 제안에 대해 어떻게 생각해야 할까? 처음부터 이 시스템에 전액 자금을 지원하는 방식이었다면 좋은 생각이었을 것이다. 미국의 저축률은 더 높아졌을 것이다. 미국의 자본 규모는 더 높아질 것이고, 산출 역시 더 높아질 것이다(앞 장에서 논의했듯이 소비가 더 높아질지의 여부는 미국 경제가 황금률에 비해 어느 위치에 있는지에 따라 달라진다. 이에 대해 논의하려면 기술 진보를 소개해야 하므로 다음 장까지 기다려야 한다. 여기서는 소비가 실제로 증가한다고 가정한다).

어쨌든 역사를 다시 쓸 수는 없다. 기존 제도는 퇴직자에게 혜택을 약속했으며, 이러한 약속은 반드시 지켜져야 한다. 즉, 방금 설명한 제안에 따르면 현재 근로자는 사실상 사회보험료를 두 번 납부하게 된다. 한 번은 제도에 대한 기금과 자신의 은퇴 자금을 위해서이며, 또 한 번은 현재 퇴직자에게 지급해야 할 혜택을 위해 납부해야 한다. 이는 현재 근로자에게 과도한 비용을 부과할 수 있다. 또한 인구 고령화로 인해 근로자 대비 퇴직자 비율이 높아져 퇴직급여를 유지하려면 근로자가 더 많은 사회보험료를 내야 하는 문제도 발생할 수 있다. 현실적인 의미에서 완전적립식 사회보장제도로의 전환이 이루어지려면 조정의 부담이 다른 세대에 비해 한 세대에 너무 많이 쏠리지 않도록 느리게 진행되어야 한다는 것이다.

이 논쟁은 당분간 계속될 것으로 보인다. 행정부나 의회의 제안을 평가할 때 이러한 문제를 어떻게 다루고 있는지 스스로에게 물어보자. 예를 들어 앞으로 근로자가 사회보장제도가 아닌 개인 계좌에 적립금을 내고 은퇴할 때 이 계좌에서 인출할 수 있도록 허용하자는 제안을 생각해 보자. 이 제안은 그 자체로 민간저축을 증가시킬 것이 분명하다. 근로자들이 더 많은 저축을 하게 될 것이다. 그러나 저축에 대한 궁극적인 효과는 사회보장제도가 현재 근로자와 퇴직자에게 이미 약속한 혜택을 어떻게 조달하는지에 따라 달라진다. 일부 제안에서처럼 이러한 혜택이 추가 세금이 아닌 부채를 통한 자금 조달로 조달된다면 민간저축의 증가는 적자 증가(즉, 정부저축의 감소)로 상쇄될 것이다. 개인 계좌로의 전환은 미국의 저축률을 증가시키지 않을 것이다. 대신 세금 인상을 통해 이러한 혜택을 조달한다면 미국의 저축률은 증가하겠지만, 현재 근로자들은 개인 계좌에 기여하는 동시에 더 높은 세금을 내야 한다. 사실상 두 번 세금을 내는 셈이다.

사회보장에 대한 토론을 따라가려면 (초당파적) 콩코드 연합이 운영하는 사이트(www.concordcoalition.org)에서 사회보장 관련 토론을 찾아보거나 사회보장국의 연차보고서(https://www.ssa.gov/OACT/TR/2022/tr2022.pdf)를 참조하자.

$$f\left(\frac{K_t}{N}\right) = \sqrt{\frac{K_t}{N}}$$

$f(K_t/N)$을 식 (11.3)의 $\sqrt{K_t/N}$으로 대체해 보자.

$$\frac{K_{t+1}}{N} - \frac{K_t}{N} = s\sqrt{\frac{K_t}{N}} - \delta\frac{K_t}{N} \tag{11.7}$$

이 식은 시간에 따른 노동자 1인당 자본의 변화를 설명한다. 이 방정식이 의미하는 바를 살펴보자.

## 균제 상태 산출에 대한 저축률의 영향

저축률의 증가가 노동자 1인당 생산량의 균제 상태 수준에 얼마나 큰 영향을 미칠까?

식 (11.7)에서 시작하자. 균제 상태에서 노동자 1인당 자본의 양은 일정하므로, 식의 좌변은 0과 같다. 이는 다음을 의미한다.

$$s\sqrt{\frac{K^*}{N}} = \delta\frac{K^*}{N}$$

(균제 상태에서는 $K/N$이 일정하므로 더 이상 필요하지 않은 시간 첨자는 삭제했다. 별첨자는 자본의 균제 상태 값을 도출하고 있는 것을 상기시키기 위함이다.) 양쪽을 제곱하라.

$$s^2\frac{K^*}{N} = \delta^2\left(\frac{K^*}{N}\right)^2$$

양변을 $(K/N)$으로 나누고 재정리하면 다음과 같다.

$$\frac{K^*}{N} = \left(\frac{s}{\delta}\right)^2 \tag{11.8}$$

노동자 1인당 자본의 균제 상태는 감가상각률에 대한 저축률의 비율의 제곱과 같다.

식 (11.6) 및 (11.8)에서 노동자 1인당 균제 상태의 산출은 다음과 같이 주어진다.

$$\frac{Y^*}{N} = \sqrt{\frac{K^*}{N}} = \sqrt{\left(\frac{s}{\delta}\right)^2} = \frac{s}{\delta} \tag{11.9}$$

노동자 1인당 균제 상태의 산출은 감가상각률에 대한 저축률의 비율과 같다.

높은 저축률과 낮은 감가상각률은 높은 노동자 1인당 균제 상태의 자본[식 (11.8)]과 높은 노동자 1인당 균제 상태의 산출[식 (11.9)]을 유도한다. 이것의 의미를 파악하기 위해 수치를 활용한 예를 고려해 보자. 감가상각률이 연간 10%이고 저축률도 10%라고 가정하자. 그러면 식 (11.8)과 (11.9)에서 노동자 1인당 균제 상태의 자본과 노동자 1인당 산출은 모두 1이 된다. 이제 저축률이 10%에서 20%로 2배로 증가한다고 가정해 보자. 식 (11.8)에서 새로운 균제 상태의 노동자 1인당 자본은 1에서 4로 증가한다. 그리고 식 (11.9)에서 노동자 1인당 산출은 1에서 2로 2배가 된다. 따라서 저축률을 2배로 늘리면 장기적으로 노동자 1인당 산출량이 2배가 된다. 이는 큰 효과이다.

## 저축률 증가의 동학적 효과

지금까지 저축률의 증가가 균제 상태의 산출 증가로 이어진다는 것을 살펴봤다. 그렇다면 산출이 새로운 균제 상태 수준에 도달하는 데 얼마나 걸릴까? 다시 말해 저축률의 증가는 성장률에 얼마큼 그리고 얼마나 오랫동안 영향을 미칠까?

이러한 질문에 답하려면 식 (11.7)을 사용하여 0년도, 1년도 등의 노동자 1인당 자본에 대해 구해야 한다.

항상 10%였던 저축률이 0년도의 10%에서 20%로 증가하여 이 높은 값은 영원히 지속되는 것으로 가정하자. 0년도에는 자본 규모에는 아무런 변화가 없다(저축 증가와 투자 증가가 자본 증가로 나타나기까지 1년이 걸린다는 점을 기억하자). 따라서 노동자 1인당 자본은 저축률 0.1과 관련된 정상 상태의 값과 동일하게 유지된다.

식 (11.8)에서

$$\frac{K_0}{N} = (0.1/0.1)^2 = 1^2 = 1$$

1년도에는 식 (11.7)에 의해

$$\frac{K_1}{N} - \frac{K_0}{N} = s\sqrt{\frac{K_0}{N}} - \delta\frac{K_0}{N}$$

감가상각률이 0.1이고 저축률이 이제 0.2인 경우 위 식은 다음과 같다.

$$\frac{K_1}{N} - 1 = \left[(0.2)\left(\sqrt{1}\right)\right] - [(0.1)1]$$

따라서 다음과 같이 구할 수 있다.

$$\frac{K_1}{N} = 1.1$$

같은 방법으로 $K_2/N$ 등을 도출할 수 있다. 0년도, 1년도 등의 노동자 1인당 자본의 값을 결정한 후에는 식 (11.6)으로 0년도, 1년도 등의 노동자 1인당 산출을 도출할 수 있다. 이 계산의 결과는 그림 11-7과 같다. 그림 11-7의 (a)는 시간에 대한 노동자 1인당 산출 수준을 의미한다. $Y/N$은 0년도 초기 값인 1에서 장기적인 균제 상태 값인 2로 증가한다. 그림 11-7의 (b)는 동일한 정보를 다른 방식으로 제공하며, 시간에 대한 노동자 1인당 생산량 증가율을 나타낸다. 그림 11-7의 (b)에서 볼 수 있듯이 노동자 1인당 산출 증가율은 초기에 가장 높았다가 시간이 지남에 따라 감소한다. 경제가 새로운 정상 상태에 도달하면 노동자 1인당 산출 증가율은 0으로 회귀한다.

투자와 감가상각의 차이는 초기에 가장 크다. 이것이 바로 자본 축적과 그에 따른 산출 증가가 초기에 가장 큰 이유이다. ▶

그림 11-7은 새로운 더 높은 장기 균형에 적응하는 데 오랜 시간이 걸린다는 것을 명확하게 보여준다. 10년이 지나도 40%에 불과하며, 20년이 지나도 오로지 63%일 뿐이다. 다시 말해

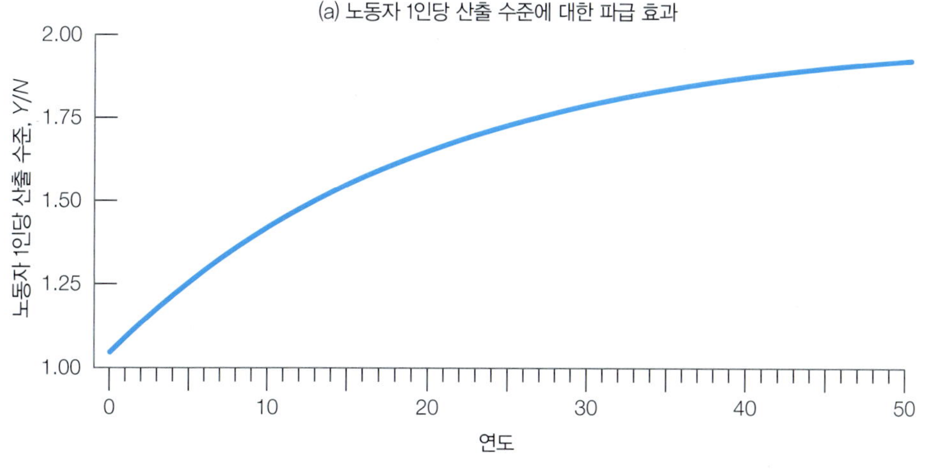


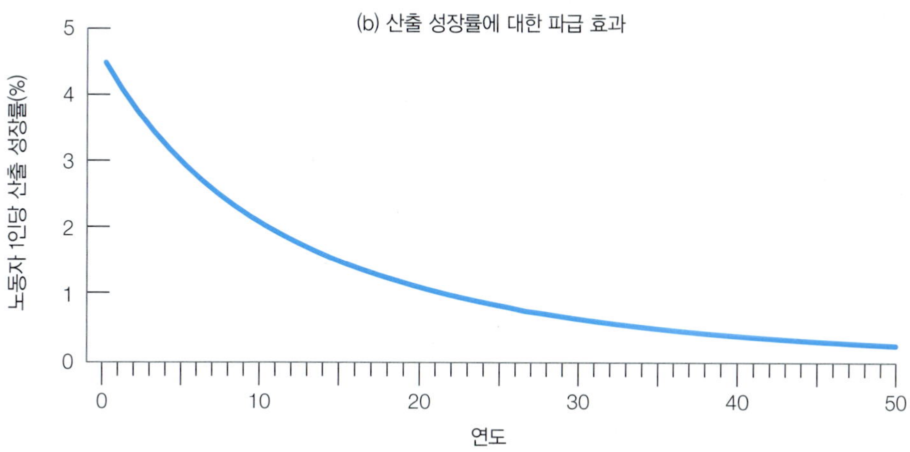


**그림 11-7**

**저축률이 10%에서 20%로 상승할 때 노동자 1인당 산출과 성장률에 발생하는 동태적 효과**

저축률이 증가한 후 산출이 새로이 높아진 수준으로 조정하기까지 오랜 시간이 걸린다. 다시 말해 저축률 증가는 장기간의 고성장을 이끈다.

저축률의 증가는 노동자 1인당 산출 증가율을 장기간에 걸쳐 증가시킨다. 연평균 성장률은 첫 10년 동안 3.1%, 그다음 10년 동안 1.5%이다. 저축률의 변화가 장기적으로 성장률에 영향을 미치지는 않지만, 장기간 높은 성장률로 이어진다.

이 장의 서두에서 제기한 질문으로 돌아가자. 1980년 이후 저축률이 더 높았다면 미국의 성장률이 훨씬 더 높았을까? 과거에 미국의 저축률이 더 높았다면, 그리고 지난 42년 동안 저축률이 크게 하락했다면 대답은 '그렇다'일 것이다. 그렇다면 저축률의 하락은 다른 모든 것이 동일하다면 그림 11-7에 따라 지난 42년 동안 미국의 성장률을 낮추었을 것이다(저축률의 증가가 아닌 감소를 보고 있기 때문에 부호가 반전되어 있다). 하지만 현실은 그렇지 않다. 미국의 저축률은 오랫동안 낮았다.

이를 늘릴 수 있는 방법이 있을까? 오랫동안 경제학자들은 가계에게 지급되는 이자율을 높이면 가계 저축률이 높아질 것이라고 주장해 왔지만, 세금 감면으로 저축률을 높이려는 시도는 실망스러운 결과를 가져왔다. 그러나 사람들이 더 많은 저축을 하도록 '유인'하는 조치는 더 많은 성공을 거두었다. 이에 대해서는 FOCUS '미국 가계가 더 많이 저축하도록 유인하기'에서

FOCUS

## 미국 가계가 더 많이 저축하도록 유인하기

미국 가계는 저축을 거의 하지 않는다. 가계의 처분가능소득 대비 가계 저축 비율로 정의되는 가계 저축률은 2000년 이후 평균 6%이며, 같은 기간 독일은 10%이다(가계 저축은 전체 저축의 일부일 뿐이다. 이 장의 서두에서 밝힌 미국의 전체 저축률이 19%라는 점을 상기해 보자. 저축의 대부분은 수익을 보유하여 투자하려는 기업에 의한 것이다.)

역대 정부는 저축을 더 매력적으로 만드는 세금 감면 혜택을 제공함으로써 가계 저축률을 높이려고 노력했지만 성공은 제한적이었다. 이러한 실망스러운 효과에 대해 행동경제학 분야의 아버지 중 한 명으로 꼽히며 2017년 노벨 경제학상을 수상한 경제학자 탈러(Richard Thaler)는 대안을 제시했다.

그는 사람들이 저축을 적게 하는 이유는 이자율이나 세금 감면과 큰 관련이 없으며, 우리가 실제로 행동하는 방식과 훨씬 더 관련이 있다고 주장했다. 그 근거는 우리가 자신의 관점에서 판단하더라도 올바른 결정을 내리지 않는다는 것이다.

첫째, 우리는 미래를 무시하거나 의사 결정에 너무 적은 비중을 두는 경향이 있다. 우리는 과도한 가치폄하(hyperbolic discounting)로 고통받고 있다. 간단히 말해 오늘 사과 한 개와 다음 주 사과 한 개 중에서 우리는 오늘 사과를 강하게 선호한다. 하지만 일주일 후 사과 한 개와 2주 후 사과 한 개 중 하나를 선택하는 것에 대해 우리는 거의 무관심하다. 이로 인해 우리는 오늘 너무 많은 양을 소비하게 된다. 둘째, 우리는 결정을 미루고 내일로 미룬다. 최근 연구에 따르면 이러한 잘못된 결정의 결과로 미국인의 43%가 은퇴 후 저축액이 부족해져 사회보장제도 혜택에만 의존하는 것으로 나타났다.

이에 탈러와 베나르치(Shlomo Benartzi)는 이 두 가지 문제를 해결하기 위해 '내일 더 저축하기(save more tomorrow)'라는 접근법을 고안했다. 첫째, 사람들이 결정을 실행에 옮기기 훨씬 전에 결정을 내릴 수 있도록 하여 사람들이 현재 저축을 늘리고 소비를 줄일 필요 없이 심리적으로 훨씬 덜 부담스러운 미래에만 저축을 하겠다고 약속하도록 했다. 둘째, 더 중요한 것은 계획 선택 시 저축하지 않는 계획 옵션이 아닌 저축 계획 옵션이 기본값으로 설정되었다는 점이다. 결과적으로 미루면 사람들은 기본적으로 저축 옵션을 선택하게 된다. 따라서 사람들은 자신의 이익을 위해 저축하는 것으로 '유인'될 것이다.

이 접근 방식이 효과가 있을까? 베나르치의 웹사이트에 따르면 "이러한 '유인'은 엄청난 규모의 성과를 거두었다. 2006년에는 미국 연금보호법의 일부로 법에 명시되어 기업들이 이 프로그램의 핵심 원칙을 채택하도록 장려했다. 최근 계산에 따르면 '내일 더 저축하기'를 통해 약 1,500만 명의 미국인이 저축률을 크게 높인 것으로 추정된다." 또 다른 예로 영국의 네스트 연금 프로그램(Nest pension program)은 근로자를 기본적으로 가입시키고, 근로자와 고용주가 각각 임금의 8%를 부담하게 한다. 근로자는 이 프로그램에서 쉽게 탈퇴할 수 있지만, 실제로 탈퇴한 근로자는 10% 미만이다.

출처: Shlomo Benartzi, www.shlomobenartzi.com/save-more-tomorrow. Nest에 대한 자세한 내용은 다음 사이트를 참조하라. https://www.nestinsight.org.uk/wp-content/uploads/2022/10/Retirement-saving-in-the-UK-2022. pdf#zoom=page-fit&pagemode

자세히 다루었다.

## 11-4 물적자본과 인적자본

지금까지 기계, 공장, 사무실 건물 등 물적자본에 집중해 왔다. 그러나 경제에는 또 다른 유형의 자본, 즉 경제에 종사하는 근로자의 기술, 다시 말해 경제학자들이 **인적자본**(human capital)이라고 부르는 자본이 있다. 고도로 숙련된 근로자가 많은 경제는 대부분의 근로자가 글을 읽거나 쓸 줄 모르는 경제보다 훨씬 더 생산적일 가능성이 높다.

지난 2세기 동안 인적자본의 증가는 물적자본의 증가만큼이나 컸다. 산업혁명이 시작될 당시에는 현재 OECD를 구성하는 국가 인구의 30%만이 글을 읽을 줄 알았지만, 오늘날 OECD 국가의 문해율은 95%가 넘는다. 산업혁명 이전에는 학교 교육이 의무화되지 않았지만, 오늘날에는 보통 16세까지 의무적으로 교육을 받는다. 하지만 여전히 국가별로 큰 차이가 있다. 오늘날 OECD 국가에서는 거의 100%의 아동이 초등교육을 받고, 90%는 중등교육을, 38%는 고등교육을 받고 있다. 1인당 GDP가 400달러 미만인 빈곤 국가의 해당 수치는 각각 95%, 32%, 4%이다.

◀ 국가마다 교육의 질이 상당히 다를 수 있기 때문에 이 비교조차 오해의 소지가 있을 수 있다.

인적자본이 성과에 미치는 영향에 대해 어떻게 생각해야 할까? 인적자본의 도입이 앞서 내린 결론을 어떻게 바꿀 수 있을까? 이 마지막 절에서는 이러한 질문을 다룬다.

## 생산함수의 확장

인적자본을 포함하도록 분석을 확장하는 가장 자연스러운 방법은 생산함수 관계식 (11.1)을 수정하는 것이다.

$$\frac{Y}{N} = \underset{(+,\ +)}{f\left(\frac{K}{N}, \frac{H}{N}\right)} \tag{11.10}$$

노동자 1인당 산출 수준은 노동자 1인당 물적자본 수준인 $K/N$와 노동자 1인당 인적자본 수준인 $H/N$에 의존한다. 이전과 마찬가지로 노동자 1인당 자본 $K/N$가 증가하면 노동자 1인당 산출도 증가한다. 또한 평균 기술 수준 $H/N$가 증가하면 노동자 1인당 산출도 증가한다. 숙련도가 높은 작업자는 더 복잡한 작업을 수행할 수 있고, 예기치 않은 합병증에 더 쉽게 대처할 수 있다. 이 모든 것이 노동자 1인당 더 높은 산출을 유도한다.

◀ 4장에서 본원통화와 이 장에서 인적자본을 나타내는 데 동일한 기호인 $H$를 사용하고 있음을 참고하자. 두 가지 모두 전통적인 용법이다. 혼동하지 말자.

앞서 노동자 1인당 물적자본이 증가하면 노동자 1인당 산출이 증가하지만, 노동자 1인당 자본 수준이 높아질수록 그 효과는 작아진다고 가정했다. 노동자 1인당 인적자본에 대해서도 같은 가정을 할 수 있다. 즉, $H/N$의 증가는 교육 연수의 증가에서 비롯된다고 생각하면 된다. 초등교육을 받는 아동의 비율을 늘리는 데 따른 수익이 큰 것에서 근거를 찾을 수 있다. 최소한 읽고 쓸 수 있는 능력은 사람들이 더 복잡하고 더 생산적인 장비를 사용할 수 있게 돕는다. 그러나 부유한 국가에서는 초등교육과 중등교육이 더 이상 별 의미가 없지만, 그 질에 대해서는 여전히 의문을 제기할 수 있다. 이제 대부분의 아이들은 두 가지 교육을 모두 받는다. 이제 가장 중요한 것은 고등교육이다. 고등교육이 사람들의 능력을 향상시킨다는 증거는 적어도 고등교육을 받은 사람들이 높은 임금으로 측정될 수 있다는 점에서 좋은 소식으로 다가오리라 확신할 수 있다. 그러나 극단적인 예를 들면 모든 사람에게 고급 대학 학위를 취득하도록 강요한다고 해서 총산출이 크게 증가된다고 장담할 수 없다는 것이다. 많은 사람이 과잉 자격을 갖추게 되면 생산성이 향상되는 것보다 오히려 좌절감을 느끼게 될 것이다.

인적자본 $H$는 어떻게 측정해야 할까? 물적자본인 $K$를 구성할 때와 같은 방식으로 각기 다른 자본의 가치를 더하면 된다. 따라서 2,000달러짜리 기계는 1,000달러짜리 기계보다 2배의 가중치를 갖게 된다. 마찬가지로 2배의 임금을 받는 근로자가 2배의 가중치를 갖도록 $H$를 구성하면 된다. 예를 들어 근로자가 100명인데, 그중 절반이 비숙련 근로자이고, 나머지 절반이 숙련 근로자인 경제를 가정하자. 숙련 근로자의 임금을 비숙련 근로자의 임금의 2배라고 가정하자. 이 경우 $H$는 $[(50 \times 1)+(50 \times 2)]=150$으로 계산할 수 있다. 그러면 노동자 1인당 인적자본인 $H/N$은 $150/100=1.5$가 된다.

상대적 임금을 가중치로 사용하는 이유는 상대적 한계생산물을 반영하기 때문이다. 다른 근로자보다 3배의 임금을 받는 근로자는 3배 더 높은 가치를 지닌 한계생산물을 가지고 있는 것으로 가정한다. ▶

그러나 문제는 상대 임금이 상대 한계생산물을 정확하게 반영하느냐는 점이다. 논란의 여지가 있지만 익숙한 예로 같은 직장에서 같은 연차라도 여성이 남성보다 임금을 적게 받는 경우가 많다. 여성의 한계생산물이 더 낮기 때문인가? 인적자본 구성에서 여성에게 남성보다 더 낮은 가중치를 부여해야 하는가?

## 인적자본, 물적자본, 산출

인적자본을 도입하면 앞의 분석은 어떻게 달라질까?

**물적자본 축적**에 대한 결론은 여전히 유효하다. 저축률이 증가하면 노동자 1인당 균제 상태의 물적자본이 증가하므로 노동자 1인당 산출이 증가한다. 그러나 이제 결론은 **인적자본 축적**으로 확장된다. 교육과 현장 훈련을 통해 사회가 인적자본의 형태로 '저축'하는 양이 증가하면 노동자 1인당 균제 상태의 인적자본이 증가하고, 이는 노동자 1인당 산출 증가로 이어진다. 확장된 모형을 통해 노동자 1인당 산출이 어떻게 결정되는지 더 풍부하게 파악할 수 있다. 장기적으로 노동자 1인당 산출은 사회가 저축하는 정도와 교육에 지출하는 금액에 달려 있다.

노동자 1인당 산출 결정에 있어 인적자본과 물적자본의 상대적 중요성은 무엇일까? 우선 정규 교육에 지출되는 금액과 물적자본에 투자되는 금액을 비교하는 것부터 시작해 보자. 미국의 정규 교육에 대한 지출은 GDP의 약 6.5%이다. 이 수치는 교육에 대한 정부지출과 개인의 사적 지출이 모두 포함된다. 이는 물적자본에 대한 총투자 비율(약 17%)의 1/3에서 1/2 수준이다. 하지만 이 비교는 첫 번째 단계에 불과하다. 다음과 같은 복잡한 문제를 고려해 보자.

- 교육, 특히 고등교육은 부분적으로는 소비(그 자체로 소비)이고, 부분적으로는 투자이다. 목적상 투자 부분만 포함해야 하지만 앞 절의 6.5%라는 수치에는 두 가지가 모두 포함되어 있다.
- 적어도 고등교육의 경우, 교육의 기회비용은 교육을 받는 동안 포기한 임금이다. 교육에 대한 지출에는 실제 교육비용뿐만 아니라 이러한 기회비용도 포함되어야 한다. 6.5%라는 수치에는 이러한 기회비용이 포함되어 있지 않다.

교육비용에 비해 당신의 기회비용은 얼마나 큰가? ▶

- 정규 교육은 교육의 일부일 뿐이다. 우리가 교육받는 것의 대부분은 공식적이든 비공식

적이든 직장 내 교육에서 비롯된다. 실제 비용과 직장 내 교육의 기회비용도 모두 포함되어야 한다. 6.5%라는 수치에는 직장 내 교육과 관련된 비용은 포함되지 않았다.

- 감가상각률을 제외한 투자 비율을 비교해야 한다. 물적자본, 특히 기계의 감가상각은 인적자본의 감가상각보다 더 높을 수 있다. 숙련도는 저하되지만 속도는 느리다. 그리고 물적자본과 다르게 더 많이 사용할수록 덜 빠르게 악화되거나 오히려 개선된다.

이러한 이유로 인적자본 투자에 대한 신뢰할 만한 수치를 제시하기는 어렵다. 최근 연구에 따르면 물적자본과 교육에 대한 투자는 산출 결정에 있어 거의 비슷한 역할을 하는 것으로 결론지었다. 이는 노동자 1인당 산출은 경제의 물적자본과 인적자본의 양에 거의 동일하게 의존하는 것을 의미한다. 저축을 더 많이 하거나 교육에 더 많이 지출하는 국가는 더 높은 균제 상태의 노동자 1인당 산출을 달성할 수 있다.

## 내생적 성장

방금 도출한 결론이 무엇을 말하는지, 무엇을 말하지 않았는지 주목하자. 더 많이 저축하거나 교육에 더 많이 지출하는 국가는 균제 상태의 노동자 1인당 **더 높은 수준**의 산출을 달성할 수 있다고 했다. 더 많이 저축하거나 교육에 더 많이 지출하는 국가가 노동자 1인당 산출의 영구적으로 **더 높은 성장**으로 유지할 수 있다고 말하지 않았다.

그러나 루카스(Robert Lucas)와 로머(Paul Romer)의 뒤를 이어 연구자들은 물적자본과 인적자본의 공동 축적이 실제로 성장을 지속하기에 충분할 수 있다는 가능성을 탐구해 왔다. 인적자본이 주어졌을 때 물적자본의 증가는 수익체감으로 이어질 것이다. 그리고 물적자본이 주어지면 인적자본의 증가 역시 수익체감으로 이어질 것이다. 하지만 이 연구자들은 물적자본과 인적자본이 함께 증가한다면 어떻게 되는지 되묻는다. 더 많은 자본과 더 많은 숙련된 노동자를 꾸준히 보유하는 것만으로 경제가 영원히 성장할 수는 없는가?

◀ 루카스는 1995년 노벨 경제학상을 수상하고 시카고대학교에서 강의했다. 로머는 2018년에 노벨상을 수상했으며 뉴욕대학교에서 강의했다.

기술 진보 없이도 꾸준히 성장하는 모형을 **내생적 성장 모형**(model of endogenous growth)이라고 하는데, 이 장의 이전 절에서 살펴본 모형과 다르게 성장률은 장기적으로도 저축률과 교육비 지출률과 같은 변수에 의존한다. 이러한 종류의 모형에 대한 판단은 아직 내려지지 않았지만, 지금까지의 징후는 앞서 도출한 결론을 포기하지 말고 검증할 필요가 있다는 것이다. 현재 합의된 내용은 다음과 같다.

- 노동자 1인당 산출은 노동자 1인당 물적자본과 노동자 1인당 인적자본의 수준에 의존한다. 두 가지 형태의 자본은 모두 물리적 투자를 통해 축적될 수 있고, 다른 하나는 교육과 훈련으로 축적될 수 있다. 저축률이나 교육 및 훈련에 지출되는 산출 비중을 높이면 장기적으로 노동자 1인당 산출을 훨씬 더 높일 수 있다. 그러나 기술 진보의 속도를 고려할 때 이러한 조치가 영구적으로 더 높은 성장률로 이어지지는 않는다.
- 마지막 명제에서 기술 진보의 속도를 고려할 때라는 수식어에 주목하자. 기술 진보는 경제

의 인적자본 수준과 무관한가? 더 나은 교육을 받은 노동력은 더 높은 기술 진보의 속도로 이어질 수는 없을까? 이러한 질문은 다음 장의 주제인 기술 진보의 원천과 효과로 이어진다.

## 요약

- 장기적으로 산출의 변화는 두 가지 관계로 결정된다. (더 쉽게 읽을 수 있도록 '노동자 1인당'이라는 표현을 생략하겠다.) 첫째, 산출 수준은 자본의 양에 의존한다. 둘째, 자본 축적은 저축과 투자를 결정하는 산출 수준에 의존한다.
- 자본과 산출 사이의 이러한 상호작용은 어떤 자본 수준에서 출발하더라도(그리고 12장의 주제인 기술 진보를 무시하고) 경제는 장기적으로 **균제 상태**(일정한) 수준의 자본으로 수렴하는 것을 의미한다. 이 자본 수준과 연계된 것이 균제 상태의 산출 수준이다.
- 균제 상태의 자본 수준, 즉 균제 상태의 산출은 저축률에 양(+)의 관계로 의존한다. 저축률이 높을수록 균제 상태의 산출 수준이 높아지고, 새로운 균제 상태로 이행하는 동안 높은 저축률은 양(+)의 산출 증가로 이어진다. 그러나 (다시 기술 진보를 무시하고) 장기적으로 보면 산출 증가율은 0과 같아 저축률에 의존하지 않는다.
- 저축률이 증가하려면 초기 소비는 감소해야 한다. 장기적으로 저축률의 증가는 경제가 **자본의 황금률 수준**(균제 상태의 소비가 가장 높은 자본의 수준)보다 낮은지, 높은지에 따라 소비의 증가 또는 감소를 유도한다.
- 자본의 황금률 수준보다 낮은 자본 수준을 가진 국가는 저축률이 증가하면 초기에는 소비가 감소하고 장기적으로는 소비는 증가한다. 정책 결정자들은 국가의 저축률을 변화시키기 위한 정책 수단을 채택할지 여부를 고려할 때 현 세대의 후생과 미래 세대의 후생에 어느 정도의 비중을 둘 것인지 결정해야 한다.
- 이 장의 분석은 대부분 물적자본 축적의 효과에 초점을 맞추고 있지만, 산출은 물적자본과 인적자본의 수준에 의존한다. 두 가지 형태의 자본은 하나는 투자를 통해 그리고 다른 하나는 교육과 훈련을 통해 축적될 수 있다. 저축률이나 교육 및 훈련에 지출되는 산출 비중을 높이면 장기적으로 산출을 크게 증가시킬 수 있다.

## 핵심용어

균제 상태(steady state)
내생적 성장 모형(model of endogenous growth)
부과식 사회보장제도(pay-as-you-go social security system)
사회보장신탁기금(Social Security trust fund)
완적적립식 사회보장제도(fully funded social security system)
인적자본(human capital)
자본의 황금률 수준(golden-rule level of capital)
저축률(saving rate)

## 연습문제

### 기초문제

1. 이 장의 내용에 기초해 다음에 대해 '사실', '거짓', '불확실' 여부를 밝히고 그 이유를 간단히 설명하라.
   a. 저축률은 항상 투자율과 동일하다.
   b. 높은 투자율은 더 높은 경제성장률을 영원히 유지시킬 수 있다.
   c. 자본에 아무런 감가상각이 발생하지 않는다면 성장은 영원히 지속될 수 있다.

d. 저축률이 높을수록 균제 상태에서 소비도 높아진다.

e. 사회보장제도를 부과식에서 완전적립식 제도로 전환해야 한다. 이렇게 하면 현재와 미래의 소비를 모두 증가시킬 수 있다.

f. 미국 자본 규모가 황금률 수준에 훨씬 못 미치기 때문에 미국 정부는 저축에 대한 세금 감면 혜택을 제공해야 한다.

g. 교육은 인적자본을 증가시켜 산출을 증가시킨다. 따라서 정부는 교육에 보조금을 지급해야 한다.

2. 다음 문장을 생각해 보자. "솔로 모형에 따르면 저축률은 장기적으로 성장률에 영향을 미치지 않으므로 미국의 낮은 저축률에 대한 우려를 멈춰야 한다. 저축률을 높인다고 해도 경제에 큰 영향을 미치지 않을 것이다." 이 진술에 동의하거나 동의하지 않는 이유를 설명하라.

3. 3장에서는 저축률의 증가가 단기적으로 경기침체로 이어질 수 있다는 것(즉, 저축의 역설)을 살펴보았다. 7장에서는 중기에서의 이 문제를 검토했다. 이제 저축 증가의 장기적 효과를 검토해 보자. 본문에서 제시된 모형을 사용할 경우 저축률 증가가 10년 뒤 노동자 1인당 저축률에 미치는 파급 효과는 무엇인가? 50년 뒤의 효과는 무엇인가?

### 심화문제

4. 생산함수에 대해 다음 데이터가 있다고 가정하자.

$$\frac{Y}{N} = \left(\frac{K}{N}\right)^{.6}$$

또한 저축률 $s$는 70%, 감가상각률 $\delta$는 60%라고 가정한다.

a. 노동자 1인당 자본의 최적 수준을 구하고, 이 노동자 1인당 자본 수준과 관련된 노동자 1인당 산출, 저축, 소비를 구하라.

b. 다른 변수가 일정할 때 저축률이 20%, 40%, 60%, 80%일 때의 노동자 1인당 자본과 소비 수준을 구하라. 수평축에 노동자 1인당 자본을, 수직축에 노동자 1인당 소비를 사용하여 네 점을 그래프로 도식하라. 각 점과 관련된 저축률을 파악하라. 노동자 1인당 소비가 최대화되는 저축률은 어느 정도인가?

c. 특정 저축률이 주어졌을 때 소비를 최대화하는 것과 소비를 최대화하는 것의 차이점은 무엇인가?

5. 1981년 칠레의 피노체트 독재정권은 완전적립식 사회보장제도를 도입했다. 새로운 제도에 처음 가입한 근로자들이 2006년 은퇴하기 시작했을 때 투자된 기금의 높은 수익률에도 불구하고 연금 지급액은 예상보다 훨씬 낮았다. 이에 따라 정부는 2008년에 부과식 요소를 추가했다. 2023년 사회보장 개혁은 칠레 정치권에서 여전히 논란의 여지가 있는 이슈이다.

a. 초기의 완전적립식 계좌와 부과식 개혁이 국민 저축에 어떤 영향을 미쳤는지 추측해 보자.

b. 사람들이 합법적인 재화와 서비스를 생산하기 위해 법적 제도 밖에서 일할 수 있었던 노동 시장의 비공식성이 낮은 연금 지급에 기여했다. 그 이유를 설명하라. 비공식성이 국가 저축에 어떤 영향을 미쳤는가?

c. 인구통계학적 추세는 또 다른 어려움을 가져왔다. 기대수명은 1981년 70세에서 2018년 81세로 11년 증가했다. 이러한 인구통계학적 추세가 국가 저축에 어떤 영향을 미쳤는가?

6. 다음 각 변화가 장기적으로 1인당 산출 수준에 어떤 영향을 미쳤는지 논의하라.

a. 소득세 납부 시 저축을 소득에서 제외할 수 있는 권리

b. 여성의 노동 시장 참여율이 높아질 경우(인구가 일정한 상태에서)

7. 미국이 현재의 부과식 사회보장제도에서 완전적립식 제도로 전환하고, 이러한 변화가 발생하는 과정에서 필요한 자금 조달은 추가적인 정부 차입 없이 이루어졌다고 하자. 완전적립식 제도로의 이행이 장기에 노동자 1인당 산출 규모와 성장률에 미치는 영향은 무엇인가?

8. 다음과 같은 생산함수를 가정하자.

$$Y = 0.5\sqrt{K}\sqrt{N}$$

a. 균제 상태에서의 노동자 1인당 산출 수준과 자본을 저축률 $s$와 감가상각률 $\delta$로 나타내라.

b. 균제 상태의 노동자 1인당 산출과 노동자 1인당 소비 방정식을 $s$와 $\delta$의 관점에서 도출하라.

c. $\delta = 0.05$라고 가정한다. 선호하는 스프레드시트 소프트웨어를 사용하여 $s = 0.2$, $s = 1$일 때 균제 상태에서의 노동자 1인당 산출과 노동자 1인당 소비를 계산하라. 결과를 직관적으로 설명하라.

d. 선호하는 스프레드시트 소프트웨어를 사용하여 저축률의 함수로서 균제 상태의 노동자 1인당 산출 수준과 노동자 1인당 소비량 수준을 그래프로 도식하라(즉, 그래프의 수평축에 저축률을, 수직축에 노동자 1인당 산출

과 노동자 1인당 소비에 해당하는 값을 제시하라).

e. 그래프는 노동자 1인당 산출을 최대화하는 $s$ 값을 보여주는가? 그래프는 노동자 1인당 소비를 최대화하는 $s$값을 보여주는가? 그렇다면 그 값은 무엇인가?

9. 콥-더글라스 생산함수와 균제 상태

이 문제는 이 장 부록에 기초한다. 경제의 생산함수가 다음과 같이 주어진다고 하자.

$$Y = K^{\alpha}N^{1-\alpha}$$

이때 $\alpha = 1/3$로 가정하자.

a. 이 생산함수는 규모에 대한 수확불변인가? 이에 대해 설명하라.

b. 자본에 대한 수확체감은 감소하는가?

c. 노동에 대한 수확체감은 감소하는가?

d. 생산함수를 노동자 1인당 산출과 노동자 1인당 자본의 관계로 변환하라.

e. 저축률 $s$와 감가상각률 $\delta$가 주어진 상태에서 균제 상태의 노동자 1인당 자본에 대한 식을 구하라.

f. 균제 상태의 노동자 1인당 산출을 구하라.

g. $s = 0.32$, $\delta = 0.08$일 때 균제 상태의 노동자 1인당 산출 수준을 구하라.

h. 감가상각률은 $\delta = 0.08$로 그대로이지만 저축률은 절반으로 감소해 $s = 0.16$이 되었다고 하자. 새로운 균제 상태에서의 노동자 1인당 산출은 얼마인가?

10. 문제 9번의 논리를 이어가면서 경제의 생산함수는 $Y = K^{1/3}N^{2/3}$, 저축률 $s$와 감가상각률 $\delta$는 0.10으로 가정한다.

a. 균제 상태에서의 노동자 1인당 자본 수준은 얼마인가?

b. 균제 상태에서의 노동자 1인당 산출 수준은 얼마인가?

경제가 균제 상태에 있고, 기간 $t$에서 감가상각률이 0.10에서 0.20으로 영구적으로 증가한다고 가정하자.

c. 새로운 균제 상태의 노동자 1인당 자본과 노동자 1인당 산출 수준은 어떻게 되는가?

d. 감가상각률이 변경된 후 처음 세 기간에 노동자 1인당 자본과 노동자 1인당 산출의 경로를 계산하라.

11. 재정적자와 자본 규모

생산함수 $Y = \sqrt{K}\sqrt{N}$에 대해 식 (11.9)는 균제 상태의 노동자 1인당 자본규모와 해를 제공한다.

a. 본문의 식 (11.9)를 유도하는 본문의 계산 단계를 반복해 보라.

b. 저축률 $s$가 최초에는 연간 15%였고, 감가상각률 $\delta$는 7.5%였다고 하자. 균제 상태에서 노동자 1인당 자본규모와 산출은 얼마인가?

c. GDP의 5%에 달하는 재정적자가 존재하고 정부는 이를 없애려 한다. 민간저축에는 아무런 변화가 없다고 가정하자. 이에 따라 국민저축은 20%로 증가한다. 새로운 균제 상태에서 노동자 1인당 산출은 얼마인가? 이에 대한 답을 b의 답과 비교하라.

## 보충문제

12. 미국의 저축과 정부 재정적자

문제 11의 논리를 따라 미국에서 재정적자가 장기 자본규모에 주는 시사점을 찾아본다. 이 문제는 미국의 재정적자가 이 책의 이번 판이 지속되는 동안 지속될 것이라고 가정한다.

a. 세계은행은 국가 및 연도별 국내 총저축률을 발표한다. 웹사이트는 https://data.worldbank.org/indicator/NY.GNS.ICTR.ZS와 같다. 미국의 가장 최근 수치를 구하라. 미국의 총저축률은 GDP 대비 백분율로 얼마인가? 감가상각률과 문제 11번의 논리를 사용하여 노동자 1인당 균제 상태의 자본 규모를 계산하라. 노동자 1인당 균제 상태의 산출은 얼마인가?

b. 가장 최근의 대통령 경제보고서(ERP)로 이동하여 GDP 대비 가장 최근의 연방 재정적자를 찾아보라. 2022년 ERP에서는 표 B-18에서 찾을 수 있다. 문제 9번의 추론을 사용하여 연방 재정적자가 없어지고 민간저축에는 변화가 없다고 가정한다. 노동자 1인당 장기 자본 규모에 어떤 영향을 미치는가? 노동자 1인당 장기 산출에 미치는 영향은 어떻게 되는가?

c. 세계은행의 국내 총저축률 표로 돌아가자. 중국의 저축률은 미국의 저축률과 어떻게 비교할 수 있는가?

# 부록 콥-더글라스 생산함수와 균제 상태

1928년 수학자 콥(Charles Cobb)과 경제학자 더글라스(Paul Douglas, 이후 미국 상원의원이 됨)는 다음 생산함수가 1899년부터 1922년까지 미국의 산출, 물적자본, 노동 간의 관계를 잘 설명한다고 결론을 내렸다.

$$Y = K^{\alpha}N^{1-\alpha} \qquad (11.\text{A}1)$$

여기서 $\alpha$는 0과 1 사이의 숫자이다. 이들의 연구 결과는 놀랍도록 강건했다. 오늘날에도 **콥-더글라스 생산함수**(Cobb-Douglas production function)로 알려진 식 (11.A1)의 생산함수는 여전히 미국의 산출, 자본, 노동 관계를 잘 설명하고 있으며, 경제학자들의 도구 상자에 있는 표준 도구가 되었다. (본문에서 논의한 두 가지 속성, 즉 규모에 대한 수확불변과 자본과 노동에 대한 수확체감을 만족하는지 직접 확인해 보자.)

이 부록의 목적은 생산함수가 식 (11.A1)로 주어졌을 때 경제의 균제 상태를 파악하는 것이다. (단계를 따르는 데 필요한 것은 지수의 속성에 대한 지식뿐이다.)

균제 상태에서 노동자 1인당 저축은 노동자 1인당 감가상각과 같아야 한다는 것을 기억하자. 이것이 의미하는 바를 살펴보자.

- 노동자 1인당 저축을 도출하려면 먼저 식 (11.A1)에 함축된 노동자 1인당 산출과 노동자 1인당 자본 간의 관계를 도출해야 한다. 식 (11.A1)의 양변을 $N$으로 나누면 다음과 같다.

$$Y/N = K^{\alpha}N^{1-\alpha}/N$$

이때 지수의 속성을 이용하면 다음 식이 도출된다.

$$N^{1-\alpha}/N = N^{1-\alpha}N^{-1} = N^{-\alpha}$$

따라서 앞의 식에서 $N$의 항을 바꾸면 다음과 같다.

$$Y/N = K^{\alpha}N^{-\alpha} = (K/N)^{\alpha}$$

노동자 1인당 생산량 $Y/N$는 노동자 1인당 자본 비율 $K/N$를 $\alpha$제곱한 것과 같다.

노동자 1인당 저축은 저축과 노동자 1인당 산출을 곱한 것과 같으므로, 앞의 공식을 사용해서 정리하면 다음과 같다.

$$s(K^*/N)^{\alpha}$$

- 노동자 1인당 감가상각률은 감가상각률에 노동자 1인당 자본을 곱한 것과 같다.

$$\delta(K^*/N)$$

- 균제 상태의 자본 규모 $K^*$는 노동자 1인당 저축이 노동자 1인당 감가상각과 동일하다는 조건에 의해 결정되므로, 다음과 같이 나타낼 수 있다.

$$s(K^*/N)^{\alpha} = \delta(K^*/N)$$

노동자 1인당 자본의 균제 상태 수준인 $K^*/N$로 이 식을 풀려면 양변을 $(K^*/N)^{\alpha}$로 나누면 된다.

$$s = \delta(K^*/N)^{1-\alpha}$$

양변을 $\delta$로 나누고 양변의 순서를 바꾸면 다음과 같다.

$$(K^*/N)^{1-\alpha} = s/\delta$$

마지막으로 양변을 모두 $1/(1-\alpha)$로 제곱하면 아래 식이 도출된다.

$$(K^*/N) = (s/\delta)^{1/(1-\alpha)}$$

이제 노동자 1인당 자본의 균제 상태 수준을 알 수 있다.

생산함수에서 노동자 1인당 산출의 균제 상태 수준은 다음과 같다.

$$(Y^*/N) = (K/N)^{\alpha} = (s/\delta)^{\alpha/(1-\alpha)}$$

이 마지막 방정식이 무엇을 의미하는지 살펴보자.

- 본문의 식 (11.A1)은 $\alpha=0.5$인 특수한 경우를 다루었다. (변수를 0.5만큼 제곱한 것은 변수의 제곱근을 취하는 것과 같다.) $\alpha=0.5$인 경우 앞의 방정식은 다음과 같다.

$$Y^*/N = s/\delta$$

노동자 1인당 산출은 감가상각률에 대한 저축률의 비율과 동일하다. 이것이 본문에서 설명한 방정식이다. 저축률이

2배로 증가하면 노동자 1인당 균제 상태의 산출도 2배로 증가한다.

- 경험적 증거에 따르면 $K$를 물적자본으로 고려할 때 $\alpha$는 1/2이 아니라 1/3에 더 가깝다. $\alpha=1/3$이라고 가정하면 $\alpha(1-\alpha)=(1/3)/(1-(1/3))=(1/3)/(2/3)=1/2$이며, 이때의 노동자 1인당 산출에 대한 식은 다음과 같다.

$$Y^*/N = (s/\delta)^{1/2} = \sqrt{s/\delta}$$

이는 저축률이 노동자 1인당 산출에 미치는 영향이 본문의 계산에서 제시된 것보다 작다는 것을 의미한다. 예를 들어 저축률이 2배로 증가하면 노동자 1인당 생산량은 $\sqrt{2}$배, 즉 약 1.4 증가에 불과하다.

- 그러나 모형에 있어 $\alpha$에 대한 적절한 값이 1/2에 근접하다는 해석도 있으며, 이 경우 본문의 계산을 적용할 수 있다. 11-4절의 논의를 따라 물적자본뿐만 아니라 인적자본을 고려할 수 있는데, 이렇게 광범위하게 해석된 자본(산출 대비)에 대해서는 약 1/2의 $a$ 값이 대체로 적절하다고 할 수 있다. 따라서 11-3절의 수치 결과에 대한 한 가지 해석은 이들이 저축의 효과를 보여준다는 것이겠지만, 저축에는 물적자본과 인적자본에 대한 저축(기계와 교육의 증가)을 포함하는 것으로 해석되어야 한다는 것이다.

당시 데이터가 부족했던 1920년대에 어떻게 (좋은) 실증적 거시경제 연구를 수행했는지 궁금하다면, 1928년 3월에 American Economic Review에 실린 원본 논문을 참조하자. https://www.jstor.org/stable/pdf/1811556.pdf?refreqid=excelsior%3A2d5a9943519cbfeacf62660e6f1ba5f8&ab_segments=&origin=&initiator=&acceptTC=1.

## 핵심용어

콥-더글라스 생산함수(Cobb-Douglas production function)

# 12

# 기술 진보와 성장

자본 축적 자체만으로는 성장을 지속할 수 없다는 11장의 결론은 간명한 시사점을 제공한다. 지속적인 성장을 위해서는 기술 진보가 필요하다. 이 장에서는 성장에서 기술 진보의 역할을 살펴본다.

**12-1** 성장에서 기술 진보와 자본 축적의 역할을 각각 살펴본다.

**12-2** 기술 진보의 결정 요인, 연구개발(R&D)의 역할, 혁신 대 모방의 역할에 초점을 맞춘다.

**12-3** 일부 국가는 기술이 꾸준히 진보하는데 다른 국가는 그렇지 못한 이유를 논의한다. 이를 통해 성장을 유지하는 데 있어 제도의 역할을 살펴본다.

**이 장의 핵심 주제 :** 지속적인 성장은 지속적인 기술 진보를 요구한다. 기술 진보는 혁신과 제도 모두에 의존한다. ▶▶▶

## 12-1 기술 진보와 성장률

자본 축적과 기술 진보가 함께 발생하는 경제에서 경제성장률은 어떻게 결정될까? 이 질문에 답하려면 11장에서 개발한 모형을 확장해 기술 진보를 허용해야 한다. 기술 진보를 도입하려면 먼저 총생산함수를 재검토해야 한다.

### 기술 진보와 생산함수

기술 진보에는 매우 다양한 측면이 있다.

슈퍼마켓에서 판매하는 평균 품목 수는 1950년 2,200개에서 오늘날에는 3만 개로 증가했다. 이것이 무엇을 의미하는지 감을 잡으려면 〈발디미르의 선택(Moscow on the Hudson)〉이라는 영화의 슈퍼마켓 장면에서 로빈 윌리엄스(소련에서 온 이민자 역)를 보라.

- 자본과 노동이 일정한 상태에서 산출을 증가시킨다. 컴퓨터의 성능을 획기적으로 높이는 양자 컴퓨팅을 떠올려보라.
- 더 양질의 제품을 낳는다. 자동차의 안정성과 안락감이 꾸준히 높아진다.
- 신제품이 생겨난다. 아이패드, 무선통신 기술, 평면 모니터, 자율주행 자동차의 도입을 생각해 보자.
- 더 다양한 제품으로 이어진다. 동네 슈퍼마켓에서 구매 가능한 시리얼의 종류가 꾸준히 증가한다.

2장의 FOCUS '실질 GDP, 기술 진보, 컴퓨터 가격'에서 보았듯이 재화를 다수의 기초적 서비스를 제공하는 수단으로 간주하는 것은 컴퓨터에 대한 가격지수를 구축하는 데 사용되는 방법이다.

이러한 다양한 측면은 겉보기와 달리 실제로는 더 비슷하다. 재화 그 자체보다 재화가 제공하는 서비스에 대해 생각해 보면 이들은 모두 공통점을 보인다. 각각의 경우 소비자는 더 많은 서비스를 받는다. 양질의 자동차는 더 나은 안정성을, 아이패드나 빨라진 통신 기술과 같은 신제품은 더 좋은 통신 서비스를 제공한다. 산출을 경제에서 생산되는 재화가 제공하는 서비스의 종류로 간주한다면 기술 진보는 결국 자본량과 노동량이 일정한 가운데 산출의 증가를 이끄는 것으로 볼 수 있다. 그렇다면 **기술 수준**(state of technology)은 특정 시점에서 주어진 노동과 자본의 양으로부터 얼마나 많은 산출이 생산될 수 있는지를 말해주는 변수로 볼 수 있다. 이제 기술 수준을 $A$로 나타내면 생산함수는 다음과 같이 다시 정리할 수 있다.

$$Y = F(K, N, A)$$
$$(+, +, +)$$

단순화를 위해 여기서는 인적 자본을 무시할 것이다. 이에 대해서는 이 장 뒷부분에서 다시 다룰 것이다.

이것이 확장된 생산함수이다. 산출은 자본($K$)과 노동($N$)뿐만 아니라 기술 수준($A$)에도 의존한다. 노동과 자본이 일정할 때 기술 수준 $A$의 개선은 산출 증가로 이어진다.

그러나 앞의 식보다 좀 더 제한적인 다음의 형태를 사용하는 것이 편리할 것이다.

$$Y = F(K, AN) \tag{12.1}$$

이 식은 생산이 자본과 기술 수준을 곱한 노동에 의존한다는 것을 말한다. 기술 수준을 이렇게 도입하면 기술 진보가 산출, 자본, 노동 간의 관계에 미치는 효과에 대해 쉽게 생각할 수 있다. 식 (12.1)은 기술 진보를 두 가지 동등한 방식으로 생각해 볼 수 있음을 시사한다.

- 기술 진보는 일정한 산출을 생산하는 데 필요한 노동자의 수를 감소시킨다. $A$가 2배로 늘어나면 기업은 원래 노동자 수 $N$의 절반만으로 동일한 양의 산출을 생산할 수 있다.
- 기술 진보는 일정한 노동자가 생산할 수 있는 산출을 증가시킨다. $AN$은 경제 내에 존재하는 **유효노동**(effective labor)으로 볼 수 있다. 기술 $A$가 2배가 되는 것은 마치 경제에 2배로 노동자가 많은 셈이다. 즉, 산출은 자본 $K$와 유효노동 $AN$이라는 두 가지 요소에 의해 생산된다고 볼 수 있다.

AN은 **효율성 단위로 측정한 노동**(labor in efficiency unit)으로 불리기도 한다. '효율성 단위'에서 '효율성'을 사용한 것과 7장에서 '효율성 임금'에 대해 '효율성'을 사용한 것은 우연의 일치이다. 두 개념은 관련이 없다.

확장된 생산함수식 (12.1)에는 어떤 제약을 가해야 할까? 11장의 논의에 기초해 직접 부가할 수 있다.

반복하지만 규모에 대한 수확불변을 가정하는 것이 합리적이다. 기술 수준 $A$가 일정할 경우 자본량 $K$와 노동량 $N$을 2배로 늘리면 산출도 2배가 될 것이다.

$$F(2K,\ 2AN) = 2Y$$

더 일반적으로 일정한 $x$에 대해 다음이 성립한다.

$$F(x\,K,\ x\,AN) = xY$$

또한 자본과 유효노동 각각에 대해 수확체감을 가정하는 것이 합리적이다. 유효노동이 일정할 때 자본 증가는 산출을 증가시키지만, 증가 규모는 점차 감소한다. 마찬가지로 자본이 일정할 때 유효노동의 증가는 산출을 증가시키지만, 증가 규모는 점차 감소한다.

11장에서는 노동자 1인당 산출과 노동자 1인당 자본을 중심으로 생각하는 것이 편리했다. 경제의 정상 상태는 노동자 1인당 산출과 노동자 1인당 자본이 일정한 상태이기 때문이다. 여기서는 유효노동자 1인당 산출과 유효노동자 1인당 자본을 중심으로 살펴보는 것이 편리하다. 이유는 마찬가지이다. 앞으로 보겠지만 정상 상태에서 유효노동자 1인당 산출과 유효노동자 1인당 자본은 일정하다.

노동자 1인당 변수는 특정 변수를 노동자 수($N$)로 나눈 것이다. 유효노동자 1인당 변수는 특정 변수를 노동자 수($N$)에 기술 수준($A$)을 곱한 유효노동자 수($AN$)로 나눈 것이다.

유효노동자 1인당 산출과 유효노동자 1인당 자본의 관계를 얻기 위해 앞의 식에서 $x = 1/AN$로 두어보자. 그러면 다음을 얻을 수 있다.

$$\frac{Y}{AN} = F\left(\frac{K}{AN},\ 1\right)$$

또는 함수 $f$를 $f(K/AN) = F(K/AN,\ 1)$로 정의하자.

$$\frac{Y}{AN} = f\left(\frac{K}{AN}\right) \qquad (12.2)$$

요약하면 유효노동자 1인당 산출(좌변)은 유효노동자 1인당 자본(우변의 괄호 안)의 함수이다.

$F$가 '근호의 곱' 형태를 갖는다고 하자.
$Y = F(K,\ AN) = \sqrt{K}\sqrt{AN}$
즉, 다음이 성립한다.
$\frac{Y}{AN} = \frac{\sqrt{K}\sqrt{AN}}{AN} = \frac{\sqrt{K}}{\sqrt{AN}}$
따라서 이 경우 함수 $f$는 단순히 제곱근 함수이다.
$f\left(\frac{K}{AN}\right) = \sqrt{\frac{K}{AN}}$

유효노동자 1인당 산출과 유효노동자 1인당 자본의 관계는 그림 12-1에 나타나 있다. 이 그림은 기술 진보가 없을 때의 노동자 1인당 산출과 노동자 1인당 자본의 관계를 표현한 그림 11-2와 매우 유사해 보인다. 그림 11-2에서 $K/N$의 증가는 $Y/N$의 증가를 이끌지만, 그 증가

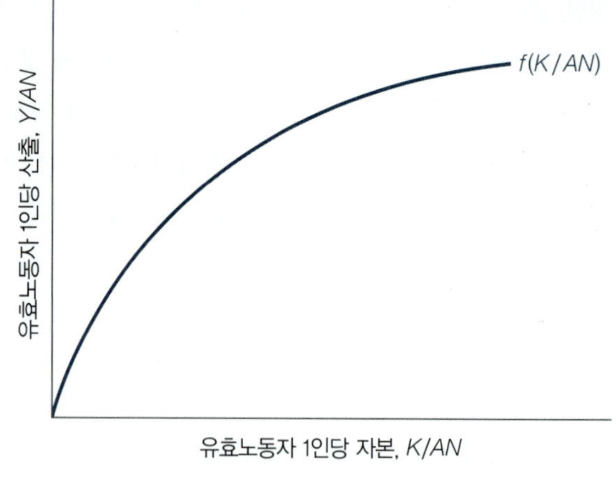


**그림 12-1**

**유효노동자 1인당 산출과 유효노동자 1인당 자본**

자본에 대한 수확체감 때문에 유효노동자 1인당 자본이 증가함에 따라 유효노동자 1인당 산출의 증가 규모는 점차 감소한다.

규모는 점차 감소한다. 여기서도 $K/AN$의 증가는 $Y/AN$의 증가를 불러오지만, 그 증가 규모는 점차 감소한다.

이 절의 결과를 이해하는 간단한 방법은 다음과 같다. 11장에서 노동자 1인당 산출에 대해 유도한 결과는 이 장에서 여전히 성립한다. 단, 유효노동자 1인당 산출에 대해 성립하는 것이다. 예를 들어 11장에서는 1인당 산출이 정상 상태에서 일정함을 보았다. 이 장에서는 유효노동자 1인당 산출이 정상 상태에서 일정하다는 것을 볼 것이다. 다른 것도 마찬가지이다.

## 산출과 자본의 상호작용

이제 성장의 결정 요인을 살펴보는 데 필요한 요소를 모두 갖추었다. 이 장의 분석은 11장의 분석과 유사하다. 11장에서 **노동자 1인당 산출과 노동자 1인당 자본**의 동학을 살펴보았다. 여기서는 **유효노동자 1인당 산출과 유효노동자 1인당 자본**의 동학을 살펴본다.

11장에서는 그림 11-2를 통해 노동자 1인당 산출과 자본이 갖는 동학의 특성을 살펴보았다. 여기서 세 가지 관계를 얻을 수 있었다.

- 노동자 1인당 산출과 노동자 1인당 자본의 관계
- 노동자 1인당 투자와 노동자 1인당 자본의 관계
- 노동자 1인당 감가상각(또는 노동자 1인당 자본을 일정하게 유지하는 데 필요한 노동자 1인당 투자)과 노동자 1인당 자본

노동자 1인당 자본의 동학 그리고 그에 따른 노동자 1인당 산출은 노동자 1인당 투자와 노동자 1인당 감가상각의 관계에 의해 결정되었다. 노동자 1인당 투자가 노동자 1인당 감가상각보다 크냐 또는 작냐에 따라 노동자 1인당 자본은 시간이 지남에 따라 증가하거나 감소하며, 노동자 1인당 산출도 마찬가지 움직임을 보인다.

그림 12-2도 동일한 접근 방식을 따른다. 차이점은 노동자 1인보다는 **유효노동자 1인**을 기준으로 살펴보는 것이다.

- 유효노동자 1인당 산출과 유효노동자 1인당 자본의 관계는 그림 12-1에 유도되었다. 이러한 관계는 그림 12-2에 반복되어 있다. 유효노동자 1인당 산출은 유효노동자 1인당 자본에 따라 증가하지만, 증가 규모는 점차 감소한다.

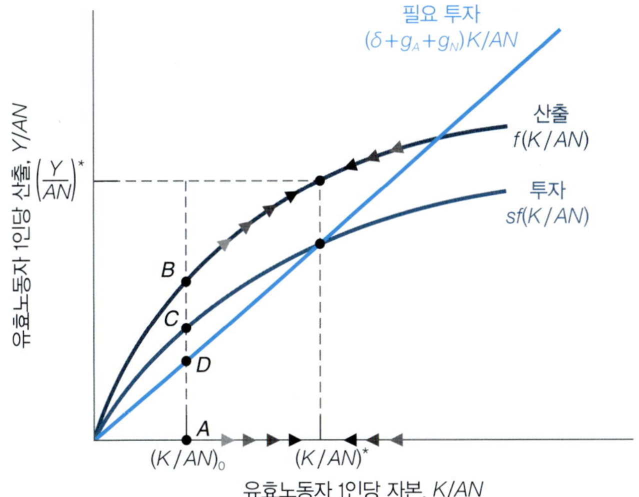


**그림 12-2**

**유효노동자 1인당 자본과 유효노동자 1인당 산출의 동학**

유효노동자 1인당 자본과 유효노동자 1인당 산출은 장기적으로 일정한 값으로 수렴한다.

- 11장과 동일한 가정(투자가 민간저축과 동일하고 민간저축률은 일정하다는 가정)하에서 투자는 다음으로 주어진다.

$$I = S = sY$$

양변을 동일한 유효노동자 수 $AN$으로 나누면 다음을 얻는다.

$$\frac{I}{AN} = s\frac{Y}{AN}$$

유효노동자 1인당 산출 $Y/AN$를 식 (12.2)로 바꾸어주면 다음과 같다.

$$\frac{I}{AN} = sf\left(\frac{K}{AN}\right)$$

유효노동자 1인당 투자와 유효노동자 1인당 자본의 관계는 그림 12-2에 나타나 있다. 이는 유효노동자 1인당 산출과 유효노동자 1인당 자본의 관계를 나타내는 위쪽 곡선에 저축률 $s$를 곱한 것과 같으며 아래쪽 곡선이 이에 해당한다.

- 마지막으로 유효노동자 1인당 자본 수준을 일정하게 유지하기 위해 유효노동자 1인당 투자가 얼마나 필요한지 질문해 봐야 한다.

11장에서 자본이 일정하게 유지되려면 투자가 기존 자본량에 대한 감가상각과 동일해야 한다는 것이 답임을 보았다. 여기서의 답은 다소 복잡하다. 이유는 다음과 같다. 기술 진보를 허용했기 때문에(따라서 시간에 따라 $A$ 증가) 유효노동자 $AN$이 시간에 지남에 따라 증가한다. 따라서 유효노동자 1인당 자본의 비율 $K/AN$를 일정하게 유지하기 위해서는 유효노동자 수 $AN$의 증가에 비례해 자본량 $K$가 증가해야 한다. 이 조건을 더 자세히 살펴보자.

11장에서 $g_A=0$과 $g_N=0$을 가정했다. 이 장에서의 초점은 기술 진보($g_A>0$)의 시사점에 있다. 그러나 일단 기술 진보를 허용하게 되면 인구 성장 $g_N>0$의 도입은 당연해진다. 따라서 이 장에서는 $g_A>0$과 $g_N>0$을 모두 허용한다.

$\delta$를 자본의 감가상각률, $g_A$를 기술 진보율, $g_N$을 인구증가율이라 하자. 총인구 대비 고용의 비율이 일정하다고 가정하면 노동자 수 $N$ 역시 연간 $g_N$율로 증가한다. 이들 가정은 합쳐서 유효노동 $AN$의 증가율이 $g_A + g_N$임을 시사한다. 예를 들어 노동자 수가 연간 1%로 성장하고 기술 진보율이 연간 2%라면 유효노동자 증가율은 연간 3%이다.

두 변수의 곱의 성장률은 각 변수 성장률의 합이다. 이 책 부록 2의 명제 7을 참조하라. ▶

따라서 이들 가정은 유효노동자 1인당 자본을 일정 수준으로 유지하기 위한 투자 수준이 다음과 같음을 시사한다.

$$I = \delta K + (g_A + g_N)K$$

이를 정리하면 다음과 같다.

$$I = (\delta + g_A + g_N)K \tag{12.3}$$

자본량을 일정하게 유지하기 위해서는 $\delta K$가 필요하다. 감가상각률이 10%라면 동일한 규모의 자본을 유지하기 위해서는 자본량의 10%에 해당하는 투자가 발생해야 한다. 그리고 유효노동과 동일한 비율로 자본량이 증가하기 위해서는 추가로 $(g_A + g_N)K$가 필요하다. 예를 들어 유효노동이 연간 3%로 증가하려면 자본이 연간 3%로 증가해야 유효노동자 1인당 자본이 동일한 수준으로 유지된다. $\delta K$와 $(g_A + g_N)K$를 합하면 감가상각률이 10%이고, 유효노동 증가율이 3%이면 유효노동자 1인당 자본량을 일정 수준으로 유지하기 위해 자본량의 13%에 해당하는 투자가 발생해야 한다.

유효노동자 1인당 자본량을 일정하게 유지하기 위해 필요한 유효노동자 1인당 투자 규모를 얻기 위해 위 식을 유효노동자 수로 나누면 다음과 같다.

$$\frac{I}{AN} = (\delta + g_A + g_N)\frac{K}{AN}$$

유효노동자 1인당 자본을 일정 수준으로 유지하기 위해 필요한 유효노동자 1인당 투자 수준은 그림 12-2에서 양의 기울기를 가진 직선 '필요 투자'로 나타나 있다. 이 직선의 기울기는 $(\delta + g_A + g_N)$이다.

## 자본과 산출의 동학

이제 유효노동자 1인당 산출과 유효노동자 1인당 자본의 동학을 그림으로 살펴보자.

유효노동자 1인당 자본이 일정 수준에 있다고 하자. 예를 들어 그림 12-2에서 $(K/AN)_0$으로 주어졌다고 하자. 이 수준에서 유효노동자 1인당 산출은 수직거리 $AB$와 같다. 유효노동자 1인당 투자는 $AC$와 같다. 유효노동자 1인당 자본을 일정하게 유지하기 위해 필요한 투자의 규모는 $AD$이다. 실제 투자가 유효노동자 1인당 자본의 기존 수준을 유지하기 위해 필요한 투자를 넘어서기 때문에 $K/AN$는 증가한다.

따라서 $(K/AN)_0$에서 출발해 시간이 지남에 따라 경제는 오른쪽으로 이동해 가며 유효노동자

1인당 자본 규모는 증가한다. 이러한 상황은 유효노동자 1인당 투자가 기존의 유효노동자 1인당 자본 수준을 유지하기에 정확히 충분하게 될 때까지, 즉 유효노동자 1인당 자본이 $(K/AN)^*$가 될 때까지 지속된다.

장기적으로 유효노동자 1인당 자본은 일정한 수준에 도달하고, 그에 따라 유효노동자 1인당 산출도 마찬가지이다. 즉, 이 경제의 정상 상태는 **유효노동자 1인당 자본과 유효노동자 1인당 산출이 일정한 상태로, 각각 $(K/AN)^*$ 그리고 $(Y/AN)^*$와 같다.**

이는 정상 상태에서 산출($Y$)이 유효노동($AN$)과 같은 비율로 증가하고, 그에 따라 두 변수의 비율이 일정하다는 것을 의미한다. 유효노동이 $(g_A+g_N)$율로 증가하므로 정상 상태에서 산출 증가율 역시 $(g_A+g_N)$이다. 마찬가지 추론이 자본에도 적용된다. 유효노동자 1인당 자본이 정상 상태에서 일정하므로, 자본 역시 $(g_A+g_N)$율로 증가한다.

◀ $Y/AN$가 일정하다면 $Y$는 $AN$과 동일한 비율로 성장해야 한다. 따라서 이는 $g_A+g_N$율로 성장해야 한다.

유효노동자 1인당 자본 또는 산출을 기준으로 볼 때 이러한 결과는 다소 추상적이다. 그러나 이들 결과를 더 직관적으로 설명하는 것은 쉬운데, 그 첫 번째 중요한 결과가 다음과 같다.

**정상 상태에서 경제성장률은 인구증가율($g_N$)에 기술 진보율($g_A$)을 더한 것이다. 이는 경제성장률이 저축률과 무관함을 의미한다.**

직관을 강화하기 위해 11장에서 사용했던 주장으로 돌아가 기술 진보와 인구증가가 없을 경우 경제는 양(+)의 경제성장률을 영원히 유지할 수 없다는 것을 살펴보자.

- 논리는 다음과 같다. 경제가 양의 경제성장률을 유지하려 한다고 하자. 자본에 대한 수확체감 때문에 자본은 산출보다 더 빠르게 증가해야 한다. 경제는 산출의 더 많은 부분을 자본 축적에 투입해야 한다. 일정 시점이 되면 더 이상 자본 축적에 투입할 산출은 남아 있지 않다. 성장은 결국 멈춘다.
- 정확히 동일한 논리가 여기서도 작동한다. 유효노동은 $(g_A+g_N)$율로 증가한다. 경제가 $(g_A+g_N)$을 넘어서는 경제성장률을 유지하려 한다고 하자. 자본에 대한 수확체감으로 말미암아 자본은 산출보다 더 빠르게 증가해야만 한다. 경제는 산출 중 점점 더 많은 비중을 자본 축적을 위해 투입해야만 한다. 일정 시점에 이르면 이는 결국 불가능하게 된다. 따라서 경제는 $(g_A+g_N)$보다 더 빠른 속도로 영원히 성장할 수 없다.

지금까지는 총산출의 행태에 초점을 맞추었다. 총산출보다는 시간 경과에 따른 생활 수준의 변화를 파악하기 위해서는 노동자 1인당 산출의 행태를 보아야 한다. 여기서 관심 있는 것이 유효노동자 1인당 산출은 아니라는 점에 주의해야 한다. 산출이 $(g_A+g_N)$율로 증가하고 노동자 수가 $g_N$율로 증가하면 노동자 1인당 산출은 $g_A$율로 증가한다. **즉, 경제가 정상 상태에 있을 때 노동자 1인당 산출은 기술 진보율로 성장한다.**

◀ $Y/N$의 성장률은 $Y$의 성장률에서 $N$의 성장률을 차감한 것과 같다(이 책 부록 2의 명제 8 참조). 따라서 $Y/N$의 증가율은 $(g_Y-g_N)=(g_A+g_N)-g_N=g_A$이다.

정상 상태에서 산출, 자본, 유효노동이 모두 동일한 $(g_A+g_N)$율로 성장하므로, 이 경제의 정상 상태는 **균형성장**(balanced growth) 상태로도 불린다. 정상 상태에서 산출과 두 생산 요소, 즉 자본과 유효노동은 동일한 비율로 '균형을 맞추어' 성장한다. 표 12-1에 균형성장의 특성이

| 표 12-1 | 균형성장의 특성 | |
|---|---|---|
| 구분 | | 성장률 |
| 1 | 유효노동자 1인당 자본 | 0 |
| 2 | 유효노동자 1인당 산출 | 0 |
| 3 | 노동자 1인당 자본 | $g_A$ |
| 4 | 노동자 1인당 산출 | $g_A$ |
| 5 | 노동 | $g_N$ |
| 6 | 자본 | $g_A+g_N$ |
| 7 | 산출 | $g_A+g_N$ |

요약되어 있는데, 이 장의 뒷부분을 볼 때 도움이 될 것이다.

균형성장 경로상에서(마찬가지로 정상 상태에서 또는 장기적으로)

- 유효노동자 1인당 자본과 유효노동자 1인당 산출은 일정하다. 이는 그림 12-2에서 유도한 결과이다.
- 노동자 1인당 자본과 노동자 1인당 산출은 기술 진보율 $g_A$율로 성장한다.
- 또는 노동, 자본, 산출로 나타내면 노동은 인구성장률 $g_N$으로 증가하고 자본과 산출은 인구증가율과 기술 진보율의 합($g_A+g_N$)으로 성장한다.

## 저축률의 효과 재검토

정상 상태에서 경제성장률은 인구증가율과 기술 진보율에만 의존한다. 저축률의 변화는 정상 상태 성장률에 영향을 미치지 않는다. 그러나 저축률의 변화는 정상 상태에서의 유효노동자 1인당 산출 수준을 증가시킨다.

이 결과는 저축률이 $s_0$에서 $s_1$로 증가할 때의 효과를 보여주는 그림 12-3을 통해 가장 잘 살

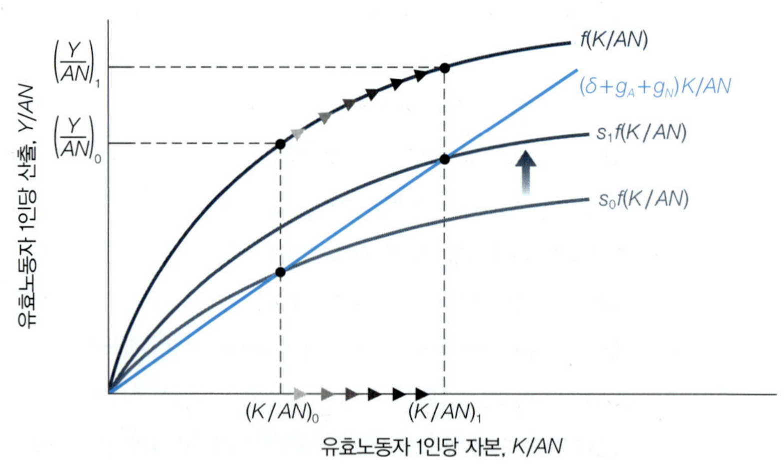


**그림 12-3**

**저축률 증가의 파급 효과 I**

저축률 증가는 정상 상태에서의 유효노동자 1인당 산출과 유효노동자 1인당 자본을 증가시킨다.

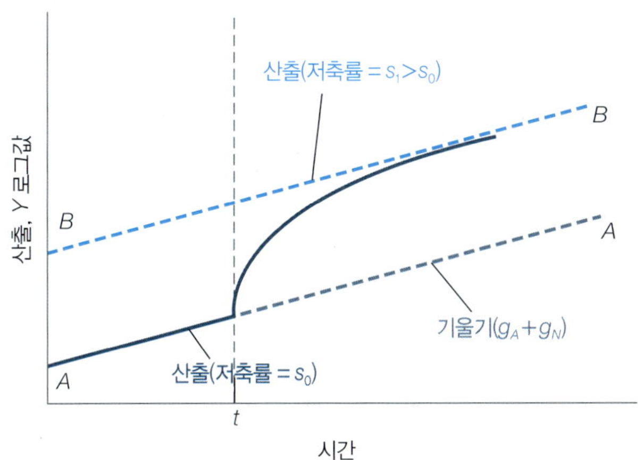


**그림 12-4**

**저축률 증가의 파급 효과 II**

저축률 증가는 경제가 새로이 더 높아진 균형성장 경로에 도달할 때까지 고성장을 견인한다.

펴볼 수 있다. 저축률 증가는 투자관계를 $s_0 f(K/AN)$에서 $s_1 f(K/AN)$로 이동시킨다. 이에 따라 정상 상태에서의 유효노동자 1인당 자본은 $(K/AN)_0$에서 $(K/AN)_1$으로 증가하고, 그에 대응해 유효노동자 1인당 산출 규모는 $(Y/AN)_0$에서 $(Y/AN)_1$으로 증가한다.

저축률 증가를 따라 유효노동자 1인당 자본과 유효노동자 1인당 산출이 일정 기간 증가해 새로이 높은 수준으로 수렴해 간다. 그림 12-4는 산출의 추이를 보여준다. 산출은 로그값을 기준으로 나타냈다. 경제는 처음에 균형성장 경로 $AA$에 위치한다. 산출은 $(g_A+g_N)$율로 증가하므로 $AA$의 기울기는 $(g_A+g_N)$과 같다. 저축률이 $t$시점에 증가한 후 산출은 일정 기간 더 빠르게 성장한다. 결국 산출은 저축 증가가 없었을 때보다 더 높은 수준에 도달한다. 그러나 성장률은 $g_A+g_N$으로 복귀한다. 새로운 정상 상태에서 경제는 이전과 동일한 비율로 성장하지만, 더 높아진 성장경로 $BB$ 위에 놓인다. $BB$는 $AA$와 평행하고 기울기 역시 $(g_A+g_N)$과 같다.

◀ 그림 12-4는 그림 11-5와 같으며, 여기서 소개된 유도 과정을 따른다.

◀ 로그값에 대한 설명은 이 책의 부록 2를 참조하라. 로그값이 사용되면 변수는 직선을 따라 일정 비율로 변화한다. 직선의 기울기는 변수의 성장률과 동일하다.

요약하면 기술 진보와 인구증가가 발생하는 경제에서 시간이 지남에 따라 산출은 성장한다. 정상 상태에서 유효노동자 1인당 산출과 유효노동자 1인당 자본은 일정하다. 다시 말해 노동자 1인당 산출과 노동자 1인당 자본은 기술 진보율만큼 성장한다. 또 달리 표현하면 산출과 자본은 유효노동의 증가율과 동일한 비율로 성장하며, 그에 따라 성장률은 노동자 수의 증가율에 기술 진보율을 더한 값과 같은 비율로 성장한다. 경제가 정상 상태에 있을 때 균형성장 경로에 올랐다고 한다.

정상 상태에서 경제성장률은 저축률과 독립적이다. 그러나 저축률은 정상 상태에서의 유효노동자 1인당 산출의 수준에 영향을 미친다. 그리고 저축률 증가는 일정 기간 정상 상태 성장률을 넘어서는 경제성장률의 상승을 불러온다.

11장에서는 자본 축적이 과도할 수 있는지 여부에 대해 논의했다. 소비가 정상 상태에서 최대가 되도록 하는 자본의 황금률 수준을 도출했다. FOCUS '황금률에 대한 재논의'에서는 조금 전 살펴보았던 것처럼 모형에 성장을 허용할 경우 황금률의 형태가 어떻게 되는지를 다룬다.

FOCUS

## 황금률에 대한 재논의

11장에서는 기술 진보와 인구성장을 무시하고 분석했으며, 자본의 임계수준을 넘어서면 자본이 많아질수록 오히려 소비가 감소한다는 사실을 보았다. 이는 자본이 많아지면 생산량이 증가하지만, 감가상각된 자본을 대체하고 자본량을 유지하는 데 필요한 추가적인 투자가 산출 증가를 초과해 소비가 감소하기 때문이다.

소비가 극대화되고 그 이상에서는 소비가 감소하는 자본의 임계수준, 즉 황금률 수준은 다음과 같이 주어진다.

$$f'(K/N)-\delta=0$$

만약 자본량이 이 수준(황금률 수준)을 초과하면 자본이 더 많아질수록 소비는 오히려 감소한다.

이제 모형에 성장을 도입했으므로 위의 논리를 확장하여 이에 상응하는 관계를 도출할 수 있다. 여기서도 동일한 직관이 적용된다. 자본의 한계생산은 감가상각뿐 아니라 자본량 증가를 감당할 만큼 충분히 높아야 한다. 산출 대비 자본 비율을 일정하게 유지하려면 자본의 성장률이 산출의 성장률과 같아야 하므로 다음 조건이 도출된다.

$$f'(K/AN)-\delta=g$$

여기서 $g$는 경제성장률을 의미하며 $g_A+g_N$과 같다.

즉, 자본이 더 많아질수록 소비가 감소하기 시작하는 자본의 임계수준은, 한계생산에서 감가상각률을 뺀 자본의 순한계생산이 경제성장률과 동일해지는 조건에 의해 결정된다.

그렇다면 다음과 같은 질문을 할 수 있다. 미국 경제는 이 등식의 어느 쪽에 위치해 있을까? 실제로 자본량이 너무 많은 잘못된 쪽에 있는 것은 아닐까?

이에 대한 첫 번째 접근은 자본의 순한계생산을 살펴보는 것이다. 자본의 순한계생산은 직접 관찰할 수 없지만, 기업의 현재 및 미래 이윤에 대한 청구권인 주식 보유 수익률을 통해 추정할 수 있다. 미국 주식시장에서 가장 큰 500개 기업을 추적하는 S&P500 지수를 이용하면 2000년 이후의 평균 실질 수익률(주당 배당금과 주가 변동 차익을 합한 주당 평균 수익률을 인플레이션으로 조정한 값)은 연평균 8.6%였다. 이는 같은 기간 국내총생산(GDP)의 평균 성장률 2%를 훨씬 웃도는 수치이다.

이러한 계산은 분명한 결론으로 이어지는 것처럼 보인다. 미국 경제는 자본의 황금률 수준에서 매우 멀리 떨어져 있다. 자본 축적이 더 많아질수록 정상 상태에서의 소비는 더 높아진다. 예를 들어 정부 부채 증가와 같이 자본 축적을 줄이는 요인은 새로운 정상 상태에서 소비를 감소시키는 결과를 초래할 것이다.

사실 상황은 좀 더 복잡하다. 주식의 평균 수익률은 높지만, 주식을 보유하는 것은 위험을 수반한다. 2000년 이후 주식 수익률의 표준편차는 17%에 달한다. 수익률이 가장 높았던 해는 2013년으로, +32%였으며, 가장 낮았던 해는 2008년으로, −36%였다. 이는 사람들이 주식을 보유하려면 위험에 대한 보상을 원하기 때문에 상당한 수준의 '위험 프리미엄'을 요구한다는 것을 의미한다. 따라서 자본의 순한계생산을 경제성장률과 비교할 때는 이러한 위험 프리미엄을 차감해야 한다. 이러한 이유로 3개월 만기 미국 국채(T-bills)와 같이 거의 위험이 없는 자산을 살펴보는 것이 적절하다. 2000년 이후 물가상승률을 고려한 미국 국채의 실질 평균 수익률은 연 1.1%에 불과했으며, 이는 같은 기간의 평균 경제성장률보다 낮은 수치이다….

어떤 결론을 내려야 할까? 어떤 수익률 또는 어떤 수익률 조합을 사용해야 할까? 이는 현재도 진행되고 있는 주요한 연구 주제이며, 문제는 아직 해결되지 않았다. 대략적인 결론은 위에 언급한 두 가지 수익률을 조합하여 사용하는 것이 적절하며, 조합된 수익률은 아마도 경제성장률보다 약간 높은 수준일 것이다. 즉, 미국 경제는 자본의 과잉 축적 문제를 겪고 있지는 않을 것이다. 더 높은 자본 축적, 더 높은 투자율은 미래에 더 많은 소비를 이끌어내며 미래 세대의 후생을 향상시킬 가능성이 크다. 그러나 정부 부채 증가가 자본 축적을 구축하는 정도가 크다면, 이는 미래의 소비를 감소시키고 결국 미래 세대의 후생을 떨어뜨릴 것이다. 다만 이때에도 자본의 수익률이 경제성장률에 가까운 수준이라면 정부 부채 증가의 부정적 효과는 크지 않을 수 있다.

자세한 내용은 다음을 참조하라. Olivier Blanchard, Fiscal Policy Under Low Rates, MIT Press, 2023

## 12-2 기술 진보율의 결정 요인

이제까지 노동자 1인당 산출의 성장률은 궁극적으로 기술 진보율에 의해 결정된다는 사실을 보았다. 이는 자연스럽게 다음 질문으로 이어진다. 무엇이 기술 진보율을 결정할까? 이 절에서 다루는 질문이 바로 이것이다.

◀ 기술 진보와 성장의 지속을 가능하게 하는 아이디어의 역할에 대해 알고 싶다면 로머(Paul Romer)의 2018년 노벨 경제학상 강연을 들어보라(www.youtube.com/watch?v=vZmgZGIZtiM).

**기술 진보**라는 용어는 마이크로칩의 발명, DNA 구조의 발견과 같은 중대한 발견들의 이미지를 떠올리게 한다. 이러한 발견은 대체로 경제적 힘보다는 과학적 연구와 운에 의해 주도되는 과정임을 시사한다. 그러나 사실 현대 경제에서 대부분의 기술 진보는 단조로운 과정의 산물이다. 즉, 기업에 의한 **연구개발**(research and development, R&D) 활동의 결과물이다. 기업의 R&D 지출은 10장에서 보았던 주요 부국(미국, 프랑스, 일본, 영국)에 있어 GDP의 2~3%를 점하고 있다. R&D 분야에서 활동하는 약 100만 명의 미국 과학자와 연구자 중 75%를 기업에서 고용하고 있다. 미국 기업의 R&D 지출은 이들이 하는 총투자지출의 20%를 상회하며 이들이 하는 순투자(총투자감가상각)지출의 60%를 상회한다.

기업은 새로운 기계를 구입하고 새로운 공장을 건설하는 이유와 같은 이유로 R&D에 지출한다. 즉, 이윤을 높이기 위해서이다. R&D 지출을 증가시킴으로써 기업은 신제품을 개발하고 개발할 확률을 높인다. [앞으로 **제품**(product)은 새로운 재화 또는 새로운 생산 기법을 나타내는 고유한 용어로 사용할 것이다.] 새로운 제품이 성공적이면 기업의 이윤이 증가할 것이다. 그러나 기계를 구입하는 것과 R&D에 지출하는 것에는 중요한 차이가 있다. 차이는 바로 R&D의 결과물이 근본적으로 **아이디어**라는 점이다. 그리고 기계와 달리 아이디어는 수많은 기업이 동시에 사용할 수 있는 잠재성을 갖는다. 방금 새로운 기계를 구입한 기업은 다른 기업이 곧바로 그 기계를 사용할까 걱정할 필요가 없다. 자신의 기계이기 때문이다. 그러나 새로운 제품을 발견하고 개발한 기업은 그런 가정을 할 수 없다.

바로 이 때문에 R&D 지출 규모가 **연구 산출력**(fertility of research, R&D 지출 중 얼마가 새로운 아이디어와 새로운 제품으로 이어지는가)뿐만 아니라 연구 결과의 **전유 가능성**(appropriability, 기업이 자신의 R&D 결과물로부터 혜택을 받는 정도)에도 의존한다. 이제 이 두 측면을 순서대로 살펴보자.

### 연구 과정의 산출력

연구 산출력이 매우 높다면, 즉 R&D 지출이 많은 신제품으로 이어질 경우 기업은 R&D 지출을 증가시킬 강력한 유인을 갖는다. R&D 지출과 기술 진보율은 더 높아질 것이다. 연구 산출력의 결정 요인은 대체로 경제학 영역을 벗어난 곳에 위치한다. 여기에는 많은 요인이 상호작용한다.

연구 산출력은 기초연구(일반적 원리와 결과에 대한 탐색)와 응용연구개발(이들 결과의 특정한 용처에의 응용과 새로운 제품의 개발) 사이의 성공적인 상호작용에 의존한다. 기초연구 자체가 기술 진보로 이어지는 것은 아니다. 그러나 응용 R&D의 성공은 결국 기초연구에 의존한다. 컴퓨터 산업 발전의 대부분은 트랜지스터 발명부터 마이크로칩 발명에 이르기까지 소수의 돌파구에서 비롯한다. 소프트웨어 측면에서 많은 발전은 수학 발전에 기인한다. 예를 들어 암호화의 발전은 소수(prime number) 이론의 발전에서 비롯한다.

11장에서 생산에 대한 투입 요소로서 인적자본의 역할을 살펴보았다. 더 교육받은 사람일수록 더 복잡한 기계나 더 복잡한 과제를 다룰 수 있다. 여기서는 인적자본의 두 번째 역할인 '더 나은 연구자와 과학자가 기술 진보율을 높인다'는 사실을 살펴본다. ▶

어떤 나라는 기초연구에서 더 성공적인 것으로 보이고, 다른 나라는 응용 R&D에서 더 성공적이다. 연구에 따르면 교육체계 차이가 그 이유 중 하나이다. 예를 들어 프랑스의 고등교육체계는 추상적 사고에 더 큰 비중을 두기 때문에 응용 R&D보다는 기초연구에 더 뛰어난 연구자들을 배출해 낸다고 한다. 연구에 따르면 '기업가 정신을 가진 문화'의 중요성을 지적한다.

주요한 발견이 지닌 잠재성이 완전히 실현되기까지는 수년, 때로는 수십 년이 걸린다. 일반적인 순서는 주요 발견이 잠재적 응용 분야에 대한 탐구로 이어지고, 이어서 새로운 제품이 개발되고, 마지막으로는 이들 신제품의 채택이 생겨난다. FOCUS '신기술의 확산: 교배종 옥수수'는 아이디어의 확산 과정에 대한 최초 연구 결과 중 하나를 보여준다. 이보다 더 친숙한 두 가지 예가 있다. 첫째는 개인용 컴퓨터이다. 개인용 컴퓨터가 상업적으로 소개(1976년에 애플 I의 출현)된 지 40년이 지난 후에야 사람들은 개인용 컴퓨터의 용도를 막 발견한 것처럼 대했다. 그리고 둘째는 인공지능(AI)이다. 그 영향에 대해서는 아직 우리는 짐작만 하고 있는 단계이다. (이 내용은 다음 장에서 다시 다루겠다.)

오래된 우려는 대부분의 주요 발견이 이미 발생했고, 연구 생산성은 점점 떨어질 것이며, 기술 진보의 속도가 이제 늦춰질 것이라는 것이다. 이러한 걱정은 채광에 대한 사고방식으로부터 오는 것 같다. 더 높은 등급의 광산이 우선 활용되고 점차 더 낮은 등급의 광산을 활용해야만 하는 것이 채광의 모습이다. 그러나 이는 단지 유추에 불과하며 지금껏 이것이 옳다는 증거는 보이지 않는다.

## 연구 결과의 전유 가능성

R&D와 기술 진보를 결정하는 두 번째 요인은 연구 결과의 **전유 가능성**이다. 기업이 신제품 개발에 따른 이윤을 확보할 수 없다면 R&D에 나서지 않고 기술 진보는 느려질 것이다. 여기서도 많은 요인이 작용한다.

우선 연구 과정의 성격 자체가 중요하다. 예를 들어 한 기업이 신제품을 발명할 경우 이로 인해 다른 기업이 빠르게 제품을 개선하게 된다면 1등이 되는 데 따른 보상이 작다고 할 수 있다. 즉, 어떤 기업도 투자가치를 발견하지 못하게 될 것이므로 산출력이 매우 높은 연구라 해도 높은 수준의 R&D가 발생하지 않을 것이다. 이 예는 극단적이지만 본질적인 문제를 드러낸다.

이보다 더 중요한 것은 신제품에 대한 법적 보호이다. 법적 보호가 없다면 신제품 개발에 따른 이윤은 작을 것이다. 코카콜라처럼 영업비밀에 기반을 둔 제품과 같은 극히 일부의 경우를 제외하고, 일반적으로 다른 기업이 동일한 제품을 만들어 혁신기업이 초기에 가졌던 장점을 소멸시키는 데는 오래 걸리지 않는다. 그 때문에 특허법이 존재하는 것이다. **특허**(patent)는 새로

FOCUS

## 신기술의 확산: 교배종 옥수수

기술은 하루아침에 개발되거나 수용되는 것이 아니다. 신기술 확산에 관한 최초의 연구 중 하나는 1957년 하버드대학교 경제학자 그릴리케스(Zvi Griliches)가 수행했는데, 그는 미국의 다른 주에서의 교배종 옥수수의 확산을 살펴보았다. 더 최근의 연구들도 있지만, 이 연구가 매우 훌륭하게 수행되었으므로 이 연구를 살펴보자.

교배종 옥수수는 그릴리케스의 표현을 빌리면 "발명 방법의 발명"이었다. 교배종 옥수수의 생산은 상이한 종류의 옥수수를 교배함으로써 국지적 조건에 적합한 옥수수 유형을 개발하는 과정이다. 교배종 옥수수의 도입은 옥수수 수확량을 20%까지 증가시킬 수 있다.

교배종 아이디어는 20세기 초에 개발되었지만, 첫 상용화는 1930년대 미국에서 이루어졌다. 그림 1은 교배종 옥수수가 1932~1956년 사이 미국의 일부 주에서 수용되어 가는 속도를 보여준다.

이 그림은 두 가지 동태적 과정이 작용함을 보여준다. 하나는 개별 주에 적합한 다양한 교배종 옥수수의 변종이 발견되는 과정이다. 교배종 옥수수는 북부 주(아이오와, 위스콘신, 켄터키)에서 구할 수 있게 된 지 10년이 지나서야 남부 주(텍사스, 앨라배마)에서 구할 수 있게 되었다. 다른 하나는 교배종 옥수수가 각 주 안에서 수용되는 속도이다. 도입 8년 만에 아이오와의 모든 옥수수는 사실상 교배종 옥수수가 되었다. 남부 지역에서는 이 과정이 훨씬 느렸다. 앨라배마주에서 도입된 지 10년 이상이 지난 지금, 교배종 옥수수는 총경작지의 60%에 불과하다.

남부보다 아이오와에서 교배종 옥수수의 수용 속도가 더 높았던 이유는 무엇일까? 그릴리케스의 논문은 그 이유가 경제적인 데 있음을 밝혔다. 각 주의 수용 속도는 교배종 옥수수 수용에 따른 수익성의 함수였다. 교배종 옥수수는 남부 지역보다 아이오와주에서 수익성이 더 높았다.

출처: Zvi Griliches, "Hybrid Corn: An Exploration in the Economics of Technological Change ," Econometrica, 1957, Vol 25, No. 4, pp. 501-522. 허가하에 게재.

기술 수용의 다양하고 순조로운 수용 사례를 보여주는 훌륭한 그래프들은 https://ourworldindata.org/technology-adoption을 참조하라.

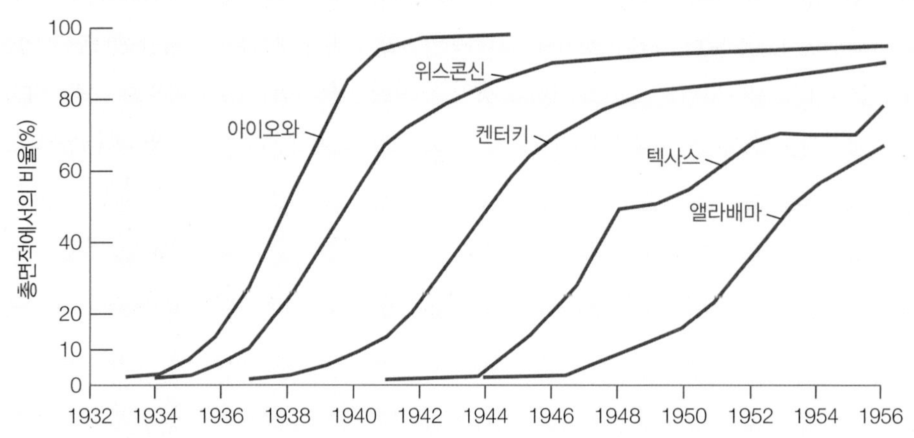


그림 1
**미국 일부 주에서 교배종 옥수수의 수용 비율(1932~1956년)**

운 제품(통상 새로운 기법이나 장치)을 개발한 기업에게 다른 기업들이 일정 기간 신제품의 생산이나 사용을 하지 못하게 하는 권리를 부여한다.

특허법은 어떻게 설계되어야 할까? 한편으로 특허보호는 기업에게 R&D에 지출할 유인을 제공해야 한다. 다른 한편으로 일단 기업이 신제품을 개발한 뒤라면 전체 사회로서는 이들 신제품에 담긴 지식을 다른 기업이나 사람들이 제한 없이 이용하도록 하는 것이 최선일 것이다. 예를 들어 생명기술 연구를 보자. 큰 수익을 낼 수 있다는 전망만이 생명공학 기업을 고비용의

연구 프로젝트에 뛰어들게 할 것이다. 일단 기업이 신제품을 개발한 뒤라면, 그리고 제품이 많은 생명을 구할 수 있다면 모든 잠재적 사용자에게 일정 비용을 지불하게 하더라도 이용 가능하도록 하는 것이 분명히 최선일 것이다. 그러나 이러한 정책이 체계적으로 추구된다면 기업들이 앞장서서 연구에 뛰어들 유인이 사라질 것이다. 따라서 특허법은 힘든 균형을 맞춰가야 한다. ▶ 지나치게 약한 보호는 R&D의 위축으로 이어질 것이다. 또한 지나치게 과한 보호는 새로운 ▶ R&D가 과거의 R&D 결과들을 활용하기 어렵게 만들고, 결국 R&D의 위축을 초래할 것이다. (복제에 대한 만화는 양질의 특허법이나 지적재산권 법률을 설계하는 어려움을 보여준다.)

이러한 유형의 딜레마는 '동태적 비일관성(time inconsistency)'으로 알려져 있다. 21장에서는 다른 예를 살펴보고 이를 논의할 것이다.

이 문제는 특허법을 넘어선다. 논란이 많은 예 두 가지를 살펴보면 다음과 같다. 오픈소스의 역할은 무엇인가? 학생들은 원저자에게 아무런 보상 없이 음악, 영화, 심지어 교과서까지도 다운로드해야 하는가?

## 혁신 대 모방

R&D가 기술 진보의 핵심이지만, 다른 요인도 중요할 수 있다. 기존 기술을 더 효율적으로 사용할 수도 있다. 또한 기업 간의 격심한 경쟁은 그들이 더 효율적이 되도록 압박한다. FOCUS '경영 방식: 기술 진보의 또 다른 차원'에서 볼 수 있듯이 훌륭한 경영진은 기업 생산성에 큰 차이를 만들어낸다. 마지막으로 일부 국가의 경우 다른 국가보다 R&D가 덜 중요할 수 있다.

이러한 맥락에서 최근의 경제성장 연구는 혁신에 의한 성장과 모방에 의한 성장의 구별을 강조한다. 성장을 지속하려면 **기술 프런티어**(technology frontier)에 놓인 선진국은 혁신해야 한다. 이는 R&D에 막대한 지출을 요구한다. 첨단기술과는 거리가 먼 가난한 국가들은 신기술 개발 대신 기존 기술을 도입하고 채택함으로써 혁신보다는 모방을 통해 크게 성장할 수 있다. 기존 기술의 도입과 적응은 지난 30년간 중국이 높은 성장을 이룩하는 데 중심적 역할을 했다.

## 경영 방식: 기술 진보의 또 다른 차원

FOCUS

기술이 일정할 때 기업의 경영 방식 또한 성과에 영향을 미친다. 일부 경제학자는 기술 혁신을 포함해 기업의 성과를 결정짓는 많은 다른 요인보다 경영 방식이 더 큰 영향을 미칠 수 있다고 생각한다. 유럽, 미국, 아시아의 4,000개가 넘는 중소 제조업체의 경영 방식과 실적을 조사한 프로젝트에서 스탠퍼드대학교의 블룸(Nick Bloom)과 LSE의 리넨(John Van Reenen)은 전 세계 기업이 같은 기술이라도 양질의 경영 기법을 적용하면 더 우수한 성과를 유의하게 나타낸다는 점을 발견했다. 이는 개선된 경영 방식이 우수한 경영 성과를 낼 수 있는 가장 효과적인 방법 중 하나임을 시사한다.

경영 방식의 중요성에 대한 놀라운 증거는 블룸이 인도 직물공장 20곳을 대상으로 실시한 실험적 연구에서 비롯한다. 좋은 경영 방식의 역할을 조사하기 위해 블룸은 무작위로 선택한 20개 공장을 대상으로 경영 방식에 대한 무료 컨설팅을 제공했다. 그 후 경영 컨설팅을 받은 기업과 그렇지 않은 기업의 실적을 비교했다. 그는 양질의 경영 방식을 채택하면 품질과 효율성이 향상되고 재고가 감소해 생산성이 18% 향상된다는 사실을 발견했다.

출처: "Why Do Management Practices Differ across Firms and Countries?" by Nicholas Bloom and John Van Reenen, *Journal of Economic Perspectives*, 2010, 24(1): pp. 203–224.
"Does Management Matter? Evidence from India," by Nicholas Bloom, Benn Eifert, Aprajit Mahajan, David McKenzie, and John Roberts, *Quarterly Journal of Economics*, 2012, 128(1): pp. 1–51.

혁신과 모방의 차이는 (중국에서처럼) 기술 후발국에서 특허보호가 허술한 이유도 설명한다. 이들 국가는 일반적으로 신기술의 생산국이라기보다는 사용자에 해당한다. 생산성 향상은 국내의 발명이 아니라 외국 기술의 적응에서 비롯한다. 그래서 어차피 국내에서의 발명이 거의 없을 것이기 때문에 취약한 특허보호의 비용은 적다. 하지만 낮은 수준의 특허보호의 이점은 분명하다. 국내 기업은 기술을 개발한 외국 기업에게 큰 로열티를 지불하지 않고도 외국 기술을 사용하고 적응할 수 있다.

이 단계에서 다음과 같은 질문을 할 수 있다. 빈곤국에서 기술 진보가 혁신 과정이 아닌 모방 과정이라면 중국과 다른 아시아 국가와 같은 일부 국가는 왜 그렇게 잘하는가? 많은 아프리카 국가는 왜 그렇지 못할까? 이 질문은 거시경제학에서 경제발전론으로 인도하며, 이 주제를 제대로 다루려면 경제발전론 교과서가 필요할 것이다. 그러나 이는 완전히 무시하기에는 너무도 중요한 질문이다. 이 문제는 다음 절에서 논의한다.

## 12-3 제도, 기술 진보, 성장

케냐와 미국을 비교해 보면 일부 국가는 기존 기술을 모방하는 데 소질이 있는 반면, 다른 국가는 그렇지 않은 이유를 알 수 있다. 케냐의 PPP 기준 1인당 GDP는 미국의 PPP 기준 1인당 GDP의 약 1/18이다. 이러한 차이는 부분적으로는 케냐의 1인당 자본 수준이 훨씬 낮기 때문이다. 또한 미국의 약 1/13 수준으로 평가되는 케냐의 낮은 기술 수준 때문이다. 케냐의 기술 수준이 이렇게 낮은 이유는 무엇일까? 케냐도 세계에 존재하는 대부분의 기술지식에 접근할 수 있다. 무엇이 선진국의 많은 기술을 수용하고 미국과의 기술격차를 빠르게 해소하는 것을

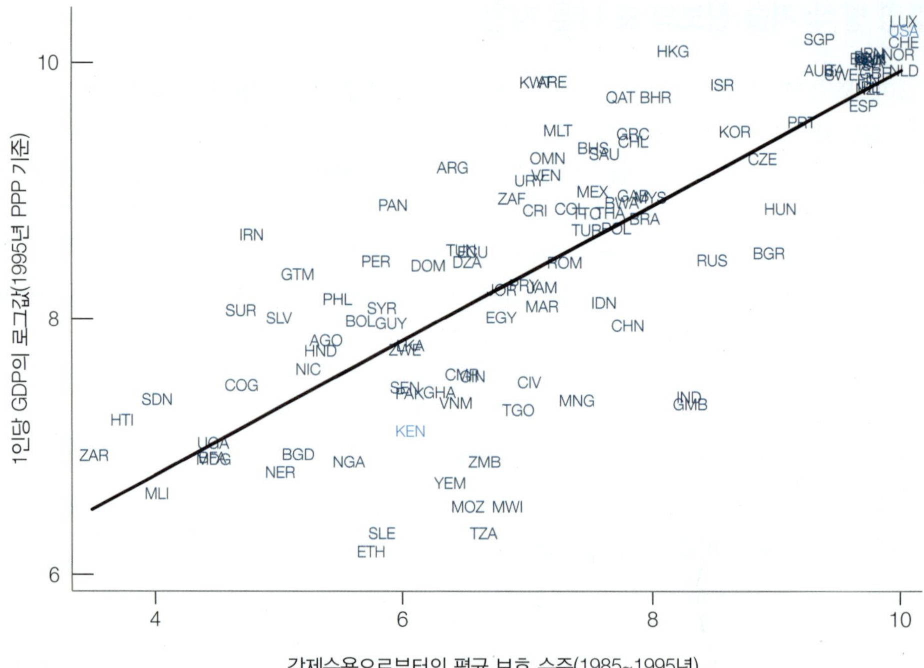


**그림 12-5**

**강제수용으로부터의 보호와 1인당 GDP**

강제수용으로부터의 보호 정도와 1인당 GDP 수준에는 강한 양의 관계가 존재한다.

출처 : Daron Acemoglu, "Understanding Institutions," Lionel Robbins Lectures, 2004, London School of Economics. https://cep.lse.ac.uk/conference_papers/23_02_2004.pdf (slide 12)

막고 있을까?

케냐의 지리적 위치와 기후, 문화까지 다양한 답을 생각해 볼 수 있다. 그러나 대부분의 경제학자는 이 문제의 주요 원인이 케냐를 포함한 저소득 국가들이 가진 제도의 취약성에 놓여 있다고 보고 있다.

경제학자는 어떤 제도를 염두에 두고 있을까? 크게 보아 **사유재산권**(property rights)의 보호가 아마도 가장 중요할 것이다. 이윤이 국가에 의해 강제로 수용되거나 부패한 관료에 대한 뇌물로 뺏기거나 다른 이들에게 도난당한다면 창업을 하고 신기술을 도입하고 투자하려는 개인은 거의 없을 것이다. 그림 12-5는 90개국에 대한 1995년 PPP 기준 1인당 GDP(로그값)와 국제사업자 기구가 각국에 대해 추계한 강제수용으로부터의 보호 정도를 측정하는 지수의 조합을 보여준다. 두 수치 간에 양(+)의 상관관계가 두드러진다(그림에는 회귀선도 나타나 있다). 낮은 보호는 낮은 1인당 GDP와 관련되어 있고(그림에서 왼쪽 극단에 콩고민주공화국과 아이티가 있다) 높은 보호 수준은 높은 1인당 GDP와 관련되어 있다(오른쪽 극단에 미국, 룩셈부르크, 노르웨이, 스위스, 네덜란드가 있다).

지수값이 6인 케냐는 회귀선 아래 놓이는데, 이는 1인당 산출이 지수에 기초한 예측보다 낮다는 것을 의미한다. ▶

'사유재산권 보호'란 실제로 무엇을 의미할까? 권력자가 시민들의 재산을 징발하거나 몰수하지 않는 양질의 정치 체계를 의미한다. 갈등이 효율적으로 신속하게 해소될 수 있는 양질의 사법 체계를 의미한다. 더 자세히 살펴보면 주식시장에서 내부자 거래를 금하는 법률을 의미하며, 사람들이 기꺼이 주식에 투자해 기업에 자금을 공급할 수 있도록 한다. 명확하게 작성되고 적절히 집행되는 특허법을 의미하며, 기업이 연구를 수행하고 새로운 제품을 개발할 유인을 제공한다. 또한 반독점법을 의미하며, 경쟁적 시장이 새로운 생산 기법과 새로운 제품을 도입할

FOCUS

## 제도의 중요성: 한국과 북한

1945년 일본의 항복 이후 한국은 공식적으로 독립했지만 38선을 기준으로 양분되었다. 소련군은 북한에, 미군은 한국에 주둔했다. 한반도 전역에 관할권을 주장하려는 양측의 시도가 한국전쟁(1950~1953년)으로 이어졌다. 1953년 휴전협정과 더불어 한국은 공식적으로 북의 '조선민주주의인민공화국'과 남의 '대한민국'으로 분할되었다.

분단 이전부터 한국에서 찾아볼 수 있는 흥미로운 특징은 인종적·언어적 동질성이다. 한국과 북한은 동일한 문화와 종교를 가진 본질적으로 동일한 사람들이 거주하고 있었다. 경제적으로도 두 지역은 분단 시점에 매우 유사했다. 1인당 PPP GDP(1996년 달러 기준)는 남북 모두 700달러로 거의 같았다.

그러나 그림 1에서 보듯이 50년 후 1인당 GDP는 북한보다 한국이 10배 이상 높아졌다(1,100달러 대 12,000달러). 한국은 부국들의 모임인 OECD에 가입한 반면, 북한은 기근에 직면해 1인당 GDP는 과거 3,000달러의 거의 2/3 가까이 하락했다. 아제모을루(Daron Acemoglu)가 제시한 그래프는 1998년에서 멈춘다. 2017년에는 그 차이가 더 커져 남한의 1인당 PPP GDP는 약 3만 달러, 북한은 1,800달러였다.

이러한 차이에 대한 놀라운 시각화는 밤에 한국의 위성사진을 보여주는 그림 2에서 엿볼 수 있다. 남한(오른쪽 아래 사분면)과 중국(왼쪽 위 사분면) 사이의 어두운 공간이 북한이다.

무슨 일 때문인가? 이 기간 동안 한국과 북한의 제도와 조직이 크게 달랐다. 한국은 자본주의적 경제조직에 의존해, 국가의 강한 개입은 있었지만 민간생산자에 대한 법적 보호가 존재했다. 북한은 중앙집중적 계획에 의존했다. 산업은 신속하게 국유화되었고, 소기업과 농가는 국가가 감독할 수 있도록 대규모 협동조합에 가입하도록 강제되었다. 개인에 대해서 어떤 사적 소유권도 인정되지 않았다. 그 결과 산업 부문이 쇠퇴하고 농업이 몰락했다. 남겨진 교훈은 슬프지만 명확하다. 성장에 있어 제도는 매우 중요하다는 것이다.

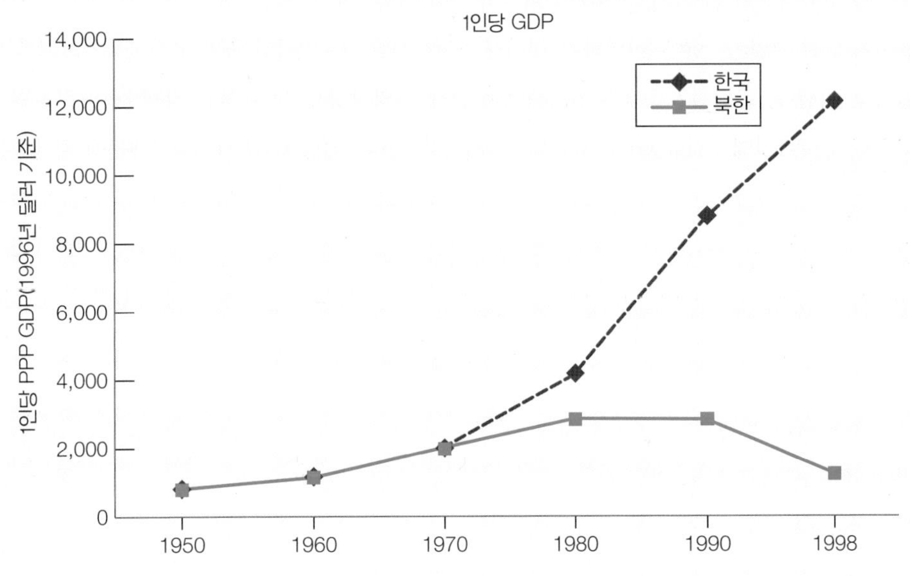


그림 1
한국과 북한의 1인당 PPP GDP(1950~1998년)

그림 2
심야의 북한

NASA Earth Observatory

유인이 적은 독점적 시장으로 변하지 않도록 한다. 물론 이 외에도 더 많이 있다(제도의 역할에 관한 극적인 예는 FOCUS '제도의 중요성: 한국과 북한' 참조).

그렇지만 여전히 한 가지 본질적인 의문이 남아 있다. 왜 가난한 나라는 양질의 제도를 받아들이지 않는 것일까? 답은 '어렵다'는 것이다. 양질의 제도는 가난한 국가가 정착시키기에는 복잡하고 어렵다. 그림 12-5에서 인과관계는 분명히 양방향으로 흐른다. 강제수용으로부터의 보호가 열악하기에 1인당 GDP가 낮다. 하지만 동시에 1인당 GDP가 낮기 때문에 강제수용으로부터 보호가 취약할 수밖에 없다. 예를 들어 가난한 국가들은 종종 너무나 가난해 양질의 사법 체계를 수용하고, 양질의 경찰력을 유지하기에 역부족이다. 따라서 제도를 개선해 1인당 GDP의 상승과 제도 개선의 선순환을 시작하는 것은 종종 매우 어려운 과제이다. 아시아의 고성장 국가들은 이에 성공했다(더 자세한 중국 사례는 FOCUS '중국 경제성장의 배경' 참조). 일부 아프리카 국가도 성공하고 있는 것으로 보인다. 다른 국가들은 여전히 고군분투하고 있다.

영국의 전임 수상 브라운(Gordon Brown)은 "법치를 확립하는 데 있어 처음 500년이 항상 가장 어려운 시기"라고 했다.

성장에 있어서 제도의 역할에 대해 더 알고 싶다면 바네르지(Abhijit Banerjee)와 뒤플로(Esther Duflo)가 쓴 *Handbook of Economic Growth*(2005)의 7장, "Growth Theory Through the Lens of Development Economics"의 1~4절을 읽어보라.

## 중국 경제성장의 배경

중화인민공화국이 수립된 1949년부터 1970년대 후반까지 중국의 경제 시스템은 중앙집중 계획에 기초했다. 두 차례에 걸친 정치경제개혁(1958년 '대약진운동'과 1966년 '문화혁명')은 인적·경제적 파국으로 귀결되었다. 산출은 1959~1962년에 20% 감소했고, 같은 기간 2,500만 명이 기근으로 사망했다. 산출은 1966~1968년 사이에 10% 이상 감소했다.

1976년 마오쩌둥 주석의 사망 이후, 새로운 지도자들은 경제에 시장 메커니즘을 점진적으로 도입하기로 했다. 1978년에는 농업개혁이 시작되어 농부들은 국가에서 할당한 생산량을 만족시킨 후에는 지역시장에 생산물을 판매할 수 있게 되었다. 시간이 지나면서 농부들은 토지에 대한 권리를 얻었고, 오늘날 국가 농장은 농업 생산의 1% 미만만을 생산하게 되었다. 1970년대 후반부터 농업 이외 부문에서도 국유기업에게 점점 더 많은 생산 결정의 자율권이 주어졌고, 점점 더 많은 재화에 시장 메커니즘과 가격기구들이 도입되었다. 민간의 기업가 정신이 장려되었는데, 이는 이윤 동기에 의해 이끌리는 집단 벤처인 '향진기업(鄕鎭企業)'의 형태를 종종 취했으며, 세제 혜택과 특약을 통해 외국 투자자를 유치했다.

이러한 누적된 개혁의 경제적 효과는 극적이었다. (구매력평가 기준이 아닌 고정 국내가격을 사용할 경우) 노동자 1인당 산출의 평균 성장률은 1952년부터 1978년까지는 2.5%였으나, 그 이후로는 5.4%로 증가했다. (이에 대한 보다 자세한 논의는 이 장의 부록을 참조하라.)

이렇게 높은 성장률은 놀라운 것일까? 누군가는 그렇지 않다고 주장할 수 있다. 앞의 FOCUS에서 살펴본 남북한 간 10배 이상의 차이에 비추어 볼 때 중앙집중적 계획은 열악한 경제 시스템이다. 따라서 중앙집중 계획으로부터 시장경제로 전환함으로써 각국은 생산성에 있어 큰 폭의 증가를 쉽게 경험할 것이라고 생각할 수 있다. 그러나 1980년대 후반부터 중앙집중 계획에서 전환한 많은 국가의 경험에 기초해볼 때 답은 그리 분명하지 않다. 대다수 중부 유럽국가의 경우 이러한 전환이 처음에는 통상 10~20%에 달하는 GDP의 하락을 동반했고, 체제 전환 이전 수준으로 산출이 올라서는 데 5년 이상이 소요되었다. 러시아와 구소련에서 독립한 새로운 국가들에 있어서 산출 감소는 그 규모가 훨씬 컸고 더 오랫동안 지속되었다. (대부분의 체제전환국은 현재 성장률이 중국보다 여전히 뒤떨어지지만 강한 성장을 경험하고 있다.)

중부와 동부 유럽에서 전환의 초기 효과는 공공 부문의 붕괴였지만, 새로이 생겨난 민간 부문의 저성장으로 말미암아 부분적으로만 보충될 수 있었다. 중국에서 공공 부문은 더 천천히 위축되었지만, 민간 부문의 강력한 성장이 이를 보충하고도 남았다. 이 점은 중국과 다른 전환국들의 차이에 대한 다른 설명을 제공한다. 그러나 여전히 의문은 남는다. 어떻게 중국은 순조로운 전환이 가능했을까?

일부 관찰자는 문화적 설명을 제공한다. 이들은 공자의 가르침에 기초한 유교적 전통을 지적한다. 유교적 전통은 중국인의 가치관을 아직도 지배하며 근로, 헌신에 대한 존중, 친구 간의 신의를 강조한다. 이러한 특징은 시장경제가 잘 작동하도록 하는 제도적 기초가 된다고 주장한다.

일부 관찰자는 역사적 설명을 제시한다. 이들은 러시아와 달리 중국의 중앙집중 계획 체계가 20~30년의 역사밖에 없었음을 지적한다. 따라서 시장경제로의 전환이 생겨났을 때 사람들은 경제가 어떻게 작동하는지 여전히 알고 있었고, 새로운 경제적 환경에 쉽게 적응했다.

대부분의 관찰자는 이 과정에서 있었던 공산당의 강력한 역할을 지적한다. 중부 및 동부 유럽과 달리 정치 체계가 변화하지 않았고 정부가 전환의 속도를 조절할 수 있었다. 이 과정에서 정부는 민간 부문이 성장하는 사이에 국영 기업으로 하여금 생산을 계속하도록 하고, 외국 투자자들에게 사유재산권을 허용하는 실험을 할 수 있었다. (그림 12-5는 중국이 부유한 국가들에 그리 뒤처지지 않은 7.7의 사유재산권 지수를 가짐을 보여준다.) 외국 투자자들은 부유한 국가로부터 기술을 들여왔고, 시간이 지남에 따라 그 지식은 국내 기업에 이전되었다. 간단히 말해 정치적 이유로 인해 이러한 전략은 중부나 동부 유럽의 정부가 이용할 수 없는 것이었다.

중국의 전략이 갖는 한계는 분명하다. 부록에서 나타나듯, 성장의 상당 부분은 매우 높은 투자율, 그리고 그에 따른 자본 축적에 기인한 것이다. 하지만 이러한 방식이 영원히 지속되기는 어렵다. 인구증가율, 그리고 그에 따른 고용증가율은 이미 마이너스로 돌아섰다. 또한 현재의 정책들이 기술 발전을 저해할 수 있다는 우려도 존재한다. 민주주의의 한계라는 핵심 문제는 제쳐두고 경제 문제에만 집중하더라도 은행 시스템은 여전히 비효율적이다. 최근 시진핑(習近平) 국가주석 아래 민영화가 둔화되고 있다. 2010년 이후로 성장률은 '고작' 4.3%에 불과하며, 많은 관측통들은 과도한 국가 개입, 사유재산권에 대한 불확실성 증가, 중국 수출에 대한 관세 및 제재로 이어지는 지정학적 요인 등이 앞으로 성장률을 더욱 낮출 수 있다고 우려하고 있다(자세한 논의는 이 장의 부록 참조). 시간만이 그 결과를 말해줄 것이다.

중국 경제에 대한 자세한 내용은 다음을 참조하라. Gregory Chow, *China's Economic Transformation*, 3rd ed. (2014, Wiley-Blackwell).

동부 유럽과 중국의 전환에 대한 비교는 다음을 참조하라. Jan Svejnar, "China in Light of the Performance of Central and East European Economies," IZA Discussion Paper 2791, May 2007.

인도는 중국보다 더 느리게 성장해 왔다. 두 나라의 비교를 위해서는 다음 자료를 참고하라. Barry Bosworth and Susan M. Collins, "Accounting for Growth: Comparing China and India," *Journal of Economic Perspectives*, 2008, Vol. 22, No. 1: 45–66.

## 요약

- 기술 진보의 성장에 대한 시사점을 생각할 때 기술 진보를 경제에서 이용 가능한 유효노동(즉, 노동과 기술 수준을 곱한 값)이 증가하는 것으로 생각하는 것이 유용하다. 이어서 산출을 자본과 유효노동에 의해 생산되는 것으로 생각할 수 있다.
- 정상 상태에서 유효노동자 1인당 산출과 유효노동자 1인당 자본은 일정하다. 다시 말해 노동자 1인당 산출과 노동자 1인당 자본은 기술 진보율로 성장한다. 또 달리 표현하면 산출과 자본은 유효노동의 증가율과 동일한 비율로, 즉 노동자 수의 증가율과 기술 진보율의 합과 동일한 비율로 성장한다.
- 경제가 정상 상태에 있을 때 경제는 균형성장 경로에 올랐다고 한다. 산출, 자본, 유효노동은 모두 '균형 있게', 즉 동일한 비율로 성장한다.
- 정상 상태에서 산출의 성장률은 저축률과 독립적이다. 그러나 저축률은 정상 상태에서의 유효노동자 1인당 산출 수준에 영향을 미친다. 그리고 저축률은 일정 기간 정상 상태 성장률을 상회하는 성장률의 상승을 이끌 것이다.
- 기술 진보는 (1) 연구 산출력(R&D에 대한 지출이 새로운 아이디어와 새로운 제품으로 전환되는 정도)과 (2) R&D 결과의 전유 가능성(기업이 자신의 R&D 결과로부터 혜택을 받는 정도) 모두에 의존한다.
- 특허법을 설계할 때 정부는 기업이 미래의 발견을 보호하고 R&D를 수행하도록 유인을 제공하는 목표와 기존의 발견을 잠재적 사용자가 제한 없이 이용 가능하게 하는 목표 간의 균형을 잡아야 한다.
- 지속적인 기술 진보를 위해서는 적절한 제도가 필요하다. 특히 사유재산권의 적절한 확립과 보호가 필요하다. 적절한 재산권이 없다면 국가는 가난에 머물 것이다. 그러나 거꾸로 가난한 나라에서는 적절한 재산권을 확립하기 어려울 수 있다.

## 핵심용어

균형성장(balanced growth)
기술 수준(state of technology)
기술 프런티어(technology frontier)
사유재산권(property rights)
연구개발(research and development, R&D)
연구 산출력(fertility of research)
유효노동(effective labor)
전유 가능성(appropriability)
특허(patents)
효율성 단위로 측정한 노동(labor in efficiency units)

## 연습문제

### 기초문제

1. 이 장의 내용에 기초해 다음에 대해 '사실', '거짓', '불확실' 여부를 밝히고, 그 이유를 간단히 설명하라.
   a. 생산함수를 자본과 유효노동으로 나타내는 것은 기술 수준이 10% 상승할 경우 동일한 산출을 얻는 데 필요한 노동자 수가 10% 감소한다는 것을 시사한다.
   b. 기술 진보율이 상승할 경우 유효노동자 1인당 자본을 일정하게 유지하기 위해서는 투자율(산출 대비 투자 비율)이 증가해야 한다.
   c. 정상 상태에서 노동자 1인당 산출은 인구증가율로 성장한다.
   d. 정상 상태에서 노동자 1인당 산출은 기술 진보율로 성장한다.
   e. 저축률의 증가는 정상 상태에서 유효노동자 1인당 자본의 증가를 시사하며, 그에 따라 유효노동자 1인당 산출의 증가율이 높아진다.
   f. R&D 지출에 대한 잠재적 수익이 새로운 기계에 대한 투자로부터의 잠재적 수익과 같다고 해도 기업으로서는 새로운 기계에 대한 투자보다 R&D 지출이 훨씬 더 위험하다.
   g. 수학의 정리로 특허를 획득할 수 없다는 사실은 민간 기업이 기초연구에 종사하지 않을 것임을 시사한다.
   h. 결국 우리는 모든 것을 알게 될 것이므로 언젠가는 성장이 멈출 것이다.
   i. 기술은 중국의 경제성장에 중요한 역할을 하지 못했다.
2. R&D와 성장
   a. 왜 R&D 지출 규모가 성장에 중요한가? 연구 과정의 산출력과 전유 가능성은 R&D 지출 규모에 어떤 영향을 미치겠는가?

   다음 문제 b~e에 나열된 정책 제안은 연구의 전유 가능성과 산출력, 장기적인 R&D와 산출에 어떤 영향을 미치겠는가?

   b. 각 국가의 특허가 세계 전역에서 법적으로 보호되도록 하는 국제협약. 이는 이전에 제안되었으나 현재는 취소된 TPP(Trans-Pacific Partnership)의 일부였을 수 있다.
   c. R&D 지출에 대한 세금감면
   d. 대학과 기업 간 콘퍼런스에 대한 정부 지원의 감소
   e. 신약에 대한 특허 만료. 따라서 신약은 이용 가능한 순간부터 저비용으로 판매될 수 있다.
3. 기술 진보의 원천: 경제 주도국과 개발도상국
   a. 세계 경제의 주도국에 있어 기술 진보는 어디에서 비롯하는가?
   b. 개발도상국은 문제 a에서 답한 기술 진보의 원천 이외에 다른 대안이 없는가?
   c. 개발도상국이 빈약한 특허보호를 하기로 선택한 이유에는 무엇이 있는가? 개발도상국의 이러한 정책 선택으로 말미암아 (개발도상국이 겪을) 위험성은 없는가?

### 심화문제

4. 다음 문제 a와 b에 나열된 각각의 경제 변화에 대해 향후 5년 및 향후 50년에 걸쳐 경제성장률과 산출 수준에 미칠 파급 효과를 평가하라.
   a. 기술 진보율이 영원히 하락한다.
   b. 저축률이 영원히 감소한다.
5. 측정오차, 인플레이션, 생산성 증가

   경제 내에 단 두 가지 재화, 미용과 은행 서비스만이 있다고 하자. 1년도와 2년도에 대한 각 재화의 가격, 수량, 생산에서의 노동자 수는 다음과 같다.

| | 1년도 | | | 2년도 | | |
|---|---|---|---|---|---|---|
| 변수 | $P_1$ | $Q_1$ | $N_1$ | $P_2$ | $Q_2$ | $N_2$ |
| 미용 | 10 | 100 | 50 | 12 | 100 | 50 |
| 은행 서비스 | 10 | 200 | 50 | 12 | 230 | 60 |

   a. 각 연도의 명목 GDP는 얼마인가?
   b. 1년도의 가격을 사용하면 2년도의 실질 GDP는 얼마인가? 실질 GDP의 성장률은 얼마인가?
   c. GDP 디플레이터를 사용한 인플레이션율은 얼마인가?
   d. 1년도 가격을 사용하면 1년도와 2년도의 노동자 1인당 실질 GDP는 얼마인가? 전체 경제에 대한 1년도와 2년도 사이의 노동생산성 증가율은 얼마인가?

   이제 1년도의 은행 서비스에 포함되지 않았던 텔레뱅킹이 2년도에 제공되어 2년도의 은행 서비스는 1년도의 은행 서비스와 같지 않다고 하자. 텔레뱅킹을 위한 기술은 1년도에도 이용할 수 있었지만 1년도의 텔레뱅킹을 포함한 은행 서비스의 가격은 13달러였고, 아무도 이 서비스를 선택하지 않았다. 그러나

2년도에 텔레뱅킹을 포함한 은행 서비스의 가격은 12달러였고, 누구나 2년도에 이 서비스를 선택했다. 즉, 2년도에는 아무도 텔레뱅킹이 없는 은행 서비스를 선택하지 않았다. (힌트: 이제 두 가지 은행 서비스가 있다고 하자. 하나는 텔레뱅킹이 포함되어 있고, 다른 하나는 그렇지 못하다. 세 가지 재화, 즉 미용과 두 유형의 은행 서비스를 이용해 위의 표를 다시 작성해 보라.)

e. 1년도 가격을 사용하면 2년도 실질 GDP는 얼마인가? 실질 GDP 성장률은 얼마인가?

f. GDP 디플레이터를 사용한 인플레이션율은 얼마인가?

g. 전체 경제에 대한 1년도와 2년도 사이의 노동생산성 증가율은 얼마인가?

h. 다음 주장을 고려하자. "만약 은행 서비스가 잘못 측정되었다면, 예를 들어 텔레뱅킹의 도입을 고려하지 않았다면 인플레이션이 과도추정되고 생산성 증가를 과소추정했을 것이다." 위의 문제 a~g까지의 답에 기초해 이 주장을 논의하라.

6. 경제의 생산함수가 다음과 같다.

$$Y = \sqrt{K}/\sqrt{AN}$$

저축률 $s$는 16%, 감가상각률 $\delta$는 10%라고 하자. 더 나아가 노동자 수가 매년 2% 성장하고 매년 기술 진보율은 4%라 하자.

a. 다음 변수에 대한 정상 상태 값을 구하라.

i. 유효노동자 1인당 자본량

ii. 유효노동자 1인당 산출

iii. 유효노동자 1인당 산출의 성장률

iv. 노동자 1인당 산출의 성장률

v. 산출의 성장률

b. 기술 진보율이 연간 8%로 2배 증가했다고 하자. 문제 a에 대한 답을 다시 계산하고 이를 설명하라.

c. 기술 진보율이 여전히 연간 4%로 같지만 이제 노동자 수가 매년 6%로 증가한다고 하자. 문제 a에 대한 답을 다시 계산하라. 문제 a와 c 중 어떤 상황에서 사람들의 생활 수준이 더 높은가? 이에 대해 설명하라.

7. 다음에 나열된 요인이 정상 상태에서의 노동자 1인당 산출을 결정하는 데 어떤 역할을 하는지 논의하라. 각 경우에 있어 그 효과가 $A$를 통해서인지, $K$를 통해서인지, $H$를 통해서인지, 아니면 이 요인들의 일정한 결합을 통해서인지 나타내라. $A$는 기술 수준, $K$는 자본량 수준, $H$는 인적자본량 수준이다.

a. 지리적 위치

b. 교육

c. 재산권 보호

d. 무역 개방

e. 낮은 세율

f. 양질의 공공 인프라

g. 낮은 인구성장률

## 보충문제

8. 성장회계

이 장의 부록은 산출, 자본, 노동에 관한 데이터를 활용해 기술 진보의 증가율 추정치를 계산하는 방법을 보여준다. 이 문제에서는 이를 수정해 노동자 1인당 자본의 성장을 분석하는 데 사용한다.

$$Y = K^{1/3}(AN)^{2/3}$$

이는 부국의 생산을 잘 묘사하는 함수이다.

$$\begin{aligned}(2/3)g_A &= g_Y - (2/3)g_N - (1/3)g_K \\ &= (g_Y - g_N) - (1/3)(g_K - g_N)\end{aligned}$$

여기서 $g_Y$는 $Y$의 성장률, $g_K$는 자본 증가율, $g_N$은 노동 증가율을 나타낸다.

a. $g_Y - g_N$은 무엇을 나타내는가? $g_K - g_N$은 무엇을 나타내는가?

b. 10장에서 펜월드테이블(Penn World Tables)의 데이터에는 부록에 있는 성장회계 공식을 구성하는 요소를 계산하는 데 필요한 정보가 포함되어 있다. 그 공식은 다음과 같다.

$$\text{잔차} \equiv g_Y - [\alpha g_N + (1-\alpha)g_K]$$

펜월드테이블을 이용해 오른쪽 표를 채울 수 있다. 산출은 rgdpo(2017년 미국 달러), 노동자의 노동투입량은 emp, 자본량은 ck(2017년 미국 달러), 노동소득분배율은 labsh이다. 이 값은 펜월드테이블 버전 10.01에서 직접 구한 것이다.

| | 2000년 | | | | 2019년 | | | |
|---|---|---|---|---|---|---|---|---|
| | $Y$ | $N$ | $K$ | 노동소득분배율 | $Y$ | $N$ | $K$ | 노동소득분배율 |
| 중국 | | | | | | | | |
| 미국 | | | | | | | | |

사용 가능한 2019년의 데이터로 이 변수들의 연간 성장률을 계산하고 다음 질문에 답하라. 중국에서 $K/N$ 비율은 상승하고 있는가, 아니면 하락하고 있는가? 미국에서는 어떠한가? 노동소득분배율이 가장 높은 나라는 어디인가? 어느 나라가 가장 큰 잔차를 보이는가? (2년 동안의 평균 노동소득분배율을 사용해 잔차를 계산한다.) 잔차는 무엇을 나타내는가? 그 결과는 놀라운가?

## 부록 기술 진보 측정치의 구축과 중국의 사례

12-1절에서는 성장을 결정하는 자본 축적과 기술 진보의 역할을 논의했다. 정상 상태에서 1인당 산출 증가가 전적으로 기술 진보 속도에 의해 결정된다는 사실을 살펴보았다. 그러나 정상 상태를 벗어나면, 예를 들어 저축률 증가 등의 이유로 자본량 증가율이 경제성장률보다 높아져 한동안 더 높은 성장률이 생겨날 수 있다.

이는 다음과 같은 질문을 제기한다. 기술 진보의 속도를 어떻게 측정해야 하는가? 이에 대한 답은 1957년 솔로(Robert Solow)가 제공했으며, 오늘날에도 여전히 사용되고 있다. 다만 그 답은 한 가지 중요한 가정에 의존한다. 즉, 각 생산 요소에는 한계생산물이 지급된다는 것이다.

이 가정하에서 각 생산 요소의 증가가 산출 증가에 미친 기여도를 계산하는 것이 쉽다. 예를 들어 노동자에게 연간 3만 달러가 지급된다면 이 가정은 그의 산출에 대한 기여가 3만 달러임을 시사한다. 이제 이 노동자가 근로시간을 10% 늘렸다고 하자. 따라서 근로시간 증가로 인한 산출의 증가는 30,000달러×10%=3,000달러이다.

이를 좀 더 엄밀하게 살펴보자. 산출을 $Y$, 노동을 $N$, 실질임금을 $W/P$로 나타내자. 기호 $\Delta x$는 $x$의 변화를 나타낸다. 이 경우 방금 살펴보았듯이 산출의 변화는 실질임금을 노동의 변화로 곱한 것과 일치한다.

$$\Delta Y = \frac{W}{P}\Delta N$$

양변을 $Y$로 나눈 뒤 우변을 $N$으로 나누고 다시 곱해 정리하면 다음과 같다.

$$\frac{\Delta Y}{Y} = \frac{WN}{PY}\frac{\Delta N}{N}$$

여기서 우변의 첫 항($WN/PY$)은 산출에서의 노동의 비중, 즉 총임금을 총명목산출로 나눈 값과 같다. 이 비중을 $\alpha$라고 하자. 아울러 $\Delta Y/Y$는 경제성장률로서 $g_Y$로 나타내자. 마찬가지로 $\Delta N/N$은 노동투입의 변화율로서 $g_N$으로 나타내자. 결국 앞의 관계식은 다음과 같이 나타낼 수 있다.

$$g_Y = \alpha g_N$$

더 일반적으로 이러한 추론은 산출성장 중 노동투입에 돌릴 수 있는 부분이 $\alpha$에 $g_N$을 곱한 것과 같다는 것을 시사한다. 예를 들어 고용이 1.7% 증가하고 노동 비중이 0.6%라면 고용 증가로 인한 산출 증가는 1.0%(0.6×1.7%)와 같다.

마찬가지로 경제성장률 중 자본 성장에 기인하는 부분도 계산할 수 있다. 단지 두 가지 생산 요소, 즉 노동과 자본만이 존재하고, 노동의 비중은 $\alpha$이므로, 소득 중 자본의 비중은 $(1-\alpha)$이다. 자본의 성장률이 $g_K$와 같다면 경제성장률 중 자본 성장에 기인하는 부분은 $(1-\alpha)$에 $g_K$를 곱한 것과 같다. 예를 들어 자본이 9.7% 증가하고 자본 비중이 0.4라면 자본 증가로 인한 산출 증가는 3.9%(0.4×9.7%)와 같다.

노동과 자본의 기여를 모두 고려하면 노동과 자본의 증가에서 기인하는 산출 증가는 $[\alpha g_N + (1-\alpha)g_K]$이므로, 예에서는 1.0% + 3.9% = 4.9%가 된다.

이에 따라 솔로가 **잔차**라 불렀던 것을 계산하면 기술 진보의 효과를 측정할 수 있다. 이는 실제 경제성장률 $g_Y$에서 노동성장과 자본성장으로 돌릴 수 있는 성장률 $[\alpha g_N + (1-\alpha) g_K]$를 차감한 것과 같다.

$$\text{잔차} \equiv g_Y - [\alpha g_N + (1-\alpha)g_K]$$

이 측정치는 **솔로 잔차**(Solow residual)라 한다. 이는 계산하기 쉽다. 필요한 것은 경제성장률 $g_Y$, 노동 증가율 $g_N$, 자본 성장률 $g_K$, 노동 비중 $\alpha$와 자본 비중 $1-\alpha$가 전부이다. 앞의 예를 계속 사용해 산출 증가율이 6.9%이면 솔로 잔차는 6.9%−4.9%=2.0%이다.

솔로 잔차는 때때로 **총요소생산성 증가율**(rate of growth of total factor productivity), 즉 **TFP 증가율**(rate of TFP growth)라 불린다. 총요소생산성이라는 용어는 **노동생산성 증가율**과 구분하기 위한 것인데, 후자는 경제성장률에서 노동 증가율을 차감한 $(g_Y - g_N)$으로 정의된다.

솔로 잔차는 기술 진보율과 단순한 관계를 갖는다. 잔차는 노동 비중에 기술 진보율을 곱한 값과 같다.

$$잔차 = \alpha g_A$$

이 결과는 여기서 유도하지 않을 것이다. 그러나 이 관계에 대한 직관은 생산함수식 $Y=F(K, AN)$[식 (12.1)]에서 중요한 것이 기술 수준과 노동의 곱 $AN$이라는 사실에서 유도된다. 앞서 산출 성장에 대한 노동 성장의 기여를 얻기 위해서는 노동 증가율을 그 비중으로 곱해야 한다는 것을 보았다. $N$과 $A$가 생산함수에 같은 방식으로 도입되므로, 산출 성장에 대한 기술 진보의 기여를 얻으려면 기술 진보율을 노동 비중으로 곱해야 한다.

솔로 잔차가 0과 같다면 기술 진보 역시 0과 같다. $g_A$에 대한 추정치를 구축하기 위해서는 솔로 잔차를 구한 뒤 노동 비중으로 나누어야 한다. 수치 예로 돌아가 노동 분배 몫이 0.6이라면 기술 진보율은 2.0%/0.6=3.3%이다.

왜 위의 수치를 사용했는지 궁금할 것이다. 이유는 간단하다. FOCUS에서 고성장기로 설명한 1978년부터 2010년까지 중국의 수치이다. 이 수치는 무엇을 말해주는가?

산출 증가율은 6.9%로 매우 높았다. 노동자 1인당 산출 증가율도 5.2%로 매우 높았다. 기술 진보율도 높았지만 3.3%로 그다지 크지는 않았다. 산출 증가율과 기술 진보 속도의 차이는 매우 높은 투자율과 연평균 거의 2.8%에 달하는 자본 대비 산출 비율의 꾸준한 증가를 반영한 것이다. 그림 12-2에서 중국 경제는 $(K/AN)_0$에서 $(K/AN)^*$로 이동했다.

결국에는 투자율이 감소하고 산출 대비 자본 비율이 안정화되면서 산출의 성장은 기술 진보율과 고용 증가율의 합을 반영하게 될 것이다. 그러나 기술 진보율과 고용 증가율이라는 두 측면 모두에 대한 우려가 존재한다. 일부 산업에서는 중국이 기술 프런티어에 근접하고 있어 이제는 모방에서 혁신으로의 전환이 필요한데, 이는 훨씬 더 어려운 과제이다. 현재의 일부 정책들은 사유재산권, 국영 부문과 민간 부문 간의 역할에 대해 의문을 갖게 한다. 지정학적 긴장은 중국이 새로운 기술을 수입하는 것을 어렵게 만들고 있다. 이러한 모든 요소는 기술 진보율이 상당히 낮아질 수 있음을 시사한다. 그리고 출산율이 매우 낮기 때문에 중국의 인구와 고용은 현재 감소하고 있다. 이는 앞으로 경제활동인구 증가율이 마이너스로 전환될 가능성을 의미하며, 이에 따라 과거보다 훨씬 낮은 산출 증가가 나타날 수 있다.

이 부록에서 논의한 아이디어가 처음 제시된 것은 다음과 같다. Robert Solow, "Technical Change and the Aggregate Production Function," *Review of Economics and Statistics*, 1957, 39(3): pp. 312–320.

### 핵심용어

솔로 잔차(Solow residual)

총요소생산성 증가율(rate of growth of total factor productivity)

TFP 증가율(rate of TFP growth)

# 13 경제성장의 과제

10~12장에서는 주로 정상 상태의 성장, 즉 시간이 지남에 따라 생활수준이 지속적으로 향상되는 과정을 중심으로 논의했다. 그러나 이러한 접근은 다소 지나치게 낙관적인 인식을 유도할 수 있다. 실제로 경제성장은 복잡한 과정이며, 다양한 도전과제에 직면해 있다. 우리는 이러한 문제들을 매일 신문에서 접하게 된다. 기술 진보가 과연 지금과 같은 속도로 계속될 수 있을까? 로봇과 인공지능(AI)이 일자리를 대체해 대량 실업을 초래하게 되지는 않을까? 생활 수준의 향상은 모든 사람에게 고르게 혜택을 주고 있는가? 그리고 성장의 과정 속에서 우리가 지구를 파괴하고, 미래를 저당잡히고 있는 것은 아닌가? 이 장에서는 이러한 질문들을 중심으로 경제성장의 복잡한 현실을 다룰 것이다.

**13-1** 기술 진보의 미래를 논의한다. 새로운 혁신이 끊임없이 등장하는 것처럼 보이지만, 실제로 생산성 증가율은 놀라울 정도로 낮은 수준에 머물러 있다. 이러한 현상은 왜 발생하는 것일까? 그리고 앞으로 우리는 어떤 변화를 기대할 수 있을까?

**13-2** 기술 진보와 실업 간의 관계를 논의한다. 이러한 우려는 오랜 역사를 가지고 있지만, 지금까지는 근거가 없는 것으로 드러났다. 미래에는 과연 다른 결과가 나타날까?

**13-3** 기술 진보와 불평등 간의 관계를 논의한다. 불평등이 심화되었고, 그 원인으로 기술 진보와 세계화가 지목되고 있다. 그 근거는 무엇이며, 불평등은 앞으로도 계속 심화될 것인가?

**13-4** 기술 진보, 경제성장, 그리고 기후 변화 간의 관계를 논의한다. 성장은 다양한 생태학적 재앙의 원인으로 비판받고 있으며, 특히 기후 변화의 주요 원인 중 하나로 지목된다. 이러한 주장에 대한 근거는 무엇이며, 만약 사실이라면 어떤 정책이 채택되어야 하고, 그러한 정책이 실제로 실행될 가능성은 어느 정도일까?

**이 장의 핵심 주제:** 지금까지 모든 장은 '이 장의 핵심 주제'로 시작되었다. 그러나 이 장은 한 문장으로 요약하기가 쉽지 않았다. 다만, 이 장의 전체적인 핵심 주제는 "경제성장은 복잡한 과정이며 이를 공정하고 지속 가능하게 만들기 위한 정책이 필수적이다"라는 점이다. ▶▶▶

## 13-1 기술 진보의 미래

표 10-1은 인구 1인당 산출량의 성장률 추이를 제시하며, 4개국 모두에서 2000년 이후 성장률이 크게 둔화되었음을 보여준다.

빠른 기술 진보에 대한 인식과 실제 생산성 증가의 성과 사이에는 묘한 긴장 관계가 존재한다. 주변을 보면 로봇 도입, 인공지능 발달, 머신러닝 활용, 더 구체적으로는 스마트폰 앱의 개수 등은 빠른 기술 변화를 각인시킨다. 이렇듯 빠른 기술 변화는 생산성 성장률의 증가로 반영될 것이라고 예상할 수 있다. 그러나 2000년대 초반 이후 대부분의 선진국에서는, 1인당 산출량 증가율(즉, 생산성 증가율)이 놀라울 정도로 낮은 수준에 머물러 있다. 예를 들어 미국의 경우 1인당 산출량은 연평균 1.4% 증가하는 데 그쳤는데, 이는 앞선 60년간의 연평균 증가율인 1.9%보다 낮은 수치이다.

당신의 스마트폰은 이전 스마트폰보다 얼마나 좋아졌는가? 확실히 더 낫지만 얼마나 더 나은가?

어떻게 하면 이 둘이 조화될 수 있을까? 한 가지 가능한 답은 '측정 오류'이다. 2장의 FOCUS '실질 GDP, 기술 진보, 컴퓨터 가격'에서 논의했듯이 기술 진보를 측정하는 것은 어렵다. 예를 들어 2010년 컴퓨터에 비해 2018년 컴퓨터가 얼마나 더 개선되었는가? 통계기관은 속도, 하드 디스크 용량 등의 변화에 맞춰 조정해 왔지만 성과는 충분하지 못하다. 그리고 새로운 소프트웨어의 경우 이러한 문제는 훨씬 더 크다. 예컨대 우리가 듣고 싶은 거의 모든 음악에 즉시 접근할 수 있다는 점에 얼마큼 가치를 부여해야 할까?

12장에서는 생산성 증가율의 둔화가 자본 대비 산출 비율의 하락 또는 기술 진보의 둔화에서 비롯될 수 있음을 살펴보았다. 그러나 미국의 경우 자본 대비 산출 비율은 대체로 일정하게 유지되어 왔기 때문에, 생산성 증가율 둔화의 주된 원인은 기술 진보의 둔화에 있는 것으로 보인다.

결과적으로 생산성 증가율이 과소평가되어 실제의 생산성 증가율은 더 높다고 할 수 있을까? 이 주제에 대한 연구들은 긍정적 답을 제시하지만 주의할 점이 있다. 경제 전체를 놓고 보면, 이러한 측정 오류가 크게 커진 것으로 보이진 않는다. 즉, 측정 오류는 과소측정된 생산성 증가치 중 일부만을 설명할 수 있을 뿐이다.

만약 생산성 증가율이 실제로 감소한 것이라면 이는 어떻게 설명할 수 있는가? 이는 경제학자들 사이에서 격렬히 논쟁되고 있는 주제이다.

최근 수십 년간의 혁신이 과거의 주요 혁신보다 덜 중요하다는 주장도 있다. 주요 혁신이란 다양한 분야와 제품에 광범위하게 응용될 수 있는 혁신이다. 이런 이유로 이러한 혁신을 **범용 기술**(general-purpose technology, GPT)이라고 한다.

디지털화는 digitization 또는 digitalization이라고 하는데, 이에 대해서는 의견이 분분하다.

노스웨스턴대학교의 고든(Robert Gordon)은 기술 혁신의 역사를 연구하면서 지난 150년 동안 두 가지 주요 혁신은 전기와 내연기관이었다고 주장한다. 이들은 도입 후 수십 년 동안 생산과 삶의 방식을 극적으로 변화시켰다. 몇 가지 예를 들면 다음과 같다. 전기는 에어컨의 사용과 미국 남부의 발전으로 이어졌다. 냉장고도 발전해 음식을 훨씬 더 오래 보관하게 되었고, 식품의 생산과 유통 체계를 변화시켰다. 내연기관은 자동차로 이어졌고, 주 간 고속도로 건설을 촉발하고 도시 발전에 영향을 미쳤다. 고든은 최근 수십 년간의 주요 혁신인 디지털화가 과거의 주요 혁신과 같은 광범위한 파급 효과를 갖지 못한다고 주장한다. 그의 견해에 따르면, 이것이 생산성 증가율이 낮은 이유를 설명해 준다.

Robert Gordon, *The Rise and Fall of American Growth*(Princeton University Press, 2016). 그의 주요 논점을 요약한 좋은 영상은 www.youtube.com/watch?v=PYHd7rpOTe8에서 볼 수 있다.

기술 확산 속도에 대해서는 12장의 FOCUS '신기술의 확산: 교배종 옥수수'를 참조하라.

반면 스탠퍼드대학교의 브린욜프슨(Eric Brynjolfsson)을 비롯한 다른 학자들은, 디지털화가 확산되는 데 시간이 걸리고 있지만, 컴퓨터의 연산 능력이 계속 향상됨에 따라 디지털화의 파급 효과는 과거의 전기나 내연기관이 초래한 변화만큼이나 크거나, 그보다 더 클 수도 있다고 주장한다. 현재 학계와 산업계의 관심과 기대는 인공지능이 가져올 변화에 집중되고 있다.

◀ Erik Brynjolfsson and Andrew McAfee, *The Second Machine Age: Work, Progress, and Prosperity in a Time of Brilliant Technologies* (Norton and Company, 2014).

**인공지능**(artificial intelligence, AI), 즉 컴퓨터가 단독으로 또는 로봇과 결합하여 인간이 수행해 온 작업들을 점점 더 많이 수행할 수 있는 능력은 2010년대 이후 꾸준히 향상되어 왔다. 그리고 2020년대에 들어서면서 간단한 명령어(프롬프트)를 바탕으로 코딩, 텍스트 분석, 이미지나 음악 생성 등 훨씬 더 복잡한 작업을 수행할 수 있도록 해주는 **생성형** AI(generative artificial intelligence, GenAI)의 개발로 인해 발전 속도는 극적으로 가속화되었다.

생성형 AI 발전 속도는 매우 빠르며, 컴퓨터와 로봇이 현재 인간이 수행하는 많은 작업을 대신할 수 있을 것이라는 점은 분명해 보인다. 생성형 AI가 다양한 산업 분야에서 얼마나 많은 작업 시간을 절약할 수 있는지를 보여주는 매킨지(McKinsey)의 연구 결과는 그림 13-1에 제시되어 있다. 그림에서 검은 동그라미는 기존의 인공지능과 자동화 기술을 활용해 2030년까지 절약할 수 있는 작업 시간의 비율을 나타내며, 파란 마름모는 여기에 생성형 AI를 추가로 적용했을 때 절약 가능한 시간 비율까지 포함한 값이다.

기술 진보에 관한 터무니없이 틀린 예측 사례들에 대해서는 다음을 참조하라. www.pcworld.com/article/155984/worst_tech_predictions.html ◀

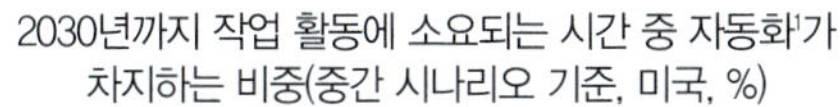


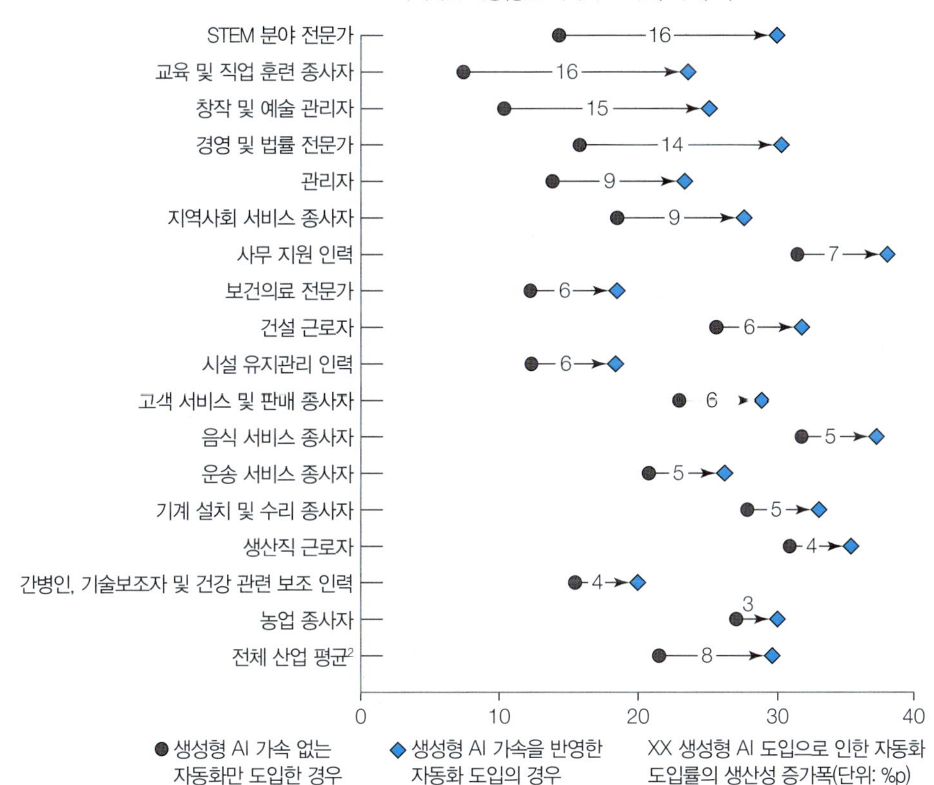


1 중간 자동화 도입률은 조기 및 후기 도입 시나리오의 평균값으로, 다음에 기반한다. *The economic potential of generative AI: The next productivity frontier*, McKinsey & Company, June 2023.

2 전체 산업 평균 값은 2022년 직종별 고용 규모를 가중치로 산출한 값이다.

**그림 13-1**

**생성형 인공지능에 따른 시간 절감 가능성**

AI, 로봇, 그리고 생성형 AI를 활용할 경우 2030년까지 평균 업무 시간이 약 30% 절감될 것으로 추정된다.

출처: McKinsey, Generative AI and the Future of Work in America, 2023.

파란 마름모 기준으로 보면 절감 가능한 평균 업무 시간 비율은 약 30%에 달한다. 이는 산업별로 차이가 있으며, 같은 산업 내에서도 직무에 따라 차이는 더욱 클 것으로 보인다. 예를 들어 건설업에서는 약 20%, 사무 지원 분야에서는 약 40%의 시간 절약이 가능하다. 생성형 AI 자체의 기여도(즉, 검은 동그라미에서 파란 마름모로의 추가 절약분) 역시 산업별로 다르며, 교육 분야에서는 16%p, 농업 분야에서는 3%p 미만이다. 이러한 수치는 매우 인상적이다. 예컨대 현재 노동자가 1단위 시간에 생산하던 것을 앞으로는 0.7단위 시간(1−30%)에 생산할 수 있다고 가정하면, 이는 생산성이 1/0.7−1.0 = 약 42% 증가함을 의미한다. 이러한 변화가 2022년부터 2030년 사이에 일어난다고 가정할 경우 연평균 4.7%의 생산성 증가율이 되며, 이는 현재 생산성 증가율의 3배 이상에 해당한다. 물론 이러한 수준의 성장이 실제로 실현될 가능성은 크지 않다. 그러나 이 분석은 생성형 AI의 확산이 생산성 증가에 큰 영향을 미칠 수 있으며, 고용 수준이 일정하다는 가정 아래에서 산출량 증가에도 상당한 효과를 가져올 수 있음을 시사한다.

이에 대해 확신할 수 있을까? 그렇지 않다. 1943년, IBM의 당시 CEO였던 왓슨(Thomas Watson)이 "전 세계 시장에서 컴퓨터 수요는 기껏해야 다섯 대 정도일 것이다"라고 말한 것을 비롯해 놀라울 정도로 잘못된 예측 사례가 다수 존재한다. 그러나 이번 경우에는 생성형 AI가 생산성 증가에 강력한 영향을 미치지 않을 것이라고 단정짓기는 어렵다.

## 13-2 기술 진보와 실업

산업혁명 초기부터 사람들은 기술 진보가 일자리를 없애고 실업을 증가시킬 것이라는 우려를 제기해 왔다. 19세기 초 영국에서는 **러다이트**(Luddites)라 불리는 섬유산업 노동자 집단이 자신들의 일자리를 위협하는 새로운 기계를 파괴하는 운동을 벌였으며, 이와 유사한 움직임은 다른 국가들에서도 나타났다. **사보타주**(sabotage)라는 용어는 프랑스 노동자들이 무거운 나무신(사보, sabots)을 기계에 던져 넣어 기계를 망가뜨린 데서 유래한다.

**기술 실업**(technological unemployment)이라는 주제는 실업률이 높아질 때마다 반복적으로 제기되어 왔다. 예컨대 1930년대 대공황 시기에 미국에서 등장한 **테크노크라시 운동**(technocracy movement)은 기계 도입이 대량 실업의 주된 원인이며, 기술 발전이 계속될수록 상황이 더욱 악화될 것이라고 주장했다. (다만 실제로는 당시의 실업은 기술보다 금융 시스템 붕괴에 더 큰 원인이 있었다.) 이와 유사한 문제의식은 1990년대 말 프랑스에서 다시 등장했다. 프랑스 정부는 당시 법정 주당 근로시간을 39시간에서 35시간으로 단축하는 법안을 도입했는데, 그 주된 배경 논리는 기술의 발전으로 더 이상 모든 노동자에게 전일제 일자리를 제공할 만큼의 일자리가 충분하지 않다는 것이었다. 이에 따라 정부는 시간당 임금은 유지하되, 각 근로자의 근무 시간을 줄여 더 많은 사람에게 일자리를 배분하자는 정책을 추진했다.* 하지만 이 정책에는 또 다른 (그리고 더 설득력 있는) 논거도 있었다. 생산성이 증가할수록 그 혜택은 전부 소득 증가로만 귀결될 것이 아니라 일부는 '여가 시간의 증가'라는 형태로 돌아가야 한다는 철학적 입장이었다. 문제는 이러한 소득과 여가 간의 선택을 노동자와 기업의 자율적 판단에 맡기지 않고 법률로 강제한 것이 과연 바람직했는가 하는 점에서 논란이 있었다.**

"기술 진보는 반드시 실업을 초래한다"는 주장은 가장 단순한 형태로 보더라도 명백히 사실이 아니다. 선진국들이 이룩한 고용 수준과 생활 수준의 비약적인 향상은 실업률이 증가하지 않은 상태에서 고용 자체가 크게 늘어난 결과였다. 예컨대 미국에서는 1890년 이후 1인당 실질 산출량이 10배 이상 증가한 반면, 고용 역시 감소하기는커녕 미국 인구의 증가와 함께 약 6.8배 늘어났다. 앞서 살펴본 바와 같이 현재 미국의 실업률은 매우 낮은 수준이다. 또한 국제 비교를 해보더라도 실업률과 생산성 수준 사이에 체계적이고 일관된 양(+)의 상관관계가 존재한다는 증거는 발견되지 않는다.

그러나 보다 정교하고 세련된 형태의 '기술 실업 가설(technological unemployment hypothesis)'은 보다 진지하게 검토할 필요가 있다. 이 가설의 첫 번째 주장에 따르면 생산성 향상이 일부 기업의 고용 축소로 이어질 경우 기존 일자리가 사라지고 새로운 일자리가 창출되기까지 일정한 시간이 소요될 수 있으며, 그 과정에서 비록 영구적이지는 않더라도 한동안 실업률이 상승할 수 있다는 것이다. 그러나 지금까지의 실증적 증거에 따르면 이러한 우려가 현실화된 사례는 많지 않으며, 생산성 향상에 따른 일자리 전환은 대체로 원활하게 이루어져 왔다.

그림 13-2는 1890년 이후 각 10년 단위로 계산된 미국의 평균 노동생산성 증가율과 평균 실업률을 함께 보여준다. 처음 보면 이 두 변수 사이에 뚜렷한 상관관계는 없어 보인다. 그러나 1930년대, 즉 대공황 시기를 제외하고 보면 흥미로운 관계가 드러난다. 그것은 '기술 실업'을 주장하는 이들이 예측한 것과는 정반대의 방향이다. 다시 말해 1940~1960년대처럼 생산성 증가율이 높았던 시기에는 오히려 실업률이 낮았고, 반대로 2010~2019년처럼 생산성 증가율이 낮았던 시기에는 실업률이 더 높았다. 이러한 사실은 기술 진보가 일자리를 없앤다는 단순한 가정에 의문을 제기한다.

과거에 성립했던 사실이 미래에도 반드시 성립하는 것은 아니다. 각각의 범용 기술은 그 나름의 고유한 문제들을 수반하기 때문이다.

지난 20여 년간 '로봇'은 기술 실업 논의의 중심에 있었다. 로봇은 본질적으로 저숙련 노동자의 일부 업무를 대체할 수 있으며, 이들이 다른 일자리를 찾기는 쉽지 않다. MIT의 아제모을루

* 역자 주: 이른바 '워크 셰어링(work sharing)' 방식으로, 총노동시간을 여러 사람에게 나누는 전략이다.

** 역자 주: 이후 프랑스 내에서도 '노동 유연성과 생산성 보장 간의 균형'을 중심으로 논의가 재조정되었고, 여러 나라에서는 자발적 노동시간 선택제, 재택근무제, 유연근무제 등 노동의 자율성과 효율성을 동시에 추구하는 제도적 실험이 이어지고 있다.

그림 13-2

**생산성 증가와 실업률 (1890~2019년간 10년 단위 평균값)**

출처: 1960년 이전 자료: Historical Statistics of the United States, 1960년 이후 자료: Bureau of Labor Statistics.

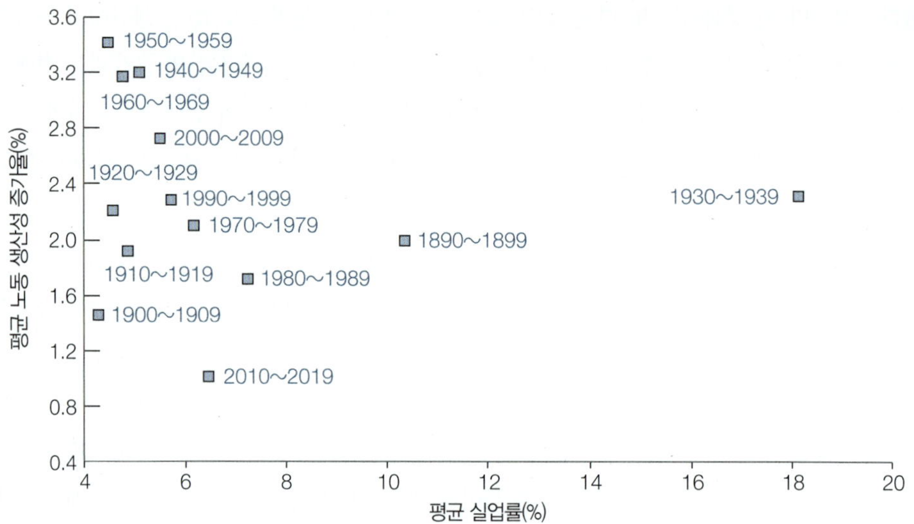


(Daron Acemoglu)와 레스트레포(Pascual Restrepo)는 로봇 도입이 지역 노동시장에 미치는 영향을 분석한 결과, 로봇이 도입된 지역에서 실제로 일자리가 줄었다고 결론지었다. 물론 로봇 도입으로 기업의 비용은 줄고, 제품 가격은 내려가며 판매와 생산은 늘었지만, 로봇이 노동자를 대체하는 흐름이 주요 요인으로 작용해 일자리가 줄어들었다. 즉, 생산성 향상 효과보다 노동 대체 효과가 더 컸다는 점이 핵심이다.

그러나 여기서 핵심적인 질문은, 로봇이 다른 부문에서는 새로운 일자리를 만들어냈느냐는 점이다. 예컨대 로봇을 도입한 기업이 중간재를 더 저렴하게 생산하게 되면 그 중간재를 사용하는 다른 기업들의 생산비가 낮아져, 그 결과 고용이 늘어날 수도 있다. 하지만 이러한 효과는 실증적으로 판단하기 어렵다. 확실히 말할 수 있는 것은, 오늘날 미국의 실업률이 전반적으로 낮다는 사실이다. 특히 고등학교 졸업자는 3.9%, 고등학교도 졸업하지 못한 노동자는 5.2%의 실업률을 보이는데, 이는 두 집단 모두 역사적으로 가장 낮은 수준이다. 분명히 로봇으로 인해 사라진 일자리는 다른 부문에서 새로운 일자리로 대체된 셈이다.

생성형 AI는 기존의 범용 기술이나 로봇 중심의 전통적 AI와 성격이 다른 새로운 문제들을 제기한다. 생성형 AI는 특히 고숙련·고학력 노동자들에게 더 큰 영향을 미칠 가능성이 크다. 이들 중 일부는 임금 인하를 받아들이거나, 심지어 직업을 바꿔야 할 수도 있다. 그러나 이들은 기본적인 역량이 탄탄한 만큼 노동시장 내에서 여전히 고용 가능성이 높기 때문에, 생성형 AI가 지속적인 실업률 상승으로 이어질 가능성은 낮다. 오히려 생성형 AI 덕분에 기존에는 기술 부족 등으로 인해 일자리를 얻기 어려웠던 저숙련 노동자들 중 일부가 새롭게 고용될 수 있으므로, 실업률이 오히려 하락할 수도 있다. 이러한 점에서 과거의 역사도 하나의 유용한 길잡이가 될 수 있다. 생성형 AI로 인한 생산성 향상은 실업률을 높이지 않고, 주로 산출량 증가의 형태로 나타날 가능성이 크다고 보는 것이 타당하다.

예를 들어 변호사나 법률보조원(paralegal, 법률 문서 정리, 판례 조사 등을 지원하는 전문직)이 수행하던 상당수의 배경 자료 읽기 및 분석 작업은 이제 생성형 AI가 대신 수행할 수 있다. ▶

설령 생성형 AI가 실업률에 미치는 영향에 대해 낙관적인 결론을 내릴 수 있다고 하더라도 상대임금의 변화와 일부 노동자가 직업을 바꿔야 할 가능성은 여전히 중요한 과제로 남는다. 이는 결국 기술 진보가 초래하는 자원의 재배분과 소득 불평등의 문제로 논의가 확장된다.

## 13-3 성장, 노동시장 재편, 그리고 불평등

로봇과 생성형 AI는 오늘날 특히 주목받는 기술 진보의 두 가지 형태이다. 그러나 이들이 제기하는 쟁점은 단지 이들 기술에만 국한되지 않는다. 기술 진보란 본질적으로 경제 구조의 변화를 수반하는 과정이며, 이는 노동시장에서 어떤 변화가 일어나는지를 이해하는 데 있어 매우 중요한 함의를 지닌다.

이러한 주제는 1930년대 하버드대학교의 경제학자 슘페터(Joseph Schumpeter)가 연구한 핵심 내용이기도 하다. 그는 경제성장의 과정을 본질적으로 **창조적 파괴**(creative destruction)로 보았다. 즉, 새로운 상품이 등장하면 기존 상품은 쓸모를 잃게 되고, 새로운 생산 기법이 도입되면 새로운 기술이 요구되는 반면, 일부 기존 기술은 더 이상 필요하지 않게 된다. 이러한 변화 속에서 기존 일자리는 사라지고, 새로운 일자리가 창출된다.

이러한 창조적 파괴 과정의 본질은, 댈러스 연방준비은행(Federal Reserve Bank of Dallas)의 전 총재 맥티어(Robert McTeer)가 *The Churn*이라는 보고서 서문에서 남긴 다음의 인용문에 잘 드러나 있다.

◀ *The Churn: The Paradox of Progress*(1993)

> "나의 조부는 대장장이였으며, 그의 아버지도 마찬가지였다. 그러나 나의 아버지는 '변화의 소용돌이(the churn)'라는 진화 과정에 휘말리게 되었다. 아버지는 중학교 1학년(7학년) 때 제재소에서 일하기 위해 학교를 그만두었고, 그 후 기업가 정신이 발동했다. 그는 작은 창고를 빌려 자신의 아버지를 실업자로 만든 자동차들을 정비하는 주유소를 열었다. 아버지는 성공했고, 언덕 위에 땅을 사서 트럭 정류소를 세웠다. 이 정류소는 새 고속도로가 서쪽 32킬로미터 떨어진 곳을 관통하기 전까지는 대단히 번창했다. 결국 '변화의 소용돌이'는 US 411번 국도를 새 고속도로 75호선으로 대체했고, 내가 꿈꾸던 풍요롭고 안정된 삶의 비전도 함께 사라졌다."

대장장이에서 마구 제작자(harness maker)에 이르기까지 수많은 직업이 완전히 사라졌다. 20세기 초, 미국에서는 1,100만 명이 넘는 인구가 농업에 종사했지만, 농업 생산성의 비약적인 향상으로 인해 현재 이 수치는 100만 명 이하로 줄었다. 반면 현재 미국에는 트럭·버스·전문 운전기사가 300만 명 이상 있으며, 1900년에는 이러한 직업이 아예 존재하지 않았다. 정보기술(IT) 부문에도 현재 460만 명이 넘는 종사자가 있으나, 1960년 당시에는 거의 존재하지 않았다.

미국 인구조사국에서 제공하는 직업별 고용 분포 통계도 흥미롭다. www.census.gov/topics/employment/industry-occupation.html.

◀ 경제학자는 몇 명일까?

적절한 기술을 갖춘 사람들조차도 자신이 일하는 기업이 더 효율적인 다른 기업에 의해 대체되거나, 자사가 판매하던 제품이 다른 제품으로 대체될 수 있다. 기술 진보가 소비자(그리고 나아가 기업과 주주)에게 제공하는 이익과 노동자가 감수해야 하는 위험 간의 긴장 관계는 아래에 제시된 만화에 잘 드러나 있다. 이러한 긴장, 즉 기술 변화가 사회 전체에 가져다주는 막대한 편익과 일자리를 잃은 노동자가 겪는 잠재적으로 큰 손실 사이의 괴리는 Focus '일자리 파괴, 노동시장의 재편, 그리고 소득 손실'에서 보다 깊이 있게 논의된다.

앞을 내다보면 생성형 AI가 기술 진보의 주요 동력이 될 경우 어느 산업에서 고용이 줄고, 어느 산업에서 고용이 늘어날지가 핵심 쟁점으로 떠오른다. 앞서 본 그림 13-1은 이 질문에 대한 절반의 실마리를 제공한다. 생성형 AI가 현재 인간이 수행하는 과업 중 일부를 대신할 수 있는 여지가 큰 직무들이 존재한다. 예컨대 사무 지원 인력이나 프로그래머들이 담당하는 업무의 많은 부분은 생성형 AI로 대체될 수 있으며, 이는 동일한 산출을 훨씬 적은 노동력으로 달성할 수 있음을 의미한다. 그러나 전체적인 고용 효과는 결국 해당 재화나 서비스에 대한 수요의 가격탄력성에 달려 있다. 생성형 AI의 도입은 비용을 절감하고, 이는 기업의 제품 및 서비스 가격 인하로 이어지며, 일반적으로 가격이 떨어지면 수요가 증가한다. 하지만 수요가 매우 비탄력적이라면(예: 사무 지원 업무처럼 수요 규모가 거의 고정된 경우) 결과적으로 고용은 줄어들 수밖에 없다. 반대로 수요가 매우 탄력적인 경우(예: 프로그래머에 대한 수요) 가격 하락은 수요를 크게 증가시켜 고용이 오히려 늘어날 수도 있다. 아직까지는 생성형 AI의 시간 절약 범위와 수요 탄력성을 모두 고려한 산업별 고용 효과에 대한 정밀한 연구는 부족한 상황이다. 하지만 한 가지 명확한 결론은 있다. 생성형 AI의 확산은 노동시장과 산업 구조 전반에 걸쳐 상당한 규모의 재편을 초래할 수 있다.

FOCUS

## 일자리 파괴, 노동시장의 재편, 그리고 소득 손실

기술 진보는 소비자에게는 분명히 이롭지만, 일자리를 잃은 근로자에게는 매우 가혹할 수 있다. 이러한 점은 데이비스(Steve Davis)와 바흐터(Till von Wachter)의 연구에 잘 나타나 있다. 두 연구자는 1974년부터 2008년까지 미국 사회보장청(Social Security Administration)의 자료를 활용해 대규모 해고로 실직한 근로자들이 이후 어떤 경로를 겪는지를 분석했다.

데이비스와 바흐터는 먼저 종업원 수가 50명 이상인 기업 중, 한 분기 동안 전체 인력의 최소 30%를 해고한 사례를 찾아 이를 '대규모 해고'로 정의했다. 그다음, 해당 기업에서 3년 이상 근속하다가 해고된 근로자들을 선별해 '장기 근로자'로 분류했다. 이 장기 근로자들이 대규모 해고 이후 겪은 노동시장 경험을, 같은 시기 어떤 형태로든 고용관계가 종료되지 않은 유사한 근로자들과 비교했다. 마지막으로 이들은 경기침체기에 대규모 해고를 경험한 근로자와 경기 확장기에 해고된 근로자 간의 차이도 비교했다.

그림 1은 이들의 연구 결과를 요약한 것이다. '0년'은 대규모 해고가 발생한 해이며, 1년, 2년, 3년 등은 그 이후의 연도, 음수로 표시된 연도는 해고 이전 시점을 의미한다.

대규모 해고가 발생하기 전, 장기 근로자들의 소득은 사회의 다른 근로자들보다 상대적으로 더 높은 증가세를 보였다. 동일한 기업에서 오랜 기간 근무하는 것은 개인의 임금 상승에 긍정적인 영향을 주며, 이러한 경향은 경기침체기와 확장기 모두에서 나타난다.

해고 이후 첫해에 어떤 일이 벌어졌는지 보자. 경기침체기에 대규모 해고를 겪은 근로자의 소득은 해고를 겪지 않은 근로자에 비해 상대적으로 40%p나 하락했다. 다소 덜 불운하게도 확장기에 해고된 근로자의 경우 상대 소득 하락 폭은 더 작지만 여전히 25%p에 이르렀다. 결론적으로 대규모 해고는 그것이 경기침체기든 확장기든 상당한 상대 소득 감소를 초래한다.

그림 1은 또 하나의 중요한 점을 보여준다. 대규모 해고를 겪은 근로자들의 상대 소득 하락은 해고 이후 수년간 지속되었다. 해고 후 5년이 지나고, 심지어 20년이 지난 시점에서도, 경기침체기에 해고된 근로자의 상대 소득은 약 20%p, 확장기에 해고된 근로자의 경우 약 10%p 낮은 상태가 유지되었다. 이처럼 대규모 해고는 생애 소득의 상당한 감소와 연관된다.

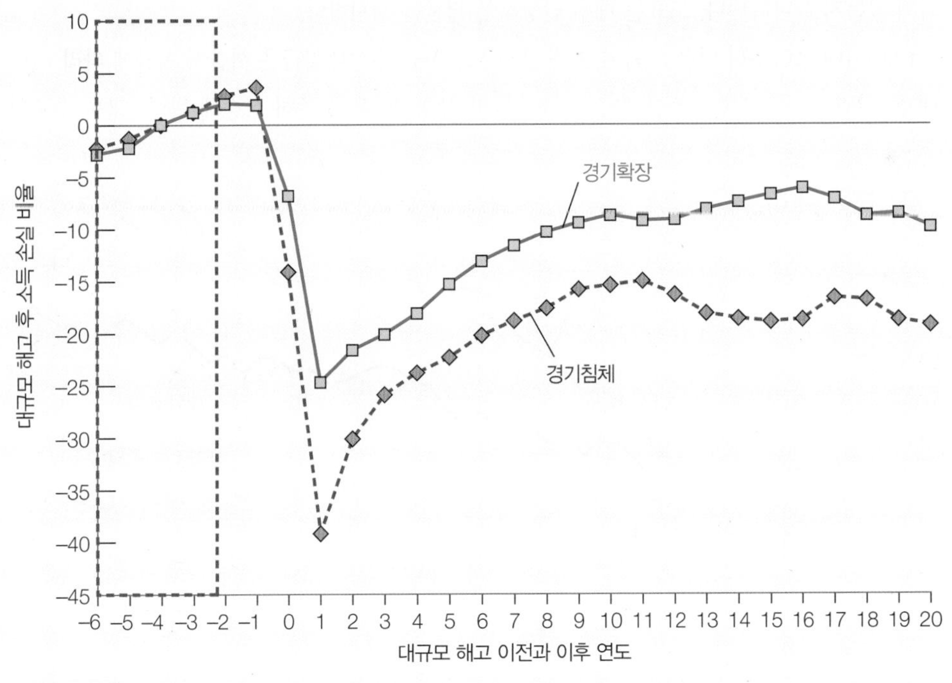


그림 1

**대규모 해고를 경험한 노동자의 소득 손실**

출처: Steven J. Davis and Till M. von Wachter, "Recessions and the Cost of Job Loss," NBER Working Paper No. 17638, 2011. 허가하에 게재.

이와 같은 소득손실이 왜 발생하는지는 쉽게 이해할 수 있다. 동일한 기업에서 오랜 시간 근무한 근로자들은 그 기업이나 산업에 특화된 기술을 보유하고 있다. 그러나 이러한 기술은 다른 기업이나 산업에서는 그다지 높은 가치를 지니지 못할 가능성이 크다.

다른 연구들에 따르면 부모 중 한 명이 대규모 해고를 경험한 가정에서는 그 부모가 더 불안정한 고용 경로(더 잦은 실업), 더 나쁜 건강 상태를 보이며, 자녀들 또한 교육 성취도가 낮고 사망률이 더 높은 경향이 있는 것으로 나타났다. 이는 대규모 해고가 초래하는 추가적인 사회적 비용이다.

기술 변화는 장기적으로 성장의 주요 원천이며, 평균적인 개인의 생활 수준을 분명히 향상시켜 준다. 그러나 대규모 해고를 경험한 근로자들에게는 명백한 패자가 되기도 하며, 기술 변화가 실제로 불안감을 유발할 수 있고, 또 실제로도 유발하고 있다는 사실은 전혀 놀랍지 않다.

## 임금 불평등의 증가

성장 부문에 속하거나 적합한 기술을 가진 사람들에게 기술 진보는 새로운 기회와 더 높은 임금을 가져다준다. 하지만 쇠퇴하는 산업에 종사하거나 더 이상 수요가 없는 기술을 가진 사람들에게 기술 진보는 일자리 상실, 일정 기간의 실업, 그리고 아마도 훨씬 낮은 임금 수준을 의미할 수 있다. 미국에서는 지난 30년 동안 임금 불평등이 크게 확대되어 왔으며, 대다수의 경제학자들은 이러한 임금 불평등의 확대는 기술 변화에 기인한다고 보고 있다.

그림 13-3은 미국에서 1973년 이후 교육 수준별 노동자 집단의 상대임금 변화 추이를 보여준다. 이 그림은 인구동향조사(CPS)로부터 얻은 개별 노동자들의 정보를 바탕으로 작성되었다. 그림 속 각 선은 특정 교육 수준(고등학교 이수, 고등학교 졸업, 대학 이수, 대학 졸업, 대학원 학위 이상)을 가진 노동자들의 임금이, 각 연도별 고등학교 졸업자의 임금에 대해 어떻게 변화해 왔는지를 나타낸다. 도표는 매우 인상적인 결론을 제시한다.

7장에서는 CPS 조사와 사용처의 일부를 설명했다. ▶

1980년대 초반부터 낮은 교육 수준을 가진 노동자들의 상대임금은 시간이 지남에 따라 하락해 온 반면, 높은 교육 수준을 가진 노동자들의 상대임금은 꾸준히 상승해 왔다. 교육 수준의

**그림 13-3**

**교육 수준에 따른 상대임금 변화(1973년 이후)**

1980년대 초 이후, 낮은 교육 수준을 가진 노동자의 상대임금은 하락한 반면, 높은 교육 수준을 가진 노동자의 상대임금은 상승했다.

출처: Economic Policy Institute Data Zone, www.epi.org/types/data-zone.

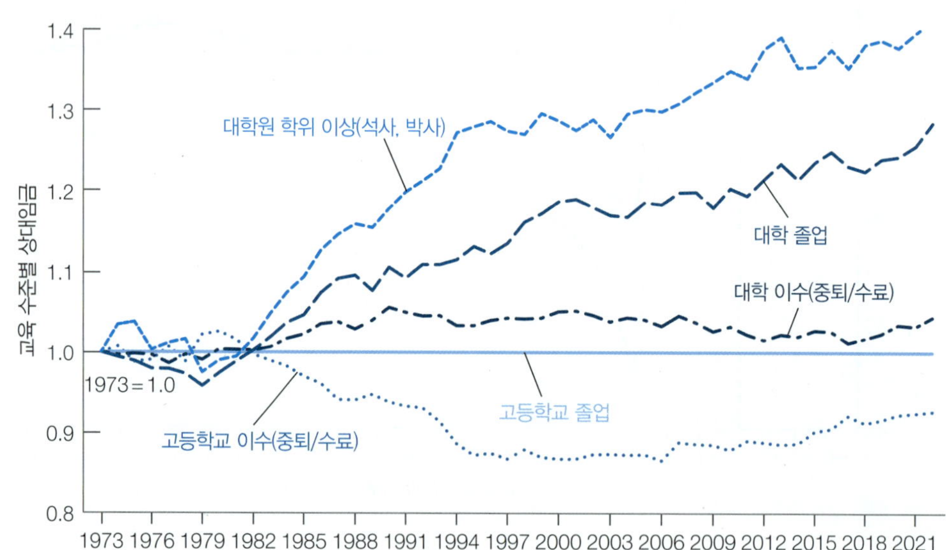

최하단에 해당하는, 고등학교를 졸업하지 못한 노동자들의 상대임금은 1980년대 초 이후 약 10% 감소했다. 이는 경우에 따라 이들이 상대 실질임금뿐 아니라 절대 실질임금까지 하락을 경험했음을 시사한다. 반대로 교육 수준의 최상단에 있는, 대학원 학위를 가진 노동자들의 상대임금은 41% 증가했다. 요컨대 지난 30년간 미국에서 임금 불평등은 크게 심화되었다.

## 임금 불평등 심화의 원인

임금 불평등이 심화된 원인은 무엇일까? 고숙련 노동자에 대한 수요가 저숙련 노동자보다 높아진 주요 동인은, 전자에 대한 수요가 후자에 대한 수요보다 꾸준히 증가해 왔기 때문이다. 이러한 상대 수요의 증가는 새로운 현상은 아니지만, 1980년대 이전까지는 고숙련 노동자의 상대 공급이 꾸준히 증가하면서 이 수요 증가를 상당 부분 상쇄해 왔다. 즉, 점점 더 많은 아이들이 고등학교를 졸업하고, 대학에 진학하고, 대학을 졸업하는 등의 흐름을 통해 고숙련 노동자의 비중이 점진적으로 확대되어 온 것이다. 그러나 1980년대 이후에는 고숙련 노동자의 상대 공급이 계속 증가하긴 했지만, 상대 수요 증가 속도를 따라잡기에는 충분하지 않았다. 그 결과 고숙련 노동자의 임금이 저숙련 노동자에 비해 지속적으로 상승하여 양자 간 상대 임금 격차가 꾸준히 확대되었다. FOCUS '장기 전망: 기술, 교육, 그리고 불평등'은 20세기 미국에서 임금 불평등의 변화에 영향을 미친 요인으로서, 숙련에 대한 수요뿐만 아니라 공급 또한 어떤 역할을 했는지를 보여준다.

이러한 상대 수요의 지속적인 변화의 배경에는 무엇이 있을까?

- 한 가지 주장은 국제무역의 역할에 초점을 맞춘다. 이 주장의 핵심은, 저숙련 노동자의 비중이 높은 미국 기업들이 점점 더 저임금 국가의 유사 기업들로부터 수입되는 제품에 밀려 시장에서 퇴출당하고 있다는 것이다. 또는 경쟁력을 유지하기 위해 일부 생산을 저임금 국가로 이전할 수밖에 없다는 설명도 있다. 두 경우 모두 미국 내 저숙련 노동자에 대한 상대적 수요는 지속적으로 감소하게 된다. 무역의 효과와 기술 진보의 효과는 분명 유사한 점이 있다. 무역과 기술 진보 모두 경제 전체적으로는 긍정적이지만, 구조적 변화를 유발하며 일부 노동자들에게는 불리한 결과를 초래할 수 있다.

  무역이 임금 불평등 심화의 일부 원인이라는 점은 분명하다. 그러나 좀 더 면밀히 살펴보면 상대적 수요 변화의 일부만이 무역으로 설명될 수 있음을 알 수 있다. 무역만으로 설명하기 어렵다는 점을 가장 잘 보여주는 사실은, 해외 경쟁에 노출되지 않은 산업 부문에서도 고숙련 노동자에 대한 상대적 수요 증가가 관측된다는 점이다.

국제무역의 효과에 대한 자세한 분석은 이 책의 범위를 넘어선다. 무역으로부터 누가 이익을 얻고, 누가 손해를 보는지에 대한 보다 심도 있는 논의를 원한다면, Paul Krugman, Maurice Obstfeld, and Marc Melitz, *International Economics*, 12th ed.(2022)를 참조하라.

- 다른 주장은 **숙련 편향적 기술 진보**(skill-biased technological progress)에 초점을 맞춘다. 새로운 기계와 새로운 생산 방식은 점점 더 많은 고숙련·고학력 노동자를 필요로 한다는 것이다. 컴퓨터 기술의 발전은 노동자들이 점점 더 높은 수준의 컴퓨터 활용 능력을 갖추도록 요구하고, 새로운 생산 방식은 노동자들이 보다 유연하며 새로운 과업에 더 잘

FOCUS

## 장기 전망: 기술, 교육, 그리고 불평등

20세기 첫 3분기 동안 임금 불평등은 감소했다. 이후부터는 다시 상승하기 시작해 현재까지 계속 확대되고 있다. 2023년 노벨경제학상을 수상한 골딘(Claudia Goldin)과 하버드대학교의 또 다른 경제학자 카츠(Larry Katz)는 이러한 상반된 불평등 추세의 주요 배경으로 '교육'을 지목한다.

미국의 교육 수준은 여러 세대에 걸쳐 학생들이 마친 최종 학력을 기준으로 측정할 때 20세기 첫 3분기 동안 매우 빠르게 향상되었다. 그러나 1970년대부터는 청년층을 중심으로 교육 진전의 속도가 눈에 띄게 둔화되었고, 1980년대 초에는 전체 노동력에 대해 그러한 둔화가 나타났다. 1870년대부터 1950년 무렵까지 태어난 세대를 살펴보면 10년마다 평균적으로 교육 기간이 약 0.8년씩 증가했다. 이 80년 동안 대다수 부모는 자신보다 훨씬 더 높은 학력을 지닌 자녀를 두게 되었다. 예컨대 1945년생 자녀는 1921년생 부모보다 평균 2.2년 더 학교에 다녔지만, 1975년생 자녀는 1951년생 부모보다 고작 0.5년 정도만 더 학교에 다녔을 뿐이다.

학생들이 더 오랜 기간 학교에 머물기로 결정하게 된 배경에는 분명한 경제적 유인이 존재했다. 그림 1에 나타나 있듯이 대학교육을 1년 더 받을 경우의 수익률(즉, 대학 1년 추가 교육이 가져오는 평균임금 증가율)은 1940년대에 매우 높았다. 젊은 남성의 경우 11%, 전체 남성의 경우 10%에 달했다. 이러한 높은 수익률은 미국 가정들이 자녀를 더 오래 학교에 다니게 하고 대학까지 진학시키도록 유도한 요인이 되었다.

교육받은 노동자의 공급이 증가함에 따라 교육의 수익률과 임금 격차는 모두 하락했다. 1950년 무렵에는 대학 1년 추가 교육의 수익률이 젊은 남성의 경우 8%, 전체 남성의 경우 9% 수준으로 낮아졌다. 그러나 1990년경에는 그 수익률이 다시 1930년대 수준으로 회복되었으며, 오늘날에는 대학 1년의 추가 교육 수익률이 1930년대보다도 더 높은 상태이다.

이러한 사실로부터 두 가지 교훈을 얻을 수 있다. 첫째, 기술 진보가 숙련 편향적 형태(즉, 숙련되고 교육받은 노동자에 대한 수요 증가를 동반)라 하더라도 그것이 반드시 경제적 불평등을 심화시키는 것은 아니다. 20세기 첫 3분기 동안에는 숙련에 대한 수요 증가가 숙련의 공급 증가보다 빠르지 않았고, 오히려 공급이 더 빠르게 증가하면서 불평등은 감소했다. 그러나 그 이후로는 숙련에 대한 수요 증가는 지속된 반면, 공급 증가 속도는 둔화되었고, 이로 인해 불평등은 다시 심화되기 시작했다.

둘째, 시장은 임금 격차에 따라 교육 수요가 반응하도록

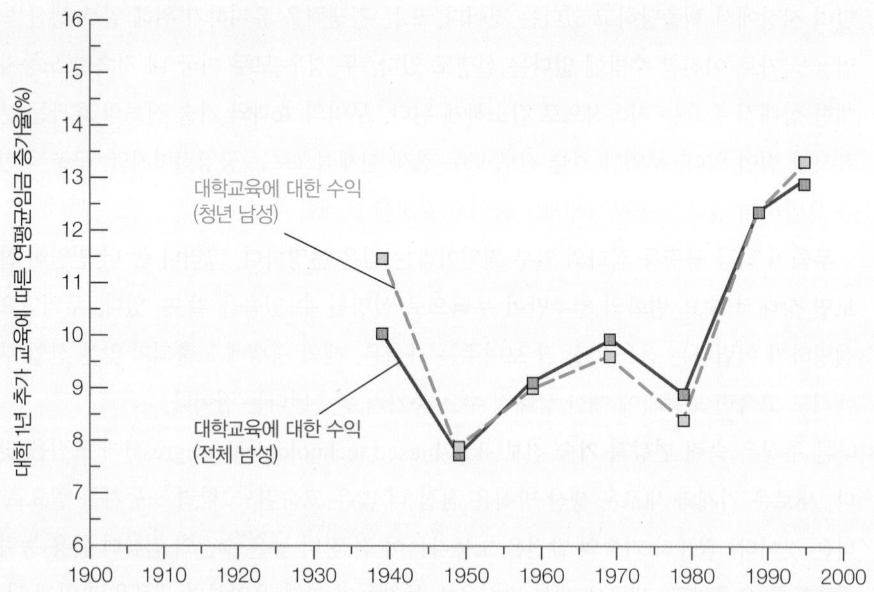


그림 1

**임금 격차 및 교육 수익률 (1939~1995년)**

출처: Claudia Goldin and Larry F. Katz, "Decreasing (and Then Increasing) Inequality in America: A Tale of Two Half Centuries," In: Finis Welch, *The Causes and Consequences of Increasing Inequality* (Chicago: University of Chicago Press; 2001), pp. 37–82. 허가하에 게재.

유인을 제공하지만, 제도적 요인 또한 매우 중요하다. 20세기 초 미국에서 대부분의 사람들은 적어도 고등학교까지는 사실상 제한 없이 교육받을 수 있었다. 교육은 공공이 제공하고 재정도 공적 자금으로 충당되었기 때문에 최상위 수준의 교육을 제외하고는 직접적인 비용 부담이 없었다. 심지어 가장 외진 농촌 지역 주민들도 자녀를 공립 중등학교에 보낼 수 있었다. 다만 남부를 중심으로 유색인종은 여러 교육 단계에서 종종 배제되었다. 이러한 제도적 여건이 매우 본질적인 차이를 만들어냈다.

적응할 수 있는 능력을 필요로 한다. 이러한 유연성은 다시금 더 높은 숙련과 교육 수준을 요구하게 된다. 무역에 기반한 설명과 달리 숙련 편향적 기술 진보는 상대 수요의 이동이 경제 전반의 거의 모든 산업 부문에서 나타나는 이유를 설명해 줄 수 있다. 현재 시점에서 대다수의 경제학자는 지난 40년간 임금 불평등 확대를 설명하는 데 있어 이 숙련 편향적 기술 진보가 가장 핵심적인 요인이라고 믿고 있다.

앞으로도 임금 불평등이 계속 심화될 것인가? 반드시 그런 것은 아니다. 다시 한번 생성형 AI(GenAI)에 관한 논의를 떠올려보자. 만약 생성형 AI가 고숙련 노동자에게 저숙련 노동자보다 더 불리한 영향을 미치고, 동시에 일부 저숙련 노동자의 생산성을 향상시킬 수 있다면, 이는 미래가 과거와는 다른 양상을 띨 수 있음을 시사한다. 임금 불평등의 심화는 피할 수 없는 운명이 아니다. 결국 그 답은 시간이 말해줄 것이다.

## 불평등과 상위 1%

지금까지 임금 노동자를 대상으로 한 임금 분배, 즉 임금 불평등에 초점을 맞추어 살펴보았다. 그러나 불평등의 또 다른 차원은 가장 부유한 가계(예: 소득 분배에서 상위 1%에 속하는 가구)가 전체 소득에서 차지하는 비율이다. 이처럼 매우 높은 소득 수준 계층으로부터 비롯되는 불평등을 다룰 경우 임금은 더 이상 적절한 소득 지표가 아니다. 부유한 임대소득자는 자신이 보유한 자산으로부터 소득을 얻는다. 성공한 기업가의 경우 자신이 버는 소득의 상당 부분(때로는 전부)을 임금이 아니라 자본소득(capital income)과 자본이득(capital gains)에서 얻는다. 이는 이들이 일반적으로 임금뿐 아니라 회사 지분을 통해 보상을 받기 때문이며, 이 지분은 일정한 제한이 있긴 해도 추후 매각을 통해 이윤을 실현할 수 있다.

그림 13-4에서 보여주는 상위 1%의 소득 점유율 변화는 매우 인상적이다. 상위 1% 가계가 차지하는 소득 비중은 1930년대부터 1970년대 후반까지 꾸준히 감소해 왔다. 그러나 이후에는 급격히 반등하여 약 10%에서 현재 19% 수준으로 상승했다. 반면 하위 50%의 소득 점유율은 1970년대 초 약 21%에서 현재 14% 이하로 크게 하락했다.

상위 1% 내부를 더 자세히 들여다보면 그 수치는 훨씬 더 놀랍다. 상위 1%가 전체 소득의 19%를 차지하는 가운데, 상위 0.1%는 11%, 상위 0.01%는 5%를 차지한다. 부를 기준으로 보면 불평등은 더 심화된다. 상위 1%는 전체 자산의 35%를 보유하고 있으며, 상위 0.01%는

◀ 그림 13-4는 1장에서 제시된 그림 1-7과 매우 유사하지만, 시간 축이 더 길고, 상위 10%의 소득 점유율은 그래프에서 제외되어 있어 상위 1%의 점유율 변화가 더 명확히 드러나도록 구성되어 있다.

**그림 13-4**

**미국 하위 50% 및 상위 1%의 소득 점유율 변화 (1913년 이후)**

출처: World Inequality Database, https://wid.world.

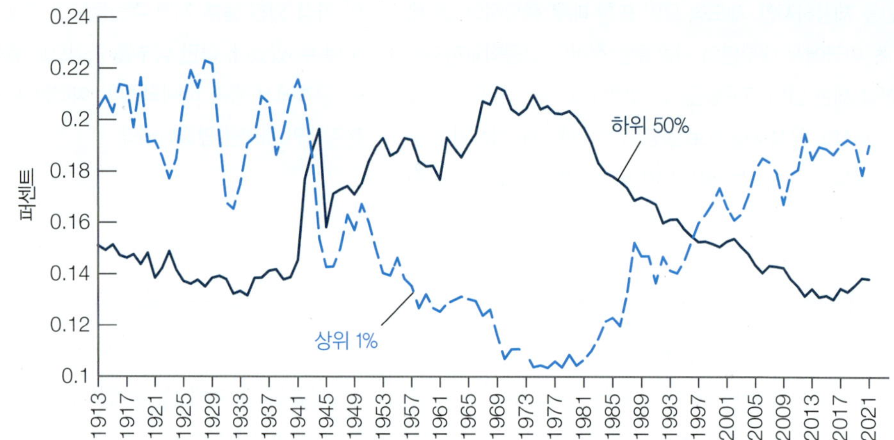


11%를 보유하고 있다. 이러한 방식으로 측정한 미국의 불평등 수준은 "과거 어느 시대, 세계 어느 국가와 비교해도 아마 가장 높은 수준일 것"이라고 2014년 『21세기 자본(Capital in the 21st Century)』을 출간한 피케티(Thomas Piketty)는 지적한 바 있다. 그의 책은 출간 당시 전 세계에서 가장 많이 팔린 경제서로 기록되었다.

미국 고용정책연구소(Employment Policy Institute)에 따르면 2021년 기준으로 미국에서 상위 1%에 속하려면 가구 연소득이 80만 달러를 초과해야 하고, 상위 0.1%에 들기 위해서는 연소득이 320만 달러를 넘어야 한다.

이러한 고소득 집단에는 어떤 사람들이 속해 있을까? 상위 1%에는 일반적으로 예상할 수 있는 직업군인 의사, 변호사, 기업 임원, 상당한 규모의 기업 소유주 등이 포함된다. 그렇다면 상위 0.01%는 어떤 사람들일까? 한 이미지는 자산에서 발생하는 소득으로 주로 생활하는 상속인들이고, 또 다른 이미지는 아마존, 페이스북, 구글과 같은 회사를 창업한 성공적인 기업가이다. 어떤 이미지가 더 적절한지를 가늠하기 위해 참고할 수 있는 자료는 「포브스(Forbes)」가 매년 발표하는 '미국 400대 부자 목록'이다. 이 목록의 인물들은 상위 0.01%에 해당하는 약 1만 6,000가구 중 2.5%를 차지하며, 평균 자산 규모는 약 4억 달러에 이른다. 이 명단에 따르면 약 3분의 1은 상당한 재산을 상속받은 사람들이고, 나머지 3분의 2는 대부분 자수성가한 기업가 또는 최고경영자들이다.

왜 이처럼 많은 기업가들과 경영진이 그렇게 부유해졌을까? 피케티는 그 원인으로 잘못된 기업 지배구조를 지적한다. 즉, 기업의 이사회가 최고경영자에게 터무니없이 높은 보수 패키지를 부여한다는 것이다. 그는 보수가 일정 수준 이상으로 높아지면 그 보수가 성과와 연관되어 있다는 근거를 데이터에서 찾기 어렵다고 주장한다. 이러한 과도한 보수에 관한 일화적 증거는 충분히 존재하지만, 또 다른 중요한 요인이 분명히 작용하고 있다. 그것은 바로 기술 진보의 본질적 특성이다. 많은 신산업 부문에서는 규모에 대한 수확체증(increasing returns to scale)이 뚜렷하게 나타난다. 이들 산업에서는 대부분의 비용이 고정비용으로 구성되어 있으며, 사용자 수가 늘어난다고 해서 비용이 그만큼 증가하지 않는다. 다시 말해 사용자 수가 많아질수록 1인당 비용은 더욱 낮아진다. 그 결과 엄청난 수의 고객을 보유한 거대 기업들이 출현하게 된다. 예컨대 2022년 말 기준으로 페이스북의 사용자 수는 30억 명, 아마존 프라임 구독자는 2억 명에 달했다. 금융 부문도 마찬가지이다. 가장 큰 자산운용사들은 수천억 달러에서 수

조 달러에 이르는 자산을 운용한다. 실제로 2022년 말 기준으로 세계 최대 자산운용사인 블랙록(BlackRock)은 9조 달러 규모의 자산을 관리하고 있었다. 이처럼 신산업 부문은 대규모 선투자가 요구되며 변동비용이 거의 없는 독특한 이익 구조를 가지기 때문에 이들 기업의 규모와 수익이 매우 크고, 그에 따라 창업자나 최고경영자들이 막대한 소득과 부를 보유하게 되는 것은 놀라운 일이 아니다.

## 불평등과 국가의 역할

국가가 지속적인 성장을 이루면서도 불평등의 지속적인 확대를 피할 수 있을까? 나는 생성형 인공지능의 활용 증가와 관련된 기술 진보가 불평등을 심화시키기보다는 오히려 완화시킬 수 있다는 주장을 제기한 바 있다. 하지만 또 하나 중요한 고려 사항은 국가의 개입이며, 이로 인해 두 가지 개념, 즉 **시장소득 불평등**(market income inequality, 조세와 이전지출 이전 소득의 불평등)과 **처분가능소득 불평등**(disposable income inequality, 조세와 이전지출 이후 소득의 불평등)을 구분할 필요가 있다. 지금까지는 시장소득 기준의 불평등을 살펴보았지만, 궁극적으로 중요한 것은 처분가능소득 기준의 불평등이다.

그림 13-5는 미국과 프랑스에서 두 가지 형태의 불평등이 어떻게 변화해 왔는지를 비교하여 이 점을 명확히 보여준다. 이 그림은 불평등의 대표적인 측정 지표인 **지니계수**(Gini coefficient), 또는 간단히 지니(Gini)의 변화를 시간에 따라 나타낸 것이다. 지니계수의 산출 방식은 FOCUS '소득불평등과 지니계수'에 설명되어 있으나, 기본적인 특성은 다음과 같이 간단하다. 지니계수는 0에서 1 사이의 값을 가지며, 0은 모든 사람이 동일한 소득을 갖는 완전한 평등을 의미하고, 1은 단 한 사람이 모든 소득을 차지하고 나머지는 아무 소득도 없는 완전한 불평등을 의미한다. (현실적으로 지니계수는 가장 평등한 국가의 경우 약 0.2, 가장 불평등한 국가의 경우 약 0.6 범위에 분포한다.)

◀ 이름은 20세기 초반에 계수를 개발한 이탈리아 통계학자 코라도 지니(Corrado Gini)에서 따왔다.

그림 13-5의 위쪽에 나타난 두 시계열은 시장소득 불평등에 대한 지니계수의 변화 추이를 보

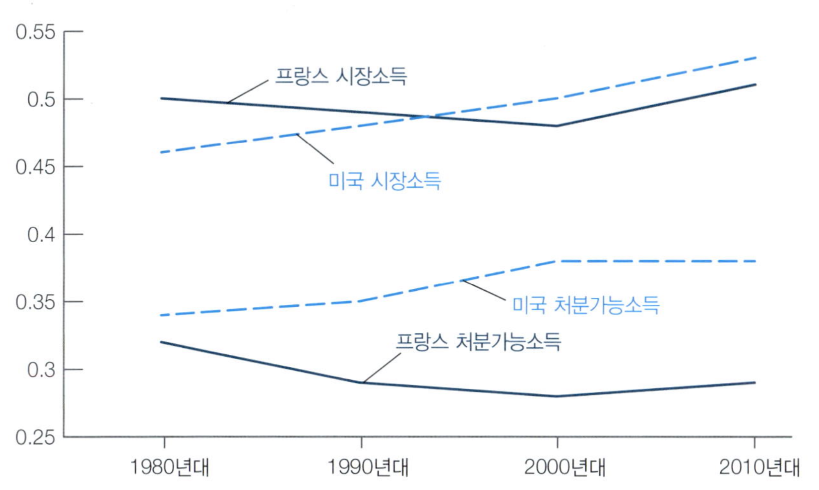


**그림 13-5**

**프랑스와 미국의 시장소득 및 처분가능소득에 대한 지니계수 추이(1980년대 이후)**

출처: Income Inequality by Max Roser and Esteban Ortiz-Ospina, https://ourworldindata.org/income-inequality.

FOCUS

## 소득불평등과 지니계수

지니계수는 소득 불평등 정도를 측정하는 대표적인 지표이다. 이를 가장 잘 설명할 수 있는 방법은 그림 1을 참고하는 것이다. 가로축은 소득 수준이 낮은 순서로 정렬된 인구 비율을, 세로축은 해당 인구가 누적해서 차지하는 소득 비율을 나타낸다. 완전한 평등 상태에서는 이 관계가 45도 대각선으로 표현되지만, 현실의 소득 분포는 대개 이보다 아래쪽에 위치한 로렌츠곡선(하늘색 곡선)으로 나타난다. 이때 지니계수는 완전 평등선과 로렌츠곡선 사이의 면적(A)을 전체 삼각형 면적 A+B로 나눈 값이다.

지니계수의 의미를 이해하기 위해 두 가지 극단적인 경우를 생각해 보자. 첫째, 모든 사람이 똑같은 소득을 갖는 사회에서는 곡선이 대각선과 일치하고, 지니계수는 0이 된다. 반대로 모든 소득이 단 한 사람에게 집중된 사회에서는 곡선이 거의 수평을 유지하다 마지막 순간에 수직으로 뛰어오르며, 지니계수는 1이 된다.

물론 실제 사회는 이 두 극단 사이 어딘가에 위치하며, 지니계수는 보통 0.2에서 0.6 사이의 값을 가진다. 소득 분포가 더 불평등할수록 로렌츠곡선은 대각선에서 더 멀어지면서 지니계수는 높아진다. 예를 들어 인구의 대부분이 가난하고 극소수만 부유하다면 곡선은 오랫동안 평평하다가 마지막에 가파르게 상승하게 된다.

물론 하나의 수치로 소득 분포의 복잡성을 온전히 설명할 수는 없다. 서로 다른 형태의 불평등이 동일한 지니계수를 보일 수도 있기 때문이다. 그럼에도 불구하고 지니계수는 직관적이고 단순한 통계치로서 국가 간 또는 시간에 따른 소득 분포의 비교에 매우 유용한 도구로 널리 사용된다.

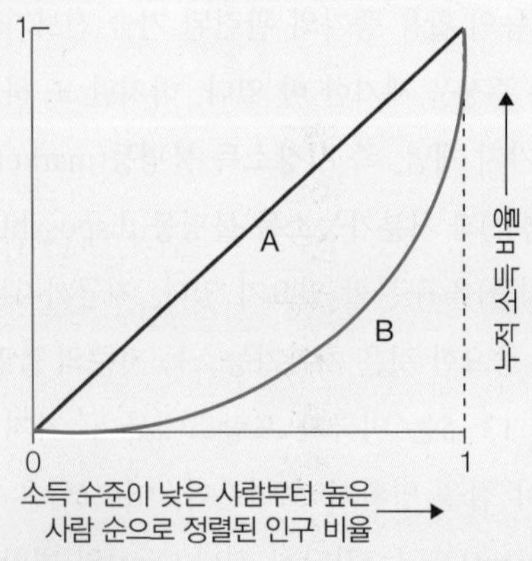


그림 1

여준다. 미국의 지니계수(하늘색 점선)는 시간이 지남에 따라 꾸준히 상승하며, 이는 앞서 논의한 임금 불평등과 상위 1%의 소득 증가에 따른 불평등 심화를 반영한다. 반면 프랑스의 지니계수(남색 실선)는 대체로 일정한 수준을 유지하고 있다. 이는 중요한 사실이다. 두 나라는 세계화의 영향을 비슷하게 받고, 동일한 기술에 접근할 수 있음에도 이러한 차이를 보이기 때문이다. 이러한 사실은 무역과 기술 진보 외에도 제도적 요인이나 '적절한 보수'에 대한 사회적 규범과 같은 요소들이 시장소득 불평등에 영향을 미친다는 점을 시사한다.

예를 들어 같은 규모의 은행을 기준으로 보면 프랑스의 은행가는 미국의 은행가보다 훨씬 낮은 보수를 받는다. ▶

그림 13-5의 아래쪽 두 시계열은 처분가능소득 불평등에 대한 지니계수의 변화 추이를 보여준다. 이들 역시 두 나라 간 뚜렷한 대조를 보인다. 미국의 경우 지니계수는 상승하지만 폭은 시장소득 지니계수 증가폭의 약 절반 수준에 그친다. 반면 프랑스의 지니계수는 1980년대보다 오히려 낮아졌다. 즉, 정부에 의한 조세와 이전지출을 통한 재분배 정책이 작지만 실질적인 불평등 완화 효과를 가져왔다는 의미다. 이 역시 중요한 사실이며, 지금까지는 재분배 정책이 불평등 심화를 억제하는 데 어느 정도 충분히 작동해 왔음을 시사한다. (다만 지니계수는 단순하고 직관적인 측정치에 불과하므로, 그 수치가 감소했다고 해서 모든 집단이 경제성장의 혜택을 공평하게 누렸다고 볼 수는 없다. 일부 근로자나 근로자 집단은 상대적인 소득 감소를 겪었을 가능성도 있다.)

불평등을 제한하려는 데에는 **포용적 성장**(inclusive growth)이라는 목표를 달성하기 위한 강한 사회윤리적 정당성이 존재한다. 정부가 그렇게 해야 할 정치적 이유 또한 충분하다. 상대적 임금이든 상위 1%의 소득이든, 사람들이 인식하는 불평등은 여러 국가에서 포퓰리즘의 확산에 일정한 영향을 미쳐왔다는 증거가 존재한다. 그렇다면 정부는 무엇을 할 수 있을까?

정부는 두 가지 차원에서 대응할 수 있다. 첫째, 더 나은 교육, 최저임금 제도, 기업 내 지배구조에 관한 규정 등을 통해 시장소득 불평등 자체를 줄이는 방안이 있다. 둘째, 주어진 시장소득 불평등 수준하에서 누진적 조세제도를 통해 처분가능소득 불평등을 줄이는 방법이 있다. 여기에는 임금 분포 하단의 실질소득을 높이기 위한 음(負)의 소득세 제도*, 식품 지원, 실업급여와 같은 이전지출이 포함된다. 모든 정부는 이러한 정책 수단 중 일부를 활용하고 있으며, 재분배 정책은 불평등을 실질적으로 완화할 수 있다. 이에 대한 OECD 연구 결과는 그림 13-6에 제시되어 있다. 이 그림은 시장소득과 처분가능소득에 대한 지니계수(100을 곱한 값)를 보여주며, 이를 통해 각 OECD 국가의 재분배 정책 등을 통한 소득 불평등 완화 노력을 비교해 볼 수 있다.

이 그림은 세 가지 결론을 시사한다.

- 국가 간 시장소득 불평등 정도는 상당한 차이를 보이며, 미국은 상위권에 위치한다. 지니계수는 한국 30%, 아이슬란드 34%와 같은 낮은 수준에서부터, 아일랜드와 그리스 50%, 미국 48%까지 폭넓게 분포한다. 이들 대부분의 국가는 무역에 개방되어 있으며 유사한

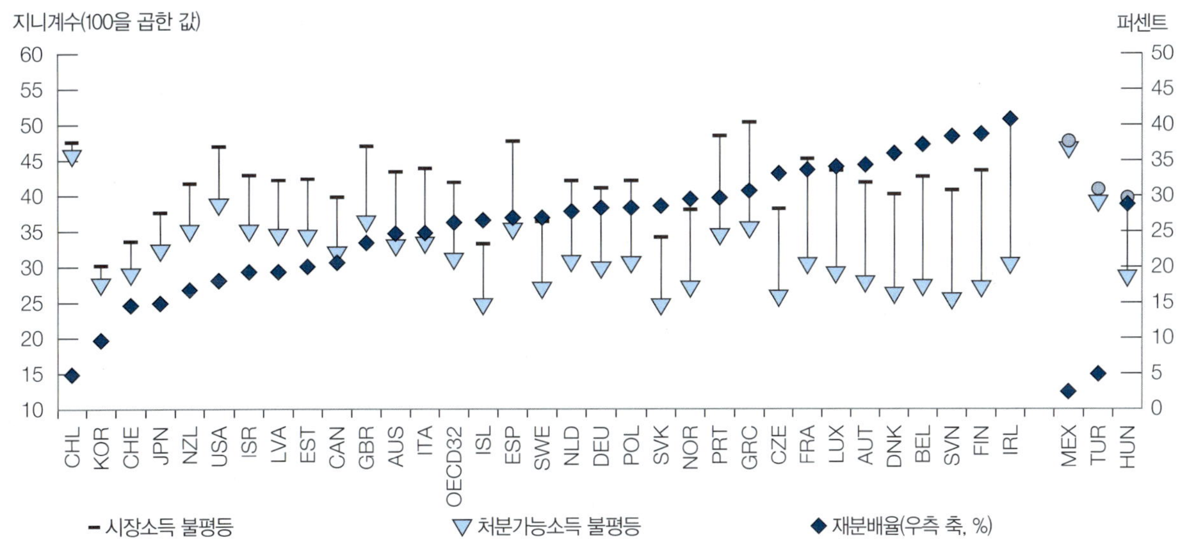


**그림 13-6**

OECD 국가의 시장소득, 처분가능소득, 재분배 수준

출처: Market income, Disposable income, and redistribution, across OECD countries, https://oecdecoscope.blog/2019/02/14/income-redistribution-across-oecd-countries-main-findings-andpolicy-implications.

* 역자 주: 일정 소득 이하일 경우 세금을 부과하는 대신 정부가 보조금을 지급하는 제도

기술에 접근할 수 있는 환경에 놓여 있으므로, 이는 시장소득 불평등을 결정하는 데 있어 제도, 사회 규범 등 다른 요인이 중요함을 보여준다.

- 재분배율은 시장소득 지니계수와 처분가능소득 지니계수의 차이를 시장소득 지니계수로 나눈 값으로 정의된다. 이 수치는 칠레 5%, 한국 10%와 같은 낮은 수준에서부터, 핀란드 38%, 아일랜드 40%와 같은 높은 수준까지 다양하게 나타난다. 미국은 18%로 낮은 편에 속한다. 이는 최종적인 결과치라 할 수 있는 처분가능소득 불평등을 결정하는 데 있어 정치적 선택이 중요한 역할을 한다는 점을 보여준다.
- 소득 재분배 정책 추진의 결과, 처분가능소득 지니계수는 시장소득 지니계수보다 일반적으로 낮으며, 경우에 따라 그 차이가 상당히 크다. 예를 들어 아일랜드는 시장소득 불평등이 높지만, 재분배 덕분에 처분가능소득 불평등은 낮은 수준을 보인다. 처분가능소득 불평등의 지니계수 분포는 25%에서 45% 사이로, 시장소득 불평등의 분포(30%에서 50%)보다는 작지만, 여전히 큰 차이를 내포한다. 미국은 시장소득 불평등이 높고, 재분배 수준은 제한적이다.

만약 시장소득 불평등이 앞으로도 계속 확대된다면(저자는 그렇지 않을 수도 있다고 보았지만), 정부는 더욱 적극적인 대응에 나서야 할 것이다. 이러한 배경에서 일하지 않더라도 최소한의 소득을 보장하는 보편적 기본소득(universal income) 제도에 대한 논의가 이탈리아에서 핀란드에 이르기까지 여러 국가에서 활발히 이루어지고 있다. 성장을 지속하면서 동시에 불평등을 억제하거나 완화하는 과제는 오늘날 정책 결정자들이 직면한 핵심적인 도전 과제 중 하나가 되었다.

## 13-4 기후 변화와 지구 온난화

시장은 외부 효과*가 존재할 경우 효율적으로 작동하지 않는다. 경제성장이라는 맥락에서 가장 중요한 외부 효과 중 하나는 온실가스의 배출이다. 이 가스들은 지구 온난화로 인한 다양한 부정적 결과라는 비용을 초래하지만, 기업이나 개인은 특정 기술을 선택하거나 자동차를 구매하는 등의 결정을 내릴 때 이 비용을 제대로 고려하지 않는다.

그중에서도 가장 중요한 온실가스는 이산화탄소($CO_2$)이다. 작동 메커니즘을 이해하기 위해 태양이 지구로 보내는 빛의 흐름을 생각해 보자. 이 빛 중 일부는 지구에 흡수되고, 일부는 다시 우주로 방출된다. 대기 중 이산화탄소의 양은 '온실효과'의 강도, 즉 지구가 얼마나 많은 에너지를 흡수하고, 얼마나 다시 방출하는지를 결정하는 핵심 요인이다. 이러한 흡수되는 에너지의 양은 다시 지구 평균 기온을 결정하는 주요 변수가 된다. 만약 대기에 이산화탄소나 다른 온실가스가 전혀 없다면 지구는 태양 에너지를 충분히 흡수하지 못하고 대부분을 반사하게 되며,

---

* 역자 주: 외부 효과(externality)에는 외부경제(positive externality)와 외부비용 또는 외부불경제(negative externality)의 두 가지 측면이 있다. 이 장에서는 부정적 외부 효과, 즉 외부비용을 의미한다.

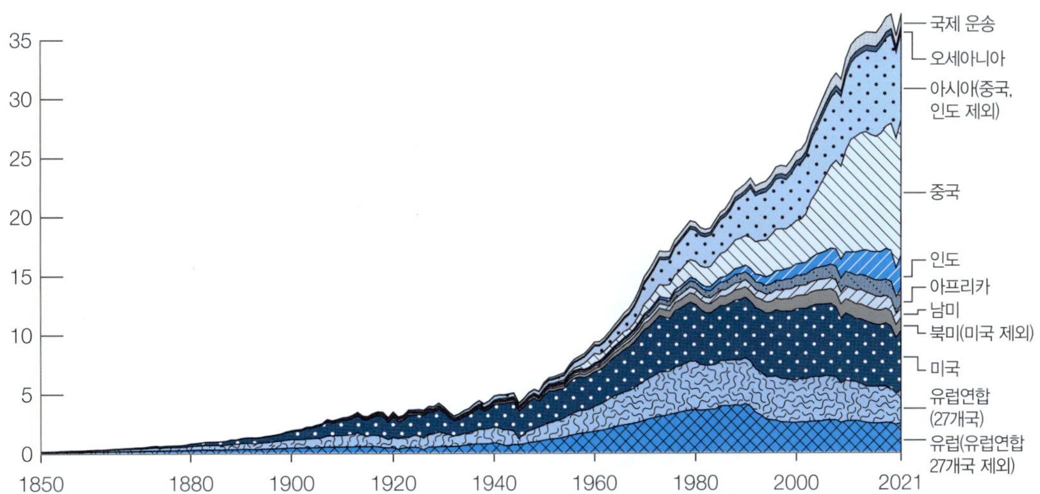


**그림 13-7**

**지역별 이산화탄소 배출량(1850년 이후, 단위: 10억 톤, Gt 기준)**

출처: Annual carbon dioxide ($CO_2$) emissions measured in billion tons (Gt) per year. Carbon Dioxide Information Analysis Center (CDIAC). https://data.ess-dive.lbl.gov/portals/CDIAC/FossilFuel-Emissions#global.

지구 평균 기온은 섭씨 −18도(화씨 0도) 수준에 머물렀을 것으로 추정된다. 반대로 이산화탄소가 과도하게 많아지면, 지구 온도는 상승하고, 결국 기후위기로 이어지게 된다. 기후위기가 심화될 경우 해수면 상승, 극단적인 기상 이변, 인간이 거주하기 어려운 지역의 확대 등 심각한 파국적 결과를 초래할 수 있다.

산업혁명 이후, 주로 석탄을 중심으로 한 화석연료의 사용 증가는 이산화탄소($CO_2$) 배출의 급격한 증가로 이어졌다. 그림 13-7은 1850년 이후 전 세계 주요 지역별 $CO_2$ 배출 추이를 보여준다. 초기에는 산업혁명기 유럽에서 배출이 급증했으며, 이후 미국이 그 흐름을 이어받았다. 그러나 2000년대 이후에는 중국의 $CO_2$ 배출량이 유럽과 미국을 합친 것보다 더 많아졌다.

이와 동시에 전 세계 평균 기온도 상승해 왔다. 이는 1장의 그림 1-9에서 이미 살펴본 바 있다. 1880년 이후 세계 평균 기온은 약 섭씨 1.2도 상승했으며, 이 중 대부분은 1980년 이후 집중적으로 나타났다.

이산화탄소 농도와 지구 평균 기온이 모두 상승했다는 사실은 논쟁의 여지가 없다. 이를 부정하는 사람들은 과학적 합의를 무시하는 비주류 인사로 간주되며, 안타깝게도 그런 이들이 실제로 존재한다. 거의 모든 과학자는 $CO_2$의 증대가 기온 상승의 직접적인 원인이라는 데 동의하며, 이산화탄소의 증가 대부분이 인간 활동에 기인한다고 믿는다. 설령 인간 활동이 주된 원인이 아니더라도 지구 온난화 자체는 심각한 문제이며, $CO_2$ 배출을 줄이는 것이 문제를 완화하는 데 효과적이라는 점에는 이견이 없다. 지구의 온도는 현재 $CO_2$의 농도, 다시 말해 과거 누적 배출량의 총합에 의해 결정되기 때문에, 궁극적인 목표는 미래 어느 시점에 '순배출 제로(net zero)'를 달성하는 데 있다. 그 시점을 앞당길수록 지구 온도의 상승 폭은 작아지게 된다.

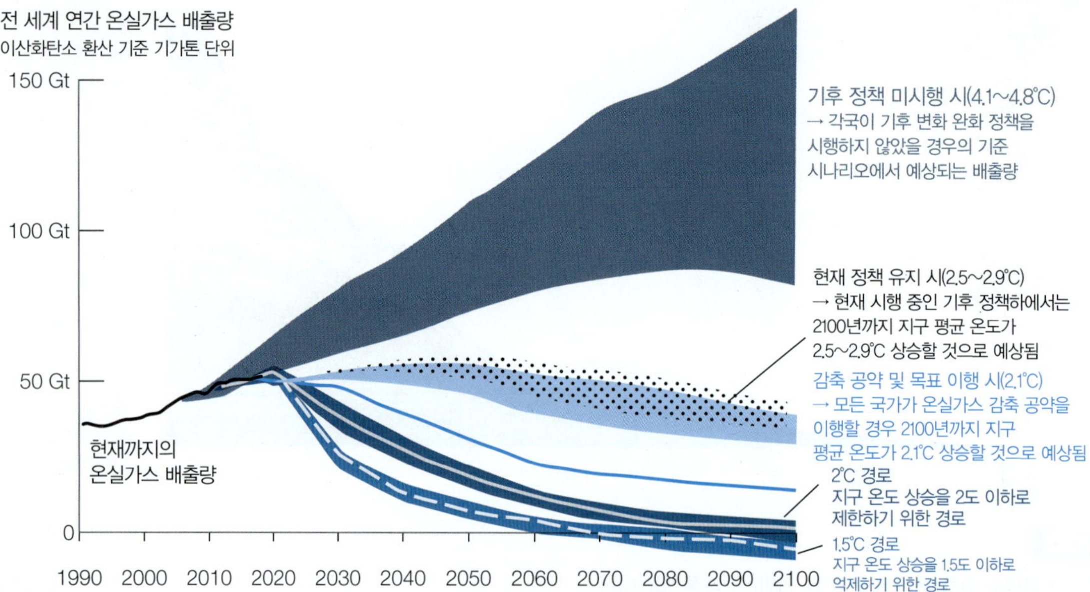


**그림 13-8**

**지구 온난화 시나리오**

출처: Max Roser, https://ourworldindata.org/co$_2$-and-greenhouse-gas-emissions.

흥미롭게도, 그리고 어쩌면 놀랍게도 이번 수치는 이 교재의 이전 판을 집필했을 때보다 다소 낙관적이다. 2018년 당시에는 기존 정책을 기준으로 3.1도에서 3.7도 상승할 것으로 예측되었다. ▶

과거에서 미래로 시선을 전환하면 주요한 과제는 온실가스 배출을 얼마나 빠르게 감축할 수 있는가, 그리고 각기 다른 정책하에서 지구 온난화가 어떻게 진행될 것인가에 관한 것이다. 이에 대한 과학자들의 공통된 전망이 그림 13-8에 제시되어 있다. 기후 정책이 전혀 시행되지 않을 경우 2100년까지 산업혁명 이전 대비 지구 평균기온은 4.1~4.8도 상승할 것으로 예상되며, 이는 지구의 상당 부분이 인간이 거주하기 어려운 환경이 됨을 의미한다. 현재 약속된 정책이 유지될 경우에도 기온은 2.5도에서 3.1도 사이로 상승할 것으로 전망되며, 이 역시 재앙적인 결과로 평가된다. 각국이 국제적으로 제시한 기후 공약을 기준으로 할 경우 예상 기온 상승폭은 약 2.1도이다. 그러나 이러한 공약은 법적 구속력이 없으며, 많은 국가들이 이를 충분히 이행하지 않고 있다는 증거가 존재한다. 설령 공약이 모두 이행된다 하더라도 기온 상승을 과학자들이 수용 가능한 수준으로 판단하는 1.5도에서 2도 이내로 억제하기에는 부족하다.

지구 평균기온 상승을 예컨대 1.5도 이내로 제한하려면 탄소 배출이 많은 **브라운 에너지**(brown energy)에서 탄소 배출이 적거나 거의 없는 **그린 에너지**(green energy)로의 빠른 전환이 필수적이다. 브라운 에너지란 석탄, 석유, 천연가스와 같이 이산화탄소를 대량 배출하는 전통적인 화석연료를 의미한다. 그린 에너지는 수력, 풍력, 태양광, 원자력* 등 탄소 배출이 거의

* 역자 주: 원자력은 배출 측면에서는 그린·청정 에너지이지만, 정책 제도상 분류는 국가마다 다르다. EU는 2022년 조건부로 그린택소노미(green taxonomy)에 포함했으며, 미국은 재생 에너지는 아니지만 청정·무탄소 에너지로 본다.

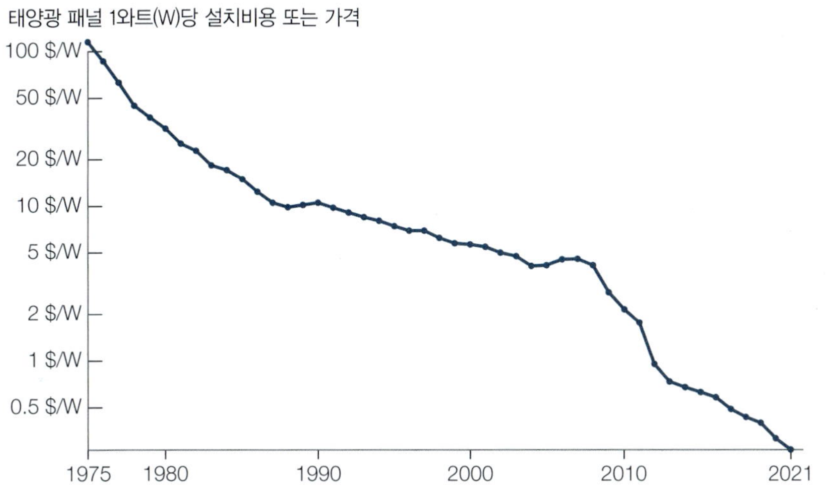


**그림 13-9**

**태양광 패널 가격의 변화 (1975년 이후)**

태양광 패널 가격은 1970년대 중반 이후 급격히 하락했다.

출처: World in data, https://ourworldindata.org/grapher/solar-pv-prices.

없거나 전혀 없는 청정 에너지원을 말한다. 이와 관련하여 긍정적인 소식도 있다. 일부 그린 에너지 기술에서는 과거의 전망을 뛰어넘는 빠른 진전이 나타나고 있다. 대표적인 사례가 그림 13-9에 제시된 태양광 패널 가격의 급락이다. 물가를 고려한 실질 가격 기준으로, 태양광 패널의 가격은 1975년 와트당 110달러에서 2021년에는 25센트로 하락했다. 그러나 이러한 진전은 더욱 거시적이고 종합적인 맥락 속에서 평가되어야 한다. 2021년 기준으로, 전 세계 에너지 생산에서 그린 에너지가 차지하는 비중은 18%에 불과하며, 이는 2000년에 비해 단지 4%p 증가한 수준이다. 이는 향후 그린 에너지 전환을 위한 과제가 여전히 크다는 점을 시사한다.

기후 변화에 효과적으로 대응하기 위해서는 보다 강력한 정책이 필요하다는 것에 대해 경제학자들 사이에 널리 공감대가 형성되어 있다. 대부분의 경제학자는 두 가지 주요한 대응 방안을 제시한다. 첫째, 그린 에너지 기술의 혁신과 확산을 유도하기 위해 정부는 연구개발(R&D)에 대한 보조금을 지급해야 한다. 둘째, 이산화탄소($CO_2$) 배출에 대해 탄소세를 도입해야 한다. 탄소세는 배출되는 $CO_2$의 양에 비례하여 세금을 부과하는 제도를 말한다. 이는 오염에 가격을 부과함으로써 배출을 줄이려는 시장 기반 정책이다. 이러한 목표는 두 가지 방식 중 하나로 달성할 수 있다. 하나는 정부가 일정 세율에 따라 이산화탄소 배출에 직접 세금을 부과하는 방식이고, 다른 하나는 정부가 이산화탄소 배출 허용량을 미리 설정한 후, 해당 양만큼의 탄소 배출권을 발급하여 이를 경쟁적인 시장에서 거래하도록 하는 방식이다.

이 전략은 성공할 수 있을까? 그리고 그 비용은 얼마나 들까?

브라운 에너지에서 그린 에너지로의 전환에는 상당한 비용이 수반될 것으로 예상된다. 지구 평균기온 상승을 1.5도 이내로 제한하려면 매년 국내총생산(GDP)의 약 2%에 해당하는 추가 투자가 필요하다는 추정이 제시되고 있다. 예상할 수 있듯이 대부분의 정부는 세금 인상에 소극적인 태도를 보이며, 여론조사 결과도 높은 수준의 탄소세에 대한 국민의 강한 반대 여론을 반영하고 있다. 이로 인해 정부는 탄소세를 충분히 인상하지 않거나, 브라운 에너지에 세금을 부과하는 대신 그린 에너지에 보조금을 지급하는 방식을 택할 가능성이 있다. 보조금은 세금에 ◀

이는 실제로 미국이 2022년 인플레이션 감축법(Inflation Reduction Act)을 통해 선택한 방향이다. 이 법안에는 약 6,000억 달러 규모의 에너지 보조금이 포함되어 있으며, 그 범위는 친환경 투자에 대한 세액 공제에서 전기차 구매에 대한 가격 보조금까지 이른다.

비해 명백히 더 선호되는 수단이지만, 시간이 지남에 따라 정부 부채의 증가를 억제하기 위해 결국 더 높은 세금이 불가피해질 수 있다. 이러한 현실은 전환에 필요한 재원을 어느 정도까지 세금으로 조달할 것인지, 또는 정부 부채를 통해 조달할 것인지에 대한 정책적 판단을 요구한다. 특히 각국 정부가 부채 확대를 꺼릴 경우 궁극적인 기후 목표를 달성하기 위해 요구되는 조치들을 끝까지 이행하지 못할 위험이 존재한다.

에너지 전환 비용의 부담 주체에 관한 문제는 국가의 경계를 넘어선다. 보다 구체적으로는 선진국부터 저소득 국가에 이르기까지 누가 이 비용을 부담해야 하는지가 핵심적인 질문이다. 세계 평균기온은 누적된 온실가스 배출량에 의해 결정되므로, 아직 산업화를 이루지 못한 저소득 국가에 비해 산업화를 먼저 이룬 선진국의 책임이 명백히 더 크다. 이는 전환 비용을 누적 배출량에 따라 배분해야 한다는 점을 시사하며, 곧 선진국에서 저소득 국가로의 대규모 이전 지출이 요구된다는 것을 의미한다. 또 다른 논거로는 지구온난화가 특히 아프리카 등 많은 빈곤 국가에 막대한 피해를 초래하고 있다는 점, 그리고 어차피 많은 저소득 국가들이 대규모 투자 프로그램을 추진할 재원을 보유하고 있지 않다는 점이 제시된다. 빈곤국을 대규모 이전 지출을 통해 지원해야 한다는 대의명분은 놀랄 일도 아니게 선진국 내부에서도 정치적으로 일정 수준의 수용성을 얻고 있다. 그러나 이러한 이전이 이루어지지 않을 경우, 저소득 국가는 전환에 필요한 재원을 마련하지 못할 가능성이 높으며, 그 결과 기후 변화 억제라는 전 지구적 목표는 달성되지 못할 것이다.

마지막으로 녹색 기술은 빠르게 발전하고 있으며, 에너지 절약 또한 충분히 가능하다. 이미 선진국들은 성장세를 유지하면서도 온실가스 순배출을 감소시키는 데 성공해 왔다. 그림 13-10은 1970년 이후 미국과 프랑스의 1인당 이산화탄소 배출량 변화를 보여준다. 미국의 1인당 배출량은 1970년 22톤에서 2021년 14톤으로 감소했고, 프랑스는 같은 기간 동안 9톤에서 4.7톤으로 줄어들었다. 프랑스의 낮은 배출 수준은 주로 원자력 발전에 대한 높은 의존도

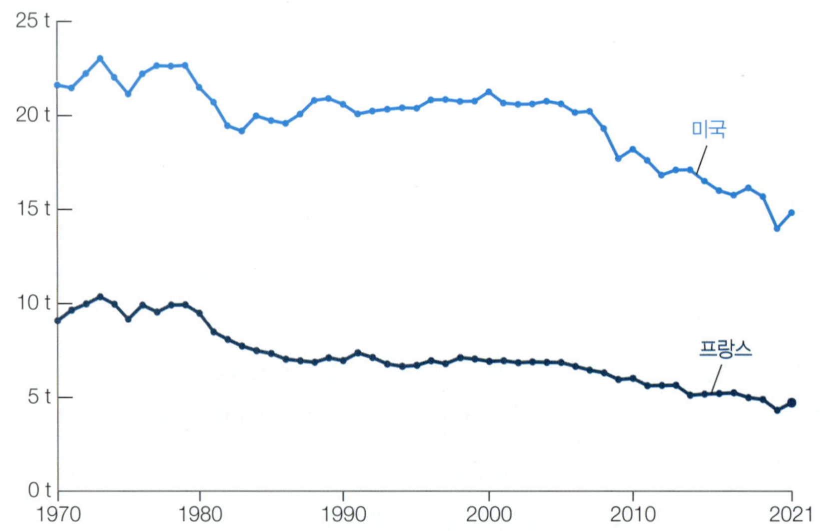


**그림 13-10**

**미국과 프랑스의 이산화탄소 배출 추이(1970년 이후)**

출처: Our World in Data. https://ourworldindata.org/co2/country/united-states?country=USA~FRA#what-are-the-country-s-annual-co2-emissions.

에서 비롯된다. 프랑스는 인구가 증가했음에도 불구하고 1973년 이후 총배출량이 감소했으며, 미국도 2005년 이후 총배출량이 줄어들었다. 이러한 사실은 기술적 관점에서 볼 때 선진국과 개발도상국 모두가 함께 노력한다면 기후 목표에 도달할 수 있음을 시사한다.

## 요약

- 기술 발전이 빠르게 진행되고 있다는 인식과 달리 계량 지표에서는 생산성 증가율이 둔화되는 양상이 나타나며, 이 둘 사이에는 분명한 간극이 존재한다. 이러한 생산성 둔화는 단순히 측정 오류가 아니라 실제 현상일 가능성이 크다. 과거의 기술 진보는 범용 기술의 도입과 확산을 통해 다양한 산업에 영향을 미쳐왔으며, 생성형 인공지능 역시 향후 유사한 효과를 나타낼 수 있다.
- 기술 발전이 대규모 실업을 초래할 것이라는 주장은 오래된 것이지만, 역사적으로 실증된 바 없다. 생산성은 크게 향상되었고, 고용 역시 증가했으며, 실업률도 낮은 수준을 유지하고 있다. 이는 저숙련 노동자에게도 마찬가지이다. 생성형 인공지능이 과거의 기술들과는 다른 영향을 미칠 것이라고 판단할 근거는 현재로서는 없다.
- 기술 발전은 본질적으로 구조적 변화를 수반한다. 새로운 제품과 기업이 등장하는 한편, 기존의 제품과 기업은 사라진다. 이러한 변화는 소비자에게는 이익이 되지만, 노동자에게는 불이익을 초래할 수 있다. 특히 직장을 잃은 노동자들은 장기간 낮은 소득 수준에 머무는 경우가 많다. 숙련 편향적 기술 발전은 고숙련·고학력자와 저숙련·저학력자 간의 소득 격차를 심화시켜 왔다. 생성형 인공지능은 지금까지와는 다른 양상으로 고숙련 노동자에게 더 큰 영향을 미치면서 기술 변화의 새로운 흐름을 형성할 가능성이 있다.
- 소득 불평등의 심화는 상위 1% 내부에서도 상대적 소득과 자산의 격차가 커지는 형태로 나타난다. 이러한 현상은 일부 신기술 기업들이 규모에 대한 수확체증을 실현함에 따라 소수 대기업으로 성장하고, 그 과정에서 창업자와 경영진에게 막대한 소득이 집중된 결과로 설명된다.
- 시장소득 불평등은 국가 간에 차이가 존재하며, 동일한 세계화와 기술 진보의 흐름에 놓인 선진국들 사이에서도 다르게 나타난다. 이는 불평등이 제도나 사회 규범과 같은 다른 요인의 영향을 받는다는 점을 시사한다. 주어진 시장소득 불평등 수준하에서 조세 및 이전지출을 통한 소득 재분배는 처분가능소득의 불평등을 완화할 수 있다. 그러나 재분배의 정도에도 국가마다 큰 차이가 있다.
- 기후변화는 경제성장이 직면한 가장 중대한 과제일지도 모른다. 지구 평균 기온이 지속적으로 상승하고 있다는 것이 현재까지의 주요 증거이며, 이는 대부분 이산화탄소 배출 증가에 기인하는 것으로 보인다. 지금까지의 진전은 충분치 않다. 탄소세 도입이 가장 바람직한 정책 수단으로 평가되지만, 여러 정치적·지경학적 장애로 인해 실제 도입에 어려움이 있다.

## 핵심용어

그린 에너지(green energy)
기술 실업(technological unemployment)
범용 기술(general-purpose technology, GPT)
브라운 에너지(brown energy)
생성형 AI(generative artificial intelligence, GenAI)
숙련 편향적 기술 진보(skill-biased technological progress)
시장소득 불평등(market income inequality)
인공지능(artificial intelligence, AI)
지니계수(Gini coefficient)
처분가능소득 불평등(disposable income inequality)
창조적 파괴(creative destruction)
포용적 성장(inclusive growth)

# 연습문제

## 기초문제

1. 이 장의 내용에 기초해 다음에 대해 '사실', '거짓', '불확실' 여부를 밝히고, 그 이유를 간단히 설명하라.
   a. 지난 10년 동안 기술 진보율이 감소한 것은 분명하다.
   b. 미국에서 1900년 이래 고용과 1인당 산출량의 변화는 기술 진보가 고용을 꾸준히 증가시킨다는 주장을 뒷받침한다.
   c. 노동자들은 창조적 파괴 과정에서 동등한 혜택을 받는다.
   d. 지난 20년 동안 저숙련 미국 노동자의 실질임금은 고숙련 노동자의 실질임금에 비해 감소해 왔다.
   e. 기술 진보 둔화의 상당 부분은 측정 오류 때문이다.
   f. 새로운 기술은 일반적으로 낮은 숙련을 가진 노동자들을 대체한다.
   g. 범용 기술로 알려진 혁신은 자주 발생한다.
   h. 로봇 도입은 실제로 총고용을 증가시킬 수 있다.
   i. 기술 변화와 관련된 공장 폐쇄로 인해 일자리를 잃은 노동자들은 장기적인 임금 손실을 겪는다는 증거가 있다.
2. 다음 a~e에 나열된 정책 변화들이 미국 내 저숙련 노동자와 고숙련 노동자 간 임금 격차에 어떤 영향을 줄 수 있는가?
   a. 공립학교에서 컴퓨터 지출을 늘린다.
   b. 미국 입국이 허용되는 외국인 임시 농업 노동자의 수를 제한한다.
   c. 공립대학 수를 증설한다.
   d. 중미 지역에 진출한 미국 기업에 세액을 공제한다.
   e. 로봇을 생산 공정에 도입한 기업에 보조금을 지급한다.

## 심화문제

3. 생산함수를 확장하여 산출물이 노동 투입($N$), 자본 투입($K$), 탄소 집약적 에너지 투입($E$)을 통해 생산된다고 가정하자. 이 확장은 다음과 같은 수식으로 표현할 수 있다.

$$Y = N^{(1/3)}K^{(1/3)}E^{(1/3)}$$

   a. 아래 투입 값을 사용할 때 이 생산함수는 규모에 대한 수확불변을 보이겠는가?

| $N$ | $K$ | $E$ | 산출 |
|---|---|---|---|
| 27 | 125 | 64 | |
| 54 | 250 | 128 | |
| 81 | 375 | 192 | |

   b. 생산함수를 사용해 다음 각 행에서 지정된 수준의 산출을 생산하는 데 필요한 에너지양을 구하라.

| $N$ | $K$ | $E$ | 산출 |
|---|---|---|---|
| 54 | 250 | | 120 |
| 54 | 375 | | 120 |
| 81 | 250 | | 120 |

   c. 문제 b의 결과를 사용해 다음 진술에 대해 논하라.

"규모에 대한 수확불변 때문에 산출이 증가하려면 에너지 소비를 늘려야 한다."

   d. 에너지 사용을 늘리지 않고 산출을 증가시킬 수 있는 방법을 설명하라. 본문은 경제학자 사이에 탄소 배출 에너지에 대한 세금이 탄소 배출을 줄이는 가장 효과적인 방법이라는 데 광범위한 동의가 있다고 지적한다. 이 명제는 위의 생산함수에 어떻게 적용되는가?

4. 기술 진보율의 변화

   12장에서는 다음 식을 사용하여 기술 성장률을 나타내는 잔차항을 계산했다.

$$잔차 = g_Y - (\alpha g_N + (1-\alpha)g_K)$$

   연간 경제성장률은 $g_Y$, 노동 투입 증가율은 $g_N$, 자본 투입 증가율은 $g_K$이다. 2000년부터 2019년까지의 잔차 값은 얼마인가? 펜월드테이블에서 아래 표를 채워라.

| | 1985년 | | | | 1999년 | | | |
|---|---|---|---|---|---|---|---|---|
| | $Y$ | $N$ | $K$ | 노동소득분배율 | $Y$ | $N$ | $K$ | 노동소득분배율 |
| 미국 | | | | | | | | |

   참고 : 산출량은 rgdpo(2017년 미국 달러), 노동 투입은 emp(고용자 수), 자본량은 cn(2017년 미국 달러)을 사용하라. 노동소득분배율은 labsh이다.

1985년과 1999년 사이의 $Y$, $N$, $K$ 성장률을 계산하라. 2000년부터 2019년까지 동일한 계산을 하거나 12장의 결과를 사용하라.

a. 1985~1999년과 2000~2019년 두 기간의 기술 진보율을 비교하라.

b. FRED 데이터베이스는 저숙련 노동자 실업률을 측정하는 변수로 고등학교 졸업 후 대학교육을 받지 않은 16~24세 집단(시리즈 코드: LNU04023068)과 같은 자료를 제공한다. 이 데이터는 1985년에 시작된다. 이 시리즈를 찾아 1985년부터 2022년(또는 가장 최신 연도)까지의 그래프를 설명하라. 이 집단의 실업률은 2009년부터 2013년 사이에 어떻게 변했는가? 2020년부터 2021년까지 COVID-19가 이 집단의 실업률에 어떤 영향을 미쳤는가? 그 후 해당 시리즈를 스프레드시트로 다운로드하라.

c. 1985~1999년, 2000년부터 데이터 종료 시점까지, 그리고 2017년부터 데이터 종료 시점까지의 세 기간 동안 이들 저숙련 집단의 평균 실업률은 어떻게 비교되는가? 그 결과는 기술 진보가 저숙련 노동자의 실업률을 증가시킨다는 명제를 뒷받침하는가? 이 연도들을 함께 분석한 이유도 다시 살펴보라.

5. 기술 진보, 농업, 고용

다음 진술에 대해 논하라.

"기술 진보가 고용을 줄이지 않는다고 주장하는 사람은 농업을 살펴보아야 한다. 20세기 초에는 1,100만 명 이상의 농부가 있었다. 오늘날에는 100만 명도 안 된다. 만약 모든 산업이 20세기에 농업에서 발생한 것과 같은 생산성 성장을 겪는다면, 한 세기 후에는 아무도 고용되지 않을 것이다."

6. 기술과 노동시장

7장 부록에서는 임금 설정식과 가격 설정식을 노동수요와 노동공급으로 나타낼 수 있음을 배웠다. 이 문제에서는 그 분석을 기술 변화로 설명하기 위해 확장한다.

다음 실질 임금 설정식을 고려하자.

$$W/P = F(u, z)$$

이 식을 노동공급에 해당하는 방정식으로 간주하자. 주어진 노동력 $L$에 대해 실업률 $u$는 다음과 같다.

$$u = 1 - N/L$$

단, 여기서 $N$은 고용이다.

a. 위의 $u$에 대한 식을 실질 임금 설정식에 대입하라.

b. 문제 a에서 유도한 관계를 사용해 수평축이 $N$, 수직축이 실질임금 $W/P$인 평면에 노동공급곡선을 그려보라.

이제 가격 설정식을 다음과 같이 나타내자.

$$P = (1 + m)MC$$

여기서 $MC$는 한계생산비용이다. 본문의 논의를 다소 일반화하면 다음과 같다.

$$MC = W/MPL$$

여기서 $W$는 명목 임금, $MPL$은 노동의 한계생산성이다.

c. $MC$ 식을 가격 설정식에 대입하고 실질임금($W/P$)에 대한 해를 구하라. 그 해는 노동수요 관계로서 $W/P$가 $MPL$과 마크업 $m$의 함수로 표시된다.

본문에서는 단순화를 위해 생산성이 일정한 경우 $MPL$ 역시 일정하다고 가정했다. 여기서는 더 현실적으로 고용이 증가하면 $MPL$이 감소한다고 가정한다(물론 생산성은 일정하다고 가정한다).

d. $MPL$은 고용이 증가할 때 감소한다고 가정하고 문제 c에서 도출한 노동수요 관계를 그래프 나타내라. 문제 b에서 사용한 것과 같은 도표(가로축 $N$, 세로축 $W/P$)를 이용하라.

e. 기술 수준이 개선되면 노동수요곡선에 어떤 일이 발생하는가? (힌트: 기술이 개선되면 $MPL$에는 어떤 일이 발생하는가?) 이에 대해 설명하라. 또한 기술 수준이 상승하면 실질임금에 어떤 영향을 미치는가?

## 보충문제

7. 구조적 일자리 변화

미국 노동통계국(BLS)은 향후 고용이 가장 크게 감소하거나 증가할 것으로 예측되는 직종을 발표한다. 아래 링크에서 관련 표를 확인하라. https://www.bls.gov/emp/tables/emp-by-detailed-occupation.htm

a. 고용 감소가 예측되는 직종 중 어떤 직종이 기술 변화와 관련되어 있는가? 또한 어떤 직종이 외국과의 경쟁과 관련되어 있는가?

b. 고용 증가가 예측되는 직종 중 어떤 것이 기술 변화와 관련되어 있는가? 또는 미국 인구의 고령화 등 인구 통계학적 변화와 관련되어 있는가?

8. 실질임금

이 장에서는 고숙련 노동자와 저숙련 노동자의 상대임금 변화에 초점을 두었지만, 이번엔 실질임금의 변화 추이를 살펴본다.

a. 가장 최근의 대통령 경제보고서(Economic Report of the President) 웹사이트에 접속하여 표 B-30을 찾아보라. 이 표에서 1982~1984년 달러 기준(즉, 실질 기준)으로 나타낸 생산 및 비감독직 근로자(production and nonsupervisory employees)의 평균 시간당 임금 데이터를 확인하라. 표에 나타난 가장 초기 연도와 가장 최근 연도의 실질 시간당 임금을 비교해 보라. 가장 최근 연도보다 과거의 임금이 더 높았는가? 또는 그 반대인가? 그리고 그 사이의 시기 중 민간 부문의 시간당 실질 임금이 하락한 기간은 있었는가?

b. 이 장에서 제시된 상대임금 자료를 바탕으로 (앞선 문제 a에서 조사한) 결과는 1974년 이후 저숙련 노동자의 실질임금 변화에 대해 어떤 시사점을 주는가? 또한 그 답은 저숙련 노동자에 대한 상대적 수요 감소의 강도에 대해 무엇을 의미하는가?

c. 이와 같은 노동자 보상에 대한 분석에서 누락되었을 가능성이 있는 요소는 무엇인가? 근로자들은 임금 이외에도 다른 형태의 보상을 받고 있는가?

9. 소득 불평등

a. 미국에서 시간이 지남에 따라 소득 불평등이 증가해 왔다는 증거는 본문에서 무엇으로 제시되어 있는가?

b. 고학력 근로자의 수요와 공급 관점에서 소득 불평등의 증가를 설명하라.

c. 저학력 근로자의 수요와 공급 관점에서 소득 불평등의 증가를 설명하라.

d. 인터넷 검색을 통해 소득 불평등 증가를 정책적으로 해결해야 할 문제로 보는지에 대해 민주당과 공화당의 상대적 입장을 조사하고, 가능하다면 이를 비교하라.

e. 교육 수준에 따른 결혼 경향에 관한 2011년의 자료는 다음 웹사이트에서 찾을 수 있다.
www.theatlantic.com/sexes/archive/2013/04/college-graduates-marry-other-college-graduates-most-of-the-time/274654
2011년 데이터를 보면 교육 수준이 유사한 사람끼리 결혼하는 경향이 있음을 알 수 있다. 시간이 지남에 따라 비슷한 교육 수준을 가진 사람들끼리, 예를 들어 고학력자는 고학력자와, 저학력자는 저학력자와 결혼하는 경향이 강화된다면 이러한 현상이 소득 불평등에 어떻게 영향을 미치는지를 설명하라.

10. 탄소배출과 성장

지구온난화로 인해 탄소배출에 대한 관심이 크다. 세계은행(World Bank)은 다양한 형태로 국가별 탄소배출 데이터를 제공하고 있으며, 다음 링크에서 찾아볼 수 있다. https://data.worldbank.org/indicator/en.atm.co2e.pp.gd. 특히 흥미로운 지표는 탄소 집약도(carbon intensity of output)로, 이는 PPP 기준으로 산출된 달러화 표시 GDP 1달러당 탄소배출량(kg)을 의미한다. 이 데이터는 1990년에 시작해 2020년까지 제공된다.

a. 미국의 데이터를 찾아보라. 1990년부터 최신 데이터까지 탄소집약도는 어떻게 변했는가?

b. 스프레드시트의 데이터를 정렬해 1990년과 가장 최근 연도의 GDP 1달러당 탄소배출량이 가장 큰 5개국을 찾으라. 가장 최근에 고배출국 상위 리스트에 어떤 변화가 있는가?

c. 1990년에 탄소집약도가 가장 높았던 5개국을 다시 확인하라. 이들 국가는 이 기간 동안 탄소집약도를 감축했는가?

d. 펜월드테이블에서 PPP 기준 GDP 자료를 사용해 미국의 2019년 탄소집약도가 1990년보다 더 높은가를 평가하라. 또한 중국의 탄소집약도는 1990년에 높은가, 아니면 2019년에 더 높은가?

# Part 5 기대

확장

다음 3개 장은 핵심 이론의 첫 번째 확장을 다룬다. 이들 장에서는 기대가 산출량(총생산)의 변동에 어떤 역할을 하는지를 살펴본다.

**Chapter 14**

금융시장에서 기대가 수행하는 역할에 초점을 맞춘다. 이 장은 기대현재할인가치 개념을 도입하는데, 이는 자산가격의 결정뿐 아니라 소비와 투자 결정에서도 핵심적인 역할을 한다. 이 개념을 활용하여 채권가격과 채권 수익률이 어떻게 결정되는지를 분석한다. 또한 수익률곡선을 통해 미래 기대이자율의 경로를 어떻게 유추할 수 있는지를 보여준다. 이어서 주식가격으로 논의를 확장하고, 그것이 기대되는 미래 배당금과 이자율에 어떻게 의존하는지를 설명한다. 마지막으로 주가가 항상 펀더멘털(fundamentals)을 반영하는지, 혹은 버블이나 유행 추종을 반영하는지를 논의한다.

**Chapter 15**

소비 및 투자 결정에서 기대가 수행하는 역할에 초점을 맞춘다. 이 장에서는 소비가 부분적으로 현재 소득, 인적 자산, 금융 자산에 의존한다는 점을 보여준다. 또한 투자가 부분적으로 현재 현금흐름과 미래 이익의 기대현재가치에 좌우된다는 점도 설명한다.

**Chapter 16**

산출량 변동에서 기대가 수행하는 역할을 다룬다. 이 장은 IS-LM 모형에서 출발하여 재화시장 균형(즉, IS 관계식)에 소비 및 투자 지출에 대한 기대의 영향을 반영하도록 설명을 확장한다. 이어서 통화 정책과 재정 정책이 기대를 통해 산출량에 미치는 영향을 고려하여, 이들 정책의 효과를 다시 고찰한다.

# 금융시장과 기대

14

이 장의 초점은 채권에서 주식, 주택에 이르기까지 자산가격 결정에서 기대가 수행하는 역할에 있다. 앞서 핵심 이론에서 기대의 역할을 여러 차례 비공식적으로 다룬 바 있다. 이제 이를 보다 본격적이고 체계적으로 분석할 시점이다. 보다시피 자산가격은 현재 및 기대되는 미래의 경제활동에 영향을 받을 뿐만 아니라, 자산가격 자체가 현재의 경제활동을 좌우하는 의사결정에도 영향을 미친다. 따라서 자산가격의 결정 과정을 이해하는 것은 경기 변동을 이해하는 데 핵심적이다.

**14-1** 자산가격의 결정뿐 아니라 소비 및 투자 결정에서도 핵심적인 역할을 하는 기대현재할인가치 개념을 소개한다.

**14-2** 채권가격과 만기수익률의 결정 과정을 살펴본다. 채권가격과 만기수익률이 현재 및 기대되는 미래의 단기 이자율에 어떻게 좌우되는지를 보여주며, 이어서 수익률곡선을 활용해 향후 단기 이자율의 기대 경로를 어떻게 유추할 수 있는지도 설명한다.

**14-3** 주식가격의 결정 과정을 살펴본다. 주가가 현재 및 기대되는 미래의 이익뿐 아니라, 현재 및 기대되는 미래의 이자율에 어떻게 좌우되는지를 보여준다. 이어서 경제활동의 변동이 주가에 어떤 영향을 미치는지도 논의한다.

**14-4** 주식이나 주택과 같은 자산가격이 현재 또는 예상되는 미래지급이나 이자율과 무관하게 움직이는 것으로 보이는 현상이 유행 추종 및 버블과 어떤 관련이 있는지 보다 면밀히 살펴본다.

**이 장의 핵심 주제:** 기대는 채권과 주식의 가격을 결정한다. ▶▶▶

## 14-1 기대현재할인가치

현재할인가치(present discounted value)가 왜 중요한지를 이해하기 위해 새 기계를 구입할지 말지를 고민하는 한 관리자의 상황을 생각해 보자. 새 기계를 구입하고 설치하는 데는 당장 비용이 들어간다. 다른 한편으로 그 기계는 장차 생산량 증가, 판매 증가, 수익 증가를 이끌 것이다. 이때 관리자가 직면한 질문은, "예상되는 미래 수익의 가치가 기계 구입 및 설치 비용보다 큰가?"이다. 바로 이 지점에서 기대현재할인가치라는 개념이 유용하게 사용된다. 미래 지급의 일련의 흐름에 대한 **기대현재할인가치**(expected present discounted value)란 예상되는 지급 흐름 전체가 현재 시점에서 얼마의 가치를 지니는지를 나타낸다. 관리자가 예상 수익 흐름에 대한 기대현재할인가치를 계산하게 되면 의사결정 문제는 더 단순해진다. 즉, 기대현재할인가치와 초기 비용이라는 두 숫자를 비교하면 된다. 기대현재할인가치가 초기 비용을 초과한다면 관리자는 기계를 구입해야 하며, 그렇지 않다면 구입해서는 안 된다.

실제 문제는, 기대현재할인가치는 직접 관측할 수 있는 변수가 아니라는 데 있다. 즉, 예상되는 지급 흐름과 기대이자율에 대한 정보를 바탕으로 구성(계산)해야만 한다. 이제 이 기대현재할인가치를 어떻게 구성하는지 단계별로 살펴보자.

### 기대현재할인가치의 계산

$t$시점의 1년 명목이자율을 $i_t$라고 하자. 이 경우 올해 1달러를 대출하면 내년에 $1+i_t$달러를 돌려받게 된다. 올해 1달러를 차입하면 내년에 $1+i_t$달러를 상환해야 한다. 이러한 의미에서 올해의 1달러는 내년의 $1+i_t$달러의 가치가 있다고 할 수 있다. 이 관계는 그림 14-1의 첫 번째 줄에 도식화되어 있다.

이 절에서는 내용을 단순하게 유지하기 위해 6장에서 자세히 논의했던 '위험'의 문제는 무시한다. 이 주제는 다음 절에서 다시 다룰 것이다.

이제 논점을 달리해서 생각해 보자. 내년의 1달러는 올해 얼마의 가치가 있을까? 그 답은 그림 14-1의 두 번째 줄에 나와 있듯이 $1/(1+i_t)$달러이다. 다르게 말하면 올해 $1/(1+i_t)$달러를 대출하면, 내년에는 그것에 $(1+i_t)$를 곱한 결과인 1달러를 받게 된다. 반대로 올해 $1/(1+i_t)$ 달러를 차입하면, 내년에는 정확히 1달러를 상환해야 한다. 따라서 내년의 1달러는 올해의 $1/(1+i_t)$달러의 가치를 지닌다고 할 수 있다.

여기서 $1/(1+i_t)$는 내년 1달러의 현재할인가치(present discounted value)라고 한다. '현재'라는 말은 내년에 받을 지급액을 오늘의 달러 기준으로 본다는 점에서 유래하며, '할인'이라는 말은 내년에 받을 지급액을 이자율을 기준으로 할인해 평가한다는 뜻이다. 이때 $1/(1+i_t)$는 **할인계수**(discount factor)를 의미하고, 할인에 사용되는 이자율, 즉 명목이자율 $i_t$는 경우에 따라 **할인율**(discount rate)이라고도 한다.

$i_t$: 할인율
$1/(1+i_t)$: 할인계수
할인율이 상승하면 할인계수는 하락한다.

명목이자율이 높을수록 내년에 받을 1달러의 현재가치는 더 낮아진다. 예를 들어 이자율이 $i=5\%$일 경우 내년에 받을 1달러의 현재가치는 $1/1.05 \approx 95$센트이다. 반면 이자율이 $i=10\%$일 경우 내년 1달러의 현재가치는 $1/1.10 \approx 91$센트로 더 낮아진다.

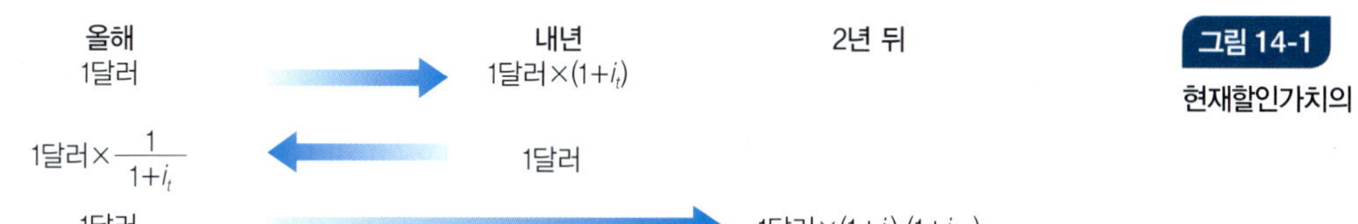


**그림 14-1**
현재할인가치의 계산

이제 같은 논리를 2년 뒤에 받을 1달러의 현재가치에도 적용해 보자. 우선 현재와 1년 후에 적용될 1년 만기 명목이자율이 확실하게 알려져 있다고 가정하자. 올해의 명목이자율을 $i_t$, 내년의 1년 만기 명목이자율을 $i_{t+1}$이라 하자.

오늘 1달러를 2년간 대출하면 2년 뒤에는 $(1+i_t)(1+i_{t+1})$달러를 받게 된다. 다시 말하면 오늘의 1달러는 2년 후의 $(1+i_t)(1+i_{t+1})$달러의 가치를 지닌다. 이 관계는 그림 14-1의 세 번째 줄에 도식화되어 있다.

그렇다면 2년 뒤에 받을 1달러는 오늘 현재 기준으로 얼마의 가치를 가질까? 이전과 같은 논리로, 그 가치는 $1/(1+i_t)(1+i_{t+1})$달러이다. 실제로 올해 $1/(1+i_t)(1+i_{t+1})$달러를 대출하면 2년 뒤에 정확히 1달러를 받을 수 있다. 따라서 2년 뒤 1달러의 현재할인가치는 $1/(1+i_t)(1+i_{t+1})$달러와 같다. 이 관계는 그림 14-1의 마지막 줄에 제시되어 있다. 예를 들어 올해와 내년의 1년 만기 명목이자율이 동일하게 5%라고 가정하면, 즉 $i_t=i_{t+1}=5\%$일 때 2년 뒤 1달러의 현재가치는 $1/(1.05)^2$, 즉 약 91센트이다.

## 일반 공식

지금까지의 단계를 잘 거쳤다면 지급액과 이자율 모두 시간이 지남에 따라 달라지는 경우에도 현재할인가치를 손쉽게 도출할 수 있다.

오늘부터 시작되는 일련의 자금 지급 흐름을 생각해 보자. 지금은 미래의 지급액과 명목이자율이 모두 확실하게 알려져 있다고 가정하자. 오늘의 지급액을 $z_t$달러, 내년의 지급액을 $z_{t+1}$달러, 2년 후의 지급액을 $z_{t+2}$달러 등으로 나타내자.

이 자금 지급 흐름의 현재할인가치를 $V_t$달러라고 하자. 이때 $V_t$는 다음과 같이 계산할 수 있다.

$$\$V_t = \$z_t + \frac{1}{(1+i_t)}\$z_{t+1} + \frac{1}{(1+i_t)(1+i_{t+1})}\$z_{t+2} + \cdots$$

미래에 들어올 지급액은 각 시점의 할인계수를 곱하여 현재가치로 계산된다. 수식을 통해 알 수 있듯 자금 지급 시점이 현재보다 멀수록 할인계수는 더 작아지고, 그 결과 해당 지급액의 현재할인가치도 더 작아진다. 즉, 지급 시점이 먼 미래일수록 더 크게 할인되므로, 현재할인가치는 그만큼 더 낮아진다.

지금까지는 미래의 지급액과 이자율이 확실하게 알려져 있다고 가정해 왔다. 그러나 실제 의사결정은 이러한 지급의 실제 값이 아니라, 미래에 대한 기대에 기반하여 이루어진다. 앞선 예시에서 관리자는 새로운 기계가 어느 정도의 수익을 가져다줄지 확신할 수 없으며, 앞으로의 이자율이 어떻게 변할지도 알 수 없다. 그들이 할 수 있는 최선은, 가장 신뢰할 수 있는 예측치에 근거하여 기대되는 수익의 현재할인가치를 계산하는 것이다.

미래의 지급액과 이자율이 불확실할 경우 기대현재할인가치는 어떻게 계산할 수 있을까? 기본 원리는 이전과 동일하지만, 알려진 지급액과 알려진 이자율 대신, 기대되는 지급액과 기대되는 이자율을 사용한다는 점이 다르다. 형식적으로는 내년의 기대지급액을 $z^e_{t+1}$달러, 2년 후의 기대지급액을 $z^e_{t+2}$달러로 나타내며, 그 이후도 동일한 방식으로 확장한다. 마찬가지로 내년의 기대 1년 만기 명목이자율은 $i^e_{t+1}$로 표기한다. 반면 올해의 명목이자율 $i_t$는 현재 시점에서 이미 알려져 있으므로 별도의 위 첨자 $e$(기댓값 표시)는 필요 없다. 이러한 기대 지급 흐름의 기대현재할인가치는 다음과 같이 정의할 수 있다.

$$\$V_t = \$z_t + \frac{1}{(1+i_t)}\$z^e_{t+1} + \frac{1}{(1+i_t)(1+i^e_{t+1})}\$z^e_{t+2} + \cdots \tag{14.1}$$

'기대현재할인가치'라는 표현은 다소 거추장스러운 표현이므로, 이후에는 **현재할인가치**(present discounted value) 또는 간단히 **현재가치**(present value)라는 용어를 자주 사용하겠다. 또한 식 (14.1)의 약식 표현도 필요하다. 지급 흐름 $z$달러에 대한 기대현재할인가치는 $V(z_t)$ 또는 간단히 $V(z)$로 표기할 것이다.

## 현재가치의 활용 예

식 (14.1)은 두 가지 중요한 함의를 갖는다.

현재의 $z$달러 또는 미래 기대지급액 $z^e$달러 증가⇒현재가치 $V$ 증가 ▶

- 현재가치는 오늘의 실제 지급액과 기대되는 미래 지급액에 양(+)의 관계를 갖는다. 즉, 오늘의 $z$달러 또는 미래의 기대지급액 $z^e$달러 중 어느 하나라도 증가하면 현재가치는 증가한다.

현재의 이자율 $i$ 또는 미래 기대이자율 $i^e$ 증가⇒현재가치 $V$ 감소 ▶

- 현재가치는 현재 및 기대되는 미래의 이자율과 음(−)의 관계를 갖는다. 즉, 현재의 $i$ 또는 미래의 기대이자율 $i^e$ 중 어느 하나라도 증가하면 현재가치는 감소한다.

식 (14.1)은 결코 단순하지 않다. 몇 가지 예제를 통해 살펴보는 것이 도움이 될 것이다.

## 이자율이 일정한 경우

미래 자금 지급액 흐름이 현재가치에 미치는 영향을 집중적으로 분석하기 위해 이자율은 시간이 지나도 계속 일정하게 유지된다고 가정하자. 즉, $i_t = i^e_{t+1} = \cdots$이며, 이 공통된 값을 간단히 $i$라고 하자. 이 경우 현재가치를 계산하는 식 (14.1)은 다음과 같이 단순화된다.

$$\$V_t = \$z_t + \frac{1}{(1+i)}\$z^e_{t+1} + \frac{1}{(1+i)^2}\$z^e_{t+2} + \cdots \qquad (14.2)$$

이 경우 현재가치는 현재 지급액과 기대되는 미래 지급액들의 **가중합**이다. 즉, 할인에 사용되는 가중치는 시간이 지남에 따라 **기하급수적**으로 감소한다. 올해 지급액의 가중치는 1이며, 지금으로부터 $n$년 후 지급액의 가중치는 $1/(1+i)^n$으로 표현한다. 이자율이 양(+)의 값을 가지므로, 지급 시점이 멀어질수록 해당 지급액에 곱해지는 가중치는 점점 더 0에 가까워진다. 예를 들어 이자율이 10%일 경우 10년 후 지급액에 대한 가중치는 $1/(1+0.10)^{10}=0.386$이다. 따라서 10년 후 1,000달러의 현재가치는 오늘 기준으로 약 386달러에 불과하다. 30년 후 지급에 대한 가중치는 $1/(1+0.10)^{30}=0.057$이므로, 30년 후 1,000달러는 오늘 기준으로 고작 57달러의 현재가치를 지닌다.

◀ 가중치들은 기하수열의 항들에 해당한다. 이 책의 부록 2에서 기하급수에 관한 설명을 참고하라.

## 이자율과 지급액이 모두 일정한 경우

경우에 따라 현재가치를 계산하고자 하는 지급액의 흐름이 단순할 수 있다. 예를 들어 전형적인 고정금리 30년 모기지는 30년 동안 동일한 금액의 달러 지급이 요구된다. 이처럼 시간의 흐름과 관계없이 일정한 지급액을 $z$달러라고 하자. 이 지급은 올해를 포함해 총 $n$년간 이루어진다고 가정할 수 있다. 이때 식 (14.2)의 현재가치 공식은 다음과 같이 단순화할 수 있다.

$$\$V_t = \$z\left[1 + \frac{1}{(1+i)} + \cdots + \frac{1}{(1+i)^{n-1}}\right]$$

대괄호 안의 항들은 등비수열을 이루므로, 이 수열의 합을 계산하면 다음과 같은 결과를 얻을 수 있다.

◀ 지금쯤이면 기하급수가 더이상 낯설지 않을 것이며, 이 관계식을 유도하는 데 아무런 어려움이 없어야 한다. 만약 어렵다면 이 책의 부록 2를 참고하라.

$$\$V_t = \$z\frac{1-[1/(1+i)^n]}{1-[1/(1+i)]}$$

주 복권에 당첨되어 100만 달러를 받는다고 가정해 보자. 그러나 주정부는 과도한 소비 본능과 수많은 새로 생긴 '친구들'로부터 당신을 보호하기 위해 상금을 향후 20년 동안 매년 5만 달러씩 균등하게 분할하여 지급하겠다고 통보한다. 그렇다면 이 복권 당첨금의 오늘 기준 현재가치는 얼마일까? 예를 들어 연이율이 6%라고 할 경우 앞서 소개한 식을 적용하면 다음과 같다. $V$=50,000달러(0.688)/(0.057), 즉 약 608,000달러이다. 나쁘진 않지만 복권에 당첨됐다고 해서 백만장자가 되지는 않는다.

이자율 $i$가 4%일 경우 현재가치는 얼마인가? 8%일 경우는 얼마인가? (답: 706,000 ◀ 달러, 530,000달러)

## 일정한 이자율과 영구 상환

이제 지급액이 일정할 뿐만 아니라 영원히 지속된다고 가정해 보자. 이런 경우에 해당하는 실제 사례는 드물지만, 19세기 영국에서 그 예를 찾을 수 있다. 당시 영국 정부는 **콘솔**(consol)이라는 채권을 발행했는데, 이는 매년 동일한 금액을 무기한으로 지급하는 채권이었다. 여기서

이 콘솔 채권 중 일부는 2015년까지도 여전히 유통되고 있었으며, 그해 영국 정부는 이들 콘솔 채권을 시장에서 조기상환하기로 결정했다.

▶ 연간 지급액을 $z$달러라고 하자. 또한 지급이 오늘이 아니라 내년부터 시작된다고 가정하자(이 경우 수식이 더 간단해진다). 이때 식 (14.2)를 적용하면 현재가치는 다음과 같다.

$$\$V_t = \frac{1}{(1+i)}\$z + \frac{1}{(1+i)^2}\$z + \cdots$$
$$= \frac{1}{(1+i)}\left[1 + \frac{1}{(1+i)} + \cdots\right]\$z$$

두 번째 줄은 $1/(1+i)$를 묶어낸 결과이다. 괄호 안의 항을 보면 $1/(1+i)$를 묶어낸 이유가 분명해질 것이다. 이는 무한 등비수열의 합이므로, 등비수열의 합 공식을 이용해 현재가치를 다음과 같이 다시 정리할 수 있다.

$$\$V_t = \frac{1}{1+i}\frac{1}{(1-(1/(1+i)))}\$z$$

또는 단순화하면(해당 과정은 이 책 부록 2의 명제 2 참조) 다음과 같다.

$$\$V_t = \frac{\$z}{i}$$

일정한 지급액 $z$달러의 현재가치는 단순히 $z$를 이자율 $i$로 나눈 값과 같다. 예를 들어 이자율이 앞으로도 계속 연 5%로 예상된다면 매년 10달러를 영원히 지급하는 콘솔의 현재가치는 10달러/0.05=200달러가 된다. 이자율이 상승하여 앞으로도 계속 연 10%로 적용된다면 이 콘솔의 현재가치는 10달러/0.10=100달러로 감소한다.

## 제로 이자율

현재가치를 계산할 때는 일반적으로 복잡한 계산이 필요하다. 그러나 계산이 매우 간단해지는 예외적인 경우가 하나 있다. 바로 이자율이 0인 경우이다. 이자율 $i$가 0이면 $1/(1+i)$는 1이 되며, 어떤 거듭제곱 $n$에 대해서도 $1/(1+i)^n$ 역시 1이 된다. 따라서 이 경우 예상되는 일련의 지급액 흐름에 대한 현재가치는 각 지급액을 단순히 모두 합한 값과 같다. 물론 현실에서 이자율은 대체로 양(+)이므로, 이렇게 도출한 값은 어디까지나 근사치에 불과하다. 그러나 이러한 단순화는 대략적인 계산이나 신속한 추정을 할 때 매우 유용하게 활용할 수 있다.

## 명목이자율과 실질이자율 그리고 현재가치

이제까지는 일련의 달러 지급 흐름에 대한 현재가치를 계산할 때 달러 기준의 이자율, 즉 명목이자율을 사용해 왔다. 구체적으로 다음과 같은 식 (14.1)을 사용해 왔다.

$$\$V_t = \$z_t + \frac{1}{(1+i_t)}\$z^e_{t+1} + \frac{1}{(1+i_t)(1+i^e_{t+1})}\$z^e_{t+2} + \cdots$$

여기서 $i_t$, $i^e_{t+1}$, …는 현재 및 기대되는 미래의 명목이자율이며, $z_t$달러, $z^e_{t+1}$달러, $z^e_{t+2}$달러,

…는 현재 및 기대되는 미래의 달러 지급액이다.

이번에는 실질 지급액의 현재가치를 계산한다고 가정해 보자. 즉, 지급액을 달러라는 화폐 단위가 아니라 실제 물건의 수(또는 상품 바구니의 수)로 측정하는 것이다. 이 경우에는 그에 맞는 적절한 이자율을 사용해야 하는데, 바로 실제 물건 기준으로 정의되는 실질이자율이다. 구체적으로 실질 지급액의 현재가치는 다음과 같이 표현할 수 있다.

$$V_t = z_t + \frac{1}{(1+r_t)}z^e_{t+1} + \frac{1}{(1+r_t)(1+r^e_{t+1})}z^e_{t+2} + \cdots \tag{14.3}$$

여기서 $r_t$, $r^e_{t+1}$, …는 현재 및 기대되는 미래의 실질이자율의 시계열이다. $z_t$, $z^e_{t+1}$, $z^e_{t+2}$, …는 현재 및 기대되는 미래의 실질 지급액의 시계열이다. $V_t$는 이러한 미래 실질 지급액들의 현재 실질가치를 나타낸다.

현재가치를 계산하는 이 두 가지 방식은 서로 동등한 것으로 나타난다. 즉, 식 (14.1)을 이용하여 $\$V_t$달러를 계산한 후 물가수준 $P_t$로 나눈 실질가치는, 식 (14.3)을 통해 구한 실질가치 $V_t$와 동일하다. 따라서 다음과 같은 관계가 성립한다.

이 장의 부록에는 이에 대한 증명이 제시되어 있다. 실질이자율과 명목이자율, 그리고 기대현재가치라는 두 개념을 제대로 이해했는지 확인을 위해 꼭 읽어보자.

$$\$V_t/P_t = V_t$$

다시 얘기하면 현재가치는 두 가지 방식으로 계산할 수 있다. 첫 번째 방식은 지급액을 달러와 같은 명목 화폐 단위로 표현한 뒤, 명목이자율을 사용하여 할인하고, 그 결과를 현재의 물가수준으로 나누는 것이다. 두 번째 방식은 지급액을 처음부터 실질 단위로 표현한 후, 실질이자율을 사용하여 현재가치를 계산하는 방식이다. 이 두 방식은 동일한 결과를 산출한다.

두 가지 공식이 모두 필요한가? 그렇다. 어느 공식을 사용하는 것이 더 유용한지는 맥락에 따라 달라진다.

예를 들어 채권을 생각해 보자. 채권은 일반적으로 몇 년간에 걸쳐 명목 금액으로 지급되는 일련의 현금흐름에 대한 청구권이다. 예컨대 10년 만기 채권은 매년 50달러씩 10년 동안 지급하고, 마지막 해에는 1,000달러의 원금을 추가로 지급하기로 약속할 수 있다. 따라서 다음 절에서 채권의 가격결정을 살펴볼 때는 실질 단위로 표현된 식 (14.3)보다는 달러 기준 지급액으로 표현된 식 (14.1)을 사용하는 것이 더 적절하다.

하지만 어떤 경우에는 미래의 명목가치보다 미래의 실질가치를 더 명확하게 파악할 수 있을 때도 있다. 예를 들어 20년 후 자신의 명목소득이 얼마일지 잘 예측하지 못할 수 있다. 그 명목소득의 가치는 앞으로의 인플레이션 경로에 크게 좌우되기 때문이다. 그러나 명목소득이 최소한 물가상승률만큼은 증가할 것이라고(즉, 실질소득이 감소하지 않을 것이라고) 확신할 수는 있을지도 모른다. 이 경우 미래의 명목소득을 예측해야 하는 식 (14.1)을 사용하는 것은 까다로울 수 있다. 반면 미래의 실질소득을 예측하기만 하면 되는 식 (14.3)을 사용하는 것은 상대적으로 쉬울 수 있다. 이러한 이유로 15장에서 소비 및 투자에 대한 의사결정을 논의할 때는 식 (14.1)이 아니라 식 (14.3)을 중심으로 설명할 것이다.

## 14-2 채권가격과 만기수익률*

채권은 두 가지 기본적인 차원에서 구분된다.

- 만기: 채권의 **만기**(maturity)란 채권이 보유자에게 지급을 약속한 기간을 의미한다. 예를 들어 6개월 뒤에 1,000달러를 한 번만 지급하기로 한 채권은 6개월 만기 채권이다. 반면 앞으로 20년 동안 매년 100달러씩 이자를 지급하고, 최종적으로 1,000달러의 원금을 상환하는 채권이라면 그 만기는 20년이다.
- 위험: 채권의 위험은 크게 두 가지로 나눌 수 있다. 첫째는 **채무불이행 위험**(default risk)으로, 채권을 발행한 주체(예: 정부 또는 기업)가 약속한 금액 전액을 상환하지 못할 가능성을 의미한다. 둘째는 **가격 위험**(price risk)으로, 채권을 만기 이전에 매도하려 할 때 어떤 가격에 팔 수 있을지에 대한 불확실성을 말한다. 즉, 금리가 변동하거나 시장 상황이 달라질 경우 채권의 시장가격이 하락하여 손실이 발생할 수 있는 위험이다.

이자율을 구분하는 기준은 크게 세 가지가 있다. 첫째는 실질이자율과 명목이자율의 구분이다. 둘째는 정책금리와 차입금리의 구분이다. (이 절에서는 이 두 번째 구분은 다루지 않는다.) 셋째는 이번에 새로 소개될 단기금리와 장기금리의 구분이다. 이 세 가지 기준을 모두 조합하면 총 여덟 가지의 이자율이 생긴다. ▶

이자율이 어떻게 결정되는지를 이해하려면 만기와 위험이라는 두 가지 요인이 모두 중요하다. 하지만 여기서는 만기와 그에 수반되는 기대의 역할에 초점을 맞출 것이다. 위험 요인에 대해서는 이후에 다시 논의하자.

먼저 몇 가지 용어를 정의하자. 만기가 서로 다른 채권은 각각의 가격과 그에 연계된 이자율인 **만기수익률**(yield to maturity), 즉 줄여서 **수익률**(yield)을 갖는다. 보통 만기가 1년 이하인 채권의 수익률은 **단기수익률**(short-term interest rate)라 하며, 보다 긴 만기를 가진 채권의 수익률은 **장기수익률**(long-term interest rate)이라 한다. 특정 시점에서는 다양한 만기를 가진 채권들의 수익률을 관찰할 수 있으므로, 채권의 만기에 따라 수익률이 어떻게 달라지는지를 그래프로 나타낼 수 있다. 이처럼 만기와 수익률 간의 관계를 **수익률곡선**(yield curve) 또는 **이자율의 기간구조**(term structure of interest rates)라고 부른다. (여기서 '기간'은 '만기'와 동의어로 사용된다.)

예를 들어 그림 14-2는 2000년 11월 1일과 2001년 6월 1일의 미국 국채에 대한 이자율의 기간구조를 보여준다. 이 두 시점을 선택한 이유는 곧 알게 될 것이다.

그림 14-2에 나타나 있듯이 2000년 11월 1일 당시 수익률곡선은 완만한 우하향 형태를 보였다. 이는 3개월물 금리가 6.2%였고, 30년물 금리는 5.8%로 더 낮았기 때문이다. 다시 말해 장기금리가 단기금리보다 소폭 낮았다. 그런데 7개월 뒤인 2001년 6월 1일에는 수익률곡선이

* 역자 주: 이 절 제목의 원문인 Bond Prices and Bond Yields에서 'Bond Yields'는 일반적으로 채권에서 발생하는 수익률을 의미하지만, 이 장에서는 특히 채권의 현재 가격과 만기수익률(yield to maturity) 간의 관계에 초점을 맞추고 있다. 이에 따라 본문에서는 bond yields를 기본적으로 '만기수익률'로 번역했으며, 문맥상 일반적인 수익률 개념으로 언급되는 경우에는 '수익률'로 번역했다. 또한 'yield'는 때때로 '이자율(interest rate)'과 혼동될 수 있으나, 이 장에서는 이자율과 구분되는 개념인 '수익률'로 이해해야 한다.

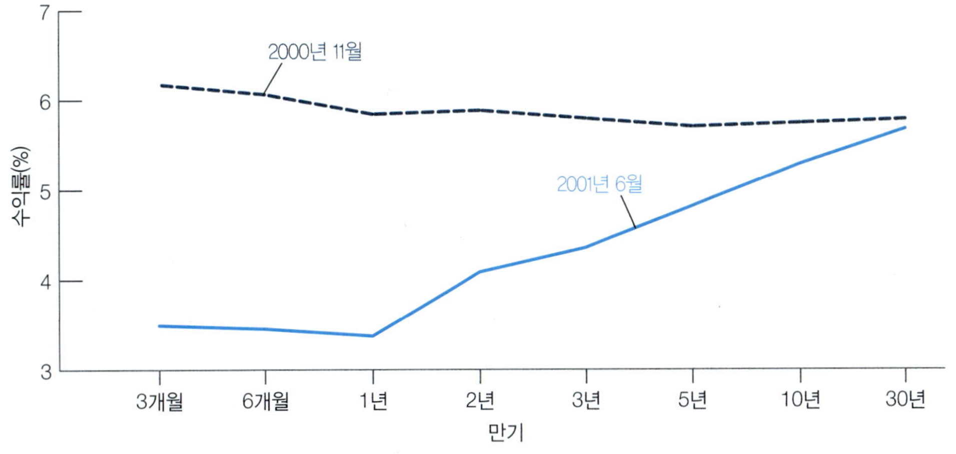


**그림 14-2**

**미국 국채 만기수익률곡선(2000년 11월 1일과 2001년 6월 1일)**

미국 국채의 만기수익률곡선은 2000년 11월 1일에는 약간 우하향 기울기를 보였으나, 7개월 후에는 급격한 우상향 기울기를 나타냈다.

출처: FRED, Series DGS1MO, DGS3MO, DGS6MO, DGS1, DGS2, DGS3, DGS5, DGS7, DGS10, DGS20, DGS30.

뚜렷한 우상향 형태로 바뀌었다. 당시 3개월물 금리는 3.5%였고, 30년물 금리는 5.7%로 크게 상승했기 때문이다. 즉, 이 시점에는 장기금리가 단기금리보다 훨씬 높았다.

◀ 미국 국채의 수익률곡선을 이 장을 읽는 시점에 확인하고 싶다면 www.ustreasuryyieldcurve.com에 접속하여 'yield curves'를 클릭해 보자. 영국과 미국 국채의 수익률곡선을 모두 확인할 수 있다.

수익률곡선이 2000년 11월에는 우하향했지만, 2001년 6월에는 우상향한 이유는 무엇일까? 달리 말하면 왜 2000년 11월에는 장기금리가 단기금리보다 약간 낮았던 반면, 2001년 6월에는 장기금리가 단기금리보다 훨씬 높았던 것일까? 그 시점에서 금융시장 참여자들은 어떤 생각을 하고 있었을까? 이러한 질문에 답하고 보다 일반적으로 수익률곡선이 어떻게 결정되는지, 그리고 단기금리와 장기금리 간의 관계를 이해하기 위해 두 단계에 걸쳐 논의를 전개할 것이다.

1. 먼저 만기가 서로 다른 채권들의 **채권가격**을 도출한다.
2. 다음으로 채권가격으로부터 **수익률**을 구하고, 이를 바탕으로 수익률곡선의 결정요인 및 단기금리와 장기금리 간의 관계를 살펴본다.

## 현재가치로 본 채권가격

이 절에서는 두 가지 종류의 채권을 집중적으로 살펴본다. 하나는 1년 뒤에 100달러를 한 번 지급하기로 약속한 채권(1년 만기 채권), 다른 하나는 2년 뒤에 100달러를 한 번 지급하기로 한 채권(2년 만기 채권)이다. 이 두 채권의 가격과 만기수익률이 어떻게 결정되는지를 이해하면, 이를 일반화하여 다양한 만기의 채권에도 적용하는 것이 쉬워진다. 이러한 일반화는 나중에 다룰 것이다.

◀ 두 채권 모두 할인채임에 주의하라(FOCUS '채권시장의 기초 용어' 참조).

이제 이 두 채권의 가격을 도출하는 것부터 시작해 보자.

- 1년 만기 채권이 내년에 100달러를 지급하기로 약속되어 있으므로, 이 채권의 가격(이를 $P_{1t}$라 하자)은 내년 100달러 지급액의 현재가치와 같아야 한다. 현재 시점의 1년 만기 명목이자율을 $i_{1t}$라고 하자. 이전 장에서는 이자율을 단순히 $i$로 표기했지만, 여기서는 '$t$년

FOCUS

## 채권시장의 기초 용어

금융시장의 기본 용어를 이해하면 세상이 덜 낯설게 느껴질 수 있다. 채권시장에서 자주 쓰이는 기초 용어에 대해 간단하게 정리했다.

- 채권은 정부나 기업이 발행한다. 정부 또는 정부기관이 발행한 채권은 **국채**(government bonds)라고 하며, 기업(법인)이 발행한 경우에는 **회사채**(corporate bonds)라고 한다.
- 채권은 **채무불이행 위험**(만기 시 약속한 금액을 전부 상환하지 못할 가능성)에 따라 신용평가기관의 평가를 받는다. 세계 3대 주요 신용평가기관은 스탠더드앤드푸어스(Standard & Poor's, S&P), 무디스(Moody's Investors Service), 피치(Fitch Rating Agency)이다. S&P의 **채권 등급**(bond ratings)은 최고등급인 AAA부터 최저등급인 D까지 다양하다. 2011년, S&P는 미국 정부의 막대한 재정적자에 대한 우려를 반영하여 미국 국채의 신용등급을 AAA에서 AA+로 한 단계 강등했다. 이후 2023년에는 피치 역시 동일한 조치를 취했는데,* 이 같은 강등 조치는 큰 논란을 일으켰다. 과연 미국 정부가 실제로 채무를 전액 상환하지 못할 위험이 존재하는 것인가?

  신용등급이 낮다는 것은 일반적으로 해당 채권이 더 높은 이자율을 지급해야만 투자자들이 이를 매입하려 한다는 뜻이다. 특정 채권이 지급하는 이자율과 가장 높은(가장 우량한) 신용등급을 가진 채권이 지급하는 이자율 간의 차이를, 해당 채권에 부과되는 **위험 프리미엄**(risk premium)이라 한다. 채무불이행 위험이 높은 채권은 때때로 **정크본드**(junk bonds)라고 불리며, 투기등급 채권을 뜻한다.
- 매년 이자를 지급하는 대신 만기 시점에 단 한 번의 지급만을 약속하는 채권을 **할인채**(discount bonds)라고 한다. 이 단일 지급액은 해당 채권의 **액면가**(face value)라고 한다.
- 만기 이전에 여러 차례의 지급을 약속하고, 만기에는 이자와 함께 원금을 상환하는 채권을 **이표채**(coupon bonds)라고 한다. 만기 이전에 정기적으로 지급되는 이자는 **쿠폰이자**(coupon payments)라고 하며, 만기 시에 지급되는 원금은 액면가라고 한다. 쿠폰이자와 액면가의 비율은 **표면이자율**(coupon rate)이라 하고, 쿠폰이자와 현재 채권가격의 비율은 **현재수익률**(current yield)이라고 한다.

  예를 들어 매년 5달러의 쿠폰이자를 지급하고 액면가가 100달러인 채권이 현재 시장에서 80달러에 거래되고 있다면, 이 채권의 표면이자율은 5%, 현재수익률은 5/80=0.0625, 즉 6.25%이다. 그러나 경제학적 관점에서 보면 표면이자율이나 현재수익률은 채권 수익률을 평가하는 데 그다지 적절한 지표가 아니다. 채권의 수익률을 정확히 측정하는 올바른 지표는 만기수익률, 간단히 수익률이라고도 부른다. 만기수익률은 해당 채권을 전체 **생애기간**(life) 동안 평균적으로 지급하는 이자율로 이해할 수 있다. 만기수익률에 대한 보다 엄밀한 정의는 이 절의 후반부에서 제시할 것이다.
- 미국 국채는 만기에 따라 수일에서 최대 30년까지 다양하다. 발행 시 만기가 1년 이하인 국채는 **재무부 단기채권**(Treasury bills, T-bills)이라 불린다. 이는 할인채로, 만기에 단 한 번만 지급이 이루어진다. 발행 시 만기가 1년에서 10년 사이인 국채는 **재무부 중기채권**(Treasury notes, T-notes), 10년 이상인 경우는 **재무부 장기채권**(Treasury bonds, T-bonds)라고 한다. 중기채와 장기채는 모두 이표채 형태로, 만기 전에도 정기적인 이자 지급이 있다. 만기가 길수록 일반적으로 위험이 크기 때문에, 더 높은 위험 프리미엄 또는 **기간 프리미엄**(term premium)이 요구된다.
- 채권은 일반적으로 명목채권이다. 이는 고정된 명목금액, 즉 채권 발행국 통화 기준으로 사전에 약정된 일정한 원금과 쿠폰이자를 지급할 것을 약속하는 채권이다. 그러나 이와는 다른 유형의 채권도 존재한다. 그 대표적인 예가 **물가연동채권**(indexed bonds)으로, 고정된 명목금액을 지급하는 대신, 실제 인플레이

* 역자 주: 2025년 5월 16일, 무디스도 미국의 장기 신용등급을 Aaa에서 Aa1로 한 단계 하향 조정했다. 이에 따라 세계 3대 신용평가기관 모두 미국 국채의 신용등급을 하향 조정하게 되었다.

션율($\pi$)에 연동하여 원금을 조정한 후 이에 따라 이자를 지급한다. 예를 들어 일반적인 1년 만기 명목채권은 1년 후에 100달러를 지급한다고 약속하지만, 동일 조건의 1년 만기 물가연동채권은 실제 인플레이션율이 $\pi$일 경우 $100 \times (1+\pi)$달러를 지급한다고 약속한다. 이처럼 물가연동채권은 채권 보유자가 인플레이션으로 인해 실질 구매력이 감소하는 위험으로부터 보호받을 수 있는 수단이기 때문에, 많은 국가에서 인기를 끌고 있다. 특히 영국에서는 지난 40년간 은퇴 자산 마련을 위한 장기 저축 수단으로 널리 활용되어 왔다. 장기 물가연동채권을 보유하면 은퇴 이후 받게 될 수령액의 실질 가치가 인플레이션에 의해 갉아먹히는 것을 방지할 수 있기 때문이다. 미국에서는 이러한 물가연동채권이 **미국 물가연동채권**(Treasury Inflation Protected Securties, TIPS)이라는 이름으로 1997년부터 공식 도입되었다.

도에 적용되는 1년 만기 이자율'임을 명확히 기억할 수 있도록 $i_{1t}$로 표기한다. 따라서 다음과 같이 나타낼 수 있다.

$$\$P_{1t} = \frac{\$100}{1 + i_{1t}} \tag{14.4}$$

1년 만기 채권의 가격은 현재의 1년 명목이자율과 반대로 움직인다.

◀ 이 관계는 4장 4-2절에서 이미 살펴본 바 있다.

- 2년 만기 채권은 2년 후에 100달러를 지급하기로 약속되어 있으므로, 이 채권의 가격($P_{2t}$)은 2년 후 100달러의 현재가치와 같아야 한다.

$$\$P_{2t} = \frac{\$100}{(1 + i_{1t})(1 + i^e_{1t+1})} \tag{14.5}$$

식 (14.5)에서 할인계수에는 현재 시점에서 확정된 올해의 1년 만기 이자율인 $i_{1t}$와 금융시장에서 예상하는 내년의 1년 만기 기대이자율인 $i^e_{1t+1}$가 모두 반영된다. 즉, 2년 만기 채권의 가격은 이 두 이자율 모두에 대해 반비례 관계이다.

## 차익거래와 채권가격

식 (14.4)와 (14.5)가 담고 있는 의미를 더 깊이 살펴보기 전에 식 (14.5)를 도출하는 또 다른 방법을 살펴보자. 이 대안적 도출 방식은 **차익거래**(arbitrage)라는 중요한 개념을 소개해 줄 것이다.

1년 만기 채권과 2년 만기 채권 중에서 선택할 수 있다고 하자. 그리고 당신의 관심사는 지금으로부터 1년 후에 얼마를 손에 쥘 수 있느냐는 점이다. 그렇다면 어느 채권을 보유하는 것이 좋을까?

- 우선 1년 만기 채권을 보유한다고 가정하자. 이 경우 1달러를 투자하면 내년에 $(1+i_{1t})$달러를 상환받는다. 이 관계는 그림 14-3의 위쪽에 첫 행에 있다.
- 이제 2년 만기 채권을 보유한다고 가정하자. 2년 만기 채권의 가격이 $P_{2t}$이므로, 1달러

그림 14-3

1년간 보유 시 1년물과 2년물 채권의 예상 수익 비교

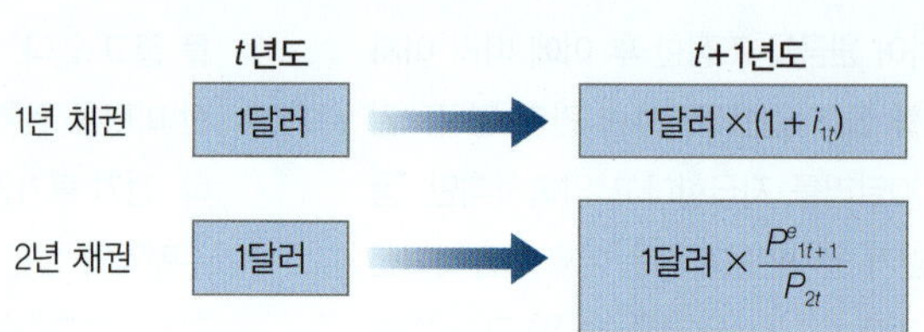


를 투자하면 오늘 $1/P_{2t}$만큼의 채권을 살 수 있다. 내년이면 이 채권은 만기가 1년 남은 채권이 된다. 즉, 지금부터 1년 후에는 이 2년 만기 채권이 1년 만기 채권이 된다. 따라서 내년에 이 채권을 판매할 수 있는 기대 가격은 $P^e_{1t+1}$달러, 즉 내년에 적용되는 1년 만기 채권의 기대가격이 된다. 결국 2년 만기 채권에 1달러를 투자하면 내년에 $1/P_{2t}$만큼의 채권을 보유하게 되고, 그 가치는 $P^e_{1t+1}$달러와 곱해져서 $P^e_{1t+1}/P_{2t}$달러를 받게 되는 셈이다. 이 관계는 그림 14-3의 아래쪽에 제시되어 있다.

어떤 채권을 보유하는 것이 좋을까? 우선 투자자들이 기대수익률만을 중요하게 여기고 위험은 고려하지 않는다고 가정하자. 이러한 가정은 **기대 가설**(expectations hypothesis)이라 한다. 물론 이는 단순화된 가정이다. 실제로 투자자들은 기대수익률뿐만 아니라 각 채권을 보유하는 데 따르는 위험도 함께 고려할 것이다. 예를 들어 1년 만기 채권을 보유하면 내년에 얼마를 받게 될지 확실히 알 수 있다. 그러나 2년 만기 채권을 보유할 경우 내년에 이 채권을 얼마에 팔 수 있을지는 불확실하다. 즉, 현재 2년 만기인 채권을 1년간 보유한 후 잔여 만기 1년의 상태에서 팔게 되는 가격은 불확실하기 때문에, 2년 만기 채권을 1년간 보유하는 것에는 위험이 따른다. 앞서 언급했듯이 이 점은 지금은 무시하고, 나중에 다시 논의하기로 하자.

투자자들이 오직 기대수익만을 고려한다고 가정하면 두 채권은 동일한 기대 1년 수익을 제공해야 한다는 결론이 도출된다. 만약 이 조건이 만족되지 않는다고 해보자. 예를 들어 지금 투자자가 1년 만기 채권의 수익률과 2년 만기 채권을 매입하여 1년 후 매각한다고 가정할 때의 수익률보다 낮다면 누구도 지금 1년 만기 채권을 보유하려 하지 않을 것이다. 이 경우 1년물 채권에 대한 수요가 사라지고, 시장은 균형 상태가 될 수 없다. 반대로 오직 두 채권의 기대 1년 수익률이 동일할 때만 당신을 포함한 다른 금융 투자자들은 1년 만기 채권과 2년 만기 채권을 모두 보유하려 할 것이다.

두 채권이 동일한 기대 1년 수익을 제공한다면 그림 14 - 3에서 다음 식이 도출된다.

$$1 + i_{1t} = \frac{\$P^e_{1t+1}}{\$P_{2t}} \qquad (14.6)$$

이 식의 왼쪽은 1년 만기 채권을 1년간 보유했을 때, 즉 1달러를 투자했을 때 얻는 수익률을 나타내며, 오른쪽은 2년 만기 채권을 1년간 보유한 뒤 매각할 경우 1달러당 기대되는 수익률을 보여준다. 이처럼 두 자산의 기대수익률이 동일해야 한다는 조건을 나타내는 식을 차익거래 조건(arbitrage relation)이라 한다. 식 (14.6)은 다음과 같이 다시 정리할 수 있다.

'차익거래'라는 용어는 주로 두 자산의 기대수익률이 같아야 한다는 명제를 표현할 때 사용한다. 일부 금융경제학자들은 차익거래를 더 좁은 의미, 즉 두 자산의 '무위험' 기대수익률이 같아야 한다는 의미로 제한적으로 사용한다. ▶

$$\$P_{2t} = \frac{\$P^e_{1t+1}}{1 + i_{1t}} \tag{14.7}$$

차익거래 이론에 따르면 오늘의 2년 만기 채권가격은 내년에 해당 채권을 매각할 수 있는 기대 가격의 현재가치와 같아야 한다. 여기서 자연스럽게 다음 질문이 제기된다. 내년의 1년 만기 채권의 기대 가격($P^e_{1t+1}$달러)은 무엇에 의해 결정되는가? 답은 간단하다. 올해의 1년 만기 채권가격이 올해의 1년 만기 이자율에 의해 결정되는 것처럼, 내년의 1년 만기 채권가격 역시 내년의 1년 만기 이자율에 따라 결정될 것이다. 식 (14.4)를 내년, 즉 $t+1$ 시점을 기준으로 기댓값 형태로 다시 작성하면 다음과 같다.

$$\$P^e_{1t+1} = \frac{\$100}{\left(1 + i^e_{1t+1}\right)} \tag{14.8}$$

채권의 내년도 가격은 최종 상환액인 100달러를 내년도에 기대되는 1년 만기 이자율로 할인한 값과 같을 것으로 예상된다.

이제 식 (14.8)의 $P^e_{1t+1}$달러 값을 식 (14.7)에 대입하면 다음과 같은 결과를 얻는다.

$$\$P_{2t} = \frac{\$100}{(1 + i_{1t})\left(1 + i^e_{1t+1}\right)} \tag{14.9}$$

이는 식 (14.5)와 동일하다. 이것이 핵심이다. 여기서 살펴본 것은, 1년물과 2년물 채권 간에 **차익거래** 기회가 없다면 2년물 채권의 가격이 2년 후 지급될 100달러의 **현재가치**와 같아야 한다는 것이다. 이때 할인에는 현재의 1년 만기 이자율($i_{1t}$)과 내년의 기대 1년 만기 이자율($i^e_{1t+1}$)이 모두 사용된다.

차익거래와 현재가치 간의 관계: 만기가 다른 채권들 사이의 차익거래는 채권가격이 해당 채권에서 발생할 것으로 기대되는 지급액의 현재가치와 같아야 한다.

## 채권가격에서 만기수익률로

채권가격에 대해 살펴보았으니 이제 논의를 만기수익률로 이어가자. 핵심은 다음과 같다. 만기수익률은 장래의 기대이자율에 관한 정보를 채권가격과 동일하게 담고 있으며, 이를 보다 명확한 방식으로 제시한다.

우선 **만기수익률**의 정의부터 살펴보자. $n$년 만기 채권의 만기수익률[또는 ***n*년 수익률**(*n*-year interest rate)]은 채권의 현재 가격이 미래 지급액의 현재가치와 동일하게 만드는 일정한 연간 수익률을 의미한다.

이 정의는 겉보기보다 훨씬 더 단순하다. 예를 들어 앞서 소개한 2년 만기 채권으로 다시 돌아가 그 수익률을 $i_{2t}$로 나타내자. 여기서 아래 첨자 2는 2년 만기 채권의 **만기수익률** 또는 2년 만기 이자율이라는 점을 상기시키기 위한 것이다. 만기수익률의 정의에 따르면 이 수익률은 2년 후 받을 100달러의 현재가치를 오늘의 채권가격과 일치시키는 연간 일정 이자율이다. 따라서 다음의 관계를 만족시킨다.

$$\$P_{2t} = \frac{\$100}{(1 + i_{2t})^2} \tag{14.10}$$

오늘 채권가격이 90달러라고 가정해 보자. 그러면 2년 만기수익률 $i_{2t}$는 $\sqrt{100/90}-1$, 즉 5.4%로 계산된다. 다시 말해 이 채권을 만기까지 2년간 보유하면 연간 5.4%의 수익률을 얻게 되는 셈이다.

계산 과정: 90달러=100달러/$(1+i_{2t})^2 \Rightarrow (1+i_{2t})^2$=100달러/90달러 $\Rightarrow (1+i_{2t})=$ $\sqrt{100달러/90달러} \Rightarrow i_{2t}=$ 5.4%

그렇다면 2년 이자율(만기수익률)은 현재의 1년 이자율과 내년에 기대되는 1년 이자율과 어떤 관계일까? 이 질문에 답하기 위해 식 (14.10)과 식 (14.9)를 살펴보자. 두 식에서 $P_{2t}$달러를 제거하면 다음과 같은 식을 얻을 수 있다.

$$\frac{\$100}{(1 + i_{2t})^2} = \frac{\$100}{(1 + i_{1t})(1 + i^e_{1t+1})}$$

정렬하면 다음과 같다.

$$(1 + i_{2t})^2 = (1 + i_{1t})(1 + i^e_{1t+1})$$

이로부터 2년 만기이자율 $i_{2t}$, 현재의 1년 만기이자율 $i_{11t}$, 그리고 내년에 기대되는 1년 만기이자율 $i^e_{t+1}$ 사이의 관계를 얻을 수 있다. 이 관계를 근사적으로 표현하면 다음과 같다.

6장에서 명목이자율과 실질이자율 사이의 관계를 살펴볼 때도 이와 유사한 근사식을 사용한 바 있다. 이 책 부록 2의 명제 3을 참조하라.

$$i_{2t} \approx \frac{1}{2}\left(i_{1t} + i^e_{1t+1}\right) \tag{14.11}$$

식 (14.11)은 단순히 **2년 만기수익률이 (근사적으로) 현재 1년 만기수익률과 내년의 기대 1년 만기수익률의 평균**임을 의미한다.

지금까지는 1년 및 2년 만기 채권의 가격과 수익률 간의 관계에 초점을 맞추어 설명해 왔다. 그러나 이러한 결과는 어느 만기의 채권에도 일반화할 수 있다. 예를 들어 만기가 1년보다 짧은 채권을 살펴볼 수도 있다. 예컨대 6개월 만기 채권의 수익률은 (근사적으로) 현재 3개월 수익률과 다음 분기에 기대되는 3개월 수익률의 평균과 같다. 반대로 2년을 초과하는 장기 채권을 고려할 수도 있다. 예를 들어 10년 만기 채권의 수익률은 (근사적으로) 현재의 1년 만기수익률과 향후 9년 동안 매년 기대되는 1년 만기수익률의 평균과 같다.

이로부터 일반적인 원칙이 분명해진다. 장기 수익률은 현재와 미래의 단기 수익률에 대한 기대를 반영한다. 이제 그림 14-2의 만기수익률곡선을 다시 해석하기에 앞서 위험의 개념을 다시 도입할 필요가 있다.

## 위험의 재도입

지금까지는 투자자들이 위험을 고려하지 않는다고 가정해 왔다. 그러나 실제로는 투자자들은 위험을 중요하게 생각한다. 1년 만기 채권을 1년간 보유하는 선택과 2년 만기 채권을 1년간 보유하는 선택 사이에는 명확한 차이가 있다. 첫 번째 선택은 위험이 없다. 반면 두 번째 선택은

1년 후 해당 채권을 얼마에 매도할 수 있을지 알 수 없으므로 위험을 수반한다. 따라서 투자자는 2년 만기 채권을 1년간 보유하기 위해 위험 프리미엄을 요구하게 되며, 이 경우 차익거래 조건은 다음과 같은 형태가 된다.

$$1 + i_{1t} + x = \frac{\$P^e_{1t+1}}{\$P_{2t}}$$

2년 만기 채권의 기대수익률(우변)은 1년 만기 채권의 수익률보다 일정한 위험 프리미엄 $x$만큼 더 높아야 한다. 이 식을 정리하면 다음과 같다.

$$\$P_{2t} = \frac{\$P^e_{1t+1}}{1 + i_{1t} + x}$$

2년 만기 채권의 가격은 내년에 예상되는 1년 만기 채권가격의 현재가치이며, 이때 할인율에는 위험 프리미엄이 반영된다. 1년 만기 채권은 수익률이 확정되어 있어 위험하지 않기 때문에, 내년 1년 만기 채권의 예상 가격은 여전히 식 (14.8)로 주어진다. 따라서 이를 앞의 식에 대입하면 다음과 같다.

$$\$P_{2t} = \frac{\$100}{(1 + i_{1t})\left(1 + i^e_{1t+1} + x\right)} \tag{14.12}$$

이제 채권가격에서 만기수익률로 넘어가기 위해 앞서와 같은 과정을 따라가 보자. 2년 만기 채권의 가격에 대한 두 식, 즉 식 (14.10)과 식 (14.12)를 사용하면 다음과 같다.

$$\frac{\$100}{(1 + i_{2t})^2} = \frac{\$100}{(1 + i_{1t})\left(1 + i^e_{1t+1} + x\right)}$$

이 식을 정리하면 다음과 같다.

$$(1 + i_{2t})^2 = (1 + i_{1t})\left(1 + i^e_{1t+1} + x\right)$$

마지막으로 앞서와 같은 근사를 적용하면 다음과 같이 표현할 수 있다.

$$i_{2t} \approx \frac{1}{2}\left(i_{1t} + i^e_{1t+1} + x\right) \tag{14.13}$$

2년 만기수익률은 근사적으로 현재의 1년 만기수익률, 내년에 기대되는 1년 만기수익률, 그리고 위험 프리미엄을 더한 뒤 평균을 낸 값이다. 예를 들어 내년의 1년 만기수익률이 올해와 같을 것으로 기대되는 경우를 생각해 보면 2년 만기수익률은 1년 만기수익률보다 높아지며, 이는 2년 만기 채권을 보유함으로써 발생하는 가격 위험을 반영한 것이다. 일반적으로 채권의 만기가 길어질수록 가격 위험이 커지기 때문에 위험 프리미엄도 만기와 함께 증가하며, 장기 만기 채권의 경우 대개 1~2% 수준에 이른다. 이로 인해 수익률곡선은 평균적으로 완만하게 우상향하며, 이는 만기가 길수록 채권 보유에 따르는 위험이 크다는 점을 반영한다.

◀ 최근에는 미 연준(Fed)의 양적 완화 정책으로 인해 기간 프리미엄이 감소했다(이에 대한 자세한 내용은 23장 참조).

### 수익률곡선의 해석

이제 우리는 그림 14-2를 해석하는 데 필요한 모든 요소를 갖추었다.

2000년 11월 1일의 수익률곡선을 살펴보자. 일반적으로 투자자들이 장래의 금리가 현재 수준에서 변하지 않을 것으로 예상할 경우 수익률곡선은 완만하게 우상향한다. 이는 만기가 길수록 위험 프리미엄이 증가하기 때문이다. 그러나 해당 시점의 수익률곡선은 비교적 드문 경우인 완만한 우하향 곡선을 보였으며, 이는 투자자들이 시간이 지나면서 금리가 점진적으로 하락할 것으로 예상했음을 시사한다. 즉, 미래 금리에 대한 하락 기대가 기간 프리미엄 상승 효과를 상쇄하고도 남는다고 투자자들이 판단했기 때문에 수익률곡선이 역전된 것이다. 그리고 당시의 거시경제 상황을 살펴보면 투자자들이 이러한 전망을 가졌던 데에는 충분한 근거가 있었다. 2000년 11월 말 기준으로 미국 경제는 점차 둔화되고 있었고, 투자자들은 이른바 **연착륙**(smooth landing)을 기대하고 있었다. 이는 경기침체를 피하면서도 완만한 성장세를 유지하기 위해 미 연준이 점진적으로 정책금리를 인하할 것으로 예상했다는 뜻이며, 이러한 기대가 바로 당시 수익률 곡선이 우하향 곡선을 그린 핵심 배경이었다.

그러나 2001년 6월에 이르러 경제성장률은 2000년 11월 당시 예상했던 수준보다 훨씬 더 큰 폭으로 둔화되었고, 그 시점까지 연준은 투자자들의 예상을 넘어서 정책금리를 크게 인하한 상태였다. 이러한 상황 속에서 투자자들은 향후 경기가 회복세로 돌아설 경우 연준이 다시금 정책금리를 인상할 것으로 예상하게 되었으며, 이러한 기대 변화는 수익률곡선을 우상향 형태로 되돌려 놓았다. 하지만 주목할 점은, 만기가 1년 이하인 구간에서는 수익률곡선이 거의 평평했다는 사실이다. 이는 금융시장이 당시 기준으로 적어도 1년 동안, 즉 2002년 6월 이전까지는 금리가 인상되지 않을 것으로 예상했음을 보여준다. 그렇다면 이러한 기대는 실제로 들어맞았을까? 그렇지 않았다. 실제로 경기 회복세는 시장의 예상보다 훨씬 더 미약했으며, 연준은 금융시장의 예상보다 무려 2년이나 늦은 2004년 6월에 이르러서야 정책금리 인상을 단행했다.

2001년 경기침체에 관한 5장의 FOCUS를 다시 읽어보는 것도 좋을 것이다.

이 절에서 배운 내용을 요약해 보자. 이 절에서는 채권에 초점을 맞추었다. 채권가격이 차익거래에 의해 어떻게 결정되는지를 살펴보았고, 또한 채권가격과 만기수익률이 현재 및 미래의 기대 이자율과 위험 프리미엄에 어떻게 의존하는지, 그리고 수익률곡선을 통해 어떤 정보를 얻을 수 있는지도 살펴보았다.

이 책이 집필된 시점인 2023년 6월 당시 10년 만기 금리는 3.6%로, 1개월 만기 금리(5.3%)보다 훨씬 낮았다. 이 사실은 채권 보유자들이 미 연준(Fed)의 인플레이션 대응에 대해 어떤 견해를 갖고 있다는 것을 시사할까? 이 책을 읽는 시점의 수익률곡선이 어떤지 확인하려면 다음 웹사이트를 방문해보라. https://home.treasury.gov/resource-center/data-chart-center/interest-rates/TextView?type=daily_treasury_yield_curve&field_tdr_date_value=2023.

## 14-3 주식시장과 주가의 변동

정부는 재정적자를 채권 발행을 통해 조달하지만, 기업의 경우는 다르다. 기업은 크게 네 가지 방식으로 자금을 조달한다. 첫째, **내부 자금**(internal finance)으로, 이는 기업이 자체 이익의 일부를 활용하는 방식이다. 둘째, 소규모 기업의 주요 **외부 자금**(external finance) 조달 경로인 은행 대출이며, 이는 6장에서 살펴본 바와 같이 글로벌 금융위기 당시 핵심적인 역할을

**그림 14-4**

**실질 기준으로 본 주가지수 (1990년 이후)**

1990년대 중반 이후 주가의 급격한 변동에 주목하라.

출처: FRED SP500, CPIAUSCL.

했다. 셋째, **부채금융**(debt finance)*으로, 채권 발행과 대출을 포함한다. 넷째, **자기자본금융**(equity finance)으로, 이는 **주식**(stock) 발행을 통해 이루어진다. 채권이 사전에 정해진 금액을 이자로 지급하는 것과 달리 주식은 기업이 결정한 금액만큼 **배당금**(dividends)을 지급하며, 이 배당금은 기업의 이익에서 나온다. 일반적으로 기업은 향후 투자를 위한 내부 유보를 위해 일부 이익을 남겨두기 때문에 배당금은 이익보다 적지만, 배당금은 이익과 함께 움직이는 경향이 있다. 즉, 이익이 증가하면 일반적으로 배당금도 증가한다.

이 절에서는 주가의 결정 요인에 초점을 맞춘다. 이에 대한 서론으로 미국 주가 지수 중 하나인 스탠더드앤드푸어스 500 종합지수(Standard & Poor's 500 Composite Index), 즉 S&P 지수가 1980년 이후 어떻게 움직였는지 살펴보자. S&P 지수의 움직임은 미국의 대형 기업 500개의 평균 주가 변동을 측정한 것이다.

또 다른 그리고 더 잘 알려진 주가지수는 '다우존스 산업평균지수(Dow Jones Industrial Average)'이다. 이 지수는 주로 제조업 중심의 기업들로 구성되어 있기 때문에 전체 주식시장의 평균 가격을 반영하는 정도는 S&P 500 지수보다 낮다. 이와 유사한 주가지수들은 다른 국가에도 존재한다. 예를 들어 '니케이 지수(Nikkei index)'는 도쿄 주식시장의 주가 추이를 반영하며, 'FTSE 지수'와 'CAC 40 지수'는 각각 런던과 파리 주식시장 추이를 반영한다.

그림 14-4는 실질 주가지수를 나타낸 것이다. 이 지수는 S&P 지수를 소비자물가지수(CPI)로 나눈 뒤, 1970년을 1로 잡아 이후 실질 주가가 얼마나 변했는지를 보여주도록 설계되었다. 이 그림에서 가장 눈에 띄는 특징은 지수의 큰 폭의 변동이다. 예를 들어 실질 주가지수는 1995년 1.4에서 2000년에는 3.5까지 상승했으나, 이후 급락하여 2003년에는 2.1까지 하락했다. 글로벌 금융위기 기간에는 2007년 3.4에서 2009년 1.7로 하락했고, 이후 회복세를 서서 COVID 위기 직전인 2019년 말에는 5.0에 도달했다. COVID 위기 동안 지수는 잠시 하락했다가 급등하여 2021년 말에는 7.0까지 상승했으며, 2022년 중반에는 다시 약 6.0 수준으로 하락했다. 주식가격, 즉 주식시장의 이러한 급격한 변동은 무엇에 의해 결정되는가? 주가는 경제 환경의 변화나 거시경제 정책에 대해 어떻게 반응하는가? 이 절에서는 바로 이러한 질문을 살펴본다.

* 역자 주: 부채금융은 은행 대출 외에 채권 발행을 포함한 보다 넓은 개념으로, 중견기업이나 대기업이 주로 활용하는 자금조달 방식이다. 실무에서는 은행 대출과 채권 발행이 결합된 구조로 설계되는 경우가 많으며, 프로젝트 파이낸싱(project financing)이나 M&A(Mergers & Acquisitions) 금융과 같은 대규모 장기 구조화 금융(large-scale long-term structured finance) 사례가 그 대표적 예이다.

## 현재가치로서의 주가

앞으로 일정한 배당금을 지급할 것으로 기대되는 주식의 가격은 무엇에 의해 결정될까? 14-1절의 내용을 충분히 익혔을 테니 그 답은 이미 알고 있을 것이다. 주식의 가격은 장래에 기대되는 배당금의 현재가치와 같아야 한다.

채권의 경우와 마찬가지로 이번에도 1년 만기 채권과 주식 간의 차익거래 조건을 통해 이 결과를 유도해 보자. 지금 1년 만기 채권에 투자할지, 아니면 주식에 투자할지를 선택해야 한다고 가정해 보자. 어느 쪽을 선택해야 할까?

- 1년 만기 채권을 보유하기로 결정했다고 하자. 그러면 1달러를 투자하면 내년에 $(1+i_{1t})$달러를 얻게 된다. 이 관계는 그림 14-5의 위쪽에 나타나 있다.
- 이번에는 주식을 1년 동안 보유하기로 했다고 가정해 보자. 주식의 가격을 $Q_t$달러, 올해 지급되는 배당금을 $D_t$달러, 내년에 기대되는 배당금을 $D^e_{t+1}$달러라고 하자. 올해 배당금이 지급된 이후의 주가를 기준으로 살펴보자. 이 가격을 **배당락가격**(ex-dividend price)이라 한다. 이는 투자자가 배당락 이후의 가격에 주식을 매입했다면 그 이후 처음으로 받게 되는 배당금은 내년의 배당금이라는 의미이다. (이는 단지 관례일 뿐이며, 올해 배당금이 지급되기 전의 주가를 기준으로 볼 수도 있다. 이 경우에는 어떤 조건을 추가로 고려해야 할까?)

주식을 1년간 보유한다는 것은, 오늘 주식을 매입하고, 다음 해에 배당금을 받은 뒤 주식을 매도하는 것을 의미한다. 주식의 가격이 $Q_t$달러일 때, 이 주식에 1달러를 투자하면 $1/Q_t$달러만큼의 주식을 구매할 수 있다. 그리고 투자자는 주식 1주당 기대배당금 $D^e_{t+1}$달러와 기대주가 $Q^e_{t+1}$달러를 합한 금액을 받을 것으로 예상한다. 즉, 다음 해에 받을 것으로 기대되는 총수익은 기대배당금과 기대주가의 합이다. 따라서 주식에 1달러를 투자하면 $(D^e_{t+1}+Q^e_{t+1})/Q_t$달러만큼의 수익을 기대하게 된다. 이 기대수익은 그림 14-5의 아래쪽에 나타나 있다.

채권의 경우와 마찬가지로 여기서도 동일한 차익거래 논리를 적용해 보자. 주식을 1년 동안 보유하는 것은 분명히 위험하며, 1년 만기 채권을 보유하는 것보다 훨씬 더 높은 위험을 수반한다. 채권의 경우처럼 먼저 위험을 무시한 뒤 위험 프리미엄을 나중에 도입하는 2단계 접근 방식을 따르기보다는, 이번에는 처음부터 위험을 고려하여, 금융 투자자들이 주식을 보유하기 위해 위험 프리미엄을 요구한다고 가정하자.

**그림 14-5**

**1년 만기 채권 또는 주식을 1년간 보유했을 때의 수익률**

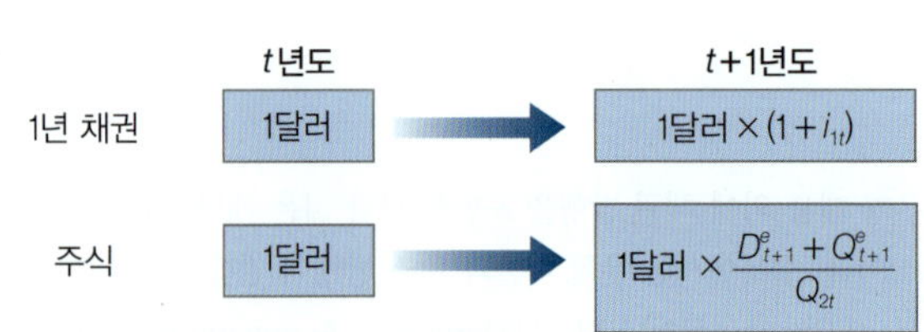

주식의 경우 이러한 위험 프리미엄을 **주식 프리미엄**(equity premium)* 이라고 한다. 균형 상태에서는 주식을 1년간 보유할 때의 기대수익률이 1년 만기 채권수익률에 주식 프리미엄을 더한 것과 같아야 한다.

$$\frac{\$D^e_{t+1} + \$Q^e_{t+1}}{\$Q_t} = 1 + i_{1t} + x$$

여기서 $x$는 주식 프리미엄을 의미한다. 이 식을 다음과 같이 다시 정리할 수 있다.

$$\$Q_t = \frac{\$D^e_{t+1}}{(1 + i_{1t} + x)} + \frac{\$Q^e_{t+1}}{(1 + i_{1t} + x)} \tag{14.14}$$

차익거래 논리에 따르면 오늘의 주가는 내년에 받을 것으로 기대되는 배당금의 현재가치와 내년의 기대주가의 현재가치를 합한 값과 같아야 한다.

다음 단계는 $Q^e_{t+1}$달러, 즉 내년의 기대주가가 무엇에 의해 결정되는지 생각해 보는 것이다. 내년이 되면 금융 투자자들은 다시 주식과 1년 만기 채권 중 어디에 투자할지를 선택해야 하며, 이때도 동일한 차익거래 조건이 성립한다. 따라서 앞서 살펴본 관계식을 이번에는 시점 $t+1$에 대해 적용하고, 기댓값을 고려하여 표현하면 다음과 같다.

$$\$Q^e_{t+1} = \frac{\$D^e_{t+2}}{\left(1 + i^e_{1t+1} + x\right)} + \frac{\$Q^e_{t+2}}{\left(1 + i^e_{1t+1} + x\right)}$$

내년의 기대주가는 2년 후의 기대배당금과 기대주가의 합을 내년 시점에서 할인한 현재가치에 불과하다. 이 표현을 식 (14.14)에서의 $Q^e_{t+1}$달러 자리에 대입하면 오늘의 주가($Q_t$)는 미래 기대배당금과 기대주가의 일련의 현재가치 합으로 나타낼 수 있으며, 그 결과는 다음과 같다.

$$\$Q_t = \frac{\$D^e_{t+1}}{(1 + i_{1t} + x)} + \frac{\$D^e_{t+2}}{(1 + i_{1t} + x)\left(1 + i^e_{1t+1} + x\right)} + \frac{\$Q^e_{t+2}}{(1 + i_{1t} + x)\left(1 + i^e_{1t+1} + x\right)}$$

주가는 내년에 받을 것으로 기대되는 배당금의 현재가치, 2년 후의 기대배당금에 대한 현재가치, 그리고 2년 후의 기대주가의 현재가치를 모두 합한 값이다. 다시 말해 배당금뿐만 아니라 미래 주가 역시 현재 주가를 구성하는 요소이며, 이들은 모두 기대되는 현금흐름들의 할인 합으로 표현된다.

2년 후의 기대주가를 3년 후의 기대배당금과 기대주가의 현재가치로 대체하고, 이 과정을 $n$년 후까지 반복하면 다음과 같은 식을 얻는다.

---

* 역자 주: 주식 프리미엄은 일반적으로 주식의 기대수익률과 무위험 수익률(예: 국채 수익률)의 차이로 정의되며, 투자자의 위험 회피 성향, 미래 배당 및 주가 불확실성, 거시경제 환경 등 다양한 요소를 반영한다.

$$\$Q_t = \frac{\$D^e_{t+1}}{(1 + i_{1t} + x)} + \frac{\$D^e_{t+2}}{(1 + i_{1t} + x)(1 + i^e_{1t+1} + x)} + \cdots + \frac{\$D^e_{t+n}}{(1 + i_{1t} + x)\cdots(1 + i^e_{1t+n-1} + x)} + \frac{\$Q^e_{t+n}}{(1 + i_{1t} + x)\cdots(1 + i^e_{1t+n-1} + x)} \quad (14.15)$$

식 (14.15)에서 마지막 항, 즉 $n$년 후 기대주가의 현재가치를 살펴보자. 만약 사람들이 미래의 주가가 폭발적으로 상승할 것이라고 기대하지 않는다면 $Q^e_{t+n}$을 계속 대체해 나가면서 $n$이 커질수록 이 항은 점차 0에 수렴하게 된다. 그 이유를 이해하기 위해 이자율이 일정하고 $i$라고 가정해 보자. 그러면 마지막 항은 다음과 같이 단순화된다.

$$\frac{\$Q^e_{t+n}}{(1 + i_{1t} + x)\cdots(1 + i^e_{1t+n-1} + x)} = \frac{\$Q^e_{t+n}}{(1 + i + x)^n}$$

하나 짚고 넘어갈 미묘한 점이 있다. 사람들이 주가가 시간이 지남에 따라 어떤 일정한 값에 수렴할 것이라고 기대하는 조건은 일견 타당해 보인다. 실제로 대부분의 경우 이 조건은 만족된다. 그러나 가격이 이른바 합리적 버블(14-4절 참조)의 영향을 받을 경우에는 이야기가 달라진다. 이럴 때 사람들은 주가가 장래에 크게 상승할 것이라고 기대하게 되고, 그 결과 주가가 폭등하지 않는다는 조건이 만족되지 않는다. 따라서 버블이 존재할 경우에는 지금까지의 논리가 성립하지 않으며, 주가는 더 이상 기대 배당금의 현재가치와 같지 않게 된다.

사람들이 먼 미래에 주가가 일정한 값 $\bar{Q}$로 수렴할 것으로 기대한다고 하자. 이 경우 마지막 항은 다음과 같다.

$$\frac{\$Q^e_{t+n}}{(1 + i + x)^n} = \frac{\$\bar{Q}}{(1 + i + x)^n}$$

할인율이 양(+)의 값이라면 식의 마지막 항인 $n$년 후 기대주가의 현재가치는 $n$이 커질수록 0에 수렴하게 된다. 따라서 식 (14.15)는 다음과 같이 단순화된다.

$$\$Q_t = \frac{\$D^e_{t+1}}{(1 + i_{1t} + x)} + \frac{\$D^e_{t+2}}{(1 + i_{1t} + x)(1 + i^e_{1t+1} + x)} + \cdots + \frac{\$D^e_{t+n}}{(1 + i_{1t} + x)\cdots(1 + i^e_{1t+n-1} + x)} + \ldots \quad (14.16)$$

주식가격은 내년에 받을 배당금의 현재가치와 같으며, 이때 현재의 1년 만기 이자율에 주식 프리미엄을 더한 할인율을 사용한다. 또한 2년 뒤 배당금의 현재가치는 금년의 1년 이자율과 내년의 기대 1년 만기 이자율, 그리고 그에 대한 주식 프리미엄을 모두 포함한 할인율을 사용해 할인된다. 이러한 방식은 계속해서 반복된다.

주가를 표현하는 두 가지 동등한 방식이 있다. '명목' 주가는 미래 명목 배당금의 기대현재할인가치를 의미하며, 이는 현재와 미래의 명목이자율로 할인된다. '실질' 주가는 미래 실질 배당금의 기대현재할인가치를 의미하며, 이는 현재와 미래의 실질이자율로 할인된다.

식 (14.16)은 주식가격을 **명목** 배당금의 현재가치로 나타내며, 이때 **명목**이자율로 할인된다. 14-1절에서 살펴봤듯이 이 식은 **실질**이자율을 사용하여 **실질** 배당금의 현재가치를 계산함으로써 실질 주가로 다시 정리할 수 있다. 따라서 실질 주가는 다음과 같이 다시 표현할 수 있다.

$$Q_t = \frac{D^e_{t+1}}{(1 + r_{1t} + x)} + \frac{D^e_{t+2}}{(1 + r_{1t} + x)(1 + r^e_{1t+1} + x)} + \cdots \quad (14.17)$$

$Q_t$와 $D_t$는 달러 기호 없이 나타내며, 시점 $t$에서의 실질 주가와 실질 배당금을 의미한다. 실질 주가는 미래 실질 배당금의 현재가치이며, 1년 만기 실질이자율에 주식 프리미엄을 더한 할

인율을 사용하여 계산된다.

이 관계는 세 가지 중요한 함의를 갖는다.

- 미래 실질 배당금에 대한 기대가 높을수록 실질 주가는 상승한다.
- 현재 및 미래에 대한 1년 만기 실질이자율의 기대치가 높을수록 실질 주가는 하락한다.
- 주식 프리미엄이 높을수록 주가는 하락한다.

이제 이 관계가 주식시장 움직임을 어떻게 설명해 주는지 살펴보자.

## 주식시장과 경제활동

그림 14-4는 지난 20년간 주가가 얼마나 큰 폭으로 변동해왔는지를 보여준다. 주가지수가 1년 사이에 15% 이상 오르거나 떨어지는 일은 전혀 드문 일이 아니다. 예를 들어 1997년에는 주식시장이 실질 기준으로 24% 상승했고, 2008년에는 무려 52% 하락했다. 보다 최근인 2021년에는 16% 상승했으며, 2022년에는 다시 25% 하락했다. 하루 동안 2% 이상 움직이는 경우도 자주 발생한다. 그렇다면 무엇이 이러한 변동을 유발하는가?

첫 번째로 강조할 점은, 이러한 주가의 변동은 대체로 예측이 불가능하며, 실제로도 대부분 그렇다는 것이다. 그 이유는 사람들이 주식과 채권 중 어느 자산에 투자할지를 선택하는 방식으로 생각해 보면 잘 이해할 수 있다. 예를 들어 1년 후 주가가 현재보다 20% 오를 것이라는 기대가 널리 퍼져 있다면 주식을 보유하는 것은 단기 채권보다 훨씬 더 매력적인 선택이 될 것이다. 그 결과 주식에 대한 수요는 급증하고 오늘의 주가는 상승하게 된다. 다시 말해 내년에 주가가 높을 것이라는 기대는 오늘의 수요를 증가시키며, 그 기대 자체가 주가를 미리 끌어올리는 역할을 한다. 주가가 충분히 오르면 주식을 1년간 보유했을 때의 기대수익률은 점차 낮아져 결국 다른 자산의 기대수익률과 일치하는 수준으로 조정된다.

주가가 **무작위 보행**(random walk)을 따른다는 말을 들어본 적이 있을 것이다. 이는 기술적인 용어이지만, 의미는 간단하다. 어떤 대상(예: 물리학에서의 분자나 금융시장의 자산가격)이 한 걸음을 내디딜 때 방향이 위로 향할 확률과 아래로 향할 확률이 같다면 이를 무작위 보행을 한다고 말한다. 이러한 움직임은 본질적으로 예측이 불가능하다.

경제학에는 "주가의 움직임이 예측 불가능하다는 것은 주식시장이 잘 작동하고 있다는 신호이다"라는 말이 있다. 이 말이 완전히 정확한 것은 아니다. 언제든지 몇몇 금융 투자자들은 더 나은 정보를 가지고 있거나, 단순히 미래를 더 잘 예측할 수 있다. 이들이 소수라면 주식을 많이 사들여 오늘의 주가를 완전히 끌어올릴 수 없을지도 모른다. 그래서 이들은 높은 기대수익을 얻게 될 수도 있다. 하지만 그럼에도 불구하고 이 말의 기본적인 아이디어는 여전히 옳다. 주식시장에서 곧 큰 폭으로 오르거나 떨어질 것이라고 자주 예측하는 전문가들에 대해서는 건전한 회의적 태도를 가질 필요가 있다. 주가의 큰 움직임은 예측할 수 없다.

주식시장에 관한 형편없는 책들이 많지만 그중에서 읽는 재미도 있고 내용도 훌륭한 책 하나를 꼽자면, 바로 말킬(Burton Malkiel)의 *A Random Walk Down Wall Street*, 13th ed.(New York: W. W. Norton, 2023)이다.

만약 주식시장의 움직임이 예측 불가능하며 뉴스에 따른 반응이라면 무엇을 할 수 있을까? 여전히 두 가지는 가능하다.

- 경기 결과를 알고 나서 뒤늦게 평가하는, 이른바 사후 비평가처럼 시장이 어떤 뉴스에 반응했는지를 나중에 되짚어 분석할 수 있다.

■ '만약에?'라는 가정적인 질문을 던져볼 수 있다. 예를 들어 미 연준이 보다 확장적인 통화 정책을 시행한다면, 혹은 소비자들이 더 낙관적으로 변해 소비를 늘린다면, 주식시장은 어떻게 반응할까?

앞서 논의한 IS-LM 모형을 활용하여 두 가지 '가정적 상황(what if)' 질문을 살펴보자. (다음 장에서는 소비자와 기업의 기대를 명시적으로 반영할 수 있도록 이 모형을 확장할 것이다. 하지만 지금은 기존 모형만으로도 충분하다.) 간단하게 하기 위해 앞에서 했던 것처럼 기대인플레이션이 0이라고 가정하자. 이 경우 실질이자율과 명목이자율은 동일하다.

## 확장적 통화 정책과 주식시장

경제가 침체 국면에 있고 미 연준(Fed)이 정책금리를 인하하기로 결정했다고 가정하자. 이때 그림 14-6에서 LM 곡선은 아래쪽으로 이동하여 $LM'$이 되고, 균형 산출량 수준은 점 $A$에서 점 $A'$으로 이동한다. 그렇다면 이러한 상황에서 주식시장은 어떻게 반응할까?

이는 정책금리가 처음부터 양(+)의 값을 가진다고 가정하는 것이며, 따라서 경제가 유동성 함정에 빠져 있지 않다는 의미이다.

주식시장이 어떻게 반응할지는 주식시장 참여자가 중앙은행의 움직임에 앞서 통화 정책을 어떻게 예상하고 있었는지에 달려 있다.

주가는 상승할 수 있다. 만약 미 연준의 조치가 적어도 부분적으로 시장의 예상에서 벗어난 것이었다면 주가는 두 가지 이유로 상승할 가능성이 크다. 첫째, 보다 확장적인 통화 정책은 일정 기간 낮은 이자율을 의미한다. 둘째, 이는 경제가 자연산출량 수준으로 회복되기까지 더 많은 생산을 의미하며, 그에 따라 기업의 이익이 증가하고 더 많은 배당금으로 이어진다. 식 (14.17)이 보여주듯 현재와 미래에 예상되는 낮은 이자율, 그리고 더 높은 배당금은 모두 주가 상승을 유도하는 요인이다.

주가가 변하지 않을 수도 있다. 만약 투자자들이 이러한 확장적 통화 정책을 이미 충분히 예

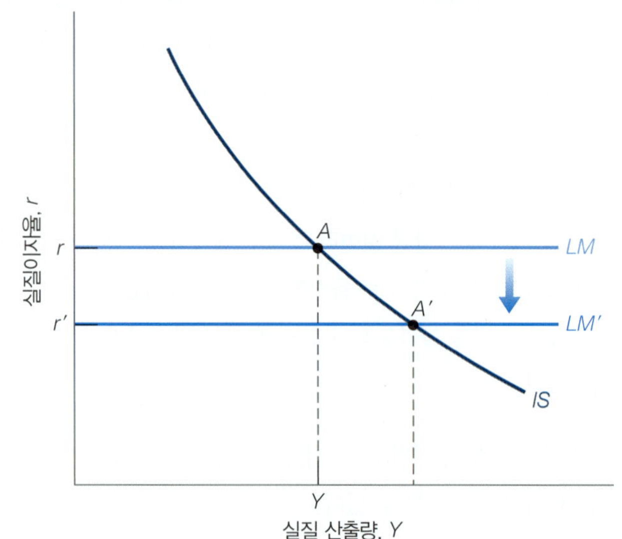


그림 14-6

**확장적 통화 정책과 주식시장**

통화확장은 일반적으로 이자율을 낮추고, 이에 따라 총수요와 총생산을 증가시킨다. 그러나 이러한 정책이 주식시장에 어떤 영향을 미칠지는 금융시장이 이를 미리 예상했는지 여부와 중앙은행의 정책적 동기가 무엇인지에 따라 달라진다.

상하고 있었다면 주식시장은 별다른 반응을 보이지 않을 것이다. 미래 배당금이나 미래 이자율에 대한 기대가 이미 주가에 반영되어 있었으므로, 이미 예견된 조치는 주가에 추가적인 영향을 주지 않는다. 따라서 식 (14.17)에서 어떤 항목도 변하지 않으며, 주가는 그대로 유지된다.

주가가 하락할 수도 있다. 주식시장 참가자들이 자신들이 모르는 어떤 정보를 미 연준이 알고 행동한다고 믿는다면, 즉 연준이 파악한 경제 상황이 시장이 생각했던 것보다 훨씬 더 나쁘다고 판단한다면 시장 참가자들은 낮은 이자율만으로는 부정적인 소식을 상쇄하기에 부족하다고 생각할 수 있다. 그 결과 향후 산출량과 배당금에 대한 전망을 하향 조정하게 되고, 이는 주가 하락으로 이어질 수 있다.

## 소비지출 증가와 주식시장

이번에는 IS 곡선이 오른쪽으로 예기치 않게 이동하는 경우를 생각해 보자. 예를 들어 예상보다 강한 소비지출 증가로 인한 것일 수 있다. 이러한 이동의 결과로 그림 14-7에서 산출량은 $A$에서 $A'$으로 증가한다.

주가는 오를까? 독자는 '그렇다'고 답하고 싶을지 모른다. 더 강한 경제는 일정 기간 동안 더 높은 이윤과 더 많은 배당금을 의미하기 때문이다. 하지만 이러한 대답이 반드시 옳은 것은 아니다.

그 이유는 이 답이 미 연준(Fed)의 대응을 간과하고 있기 때문이다. 만약 시장이 연준이 반응하지 않고 실질 정책금리를 $r$로 그대로 유지할 것으로 예상한다면 경제는 $A'$으로 이동하면서 총생산이 크게 증가될 것이다. 실질이자율이 변하지 않은 상태에서 실질 산출량이 증가하면 기업의 수익과 배당 기대가 높아지므로, 주식가격은 상승하게 된다.

하지만 금융 투자자들이 실제로 가장 민감하게 반응하는 것은 미 연준의 움직임이다. 예상보다 강한 경제활동 소식이 전해지면 월스트리트에서 가장 중요한 질문은 다음과 같다. "연준은 이에 어떻게 대응할 것인가?"

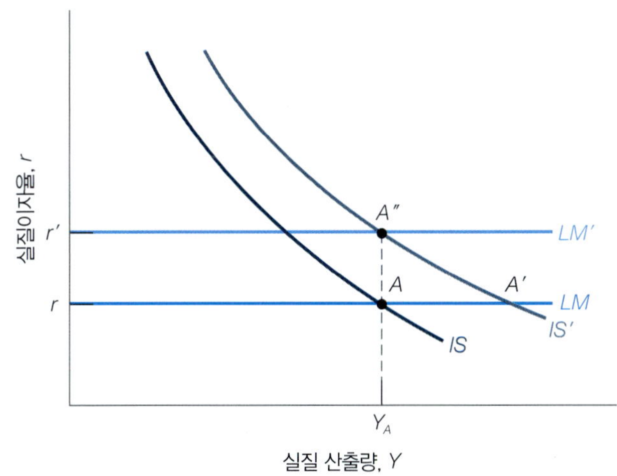


**그림 14-7**

**소비지출 증가와 주식시장**

소비지출 증가로 인해 실질 산출량이 더 높은 수준으로 상승하게 된다. 주식시장이 어떻게 반응할지는 미 연준(Fed)의 대응에 달려 있다.

FOCUS

## (겉보기에) 말도 안 되는 일에 의미 부여하기: 어제 주식시장이 움직인 이유와 그 밖의 이야기

다음은 1997년 4월부터 2001년 8월까지의 「월스트리트 저널(The Wall Street Journal)」에서 발췌한 인용문이다. 배운 내용을 토대로 이 내용을 이해해 보자(시간이 있다면 여러분 스스로 찾아보라).

- 1997년 4월. 경기 호조 소식이 전해지며 주가가 상승한 사례

  "시장 친화적인 경제 지표가 발표되자, 낙관적인 투자자들이 주식 및 채권 시장으로 다시 대거 유입되며 환호했다. 이로 인해 다우존스 산업평균지수는 역사상 두 번째로 큰 일일 상승폭을 기록했고, 불과 몇 주 전까지만 해도 급락세에 있던 블루칩지수는 사상 최고치에 근접하게 되었다."

- 1999년 12월. 경기 호조 소식이 오히려 주가 하락으로 이어진 사례

  "경기 호전 소식은 주식시장에는 악재로, 채권시장에는 더욱 부정적인 소식으로 작용했다. 11월 소매판매가 예상을 상회했다는 발표는 시장의 환영을 받지 못했다. 이는 경기 강세가 인플레이션 우려를 자극하고, 연방준비제도가 추가 금리 인상을 단행할 위험성을 높였기 때문이다."

- 1998년 9월. 경기 악화 소식이 주가 하락으로 이어진 사례

  "미국 경제의 펀더멘털 및 기업들의 수익성에 대한 우려가 확산되자, 대규모 매도세가 촉발되었고 나스닥 주가는 급락했다."

- 2001년 8월. 경기 악화 소식이 나왔음에도 주가가 상승한 사례

  "투자자들은 추가로 발표된 경제 악재를 대수롭지 않게 받아들이고, 경제와 주식시장이 이미 최악의 국면을 지나 회복세에 들어섰을 것이라는 희망에 주목했다. 이러한 낙관적인 분위기는 나스닥 종합지수가 2% 추가 상승하는 결과로 이어졌다."

Dan Wasserman Editorial cartoon/Boston Globe/TNS

만약 연준이 $Y_A$를 초과하는 실질 산출량 증가가 인플레이션을 상승시킬 것으로 우려한다고 시장이 예상한다면 어떤 일이 벌어질까? $Y_A$가 이미 자연산출량 수준에 근접한 경우가 이에 해당할 것이다. 이러한 상황에서 실질 산출량이 더 증가하면 인플레이션이 발생할 가능성이 큰데, 이는 연준이 회피하고자 하는 결과가 된다. 연준이 이러한 IS 곡선의 오른쪽 이동에 대응해 실질 정책금리를 인상하기로 결정하면 LM 곡선은 위로 이동해 $LM \rightarrow LM'$으로 바뀌고, 경제는 $A$에서 $A''$으로 이동하지만 실질 산출량 수준은 그대로 유지된다. 이 경우 주가는 틀림없이 하락할 가능성이 크다. 기업의 기대이익은 변하지 않았지만 실질 금리가 상승했기 때문이다.

이 논의는 2023년 6월 현재 미국의 상황과 매우 밀접한 관련이 있다. 8장에서 논의했듯이 미국의 인플레이션은 목표 수준을 상회하고 있다. 미 연준은 인플레이션을 목표 수준으로 되돌리기를 원하며, 이를 위해 경기 활동을 둔화시켜야 할 수도 있음을 시사해 왔다. 또한 그러한 목표를 달성하기 위해 금리를 활용할 것이라는 입장을 밝혔다.

동시에 최근의 경기 활동 관련 뉴스는 예상보다 긍정적인 경우가 많았으며, 긴축적인 통화 정책에도 불구하고 경제활동은 여전히 매우 활발하게 유지되고 있다. 따라서 겉보기에는 좋은 소식처럼 보이는 뉴스가 오히려 미 연준으로 하여금 경제활동의 과도한 확대와 인플레이션 지속을 막기 위해 금리를 인상하게 만들 수 있다. 그 결과 금리는 상승할 수 있으며, 투자자들이 미 연준이 경기 확대를 허용하지 않을 것이라고 믿는다면 경제활동에 대한 기대는 변하지 않을 것이다. 이런 상황에서는 좋은 뉴스로 인해 주가가 하락될 가능성이 크다.

요약하면 주식가격은 현재와 미래의 경제활동 변화에 따라 결정된다. 그러나 이것이 주가와 산출량 사이에 일률적인 함수 관계가 존재함을 의미하지는 않는다. 주가가 산출량 변화에 어떻게 반응하는지는 다음 세 가지 요인에 달려 있다. 첫째, 시장이 애초에 향후 통화 정책이나 경제 전망에 대해 어떤 기대를 갖고 있었는가. 둘째, 산출량 변화의 배경이 된 충격의 성격은 무엇인가. 셋째, 시장이 중앙은행이 그러한 변화에 어떻게 대응할 것으로 예상하는가. 이와 같은 내용을 종합적으로 이해했는지 점검하고 싶다면 FOCUS '(겉보기에) 말도 안 되는 일에 의미 부여하기: 어제 주식시장이 움직인 이유와 그 밖의 이야기'를 읽어보라.

## 14-4 위험, 버블, 유행 추종, 자산가격

주식 및 기타 자산가격의 모든 변동이 미래의 배당금이나 이자율에 대한 뉴스로부터 비롯되는 것일까? 이에 대한 대답은 '아니다'이다. 그 이유는 두 가지이다. 첫째, 시간의 흐름에 따라 시장 참여자들의 위험 인식이 변할 수 있다. 둘째, 자산가격이 그 본질적 가치에서 벗어나는 경우가 있으며, 이는 흔히 '버블' 또는 '유행 추종' 현상과 관련되어 있다. 이제 이러한 두 가지 요인을 차례로 살펴보자.

## 주가와 위험

앞 절에서는 주식 프리미엄 $x$가 일정하다고 가정했다. 그러나 실제로는 그렇지 않다. 주식 프리미엄이란, 위험이 거의 없는 자산(예: 국채)에 비해 주식 투자자가 추가로 요구하는 초과 수익률을 의미하며, 이는 투자자의 위험 인식에 따라 달라진다. 예를 들어 대공황 이후에는 주식 프리미엄이 매우 높았는데, 이는 1929년 주식시장 붕괴를 기억하던 투자자들이 프리미엄이 충분히 높지 않으면 주식을 보유하려 하지 않았기 때문일 것이다. 이 프리미엄은 1950년대 초반부터 점차 하락하기 시작했으며, 당시 약 7%에서 오늘날에는 4% 이하로 떨어졌다. 그리고 이 값은 단기간 내에도 크게 변할 수 있다. 예컨대 2008년 금융위기 당시 주가의 급락은 단지 미래 배당금에 대한 비관적인 전망 때문만이 아니라, 불확실성의 급증과 그에 따른 투자자들의 위험 인식 변화가 함께 작용한 결과였다. 따라서 주가의 많은 변동은 미래 배당금과 이자율 기대의 변화뿐 아니라, 주식 프리미엄, 즉 위험에 대한 인식의 변화의 영향을 함께 반영한다.

## 자산가격, 본질적 가치, 버블

앞 절에서는 주식가격이 항상 본질적 가치와 일치한다고 가정했다. 여기서 **본질적 가치**(fundamental value)란 식 (14.17)에서 정의된 바와 같이 기대되는 배당금의 현재가치를 의미한다. 하지만 실제로 주가가 항상 본질적 가치와 일치하는가? 이에 대해 많은 경제학자는 회의적인 입장을 보인다. 이들은 대표적인 사례로 1929년 미국 주식시장이 이틀 만에 23% 하락했던 '검은 10월(Black October)'과, 1987년 10월 19일 다우존스 지수가 하루 만에 22.6% 급락했던 사건을 제시한다. 또한 일본의 니케이 지수가 1985년 약 13,000포인트에서 1989년 약 35,000포인트까지 치솟은 뒤, 1992년에는 16,000포인트 수준으로 떨어진 사례도 자주 언급한다. 이러한 사례에서 경제학자들이 공통적으로 지적하는 점은, 그와 같은 극단적인 가격 변동을 정당화할 수 있을 만한 뚜렷하고 중대한 뉴스가 존재하지 않았다는 것이다. 이러한 현상은 자산가격이 본질적 가치로부터 벗어나 변동할 수 있음을 보여준다.

이러한 사례들에 비추어 경제학자들은 주가가 항상 본질적 가치, 즉 식 (14.17)에 제시된 기대배당금의 현재가치와 일치하지 않는다고 주장한다. 오히려 주가는 때때로 과소평가되거나 과대평가될 수 있으며, 이러한 왜곡은 시장의 일시적인 과열 또는 비이성적 행태에서 비롯될 수 있다. 과대평가된 주가는 결국 조정을 겪게 되며, 그 조정은 때로는 1929년 10월처럼 갑작스러운 폭락의 형태로 나타나기도 하고, 니케이 지수 사례처럼 장기간의 하락 국면으로 전개되기도 한다.

그렇다면 이러한 잘못된 가격 형성은 어떤 조건에서 발생할 수 있을까? 놀랍게도 투자자들이 합리적으로 행동하고 시장에서 차익거래가 가능한 상황에서도 이러한 현상은 충분히 발생할 수 있다. 그 이유를 이해하기 위해 완전히 무가치한 주식의 사례를 생각해 보자. 이는 모든 금융 투자자들이 해당 기업이 앞으로도 결코 이익을 내지 못하며, 배당도 지급하지 않을 것이라는 사실을 알고 있는 경우를 말한다. 이 경우 식 (14.17)에서 $D^e_{t+1}$, $D^e_{t+2}$ 등을 모두 0으로 대

FOCUS

## 유명한 버블 사례: 17세기 네덜란드의 튤립 광풍에서 1994년 러시아까지

### 네덜란드의 튤립 광풍

17세기에 들어서면서 튤립은 서유럽의 정원에서 점차 인기를 끌기 시작했다. 네덜란드에서는 희귀한 종류는 물론, 일반적인 종류의 튤립 구근까지 거래되는 시장이 형성되었다.

'튤립 버블'이라고 불리는 사건은 1634년부터 1637년 사이에 발생했다. 1634년에 희귀한 튤립 구근의 가격이 오르기 시작하면서 시장은 과열되었고, 투기꾼들은 가격이 더 오를 것이라는 기대하에 튤립 구근을 앞다투어 매입했다. 예컨대 '애드미럴 판 데 에이크(Admiral Van de Eyck)'라는 이름의 구근은 1634년에 1,500기니에서 1637년에 7,500기니까지 상승했는데, 이는 당시 집 한 채 값에 해당하는 금액이었다. 한 선원이 실수로 구근을 먹고 나중에 그것이 자신에게 얼마나 비싼 '식사'였는지를 깨달았다는 일화도 전해진다. 1636년 말에는 가격 상승세가 더 가팔라졌으며, 일부 흔한 구근들마저 1637년 1월 한 달 사이에 20배 이상 폭등하기도 했다. 그러나 1637년 2월 들어 가격은 급격히 붕괴되었고, 수년 뒤에는 버블 절정기의 10% 수준에서 거래되기에 이르렀다.

이 내용은 Peter Garber, "Tulipmania," *Journal of Political Economy*, 1989, 97(3): pp. 535–560에서 발췌한 것이다. 또한 Peter Garber, "Famous First Bubbles," *Journal of Economic Perspectives*, Spring 1990, 4(2): pp. 35–54도 참조할 수 있다.

### 러시아의 MMM 피라미드 사기

1994년, 러시아의 '금융업자' 세르게이 마브로디는 MMM이라는 회사를 설립한 뒤 주식을 판매하면서 투자자들에게 연간 최소 3,000%의 수익률을 약속했다.

회사는 순식간에 대성공을 거두었다. MMM 주식의 가격은 2월에 1,600루블(당시 약 1달러)에서 7월에는 105,000루블(당시 약 51달러)로 급등했다. 그리고 회사 주장에 따르면 7월까지 주주 수는 1,000만 명에 이르렀다.

문제는 이 회사가 어떠한 형태로든 생산에 관여하지 않았고, 러시아 내 140개의 사무소를 제외하면 자산도 전혀 보유하지 않았다는 점이다. 이 회사의 주식은 본질적으로 아무런 가치도 없었다. 회사의 초기 성공은 전형적인 피라미드식 사기에 기반을 두고 있었다. MMM은 신규 주식 판매로 조달한 자금을 기존 주주에게 약속한 수익금을 지급하는 데 사용했다. 당시 러시아 연방 대통령이던 보리스 옐친을 포함한 정부 관계자들이 "MMM은 사기이며, 주가 상승은 버블에 불과하다"고 거듭 경고했음에도 약속된 고수익은 너무나도 매력적으로 다가왔다. 이는 특히 깊은 경기침체 속에서 더욱 그러했다.

이 사기 구조는 신규 주주 수가 충분히 빠르게 증가하여 기존 주주에게 분배할 새로운 자금이 계속 유입되는 동안에만 유지될 수 있었다. 그러나 1994년 7월 말, 회사는 더 이상 약속한 수익을 지급할 수 없었고, 결국 이 사기 구조는 붕괴되었다. 회사는 문을 닫았다. 마브로디는 정부가 주주들에게 보상금을 지급하지 않으면 혁명이나 내전이 일어날 수 있다고 주장하며 정부를 협박했다. 하지만 정부는 이를 거부했고, 그 결과 많은 주주들은 마브로디가 아닌 정부에 분노를 쏟았다. 그해 말, 마브로디는 자신을 저축을 날린 주주들의 '지칭 대변인'으로 내세우며 국회의원 선거에 출마했고, 실제로 당선되었다!

입하면 단순하고 당연한 결론에 도달한다. 이 주식의 본질적 가치는 0이다.

그렇다면 여전히 이 주식에 양(+)의 가격을 지불할 의향이 있을 수 있을까? 어쩌면 그럴 수도 있다. 만약 내년에 이 주식을 올해보다 더 높은 가격에 팔 수 있다고 기대한다면 그 주식을 오늘 구매할 이유가 생긴다. 그리고 이 논리는 내년의 매수자에게도 동일하게 적용된다. 내후년에 더 높은 가격에 팔 수 있다고 기대한다면 내년에 현재보다 높은 가격에 그 주식을 살 의향이 생길 것이다. 이러한 과정은 주가가 단지 투자자들의 기대만으로 상승할 수 있음을 보여준다. 이러한 주가의 움직임을 **합리적인 투기적 버블**(rational speculative bubble)이라고 한다. 버블이 형성되는 동안에도 금융 투자자들은 충분히 합리적으로 행동하고 있을 수 있다. 심지어

FOCUS

## 2000년대 초 미국 주택가격의 상승: 실물경제 여건에 따른 것인가, 버블인가?

6장에서 위기의 촉매는 2006년에 시작된 주택가격 하락이었다(주택가격지수의 추이를 보려면 그림 6-7 참조). 되돌아 보면 이러한 하락이 있기 전 2000년부터 지속되었던 큰 폭의 가격 상승은 지금은 대체로 버블로 해석하고 있다. 하지만 거의 실시간으로 가격이 상승하던 당시에는 그 상승의 원인을 두고 의견이 분분했으며, 명확한 합의는 존재하지 않았다.

경제학자들은 세 부류로 나뉘었다.

'비관론자'들은 주택가격 상승이 펀더멘털로 정당화될 수 없다고 주장했다. 2005년, 실러(Robert Shiller)는 다음과 같이 말했다. "주택가격 버블은 1999년 가을 주식시장 광풍을 연상시킨다. 당시엔 주식 버블이 2000년 초에 터지기 직전이었고, 과도한 선전, 군중심리에 의한 투자, 그리고 가격 상승이 계속될 것이라는 절대적 확신이 시장에 가득했다."

그의 주장을 이해하기 위해 본문에서 설명한 주가 산출 방식을 다시 떠올려보자. 버블이 없다고 가정할 때 주가는 현재 및 기대되는 미래의 이자율, 현재 및 기대되는 배당금, 위험 프리미엄에 따라 결정된다. 같은 논리가 주택가격에도 적용된다. 주택가격도 마찬가지로 버블이 없다면 현재 및 기대되는 이자율, 현재 및 기대되는 임대료, 위험 프리미엄에 따라 결정된다고 볼 수 있다. 이러한 맥락에서 비관론자들은 주택가격 상승이 임대료 상승과 병행되지 않았다는 점을 지적했다. 이 점은 그림 1에서 확인할 수 있다. 이 그림은 1987년부터 2015년까지의 가격 대비 임대료 비율, 즉 주택가격지수를 임대료지수로 나눈 비율의 변화를 나타낸 것이다. (해당 지수는 1987년 1월을 기준으로 100으로 설정되어 있다.) 1987년부터 1990년대 후반까지 대체로 일정하게 유지되던 이 비율은 이후 약 60% 가까이 상승하여 2006년에 정점을 기록한 뒤 급격히 하락했다. 더 나아가 실러는 주택 구매자들을 대상으로 한 설문조사에서 주택가격이 계속해서 크게 오를 것이라는 매우 높은 기대가 나타났다고 지적했다. 응답자 중 상당수는 연간 10%를 넘는 상승률을 예상하며, 이에 따른 높은 자본이득을 기대하고 있었다. 하지만 앞서 살펴본 바와 같이 자산이 본질적 가치에 기반하여 평가되고 있다면, 투자자들은 미래에 큰 자본이득을 기대해서는 안 된다.

'낙관론자'들은 가격 대비 임대료 비율이 상승할 만한 타당한 이유가 있다고 주장했다. 첫째, 그림 6-2에서 보았듯이 실질이자율이 하락하고 있었고, 이는 임대료의 현재가치를 증가시켰다. 둘째, 주택담보대출 시장이 변화하고 있었다. 더 많은 사람이 대출을 받아 주택을 구매할 수 있게 되었으며, 대출자들은 주택 가치의 더 높은 비율까지 자금을 빌릴 수 있게 되었다. 이 두 가지 요인은 수요 증가로 이어졌고, 결과적으로 주택가격 상승을 초래했다. 낙관론자들은 또한 2000년 이후 해마다 비관론자들이 버블의 붕괴를 예

그림 1

미국 주택가격 대비 임대료 비율(1987~2015년)

출처: FRED: CSUSHPISA: Case-Shiller Home Price Index. CUSR0000SEHA, Rent of Primary Residence.

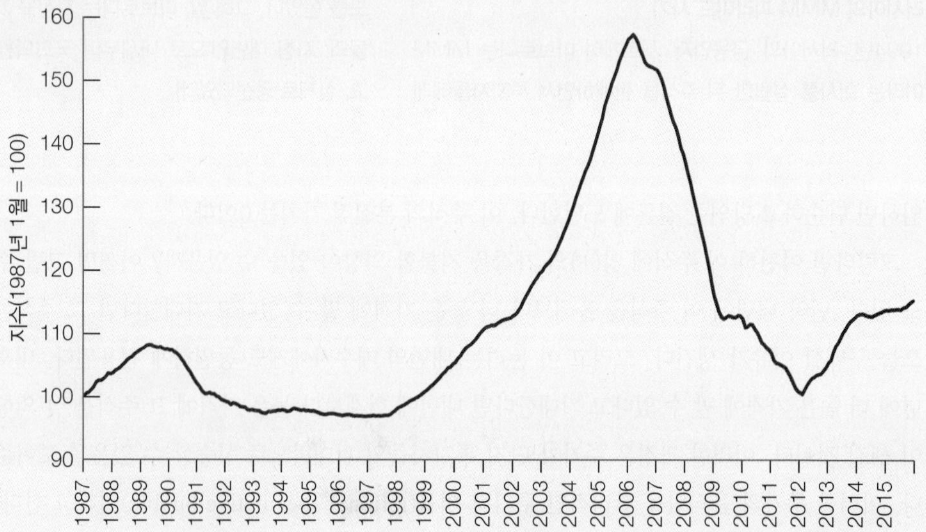

측했음에도 불구하고 가격은 계속 상승해 왔으며, 이에 따라 비관론자들의 주장은 점차 신뢰를 잃고 있다고 지적했다.

세 번째 집단은 단연코 가장 큰 규모였으며, 여전히 확신을 유보한 채 '중립'적인 태도를 유지했다. (해리 트루먼 대통령은 "한 손밖에 없는 경제학자를 데려오시오! 내게 오는 경제학자들은 모두 '한편으로는… 또 다른 한편으로는…'이라 말하오"라고 말했다고 전해진다.) 이들은 주택가격 상승이 개선된 경제의 본질적 여건과 자산 버블이라는 두 가지 요인을 모두 반영한 결과이며, 이들 요인 중 어느 쪽이 더 큰 영향을 미쳤는지를 판별하기는 어렵다는 결론에 도달했다.

어떤 결론을 내려야 할까? 분명히 비관론자들의 주장이 대체로 옳았던 것으로 보인다. 그러나 버블과 유행 추종은 그것이 진행되는 시점보다는 시간이 지난 뒤에야 비로소 분명히 인식되는 경우가 많다. 이로 인해 정책 입안자들의 대응은 더욱 어려워진다. 만약 해당 현상이 버블이라는 점이 확실하다면 버블이 지나치게 커져 결국 붕괴하기 전에 이를 억제하기 위한 조치를 취하는 것이 바람직하다. 그러나 현실에서는 대부분 그러한 확신을 갖기까지는 이미 시간이 너무 늦은 경우가 많다. 실제로 이 책이 집필되고 있는 현재 시점에도 가격 대비 임대료 비율은 다시 높은 수준에 있으며, 건전한 본질적 여건에 기초한 상승이라는 주장과 가격 버블 및 향후 붕괴 가능성을 우려하는 주장 간의 논쟁이 여전히 계속되고 있다.

다음을 참고하라. "*Reasonable People Did Disagree: Optimism and Pessimism about the US Housing Market before the Crash*," Kristopher S. Gerardi, Christopher L. Foote, and Paul S. Willen, *Federal Reserve Bank of Boston, Discussion Paper No. 10–5, September 10, 2010, available at www.bostonfed.org/economic/ppdp/2010/ppdp1005.pdf*.

Jason Zweig.com

* 역자 주: 금융시장에서 흔히 나타나는 과잉 반응, 오해, 군집행동을 풍자한 만화로, 한 투자자(상단 맨 왼쪽 인물)가 '탁월하다'라는 의미로 excel이라고 말한 것을 다른 사람들이 Excel? → sell(팔아)? → buy(사)?로 차례로 잘못 해석하면서, 시장 전체가 '팔아!'에서 '사!'로 순식간에 쏠리는 모습을 나타냈다. 실제 금융시장의 변동성은 경제 펀더멘털이 아니라 해석의 혼란, 루머, 단어 오해 같은 요인에서도 쉽게 발생한다는 점을 풍자하고 있다.

버블 붕괴 시점에 주식을 보유하여 큰 손실을 입는 투자자들조차도 비합리적이라고 볼 수는 없다. 그들은 버블이 붕괴될 가능성을 인식하면서도 버블이 한동안 더 지속되어 이후 더 높은 가격에 팔 수 있을 가능성 역시 함께 고려했기 때문이다.

설명을 단순화하기 위해 앞의 예시에서는 해당 주식이 본질적으로 아무런 가치가 없는 것으로 가정했다. 그러나 이러한 논리는 일반적인 것으로, 본질적 가치가 양(+)인 주식에도 똑같이 적용된다. 만약 사람들이 미래에 주가가 상승할 것이라고 기대한다면 본질적 가치보다 더 높은 가격을 기꺼이 지불할 수도 있다. 이러한 논리는 주식뿐만 아니라 주택, 금, 그림과 같은 다른 자산에도 동일하게 적용된다. 이러한 자산가격 버블의 사례는 FOCUS '유명한 버블 사례: 17세기 네덜란드의 튤립 광풍에서 1994년 러시아까지'에 소개되어 있다.

금융시장에서 자산가격이 본질적 가치에서 벗어나는 모든 일탈이 반드시 합리적 버블로 설명되지는 않는다. 그 이유는 많은 투자자가 실제로는 비합리적으로 행동하기 때문이다. 예를 들어 연이어 긍정적인 뉴스가 발표되어 과거에 주가가 상승한 경우 이는 투자자들 사이에 지나친 낙관주의를 불러일으킬 수 있다. 투자자들이 단순히 과거의 수익률을 근거로 미래 수익률을 예측하는 경향이 있다면 주식은 단지 과거에 가격이 상승했다는 이유만으로 과열되거나 고평가될 수 있다. 이러한 현상은 주식에만 국한되지 않으며, 주택시장 등 다른 자산시장에서도 동일하게 나타난다(FOCUS '2000년대 초 미국 주택가격의 상승: 실물경제 여건에 따른 것인가, 버블인가?' 참조). 이처럼 자산가격이 본질적 가치에서 벗어나 일시적으로 과도하게 상승하는 현상은 때때로 **유행 추종**(fads)이라 불린다. 우리는 일상생활에서 유행 추종이라는 현상에 익숙하며, 이러한 유행 추종이 주식시장 내에서도 존재한다는 것을 부정할 수 없다. 앞에 제시된 만화는 이와 같은 현상을 효과적으로 보여준다.

이번 장에서는 자산가격의 결정 요인에 초점을 맞추었다. 이 장이 거시경제학 교과서에 포함된 이유는 자산가격이 단순한 비본질적 요소가 아니라, 소비와 투자 지출을 통해 실물 경제에 중대한 영향을 미치기 때문이다. 예컨대 2001년 경기침체의 주요 원인 중 하나가 주식시장 하락이었다는 점에는 이견이 거의 없다. 또한 대부분의 경제학자들은 1929년 대공황이 주식시장 붕괴로부터 촉발되었다고 본다. 6장에서 살펴본 바와 같이 2008년 글로벌 금융위기의 촉발 요인 역시 주택가격 하락이었다. 이처럼 자산가격, 기대, 경제활동 간의 상호작용은 다음 2개의 장에서 자세히 다루게 될 핵심 주제이다.

## 요약

- 기대현재할인가치란, 미래에 예상되는 일련의 지급 흐름을 현재 기준으로 할인하여 계산한 가치를 말한다. 이 가치는 현재 및 미래의 기대 지급액이 클수록 증가하고, 현재 및 미래의 기대 이자율이 높을수록 감소한다.
- 현재 및 기대되는 미래의 명목 지급 흐름을 할인할 때는 현재 및 기대 명목이자율을 사용해야 하며, 현재 및 기대되는 미래의 실질 지급 흐름을 할인할 때는 현재 및 기대 실질이자율을 사용해야 한다.
- 서로 다른 만기를 가진 채권 간의 차익거래는 다음 사실을 의미한다. 즉, 채권가격은 해당 채권의 만기 동안 발생할 지급액들을 현재 및 기대 단기이자율로 할인한 현재가치에 위험 프리미엄이 반영된 값이다. 현재 혹은 기대 단기이자율이 높아질수록 채권가격은 하락한다.
- 채권의 만기수익률은 해당 채권의 잔존 만기 동안의 현재 및 기대 단기이자율의 평균에 위험 프리미엄을 더한 값과 (근사적으로) 같다.
- 수익률곡선의 기울기(즉, 기간구조)는 금융시장이 향후 단기이자율의 변화를 어떻게 예상하는지를 보여준다.
- 주식의 본질적 가치란, 기대되는 미래 실질 배당금을 현재 및 미래의 기대 1년 만기 실질이자율과 주식 프리미엄을 더한 할인율로 할인한 현재가치를 말한다. 버블이나 유행 추종이 없다면 주식가격은 이 본질적 가치와 일치한다.
- 기대배당금이 증가하면 주식의 본질적 가치는 상승한다. 반대로 현재 및 기대되는 1년 만기 실질이자율이 상승하면 본질적 가치는 하락한다.
- 산출량의 변화는 주가의 변화를 같은 방향으로 유발할 수도 있고, 그렇지 않을 수도 있다. 그 연관성 여부는 (1) 시장이 애초에 무엇을 기대했는지, (2) 충격의 원인이 무엇인지, (3) 산출량 변화에 대해 중앙은행이 어떻게 대응할 것으로 시장이 예상하는지에 달려 있다.
- 자산가격은 버블이나 유행 추종으로 인해 본질적 가치와 괴리를 보일 수 있다. 버블이란, 금융 투자자들이 자산의 본질적 가치보다 높은 가격에 매입하더라도 이후 더 높은 가격에 되팔 수 있으리라는 기대 속에서 자산을 사들이는 현상을 말한다. 유행 추종이란, 일시적인 과도한 낙관주의로 인해 투자자들이 자산의 본질적 가치보다 높은 가격을 기꺼이 지불하려는 현상을 말한다.

## 핵심용어

가격 위험(price risk)
국채(government bonds)
기간 프리미엄(term premium)
기대 가설(expectations hypothesis)
기대현재할인가치(expected present discounted value)
내부 자금(internal finance)
단기수익률(short-term interest rate)
만기(maturity)
만기수익률(yield to maturity)
무작위 보행(random walk)
물가연동채권(indexed bonds)
미국 물가연동채권(Treasury Inflation Protected Securities, TIPS)
배당금(dividends)
배당락가격(ex-dividend price)
본질적 가치(fundamental value)
부채금융(debt finance)
생애기간(life)
수익률(yield)
수익률곡선(yield curve)
액면가(face value)
외부 자금(external finance)
위험 프리미엄(risk premium)
유행 추종(fads)
이자율의 기간구조(term structure of interest rate)
이표채(coupon bonds)
자기자본금융(equity finance)
장기수익률(long-term interest rate)
재무부 단기채권(Treasury bills, T-bills)
재무부 장기채권(Treasury bond, T-bonds)

재무부 중기채권(Treasury notes, T-notes)
정크본드(junk bonds)
주식 프리미엄(equity premium)
주식(stocks, shares)
차익거래(arbitrage)
채권 등급(bond ratings)
채무불이행 위험(default risk)
쿠폰이자(coupon payments)
표면이자율(coupon rate)
할인계수(discount factor)
할인율(discount rate)
할인채(discount bonds)
합리적인 투기적 버블(rational speculative bubble)
현재 수익률(current yield)
현재가치(present value)
현재할인가치(present discounted value)
회사채(corporate bonds)
$n$년 수익률(n-year interest rate)

# 연습문제

## 기초문제

1. 이 장의 내용에 기초해 다음에 대해 '사실', '거짓', '불확실' 여부를 밝히고, 그 이유를 간단히 설명하라.
   a. 일련의 수익 흐름에 대한 현재할인가치는 실질 기준 또는 명목 기준으로 계산할 수 있다.
   b. 1년 만기 이자율이 높을수록 1년 후 지급액의 현재할인가치가 낮아진다.
   c. 1년 만기 이자율은 일반적으로 시간이 지나도 일정하게 유지될 것으로 예상된다.
   d. 채권은 여러 해에 걸쳐 일정한 금액을 꾸준히 받을 수 있는 금융상의 청구권을 말한다.
   e. 주식은 여러 해에 걸쳐 배당금 흐름을 받을 수 있는 금융상의 청구권이다.
   f. 주택가격은 여러 해에 걸쳐 기대되는 임대료 흐름에 대한 금융상의 청구권을 의미한다.
   g. 정상적인 상황에서는 채권의 만기수익률곡선이 우상향한다.
   h. 1년간 보유하는 모든 자산은 동일한 기대수익률을 가져야 한다.
   i. 버블 상태에서도 자산의 가치가 미래 수익의 기대현재가치와 동일하다고 본다.
   j. 전체 주식시장의 실질 가치는 1년 동안 크게 변동하지 않는 편이다.
   k. 물가연동채권은 보유자를 예상치 못한 인플레이션으로부터 보호해 준다.
2. 다음 문제 a~c 중에서 어떤 경우에는 실질 지급액과 실질이자율을 사용하여 기대현재할인가치를 계산해야 하며, 어떤 경우에는 명목 지급액과 명목이자율을 사용하는 것이 바람직한가? 각 경우에 대해 그 이유를 설명하라.
   a. 새로운 기계에 대한 투자로부터 얻을 수 있는 이익의 기대현재가치를 추정하는 경우
   b. 만기 20년짜리 미국 국채의 현재가치를 추정하는 경우
   c. 자동차를 구매할지 또는 리스할지를 결정하는 경우
3. 다음 문제 a~c에 제시된 가정을 바탕으로 두 가지 방식(정확한 공식과 근사 공식)을 사용하여 2년 만기 명목이자율을 계산하라.
   a. $i_t = 2\%,\ i^e_{t+1} = 3\%$
   b. $i_t = 2\%,\ i^e_{t+1} = 10\%$
   c. $i_t = 2\%,\ i^e_{t+1} = 3\%$. 2년 채권의 기간 프리미엄은 1%이다.
4. 주식의 위험 프리미엄과 주식 가치
   a. 식 (14.14)에서 주식이 배당락 상태, 즉 이미 배당금을 지급했고 다음 배당은 1년 후에 지급될 예정인 상태라는 점이 왜 중요한지를 설명하라.
   b. 식 (14.14)를 이용하여 오늘의 주식가격을 구성하는 각 요소가 어떤 역할(또는 기여)을 하는지 설명하라.
   c. 다른 조건이 동일할 때 위험 프리미엄이 커지면 오늘의 주가는 어떻게 변하는가?
   d. 1년 만기 이자율이 상승하면 오늘의 주가는 어떻게 변하는가?
   e. $t$+1 기초의 주식 기대가치가 상승하면 오늘의 주가는 어떻게 변하는가?
   f. 식 (14.15)를 참고하라. 모든 $n$에 대해 $i_{1t} = i_{1t+n} = 0.05$,

$x=0.03$일 때 $D^e_{t+3}$달러와 $D^e_{t+10}$달러에 대한 계수를 계산하라. 3년 후와 10년 후 각각 1달러의 배당 증가가 주가에 미치는 영향을 비교하라.

g. 모든 $n$에 대해 $i_{1t}=i_{1t+n}=0.08$, $x=0.05$일 때 문제 f항 계산을 반복하라.

5. 장기채권가격의 근삿값

명목이자율 $i$가 일정할 때 1년 후부터 매년 일정 금액 $z$달러를 영구히 지급하는 현금흐름의 현재가치는 $z$달러를 $i$로 나눈 값, 즉 $z/i$달러로 계산할 수 있다. 이 공식은 매년 고정된 명목 금액을 영구히 지급하는 채권인 콘솔의 가격을 나타낸다. 또한 이 공식은 지급 기간이 무한하지는 않지만 매우 길고 지급액이 일정한 경우 현재가치를 근사적으로 계산하는 데에도 유용하게 사용된다. 이제 이 근삿값이 실제 현재가치와 얼마나 가까운지를 살펴보자.

a. 명목이자율이 10%, 연 지급액이 100달러일 때, 콘솔 채권의 현재가치를 계산하라.

b. 명목이자율이 10%일 때 향후 10년, 20년, 30년, 60년 동안 매년 100달러를 지급하는 채권의 기대현재할인가치를 각각 계산하라. (힌트: 이 장에서 다룬 연금의 현재가치 공식을 사용하되, 첫 지급 시점이 1년 후임에 유의하라.)

c. 명목이자율이 2%, 5%일 때 각각 위의 문제 a와 b의 계산을 반복하라.

6. 통화 정책과 주식시장

현재 및 기대 단기 실질 정책금리가 2% 수준에서 유지되어 왔다고 가정하자. 이제 미 연준이 긴축적인 통화 정책을 시행하여 단기 실질정책금리($r_{1t}$)를 2%에서 3%로 인상하기로 했다고 하자.

a. 만약 단기 실질정책금리($r_{1t}$)의 변화가 일시적인 것으로 예상된다면, 즉 이번 기간에만 인상되고 다음 기간부터는 다시 원래 수준으로 복귀한다고 가정하자. 이때 주가에는 어떤 변화가 발생하는가? 기대실질배당금은 변하지 않는다고 가정하고, 식 (14.17)을 활용하여 설명하라.

b. 만약 $r_{1t}$의 변화가 영구적인 것으로 예상된다면, 즉 한 번 인상된 후 그 수준이 지속될 것으로 예상된다면 주가는 어떻게 변하는가? 기대실질배당금은 변하지 않는다고 가정하라. 식 (14.17)을 사용하라.

c. 현재 및 기대 실질이자율의 상승이 미래 산출량과 배당금 증가에 대한 기대 상승에 의해 발생한 것이라면 오늘의 주가는 어떻게 변하는가?

### 심화문제

7. 일반 IRA와 Roth IRA 비교

40년 후 은퇴를 위해 오늘 2,000달러를 저축하려고 한다. 다음 두 가지 저축 계획 중 하나를 선택해야 한다.

i. 지금은 세금을 내지 않고, 이자를 지급하는 계좌에 예치한다. 이후 은퇴 시 인출 총액의 20%를 세금으로 납부한다. [미국에서는 이러한 계좌를 일반 개인 은퇴 계좌(IRA)라고 한다.]

ii. 지금 세금으로 전체 투자금의 30%를 납부하고, 잔액을 이자를 지급하는 계좌에 예치한다. 은퇴 시에는 인출하더라도 세금을 전혀 내지 않는다. (미국에서는 이러한 방식이 Roth IRA로 알려져 있다.)

a. 실질이자율이 1% 또는 10%일 때 각각의 플랜에 대한 기대현재할인가치를 계산하라.

b. 위 두 경우 각각의 실질이자율 수준에서 어떤 플랜을 선택하겠는지 그 이유와 함께 설명하라.

8. 주택가격과 버블

주택은 미래 실질 임대수입의 기대현재할인가치와 동일한 본질적 가치를 지닌 자산으로 간주될 수 있다.

a. 주택의 가치를 평가할 때 실질임대료와 실질이자율을 사용하는 것이 더 적절한가, 아니면 명목임대료와 명목이자율을 사용하는 것이 더 적절한가? 그 이유를 설명하라.

b. 주택 임대료는 자신이 그 집에 거주함으로써 임대료를 지불하지 않고 절약하는 경우든 또는 주택을 보유하고 남에게 임대하여 임대소득을 얻는 경우든 주식의 배당금과 유사하다. 주택에 해당하는 식 (14.17)과 같은 형태의 방정식을 작성하라.

c. 왜 낮은 이자율이 주택가격 대비 임대료 비율의 상승을 설명할 수 있는가?

d. 주택이 더 안전한 투자처로 인식될 경우 가격-임대료 비율은 어떻게 변할 것인가?

e. FOCUS '2000년대 초 미국 주택가격의 상승: 실물경제 여건에 따른 것인가, 버블인가?'에 주택가격 대비 임대료 비율의 그래프가 그림 1로 제시되어 있다. 세인트루이스 연방준비은행이 운영하는 FRED

경제 데이터베이스에서 케이스-실러 주택가격지수(SPCS20RSA)와 소비자물가지수(CPI) 중 임대료 항목(CUSROOOOSEHA)의 값을 각각 확인할 수 있다. 그림 1의 그래프는 2018년 11월 데이터를 마지막으로 한다. 2018년 11월부터 사용 가능한 가장 최근 시점까지의 주택가격지수 상승률을 계산하라. 같은 기간 동안의 임대료 지수 상승률을 계산하라. 가격-임대료 비율은 2018년 6월 이후 증가했는가, 감소했는가?

## 보충문제

9. 전 세계 주택가격 비교

「이코노미스트(The Economist)」는 매년 Economist House Price Index를 발표하며, 이는 각 국가별로 주택시장이 본질적 가치에 비해 과대평가되었는지 혹은 과소평가되었는지를 평가하려는 시도이다. 최신 데이터를 웹에서 찾아보라.

a. 주택가격 대비 임대료 비율은 주택가격의 과대평가 여부를 판단하는 지표 중 하나이다. 이 지표는 주택가격 버블을 탐지하는 데 어떤 도움이 되는가? 참고하는 데이터를 바탕으로, 이 비율을 기준으로 볼 때 어느 국가의 주택가격이 가장 과대평가되어 있는가? 이 지표는 미국 주택시장 붕괴를 사전에 예측하는 데 도움이 되었을까?

b. 또 다른 지표는 주택가격 대비 소득 비율이다. 이 지표는 주택가격 버블을 탐지하는 데 어떤 도움이 되는가? 참고하는 데이터를 바탕으로, 이 지표에 따르면 어느 국가의 주택가격이 가장 과대평가되어 있는가? 이 지표는 미국 주택시장 붕괴를 예측하는 데 도움이 되었을까?

10. 물가연동채권

미국 재무부가 발행하는 일부 채권은 인플레이션에 연동되어 조정된다. 이러한 물가연동채권은 투자자들에게 인플레이션을 보상하며, 해당 채권의 이자율은 실질이자율로 간주된다. 즉, 재화 기준의 이자율이 된다. 이러한 실질이자율은 명목이자율과 함께 사용되어 기대인플레이션을 측정하는 데 활용할 수 있다.

연방준비제도이사회 웹사이트(www.federalreserve.gov/releases/h15/Current)에 접속하여 다음 두 가지를 조사하라.

(1) 만기 5년짜리 미국 국채의 현재 명목이자율

(2) 만기 5년짜리 물가연동 국채의 현재 실질이자율

위 정보를 바탕으로 금융시장에서 참가자들이 향후 5년간 예상하는 평균 인플레이션율은 얼마라고 추정되는가?

# 부록 실질 또는 명목이자율을 사용한 기대현재할인가치 계산 방법

이 부록에서는 현재할인가치를 표현하는 두 가지 방식, 즉 식 (14.1)과 식 (14.3)이 서로 동등하다는 점을 보여준다.

식 (14.1)은 현재가치를 현재 및 미래의 기대 **명목 지급액**을 현재 및 미래의 기대 **명목이자율**로 할인하여 합산한 값으로 제시한다.

$$\$V_t = \$z_t + \frac{1}{1+i_t}\$z^e_{t+1} + \frac{1}{(1+i_t)(1+i^e_{t+1})}\$z^e_{t+2} + \cdots \qquad (14.1)$$

식 (14.3)은 현재가치를 현재 및 미래의 기대 **실질 지급액**을, 현재 및 미래 기대 **실질이자율**로 할인하여 합산한 값으로 제시한다.

$$V_t = z_t + \frac{1}{1+r_t}z^e_{t+1} + \frac{1}{(1+r_t)(1+r^e_{t+1})}z^e_{t+2} + \cdots \qquad (14.3)$$

식 (14.1)의 양변을 현재 물가수준 $P_t$으로 나누면 다음과 같다.

$$\frac{\$V_t}{P_t} = \frac{\$z_t}{P_t} + \frac{1}{1+i_t}\frac{\$z^e_{t+1}}{P_t} + \frac{1}{(1+i_t)(1+i^e_{t+1})}\frac{\$z^e_{t+2}}{P_t} + \cdots \qquad (14.A1)$$

식 (14.A1) 우변의 각 항을 살펴보고, 각 항이 식 (14.3)의 해당 항과 동일함을 밝혀보자.

- 첫 번째 항인 $z_t/P_t = z_t$는 현재 지급액의 실질가치이다. 따라서 $z_t/P_t$는 식 (14.3) 우변의 첫 번째 항인 $z_t$와 동일하다.

■ 두 번째 항을 살펴보자.

$$\frac{1}{1+i_t}\frac{\$z^e_{t+1}}{P_t}$$

내년의 기대물가 수준인 $P^e_{t+1}$로 분자와 분모를 곱하면 다음과 같다.

$$\frac{1}{1+i_t}\frac{P^e_{t+1}}{P_t}\frac{\$z^e_{t+1}}{P^e_{t+1}}$$

오른쪽 항 $z^e_{t+1}/P^e_{t+1}$는 시점 $t+1$의 기대실질 지급액인 $z^e_{t+1}$와 같다. 가운데 항 $P^e_{t+1}/P_t$는 $1+[(P^e_{t+1}-P_t)/P_t]$로 다시 정리할 수 있다. 기대인플레이션의 정의인 $(1+\pi^e_{t+1})$를 이용해 가운데 항을 다시 쓰면 다음과 같이 정리된다.

$$\frac{(1+\pi^e_{t+1})}{(1+i_t)}z^e_{t+1}$$

이제 실질이자율, 명목이자율, 기대인플레이션율에 관한 식 (14.3), 즉 $(1+r_t)=(1+i_t)/(1+\pi^e_{t+1})$를 활용하면 위 식은 다음과 같이 간단히 나타낼 수 있다.

$$\frac{1}{(1+r_t)}z^e_{t+1}$$

이 항은 식 (14.3) 우변의 두 번째 항과 동일하다.

■ 같은 방법을 사용하면 나머지 항도 다시 정리할 수 있다.

다음 항도 직접 유도해 보라. 앞서 식 (14.A1)과 (14.3)의 우변이 서로 같음을 보였다. 따라서 좌변도 서로 같다는 결론이 나온다.

$$V_t = \frac{\$V_t}{P_t}$$

이 식은 다음을 의미한다. 현재 및 미래의 기대 **실질 지급액**을 현재 및 미래의 기대 **실질이자율**로 할인한 현재가치(좌변)는 현재 및 미래의 기대 **명목 지급액**을 현재 및 미래의 기대 **명목이자율**로 할인한 뒤 현재의 물가 수준으로 나눈 현재가치(우변)와 동일하다.

# 금융시장과 기대 및 투자 15

기대가 금융시장에서 하는 역할을 보았으므로 이제 지출의 두 가지 주요 요소인 소비와 투자를 결정하는 데 있어서 기대의 역할로 관심을 돌리자. 이 장에서의 소비와 투자에 대한 논의는 16장에서 발전시킬 확장된 IS-LM 모형의 주요 구성요소가 될 것이다.

**15-1** 소비를 살펴본다. 소비 결정이 어떻게 개인의 현재 소득뿐만 아니라 미래 기대소득과 금융자산에도 의존하는지 논의한다.

**15-2** 투자로 관심을 돌린다. 투자 결정이 어떻게 현재와 미래의 기대이윤 그리고 현재와 미래의 기대 실질이자율에 의존하는지 살펴본다.

**15-3** 시간에 걸친 소비와 투자의 변화를 살펴보고, 이 장에서 학습한 내용에 비추어 이러한 변화를 어떻게 해석하는지 살펴본다.

**이 장의 핵심 주제 :** 소비와 투자 결정은 모두 미래의 기대에 크게 의존한다. ▶▶▶

## 15-1 소비

사람들은 얼마를 소비할지와 얼마를 저축할지를 어떻게 결정할까? 지금까지는 소비와 저축이 오로지 현재 소득에만 의존한다고 가정했다. 지금쯤은 이들이 훨씬 더 많은 것들, 특히 미래에 대한 기대에 의존함을 깨달았을 것이다. 이제 이러한 기대가 소비 결정에 어떻게 영향을 미치는지 검토하자.

이 절이 기초하는 현대 소비 이론은 1950년대에 시카고대학교의 프리드먼(Milton Friedman)과 MIT의 모딜리아니(Franco Modigliani)에 의해 별도로 발전되었다. 자신들이 발전시킨 소비 이론을 프리드먼은 **소비의 항상소득 이론**(permanent income theory of consumption)이라 불렀고, 모딜리아니는 **소비의 생애주기 이론**(life-cycle theory of consumption)이라 불렀다. 두 경제학자는 소비 이론의 명칭을 주의 깊게 붙였다. 프리드먼의 '항상소득'은 소비자가 현재 소득을 넘어 멀리 바라본다는 점을 강조했다. 모딜리아니의 '생애주기'는 소비자의 자연스러운 계획기간이 자신의 전 생애임을 강조했다.

프리드먼과 모딜리아니는 각각 1976년과 1985년에 노벨 경제학상을 수상했다. ▶

이후 총소비 행태는 두 가지 이유에서 열띤 연구 분야로 남았다. 한 가지 이유는 단순한 것으로, 소비가 GDP에서 차지하는 비중이 매우 크며, 따라서 소비의 움직임에 대한 이해가 필요하다는 것이었다. 다른 이유는 개인 소비자들에 대한 대규모 설문조사 자료의 이용 가능성이 커졌다는 것이다. 설문조사 자료의 예로 FOCUS '개인 행태 : 패널 자료에 근거한 연구'에 소개되어 있는 PSID를 들 수 있다. 이러한 설문조사 자료는 프리드먼과 모딜리아니가 자신들의 이론을 개발했을 때는 이용할 수 없었던 것으로, 소비자가 실제로 어떻게 행동하는지에 대한 경제학자들의 이해를 지속적으로 높이는 데 기여하고 있다. 이 절은 오늘날 우리가 알고 있는 것들을 요약한다.

3장에서는 소비가 미국 총지출의 약 68%를 설명한다고 했다. ▶

인터넷을 통해 점점 더 많이 접할 수 있는 소비자 행동에 대한 정보는 말할 것도 없다. 머신러닝 기술과 함께 이 정보를 가장 잘 활용하는 방법은 오늘날 경제학 실증연구의 프런티어(최전선) 중 하나이다. 이에 대한 더 자세한 내용은 24장에서 다룬다. ▶

### 통찰력이 뛰어난 소비자

분명히 그리고 당연히 극단적으로 보이지만 편리한 출발점이 될 수 있는 가정에서 시작하자. 바로 **통찰력이 뛰어난 소비자 이론**(theory of the very foresighted consumer)이라 불리는 것이다. 통찰력이 뛰어난 소비자는 얼마나 소비할지를 어떻게 결정할까? 다음의 두 단계를 거친다.

- 첫째, 소유 주식과 채권의 가치, 예금의 가치, 소유 주택의 가치(주택대출은 차감) 등을 모두 더한다. 이는 자신의 **금융자산**(financial wealth)과 **주택자산**(housing wealth)의 가치가 얼마나 되는지에 관한 아이디어를 준다.

  또한 자신이 은퇴 전까지 얻게 될 세후 노동소득을 추정해 기대 세후 노동소득의 현재가치를 계산한다. 그러면 통찰력 있는 소비자는 경제학자들이 **인적자산**(human wealth)이라고 부르는 것에 대한 추정치를 얻는다. 인적자산은 금융자산과 주택자산의 합으로 정의되는 **비인적자산**(nonhuman wealth)과 대비되는 개념이다.

용어를 다소 확대해서 이 책에서는 '주택자산'에 주택뿐만 아니라 차부터 그림 등 소비자가 소유할 수 있는 다른 재화도 포함한다. ▶

■ 통찰력 있는 소비자는 인적자산과 비인적자산을 더해 자신의 **총자산**(total wealth)에 대한 추정치를 얻는다. 이어서 이 총자산에서 얼마만큼을 지출할지 결정한다. 그는 전 생애에 걸쳐 대체로 매년 동일한 수준의 소비를 유지하도록 총자산의 일부를 지출할 것을 결정한다고 가정하면 합리적일 것이다. 만약 이렇게 결정된 소비 수준이 현재 소득보다 크다면 그 차액을 차입한다. 반대로 현재 소득보다 작다면 대신 차액을 저축한다.

◀ 인적자산 + 비인적자산 = 총자산

이를 명시적으로 표현해 보자. 지금까지 설명한 것은 다음과 같은 형태의 소비 결정식이다.

$$C_t = C(\text{총자산}_t) \tag{15.1}$$

여기서 $C_t$는 $t$시점에서의 소비이며, (총자산$_t$)는 $t$시점에서의 비인적자산(금융자산 + 주택자산)과 인적자산($t$시점에서의 현재와 미래 세후 노동소득의 기대된 현재가치의 합)이다.

이러한 설명은 많은 진리를 담고 있다. 통찰력 있는 소비자처럼 우리도 분명히 오늘 얼마나 소비할지 결정하는 데 있어 자신의 자산과 미래의 기대되는 노동소득에 대해 생각할 것이다. 그렇지만 통상적인 소비자를 기준으로 본다면 이상의 논의는 지나치게 많은 계산과 통찰력을 요구하는 가정이라는 생각을 지울 수 없다.

이상의 설명이 무엇을 말하고, 또 무엇이 문제인지 더 잘 이해하기 위해 위의 결정 과정을 대학생이 직면하는 통상적인 문제에 적용해 보자.

## 사례

여러분이 19세이고, 첫 직장생활을 시작하기 전까지 3년의 대학 과정이 남아 있다고 하자. 대학에 가기 위해 대출을 받았기 때문에 현 시점에서 채무 상태에 있을 수 있다. 그리고 자동차와 얼마 안 되는 다른 일상적인 물건들을 갖고 있을 수 있다. 단순화를 위해 부채와 일상적인 물건들이 대체로 서로 상쇄된다고 가정하자. 즉, 비인적자산은 아무것도 없다. 결국 기대하는 세후 노동소득의 현재가치인 인적자산이 가진 자산의 전부이다.

여러분은 3년 후에 첫 연봉을 약 5만 달러(2022년 달러 기준)로 기대하고 실질 기준으로 60세에 은퇴할 때까지 매년 3%씩 증가한다고 기대한다. 소득의 약 25%는 세금으로 나간다.

◀ 자신에게 해당하는 수치를 사용해서 계산 결과가 어떻게 나타나는지 살펴보는 것도 좋다.

14장에서 보았던 내용에 기초해서 노동소득의 현재가치를 실질이자율로 할인된 세후 노동소득의 실질 기대가치로 계산해 보자. $Y_{Lt}$를 $t$년도의 실질 노동소득, $T_t$를 $t$년도의 실질 세금, $V(Y^e_{Lt}-T^e_t)$를 t년도에 기대되는 인적자산, 즉 세후 노동소득의 기대현재가치라고 하자.

계산을 간단히 하기 위해 실질이자율은 0으로 두자. 즉, 기대현재가치는 단순히 은퇴하기 전까지 기대되는 노동소득의 총합이며, 다음과 같이 주어진다.

여기서 첫 번째 항(50,000달러)은 2022년 달러 기준으로 본 초기 노동소득 수준이다.

두 번째 항(0.75)은 세금 때문에 벌어들인 소득의 75%만을 실제로 가질 수 있다는 사실을 반영하기 위한 것이다.

세 번째 항$[1+(1.03)+(1.03)^2+\cdots+(1.03)^{38}]$은 실질소득이 39년간 매년 3%씩 증가할 것이

FOCUS

## 개인 행태: 패널 자료에 근거한 연구

**패널 자료**(panel dataset)는 다수의 개인이나 기업과 관련된 하나 이상의 변수들의 시간의 흐름에 따른 값을 보여주는 자료이다. 7장에서 한 예로 '인구동향조사(Current Population Survey, CPS)'를 설명한 바 있다. 또 다른 예로 소득 동학에 대한 패널연구(Panel Study of Income Dynamics, PSID)가 있다.

PSID는 약 4,800가구를 대상으로 1968년부터 시작되었다. 이들 가계에 대한 설문조사는 이후 매년 이루어졌으며, 아직도 지속되고 있다. 설문조사는 원래 조사 대상이었던 가계에 새로운 개인이 결혼이나 출생을 통해 추가되면서 늘어났다. 매년 설문조사는 소득, 임금, 근로시간, 의료, 소비에 관련된 사항을 사람들에게 묻는다.

개인들과 이들을 중심으로 팽창된 가계에 관한 50년간의 정보를 제공함으로써 설문조사는 경제학자가 이전에는 일화적인 증거만 존재했던 질문을 할 수 있게 되었다. PSID에 사용되었던 질문 중에는 다음과 같은 내용이 있다.

- 소비의 어느 정도가 소득의 일시적 변동(예: 실업으로 인한 소득 손실 등)에 기인하는가?
- 가계 내에서 어느 정도의 위험 분담이 이루어지고 있는가? 예를 들어 가계 구성원이 아프거나 실직하면 그는 다른 가계 구성원으로부터 어느 정도의 도움을 얻는가?
- 사람들은 자신의 가계에 지리적으로 가깝게 머물려고 얼마나 노력하는가? 예를 들어 실직했을 때 다른 도시로 이사할 확률이 현재 살고 있는 도시에 거주하는 가계 구성원의 수에 어느 정도나 의존하는가?

더 자세한 내용은 다음을 참조하라. Katherine A. McGonagle et al., "The Panel Study of Income Dynamics: Overview, Recent Innovations, and Potential for Life Course Research," *Longitudinal and Life Course Studies*, 2012, 3(2): pp. 268–284, https://psidonline.isr.umich.edu/llcs2012.pdf.

라 기대하고 있다는 사실을 반영한다(여러분은 22세부터 소득을 벌기 시작할 것이며, 60세까지 일할 것이다).

기하급수의 성질을 이용해 대괄호 안의 합을 구하면 다음과 같다.

$$V(Y_{Lt}^e - T_t^e) = (50{,}000\text{달러})(0.75)(72.2) = 2{,}707{,}500\text{달러}$$

이제 현시점에서 자산, 즉 생애에 걸친 세후 노동소득의 기대가치는 약 270만 달러이다.

여러분은 어느 정도를 소비해야 하는가? 은퇴 후에 약 20년을 더 살 것으로 기대한다고 하자. 이 경우 현시점에서 남은 생애기간은 62년이다. 매년 똑같은 규모의 소비를 하려면 실현 가능한 일정한 소비 수준은 총자산을 여러분의 남은 생애기간으로 나눈 값, 즉 연간 2,707,500달러/62=43,669달러이다. 첫 직장을 얻을 때까지 소득이 0이라는 점을 고려한다면 지금부터 향후 3년간 매년 43,669달러를 차입해야 할 것이고, 첫 직장을 얻는 순간부터 저축하기 시작할 것이다.

지속할 수 있는 소비 수준의 계산은 이자율이 0%라는 가정 때문에 더 간편해졌다. 이 경우 현시점에서 재화를 덜 소비하면 내년에 재화를 정확히 한 단위 더 소비할 수 있다. 아울러 생애에 걸친 소비의 합계가 자산과 일치해야 한다는 조건도 만족시켜야 한다. 따라서 매년 동일한 양을 소비하려면 총자산을 기대수명 연수로 나누어주면 된다.

### 더 현실적인 설명

이러한 계산에 대한 첫 반응은 생애를 사악하고 다소 불경스러운 방식으로 요약한 것이 아니냐는 반응일 것이다. 하지만 다음 페이지의 만화에서 소개한 은퇴계획에는 더 쉽게 동의할 것이다.

'행동경제학' 분야의 목표 중 하나는 실제 행동이 선견지명이 있는 소비자의 행동에 더 가까운지, 아니면 만화에 더 가까운지를 평가하는 것이다. 예를 들어 11장의 FOCUS '미국 가계가 더 많이 저축하도록 유인하기'를 참고하라.

두 번째 반응은 계산에 사용한 대부분의 내용에는 동의하겠지만 분명히 앞으로 3년에 걸쳐 131,007달러(=43,669달러 × 3)를 차입하려 하지 않을 것이라는 반응이다. 예를 들면 다음과 같다.

1. 생애에 걸쳐 일정한 소비를 하는 계획을 세우고 싶지 않을 수 있다. 대신에 인생 후반까지 높은 수준의 소비를 정말 기꺼이 늦추려 할 수 있다. 학생 시절에는 통상 사치스러운 활동을 할 시간이 많지 않다. 골프클럽 가입이나 갈라파고스 제도 여행을 인생의 후반부로 미룰 수 있다. 또한 태어날 아이들을 위한 보육비용, 여름캠프, 대학 등으로 인한 추가적 비용도 생각해야 한다.
2. 방금 거쳐온 계산 과정에 포함된 계산과 통찰력의 규모가 통상적인 의사결정의 수준을 크게 넘어선다고 생각할 수 있다. 지금까지 정확히 얼마의 소득을 벌게 될지 그리고 몇 년 동안이나 벌게 될지를 한 번도 생각해 본 적이 없을 수 있다. 대부분의 소비 결정이 더 단순하고 앞을 내다보지 않는 방식으로 이루어진다고 생각할 수도 있다.
3. 총자산의 계산은 발생할 것으로 기대되는 예측에 기초하고 있다. 하지만 현실은 더 나을 수도 있고, 더 나쁠 수도 있다. 실직하거나 아프다면 무슨 일이 생겨날까? 차입한 돈을 어떻게 갚아나갈까? 신중하길 원할 수도 있다. 최악의 상황이 발생하더라도 적절히 생존해 가는 것을 확실하게 하고 싶을 수 있다. 그리고 그에 따라 131,007달러보다는 훨씬 덜 차입하려고 결정할 수 있다.
4. 131,007달러를 차입하기로 마음먹었다고 해도 기꺼이 돈을 빌려줄 은행을 찾는 데 어려움을 겪을 수 있다. 그 이유는 무엇일까? 은행은 여러분이 상황이 악화될 때 지키지 못할 약속을 하거나 실제로 돈을 갚을 수 없거나 갚을 의사가 없을 수 있다는 것을 걱정할 수 있다.

이상의 네 가지 이유는 모두 타당한 것으로, 소비자의 실제 행태를 이해하기 위해서는 앞서의 설명을 수정해야 한다. 특히 마지막 세 가지 이유는 소비가 총자산뿐만 아니라 현재 소득에도 의존한다는 것을 제안한다.

두 번째 이유를 보자. 여러분은 단순하다는 이유로 소비 수준을 소득에 맞추도록 결정하고 자산의 규모가 얼마가 될지에 대해서는 고려하지 않을 수 있다. 이 경우 소비는 현재 소득에 의존하지 자산 규모에는 의존하지 않는다.

세 번째 이유를 보자. 안전한 규칙을 찾는다면 벌어들인 현재 소득 이상으로 소비하지 않는 것이 하나의 방법이다. 이런 방식을 따른다면 상황이 악화될 때 갚을 수 없는 부채를 쌓아갈 위험을 피할 수 있다.

아니면 네 번째 이유를 보자. 이는 어찌 되었든 선택의 여지가 별로 없음을 말해준다. 현재 소득보다 더 많이 소비하길 원하더라도 은행이 돈을 빌려주지 않기 때문에 그렇게 할 수 없다.

현재 소득의 소비에 대한 직접적 영향을 포함하길 바란다면 현재 소득의 어떤 측정치를 사용해야 할까? 편리한 측정치 중 하나가 앞서 인적자산을 정의할 때 도입한 세후 노동소득이다.

Roz Chast / The New Yorker Collection/The Cartoon Bank.

## 놀라운 은퇴 계획

### 장기 저축

1,000달러를 남겨서 은행에 맡긴 다음에 완전히 '잊어버리는' 거야. 그러면 30년 뒤에 신나는 일이 생기겠지!

### 자녀 교육

'우리 아이들'이 날 보살필 거야. 암, 그렇고말고.

### 도박

대박이 터질 텐데 은퇴 계획이 왜 필요해! 당연하지.

### 무대책

다음 주 계획조차도 세울 수 없단 말이야. 내일 작은 행성이 지구와 충돌할지 모르는데 그게 무슨 필요가 있지?

이는 다음과 같은 형태의 소비함수를 이끈다.

$$C_t = C(\text{총자산}_t,\ Y_{Lt} - T_t) \qquad (15.2)$$
$$(\quad + \quad , \quad + \quad)$$

이를 말로 표현하면 소비는 총자산과 세후 현재 노동소득의 증가함수이다. 총자산은 비인적자산(금융자산 + 주택자산)과 인적자산(세후 기대 노동소득의 현재가치)의 합이다.

소비는 얼마만큼 총자산(그리고 그에 따라 미래 소득에 대한 기대)에 의존하며 또 얼마만큼

## 사람들은 은퇴에 대비해 충분히 저축하는가?

FOCUS

사람들은 소비와 저축을 결정할 때 미래에 대해 얼마나 조심스럽게 생각할까? 이 질문에 답하는 한 가지 방법은 사람들이 은퇴에 대비해 얼마나 저축하는지 살펴보는 것이다.

MIT의 포터바(James Poterba), 다트머스대학교의 벤티(Steven Venti), 하버드대학교의 와이즈(David Wise)의 연구에서 가져온 표 1은 기초적 데이터를 제공한다. 이는 미시간대학교가 운영하는 패널 연구 *Health and Retirement Study*의 패널 자료에 기반하고 있으며, 2년마다 50세 이상의 미국인 약 2만 명의 대표 표본을 조사한다. 표는 2008년 당시 65~69세로 대부분 이미 은퇴한 사람들이 보유한 (총)자산의 평균 규모와 구성을 보여준다. 아울러 표는 해당 연령에 도달했을 때 독신이었는지, 기혼이었는지(이 경우 자산은 부부 자산의 합계이다)를 두고 구분한다.

자산의 첫 세 행은 은퇴소득의 다양한 원천을 포착한다. 첫째는 사회보장급부의 현재가치이다. 둘째는 고용주가 제공하는 퇴직급부의 현재가치이다. 셋째는 본인이 가입한 퇴직연금의 현재가치이다. 나머지 세 행은 채권, 주식, 주택과 같이 소비자가 보유하고 있는 다른 자산을 포함한다.

기혼의 경우 평균 110만 달러의 자산을 가진 경우가 상당하다. 이는 안락한 은퇴생활을 즐기기 위해 저축을 통해 충분한 자산을 보유한 채 은퇴하려 하는 미래지향적 개인들의 모습을 보여준다.

그러나 조심할 필요가 있다. 높은 평균에는 개인 간 상당한 차이가 숨어 있을 수 있다. 일부는 저축을 많이 하지만 다른 이들은 그렇지 못하다. 위스콘신대학교의 숄츠(John Scholz), 세샤드리(Ananth Seshadri), 키타트라쿤(Surachai Khitatrakun)의 다른 연구는 이 점을 밝혀준다. 이 연구 역시 *Health and Retirement Study*의 패널 자료에 의존한다. 이 정보에 기초해 저자들은 각 가계가 목표로 하는 자산 규모를 구축했다(목표 자산 규모는 각 가계가 은퇴 후 대체로 동일한 소비 수준을 유지하기 위해 보유해야 하는 자산 규모를 말한다). 이어서 저자들은 각 가계의 실제 자산 규모를 목표 수준과 비교했다.

이들의 연구가 제시한 첫 결론은 포터바, 벤티, 와이즈가 도달했던 결론과 유사했다. 평균적으로 개인들은 은퇴에 대비해 저축을 충분히 한다. 보다 구체적으로 저자들은 가계의 80% 이상이 목표 규모 이상의 자산을 가지고 있음을 발견했다. 다시 말해 가계의 20%만이 목표 수준을 밑도는 자산을 가지고 있다. 그러나 이들 수치는 소득 수준에 따른 중요한 차이점을 숨기고 있다.

소득 분포에 있어 상위 50%를 점하는 사람들 중 90% 이상이 목표 수준을 상회하는 자산을 가지고 있으며, 종종 상당한 초과 규모를 가지고 있다. 이는 결국 이들 가계가 유산을 남길 계획이 있어 은퇴 시기를 위해 필요한 금액 이상으

**표 1** 65~69세 미국인의 평균 자산 규모(2008년 기준, 단위: 천 달러)

| 구분 | 부부 | 독신 |
|---|---|---|
| 사회보장연금 | 262 | 134 |
| 고용주 부담 연금 | 129 | 63 |
| 개인 가입 연금 | 182 | 47 |
| 기타 금융자산 | 173 | 83 |
| 주택자산 | 340 | 188 |
| 기타 자산 | 69 | 18 |
| 합계 | 1,155 | 533 |

출처: James M. Poterba, Steven F. Venti, and David A. Wise, "The Composition and Drawdown of Wealth in Retirement," *Journal of Economic Perspectives*, 2011, 25(4): pp. 95–118. John Scholz, Ananth Seshadri, and Surachai Khitatrakun, "Are Americans Saving 'Optimally' for Retirement?" *Journal of Political Economy*, 2006, 114(4): pp. 607–643.

로 저축한다는 것을 보여준다.

그러나 소득 분포의 하위 20% 중에서는 70%의 가계만 이 목표 수준을 상회하는 자산을 보유한다. 목표를 하회하는 가계의 30%는 실제 자산 규모와 목표 자산 수준의 차이가 통상적으로 작다. 그러나 목표 수준을 하회하는 자산 규모를 보유한 개인들이 상대적으로 대규모라는 점은 계획이나 운이 나빠 은퇴를 위해 충분히 저축하지 않은 가계가 많다는 점을 보여준다. 이들 가계의 대부분은 그 보유자산이 거의 사회보장급부의 현재가치(표 1에서 자산 구성의 첫 항목)에서 비롯한다. 따라서 사회보장제도가 존재하지 않는다면 목표 이하의 자산을 보유한 사람들의 비율은 훨씬 더 커질 것이라고 생각하는 것이 합리적일 것이다. 실제로 이것이 바로 사회보장제도가 설계된 이유이다. 즉, 사람들이 은퇴할 때 생활하기에 충분한 자산을 보유하도록 하기 위해서이다. 이 점에서 사회보장제도는 성공한 것으로 보인다.

현재 소득에 의존할까? 실증분석에 따르면 대부분이 모딜리아니와 프리드먼이 개발한 이론의 정신을 따라 장래를 내다보는 것으로 나타나고 있다(FOCUS '사람들은 은퇴에 대비해 충분히 저축하는가?' 참조). 그러나 일부 소비자, 특히 일시적으로 낮은 소득을 벌거나 금융기관 신용에 대한 접근도가 낮은 사람은 미래에 자신에게 무슨 일이 발생할지에 대한 자신의 기대와 상관없이 현재 소득을 소비할 가능성이 높다. 실업자가 되었고 금융자산이 없는 노동자는 곧 새로운 직장을 잡을 것이라고 분명히 확신하고 있다 해도 소비 수준을 유지하기 위해 차입하려 할 경우 어려움을 겪을 수 있다. 물론 부유하고 대출에 더 손쉽게 접근할 수 있는 소비자는 기대된 미래에 좀 더 가중치를 부여하고 시간이 흐르더라도 대체로 일정한 소비를 유지하려 할 가능성이 높다.

## 종합적 논의: 현재 소득, 기대, 소비

기대의 중요성에 초점을 맞추어 소비 의사결정을 살펴보자. 우선 식 (15.2)에서 설명된 소비 행태에 따르면 기대는 소비에 두 가지 방식으로 영향을 미친다는 점에 주목하자.

미래 산출 증가의 기대가 현재 소비에 영향을 미치는 경로는 다음과 같다.
기대되는 미래 산출의 증가 ⇒ 기대되는 미래 노동소득의 증가 ⇒ 인적자산의 증가 ⇒ 소비의 증가
기대되는 미래 산출의 증가 ⇒ 기대되는 미래 배당의 증가 ⇒ 주가 상승 ⇒ 비인적자산 증가 ⇒ 소비 증가 ▶

- 기대는 인적자산을 통해 소비에 직접적인 영향을 미친다. 자신의 인적자원을 계산하기 위해 소비자는 미래의 노동소득, 실질이자율, 세금에 대한 기대를 형성해야 한다.
- 기대는 주식, 채권, 주택과 같은 비인적자산을 통해 소비에 간접적으로 영향을 미친다. 이 경우 소비자는 어떤 계산도 불필요하며, 단지 이들 자산의 가치를 일정한 것으로 간주할 수 있다. 14장에서 살펴보았듯이 실질적으로 금융시장이 소비자를 대신해 계산해 준다. 예를 들어 주식가격은 미래 배당과 이자율에 대한 시장의 기대에 의존한다.

이어서 소비의 기대에 대한 의존성은 소비와 소득의 관계에 대한 두 가지 시사점을 제공한다.

- 소비는 현재 소득의 변동에 대해 일대일보다는 약한 반응을 보일 가능성이 높다. 얼마만큼 소비하느냐를 결정할 때 소비자는 현재 소득뿐만 아니라 그 이상을 바라본다. 자신의 소득 감소가 항구적인 것이라고 결론 내린다면 소비자는 소득 감소에 대응해 소비를 일대일로 감소시킬 것이다. 그러나 자신의 소득이 일시적으로 감소한다고 결론 내린다면 소비를 소

득보다는 덜 조정할 것이다. 경기침체기에 소비는 소득 감소에 대해 일대일보다 덜 조정된다. 이는 경기침체가 통상 몇 분기 이상 지속되지 않으며, 경제가 결국 잠재산출 수준으로 복귀할 것이라는 것을 소비자가 알기 때문이다. 경기확장도 마찬가지이다. 이례적으로 빠른 소득 증가를 경험하고 있는 소비자가 소득만큼 소비를 증가시킬 가능성은 낮다. 소비자는 경기호황은 일시적인 것이며, 경제 상황이 다시 정상으로 돌아갈 것이라고 가정할 것이다.

단기(3장)에서는 (세금을 무시할 경우) $C=c_0+c_1Y$라 가정했다. 이는 소득이 증가할 경우 소비는 소득에 비례 이하로 증가함($C/Y$가 감소함)을 시사한다. 경기변동과 소득의 일시적 증가에 초점을 맞추었으므로 이러한 시사점은 적절했다. 장기(10장)에서는 $S=sY$ 또는 $C=(1-s)Y$라고 가정했다. 이는 소득이 증가할 때 소비가 소득에 비례해 증가함($C/Y$는 동일하게 유지됨)을 시사한다. 소득의 항구적인 장기적 움직임에 초점을 맞추었으므로 이러한 시사점은 적절했다.

- **현재 소득이 변화하지 않더라도 소비가 변화할 수 있다.** 흥미진진한 미래 비전을 제시하는 대통령이 당선되면 사람들은 미래 전반에 대해, 특히 자신의 미래 소득에 대해 낙관적으로 생각하게 되어 현재 소득은 똑같은데도 불구하고 소비를 증가시킬 수 있다. 다른 사건들은 반대되는 효과를 낼 수도 있다.

이런 점에서 글로벌 금융위기의 파급 효과는 특히 두드러진다. 그림 15-1은 가계조사 자료를 이용해서 1990~2019년의 매년 가계소득 증가에 대한 기대의 추이를 보여준다. 2008년까지는 기대가 상대적으로 안정적이었고, 2008년과 2009년에 급격히 하락했으며, 그 이후로는 오랫동안 낮은 수준을 유지했음을 주목하라. 기대는 2014년에 가서야 다시 증가하기 시작했다.

위기가 시작될 때의 악화는 놀랍지 않다. 소비자가 생산이 위축되는 것을 보았을 때 다음 해에 소득이 감소할 것으로 예상하는 것은 정상적이었다. 이전의 1991년과 2000년 경기침체기에도 예상 소득 증가율이 하락했다. 그러나 그 규모나 지속성은 훨씬 작았다. 2008년 소비자들은 크게 두려워했고 오랫동안 그 상태가 계속되었다. 이로 인해 소비는 제한되었고, 이는 다시 부진한 회복으로 이어졌다.

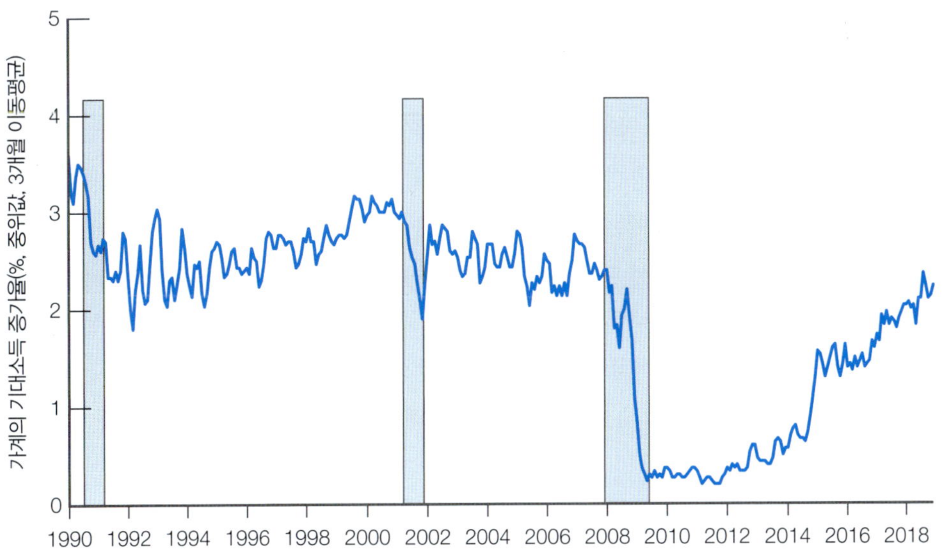


**그림 15-1**

**가계의 기대소득 증가율 추이(1990~2019년)**

2008, 2009년에 급감한 후 기대소득 증가율은 장기간 낮은 수준을 유지했다.

출처: Survey of Consumers, Table 14, University of Michigan, https://data.sca.isr.umich.edu.Shaded areas denote recessions. 음영 부분은 경기침체를 나타낸다.

## 15-2 투자

기업은 투자를 어떻게 결정하는가? 핵심 모형(5장)에서 처음 그 답을 다룰 때 투자는 현재 이자율과 매출 규모에 의존하도록 했다. 6장에서는 중요한 것이 실질이자율이지 명목이자율은 아니라고 하면서 이 답을 좀 더 정확하게 바꾸었다. 이제 투자 결정도 소비 결정처럼 현재 매출이나 실질이자율 이상의 것에 의존한다는 것이 분명해져야 한다. 미래에 대한 기대에도 상당히 의존해야 하는 것이다. 이제 기대가 투자 결정에 어떤 영향을 미치는지 알아보자.

소비의 기초 이론과 마찬가지로 투자의 기초 이론 역시 간단하다. 투자 여부, 예를 들어 새로운 기계의 구입 여부를 결정하는 기업은 단순하게 비교해야 한다. 기업은 우선 추가적인 기계를 보유함으로써 기대할 수 있는 이윤의 현재가치를 계산해야 한다. 이어서 이윤의 현재가치를 기계 구입비용과 비교해야 한다. 만약 현재가치가 비용을 초과한다면 기업은 기계를 구입해야 한다. 즉, 투자해야 한다. 만약 현재가치가 비용보다 낮다면 기업은 기계를 구입하지 말아야 한다. 즉, 투자하지 말아야 한다. 이것이 간결하게 나타낸 투자 이론이다. 이를 더 자세히 살펴보자.

### 투자와 이윤의 기대

새로운 기계의 구입 여부를 결정할 때 기업이 취해야 하는 단계를 검토해 보자. (예로 기계를 들고 있지만 동일한 논리를 투자의 다른 요소, 이를테면 새로운 공장 건설, 사무실 단지 개·보수, 더 나은 소프트웨어 등에도 적용할 수 있다.)

### 감가상각

기대이윤의 현재가치를 계산하려면 우선 기계를 얼마나 오랫동안 사용할 수 있을지를 추정해야 한다. 대부분의 기계는 자동차와 같다. 기계는 거의 영원히 사용할 수 있다. 하지만 시간이 지남에 따라 유지보수하는 데 점점 더 많은 비용이 들고, 점점 의지할 수 없게 된다.

> 쿠바의 자동차를 보라.

기계가 매년 $\delta$의 비율로 유용성을 잃어간다고 하자. 금년에 새로 사들인 기계는 내년이 되면 $(1-\delta)$의 가치만 남고, 2년 차에는 $(1-\delta)^2$의 가치만을, 그리고 이러한 가치의 감소 과정이 이어진다. **감가상각률** $\delta$는 한 해에서 다음 해로 넘어갈 때 유용성을 얼마나 잃게 되는지 측정한다. $\delta$의 합리적인 값은 얼마나 되는가? 이는 미국 자본량 추이를 계산하는 업무를 담당하는 통계학자가 해야만 하는 질문이다. 기계와 건물의 감가상각 연구에 기초해 미국 통계학자들은 사무용 건물에는 2.5%, 통신 장비에는 15%, 패키지 소프트웨어에는 55%의 수치를 사용한다.

> 기업이 많은 기계를 보유하고 있다면 매년 기계들의 일정 비율($\delta$)이 사라진다고 생각할 수 있다. (전구를 생각해 보라. 전구는 멈출 때까지 새것처럼 작동한다.) 기업이 $K$개의 작동 가능한 기계로 시작했지만, 새로운 기계를 전혀 구매하지 않았다면 1년 뒤에는 $K(1-\delta)$개의 기계만을 갖고 있을 것이다.

### 기대이윤의 현재가치

이어서 기업은 기대이윤의 현재가치를 계산해야 한다.

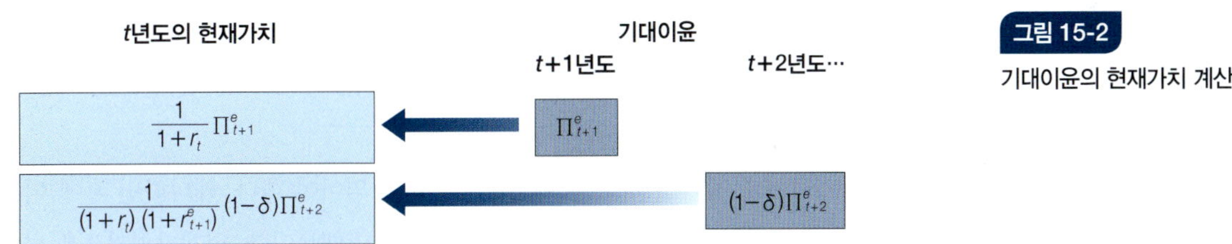


**그림 15-2**
**기대이윤의 현재가치 계산**

기계를 장착하는 데 시간이 걸린다는 (그리고 공장이나 사무실 빌딩을 건설하는 데 추가적인 시간이 더 소요된다는) 사실을 반영하기 위해 $t$년도에 매입한 기계가 1년이 지난 $(t+1)$년에야 사용되기(그리고 감가상각되기) 시작한다고 가정하자. 실질가치로 표시한 기계당 이윤을 $\Pi$라 하자.

◀ $\Pi$는 그리스어 대문자로서 인플레이션을 나타내는 그리스어 소문자 $\pi$와 구별된다.

기업이 $t$년에 기계를 구입하면 $(t+1)$년에 첫 이윤을 창출할 것인데, 이러한 기대이윤을 $\Pi^e_{t+1}$로 나타내자. $(t+1)$년에 발생하는 기대이윤의 $t$년도 현재가치는 다음으로 주어진다.

◀ 단순화를 위해 그리고 위험 대신 기대의 역할에 초점을 맞추기 위해 위험 프리미엄을 다시 0으로 두어 아래의 공식에서는 제외한다.

$$\frac{1}{1+r_t}\Pi^e_{t+1}$$

이 항은 그림 15-2에서 윗줄의 왼쪽을 가리키는 화살표로 나타나 있다. 이윤은 실질가치로 측정하고 있으므로 미래의 이윤을 할인하는 데 실질이자율을 사용하고 있다.

$(t+2)$년도의 기계당 기대이윤을 $\Pi^e_{t+2}$로 나타내자. 감가상각 때문에 $(t+2)$년도에 $(1-\delta)$의 기계만이 남아 있는 셈이 되고, 그에 따라 기계로부터의 기대이윤은 $(1-\delta)\Pi^e_{t+2}$와 같다. 이러한 이윤의 $t$년도 기준 현재가치는 다음과 같다.

$$\frac{1}{(1+r_t)(1+r^e_{t+1})}(1-\delta)\Pi^e_{t+2}$$

이러한 계산은 그림 15-2에서 아랫줄의 왼쪽을 가리키는 화살표로 나타나 있다.

동일한 논리가 이어지는 해에 발생하는 기대이윤에도 그대로 적용된다. 이렇게 계산한 값을 모두 합하면 $t$년도에 기계를 구입한 데 따른 기대이윤의 현재가치를 얻을 수 있는데, 그 값을 $V(\Pi^e_t)$라 하자.

$$V(\Pi^e_t) = \frac{1}{1+r_t}\Pi^e_{t+1} + \frac{1}{(1+r_t)(1+r^e_{t+1})}(1-\delta)\ \Pi^e_{t+2} + \cdots \qquad (15.3)$$

기대현재가치는 내년도 기대이윤 할인가치에 지금으로부터 2년 뒤 기대이윤 현재가치(기계에 대한 감가상각을 고려), 그리고 그 이후 기대이윤 현재가치(기계에 대한 감가상각을 고려)를 모두 합한 값과 같다.

## 투자 결정

이어서 기업은 기계의 구입 여부를 결정해야 한다. 이 결정은 기대이윤의 현재가치와 기계가격의 관계에 의존한다. 부호를 단순화하기 위해 기계의 실질가격(즉, 경제 내에서 생산되는 재화 묶음으로 나타낸 기계가격)이 1과 같다고 가정하자. 기업이 해야 할 일은 이윤의 현재가치와 1을 비교하는 것이다.

현재가치가 1보다 작다면 기업은 기계를 구입하지 말아야 한다. 왜냐하면 후에 이윤으로 돌려받을 것으로 기대되는 것보다 더 지불하는 셈이 되기 때문이다. 현재가치가 1을 넘어서면 기업은 새로운 기계를 구입할 유인을 갖는다.

이제 하나의 기업이 기계 한 대를 구입하는 예에서 경제 전체의 투자로 가보자.

우선 총투자를 $I_t$로 나타내자.

기계당 이윤 또는 더 일반적으로 경제 전체의 자본(자본은 기계, 공장, 사무실 건물 등을 포함) 한 단위당 이윤을 $\Pi_t$로 나타내자.

식 (15.3)에서 정의한 것처럼 자본 한 단위당 이윤의 기대현재가치를 $V(\Pi_t^e)$라 하자.

지금까지의 논의는 다음과 같은 형태의 투자함수를 제시한다.

$$I_t = I[\underset{(+)}{V(\Pi_t^e)}] \tag{15.4}$$

이를 말로 표현하면 투자는 (자본 한 단위당) 미래 이윤의 기대현재가치에 대해 양(+)의 의존관계를 갖는다. 현재 또는 기대이윤이 높을수록 기대현재가치가 높아지고 투자 수준도 높아진다. 현재 또는 기대 실질이자율이 높아질수록 기대현재가치가 낮아지고 그에 따라 투자 수준도 낮아진다.

기업이 해야 하는 현재가치 계산이 14장에서 주식의 기본적 가치를 계산할 때 보았던 현재가치 계산과 매우 유사하게 보인다면 옳게 본 것이다. 이는 예일대학교의 토빈(James Tobin)이 처음 탐구했던 관계로, 바로 이런 이유로 투자와 주식시장의 가치 간에는 긴밀한 관계가 존재해야 한다고 주장했다. 그의 주장과 실증적 증거는 FOCUS '투자와 주식시장'에 제시되어 있다.

토빈은 이러한 내용과 그 외의 많은 기여로 1981년에 노벨 경제학상을 수상했다. ▶

## 편리한 특별한 경우

식 (15.4)의 추가적인 시사점과 확장을 다루기 전에 투자, 이윤, 이자율 간의 관계가 간단하게 나타나는 특별한 경우를 살펴보는 것이 유용하다.

미래 이윤(자본 한 단위당)과 미래 이자율이 현재와 동일한 수준으로 유지될 것으로 기대된다고 가정하자. 즉, 다음과 같다.

$$\Pi_{t+1}^e = \Pi_{t+2}^e = \cdots = \Pi_t$$

그리고

$$r_{t+1}^e = r_{t+2}^e = \cdots = r_t$$

## 투자와 주식시장

FOCUS

기업이 100대의 기계와 100주의 주식을 갖고 있다고 하자. 즉, 기계 한 대당 1주를 갖고 있다. 이제 주식이 1주당 2달러라 하고, 기계의 구입가격은 1달러에 지나지 않는다고 하자. 분명히 이 기업은 투자, 즉 새로운 기계를 구매하고 이를 신규 주식 발행을 통해 조달해야 한다는 점이 명백해 보인다. 기업이 각 기계를 구입하는 데는 1달러면 충분하지만, 주식투자자들은 이 기업에 설치된 기계에 해당하는 주식에 대해서는 2달러를 지불하려 한다.

주식시장과 투자 간에 밀접한 관계가 존재해야 한다는 토빈의 보다 일반적인 주장의 한 가지 예가 바로 이것이다. 토빈은 투자 여부를 결정할 때 기업이 책에서 본 것과 같은 유형의 복잡한 계산을 거치지 않아도 될 것이라고 주장했다. 주가는 이미 장착된 각 자본 설비 단위에 대해 주식시장이 얼마큼 가치를 부여하는지를 기업에게 효과적으로 말해준다. 그렇다면 기업은 단순한 문제를 갖게 된다. 자본설비의 추가적 단위에 대한 매입가격과 이에 대해 주식시장이 지급하려고 하는 가격을 비교하라. '주식시장 가치가 자본설비의 매입가격을 초과한다면 기업은 기계를 매입해야 하고, 그렇지 않다면 매입하지 않아야 한다.'

토빈은 이어서 구입가격 대비 장착된 자본설비 한 단위의 가치 비율에 상응하는 변수를 구축해 이 변수가 투자와 얼마나 밀접하게 움직이는지를 살펴보았다. 그는 이 변수를 나타내기 위해 기호 'q'를 사용했고, 이후 이 변수는 **토빈의 *q***(Tobin's q)로 알려지게 되었다. 구축 과정은 다음과 같다.

1. 미국 비금융 기업들의 주식시장 가치를 계산한다.
2. 1에서 계산한 비금융 기업의 주식시장 가치를 대체비용(기업이 보유한 기계, 공장 등을 교체하는 데 지불해야 하는 가격)에서 순금융부채(주로 기업이 진 부채)를 뺀 자본량의 가치로 나눈다.

따라서 부채가 없는 기업의 경우 주식시장에서 평가된 자본의 가치를 자본의 대체비용으로 나누어 비율을 계산한다. 만약 기업에 부채가 있다면 자본의 대체비용에서 부채를 차감한다. 이는 부채가 기업에 대한 채권자의 청구권이기 때문이다.

이 비율은 효과적으로 현재의 매입가격에 대비한 장착된 자본설비 한 단위의 가치를 제공한다. 이 비율이 바로 토빈의 $q$이다. 직관적으로 $q$가 높을수록 현재의 매입가격에 대비한 장착된 자본설비 한 단위의 가치는 높고 투자는 증가한다. (이 FOCUS를 시작할 때 다룬 예에서 토빈의 $q$는 2와 같으므로 기업은 당연히 투자해야 한다.)

토빈의 $q$와 투자의 관계는 얼마나 긴밀할까? 이에 대한 답은 미국에 대해 1948년 이래 이 두 변수를 보여주고 있는 그림 1에 나타나 있다. 왼쪽 수직축은 미국 비금융 기업

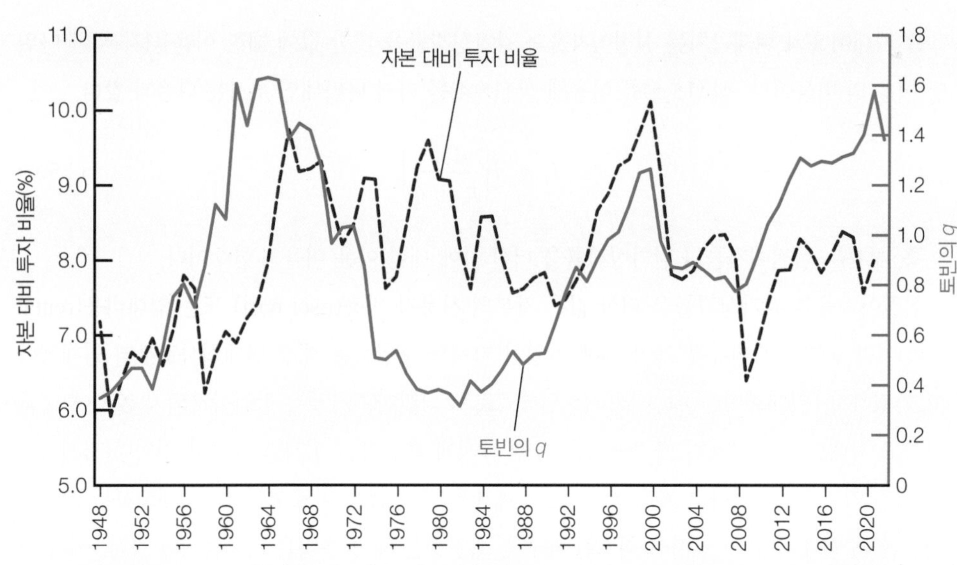


**그림 1**

**토빈의 *q*와 자본 대비 투자 비율(1948년 이후)**

출처: FRED: Tobin's q: NCBEILQ027S_TNWMVBSNNCB; Investment: Gross Investment of nonfinancial corporations: BOGZ1FA105019005Q; BEA: Private non residential fixed assets, Table 4-1.

의 자본 대비 투자 비율을 나타낸다. 오른쪽 수직축은 토빈의 $q$이다.

이 그림은 글로벌 금융위기 이전의 주식가격 상승기 동안은 토빈의 $q$와 투자 사이의 관계가 어느 정도 나타나지만, 그 관계가 그다지 강하지 않음을 보여준다. 특히 지난 10년 동안 주식가격과 그에 따른 토빈의 $q$가 크게 상승했지만, 자본 대비 투자 비율은 증가하지 않았다는 점에서 두 변수 간 관계가 밀접하지 않다는 점을 알 수 있다.

상대적으로 약한 관계는 어디에서 기인한 것일까?

이는 '무형자산'에서 기인할 수 있다. 무형자산은 지적 재산, 브랜드 인지도 및 명성, 관계, 그리고 영업권(goodwill)과 같은 물리적 형태가 없는 자산을 의미한다. 기계와 마찬가지로 이들 역시 실질적인 자본이지만, 측정이 잘 되지 않기 때문에 총자본이 과소평가되고, 그로 인해 토빈의 $q$가 과대평가되는 결과를 초래할 수 있다.

아니면 더 높아진 독점지대(monopoly rent) 때문일 수 있다. 독점지대는 기업의 가치를 증가시키지만, 반드시 더 많은 투자로 이어지지는 않는다. 아마존이나 구글과 같은 기업의 역할이 증대되고 있는 상황에서 앞서 언급한 두 가지 요인은 매우 중요해 보인다. 이들 기업은 높은 시장 가치를 가지고 있으며, 많은 무형자산과 상당한 독점지대를 보유하고 있지만, 측정된 자본은 상대적으로 적다.

이 밖에도 여러 가지 다른 잠재적 이유가 있을 수 있다. 투자자와 기업의 서로 다른 기대에서 비롯될 수도 있고, 주식시장에서의 거품이나 유행에서 기인할 수도 있다. 또한 기업들이 금리 변동에 대해 주식시장보다 덜 반응한다는 사실에서 기인할 수도 있다. 그리고 주요 미국 기업들이 여러 나라에서 활동하고 있지만, 그들의 미국 내 투자만을 보고 있기 때문일 수도 있다.

최근 토빈의 $q$와 투자 사이의 급격히 다른 움직임을 고려할 때 다음 질문에 대한 답은 정말 중요하다. 주식시장 투자자들이 너무 낙관적일 수 있으며, 주식시장에 급격한 조정이 일어날 가능성이 있을까? 현대 기업(modern corporation)의 가치에서 지대가 점점 더 큰 비율을 차지하고 있을까? 이러한 문제들은 현재 진행 중인 연구 주제들로, 이러한 요인들의 상대적 기여도는 아직 평가되지 않았다.

경제학자는 미래가 현재와 같을 것이라는 이러한 기대를 **정태적 기대**(static expectation)라고 한다. 이 두 가정하에서 식 (15.3)은 다음과 같아진다(도출 과정은 이 장의 부록 참조).

$$V(\Pi_t^e) = \frac{\Pi_t}{r_t + \delta} \tag{15.5}$$

솔직히 고백하자면 토빈의 $q$와 투자 간의 관계가 아주 밀접하지는 않았음에도 이전 판까지는 그 관계가 분명히 존재한다고 주장해 왔다. 그러나 최근의 자료는 이전의 주장에 좀 더 신중할 필요가 있음을 확신하게 했다. ▶

즉 기대이윤의 현재가치는 실질이자율과 감가상각률을 더한 값에 대한 이윤율(자본 한 단위당 이윤)의 비율이다. 식 (15.5)를 이용해 식 (15.4)를 다시 나타내면 투자는 다음과 같다.

$$I_t = I\left(\frac{\Pi_t}{r_t + \delta}\right) \tag{15.6}$$

즉, 투자는 실질이자율과 감가상각률을 더한 값에 대한 이윤 비율의 함수이다.

이런 제도는 실제로 존재한다. 예를 들어 많은 기업이 임대회사에서 차와 트럭을 임대해 사용한다. ▶

실질이자율과 감가상각률을 더한 값은 자본의 **사용자 비용**(user cost) 또는 **임대비용**(rental cost)이라 한다. 그 이유를 보기 위해 기업이 기계를 구입하는 대신 임대회사로부터 임대했다고 가정하자. 임대회사는 매년 얼마를 임대료로 부과할까? 기계는 감가상각되지 않음에도 불구하고 임대회사는 기계의 가격에 $r_t$를 곱한 금액에 해당하는 이자를 요구할 것이다(기계가격이 실질 기준으로 1이라고 가정했으므로, $r_t$에 1을 곱한 값은 바로 $r_t$이다). 임대회사는 기계를 매입한 뒤 임대하는 데 있어서 최소한 채권을 매입했을 때의 수입은 거둬들여야 한다. 이와 더불어 임대회사는 감가상각에 대해서도 보상을 요구하는데, 이는 $\delta$에 기계의 가격 1을 곱한 값과 같다. 따라서 다음과 같다.

$$임대비용 = (r_t + \delta)$$

기업은 통상 자신들이 사용하는 기계를 임대해 사용하지는 않지만, $(r_t+\delta)$는 기업이 기계를 1년간 사용하는 것에 대한 암묵적 비용[때때로 **잠재비용**(shadow cost)이라고도 함]을 여전히 대표한다고 할 수 있다.

그렇다면 식 (15.6)에 의해 주어지는 투자함수는 단순하게 해석할 수 있다. 투자는 사용자 비용에 대한 이윤 비율에 의존한다. **이윤이 높아질수록 투자 수준도 높아지며, 사용자 비용이 높아질수록 투자 수준도 낮아진다.**

이윤, 실질이자율, 투자 간의 이러한 관계는 한 가지 강력한 가정에 의존한다. 즉, 미래는 현재와 똑같을 것이라는 기대이다. 이는 기억할 만한 가치가 있는 유용한 관계로서 거시경제학자 자신들의 도구로 언제든지 사용할 수 있도록 준비해 두는 관계이기도 하다. 그러나 이제 이러한 가정을 완화해 투자 결정에서 기대의 역할로 되돌아갈 때가 되었다.

## 현재 이윤과 기대이윤

지금까지 발전시킨 이론은 투자가 미래를 내다보는 것이어야 하며, 주로 **미래의 기대이윤**에 의존해야 한다는 것을 시사한다.

그러나 투자에 관한 한 가지 실증적 사실은, 투자가 **현재 이윤**(current profit)의 변동과 매우 밀접하게 움직인다는 것이다. 이러한 관계는 그림 15-3에 나타나 있는데, 이는 1990년 이후 미국 비금융 기업 부문에서, 자본 대비 투자 비율의 변화율과 자본 대비 이윤 비율의 변화율을 나타낸다.

그림 15-3은 투자 변화율과 이윤 변화율 사이에 뚜렷한 양의 관계를 보여준다. 2001년 경기침체와 글로벌 금융위기 당시에는 투자와 이윤이 모두 급격히 감소하는 양상을 보였다. 이윤과 투자의 관계는, 특히 올해의 이윤과 향후 몇 년간의 투자 사이에서 더 강하게 나타나는 것으로 보인다. 이러한 시차는 투자를 결정하고 실행하며 기계를 구입하거나 새로운 공장을 건설하는

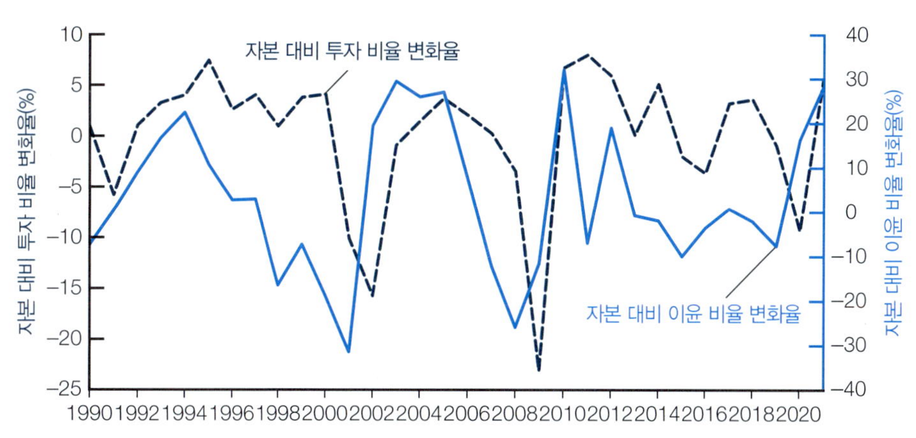


**그림 15-3**

**미국에서의 투자와 이윤 (1990년 이후)**

투자와 이윤은 상당한 정도로 함께 움직인다.

출처: Investment: Nonfinancial corporate business gross fixed investment, FRED BOGZ1FA105019005Q; Capital: Private nonresidential fixed assets, BEA Fixed Assets Table 4-1, Profit: *Nonfinancial corporate business: Profits after tax (without IVA and CCAdj) FRED: A466RC1A027NBEA.*

데 시간이 걸리기 때문에 자연스럽게 발생할 수 있다.

이 관계는 지금까지 발전시킨 투자 이론, 즉 투자가 현재 이윤보다는 미래 기대이윤의 현재 가치와 관련되어야 한다고 주장하는 이론과 일관성이 없는 것일까? 반드시 그런 것은 아니다. 기업의 미래 이윤이 현재 이윤과 매우 유사하게 움직일 것이라고 기대한다면 미래 이윤의 현재 가치는 현재 이윤과 상당히 유사하게 움직일 것이고, 투자 역시 그럴 것이다.

그러나 이러한 질문을 더 자세히 살펴보았던 경제학자들은 현재의 이윤이 투자에 미치는 효과는 지금까지 발전시킨 이론이 예측하는 것보다 훨씬 더 강하다고 결론 내렸다. 어떻게 이들이 실증적 증거를 수집했는지는 FOCUS '수익성 대 현금흐름'에 설명되어 있다. 한편 상당히 수익성 있는 투자 프로젝트를 가졌지만 현재 이윤은 낮은 일부 기업은 지나치게 적게 투자하는 것으로 나타난다. 다른 한편 현재의 이윤이 높은 일부 기업은 때때로 수익성이 의문인 프로젝트에 투자하는 것으로 나타난다. 간단히 말하면 이윤의 기대현재가치를 감안한 후에도 현재의 이윤이 투자에 영향을 미치는 것으로 나타난다.

왜 현재 이윤이 투자 결정에 일정한 역할을 하는 것일까? 그에 대한 답은 소비가 현재 소득에 직접적으로 의존하는 이유를 살펴보았던 15-1절의 논의와 유사하다. 소비자의 행태를 설명하는 데 사용된 일부 이유는 기업에도 그대로 적용된다.

- 현재의 이윤이 낮다면 새로운 기계를 구입하려는 기업은 필요한 자금을 차입하여 조달할 수 있다. 하지만 차입을 꺼릴 수 있다. 기대되는 이윤이 좋아 보일지라도 실제 상황은 나빠질 수 있고, 그 경우 기업은 부채를 상환할 수 없게 된다. 반면에 현재의 이윤 수준이 높다면 기업은 차입하지 않고 자신의 수익 중 일부를 유보해서 투자자금을 조달할 수 있다. 핵심은 현재의 이윤이 높아지면 기업이 더 투자하게 할 수 있다는 점이다.
- 기업이 투자를 하고 싶다고 해도 차입하는 데 어려움을 겪을 수 있다. 잠재적 대출자는 기업이 말하는 것만큼 투자 프로젝트를 확신하지 못할 수 있고 기업이 상환하지 못할까 걱정할 수도 있다. 기업이 현재 대규모 이윤을 창출하고 있다면 차입할 필요가 없으며, 따라서 잠재적 대출자를 설득할 필요도 없다. 자사가 원하는 대로 일을 추진하고 투자할 수 있으며, 실제로 행동에 옮길 가능성도 크다.

요약하면 현실 세계에서 관찰되는 투자 행태에 부합하도록 하려면 투자식은 다음과 같이 설정하는 편이 나을 것이다.

$$I_t = I[V(\Pi_t^e), \Pi_t] \qquad (15.7)$$
$$( + \quad , + )$$

이를 말로 표현하면 다음과 같다. 투자는 미래 이윤의 기대현재가치와 이윤의 현재 수준에 모두 의존한다.

FOCUS

## 수익성 대 현금흐름

투자는 기대되는 미래 이윤의 현재가치와 현재 이윤에 각각 얼마나 의존할까? 달리 말해 **수익성**(profitability, 기대되는 미래 이윤의 현재가치)과 **현금흐름**(cash flow, 현재 이윤, 현재 기업에 유입되는 순현금흐름) 중 어느 것이 투자 결정에서 더 중요한가?

이 질문에 답하는 데 어려운 점은 대부분의 경우 현금흐름과 수익성이 함께 움직인다는 데 있다. 성과가 좋은 기업은 통상 대규모 현금흐름과 밝은 미래 전망을 동시에 갖는다. 손실로 어려움을 겪는 기업에는 종종 어두운 미래 전망도 함께 나타난다.

투자에 대한 현금흐름과 수익성 효과를 분리하는 최선의 방법은 현금흐름과 수익성이 상이한 방향으로 움직였던 시점과 사건을 파악하고 투자에 어떤 일이 발생했는지를 살펴보는 것이다. 러몬트(Owen Lamont)가 바로 이러한 접근방식을 취했다. 한 가지 예를 살펴보면 러몬트의 전략을 이해하는 데 도움이 될 것이다.

두 기업 A와 B를 고려하자. 두 기업은 모두 철강 생산업을 운영하고 있다. B 기업은 석유탐사에도 참여하고 있다.

이제 유가가 급락해 석유탐사에서 손실이 발생한다고 하자. 이러한 충격은 B 기업의 현금흐름을 감소시킨다. 석유탐사에서의 손실이 석유생산으로부터의 이윤을 상쇄하기에 충분하다면, B 기업은 전체적으로도 손실을 보았을 것이다.

여기에 던질 수 있는 질문은 유가 하락으로 인해 B 기업은 A 기업보다 철강설비에 덜 투자할 것인가 하는 것이다. 만약 철강 생산의 수익성만 중요하다면, B 기업이 A 기업보다 철강설비에 투자를 적게 해야 할 이유가 없다. 그러나 만약 현재의 현금흐름 역시 중요하다면 B 기업의 현금흐름이 감소했다는 사실은 B 기업이 A 기업보다 철강설비에 투자를 덜 하게 되는 요인으로 작용한다. 두 기업의 철강설비에 대한 투자 검토는 투자가 현금흐름과 수익성에 각각 얼마나 의존하는지를 말해줄 수 있다.

이것이 바로 러몬트가 따랐던 실증분석 전략이다. 그는 미국에서 유가가 50% 하락해 석유 관련 사업에 막대한 손실을 야기했던 1986년에 발생한 상황에 초점을 맞추었다. 그는 이어서 대규모 석유 사업을 하는 기업이 다른 사업에 대한 투자를 다른 기업들에 비해 더 감소시켰는지를 살펴보았다. 그는 실제로 그러했다고 결론 내렸다. 유가 하락에 따른 현금흐름이 1달러 감소할 경우 비석유 사업에서의 투자지출은 10~20센트 감소한다는 것을 발견했다. 간단히 말하면 현재의 현금흐름이 중요하다.

출처: Owen Lamont, "Cash Flow and Investment: Evidence from Internal Capital Markets," Journal of Finance, 1997, 52(1): pp. 83–109.

### 이윤과 매출

현재 위치를 점검해 보자. 투자가 현재 이윤과 기대이윤 모두에 또는 자본 한 단위당 현재 이윤과 기대이윤에 모두 의존한다고 주장했다. 이제 마지막 단계를 밟아야 한다. 무엇이 자본 한 단위당 이윤을 결정할까? 답은 두 가지 주요한 요인인 (1) 매출 수준과 (2) 기존의 자본량에 의존한다는 것이다. 매출이 자본량에 비해 상대적으로 적다면 자본 한 단위당 이윤 역시 낮을 가능성이 크다.

이를 좀 더 명확히 표현해 보자. 매출과 산출의 차이를 무시하고 $Y_t$는 산출, 다시 말해 매출을 나타낸다고 하자. 아울러 $K_t$를 $t$시점에서의 자본량이라 하자. 위 논의는 다음 관계를 제안한다.

$$\Pi_t = \underset{(+)}{\Pi\left(\frac{Y_t}{K_t}\right)} \qquad (15.8)$$

자본량 한 단위당 이윤은 자본량에 대한 매출 비율의 증가함수이다. 자본량이 일정할 때 매

**그림 15-4**

**이윤과 산출(1990년 이후)**

이윤과 산출은 상당한 정도로 함께 움직인다.

출처: Capital: Private nonresidential fixed assets, BEA Fixed Assets Table 4-1. Profit: Nonfinancial corporate business profits after tax (without IVA and CCAdj) FRED: A466RC1A027NBEA. Output: Gross value added of nonfinancial corporate business FRED: A455RC1Q027SBEA.

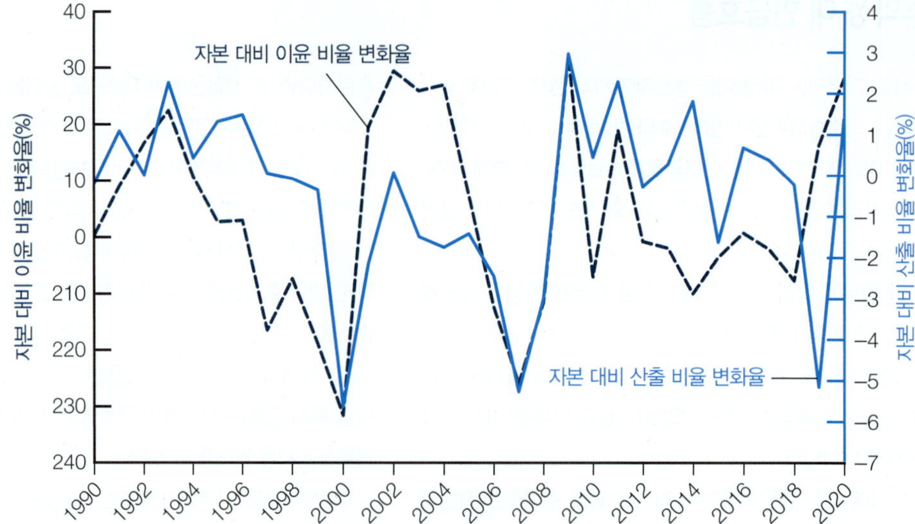


하지만 COVID-19 위기로 산출이 크게 줄었음에도 이윤은 그만큼 감소하지 않았다는 점에 주목할 필요가 있다. 이러한 현상에 대한 이유는 현재 활발히 연구되고 있다. 일부에서는 기업들이 인플레이션을 핑계 삼아 가격과 이윤 마진을 과도하게 올렸다고 비판하며, 이를 '그리드플레이션(greedflation)'이라 칭하기도 했다. 그러나 이는 핵심 원인으로 보이지 않는다. 오히려 정부의 대규모 재정 지원과 공급 부족으로 인한 가격 급등이 더 유력한 설명으로 여겨진다.

▶ 출 수준이 높을수록 자본 한 단위당 이윤 역시 높다. 그리고 매출이 일정할 때 자본량이 많을수록 자본 한 단위당 이윤 수준이 낮다.

이러한 관계가 현실 세계에서 얼마나 잘 성립할까? 그림 15-4는 1960년 이후 미국에서 자본 대비 이윤 비율의 변화율(왼쪽 세로축으로 측정)과 자본 대비 산출 비율의 변화율(오른쪽 세로축으로 측정)을 나타낸 것이다.

그림 15-4는 자본 대비 이윤 비율의 변화와 자본 대비 산출 비율의 변화 사이에 강한 관계가 있음을 보여준다. 특히 2001년 경기침체와 글로벌 금융위기 동안 산출과 이윤이 급격히 감소한 점에 주목할 필요가 있다.

왜 여기서 산출과 이윤의 관계가 중요한가? 한편으로는 **현재의 산출과 미래의 기대산출** 그리고 다른 한편으로는 투자 간에 연결고리가 있음을 시사하기 때문이다. 현재의 산출은 현재의 이윤 수준에 영향을 미치고, 미래의 기대산출은 미래의 기대이윤에 영향을 미치며, 현재와 미래의 기대이윤은 투자에 영향을 미친다. 예를 들어 장기의 지속적인 경기확장에 대한 기대는 기업으로 하여금 지금 당장과 미래의 일정 기간 동안 높은 이윤을 기대하게 만든다. 이러한 기대는 다시 높은 투자로 이어진다. 현재 산출 및 기대산출의 투자에 대한 영향은 투자가 수요 및 산출에 ▶ 미치는 영향과 함께 16장에서 산출의 결정을 다시 다루게 될 때 핵심적인 역할을 한다.

높은 기대산출 ⇒ 높은 기대이윤 ⇒ 현시점에서의 높은 투자

## 15-3 소비와 투자의 변동성

분명 15-1절과 15-2절에서의 소비 행태에 관한 설명이나 투자 행태에 관한 설명이 유사함을 느꼈을 것이다.

- 소비자가 현재 소득의 움직임을 일시적인 것으로 생각하는지 아니면 항구적인 것으로 생각하는지 여부가 자신의 소비 결정에 영향을 미친다. 현재 소득의 증가가 지속될 가능성이 낮다고 기대할수록 소비자는 소비를 덜 증가시킬 것이다.
- 마찬가지로 기업이 현재 매출의 움직임을 일시적인 것으로 생각하는지 아니면 항구적인 것으로 생각하는지 여부가 투자 결정에 영향을 미친다. 현재 매출의 증가가 지속될 가능성이 낮다고 기대할수록 기업은 이윤의 현재가치에 대한 자신의 평가를 덜 수정하고, 그에 따라 새로운 기계를 구입하거나 새로운 공장을 건설할 가능성도 감소할 것이다. 예를 들어 매년 추수감사절과 크리스마스 사이 기간에 발생하는 매출 붐이 매년 12월에 투자 붐으로 이어지지 않는 이유는 바로 이 때문인 것이다. 기업은 이러한 붐을 일시적인 것으로 이해한다.

미국에서 12월의 소매판매액은 평균적으로 다른 달보다 24% 더 높다. 프랑스와 이탈리아의 경우 12월에 60% 더 높아진다.

그러나 소비 결정과 투자 결정 간에는 중요한 차이점도 있다.

- 지금까지 발전시킨 소비 이론은 소비자가 소득 증가를 항구적인 것으로 인식하면 소비를 거의 동일한 규모로 증가시킬 것임을 시사한다. 소득 증가의 항구적 속성이 소득 증가와 동일한 규모로 소비를 지금 당장과 미래에 증가시키더라도 감당할 수 있음을 시사하기 때문이다. 만약 소비를 일대일 이상으로 증가시킨다면 미래에 소비를 감소시킬 필요가 있으므로 소비자가 이런 식으로 소비 계획을 세울 이유는 없다.
- 이제 항구적일 것이라고 예상되는 매출 증가를 경험하고 있는 기업의 행태를 살펴보자. 기대이윤의 현재가치가 증가하므로 투자 증가가 생겨난다. 그러나 소비와 달리 이는 투자가 매출 증가와 동일해야 한다는 것을 시사하지는 않는다. 일단 기업이 매출이 증가해 새로운 기계의 구입이나 새로운 공장의 건설이 정당하다고 결정해 이를 빨리 행동에 옮기려 할 수 있으며, 그 결과 단기간 동안 큰 폭의 투자지출 증가가 발생한다. 투자지출 증가 규모가 매출 증가 규모를 초과할 수 있다.

좀 더 구체적으로 말해 연간 매출 대비 자본 비율이 3인 기업이 있다고 하자. 금년에 매출이 1,000만 달러 증가했는데, 이러한 매출 증가가 항구적이라고 기대된다면 기업이 이전과 동일한 자본 대비 산출 비율을 유지하려면 자본설비를 늘리는 데 3,000만 달러를 추가로 지출해야 한다. 기업이 추가해야 할 자본설비를 즉각 구입한다면 금년의 투자지출 증가 규모는 매출 증가 규모의 3배에 달할 것이다. 일단 자본량이 조정되면 기업은 다시 자신의 정상적인 투자 패턴으로 돌아갈 것이다. 기업이 즉각 자신의 자본량을 변경할 가능성은 적으므로 이러한 예는 극단적이다. 그러나 기업이 자신의 자본량을 더 천천히 조정한다고 해도, 예를 들어 수년에 걸쳐 조정한다고 해도 투자 증가 규모는 당분간 여전히 매출 증가 규모를 초과할 것이다.

동일한 이야기를 식 (15.8)을 통해 전개할 수 있다. 여기서는 산출과 매출을 구별하지 않고 있으므로 최초의 매출 증가는 산출 $Y$를 동일한 규모로 증가시키면 결국 기업의 기존 자본량 대비 산출의 비율인 $Y/K$ 역시 증가한다. 결과적으로 이윤은 높아지고 기업은 투자를 더 늘린다.

시간이 지남에 따라 투자 증가는 자본량 $K$를 증가시키고 결국 $Y/K$는 다시 정상 수준으로 감소할 것이다. 자본 한 단위당 이윤 역시 정상 수준으로 돌아가고, 투자 역시 마찬가지이다. 따라서 매출의 항구적인 증가에 반응해 투자는 최초에는 상당한 규모로 증가할 것이고, 이어서 시간이 지남에 따라 정상 수준으로 되돌아갈 것이다.

이러한 차이에 비추어 볼 때 투자는 소비보다 그 변동성이 더 커야 한다는 것을 알 수 있다. 얼마나 더 커야 하는가? 그 답은 1960년 이후 미국에서 소비와 투자의 연간 변화율을 나타낸 그림 15-5에 담겨 있다. 그림을 이해하기 쉽도록 변화율을 모두 평균 변화율로부터의 편차로 나타냈다. 따라서 이들 연간 변화율의 평균은 0이다.

그림 15-5는 세 가지 결론을 제시한다.

- 소비와 투자는 대개 함께 움직인다. 예를 들어 경기침체기는 통상적으로 투자와 소비가 함께 감소하는 시기로 특징지어진다. 소비와 투자가 대체로 동일한 결정 요인에 의존한다는 것을 강조한 논의에 비추어 볼 때 이러한 결론을 놀라운 것으로 받아들일 필요는 없다.
- 투자는 소비보다 훨씬 더 큰 변동성을 보인다. 투자의 상대적 변화는 −11%에서 18%에 걸쳐 있지만, 소비의 상대적 변화는 −3%에서 8%에 걸쳐 있다. (이 두 극단적인 값은 COVID 봉쇄 조치와 그 이후의 회복 영향을 반영한 것이다. 이러한 영향을 제외하면, 변동 범위는 5%에서 −0.3%까지이다.)
- 그러나 투자 규모는 소비 규모보다 훨씬 작기 때문에(미국의 경우 투자는 GDP의 15%를 설명하는 반면, 소비는 70%를 설명한다), 연간 투자의 변화는 결국 소비의 변화와 전반

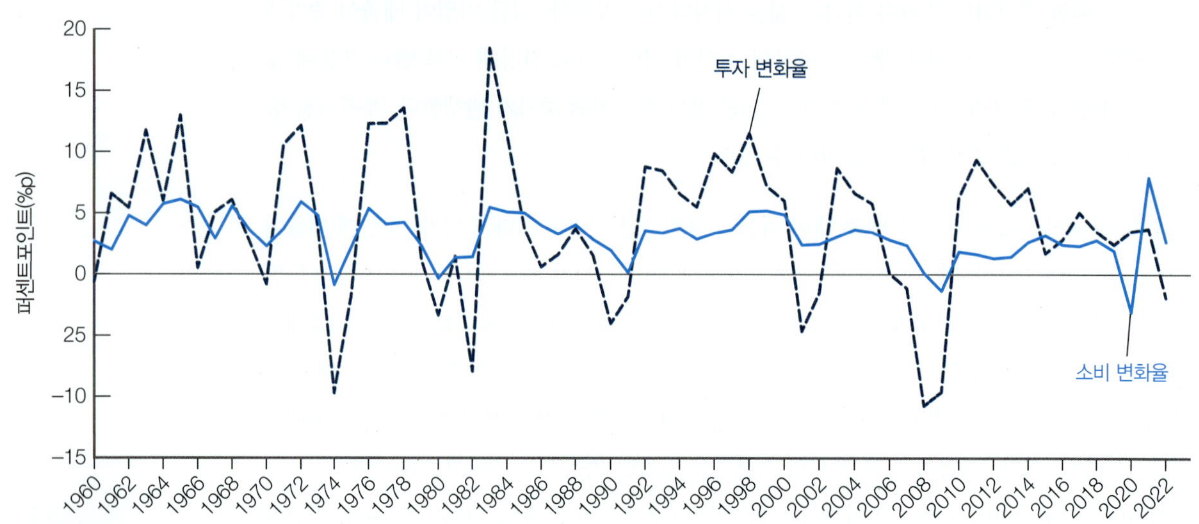


**그림 15-5**

**소비와 투자의 변화율(1960년 이후)**

투자의 상대적 변동은 소비의 상대적 변동보다 훨씬 크다.

출처: Consumption: Real personal consumption expenditures (chain-type quantity index). FRED: DPCERA3M086SBEA; Investment: Real Gross Private Domestic Investment: Fixed Investment. FRED: A007RL1Q225SBEA.

적 크기에 있어 동일하게 끝나게 된다. 달리 말해 시간이 흐름에 따라 두 요소는 산출의 변동에 대체로 비슷한 정도로 기여한다.

## 요약

- 소비는 자산과 현재 소득에 동시에 의존한다. 자산은 비인적자산(금융자산과 주택자산)과 인적자산(세후 기대 노동소득의 현재가치)의 합이다.
- 소득 변화에 대한 소비의 반응은 소비자가 이러한 변화를 일시적인 것으로 인식하는지 아니면 항구적인 것으로 인식하는지에 의존한다.
- 소비는 소득 변화에 일대일보다 더 약하게 반응할 가능성이 높다. 현재 소득이 변화하지 않은 경우에도 소비가 변화할 수 있다.
- 투자는 현재 이윤과 미래 기대이윤의 현재가치에 동시에 의존한다.
- 기업의 이윤과 이자율이 미래에도 현재와 동일한 수준에 머물 것이라고 기대한다는 단순화 가정하에서 투자는 자본의 사용자 비용 대비 이윤 비율에 의존한다. 여기서 사용자 비용은 실질이자율과 감가상각률의 합이다.
- 이윤 변화는 산출 변화와 밀접하게 관련된다. 따라서 투자는 현재와 미래에 기대된 산출 변화에 간접적으로 의존하는 것으로 생각해 볼 수 있다. 장기간의 산출확장과 그에 따라 장기 간의 높은 이윤의 지속을 기대하는 기업은 투자를 할 것이다. 오랫동안 지속되지 않을 것으로 기대되는 산출 변화는 투자에 사소한 영향을 미칠 것이다.
- 투자는 소비보다 훨씬 크게 변동한다. 그러나 투자가 GDP의 15%만을 설명하고, 소비는 70%를 설명하므로, 투자와 소비의 변화는 규모에 있어 대체로 동일하다.

## 핵심용어

금융자산(financial wealth)
비인적자산(nonhuman wealth)
사용자 비용(user cost)
소비의 생애주기 이론(life cycle theory of consumption)
소비의 항상소득 이론(permanent income theory of consumption)
수익성(profitability)
인적자산(human wealth)
임대비용(rental cost)
정태적 기대(static expectation)
주택자산(housing wealth)
총자산(total wealth)
토빈의 $q$(Tobin's $q$)
패널 자료(panel datasets)
현금흐름(cash flow)

## 연습문제

### 기초문제

1. 이 장의 내용에 기초해 다음에 대해 '사실', '거짓', '불확실' 여부를 밝히고, 그 이유를 간단히 설명하라.
   a. 전형적인 대학생의 경우 인적자산과 비인적자산은 근사적으로 같다.
   b. 은퇴와 같은 자연적 실험은 미래 소득에 대한 기대가 소비에 영향을 미치는 주요 요인이라는 것을 입증하지 않는다.
   c. 금융위기 이후 예상되는 미래 경제성장률은 하락했다.
   d. 빌딩과 공장은 기계보다 훨씬 더 빨리 감가상각된다.
   e. 토빈의 $q$가 높다는 것은 주식시장에서 자본이 고평가되어 있어 투자가 낮아져야 한다는 것을 나타낸다.

f. 현재 이익이 미래 이익에 대한 기대에 영향을 미치지 않는다면 투자에 아무런 영향을 미치지 않아야 한다.

g. 지난 30년간 미국의 자료는 기업 이윤이 경기변동과 밀접하게 관련이 있음을 보인다.

h. 소비와 투자의 변화는 통상적으로 같은 방향으로 움직이며, 대체로 동일한 크기를 갖는다.

i. COVID 봉쇄 조치는 소비에 극심한 변동을 일으켰다.

2. 어떤 소비자가 10만 달러의 비인적자산을 갖고 있다고 하자. 그녀는 금년에 4만 달러를 벌고, 향후 2년간 연봉이 실질가치로 매년 5% 상승한다고 기대한다. 그 후 그녀는 은퇴한다. 실질이자율은 0%와 같으며 미래에도 0%에 머물 것으로 기대된다. 노동소득은 25%의 세율로 과세된다.

   a. 이 소비자의 인적자산은 얼마인가?

   b. 그녀의 총자산은 얼마인가?

   c. 그녀는 은퇴 후에 7년 더 산다고 기대하고 소비가 지금부터 매년 (실질가치로) 계속 동일하게 유지되기를 바란다. 금년에 그녀는 얼마를 소비할 수 있는가?

   d. 그녀가 금년에만 2만 달러의 보너스를 받고 미래의 모든 연봉 지급액은 앞에서와 같다면 금년과 미래의 소비를 얼마나 증가시킬 수 있는가?

   e. 남은 근로기간 동안 그녀가 수령한 연봉의 60%에 해당하는 사회보장급여를 은퇴 시점부터 시작해 매년 수령한다고 하자. 사회보장급여에는 세금이 부과되지 않는다. 생애 동안 일정한 소비를 유지하려면 그녀는 금년에 얼마를 소비해야 하는가?

3. 프레첼 제조업체가 새로운 프레첼 제조기계를 10만 달러에 구매하려 한다. 기계는 매년 8%씩 감가상각된다. 기계는 내년에 18,000달러, 2년 뒤에 18,000달러(1−8%, 즉 동일한 실질이윤이지만 감가상각 8%만큼 조정된다), 3년 뒤에 18,000달러$(1-8\%)^2$ 등으로 실질이윤을 초래할 것이다. 실질이자율이 다음 a~c 수준에서 각각 일정하게 유지된다고 가정할 때 제조업체의 기계 구입 여부를 결정하라.

   a. 5%

   b. 10%

   c. 15%

4. 22세의 나이에 방금 대학을 졸업했고, 첫 연봉이 4만 달러인 직업을 가질 수 있다고 하자. 연봉은 실질가치로 일정하게 유지될 것이다. 그러나 동시에 전문대학원에도 입학허가를 받았다고 하자. 대학원은 졸업하려면 2년이 걸린다. 졸업 시 연봉은 실질 기준으로 10% 높으며 이후 실질가치로 동일하게 유지될 것이다. 노동소득에 대한 세율은 40%이다.

   a. 실질이자율이 0%이고 60세에 은퇴한다고 기대된다면 (즉, 전문대학원에 가지 않으면 총 38년을 일할 것으로 기대된다) 이 전문대학원에 다니기 위해 기꺼이 지급할 수 있는 수업료의 최대 액수는 얼마인가?

   b. 세금을 30% 낼 것으로 기대하면 문제 a에 대한 답은 무엇인가?

### 심화문제

5. 개인의 저축과 총자본축적

   모든 소비자가 0의 금융자산을 갖고 태어나고 세 기간(청년기, 중년기, 고령기)을 산다고 하자. 소비자는 처음 두 기간 동안 일하고, 마지막 기간에는 은퇴한다. 이들의 소득은 첫 기간에는 5달러이고, 둘째 기간에는 25달러, 마지막 기간에는 0달러이다. 인플레이션과 기대인플레이션율은 0과 같고, 실질이자율 역시 0과 같다.

   a. 생애 시작 시점에서 노동소득의 현재할인가치는 얼마인가? 세 기간에서 모두 동일한 가장 높은 수준의 유지 가능한 소비 규모는 얼마인가?

   b. 각 연령그룹에 대해 문제 a에서 발견한 일정한 소비 수준을 유지하는 것을 가능하게 하는 저축 수준은 얼마인가? (힌트: 소비자가 일정한 소비 수준을 유지하기 위해 차입할 필요가 있다면 저축은 음의 값을 가질 수 있다.)

   c. 각 기간에 $n$명의 사람이 태어난다고 하자. 이 경제의 총저축은 얼마인가? (힌트: 각 연령그룹의 저축을 모두 더하라. 일부 연령그룹은 음의 저축을 가질 수 있다는 점을 기억하라.) 이에 대해 설명하라.

   d. 이 경제의 전체 금융자산은 얼마인가? (힌트: 생애 첫 기간, 두 번째 기간, 마지막 기간의 시작 시점에서 사람들의 금융자산 규모를 계산해서 모두 더하라. 사람들은 부채를 가질 수 있으며, 이에 따라 금융자산은 음의 값을 가질 수 있다.)

6. 차입 제약과 총자본축적

   문제 5의 내용을 기초로 하되 차입에 대한 제약이 존재해 청년 소비자가 차입을 할 수 없다고 하자. 소득과 전체 금융자산의 합계를 '수중의 현금'이라 부른다면, 차입 제약은 소비자들이 수중의 현금 이상을 소비할 수 없게 한다. 각 연령그룹에서 소비자는 자신의 총재산을 계산하고 이어서 자신이 목표로 하는 소비 수준을 모든 기간에 있어 소비 규모가 동일하도록 하는 최대 수준으로 결정할 것이다. 그러나 어떤 시점에서도 바람직한 소비가 수중의 현금을 초과하면 소비자는 수중의 현금만큼만 소비하도록 제약된다.

a. 각 기간에 있어 소비 수준을 유도하라. 이 답을 문제 5의 a에 대한 답과 비교하고, 차이가 있다면 설명하라.

b. 경제의 총저축을 유도하라. 이 답을 문제 5의 c에 대한 답과 비교하고, 차이가 있다면 설명하라.

c. 경제의 총금융자산을 유도하라. 이 답을 문제 5의 d에 대한 답과 비교하고, 차이가 있다면 설명하라.

d. 다음 주장에 대해 고려하라. "금융자유화는 개별 소비자에게는 좋겠지만, 전반적인 자본축적에 대해서는 좋지 않다." 이에 대해 논의하라.

7. 불확실한 미래 소득과 저축

세 기간, 즉 청년기, 중년기, 고령기를 살아가는 소비자를 고려하자. 청년기에 소비자는 노동소득으로 2만 달러를 번다. 중년기의 소득은 불확실하다. 소비자가 4만 달러를 벌 확률이 50%이고 10만 달러를 벌 확률이 50%이다. 고령기에 소비자는 이전 기간 동안 축적한 저축을 지출한다. 인플레이션, 기대인플레이션, 실질이자율은 0과 같다. 이 문제에서 세금은 무시하라.

a. 중년기 수익의 기대가치는 얼마인가? 생애 동안 기대되는 노동소득의 현재할인가치는 얼마인가? 소비자가 생애 동안 일정한 기대소비를 유지하려 한다면 각 시기에 얼마를 소비할 것인가? 각 시기에 얼마를 저축하겠는가?

b. 소비자가 다른 무엇보다도 생애의 각 시기에 있어 최소 2만 달러의 소비 수준을 유지하려 한다. 이를 위해 그는 최악의 상황을 고려해야 한다. 중년기 소득이 4만 달러로 실현된다면 각 기간에 최소 2만 달러를 소비하기 위해 소비자는 청년기에 얼마를 소비해야 하는가? 이러한 소비 수준은 위의 문제 a에서의 청년기 소비 수준과 어떻게 비교되는가?

c. 위의 문제 b에 대한 답을 감안하고 중년기 소득이 10만 달러로 실현되었다고 하자. 소비자의 생애 동안 소비는 일정하겠는가? (힌트: 일단 소비자가 중년기에 도달하면 각 기간에 최소 2만 달러를 소비할 수 있는 한 남은 두 기간 동안 일정한 소비를 유지하려 할 것이다.)

d. 미래 노동소득에 대한 불확실성은 청년기 소비자 저축(또는 차입)에 어떤 영향을 미치는가?

**보충문제**

8. 소비와 투자의 변화

FRED 데이터베이스를 이용해 국내총생산, 개인소비지출과 총국내민간투자의 연간 데이터를 구하라. 데이터는 실질 달러로 측정된다. 스프레드시트에 1960년부터 최근까지의 데이터를 구하라. (FRED를 사용하면 스프레드시트로 직접 다운로드할 수 있다.) 이 책의 집필 당시 시계열 이름은 다음과 같다. 실질 GDP(2017년 연쇄 달러) GDPCA, 실질 개인소비지출(2017년 연쇄 달러) PCECCA, 실질 총국내민간투자(2017년 연쇄 달러) GPDICA. 이 이름을 검색할 수 있지만 이 변수들을 연율로 다운로드해야 한다. 변수가 백만 달러 기준인지 십억 달러 기준인지 주의하라.

a. 평균적으로 소비는 투자보다 그 규모가 얼마나 더 큰가? GDP 대비 비율로 계산하라.

b. 소비와 투자 규모의 연간 변화를 계산하고, 1961년에서 현재까지의 기간에 대해 그려보라. 소비와 투자의 연간 변화 규모는 유사한가?

c. 1961년부터 실질소비와 실질투자의 연간 퍼센트 변화율을 계산하라. 어느 것이 변동성이 더 큰가?

9. 소비자 신뢰와 처분가능소득, 경기침체

FRED 경제 데이터베이스의 웹사이트에 가서 분기별 1인당 실질처분가능소득(시계열 A229RX0Q048SBEA, 2017년 십억 연쇄 달러), 미시간대학교 소비자 신뢰지수(시계열 UMCSENT)를 다운로드하라. 소비자 신뢰 데이터는 월별이며 이들을 평균해 분기별 데이터를 계산해야 한다. 이 자료를 소비자 신뢰를 측정하는 지표로 사용할 것이다. 월별 데이터는 1978년 1월에 시작하므로 그때부터 계산을 시작하라.

a. 데이터를 살펴보기 전에 소비자 신뢰가 처분가능소득에 관련될 것이라고 기대할 만한 이유가 있는가? 소비자 신뢰가 처분가능소득과 관련되지 않을 이유는 있는가?

b. 1인당 처분가능소득 증가율과 대비해 소비자 신뢰지수를 그림으로 나타내라. 관계는 양의 관계인가?

c. 1인당 처분가능소득의 증가율에 대비해 소비자 신뢰지수를 그려보라. 관계는 어떻게 나타나는가? 처분가능소득의 변화가 절댓값으로 0.2% 미만인 관측치에 초점을 맞춰라. 소비자 신뢰 수준이 바뀌었는가? 관찰 결과를 어떻게 해석할 것인가?

d. 2007년, 2008년, 2009년에 초점을 맞춰라. 2007~2008년까지 소비자 신뢰의 움직임은 소비자 신뢰의 일

반적 행태와 어떻게 다른가? 그 이유는 무엇인가? (힌트: 리먼브라더스는 2008년 9월에 파산했다.) 소비자 신뢰의 하락은 위기에 동반된 실질 개인 처분가능소득의 감소를 예측하는가?

e. 도널드 트럼프는 2016년 11월에 예상과 달리 대통령에 당선되었다. 2017년 1분기에 소비자 신뢰도가 변화했다는 증거가 있는가?

f. 2017년 12월 22일에 대규모 감세 법안이 통과되어 2018년에 시행되었다. 2017년부터 2018년까지 1인당 처분가능소득에 큰 변화가 있는가? 2017~2018년 사이에 소비자 신뢰지수에 변화가 있는가?

g. 2020년 2분기에 COVID-19 봉쇄 조치가 미국 전역으로 확산되었다. 정부는 보건위기에 대응하여 경제적 어려움을 완화하기 위해 납세자와 기업에게 자금을 지원하는 케어스법(Cares Act)을 시행했다. 팬데믹이 확산되고 정부 구호자금이 배분되면서 1인당 개인 처분가능소득과 소비자 신뢰지수는 어떻게 반응했는가?

## 부록 정태적 기대하에서 이윤의 기대현재가치 유도

본문에서[식 (15.3)] 기대현재가치가 다음과 같이 주어졌다.

$$V(\Pi_t^e)=\frac{1}{1+r_t}\Pi_{t+1}^e+\frac{1}{(1+r_t)(1+r_{t+1}^e)}(1-\delta)\Pi_{t+2}^e+\cdots$$

기업이 미래 이윤(자본 한 단위당)과 미래 이자율이 현재와 같은 수준에서 머물 것으로 기대한다면 $\Pi_{t+1}^e=\Pi_{t+2}^e=\cdots\Pi_t$와 $r_{t+1}^e=r_{t+2}^e=\cdots r_t$가 성립하고, 위 식은 다음이 정리할 수 있다.

$$V(\Pi_t^e)=\frac{1}{1+r_t}\Pi_t+\frac{1}{(1+r_t)^2}(1-\delta)\Pi_t+\cdots$$

$[1/(1+r_t)]\Pi_t$항을 밖으로 묶어내면 다음과 같다.

$$V(\Pi_t^e)=\frac{1}{1+r_t}\Pi_t\left(1+\frac{1-\delta}{1+r_t}+\cdots\right) \qquad (15.\text{A1})$$

괄호 안의 항은 기하급수로서 $1+x+x^2+\cdots$의 형태를 취한다. 따라서 이 책 끝부분에 있는 부록 2의 명제 2에 의해 다음과 같이 나타낼 수 있다.

$$(1+x+x^2+\cdots)=\frac{1}{1-x}$$

여기서 $x$는 $(1-\delta)/(1+r_t)$이므로 다음과 같다.

$$\left(1+\frac{1-\delta}{1+r_t}+\left(\frac{1-\delta}{1+r_t}\right)^2+\cdots\right)$$
$$=\frac{1}{1-(1-\delta)/(1+r_t)}=\frac{1+r_t}{r_t+\delta}$$

식 (15.A1)에 대입하면 다음을 얻는다.

$$V(\Pi_t^e)=\frac{1}{1+r_t}\frac{1+r_t}{r_t+\delta}\Pi_t$$

이를 단순화하면 본문의 식 (15.5)를 얻는다.

$$V(\Pi_t^e)=\frac{\Pi_t}{(r_t+\delta)}$$

# 16 기대, 산출 그리고 정책

14장에서 기대가 채권가격과 주식가격에 영향을 미친다는 것을 알았다. 15장에서는 기대가 어떻게 소비결정과 투자결정에 영향을 미치는지를 살펴보았다. 이 장에서는 이러한 논의를 함께 모아 통화 및 재정 정책의 효과를 다른 관점에서 검토한다.

**16-1** 지금까지 학습한 내용이 제공하는 주요한 시사점, 즉 미래 산출과 미래 이자율 모두에 대한 기대는 현재 지출에 영향을 미치고, 그에 따라 현재의 산출에 영향을 미친다는 것을 유도한다.

**16-2** 통화 정책을 살펴본다. 통화 정책의 효과는 정책금리 변화가 개인과 기업의 미래의 이자율과 소득에 대한 기대치를 바꾸고, 그에 따라 지출 결정을 바꾸는 데 결정적으로 의존한다는 것을 검토한다.

**16-3** 재정 정책으로 관심을 돌린다. 이전에 핵심 모형에서 보았던 단순한 모형과는 아주 대조적으로 재정긴축이 어떤 상황에서는 단기에서조차 산출의 증가를 초래할 수 있음을 살펴본다. 다시 반복하면 정책에 기대가 어떻게 반응하는지가 논의의 핵심이다.

**이 장의 핵심 주제:** 통화 정책과 재정 정책의 효과는 이들이 기대에 어떤 영향을 미치는가에 의존한다. ▶▶▶

## 16-1 기대와 의사결정: 전체적 개요

이제까지 학습한 내용의 검토에서 출발해 핵심 모형에서 발전시킨 재화 및 금융 시장의 특성(IS-LM 모형)을 어떻게 수정해야 할지 논의해 보자.

### 기대, 소비 그리고 투자 의사결정

15장의 주제는 소비와 투자 의사결정이 미래 소득과 이자율에 대한 기대에 상당히 의존한다는 것이었다. 기대가 소비와 투자지출에 영향을 미치는 경로는 그림 16-1에 요약되어 있다.

기대된 미래의 변수가 직접적으로 그리고 자산가격을 통해 현재의 의사결정에 영향을 미치는 수많은 경로에 주목해 보자.

- 현재와 미래에 기대되는 세후 실질노동소득의 증가 또는 현재와 미래에 기대되는 실질이자율의 감소는 인적자산(세후 실질노동소득의 기대현재할인가치)을 증가시키고, 이는 다시 소비 증가를 이끈다.
- 현재와 미래에 기대되는 실질배당의 증가 또는 현재와 미래에 기대되는 실질이자율의 감소는 주가를 상승시켜 비인적자산의 증가를 불러오고, 이는 다시 소비 증가를 이끈다.
- 현재와 미래에 기대되는 명목이자율의 감소는 채권가격을 상승시켜 비인적자산의 증가를 불러오고, 이는 다시 소비 증가로 이어진다.
- 현재와 미래에 기대되는 세후 실질이윤의 증가 또는 현재와 미래에 기대되는 실질이자율의 감소는 세후 실질이윤의 현재가치의 증가를 불러오고, 이는 다시 투자 증가로 이어진다.

채권의 경우 중요한 것은 실질이자율이 아니라 명목이자율임에 주의하라. 채권은 일반적으로 미래의 재화에 대한 청구권이라기보다는 미래의 화폐에 대한 청구권이기 때문이다. ▶

### 기대와 IS 관계

그림 16-1이 나타내는 것과 같은 방식으로 소비와 투자를 자세히 다루는 모형은 매우 복잡할

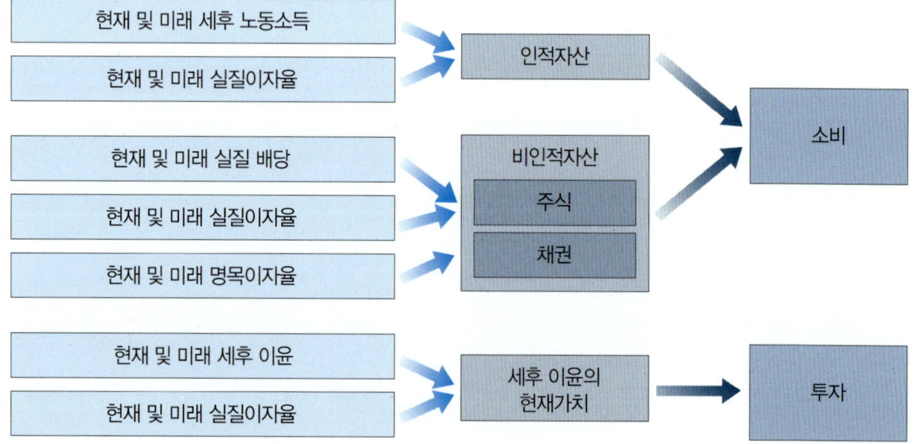


**그림 16-1**

**기대와 지출: 연결 경로**

기대는 소비와 투자 결정에 직접적으로 그리고 자산가격을 통해 간접적으로도 영향을 미친다.

것이다. 이는 가능하며, 실제로 거시경제학자들은 경제를 이해하고 정책을 분석하기 위해 대규모 실증 모형을 구축함으로써 그렇게 하고 있다. 그러나 여기는 그렇게 복잡하게 할 곳이 아니다. 지나치게 세밀한 곳에서 길을 잃지 않고 소비와 투자가 어떻게 미래에 대한 기대에 의존하는지에 대해 지금까지 학습한 내용의 본질을 포착해 보자.

이를 위해 크게 단순화해 보자. 즉, 현재와 미래를 두 기간으로 압축해 보자. (1) 한 기간은 **금기**이다. 이는 금년으로 생각해 볼 수 있다. 그리고 (2) 나머지 한 기간은 **미래 기간**이다. 이는 모든 미래를 함께 합쳐놓은 것으로 생각할 수 있다. 이런 방식을 따르면 일일이 미래의 각 해에 대한 기대를 추적할 필요가 없다.

'현재'와 '미래'로 시간을 구분하는 방식은 많은 사람들이 자신의 삶을 조직하는 방식이다. '현재 할 일'과 '기다릴 수 있는 일'로도 생각해 보라. 또한 미래 기간을 앞서 핵심 모형에서 살펴본 것처럼 '중기'와 '장기'의 조합으로 생각할 수도 있다.

이러한 가정하에서 던지는 질문은 다음과 같다. 금기에 대한 IS 관계는 어떻게 나타내야 하는가? 6장에서 IS 관계식[식 (6.5)]은 다음과 같았다.

$$Y = C(Y - T) + I(Y, r + x) + G$$

즉, 소비는 현재의 소득에 의존하며, 투자는 현재의 산출과 현재의 차입이자율(정책금리와 위험 프리미엄의 합)에만 의존한다고 가정했다. 이제 기대가 어떻게 소비와 투자에 영향을 미치는지를 고려하기 위해 이 관계를 수정하자. 이는 두 단계로 나누어 진행된다.

첫째, 일단 위 식을 내용을 바꾸지 않은 채 더 간결하게 다시 나타내자. 이를 위해 소비와 투자지출의 합계를 총민간지출로 정의하자.

이렇게 하는 이유는 수요 중 기대에 의존하는 두 요소인 $C$와 $I$를 함께 묶기 위함이다.

$$A(Y, T, r, x) \equiv C(Y - T) + I(Y, r + x)$$

여기서 $A$는 **총민간지출**(aggregate private spending) 또는 간단히 **민간지출**(private spending)을 나타낸다. 이 기호를 사용하면 IS 관계는 다음과 같이 나타낼 수 있다.

$$Y = \underset{(+,-,-,-)}{A(Y, T, r,\ x)} + G \tag{16.1}$$

총민간지출 $A$의 특성은 앞 상들에서 유도했던 소비와 투자의 성질로부터 유도된다. 총민간지출은 다음과 같은 특성이 있다.

- 소득 $Y$의 증가함수이다. 소득(마찬가지로 산출)이 증가하면 소비와 투자가 증가한다.
- 세금 $T$의 감소함수이다. 세금의 증가는 소비를 감소시킨다.
- 실질정책금리 $r$의 감소함수이다. 이자율의 상승은 투자를 감소시킨다.
- 위험 프리미엄 $x$의 감소함수이다. 위험 프리미엄이 높을수록 차입금리가 높아지고 투자가 감소한다.

1단계에서는 단지 기호만 단순화한다. 2단계는 기대의 역할을 고려해 식 (16.1)을 확장하는 것이다. 이 장의 초점은 위험 프리미엄보다는 기대에 관한 것이므로, 위험 프리미엄은 일정하다고 가정하고, 표현의 단순성을 위해 이하에서는 위험 프리미엄을 무시한다. 기대에 초점을 모형에 공식적으로 불확실성과 위험을 도입하면 지나치게 복잡해질 것이다. 이 장 후반부의 FOCUS '불확실성과 경제변동'에서 비공식적인 논의를 한다.

맞춘 식 (16.1)의 자연스러운 확장은 지출이 현재 변수뿐만 아니라 미래의 기대가치에도 의존하게 하는 것이다.

$$Y = A(Y, T, r, Y'^e, T'^e, r'^e) + G \quad (16.2)$$
$$(+, -, -, +, -, -)$$

기호 프라임 '′'은 미래 변수의 값을 나타낸다. 위 첨자 'e'는 '기대'를 나타낸다.

여기서 프라임 부호(′)는 미래 값을 나타내고 위 첨자 'e'는 기대를 나타낸다. 따라서 $Y'^e$, $T'^e$, $r'^e$는 각각 미래 기대소득, 미래 기대세금, 미래 기대 실질이자율을 나타낸다. 표기방법은 다소 복잡하지만, 이들이 포착하는 것은 간단하다.

$Y$ 또는 $Y'^e$ 증가 ⇒ $A$ 증가

- 현재나 미래의 기대소득 증가는 민간지출을 증가시킨다.

$T$ 또는 $T'^e$ 증가 ⇒ $A$ 감소

- 현재나 미래의 기대세금 증가는 민간지출을 감소시킨다.

$r$ 또는 $r'^e$ 증가 ⇒ $A$ 감소

- 현재나 미래의 기대 실질정책금리 상승은 민간지출을 감소시킨다.

식 (16.2)가 제공하는 재화시장의 균형에 의해 그림 16-2는 새로운 IS 곡선을 보여준다. 늘 그랬듯이 곡선을 그리기 위해서는 현재 산출 $Y$와 현재 실질정책금리 $r$을 제외한 다른 모든 변수는 일정한 것으로 간주한다. 따라서 IS 곡선은 현재 세금($T$), 미래의 기대세금($T'^e$), 미래의 기대산출($Y'^e$), 미래의 기대 실질정책금리($r'^e$)가 모두 일정하다는 가정하에서 그려졌다.

식 (16.2)에 기초한 새로운 IS 곡선은 6장에서와 마찬가지 이유로 여전히 음의 기울기를 갖는다. 현재의 실질정책금리 하락은 지출 증가를 초래한다. 민간지출 증가는 승수 효과를 통해 산출 증가를 불러온다. 그러나 훨씬 더 많은 이야기를 할 수 있다. 새로운 IS 곡선은 앞 장들에서 그렸던 IS 곡선보다 기울기가 훨씬 더 가파르다. 달리 말해 모든 조건이 동일하다면 현재 정책금리가 크게 하락해도 균형 산출에는 사소한 영향만을 미칠 가능성이 크다.

영향이 왜 그렇게 작을 수 있는지 보기 위해 그림 16-2에서 IS 곡선상의 점 $A$를 잡고 실질정책금리가 $r_A$에서 $r_B$로 하락하는 데 따른 파급 효과를 생각해 보자. 실질이자율 하락이 산출에 미치는 파급 효과는 두 가지 효과의 강도에 의존한다. 즉, 소득이 일정한 상황에서 실질정책금리가 지출에 미치는 효과와 승수의 크기이다. 이제 각각의 효과를 살펴보자.

30년 대출을 가지고 있고 1년 이자율이 5%에서 2%로 감소한다고 하자. 모든 미래의 1년 이자율은 동일하게 유지된다. 30년 이자율은 얼마나 하락하겠는가? [답: 5%에서 4.9%로 하락한다. 식 (14.11)을 30년 수익률까지 확대해 보라. 30년 수익은 30개의 1년 이자율의 평균이다.]

- 현재의 실질정책금리 하락은 미래의 실질정책금리에 대한 기대가 일정한 상황에서 민간지출에 큰 영향을 미치지 않는다. 왜 그런지는 이전 장들에서 살펴본 바 있다. 현재의 실질이자율만 변화할 때 현재가치는 큰 변화를 겪지 않으며, 그에 따라 지출에도 큰 변화를 가져오지 못한다. 예를 들어 기업은 현재의 실질이자율이 하락할 때 미래의 실질이자율도 동시에 하락할 것으로 기대하지 않는다면 투자 계획을 그리 많이 변화시키지 않을 것이다.
- 승수 역시 작을 것이다. 승수의 규모는 현재 소득(산출)의 변화가 지출에 미치는 파급 효과 크기에 의존한다. 그러나 미래 소득에 대한 기대가 변하지 않은 상황에서 현재 소득의 변화는 지출에 큰 영향을 미치지 못한다. 이유는 이러하다. 소득이 변한다고 해도 오랫동안 지속될 것으로 기대되지 않는다면 소비나 투자 모두에 제한적인 영향만을 미친다. 자

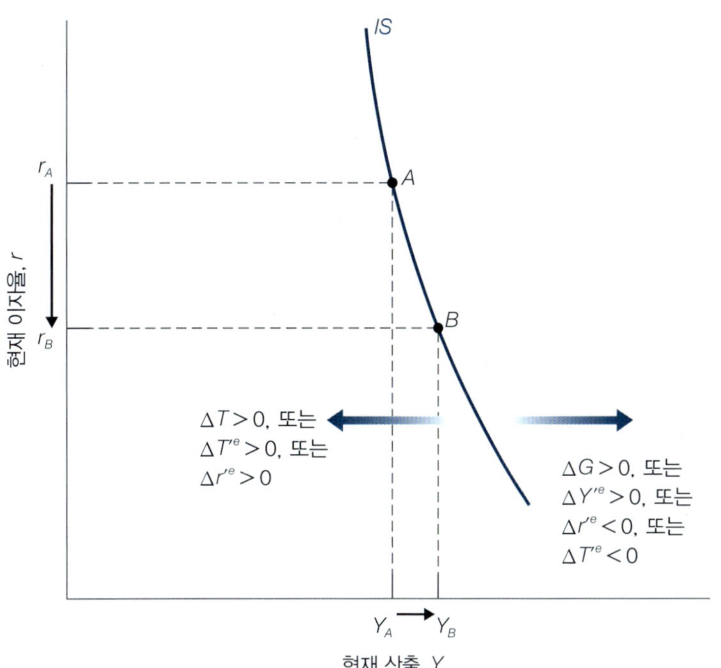


**그림 16-2**

**새로운 IS 곡선**

기대가 일정할 때 실질정책금리의 하락은 산출을 소규모로 증가시킨다. IS 곡선은 가파른 음의 기울기를 갖는다. 정부지출의 증가 또는 미래 기대산출의 증가는 IS 곡선을 오른쪽으로 이동시킨다. 세금, 미래의 기대세금, 미래의 기대 실질정책금리의 증가는 IS 곡선을 왼쪽으로 이동시킨다.

신의 소득이 1년 동안만 높아질 것으로 기대하는 소비자는 소비를 증가시키지만, 소득의 증가 규모보다는 훨씬 작게 증가시킬 것이다. 매출이 1년 동안만 높아질 것으로 기대하는 기업은 자신의 투자를 변화시킨다고 해도 그리 많이 변화시키지는 않을 것이다.

◀ 어떤 기업이 모든 노동자에게 특별수당으로 1만 달러를 주기로 했다고 하자. 이러한 특별수당 지급이 다시는 없을 것으로 기대된다. 노동자들은 금년에 소비를 얼마나 증가시키겠는가? (필요할 경우 15장의 소비 행태에 대한 논의 참조)

이상의 논의를 합쳐 보면 그림 16-2에서 현재의 실질정책금리가 $r_A$에서 $r_B$로 크게 하락해도 산출은 $Y_A$에서 $Y_B$로 소폭 증가하는 데 그칠 것이다. 결국 점 $A$와 점 $B$를 통과하는 IS 곡선은 가파른 음의 기울기를 갖는다.

식 (16.2)에서 $Y$와 $r$ 이외의 다른 모든 변수의 변화는 IS 곡선의 이동을 초래한다.

- 현재의 세금($T$) 변화나 현재의 정부지출($G$) 변화는 IS 곡선을 이동시킨다.

  현재의 정부지출 증가는 주어진 이자율하에서 지출을 증가시켜 IS 곡선을 우측으로 이동시킨다. 세금 증가는 IS 곡선을 좌측으로 이동시킨다. 이러한 이동은 그림 16-2에 나타나 있다.

- 미래 변수($Y'^e$, $T'^e$, $r'^e$)에 대한 기대의 변화 역시 IS 곡선을 이동시킨다.

  미래의 기대산출 $Y'^e$의 증가는 IS 곡선을 우측으로 이동시킨다. 미래 소득의 기대 수준이 높아지면 소비자는 더 부유하게 느낄 것이고 지출을 늘릴 것이다. 미래의 기대산출의 증가는 기대이윤이 더 높아졌다는 것을 의미하므로, 기업은 투자를 늘릴 것이다. 지출 증가는 승수 효과를 통해 산출을 증가시킨다. 마찬가지 논리로 미래의 기대세금 증가는 소비자로 하여금 현재의 지출을 감소시키게 하여 IS 곡선을 좌측으로 이동시킨다. 그리고 미래의 기대 실질정책금리 상승은 현재 지출을 감소시켜 산출 감소를 야기하며 IS 곡선을 좌측으로 이동시킨다. 이러한 이동 역시 그림 16-2에 나타나 있다.

이제 통화 및 재정 정책의 효과를 살펴볼 준비가 되었다. 여기에서 앞의 두 장에 걸친 노력이 결실을 맺을 것이다.

## 16-2 통화 정책, 기대 그리고 산출

미 연준이 직접적으로 영향을 미치는 이자율은 **현재의 실질이자율** $r$이다. 따라서 LM 곡선은 미 연준이 선택한 실질 정책금리에서 수평선으로 주어지는데, 이를 $\bar{r}$로 두자. IS와 LM 관계는 다음과 같이 주어진다.

$$IS: \quad Y = A(Y, T, r, Y'^e, T'^e, r'^e) + G \tag{16.3}$$

$$LM: \quad r = \bar{r} \tag{16.4}$$

이러한 IS 곡선과 LM 곡선은 그림 16-3에 나타나 있다. 재화시장과 금융시장의 균형은 경제가 점 $A$에 있음을 의미한다.

### 통화 정책의 재검토

이제 경제가 침체 상태에 있어 중앙은행이 정책금리를 인하하기로 했다고 하자.

우선 팽창적 통화 정책이 미래 실질 정책금리나 미래 산출 모두에 대한 기대를 변화시키지 않는다고 가정하자. 그림 16-4에서 LM 곡선은 $LM$에서 아래의 $LM''$으로 이동한다. (앞에서 이미 프라임 부호를 변수의 미래 값을 나타내는 데 사용했으므로 이 장에서는 $LM''$과 같이 이

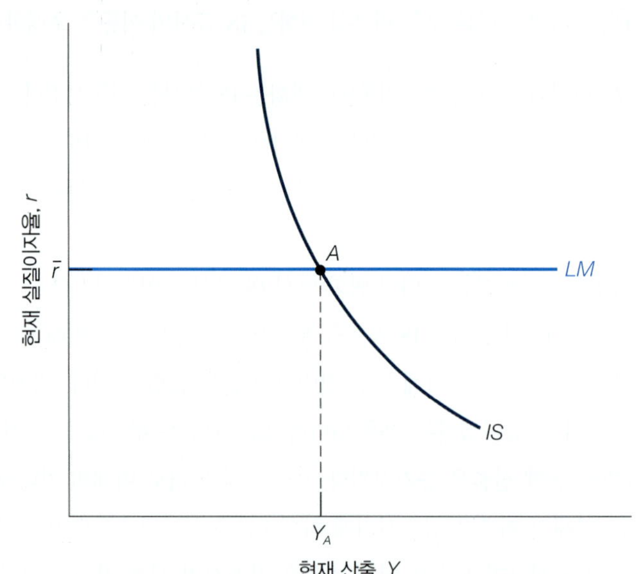


**그림 16-3**

**새로운 IS-LM**

IS 곡선은 가파른 음의 기울기를 갖는다. 다른 조건이 동일하다면 현재 이자율의 변화는 산출에 소규모의 영향을 미친다. 중앙은행이 현재 실질이자율을 $\bar{r}$로 설정했을 때 균형은 점 $A$로 결정된다.

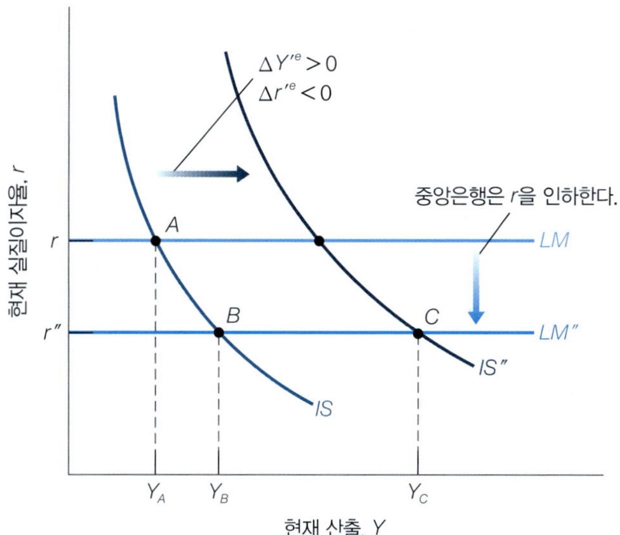


**그림 16-4**

**팽창적 통화 정책의 파급 효과**

통화 정책의 산출에 대한 효과는 통화 정책이 기대에 영향을 미치는지 여부와 어떻게 영향을 미치는지에 상당히 의존한다.

중 프라임을 사용해 곡선의 이동을 나타내기로 한다.) 균형은 점 $A$에서 점 $B$로 이동하여 산출은 증가하고 실질이자율은 하락한다. 그러나 가파른 IS 곡선은 정책금리의 인하가 산출에 사소한 영향만을 미친다는 것을 시사한다. 현재 이자율의 변화는 기대의 변화를 수반하지 않는다면 지출에 미치는 영향이 적고, 결과적으로 생산에 미치는 영향도 미미하다.

그러나 기대가 팽창적 통화 정책에 의해 영향을 받지 않는다고 가정하는 것이 합리적일까? 중앙은행이 실질 정책금리를 인하함에 따라 이제 금융시장은 미래에도 실질이자율이 낮아지고, 또 이로 말미암아 미래 산출은 더 높아질 것이라고 기대하지 않을까? 만약 이러한 변화를 기대한다면 어떤 일이 발생할까?

현재 실질 정책금리가 일정할 때 미래 실질 정책금리가 하락하고 산출이 상승할 것이라는 전망은 지출과 산출을 증가시킨다. 이들은 IS 곡선을 $IS$에서 오른쪽의 $IS''$으로 이동시킨다. 이제 새로운 균형은 점 $C$로 주어진다. 따라서 통화확장의 산출에 대한 직접적인 효과는 제한적이지만 기대의 변화를 고려하게 되면 전체적인 효과는 훨씬 더 커진다.

방금 중요한 것을 배웠다. 통화 정책의 효과 그리고 더 일반적으로 거시경제 정책의 효과는 기대에 미치는 효과에 결정적으로 의존한다.

이 때문에 통화 정책을 분석하는 거시경제학자들이 종종 중앙은행의 정책 과제로 정책금리를 조정하는 것뿐만 아니라 정책금리 변화가 경제에 예측 가능한 파급 효과를 낳을 수 있도록 '기대를 관리'하는 것도 포함된다고 주장하는 것이다. 이에 대해서는 21장과 23장에서 더 자세히 다룬다.

- 통화확장이 투자자, 기업 그리고 소비자들의 미래 이자율과 산출에 대한 기대를 수정시킨다면 통화확장의 산출에 대한 파급 효과는 매우 클 수 있다.
- 그러나 만약 기대가 변하지 않는다면 통화확장의 산출에 대한 파급 효과는 작을 것이다.

이상의 논의는 주식시장에서의 통화 정책 변화의 효과에 관한 14장의 논의와 연결될 수 있다. 많지만 같은 문제들이 소개되었다. 통화 정책 변화가 발생할 때 그것이 투자자, 기업 그리고 소비자에게 놀랄 만한 일이 아니라면 기대는 변하지 않을 것이다. 설령 주식시장이 변화해도 그 반응은 사소한 수준에 머물 것이다. 산출이 변화한다고 해도 그 크기는 사소할 것이다.

FOCUS

## 기대

거시경제학에서 기대의 중요성은 오래된 주제이다. 그러나 1970년대 초까지는 다음 두 가지 방식 중 하나로 생각했다.

- 한 가지 방식은 **동물적 충동**(animal spirit)이다. 이는 케인스가 그의 '일반 이론'에서 현시점에서의 변수 움직임으로 설명할 수 없는 투자의 움직임을 나타내기 위해 사용한 표현이다. 달리 말해 기대의 변화는 중요하게 간주되었지만 설명되지 않은 채로 남겨졌다.
- 다른 방식은 단순한 과거 회고적 규칙의 결과였다. 예를 들어 사람들은 종종 **정태적 기대**(static expectation)를 갖는다고 가정되었다. 즉, 미래가 현재와 같을 것이라고 기대하는 것이다(8장에서 필립스 곡선을 논의할 때, 15장에서 투자 의사결정을 살펴볼 때 이 가정이 사용되었다). 또는 사람들이 **적응적 기대**(adaptive expectation)를 갖는다고 가정되었다. 예를 들어 만약 일정한 기간에 주어진 변수에 대한 자신의 예측치가 낮은 것으로 드러나면 사람들은 다음 기간의 해당 변수 기댓값을 높임으로써 '적응'한다고 가정했다. 예를 들어 기대했던 것보다 더 높은 인플레이션율을 관찰하면 사람들은 미래의 인플레이션에 대한 자신의 예측치를 상향 조정한다는 것이다.

1970년대 초반에 루카스(Robert Lucas)와 사전트(Thomas Sargent)가 주도하는 거시경제학자 그룹은 이러한 가정이 사람들이 기대를 형성하는 방식을 반영하지 못한다고 주장했다. (루카스는 1995년에, 사전트는 2011년에 노벨상을 수상했다.) 이들은 정책 변화의 효과를 생각할 때 사람들이 합리적 기대를 갖는다고, 즉 사람들이 미래를 예측할 때 자기 자신이 할 수 있는 최선의 작업을 수행하는 것으로 가정해야 한다고 주장했다. 이는 사람들이 미래를 안다고 가정하는 것과는 다르다. 오히려 사람들은 자신이 가진 정보를 가능한 최선의 방식으로 사용한다고 가정하는 것이다. 실질적으로 이는 사람들이 예측을 할 때 경제학자와 동일한 모형을 사용한다고 가정해야 한다는 것을 의미한다.

당시의 통상적인 거시경제 모형을 사용해 루카스와 사전트는 기대 형성에 관한 전통적 가정을 합리적 기대의 가정으로 전환하는 것이 결과를 얼마나 근본적으로 바꾸는지를 보였다. 예를 들어 루카스는 디스인플레이션은 일정 기간 실업 증가를 요구한다는 개념에 도전했다. 그는 합리적 기대하에 신뢰성 있는 디스인플레이션 정책이 실업 증가 없이 인플레이션율을 감소시킬 수 있을 것이라고 주장했다. 더 일반적으로 말하면 루카스와 사전트의 연구는 합리적 기대의 가정하에 거시경제 모형의 완전한 재검토가 필요하다는 것을 보였으며, 실제로 이것이 이후 50년간 일어난 일이다.

이 가정은 극단적이며 사람과 기업이 그렇게 정교한 방식으로 기대치를 형성하지 않는다는 것은 분명했다. 그러나 그것을 사용하는 데에는 세 가지 논거가 있었다. (1) 설령 개인과 기업이 그러한 계산을 직접 하지 않는다 하더라도, 보통은 전문 예측가들의 전망에 의존하는 신문을 읽을 것이며, 전문가들은 아마도 합리적 기대 가정하에 예측을 생성할 수 있을 만큼 충분히 정교할 것이다. (2) 사람들이 체계적으로 실수할 것이라는 가정하에 정책을 설계하는 것은 현명하지 않은 듯했다. 따라서 사람들이 정책을 완전히 이해한다는 가정하에 정책의 효과를 살펴보는 것이 적어도 자연스러운 출발점이었다. (3) 합리적 기대라는 가정에 내재된 합리성의 정도에는 회의적이라 하더라도 사람과 기업이 어떻게 기대를 형성하는지에 대한 설득력 있는 대안 이론이 없었다.

따라서 정책 분석의 대부분은 합리적 기대라는 가정하에 진행되었다. 그러나 동시에 행동적 한계와 편견이 사람들이 기대를 형성하는 방식을 어떻게 결정하는지, 그리고 완전히 합리적 기대라는 가정에서 어떻게 벗어나는지를 탐구하는 연구도 진행되었다. 예를 들어 슐라이퍼(Andrei Shleifer)와 공저자들은 사람들이 일반적으로 뉴스를 접할 때 처음에는 과잉 반응을 보이다가 나중에 과잉 반응을 취소하는 이유, 시기, 방법을 밝혀냈다. 다른 연구자들은 사람들이 미래를 얼마나 멀리 내다보는지 탐구했는데, 이는 예상되는 미래 정책의 효과에 대해 생각할 때 매우 중요한 문제이다. 그러나 실행 가능하고 신뢰할 수 있는 대안은 아직 존재하지 않으며, 현재로서는 합리적 기대가 대부분의 거시경제 모형의 기본 가정 또는 최소한 초기 가정으로 남아 있다.

합리적 기대에서 벗어난 것과 그것이 금융경제학 및 거시경제학에 미치는 영향에 대해서는 다음을 참조하라. Pedro Bordalo, Nicola Gennaioli, and Andrei Shleifer, "Overreaction and Diagnostic Expectations in Macroeconomics," *Journal of Economic Perspectives*, Summer 2022, 36(3): pp. 223–244.

그러나 만약 통화 정책의 변화가 급작스럽게 발생하고 일정 기간 지속될 것으로 간주된다면 미래 산출에 대한 기대는 상향 조정되고, 미래의 기대 이자율은 하락할 것이며, 주식시장은 활황을 보이고, 산출은 증가할 것이다.

이 단계에서는 정책이나 다른 충격의 파급 효과에 관해 거시경제학자들이 말할 수 있는 것이 얼마나 많을지 회의적일 수 있다. 정책 효과가 기대치에 따라 크게 달라진다면 거시경제학자와 정책 입안자는 정책의 효과를 생각할 때 무엇을 가정해야 할까?

1970년대 이후 거시경제학 연구에서 한 가지 대답이 지배적이었다. 즉, 정책의 효과를 생각할 경우 사람과 기업이 그 효과를 평가하는 데 체계적으로 실수를 할 것이라고 가정하는 것은 현명하지 않다는 것이다. 따라서 정책의 효과를 계산할 때 경제학자는 사람들이 자신과 동일한 모형을 가지고 있으며, 동일한 방식으로 정책의 함의를 계산할 것이라고 가정해야 한다. 이것은 **합리적 기대**(rational expectation)라는 가정으로 알려져 있다.

이 가정이 너무 강한가? 사람들이 미래 임금이나 미래 이자율을 예측하기 위해 거시경제 모형을 풀지는 않으므로 당연히 그렇다. 하지만 유용한 출발점으로 보인다. 거기서부터 합리적 기대로부터의 일탈, 예를 들어 사람들이 미래를 얼마나 멀리 내다보는지, 뉴스에 과도하게 반응하는지, 그리고 일탈이 정책의 효과에 미치는 영향에 대해 생각할 수 있다(기대 형성을 공식화하는 다양한 방법에 대한 자세한 내용은 FOCUS '기대' 참조).

이제 되돌아가서 방금 공부한 통화확장이 발생한 경우에 있어 합리적 기대가 제공하는 시사점을 생각해 볼 수 있다. 하지만 재정 정책 변화라는 맥락에서 이렇게 해보는 것이 더 재미있을 것이다. 이것이 바로 지금부터 관심을 가지려는 주제이다.

## 16-3 재정적자 감축, 기대 그리고 산출

핵심 모형에서 재정적자 감축의 효과에 관해 도달했던 결론을 회고해 보자.

◀ 9-3절에서 재정 정책 변화의 단기와 중기에서의 효과를 논의했다. 재정 정책 변화의 장기적 효과는 11-2절에서 논의했다.

- 단기에 재정적자 축소가 통화확장으로 상쇄되지 않는다면 민간지출과 산출은 감소한다.
- 중기에 재정적자의 감소는 저축과 투자의 증가를 시사한다.
- 장기에 투자 증가는 자본 증가와 그에 따른 산출의 증가를 시사한다.

단기에 나타나는 부정적 효과(그뿐 아니라 세금 인상이나 정부지출 프로그램의 감소가 거시경제적 효과와는 별개로 대중의 반감을 사는 것 역시)는 종종 정부의 재정적자 해결을 방해한다. 현재가 아니라 먼 미래에 생겨날 편익을 위해 왜 지금 경기침체의 위험을 감당해야 하는가?

그러나 많은 경제학자는 일정한 가정하에 감축이 단기에서조차도 실제로 산출 증가로 이어질 수 있다고 주장하고 있다. 그들의 주장은 이렇다. 만약 사람들이 재정적자 감축이 미래에 불러올 긍정적 효과를 고려한다면 이들의 미래에 대한 기대가 충분히 고쳐져 현재 지출은 감소하기보다 증가할 것이고, 그에 따라 현재 산출이 증가할 수 있을 것이라는 것이다. 이 절에서는 이들의 주장을 좀 더 엄밀하게 검토하자. FOCUS '재정적자 감축은 산출팽창으로 이어질 수 있을까? 1980년대 아일랜드'는 이를 지지하는 증거를 검토한다.

경제가 IS 관계인 식 (16.3)과 LM 관계인 식 (16.4)로 설명된다고 가정하자. 이제 정부에서 현재 정부지출 $G$와 미래 정부지출 $G'^e$를 감소시키는 재정적자를 줄이기 위한 프로그램을 발표했다고 하자. 현재의 산출에는 어떤 일이 발생할까?

## 미래에 대한 기대의 역할

먼저 미래 산출 $Y'^e$와 미래 이자율 $r'^e$에 대한 기대가 변하지 않는다고 가정해 보자. 그렇다면 표준적인 답변에 도달한다. 금기에 있어 정부지출의 감소는 IS 곡선의 좌측 이동을 유발하고, 결국 균형산출은 감소한다.

따라서 핵심적인 질문은 '기대에 무슨 일이 발생하는가'이다. 이에 답하기 위해 중·장기에 있어서 재정적자 감축의 파급 효과에 대해 핵심 모형에서 배웠던 바로 돌아가 보자.

- 중기에 재정적자 감축은 산출에 아무런 영향을 미치지 않는다. 그러나 재정적자 감축은 이자율을 낮추고 투자를 높인다. 이들은 9장의 주요한 결론 중 두 가지이다.

  이제 이들 각각에 담긴 논리를 검토해 보자.

  앞에서 중기를 살펴볼 때 자본축적이 산출에 미치는 효과를 무시한다고 한 바 있다. 따라서 중기에 있어 잠재산출 수준은 생산성 수준(일정하다고 가정)과 자연고용 수준에 의존한다. 자연고용 수준 그 자체는 자연실업률에 의존한다. 재화와 서비스에 대한 정부의 지출이 자연실업률에 영향을 미치지 않는다면(그래야 할 당연한 이유는 없다) 지출의 변화는 잠재산출에 아무런 영향을 미치지 않는다. 결국 재정적자 감축은 중기에 있어 산출에 아무런 영향을 미치지 않는다.

  이제 산출이 지출과 일치해야만 하며 지출은 공공지출과 민간지출의 합계라는 점을 기억해 보자. 산출이 일정한 상태에서 공공지출이 감소한다면 결국 민간지출이 높아져야만 한다. 민간지출의 증가는 균형이자율이 낮아질 것을 요구한다. 이자율 하락은 투자 증가를 초래하고, 따라서 민간지출이 증가한다. 민간지출 증가는 공공지출의 감소를 상쇄하고, 결국 산출의 변화는 없다.

  중기: 산출 $Y$는 변하지 않지만, 투자 $I$는 커진다. ▶

- 장기에, 즉 자본축적이 산출에 미치는 효과를 고려하면 투자의 증가는 자본량의 증가를 이끌고, 이는 다시 산출 증가로 이어진다.

  장기: $I$ 증가 ⇒ $K$ 증가 ⇒ $Y$ 증가 ▶

이상이 바로 11장의 주요 결론이었다. 산출 중 더 많은 부분이 저축되면(또는 투자되면 재화시장의 균형을 위해서는 투자와 저축이 일치해야만 한다) 자본량은 증가하고 장기에 있어 산출 수준은 높아진다.

미래 기간은 중기와 장기를 함께 포함한 기간으로 생각해 볼 수 있다. 사람들, 기업들 그리고 금융시장 참여자들이 합리적 기대를 갖는다면 재정적자 감축 정책이 발표되는 데 반응하여 이러한 변화들이 미래에 발생할 것으로 기대할 것이다. 따라서 이들은 미래 산출($Y'^e$)이 상승할 것이라고 기대를 수정할 것이고, 미래 이자율($r'^e$)은 하락할 것이라고 기대할 것이다.

어떻게 이런 상황이 생겨날 수 있을까? 경제학자들의 예측이 적자의 감소가 미래에 산출 증가와 이자율 하락을 초래할 것임을 밝힐 것이기 때문이다. 이러한 예측에 반응하여 장기 이자율이 감소할 것이고, 주가는 상승할 것이다. 사람들과 기업들은 이러한 예측치를 읽고 채권과 주식가격을 살펴보면서 자신들의 지출 계획을 변경해 지출을 늘릴 것이다.

## 금기에 대한 검토

이제 재정적자 감축 정책이 발표되고 실제 집행되기 시작하는 데 대응하여 금기에 무슨 일이 발생할 것인지에 관한 질문으로 되돌아갈 수 있다. 그림 16-5는 금기에 대한 IS 곡선과 LM 곡선을 나타내고 있다. 재정적자 감축 정책의 발표에 반응하여 IS 곡선을 이동시키는 세 가지 요인이 나타난다.

- 현재 정부지출($G$)의 하락은 IS 곡선을 좌측으로 이동시킨다. 이자율($r$)이 일정한 상황에서 정부지출의 감소는 총지출의 감소를 야기하고, 그 결과 산출은 감소한다. 이는 정부지출 감소의 표준적인 효과이며 기초적인 IS-LM 모형에서 고려하는 유일한 요인이다.
- 미래 기대산출($Y'^e$)의 증가는 IS 곡선을 우측으로 이동시킨다. 이자율이 일정할 때 미래 기대산출의 증가는 민간지출의 증가를 가져오고, 이는 산출 증가로 이어진다.
- 미래 기대 이자율($r'^e$)의 하락은 IS 곡선을 우측으로 이동시킬 것이다. 현재 이자율이 일정한 상황에서 미래 이자율 하락의 기대는 지출을 촉진하고 산출 증가를 이끈다.

이들 세 가지 요인이 상호작용한 순효과는 IS 곡선을 어떻게 이동시킬까? 소비와 투자지출에 대한 기대의 효과가 정부지출 감소의 효과를 상쇄할 수 있을까? IS 관계의 정확한 형태와 재정적자 감축 프로그램의 상세한 내역에 대한 훨씬 많은 정보 없이는 어떤 효과가 지배적이며 그에 따라 산출이 증가하고 감소할지 여부를 말할 수 없다. 그러나 이러한 분석은 두 가지 경우

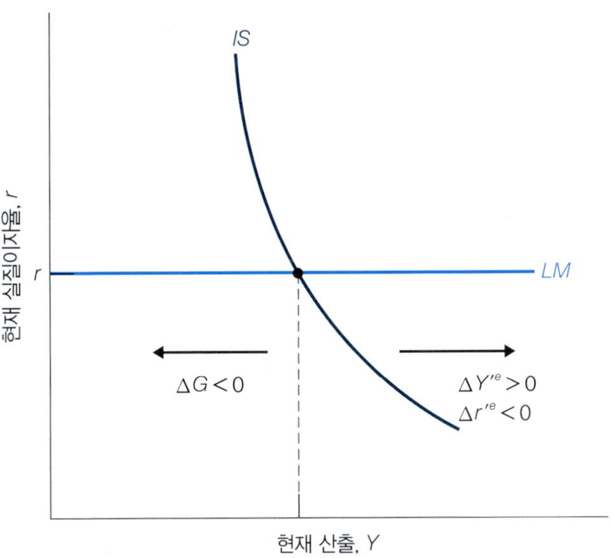


**그림 16-5**

**재정적자 감축의 금기 산출에 대한 영향**

기대에 대한 영향을 고려하면 정부지출의 감소가 반드시 산출 하락을 초래할 필요가 없다.

가 모두 발생할 수 있음을 말한다. 즉, 산출은 재정적자 감소에 대응하여 증가할 수도 있다. 그리고 이러한 분석은 언제 이런 일이 발생할 것인지에 관해 약간의 힌트를 제공한다.

- 시점이 중요하다. 현재의 정부지출($G$) 감소 규모가 작을수록 현재의 지출에 대한 부정적 효과는 감소한다는 점에 주의하라. 아울러 기대된 미래 정부지출($G'^e$)의 감소 규모가 클수록 기대되는 미래 산출과 이자율에 대한 효과는 커지며, 이에 따라 현재 지출에 대한 긍정적 효과는 커진다. 이는 현재보다는 미래의 재정 감축 규모를 증가시켜 재정 감축 프로그램을 미래로 **연기**(backloading)하는 것이 산출 증가를 나을 가능성이 더 높을 것임을 시사한다. 다른 한편 미래로의 연기는 다른 문제를 야기한다. 지출의 고통스러운 감소에 대한 필요성을 발표하면서도 구체적인 행동은 미래로 미루는 것은 프로그램의 **신뢰성**(credibility, 정부가 때가 되면 자신이 약속한 것을 실제로 할 것에 관한 인식된 가능성)을 감소시킬 것이다. 정부는 미묘한 균형을 유지해야 한다. 금기의 충분한 감소는 재정긴축에 대한 진지함을 보여준다. 반면 미래로 충분한 감소를 넘길 경우 단기에 경제에 대한 부정적 효과를 감소시킬 것이다.
- 구성이 중요하다. 적자 감소의 얼마가 세금 인상에서 비롯하고, 얼마가 지출 감소에서 비롯하는지가 중요할 수 있다. 일부 정부지출 프로그램이 '낭비'로 간주될 경우 이 프로그램을 오늘 중단하면 미래에 세금을 삭감할 수 있다. 미래에 세금과 왜곡이 낮아질 것이라는 기대는 현재의 기업 투자를 유도하여 단기에 산출을 높일 수 있다.
- 초기 상황이 중요하다. 정부가 사실상 예산에 대한 통제를 상실한 것으로 보이는 경제를 고려하자. 정부지출은 높고 조세수입은 적으며 재정적자가 크다. 정부부채가 빠르게 증가하고 있다. 이런 환경에서 신뢰할 수 있는 적자 감축 프로그램 역시 단기에 산출을 증가시킬 가능성이 더 크다. 프로그램 발표 이전에 사람들은 미래의 중대한 정치·경제 문제를 예상했을 것이다. 적자 감축 프로그램 발표는 정부가 통제력을 되찾았으며 미래가 예상보다 덜 우울하다는 점을 확신시킬 수 있다. 적자 감축 프로그램의 일환으로 세금이 인상되더라도 미래에 대한 비관론의 감소로 지출과 산출이 증가할 수 있다. 정부의 채무불이행을 예상하여 상당한 위험 프리미엄을 요구하던 투자자는 채무불이행 위험이 더 낮아졌고 더 낮은 이자율을 요구하는 것으로 결론 내릴 수 있다. (6장 6-2절로 돌아가 보자. 투자자는 더 낮은 $x$값을 요구할 가능성이 높다.) 정부에 대한 낮아진 이자율은 기업과 개인들에 대한 이자율 인하로 이어질 수 있다.
- 통화 정책이 중요하다. 앞의 세 주장은 통화 정책의 변화 없이 IS 곡선의 이동 방향에만 초점을 맞추었다. 그러나 앞서 논의했듯이 IS 곡선의 불리한 이동에 따른 효과를 완전히 상쇄할 수 없더라도 통화 정책은 정책금리를 낮춤으로써 산출에 대한 부작용을 줄이는 데 도움이 될 수 있다.

요약해 보자.

FOCUS

## 재정적자 감축은 산출팽창으로 이어질 수 있을까? 1980년대 아일랜드

아일랜드는 1980년대에 두 차례의 중대한 재정적자 감축 프로그램을 경험했다.

1. 첫 번째 프로그램은 1982년에 시작되었다. 재정적자는 1981년에 GDP의 13%에 달하는 매우 높은 수준에 도달했다. 과거의 누적된 재정적자로 인해 정부부채는 GDP의 77%에 달했는데, 이 역시 매우 높은 수준이다. 아일랜드 정부는 분명히 정부재정에 대한 통제권을 다시 회복해야만 했다. 이후 3년간 정부는 세금 증가에 대부분 기초하는 재정적자 감축 프로그램을 시작했다. 이것은 의욕적인 프로그램이었다. 산출이 정상성장률로 계속 성장했다면 이 프로그램은 재정적자를 GDP의 5%까지 감축했을 것이다.

   그러나 결과는 참담했다. 표 1의 2행이 보여주듯이 경제성장률은 1982년에는 낮았고, 1983년에는 음의 값을 보였다. 낮은 경제성장률은 실업률의 상당한 증가를 동반해 1981년 9.5%에서 1984년에는 15%로 상승했다(3행). 낮은 경제성장률 때문에 경제활동 수준에 의존하는 조세수입은 기대했던 것보다 낮아졌다. 1981~1984년의 실제 재정 감축은 1행에서 보여주듯이 GDP의 3.5%에 지나지 않았다. 그리고 지속적인 높은 재정적자와 낮은 경제성장률은 GDP 대비 부채 비율을 1984년에 97%까지 추가로 상승시켰다.

2. 재정적자를 감축하려는 두 번째 시도는 1987년 2월에 시작되었다. 당시 상황은 여전히 상당히 나빴다. 1986년 적자는 GDP의 10.7%였고, 부채는 당시 유럽에서는 기록적으로 높은 수준인 GDP의 116%에 머물렀다. 새로운 재정적자 감축 프로그램은 앞서의 경우와 달랐다. 세금 인상보다는 정부 역할을 축소하고 정부지출을 감소시키는 데 더 초점을 맞추었다. 세금 인상의 경우에도 한계세율의 인상보다는 세금을 납부하는 가계의 수를 확대하는, 즉 세금 기반을 확대하는 조세개혁을 통해 이루어졌다. 프로그램은 더 의욕적으로 추진되었다. 산출이 정상성장률로 성장했다면 재정적자 감축은 GDP의 6.4%였을 것이다.

   두 번째 프로그램의 결과는 앞서의 결과와 크게 달랐다. 1987~1989년까지 강한 성장이 나타나 평균 경제성장률은 5%를 상회했다. 실업률은 2% 가까이 하락했다. 강한 경제성장률로 조세수입은 기대했던 것보다 컸고 재정적자는 GDP의 9% 가까이 감소했다.

많은 경제학자는 두 가지 프로그램 결과의 큰 차이점은 각 경우에 있어 기대의 상이한 반응에 기인한다고 주장한다. 이들은 첫 번째 프로그램이 세금 인상에 초점이 맞추어졌고 경제 내에서의 정부의 역할이 지나치게 크다는 사람들의 시각에 변화를 이끌지 못했다고 주장한다. 두 번째 프로그램은 지출의 감소와 세제개혁에 그 초점이 맞추어져 기대에 훨씬 더 긍정적인 효과를 낳았고, 결과적으로 지출과 산출에 긍정적인 효과를 가져왔다.

이들 경제학자의 주장은 옳을까? 한 가지 변수인 가계의 저축률(처분가능소득에서 소비를 뺀 금액을 처분가능소득으로 나눈 비율)은 기대가 이야기의 중요한 부분이라는 것을 강하게 시사한다. 저축률의 행태를 해석하기 위해서는 소비행태에 관한 15장의 교훈을 다시 보아야 한다. 처분가능소

**표 1** 아일랜드의 재정 및 기타 거시경제 지표(1981~1984년, 1986~1989년)

| | 구분 | 1981년 | 1982년 | 1983년 | 1984년 | 1986년 | 1987년 | 1988년 | 1989년 |
|---|---|---|---|---|---|---|---|---|---|
| 1 | 재정적자(GDP 대비 %) | −13.0 | −13.4 | −11.4 | −9.5 | −10.7 | −8.6 | −4.5 | −1.8 |
| 2 | 산출성장률(%) | 3.3 | 2.3 | −0.2 | 4.4 | −0.4 | 4.7 | 5.2 | 5.8 |
| 3 | 실업률(%) | 9.5 | 11.0 | 13.5 | 15.0 | 16.1 | 16.9 | 16.3 | 15.1 |
| 4 | 가계 저축률(처분가능소득 대비 %) | 17.9 | 19.6 | 18.1 | 18.4 | 15.7 | 12.9 | 11.0 | 12.6 |

출처: OECD Economic Outlook, June 1998.

득이 (경기침체기에 나타나는 것처럼) 비정상적으로 낮은 성장률을 보이거나 감소하면 소비 역시 낮은 성장률을 보이거나 감소하지만, 그 변화 규모는 처분가능소득보다 작다. 이는 사람들이 미래에는 상황이 개선될 것으로 기대하기 때문이다. 달리 말해 처분가능소득의 증가가 비정상적으로 낮거나 음의 값을 보이면 저축률은 통상 하락한다. 이제 1981년부터 1984년까지 어떤 일이 발생했는지를 살펴보자(표 1의 4행). 이 기간의 낮은 경제성장률과 1983년의 경기침체에도 불구하고 가계 저축률은 실제로 다소 증가했다. 달리 말해 사람들은 자신의 처분가능소득의 감소 규모보다 소비를 더 감소시켰다. 그 이유는 미래에 대해 매우 비관적이었기 때문이다.

이제 1987~1989년으로 관심을 돌려보자. 이 기간 동안 경제성장은 비정상적으로 강했다. 앞에서와 마찬가지의 논리를 따르면 소비가 덜 강하게 증가할 것으로 그리고 그에 따라 저축률이 증가할 것으로 기대할 것이다. 그러나 대신에 저축률은 1986년 15.7%에서 1989년 12.6%로 급락했다. 소비자들은 미래에 대해 훨씬 더 낙관적으로 변해 처분가능소득의 증가 이상으로 소비를 증가시켰음에 틀림없다.

다음 질문은 두 사례에 있어서 기대조정의 이러한 차이를 전부 두 재정 프로그램의 차이로 돌릴 수 있는지이다. 대답은 '그렇지 않다'는 것이다. 아일랜드는 두 번째 재정 프로그램을 시행할 시기에 많은 방향에서 변화하고 있었다. 생산성은 실질임금보다 훨씬 더 빠르게 증가하고 있었고, 그에 따라 기업에 대한 노동비용은 감소하고 있었다. 세금 우대, 낮은 노동비용 그리고 교육받은 노동력에 끌려 많은 외국기업이 아일랜드로 이전하고 새로운 공장을 건설하고 있었다. 이러한 요인이 1980년대의 경기확장에 중요한 역할을 했다. 아일랜드의 성장은 이후에도 상당한 강세를 지속해, 평균 경제성장률은 1990년 이래 2007년 위기의 순간까지 5%를 초과했다. 분명히 이러한 장기 팽창은 많은 요인에 기인한다. 그럼에도 불구하고 1987년의 재정 정책 변경은 아마도 사람들, 기업(외국 기업 포함) 그리고 금융시장 참여자들로 하여금 정부가 정부재정에 대한 통제력을 다시 회복할 것이라는 점을 확신시키는 데 중요한 역할을 했을 것이다. 그리고 1987~1989년의 상당한 적자 감축은 기초적 IS-LM 모형이 예측하는 바와 같은 경기침체가 아니라 강한 산출팽창을 동반했다는 사실도 남아 있다.

더 상세한 논의는 다음 논문을 참고하라. Francesco Giavazzi and Marco Pagano, "Can Severe Fiscal Contractions Be Expansionary? Tales of Two Small European Countries," NBER Macroeconomics Annual (MIT Press, 1990), Olivier Jean Blanchard and Stanley Fischer, editors.

재정건전화가 팽창적이었는지(그리고 대부분 부정적인 답)의 여부와 시기에 대한 더 체계적인 검토를 위해서는 다음을 참고하라. "Will It Hurt? Macroeconomic Effects of Fiscal Consolidation," Chapter 3, World Economic Outlook, International Monetary Fund, October 2010.

이러한 논의는 지출과 조세 수준을 현명하게 선택하여 정부는 필요한 수준의 산출 수준을 달성할 수 있다는 3장의 결론과 크게 다르다. 여기서는 (논의가 현실에 더욱 가까워짐에 따라) 적자 감축의 산출에 대한 영향조차 모호하다. 현재의 재정 정책 문제에 대한 추가적 논의는 22장을 참조하라.

재정 감소 프로그램은 단기에서조차 산출을 증가시킬 수 있다. 실제로 그럴지는 많은 요인에 ▶ 의존한다. 특히 다음 요인이 중요하다.

- 프로그램의 신뢰성: 발표된 대로 지출 감소 혹은 세금 인상이 현실화될 것인가?
- 프로그램의 구성: 프로그램은 경제의 왜곡된 부분의 일부를 제거하는가?
- 최초의 정부재정 상태: 최초 적자의 규모는 얼마나 큰가? 이는 '최후의 기회'라 할 수 있는 프로그램인가? 실패하면 어떤 일이 발생하겠는가?
- 통화 정책과 기타 정책: 이들은 단기에 수요에 대한 직접적인 부정적 효과를 상쇄하는 데 도움이 될 것인가?

이는 성과를 결정하는 데 있어 기대의 중요성과 이런 맥락에서 재정 정책의 사용과 관련된 복잡성에 대한 감을 제공한다. 그리고 이는 단순한 사례를 넘어선다. 이는 2010년 초 이래 유로 지역에서 큰 논쟁거리가 되었다.

2010년까지 글로벌 금융위기로 인한 급격한 경제 침체는 2009년의 수요 감소를 제한하기 위해 취해진 재정 정책과 함께 대규모 재정적자와 큰 폭의 정부부채 증가를 야기했다. 대규모 적자가 영원히 지속될 수 없다는 점에는 의문의 여지가 거의 없었으며, 결국 부채는 안정화되어야 했다. 문제는 언제 그리고 어떤 속도로 이루어지느냐였다.

일부 경제학자들와 유로 지역의 대부분의 정책당국은 재정건전화가 즉각 이루어져야 하고 강력해야 한다고 믿었다. 이들은 재정 상황이 통제되고 있음을 투자자에게 납득시키는 것이 필수적이라고 주장했다. 이들은 미래 산출을 증가시키기 위한 구조개혁과 병행된다면 미래의 산출증가에 대한 기대를 통한 효과가 재정건전화의 직접적인 부정적 영향을 넘어설 것이라고 주장했다. 이들은 **재정긴축**(fiscal austerity)을 주장했다. 예를 들어 유럽중앙은행 총재 트리셰(Jean Claude Trichet)는 2010년 9월에 다음과 같이 말했다.

> "(재정건전화는) 정부의 재정목표의 신뢰성에 대한 믿음을 유지하기 위한 전제 조건이다. 믿음에 대한 긍정적 효과는 재정조정 전략이 신뢰성 있고 야심 차고 지출에 초점을 맞추고 있다고 인식될 때 재정긴축에 따른 수요 감소를 메꿀 수 있다. 그러한 긍정적 효과에 대한 조건은 현재와 같은 거시경제 불확실성이 존재하는 환경에서 특히 유리하다."

다른 사람들은 침체된 상황을 고려할 때 긍정적 기대 효과가 강할 것이라는 주장에 회의적이었다. 그들은 정책금리가 이미 명목금리 하한에 이르러서 통화 정책은 큰 도움이 되지 못할 것이라는 점을 지적했다. 대부분의 유로 국가에서 채권에 대한 위험 프리미엄은 상대적으로 작았기 때문에, 투자자들의 우려가 줄어든다 할지라도 크게 감소할 수는 없었다. 부채가 안정화될 때까지는 비록 부채 수준이 높아지더라도 느리고 지속적인 재정건전화가 필요하다고 주장했다.

이 논쟁은 **재정승수**(fiscal multiplier) 논쟁으로 알려져 있다. 강력한 긴축에 찬성하는 사람들은 재정승수, 즉 직접 효과와 기대효과를 고려한 재정긴축의 순효과가 음의 값을 가질 수 있다고 주장했다. 재정적자의 감소는 다른 조건이 일정할 때 산출을 증가시킬 것이다. 이에 반대

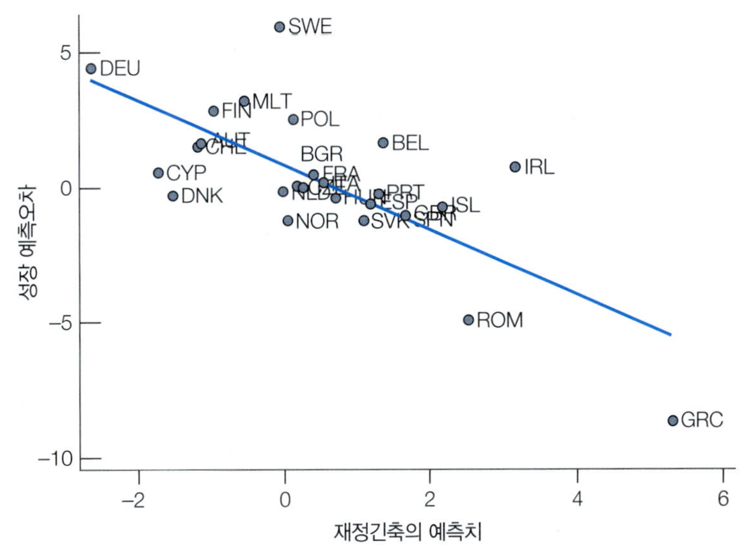


**그림 16-6**

**유럽에서의 성장 예측오차와 재정긴축(2010~2011년)**

2010년과 2011년에 재정건전성이 강화된 유럽 국가들에서 더 큰 음의 성장 예측오차가 나타났다.

FOCUS

## 불확실성과 경제변동

미래는 본질적으로 불확실하다. 결과에 대해 일정한 기대를 하지만 결과가 불확실하다는 것을 알고 있다. 지금까지는 기대가 소비 및 투자 결정에 미치는 영향에 초점을 맞추고 이러한 불확실성을 무시해 왔다. 그러나 기대가 주어졌을 때 불확실성은 의사결정에도 영향을 미칠 수 있다. 세 가지 예를 고려하자.

두 가지 시나리오를 고려해 보자. 첫 번째 시나리오에서 여러분은 지금부터 1년 후에 승진하고 급여가 10% 인상될 것이라고 확신한다. 두 번째 시나리오에서는 승진할 확률이 50%이고 임금이 40% 인상되지만, 해고될 확률이 50%이다. 해고될 경우 다른 직업을 찾을 수 있지만 현재 임금보다 20% 낮은 임금을 받을 것으로 확신한다. 기대소득은 두 경우 모두 동일하다. 즉, 모두 10% 더 높아진다. 올해 소비 역시 두 시나리오 모두에서 동일할까? 아마 아닐 것이다. 두 번째 시나리오에서는 더 주의 깊게 행동하고 소비를 줄일 가능성이 높다.

이제 여러분이 회사의 CEO 위치에 있는데, 해외판매 일부에 영향을 미칠 수 있는 관세전쟁이 있을 것이라는 소식을 들었다고 가정하자. 하지만 소문이 아직 모호하고 영향을 받을 제품 목록도 명확하지 않다. 즉, 앞의 경우와 달리 확률과 그 결과에 대한 의견조차 형성할 수 없는 경우이다. 이 경우 여러분은 극도로 신중하게 행동하고 이전에 고려하던 많은 투자계획을 취소할 가능성이 매우 크다.

앞의 예를 계속 다루되 불확실성이 1년 이내에 해소될 것이라고 확신한다고 가정하자. 관세조치가 취해질지 여부 및 관세가 사업에 영향을 미치는지 여부와 경로를 알게 될 것이다. 그렇다면 투자결정을 되돌리기 어려운 경우 불확실성이 해소될 때까지 그러한 결정을 내리는 것을 기다리는 것이 좋다. 경제학자들은 이러한 상황을 가리켜 **기다림의 옵션가치**(option value of waiting)를 반영한다고 말한다. 잘못된 투자 결정은 매우 큰 비용을 야기할 수 있다. 불확실성이 해소되고 올바른 결정을 내릴 수 있을 때까지 기다리는 것이 훨씬 더 적은 비용이 들 수 있다.

지금까지는 개인의 결정에 집중했다. 그러나 충분히 많은 개인과 기업들이 불확실성에 노출되면 거시경제는 큰 영향을 받을 수 있다. 다음의 세 가지 예를 살펴보자.

첫 번째는 대공황으로 거슬러 올라간다. 1929년 10월, 주식시장이 붕괴했을 때 사람들은 미래가 예상보다 더 나쁠 것이라는 사실을 깨달았다. 그러나 동시에 그들은 미래가 훨씬 더 불확실하다고 생각했다. 주식시장 붕괴는 일시적인 사건이었을까, 아니면 길고 고통스러운 경기침체를 촉발할 예정이었을까? 버클리의 로머(Christina Romer)는 낮아진 기대와 높은 불확실성의 인식이 모두 작용했다고 주장한다. 10월과 11월에 자동차 판매가 급감했다. 하지만 백화점 매출은 거의 변하지 않았다. 기대치가 낮았더라면 자동차 판매량과 백화점 판매량이 모두 줄었을 것이다. 자동차 판매는 많이 줄었지만 백화점 판매는 거의 비슷한 수준이었다는 사실은 불확실성과 기다림의 옵션가치가 작용했음을 시사한다. 무슨 일이 일어날지 모르는 소비자들은 차를 사기 전에 기다려보기로 결정했다. 이러한 행동은 수요 감소와 미

그림 1

VIX의 추이(2007~2011년)

출처: FRED, weekly VIX: VIXCLS.

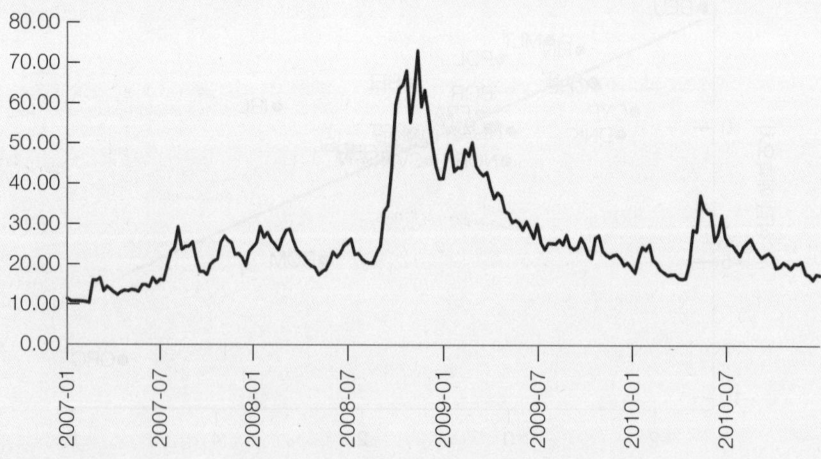

국 경제의 붕괴 속도에 영향을 미쳤다.

두 번째는 글로벌 금융위기의 경우이다. 2008년 9월 리먼 파산 이후(6장 참조) 금융 시스템이 심각한 위기에 처해 있음이 분명해졌다. 그러나 상황이 얼마나 나쁜지 평가하고 어떤 일이 일어날지 추측하는 것이 매우 어려웠다. (나는 알고 있었다. 당시 IMF에 있었기 때문이다.) 금융시장에 만연한 불확실성의 정도에 대한 측정치로 VIX라 하는 주식시장 변동성 지수의 변화추이가 그림 1에 나타나 있다. VIX는 미래에 일정 가격으로 주식을 매매하기로 하는 옵션가격을 사용하여 계산된다. 투자자들이 주식시장이 붕괴될 것을 우려한다면 미래에 주어진 가격에 매도할 수 있는 옵션을 갖기 위해 기꺼이 높은 가격을 지불할 것이다. 반대로 주식시장이 빠르게 회복될 것으로 기대한다면 미래에 주어진 가격으로 매입할 수 있는 옵션을 갖기 위해 기꺼이 높은 가격을 지불할 것이다. **VIX**는 이러한 정보를 종합하여 구성되며 주어진 시점에서 시장의 불확실성에 대한 감각을 제공한다. 그림 1은 2008년 9월과 10월에 VIX가 얼마나 급등했는지 보여준다. 이는 당시의 불확실성의 급증을 반영하고 수요 급감과 깊은 경기침체에 기여했다. 또한 모호함이 얼마나 빨리 해소되고, 그 이후로 얼마나 빨리 가라앉았는지 보여준다.

세 번째는 현재의 무역 긴장의 경우이다. 2018년 트럼프 행정부는 미국 수출품에 대한 관세가 너무 높으므로 인하해야 한다고 주장했다. 멕시코, 중국, 유럽연합(EU)과의 협상이 시작됐지만, 최종 결과가 어떻게 될지에 대해서 상당한 불확실성이 있었다. 그런 맥락에서 기업, 특히 수출 기업이 일부 투자를 보류하며 협상 결과가 더 명확해질 때까지 기다릴 것으로 예상할 수 있다. 이것은 실제로 증거가 보여주는 바이다. 2019년 1월 애틀랜타 연준이 기업을 대상으로 한 설문조사에 따르면 19%가 관세협상의 결과 투자 계획을 재평가하고 있는 것으로 나타났다. 그중 36%는 계획 중 일부를 연기하고 있었다. 기다림의 옵션가치는 분명히 작용했고, 전체 투자를 크게 감소시키기에는 충분하지 않았지만 집계 데이터에서 눈에 띄기에는 충분했다. 결론은 보다 일반적이며 무역전쟁의 이러한 측면에 대한 좋은 경고이다. 2018년 IMF 보고서는 무역 불확실성 지수('불확실성', '무역', 특정 국가 이름과 같은 단어의 근접 빈도 및 AI 텍스트 판독을 기반으로 함)를 만들었다. 이 논문은 유로 지역 내 국가의 경우 이 지수가 1 표준편차를 보이면 GDP 대비 투자 비율이 평균 0.8% 감소하며, 아일랜드나 네덜란드처럼 수출 비중이 큰 국가에서는 이 수치가 2배 더 크다는 결론을 내렸다.

출처: 불확실성이 거시경제에 미치는 영향에 대한 일반적인 논의는 다음을 참조하라. Nicolas Bloom, "Fluctuations in Uncertainty," *Journal of Economic Perspectives*, Spring 2014, 28(2): pp. 153–176.

불확실성의 영향에 대한 더 많은 증거를 보려면 www.policyuncertainty.com 사이트를 방문하라. 다수의 국가에 대한 여러 불확실성 지수의 진화를 확인할 수 있다.

2018년 관세가 미국 기업의 의사 결정에 미치는 영향에 대한 연구는 애틀랜타 연방준비은행 사이트에서 확인할 수 있다(https://www.atlantafed.org/blogs/macroblog/2019/02/25/tariff-worries-and-us-business-investment-take-two).

IMF 연구: Christian Ebeke and Jesse Siminitz, "Trade Uncertainty and Investment in the Euro Area," IMF Working Paper 18-281, December 2018.

하는 사람들은 재정승수가 양의 값을 가지며 아마노 클 것이라고 주장했다. 적자의 감소는 산출의 위축 또는 최소한 경기회복 속도의 지연으로 이어질 것이다.

불행하게도 회의론자들이 옳은 것으로 드러났다. 증거가 쌓여감에 따라 재정건전화의 순효과는 긴축적인 것이 분명해졌다. 가장 강력한 증거는 국가 간 예측오차와 재정건전화 규모 간의 관계였다. 대부분의 유로 국가에서 2010년과 2011년의 성장은 예측된 것보다 훨씬 저조했다. 국가별로 보면 이러한 음의 예측오차는 재정건전화 규모와 밀접한 상관관계가 있었다. 재정건전화 척도에 대비한 성장률 예측오차를 나타낸 그림 16-6에서 볼 수 있듯이 재정건전화 규모가 큰 국가에서 큰 (음의) 예측오차가 나타났다. 이 효과는 그리스에서 특히 두드러졌지만, 다른 나라 역시 마찬가지였다. 작은 양의 승수를 시사했던 모형을 사용해 예측이 이루어졌다는 점을 감안할 때 이 증거는 재정승수가 실제로는 양수일 뿐만 아니라 가정된 것보다 컸음을 시사한다. 기대 효과는 지출 감소와 세금 인상에 따른 부정적인 직접적 효과를 상쇄하지 못했다.

## 요약

- 재화시장에서 민간지출은 현재와 기대되는 미래 산출 그리고 현재와 기대되는 미래 실질이자율에 의존한다.
- 기대되는 미래 산출이나 기대되는 미래 실질이자율의 변화는 현시점에서의 지출과 산출의 변화로 이어진다.
- 재정 및 통화 정책의 지출과 산출에 대한 영향은 정책이 미래 산출과 실질이자율에 어떤 영향을 미치는지에 의존한다.
- 합리적 기대라는 가정은 사람, 기업 그리고 금융시장 참여자들이 미래에 기대되는 정책의 경로를 평가하고, 이어서 미래의 산출과 이자율 등에 대한 시사점을 추정함으로써 미래에 대한 기대를 형성한다는 가정이다. 대부분의 사람들이 이러한 과정을 직접 하지 않는다는 것은 분명하다. 하지만 사람들이 공공 및 민간의 예측기관들의 예측에 의존하여 간접적으로 그렇게 한다고 볼 수 있다.
- 사람, 기업 또는 금융시장 참여자들이 합리적 기대를 하지 않는 경우도 분명히 존재한다. 그렇지만 합리적 기대의 가정은 정책의 잠정적 효과를 평가하는 데 있어 좋은 시작 단계의 기준선이 되는 것으로 보인다. 사람들이 정책 예측에 있어 체계적 실수를 한다는 가정에 기초해 정책을 설계하는 것은 현명하지 않을 수 있다.
- 중앙은행은 단기 명목이자율을 통제한다. 그러나 지출은 현재와 기대되는 미래의 실질이자율에 의존한다. 따라서 경제에 대한 통화 정책의 영향은 단기 명목이자율의 변화가 현재와 기대되는 미래의 실질이자율의 변화를 발생시키는지와 어떤 변화를 발생시키는지에 크게 의존한다.
- 재정적자 감축은 산출을 감소시키기보다는 증가시킬 수 있다. 미래에 있어 산출 증가와 이자율 하락이 발생할 것으로 기대하면 지출 증가가 발생할 수 있기 때문이다. 이로 인한 지출 증가 효과가 적자 감축에 따른 총지출 감소의 효과를 넘어서면 재정적자 감축은 산출증가를 초래한다. 그렇게 될지 여부는 구체적인 상황, 초기 부채 상태, 재정감축에 대한 속도와 신뢰성 및 성격, 그리고 재정긴축 상황에서 수요를 수용하고 유지하려는 통화 정책의 능력에 달려 있다.

## 핵심용어

기다림의 옵션가치(option value of waiting)
동물적 충동(animal spirit)
신뢰성(credibility)
연기(backloading)
재정긴축(fiscal austerity)
재정승수(fiscal multiplier)
적응적 기대(adaptive expectation)
정태적 기대(static expectation)
총민간지출(aggregate private spending) 또는 민간지출(private spending)
합리적 기대(rational expectation)
VIX

## 연습문제

### 기초문제

1. 이 장의 내용에 기초하여 다음에 대해 '사실', '거짓' 또는 '불확실' 여부를 밝히고, 그 이유를 간단히 설명하라.
   a. 현재의 1년 실질이자율의 변화는 기대되는 미래의 1년 실질이자율의 변화보다 지출에 훨씬 더 큰 영향을 미칠 것이다.
   b. 재화시장 모형에 기대를 도입하면 IS 곡선은 여전히 음의 기울기를 갖지만 더 평평해진다.
   c. 투자는 현재와 미래에 기대되는 명목이자율에 의존한다.
   d. 합리적 기대 가정은 소비자가 미래의 재정 정책이 산출에 미치는 영향을 고려할 것임을 시사한다.
   e. 기대되는 미래의 재정 정책은 기대되는 미래의 경제활동에는 영향을 미치지만, 현재의 경제활동에는 영향을 미치지 못한다.

f. 기대에 대한 영향에 따라 재정긴축은 실제로 경제팽창을 야기할 수 있다.

g. 아일랜드에서의 1982년과 1987년의 재정긴축 프로그램의 경험은 재정긴축이 산출팽창을 낳을 수 있다는 가설에 반하는 강력한 증거를 제공한다.

h. 2010년과 2011년의 유로 지역의 경험은 재정건전화가 기대를 통해 산출의 상당한 증가를 불러온다는 것을 시사한다.

2. 최근의 연준의 정책에 관한 다음 인용문들을 고려하자.

a. 2012년 1월 25일, 미 연준은 두 가지 발표를 했다. 다음은 각각에서 발췌한 내용이다.

단기 이자율의 경로에 대한 발표: 더 강력한 경제회복을 지원하고 시간이 지남에 따라 인플레이션이 이중 책임(dual mandate, 물가안정과 완전고용)와 일관되도록 미 연준은 통화 정책에 대해 고도로 수용적인 자세를 유지할 것으로 기대한다. 특히 미 연준은 오늘 연방기금금리 목표 범위를 0~0.25%로 유지하기로 결정했으며, 현재 자원의 저조한 활용률과 중기 인플레이션의 하향 전망 등의 경제 여건을 고려할 때 최소한 2014년 말까지 연방기금금리를 극히 낮은 수준에서 유지하는 것이 필요하다고 예상했다.

목표 인플레이션의 발표: 장기적으로 인플레이션율은 주로 통화 정책에 의해 결정되므로 연준은 인플레이션 장기 목표를 정할 수 있다. 연준은 소비자 물가지수의 연간 변화로 측정한 2%의 인플레이션율이 장기적으로 연준의 법적 권한과 가장 부합한다고 판단한다. 이 인플레이션 목표를 국민에게 명확하게 전달하면 장기 인플레이션 기대치를 확고하게 고정시켜 물가 안정과 적정한 장기 금리를 촉진하고 심각한 경제적 혼란에 직면했을 때 최대 고용을 촉진하는 연준의 능력을 강화할 수 있다.

두 발표의 전체적 목표는 무엇이라고 생각하는가? 이들은 실질이자율에 무엇을 시사하는가?

b. 2018년 12월 19일 통화 정책 발표: 11월 연방공개시장위원회(Federal Open Market Committee) 이후 입수된 정보에 따르면 노동시장 활황이 지속되고 경제활동이 강한 속도로 강화되고 있다. 최근 몇 개월 동안 일자리 증가는 평균적으로 강세를 보였으며, 실업률은 낮은 수준을 유지했다. 가계지출은 강세를 이어간 반면, 기업 고정투자 증가는 연초보다 다소 둔화되었다. 12개월 기준으로 전체 인플레이션과 식품 및 에너지 제외 품목에 대한 인플레이션 모두 2%에 가깝다. 장기 인플레이션 기대치를 나타내는 지표는 대체로 거의 변하지 않았다.

법적 책임에 따라 미 연준은 최대의 고용과 물가안정을 촉진하기 위해 노력한다. 미 연준은 연방기금금리 목표 범위의 점진적으로 높이는 것은 경제활동의 지속적 확장, 강력한 노동시장 조건, 연준의 2% 중기 목표에 근접하는 인플레이션과 일관된 것이라고 판단한다.

현재 및 미래에 예상되는 노동시장 상황과 인플레이션을 고려하여 미 연준은 연방기금금리의 목표 범위를 2.25%에서 2.5%로 인상하기로 결정했다.

이번 발표의 정책금리 목표 범위는 어떻게 되는가? 향후 정책금리의 방향에 대해 어떤 정보가 제공되었는가? 그 결정은 어떻게 정당화되었는가? 이번 발표를 통해 중립적 이자율 수준을 유추할 수 있는가?

c. 2022년 3월 16일 통화 정책 발표: 경제활동과 고용지표는 지속적으로 강화되고 있다. 최근 몇 달 동안 일자리가 크게 증가했으며 실업률도 크게 감소했다. 인플레이션은 여전히 높은 수준을 유지하고 있으며, 이는 팬데믹과 관련된 수요와 공급의 불균형, 에너지 가격 상승, 광범위한 물가상승 압력을 반영한다. 러시아의 우크라이나 침공은 엄청난 인적, 경제적 어려움을 야기하고 있다. 미국 경제에 미치는 영향은 매우 불확실하지만, 단기적으로는 침공과 관련 사건들이 인플레이션에 추가적인 상승 압력을 가하고 경제활동에 부담을 줄 가능성이 높다. 위원회는 장기적으로 최대 고용과 2%의 인플레이션을 달성하고자 한다. 위원회는 통화 정책 기조를 적절히 강화함으로써 인플레이션이 목표치인 2%로 회복되고 노동시장이 강세를 유지할 것으로 예상한다. 이러한 목표를 지원하기 위해 위원회는 연방기금금리 목표 범위를 0.25~0.5%로 상향 조정하기로 결정했으며, 목표 범위의 지속적인 인상이 적절할 것으로 예상한다. 또한 위원회는 다음 회의에서 재무부 증권과 기관 부채 및 기관 MBS의 보유를 줄이기 시작할 것으로 예상한다.

이번 발표에서 정책금리의 목표 범위는 어떻게 되었는가? 향후 금리 향방에 대해 어떤 정보가 제공되었는가? 인플레이션에 상승 압력을 가할 것으로 생각되는 비경제적 충격은 무엇인가?

3. 다음 각각에 대해 IS 곡선과 LM 곡선 중 무엇이 이동할지, 동시에 이동할지, 아니면 아무런 이동이 없을지를 결정하라. 각 경우에 있어 아무런 외생변수도 변화하지 않는다고 가정하라.

a. 기대되는 미래 실질이자율의 감소

b. 현재 실질 정책금리의 증가

c. 미래에 기대되는 세금 증가

d. 미래에 기대되는 소득의 감소

4. 다음 주장에 대해 논의하라. "합리적 기대 가정은 비현실적이다. 본질적으로 모든 소비자가 경제에 대한 완벽한 지식을 갖는다고 가정하는 셈이 되기 때문이다."

5. 대선 기간 동안 세금인하를 약속한 새 대통령이 방금 선출되었다. 사람들은 대통령이 약속을 지키겠지만, 세금인하는 미래에 집행될 것으로 믿는다. 다음의 각 가정이 성립한다고 할 때 선거가 현재 산출, 현재 이자율 그리고 현재의 민간지출에 미치는 영향을 결정하라. 각 경우에 있어 $Y'^e$, $r'^e$, $T'^e$에 어떤 일이 발생할지를 나타내고, 기대에 대한 이러한 변화가 현재 산출에 어떤 영향을 미칠 것인지를 생각하라.

a. 중앙은행이 현재 실질 정책금리를 바꾸지 않는다.

b. 중앙은행은 미래 산출의 변화를 방어할 정책을 취할 것이다.

c. 중앙은행은 미래 이자율의 변화를 방어할 정책을 취할 것이다.

6. 아일랜드의 적자 감축 패키지

FOCUS '재정적자 감축은 산출팽창으로 이어질 수 있을까? 1980년대 아일랜드'는 재정건전화 사례를 제공한다. 아일랜드는 1981~1982년에 막대한 재정적자를 기록했다.

a. 적자 감축의 중기와 장기에서의 시사점은 무엇인가? 적자를 감축하는 데 따른 장점은 무엇인가?

b. 이 FOCUS는 두 가지 적자 감축 프로그램을 논의한다. 어떻게 다른가?

c. 이 FOCUS는 두 가지 적자 감축 프로그램이 가계의 기대에 다른 영향을 미쳤다는 증거를 제시한다. 그 증거는 무엇인가?

d. 데이터는 1987~1989년까지 높은 경제성장률을 보였지만, 두 번째 재정건전화 과정에서 아일랜드의 거시경제가 계속 약화되었다는 증거가 있다. 그 증거는 무엇인가?

## 심화문제

7. 새로운 중앙은행장의 임명

가상적 경제에서 미국의 중앙은행장, 즉 연준의장이 예상과 달리 1년 안에 은퇴할 것을 발표했다고 하자. 동시에 대통령은 새로운 임명자가 중앙은행장을 대체할 것이라고 발표했다. 금융시장 참여자들은 의회에서 새로운 임명자가 인준될 것으로 예상한다. 아울러 금융시장에서는 새로운 중앙은행장이 미래에 더 긴축적인 통화 정책을 수행할 것으로 믿고 있다. 다시 말해 시장 참여자들은 통화공급이 미래에 감소할 것으로 기대한다.

a. 현재 시점을 현 중앙은행장 임기의 마지막 연도라 하고, 미래를 그 이후라 하자. 통화 정책이 미래에 더 긴축적이라면 미래 이자율과 미래 산출(최소한 잠시만이라도 산출이 잠재 GDP에 복귀하기 전이라 하자)은 어떻게 되겠는가? 이러한 미래 산출과 미래 이자율이 예측되었다고 할 때 현재의 산출과 이자율은 어떻게 되겠는가? 중앙은행장이 1년 안에 은퇴할 것이라는 소식이 발표된 날 수익률곡선에는 어떤 일이 발생할까?

예상과 다른 발표 대신 중앙은행장이 법률에 의해 1년 안에 은퇴해야 하고(연준의장의 임기에는 제한이 있다) 금융시장 참여자들은 일정 기간 동안 이를 인식해 왔다고 하자. 문제 a에서와 마찬가지로 대통령이 현 중앙은행장보다 더 긴축적인 통화 정책을 수행할 것으로 기대되는 인물을 새로이 임명한다고 하자.

b. 금융시장 참여자들은 대통령의 선택에 놀라지 않았다고 하자. 다시 말해 시장 참여자들은 대통령이 새로운 중앙은행장으로 누구를 임명할지 올바르게 예측했다고 하자. 이 상황에서 새로운 임명자의 발표는 수익률곡선에 영향을 미치겠는가?

c. 대신 새로운 임명자가 예상치 못한 인물이고 금융시장 참여자들은 새로운 임명자가 현 중앙은행장보다 훨씬 더 팽창적인 통화 정책을 선호할 것으로 기대했다고 가정하자. 이러한 상황에서 발표한 당일의 수익률곡선에는 어떤 일이 발생할 것인가? (힌트: 주의하라. 기대되었던 것과 달리 실제 임명자는 더 긴축적인 정책을 시행하겠는가, 아니면 더 팽창적인 통화 정책을 시행할 것으로 예상되는가?)

d. 2017년 11월 2일, 파월(Jerome Powell)은 옐런(Janet Yellen)의 뒤를 이어 연준의장으로 지명되었다. 10년 만기 국채수익률(FRED 변수 DGS10)과 다우존스 평균주가(FRED 변수 DJCA)를 확인할 수 있다. 금융시장 참가자들이 파월의 지명에 놀랐음을 시사하는 주가나 채권수익률의 변화가 있는가? 파월의 지명을 전후한 기간 동안 문제 8에 설명된 형태의 수익률곡선을 분석

할 수 있다. (이 경우 1년, 10년 이자율을 사용한다.)

## 보충문제

8. 재정적자와 재정건전화

다음 표에서 볼 수 있듯이 2017년 세제개혁과 2020년 COVID-19 팬데믹으로 인해 미국은 2020년에 막대한 연방 재정적자를 기록했다. 짧지만 깊은 COVID 경기침체를 제외하면 실질 생산량은 계속 증가했다.

a. 재정팽창에서 감세와 지출 증가 중 어느 것이 더 큰 역할을 했는가?

b. 본문의 표현을 사용할 때 만약 이 재정팽창이 2017년부터 예상된 것이었다면 그것은 '연기된 것'인가, 아니면 '앞당겨진 것'인가? 이는 재정팽창이 생산량 증가에 미치는 효과를 극대화하는 데 어떻게 도움이 될 수 있는가?

c. 문제 2와 4장 및 6장에서 이 기간 동안 통화 정책이 COVID 경기침체기를 제외하고는 명목 정책 이자율을 인상하려 했고, 목표 물가상승률 2.0%를 유지하겠다고 약속했다는 것을 알고 있다. 그 이유는 무엇일까?

d. 미 연준은 2022년 3월 16일 발표에서 목표 인플레이션율을 유지했다. 이 발표가 통화긴축을 예고한 것일까?

e. 이전 장에서 미래에 대한 가계의 기대치를 측정하기 위해 미시간대학교의 소비자심리 지수를 사용했다. 이 지수의 값은 세인트루이스 연방준비은행에서 관리하는 FRED 데이터베이스(UMCSENT)에서 확인할 수 있다. 이 지수를 찾아 2015년부터 2022년까지 재정팽창이 진행됨에 따른 이 지수의 변화에 대해 논평하라.

미국 재정건전화(2015~2022년)

| 연도 | 수입(GDP 대비 %) | 지출 (GDP 대비 %) | 잉여 또는 적자 (–) (GDP 대비 %) | 실질 GDP 성장률(%) |
|---|---|---|---|---|
| 2015 | 18.0 | 20.4 | –2.4 | 2.7 |
| 2016 | 17.6 | 20.8 | –3.2 | 1.7 |
| 2017 | 17.2 | 20.7 | –3.5 | 2.3 |
| 2018 | 16.4 | 20.2 | –3.8 | 2.9 |
| 2019 | 16.4 | 21.0 | –4.7 | 2.3 |
| 2020 | 16.3 | 31.3 | –15.0 | –3.4 |
| 2021 | 18.1 | 30.5 | –12.4 | 5.6 |
| 2022 (추정치) | 18.3 | 24.1 | –5.8 | 4.0 |

출처: Table B–46, Table B–61, Economic Report of the President 2022.

# Part 6 개방경제

확장

다음 4개의 장은 핵심 모형을 두 번째로 크게 확장한다. 이 장들은 개방성, 즉 대부분의 경제가 재화와 자산을 외국과 교환한다는 사실이 주는 시사점을 살펴본다.

**Chapter 17**

재화시장과 금융시장의 개방이 주는 시사점을 논의한다. 재화시장이 개방되어 있으면 사람들은 국내 재화와 외국 재화(또는 국내재와 외국재) 간의 선택을 할 수 있다. 사람들의 의사결정에 있어 중요한 결정 요인은 국내재로 표시한 외국재의 상대가격, 즉 실질환율이다. 금융시장이 개방되어 있으면 사람들은 국내 자산과 해외 자산 간에 선택을 할 수 있다. 이는 환율(현재 환율과 기대환율 모두 포함)과 국내외 이자율 간의 밀접한 관계, 즉 이자율 평형조건으로 알려진 관계를 부과한다.

**Chapter 18**

개방경제에서 재화시장의 균형에 초점을 맞춘다. 이 장은 국내재에 대한 수요가 어떻게 실질환율에 의존하는지 보여준다. 재정 정책이 어떻게 산출과 무역수지에 영향을 미치는지 살펴보고, 환율 절하가 무역수지의 개선과 산출 증가를 낳을 조건을 논의한다.

**Chapter 19**

개방경제에서 재화시장과 금융시장 균형의 특성을 규명한다. 다시 말해 핵심적인 IS-LM 모형이 개방경제하에서 어떻게 수정되는지 보여준다. 변동환율제도하에서 통화 정책이 이자율뿐만 아니라 환율을 통해 산출에 어떻게 영향을 미치는지 살펴본다. 이 장은 환율을 고정시키는 것이 이자율을 변경할 수 있는 능력을 포기하는 것임을 보인다.

**Chapter 20**

상이한 환율체제의 특성을 살펴본다. 이 장은 고정환율제도하에서 실질환율이 중기에 어떻게 조정될 수 있는지를 우선 보여준다. 이어서 고정환율제도하에서의 환율위기를 살펴보고, 변동환율제도하에서 환율 행태를 검토한다. 이 장은 유로와 같은 공통통화의 수용을 포함한 다양한 환율체제에 대한 찬반양론을 논의하면서 마친다.

# 17

# 재화시장과 금융시장의 개방

지금까지 경제가 '폐쇄'되었다고, 즉 경제가 다른 국가와 상호작용하지 않는다고 가정해 왔다. 현상을 단순하게 하고 기본적인 거시경제 메커니즘에 대한 직관을 구축하기 위해 이런 방식으로 시작해야만 했다. 그림 17-1은 2000년 이후 세계경제 전체뿐만 아니라 선진경제와 신흥경제의 경제성장률을 보여준다. 놀라운 점은 성장률이 함께 움직여왔다는 것이다. 미국에서 글로벌 금융위기가 비롯했다는 사실에도 불구하고 결과는 전 세계적인 경기침체로, 선진국과 신흥경제 모두(즉, '글로벌' 경제)에서 음의 성장률이 나타났다. 따라서 '폐쇄경제'의 가정을 완화할 때가 되었다. 이 장과 다음 3개의 장에서 개방의 거시경제적 시사점을 이해하는 데 주력할 것이다.

◀ COVID 감염병에 따른 경기침체는 약간 다르다. 전염병은 중국에서 시작되었지만, 세계 대부분의 국가에 영향을 미쳤으며, 분명 미국에서의 충격으로부터 비롯된 글로벌 금융위기보다 더 공통된 충격이었다.

◀ 다음 4개 장은 국제경제의 일부만을 다룬다. 보다 좋은 교재로는 Paul Krugman, Marc Melitz, Maurice Obstfeld의 *International Economics, Theory and Policy*, 12th ed(Prentice Hall, 2022)를 보라.

'개방'은 세 가지 상이한 측면을 갖는다.

1. **재화시장의 개방**: 국내재와 외국재 간에 선택을 할 수 있는 소비자와 기업의 능력. 어떤 국가도 이러한 선택을 아무런 제한 없이 방치하지 않는다. 자유무역에 가장 적극적인 국가들조차도 수입재에 대해 세금, 즉 **관세**(tariff)를 부과하며, 일부 외국재에 대해서는 수입할 수 있는 재화의 규모에 대한 제한, 즉 수입 **쿼터**(quota)를 부과한다. 동시에 대부분의 국가에서는 평균 관세율은 낮으며, 점점 낮아지고 있다.

2. **금융시장의 개방**: 금융시장 투자자가 국내 자산과 해외 자산 간에 선택할 수 있는 능력. 최근까지 프랑스와 이탈리아처럼 세계에서 가장 부유한 국가들조차도 **자본통제**(capital control), 즉 국내거주자가 보유할 수 있는 해외자산이나 외국인이 보유할 수 있는 국내자산에 대한 제약을 유지해 왔다. 그러나 이 제약은 빠른 속도로 사라지고 있다. 결과적으로 각국 금융시장은 점점 더 밀접하게 통합되어 가고 있다.

◀ 그러나 지난 10년 동안 이러한 세 가지 개방추세는 도전받아 왔다. 지정학적 긴장, 특히 미국과 중국 간의 지정학정 긴장은 관세 인상, 자본흐름에 대한 제약 그리고 외국인직접투자에 대한 제약의 강화를 야기했다. 이런 상황이 지속되면 이들 조치는 상당한 부정적 거시경제 효과를 초래할 것이다. 이 효과에 대해서는 19장에서 검토한다.

3. **요소시장의 개방**: 기업이 생산 지역을 선택할 수 있고 노동자는 일할 지역을 선택할 수 있는 능력. 여기에서도 추세는 명백하다. 다국적 기업은 많은 국가에서 공장을 운영하며 낮은 비용을 활용하기 위해 세계 전역에 걸쳐 조직을 이동시킨다. 1993년에 미국, 캐나다, 멕시코가 체결한 **북미자유무역협정**(North American Free Trade Agreement, NAFTA)에 관한 논쟁의 대부분은 이 협정이 미국 기업이 멕시코로 다시 배치되는 현상에 미치는 영향에 집중되었다. 비슷한 우려가 중국에 집중되고 있다. 그리고 저임금 국가로부터의 이민은 유럽에서 미국에 이르기까지 많은 국가에서 뜨거운 정치 문제가 되고 있다.

그림 17-1

**선진국과 신흥경제국의 성장(2000년 이후)**

선진국, 신흥경제국 그리고 개발도상국은 상당히 함께 움직인다.

출처: IMF, World Economic Outlook Data Base, April 2023.

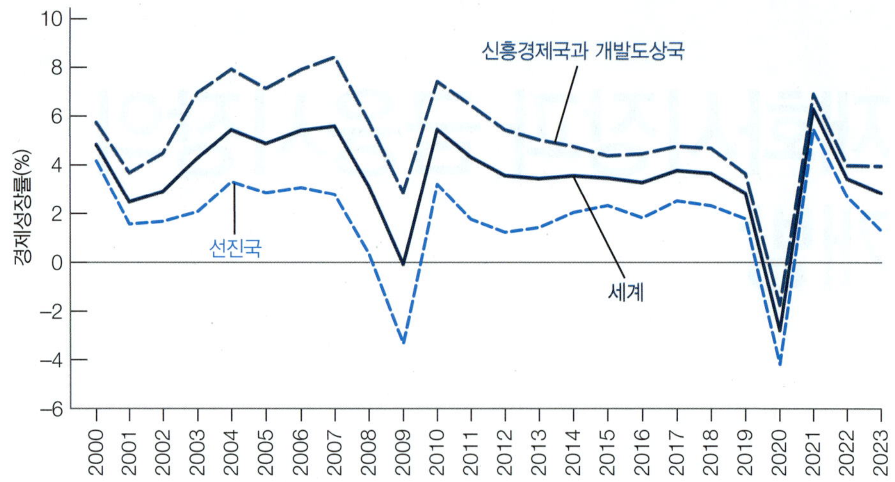


이 장과 다음 3개 장의 초점이 되는 단기와 중기에 있어 요소시장의 개방은 재화시장이나 금융시장의 개방보다 큰 역할을 하지 못한다. 따라서 요소시장의 개방성을 무시하고 개방의 처음 두 측면이 주는 시사점에 초점을 맞춘다.

**17-1** 재화시장의 개방, 국내재와 외국재 간 선택의 결정 요인인 실질환율의 역할을 살펴본다.

**17-2** 금융시장의 개방, 국내자산과 해외자산 간 선택의 결정 요인인 이자율과 환율의 역할을 살펴본다.

**17-3** 이어지는 3개의 장을 전체적으로 개관한다.

**이 장의 핵심 주제:** 개방경제를 고려할 때 국내재와 외국재의 선택, 국내자산과 외국자산의 선택 모두를 생각해야 한다. ▶▶▶

## 17-1 재화시장의 개방

미국이 여타 세계로부터 얼마나 많은 재화를 사고파는지부터 살펴보며 시작하자. 그러고 나면 국내재화와 외국재화 간의 선택 그리고 국내재로 나타낸 외국재의 상대가격, 즉 실질환율에 대해 생각할 수 있는 위치에 서게 될 것이다.

### 수출과 수입

그림 17–2는 1960년 이래 미국 수출과 미국 수입의 추이를 GDP 대비 비율로 나타내고 있다('미국의 수출'은 미국으로부터의 수출을 의미하고 '미국의 수입'은 미국으로의 수입을 의미한다). 그림은 두 가지 중요한 결론을 내리게 한다.

- 미국 경제는 시간이 흐를수록 더 개방되고 있다. 수출과 수입은 1960년대 초에는 GDP

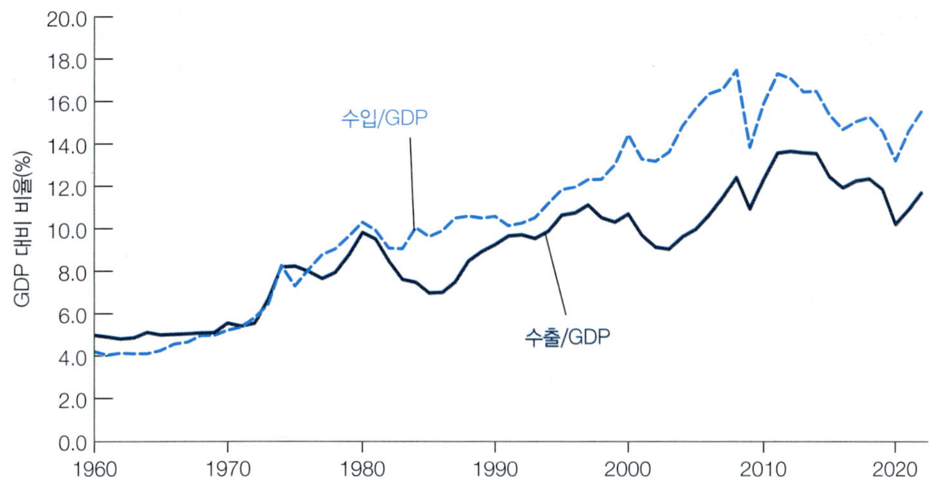


**그림 17-2**

**미국 수출과 수입의 GDP 대비 비율(1960년 이후)**

1960년 이래 수출과 수입(GDP 대비)은 3배 이상 증가했다. 미국 경제의 대외 개방도는 더 높아졌다.

출처: FRED: GDP, EXPGS, IMPGS.

의 약 5%였지만, 현재는 GDP의 약 14%에 달한다(수출의 경우 11.7%, 수입의 경우 15.5%). 달리 말해 미국은 50년 전에 했던 것보다 다른 나라들과 GDP 대비 3배 이상의 무역을 하고 있다. 그러나 지난 10년 정도의 기간 동안 이 추세는 실제로 반전되어 수출 비율과 수입 비율 모두 소폭 하락했다.

- 1970년대 이래 수입은 수출을 일관되게 초과했다. 달리 말해 지난 40년간 미국은 지속적인 무역적자를 기록했다. 2000년대 중반 4년간 연속으로 GDP 대비 무역적자 비율은 GDP의 5%를 초과했다. 위기가 시작된 후 무역적자 비율은 감소했지만, 오늘날에도 여전히 높은 상태에 머물러 있다. 대규모 재정적자의 원인과 시사점은 중요한 문제로 후에 다룰 것이다.

3장에서 무역수지는 수출과 수입의 차로 정의했다. 수출이 수입을 초과하면 무역흑자(양의 무역수지)가 나타난다. 수입이 수출을 초과하면 무역적자(음의 무역수지)가 나타난다.

언론에서의 글로벌화(globalization)에 관한 무수한 논평을 감안해 볼 때 GDP 대비 약 14%의 무역 규모(GDP 대비 수출입 비율의 평균)는 사소하게 보일 것이다. 그러나 무역 규모가 개방도를 나타내는 적절한 지표일 필요는 없다. 많은 기업이 외국 기업과의 경쟁에 노출되어 있지만, 경쟁적이고 제품가격을 충분히 낮게 유지함으로써 이들 기업은 국내에서의 시장 비중을 유지하고 수입을 억제할 수 있다. 결국 수출이나 수입 비율보다 더 나은 개방 지수는 **교역재**(tradable goods), 국내시장이나 외국시장에서 외국재화와 경쟁하는 재화로 구성된 총산출의 비율이다. 추정에 따르면 교역재는 오늘날 미국에서 총산출의 약 60%를 나타낸다.

교역재에는 자동차, 컴퓨터 등이 있으며, 비교역재에는 주택, 대부분의 의료 서비스, 미용 등이 포함된다.

하지만 수출이 GDP의 11.7%에 달하고 있으므로, 미국이 세계의 부국 중에서 GDP 대비 수출비율이 가장 낮은 국가들 중의 하나임은 사실이다. 표 17-1은 다수의 OECD 국가들에서 GDP 대비 수출비율을 보여준다.

미국은 수출비율이 가장 낮은 국가에 속한다. 일본은 거의 2배, 영국은 3배에 달한다. 독일은 3배 높다. 그리고 유럽의 소국들은 스위스 75.0%, 네덜란드 92.6% 등 높은 비율을 보이고 있다. (네덜란드의 GDP 대비 높은 수출비율은 기이한 가능성을 제기한다. 수출이 GDP를 넘

**표 17-1** 일부 OECD 국가에서의 GDP 대비 수출비율(2022년)

| 국가 | 수출비율(%) | 국가 | 수출비율(%) |
|---|---|---|---|
| 미국 | 11.7% | 독일 | 50.3% |
| 일본 | 18.2% | 오스트리아 | 60.8% |
| 칠레 | 35.7% | 스위스 | 75.0% |
| 영국 | 32.7% | 네덜란드 | 92.6% |

출처: World Bank database, exports.

어설 수 있을까? 달리 말해 어떤 나라의 수출비율이 1보다 클 수 있을까? 답은 '그렇다'는 것이다. 그 이유는 FOCUS '수출이 GDP보다 클 수 있는가?'에 주어져 있다.)

이 수치들은 미국이 이를테면 영국이나 네덜란드에 비해 더 많은 무역장벽을 가지고 있다는 것을 말할까? 아니다. 이 차이를 낳는 주요 요인은 국가의 지리적 위치와 규모이다. 다른 시장으로부터의 거리는 일본의 낮은 수출비율의 상당 부분을 설명한다. 국가 규모 역시 중요하다. 국가가 작을수록 생산에 더 특화되어야 하고 소수의 제품만을 수출하며, 다른 상품에 대해서는 수입품에 의존해야 한다. 네덜란드는 그 경제 규모가 근 20배에 달하는 국가인 미국이 생산하는 모든 종류의 재화를 생산할 여력을 갖기는 어렵다.

아이슬란드는 격리되어 있는 소규모 국가이다. 이 국가의 수출비율은 얼마나 되리라고 기대하는가? (답: 46%)

## 국내재와 외국재 간의 선택

재화시장의 개방에 대한 고려가 재화시장에서의 균형을 살펴보는 방법에 어떤 영향을 미칠까?

지금까지 재화시장에서 소비자의 의사결정을 생각할 때 저축과 소비의 결정에 초점을 맞추었다. 재화시장이 개방되어 있으면 국내 소비자들은 두 번째 의사결정 문제에 접하게 된다. 그것은 바로 국내에서 생산된 재화를 구입할 것인지, 아니면 외국에서 생산된 재화를 구입할 것인지의 문제이다. 사실 국내외 기업과 정부를 포함한 모든 구매자는 동일한 문제를 접한다. 이 결정은 국내산출에 직접적인 영향을 미친다. 만약 구매자가 더 많은 국내재를 매입하면 국내재에 대한 수요가 증가하고 결과적으로 국내산출도 증가한다. 만약 외국재를 더 구입하면 국내산출 대신 외국의 산출이 증가한다.

폐쇄경제에서 사람들은 한 가지 선택 문제에 직면한다. 바로 저축 대 구입(소비)의 문제이다. 개방경제에서는 두 가지 선택을 해야 한다. 바로 저축 대 구입과 국내재 구입 대 외국재 구입이다.

이 두 번째 의사결정(국내재와 외국재 간의 선택)에 있어 중심적인 요소는 외국재의 가격에 대비한 국내재의 상대가격이다. 이 상대가격을 **실질환율**(real exchange rate)이라 한다. 실질환율은 직접적으로 관찰할 수 없고, 신문에서도 발견할 수 없다. 신문에서 볼 수 있는 것은 통화의 상대가격인 **명목환율**이다. 따라서 이 절의 나머지 부분은 명목환율을 살펴보는 데서 출발해 이어서 어떻게 명목환율을 이용해 실질환율을 구축할 수 있는지 살펴본다.

## 명목환율

두 통화 간의 명목환율은 두 가지 방식으로 나타낼 수 있다.

달러 다음으로 중요한 통화는 유로화이다. 하지만 여기서는 달러와 영국 파운드를 중심으로 살펴본다. 유로는 1999년에 등장하여 장기에 걸친 환율변화를 보기 어렵기 때문이다.

## 수출이 GDP보다 클 수 있는가?

FOCUS

한 국가가 GDP를 초과하는 수출을 할 수 있는가? 즉, 수출 비율이 1보다 클 수 있는가?

그렇지 않은 것으로 보일 수 있다. 자신이 생산하는 것보다 더 많이 수출할 수 없으므로, 수출비율은 1보다 작아야 할 것이다. 하지만 그렇지 않다. 답에 대한 열쇠는 수출과 수입이 중간재에 대한 수출과 수입을 포함할 수 있다는 점을 인식하는 데 있다.

예를 들어 어떤 나라가 중간재를 10억 달러 수입하는 경우를 고려하자. 이 나라는 이어서 노동만을 사용해 이들 중간재를 최종재로 변화시킨다. 노동자에게 2억 달러가 지불되고 이윤은 없다고 하자. 이 경우 이들 최종재의 가치는 12억 달러와 같다. 최종재 중 10억 달러만 수출되고 2억 달러는 국내에서 소비된다고 하자.

결국 수출과 수입은 모두 10억 달러이다. 이 경제의 GDP는 얼마일까? GDP는 경제 내에서 부가된 가치이다(2장 참조). 따라서 이 예의 경우 GDP는 2억 달러와 같고, GDP 대비 수출비율은 1,000달러/200달러=5와 같다.

따라서 수출이 GDP를 초과할 수 있다. 실제로 이는 대부분의 경제활동이 항구와 수출입 활동을 중심으로 조직되어 있는 많은 소규모 국가에서 발생한다. 이는 제조업이 중요한 역할을 하는 싱가포르와 같은 소규모 국가에도 적용된다. 2017년에 싱가포르의 GDP 대비 수출비율은 187%였다.

- 외국통화를 기준으로 한 국내통화의 가격. 예를 들어 미국과 영국을 대상으로 달러를 국내통화로, 그리고 파운드를 외국통화로 간주한다면, 명목환율은 파운드를 기준으로 한 달러의 가격으로 표시할 수 있다. 2022년 12월 이런 식으로 정의된 환율은 0.83이었다. 달리 말해 1달러는 0.83파운드의 가치를 지녔다.
- 국내통화를 기준으로 한 외국통화의 가격. 동일한 예를 사용해 명목환율은 달러화를 기준으로 한 파운드의 가격으로도 표시할 수 있다. 이런 식으로 정의된 환율은 2022년 12월 1.20이었다. 다시 말해 1파운드는 1.20달러의 가치를 지녔다.

◀ 전 세계 각국 통화 간의 현재 환율을 알고 싶다면 www.oanda.com/currency/converter의 "currency converter"를 참고하라.

◀ 경고: 이 정의 중 무엇을 사용하느냐에 대한 경제학자들이나 언론에서의 합의된 규칙은 없다. 둘 모두를 마주하게 될 것이다. 항상 어떤 정의가 사용되었는지 검토하라.

어떤 정의를 사용하든 상관없다. 중요한 점은 일관되게 사용해야 한다는 것이다. 이 책에서는 두 번째 정의를 사용한다. 즉, **명목환율**(nominal exchange rate)을 **국내통화로 나타낸 외국통화의 가격**으로 정의할 것이고 $E$로 표기한다. 예를 들어 미국과 영국 간의 환율을 살펴볼 때(미국의 입장에서 달러는 국내통화), $E$는 달러화로 나타낸 파운드의 가격을 지칭한다(예: $E$는 2022년 12월에 0.83이었다).

◀ $E$(명목환율): 국내통화로 표시한 외국통화의 가격(영국의 관점에서 미국을 살펴보면 달러로 표시한 파운드화의 가격이다.)

달러와 대부분의 외국통화 간의 환율은 외환시장에서 결정되며 매일, 매분 변화한다. 이 변화는 **명목절상**(nominal appreciation) 또는 **명목절하**(nominal depreciation), 간단히 절상 또는 절하라 불린다.

- 국내통화의 **절상**(appreciation)은 국내통화로 나타낸 외국통화 가격의 하락을 의미한다. 이 책이 따르는 환율의 정의에 의하면 평가절상은 환율 $E$의 하락에 대응한다.
- 국내통화의 **절하**(depreciation)는 국내통화로 나타낸 외국통화 가격의 상승을 의미한다. 이 책이 따르는 환율의 정의에 의하면 절하는 환율 $E$의 상승에 대응한다.

◀ 국내통화의 절상 ⇔ 국내통화 표시 외국통화 가격의 하락 ⇔ 환율의 하락

◀ 국내통화의 절하 ⇔ 국내통화 표시 외국통화 가격의 상승 ⇔ 환율의 상승

환율의 움직임을 나타내는 두 가지 다른 단어 '평가절상'과 '평가절하'를 만난 적이 있을 것이

**그림 17-3**

**파운드/달러 명목환율의 추이(1971년 이후)**

지난 40년간 달러화가 파운드화 대비 절상되었지만, 이 절상은 두 통화의 명목환율에 있어서 상당한 변동을 동반했다.

출처: FRED: DEXUSUK.

역자 주: 그림의 명목환율은 파운드화 단위로 표시된 달러화의 가치다(파운드/달러).

고정환율제도는 20장에서 논의할 것이다. ▶

다. 이들 두 용어는 **고정환율**(fixed exchange rate)제도를 운영하는 국가들에서 사용하고 있는 용어이다. 고정환율제도는 2개국 이상의 국가들이 통화 간의 환율을 일정하게 유지하는 제도이다. 이 제도하에서 환율의 하락은 정의상 빈번하지 않지만 (절상이라 하지 않고) **평가절상**(revaluation)이라 한다. 환율의 상승은 (절하라 하지 않고) **평가절하**(devaluation)라 한다.

그림 17-3은 1971년 이래 달러와 파운드 간의 명목환율을 나타낸다. 그림의 두 가지 중요한 특징에 주목하라.

- 달러의 추세적 절상: 1971년에 1달러는 0.41파운드의 가치만을 가졌다. 2022년 1달러는 0.83파운드의 가치를 갖게 되었다. 즉, 시간이 지남에 따라 파운드화 대비 달러화의 가치는 절상되었다.
- 환율의 대폭적 변동: 1980년대에 달러의 가치가 파운드 대비 2배 이상 높아진 급격한 절상은 거의 유사한 급격한 절하로 이어졌다. 2000년대 들어 대규모 절하는 글로벌 금융위기가 시작됨에 따라 대규모 절상으로 이어졌고, 이후 소폭의 절하로 연결되었다. 이후 달러는 지속적으로 절상되었다.

그러나 이 절의 관심은 국내재화와 외국재화 간의 선택에 있기 때문에 명목환율은 필요한 정보의 일부에 지나지 않는다. 예를 들어 그림 17-3은 달러와 파운드 두 통화 간의 상대적 가격에 대해서만 말해줄 뿐이다. 영국을 방문하려는 미국 여행자는 자신의 달러화로 얼마나 많은 파운드화를 얻을 수 있는지뿐만 아니라 영국에서 재화의 구입비용이 미국에 비해 얼마나 더 큰지에도 관심을 갖는다. 결국 다음 단계, 즉 실질환율의 구축이 필요한 것이다.

## 명목환율에서 실질환율로

어떻게 미국과 영국 간의 실질환율, 즉 미국재화로 표시한 영국재화의 가격을 구축할 수 있을까?

미국은 오직 한 가지 재화인 캐딜락 SUV만을 생산하고, 영국 역시 재규어 SUV만을 생산한다고 하자. (이 '가정'은 현실과 크게 배치되지만, 곧 보다 현실적으로 변경될 것이다.) 미국 재화(캐딜락)로 표시한 영국재화(재규어)의 가격인 실질환율을 구축하는 과정은 단순하다. 두 재화를 동일한 통화로 나타내고, 이어서 그 상대가격을 비교하면 된다.

예를 들어 두 재화를 파운드로 나타냈다고 하자.

◀ 대신 두 재화를 모두 달러로 나타내더라도 실질환율에 대해 동일한 결과를 얻게 될지 검토하라.

- 첫 단계는 캐딜락의 달러 표시 가격을 파운드 표시 가격으로 전환하는 것이다. 캐딜락의 미국에서의 가격은 57,000달러이다. 달러는 말하자면 0.83파운드의 가치가 있어 캐딜락의 파운드 표시 가격은 57,000달러를 0.83으로 곱한 47,310파운드이다.
- 두 번째 단계는 캐딜락의 달러 표시 가격에 대비한 재규어의 달러 표시 가격의 비율을 계산하는 것이다. 재규어의 영국에서의 가격은 45,000파운드이다. 따라서 캐딜락의 재규어 표시 가격, 즉 미국과 영국 간의 실질환율은 47,310파운드/45,000파운드=1.05이다. 캐딜락은 재규어보다 5% 더 비쌀 것이다.

단순한 이 예를 어떻게 일반화할 수 있을까? 미국과 영국은 각각 캐딜락과 재규어만을 생산하는 것이 아니다. 이 절에서는 미국에서 생산되는 모든 재화로 표시된 영국에서 생산되는 모든 재화의 상대가격을 반영하는 실질환율을 구축하고자 한다.

방금 거쳐온 계산 방법이 진행 방법을 말해준다. 재규어의 가격이나 캐딜락의 가격 대신 영국에서 생산된 모든 재화에 대한 물가지수와 미국에서 생산된 모든 재화에 대한 물가지수를 사용해야 한다. 2장에서 소개한 GDP 디플레이터가 바로 이 역할을 한다. 정의상 GDP 디플레이터는 경제에서 생산된 최종 재화와 서비스의 집합에 대한 물가지수이다.

$P$를 미국의 GDP 디플레이터, $P^*$를 영국의 GDP 디플레이터(이 책에서는 외국변수를 별표로 나타냄), $E$를 달러/파운드 명목환율이라 하자. 그림 17–4는 실질환율을 구축하기 위해 거쳐가는 단계를 보여준다.

- 파운드로 표시된 영국재화의 가격은 $P^*$이다. 이를 환율(파운드의 달러 표시 가격) $E$로 곱하면 달러화로 표시된 영국재화의 가격 $EP^*$를 얻는다.
- 미국재화로 나타낸 영국재화의 가격인 **실질환율** $\varepsilon$(그리스어 소문자 엡실론)은 다음으로

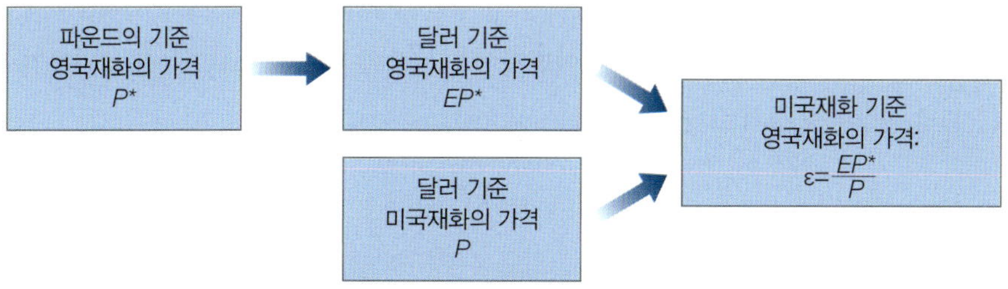

파운드의 기준 영국재화의 가격 $P^*$ → 달러 기준 영국재화의 가격 $EP^*$ → 미국재화 기준 영국재화의 가격: $\varepsilon = \frac{EP^*}{P}$

달러 기준 미국재화의 가격 $P$ → 미국재화 기준 영국재화의 가격: $\varepsilon = \frac{EP^*}{P}$

**그림 17-4**
**실질환율의 구축**

$\varepsilon$: 실질환율은 국내재화로 표시한 외국재의 가격이다. (예: 미국 관점에서 보면, 미국 재화의 가격으로 표시한 영국 재화의 가격이다.)

주어진다.

$$\varepsilon = \frac{EP^*}{P} \tag{17.1}$$

실질환율은 외국의 물가를 명목환율로 곱하고 이어서 국내 물가로 나누어 주면 된다. 이는 앞에서 다룬 캐딜락/재규어에서 한 계산을 그대로 확장한 것이다.

조금 혼란스럽겠지만, 실질환율은 외국물가($P^*$)를 환율로 나눈 국내물가($P/E$)로 나눈 것으로도 정의된다.

$$\varepsilon = \frac{P^*}{P/E}$$

그러나 캐딜락/재규어 예와 위의 일반적 계산 간에는 중요한 차이가 있다. 캐딜락으로 표시한 재규어의 가격과 달리 실질환율은 하나의 지수이다. 즉, 절대 수치는 임의적인 것으로 그 안에는 의미 있는 정보가 없다. 왜냐하면 실질환율을 구축하는 데 사용한 GDP 디플레이터 자체가 지수이기 때문이다. 2장에서 보았듯이 GDP 디플레이터는 기준년으로 선택한 해에 무조건 1(또는 100)과 일치한다.

그렇다고 모든 것이 사라진 것은 아니다. 실질환율의 절대 수치에는 의미 있는 정보가 없지만 실질환율의 변화율에는 정보가 담겨 있다. 예를 들어 미국과 영국 간의 실질환율이 10% 하락했다면, 이는 미국재화가 이제 영국재화보다 전보다 10% 더 비싸졌음을 말해준다.

명목환율과 마찬가지로 실질환율도 시간이 지남에 따라 변화한다. 이 변화를 실질절상이나 실질절하라 한다.

실질절상 ⇔ 국내재로 표시한 외국재의 가격 하락 ⇔ 실질환율의 하락

- 실질환율의 하락, 즉 국내재로 표시한 외국재의 상대가격의 하락은 **실질절상**(real appreciation)이라 한다.

실질절하 ⇔ 국내재로 표시한 외국재의 가격 상승 ⇔ 실질환율의 상승

- 실질환율의 상승, 즉 국내재로 표시한 외국재의 상대가격의 상승은 **실질절하**(real depreciation)라 한다.

그림 17-5는 식 (17.1)을 사용해 구축한 1971년 이후의 미국과 영국 간의 실질환율의 추이를 보여주고 있다. 편의상 그림 17-3의 명목환율의 추이도 옮겨놓았다. 양국의 GDP 디플레이터는 모두 2015년 1분기에 1의 값을 갖도록 했으므로, 명목환율과 실질환율은 동 분기에 같은 값을 갖는다.

그림 17-5가 보여주는 두 가지 특징에 주목하자.

- 명목환율과 실질환율은 반대 방향으로 움직일 수 있다. 1971~1976년간 명목환율은 하락했지만, 실질환율은 실제로 상승했다.

동 기간에 (파운드화 대비 달러화에 있어서의) 명목절상과 (영국재화 대비 미국재화에 있어서의) 실질절하가 동시에 발생한 사실은 어떻게 조화시킬 수 있을까? 그 이유를 살펴보기 위해 식 (17.1)의 실질환율 정의로 돌아가 보자.

$$\varepsilon = E\frac{P^*}{P}$$

1970년대에 두 가지 상황이 발생했다.

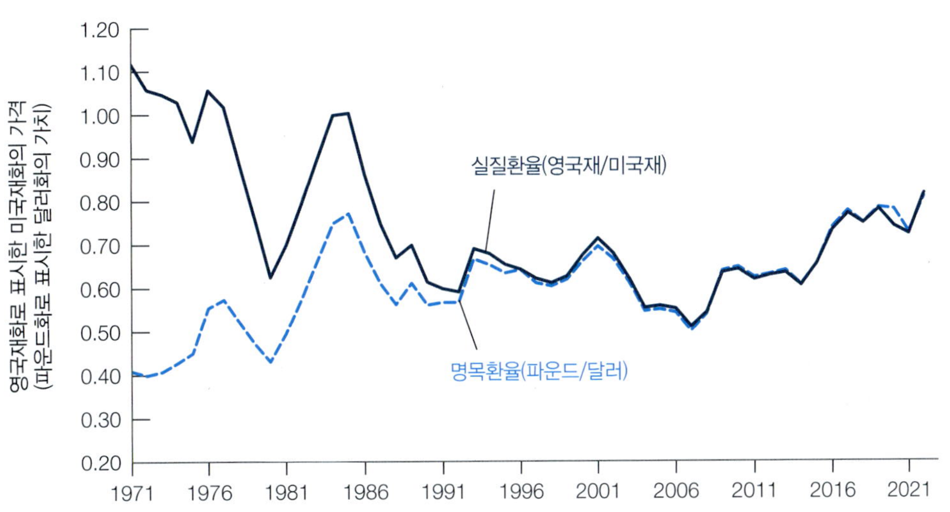


**그림 17-5**

**미국(영국 대비)의 실질 환율과 명목환율의 추이 (1971년 이후)**

1990년대 초까지 미국보다 영국에서 평균 인플레이션율이 더 높았다는 점을 반영하는 추세의 차이를 제외하고는 명목환율과 실질환율은 대체로 함께 움직여왔다.

출처: FRED, US GDP Price deflator GDPDEF, UK GDP price deflator GBRGDPDEFQISMEI, Exchange rate, Inverse of DEXUSUK.

역자 주: 그림에서의 실질환율은 미국 국내재의 가치를 외국재 단위로 표시한다. 반면 본문에서의 실질환율은 외국재의 가치를 미국 국내재 단위로 정의한다. 마찬가지로 명목환율은 그림에서 미국 달러화의 가치를 파운드 단위로 표시하지만, 본문에서는 외환인 파운드의 가치를 달러화 단위로 정의한다.

첫째, $E$가 하락했다. 달러화 표시 파운드화 환율, 즉 달러/파운드 환율은 하락했다. 즉, 앞에서 보았듯이 이것이 바로 명목절상이다.

둘째, $P^*/P$가 상승했다. 물가는 영국보다 미국에서 덜 상승했다. 달리 말해 동 기간에 인플레이션율은 영국보다 미국에서 더 낮았다.

그에 따른 $P^*/P$의 상승은 $E$의 하락보다 컸고, 결국 이는 $\varepsilon$의 상승, 즉 실질절하(국내재로 표시한 외국재의 상대가격의 하락 또는 국내재/외국재)를 낳은 것이다.

무슨 일이 발생했는지 보다 잘 이해하기 위해 영국을 방문하려는 1976년경 미국인 여행자의 예로 돌아가 보자. 이 미국 여행자는 1971년보다 달러당 더 많은 파운드를 살 수 있었다($E$가 하락했다). 그렇다면 이것이 여행경비가 덜 든다는 것을 의미하는 것일까? 그렇지 않다. 미국 여행자가 영국에 도착했을 때 영국에서의 재화가격이 미국에서의 재화가격보다 훨씬 더 상승했음을 발견할 것이다($P^*$는 $P$보다 더 상승했고, 그에 따라 $P^*/P$는 상승했다). 아울러 이는 달러화로 표시한 파운드 가치의 하락을 상쇄하고도 남는다는 것을 알게 될 것이다. 미국 여행자들은 실제로 5년 전보다 (미국재화로 표시했을 때) 여행경비가 훨씬 더 높아졌음을 발견할 것이다.

여기에는 일반적인 교훈이 담겨 있다. 장기간에 걸쳐 국가 간의 인플레이션율 격차는 명목환율과 실질환율의 매우 상이한 변화로 이어질 수 있다. 이 문제는 20장에서 다시 다룰 것이다.

명목절상 없이 실질절상이 발생할 수 있을까? 실질절상 없이 명목절상이 발생할 수 있을까? (두 질문에 대한 답은 모두 '그렇다'이다.)

- 그림 17–3에서 보았던 명목환율의 대폭적인 변동 역시 실질환율에 나타나 있다.

  이는 그리 놀랄 일은 아니다. 물가 수준은 느리게 움직인다. 물가 비율 $P^*/P$의 연도별 변화는 종종 발생하는 명목환율 $E$의 급격한 변화에 비해 통상 작은 편이다. 따라서 연도별 또는 수년간에 걸쳐 실질환율 $\varepsilon$의 변화는 명목환율 $E$의 변동에 의해 좌우되는 경향이 있다. 1990년대 초반 이래 명목환율과 실질환율이 거의 함께 움직여왔음에 주목하자. 이

인플레이션율이 같다면 $P^*/P$는 일정할 것이며 $\varepsilon$과 $E$는 정확히 함께 움직일 것이다.

는 1990년대 초반 이래 인플레이션율이 양국에 있어 매우 유사했다는 사실을 반영한다.

## 양국간 환율에서 다국간 환율로

이제 마지막 단계를 밟아보자. 지금까지는 미국과 영국 간의 환율에 집중해 왔다. 그러나 영국은 미국과 국제무역관계가 있는 수많은 국가 중 하나에 지나지 않는다. 표 17-2는 수출과 수입에 있어 미국 무역의 지역별 구성을 보여준다.

그동안 중국과 트럼프 행정부 간 긴장 요인이었던 미국의 대중국 수입과 대중국 수출 간 불균형이 첨예한 점도 주목해야 한다. 이 때문에 트럼프 행정부는 이 같은 적자를 줄이기 위해 중국산 제품에 대한 관세를 인상하게 되었다. 이 관점의 타당성에 대한 논의는 19장에서 검토한다.

표 17-2가 제공하는 중요한 정보는 미국 무역의 대부분이 3개의 국가군에 집중되어 있다는 점이다. 첫 번째 국가군은 미국의 북쪽과 남쪽의 인접국인 캐나다와 멕시코를 포함한다. 캐나다, 멕시코와의 무역이 미국 수출과 수입의 34%와 30%를 각각 차지한다. 두 번째 국가군은 EU를 포함하는데, 이들은 미국 수출의 18%, 수입의 19%를 차지한다. 세 번째 국가군은 일본과 중국을 포함한 아시아 국가들로 구성되는데, 이들은 미국 수출의 23% 그리고 수입의 29%를 차지한다.

bi는 '둘'을 의미하고, multi는 '다수'를 의미한다.

어떻게 앞에서 초점을 맞추었던 미국과 영국 간의 실질환율과 같은 **양국간 환율**(bilateral exchange rate)에서 무역의 구성을 반영하는 **다국간 환율**(multilateral exchange rate)로 넘어갈 수 있을까?

이들은 미국재화로 나타낸 외국재화의 상대가격을 나타내는 동일한 이름이다. 미국의 **무역가중 실질환율**(trade-weighted real exchange rate), 미국의 **유효 실질환율**(effective real exchange rate), 미국의 **다국간 유효 실질환율**(real broad effective exchange rate).

구하는 방법은 복잡하지만, 사용하려는 원리는 간단하다. 각국의 미국과의 무역 규모뿐만 아니라 다른 국가에서의 미국과의 경쟁도도 포함하는 각국의 비중을 원한다. (왜 미국과 각국 간의 무역 비중만을 고려하지 않을까? 미국과 A국의 두 국가를 고려하자. 미국과 A국은 상호 간에 직접적으로는 무역이 없어 무역 비중은 0이지만 모두 다른 국가인 B국에 수출하고 있다고 하자. 미국과 A국 간의 실질환율은 미국이 B국에 얼마나 수출할 수 있는지에 중요하며 그에 따라 미국의 수출 성과에 영향을 미칠 것이다.) 이런 방식으로 구축된 변수는 **미국의 다국간 실질환율**(multilateral real US exchange rate) 또는 간단히 미국의 실질환율이라 불린다.

그림 17-6은 1980년 이후에 대해 미국재화로 표시한 외국재화의 상대가격인 다국간 실질

**표 17-2 미국 수출과 수입의 국가별 구성(2022년)**

| 국가 | 수출비중(%) | 수입비중(%) |
|---|---|---|
| 캐나다 | 18 | 14 |
| 멕시코 | 16 | 16 |
| EU | 18 | 19 |
| 중국 | 7 | 13 |
| 일본 | 4 | 5 |
| 아태지역(일본 제외) | 12 | 11 |
| 기타 | 25 | 22 |

출처: US Census, International Trade Data, FT900, exhibit 14.

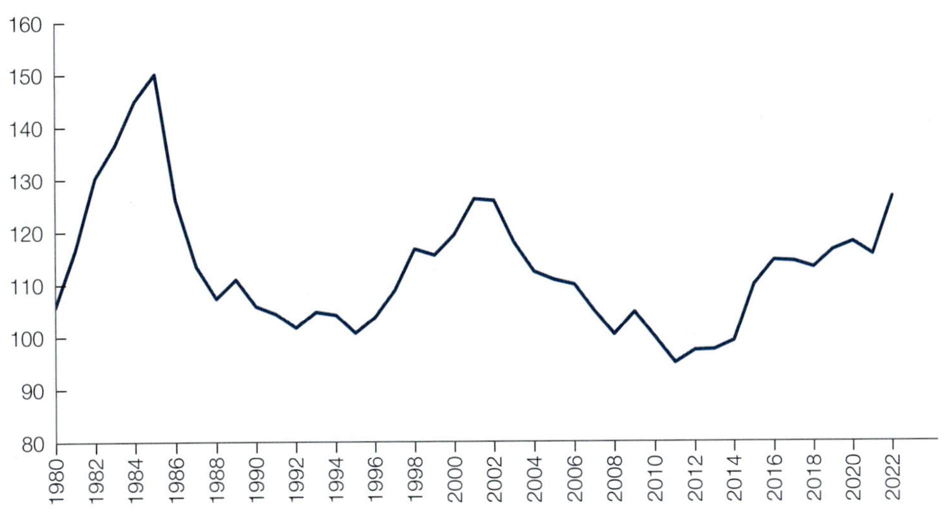


역자 주: 여기서의 실질환율은 미국 국내재의 가치를 외국재 단위로 표시한다.

**그림 17-6**

**미국의 다국간 실질환율 (1980년 이후)**

미국 달러화는 세 차례의 대규모 절상과 두 차례의 대규모 절하를 경험했다.

출처: World Bank, https://data.worldbank.org/PX.REX.REER?locations=US

환율의 추이를 보여준다. 앞에서 보았던 2국간 실질환율과 마찬가지로 이는 지수이다. 따라서 그 절대 수치 역시 임의적이다. 그림 17-6에서 가장 눈에 띄는 것은 1980년대 그리고 더 작은 규모로 2000년대에 있어서의 다국간 실질환율의 대규모 변동이다. 이러한 대규모 변동은 너무 놀라운 것이어서 '달러 순환(dollar cycle)'부터 좀 더 회화적인 '춤추는 달러(dance of the dollar)'와 같은 다양한 이름이 붙여졌다. 여러분이 미국 수출업자이고 여러분의 제품이 수년 사이에 50% 이상 비싸졌다면 어떻게 될 것인가를 생각해 보라. 이어지는 장에서는 이러한 변동이 어디에서 비롯되는지를 살펴보는 한편 이들이 무역수지와 경제활동에 미치는 파급 효과를 살펴볼 것이다.

◀ 그림은 1980년에 시작한다. 세계은행(World Bank)에서 구축한 다국간 실질환율이 1980년부터만 이용 가능하기 때문이다. 연준이 구축한 다른 통계는 2006년부터 이용 가능하다.

## 17-2 금융시장의 개방

금융시장이 개방되어 있을 경우 투자자들은 국내자산뿐만 아니라 외국자산도 보유할 수 있고, 포트폴리오를 다변화할 수 있으며, 국내외 금리차, 환율 등에 대한 투기를 할 수 있다.

실제로 투자자들은 다변화와 투기를 하고 있다. 외국자산의 매매는 외환의 매매를 수반하므로 **외환시장**(foreign exchange market)의 거래량은 국제금융거래의 중요성이 어느 정도인지를 알려준다. 예를 들어 2022년의 전 세계 외환거래의 일별 거래량은 7.5조 달러를 기록했는데, 이 중 90%는 거래 상대방이 달러화인 경우이며, 33%는 유로화, 4%는 위안화(중국 화폐)인 경우이다.

2022년 미국의 수출입 총액은 하루 약 130억 달러에 달하므로, 이들 수치에 대한 감을 잡을 수 있다. 이제 외환시장에서 이루어지는 달러 거래가 미국의 수출업자와 수입업자만으로 구성되었다고 가정해 보자. 즉, 한편으로 미국의 수출업자는 외환 형태의 이익을 외환시장에서 매각하려 하고, 다른 한편으로 미국의 수입업자는 외국재화를 구입하기 위해 외환시장에서 외환을 매입하려 하며, 다른 형태의 달러 거래는 없다고 하자. 이 경우 외환시장에서 달러를 포함한 거래량은 일간 120억 달러였을 것이고, 이는 외환시장에서 달러를 포함한 전체 일별 외환거래량의 약 0.17%에 지나지 않는다. 이 계산에 비추어 볼 때 외환거래의 대부분은 무역과 무관하며 금융자산의 매매와 관련된다는 것을 알 수 있다. 더욱이 외환시장에서의 거래량은 그 규모가 클 뿐만 아니라 빠르게 증가하고 있다. 2001년 이래 외환거래량은 6배 이상 증가했다. 다시 반복하지만 이 증가는 대부분 무역 증가보다는 금융거래의 증가를 반영한다.

일국 금융시장의 개방은 또 다른 중요한 시사점을 갖는다. 무역흑자와 무역적자가 가능하게 되기 때문이다. 어떤 국가가 무역적자를 보이는 것은 그 나라가 타국에 판매하는 것보다 더 많은 것을 사들이기 때문이라는 것을 기억하자. 자국이 판 것과 산 것의 차액을 지불하기 위해 이 나라는 다른 나라로부터 차입을 해야만 한다. 외국인 투자자가 이 나라 금융자산의 보유를 증가시키는 것, 다시 말해 이 나라에 돈을 빌려주는 것을 매력적으로 만듦으로써 차입이 가능한 것이다.

'국가차입(country borrowing)'은 기업, 시민 그리고 금융중개기관에 의한 해외로부터의 차입을 의미한다.

무역흐름과 금융흐름 간의 관계를 보다 자세히 살펴보면서 논의를 시작하기로 하자. 이후 이러한 금융흐름의 결정요인을 살펴보기로 하자.

## 국제수지

무역흐름과 금융흐름을 모두 포함해서 특정 국가의 세계 여타 국가와의 거래는 **국제수지**(balance of payments)라 불리는 회계계정에 요약된다. 표 17-3은 2018년 중 미국의 국제

**표 17-3 미국의 국제수지(2022년, 단위: 10억 달러)**

| 경상계정 | | |
|---|---|---|
| 수출 | 4,424 | |
| 수입 | 5,396 | |
| 무역수지(적자 = −부호) (1) | | −972 |
| 본원소득 수취 | 1,405 | |
| 본원소득 지급 | 1,426 | |
| 순수취 본원소득 (2) | | −21 |
| 경상수지 (1) + (2) (적자 = −부호) | | −993 |
| **금융계정** | | |
| 외국인의 미국 자산보유액 증가 (4) | 1,564 | |
| 미국인의 외국 자산보유액 증가 (5) | 760 | |
| 금융수지 (4) − (5) | | 804 |
| 통계적 오차(금융수지 + 경상수지) | | −189 |

출처: US Bureau of Economic Analysis, US International Transactions, Table. 17.1.

수지를 보여준다. 표는 선에 의해 두 부분으로 나뉘어 있다. 거래는 **선의 위쪽 거래**(above the line)나 **선의 아래쪽 거래**(below the line)로 분류된다.

## 경상계정

선의 위쪽 거래는 타국에 대한 지급이나 수취를 기록한다. 이들은 **경상계정**(current account) 거래라 불린다.

- 처음 두 행은 재화와 용역에 대한 수출입을 기록한다. 수출은 세계의 타국들로부터의 수취로 이어지고, 수입은 세계의 타국들에 대한 지급을 초래한다. 수출과 수입의 차이가 **무역수지**이다. 2022년 수입이 수출을 초과했고 미국은 GDP의 약 4%에 달하는 9,720억 달러의 **무역적자**를 기록했다.
- 수출과 수입이 타국에 대한 지급이나 수취를 불러오는 전부가 아니다. 미국 거주자들은 보유한 외국자산에 대해 투자소득을 획득하며, 반대로 외국 거주자들은 미국자산의 보유로부터 투자소득을 얻는다. 2022년 중 세계 각국으로부터의 투자소득은 1조 4,050억 달러에 달하며, 외국인에게 지급된 투자소득은 1조 4,260억 달러로, **순소득수지**(net income balance)는 −210억 달러를 기록했다.

외국으로의 순지급액과 외국으로부터의 순지급액의 합계를 **경상수지**(current account balance)라 부른다. 외국으로부터의 순지급액이 양의 값을 보이면 **경상수지 흑자**(current account surplus)를 기록하고 있는 것이며, 음의 값을 보이면 **경상수지 적자**(current account deficit)를 기록하고 있는 것이다. 외국으로의 그리고 외국으로부터의 모든 지급액을 더해보면, 미국으로부터 외국으로의 모든 순지급액은 2022년에 −9,720−210=−9,930억 달러이다. 달리 말해 2022년에 미국은 9,930억 달러, 즉 GDP의 약 4%에 달하는 경상수지 적자를 기록했다.

무역적자인데 경상수지는 적자가 아닌 경우가 있는가? 경상수지 적자이면서 무역수지는 적자가 아닌 경우가 있는가? (두 질문에 대한 답은 모두 '그렇다'이다.)

## 금융계정

미국이 2022년에 9,930억 달러에 달하는 경상수지 적자를 기록했다는 사실은 외국으로부터 9,930억 달러를 차입해야 했다는 것을 시사한다. 즉, 외국의 미국자산의 순보유규모는 9,930억 달러 증가했다. 선 아래쪽의 수치는 이것이 어떻게 달성되었는지를 묘사한다. 선 아래쪽 거래는 **금융계정**(financial account) 거래라 불린다.

최근까지 금융계정은 **자본계정**(capital account)으로 불렸다. 여전히 많은 국가와 언론에서 자본계정이라 불린다. 엄밀히 말하면 오늘날 미국에서 '자본계정'은 미국에서 다른 나라로의 순자본이전만을 가리키는데, 매우 작은 규모이다(2022년 중 40억 달러). 그렇다, 혼란스럽다!

외국인의 미국자산 보유의 증가 규모는 2022년에 1조 5,640억 달러였다. 외국인 투자자(민간투자자, 정부 또는 중앙은행)는 1조 5,640억 달러에 달하는 미국의 주식과 채권 그리고 다른 자산을 매입했다.

그러나 동시에 미국의 대외자산 보유는 7,600억 달러 증가했다. 미국의 민간과 공공부문의 투자자는 7,600억 달러에 달하는 외국의 주식과 채권 그리고 다른 자산을 매입했다.

그 결과 미국으로의 **순자본흐름**(net capital flow)이라고도 하는 미국 순대외부채 증가(미이는 소득보다 지출이 많은 경우 그 차액을 차입해야 하는 것과 마찬가지다.

경상수지 적자를 보이는 국가는 양(+)의 순자본유입을 통해 그 재원을 조달해야 한다. 즉, 자본금융수지 흑자를 기록해야 한다.

국 자산의 해외보유 증가+순자본이전 – 미국의 해외자산 보유 증가)는 15,640 – 7,600=8,040억 달러에 달했다. 순자본흐름은 **금융계정수지**(financial account balance)라고도 불린다. 양의 순자본흐름은 **금융계정 흑자**(financial account surplus), 음의 순자본흐름은 **금융계정 적자**(financial account deficit)라고 한다. 다시 말해서 2022년에 미국은 8,040억 달러의 금융계정 흑자를 기록했다.

순자본유입 또는 자본금융수지 흑자는 경상수지 적자(앞서 보았던 규모는 2022년에 9,930억 달러와 같았다)와 같아야 하지 않은가? 원칙적으로는 같아야 한다. 하지만 현실 세계에서는 다를 수 있다.

일부 경제학자들은 화성인과의 기록되지 않은 무역에 그 설명이 있을 것이라고 추측한다. 대부분의 다른 경제학자들은 측정의 오류 때문이라고 믿고 있다.

경상계정과 자본금융계정의 수치는 상이한 자료원에 의존하여 구축된다. 비록 동일한 답을 제공해야 하지만 통상 그렇지 못하다. 2022년에 **통계적 오차**(statistical discrepancy)라 불리는 둘 간의 차이는 1,890억 달러로 경상수지의 약 19%에 달했다. 이는 미국과 같은 부유한 국가에 있어서도 경제 데이터는 완전한 것과는 거리가 멀다는 것을 또다시 상기시켜 준다. (이 측정 문제는 다른 방식으로도 드러난다. 세계 모든 국가의 경상수지 적자를 합하면 0과 같아야 한다. 전체적으로 보면 일국의 적자는 다른 국가의 흑자로 나타나야 한다. 그러나 데이터에서는 그렇지 않다. 세계 모든 국가의 발표된 경상수지 규모를 단순히 모두 더하면 세계 전체가 대규모 경상수지 적자를 기록하는 것으로 나타난다.)

경상계정을 살펴보았으므로, 2장에서 다루었던 주제로도 돌아갈 수 있다. 지금까지 사용한 총산출의 측정치인 GDP와 총산출의 또 다른 측정치인 **국민총생산**(gross national product, GNP)의 차이가 그것이다.

GDP는 국내에서의 부가가치를 측정한다. GNP는 국내 생산 요소의 부가가치를 측정한다. 경제가 폐쇄되었을 때는 두 측정치가 일치한다. 그러나 경제가 개방되어 있으면 달라질 수 있다. 국내 생산에 따른 소득의 일부가 외국인에게 주어지며, 국내 거주자가 외국으로부터 소득을 얻는다. 따라서 GDP에서 GNP로 가기 위해서는 GDP에서 출발해서 다른 국가들로부터 수취한 소득을 더하고 다른 국가에 지급한 소득을 차감해야 한다. 달리 말해 GNP는 GDP에 국외순수취요소소득을 더하면 된다. 더 명시적으로 국외순수취요소소득을 $NI$라 할 때 다음과 같다.

$$GNP = GDP + NI$$

대부분의 국가에서 GNP와 GDP의 차이는 GDP에 비해 작다. 예를 들어 미국의 경우 표 17–3에 나타나 있듯이 국외순수취요소소득은 –210억 달러로, GNP는 GDP보다 210억 달러 또는 GDP의 0.1%만큼 더 작다. 그러나 일부 국가의 경우 차이가 클 수 있다. 이는 FOCUS 'GDP와 GNP: 쿠웨이트의 예'에서 검토해 보자.

## 국내자산과 외국자산 간의 선택

금융시장의 개방은 투자자(또는 투자자를 대리하는 금융기관)가 새로운 의사결정, 즉 국내자산

## GDP와 GNP: 쿠웨이트의 예

FOCUS

쿠웨이트에서 석유가 발견되었을 때 쿠웨이트 정부는 석유 수입의 일정 부분을 소비하기보다는 해외에 저축하고 투자할 것을 결정했다. 석유수입이 고갈되었을 때 투자소득을 쿠웨이트의 미래 세대에게 제공하기 위함이었다. 쿠웨이트는 막대한 경상수지 흑자를 기록했고, 지속적으로 대규모 해외자산을 축적했다. 결과적으로 현재 쿠웨이트는 대규모의 해외자산을 보유하고 있으며 해외로부터 상당한 투자소득을 받고 있다. 그림 1은 1989~1994년까지의 쿠웨이트에 대한 GDP, GNP, 순투자소득을 나타낸다.

이 기간 동안 GNP가 GDP를 얼마나 크게 상회했는지 주목하라. 1989년 해외로부터의 순소득은 GDP의 34%였다. 아울러 순소득이 1989년 이후 어떻게 감소했는지도 주목하라. 이는 1990~1991년 걸프전 비용의 일부를 연합국에 지불해야 했고, 전후 재건비용을 지급해야 했기 때문이다. 쿠웨이트는 이를 경상수지 적자를 통해, 즉 대외자산의 순보유액을 감소시킴으로써 조달했다. 이는 다시 해외자산으로부터 벌어들이는 소득의 감소를 야기했고, 그에 따라 순요소지급액의 감소를 초래했다.

걸프전 이후 쿠웨이트는 상당한 규모의 순대외자산을 다시 축적했다. 2022년에 해외로부터의 순소득은 GDP의 8%를 초과했다.

**표 1** 쿠웨이트의 GDP, GNP, 순소득(1989~1994년)

| 연도 | GDP | GNP | 순소득(NI) |
|---|---|---|---|
| 1989 | 7,143 | 9,616 | 2,473 |
| 1990 | 5,328 | 7,560 | 2,232 |
| 1991 | 3,131 | 4,669 | 1,538 |
| 1992 | 5,826 | 7,364 | 1,538 |
| 1993 | 7,231 | 8,386 | 1,155 |
| 1994 | 7,380 | 8,321 | 941 |

출처: *International Financial Statistics*, IMF, 모든 수치는 100만 쿠웨이트 디나르(dinar) 기준(1디나르는 2022년 기준으로 3.2달러임)

을 보유할지 아니면 외국자산을 보유해야 할지의 여부에 관한 의사결정에 직면한다는 것을 시사한다.

실제로 최소한 두 가지 의사결정에 대해 생각해 봐야 하는 것으로 보인다. 하나는 국내화폐와 외국화폐 간의 선택이고 다른 하나는 국내의 이자지급 자산과 외국의 이자지급 자산 간의 선택이다. 그러나 사람들이 화폐를 보유하는 이유를 기억할 필요가 있다. 바로 거래를 하기 위해서이다. 미국에 거주하는 사람은 대부분 또는 전부 달러로 거래하므로 외환을 보유할 필요가 없다. 외환은 미국 내에서 거래목적으로 사용될 수 없다. 그리고 목표가 외국자산을 보유하는 데 있다 해도 외환을 보유하는 것은 이자를 지급하는 외국채권을 보유하는 것보다 덜 바람직한 것이 분명하다. 결국 남는 것은 국내의 이자지급 자산과 외국의 이자지급 자산 간의 선택에 관한 단지 하나의 새로운 의사결정뿐이다. ◀

4장에서 살펴보았듯이 두 가지 점에 주의해야 한다.
- 불법 활동에 가담한 외국인은 종종 달러를 보유한다. 달러는 쉽게 바꿀 수 있고 추적할 수 없기 때문이다.
- 매우 높은 인플레이션 시기에 사람들은 때때로 일부 국내 거래를 위해서도 외환으로(종종 달러로) 전환한다.

잠시 이들 자산을 국내의 1년 채권과 외국의 1년 채권이라고 하자. 예를 들어 미국 투자자의 입장에서 미국의 1년 채권과 영국의 1년 채권 간의 선택을 고려해 보자.

- 우선 미국 채권을 보유하기로 결정했다고 하자.
- $i_t$를 미국의 1년 명목이자율이라 하자. 이 경우 그림 17-7에 나타나 있듯이 미국 채권을 1달러에 매입한다면 다음 해에 $(1+i_t)$달러를 얻게 될 것이다. (이는 그림 윗부분에서 오른쪽을 향하는 화살표로 표시된다.)

그림 17-7

기대수익: 1년 미국 채권 vs 1년 영국 채권

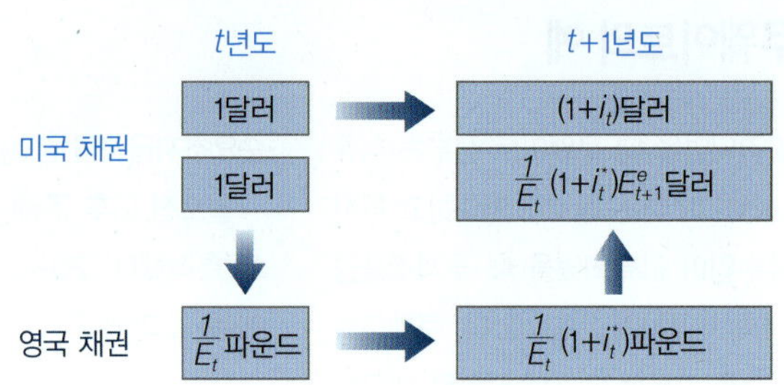


- 이제 대신 영국 채권을 보유하기로 했다고 하자.
- 영국 채권을 구입하기 위해서는 우선 파운드를 구입해야 한다. $E_t$를 달러와 파운드 간의 명목환율이라 하자. 이 경우 1달러를 지급하면 $\frac{1}{E_t}$파운드를 얻을 수 있다(이는 그림에서 아래쪽을 가리키는 화살표로 나타나 있다).

영국 채권(파운드 표시)에 대한 1년 명목이자율을 $i^*_t$로 나타내자. 다음 해가 오면 $\frac{1}{E_t}(1+i^*_t)$를 얻게 될 것이다(이는 그림 아래에서 오른쪽을 향하는 화살표로 나타나 있다).

이어서 파운드화를 달러로 환전해야 한다. 명목환율이 내년에 $E^*_{t+1}$이 될 것으로 기대된다면 각 파운드는 $(1/E^*_{t+1})$달러의 가치를 가질 것이다. 따라서 투자한 1달러에 대해 내년에 $\frac{1}{E_t}(1+i^*_t)E^e_{t+1}$달러를 벌 것으로 기대할 수 있다(이는 그림에서 위로 향하는 화살표에 의해 나타나 있다).

곧 방금 유도한 식을 더 자세히 살펴볼 것이다. 하지만 이 식이 이미 제시하는 기초적 시사점에 주목하자. 미국과 영국 채권 간의 상대적 매력도를 평가하는 데 있어 영국 이자율과 미국 이자율만으로는 정보가 미흡하다. 올해와 내년 사이에 달러/파운드 환율에 어떤 일이 생겨날지에 관한 기대도 고려해야 한다.

이제 14장에서 단기 채권과 장기 채권 간의 선택 또는 채권과 주식 간의 선택을 논의했을 때와 같은 가정을 해보자. 여러분과 다른 투자자들이 위험의 차이는 무시하고 **기대수익률**에만 주의를 기울이고 가장 높은 기대수익률을 제공하는 자산만을 보유하려 한다고 하자. 이 경우 영국 채권과 미국 채권이 모두 보유되려면 두 자산은 동일한 기대수익률을 가져야 한다. 달리 말해 차익거래에 의해 다음과 같은 관계가 성립해야 한다.

$$(1+i_t) = \left(\frac{1}{E_t}\right)(1+i^*_t)E^e_{t+1}$$

정리하면 다음을 얻을 수 있다.

$$(1+i_t) = (1+i^*_t)\frac{E^e_{t+1}}{E_t} \qquad (17.2)$$

식 (17.2)는 **커버되지 않은 이자율 평형조건**(uncovered interest parity relation, UIP) 또는 간단히 **이자율 평형조건**(interest parity condition)이라 한다.

'커버되지 않은'이라는 단어는 '커버된 이자율 평형조건'과 구별하기 위해서이다. 커버된 이자율 평형조건은 다음 선택을 살펴보면 유도된다. 미국 채권을 사서 1년간 보유한다. 아니면 파운드화를 매입한 뒤 그 돈으로 1년 영국 채권을 매입한다. 이와 더불어 파운드화를 **선도환율**이라 하는 미리 결정된 가격에 1년 앞서 달러로 매각하기로 합의한다. 이들 두 대안에 대한 수익률은 **현재 시점**에서 아무런 **위험 없이** 실현 가능하며 일치해야 한다. 커버된 이자율 평형조건은 **무위험 차익거래** 조건이다. 이 조건은 일반적으로 잘 성립한다.

물론 투자자들이 가장 높은 기대수익률을 제공하는 채권만을 보유할 것이라는 가정은 두 가지 이유에서 지나치게 강하다.

- 거래비용을 무시하고 있다. 영국 채권을 사고팔기 위해서는 세 가지 거래가 필요하며 그 때마다 거래비용이 든다.
- 위험을 무시하고 있다. 지금으로부터 1년 뒤의 환율이 어떻게 될지는 불확실하다. 이는 달러 기준으로 볼 때 미국 채권보다 영국 채권을 보유하는 것이 더 위험하다는 것을 의미한다.

◀ 영국 채권 보유와 미국 채권 보유 중 어떤 것이 더 위험한지는 실제로 투자자가 누구냐에 따라 다르다. 미국 투자자의 입장에서 보면 영국 채권의 보유가 더 위험하다. 영국 투자자의 입장에서 보면 미국 채권의 보유가 더 위험하다. (왜 그런가?)

그러나 주요 세계 금융시장(뉴욕, 프랑크푸르트, 런던, 도쿄) 간의 자본 이동이 갖는 특징으로서 위 가정이 그리 비현실적인 것도 아니다. 이자율의 사소한 변화와 코앞에 닥친 절상과 절하의 소문은 수 분 내에 수십억 달러를 움직이게 만들 수 있다. 세계의 부유한 국가들에 식 (17.2)의 차익거래 가정은 현실의 좋은 근사치이다. 규모가 더 작고 발전이 미흡한 자본시장을 가진 다른 국가들이나 다양한 형태로 자본통제를 하는 국가들은 식 (17.2)에서 요구하는 것과 다른 국내 이자율을 선택할 수 있는 보다 많은 여지를 갖고 있다. 이 문제에 대한 논의는 20장의 끝부분에서 다시 이루어질 것이다.

## 이자율과 환율

이자율 평형조건이 시사하는 바가 무엇인지에 대해 더 확실한 감을 잡도록 해보자. 우선 $\frac{E^*_{t+1}}{E_t}$를 $\left(1+\frac{E^e_{t+1}-E_t}{E_t}\right)$로 쓸 수 있고, 이에 따라 식 (17.2)는 다음과 같이 변환된다.

$$(1+i_t) = (1+i^*_t)\left[1+\frac{E^e_{t+1}-E_t}{E_t}\right] \qquad (17.3)$$

이 식은 국내 명목이자율 $i_t$, 해외 명목이자율 $i^*_t$ 그리고 국내통화의 기대절하율 $\frac{E^e_{t+1}-E_t}{E_t}$ 간의 관계를 제공한다. 이자율이나 기대절상률이 예를 들어 연간 20% 정도에 달할 정도로 지나치게 크지 않은 한, 이 방정식은 다음과 같이 근사할 수 있다.

◀ 이는 이 책 부록 2의 명제 3에서 유도된다.

$$i_t \approx i^*_t + \frac{E^e_{t+1}-E_t}{E_t} \qquad (17.4)$$

이 식이 바로 기억해야만 하는 **이자율 평형조건**의 형태이다. 투자자에 의한 차익거래에 따라 국내 이자율은 외국 이자율에 국내통화의 기대절하율을 더한 값과 같아야 한다.

달러가 파운드 대비 3% 절상될 것으로 기대되면 파운드화는 달러 대비 3% 절하될 것으로 기대되는 셈이다. ▶

물론 국내통화의 기대절하율은 외국통화의 기대절상률이기도 하다. 따라서 식 (17.4)는 국내 이자율이 외국 이자율에 외국통화의 기대절상률을 더한 값과 같아야 한다고 해도 동일한 의미를 지닌다.

이 식을 미국 채권과 영국 채권 간의 선택에 응용해 보자. 1년 명목이자율이 미국에서 4.0%이고 영국에서 5.0%라 가정해 보자. 영국 채권을 보유하겠는가, 아니면 미국 채권을 보유하겠는가?

- 내년에 파운드화가 달러화에 대해 미국 이자율과 영국 이자율의 차[이 경우 1.0%(=5.0% −4.0%)]보다 얼마나 절하될 것으로 기대하느냐에 달려 있다.
- 이자율이 미국보다 영국에서 더 높다고 해도 만약 파운드화가 1.0% 이상 절하될 것으로 기대된다면 영국 채권에 투자하는 것이 미국 채권에 투자하는 것보다 덜 매력적일 것이다. 영국 채권을 보유할 경우 내년에 더 높은 이자율을 얻겠지만, 파운드화는 내년에 달러 기준으로 보았을 때 가치가 하락할 것이다. 결국 영국 채권에 대한 투자가 미국 채권에 투자하는 것보다 덜 매력적이 된다.
- 만약 파운드화가 1.0% 이하로 절하되거나 더 나아가 절상까지 이루어질 것으로 기대한다면 반대의 경우가 성립하고 영국 채권이 미국 채권보다 더 매력적이 된다.

이를 다른 방식으로 보자. 커버되지 않은 이자율 평형조건이 성립하고 미국의 1년 이자율이 영국의 이자율보다 1% 낮다면 투자자들이 향후 1년간 달러가 파운드화에 대비해 1%가량 절상될 것을 평균적으로 기대하고 있음에 틀림없으며, 이것이 바로 낮은 이자율에도 불구하고 미국 채권을 기꺼이 보유하려는 이유이다(커버되지 않은 이자율 평형조건의 또 다른 응용사례는 FOCUS '브라질 채권의 매입' 참조).

식 (17.2)의 형태이건 식 (17.4)의 형태이건 이자율과 환율 간의 차익거래 관계는 이어지는 장들에서 중심적인 역할을 할 것이다. 차익거래 관계는 각국이 자국 환율의 거대한 변화를 기꺼이 감수하지 않는 한 국내 이자율과 해외 이자율이 상당한 정도로 함께 움직일 가능성이 높을 것임을 시사한다.

두 국가가 서로 간의 환율을 일정한 값으로 유지하기로 약속한 극단적인 경우를 고려하자. 금융시장이 이 약속을 신뢰한다면 환율은 일정하게 유지될 것으로 기대될 것이고 기대절하율은 0이 될 것이다. 이 경우 차익거래 조건은 양국의 이자율이 정확히 함께 움직여야 할 것임을 시사한다. 앞으로 살펴보겠지만 대부분의 경우 각국 정부들은 환율 유지를 위해 그렇게 절대적으로 약속하지는 않지만, 종종 환율의 과도한 변화는 피하려 한다. 이는 각국이 자국 이자율을 타국의 이자율로부터 얼마나 벗어나도록 허용하는지에 관해 상당한 제한을 가한다.

$E^e_{t+1}=E_t$이면 이자율 평형조건은 $i_t=i^*_t$를 시사한다. ▶

실제로 명목이자율들은 주요국에서 어느 정도나 함께 움직일까? 그림 17-8은 1970년 이래 미국과 영국의 3개월 명목이자율(연율 기준)의 추이를 보여주고 있다. 그림 17-8은 두 이자율이 일정한 관계를 갖지만 그렇다고 일치하지는 않는다는 것을 보여준다. 1980년대 초 두 국가

FOCUS

## 브라질 채권의 매입

1993년 9월로 되돌아가자(당시 브라질의 이자율은 매우 높았는데, 이는 여기서 검토하려는 점을 부각하는 데 도움이 된다). 브라질 채권은 '월' 36.9%의 이자를 지급하고 있다. 이는 미국 채권에 대한 연 3%의 이자율(월 이자율로는 약 0.2%)과 비교할 때 매우 매력적이다. 브라질 채권을 사야 하지 않을까?

이 장에서의 논의는 이 선택 문제에 있어 한 가지 더 결정적인 요소가 필요함을 지적한다. 그것은 달러로 나타낸 크루제이루(cruzeiro)의 기대평가절하율이다[당시 브라질 통화의 이름은 크루제이루였으며, 현재는 헤알(real)이다].

이 정보가 필요한 이유는 식 (17.4)에서 보았듯이 1개월 동안 브라질 채권에 투자한 데 따른 수익에 1을 더한 후 달러 대비 크루제이루의 기대평가절하율에 1을 더한 값으로 곱해야 하기 때문이다.

$$(1+i_t^*)\left[1+\frac{E_{t+1}^e-E_t}{E_t}\right]$$

다음 달에 크루제이루의 평가절하율은 얼마나 될 것으로 기대해야 할까? 합리적인 가정은 다음 달의 평가절하율이 지난달의 평가절하율과 같을 것으로 기대하는 것이다. 1993년 7월 말 달러 가치는 100,000크루제이루였고, 8월 말에는 134,600크루이제루였으므로, 8월의 크루제이루 대비 달러의 평가절상률 또는 달러 대비 크루제이루의 평가절하율은 34.6%였다. 만약 9월에도 평가절하가 8월과 같은 비율로 지속된다면 1개월간 브라질 채권에 투자할 경우 기대수익률은 다음과 같다.

$$\frac{1.369}{1.346}=1.017$$

브라질 채권 보유에 따른 달러 기준 수익률은 처음의 매력적인 월 36.9%가 아니라 월 (1.017−1)=1.7%에 지나지 않는다. 물론 월 1.7%의 수익률은 미국 채권에 대한 수익률(약 0.2%)에 비해 여전히 크게 높은 수준이다. 그러나 차익거래 조건을 생각할 때 지금까지 무시했던 모든 다른 요소, 즉 위험과 거래비용을 생각해 보라. 이들 요인을 고려한다면 자금을 브라질에서 멀리 떨어뜨려 놓아야 할 것이다.

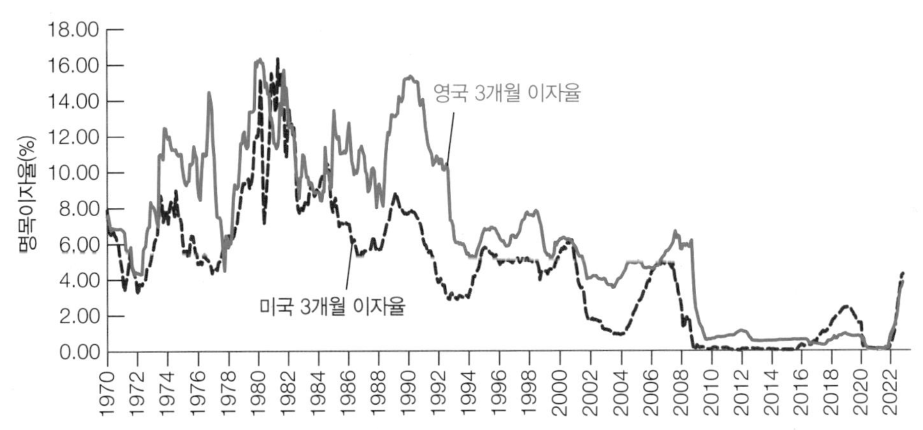


**그림 17-8**

**미국과 영국에서의 3개월 명목이자율(1970년 이후)**

지난 50년간 영국과 미국의 명목이자율은 대체로 함께 움직여왔다.

출처: 미국: FRED TB3MS, 영국: IR3TTS01GBM156N(1986년까지), IR3TIB01GBM156N(1986년 이후).

에서 이자율은 매우 높았었고, 1980년대 말에 다시 높아졌다(미국보다는 영국에서 훨씬 높아졌다). 이자율은 1990년대 중반 이래 최근까지 두 국가에서 모두 낮은 상태를 보였다. 최근에 인플레이션 완화 노력은 양국의 중앙은행으로 하여금 명목이자율을 크게 높이게 했다. (2009년 중반부터 COVID 감염병 위기까지 양국 모두에서 명목이자율 하한과 얼마나 근접했는지 주의하라.) 동시에 양국 이자율 간의 차이는 때때로 상당히 큰 편이기도 했다. 예를 들어 1990년 영국 이자율은 미국 이자율보다 거의 7% 이상 높았다. 이어지는 장에서는 왜 이런 차이가

최근 「The Economist」 뒷부분의 표지를 이용해 다른 국가들의 단기 이자율을 미국과 비교해 보라. 이자율평가가 성립한다는 가정하에서 어떤 국가의 통화가 달러 대비 절상될 것으로 기대되는가?

발생하고 그로 인한 시사점이 무엇인지 살펴볼 것이다.

## 17-3 결론과 조망

이제 이 책은 개방경제의 연구를 위한 무대를 마련했다.

- 재화시장의 개방은 사람들과 기업들이 국내재와 외국재 간의 선택을 할 수 있게 한다. 이 선택은 주로 국내재로 표시한 외국재의 가격, 즉 실질환율에 의존한다.
- 금융시장의 개방은 투자자들이 국내자산과 외국자산 간의 선택을 할 수 있게 한다. 이 선택은 주로 자산의 상대적 수익률에 의존하며, 상대적 수익률은 다시 국내 이자율, 외국 이자율 그리고 국내통화의 평가절하율에 의존한다.

18장에서는 재화시장의 개방이 제공하는 시사점을 살펴볼 것이다. 19장은 금융시장의 개방을 다룬다. 20장에서는 상이한 환율체제의 장단점을 논의한다.

## 요약

- 재화시장 개방은 사람들과 기업으로 하여금 국내재와 외국재의 선택을 가능하게 한다. 금융시장 개방은 금융투자자들이 국내 금융자산뿐만 아니라 외국 금융자산을 보유하는 것을 가능하게 한다.
- 명목환율은 국내통화로 표시한 외국통화의 가격이다. 미국의 관점에서 볼 때 미국과 영국 간의 명목환율은 달러로 표시한 파운드화의 가격이다.
- 명목절상(또는 간단히 절상)은 국내통화로 표시한 외국통화의 가격 하락을 의미한다. 다시 말해 환율의 하락에 해당한다. 명목절하(또는 간단히 절하)는 국내통화로 표시한 외국통화의 가격 상승을 의미한다. 이는 환율의 상승에 해당한다.
- 실질환율은 국내재화로 표시한 외국재화의 가격이다. 이는 명목환율을 외국 물가로 곱한 뒤 국내 물가로 나눈 값과 같다.
- 실질절상은 국내재화로 표시한 외국재화의 상대가격의 하락, 즉 실질환율의 하락을 의미한다. 실질절하는 국내 재화로 표시한 외국 재화의 상대가격의 상승, 즉 실질환율의 상승을 의미한다. 이는 명목절하 또는 국외 인플레이션보다 낮은 국내 인플레이션에서 비롯할 수 있다.
- 다국간 실질환율 또는 간단히 실질환율은 2국간 실질환율의 가중평균이다.
- 국제수지는 한 국가와 세계 다른 국가들과의 거래를 기록한다. 경상수지는 무역수지, 순투자소득, 해당 국가가 세계 각국으로부터 받은 순이전지출의 합계와 같다. 자본금융수지는 해외로부터의 자본유입에서 해외로의 자본유출을 차감한 것과 같다.
- 경상수지와 자본금융수지는 거울에 비친 모습에 비교할 수 있다. 통계적 문제를 무시하면 경상수지와 자본금융수지를 합하면 0과 같아야 한다. 경상수지 적자는 해외로부터의 순자본유입으로 조달되어야 한다. 마찬가지로 경상수지 흑자는 자본금융수지 적자에 대응한다.
- 커버되지 않은 이자율 평형 또는 간단히 이자율 평형은 국내 채권과 외국 채권에 대한 국내통화 표시 기대수익률이 같아야 한다는 것을 말해주는 차익거래 조건이다. 이자율 평형은 국내 이자율이 외국 이자율에서 해당 국가의 기대절상률을 차감한 것과 근사적으로 같아야 함을 시사한다.

## 핵심용어

경상계정(current account)
경상수지(current account balance)
경상수지 적자(current account deficit)
경상수지 흑자(current account surplus)
고정환율(fixed exchange rate)
관세(tariff)
교역재(tradable goods)
국민총생산(gross national product, GNP)
국제수지(balance of payments)
금융계정(financial account)
금융수지(financial account balance)
금융수지 적자(financial account deficit)
금융수지 흑자(financial account surplus)
금융시장의 개방(openness in financial markets)
다국간 유효 실질환율(real broad effective exchange rate)
다국간 환율(multilateral exchange rates)
명목환율(nominal exchange rate)
무역가중 실질환율(trade-weighted real exchange rate)
미국의 다국간 실질환율(multilateral real US exchange rate)
북미자유무역협정(North American Free Trade Agreement, NAFTA)
선의 아래쪽 거래(below the line)
선의 위쪽 거래(above the line)
순소득수지(net income balance)
순자본흐름(net capital flow)
실질절상(real appreciation)
실질절하(real depreciation)
실질환율(real exchange rate)
양국간 환율(bilateral exchange rates)
외환시장(foreign exchange market)
요소시장의 개방(openness in factor markets)
유효 실질환율(effective real exchange rate)
이자율 평형조건(interest parity condition)
자본통제(capital control)
재화시장의 개방(openness in goods markets)
절상(appreciation)
절하(depreciation)
커버되지 않은 이자율 평형조건(uncovered interest parity relation, UIP)
쿼터(quota)
통계적 오차(statistical discrepancy)
평가절상(revaluation)
평가절하(devaluation)

## 연습문제

### 기초문제

1. 이 장의 내용에 기초하여 다음에 대해 '사실', '거짓' 또는 '불확실' 여부를 밝히고, 그 이유를 간단히 설명하라.
   a. 통계적 오류가 없을 경우 경상수지 적자를 기록하는 국가는 순자본유입을 획득해야 한다.
   b. 수출비율은 싱가포르처럼 1보다 클 수 있지만, 같은 현상이 GDP 대비 수입 비율에서는 발생할 수 없다.
   c. 일본과 같은 부유한 국가의 GDP 대비 수입 비율이 그렇게 낮다는 사실은 일본을 대상으로 하는 미국의 수출업자가 불공정한 상황에서 경쟁을 하고 있다는 분명한 증거이다.
   d. 커버되지 않은 이자율 평형은 이자율이 국가별로 같아야 할 것임을 시사한다.
   e. 이 장의 명목환율은 국내통화의 외국통화 표시가격으로 정의된다.
   f. 명목환율과 실질환율은 항상 같은 방향으로 움직인다.
   g. 명목환율과 실질환율은 통상적으로 같은 방향으로 움직인다.
   h. 달러가 엔에 대해 절상될 것으로 기대된다면, 커버되지 않은 이자율 평형은 미국의 명목이자율이 일본의 명목이자율보다 더 클 것임을 시사한다.
   i. 이 장에서 사용한 환율의 정의를 사용했을 때 달러가 국내통화이고 유로가 외국통화이면, 명목환율이 0.75라는 것은 0.75달러가 0.75유로의 가치가 있음을 의미한다.

j. 실질절상은 국내재가 외국재에 비해 덜 비싸진다는 것을 의미한다.

2. 가상적인 두 국가를 고려하자. 한 국가는 국내 경제라 하고 다른 국가는 외국 경제라 하자. 다음에 나열된 거래에 기초하여 각 국가의 국제수지를 구축하라. 필요하다면 통계적 오차를 포함하라.

a. 국내 경제는 외국 경제로부터 100달러의 석유를 구입했다.

b. 외국 여행자가 국내 스키장에서 25달러를 지출했다.

c. 외국 투자자들이 국내 경제에서 보유한 주식으로부터 15달러의 배당을 받았다.

d. 국내 투자자들이 외국 경제에 25달러의 자선금을 주었다.

e. 국내 기업이 외국 은행으로부터 65달러를 차입했다.

f. 외국 투자자들이 국내 정부가 발행한 채권을 15달러만큼 구입했다.

g. 국내 투자자가 자신이 보유하고 있던 외국 정부가 발행한 채권을 50달러에 팔았다.

3. 두 채권을 생각해 보자. 한 채권은 독일에서 유로(€)로 발행되었고, 다른 하나는 미국에서 달러($)로 발행되었다. 두 정부채권이 모두 지금부터 1년 뒤에 액면가치만큼 지불하는 1년 채권이라 하자. 환율 $E$는 0.75유로가 1.33달러에 해당한다.

두 채권의 액면가치와 가격은 다음과 같다.

| | 액면가치 | 가격 |
|---|---|---|
| 미국(달러) | 10,000 | 9,615.38 |
| 독일(유로) | 10,000 | 9,433.96 |

a. 각 채권에 대해 명목이자율을 계산하라.

b. 커버되지 않은 이자율 평형과 일관성 있는 기대환율을 계산하라.

c. 달러가 유로에 대해 평가절하된다면 어떤 채권을 구입해야 하는가?

d. 미국 투자자를 고려하자. 이 투자자는 달러를 유로로 환전해서 독일 채권을 구입한다. 지금으로부터 1년 뒤 환율 $E$는 실제로 0.72(0.72유로=1달러)로 드러났다. 이 투자자가 미국 채권을 보유했을 경우 벌어들였을 실질 수익률과 달러 기준 실현 수익률을 비교하라.

e. 위의 문제 d의 수익률 격차는 커버되지 않은 이자율 평형조건과 일치하는가? 그 이유는 무엇인가?

## 심화문제

4. 규모가 같은 3개국(A, B, C)의 3개의 재화(의복, 자동차, 컴퓨터)로 구성된 세계를 고려하자. 이들 3개국의 소비자는 3개의 재화에 대해 동일한 금액만큼 지출하려 한다고 하자.

3개 경제에서 각 재화의 생산물의 가치는 다음과 같다.

| | A | B | C |
|---|---|---|---|
| 의복 | 10 | 0 | 5 |
| 자동차 | 5 | 10 | 0 |
| 컴퓨터 | 0 | 5 | 10 |

a. 각 경제의 GDP는 얼마인가? GDP의 총가치가 모두 소비되고 그에 따라 어떤 나라도 해외로부터 차입하지 않는다면 각 경제에서 소비자들은 재화를 각각 얼마나 소비하겠는가?

b. 어떤 국가도 외국에서 차입을 하지 않는다면 각국에서 무역수지는 얼마가 되겠는가? 이 세계에서 무역 패턴은 어떤 모습을 보이는가? (즉, 각국은 어떤 재화를 어떤 나라에 수출하는가?)

c. 위의 문제 b에 대한 답에 기초한다면 A국은 B국과 무역수지 균형을 보이는가? C국과는 어떠한가? 특정 국가가 다른 나라와 무역수지 균형을 갖는 경우가 있는가?

d. 미국은 막대한 무역적자를 보인다. 미국은 자국의 주요 무역상대국들과 무역적자를 보인다. 그러나 일부 국가, 예를 들어 중국과 같은 국가와의 적자는 훨씬 더 크다. 미국이 세계 전체의 다른 나라들과의 모든 무역적자를 소멸시켰다고 하자. 미국이 모든 무역상대국과 0의 무역수지를 기록해야 할 것으로 기대하는가? 중국과의 특히 큰 규모의 무역적자는 중국이 미국 재화를 중국 재화와 대등한 기초 위에서 경쟁하지 못하도록 하기 때문이라고 할 수 있는가?

5. 환율과 노동시장

국내통화가 절하된다고 하자($E$가 하락한다). $P$와 $P^*$가 일정하게 머문다고 가정하자.

a. 명목절하는 국내재의 상대가격, 즉 실질환율에 어떤 영향을 미치는가? 답에 기초할 때 명목절하는 국내재에 대한 (세계의) 수요에 어떤 효과를 미칠 것인가? 국내 실업률에 대한 영향은 어떠한가?

b. 외국의 물가가 $P^*$로 주어졌을 때 국내통화로 나타낸 외국재의 가격은 얼마인가? 명목절하는 국내통화 기준으

로 외국재의 가격에 어떤 영향을 미치는가? 명목절하는 국내 소비자물가지수에 어떤 영향을 미치는가? [힌트: 국내 소비자는 국내재뿐만 아니라 외국재(수입품)도 구입한다.]

c. 명목임금이 일정하게 유지된다면 명목절하는 실질임금에 어떤 영향을 미치겠는가?

d. 다음 주장을 평가하라. "평가절하는 국내 노동을 할인 판매하는 셈이다."

## 보충문제

6. 세인트루이스 연방은행 FRED 데이터에서 미·일 간 명목환율 시계열 AEXJPUS를 구하라. 환율은 달러당 엔으로 표시되어 있다.

 a. 이 장의 용어에 기초할 때 환율이 달러당 엔으로 표시된다면 어느 나라가 국내국가로 취급되는 것인가?

 b. 1971년 이후의 엔/달러 환율을 나타내라. 어떤 기간 동안 엔은 평가절상되었는가? 어떤 기간 동안 엔은 평가절하되었는가?

 c. 현재의 일본의 불황하에서 수요를 증가시키는 한 가지 방법은 일본 재화를 보다 저렴하게 하는 것일 것이다. 이는 엔의 절상을 요구하는가, 아니면 절하를 요구하는가?

 d. 지난 수년간 엔에는 어떤 일이 발생했는가? 절상되었는가, 아니면 절하되었는가? 이는 일본 경제에 대해 좋았는가, 아니면 나빴는가?

7. 가장 최근에 발표된 WEO(World Economic Outlook)를 IMF(www.imf.org)에서 구하라. Statistical Appendix에서 세계 전역에 걸친 경상수지를 보여주는 표 "Balances on Current Account"를 찾아라. 이용 가능한 최근 연도에 대한 데이터를 사용해 다음 문제 a~c에 답하라.

 a. 세계 전체에 대한 경상수지의 합계에 주목하라. 이 장에서 지적했듯이 경상수지의 합계는 0과 같아야 한다. 이 합계는 실제로 얼마인가? 이 합계가 일종의 측정오차를 시사할 수 있는 이유는 무엇인가? (즉, 합계가 올바르다면 무엇을 시사하는 것이겠는가?)

 b. 세계의 어떤 지역이 차입하고 있고 어떤 지역이 대출하고 있는가?

 c. 미국의 경상수지와 다른 선진국의 경상수지를 비교하라. 미국은 선진국으로부터만 차입하고 있는가?

 d. WEO의 통계표들은 통상 2년 후에 대한 전망치를 포함한다. 경상수지 계정에 대한 전망치를 검토하라. 위의 문제 b와 c에 대한 답이 가까운 미래에 바뀔 것으로 보이는가?

8. 세계 전역에 걸친 저축과 투자

 가장 최근에 발표된 WEO(World Economic Outlook)를 IMF(www.imf.org)에서 구하라. Statistical Appendix에서 세계 전역에 걸쳐 GDP 대비 저축과 투자를 보여주는 표 "Summary Net Lending and Borrowing"을 찾아라. 이용 가능한 최근 연도에 대한 데이터를 사용해 다음 문제 a와 b에 답하라.

 a. 세계 저축과 세계 투자는 일치하는가? (사소한 통계적 오차는 무시하라.) 답을 직관적으로 해석하라.

 b. 미국에서 저축과 투자는 어떻게 비교되는가? 미국은 투자자금을 어떻게 조달할 수 있는가? (이는 다음 장에서 확실히 살펴보겠지만, 직관을 통해 파악할 수 있어야 한다.)

 c. FRED 데이터베이스에서 1947년에서 최근까지의 실질 GDP(변수 GDPC1)와 실질 GNP(변수 GNPC96)를 구하라. 미국의 GNP와 GDP의 성장률 차이를 계산하라. 어느 쪽이 더 큰가? 그 이유는 무엇인가?

# 개방경제에서의 재화시장 18

2009년에 세계 각국은 미국에서의 경기침체 위험에 대해 걱정했다. 그러나 이들의 걱정은 미국보다는 자국에 대한 것이었다. 이들 국가에 있어 미국의 경기침체는 대미수출의 하락, 무역수지의 악화 그리고 자국 내에서의 경제성장 둔화를 의미했다.

이들의 우려는 정당화될 수 있는가? 그림 17-1은 실제로 그렇다는 것을 보여준다. 미국의 경기침체는 분명히 세계의 경기침체를 야기했다. 어떤 일이 발생했는지를 이해하려면 재화시장의 개방을 포함할 수 있도록 핵심 모형에서 다루었던 재화시장(3장)을 확장해야 한다. 이 장의 목표가 바로 이것이다.

오늘날 각국은 중국에 대해 동일한 우려를 가지고 있다. 중국의 성장이 둔화되면 각국의 수출에는 어떤 일이 발생할까?

**18-1** 개방경제에서 재화시장의 균형이 갖는 특징을 살펴본다.

**18-2, 18-3** 국내 충격과 해외 충격이 국내 경제의 산출과 무역수지에 미치는 파급 효과를 살펴본다.

**18-4** 실질절하가 산출과 무역수지에 미치는 파급 효과를 살펴본다.

**18-5** 균형을 묘사하는 다른 방법을 살펴보는데, 여기에서는 저축, 투자 그리고 무역수지 간의 밀접한 연관성을 알게 될 것이다. (정말 중요한 부분이다. 읽고 나면 개방경제 문제에 대해 다른 관점을 갖게 될 것이다.)

**이 장의 핵심 주제:** 산출은 국내 수요와 해외 수요 모두에 의존한다. ▶▶▶

## 18-1 개방경제에서의 IS 관계

'재화에 대한 국내 수요'와 '국내재에 대한 수요'는 비슷해 보이지만 같지 않다. 국내 수요의 일부는 외국재에 할당되며, 외국 수요의 일부는 국내재에 할당된다.

경제가 대외무역에 폐쇄적이라고 가정하고 있다면 **재화에 대한 국내 수요**와 **국내재에 대한 수요**를 구별할 필요가 없다. 분명히 이들은 같다. 그러나 이제 이 둘을 구별해야 한다. 일부 국내 수요는 외국재를 대상으로 한 것이며, 국내재에 대한 수요의 일부는 외국으로부터 기인한다. 이를 좀 더 자세히 살펴보자.

### 국내재에 대한 수요

개방경제에서 **국내재에 대한 수요**(demand for domestic goods)는 다음으로 주어진다.

$$Z = C + I + G - \varepsilon IM + X \tag{18.1}$$

우변의 첫 세 항인 소비 $C$, 투자 $I$, 정부지출 $G$는 **재화에 대한 국내 수요**(domestic demand for goods)를 구성한다. 경제가 무역으로부터 폐쇄되어 있다면 $C+I+G$는 국내재에 대한 수요이기도 하다. 바로 이 때문에 지금까지 $C+I+G$만을 살펴본 것이다. 그러나 이제 두 가지 조정을 해야만 한다.

3장에서는 실질환율을 무시해 $\varepsilon IM$이 아니라 $IM$을 차감했다. 하지만 이는 부정확했다. 너무 일찍 실질환율에 대해 이야기해서 상황을 복잡하게 하지 않으려 했기 때문이다.

- 첫째, 국내 수요 중 국내재보다는 외국재를 대상으로 한 수입을 차감해야 한다.
  여기서 조심할 필요가 있다. 외국재는 국내재와는 다르므로, 단순히 수입량 $IM$을 차감해서는 안 된다. 오렌지(국내재)에서 사과(외국재)를 빼는 셈이 되기 때문이다. 우선 외국재의 가치를 국내재로 나타내야 한다. 식 (18.1)에서 $\varepsilon IM$이 바로 이를 나타낸다. 17장에서 실질환율 $\varepsilon$을 국내재로 표시한 해외재의 가격이라 정의한 바 있다. 따라서 $\varepsilon IM$은 국내재로 표시한 수입재의 가치이다.

(재화에 대한 국내 수요 $C+I+G$)−(외국재에 대한 국내 수요, 즉 수입 $\varepsilon IM$)+(국내재에 대한 외국 수요, 즉 수출)=국내재에 대한 수요 $C+I+G-\varepsilon IM+X$

- 둘째, 국내재에 대한 수요 중 외국으로부터 비롯되는 수요인 수출을 차감해야 한다. 이는 식 (18.1)에서 $X$항으로 파악된다.

### $C$, $I$, $G$의 결정 요인

수요의 다섯 가지 요소를 모두 나열했으므로, 다음 과제는 이들의 결정 요인을 구체화하는 것이다. 우선 처음 세 항 $C$, $I$, $G$에서 출발하자. 경제가 개방되었다고 가정한 상태에서 앞에서의 소비, 투자, 정부지출에 대한 설명을 어떻게 수정해야 할까? 답은 '그리 많지 않다'는 것이다. 소비자가 얼마나 소비해야 할 것인지는 여전히 자신의 소득과 부에 의존한다. 실질환율은 확실히 국내재와 외국재 간의 소비지출의 구성에 영향을 미치겠지만, 그것이 전반적인 소비 수준에 영향을 미쳐야 할 분명한 이유는 없다. 투자도 마찬가지이다. 실질환율은 기업이 국내 기계를 살지 외국 기계를 살지 여부에 영향을 미칠 수 있지만, 전체 투자에 영향을 미치지는 않을 것이다.

여기까지는 희소식이다. 왜냐하면 지금까지 발전시킨 소비, 투자 그리고 정부지출에 대한 설명을 사용할 수 있기 때문이다. 결과적으로 다음이 성립한다.

$$\text{국내 수요: } C + I + G = \underset{(+)}{C(Y - T)} + \underset{(+,-)}{I(Y,\ r)} + G$$

여기서 처분가능소득 $Y-T$가 증가하면 소비가 증가하며, 생산 $Y$가 증가하거나 실질정책금리 $r$이 하락하면 투자는 증가한다. 하지만 여기서는 6장과 14장에서 주목한 위험 프리미엄의 존재나 14~16장에서 다룬 기대의 역할에 대한 수정사항은 배제했다. 여기서는 경제개방의 효과를 이해하기 위해 한 번에 한 단계씩 다루려 한다. 이들 수정 사항의 일부는 후에 다시 도입한다.

◀ 여기서도 약간의 왜곡이 있다. 소득은 국내 소득뿐만 아니라 외국으로부터의 순수취요소소득과 이전소득을 포함해야 한다. 단순화를 위해 이 두 가지 항목을 무시했다.

## 수입의 결정 요인

수입은 국내 수요 중 외국재를 대상으로 한 부분이다. 수입은 무엇에 의존할까? 분명히 국내 소득에 의존한다. 국내 소득의 증가는 국내에서 생산되었든 외국에서 생산되었든 상관없이 모든 재화에 대한 국내 수요의 증가를 이끌 것이다. 따라서 국내 소득의 증가는 수입 증가를 유발한다. 수입은 또한 국내재로 표시한 외국재의 가격인 실질환율에도 분명히 의존한다. 외국재에 비해 국내재의 가격이 더 높을수록 또는 국내재에 비해 외국재가 더 저렴할수록 외국재에 대한 국내 수요는 커질 것이다. 결국 실질환율의 하락은 수입 증가를 유발할 것이다. 따라서 수입은 다음과 같이 나타낼 수 있다.

◀ 이 장 시작 부분의 논의를 상기하라. 외국들은 미국의 경기침체를 우려하고 있다. 미국의 경기침체는 외국재에 대한 미국 수요의 감소를 의미하기 때문이다.

$$IM = \underset{(+,\ -)}{IM(Y, \varepsilon)} \qquad (18.2)$$

- 국내 소득 $Y$의 증가(마찬가지로 국내 산출의 증가. 개방경제에서도 소득과 산출은 여전히 일치한다)는 수입 증가를 유발한다. 소득의 수입에 대한 양(+)의 영향력은 식 (18.2)에서 $Y$ 밑의 양의 부호로 나타나 있다.
- 실질환율 $\varepsilon$의 하락은 수입 $IM$의 증가를 유발한다. 이러한 양의 영향력은 식 (18.2)의 $\varepsilon$ 밑의 양의 부호로 표시되었다. ($\varepsilon$이 하락함에 따라 수입재의 국내표시 가격이 하락하여 $IM$은 상승하므로 국내재로 표시한 수입재의 가치인 $\varepsilon IM$에 무슨 변화가 발생할지는 모호하다. 이에 대해서는 아래에서 살펴본다.)

## 수출의 결정 요인

수출은 외국의 수요 중 국내재에 대한 수요를 의미한다. 수출은 무엇에 의존할까? 외국인의 소득에 의존한다. 외국인의 소득 증가는 국내재와 외국재를 포함한 모든 재화에 대한 외국인의 수요 증가를 의미한다. 따라서 외국인의 소득 증가는 수출 증가를 의미한다. 수출은 실질환율에도 의존한다. 국내재로 표시한 외국재의 가격이 높을수록 국내재에 대한 외국인의 수요는 증가한다. 달리 말해 실질환율이 높을수록 수출은 증가한다.

별표 *는 외국 변수를 나타낸다. ▶

$Y^*$를 외국 소득 또는 외국 산출이라 하면 결국 수출을 다음과 같이 나타낼 수 있다.

$$X = X(Y^*, \varepsilon) \quad (18.3)$$
$$(+, +)$$

- 외국 소득 $Y^*$의 증가는 수출 증가를 이끈다.
- 실질환율 $\varepsilon$의 상승, 즉 실질환율 절하는 수출 증가로 이어진다.

## 지금까지의 논의 통합

그림 18-1은 지금까지 학습한 것을 함께 담아냈다. 이 그림은 산출에 대비해 수요의 다양한 요소를 나타내고 있다. 물론 수요에 영향을 미치는 다른 모든 변수(이자율, 세금, 정부지출, 외국 산출, 실질환율)는 일정하다고 가정하고 있다.

그림 18-1(a)에서 선 *DD*는 산출 *Y*의 함수로서 국내 수요($C+I+G$)를 나타낸다. 산출과 수요 간의 관계는 3장에서 이미 다룬 바 있다. 표준적 가정하에서 수요와 산출 간의 관계식은 양(+)의 기울기를 갖지만 1보다는 작다. 산출 또는 마찬가지로 소득의 증가는 수요를 증가시키지만 일대일 증가에는 못 미친다. (달리할 뚜렷한 이유가 없으므로 이 책에서는 수요와 산출 간의 관계 그리고 이 장의 다른 관계들을 곡선보다는 직선으로 나타냈다. 이는 오직 편리함을 위한 것이고 이어지는 어떤 논의들도 이 가정에 의존하지 않는다.)

국내재에 대한 수요를 얻기 위해 먼저 **수입을 차감**해야 한다. 이는 그림 18-1(b)에서 직선 *AA*로 나타나 있다. 선 *AA*는 국내재에 대한 국내 수요를 나타낸다. *DD*와 *AA* 간의 거리는 수입의 가치 $\varepsilon IM$을 나타낸다. 수입량은 소득에 비례하여 증가하므로, 두 직선 간의 거리는 소득과 더불어 증가한다. 선 *AA*에 관한 두 가지 사실을 파악할 수 있는데, 이는 이 장 후반부에서 유용하게 사용될 것이다.

실질환율 ε이 일정할 때 ε *IM*(국내재화로 표시한 수입 가치)은 수입량 *IM*과 정확히 같이 움직인다. ▶

- *AA*는 *DD*보다 평평하다. 소득이 증가할 때 증가하는 국내 수요의 일부는 국내재보다는 외국재에 할당된다. 달리 말해 소득이 증가함에 따라 국내재에 대한 국내 수요는 총국내 수요보다 덜 증가한다.
- 추가된 수요의 일부가 국내재에 할당되는 한 *AA*는 양의 기울기를 갖는다. 소득 증가는 국내재에 대한 수요 증가로 일부 나타난다.

이제 **수출이 더해져야** 한다. 그림 18-1(c)에서 이를 수행하면 선 *AA* 위에 놓인 선 *ZZ*로 나타난다. 선 *ZZ*는 국내재에 대한 수요를 나타낸다. *ZZ*와 *AA* 간의 거리는 수출 *X*와 일치한다. 수출은 국내 소득에 의존하지 않기 때문에(외국 소득에 의존한다) *ZZ*와 *AA* 간의 거리는 일정하며, 이 때문에 두 직선은 평행하다. *AA*는 *DD*보다 평평하므로, *ZZ* 역시 *DD*보다 평평하다.

그림 18-1(c)의 정보로부터 산출의 함수로서 순수출(수입과 수출 간의 격차) $X-IM$의 행태

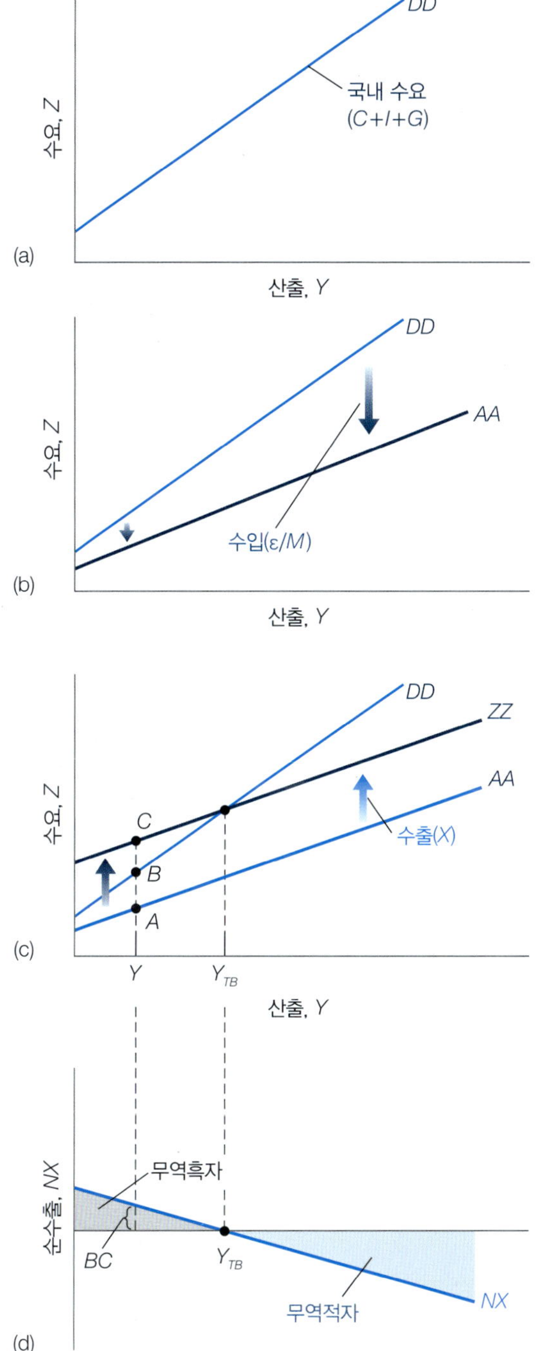


**그림 18-1**

**국내재에 대한 수요와 순수출**

(a) 재화에 대한 국내 수요는 소득(산출)의 증가함수이다.

(b)~(c) 국내재에 대한 수요는 국내재 수요에서 수입의 가치를 차감하고 수출을 더하면 구할 수 있다.

(d) 무역수지는 산출의 감소함수이다.

가 갖는 특징을 찾아낼 수 있다. 예를 들어 $Y$의 산출 수준에서 수출은 거리 $AC$이며 수입은 거리 $AB$이므로, 순수출은 거리 $BC$로 나타난다.

◀ '순수출'은 무역수지와 동의어이다. 양의 순수출은 무역흑자에 대응하고, 음의 순수출은 무역적자에 대응한다.

순수출과 산출 간의 이 관계는 그림 18-1(d)에서 선 $NX$(Net eXport)로 나타난다. 순수출은 산출의 감소함수이다. 산출이 증가함에 따라 수입은 증가하지만 수출은 영향을 받지 않으므로 순수출은 감소한다. $Y_{TB}$($TB$는 무역수지)를 수입액과 수출액이 일치하는, 즉 순수출이 0이 되는 산출 수준이라 하자. $Y_{TB}$를 넘어서는 산출규모는 수입을 증가시키며 무역적자를 초래한다. 반면 산출이 $Y_{TB}$를 하회하면 수입이 감소하고 무역흑자가 발생한다.

## 18-2 균형산출과 무역수지

국내 산출이 국내재에 대한 수요(국내와 국외)와 일치할 때 재화시장은 균형에 놓인다.

$$Y = Z$$

국내재에 대한 수요 $Z$의 구성요소에 대해 유도했던 관계를 통합하면 다음을 얻을 수 있다.

$$Y = C(Y - T) + I(Y,\ r) + G - \varepsilon IM(Y,\ \varepsilon) + X(Y^*,\ \varepsilon) \tag{18.4}$$

이 균형조건은 세금부터 실질환율 그리고 외국 산출까지 주어진 것으로 간주했던 모든 변수의 함수로 산출을 결정한다. 이는 단순한 관계가 아니다. 그림 18-2는 이를 익숙한 형태로 그림을 통해 나타내고 있다.

**그림 18-2**

**균형산출과 순수출**

국내 산출과 국내재에 대한 수요가 일치할 때 재화시장은 균형에 놓인다. 균형산출 수준에서 무역수지는 적자일 수도 있고 흑자일 수도 있다.

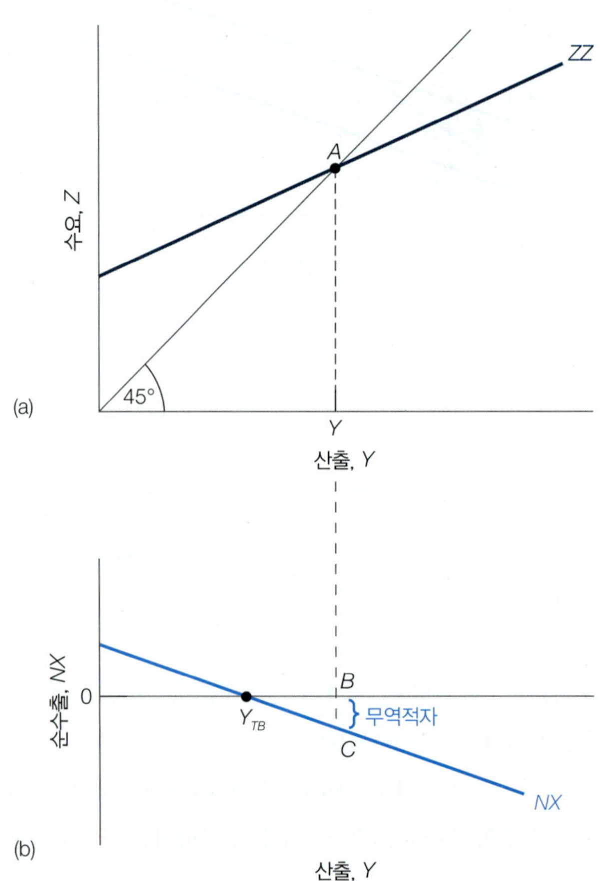

그림 18-2(a)에서 수직축은 수요를 그리고, 수평축은 산출(마찬가지로 생산 또는 소득)을 나타낸다. 선 $ZZ$는 수요를 산출의 함수로 나타낸다. 이 선은 그림 18-1(c)에서 $ZZ$를 반복한 것일 뿐이다. $ZZ$는 양의 기울기를 갖지만, 그 기울기는 1보다 작다.

균형산출은 수요와 산출이 일치하는, 즉 그림 18-2(a)에서 선 $ZZ$와 45°선이 교차하는 점 $A$에서 발생하며 $Y$로 나타난다.

◀ 균형산출 수준은 $Y=Z$라는 조건이다. 무역수지 균형이 발생하는 산출 수준은 $X=\varepsilon IM$이라는 조건으로 주어진다. 이들은 다른 조건이다.

그림 18-2(b)는 순수출을 산출의 감소함수로 나타낸 그림 18-1(d)를 반복하고 있다. 일반적으로 균형산출 $Y$가 무역 균형이 발생하는 산출 수준 $Y_{TB}$와 같아야 할 이유는 없다. 그림에서 나타나듯이 균형산출은 거리 $BC$에 해당하는 무역적자와 관련된다. 물론 달리 그렸다면 균형산출에서 무역흑자가 발생할 수도 있다.

이제 이 장 도입부에서 던졌던 질문에 답하는 데 필요한 수단을 갖추었다.

## 18-3 국내 수요 또는 외국 수요의 증가

개방경제에서 수요의 변화는 산출에 어떤 영향을 미칠까? 오래전부터 다뤄왔던 주제, 즉 정부지출 증가를 우선 다룬 뒤 새로운 주제, 즉 해외 수요의 증가에 따른 파급 효과를 다루자.

### 국내 수요의 증가

경제가 침체 상태에 놓여 국내 수요와 산출을 증가시키기 위해 정부에서 정부지출을 증가시켰다고 하자. 산출과 무역수지에 어떤 파급 효과가 발생할까?

◀ 핵심 모형에서와 같이 재화시장에서 출발하고 이어서 금융시장과 노동시장을 도입하자. 여기서 도출한 결론은 금융시장과 노동시장을 나중에 도입하더라도 대체로 유지된다.

답은 그림 18-3에 주어져 있다. 정부지출이 증가하기에 앞서 수요는 그림 18-3(a)에서 $ZZ$로 주어져 있고, 균형은 점 $A$에서 발생해 산출은 $Y$와 같다. 물론 일반적으로 무역수지가 균형을 보일 이유는 없지만, 무역수지가 처음에는 균형을 보였다고 가정하자. 따라서 그림 18-3(b)에서 $Y=Y_{TB}$가 성립한다.

정부지출이 $\Delta G$만큼 증가하면 어떤 일이 생겨날까? 산출 수준이 어떤 수준에 있었건 수요는 $\Delta G$만큼 증가하여 수요관계는 $ZZ$에서 $ZZ'$으로 $\Delta G$만큼 상향 이동한다. 균형점은 $A$에서 $A'$으로 이동하고, 산출은 $Y$에서 $Y'$으로 증가한다. 산출의 증가 규모는 정부지출의 증가 규모보다 크다. 승수 효과가 나타나는 것이다.

지금까지의 논의는 3장에서의 폐쇄경제에 대한 논의와 비슷하다. 그러나 두 가지 중요한 차이가 있다.

- 지금은 무역수지에 대한 파급 효과가 존재한다. 정부지출은 수출관계식이나 수입관계식에 직접 들어가지 않으므로, 그림 18-3(b)에서 순수출과 산출 간의 관계식은 이동하지 않는다. 따라서 산출은 $Y$에서 $Y'$으로 이동하며 무역적자는 $BC$로 증가한다. 수입은 증가하지만, 수출은 변화하지 않기 때문이다.

◀ 무역수지 균형에서 출발하면 정부지출은 무역적자를 초래한다.

그림 18-3

**정부지출 증가의 파급 효과**

정부지출의 증가는 산출 증가와 무역적자의 증가로 이어진다.

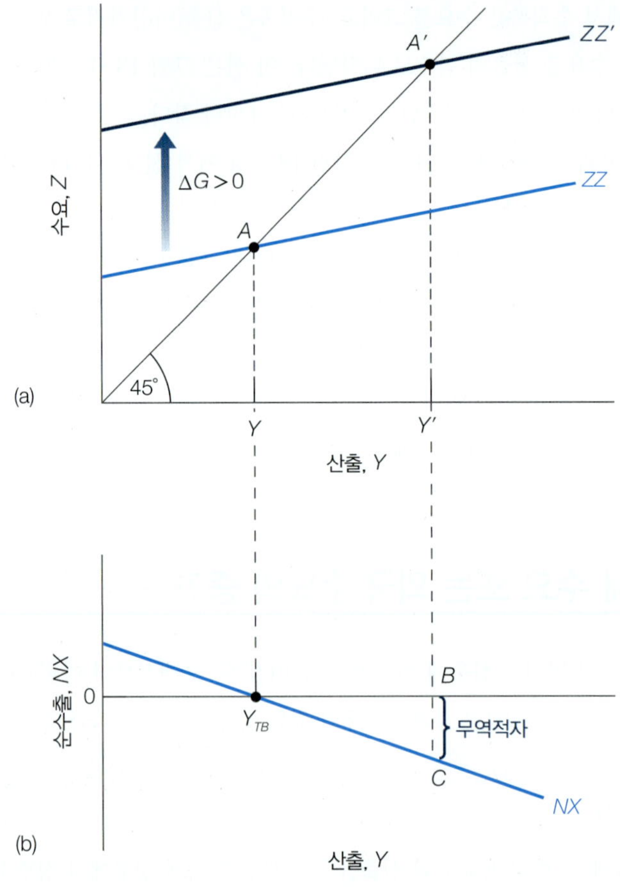


- 정부지출 증가가 무역적자를 야기할 뿐만 아니라, 정부지출의 산출에 대한 파급 효과는 폐쇄경제의 경우보다 작아진다. 3장에서 보았듯이 수요관계의 기울기가 작을수록 승수의 크기는 작다(예: $ZZ$가 수평이면 승수는 1이 될 것이다). 그림 18-1에서 수요관계 $ZZ$는 폐쇄경제에서의 수요관계 $DD$보다 평평하다. 이는 승수가 개방경제에서 감소한다는 것을 의미한다.

정부지출 증가는 산출을 증가시킨다. 승수 효과는 폐쇄경제에서보다 개방경제에서 더 작다. ▶

무역적자와 승수의 감소는 같은 원인에서 비롯한다. 경제가 개방되었으므로 수요의 증가는 이제 국내재뿐만 아니라 수입재에도 할당된다. 따라서 소득이 증가할 때 국내재 수요에 대한 효과는 폐쇄경제에서보다 감소하며 승수는 감소한다. 그리고 수요 증가의 일부는 수입에 할당되고 수출은 변하지 않으므로, 무역적자가 발생하는 것이다.

승수 감소와 무역적자는 같은 원인에서 비롯한다. 일부 국내 수요가 외국재화에 할당되기 때문이다. ▶

이 두 가지 시사점은 중요하다. 개방경제에서 국내 수요의 증가는 산출에 더 작은 파급 효과를 불러오며 무역수지에는 부정적인 영향을 미친다. 사실상 경제가 더 개방될수록 산출에 대한 파급 효과는 더 작아지며 무역수지에 대한 부정적 파급 효과는 더 커진다. 예를 들어 네덜란드의 경우를 보자. 17장에서 보았듯이 네덜란드의 GDP 대비 수입 비율은 매우 높다. 네덜란드에서 국내 수요가 증가할 때 대부분의 수요 증가는 국내재에 대한 수요의 증가보다는 외국재에 대한 수요 증가로 귀결될 가능성이 크다. 따라서 정부지출 증가는 네덜란드의 무역적자를 대규모로 증가시키고 네덜란드의 산출에는 사소한 증가를 초래할 가능성이 크다. 결과적으로 네덜란드의 입장에서 국내 수요 팽창은 오히려 매력적이지 못한 정책이다. 수입 비율이 훨씬 낮은 미국의 경우에도 수요 증가는 무역수지의 악화와 관련된다.

## 외국 수요의 증가

이제 외국 산출의 증가, 즉 $Y^*$의 증가를 살펴보자. 이 변화는 방금 분석한 정책 변화인 외국 정부지출 $G^*$의 증가에 기인할 수 있다. 물론 국내가 아닌 국외에서 발생한 변화이다. 그러나 이 변화가 미국 경제에 미치는 영향을 분석하는 데 있어 $Y^*$의 변화가 어디에서 비롯하는지를 알아야 할 필요는 없다.

그림 18-4는 외국인의 경제활동 증가가 국내 산출과 무역수지에 미치는 파급 효과를 보여준다. 국내재에 대한 초기 수요는 그림 18-4(a)에서 $ZZ$로 주어진다. 균형은 점 $A$에 발생하고 산출은 $Y$이다. 이제 무역수지는 균형상태에 있었다고 가정하여 그림 18-4(b)에서 $Y$와 관련된 순수출은 0과 같다($Y = Y_{TB}$)고 하자.

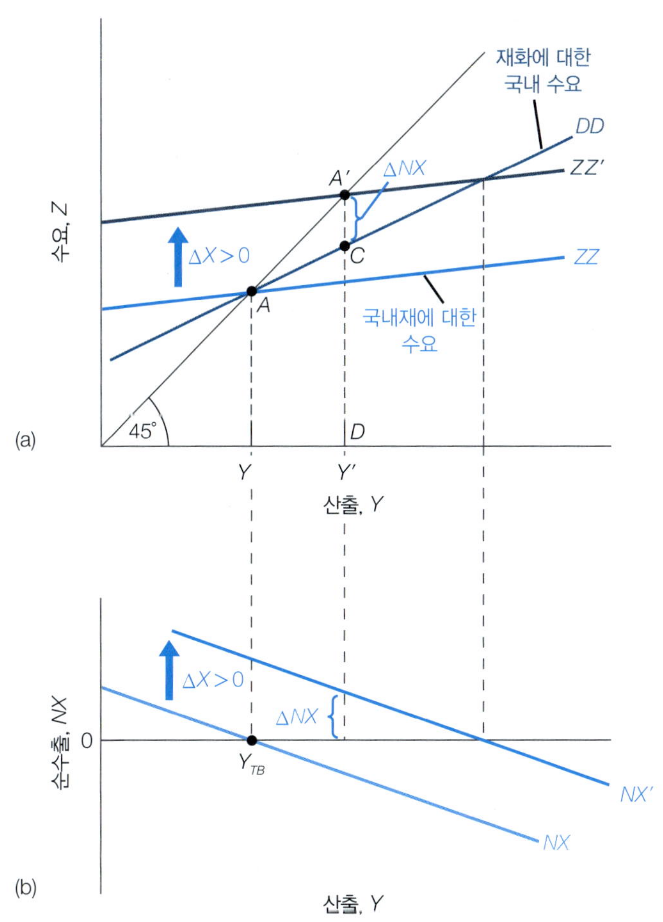


**그림 18-4**

**외국 수요 증가의 파급 효과**

외국 수요의 증가는 산출 증가와 무역흑자를 이끈다.

재화에 대한 국내 수요 $C+I+G$를 소득의 함수로 나타내는 선을 참고하는 것이 아래에서 유용할 것이다. 이 선은 $DD$로 나타나 있다. 그림 18-1에서 $DD$는 $ZZ$보다 가파른 기울기를 갖는다. $ZZ$와 $DD$ 간의 격차는 순수출과 일치하고 그에 따라 무역은 점 $A$에서 균형을 이루고 있다면 $ZZ$와 $DD$는 점 $A$점에서 교차한다.

$DD$는 재화에 대한 국내 수요이고 $ZZ$는 국내재에 대한 수요이다. 이 둘 간의 차이는 무역적자와 같다. ▶

이제 외국 산출이 $\Delta Y^*$만큼 증가하는 데 따른 파급 효과를 고려하자(잠시 선 $DD$는 무시하도록 하자. 이후에 필요하기 때문이다). 외국 산출의 증가는 미국 재화에 대한 외국 수요의 증가를 포함한 외국 수요의 증가를 의미한다. 따라서 외국 산출 증가의 직접적 효과는 일정량의 미국 수출의 증가이며, 이는 $\Delta X$로 나타낼 수 있다.

- 산출이 주어져 있을 때 수출의 증가는 $\Delta X$에 해당하는 만큼의 미국 재화에 대한 수요 증가를 불러오고, 산출의 함수로서 국내재에 대한 수요를 나타내는 선은 $ZZ$에서 $ZZ'$으로 $\Delta X$만큼 상향 이동한다.
- 산출이 일정할 때 순수출은 $\Delta X$만큼 증가한다. 따라서 그림 18-4(b)에서 산출의 함수로서 순수출을 나타내는 선도 $NX$에서 $NX'$으로 $\Delta X$만큼 상향 이동한다.

$Y^*$는 수출에 직접적인 영향을 미치므로, 국내재에 대한 수요와 산출 간의 관계에 포함된다. $Y^*$의 증가는 $ZZ$를 위로 이동시킨다. $Y^*$는 국내소비, 국내투자 또는 국내정부지출에 직접 영향을 미치지 못한다. 이에 따라 $Y^*$는 국내재에 대한 수요와 산출 간의 관계에 포함되지 않는다. $Y^*$의 증가는 $DD$를 이동시키지 않는다. ▶

외국 산출의 증가는 국내 산출을 증가시키고 무역수지를 개선한다. ▶

새로운 균형은 그림 18-4(a)의 점 $A'$에서 발생하고 산출은 $Y'$이 된다. 외국 산출의 증가는 국내 산출의 증가를 이끈다. 그 경로는 분명하다. 외국 산출의 증가는 국내재에 대한 수출 증가로 이어지고, 이는 승수 효과를 통해 국내 수요와 국내 산출의 증가를 가져온다.

무역수지에는 어떤 일이 발생할까? 수출이 증가한다는 것은 안다. 그러나 국내산출의 증가는 무역수지가 실제로 악화될 수 있을 정도로 수입의 대규모 증가를 이끌 수 있을까? 그렇지 않다. 무역수지가 개선되어야만 한다. 왜 그런지를 보기 위해 외국 수요가 증가할 때 국내재에 대한 수요가 $ZZ$에서 $ZZ'$으로 상향 이동하지만, 산출에 대한 함수로서 재화에 대한 국내 수요를 나타내는 직선 $DD$는 이동하지 않는다는 점에 주의할 필요가 있다. 새로운 균형산출 수준 $Y'$에서 국내 수요는 $DC$이며, 국내재에 대한 수요는 $DA'$이다. 따라서 순수출은 $CA'$으로 주어지며, $DD$가 반드시 $ZZ'$ 밑에 놓여야 하므로 $CA'$은 양의 값을 가져야 한다. 따라서 수입이 증가할 때, 이는 수출 증가로 상쇄되지 않으며, 무역수지는 개선된다.

## 재정 정책의 재고

지금까지 두 가지 기초적 결과를 유도했다.

- 국내 수요의 증가는 국내 산출의 증가를 이끌지만, 무역수지의 악화를 야기한다. (여기서는 정부지출 증가를 살펴보았지만, 세금 감소나 소비지출 증가 등의 경우에도 동일한 결과가 발생했을 것이다.)
- 외국 수요의 증가(외국에서 발생하는 같은 유형의 변화에 기인한다)는 국내 산출의 증가와 무역수지의 개선을 초래한다.

FOCUS

## G20과 2009년의 재정자극

2008년 11월 **G20**의 리더들은 워싱턴에서 긴급회합을 가졌다. G20은 20개국의 재무부 장관과 중앙은행장으로 구성된 그룹으로서 주요 선진국과 신흥경제국을 포괄한다. 이는 1999년 창설되었지만 위기 전까지는 큰 역할을 하지 않았다. 위기가 심화되고 확산될 것이라는 증거가 계속 쌓여감에 따라 G20은 거시경제 및 금융 정책에 의한 위기대응을 협조하기 위해 회합을 가졌다.

거시경제 정책에 있어서는 통화 정책으로 충분하지 않다는 것이 분명해졌고, 그에 따라 초점은 재정 정책으로 옮겨졌다. 산출 위축은 세수입 감소를 초래하고, 그에 따라 재정적자 증가로 이어지려 했다. 당시 IMF의 총재였던 스트로스칸(Dominique Strauss-Kahn)은 추가적인 재정조치가 절실하며, 각국에서 GDP의 평균 2%에 달하는 추가적인 재량적 조치(감세나 지출 증가)가 필요하다고 제안했다. 그는 다음과 같이 주장했다. "이제 세계 경제의 성장을 회복하기 위해서는 재정자극이 긴요하다. 각국의 재정자극은 경제성장률을 높이는 데 있어 주요 무역상대국이 동시에 재정자극을 할 때의 2배 정도로 효과적일 수 있다."

스트로스칸은 일부 국가가 다른 국가에 비해 재정자극의 여지가 더 크다는 것을 지적했다. "우리는 가장 강력한 재정 정책 체계를 갖고 있고 재정팽창에 필요한 자금조달 능력이 가장 뛰어나며 국가채무 유지 가능성이 가장 분명한 이들 선진국과 신흥경제국이 주도를 해야만 한다고 믿고 있다."

다음 몇 개월 동안 대부분의 국가는 실제로 민간이나 공공지출을 증가시키는 재량적 조치를 취했다. 2009년에 G20 전체의 재량적 조치는 GDP의 약 2.3%에 달했다. 이탈리아와 같이 재정상 여유가 작았던 일부 국가들은 역할이 작았다. 반면 미국이나 프랑스와 같은 국가는 더 많은 지출을 했다.

이러한 재정자극은 성공적이었는가? 일부에서는 그렇지 않았다고 주장한다. 결국 세계경제는 대규모의 음의 성장을 보였다. 여기서의 문제는 반사실적 질문이다. 만약 재정자극이 없었다면 어떻게 되었을까? 많은 사람들은 재정자극이 없었다면 경제성장은 더 큰 음의 값을 기록했을 것이며, 그것도 파국적이었을 것이라고 주장한다. 반사실적 추론은 증명하기도 반증하기도 어렵기 때문에 논쟁은 계속될 것 같다. 반사실적 추론과 경제학자와 정치가들 간의 차이에 대한 문제를 두고 미국 국회의원 프랭크(Barney Frank)의 아주 훌륭한 언급이 있다.

> "처음이 아니지만, 선출된 의원으로서 나는 경제학자를 질투한다. 경제학자들은 분석적 접근에서 반사실적 추론을 이용할 수 있다. 경제학자들은 반사실적 상황에서 어떤 일이 벌어질 수 있는지를 보여줄 수 있기 때문에, 어떤 결정이 가능한 한도 내에서는 최선이라고 설명할 수 있다. 경제학자들은 발생한 것과 발생했을 수도 있는 것을 대비할 수 있다. '제가 아니었다면 상황이 더 악화될 수 있었다'는 표어를 내걸고 재선된 사람은 없다. 이런 방식으로 종신교수직을 얻을 수는 있겠지만, 선거에 이길 수는 없다."

이번의 재정자극은 위험했는가? 일부에서는 재정자극이 국가채무를 크게 증가시켰고, 그에 따라 후에 정부는 채무를 조정해야만 하는 입장이며, 결국 재정긴축으로 이어지고 경기회복이 더 어려워지고 있다고 주장한다(이 점은 5장에서 논의했는데, 22장에서 다시 다룰 것이다). 이러한 주장은 대체로 잘못된 것이다. 국가채무 증가의 대부분은 지금까지 취해졌던 재량적 조치 때문이 아니라 위기 중 발생한 산출 감소에서 기인하는 세수입 감소에서 기인하는 것이다. 그리고 많은 국가들은 위기 이전부터 대규모 재정적자를 보이고 있었다. 하지만 이러한 대규모의 국가채무 증가는 경기회복을 위해 재정 정책을 사용할 여지를 더 줄이고 있다.

당시 상황에 대한 더 자세한 논의는 다음을 참고하라. "Financial Crisis Response: IMF Spells out Need for Global Fiscal Stimulus," in IMF Survey Magazine Online, December 29, 2008 (www.imf.org/external/pubs/ft/survey/so/2008/int122908a.htm).

이 결과는 다시 두 가지 시사점을 갖는다. 이 시사점은 최근의 글로벌 금융위기에서 확인되었다.

첫째이자 가장 분명한 것은 특정 국가에서 발생한 총수요 충격이 다른 모든 국가에도 영향을 미친다는 것이다. 국가 간 무역을 통한 연결관계가 강할수록 상호작용의 강도가 강하고, 더 많은 국가들이 공통된 움직임을 보일 것이다. 이는 그림 17-1에 나타나 있다. 위기는 미국에서 시작되었지만, 곧 다른 국가에 영향에 미쳤다. 무역관계만이 유일한 이유는 아니었다. 금융관계 역시 중심적 역할을 했다. 그러나 실증분석 결과는 무역의 강력한 효과를 보여준다. 이는 각국의 대미 수출 감소에서 비롯했다.

둘째, 상호작용은 정책당국자의 과제를 훨씬 더 복잡하게 만드는데, 재정 정책의 경우 특히 더 그렇다. 이 주장을 더 자세히 살펴보자.

우선 다음의 관찰로부터 시작해 보자. 정부는 무역적자를 달가워하지 않는데, 여기에는 그만한 이유가 있다. 중요한 이유는 다음과 같다. 일관되게 무역적자를 보이는 국가는 다른 국가에 대해 채무를 누적하는 셈이고, 결국 다른 국가에 대해 지속적으로 높아지는 이자를 지급해야만 한다. 따라서 국가들이 (무역수지를 악화시키는) 국내 수요 증가보다 (무역수지를 개선하는) 외국의 수요 증가를 선호한다.

그러나 이러한 선호는 불운한 결과를 초래할 수 있다. 상호 간에 상당한 무역관계를 가져 특정 국가에서의 수요 증가가 다른 국가들에서 생산한 제품에 상당 부분 할당되는 일련의 국가들을 생각해 보자. 아울러 이들 모든 국가들이 무역수지가 대체로 균형인 상태에서 출발해 경기침체에 직면했다고 하자. 이 경우 각국은 국내 수요를 증가시키는 조치를 상당히 꺼릴 수 있다. 그런 조치를 취할 경우 결과적으로 산출은 소폭 늘겠지만, 무역적자는 크게 증가할 것이다. 대신에 각국은 다른 국가들이 수요를 증가시키기만을 기다릴 것이다. 이렇게 할 경우 각국은 꿩 먹고 알 먹는 식으로 산출 증가와 무역수지 개선을 모두 달성할 수 있을 것이다. 그러나 모든 국가가 기다린다면 아무 일도 생겨나지 않으며, 경기침체는 장기간 지속될 수 있다.

이 상황을 벗어날 방법이 있을까? 최소한 이론적으로는 있다. 만약 모든 국가가 각국의 거시경제 정책에 있어 협조하여 국내 수요를 동시에 증가시킬 수 있다면 각국은 무역적자를 증가시키지 않고 수요와 산출을 증가시킬 수 있다(물론 이는 상호 간에만 성립한다. 즉, 협조하는 국가들의 다른 국가들에 대한 무역적자는 여전히 증가할 것이다). 이유는 분명하다. 수요의 협조적 증가는 각국에서 수출과 수입을 동시에 증가시킬 것이다. 물론 국내 수요의 팽창이 수요 증가를 유발하는 것은 여전히 사실이지만, 수입 증가는 타국의 수요 팽창으로 인한 수출 증가에 의해 상쇄된다.

그러나 현실적으로 **정책 협조**(policy coordination)는 달성하기가 그렇게 쉽지 않다.

일부 국가는 다른 국가들에 대해 더 많은 양보를 해야 하는데, 그렇게 하고 싶지 않을 수 있다. 예를 들어 일부 국가만이 경기침체에 놓여 있다고 하자. 경기침체에 있지 않은 국가들은 자국의 수요를 증가시키기를 꺼릴 것이다. 만약 자국의 수요를 증가시키면 그렇게 하지 않은 국가들에 대해 무역적자를 나타낼 것이다. 다른 예로 일부 국가가 이미 상당한 재정적자를 보이고 있다고 하자. 이들 국가는 더 이상 세금을 인하하거나 지출을 증가시키려 하지 않을 것인데,

그렇게 할 경우 적자는 더욱 증가할 것이다. 이들 국가는 다른 국가들에게 좀 더 많은 조정을 할 것을 요청할 것이다. 물론 다른 국가들은 그렇게 하는 것을 꺼릴 수 있다.

또한 협조를 약속한 뒤 그 약속을 지키지 않을 강력한 유인이 존재한다. 예를 들어 일단 모든 국가가 지출 증가에 동의한다면 각국은 약속을 지키지 않을 동기를 갖게 되는데, 그렇게 함으로써 타국의 수요 증가와 그에 따른 무역수지의 개선을 즐길 수 있기 때문이다. 그러나 만약 모든 국가가 이런 식으로 약속을 위반한다면 경기침체를 벗어나기에 충분한 수요 팽창은 생겨나지 않을 것이다.

결과적으로 국제회의에서 각국 정부들이 펼치는 주장에도 불구하고 정책 협조는 쉽지 않다. 상황이 아주 나빠질 경우에만 정책 협조가 성사되는 것으로 보인다. 2009년의 경우가 그러한데, 이는 FOCUS 'G20과 2009년의 재정자극'에서 살펴보았다.

## 18-4 평가절하, 무역수지 그리고 산출

미국 정부가 달러화의 평가절하, 즉 명목환율의 상승을 낳는 정책을 실시했다고 하자. (20장에서 통화 정책을 통해 어떻게 이를 달성할 수 있는지를 살펴볼 것이다. 여기서는 잠시 정부에서 환율을 선택할 수 있다고 가정한다.)

실질환율은 다음처럼 정의하기로 한 바 있다.

$$\varepsilon = \frac{EP^*}{P}$$

◀ $P$와 $P^*$가 주어졌을 때 $E$가 상승한다. ⇒ $\varepsilon = EP^*/P$가 상승한다.

실질환율 $\varepsilon$(국내재로 표시한 외국재의 가격)는 명목환율 $E$(국내통화로 표시한 외국통화의 가격)를 외국 물가 $P^*$로 곱한 뒤 국내 물가 $P$로 나눈 값과 같다. 단기에 있어 $P$와 $P^*$를 모두 일정하다고 간주할 수 있으므로, 명목절하는 일대일로 실질절하를 불러올 것이다. 보다 구체적으로 달러가 엔에 대해 10% 절하되고(10%의 명목절하), 일본과 미국의 물가가 변화하지 않는다면 미국 재화는 일본 재화에 비해 10% 값이 싸지게 될 것이다(10%의 실질절하).

◀ 20장에서는 물가가 시간이 지남에 따라 조정된다고 허용되었을 때 명목절하의 효과를 살펴본다. 명목절하는 단기에는 실질절하를 불러오지만, 중기에는 그렇지 못함을 볼 것이다.

이제 이러한 실질절하가 미국의 무역수지와 미국의 산출에 어떤 영향을 미칠지 살펴보자.

### 절하와 무역수지: 마셜-러너 조건

순수출의 정의를 되돌아보자.

$$NX = X - \varepsilon IM$$

$X$와 $IM$을 식 (18.2)와 식 (18.3)의 표현으로 대체하면 다음과 같다.

$$NX = X(Y^*,\ \varepsilon) - \varepsilon IM(Y,\ \varepsilon)$$

◀ 보다 구체적으로 보자. 엔화 대비 달러의 10% 절하가 발생하면 다음과 같은 일 발생한다. 미국 재화를 일본에서 더 싸게 만들어 미국의 대일 수출을 증가시킨다. 일본 재화는 미국에서 더 비싸지므로 미국의 대일 수입을 감소시킨다. 일본 재화의 가격이 더 높아지므로 일본 재화의 수입량이 일정하더라도 수입금액은 커진다.

실질환율 $\varepsilon$이 방정식의 우변에 세 번 들어가므로, 실질환율의 절하는 세 가지 경로를 통해 무역수지에 영향을 미친다는 것이 분명하다.

- **수출 $X$의 증가**: 실질절하는 미국 재화를 외국재에 비해 상대적으로 저렴하게 한다. 이는 미국 재화에 대한 외국의 수요 증가, 즉 미국 수출의 증가를 불러온다.
- **수입 $IM$의 감소**: 실질절하는 외국재를 미국 재화에 비해 상대적으로 더 비싸게 한다. 이는 국내재로의 수요 전환과 수입량의 감소로 이어진다.
- **국내재로 표시한 외국재의 상대가격 $\varepsilon$의 상승**: 이는 수입금액 $\varepsilon IM$을 증가시킨다. 수입량이 동일하다고 해도 (국내재로 표시한) 구입비용은 이제 더 증가한다.

절하 이후 무역수지가 개선되기 위해서는 수입가격의 상승을 상쇄하기에 충분할 정도로 수출이 증가하고 수입이 감소해야만 한다. 실질절하가 순수출의 증가를 불러올 조건은 **마셜-러너 조건**(Marshall-Lerner condition)으로 알려져 있다. (이는 이 장 끝에 있는 부록 '마셜-러너 조건의 유도'에서 엄밀하게 도출된다.) 이 조건은 실제로 만족된다. 따라서 이 책에서는 실질절하(의 상승)가 순수출 $NX$의 증가를 유발한다고 가정할 것이다.

이를 처음 유도한 두 경제학자 마셜(Alfred Marshall)과 러너(Abba Lerner)의 이름을 따라 붙여졌다.

## 평가절하의 파급 효과

지금까지는 미국과 외국의 산출이 일정하다는 가정하에서 평가절하가 무역수지에 미치는 직접적인 효과만을 살펴보았다. 그러나 파급 효과는 거기서 멈추지 않는다. 순수출의 변화는 국내 산출을 변화시키며, 이는 순수출에 추가적인 영향을 미친다.

실질절하의 효과는 외국 산출의 증가와 매우 유사하므로, 앞서 외국 산출의 증가에 따른 효과를 살펴보는 데 사용한 그림 18-4를 다시 사용할 수 있다.

외국 산출의 증가와 마찬가지로 평가절하는 모든 산출 수준에 대해 순수출의 증가를 불러온다(늘 그랬던 것처럼 마셜-러너 조건을 가정한다). 수요관계[그림 18-4(a)의 $ZZ$]와 순수출 관계[그림 18-4(b)의 $NX$]는 위로 이동한다. 균형은 $A$에서 $A'$으로 이동하고, 산출은 $Y$에서 $Y'$으로 증가한다. 앞에서와 같은 이유로 무역수지는 개선된다. 산출 증가로 인한 수입 증가는 평가절하로 인한 무역수지의 직접적 개선보다 작다.

요약해 보자. 평가절하는 외국과 국내 수요가 모두 국내재로 이동하도록 한다. 이 수요 변화는 다시 국내 산출의 증가와 무역수지 개선을 불러온다.

평가절하와 외국 산출의 증가는 국내 산출과 무역수지에 동일한 효과를 낳지만, 둘 간에는 미묘하지만 중요한 차이가 존재한다. 평가절하는 외국재를 상대적으로 더 비싸게 만듦으로써 작동한다. 그러나 이는 소득이 일정한 상황에서 평가절하로 인해 외국재화를 구입할 때 더 많이 지불해야만 하는 사람들의 입장에서 보면 상황이 악화된 것이다. 이 과정은 대규모의 평가절하를 거쳐야 하는 국가들에게 더 강하게 느껴진다. 대규모 평가절하를 실시하려는 국가에서 정책당국자들은 거리의 폭동과 소요에 직면한다. 사람들이 크게 높아진 수입재 가격에 반응하기 때문이다. 멕시코의 사례가 이를 잘 보여준다. 페소는 1994~1995년 동안 1994년 11월에

폐소당 29센트에서 1995년 5월 17센트로 크게 평가절하되었는데, 이로 말미암아 노동자의 생활 수준은 크게 하락했고 사회불안도 발생했다.

◀ 폭동에 대한 다른 대안이 있다. 임금상승을 요구하고 실제로 획득하는 것이다. 그러나 임금이 상승하면 국내재의 가격도 뒤이어 상승해 실질절하의 크기는 감소할 것이다. 이 과정을 논의하려면 지금까지 다뤄왔던 것보다 공급 측면을 더 자세히 살펴볼 필요가 있다. 평가절하, 임금 그리고 가격 변화의 동학은 20장에서 다룬다.

## 환율과 재정 정책의 결합

산출이 잠재 수준에 있고 경제는 대규모 무역적자를 보인다고 하자. 정부에서는 산출은 그대로 유지하면서 무역적자를 감축하려 한다. 무엇을 해야 할까?

평가절하만으로는 부족하다. 무역적자는 감소하겠지만 산출도 증가하기 때문이다. 재정긴축 역시 부족할 것이다. 무역적자는 감소하겠지만 산출도 감소할 것이다. 정부는 무엇을 해야 할까? 답은 평가절하와 재정긴축을 적절히 조합하는 데 있다. 그림 18-5는 이 조합이 어떠해야 하는지를 보여준다.

그림 18-5(a)에서 초기균형이 $A$에서 이루어지고 있고, 그와 관련된 산출이 $Y$라 하자. 이 산출 수준에서는 그림 18-5(b)에서 $BC$에 해당하는 무역적자가 발생한다. 정부가 산출을 변화시키지 않고 무역적자를 소멸시키려 한다면 두 가지 일을 해야 한다.

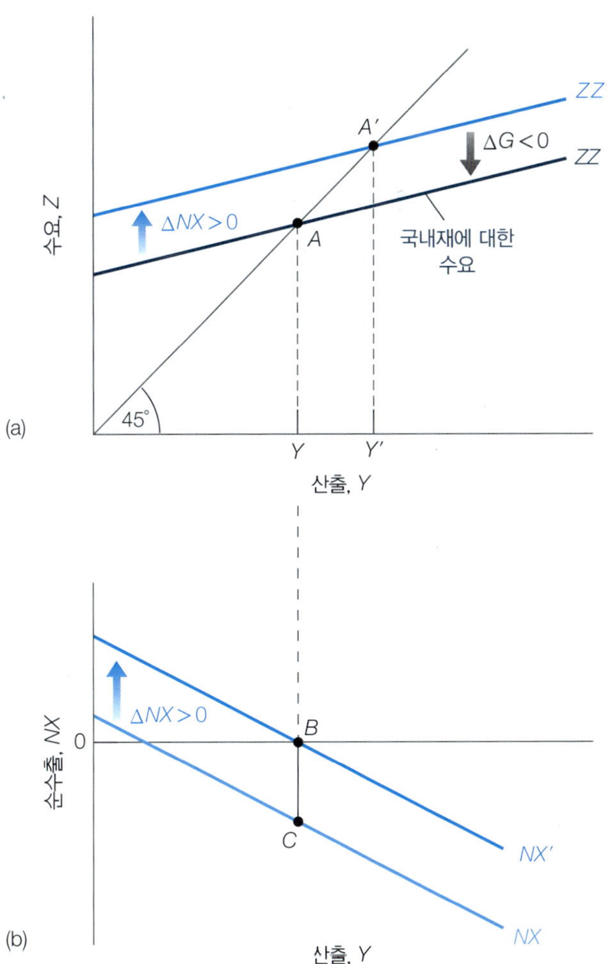


**그림 18-5**

**산출을 일정하게 유지할 때의 무역적자의 감축**

산출을 변화시키지 않은 채 무역적자를 감소시키기 위해서 정부는 평가절하와 정부지출 감축이 동시에 이루어져야 한다.

| 표 18-1 | 환율과 재정 정책 조합 | |
|---|---|---|
| 초기 조건 | 무역흑자 | 무역적자 |
| 낮은 산출 | $\varepsilon$? G↑ | $\varepsilon$↑ G? |
| 높은 산출 | $\varepsilon$↓ G? | $\varepsilon$? G↓ |

- 초기 산출에서 무역적자를 소멸시키기에 충분할 정도로 평가절하를 해야 한다. 따라서 평가절하는 그림 18-5(b)에서 순수출 관계를 $NX$에서 $NX'$으로 이동시킬 정도는 되어야 한다. 문제는 평가절하가 그로 인한 순수출 증가와 더불어 그림 18-5(a)에서 수요관계를 $ZZ$에서 $ZZ'$으로 이동시킨다는 데 있다. 다른 조치가 없다면 균형은 $A$에서 $A'$으로 변화하고, 산출은 $Y$에서 $Y'$으로 증가할 것이다.
- 산출 증가를 피하려면 $ZZ'$을 $ZZ$로 되돌릴 수 있도록 정부지출을 감소시켜야 한다. 평가절하와 재정긴축의 조합은 산출 수준을 이전과 동일하게 유지하면서 무역수지를 개선한다.

이 조합이 트럼프 행정부가 미국의 무역적자를 줄이기 위해 채택한 정책과 상당히 다른 것처럼 보인다면 제대로 본 것이다. 이에 대한 자세한 내용은 19장을 참조하라.

일반적 교훈은 다음과 같다. 2개의 목표를 달성하길 원한다면(여기서는 산출과 무역수지) 2개의 정책수단을 가져야 한다(여기서는 재정 정책과 환율).

이 예는 일반적인 시사점을 제공한다. 정부가 산출 수준과 무역수지를 동시에 고려하는 한 재정 정책과 환율 정책을 동시에 사용해야 한다는 것이다. 앞서 살펴본 것이 바로 이 조합의 하나이다. 표 18-1은 초기의 산출 수준과 무역 상황에 따른 정책 조합들을 보여준다. 예를 들어 두 번째 행의 세 번째 열인 저산출-무역적자의 경우를 보자. 이 경우 초기 산출 수준은 지나치게 낮고(달리 말해 실업률이 지나치게 높다), 경제는 무역적자를 보인다. 평가절하는 무역과 산출 측면 모두에서 도움을 줄 것이다. 평가절하는 무역적자를 감소시키며 산출을 증가시킨다. 그러나 평가절하가 적절한 산출 증가와 적절한 무역적자의 소멸을 동시에 달성할 이유는 없다. 초기 상황과 평가절하의 산출과 무역수지에 대한 상대적 효과에 따라 정부는 평가절하를 정부지출의 증가 또는 감소로 보완할 필요가 있다. 표 18-1에서 물음표는 이 모호성을 나타내고 있다. 각 경우에 담긴 논리를 확실히 이해하길 바란다(경상수지에 영향을 미치는 실질환율과 산출의 역할에 대한 또 다른 예는 FOCUS '그리스에서의 경상수지 적자 소멸: 희소식인가?' 참조).

## 18-5 저축, 투자 그리고 무역수지

이를 유도하기 위해서는 몇 단계를 거쳐야 하지만 걱정하지 마라. 최종적 결과는 직관적이다.

3장에서는 재화시장의 균형조건을 투자와 저축(민간저축과 정부 공공저축의 합계)의 일치로 나타냈다. 개방경제에 대해서도 이에 상응하는 조건을 유도할 수 있는데, 균형을 이렇게 살펴보는 것이 얼마나 유용한지를 보자.

우선 다음의 균형조건에서 시작해 보자.

$$Y = C + I + G - \varepsilon IM + X$$

## 그리스에서의 경상수지 적자 소멸: 희소식인가?

2000년대 초부터 많은 유로 주변 국가들이 경상수지 적자의 확대를 보였다. 특히 인상적인 것은 그리스에서의 경상수지 적자의 증가였다. 그림 1에 나타나 있듯이 경상수지는 2000년 GDP 대비 6%로 이미 큰 규모의 적자였는데, 2008년에는 15%까지 증가했다. 대금융위기가 시작했을 때 그리스는 대외차입이 갈수록 어려움을 경험하여 결국 차입을 줄여야만 했고, 그에 따라 경상수지 적자를 줄여야만 했다. 그러나 2018년에 이르러 경상수지 적자는 GDP 대비 1% 미만이 되었다.

인상적인 반전이다. 희소식이 분명한가? 꼭 그런 것은 아니다. 본문은 경상수지가 개선될 수 있는 두 가지 경로가 있음을 시사한다. 첫째는 국가 경쟁력이 높아지는 것이다. 실질환율이 상승하여 수출이 증가하고 수입이 감소하여 경상수지가 개선된다. 둘째는 국가의 산출 감소이다. 수출은 타국에서 전개되는 상황에 의존하기 때문에 동일하게 유지될 수 있다. 그러나 수입은 산출과 함께 낮아지고 경상수지는 개선된다. 첫째는 희소식이지만, 둘째는 그렇지 않다.

불행히도 증거를 보면 두 번째 메커니즘이 지금까지 그리스의 조정에 있어 지배적인 역할을 해왔다.

그리스가 유로 지역의 회원국이라는 점을 감안하면 적어도 다른 유로국과 비교할 때 명목환율 조정을 통해서는 경쟁력을 높일 수 없다. 이들은 임금과 물가의 하락에 의존해야 했고, 이는 느리고 어려운 과정으로 드러났다(이에 대한 추가적 논의는 20장 참조). (실질환율의 정의에 따르면 그리스는 명목환율 $E$를 변경할 수 없었으므로 $P^*$에 대비해 $P$를 감소시켰어야만 했다.)

대신 조정의 상당 부분은 산출 감소로 촉발된 수입 감소를 통해 발생했다. 이는 **수입압축**(import compression)으로 알려진 조정이다. 그림 2는 2000~2018년의 그리스의 수입, 수출 그리고 GDP의 변화를 보여준다. 3개의 시계열은 모두 2000년을 1.0으로 표준화했다. 2008년 이후 2018년까지 산출이 얼마나 감소했는지 주의 깊게 살펴보라. 약 30% 감소했다. 수입도 산출과 함께 움직여 36% 감소했다. 수출은 크게 기여하지 못했다. 세계 금융위기와 세계 다른 나라의 수요 감소를 반영하여 수출은 2009년에 급감한 후에도 2008년 수준보다 단지 10% 높아졌을 뿐이다(2008년부터 2018년까지 세계 경제성장률은 누적적으로 34%에 달한다).

간단히 말해서 그리스에서의 경상수지 적자의 소멸은 전체적으로 대체로 나쁜 소식이었다. 실제로 산출이 증가하고 실업률이 2018년 19%에서 2022년 12%로 하락했고, 경상수지 적자가 다시 나타나서 2022년에 GDP의 9%에 달하게 되었다. 그리스는 경상수지 문제를 해결하지 못했다.

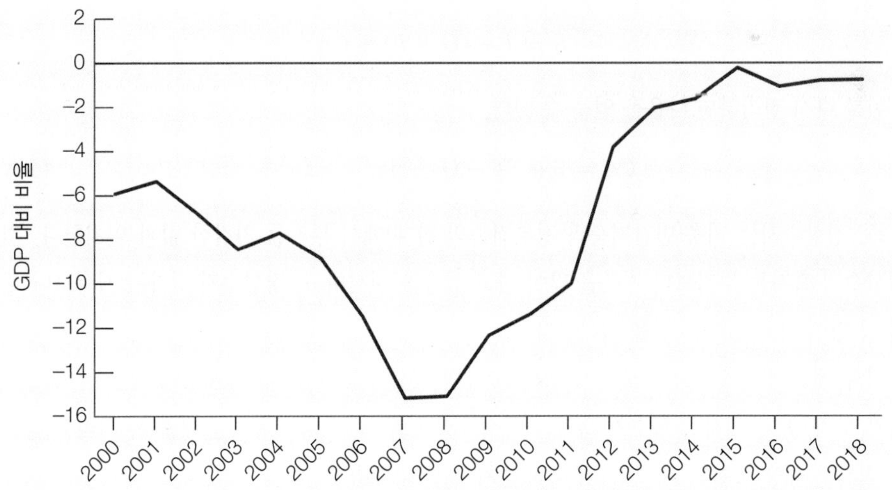


**그림 1**

**그리스 경상수지 적자의 추이(2000~2018년)**

출처: IMF Managing Director Dominique Strauss-Kahn Calls G-20 Action Plan Significant Step toward Stronger International Cooperation, Press Release No. 08/286, November 15, 2008.

**그림 2**

**그리스의 수입, 수출 그리고 GDP(2000~2018년)**

출처: WEO database, April 2023.

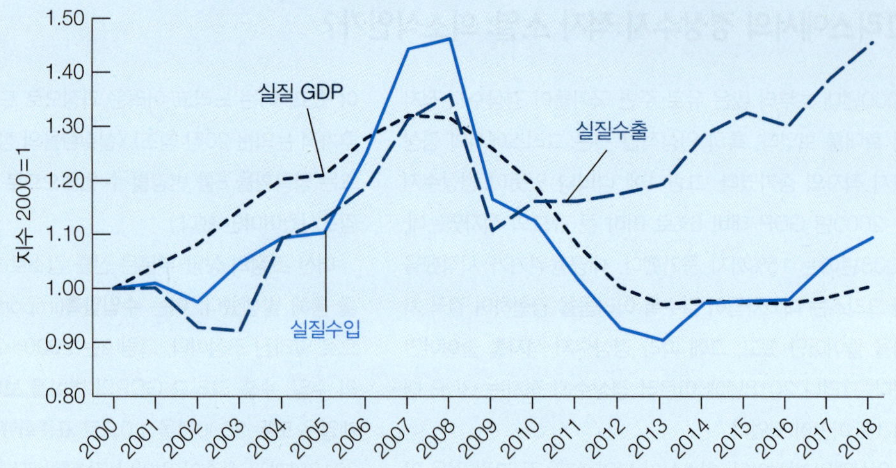


우변의 소비 $C$를 좌변으로 옮기고 양변에서 세금 $T$를 차감한 뒤 순수출($X-\varepsilon IM$)를 로 표기하면 다음과 같다.

$$Y - T - C = I + (G - T) + NX$$

개방경제에서 국내 거주자의 총소득은 국내소득과 같은데, 이는 산출 $Y$에 국외순수취요소소득 $NI$를 더한 것과 일치하므로, 양변에 $NI$를 더하면 다음과 같다.

$$(Y + NI - T) - C = I + (G - T) + (NX + NI)$$

여기서 좌변의 괄호 안의 항은 처분가능소득과 일치하므로, 좌변은 처분가능소득에서 소비를 차감한 저축 $S$와 일치한다. 우변의 순수출, 국외순수취요소소득과 순이전지출의 수취의 합은 경상계정과 일치한다. 경상계정을 $CA$로 나타내고 위 식을 다시 정리하면 다음과 같다.

$$S = I + (G - T) + CA$$

이를 다시 정리하면 다음을 얻을 수 있다.

$$CA = S + (T - G) - I \tag{18.5}$$

평론가들은 무역수지와 경상수지를 종종 구별하지 않는다. 어떤 국가의 순대외자산이 상당한 규모로 양이거나 음이고, 그에 따라 대외순수취요소소득이 상당하다면 무역수지와 경상수지는 크게 다를 수 있다. ▶

즉, 경상수지는 저축(민간저축과 정부저축의 합계)에서 투자를 차감한 값과 일치한다. 결국 경상수지 흑자는 투자보다 저축을 많이 하고 있음을 시사하고, 경상수지 적자는 저축보다 투자를 더 많이 하고 있다는 것을 시사한다.

이 관계를 직관적으로 이해하기 위해 17장의 경상계정과 자본금융계정에 대한 논의로 되돌아가 보자. 17장에서 경상수지 흑자는 특정 국가로부터 타 국가로의 순대출을, 그리고 경상수지 적자는 해당 국가의 타국으로부터의 순차입을 의미했다.

따라서 저축보다 투자를 많이 하고, 그에 따라 $S+(T-G)-I$가 음의 값을 갖는 경우를 생각해 보자. 이 국가는 타국들로부터 그 차액을 차입해야만 한다. 따라서 경상수지 적자를 나타내야만 한다. 대칭적으로 타국에 자금을 대여하는 국가는 투자보다 저축을 많이 하는 국가이다.

식 (18.5)가 시사하는 몇 가지 점에 주목하자.

- 투자 증가는 민간저축이나 정부저축의 증가 또는 경상수지의 악화에 반영되어야 한다. 단, 여기서 경상수지의 악화는 물론 경상수지가 최초에 흑자였느냐 적자였느냐에 따라 달리 해석된다. 즉, 경상수지가 최초에 흑자였느냐 적자였느냐에 따라 각각 경상수지 흑자의 감소나 경상수지 적자의 심화를 경험해야 한다.
- 적자의 증가나 흑자의 감소로 나타나는 정부 재정적자의 악화는 민간저축 증가나 투자 감소 또는 경상수지 악화로 반영되어야 한다.
- 높은 저축률(민간저축과 공공저축의 합계)을 가진 국가는 높은 투자율이나 대규모의 경상수지 흑자를 나타내야 한다.

아울러 식 (18.5)가 시사하지 않는 바에도 주목해야 한다.

예를 들어 이 식은 재정적자가 경상수지 흑자를 불러올지 또는 민간저축의 증가를 이끌지 또는 투자의 감소를 초래할지의 여부에 대해 확답을 줄 수 없다. 재정적자에 대응해 어떤 일이 발생할지 알기 위해서는 소비, 투자, 수출, 수입에 사용했던 가정을 사용해 산출과 그 구성 요소에 무슨 일이 생겨나는지를 명시적으로 분석해 내야 한다. 즉, 이 장에서 소개한 분석 수단을 모두 사용할 필요가 있다. 조심스럽지 않을 경우 식 (18.5)를 사용하다 크게 잘못된 결론에 도달할 수 있기 때문이다. 얼마나 잘못될 수 있는지를 알아보기 위해 예를 들어 다음의 주장을 고려하자(사실 이 주장은 너무나 흔해서 유사한 내용을 신문에서 읽은 경험이 있을 것이다).

> 미국이 평가절하를 통해 대규모 경상수지 적자를 줄일 수 없는 것이 분명하다. 식 (18.5)를 보라. 이 식은 경상수지 적자가 저축에서 투자를 차감한 것과 일치한다고 말한다. 평가절하가 저축이나 투자에 영향을 미칠 이유는 없다. 그렇다면 어떻게 평가절하가 경상수지 적자에 영향을 미치겠는가?

이 주장은 설득력 있게 들릴 수 있지만 이제 잘못된 것임을 안다. 앞에서는 평가절하가 수출을 자극하고 수입을 억제하여 소득수지와 경상이전수지가 일정할 때 경상수지의 개선을 불러온다는 것을 보았다. 그렇다면 이 주장에서 무엇이 잘못된 것일까? 평가절하는 실제로 저축과 투자에 영향을 미친다. 바로 국내재 수요에 영향을 미침으로써, 그리고 그에 따라 산출에 영향을 미침으로써 가능한 것이다. 산출 증가는 투자를 상회하는 저축 증가를 유발하고 경상수지 적자의 감소를 야기한다.

이 절의 내용을 이해하고 있는지를 확실하게 하는 좋은 방법은 다시 되돌아가서 지금까지 고려해 왔던 다양한 경우, 즉 정부지출의 변화, 외국 산출의 변화, 평가절하와 재정긴축의 조합 등을 살펴보는 것이다. 각 경우에 있어 식 (18.5)의 네 가지 구성 요소, 즉 민간저축, 정부저축(또는 재정흑자), 투자, 무역수지 각각에 무슨 일이 발생하는지를 추적해 보라. 항상 그랬듯이 예를 들어 미국 정부가 산출 수준의 변화 없이 무역적자를 감소시키려 한다고 하자. 이를 위해 미국 정부는 평가절하와 재정긴축을 함께 사용한다. 민간저축, 정부저축 그리고 투자에 어떤 일이 발생하겠는가?

▶ 일상적인 언어로 이야기할 수 있는지를 확실하게 하라.

이 장을 한 가지 도전문제를 생각하며 마무리 짓자. 다음 세 가지 문장을 평가하고 어느 것이 옳은지 판단하라.

- (17장에서 보았던) 미국의 대규모 경상수지 적자는 미국이 더 이상 경쟁력이 없다는 것을 보여준다. 이는 약점을 알려준다. 저축이나 투자를 잊자. 미국은 긴급히 경쟁력을 향상시켜야 한다.
- 미국의 대규모 경상수지 적자는 미국이 투자하기에 충분한 저축을 하지 못한다는 것을 보여준다. 이는 약점을 알려준다. 경쟁력은 잊자. 미국은 긴급히 저축률을 높여야 한다.
- 미국의 대규모 경상수지 적자는 미국의 자본수지 흑자를 반영할 뿐이다. 이는 세계의 나머지 국가들이 미국에 자금을 투자하기를 원한다는 것이다. 미국의 자본수지 흑자 그리고 그것이 시사하는 미국의 경상수지 적자는 사실 힘의 상징이며, 이를 줄이기 위한 정책 조치를 취할 필요가 없다.

## 요약

- 개방경제에서 국내재에 대한 수요는 재화에 대한 국내 수요(소비 + 투자 + 정부지출)에서 수입의 가치(국내재화 표시)를 차감하고 수출을 더한 값과 일치한다.
- 개방경제에서 국내 수요의 증가에 따른 산출의 증가는 폐쇄경제에서보다 작다. 추가된 수요의 일부가 수입품에 할당되기 때문이다. 같은 이유로 국내 수요의 증가는 동시에 무역수지의 악화를 야기한다.
- 외국 수요의 증가는 수출 증가를 따라 국내 산출과 무역수지의 개선을 모두 가져온다.
- 외국 수요의 증가는 무역수지를 개선하고, 국내 수요의 증가는 무역수지의 악화를 초래하므로 각국은 외국 수요의 증가가 움직여 자국을 경기침체로부터 탈출시키기를 기다리는 유혹에 빠질 수 있다. 많은 국가가 경기침체에 빠졌을 경우 정책 협조는 원칙적으로 경기회복에 도움을 줄 수 있다.
- 마셜-러너 조건이 만족된다면 실증분석 결과도 이 가정이 실제로 나타나고 있음을 보여주듯이 실질절하는 순수출의 개선을 이끈다.
- 재화시장에서의 균형조건은 저축(공공과 민간)에서 투자를 차감한 값이 경상수지와 일치해야 한다는 조건으로 다시 정리할 수 있다. 경상수지 흑자는 투자를 초과하는 저축에 대응한다. 경상수지 적자는 저축을 초과하는 투자에 해당한다.

## 핵심용어

국내재에 대한 수요(demand for domestic goods)
재화에 대한 국내 수요(domestic demand for good)
마셜-러너 조건(Marshall-Lerner condition)
정책 협조(policy coordination)
수입압축(import compression)
G20

# 연습문제

## 기초문제

1. 이 장의 내용에 기초하여 다음에 대해 '사실', '거짓' 또는 '불확실' 여부를 밝히고, 그 이유를 간단히 설명하라.
   a. 2008년부터 2018년까지 그리스에서의 경상수지 적자의 감소는 그리스 국민의 삶이 개선되었음을 의미한다.
   b. 국민소득계정은 재정적자가 무역적자를 야기한다는 것을 시사한다.
   c. 지출 증가가 수출 증가를 유발했으므로 무역개방은 승수를 높이는 경향이 있다.
   d. 무역적자가 0과 같으면 재화에 대한 국내 수요와 국내재에 대한 수요는 일치한다.
   e. 소규모 개방경제는 대규모 개방경제보다 산출에 있어 더 적은 비용을 치르면서 재정긴축을 통해 무역적자를 감소시킬 수 있다.
   f. 실질소득의 감소는 수입의 감소 그리고 그에 따라 무역흑자를 불러올 수 있다.
   g. 그리스는 유로에 합류하면서 무역 상대국과의 실질환율 조정을 더 용이하게 만들었다.

2. 실질 및 명목환율과 인플레이션

   실질환율의 정의(그리고 이 책의 부록 2의 명제 7과 8)를 사용해서 다음을 나타낼 수 있다.

$$\frac{(\varepsilon_t - \varepsilon_{t-1})}{\varepsilon_{t-1}} = \frac{(E_t - E_{t-1})}{E_{t-1}} + \pi_t - \pi_t^*$$

   이를 말로 표현하면 실질절하율은 명목절하율에 국외와 국내의 인플레이션율 차이를 더한 값과 같다.

   a. 만약 국내 인플레이션이 외국 인플레이션보다 높은데 국내 경제가 고정환율을 유지한다면 실질환율에는 어떤 변화가 발생하겠는가? 마셜-러너 조건이 성립한다고 하자. 무역수지의 추이는 어떠한가? 이에 대해 설명하라.
   b. 실질환율이 순수출 또는 경상수지가 0이 되도록 하는 수준에 있다고 하자. 이 경우 국내 인플레이션율이 외국보다 높다면 무역수지가 균형을 유지하기 위해 시간이 지남에 따라 어떤 일이 발생해야 하는가?

3. 유럽의 경기침체와 미국 경제
   a. 2022년에 유럽의 미국 재화에 대한 지출은 미국 수출의 18%에 달했다(표 17-2 참조). 미국에 대한 수출은 미국 GDP의 11.7%에 달했다(표 17-1 참조). 미국 GDP 대비로 '미국 재화에 대한 유럽의 지출' 비중은 얼마였는가?
   b. 미국의 승수가 2이고 심한 불황 때문에 유럽의 산출 수준과 미국으로부터의 수입이 (정상수준에 비해) 5% 감소했다고 하자. 위의 문제 a에 대한 답에 기초해 볼 때 유럽 불황이 미국 GDP에 미친 파급 효과는 얼마인가?
   c. 유럽의 불황이 미국 재화를 수입하는 다른 경제의 둔화도 야기했다고 한다면 이 효과는 더 커질 수 있다. 이 효과가 갖는 규모를 구체화하기 위해 미국 수출이 외국 산출의 변화로 인해 5% 감소했다고 가정하자. 수출 5% 하락은 미국 GDP에 어느 정도의 효과를 초래하는가?
   d. 다음 주장에 대해 평가하라. "유럽이 심각한 불황에 빠지면 미국의 성장은 결국 멈출 것이다."

4. 표 18-1의 추가 검토

   표 18-1에는 4개의 항목이 있다. 그림 18-5를 지침으로 사용하여 이 4개의 항목이 예시하는 상황을 나타내라. 각 항목에서 정부지출과 실질환율의 변화 방향이 모호한 것으로 분류되는 이유를 이해하도록 하라.

## 심화문제

5. 순수출과 외국 수요
   a. 외국 산출의 증가가 있었다고 하자. 국내 경제에 대한 파급 효과를 나타내라(즉, 그림 18-4를 다시 나타내라). 국내 산출에 대한 효과는 무엇인가? 국내 경제의 순수출에 대한 효과는 얼마인가?
   b. 이자율이 일정하게 유지되면 국내투자에는 어떤 일이 발생하겠는가? 조세가 일정하다고 할 때 국내 재정적자에는 어떤 일이 발생하겠는가?
   c. 식 (18.5)를 이용하면 민간저축에는 어떤 일이 발생해야 하는가? 이에 대해 설명하라.
   d. 외국 산출은 식 (18.5)에 나타나 있지 않다. 하지만 외국 산출은 분명히 순수출에 영향을 미친다. 이것이 어떻게 가능한지 설명하라.

6. 무역적자의 소멸
   a. 무역적자($NX < 0$)를 보이고 산출은 잠재 수준과 일치하는 경제를 고려하자. 산출이 단기에는 잠재 수준을 벗

어날 수 있지만, 중기에 있어서는 잠재 수준으로 되돌아간다고 하자. 잠재산출 수준은 실질환율에 의해 영향을 받지 않는다고 하자. 중기에 무역적자가 소멸되려면(즉, $NX$를 0으로 높이려면) 실질환율은 어떻게 되어야 하는가?

b. 국민소득 항등식을 작성해 보라. 산출이 중기에 잠재 수준으로 복귀한다고 가정하자. $NX$가 0으로 증가하면 중기에 있어 국내 수요($C+I+G$)에는 어떤 일이 발생해야 하는가? 중기에 국내 수요를 감소시키기 위해 이용 가능한 정부 정책은 무엇인가? 국내 수요 중 어떤 수요가 이 정책의 영향을 받는가?

7. 승수, 개방도 그리고 재정 정책

다음 식에 의해 특징지어지는 개방경제를 고려하자.

$$C = c_0 + c_1(Y - T)$$
$$I = d_0 + d_1 Y$$
$$IM = m_1 Y$$
$$X = x_1 Y^*$$

계수 $m_1$과 $x_1$은 각각 수입성향과 수출성향을 나타낸다. 실질환율이 1에서 고정되어 있고, 외국소득 $Y^*$를 고정된 것으로 간주하자. 세금은 고정되어 있고 정부지출은 외생적, 즉 정부에 의해 결정된다고 하자. 수입성향에 대한 상이한 가정하에서 정부지출 $G$를 변화하는 정책의 유효성을 검토한다.

a. 국내재 시장에 대한 균형조건을 기술하고, $Y$에 대한 해를 구하라.

b. 정부지출이 1단위 증가했다 하자. 산출에 대한 효과는 얼마인가? ($0 < m_1 < c_1 + d_1 < 1$라고 가정하자.) 그 이유를 설명하라.

c. 정부지출이 1단위 증가할 때 순수출은 어떻게 변화하는가?

2개의 국민경제를 고려하자. 하나는 $m_1=0.1$인 경제이고, 다른 하나는 $m_1=0.5$인 경제이다. 각 경제에서 $c_1+d_1=0.6$이 성립한다.

d. 두 국가의 경제 규모가 크게 다르다고 하자. 어떤 경제가 더 큰 $m_1$값을 갖는다고 기대되는가? 이에 대해 설명하라.

e. 적절히 계수 값을 대입하여 각 경제에 대해 위의 문제 b와 c에 대한 답을 계산하라.

f. 어떤 경제에서 재정 정책이 산출에 더 큰 효과를 갖는가? 어떤 경제에서 재정 정책이 순수출에 더 큰 효과를 갖는가?

8. 정책 협조와 세계 경제

다음과 같은 개방경제를 고려하자. 실질환율이 고정되어 있고 1과 같다. 소비, 투자, 정부지출, 세금은 다음과 같다.

$$C = 10 + 0.8(Y - T),\ I = 10,\ G = 10,\ T = 10$$

수입과 수출은 각각 다음과 같다.

$$IM = 0.3Y \text{ 그리고 } X = 0.3Y^*$$

여기서 $Y^*$는 외국 산출을 나타낸다.

a. $Y^*$가 주어졌을 때 국내 경제의 균형산출을 구하라. 이 경제의 승수는 얼마인가? 경제를 폐쇄해 수출과 수입이 항등적으로 0과 같다면 승수는 얼마가 되는가? 폐쇄경제에서 승수가 달라지는 이유는 무엇인가?

b. 외국경제가 국내경제와 동일한 관계식을 갖고 있다고 하자(물론 $^*$는 뒤바뀐다). 국내경제에 대한 방정식 체계와 외국경제에 대한 방정식 체계를 함께 사용해 각국의 균형산출을 구하라. [힌트: 외국 경제에 대한 방정식들을 이용해 $Y^*$를 $Y$의 함수로 나타내고 문제 a에서 구한 $Y^*$에 대입하라.] 이제 각국의 승수는 얼마인가? 이는 문제 a에서의 개방경제 승수와 왜 다른가?

c. 국내 정부가 125에 달하는 산출 수준을 목표로 한다고 하자. 외국 정부가 $G^*$를 변화시키지 않는다고 가정하면 국내경제에서 목표산출을 달성하기 위해 $G$는 얼마나 증가되어야 하는가? 각국에서의 순수출과 재정적자를 구하라.

d. 각국의 정부가 125의 산출을 목표로 한다고 하자. 아울러 각국 정부는 동일한 규모만큼 정부지출을 증가시킨다고 하자. 양국에서 산출목표를 달성하기 위해 필요한 $G$와 $G^*$의 공통된 증가 규모는 얼마인가? 각국에서의 순수출과 재정적자를 구하라.

e. 문제 d에서와 같은 $G$와 $G^*$의 동시 증가와 같은 재정 정책의 협조는 왜 현실세계에서 달성하기 어려운가?

## 보충문제

9. 미국의 무역적자, 경상수지 적자 그리고 투자

a. 국민저축을 민간저축과 재정흑자의 합, 즉 $S+T-G$로 정의하라. 이제 식 (18.5)를 이용해서 경상수지 적자, 순투자소득, 그리고 국민저축과 국내투자의 차 간에는

어떤 관계가 성립하는지를 설명하라.

b. FRED 데이터에서 명목GDP(GDPA 시계열), 국내총투자(W170RC1A027NBEA), 순수출(A019RC1A027NBEA)을 1980년부터 최근 연도까지 구하라. 각 연도별로 국내총투자와 순수출을 GDP로 나누어 GDP 대비 비율로 나타내라. GDP 대비 무역적자 비율이 가장 크게 나타나는 연도는 언제인가?

c. 미국은 1980년에 무역흑자가 대략 0이었다. 1980~1989년, 1990~1999년, 2000~2009년, 그리고 2010년에서 최근 연도까지의 기간에 대해 GDP 대비 투자비율과 무역수지비율을 계산하라. 무역적자는 투자에 필요한 재원을 조달하는 데 사용되어 왔다고 볼 수 있는가?

d. 투자 증가를 수반하지 않는 무역적자는 더 우려되는 현상인가? 답에 대해 설명하라.

e. 위 문제는 경상수지 적자보다는 무역적자에 초점을 두었다. 미국에서 소득수지(net investment income, *NI*)은 무역 적자와 경상수지 적자의 차이와 어떻게 관련되는가? St. Louis 연준의 FRED 데이터베이스에서 GDP(GDP 시계열)와 GNP(GNP 시계열)를 구할 수 있다. 이 차이가 소득수지 *NI*에 해당한다. 이 값은 상승했는가 아니면 하락했는가? 이러한 변화의 시사점은 무엇인가?

## 부록 마셜-러너 조건의 유도

순수출의 정의로부터 출발하자.

$$NX = X - \varepsilon IM$$

무역이 초기에는 균형 상태였다고 가정하자. 즉, $NX = 0$이며 $X = \varepsilon IM$이다.

마셜-러너 조건은 실질절하가, 즉 $\varepsilon$의 상승이 순수출의 증가를 불러올 조건이다.

이제 이 조건을 유도하기 위해 실질환율의 변화 $\Delta\varepsilon$을 고려하자. 실질환율의 방정식 좌변에 대한 영향은 다음으로 주어진다.

$$\Delta NX = \Delta X - \varepsilon(\Delta IM) - \Delta\varepsilon(IM)$$

첫째 항 $\Delta X$는 수출의 변화를 보여준다. 둘째 항 $\varepsilon(\Delta IM)$은 실질 환율에 수입량의 변화를 곱한 것이다. 셋째 항 $\Delta\varepsilon(IM)$은 수입량에 실질환율의 변화를 곱한 것이다. 양변을 $X$로 나누면 다음과 같아진다.

$$\frac{\Delta NX}{X} = \frac{\Delta X}{X} - \varepsilon\frac{\Delta IM}{X} - \frac{IM\Delta\varepsilon}{X}$$

$\varepsilon IM = X$라는 사실을 이용하여 우변의 둘째 항에서 $\varepsilon/X$를 $1/IM$으로 나누고, 우변의 셋째 항에서 $IM/X$를 $1/\varepsilon$로 바꾸면 다음을 얻는다.

$$\frac{\Delta NX}{X} = \frac{\Delta X}{X} - \frac{\Delta IM}{IM} - \frac{\Delta\varepsilon}{\varepsilon}$$

실질절하에 대한 반응으로서 (수출에 대한 비율로서) 무역수지의 변화는 세 가지 항의 합과 같다.

- 첫 항은 실질절상이 야기하는 수출의 비례적 변화 $\frac{\Delta X}{X}$이다. 실질절하가 발생하면 양이 된다.
- 둘째 항은 실질 절하로 야기되는 수입에 있어서의 비례적 변화의 음의 값 $-\frac{\Delta IM}{IM}$이다. 실질 절하가 발생하면 양이 된다.
- 셋째 항은 실질환율의 비례적 변화의 음의 값 $-\frac{\Delta\varepsilon}{\varepsilon}$이다. 실질절하가 발생하면 음이 된다.

마셜-러너 조건은 이들 세 항의 합이 양의 값을 가져야 한다는 조건이다. 이 조건이 만족되면 실질절하는 무역수지의 개선을 가져온다.

수치를 사용한 예가 도움이 될 것이다. 1%의 절하가 0.9%에 달하는 수출의 상대적 증가와 0.8%에 달하는 수입의 상대적 감소를 초래했다고 하자. (실질환율 변화에 따른 수출과 수입의 반응에 대한 계량경제적 실증분석 결과는 이들이 실제로 적절한 수치임을 보여준다.) 이 경우 식의 우변은 $0.9\% - (-0.8\%) - 1.0\% = 0.7\%$과 같다. 따라서 무역적자는 개선된다. 마셜-러너 조건은 만족된다.

# 산출, 이자율, 환율

19

18장에서는 환율을 정부가 이용 가능한 정책수단의 하나로 간주했다. 그러나 환율은 정책수단이 아니다. 환율은 외환시장에서 결정되며, 외환시장은 17장에서 보았듯이 수많은 거래가 발생하는 시장이다. 이 사실은 두 가지 명백한 의문점을 제기한다. 무엇이 환율을 결정하는가? 어떻게 정책당국자는 환율에 영향을 미칠 수 있는가?

이러한 질문이 바로 이 장의 동기가 되었다. 이에 답하기 위해 18장에서 미루었던 금융시장을 다시 도입한다. 이 장은 외환시장을 포함하여 재화시장과 금융시장이 모두 균형일 때의 시사점을 살펴본다. 이는 개방경제에서 산출, 이자율 그리고 환율의 연관된 움직임을 파악할 수 있도록 한다. 이 장에서 발전시키는 모형은 5장에서 보았던 IS-LM 모형을 개방경제 모형으로 확장한 것으로, 1960년대에 처음으로 통합적 모형을 제시한 2명의 경제학자 먼델(Robert Mundell)과 플레밍(Marcus Fleming)의 이름을 따라 **먼델-플레밍 모형**(Mundell-Fleming model)이라 한다. (여기서 제안된 모형은 초기의 먼델-플레밍 모형의 정신을 담고 있지만, 상세한 측면에서는 다르다.)

**19-1** 재화시장에서의 균형을 살펴본다.

**19-2** 외환시장을 포함한 금융시장의 균형을 살펴본다.

**19-3** 두 균형조건을 결합하여 산출, 이자율, 환율의 결정을 살펴본다.

**19-4** 변동환율제하에서 정책의 역할을 살펴본다.

**19-5** 고정환율제하에서 정책의 역할을 살펴본다.

**이 장의 핵심 주제 :** 통화 및 재정 정책의 효과는 환율 레짐에 상당히 의존한다. ▶▶▶

## 19-1 재화시장의 균형

재화시장의 균형은 18장의 주제였는데, 다음과 같은 균형조건 식 (18.4)를 유도했었다.

$$Y = C(Y-T) + I(Y,\ r) + G - \varepsilon IM(Y,\ \varepsilon) + X(Y^*,\ \varepsilon)$$
$$\quad (+) \qquad (+,\ -) \qquad\qquad (+,\ -) \qquad (+,\ +)$$

재화시장이 균형을 이루려면 산출(방정식의 좌변)이 국내재 수요(방정식의 우변)와 일치해야 한다. 국내재 수요는 소비 $C$, 투자 $I$, 정부지출 $G$를 더한 값에 수입액 $\varepsilon IM$을 차감하고 수출 $X$를 더한 값과 일치한다.

재화시장 균형($IS$): 산출 = 국내재화에 대한 수요

- 소비 $C$는 처분가능소득 $Y-T$가 높아지면 증가한다.
- 투자 $I$는 산출 $Y$가 높아지면 증가하고, 실질이자율 $r$이 증가하면 감소한다.
- 정부지출 $G$는 일정한 값으로 간주된다.
- 수입 $IM$은 산출 $Y$가 높아지면 증가하고, 실질환율 $\varepsilon$가 하락하면 증가한다. 국내재로 표시한 수입액은 수입량을 실질환율로 곱한 값과 일치한다.
- 수출 $X$는 외국 산출 $Y^*$가 높아질 때 증가하고 실질 환율 $\varepsilon$가 상승하면 증가한다.

위 식에서 마지막 두 항은 수출에서 수입을 차감한 값으로 정의되는 '순수출($NX$)'로 다시 묶어주는 것이 편리하다.

$$NX(Y,\ Y^*,\ \varepsilon) \equiv X(Y^*,\ \varepsilon) - \varepsilon IM(Y,\ \varepsilon)$$

수출과 수입에 대한 가정에 따라 순수출 $NX$는 국내 산출 $Y$, 외국 산출 $Y^*$, 그리고 실질환율 $\varepsilon$에 의존한다. 국내 산출의 증가는 수입을 증가시키고, 그에 따라 순수출을 감소시킨다. 외국 산출의 증가는 수출을 증가시키고, 그에 따라 순수출을 증가시킨다. 실질환율의 하락은 순수출의 감소를 가져온다.

이 장을 통해 마셜-러너 조건이 성립한다고 가정한다. 이 조건하에서 실질환율의 하락(실질절상)은 순수출의 감소를 초래한다(18장 참조).

순수출에 대한 이 정의를 사용하여 균형조건은 다음과 같이 나타낼 수 있다.

$$Y = C(Y-T) + I(Y,r) + G + NX(Y,Y^*,\varepsilon) \tag{19.1}$$
$$\quad (+) \qquad (+,-) \qquad\qquad (-,+,+)$$

이 절의 목적상 식 (19.1)의 중요한 시사점은 실질이자율과 실질환율이 수요에 영향을 미치고, 그에 따라 균형산출에 영향을 미친다는 점이다.

- 실질이자율의 상승은 투자지출의 감소를 야기하고, 그에 따라 국내재 수요를 감소시킨다. 이는 승수 효과를 통해 산출 감소를 초래한다.
- 실질환율의 상승은 국내재로의 수요 이동을 야기하고, 그에 따라 순수출의 증가를 불러온다. 순수출 증가는 국내재 수요를 증가시킨다. 이는 다시 승수 효과를 통해 산출 증가를 이끈다.

이 장의 나머지에서는 식 (19.1)에 대해 두 가지 단순화를 할 것이다.

- 단기에 초점을 맞추기 위해 전에 IS-LM 모형을 다룰 때 (국내) 물가가 일정한 것으로 간주했다. 여기서도 같은 가정을 하며, 이 가정을 외국 물가에도 확대한다. 이에 따라 실질환율 $\varepsilon=EP^*/P$와 명목환율 $E$는 같이 움직인다. 명목환율의 상승, 즉 명목절하는 일대일로 실질환율의 상승, 즉 실질절하를 불러온다. 역으로 명목환율의 하락, 즉 명목절상은 일대일로 실질환율의 하락, 즉 실질절상을 초래한다. 표기의 편리함을 위해 $P=1$, $P^*=1$로 두면 $P^*/P=1$이며(두 변수 모두 지수이므로 이렇게 할 수 있다), $\varepsilon=E$가 되고, 식 (19.1)에서 $\varepsilon$을 $E$로 바꿀 수 있다.
- 국내 물가는 일정하다고 간주했기 때문에 인플레이션이나 기대인플레이션은 발생하지 않는다. 따라서 명목이자율과 실질이자율은 동일하며 식 (19.1)에서 실질이자율 $r$은 명목이자율 $i$로 교체할 수 있다.

◀ 단순화를 위해 $P=P^*=1$로 두자. 이 경우 $\varepsilon=E$이다.

◀ 또다시 단순화를 위해 $\pi^e=0$으로 두자. 이 경우 $r=i$이다.

이러한 두 가지의 단순화를 위한 가정하에서 식 (19.1)은 다음과 같다.

$$Y = \underset{(+)}{C(Y-T)} + \underset{(+,\ -)}{I(Y,i)} + G + \underset{(-,\ +,\ +)}{NX(Y,Y^*,E)} \tag{19.2}$$

이를 말로 표현하면 다음과 같다. 재화시장 균형조건에 따르면 명목이자율의 상승과 명목환율의 하락은 산출을 감소시킨다.

◀ 지금쯤은 다양한 거시경제 메커니즘을 이해하는 방법이 기초 모형을 한편으로는 강화하고, 다른 한편으로는 단순화하는 것(여기서는 위험을 무시하고 대신 경제를 개방하는 것)임을 알게 되었을 것이다. 모든 방면으로 모형을 강화하는 경우 모형은 풍부해지겠지만(이것이 거시계량 모형이 하는 일이다) 끔찍한 교과서가 될 것이다. 모형이 지나치게 복잡해지기 때문이다.

## 19-2 금융시장의 균형

IS-LM 모형에서 금융시장을 검토했을 때 사람들은 오로지 두 가지 금융자산, 즉 화폐와 채권 간의 선택만을 한다고 가정했다. 이제 금융시장이 개방된 경제를 살펴보고 있으므로, 사람들이 국내 채권과 외국 채권 간의 선택도 한다는 사실도 고려해야 한다.

◀ 사람들이 국내통화나 외국통화를 자발적으로 기꺼이 보유하려 하지 않는다고 가정했음을 상기하라.

### 국내 채권과 외국 채권

국내 채권과 외국 채권 간의 선택을 분석하는 데 있어서는 17장에서 도입한 가정에 의존해야 한다. 투자자는 국내 투자자든 외국 투자자든 위험을 무시하고 가장 높은 기대수익률을 추구한다. 이는 균형에서 국내 채권과 외국 채권이 동일한 기대수익률을 초래함을 시사한다. 그렇지 않다면 투자자들은 두 종류의 채권을 모두 보유하기보다는 하나만을 보유할 것이며, 이는 균형상태라 할 수 없다(다른 모든 경제적 관계와 마찬가지로 이 관계는 현실에 대한 근사일 뿐이며 항상 성립하는 것은 아니다. 이에 대한 보다 자세한 논의는 FOCUS '자본흐름, 급정지 그리고 이자율 평형조건의 한계'를 참조).

17장에서 보았듯이[식 (17.2)] 이 가정은 다음과 같은 차익거래 관계(**이자율 평형조건**)가 성립해야 한다는 것을 시사한다.

$$(1 + i_t) = \left(1 + i_t^*\right)\left(\frac{E_{t+1}^e}{E_t}\right) \quad (19.3)$$

여기서 $i_t$는 국내 이자율, $i_t^*$는 외국 이자율, $E_t$는 현재 환율, $E_{t+1}^e$는 미래의 기대환율이다. 좌변은 국내 채권 보유에 따른 수익률을 국내통화로 나타낸 것이다. 우변은 외국 채권을 보유하는 데 따른 기대수익률을 국내통화로 표시한 것이다. 균형에서 두 기대수익률은 일치해야 한다.

$E_t$가 등장한 것은 외국 채권을 매입하려면 우선 국내통화를 외국통화로 교환해야 한다는 사실 때문이다. $E_{t+1}^e$가 등장한 것은 다음 기에 받을 자금을 국내로 들여오기 위해서는 외국통화를 국내통화로 환전해야 하기 때문이다.

양변을 $E_{t+1}^e$로 곱하고 정리하면 다음과 같다.

$$E_t = \frac{1 + i_t^*}{1 + i_t} E_{t+1}^e \quad (19.4)$$

여기서는 미래의 기대환율을 일정한 것으로 간주할 것이며, $\bar{E}^e$로 나타낸다(20장에서 이 가정은 완화할 것이다). 이 가정하에서 그리고 시간을 나타내는 첨자를 생략하면 이자율 평형조건은 다음과 같다.

$$E = \frac{1 + i^*}{1 + i} \bar{E}^e \quad (19.5)$$

이 식은 현재의 환율이 국내 이자율, 외국 이자율 그리고 기대되는 미래 환율에 의존한다는 것을 말해준다.

- 국내 이자율의 상승은 환율 하락을 불러온다.
- 외국 이자율의 상승은 환율 상승을 이끈다.
- 기대되는 미래 환율의 상승은 현재 환율의 상승으로 이어진다.

이 관계는 현실세계에서 중심적 역할을 하며, 이 장에서도 중심적 역할을 할 것이다. 이에 대한 이해를 높이기 위해 다음의 예를 생각해 보자.

미국 채권과 일본 채권 간의 선택을 해야 하는 금융투자자 또는 간단히 투자자를 고려하자. 미국 채권의 1년 이자율이 2%이고, 일본 채권의 1년 이자율 역시 2%라 하자. 현재 환율이 100엔/달러(1달러=100엔의 가치를 갖는다고 하자)라 하고, 지금으로부터 1년 뒤의 기대환율 역시 100엔/달러라 하자. 이러한 가정하에서 미국과 일본의 채권은 모두 달러화 기준으로 동일한 수익률을 초래하며, 이자율 평형조건은 만족된다.

이제 투자자들은 환율이 지금부터 1년 뒤 10% 낮아질 것으로 기대한다고 하자. 이 경우 $\bar{E}^e$는 110과 일치한다. 현재 환율이 일정한 상황에서 미국 채권은 일본 채권보다 이제 훨씬 더 매력적으로 되었다. 미국 채권은 달러화 기준으로 2%의 이자율을 제공한다. 일본 채권은 여전히 엔화 기준으로 2%의 이자율을 제공하지만, 엔화는 달러화 기준으로 지금부터 1년 뒤 그 가치

FOCUS

## 자본흐름, 급정지 그리고 이자율 평형조건의 한계

이자율 평형조건은 투자자들이 기대수익률에만 유념한다고 가정한다. 그러나 14장에서 논의했듯이 투자자들은 수익률뿐만 아니라 위험 그리고 유동성(자산을 사고팔 수 있는 정도)에도 유념한다. 대부분의 경우 이들 다른 요인은 무시할 수 있다. 그러나 때때로 이들 요인이 투자자의 의사결정이나 환율을 결정하는 데 큰 역할을 한다. 위험의 인식은 연금기금과 같은 기관투자자가 특정 국가에의 투자 여부를 결정할 때 중요한 역할을 한다. 때때로 위험이 증가했다는 인식은 동일한 투자자로 하여금 이자율수준이 무엇이든 상관없이 바로 그 국가에 보유한 모든 자산을 매각하게 만든다. 많은 남미와 아시아의 신흥경제국에 영향을 미쳤던 이 사건들은 **급정지**(sudden stop)라 알려져 있다. 이들 사건이 발생하는 기간에 이자율 평형조건은 성립하지 않으며, 국내외 이자율의 아무런 변화 없이 환율이 크게 상승할 수 있다.

사실상 위기의 시작은 기대수익과는 상관성이 거의 없는 대규모의 자본 이동과 관련이 있다. 불확실성을 우려하여 선진국의 많은 투자자들은 투자자금을 더 안전하다고 생각한 본국으로 회수하기로 결정했다. [역설적으로 위기는 미국에서 비롯했지만, 미국은 여전히 **안전투자처**(safe haven)로 간주되었고, 그에 따라 많은 투자자는 신흥시장국의 자산을 매각하고 미국 자산을 매입했다.] 결국 많은 신흥국가들로부터 대규모의 자본유출이 발생했다. 한 가지 예가 그림 1에 나타나 있는데, 이는 2005~2015년간의 외국투자자에 의한 브라질 주식의 순매수 규모를 보여준다. 2008년 후반에 이는 연간 GDP의 30%에서 −25%로 급격히 음으로 전환하고 2009년에야 반등했음에 주의하자. (음의 순매수는 해당 분기 동안 외국인 투자자들이 매도가 매수를 초과했음을 의미한다.)

급격한 음의 값은 브라질과 다른 신흥시장국에 상당한 영향을 미쳐 각국의 환율의 강력한 절하압력을 초래하여 각국의 금융 시스템에 심각한 문제를 야기했다. 예를 들어 외국인 투자자에 재원을 의존했던 국내은행들은 자금부족에 시달렸고, 그에 따라 국내 기업과 소비자에 대한 대출을 감축해야만 했다. 이는 위기가 미국으로부터 다른 국가로 전달된 중요한 채널이었다.

보충 논의: 2008년과 2009년에 대규모 자본 유출로 영향을 받은 국가들 중에는 특히 아일랜드, 아이슬란드와 같은 많은 소규모 선진국이 포함된다. 이들 중 많은 국가는 미국과 동일한 금융 시스템의 취약성(6장 참조)을 누적해 왔고, 이들 중 많은 국가가 심하게 고통받았다. 이에 대한 읽기 쉽고 좋은 글은 *Boomerang: Travels in a New Third World*(2011, Norton Books) 중 루이스(Michael Lewis)가 아일랜드와 아이슬란드에 대해 작성한 부분들이다.

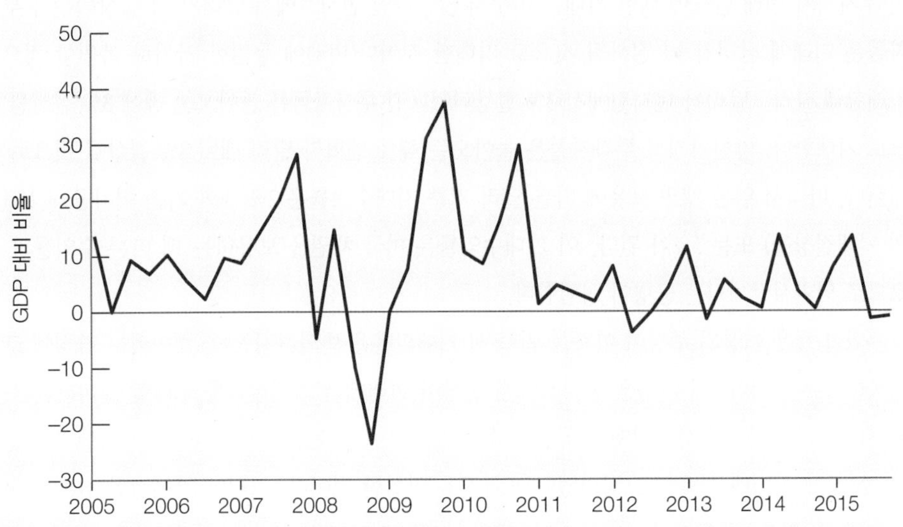


그림 1

브라질 주식의 순매수 추이 (2005~2015년)

출처: IMF BOP statistics.

$\bar{E}^e$의 증가는 엔화에 대한 달러의 기대 절상이다. 마찬가지로 달러 대비 엔화의 가치 하락이 예상되는 것이다.

가 10% 하락할 것으로 기대된다. 따라서 달러화 기준으로 일본 채권에 대한 이자율은 2%(이자율) − 10%(달러 대비 엔화의 기대평가절하율) 또는 8%이다.

그렇다면 현재 환율에는 무슨 일이 발생할까? 최초의 환율 100에서 투자자는 일본 채권에서 미국 채권으로 옮겨가려 한다. 이를 위해 투자자들은 일본 채권을 팔아 일본 엔화를 얻고, 이어서 엔화를 달러화로 환전한 뒤, 마지막으로 달러화로 미국 채권을 매입해야 한다. 투자자들이 엔화를 매각하고 달러화를 매입함에 따라 달러화가 평가절상된다. 얼마나 절상될까? 식 (19.5)는 그 답을 제공한다. 즉, $E = (1.02/1.02)110 = 110$이다. 현재 환율은 기대되는 미래 환율과 같은 비율로 상승해야 한다. 다시 말해 현 시점에서 달러는 10% 절상되어야 한다. 이 경우 $E = \bar{E}^e = 110$이 되고, 미국과 일본의 채권에 대한 기대수익률은 다시 일치하며 외환시장에는 균형이 성립한다.

이제 대신에 미국 연준이 정책금리를 2%에서 5%로 인상했다고 가정해 보자. 아울러 일본의 이자율은 2%에 머물러 있고, 기대되는 미래 환율 역시 100에 머물러 있다고 하자. 현재 환율이 일정한 상황에서 미국의 채권은 이제 다시 일본 채권보다 훨씬 더 매력적으로 되었다. 미국 채권은 달러화 기준으로 5%의 수익률을 초래하지만, 일본 채권은 엔화 기준으로 2%의 수익률을 불러오며, 환율은 내년에도 지금과 같은 수준에 머물 것으로 기대되므로, 일본 채권의 달러화 기준 수익률 역시 5%이다.

그렇다면 무슨 일이 발생할까? 이 경우에도 초기 환율 100 수준에서 투자자는 일본 채권에서 벗어나 미국 채권으로 이동하려 한다. 이를 위해 투자자들은 엔화를 달러로 전환하고, 그에 따라 달러는 절상된다. 얼마나 절상될까? 식 (19.5)가 그 답을 제공한다. 즉, $E = (1.05/1.02)(100) \approx 103$이다. 즉 현재 환율은 약 3% 하락한다.

왜 3%인가? 달러가 절상될 때 무슨 일이 발생하는지를 생각해 보라. 지금까지 가정해 왔듯이 투자자가 미래 환율에 대한 기대를 바꾸지 않는다면 현시점에서 달러가 더 절상될수록 투자자들은 미래에 달러가 더 절하될 것으로 기대한 것이다(미래에 동일한 가치로 복귀할 것으로 기대함에 따라). 달러가 현시점에서 3% 절상되었다면 투자자들은 돌아오는 해에 3% 절하될 것으로 기대한다. 마찬가지로 투자자들은 돌아오는 해에 엔화가 달러 대비 3% 절상될 것으로 기대한다. 따라서 일본 채권 보유에 따른 달러 기준 기대수익률은 2%(엔화 기준 이자율) + 3%(엔의 기대절상률) 또는 5%가 된다. 이 기대수익률은 미국 채권을 보유하는 데 따른 수익률과 같으므로 외환시장에서는 균형이 성립한다.

주장을 확실하게 이해하도록 하라. 달러는 이를테면 왜 20% 절상되지 않았는가?

주의할 것은 이상의 주장이 이자율 변화 시 기대환율은 변화하지 않을 것이라는 가정에 크게 의존한다는 점이다. 이 가정은 현시점에서 절상이 미래에는 기대절하를 초래할 것이라는 사실을 시사한다. 이는 환율이 현재와 동일한 수준으로 복귀할 것으로 기대된다고 가정했기 때문이다. 20장에서 미래 환율이 고정되었다는 가정을 완화할 것이다. 그러나 기본적인 결론은 동일할 것이다. **외국 이자율에 대비한 국내 이자율의 상승은 국내통화의 절상으로 이어진다.**

그림 19-1은 이자율 평형관계인 식 (19.5)가 시사하는 국내 이자율 $i$와 환율 $E$ 간의 관계를

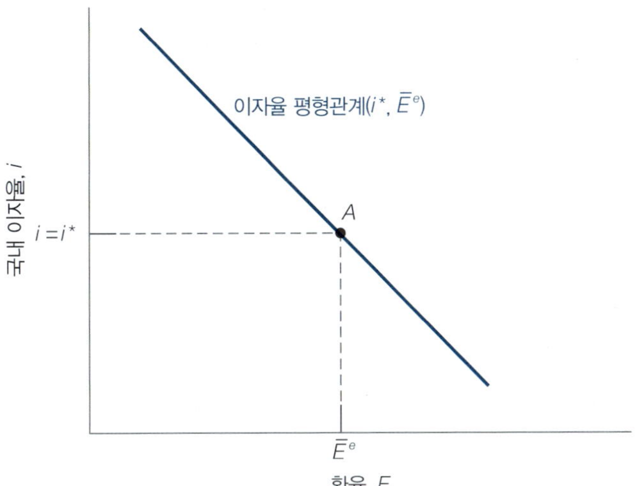


**그림 19-1**

**이자율 평형관계가 시사하는 이자율과 환율 간의 관계**

국내 이자율의 상승은 환율의 하락, 즉 절상을 이끈다.

나타낸다. 이 관계는 기대 미래 환율 $\bar{E}^e$와 외국 이자율 $i^*$가 일정하다는 가정하에서 그려진 것으로, 음(−)의 기울기를 갖는다. 국내 이자율이 높을수록 현재 환율은 낮아진다. 식 (19.5)는 국내 이자율이 외국 이자율과 동일할 때($i = i^*$), 현재 환율이 기대 미래환율과 일치할 것이라는 점($E = \bar{E}^e$)도 시사한다. 이는 그림에서 이자율 평형조건에 대응하는 직선이 점 $A$($i = i^*$인 곳)를 통과할 것이라는 사실을 말한다.

◀ 다음 상황이 발생하면 직선에는 어떤 변화가 발생하겠는가? (1) $i^*$의 상승, (2) $\bar{E}^e$의 하락

## 19-3 재화시장과 금융시장의 통합

이제 산출, 이자율 그리고 환율의 움직임을 이해하는 데 필요한 요소들을 갖추었다.

- 재화시장 균형은 산출이 다른 요소 중에서 이자율과 환율에 의존할 것임을 시사한다.

$$Y = C(Y \quad T) + I(Y, i) + G + NX(Y, Y^*, E)$$

- $i$를 중앙은행이 설정한 정책금리로 간주하자.

$$i = \bar{i}$$

- 이자율 평형조건은 국내 이자율과 환율 간의 음의 관계를 시사한다.

$$E = \frac{1 + i^*}{1 + i}\bar{E}^e$$

이들 세 관계가 함께 산출, 이자율 그리고 환율을 결정한다. 세 가지 관계를 함께 다루는 것은 쉽지 않다. 하지만 이자율 평형조건을 사용해 재화시장 관계에서 환율을 소거하면 2개의 관계로 쉽게 줄일 수 있다. 이를 통해 이미 익숙한 IS와 LM 관계의 개방경제에서의 변형된 형태를 보여주는 두 가지 방정식을 얻을 수 있다.

$$IS: Y = C(Y - T) + I(Y, i) + G + NX\left(Y, Y^*, \frac{1+i^*}{1+i}\bar{E}^e\right)$$
$$LM: i = \bar{i}$$

두 식은 함께 이자율과 균형산출을 결정한다. 식 (19.5)는 그에 따른 환율을 제공한다. 우선 IS 관계를 얻고 이자율이 산출에 미치는 파급 효과를 고려하자. 이자율의 상승은 두 가지 효과를 갖는다.

- 첫 번째 효과는 이미 폐쇄경제에서도 나타났지만 투자에 대한 직접적 효과이다. 이자율의 상승은 투자 감소, 국내재에 대한 수요 감소 그리고 산출 감소를 야기한다.
- 두 번째 효과는 개방경제에서만 나타나는 것으로 환율을 통한 효과이다. 국내 이자율의 상승은 환율 하락, 즉 절상으로 이어진다. 절상은 국내재를 외국재보다 더 비싸게 하여 순수출 감소로 이어지며, 결국 국내재에 대한 수요와 산출 감소를 불러온다.

두 가지 효과는 동일한 방향으로 작동한다. 이자율 상승은 직접적으로 수요를 감소시키기도 하지만, 환율절상의 부정적 효과를 통해서도 간접적으로 수요를 감소시킨다.

이자율과 산출 간의 IS 관계는 다른 모든 변수, 즉 $T$, $G$, $Y^*$, $i^*$, $\bar{E}^e$의 값이 일정하다는 가정하에서 그림 19–2(a)에 나타나 있다. IS 곡선은 음의 기울기를 갖는다. 이자율 상승은 산출 감소를 초래한다. 곡선은 폐쇄경제와 상당한 정도로 동일해 보이지만, 이전보다 복잡한 관계를 숨기고 있다. 이자율은 산출에 직접적으로 영향을 미칠 뿐만 아니라 환율을 통해 간접적으로도 영향을 미친다.

이자율의 상승은 직간접적으로 (환율을 통해) 산출 감소를 야기한다.

LM 관계는 폐쇄경제와 동일하다. 중앙은행이 설정한 이자율 $\bar{i}$의 수준에서 수평선이다.

재화시장과 금융시장의 균형은 그림 19–2(a)의 점 $A$에서 달성되는데, 이때 산출은 $Y$, 이자율은 $\bar{i}$로 결정된다. 환율의 균형값은 그림으로부터 직접 읽어낼 수 없다. 그러나 이는 그림

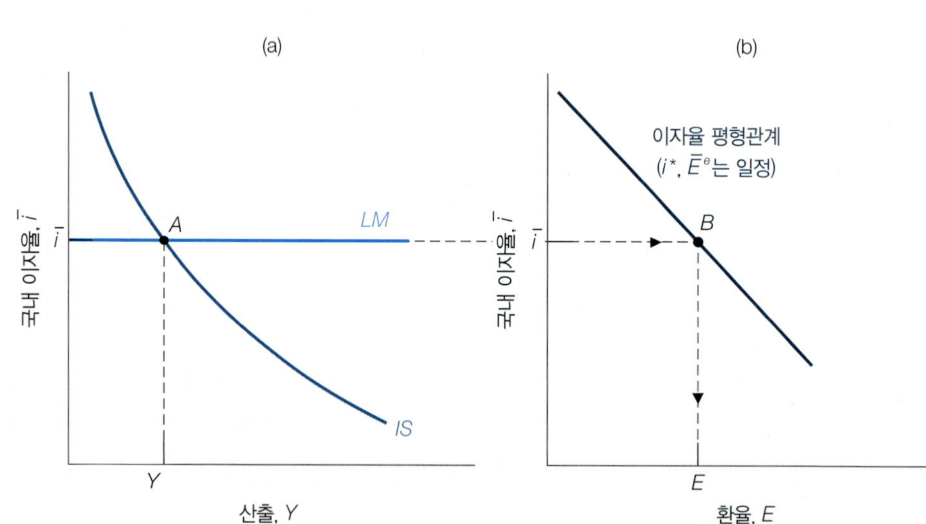


**그림 19-2**

**개방경제에서의 IS-LM 모형**

이자율 상승은 직접적으로 그리고 간접적으로 (환율을 통해) 산출을 위축시킨다. IS 곡선은 음의 기울기를 갖는다. LM 곡선은 양의 기울기를 갖는다.

19-1을 옮긴 그림 19-2(b)에서 쉽게 얻을 수 있으며, 점 $B$의 이자율과 외국 이자율 $i^*$ 및 기대환율에 상응하는 환율을 제공한다. 균형이자율 $\bar{i}$와 관련된 환율은 $E$와 일치한다.

요약해 보자. 이상에서 개방경제의 IS와 LM 관계를 유도했다.

IS 곡선은 음의 기울기를 갖는다. 이자율의 상승은 직접적으로 그리고 간접적으로 (환율을 통해) 수요의 감소와 산출의 감소로 이어진다.

*LM* 곡선은 중앙은행이 설정한 이자율에서 수평선으로 나타난다.

균형산출과 균형이자율은 IS와 LM 곡선의 교차점에서 발생한다. 외국 이자율과 기대 미래 환율이 주어졌을 때 균형이자율이 균형환율을 결정한다.

## 19-4 개방경제에서 정책의 파급 효과

개방경제에서 IS-LM 모형을 유도했으므로, 이제 이를 활용해 정책 효과를 살펴보도록 하자.

### 개방경제에서 통화 정책의 효과

중앙은행의 국내 금리 인상 정책의 효과부터 시작하자. 그림 19-3(a)를 보자. 산출이 일정할 때 이자율의 상승은 LM 곡선을 $LM$에서 $LM'$으로 상방 이동시킨다. IS 곡선은 이동하지 않는다(IS 곡선은 $T$, $G$, $Y^*$, $i^*$가 변화할 때만 이동한다). 균형은 $A$에서 $A'$으로 이동한다. 그림 19-3(b)에서 이자율의 상승은 절상으로 이어진다.

◀ 통화긴축은 LM 곡선을 위로 이동시키지만, IS 곡선이나 이자율평형곡선은 이동하지 않는다.

따라서 개방경제에서는 통화 정책이 두 가지 경로를 통해 이루어진다. 첫째, 폐쇄경제와 마찬가지로 이는 지출에 대한 이자율의 효과를 통해 작동한다. 둘째, 이자율이 환율에 미치는 영향과 환율이 수출입에 미치는 영향을 통해 작동한다. 두 효과는 같은 방향으로 작용한다. 통화긴축의 경우 이자율 상승과 절상은 함께 수요와 산출을 감소시킨다.

◀ 순수출에 어떤 일이 발생할까? (답은 아무것도 없다는 것이다. 증가할 수도, 감소할 수도 있다. 그 이유를 검토하라.)

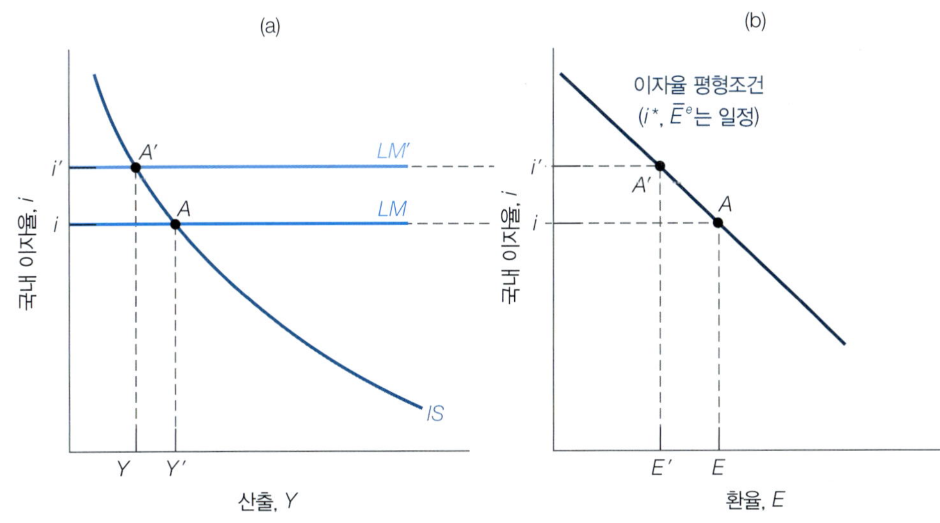


**그림 19-3**

**정책금리 인상의 파급 효과**

금리인상은 산출 감소와 평가절상을 초래한다.

## 개방경제에서 재정 정책의 파급 효과

정부지출의 변화를 살펴보자. 균형예산에서 출발해 정부가 세금을 인상하지 않고 국방비 지출을 증가시키기로, 그리고 그에 따라 재정적자를 감수하기로 결정했다고 하자. 산출은 어떻게 될까? 산출 구성에는 어떤 변화가 발생할까? 이자율에는, 환율에는 어떤 변화가 있을 것인가?

먼저 정부지출이 증가하기 이전에 산출 $Y$가 잠재 수준보다 낮다고 가정하자. $G$의 증가가 산출을 잠재 수준으로 증가시키지만, 잠재 수준을 넘어서지 않는다면 중앙은행은 인플레이션 상승을 우려하지 않을 것이며(9장 참조), 금리 수준을 그대로 유지할 것이다. 경제에 어떤 일이 발생할 것인지는 그림 19–4에 설명되어 있다. 경제는 초기에 점 $A$에 위치한다. $\Delta G > 0$만큼의 정부지출 증가는 이자율이 일정할 때 산출을 증가시키며, 이는 그림 19–4(a)에서 IS 곡선을 $IS$에서 $IS'$으로 우측 이동시킨다. 정부지출은 LM 관계에 들어가 있지 않으므로, LM 곡선은 이동하지 않는다. 새로운 균형은 점 $A'$에서 발생하는데, 산출 $Y'$은 높아진다. 그림 19–4(b)에서 이자율이 변하지 않았으므로, 환율도 변화하지 않는다. 따라서 중앙은행이 금리를 일정하게 유지할 때 정부지출이 증가하면 환율이 변화하지 않고 산출 증가를 불러온다.

정부지출 증가는 IS 곡선을 우측으로 이동시킨다. 하지만 LM 곡선이나 이자율 평형선에는 아무런 이동을 발생시키지 않는다. ▶

수요의 각 구성 요소에 어떤 일이 발생하는지 말할 수 있을까?

- 분명히 소비와 정부지출은 모두 증가한다. 소비는 소득 증가 때문에 증가하고, 정부지출은 가정에 의해 증가한다.
- 투자 역시 증가한다. 산출과 이자율에 의존하기 때문이다. 즉, $I = I(Y, i)$이다. 여기서 산출은 증가하고 이자율은 변화하지 않으므로, 투자가 증가한다.
- 순수출은 어떠한가? 순수출은 국내산출, 외국산출, 환율에 의존한다는 점을 고려하라. 즉, $NX = NX(Y, Y^*, E)$이다. 다른 나라들이 국내 정부지출 증가에 반응하지 않는다고 가정하므로, 외국의 산출은 변하지 않는다. 이자율이 변하지 않기 때문에 환율도 변하지 않는다. 국내산출 증가에 따른 효과만 남는다. 산출의 증가는 일정한 환율에서 수입을 증가

**그림 19-4**

**금리가 일정할 때 정부지출 증가의 효과**

정부지출의 증가는 산출 증가로 이어진다. 중앙은행이 정책금리를 일정하게 유지하면 환율 역시 변하지 않는다.

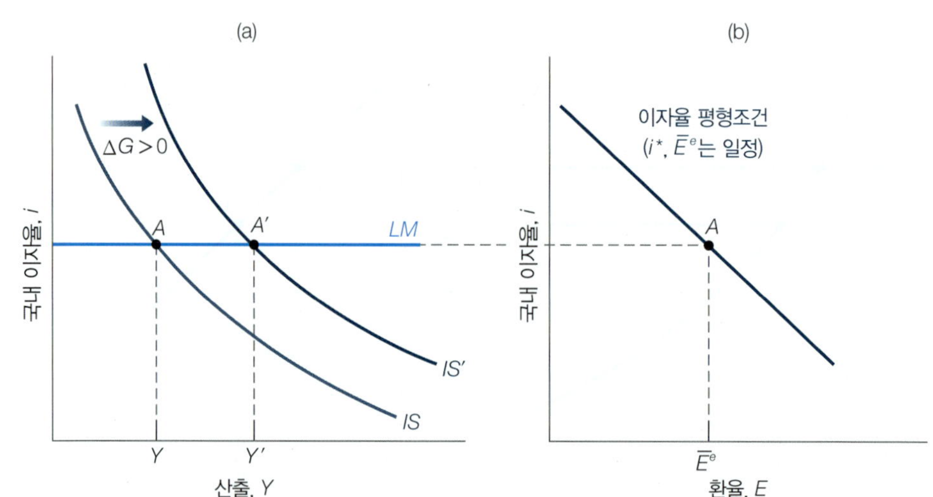

시키고, 순수출은 감소한다. 결과적으로 재정적자는 무역수지 악화로 이어진다. 처음에 무역수지가 균형이었다면 재정적자는 무역적자를 야기한다. 재정적자의 증가는 무역적자를 증가시키지만, 그 효과는 기계적인 것과는 거리가 멀다는 점에 주의하라. 이는 재정적자의 산출에 대한 효과와 환율에 대한 효과 그리고 다시 무역적자에 대한 효과를 통해 작동한다.

이제 산출이 잠재산출 $Y_n$에 근접한 경제에서 $G$의 증가가 발생한다고 가정하자. 정부는 산출이 이미 잠재산출과 일치하더라도 정부지출을 늘릴 수 있다. 예를 들어 대홍수나 COVID 감염병과 같은 이례적 사건에 대응하거나 세율 인상을 연기하고 싶을 때 그러하다. 또는 정부는 지출을 높이지만 조세를 인상하려 하지 않기 때문에 정치적 사유로 그렇게 할 수 있다(이에 대해서는 22장 참조). 이 경우 중앙은행은 $G$의 증가가 경제를 잠재산출 이상으로 움직여 인플레이션을 밀어 올릴지 걱정할 것이다. 중앙은행은 이자율 인상으로 대응할 가능성이 있다. 이후 무엇이 발생할 것인지는 그림 19-5에 설명되어 있다. 이자율이 일정할 때 산출이 $Y_n$에서 $Y'$으로 증가할 것이고, 환율은 변하지 않을 것이다. 그러나 정부지출 증가에 동반하여 중앙은행이 금리 인상으로 대응하면, 산출은 $Y_n$에서 $Y''$으로 덜 증가하고 환율은 $E$에서 $E''$으로 높아질 것이다.

◀ 재정적자의 증가는 무역적자를 증가시키지만, 그 효과는 그리 기계적인 것은 아니다. 재정적자는 산출에 대한 효과 그리고 그에 따른 무역수지에 대한 효과를 통해 작동한다.

이제 수요의 다양한 구성 요소에 어떤 일이 발생할지 말할 수 있는가?

- 이전과 마찬가지로 소비와 정부지출은 모두 증가한다. 소득 증가로 소비가 늘어나고, 가정에 의해 정부지출은 상승한다.
- 투자의 변화는 모호하다. 투자는 산출과 이자율에 의존한다. 즉, $I = I(Y, i)$이다. 여기서 산출은 상승하지만, 이자율 역시 상승한다.
- 순수출은 두 가지 이유로 감소한다. 산출은 증가하고 수입이 증가한다. 환율은 절상되어 수입은 증가하고, 수출은 감소한다. 재정적자는 무역적자로 이어진다. (그러나 정책금리

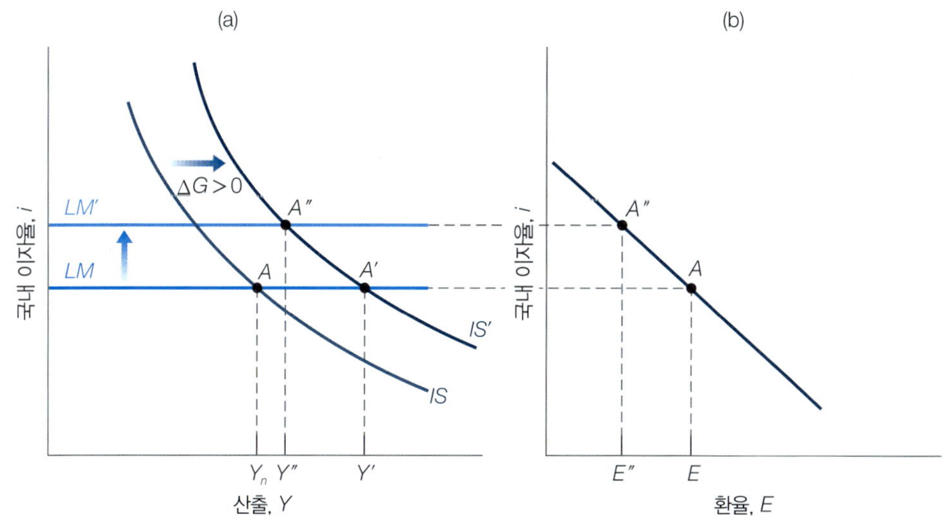


**그림 19-5**

**중앙은행 금리인상으로 대응할 때 정부지출 증가의 효과**

정부지출 증가는 산출 증가로 이어진다. 중앙은행이 금리인상으로 반응하면 환율은 절상된다.

FOCUS

## 통화긴축과 재정팽창: 1980년대 초 미국의 사례

1980년대 초 미국은 통화 정책과 재정 정책 모두에 있어 급격한 변화에 지배되었다.

1970년대 말 미 연준 의장 볼커(Paul Volcker)는 미국 인플레이션이 지나치게 높아 감소되어야 한다고 결론 내렸다. 1979년 말부터 시작해서 볼커는 단기에 경기침체를 야기할 수 있지만, 중기에 인플레이션율을 하락시킬 수 있을 것이라는 인식하에 급격한 통화긴축 경로를 시작했다.

재정 정책의 변화는 1980년 레이건 대통령의 당선으로 촉발되었다. 레이건은 보다 보수적인 정책, 즉 세금과 경제활동에서의 정부의 역할 감소를 공약하며 당선되었다. 이러한 약속은 1981년 8월의 경제활성화법(Economic Recovery Tax Act)의 배경이 되었다. 개인소득세는 1981~1983년까지 3회에 걸쳐 전체적으로 23% 감소되었다. 법인세 역시 감소되었다. 그러나 이들 세금 인하는 이에 대응한 정부지출의 감소를 수반하지 못했다. 결과적으로 재정적자는 지속적으로 증가했다.

상응하는 지출 감소 없이 세금을 인하한 레이건 행정부의 동기는 무엇이었을까? 이에 대해서는 오늘날에도 여전히 논쟁이 벌어지고 있지만, 두 가지 주요한 동기가 있었다는 합의는 있다.

한 가지 동기는 **공급중시론자**(supply sider)라 불리는, 주변적이지만 영향력 있는 경제학자 집단의 믿음에서 비롯한다. 이들은 세금 인하가 사람들과 기업들로 하여금 더 열심히 그리고 더 생산적으로 일하게 할 것이라고 주장했고, 그에 따른 경제활동의 증가는 실제로 조세수입의 감소보다는 증가로 이어질 것이라고 주장했다. 이들 주장의 장점이 당시에 어떻게 보였건 상관없이 잘못된 것으로 판명되었다. 일부 사람들은 세금 인하 후에 더 열심히 그리고 더 생산적으로 일했지만, 조세수입은 감소했고 재정적자는 증가했다.

다른 동기는 세금 인하와 그에 따른 재정적자의 증가가 의회를 위협해 지출 삭감에 나서게 하거나 아니면 최소한 추가적 지출 증가를 못하게 할 것이라는 희망이었다('야수 굶겨 죽이기'로 알려져 있는 전략). 이러한 동기는 부분적으로 옳은 것으로 드러났다. 의회는 지출 증가를 하지 말라는 막대한 압력에 놓였고, 1980년대의 지출 성장은 그렇지 않았을 경우보다 분명히 낮아졌다. 그럼에도 불구하고 지출의 조정은 세금 감소와 급속한 적자 증가를 피하기에 충분하지 못했다.

재정적자의 이유가 무엇이 되었건 통화긴축과 재정팽창은 먼델-플레밍 모형이 예측하는 것과 일치한다. 표 1은 1980~1984년의 주요 거시경제 변수의 추이를 보여준다.

1980~1982년까지 경제의 추이는 통화긴축의 효과가 지배했다. 명목 및 실질이자율은 모두 급격히 상승해서 대규모 달러 절상과 경기침체를 모두 야기했다. 인플레이션 하락의 목표는 달성되었다. 인플레이션율은 1980년 12.5%에서 1982년경에는 4%를 하회했다. 산출 감소와 달

**표 1** 미국의 주요 거시경제 변수(1980~1984년)

| 구분 | 1980년 | 1981년 | 1982년 | 1983년 | 1984년 |
|---|---|---|---|---|---|
| GDP 성장률(%) | –0.5 | 1.8 | –2.2 | 3.9 | 6.2 |
| 실업률(%) | 7.1 | 7.6 | 9.7 | 9.6 | 7.5 |
| 인플레이션율(CPI, %) | 12.5 | 8.9 | 3.8 | 3.8 | 3.9 |
| 명목이자율(%) | 11.5 | 14.0 | 10.6 | 8.6 | 9.6 |
| 실질이자율(%) | 2.5 | 4.9 | 6.0 | 5.1 | 5.9 |
| 실질환율 | 85 | 101 | 111 | 117 | 129 |
| 무역흑자(GDP 대비 %) | –0.5 | –0.4 | –0.6 | –1.5 | –2.7 |

인플레이션율은 CPI의 변화율, 명목이자율은 3개월 미국 재무부 단기채권(T-bill) 이자율, 실질이자율은 명목이자율에서 민간 예측회사인 DRI의 인플레이션 예측치를 차감한 것이다. 실질환율은 무역 가중 실질환율로서 1973=100이 되도록 표준화되었다. 음의 무역흑자는 무역적자이다.

러 절상은 무역수지에 반대되는 효과를 불러와(산출 감소는 수입 감소와 무역수지의 개선으로 이어지지만 달러 절상은 무역수지의 악화를 초래한다), 1983년까지 무역수지에는 큰 변화가 없었다.

1983년부터 경제의 추이는 재정팽창 효과가 지배했다. 이 장의 모형이 예측하듯 이들 효과는 강한 산출 증가, 높은 이자율 그리고 추가적인 달러 절상이었다. 높은 산출증가율과 달러 절상은 무역적자를 증가시켜 1984년경 무역적자는 GDP의 2.7%에 달했다. 1980년대 중반 주요 거시경제 정책 문제는 **쌍둥이 적자**(twin deficit), 즉 재정적자와 무역적자의 병행이 되었다. 쌍둥이 적자는 1980년대와 1990년대 초 동안 중심적인 거시경제 문제의 하나로 남게 되었다.

가 일정한 경우에 비할 때 무역적자가 더 클지의 여부는 모호하다. 절상은 상황을 악화시킨다. 그러나 이자율이 높아지면 산출의 증가를 약화시키며 수입의 증가도 약화한다.)

◀ 다시 한번 유의하라. 재정적자의 증가는 무역적자를 증가시키지만, 효과는 그리 기계적이지 않다.

개방경제에 대한 이러한 IS-LM 모형은 1960년대에 이 장의 시작 부분에서 언급한 2명의 경제학자인 컬럼비아대학교의 먼델과 IMF의 플레밍에 의해 제시되었다. 다만 이들의 모형은 오늘날처럼 중앙은행이 금리보다는 통화공급을 설정해 왔던 1960년대의 경제를 반영한다(4장과 6장의 논의 참조).

◀ 먼델은 1999년 노벨 경제학상을 수상했다.

먼델-플레밍 모형은 사실에 얼마나 잘 맞는가? 통상적으로 꽤 잘 맞았으며, 때문에 이 모형이 오늘날에도 여전히 사용된다. 모든 단순한 모형과 마찬가지로 이 모형은 종종 확장해야만 한다. 예를 들어 위기의 두 가지 중요한 측면, 즉 포트폴리오 결정에 영향을 미치는 위험의 역할이나 명목금리 하한의 함의를 포함해야 한다. 그러나 그림 19-3, 19-4, 19-5에서의 간단한 연습을 통해 생각을 정리할 수 있다. 모형을 사용하여 사건을 해석하거나 정책에 대해 생각하는 방법은 2개의 FOCUS에 나타나 있다. 첫 번째 FOCUS '통화긴축과 재정팽창: 1980년대 초 미국의 사례'는 1980년대 초 미국에서 발생한 통화긴축과 재정확장의 결합 효과를 살펴본다. 두 번째 FOCUS '미국의 무역적자와 트럼프 행정부의 관세'는 트럼프 행정부가 도입한 무역관세가 무역적자를 감소시킬지에 대한 것이다.

## 19-5 고정환율

지금까지는 중앙은행이 통화공급을 결정하고 환율은 외환시장의 균형이 성립하는 수준으로 자유롭게 조정된다고 가정했다. 많은 국가에서 이 가정은 현실을 반영하지 못한다. 중앙은행은 암묵적이거나 명시적인 환율목표하에서 움직이며, 이 목표를 달성하기 위해 통화 정책을 사용한다. 목표는 암묵적인 경우도 있고, 명시적인 경우도 있다. 구체적인 값을 갖는 경우도 있고 대역이나 범위일 수도 있다. 이러한 환율제도 또는 환율 레짐은 많은 이름을 갖고 있다. 우선 이들 이름이 의미하는 바를 살펴보자.

FOCUS

## 미국의 무역적자와 트럼프 행정부의 관세

트럼프 대통령의 2016년 대선 캠페인의 주제 중 하나는 당시 GDP의 2.7%에 불과했던 미국 무역적자를 줄여야 한다는 것이었다. 그는 무역적자를 외국, 특히 중국이 미국을 이용하고 있다는 증거로 보았다. 이 같은 약속에 따라 2018년에 트럼프 행정부는 태양광 패널에 대한 관세를 인상한 뒤, 철강 및 알루미늄 수입품에 대한 관세를 인상한 다음, 다양한 중국 제품에 대한 관세를 인상했다.

대부분의 경제학자들은 진단과 방법 모두에 동의하지 않았다.

진단에 대해 대부분의 경제학자들은 무역적자가 외국인들이 미국에 기꺼이 자금을 빌려주려는 의사와 함께 투자에 비해 만성적으로 낮은 미국 저축 수준을 반영하는 것으로 보고, 무역적자는 대외차입을 통해 쉽게 충당할 수 있다고 보았다. 따라서 그들은 무역적자가 근본적으로 미국의 문제를 반영한 것이며, 국내에서 공공저축과 민간저축을 높여 해결해야 한다고 주장했다(18-5절의 무역적자, 저축, 투자 간의 관계에 대한 논의 참조). 이들은 적절한 정책조합은 재정적자의 감축과 더불어 필요할 경우 이자율 인하와 달러 절하를 통해 산출을 잠재산출로 유지해야 한다고 주장했다(이는 그림 19-5에서 검토한 경우와 반대되는 경우이다).

일부 경제학자들은 더 나아가 무역적자가 실제로 미국 자산의 강점에서 비롯한다고 주장했다. 외국인들은 미국 자산을 보유하기를 열망했고, 이러한 외국인의 수요가 달러 강세로 이어지며, 이는 다시 미국 상품의 상대적 경쟁력을 떨어뜨리고 무역적자로 이어졌다. 따라서 이들 경제학자들은 무역적자가 미국의 금융적 강점을 반영하며 특별히 걱정할 정도는 아니라고 주장했다.

방법에 대해 경제학자들은 무역적자가 낮은 미국의 저축이나 자산의 매력에 있다면 관세가 효과가 없을 것이라고 주장했다. 그 이유를 알아보자.

주어진 환율에서 관세 인상은 미국 소비자의 수입가격을 상승시킬 것이다. 어느 정도일지는 관세에 대한 반응으로 외국기업이 무엇을 하느냐에 달려 있다.

세전 가격을 낮춘다면 미국 소비자가 직면하는 가격은 관세보다 적게 상승할 것이다. 심지어 미국에서의 소비자 가격이 변하지 않을 정도로 세전 가격을 낮출 수도 있다. 이 경우 수입 규모는 변하지 않을 수 있지만, 미국이 수입품에 대해 지불하는 금액(관세 전 가격)이 감소하여 국내 상품으로 환산한 수입액의 가치는 하락하게 된다.

외국기업은 세전 가격을 그대로 유지할 수 있는데, 이 경우 관세 인상으로 미국 소비자가 직면한 가격이 상승하여 수입 수요가 감소할 수 있다. 이 경우 미국이 수입품에 대해 지불하는 가격은 변하지 않지만, 수입량이 감소하여 수입금액의 하락으로 이어진다.

두 경우 모두 주어진 명목환율에서 국내 상품의 수입금액은 감소한다. 수출이 일정한 상태에서 이는 무역적자가 더 감소할 것임을 의미한다. (단, 관세를 누가 부담하느냐에 따라 차이가 있다. 첫 번째 경우에는 외국기업이 부담하고, 두 번째 경우에는 미국 소비자가 부담한다.) 무역적자가 줄어들면 수요가 증가하고, 산출 증가가 생겨날 것이다. 두 경우 모두 작동하는 것 같다. 그렇다면 경제학자들은 왜 관세로 무역적자가 줄어들지 않을 것이라는 점에 대해 회의적일까?

다음과 같은 네 가지 이유가 있다.

- 이로 인해 관세 전쟁이 촉발되고 다른 국가들이 정치적 결정으로 미국산 제품에 대한 관세인상으로 대응함에 따라 미국 수입의 감소에 상응하여 미국 수출도 감소하여 무역적자에 변화가 없을 수 있다. 그리고 실제로 미국이 중국산 제품에 대한 관세를 3%에서 19%로 인상함에 따라 중국은 미국 제품에 대한 관세를 8%에서 21%로 인상했다. 이러한 관세전쟁은 영합게임(zero-sum game)보다 나빴다. 이들은 무역수지에 그리 영향을 미치지 못한 반면, 무역을 감소시키고 왜곡을 심화시켰다. 결과는 분명히 나쁜 것이었다.
- 2018년과 같이 미국 경제가 잠재산출 수준에 가까웠던 만큼, 산출 증가가 과열로 이어져 미 연준이 금리를 인상하도록 할 수 있다. 이는 달러 절상으로 이어져(이자율 평형조건을 기억하자) 순수출에 대한 관세의 영향을 부분적으로 상쇄시킨다.
- 미 연준이 이자율을 인상하지 않더라도 무역적자 감소에 대한 기대와 이에 따른 해외차입 수요 감소에 대한 기대는 현재와 미래에 달러 강세로 이어질 수 있으며, 이는 다시 순수출에 대한 관세의 영향을 부분적으로 상쇄할 수 있다.

■ 마지막으로 관세를 인상하는 동안 트럼프 행정부는 2017년에 통과된 세제 개혁을 단행하여 2018년 재정적자가 크게 증가했다. 이 장에서 살펴본 바와 같이 재정적자 확대가 무역적자 확대로 이어질 수 있다. 즉, 미 연준이 개입하지 않으면 재정적자는 산출 증가와 수입 증가로 이어질 것이다. 미 연준이 산출 증가를 억제하기 위해 개입한다면 금리 인상은 달러 절상으로 이어지며 무역적자도 커질 것이다. 어느 경우든 재정 정책은 무역수지에 대한 관세의 영향을 상쇄하거나 반전시킬 가능성이 높다.

무슨 일이 발생했을까? 답은 불행히도 너무 많은 일이 발생했다는 것이다. 2020년부터 미국 경제의 추이는 COVID 감염병이나 그로 인한 여파라는 막대한 충격에 지배되었다. 이 책의 여러 부분에서 보았듯이 COVID 감염병위기는 급격한 경기침체를 야기했고, 이어서 강력한 회복, 대규모 재정적자, 그리고 초저금리, 인플레이션 그리고 높은 명목금리가 이어져 나타났다. 이들 요인 각각은 환율과 무역수지에 잠재적 영향을 미쳤다. 이는 관세의 구체적 효과를 식별하는 것을 매우 어렵게 만들고 있다.

그러나 주목할 점을 제시할 수 있다. 기초적 증거는 2010년 1분기부터 2022년 4분기까지의 GDP 대비 순수출의 비율과 실질 다국간 환율(2017년 수치는 100으로 표준화)의 추이를 보여주는 그림 1이 제공한다.

음영 처리된 부분은 2019년에 시작되는 시기에 해당한다. 2020년부터 무역적자는 크게 증가했고, 2022년에서야 비로소 회복되기 시작했다. 이후 달러의 가치는 절상되었다. 이 책을 쓰고 있는 무렵에는 경제가 잠재산출에 근접하여 GDP 대비 무역적자의 비율은 3%를 넘어선다. 많은 요인이 작용하고 있지만, 관세는 이를 감축시키기에 충분하지 않았음이 분명하다.

관세는 무역에 대한 다양한 제한 방법 중 하나일 뿐이다. 다른 많은 요인이 함께 작용하여 세계무역을 제한한다. 예를 들어 안보에 대한 관심(예: 미국은 중국이 창출한 기술에 대한 의존을 우려한다), 생산시설을 본국에 유치하는 것을 어렵게 하는 공급사슬의 경직성에 대한 우려, 제조업의 규모를 키우기 위한 산업정책 조치가 모두 고려되고 있다. 이들 조치의 적절성 여부와 관계없이 이들이 상당한 거시경제 효과를 가져올 가능성이 크다. 앞으로 몇 년 동안 이러한 발전을 지켜보는 것이 중요할 것이다.

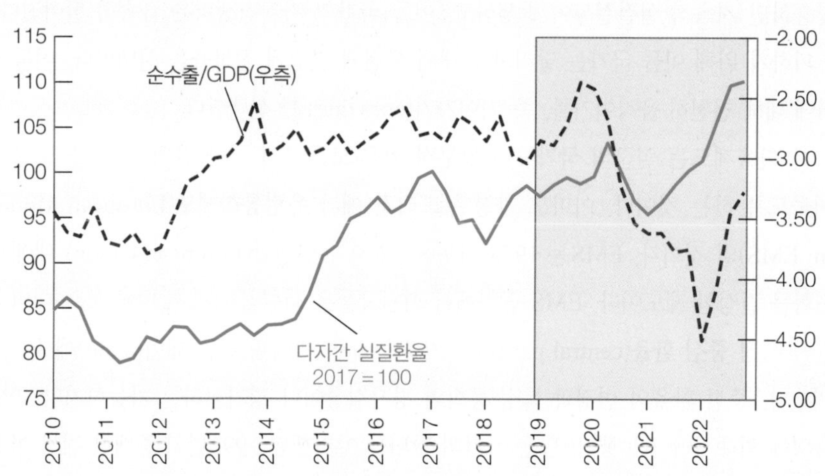


**그림 1**

**순수출/GDP와 실질 다자간 환율(2010년 1분기~2022년 4분기)**

역자 주: 달러의 다자간 실질환율은 달러화의 가치를 외국통화 단위로 표시한다.

출처: FRED: NETEXP, GDP, RBUSBIS.

## 페그, 크롤링 페그, 환율대역, EMS 그리고 유로

환율제도의 한 극단에는 미국, 영국, 일본이나 캐나다처럼 변동환율제도를 가진 국가가 있다. 이 국가들은 명시적인 환율목표를 갖고 있지 않다. 분명히 중앙은행은 환율의 움직임을 무시하지 않지만, 환율이 상당한 정도로 변동하는 것을 아주 기꺼이 받아들이고 있음을 보여왔다.

다른 극단에는 **고정환율제도**를 가진 국가들이 있다. 이 국가들은 외국통화를 기준으로 고정된 환율을 유지한다. 일부 국가들은 자국의 통화를 달러에 **페그**(peg)한다. 예를 들어 1991~2001년까지 아르헨티나는 자국의 통화인 페소를 상당히 상징적으로 1페소당 1달러로 페그시켰다(이에 대한 추가적 논의는 20장 참조). 다른 국가들(이 국가들은 대부분 과거 아프리카에 위치한 프랑스 식민지였다)은 자국의 통화를 프랑스 프랑에 페그해 왔다. 이후 프랑스 프랑이 유로로 대체됨에 따라 이 국가들은 이제 유로에 페그되어 있다. 그리고 또 다른 국가들은 복수의 외국통화에 페그하는데, 그 가중치는 무역에서의 비중을 반영한다.

고정이라는 이름은 오해를 낳을 여지가 있다. 고정환율제를 가진 국가의 환율이 실제로 절대로 변하지 않는다는 것은 아니다. 대신에 변화가 드물다는 것이다. 극단적인 경우가 프랑스 프랑에 페그된 아프리카 국가들이다. 이 국가들의 환율이 1994년 1월에 다시 조정되었을 때 이는 45년 만의 첫 조정에 해당되었다. 환율 변화가 드물기 때문에 경제학자들은 변동환율제하에서 발생하는 매일의 변화와 구별하기 위해 별도의 용어를 사용한다. 고정환율제하에서 환율의 상승은 절하(depreciation)가 아니라 **평가절하**(devaluation)로 불리며, 환율의 하락은 절상(appreciation)이 아니라 **평가절상**(revaluation)으로 불린다.

이 용어들은 17장에서 처음 소개되었다. ▶

이들 두 극단 사이에 환율목표치에 대해 다양한 공약을 하는 국가들이 존재한다. 예를 들어 일부 국가들은 **크롤링 페그**(crawling peg, 점진적 환율조정제)를 운영한다. 다음 설명이 보여주듯이 이는 잘 붙여진 이름이다. 이들 국가의 인플레이션율은 통상 미국의 인플레이션율을 상회한다. 이들 국가가 명목환율을 달러화에 페그한 상황에서 미국 물가보다 자국의 물가가 더 빨리 상승하면 지속적 실질절상이 발생하고, 이들 국가의 가격경쟁력은 급속히 떨어진다. 이 효과를 피하기 위해 이들 국가는 달러화에 대해 사전에 결정된 절하율을 선택한다. 이들 국가는 달러에 대해 천천히 움직이기를, 즉 '기어가기(crawling)'를 선택한다.

실질환율의 정의식 $\varepsilon = EP^*/P$를 상기하라. 국내 인플레이션율이 외국 인플레이션율보다 높아지면 $P$는 $P^*$보다 더 빨리 상승한다. $E$가 고정되어 있으면 $EP^*/P$는 계속 하락한다. 즉, 지속적인 실질환율 절상이 발생한다. 국내 재화는 외국 재화에 비해 계속 더 비싸진다. ▶

또 다른 환율제도는 일군의 국가들이 쌍무적 환율(모든 2개 국가 간의 환율)을 일정한 대역에 머물도록 하는 것이다. 아마도 가장 두드러진 예가 **유럽통화제도**(European Monetary System, EMS)일 것이다. EMS는 1978~1998년까지 유럽연합(European Union) 내에서 환율의 변화를 결정한 제도이다. EMS 규칙에서 회원국들은 회원국 내에서 다른 통화 대비 자국의 환율을 특정 **중심 환율**(central parity)을 기준으로 좁은 범위 또는 **대역**(band)에 유지하도록 동의했다. 중심 환율의 변경과 특정 통화의 평가절상이나 평가절하는 가능하지만, 회원국 간의 동의에 의해서만 가능했다. 많은 국가의 탈퇴를 야기했던 1992년의 중대한 위기 이후 환율 조정은 더욱더 빈번하지 않게 되었고 이를 따랐던 많은 국가들이 한 발 더 나아가 공통통화인 **유로**(euro)를 수용했다. 국내통화의 유로로의 전환은 1999년 1월 1일에 시작되었고, 2002년 초 완결되었다. 20장에서는 유로로의 이행이 갖는 시사점을 살펴볼 것이다.

20장에서 1992년 위기를 살펴볼 것이다. ▶

공통통화를 수용하는 국가를 극단적 형태의 고정환율제도를 수용하는 국가로 간주할 수 있다. '환율'은 모든 국가 간에 일대일의 가치로 고정된다. ▶

다음 장에서는 상이한 환율제도의 장단점을 논의한다. 그러나 우선 환율의 페그(또는 **고정**)가 통화 및 재정 정책에 어떤 영향을 미치는지를 이해해야 한다. 이 절의 나머지에서는 이를 다룬다.

## 고정환율하에서의 통화 정책

특정 국가가 자신의 환율을 특정 수준 $\bar{E}$에 페그했다고 하자. 어떻게 이를 실제로 달성할 수 있을까? 정부가 단지 환율을 발표하고 거기에 머무를 수는 없다. 오히려 선택한 환율이 외환시장에서 자리 잡을 수 있도록 일정한 조치를 취해야 한다. 이제 페그의 시사점과 운영 과정을 살펴보자.

페그 여부와 상관없이 환율과 명목이자율은 다음의 이자율 평형조건을 만족시켜야 한다.

$$(1 + i_t) = (1 + i_t^*)\left(\frac{E_{t+1}^e}{E_t}\right)$$

이제 환율을 $\bar{E}$에 페그하여 현재 환율이 $E_t = \bar{E}$라 하자. 금융 및 외환시장이 환율이 이 값에 페그된 채로 남아 있다고 믿는다면, 이들의 미래 환율에 대한 기대 $E_{t+1}^e$ 역시 $\bar{E}$와 같고, 이자율 평형조건은 다음이 된다.

$$(1 + i_t) = (1 + i_t^*) \Rightarrow i_t = i_t^*$$

말로 표현하면 다음과 같다. 투자자들이 환율이 변하지 않을 것으로 기대하면 두 국가에서의 명목이자율이 동일할 것을 요구할 것이다. **고정환율과 완전자본 이동하에서 국내 이자율은 이 국가의 통화가 페그된 외국의 이자율과 같아야 한다.**

요약하면 다음과 같다. **고정환율하에서 중앙은행은 정책수단으로 통화 정책을 포기한다.** 고정환율제하에서 중앙은행은 환율을 고정시키기 위해 국내 이자율을 외국 이자율과 같도록 유지해야 하기 때문이다.

◀ 이 결과는 이자율 평형조건에 의존하며, 이는 다시 금융 투자자가 가장 높은 수익률을 찾아 움직인다는 완전자본 이동성에 의존한다. 자본 이동이 불완전할 때 고정환율은 남미와 같은 중진국의 현실에 더 부합하는데, 이는 이 장의 부록에서 다룬다.

## 고정환율하에서의 재정 정책

통화 정책이 고정환율하에서 더 이상 사용될 수 없다면 재정 정책은 어떠한가?

정부가 환율을 고정할 때 정부지출 증가의 효과는 변동환율의 경우의 그림 19–4에서 나타난 경우와 동일하다. 이는 지출 증가가 이자율 상승을 동반하지 않는 한 환율이 변화하지 않기 때문이다. 따라서 정부지출 증가의 효과는 환율의 고정 여부에 의존하지 않는다. 고정환율과 변동환율의 차이점은 중앙은행의 대응 능력에 있다. 그림 19–5에서는 정부지출 증가가 경제를 잠재산출 이상으로 밀어 올려 인플레이션 가능성을 높이면 중앙은행이 금리를 인상하여 대응할 수 있다고 보았다. 이 방법은 고정환율하에서는 더 이상 사용할 수 없다. 국내 이자율이 외국의 이자율과 같아야 하기 때문이다.

◀ 변동환율제하에서 중앙은행은 그림 19–5에서와 같이 금리를 인상하여 정부지출의 증가에 대응할 수 있다. 이 옵션은 이자율이 외국 환율과 같아야 하기 때문에 고정환율로는 더 이상 사용할 수 없다.

앞의 문구를 읽으면서 한 가지 질문이 머리에 떠오르기 시작해야 할 것이다. 왜 환율을 고정하려 하는가? 이것이 좋지 않은 생각이라는 이유를 많이 보았을 것이다.

- 환율을 고정함으로써 무역 불균형이나 경제활동 수준의 변화를 도모할 수 있는 강력한 정책수단을 포기한다.

FOCUS

## 독일의 통일, 이자율 그리고 EMS

유로 도입에 앞서 시행되었던 유럽통화제도(EMS)와 같은 고정환율제하에서 다른 국가들도 이자율을 변경하지 않는 한, 어떤 국가도 자국의 이자율을 변경할 수 없다. 그렇다면 이자율은 실제로 어떻게 변화할까? 두 가지 방식이 가능하다. 한 가지 방식은 모든 회원국이 동시에 이자율의 조정을 조율하는 것이다. 다른 방식은 한 국가가 선도하고 다른 국가가 이를 따르는 것이다. 후자의 방식이 EMS에서 실제로 전개되었는데, 당시 독일이 주도국이었다.

1980년대 동안 대부분의 유럽 중앙은행은 유사한 목표를 공유했고, 독일의 중앙은행인 분데스방크(Bundesbank)가 주도하는 것을 반갑게 받아들였다. 그러나 1990년에 독일의 통일은 분데스방크와 EMS 내 다른 국가들의 중앙은행이 추구하는 목표 간에 큰 괴리를 낳았다. 동독에 소재한 사람들과 기업들에 대한 이전지출이 야기한 대규모 재정적자는 투자 붐과 더불어 독일에서의 대규모 수입 증가를 초래했다. 분데스방크는 이 변화가 지나치게 강력한 경제활동의 증가를 유발할 것을 두려워해 긴축적인 통화 정책을 취했다. 결과적으로 독일은 강한 성장과 큰 폭의 이자율 상승을 경험했다.

이는 독일 입장에서는 적절한 정책 조합이었을 것이다. 그러나 다른 유럽국가들에게 이 정책 조합은 그리 만족스럽지 못했다. 이들 국가는 유사한 수요 증가를 경험하지 않고 있었지만 EMS에 머물러 있기 위해서는 독일의 이자율 인상을 따라야 했다. 결국 다른 국가에서는 수요와 산출이 급락했다. 이 결과들은 1990~1992년간 독일과 EMS 국가인 프랑스와 벨기에 대한 명목이자율, 실질이자율, 인플레이션율, GDP 성장률을 보여주는 표 1에 나타나 있다.

우선 독일의 높은 이자율을 프랑스와 벨기에가 어떻게 상대했는지에 주목하자. 사실상 3년의 모든 기간에 있어 프랑스의 명목이자율은 독일보다 더 높았다. DM/프랑 환율을 유지하기 위해서는 프랑스가 독일보다 이자율을 더 높여야 했기 때문이다. 그리고 이는 금융시장에서 과연 프랑스가 실제로 DM 대비 프랑 환율을 유지할지에 대해 확신하지 않았기 때문이다. 프랑화의 잠재적 평가절하 가능성을 우려해 금융투자자들은 독일 채권보다 프랑스 채권에 대해 더 높은 이자율을 요구했다(이에 대한 자세한 내용은 20장의 FOCUS '1992년 EMS 위기' 참조).

프랑스와 벨기에는 독일의 명목이자율과 유사한 수준을 유지해야 했지만(또는 앞서 보았던 것처럼 유사한 수준 이상으로 유지해야 했지만) 양국의 인플레이션율은 독일보다 낮았다. 결국 매우 높은 실질이자율이 생겨났는데, 이는 독일의 이자율보다 훨씬 더 높았다. 프랑스와 벨기에 양국에

**표 1** 독일의 통일, 이자율 그리고 경제성장률: 독일, 프랑스, 벨기에(1990~1992년)

| 구분 | 명목이자율(%) | | | 인플레이션율(%) | | |
|---|---|---|---|---|---|---|
| | 1990년 | 1991년 | 1992년 | 1990년 | 1991년 | 1992년 |
| 독일 | 8.5 | 9.2 | 9.5 | 2.7 | 3.7 | 4.7 |
| 프랑스 | 10.3 | 9.6 | 10.3 | 2.9 | 3.0 | 2.4 |
| 벨기에 | 9.6 | 9.4 | 9.4 | 2.9 | 2.7 | 2.4 |
| 구분 | 실질이자율(%) | | | 경제성장률(%) | | |
| | 1990년 | 1991년 | 1992년 | 1990년 | 1991년 | 1992년 |
| 독일 | 5.8 | 5.5 | 4.8 | 5.7 | 4.5 | 2.1 |
| 프랑스 | 7.4 | 6.6 | 7.9 | 2.5 | 0.7 | 1.4 |
| 벨기에 | 6.7 | 6.7 | 7.0 | 3.3 | 2.1 | 0.8 |

주: 명목이자율은 단기 명목이자율이다. 실질이자율은 해당 연도에 실현된 실질이자율로서 명목이자율에서 실제인플레이션율을 차감한 것이다. 모든 수치는 연율이다.

출처: OECD Economic Outlook.

서 1990~1992년의 평균 실질이자율은 7%에 근접했다. 그리고 양국에서 1990~1992년은 저성장과 실업률 상승 시기로 특징지어졌다. 프랑스의 실업률은 1990년 8.9%에서 1992년에는 10.4%로 높아졌다. 같은 기간 벨기에의 실업률은 8.7%에서 12.1%로 높아졌다.

유사한 이야기가 다른 EMS 국가들에서도 전개되었다. 1990년 8.7%였던 EU의 평균 실업률은 10.3%로 증가했다. 높은 실질이자율의 지출에 대한 파급 효과는 경기침체의 유일한 원인은 아니었지만, 중요한 원인으로 작용했다.

1992년경 더 많은 국가들이 EMS 기준환율을 방어할지 아니면 포기하고 이자율을 낮출지를 고민하고 있었다. 평가절하 위험을 우려해 금융시장은 평가절하 가능성이 더 큰 국가들에 대해 더 높은 이자율을 요구하기 시작했다. 결과적으로 1992년 가을과 1993년 여름 두 차례의 중대한 환율위기가 발생했다. 두 위기가 끝날 무렵, 이탈리아와 영국은 EMS를 탈퇴했다. 20장에서 이들 위기의 원인과 시사점을 살펴볼 것이다.

- 특정 환율을 공약함으로써 이자율에 대한 통제력도 상실된다. 그뿐만 아니라 자국의 경제활동에 대한 바람직하지 못한 효과가 발생할 위험을 감수하고 국내 이자율을 외국 이자율의 움직임에 맞춰주어야 한다. 1990년대 초 유럽에서 바로 이런 일이 생겼다. 독일의 통일로 발생한 수요 증가 때문에 독일은 이자율을 인상해야만 하는 상황에 봉착했다. 독일 마르크화와 환율을 유지하기 위해 EMS 내의 다른 국가들도 자국의 이자율을 인상할 수밖에 없었다. 물론 이는 피하고 싶었던 일일 것이다. (이는 FOCUS '독일의 통일, 이자율 그리고 EMS'의 주제이다.)
- 국가가 재정 정책에 대한 통제력을 유지한다 해도 한 가지 정책수단으로는 충분하지 않다. 18장에서 살펴보았듯이 재정팽창은 경제를 경기침체로부터 벗어나도록 도울 수 있지만, 무역적자 증가라는 비용을 치러야만 한다. 그리고 예를 들어 재정적자 감소를 도모하는 경우에도 고정환율제하에서는 재정 정책의 산출에 대한 긴축적 효과를 상쇄할 수 있는 통화 정책을 사용할 수 없다.

그렇다면 일부 국가들은 왜 고정환율제도를 유지하는가? 유럽의 19개국은 왜 공통통화를 수용했을까? 이 질문에 답하기 위해서는 약간의 작업이 더 필요하다. 이 장에서 보았던 것처럼 단기에 발생하는 현상뿐만 아니라 물가가 조정되는 중기에서 발생하는 현상도 살펴보아야 한다. 환율 위기의 특성도 살펴보아야 한다. 이들을 검토하고 나면 상이한 환율 레짐의 장단점을 평가할 수 있는 위치에 이를 수 있다. 20장에서는 바로 이 주제를 다룬다.

## 요약

- 개방경제에서 국내재에 대한 수요는 이자율과 환율 모두에 의존한다. 이자율의 상승은 국내재에 대한 수요를 감소시킨다. 환율 하락, 즉 절상도 국내재에 대한 수요를 감소시킨다.
- 환율은 국내 채권과 외국 채권이 국내통화 기준으로 동일한 기대수익률을 가져야 한다는 이자율 평형조건에 의해 결정된다.
- 기대되는 미래 환율과 외국 이자율이 주어졌을 때 국내 이자율의 상승은 환율 하락, 즉 절상을 야기한다. 국내 이자율의 하락은 환율 상승, 즉 절하를 야기한다.
- 변동환율제하에서 긴축적 재정 정책은 산출 감소, 이자율 상승 그리고 절상을 가져온다.
- 변동환율제하에서 긴축적 통화 정책은 산출의 위축, 이자율의 상승 그리고 절상을 가져온다.
- 환율제도에는 다양한 유형이 존재한다. 여기에는 완전 신축적 환율제도부터 크롤링 페그, 고정환율제도(또는 페그), 공통통화의 수용까지 포함된다. 고정환율제도하에서는 특정 외국통화를 기준으로 또는 복수의 통화를 기준으로 고정환율을 유지한다.
- 고정환율제도와 이자율 평형조건하에서 정부는 국내 이자율을 외국 이자율과 같도록 유지해야 한다. 중앙은행은 정책 수단 중 통화 정책을 사용할 수 없다. 그러나 재정 정책은 고정환율제하에서 보다 강력한 정책수단이 된다. 재정 정책은 통화공급의 수용을 발생시켜 국내 이자율과 환율의 상쇄하는 변화를 가져오지 않는다.

## 핵심용어

공급중시론자(supply siders)
급정지(sudden stops)
대역(band)
먼델-플레밍 모형(Mundell-Fleming model)
쌍둥이 적자(twin deficits)
안전투자처(safe haven)
유럽통화제도(European Monetary System, EMS)
유로(euro)
중심환율(central parity)
크롤링 페그(crawling peg)
페그(peg)

## 연습문제

### 기초문제

1. 이 장의 내용에 기초하여 다음에 대해 '사실', '거짓' 또는 '불확실' 여부를 밝히고, 그 이유를 간단히 설명하라.
   a. 이자율 평형조건은 국가 간 이자율이 동일하다는 것을 의미한다.
   b. 다른 조건이 같다면 이자율 평형조건은 국내통화가 기대환율의 증가에 반응하여 절하될 것임을 시사한다.
   c. 투자자들이 달러가 내년에 엔에 대해 절하될 것으로 예상한다면 1년 이자율은 일본에서보다 미국에서 더 높아질 것이다.
   d. 기대 환율이 절상하면 현재 환율은 즉시 절상한다.
   e. 중앙은행은 국내 이자율을 외국 이자율과 비교하여 변화시킴으로써 환율 수준에 영향을 미친다.
   f. 다른 조건이 모두 동일할 때 국내 이자율의 상승은 수출을 증가시킨다.
   g. 다른 조건이 모두 동일할 때 재정팽창은 순수출을 증가시키는 경향이 있다.
   h. 변동환율보다 고정환율하에서 재정 정책의 산출에 대한 영향이 더 크다.
   i. 고정환율하에서 중앙은행은 국내 이자율을 외국 이자율과 일치하도록 유지해야 한다.
   j. 무역적자를 줄이기 위한 방법으로 수입품에 대한 관세

를 인상하는 것과 관련된 한 가지 중요한 문제는 다른 나라들이 자국의 수출품(타국의 수입품)에 대한 관세를 인상함으로써 보복할 수 있다는 것이다.

2. 변동환율하에서의 개방경제를 고려하자. 산출이 잠재산출 수준에 있지만 무역적자가 발생하고 있다고 하자. 정책목표는 무역적자를 감축시키되 산출은 잠재수준으로 유지하는 것이다.
적절한 통화–재정 정책 조합은 무엇인가?

3. 이 장에서는 변동환율제도하에서 금리 인하가 산출 증가와 국내통화 절하를 유발한다는 것을 보았다.
   a. 변동환율제하에서 금리 인하는 소비와 투자에 어떤 영향을 미치는가?
   b. 변동환율제하에서 금리 인하는 순수출에 어떤 영향을 미치는가?

4. 변동환율제도와 외국의 거시경제 정책
변동환율제도하에 놓여 있는 개방경제를 고려하자. 커버되지 않은 이자율 평형조건을 UIP로 나타내자.
   a. 그림 19–2와 같은 IS-LM-UIP 그림에서 중앙은행이 정책금리를 변화시키지 않을 때 외국 산출 $Y^*$의 증가가 국내산출 $Y$와 환율 $E$에 미치는 영향을 나타내라. 이에 대해 설명하라.
   b. IS-LM-UIP 그림에서 중앙은행이 정책금리를 변화시키지 않을 때 외국 이자율 $i^*$의 증가가 국내산출 $Y$와 환율 $E$에 미치는 영향을 나타내라. 이에 대해 설명하라.

5. 변동환율과 외국의 거시경제정책 변화에 대한 대응
외국에서의 팽창적 재정 정책이 $Y^*$와 $i^*$를 동시에 증가시켰다고 하자.
   a. 그림 19–2와 같은 IS-LM-UIP 그림에서 국내 중앙은행이 정책금리를 변화시키지 않을 경우 외국 산출 $Y^*$와 외국 이자율 $i^*$의 동반 증가가 국내산출 $Y$와 환율 $E$에 미치는 효과를 나타내라. 이에 대해 설명하라.
   b. IS-LM-UIP 그림에서 국내 중앙은행이 외국만큼 정책금리를 인상할 때 외국산출 $Y^*$와 외국 이자율 $i^*$의 동반 증가가 국내산출 $Y$와 환율 $E$에 미치는 효과를 나타내라. 이에 대해 설명하라.
   c. IS–LM–UIP 그림에서 국내통화 정책의 목표가 국내산출 $Y$를 일정하게 유지하는 것이라고 할 때 외국 산출 $Y^*$와 외국 이자율 $i^*$의 동반 증가에 요구되는 국내통화 정책은 무엇인가? 이에 대해 설명하라. 언제 그러한 정책이 필요할까?

### 심화문제

6. 고정환율과 외국의 거시경제 정책
일련의 국가(추종국)들이 자국의 통화를 다른 특정국(선도국)의 통화에 고정시키는 고정환율제를 고려하자. 선도국의 통화가 고정환율제를 채택하지 않는 국가의 통화에 대해 고정되어 있지 않으므로, 선도국은 원하는 대로 통화 정책을 실행할 수 있다. 이 문제를 위해 본국을 추종국, 외국을 선도국으로 간주하자.
   a. 선도국의 금리 인상이 추종국의 금리 및 산출에 어떤 영향을 미치는가?
   b. 선도국의 금리 인상이 추종국의 산출물 구성을 어떻게 바꾸는가? 추종국은 재정 정책을 바꾸지 않는다고 가정하라.
   c. 추종국은 재정 정책을 사용하여 주요국의 금리 인하 효과를 상쇄하고 국내산출을 이전대로 유지할 수 있을까? 언제 그러한 재정 정책이 바람직한가?
   d. 재정 정책은 정부지출 변화나 세금 변경을 포함한다. 선도국이 금리를 인상할 경우에 대해 소비와 국내산출을 기존대로 유지하는 재정 정책을 제시하라. 산출의 어떤 구성 요소가 변경되는가?

7. 정책수단으로서의 환율
국내 이자율을 변경할 의사가 있는 변동환율은 개방경제에서의 통화 정책의 효과를 높일 수 있다. (투자를 위축하는 경향이 있는) 기업의 신뢰위축으로 어려움을 겪고 있는 경제를 고려하라.
   a. IS-LM-UIP 그림에서 중앙은행이 이자율을 변경하지 않을 때 기업 신뢰의 위축이 산출과 환율에 미치는 단기 효과를 나타내라. 산출의 구성은 어떻게 변하는가?
   b. 중앙은행은 산출을 원래 수준으로 되돌리기 위해 이자율을 인하하려 한다. 이는 산출의 구성을 어떻게 변화시키는가?
   c. 환율이 고정되었고 중앙은행이 이자율을 변경할 수 없는 경우(이자율은 외국 이자율 $i^*$로 고정된다는 점을 상기하라) 중앙은행에게 남겨진 정책은 무엇인가?
   d. 중앙은행은 일반적으로 변동환율을 선호한다. 이에 대해 설명하라.

## 보충문제

8. 미국 자산에 대한 수요, 달러 그리고 무역적자

이 문제는 미국 자산에 대한 수요 증가가 어떻게 달러 절하를 늦출 수 있는지를 살펴본다. 많은 경제학자들은 위기 이후 미국의 대규모 무역적자와 국내재에 대한 수요를 자극할 필요성으로 말미암아 달러 절하 압력이 발생한다고 믿고 있다. 여기서는 IS-LM-UIP 체계를 수정하여 미국 자산에 대한 수요 증가의 파급 효과를 검토한다. 커버되지 않은 이자율 평형조건을 다음과 같이 나타내자.

$$(1+i_t) = (1+i^*_t)(E^e_{t+1}/E_t) - x$$

여기서 $x$는 국내 자산에 대한 상대수요에 영향을 미치는 요인을 나타낸다. $x$의 증가는 투자자가 (외국 이자율과 현재 환율 및 기대 미래환율이 일정할 때) 더 낮은 이자율하에서 국내 자산을 보유할 의향이 있음을 의미한다.

a. UIP 조건을 이용해 현재 환율 $E_t$에 대한 해를 구하라.

b. 문제 a에서의 결과를 IS 곡선에 대입하고 UIP 그림을 만들어보라. 본문에서처럼 $P$와 $P^*$가 일정하며, 1과 같다고 가정할 수 있다.

c. 국내경제의 대규모 무역적자의 결과로 금융시장 참여자들이 국내통화가 미래에 절하해야 한다고 믿는다고 하자. 따라서 기대환율 $E^e_{t+1}$이 상승한다. 기대환율 상승에 따른 파급 효과를 IS-LM-UIP 그림에 나타내라. 환율과 무역수지에 대한 파급 효과는 어떠한가? (힌트: 무역적자에 대한 파급 효과를 분석하는 데 있어서 처음부터 IS 곡선이 이동하는 이유를 상기하라.)

d. 국내자산에 대한 상대수요 $x$가 증가한다고 하자. 판단기준으로 삼기 위해 환율 상승이 있기 전에 $x$의 증가가 IS 곡선을 정확히 원래 위치로 돌리기에 충분하다고 가정하자. $E^e_{t+1}$의 감소와 $x$의 증가가 결합한 효과를 IS-LM-UIP 그림에 나타내라. 환율과 무역수지에 대한 최종적 효과는 어떠한가?

e. 이상의 분석에 기초해 볼 때 미국 자산에 대한 수요 증가가 달러가 절하되는 것을 막기에 충분하다고 할 수 있는가? 미국 자산에 대한 수요 증가가 미국의 무역적자를 악화시킬 수 있는가? 답에 대해 설명하라.

9. 채권수익률과 장기적 환율 변화

a. 「The Economist」의 웹사이트(www.economist.com)를 방문하여 10년 이자율에 대한 데이터를 구하라. 'Markets & Data'에서 'Economic and Financial Indicators'를 찾아보라. 미국, 일본, 중국, 영국, 캐나다, 멕시코, 유로 지역에 대한 10년 이자율을 보라. 각국(유로지역을 한 국가로 간주)에 대해, 각국의 이자율과 미국의 이자율의 차이로 이자율 스프레드를 계산하라.

b. UIP 조건으로부터 문제 a에서 구한 이자율 스프레드는 다른 통화에 대비한 달러의 기대절상률을 연율로 표시한 것이다. 10년 기대절상률을 계산하기 위해서는 복리계산을 해야 한다. [따라서 $x$가 이자율 스프레드라면 10년 기대절상률은 $(1+x)^{10}-1$이다. 소수점에 조심하라.] 6대 무역상대국의 통화에 대해 달러가 명목 기준으로 상당히 절하될 것으로 기대되는가? 절상될 것으로 기대되는가?

c. 문제 b의 답을 기준으로 보았을 때 향후 10년간 어떤 국가들이 달러에 대해 상당한 절상 또는 절하를 보이겠는가?

10. 트럼프 행정부의 관세부과

검색 엔진을 사용하여 트럼프 행정부의 관세가 경제에 미치는 영향에 대한 자료를 살펴보라. 경제학자들은 이들에 대해 어떻게 말하는가? 3~5개 정도의 기사 제목과 첫 단락만 읽어도 무언가를 배울 수 있다.

11. COVID 감염병의 세계적 유행과 환율

검색 엔진을 사용하여 COVID 감염병의 세계적 유행이 환율에 미치는 영향에 대한 자료를 살펴보라. 환율은 상대적으로 안정적이었는가 아니면 변동성이 컸는가? 그 이유는 무엇인가?

## 부록 고정환율, 이자율 그리고 자본 이동성

완전한 자본 이동성의 가정은 미국, 영국, 일본, 유로 지역처럼 크게 발전한 금융시장과 자본통제가 제한된 국가에서 발생하는 현상을 잘 근사화한다. 그러나 이 가정은 덜 발전한 금융시장이나 자본통제가 존재하는 국가에 대해서는 적절성이 의문스럽다. 이들 국가에서 국내 투자자는 이자율이 낮을 때 외국 채권을 살 수 있는 요령이나 법적 권리를 가질 수 없다. 중앙은행은 환율을 일정하게 유지하면서 이자율을 인하할 수 있다.

이 문제를 살펴보기 위해서는 중앙은행의 대차대조표를 다시 살펴볼 필요가 있다. 4장에서는 중앙은행이 보유하는 유일한 자산이 국내 채권이라 했다. 개방경제에서 중앙은행은 실제로 두 가지 종류의 자산을 보유한다. 바로 (1) 국내 채권, (2) **외환보유고**(foreign exchange reserve)이다. 외환보유고는 외국 채권이나 외국의 이자지급 자산의 형태도 취할 수 있지만 단순히 외환이라고 생각할 수 있다. 표 1과 같은 중앙은행의 대차대조표를 생각해 보자.

**표 1 중앙은행의 대차대조표**

| 자산 | 부채 |
|---|---|
| 채권<br>외환보유고 | 본원통화 |

자산 쪽에는 채권과 외환보유고 그리고 부채 쪽에는 본원통화가 있다. 이제 중앙은행이 본원통화를 변화시킬 수 있는 두 가지 방식이 있다. 즉, 채권시장에서 채권을 매매하거나 외환시 장에서 외환을 매매하는 방식이다. (4장의 4-3절을 읽지 않았을 경우 '본원통화'를 '통화공급'으로 대체한다면 기본적인 내용을 이해할 수 있다.)

### 완전자본 이동과 고정환율제도

우선 (이 장의 마지막 절에서 했었던 가정인) 완전자본 이동성과 고정환율을 함께 가정하고 공개시장운영의 효과를 살펴 보자.

- 국내 이자율과 외국 이자율이 처음에는 같다고 가정하자. 따라서 $i=i^*$이다. 이제 중앙은행이 팽창적인 공개시장운영을 시작했다고 하자. 즉, 채권시장에서 $\Delta B$에 달하는 채권을 매입함으로써 대신 통화를 창출하여 본원통화를 증가시켰다고 하자. 이러한 채권의 구입은 국내 이자율 $i$의 하락을 초래한다. 그러나 이는 이야기의 시작에 지나지 않는다.
- 이제 국내 이자율이 외국 이자율보다 낮아졌으므로 투자자들은 외국 채권의 보유를 선호할 것이다. 외국 채권을 매입하려면 우선 외국통화를 매입해야 한다. 즉, 외환시장으로 가서 외국통화를 얻기 위해 국내통화를 매각한다.
- 중앙은행이 아무것도 하지 않는다면 국내통화의 가치는 하락할 것이며 평가절하가 발생한다. 고정환율제도를 유지해야 하므로 중앙은행은 환율의 평가절하를 허용할 수 없다. 따라서 중앙은행은 외환시장에 개입해 외국통화를 팔고 국내통화를 매입해야 한다. 중앙은행이 외국통화를 매각하고 국내통화를 매입함에 따라 본원통화는 감소한다.
- 중앙은행은 외국통화를 얼마나 매각해야 하는가? 본원통화가 공개시장운영 이전 수준으로 되돌아가 국내 이자율이 다시 외국 이자율과 같아질 때까지 계속 매각해야 한다. 이 경우에만 금융투자자들이 국내 채권을 보유하려 할 것이다.

이 단계는 얼마나 오랫동안 유지될까? 완전자본 이동성하에서 이 모든 것은 처음 공개시장운영을 시행한 수분 정도 내에서 발생한다. 이 단계 이후 중앙은행의 대차대조표는 표 2에 나타난 것처럼 보인다. 채권 보유 규모는 $\Delta B$만큼 올라가고 외환보유고는 $\Delta B$만큼 하락하며, 본원통화는 변화하지 않는다. 공개시장운영 시에 $\Delta B$만큼 올라간 후 외환시장에서의 외환 매각의 결과로 $\Delta B$만큼 하락했기 때문이다.

**표 2 공개시장 조작 후 중앙은행의 재무상태표**

| 자산 | | 부채 | |
|---|---|---|---|
| 채권 | $\Delta B$ | 본원통화 | $\Delta B-\Delta B=0$ |
| 외환보유고 | $-\Delta B$ | | |

요약해 보자. 고정환율과 완전자본 이동성하에서 공개시장운영의 유일한 효과는 본원통화나 이자율의 변화가 아니라 중앙은행 대차대조표의 구성 변화이다.

### 불완전자본 이동과 고정환율제도

이제 완전자본 이동성 가정에서 벗어나보자. 대신에 투자자들이 국내 채권과 외국 채권 간에 이동하려면 일정한 기간이 소요된다고 하자.

이제 팽창적인 공개시장운영은 처음에는 국내 이자율을 외국 이자율보다 낮춘다. 시간이 지남에 따라 투자자들은 외국 채권으로 옮겨가고, 외환시장에서는 외국통화에 대한 수요 증가가 나타난다. 국내통화의 평가절하를 피하기 위해 중앙은행은 다시 외국통화를 팔고 국내통화를 사야만 한다. 궁극적으로 중앙은행은 최초의 공개시장운영의 효과를 상쇄하기에 충분한 국내통화를 매입한다. 본원통화는 공개시장운영 이전 수준으로 되돌아가고 이자율 역시 그렇다. 중앙은행은 이제 국내 채권을 더 보유하고 외환보유고는 덜 보유한다.

이 경우와 완전자본 이동성 경우의 차이는 외환보유고의 손실을 받아들임으로써 중앙은행이 이제 일정 기간 국내 이자율을 낮출 수 있다는 점이다. 금융투자자들이 조정하는 데 며칠밖에 걸리지 않는다면 상당히 매력적이지 않을 수 있다. 실제로 많은 나라들이 금리에 큰 영향을 주지 못한 채 외환보유액의 큰 손실을 겪으며 이를 깨달았다. 그러나 중앙은행이 몇 주나 몇 달 동안 국내 이자율에 영향을 미칠 수 있다면 일부 상황에서 중앙은행은 기꺼이 이 정책을 펼 것이다.

이제 완전자본 이동성에서 더 벗어나보자. 국내 이자율의 하락에 대응해 투자자들이 자신들의 포트폴리오의 상당 부분을 외국 채권으로 이동하지 않으려 하거나 그럴 수 없는 경우를 상정해 보자. 예를 들어 금융거래에 대한 행정 및 법적 통제가 존재해 국내 거주자들이 국외로 투자하는 것이 불법이거나 과도한 비용을 부과할 수 있다. 이는 남미에서 중국까지의 많은 중위소득 국가에 잘 들어맞는 경우이다.

팽창적인 공개시장운영 후에 국내 이자율이 하락하면 국내 채권의 매력이 줄어든다. 일부 국내 투자자들은 외국통화를 얻기 위해 국내통화를 매각하며 외국 채권으로 옮겨간다. 환율을 유지하기 위해 중앙은행은 국내통화를 매입하고 외환을 매각해야 한다. 그러나 중앙은행에 의한 외환시장 개입의 정도는 최초의 공개시장운영에 비해 작을 수 있다. 그리고 자본통제가 실제로 투자들로 하여금 외국 채권으로 옮겨가는 것을 완전히 막는다면 외환시장 개입은 불필요할 것이다.

이러한 극단적인 경우는 차치하더라도 최초의 공개시장운영과 이어지는 외환시장 개입의 순효과는 **본원통화의 증가, 국내 이자율 하락, 중앙은행의 채권 보유 규모 증가, 일부 외환보유고의 손실**일 것이다.

불완전자본 이동으로 자신의 환율을 유지하면서도 국내 이자율을 움직일 수 있는 어느 정도의 자유를 가질 수 있다. 이러한 자유는 주로 세 가지 요인에 의존한다.

- 금융시장의 발전 정도, 국내 및 외국 투자자들이 국내외 자산 간의 이동을 하려는 의향
- 국내외 투자자들에게 부과할 수 있는 자본통제의 정도
- 보유하고 있는 외환보유고 규모. 외환보유고가 높을수록 주어진 환율에서 이자율을 감소시키기 위해 지속할 수 있는 외환보유고 손실에 대한 여유가 커진다.

이 장에서 논의한 국제자본의 대규모 변동으로 말미암아 이들 모든 문제는 열띤 토의 주제가 되고 있다. 많은 국가들이 과거보다 더 적극적으로 자본통제를 사용할 것을 고려하고 있다. 더불어 대규모 자본 유출에 대비하여 대규모의 외환보유고를 축적하고 있다.

### 핵심용어

외환보유고(foreign exchange reserves)

# 20 환율제도

1944년 7월, 44개국의 대표들이 새로운 국제통화 및 환율체계를 설계하기 위해 미국 뉴햄프셔의 브레튼우즈에서 모임을 가졌다. 이들이 선택한 환율체계는 고정환율제에 기초한 것으로, 미국 이외의 모든 회원국은 미국 달러화를 기준으로 자국의 통화가격을 고정했다. 1973년에 환율위기가 이어지면서 현재 '브레튼우즈 시기'라 불리는 이 체계는 급작스럽게 종말을 맞이했다. 이후 세계는 다양한 환율제도로 특징지어졌다. 일부 국가는 변동환율제를 유지했고, 일부 국가는 고정환율제를 유지했으며, 일부 국가는 두 제도를 오갔다. 어떤 레짐을 선택해야 하는지는 거시경제학에 있어 가장 논란이 되는 문제 중 하나이며, 이 페이지의 만화가 보여주듯이 세계의 모든 국가가 직면한 의사결정 과제이다. 이 장은 다음 문제를 논의한다.

"자, 합의된 걸로 합시다! 달러가치가 확실히 자리 잡을 때까지는 조개껍데기의 가치는 변동하는 것으로 합니다."

**20-1** 중기를 살펴본다. 이 절의 결과는 19장의 단기에 대해 도출한 결과와 크게 대조되는데, 경제는 고정환율제하에서든 변동환율제하에서든 상관없이 중기에 동일한 실질환율과 산출 수준을 갖게 된다. 단기에 있어 환율제도는 매우 중요하므로, 이 결과는 분명 환율제도가 중요하지 않다고 말

하는 것은 아니지만, 이전의 분석을 의미 있게 확장하고 수정한다.

**20-2** 고정환율제도를 다시 살펴보고 환율위기에 초점을 맞춘다. 전형적인 환율위기 동안 고정환율제를 운영해 왔던 국가는 종종 극적인 상황에서 기존 환율제도를 포기하고 평가절하를 단행할 수밖에 없었다. 이러한 위기가 브레턴 우즈 체제의 붕괴 뒤에 놓여 있었다. 아울러 이들은 1990년대 초반 유럽통화제도(EMS)를 뒤흔들었고, 1990년대 후반 아시아 위기의 중요한 요소이기도 했다. 이러한 일이 왜 발생했으며, 시사하는 바가 무엇인지를 이해하는 것이 중요하다.

**20-3** 변동환율제도를 다시 살펴보고 변동환율제도하에서 환율의 행태에 초점을 맞춘다. 이는 환율의 행태 그리고 환율의 통화 정책에 대한 관계가 사실상 19장에서 가정한 것보다 훨씬 더 복잡하다는 것을 보인다. 환율의 대규모 변동 그리고 환율에 영향을 미치기 위해 통화 정책을 사용하는 데 있어서의 어려움 때문에 19장에서 주장했던 것보다 변동환율제도의 매력은 떨어진다.

**20-4** 이 모든 결과를 통합해서 고정환율제도와 변동환율제도의 장단점을 검토한다. 최근의 두 가지 중요한 환율제도의 발전을 논의하면서 유럽에서의 공통통화로의 움직임과 통화위원회에서 달러라이제이션까지 강력한 형태의 고정환율제도로의 움직임도 살펴볼 것이다.

**이 장의 핵심 주제 :** 완벽한 환율제도는 없다. 고정환율과 변동환율 모두 장점과 단점이 있다. ▶▶▶

## 20-1 중기

단기에 초점을 맞춘 19장은 변동환율제하에서의 경제의 행태와 고정환율제하에서의 경제의 행태를 극적으로 대비했다.

- 변동환율제하에서 예를 들어 무역적자를 감축하거나 경기침체에서 탈피하기 위한 목적으로 실질절하 조치를 취해야 할 필요가 있는 국가는 팽창적 통화 정책을 통해 이자율 하락과 환율 상승, 즉 절하를 동시에 달성할 수 있다.
- 고정환율제하에서는 이들 두 정책수단을 모두 잃게 된다. 정의에 의해 명목환율은 고정되고, 따라서 조정될 수 없다. 그리고 고정환율과 이자율 평형조건은 이자율을 조정할 수 없다는 것을 시사한다. 국내 이자율은 외국 이자율과 같은 수준으로 유지해야 하기 때문이다.

이렇게 볼 때 변동환율제는 고정환율제보다 훨씬 더 매력적으로 보인다. 2개의 거시경제 수단(환율과 이자율)을 포기할 이유가 무엇인가? 그러나 초점을 단기에서 중기로 옮겨감에 따라 앞서의 결론은 수정되어야 함을 볼 것이다. 단기에 관한 결론은 유효하지만, 중기에 있어 두 제도의 차이는 사라진다. 보다 구체적으로 고정환율제이든 변동환율제이든 상관없이 경제는 중기에 동일한 실질환율과 동일한 산출 수준에 도달한다.

이 결과는 직관적으로 이해할 수 있다. 실질환율의 정의를 생각해 보자.

$$\varepsilon = \frac{EP^*}{P}$$

실질환율 $\varepsilon$은 명목환율 $E$(국내통화로 표시한 외국통화의 가격)를 외국 물가 $P^*$로 곱한 뒤 국내 물가 $P$로 나눈 것과 일치한다. 따라서 실질환율이 조정될 수 있는 방법에는 두 가지가 있다.

- 명목환율 $E$의 변화를 통해 정의에 따라 명목환율의 변화는 변동환율제에서만 가능하다. 만약 단기에 국내 물가 $P$와 외국 물가 $P^*$가 변하지 않는다고 가정하면 오직 이 방법만이 단기에 있어 실질환율이 조정되는 방법이다.
- 외국 물가 $P^*$에 대비한 국내 물가 $P$의 변화를 통해 중기에 있어 이 옵션은 고정(명목)환율제를 가진 국가조차도 가능한 대안이다. 그리고 이것이 실제로 고정환율제하에서 발생하는 일이다. 조정은 명목환율을 통해서라기보다는 물가 변화를 통해 이루어진다.

◀ 미국 자동차가 일본 자동차보다 더 저렴해질 수 있는 세 가지 방식이 있다. (1) 미국 자동차의 달러 표시 가격의 하락, (2) 일본 자동차의 엔화 표시 가격의 상승, (3) 명목환율의 상승. 즉, 달러 표시 엔화가치의 상승을 통해서이다.

## 고정환율제하에서의 IS 관계

고정환율제하의 개방경제에서 IS 관계는 다음과 같이 나타낼 수 있다.

$$Y = Y\left(\frac{\bar{E}P^*}{P}, G, T, i^* - \pi^e, Y^*\right) \qquad (20.1)$$
$$(+, \ +, -, \qquad -, \ +)$$

식 (20.1)의 유도는 이 장의 부록 1 '고정환율하에서의 IS 관계 유도'에 수록되어 있다. 식이 담고 있는 직관은 간단하다. 수요와 산출은 다음에 의존한다.

- 실질환율 $\bar{E}P^*/P$ 상승은 수요와 산출을 증가시킨다. $\bar{E}$는 고정 명목환율, $P$와 $P^*$는 각각 국내 물가와 해외 물가이다. 실질환율이 높을수록 국내재 수요가 높아지고 결과적으로 산출이 증가한다.
- 정부지출 $G$의 증가는 수요와 산출을 증가시키고 세금 $T$의 증가는 수요와 산출을 위축시킨다.
- 국내 실질이자율의 상승은 수요와 산출을 위축시킨다. 여기서 국내 실질이자율은 국내 명목이자율에서 기대 인플레이션을 뺀 수치이다. 이자율 평형조건과 고정환율하에서 국내 명목이자율은 외국 명목이자율 $i^*$와 동일하므로 국내 실질이자율은 $i^* \ \pi^e$로 주어진다.
- 외국 산출 $Y^*$가 증가하면 수요와 산출은 증가한다. 수출에 대한 영향을 통해서이다.

## 단기와 중기에서의 균형

실질환율이 지나치게 높은 경제를 고려하자. 결과적으로 무역수지는 적자이며, 산출은 잠재수준에 못 미친다.

19장에서 보았듯이 변동환율하에서 중앙은행은 문제를 해결할 수 있다. 이자율을 인하하면 명목절하를 만들어낼 수 있다. 단기에 국내 물가와 해외 물가가 일정하다고 가정했을 때 명목절하는 실질절하, 무역수지의 개선 그리고 산출 증가를 시사한다.

그러나 고정환율하에서 중앙은행은 국내 이자율을 변경할 수 없다. 따라서 단기에 무역적자가 지속되며, 경제는 여전히 경기침체 상태에 있다.

그러나 중기에는 가격이 조정될 수 있다. 9장에서 물가의 변화를 필립스 곡선 관계[식 (9.3)]로 잘 나타낼 수 있음을 보았다.

$$\pi - \pi^e = (\alpha/L)(Y - Y_n)$$

산출이 잠재 수준보다 높으면 인플레이션율(즉, 물가상승률)은 예상보다 높다. 지금 다루고 있는 것처럼 산출이 잠재산출보다 낮으면 인플레이션율이 예상보다 낮다. 9장의 논의를 따라 기대인플레이션이 일정하다고 가정하여 필립스 곡선 관계가 다음과 같다고 하자.

$$\pi - \bar{\pi} = (\alpha/L)(Y - Y_n) \tag{20.2}$$

이제 중기에서의 동학을 살펴볼 준비가 되었다. 초기의 국내와 해외의 인플레이션율에 대한 일정한 가정이 필요하다. 외국의 인플레이션율을 $\pi^*$로 나타내자. 산출이 잠재산출과 일치하면 국내 인플레이션과 해외 인플레이션은 서로 동일해지며 둘 다 $\bar{\pi}$와 같아서 $\pi = \pi^* = \bar{\pi}$가 된다고 가정하자. 즉, 두 경제가 모두 잠재 수준에서 운영되면 인플레이션율은 같을 것이고 상대가격 수준은 일정하게 유지될 것이며 실질환율도 일정하게 유지될 것이다.

산출이 잠재산출보다 낮은 상황에서 시작한다고 가정할 때 식 (20.2)는 국내 인플레이션이 산출이 잠재산출 수준에 있을 때의 수준보다 낮고, 그에 따라 해외 인플레이션보다 낮을 것임을 의미한다. 달리 말해 국내 물가는 해외 물가보다 천천히 증가한다. 이는 명목환율이 고정된 상황에서 실질환율이 상승함을 의미한다. 결과적으로 순수출은 점차 증가하고 산출도 마찬가지이다. 중기에서 산출은 잠재 수준으로 복귀하고, 국내 인플레이션은 $\bar{\pi}$로 복귀하며 그에 따라 해외 인플레이션과 동일해진다. 국내인플레이션과 해외 인플레이션이 일치할 때 실질환율은 일정하다.

$\pi < \pi^* \Rightarrow \bar{E}P^*/P \uparrow$ ▶

요약해 보자.

- 단기에 명목환율의 고정은 실질환율의 고정을 시사한다.
- 중기에 명목환율이 고정되어 있어도 실질환율이 조정될 수 있다. 이러한 조정은 상대물가의 변화를 통해 이루어진다.

### 평가절하에 대한 찬반론

고정환율제하에서도 경제가 중기에 잠재산출 수준으로 복귀한다는 결과는 중요하다. 그렇지만 조정 과정이 오래 걸릴 수 있으며, 고통스러울 수 있다는 사실은 남아 있다. 조정 과정 중 매우 오랫동안 산출은 지나치게 낮은 수준에 머물고 실업률은 매우 높은 상태를 지속할 수 있다.

산출이 정상 수준으로 복귀하는, 보다 신속하고 나은 길이 존재할까? 방금 발전시킨 모형을 기준으로 볼 때 이에 대한 답은 분명히 존재한다는 것이다.

정부가 고정환율제를 유지하되 평가절하를 한 번만 허용하기로 했다고 가정하자. 물가가 일정할 때 평가절하(명목환율의 상승)는 실질절하(실질환율의 상승)를 유발하며, 이는 산출 증가로 이어진다. 이론적으로 적절한 규모의 평가절하는 앞서 보았듯이 중기에나 달성할 수 있는 것을 단기에 달성하게 하고, 그에 따라 많은 고통을 피하도록 한다. 따라서 고정환율제하에서 특정 국가가 대규모 무역적자나 심각한 경기침체를 경험할 때 고정환율제를 아예 포기하거나 최소한 한 차례의 평가절하를 요구하는 상당한 정치적 압력이 발생한다. 아마도 이 관점을 가장 부각시킨 것은 90년 전 케인스(John Maynard Keynes)인데, 당시 그는 1925년 영국 파운드화를 제1차 세계대전 이전의 환율 수준으로 복귀시키기로 한 처칠(Winston Churchill)의 결정에 반대했다. 그의 주장은 FOCUS '영국의 금본위제로의 복귀: 케인스 대 처칠'에 소개되어 있다. 대부분의 경제사가들은 케인스가 옳았으며, 파운드화의 고평가가 제1차 세계대전 이후 영국이 보여주었던 저조한 경제성과의 중요한 이유 중 하나였다는 것을 역사가 보여주고 있다고 믿는다.

변동환율제로의 전환을 반대하거나 평가절하에 반대하는 사람들은 고정환율제를 선택할 충분한 이유가 있으며 평가절하를 하는 지나친 경향은 처음부터 고정환율제를 받아들인 이유에 반한다고 주장한다. 이들은 평가절하에 대한 과도한 의존이 실제로 환율위기의 가능성을 높인다고 주장한다. 이 주장을 이해하기 위해 이제 환율위기로 관심을 돌려 무엇이 환율위기를 촉발하고 그에 따른 시사점은 무엇인지를 살펴보자.

## 20-2 고정환율제하에서의 환율위기

어떤 국가가 고정환율제하에서 작동하고 있다고 하자. 아울러 투자자들은 곧 평가절하나 평가절하를 수반하는 변동환율제로의 전환이라는 환율 조정이 가능하다고 믿기 시작했다고 가정해 보자. 앞 절에서는 이러한 일이 왜 실제로 발생할 수 있는지를 살펴보았다.

- 실질환율이 지나치게 높을 수 있다. 또는 달리 말해 국내통화가 괴대평가될 수도 있다. 이 경우 실질절하가 요청된다. 물론 이는 중기에 평가절하 없이 달성될 수도 있지만 투자자들은 정부가 빨리 벗어나기 위해 평가절하를 단행할 것이라고 결론 내릴 수 있다.

  이러한 과대평가는 인플레이션율이 낮은 국가의 통화에 명목환율이 페그된 국가들에서 종종 발생한다. 상대적으로 인플레이션이 높아졌다는 것은 국내재 가격이 외국재에 비해 지속적으로 상승한다는 것을 의미하고, 지속적인 실질절상과 그에 따른 지속적인 무역수지의 악화를 의미한다. 시간이 지남에 따라 실질환율의 조정 필요성이 높아지고

FOCUS

## 영국의 금본위제로의 복귀: 케인스 대 처칠

1925년에 영국은 금본위제로의 복귀를 결정했다. **금본위제**(gold standard)는 각국이 자국의 환율을 금을 기준으로 고정하고, 규정된 환율에서 어떤 통화에 대해서도 금으로 바꾸어줄 것을 약속하는 제도이다. 이 제도는 국가 간의 명목환율이 고정된다는 것을 시사했다. 예를 들어 A국의 통화 1단위가 금 2단위의 가치를 갖고, B국의 통화 1단위가 금 1단위의 가치를 가지면 두 통화 간의 환율은 2이다. (국내통화로 무엇을 선택하느냐에 따라 1/2일 수 있다.)

금본위제는 1870년부터 제1차 세계대전까지 계속되었다. 영국은 전쟁비용을 조달하기 위해 그리고 전쟁비용 중 일부분을 통화증발을 통해 조달하기 위해 1914년에 금본위제를 포기했다. 1925년 당시 영국의 재무부 장관이었던 처칠은 금본위제로의 복귀와 전쟁 전의 환율(즉, 전쟁 이전에 금으로 표시한 파운드화의 가치)로의 복귀를 결정했다. 그러나 영국의 물가는 다른 많은 교역상대국들에 비해 더 빠른 속도로 상승했기 때문에 전쟁 전의 환율로의 복귀는 대규모 실질절상을 의미했다. 전쟁 전과 같은 명목환율에서 영국재화는 외국재화에 비해 상대적으로 더 비싸졌다. (실질환율의 정의 $\varepsilon = EP/P^*$로 돌아가 보자. 영국의 물가 $P$가 외국 물가 $P^*$보다 더 증가했다. 명목환율 $E$가 일정하게 주어졌을 때 이는 실질환율 $\varepsilon$이 낮아졌다는 것과 영국이 실질절상으로 인해 피해를 보았음을 의미한다.)

케인스는 전쟁 전의 환율제도로 복귀하는 결정을 격렬하게 비판했다. 1925년에 출간된 자신의 저서 『The Economic Consequences of Mr. Churchill』에서 케인스는 다음과 같이 주장했다. 만약 영국이 금본위제로 복귀하려 한다면 금 기준으로 볼 때 더 낮은 통화가격하에서, 즉 전쟁 이전보다 더 높은 명목환율로 복귀해야 한다. 신문 사설에서 그는 자신의 견해를 다음과 같이 분명히 제시했다.

> "그러나 나는 무역과 고용에 끼칠 수 있는 파급 효과라는 관점에서 현재의 조건하에서 금본위제로 복귀하는 것에 반대한다. 이 반대가 갖는 중요성을 강조하는 데 결코 소홀할 수 없다. 제시된 환율을 기준으로 영국의 물가를 금으로 표시할 경우 그 수준은 다른 나라에서의 금 표시 물가에 비해 지나치게 높으며, 국제무역의 대상이 되지 않는 노동의 가격, 즉 임금이 상당할 정도로 과도하게 높다는 것을 알게 될 것이다. 그것도 5% 미만이 아니라 아마도 10% 가까이 말이다. 따라서 다른 국가에서의 물가 상승으로 상황이 바뀌지 않는 한 재무부 장관은 파운드화 기준으로 아마도 2실링 정도 명목임금을 하락시키는 정책을 요구하고 있는 것이다.
>
> 나는 이 정책이 산업의 이윤과 평화에 대한 매우 심각한 위험 없이 달성될 수 있다고 믿지 않는다. 명목임금을 감소시키기 위해 전국의 모든 노동조합과의 투쟁에 나서기보다는 오히려 통화를 몇 개월 전의 금 표시 가치대로 유지하는 것이 낫다. 투쟁이 야기할 비용은 차치하더라도 고용주들이 문을 닫거나 임금을 인하하지 않으면 안 되는 상황을 강요하기보다는 좀 더 오랫동안 통화가 자기 자리를 찾아갈 수 있도록 놓아두는 것이 더 현명하고, 간단하고, 또한 적절하게 보인다.
>
> 이런 이유로 나는 재무부 장관이 잘못 판단된 정책을 시행하고 있다는 입장을 고수한다. 모든 것이 잘된다고 해도 적절한 보장이 주어지지 않을 위험을 감수해야 하기 때문에 판단이 잘못된 것이다."

케인스의 예측은 적절했던 것으로 드러났다. 다른 국가들은 성장하고 있었지만, 영국은 1920년대 나머지 기간 동안 경기침체를 경험했다. 대부분의 경제사가들은 최초의 과도한 평가절상에 상당한 책임이 있었다고 본다.

출처: "An American Study of Shares versus Bonds as Permanent Investment," *The Nation and the Athenaeum, Supplement*, May 2, 1925, pp. 157–158.

투자자들은 더욱더 민감해진다. 그들은 평가절하가 곧 이루어질 것이라고 생각할 수도 있다.

- 내부 상황이 국내 이자율의 인하를 요청할 수 있다. 이미 살펴보았듯이 고정환율제하에서 국내 이자율의 인하는 가능하지 않다. 그러나 기꺼이 변동환율제로 전환한다면 달성

할 수 있다. 환율을 자유롭게 **변동**(float)하게 한 후 국내 이자율을 인하하면 된다. 19장에서 보았듯이 이는 명목환율의 상승, 즉 명목절하를 야기할 것이다.

'float'라는 표현은 고정환율제의 변동환율제로의 전환을 의미한다. floating exchange rate는 flexible exchange rate와 같은 의미이다.

금융시장이 평가절하가 곧 실현될 것이라고 믿게 되는 순간 환율을 유지하려면 국내 이자율의 인상(종종 대규모의 인상)이 필요하다.

이를 살펴보기 위해 17장에서 보았던 이자율 평형조건으로 되돌아가 보자.

편리성 때문에 원래의 이자율 평형조건식 (17.2)보다는 근사식 (17.4)를 사용한다.

$$i_t = i_t^* + \frac{\left(E_{t+1}^e - E_t\right)}{E_t} \tag{20.3}$$

17장에서 이 방정식은 1년 채권에 대한 국내외 명목이자율, 현재 환율 그리고 1년 뒤의 기대환율 간의 관계로 해석되었다. 그러나 1년이라는 기간의 선택은 임의적인 것이다. 이 관계는 일간, 주간 그리고 월간 단위로도 성립할 수 있다. 금융시장에서 환율이 지금부터 한 달 뒤 2% 높아질 것으로 기대한다면 투자자들은 1개월 국내 이자율이 1개월 외국 이자율을 2%만큼 상회해야만(또는 연율 기준으로 국내 이자율이 외국 이자율을 2%×12=24% 상회해야만) 국내 채권을 보유할 것이다.

고정환율제하에서 현재 환율 $E_t$는 일정 수준, 이를 테면 $E_t=\bar{E}$에서 고정된다. 시장에서 평형조건이 일정 기간에 걸쳐 유지된다고 기대된다면 $E_{t+1}^e=\bar{E}$가 성립하고, 이자율 평형조건은 단순히 국내 이자율과 외국 이자율이 일치해야 할 것을 강제한다.

그러나 금융시장 참여자들이 평가절하, 즉 중앙은행이 고정환율을 포기하고 미래에 환율을 인상할 것이라고 예측하기 시작했다고 하자. 예를 들어 이들이 다음 달에 평형조건이 계속 유지될 확률은 75%이고 20%의 평가절하가 발생할 확률이 25%라고 믿는다고 하자. 이자율 평형조건 식 (20.3)에서 전에 0과 같다고 가정되었던 $(E_{t+1}^e-E_t)/E_t$항은 이제 $0.75 \times 0\%+0.25 \times (-20\%)=-5\%$(아무런 변화가 발생하지 않을 확률 75%에 20%의 평가절하가 발생할 확률 25%를 더한 값)와 같다.

상당한 위험이 존재하므로 이 이상의 것이 필요하다. 본문의 논의는 위험 프리미엄을 무시했다.

이는 중앙은행이 기존의 평형조건을 유지하려면 이전보다 5% 높은 월 이자율을 제공해야 한다는 것을 의미한다. 즉, 연율로는 60%(12개월×월별 5%) 더 높은 이자율을 제시해야 하는데, 이 60%가 바로 투자자로 하여금 외국 채권보다는 국내 채권을 보유하도록 하는 데 필요한 이자율 차이인 것이다. 이보다 이자율 차이가 적게 난다면 투자자는 국내 채권을 보유하려 하지 않을 것이다.

그렇다면 정부와 중앙은행이 직면하고 있는 선택은 무엇일까?

대부분의 국가에서 정부가 중심 환율을 선택하는 책임을 가지며, 중앙은행은 이를 유지하는 책임을 갖는다. 현실적으로 중심 환율을 선택하고 유지하는 것은 정부와 중앙은행의 공동 책임에 속한다.

- 첫째, 정부와 중앙은행은 평가절하를 할 의도가 없음을 시장 참여자가 확신할 수 있도록 노력할 수 있다. 이것이 항상 첫 방어선이 된다. 보도자료가 발표되고 경제 관련 부서 장관들은 TV에서 기존 환율을 절대적으로 유지할 것임을 반복해서 언급한다. 그러나 말하기는 쉽지만 투자자가 쉽사리 설득되는 경우는 드물다.

1998년 여름, 옐친(Boris Yeltsin)은 러시아 정부가 루블화를 평가절하할 의도가 없다고 발표했다. 그러나 2주 후 루블화는 붕괴했다.

■ 둘째, 중앙은행은 이자율을 인상할 수 있다. 하지만 식 (20.3)을 만족시키는 데 필요한 크기에는 못 미치는 수준일 것이다. 예를 기준으로 본다면 60% 미만으로 이자율을 인상하는 것이다. 국내 이자율은 높지만, 투자자들이 인식한 평가절하 위험을 완전히 보상하기에는 충분히 높지 않다. 이 조치는 통상 대규모의 자본유출을 야기한다. 투자자들은 여전히 국내 채권에서 벗어나 국내통화 기준으로 더 높은 수익을 제공하는 외국 채권으로 옮겨가는 것을 선호하기 때문이다. 따라서 투자자들은 국내 채권 매각, 국내통화 표시의 투자금액 회수, 외환시장에서의 국내통화 매각과 외국통화 매입 그리고 외국 채권 매입의 과정을 밟는다. 중앙은행이 외환시장에 개입하지 않는다면 대규모의 국내통화 매각과 외국통화 매입은 평가절하를 유발할 것이다. 따라서 환율을 유지하고 싶다면 중앙은행은 언제든지 현재 환율로 국내통화를 매입하고 외국통화를 매각할 자세가 되어 있어야 한다. 그렇게 함으로써 중앙은행은 종종 외환보유고의 대부분을 소진한다. (중앙은행의 개입 절차는 19장의 부록에 묘사되어 있다.)

■ 결국 몇 시간 후나 몇 주 후에 중앙은행에게 남겨진 선택은 식 (20.3)이 만족되기에 충분할 만큼 이자율을 인상하거나 아니면 시장의 기대에 부합하게 평가절하를 단행하는 것이다. 국내의 단기 이자율을 매우 높게 설정하는 것은 수요와 산출에 심각한 충격을 야기할 수 있다. 이자율이 너무 높으면 어떤 기업도 투자를 원하지 않고 어떤 소비자도 차입을 원하지 않을 것이다. 이 행동은 (1) 인식된 평가절하의 가능성이 낮아 국내 이자율이 그리 높지 않아도 되거나, (2) 시장이 평가절하가 발생하지 않을 것이라고 곧 믿게 될 것이라고 정부가 확신하는 경우에만 적절한 행동이 될 것이다. 그렇지 않다면 남아 있는 유일한 옵션은 평가절하를 단행하는 것이다. (이상의 모든 단계는 1992년 서유럽의 많은 국가에 영향을 미쳤던 환율위기 중에 발생했던 상황들과 상당 부분 일치한다. FOCUS '1992년 EMS 위기'를 참조하라.)

요약해 보자. 평가절하가 곧 발생할 것이라는 기대는 환율위기를 촉발할 수 있다. 이러한 기대에 직면했을 때 정부는 두 가지 정책대안을 갖는다.

■ 기대에 맞추어 평가절하를 한다.

■ 기대에 대항해 기존 환율을 유지한다. 물론 매우 높은 이자율과 잠재적인 경기침체의 위협을 감수해야 한다. 그러나 이러한 대항은 결국 무위에 그칠 것이다. 경기침체로 인해 정부는 후에 정책을 변경하거나 아니면 정책 당국자가 사임을 해야 할 것이다.

묘한 상황이 발생할 수 있는데, 그것은 평가절하가 임박했다는 믿음이 처음에는 근거가 없다고 하더라도 실제로 평가절하가 발생할 수 있다는 것이다. 다시 말하면 정부가 처음에는 평가절하를 할 의도가 없었다 해도 금융시장이 평가절하가 이루어질 것으로 믿는다면, 그렇게 될 수밖에 없다. 기존 환율을 유지하는 비용은 장기간의 높은 이자율과 경기침체일 수 있으며, 정부는 이것 대신 평가절하를 선택한다.

이는 6장의 은행인출쇄도를 상기하게 한다. 은행에 문제가 발생했다는 소문은 소문의 진위와 상관없이 은행인출 소동을 일으키고, 결국 은행 폐쇄로 이어질 것이다. 그리고 22장에서 보겠지만 정부채무에 대해서도 투자자가 상환 가능성을 걱정하기 시작하면 비슷한 문제가 발생한다.

## 1992년 EMS 위기

이 절에서 논의했던 문제의 예로서 1990년대 초 유럽통화제도(EMS)를 뒤흔들었던 환율위기를 들 수 있다.

1990년대 초 EMS는 잘 작동하는 것으로 보였다. 1979년에 시작된 EMS는 일정한 변동대역을 가진 고정환율에 기초한 환율제도였다. 각 회원국(여기에는 프랑스, 독일, 이탈리아가 포함되고, 영국은 1990년에 가입했다)은 다른 모든 회원국에 대해 자신의 환율을 협소한 변동대역 안에서 유지해야 했다. 첫 몇 년간은 회원국 간에 환율의 재조정이 빈번해 불안정했지만 1987~1992년까지는 단지 두 차례의 환율 재조정만이 발생했다. 추가적인 변동대역의 축소 그리고 더 나아가 다음 단계로의 이행, 즉 공통통화의 수용에 대한 논의가 늘어났다.

그러나 1992년에 금융시장은 더 많은 환율 재조정이 곧 발생할 것이라고 점차 믿게 되었다. 그 이유는 19장에서 앞서 보았던 것으로 독일 통일이 유발했던 거시경제적 시사점 때문이었다. 통일로 야기되는 수요압력 때문에 독일의 중앙은행 분데스방크는 독일 내에서 산출과 인플레이션율의 지나친 증가를 피하기 위해 높은 이자율을 유지하고 있었다. 독일의 EMS 상대국들은 점증하는 실업 문제를 완화하기 위해 이자율이 더 낮아야 했지만, EMS 내에서의 고정환율을 유지하기 위해 이자율을 독일 이자율에 맞추어야만 했다. 금융시장은 독일에 대비한 EMS 상대국의 위치가 점차 유지되기 어려운 상황으로 비추어졌다. 독일 밖에서의 이자율 인하 그리고 다른 많은 통화가 DM(Deutsche Mark) 대비 평가절하될 가능성이 점차 커지는 것으로 보였다.

1992년 내내 인식된 평가절하의 가능성은 결국 독일의 많은 무역 상대국으로 하여금 이자율을 독일보다 더 높게 유지하도록 압력을 가했다. 그러나 첫 번째 중대한 위기는 1992년 9월에 나타났다.

1992년 9월 초, 많은 국가들이 곧 평가절하할 것이라는 믿음으로 인해 투자자들은 임박한 평가절하에 대한 기대로 매도에 나섰고, 결국 많은 통화에 대한 투기적 공격이 생겨났다. 공격을 받았던 국가의 통화 당국과 정부는 앞에서 언급한 모든 방어수단을 사용했다. 우선 진지한 성명이 발표되었다. 하지만 뚜렷한 효과가 없었다. 이어서 이자율이 인상되었다. 스웨덴의 경우 익일물에 대한 이자율(하룻밤 동안의 대출과 차입에 적용되는 이자율)은 연율로 500%까지 상승했다. 그러나 이러한 상승 규모는 자본유출을 막기에는 부족했고, 압력에 시달리던 중앙은행은 큰 규모의 외환보유고 손실을 경험했다.

이 시점에서 국가별로 서로 다른 조치가 이루어졌다. 스페인은 자국 환율을 절하했다. 이탈리아와 영국은 EMS에 대한 참여를 그만두었고, 프랑스는 폭풍이 끝날 때까지 이자율 인상을 통해 강경하게 대처하기로 했다. 그림 1은 1992년 1월부터 1993년 12월까지 많은 유럽국가의 독일 DM 대비 환율의 추이를 보여준다. 그림에서 1992년 9월

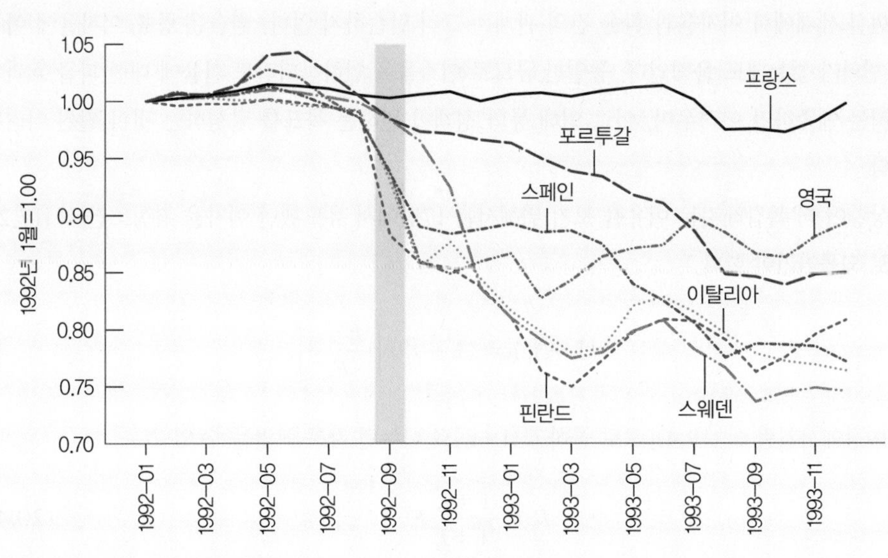


**그림 1**

**유럽국가들의 DM 대비 환율(1992년 1월~1993년 12월)**

출처: IMF database.

위기의 파급 효과와 그에 따른 절하와 평가절하를 분명히 볼 수 있다.

9월 말, 금융시장은 더 이상의 평가절하가 임박하지 않다고 믿었다. 일부 국가는 더 이상 EMS에 속하지 않았고, 다른 국가들은 평가절하는 했지만 EMS에 머물렀으며, 자국의 환율을 고수했던 국가들은 이것이 매우 높은 이자율을 의미했지만 EMS에 머물려는 의지를 보여주었다. 그러나 기초적 문제, 즉 독일의 높은 이자율 문제는 여전히 상존하며 다음 위기가 언제 발생할지는 시간 문제에 지나지 않았다. 1992년 11월, 추가적인 투기로 인해 스페인의 페세타(peseta)화, 포르투갈의 이스쿠두(escudo)화 그리고 스웨덴의 크로나(krona)화의 평가절하를 야기했다. 페세타와 이스쿠두는 1993년 5월에 추가로 절하되었다. 1993년 7월, 또 다른 대규모의 투기적 공격이 발생한 후 EMS 국가들은 중심 환율을 기준으로 대규모의 변동대역(±15%)을 수용하기로 결정했다.

이는 환율의 상당한 변동을 수용하는 제도로의 전환을 의미했다. 보다 넓은 변동대역을 가진 이 제도는 1999년 1월 공통통화, 즉 유로를 수용하기까지 지속되었다.

요약해 보자. 1992년 EMS 위기는 EMS의 규칙하에서 독일이 무역상대국에 부과했던 높은 이자율에 따라 비용이 매우 높아지고 있다는 금융시장의 인식에서 비롯했다.

이는 일부 국가가 평가절하나 EMS에서의 탈락을 원할 수 있다고 믿는 투자자로 하여금 더 높은 이자율을 요구하게 만들었고, 기존 환율을 유지해야 했던 국가들에게는 더 큰 비용을 야기했다.

결국 일부 국가는 그 비용을 감당할 수 없었으며, 이에 따라 일부 국가는 평가절하를 시행했고, 일부 국가는 EMS에서 탈퇴했다. EMS에서 머물렀던 다른 국가들은 산출을 기준으로 볼 때 상당한 비용을 부담해야 했다(예: 1990년부터 1996년까지 프랑스의 평균성장률은 1.2%였는데, 이는 동기간 독일의 성장률 2.3%와 잘 대비된다).

## 20-3 변동환율제하에서의 환율변동

19장에서 발전시킨 모형에서 이자율과 환율 간에는 단순한 관계가 존재했다. 이자율이 낮을수록 환율은 높았다. 이에 따라 안정적인 환율을 유지하려면 국내 이자율을 세계 이자율에 가깝게 유지하기만 하면 된다. 아울러 일정한 정도의 평가절하를 달성하고 싶은 정부는 이자율을 적절한 크기만큼만 인하하면 된다.

현실 세계에서 이자율과 환율 간의 관계는 그리 단순하지 않다. 환율은 종종 이자율에 아무런 변화가 없는데도 움직인다. 동일한 규모로 이자율을 인하하더라도 환율에 대한 파급 효과의 크기는 예측하기 어려우며, 이로 인해 통화 정책이 원하는 목표를 달성하는 것이 훨씬 어려워진다.

상황이 더 복잡해지는 이유를 보기 위해서는 17장에서 유도했던 이자율 평형조건[식 (17.2)]으로 되돌아가야 한다.

$$(1+i_t) = (1+i_t^*)\left(\frac{E_{t+1}^e}{E_t}\right)$$

19장에서처럼[식 (19.4)] $E_t$로 곱하고 $(1+i_t)$로 나누면 다음을 얻을 수 있다.

$$E_t = \frac{1+i_t^*}{1+i_t}E_{t+1}^e \qquad (20.4)$$

$t$에서 $t+1$까지의 기간을 1년이라고 하자. 금년의 환율은 1년 국내 이자율, 1년 외국 이자율 그리고 내년에 기대되는 환율에 의존한다.

19장에서는 내년에 기대되는 환율 $E^e_{t+1}$이 일정하다고 가정했다. 하지만 이는 단순화를 위한 것이었다. 1년 뒤에 기대되는 환율은 일정하지 않다. 식 (20.4)를 사용하면 내년의 환율은 내년의 1년 국내 이자율, 내년의 1년 외국 이자율, 그리고 내후년에 기대되는 환율에 의존한다. 따라서 현재와 미래의 국내 및 외국 이자율에 대한 기대의 변화 그리고 먼 미래의 기대환율에서의 변화가 발생하면 내년의 환율은 영향을 받는다.

이를 더 자세히 살펴보자. 식 (20.4)를 $t$년보다는 $t+1$년에 대해 나타내면 다음과 같다.

$$E_{t+1} = \frac{1 + i^*_{t+1}}{1 + i_{t+1}} E^e_{t+2}$$

$t+1$년 차의 환율은 $t+1$년의 국내 이자율과 외국 이자율 그리고 $t+2$년 차에 기대되는 미래 환율에 의존한다. 따라서 $t$시점에서 $t+1$년 차 환율에 대한 기대는 다음과 같다.

$$E^e_{t+1} = \frac{1 + i^{*e}_{t+1}}{1 + i^e_{t+1}} E^e_{t+2}$$

이제 식 (20.4)에서 $E^e_{t+1}$를 위의 식으로 대체하면 다음과 같다.

$$E_t = \frac{(1 + i^*_t)(1 + i^{*e}_{t+1})}{(1 + i_t)(1 + i^e_{t+1})} E^e_{t+2}$$

즉, 현재 환율은 올해의 국내외 이자율, 내년에 기대되는 국내외 이자율 그리고 지금으로부터 2년 뒤에 기대되는 환율에 의존한다. 이상의 과정을 $E^e_{t+2}$, $E^e_{t+3}$, … 등에 계속 반복하면 다음을 얻을 수 있다.

$$E_t = \frac{(1 + i^*_t)(1 + i^{*e}_{t+1})\cdots(1 + i^{*e}_{t+n})}{(1 + i_t)(1 + i^e_{t+1})\cdots(1 + i^e_{t+n})} E^e_{t+n+1} \tag{20.5}$$

이제 $n$을 큰 값, 예를 들어 10년이라고 하자[식 (20.5)는 어떤 $n$값에 대해서도 성립한다]. 이 관계는 현재 환율이 두 요인에 의존할 것임을 말해준다.

- 현재와 향후 10년간 미래에 기대되는 국내 이자율과 외국 이자율
- 10년 뒤의 기대환율

다른 목적을 위해 좀 더 나아가 현재의 국내외 실질이자율, 현재와 기대되는 미래 실질이자율 그리고 기대되는 미래의 실질환율 간의 관계를 유도하는 것이 유용하다. 이에 대해서는 이 장의 부록 2에 나타나 있다. (유도하는 과정은 쉽지 않지만 실질이자율, 명목이자율 그리고 실질환율과 명목환율 간의 관계를 복습하는 데 유용한 방법이다.) 하지만 식 (20.5)는 여기서 명료

이 장의 부록 2의 기본적인 내용은 환율 앞에 '실질'이라는 단어를 추가하더라도 아래의 모든 주장은 모두 성립한다는 것이다.

히 하고 싶은 세 가지 점을 지적하는 데 충분한데, 앞으로 이를 더 자세히 살펴보자.

- 현재 환율 수준은 미래에 대한 기대환율과 일대일로 움직일 것이다.
- 현재 환율은 양국에서 미래에 대한 기대이자율이 변화하면 움직일 것이다.
- 현재의 환율은 기대의 변화만 발생하면 움직이므로, 환율은 변동성이 클 것이다. 즉, 환율은 빈번하게 그리고 아마도 대규모로 움직일 것이다.

## 환율과 경상수지

기대되는 미래 환율 $E^e_{t+n}$을 변화시키는 어떤 요인도 현재 환율 $E_t$를 변화시킨다. 사실 국내 이자율과 외국 이자율이 두 국가에서 $t$시점부터 $t+n$시점까지 동일할 것으로 기대된다면 식 (20.5)의 우변의 분수는 1과 같으며, 이 식은 $E_t = E^e_{t+n}$으로 줄어든다. 즉, 기대되는 미래 환율의 어떠한 변화 효과도 현재 환율에 대해 일대일의 효과를 보인다.

만약 $n$을 큰 값(예: 10년 또는 그 이상)으로 두면 $E^e_{t+n}$은 중기와 장기에 있어 경상수지 균형을 달성하는 데 필요한 환율로 간주될 수 있다. 어떤 국가라도 영원히 차입할 수 없으며(즉, 경상수지 적자를 보일 수 없으며), 거꾸로 어떤 국가라도 영원히 대여만 할 수 없다(즉, 경상수지 흑자를 보일 수 없다). 따라서 미래의 경상수지 균형의 예측치에 영향을 미치는 어떤 뉴스라도 기대되는 미래 환율에 영향을 미칠 수 있으며, 그에 따라 현재 환율에도 영향을 미칠 수 있다. 예를 들어 예상보다 큰 규모의 무역적자를 발표하면 투자자들은 결국 무역수지 균형을 위해 평가절하가 불가피하다고 결론 내릴 수 있다. 결국 $E^e_{t+n}$은 상승하고, 이는 다시 현재 시점에서 $E_t$의 상승을 초래할 것이다.

미래의 경상계정에 대한 뉴스는 현재의 환율에 영향을 미칠 것이다. 예를 들어 막대한 유전지대를 발견했다는 발표는 어떤 효과를 이끌 것으로 기대하는가?

## 환율과 현재 및 미래의 이자율

$t$와 $t+n$년 사이에 현재 또는 미래에 기대되는 국내 또는 국외 이자율의 변화를 가져오는 어떤 요인도 현재 환율을 변화시킨다. 예를 들어 외국 이자율이 일정할 때 현재와 미래의 기대되는 국내 이자율의 상승은 $E_t$의 하락, 즉 평가절상을 불러온다.

현재와 미래의 국내외 이자율에 대한 뉴스는 환율에 영향을 미칠 것이다.

이는 미래 이자율에 대한 투자자의 기대를 변화시키는 어떤 변수도 현재 환율에 변화를 가져올 것임을 시사한다. 예를 들어 17장에서 논의했던 1980년대의 '춤추는 달러'(1980년대 전반부에 발생했던 급격한 달러 절상은 후에 동등한 정도의 급격한 절하로 이어졌다)는 해당 기간 동안 외국에 대비한 미국의 현재와 미래의 기대 이자율의 변동에 의해 대체로 설명될 수 있다. 1980년대 전반 동안 긴축적 통화 정책과 팽창적 재정 정책이 결합하여 미국의 단기 이자율과 장기 이자율을 모두 상승시켰다. 장기 이자율의 상승은 미래의 단기 이자율의 상승에 대한 기대를 반영한다. 현재와 미래의 기대 이자율의 이러한 상승은 이어서 달러화 절상의 주요한 원인이 되었다. 재정 정책과 통화 정책은 모두 1980년대 후반부에 반전되었고, 그에 따라 미국의 이자율은 낮아졌으며 달러화 절하가 생겨났다.

장기 이자율과 현재와 미래에 기대되는 단기 이자율 간의 관계에 대한 추가적 논의는 14장으로 되돌아가서 살펴보라.

## 환율의 변동성

세 번째 시사점은 앞선 두 시사점에서 유도되었다. 현실적으로 그리고 19장의 분석과 달리 이자율 $i_t$와 환율 $E_t$ 간의 관계는 완전히 기계적인 것은 아니다. 중앙은행이 이자율을 인하하면 금융시장은 이를 두고 통화 정책의 중대한 전환으로 이자율 인하가 앞으로 지속될 이자율 인하의 첫 단계인지 아니면 이자율의 일시적 조정에 불과한지 여부를 판단해야 한다. 중앙은행의 발표 내용도 크게 유용하지 않을 수 있다. 중앙은행은 미래에 자신이 무엇을 할지조차 모를 수 있다. 통상적으로 중앙은행은 초기의 신호에 반응할 것이며 뒤에 반전될 수도 있다. 아울러 금융시장은 외국의 중앙은행이 어떻게 반응할지, 즉 기존 이자율 수준을 유지할지 아니면 동반하여 이자율을 낮출지의 여부도 판단해야 한다. 이런 모든 점은 이자율이 환율에 어떤 영향을 미칠 것인지를 예측하는 것을 훨씬 어렵게 만든다.

여기서 위험에 대한 인식과 같이 환율에 영향을 미치는 다른 요인은 무시했다. 19장의 FOCUS '자본흐름, 급정지 그리고 이자율 평형조건의 한계'에서는 위험에 대한 인식을 다루었다.

보다 구체적으로 살펴보자. 식 (20.5)로 돌아가서 $E^e_{t+n}=1$ 이라고 가정하자. 아울러 현재와 미래에 기대되는 국내 이자율 그리고 현재와 미래에 기대되는 외국 이자율이 모두 5%로 같다고 가정하자. 이 경우 현재 환율은 다음과 같이 주어진다.

$$E_t = \frac{(1.05)^n}{(1.05)^n}1 = 1$$

이제 현재의 국내 이자율 $i_t$를 5%에서 3%로 인하하는 통화확장 정책을 생각해 보자. 이것이 환율 $E_t$의 상승, 즉 절하를 야기할까? 그리고 만약 그렇다면 얼마나 상승할까? 이에 대한 답은 상황에 전적으로 의존한다는 것이다.

이는 14장에서의 통화 정책의 주가에 대한 논의를 상기시킨다. 이는 우연의 일치 이상의 일이다. 주가처럼 환율은 먼 미래의 변수에 대한 기대에 상당히 의존한다. 기대가 현재 변수(여기서는 이자율)의 변화에 반응하여 어떻게 변화하는지가 결과에 상당한 영향을 미친다.

이자율이 단지 1년간만 낮게 유지될 것으로 기대한다고 가정하여 $n-1$시점의 기대되는 미래 이자율은 변하지 않아 일정하다고 하자. 이 경우 현재 환율은 다음과 같이 상승한다.

$$E_t = \frac{(1.05)^n}{(1.03)(1.05)^{n-1}} = \frac{1.05}{1.03} = 1.02$$

팽창적인 통화 정책은 단지 2%의 환율 상승(절하)을 유발한다.

대신에 현재 이자율이 5%에서 3%로 하락했을 때 투자자들이 낮은 이자율이 5년간 지속된다고 기대한다고 가정하자($i^e_{t+4}=\cdots=i^e_{t+1}=i_t=3\%$). 이 경우 환율은 다음으로 상승한다.

$$E_t = \frac{(1.05)^n}{(1.03)^5(1.05)^{n-5}} = \frac{(1.05)^5}{(1.03)^5} = 1.10$$

팽창적 통화 정책은 이제 전보다 훨씬 대규모의 10%의 환율 상승, 즉 절하를 초래한다.

물론 또 다른 결과도 생각해 볼 수 있다. 예를 들어 투자자들이 중앙은행에서 이자율을 인하하리라고 기대했었지만, 실제 하락 규모는 기대했던 것보다 작았다고 하자. 이 경우 투자자들은 미래의 명목이자율에 대한 기대치를 상향 조정할 것이고, 이는 결국 절하보다는 절상을 초래할 것이다.

브레튼우즈 시기 말엽에 각국이 고정환율제에서 변동환율제로 전환했을 때 대부분의 경제학자들은 환율이 안정적일 것으로 기대했다. 그러나 이어진 환율의 변동은 매우 커서(그리고 현재까지 계속 그렇다) 충격으로 받아들여졌다. 얼마 동안 이러한 변동은 외환시장에 대한 비합리적 투기에 따른 것으로 판단되었다. 1970년대 중반이 되어서야 경제학자들은 이러한 대규모의 환율변동이 이 장에서 다루었던 것처럼 미래 이자율과 미래 환율에 대한 금융시장의 합리적 반응으로 설명할 수 있음을 인식했다. 이는 중요한 시사점을 갖는다.

변동환율제를 수용하기로 결정한 국가는 상당한 정도의 환율변동에 노출될 것이라는 점을 받아들여야 한다는 것이 그것이다.

## 20-4 환율제도의 선택

이제 이 장의 동기가 되었던 질문으로 되돌아가자. 변동환율제를 선택해야 하는가 아니면 고정환율제를 선택해야 하는가? 변동환율제가 유리한 상황이 있고, 고정환율제가 유리한 상황이 있는가?

이 장과 앞 장에서 살펴보았던 내용은 변동환율제가 우월함을 지적하고 있는 것으로 보인다.

- 20-1절에서는 환율제도가 중기에서 중요한 문제가 아닐 수 있음을 주장했다. 하지만 단기에서 환율제도의 선택은 여전히 중요했다. 단기에 고정환율제와 완전자본 이동하에 놓여 있는 국가는 두 가지 거시경제 정책 수단, 즉 이자율과 환율을 포기하는 셈이 된다. 이는 충격에 대응할 수 있는 능력을 약화시킬 뿐만 아니라 환율위기를 야기할 수도 있다.
- 20-2절은 고정환율제 국가에서 평가절하의 기대는 투자자로 하여금 매우 높은 이자율을 요구하게 하고 경제 상황을 악화시켜 평가절하 압력을 강화시킨다고 주장했다. 따라서 이 역시 고정환율제에 반하는 주장이다.
- 20-3절은 변동환율제에 반대하는 주장을 소개했다. 즉, 변동환율제하에서 환율은 대규모로 변동할 수 있으며 통화 정책을 통해 통제하기 어려울 수 있다.

거시경제 관점에서 전체적으로 변동환율제가 고정환율제보다 유리하다고 할 수 있다. 사실상 이는 경제학자들과 정책 당국자들 사이에서 공유되는 의견 일치로 보인다. 일치된 의견의 구체적인 내용은 다음과 같다.

일반적으로 변동환율제가 선호될 수 있다. 그러나 두 가지 예외가 있다. 첫째, 많은 국가들이 이미 상당한 정도로 이미 통합되어 있을 경우 공통통화가 적절한 해법일 수 있다. 둘째, 중앙은행이 변동환율제하에서 책임 있는 통화 정책을 수행할 것이라고 신뢰할 수 없는 경우이다. 이 경우 통화위원회나 달러라이제이션과 같은 강한 형태의 고정환율제가 적절한 해결책이 될 것이다.

이들 두 가지 예외적 경우를 각각 논의하자.

## 공통통화지역

고정환율제를 운영하는 국가들은 동일한 이자율을 유지하도록 제약을 받는다. 하지만 그런 제약이 얼마나 많은 비용을 초래하는가? 만약 각국이 대체로 동일한 거시경제 문제와 동일한 충격에 직면한다면 처음부터 동일한 정책을 선택했을 것이다. 이런 상황에서는 이들 국가에게 동일한 통화 정책을 취하라고 강제해도 큰 제약이 아닐 수 있다.

이 주장은 먼델이 처음 살펴보았다. 그는 다수의 국가들이 고정환율제를 수용하거나 또는 공통통화까지 수용하는 조건들을 검토했다. 먼델은 다수의 국가들이 **최적통화지역**(optimal currency area)을 구성하려면 다음 두 조건 중 하나가 만족되어야 한다고 주장했다.

◀ 19장에서 보았던 '먼델-플레밍' 모형을 통합했던 먼델과 동일 인물이다.

- 각국은 유사한 충격을 경험해야만 한다. 방금 이 조건에 대한 이유를 살펴보았다. 각국이 유사한 충격을 경험한다면 각국은 어찌되었건 동일한 통화 정책을 선택했을 것이다.
- 또는 각국이 겪는 충격이 다를 경우 가격과 임금이 매우 유연해야 한다. 그래야 국가가 경쟁력을 회복해야만 할 때 환율에 의존할 수 없는 상황에서 다른 회원국에 비해 가격을 낮출 수 있다.
- 또는 만약 각국이 상이한 충격을 경험한다면 각국은 높은 요소 이동성을 가져야 한다. 예를 들어 노동자들이 경제 상황이 좋지 않은 국가로부터 경제 상황이 좋은 국가로 기꺼이 이동한다면 거시경제 정책 대신 생산 요소의 이동성이 각국으로 하여금 충격에 적응하는 메커니즘이 된다. 특정 국가에서 실업률이 높다면 노동자들은 그 국가를 떠나 다른 국가에서 직업을 얻으며, 해당 국가의 실업률은 정상 수준으로 감소한다. 어떤 국가에서 실업률이 낮다면 노동자들은 그 국가로 몰려들 것이며 실업률은 정상 수준으로 다시 증가할 것이다. 환율에 대한 의존은 불필요하다.

먼델의 분석을 따라 대부분의 경제학자들은 예를 들면 미국의 50개 주로 구성된 공통통화지역이 최적통화지역에 가깝다고 믿는다. 사실이지만 첫 번째 조건은 만족되지 않는다. 각 주들은 상이한 충격을 경험한다. 예를 들어 캘리포니아는 미국의 다른 지역에 비해 아시아로부터의 수요 변동에 더 영향을 받는다. 텍사스는 석유가격 등에 발생하는 일에 더 영향을 받는다. 그러나 두 번째 조건은 대체로 만족된다. 미국 내에서 각 주 사이에는 상당한 노동 이동성이 존재한다. 특정 주의 경제 상황이 좋지 않으면 노동자들은 그 주를 떠난다. 그 주의 경제 상황이 좋으면 노동자들은 그 주로 돌아온다. 주 실업률은 빠르게 정상 수준으로 돌아오는데, 이는 주 수준의 거시경제 정책이 동일해서가 아니라 노동 이동성 때문이다.

◀ 미국의 각 주는 자신만의 통화를 가져 다른 주의 통화에 대해 변동환율을 유지할 수도 있을 것이다. 그러나 이런 상황은 아니다. 미국은 단일 통화인 달러화를 가진 공통통화지역이다.

그리고 분명히 공통통화를 사용하는 데 따른 많은 장점이 존재한다. 미국 내 기업이나 소비자에게 있어 공통의 통화를 갖는 데 따른 장점은 명백하다. 만약 주 경계를 넘어설 때마다 화폐를 환전해야 한다면 삶이 얼마나 복잡해질 것인지를 상상해 보라. 공통통화의 사용에 따른 장점은 이러한 거래비용의 하락을 넘어선다. 가격이 동일한 통화로 표시된다면 구매자가 가격을 구별하기 쉬워지고, 기업 간의 경쟁이 증가해 소비자에게 혜택이 돌아간다. 이러한 장점과 제한된 거시경제적 비용에 비추어볼 때 미국이 단일 통화를 갖는 것은 의미 있는 것이다.

유로를 수용했을 때 유럽도 미국과 동일한 선택을 했었다. 각국의 통화에서 유로화로 전환하는 과정이 2002년 초에 종료되었을 때 유로는 최소 11개 유럽국가에 대해 공통통화가 되었다(FOCUS '유로: 짧게 본 역사' 참조). 이 책을 쓰고 있는 현재 19개국이 되었다. 이러한 새로운 공통통화지역에 대한 경제학의 논리는 미국에서만큼 설득력이 있을까?

공통통화가 미국에서 유발했던 동일한 혜택의 많은 부분을 유럽에도 제공할 것이라는 데 대해서는 의문의 여지가 별로 없다. 유럽위원회(European Commission)의 한 보고서는 유로지역 내에서의 외환거래의 소멸은 이들 국가의 전체 GDP의 0.5%에 달하는 비용 절감을 초래할 것이라고 추정한다. 아울러 공통통화의 사용이 이미 경쟁을 촉진하고 있다는 뚜렷한 신호가 있다. 예를 들어 차를 매입하려 할 때 유럽 소비자는 이제 유로 지역 어디든 상관없이 가장 낮은 유로 표시 가격을 찾는다. 이는 이미 많은 국가에서 자동차의 가격 하락을 유발하고 있다.

그러나 유럽이 최적공통통화지역을 구성하는지에 대해서는 의견 일치가 낮은 상황이다. 이는 먼델의 두 조건 중 어느 것도 만족되지 않기 때문이다. 미래는 다를지 모르겠지만 과거에 유럽 각국은 매우 상이한 충격을 경험해 왔다. 1990년대 독일의 재통일 그리고 그것이 독일과 다른 유럽국가에 얼마나 다른 변화를 가져왔는지 생각해 보라. 더욱이 유럽에 있어 노동 이동성은 매우 낮으며 앞으로도 낮은 상태에 머물러 있을 가능성이 크다. 노동자들은 미국 내에서보다 유럽국가 내에서 훨씬 덜 이동한다. 유럽국가 간의 언어와 문화적 차이를 고려할 때 각국 간의 이동성은 훨씬 더 낮을 것이다.

이동성 문제로 말미암아 특정 국가가 부정적 충격이 회원국 전체의 장기 침체로 이어질 수 있다는 우려는 글로벌 금융위기와 그 극단적 발현으로서 많은 유로 회원국이 극적인 정책 조정에 나설 수밖에 없었던 **유로 위기**(euro crisis) 이전에도 존재했다, 그리스의 사례는 18장에서 논의했다. 그림 20-1은 스페인에서 일어난 일을 보여준다.

그림 20-1(a)는 1995년부터 2022년까지 스페인의 실질환율과 경상수지 적자 비율을 함께 보여준다. 다른 유로지역에 비해 높았던 인플레이션과 유로화 절상에 따른 스페인 실질환율의 급격한 절상과 함께 GDP 대비 경상수지 적자 비율이 1995년 2% 흑자에서 2007년 7% 적자로 급격히 악화된 것을 보여준다. 외국인 투자자들이 스페인에 대한 대출을 꺼리게 되자 스페인은 경상수지 비율을 급격히 조정할 수밖에 없었고, 2014년에는 경상수지 비율이 4%로 개선되었다. 그러나 같은 기간의 실업률을 보여주는 그림 20-1(b)는 조정에 따른 비용을 보여준다. 1995년 20%에서 2007년 8%로 감소했던 실업률은 2013년 다시 26%까지 치솟았다. 이후 꾸준히 감소하여 2022년에는 13%에 도달했다(이와 같은 경기 순환적인 움직임과는 별개로 스페인의 실업률은 오랫동안 매우 높은 수준을 유지해 왔다. 7장의 FOCUS '무엇이 유럽의 실업률을 설명하는가?' 참조).

이것이 18장의 FOCUS '그리스에서의 경상수지 적자 소멸: 희소식인가?'에서 본 조정을 떠올리게 한다면 맞다. 두 나라에서 동일한 메커니즘이 작동했지만, 그리스에서 더 극적으로 나타났다. ▶

FOCUS

## 유로: 짧게 본 역사

1988년 EU가 30주년을 축하하면서 많은 국가는 공통통화로의 이행을 계획할 시기가 왔다고 결정했다. 이들은 EU 의장이었던 들로르(Jacques Delors)에게 보고서를 요청했고, 이에 그는 1989년 6월에 보고서를 제시했다.

들로르의 보고서는 3단계에 걸쳐 유럽통화공동체(European Monetary Union, EMU)로 이행할 것을 제안했다. 1단계는 자본통제의 철폐였다. 2단계는 '이례적 상황'을 제외하고는 유지되어야 하는 고정환율의 선택이었다. 3단계는 단일 통화의 도입이었다.

- 1단계는 1990년 7월에 시행되었다.
- 2단계는 1992~1993년의 환율위기가 가라앉은 1994년에 시작되었다. 사소하지만 상징성 있는 결정은 새로운 공통통화의 명칭을 선택하는 것이었다. 프랑스는 과거 프랑스의 화폐이름이기도 한 '에쿠(European currency unit, Ecu)'를 선호했다. 그러나 상대국은 유로를 선호했고, 1995년에 유로가 받아들여졌다.
- 이와 병행해 EU 국가들은 **마스트리히트 협약**(Maastricht treaty)의 수용 여부에 대한 국민투표를 실시했다. 1991년에 협의된 협약은 EMU에 가입하기 위한 세 가지 주요한 조건을 설정했다. 낮은 인플레이션율, 3% 미만의 재정적자 그리고 60% 미만의 정부부채가 그것이다. 협약은 그리 대중적이지 못했고 많은 국가에서 국민투표의 결과는 공표되지 않았다. 프랑스의 경우 협약은 51%의 찬성만으로 통과되었다. 덴마크에서는 협약이 기각되었다. 영국은 새로운 통화동맹에는 참여하지 않는다는 '탈퇴(opt-out)' 조합을 협상했다.
- 1990년대 중엽 소수의 유럽국가만이 마스트리히트 조건을 만족시킬 것으로 비추어졌다. 그러나 많은 국가들이 재정적자를 감축하기 위해 극적인 조치를 취했다. EMU의 회원국 여부를 결정하는 시점인 1998년 5월이 되지 11개국이 이에 참여하기로 했다(오스트리아, 벨기에, 핀란드, 프랑스, 독일, 이탈리아, 아일랜드, 룩셈부르크, 네덜란드, 포르투갈, 스페인). 영국, 덴마크, 스웨덴은 최소한 초창기만이라도 밖에 머물러 있기로 결정했다. 그리스는 자격조건에 미달했고 2001년까지 참여하지 못했다. (가입 후 부분적으로 보고서를 조작해 재정적자의 규모를 축소시킴으로써 자격을 갖도록 했다는 사실이 드러났다.) 그 이후로 사이프러스, 몰타, 슬로바키아, 슬로베니아, 에스토니아의 5개국이 회원국으로 가입했다.
- 3단계는 1999년 1월에 시작했다. 11개 통화와 유로 간의 환율은 '되돌릴 수 없게' 고정되었다. 프랑크푸르트에 본부를 가진 새로운 **유럽중앙은행**(European Central Bank, ECB)이 유로지역에서의 통화 정책에 대한 책임을 담당하게 되었다.

1999~2002년까지 유로는 회계단위로서 존재했지만, 유로 동전과 은행권은 존재하지 않았다. 결국 유로지역은 여전히 고정환율제를 가진 지역으로 기능하고 있었다. 이어진 마지막 단계는 2002년 1월의 유로 동전과 은행권의 도입이었다. 2002년 첫 몇 개월 동안 각국의 통화와 유로는 동시에 통용되었지만, 그해 말이 되면서 각국의 통화는 회수되었다.

오늘날 유로는 회원국이 스스로 부르듯이 '유로지역'에서 사용되고 있는 유일한 화폐이다. 2023년 크로아티아가 참여하여 현재 유로를 채택한 국가는 20개국에 달한다.

유로에 대한 초기의 회의적 시각은 다음을 참고하라. Martin Feldstein, "The Euro and the Stability Pact," 2005, www.nber.org/papers/w11249.

유로위기에 대한 2권의 좋은 책은 다음과 같다(두 번째 책은 일반적으로 유로에 대해 매우 비판적이다).

Jean Pisani-Ferry, *The Euro Crisis and Its Aftermath* (Oxford Press, 2014)

Ashoka Mody, *Euro-Tragedy: A Drama in Nine Acts* (Oxford University Press, 2018)

유로에 대해 더 알고 싶다면 www.euro.ecb.int를 참고하라. 유로에 대한 위키피디아 페이지 역시 매우 좋다.

유로화의 과제는 앞으로 이러한 장기 침체를 피할 수 있느냐는 것이다. 이들 국가에서 경기 침체를 악화시킨 몇 가지 요인을 제거하기 위한 개혁이 모색되고 있다. 은행 연합에서 재정 연합에 이르기까지 다양한 개혁이 추진되고 있으며, 이를 통해 각국이 부정적 충격에 더 잘 견딜

**그림 20-1**

**스페인에서의 실업률과 실질환율의 추이(1994년 이후)**

1994~2007년의 경제활황은 저실업, 실질절상 그리고 이들 두 가지 이유로 인한 경상수지의 악화로 이어졌다. 2008년에 이는 무너졌고, 실업의 급증, 실질절하 그리고 경상수지의 반전으로 바뀌었다.

자료: FRED: 실질다국 간 환율: RESBIS, 실업률: LRHUTTTTESM156S, 경상수지: Macrobond.

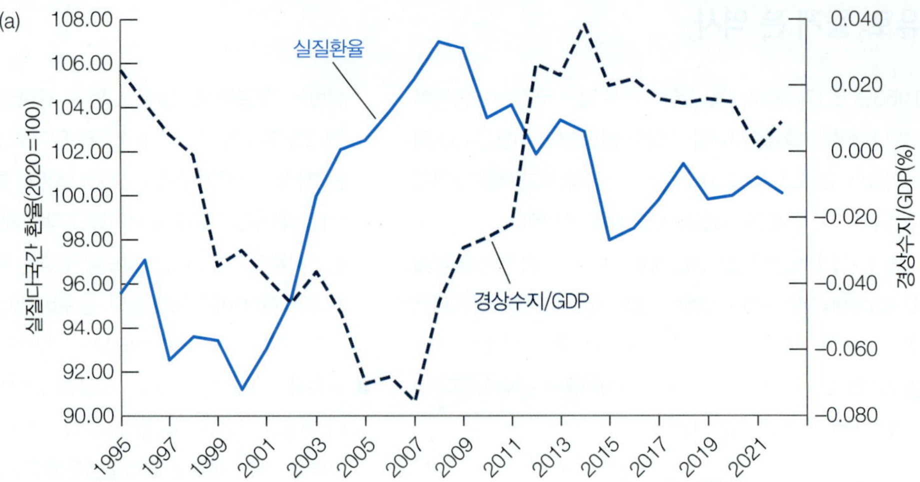


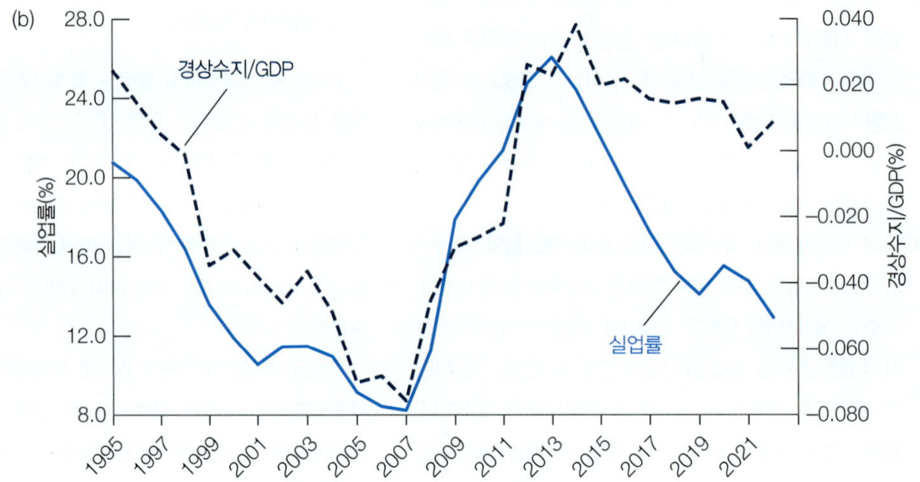


역자 주: 스페인의 다국적실질환율은 스페인 통화를 달러화 단위로 표시한 가치이다.

수 있을 것이다. 이러한 조치들이 향후 위기를 피하기에 충분할지는 아직 미지수이다.

## 완전고정환율제, 통화위원회 그리고 달러라이제이션

21장에서는 정책 당국이 자발적으로 손을 묶는 것이 합당한지, 아니면 외부 요인으로 손이 묶이는 것이 합당한지에 대한 일반적인 문제로 돌아간다. ▶

고정환율제를 지지하는 두 번째 상황은 첫 상황과 크게 다르다. 이는 특정 국가가 통화 정책을 사용할 수 있는 능력을 스스로 제한하려는 시기가 존재한다는 주장에 기초한다.

근년에 매우 심한 인플레이션을 경험했던 국가가 있다고 하자. 예를 들어 통화확장 외에는 다른 방법으로 재정적자 조달이 불가능하여 높은 통화 증가율과 고인플레이션이 생겨났다고 하자. 이제 이 국가가 통화 증가율과 인플레이션율을 하락시키기로 했다고 하자. 당국이 가진 의도의 심각성을 금융시장에 설득하는 한 가지 방법은 환율을 고정하는 것이다. 이 경우 고정된 환율을 유지하기 위해 통화공급을 사용해야만 하는 필요성은 통화 당국의 손을 묶게 된다.

금융시장에서 환율이 유지될 것이라는 기대가 생겨나면 통화 증가가 재정적자 조달에 사용될 것이라는 우려는 사라질 것이다.

여기서 '금융시장에서 환율이 유지될 것이라는 기대가 생겨나면'이라는 조건문에 주의하라. 환율의 고정은 요술 같은 해법이 아니다. 환율이 현재뿐만 아니라 미래에도 고정될 것이라고 금융시장을 설득할 필요가 있다. 이렇게 할 수 있는 방법에는 두 가지가 있다.

- 고정환율을 보다 일반적인 거시경제 프로그램의 한 부분이 되도록 할 수 있다. 대규모 재정적자를 계속 기록하면서 환율을 고정하는 것은 금융시장에게 통화 증가가 다시 시작될 것이고 평가절하가 곧 발생할 것이라는 점을 믿게 만들 것이다.
- 상징적으로 또는 기술적으로 중심 환율의 변경을 더 어렵게 만드는 정책을 사용할 수 있다. 이 접근 방식은 **완전고정환율제**(hard peg)라 불린다.

완전고정환율제의 극단적 형태 중 하나가 단순히 국내통화를 외국통화로 대체하는 것이다. 선택된 외국통화는 통상 달러이기 때문에 이는 **달러라이제이션**(dollarization)이라 한다. 그러나 자국의 통화를 포기하고 다른 나라의 통화를 수용하려 하는 국가는 소수일 것이다. 덜 극단적인 방법이 **통화위원회**(currency board)의 사용이다. 통화위원회하에서 중앙은행은 공식 환율에 따라 국내통화를 언제든지 외국통화로 바꾸어줄 태세를 갖춘다. 아울러 표준적인 고정환율 제도와 달리 중앙은행은 정부채권을 매매하는 공개시장운영도 할 수 없다(즉, 정부채권을 사거나 팔 수 없다).

◀ 이스라엘이 1980년대에 고인플레이션으로 고통받고 있을 때 이스라엘 재무부 장관은 안정화 프로그램의 하나로 이러한 조치를 제안했다. 그의 제안은 이스라엘 주권에 대한 공격으로 인식되었고 곧 파면되었다.

통화위원회제도 중 아마도 가장 널리 알려진 사례는 아르헨티나가 1991년에 수용하고 2001년 말의 위기 시에 포기한 것이다. 관련된 이야기는 FOCUS '아르헨티나의 통화위원회'에 담겨 있다. 아르헨티나의 경험에 대한 결론은 경제학자들마다 다르다. 일부는 통화위원회가 충분히 완전(hard)하지 못했다고 결론 내린다. 통화위원회는 외환위기를 막지 못했다. 따라서 어떤 국가가 고정환율제를 수용하기로 결정했다면 끝까지 가서 달러라이제이션을 해야 한다. 다른 사람들은 고정환율제의 수용은 좋지 않은 생각이라고 결론 내린다. 통화위원회가 사용되어야 한다면 단기에만 사용되어야 한다. 중앙은행이 신뢰성을 회복하고 변동환율제로 복귀하게 되면 사용을 그만두어야 한다.

FOCUS

## 아르헨티나의 통화위원회

1989년에 메넴(Carlos Menem)이 아르헨티나의 대통령으로 선출되었을 때 그는 경제적 혼란을 넘겨받았다. 인플레이션율은 월 30%를 상회하고 있었고, 경제성장률은 음의 값을 보였다.

메넴과 경제장관 카바요(Domingo Cavallo)는 이 상황에서 통화 증가율 그리고 그에 따른 인플레이션을 통제하기 위한 유일한 방법은 페소(아르헨티나의 통화)를 달러에 페그하는 것이라는 결론에 도달했다. 그래서 1991년 카바요는 통화위원회제도의 도입을 발표했다. 중앙은행은 수요에 대응해 페소화를 달러화로 즉각 교환해 주었다. 더욱이 교환비율은 1페소당 1달러로 상당히 상징적인 값을 취했다.

통화위원회 설립이나 상징적 환율의 선택은 모두 동일한 목표를 갖고 있었다. 즉, 금융시장으로 하여금 정부가 페그를 심각하게 받아들이며 미래의 정부가 환율을 포기하고 평가절하하는 것을 어렵게 만들었다는 신뢰감을 주기 위함이었다. 그리고 이렇게 고정환율을 보다 신뢰성 있게 함으로써 외환위기의 위험을 감소시킬 수 있었다.

통화위원회는 일정 기간 동안 극히 잘 작동하는 것으로 보였다. 1990년 2,300%를 초과했던 인플레이션율은 1994년에는 4%로 하락했다. 이는 분명히 통화위원회가 통화 증가율에 가한 엄격한 제약의 결과였다. 훨씬 더 인상적이었던 것은 대규모의 인플레이션율 하락이 강한 경제성장을 동반했다는 점이다. 경제성장률은 1991~1999년까지 평균 5%를 기록했다. 그러나 1999년부터 성장률은 마이너스로 돌아섰고 아르헨티나는 장기의 심각한 경기침체로 빠져들었다. 경기침체는 통화위원회 때문이었는가? 그렇기도 하고, 그렇지 않기도 하다.

- 1990년대 후반 달러는 세계의 다른 주요 통화에 대해 지속적으로 가치가 절상되었다. 페소는 달러에 페그되었기 때문에 절상되었다. 1990년대 말 페소가 과대평가되어 아르헨티나 재화에 대한 수요의 감소, 산출의 감소 그리고 무역적자의 증가를 야기한다는 것이 분명해졌다.
- 통화위원회제도가 경기침체에 전적으로 책임 있는 것일까? 그렇지 않다. 다른 이유도 존재한다. 그러나 통화위원회제도는 이러한 이유에 대응하는 것을 훨씬 어렵게 만들었다. 이자율 하락과 페소의 절하는 경제 회복을 도왔을 것이다. 그러나 통화위원회제도하에서 이것은 선택할 수 없는 대안이었다.

2001년에는 20-2절에서 설명한 방식을 따라 경제 위기가 금융 및 환율위기로 전환되었다.

- 경기침체로 인해 재정적자가 증가해 정부부채의 증가를 야기했다. 정부가 부채 상환의무를 이행하지 않을 것을 두려워한 투자자들은 정부부채에 대해 매우 높은 이자율을 요구하기 시작함으로써 재정적자를 더 크게 만들었다. 그리고 그렇게 함으로써 채무불이행 위험은 더 증가했다.
- 경기침체를 극복하기 위해 아르헨티나 정부가 통화위원회제도를 포기하고 절하할 것이라는 우려로 인해 투자자들은 페소에 대해 매우 높은 이자율을 요구하기 시작했다. 이에 따라 달러화와의 고정환율을 유지하는 데 따른 정부의 비용은 증가했고, 결국 통화위원회가 포기될 것이라는 가능성을 더 키웠다.

2001년 12월 정부는 부채의 일부에 대해 채무불이행을 선언했다. 2002년 초 정부는 통화위원회를 포기하고 페소화를 변동하도록 했다. 페소는 급격히 절하되어 2002년 6월에 1달러당 3.75페소에 도달했다. 페소화에 대한 초기의 신뢰하에서 달러화 차입에 나섰던 많은 기업과 사람들의 페소화로 환산한 부채 금액이 급증했다. 결국 많은 기업이 파산했다. 은행제도는 붕괴했다. 수출 증가에 기여했을 급격한 실질절하에도 불구하고 2002년에 GDP는 11% 하락했고, 실업률은 20% 가까이 상승했다. 경제성장률은 2003년에 양의 값으로 돌아섰고, 이후에도 일관되게 높은 수준을 유지하고 있으며, 실업률은 감소했다. 그러나 GDP가 1998년 수준으로 되돌아가는 것은 2005년에야 가능했다.

이것은 통화위원회제도가 나쁜 아이디어였다는 것을 의미하는가? 경제학자들은 아직 동의하지 않는다.

- 일부 경제학자는 좋은 아이디어였지만 충분히 충실하게 실시되지 않았다고 주장한다. 아르헨티나는 단순히 달러를 통화로 받아들이는(달러라이제이션) 한편 페소를 완전히 소멸시켰어야 했다고 주장한다. 이 방법은 국내통화를 소멸시킴으로써 평가절하의 위험을 제거했을 것이다. 이들은 통화위원회제도조차도 환율에 대해 충분히 강한 페

그를 제공하지 못한다는 교훈을 남겼다고 주장한다. 즉, 달러라이제이션만이 이를 가능하게 할 것이라는 것이다.

■ 다른 (사실상 대부분의) 경제학자들은 통화위원회제도가 시작할 때는 좋은 생각이었지만 그렇게 오랫동안 유지할 필요는 없었다고 주장한다. 일단 인플레이션이 통제된 후에는 아르헨티나가 통화위원회제도에서 변동환율제도로 이행했어야 한다. 문제는 아르헨티나가 달러화와의 고정환율을 지나치게 오랫동안 유지하여 페소화가 고평가되기에 이르렀고, 결국 환율위기는 불가피했다는 것이다.

'고정 대 변동', 불완전고정환율제도(soft peg), 완전고정환율제도, 통화위원회, 공통통화에 관한 논쟁은 앞으로도 지속될 것 같으며, 유로 지역의 재정문제를 고려할 때 새로운 중요성을 갖추어가고 있다.

아르헨티나의 위기에 대한 환상적이고 재미있고 강한 견해가 담겨있는 책으로는 다음이 있다. Paul Blustein, *And the Money Kept Rolling In (and Out): Wall Street, the IMF, and the Bankrupting of Argentina* (Perseus Books Group, 2005).

## 요약

■ 고정환율제하에서도 중기에 있어서는 실질환율이 조정될 수 있다. 이는 물가의 조정을 통해서이다. 하지만 이 조정은 오래 걸릴 수 있고, 고통스러울 수 있다. 환율 조정은 좀 더 빠른 조정을 가능하게 하고, 장기 조정으로 야기되는 고통을 줄일 수 있다.

■ 환율위기는 통상적으로 금융시장 참여자들이 환율이 곧 평가절하될 것이라고 믿는 경우에 시작된다. 이 경우 중심환율의 방어는 매우 높은 이자율을 요구하며, 이는 다시 잠재적으로 대규모의 부정적 거시경제 효과를 야기한다. 이 부정적 효과로 말미암아 평가절하가 불가피해진다. 처음에 이러한 평가절하에 대한 계획이 없었더라도 평가절하가 불가피하다.

■ 현재의 환율은 (1) 현재와 미래에 기대되는 국내 이자율과 현재와 미래에 기대되는 국외 이자율 간의 차이, (2) 미래에 기대되는 환율에 모두 의존한다.

현재나 미래에 기대되는 국내 이자율의 상승을 발생시키는 모든 요인은 현재 환율의 하락을 가져온다.

현재나 미래에 기대되는 외국 이자율의 상승을 발생시키는 모든 요인은 현재 환율의 상승을 가져온다.

미래에 기대되는 환율의 상승을 발생시키는 모든 요인은 현재 환율의 상승을 가져온다.

■ 경제학자들 사이에는 두 가지 경우만을 제외하고 일반적으로 변동환율제가 고정환율제보다 우월하다는 광범위한 동의가 존재한다.

1. 국가그룹이 상당히 통합되어 있고 최적통화지역을 구성하고 있을 때이다(국가그룹에 대한 공통통화는 이들 국가그룹 사이에 존재하는 극단적 형태의 고정환율제라고 생각할 수 있다). 국가들이 최적통화지역을 형성하려면 대체로 유사한 충격에 직면하거나 각국 사이에 상당한 노동 이동성이 존재해야 한다.
2. 중앙은행이 고정환율제하에서 책임 있는 통화 정책을 따른다고 믿을 수 없을 때이다. 이 경우 달러라이제이션이나 통화위원회와 같은 강력한 형태의 고정환율제가 중앙은행의 손발을 묶는 방법을 제공한다.

## 핵심용어

금본위제(gold standard)
달러라이제이션(dollarization)
마스트리히트 협약(Maastricht treaty)
변동환율제로의 전환(float)
완전고정환율제(hard peg)
유럽중앙은행(European Central Bank, ECB)
유로 위기(euro crisis)
최적통화지역(optimal currency area)
통화위원회(currency board)

# 연습문제

## 기초문제

1. 이 장의 내용에 기초하여 다음에 대해 '사실', '거짓' 또는 '불확실' 여부를 밝히고, 그 이유를 간단히 설명하라.

   a. 명목환율이 고정된 경우 실질환율은 고정된다.

   b. 국내 인플레이션율이 외국 인플레이션과 같으면 실질환율은 고정된다.

   c. 평가절하는 명목환율의 하락이다.

   d. 영국의 금본위제 복귀는 수년간의 고실업을 야기했다.

   e. 평가절하를 할 것이라는 급작스러운 우려는 국내 이자율의 상승으로 이어진다.

   f. 미래 기대환율의 변화는 현재 환율을 변화시킨다.

   g. 국내 이자율 하락의 환율에 대한 효과는 국내 이자율이 외국 이자율보다 낮게 유지되는 기간에 의존한다.

   h. 경제는 중기에 잠재산출 수준으로 되돌아가는 경향이 있으므로, 평가절하를 할 이유는 없다.

   i. 유럽 내에서의 높은 노동 이동성은 유로 지역을 공통통화의 좋은 대상으로 만든다.

   j. 통화위원회는 고정환율을 운영하는 최선의 방법이다.

2. 고정환율을 가진 국가를 고려하자. IS 곡선은 식 (20.1)에 의해 주어진다.

$$Y = Y\left(\frac{\bar{E}P^*}{P}, G, T, i^* - \pi^e, Y^*\right)$$
$$(+, +, -, \qquad -, +)$$

   a. $(i^* - \pi^e)$을 설명하라. 외국 명목이자율이 식에 나타나는 이유는 무엇인가?

   b. $\pi^e$가 증가할 때 IS 곡선이 좌측 이동하는 이유를 설명하라.

   c. 다음 표에서 실질환율은 1기에서 5기까지 어떻게 변하는가? 국내 인플레이션은 얼마인가? 외국 인플레이션은 얼마인가? 1기의 IS 곡선과 5기의 IS 곡선을 사용하여 IS-LM 그림으로 나타내라.

| 기간 | $P$ | $P^*$ | $E$ | $\pi$ | $\pi^*$ | 실질환율 $\varepsilon$ |
|---|---|---|---|---|---|---|
| 1 | 100.0 | 100.0 | 2.0 | | | |
| 2 | 103.0 | 102.0 | 2.0 | | | |
| 3 | 106.1 | 104.0 | 2.0 | | | |
| 4 | 109.3 | 106.1 | 2.0 | | | |
| 5 | 112.6 | 108.2 | 2.0 | | | |

   d. 다음 표에서 실질환율은 1기에서 5기까지 어떻게 변하는가? 국내 인플레이션은 얼마인가? 외국 인플레이션은 얼마인가? 1기의 IS 곡선과 5기의 IS 곡선을 사용하여 IS-LM 그림으로 나타내라.

| 기간 | $P$ | $P^*$ | $E$ | $\pi$ | $\pi^*$ | 실질환율 $\varepsilon$ |
|---|---|---|---|---|---|---|
| 1 | 100.0 | 100.0 | 2.0 | | | |
| 2 | 102.0 | 103.0 | 2.0 | | | |
| 3 | 104.0 | 106.1 | 2.0 | | | |
| 4 | 106.1 | 109.3 | 2.0 | | | |
| 5 | 108.2 | 112.6 | 2.0 | | | |

   e. 다음 표에서 실질환율은 1기에서 5기까지 어떻게 변하는가? 국내 인플레이션은 얼마인가? 외국 인플레이션은 얼마인가? 1기의 IS 곡선과 5기의 IS 곡선을 사용하여 IS-LM 그림으로 나타내라.

| 기간 | $P$ | $P^*$ | $E$ | $\pi$ | $\pi^*$ | 실질환율 $\varepsilon$ |
|---|---|---|---|---|---|---|
| 1 | 100.0 | 100.0 | 2.0 | | | |
| 2 | 103.0 | 102.0 | 2.0 | | | |
| 3 | 106.1 | 104.0 | 2.0 | | | |
| 4 | 109.3 | 106.1 | 2.0 | | | |
| 5 | 112.6 | 108.2 | 2.0 | | | |

3. 실질환율이 '너무 낮고' 명목환율이 고정되어있을 때의 정책 선택

   과소평가된 실질환율은 국내재가 외국재보다 매우 비싸고 순수출이 과소하여 국내재에 대한 수요를 과소하게 만드는 환율이다. 이는 정부와 중앙은행의 정책 선택을 어렵게 만든다. 경제를 설명하는 식은 다음과 같다.

$$\text{IS 곡선:} \quad Y = Y\left(\frac{\bar{E}P}{P^*}, G, T, i^* - \pi^e, Y^*\right)$$
$$(-, +, -, \qquad -, +)$$

   국내 경제의 필립스 곡선: $\pi - \bar{\pi} = (\alpha/L)(Y - Y_n)$

   외국 경제의 필립스 곡선: $\pi^* - \bar{\pi} = (\alpha^*/L^*)(Y^* - Y_n^*)$

   본문과 이 식에서는 두 가지 중요한 가정을 한다. 이는 다음 문제 a와 b에서 검토한다. 이어서 고평가된 환율을 가진 국가의 정책대안을 분석한다.

   a. 외국경제는 항상 중기 균형을 유지하고 있다고 가정하

자. 이러한 가정은 외국의 산출과 인플레이션에 어떤 영향을 미치는가?

b. 국내 기대인플레이션율($P$)과 외국의 기대 인플레이션율($P^*$)이 같은 수준에서 고정되었다고 가정하자. 즉, $\bar{\pi} = \bar{\pi}^*$이다. 국내경제와 외국경제가 모두 중기 균형에 있다면 이 가정은 무엇을 시사하는가?

c. 그림 19-2를 따라 본국의 명목환율이 고평가된 경우를 IS-LM-UIP 그림으로 나타내라. 그 그림의 핵심적인 특징은 무엇인가? 평가절하가 없는 고정환율에서 경제는 어떻게 중기 균형으로 복귀하는가?

d. 본국의 명목환율이 고평가된 경우를 IS-LM-UIP 그림으로 나타내라. 평가절하 정책을 사용할 수 있는 경우 경제는 어떻게 중기 균형으로 돌아갈 수 있는가?

e. 이자율 평가조건이 성립해서 항상 $i = i^*$를 유지한다고 가정했던 점을 상기하자. 평가절하 기간에 국내 채권 수익률과 외국 채권 수익률을 비교하라. 채권 보유자는 명목환율이 완전히 고정된 채로 유지될 것이라고 계속 믿을 수 있을까? 채권 보유자가 평가절하가 가능하다고 판단하면 국내 이자율에 미치는 영향은 무엇인가?

4. 환율위기의 모형

환율위기는 페그(고정환율)가 신뢰를 잃을 때 발생한다. 채권 보유자는 더 이상 다음 기의 환율이 금기의 환율과 같을 것이라고 믿지 않는다.

| 기간 | $i_t$ | $i_t^*$ | $E_t$ | $E_{t+1}^e$ |
|---|---|---|---|---|
| 1 | | 3 | 2.0 | 2.0 |
| 2 | | 3 | 2.0 | 2.2 |
| 3 | | 3 | 2.0 | 2.2 |
| 4 | | 3 | 2.0 | 2.0 |
| 5 | 15% | 3 | 2.0 | 2.5 |
| 6 | | 3 | 2.5 | 2.5 |

a. 커버되지 않은 이자율 평가조건으로부터 1기의 국내 이자율의 해를 구하라. [아래의 질문에 대해서는 커버되지 않은 이자율평가 조건의 근사식 (17.4)를 이용하라.]

b. 2기에 위기가 시작된다. 커버되지 않은 이자율 평가조건으로부터 2기의 국내 이자율의 해를 구하라.

c. 위기는 3기에도 지속된다. 그러나 4기에 중앙은행과 정부가 위기를 해소한다. 이 결과를 어떻게 얻을 수 있을까?

d. 불행히도 5기에 위기가 재발되어 그 어느 때보다도 크고 깊어진다. 중앙은행은 커버되지 않은 이자율 평가식을 유지하기에 충분할 정도로 이자율을 인상했는가? 외환보유고 수준에는 어떤 영향이 있는가?

e. 6기 위기는 어떻게 해소되는가? 이는 중앙은행과 정부의 미래 신뢰성에 대한 시사점을 제공하는가?

5. 환율의 행태에 대한 모형

식 (20.5)는 국내와 외국 간의 명목환율의 변화에 대한 통찰을 제공한다. 식이 고려하는 기간은 어떠한 시간 단위도 가능하다. 식은 다음과 같다.

$$E_t = \frac{(1+i_t^*)(1+i_{t+1}^{*e})\cdots(1+i_{t+n}^{*e})}{(1+i_t)(1+i_{t+1}^e)\cdots(1+i_{t+n}^e)} E_{t+n+1}^e$$

a. 하루의 기간을 고려하자. 이 경우 금리는 오버나이트(1일) 금리가 있다. 1일 이자율에 어떤 변화도 없음에도 하루 동안에 발생하는 환율의 막대한 변동은 어떻게 해석할 것인가?

b. 15장에서 1개월(30일 또는 31일 이자율)은 오늘의 1일 이자율과 다음 30일 동안 예상되는 1일 이자율의 평균임을 알았다. 이는 양국 모두에서 마찬가지이다. 다음은 2월 1일에 개재된 신문기사이다. "ECB가 금리를 2월 14일 인하할 것으로 예측되자, 달러가치가 높아졌다." 이는 의미 있는 기사인가?

c. 15장에서는 2년 채권 수익률이 현재의 1년 이자율과 1년 후 기대되는 1년 이자율의 평균임을 배웠다. 이는 양국 모두에서 마찬가지이다. 다음은 2월 1일에 개재된 신문기사이다. "연준은 금리가 당분간 낮은 수준을 유지할 것이라고 발표했다. 달러가치는 하락했다." 이 기사는 의미가 있는가?

d. 경상수지는 타국에 대한 금기의 대출(양수일 경우)이거나 타국으로부터의 차입(음수일 경우)이다. 경상수지는 예상보다 더 적자를 보였고, 이는 놀라운 뉴스였다고 가정하자. 이 놀라운 뉴스로 인해 환율이 절하되는 이유를 설명하라.

## 심화문제

6. 환율 변동

FOCUS '1992년 EMS 위기'의 그림 1을 보라. 유럽의 명목환율은 대략 1979~1992년간 주요 통화 간에 고정되어 있었다.

a. 그림 1의 수직축은 어떻게 해석하는가? 가장 큰 절하를

경험한 국가는 어디인가? 가장 작은 절하를 경험한 국가는 어디인가?

b. 1992년 1월 프랑스와 이탈리아의 2년 명목이자율이 유사했다면 2년 채권에서 가장 높은 수익률을 기록한 국가는 어디인가?

c. 명목환율의 변화로 중기 균형으로 복귀된다면 1992년에 어떤 국가가 가장 과도하게 고평가되겠는가?

7. 캐나다와 멕시코에서의 실질환율과 명목환율

캐나다와 멕시코는 미국의 가장 큰 교역 상대국에 속한다. FRED 데이터베이스에서 4개의 시계열을 구하라. 시계열은 멕시코에 대한 포괄적 실질실효환율(RBMXBIS), 캐나다에 대한 포괄적인 실질실효환율(RBCABIS), 미국 달러당 멕시코 페소의 명목환율(DEXMSUS), 미국 달러당 캐나다 달러의 환율(EXCAUS)이다. 월간 시계열을 모두 내려받고, 시작하는 월을 1994년 1월로 하는 스프레드시트를 작성하라.

a. FRED의 환율은 미국 달러당 멕시코 페소의 수와 캐나다 달러의 수로 정의한다. 페소당 미국 센트와 캐나다 달러당 미국 센트 수로 다시 정의하라. 이 수치를 구하는 이유는 무엇인가?

b. 다시 정의된 수치로 1994년부터 마지막 데이터 연도까지 멕시코–미국의 명목환율과 광범위한 실질 환율지수 RBMXBIS 시계열 그래프를 만들라. 명목환율이 고정된 기간이 있는가? 페그가 해제되었을 때 페소는 절상되었는가, 절하되었는가? 페소에 있어 명목환율은 절상되었지만, 실질환율은 절하가 된 시기가 있는가? 몇 년도경에 실질환율지수가 가장 높았는가? 최고점에서 2018년까지 실질기준으로 페소의 행태는 어떠했는가? 이러한 변화는 멕시코 경제에 어떻게 영향을 미쳤는가?

c. 다시 정의된 수치로 캐나다–미국 명목환율과 광범위한 실질환율지수 RBCABIS의 시계열 그래프를 작성하라. 1994년부터 마지막 데이터 연도까지의 캐나다–미국 실질환율지수의 변동률을 계산하라. 캐나다 달러가 고정된 기간이 있는가? 캐나다–미국 사례에서 실질환율지수가 명목환율을 따르는 이유를 설명하라. 이 기간에 캐나다 달러를 미국 달러화에 고정한다면 어떤 이익이 있겠는가?

## 보충문제

8. 환율과 기대

이 장에서는 기대가 환율에 중요한 영향을 미친다고 강조했다. 이 문제에서 기대가 얼마나 큰 역할을 할 수 있는지 감을 잡기 위해 데이터를 사용하고자 한다. 이 책의 부록 2의 결과를 사용하면 커버되지 않은 이자율 평형식 (20.4)를 다음과 같이 나타낼 수 있음을 보일 수 있다.

$$\frac{(E_t - E_{t-1})}{E_{t-1}} \approx (i_t - i_t^*) - (i_{t-1} - i_{t-1}^*) + \frac{(E_t^e - E_{t-1}^e)}{E_{t-1}^e}$$

이를 말로 표현하면 환율의 퍼센트변화율(국내통화의 절하율)은 근사적으로 이자율 격차(국외와 국내 이자율 간)에 기대환율의 변화율(국내통화의 기대절하율)을 더한 값과 같다. 이자율 격차는 스프레드라 부르기로 하자.

a. 뱅크오브캐나다의 웹사이트(www.bank-banque-canada.ca)로 가서 지난 10년간 캐나다의 월별 1년 국채 금리에 대한 데이터를 구하라. 데이터를 스프레드시트로 내려받으라. 세인트루이스연준(Federal Reserve Bank of St. Louis)의 웹사이트(research.stlouisfed.org/fred2)로 이동하여 동기간의 미국 1년 국채 금리에 대한 데이터를 다운로드하라. ('Treasury Bills'보다는 'Constant Maturity' 항목의 재무부 증권을 참고할 필요가 있다.) 월별로 미국 이자율에서 캐나다 이자율을 차감하여 스프레드를 구하라. 이어서 월별로 전월 대비 스프레드의 변화를 계산하라. (이자율 데이터가 적절한 소수 단위를 갖도록 주의하라.)

b. 세인트루이스연준의 웹사이트에서 문제 a의 데이터와 동일한 기간에 대해 미국 달러와 캐나다 달러 간의 월별 환율 데이터를 구하라. 다시 데이터를 스프레드시트 프로그램에 다운로드하라. 월별로 미국 달러의 절상률을 계산하라. 스프레드시트 프로그램의 표준편차 함수를 사용하여 미국 달러화의 월별 절상률의 표준편차를 계산하라. 표준편차는 데이터의 변동성을 측정하는 수단이다.

c. 월별로 (문제 b에서 구한) 달러의 절상률에서 (문제 a에서 구한) 이자율 스프레드를 차감하라. 이 차이를 기대치의 변화라 부르자. 기대치 변화의 표준편차를 계산하라. 달러의 월별 절상률의 표준편차와 비교하라.

이 연습문제는 매우 간단하다. 하지만 여전히 이 분석의 요지는 더 정교한 경우에도 살아남는다. 단기에 단기금리의 변화는 환율변화의 대부분을 설명하지 못한다. 환율변화의 대부분은 기대변화에 기인한다.

9. 중국과 미국의 실질 및 명목 환율
   a. FRED 데이터베이스에서 EXCHUS 시리즈를 내려받으라. 이는 중국 위안화 환율을 미국 1달러당 위안의 단위로 표현한 것이다. 중국을 본국으로 두기 위해 환율을 1위안당 미국 센트 단위 수로 변환한다. 1994년 이후 중국이 고정환율을 유지하는 기간이 있는가?
   b. RBCNBIS 시리즈를 내려받으라. 이는 중국의 실질환율지수 $\varepsilon = EP^*/P$로 해석될 수 있다. 명목환율이 고정된 기간에 실질환율의 가치는 고정되어 있는가? 그 기간에 실질환율의 가치는 중국의 총수요에 어떤 영향을 미쳤는가?
   c. 2008년 7월부터 2010년 6월까지 위안화 가치는 미화 14.6센트에 매우 근접했다. 이는 고정환율의 두 번째 기간이었다. 2010년 6월 이후 명목환율과 실질환율의 움직임에서 중국이 수출을 장려하고 수입을 줄이기 위해 더 낮은 위안화 가치를 선택했다는 증거를 찾을 수 있겠는가?

## 부록 1 고정환율하에서의 IS 관계 유도

재화시장에 대한 총수요를 유도하기 위해 19장에서 유도한 재화시장 균형조건식 (19.1)에서 출발하자.

$$Y = C(Y - T) + I(Y, r) + G + NX(Y, Y^*, \varepsilon)$$

이 조건은 재화시장이 균형에 놓이기 위해서는 산출이 국내재화에 대한 수요, 즉 소비, 투자, 정부지출 그리고 순수출의 합과 일치해야 한다는 것을 말한다. 다음 관계를 기억해 보자.

- 실질이자율 $r$은 명목이자율 $i$에서 기대인플레이션율 $\pi^e$을 뺀 값과 일치한다(14장 참조).

$$r \equiv i - \pi^e$$

- 실질환율 $\varepsilon$은 다음과 같이 정의된다(17장 참조).

$$\varepsilon = \frac{EP^*}{P}$$

- 고정환율제하에서 명목환율 $E$는 정의에 의해 고정된다. $\bar{E}$가 고정된 명목환율의 값이라 하자. 즉, 다음이 성립한다.

$$E = \bar{E}$$

- 고정환율제와 완전자본 이동성하에서 국내 이자율 $i$는 외국 이자율 $i^*$과 일치해야 한다(17장 참조).

$$i = i^*$$

네 관계를 사용해 식 (20.1)을 다시 정리하면 다음과 같다.

$$Y = C(Y - T) + I(Y, i^* - \pi^e) + G + NX\left(Y, Y^*, \frac{\bar{E}P^*}{P}\right)$$

이는 다음과 같이 더 간단히 정리할 수 있다.

$$Y = Y\left(\underset{(+,}{\frac{\bar{E}P^*}{P}}, \underset{+,}{G}, \underset{-,}{T}, \underset{-,}{i^* - \pi^e}, \underset{+)}{Y^*}\right)$$

이는 본문의 식 (20.1)이다.

## 부록 2 실질환율과 국내외 실질이자율

20-3절에서는 현재 명목환율, 현재와 미래에 기대되는 국내외 명목이자율 그리고 기대되는 미래 명목환율 간의 관계를 유도 했다[식 (20.5)]. 이 부록은 실질이자율과 실질환율을 기준으로 유사한 관계를 유도한다. 이어서 이 관계를 이용해 어떻게 실질환율의 변화를 생각할 수 있는지를 논의한다.

### 실질이자율 평형조건의 유도

명목이자율 평형조건에서 시작하자. 식 (19.3)은 다음과 같다.

$$(1+i_t) = (1+i_t^*)\left(\frac{E_{t+1}^e}{E_t}\right)$$

실질이자율을 정의한 식 (6.3)을 사용하면 다음과 같다.

$$(1+r_t) = \frac{(1+i_t)}{(1+\pi_{t+1}^e)}$$

여기서 $\pi_{t+1}^e \equiv (P_{t+1}^e - P_t)/P_t$는 기대인플레이션율이다. 마찬가지로 외국의 실질이자율은 다음으로 주어진다.

$$(1+r_t^*) = \frac{(1+i_t^*)}{(1+\pi_{t+1}^{*e})}$$

여기서 $\pi_{t+1}^{*e} \equiv (P_{t+1}^{*e} - P_t^*)/P_t^*$는 외국의 기대인플레이션율이다.

이들 두 관계를 이용해 이자율 평형조건에서 명목이자율을 제거하면 다음과 같다.

$$(1+r_t) = (1+r_t^*)\left[\frac{E_{t+1}^e(1+\pi_{t+1}^{*e})}{E_t(1+\pi_{t+1}^e)}\right] \tag{20.A1}$$

인플레이션에 대한 정의로부터 $(1+\pi_{t+1}^e) = P_{t+1}^e/P_t$와 $(1+\pi_{t+1}^{*e}) = P_{t+1}^{*e}/P_t^*$임에 주의하자.

이들 두 관계를 중괄호에 대입하면 다음과 같다.

$$\frac{E_{t+1}^e}{E_t}\frac{(1+\pi_{t+1}^{*e})}{(1+\pi_{t+1}^e)} = \frac{E_t}{E_{t+1}^e}\frac{P_{t+1}^{*e}}{P_t^*}\frac{P_t}{P_{t+1}^e}$$

항등식을 정리하면 다음과 같다.

$$\frac{E_t\,P_{t+1}^{*e}\,P_t}{E_{t+1}^e P_t^* P_{t+1}^e} = \frac{E_t\,P_t/P_t^*}{E_{t+1}^e P_{t+1}^e/P_{t+1}^{*e}}$$

실질환율의 정의를 사용하면 다음과 같이 정리할 수 있다.

$$\frac{E_t P_t/P_t^*}{E_{t+1}^e P_{t+1}^e/P_{t+1}^{*e}} = \frac{\varepsilon_{t+1}^e}{\varepsilon_t}$$

식 (20.A1)에 이를 대체하면 다음과 같다.

$$(1+r_t) = (1+r_t^*)\frac{\varepsilon_{t+1}^e}{\varepsilon_t}$$

다시 정리하면 다음과 같다.

$$\varepsilon_t = \frac{1+r_t^*}{1+r_t}\varepsilon_{t+1}^e \tag{20.A2}$$

결국 현재의 실질환율은 금년의 국내외 실질이자율과 내년에 기대되는 미래 실질환율에 의존한다. 이 방정식은 본문의 식 (20.4)에 대응한다. 그러나 명목환율과 이자율 대신 실질기준으로 나타냈다.

### 미래로의 실질이자율평형조건의 확장

다음 단계는 본문의 식 (20.4)에서처럼 식 (20.A2)를 미래로 확장하는 것이다. 위의 방정식은 $t+1$년도의 실질환율이 다음과 같이 주어짐을 시사한다.

$$\varepsilon_{t+1} = \frac{1+r_{t+1}^{*e}}{1+r_{t+1}^e}\varepsilon_{t+2}^e$$

$t$년도 기준으로 기댓값을 취하면 다음과 같다.

$$\varepsilon_{t+1}^e = \frac{1+r_{t+1}^{*e}}{1+r_{t+1}^e}\varepsilon_{t+2}^e$$

이전의 관계에 대체하면 다음과 같이 정리할 수 있다.

$$\varepsilon_t = \frac{(1+r_t^*)\ (1+r_{t+1}^{*e})}{(1+r_t)\ (1+r_{t+1}^e)}\varepsilon_{t+2}^e$$

$\varepsilon_{t+2}^e$에 대해 풀고 이 과정을 반복하면 다음과 같다.

$$\varepsilon_t = \frac{(1+r_t^*)\ (1+r_{t+1}^{*e})(1+r_{t+n}^{*e})}{(1+r_t)(1+r_{t+1}^e)\cdots(1+r_{t+n}^e)}\varepsilon_{t+n+1}^e$$

이 관계식은 현재의 실질이자율을 현재와 미래에 기대되는 국내 실질이자율 및 외국 실질이자율 그리고 $t+n+1$년도에 기대되는 실질환율의 함수로 나타냈다.

본문에서 유도한 명목환율과 명목이자율 간의 관계식 (20.5)에 비추어 볼 때 이 관계식의 장점은 미래의 명목환율을 예측하는 것보다 미래의 실질환율을 예측하기가 통상적으로 더 쉽다는 점이다. 예를 들어 경제가 대규모 무역적자로 피해를 보고 있다면 실질절하가 발생해야만 할 것임을, 즉 $\varepsilon_{t+n+1}^e$이 상승할 것임을 상당히 확신할 수 있다. 명목절하가 있을지, 즉 $E_{t+n+1}^e$의 상승이 있을지 여부는 말하기 더 어렵다. 이는 향후 $n$년에 걸쳐 국내와 국외 모두에서의 인플레이션에 어떤 일이 발생하는지에 의존한다.

# Part 7 정책에 대한 검토

확장

이 책의 거의 모든 장에서는 정책의 역할을 살펴보았다.
다음 3개의 장에서는 정책에 대한 논의를 종합한다.

**Chapter 21**

두 가지 질문을 제기한다. 거시경제 정책의 효과가 확실하지 않다면 정책을 아예 사용하지 않는 것이 더 좋지 않을까? 그리고 원칙적으로 정책이 유용하다고 해도 정책 당국자가 올바른 정책을 수행할 것이라고 믿을 수 있을까? 결론은 이러하다. 불확실성은 분명히 정책의 역할을 제한한다. 정책 당국자라고 항상 올바른 일을 하는 것은 아니다. 그러나 적절한 제도하에서 정부 정책은 도움이 될 수 있으며, 또한 사용되어야 한다.

**Chapter 22**

재정 정책을 검토한다. 그동안 학습한 내용을 장별로 검토하고, 이어서 정부예산제약이 부채, 지출 그리고 세금 간의 관계에 제공하는 시사점을 더 밀접하게 살펴본다. 이어서 오늘날 선진국의 중심적 문제인 정부부채의 과도한 누적에 따른 위험에 초점을 맞춘다.

**Chapter 23**

통화 정책을 살펴본다. 그동안 학습한 것을 장별로 정리하고 이어서 현재의 도전에 초점을 맞춘다. 먼저 위기 이전에 대부분의 중앙은행이 채택한 인플레이션 목표제 체계를 설명한다. 이어서 오늘날 중앙은행이 직면한 여러 사안, 즉 양적 완화의 활용부터 인플레이션 목표치의 선택, 금융규제의 역할과 거시건전성 정책수단의 활용을 논의한다.

# 21 정책에 대한 제약

이 책의 많은 곳에서 재정 및 통화 정책의 적절한 조합이 어떻게 경제를 경기침체로부터 탈출시키고, 경제활동과 인플레이션에 대한 자극 없이 무역수지를 개선하고, 과열된 경제를 감속하며 투자와 자본 축적을 촉진하는 등에 있어 도움이 될 수 있는지를 보았다.

그러나 이러한 결론들은 정책 당국자가 엄격히 제약되어야 한다는 자주 언급되는 요구와 어울리지 않는 것처럼 보인다.

미국에서는 부채 증가를 제한하기 위해 헌법에 균형예산을 위한 수정조항을 도입해야 한다는 요구가 꾸준히 제기되고 있다. 1994년 미국 중간 선거에서 공화당이 작성한 프로그램인 '미국과의 계약(Contract with America)'의 첫 항목이 이에 해당한다(이는 그림 21-1에 재현되었다). 유럽에서 유로를 수용했던 국가들은 1999년에 재정적자를 GDP의 3% 이하로 유지하고, 불이행 시 대규모 벌금을 약속한 **안정 및 성장을 위한 협약**(Stability and Growth Pact, SGP)에 참여했다. 1989년 제정된 뉴질랜드 중앙은행의 헌장은 통화 정책의 역할로 다른 거시경제 목표를 배제하고 물가안정을 유지하는 것으로 정의했다.

흥미롭게도 균형예산안은 법안이 되지 못했는데, 하원에서는 통과되었지만 상원에서 한 표 차이로 부결되었다. 유로존의 국가들은 SGP 목표를 정기적으로 초과했다(이에 대한 추가 논의는 22장 참조). 그리고 2018년에 뉴질랜드 중앙은행은 높은 고용목표를 포함하도록 의무를 변경했다. 여기에 얻어야 할 교훈이 있는 것이다.

이 장은 거시경제 정책에 대해 이러한 제약이 필요한 경우를 살펴본다.

**21-1, 21-2** 한 가지 논증, 즉 '정책 당국자의 의도가 좋을지는 몰라도 결국 득보다 실이 더 많다'는 것을 살펴본다.

**21-3** 또 다른(보다 냉소적인) 견해, 즉 '정책 당국자가 자신들에게는 최선이지만 국가 전체로는 반드시 최선이 아닌 일들을 한다'는 것을 살펴본다.

**이 장의 핵심 주제:** 정책을 정책 당국과 경제 사이, 정책 당국과 유권자 간, 정책 당국들 간의 게임 결과로 생각하는 것이 유용하다. 이에 따라 정책 당국에게 제약을 가하는 사례도 있다. ▶▶▶

House Republican
**Contract with America**

A Program for Accountability

We've listened to your concerns and we hear you loud and clear. If you give us the majority, on the first day of Congress, a Republican House will:

**Force Congress to live under the same laws as every other American**
**Cut one out of three Congressional committee staffers**
**Cut the Congressional budget**

*Then, in the first 100 days there will be votes on the following 10 bills:*

**1. Balanced budget amendment and the line item veto:** It's time to force the government to live within its means and restore accountability to the budget in Washington.

**2. Stop violent criminals:** Let's get tough with an effective, able, and timely death penalty for violent offenders. Let's also reduce crime by building more prisons, making sentences longer and putting more police on the streets.

**3. Welfare reform:** The government should encourage people to work, not have children out of wedlock.

**4. Protect our kids:** We must strengthen families by giving parents greater control over education, enforcing child support payments, and getting tough on child pornography.

**5. Tax cuts for families:** Let's make it easier to achieve the American Dream: save money, buy a home, and send their kids to college.

**6. Strong national defense:** We need to ensure a strong national defense by restoring the essentials of our national security funding.

**7. Raise the senior citizens' earning limit:** We can put an end to government age discrimination that discourages seniors from working if they want.

**8. Roll back government regulations:** Let's slash regulations that strangle small business and let's make it easier for people to invest in order to create jobs and increase wages.

**9. Common-sense legal reform:** We can finally stop excessive legal claims, frivolous lawsuits, and overzealous lawyers.

**10. Congressional term limits:** Let's replace career politicians with citizen legislators. After all, politics shouldn't be a lifetime job.
*(Please see reverse side to know if the candidate from your district has signed the Contract as of October 5, 1994.)*

**IF WE BREAK THIS CONTRACT, THROW US OUT, WE MEAN IT.**

**그림 21-1**
미국과의 계약

## 21-1 불확실성과 정책

정책에 대한 제약이 필요한 첫 번째 이유를 간명하게 말하자면 아는 것이 별로 없을 경우 많은 일을 해서는 안 된다는 것이다. 여기에는 두 가지 이유가 있다. 우선 거시경제학자 그리고 이들의 조언에 의존하는 정책 당국자들은 아는 것이 별로 많지 않다는 것이며, 아울러 그에 따라 하는 일도 많아서는 안 된다는 것이다. 각 부분을 나누어서 살펴보자.

### 거시경제학자들은 실제로 얼마나 알고 있는가

거시경제학자들은 암을 다루는 의사와 같다. 아는 것도 많지만, 모르는 것도 많다.

실업률이 높아 중앙은행이 경제활동을 촉진하기 위해 통화 정책의 사용을 고려하는 상황을 생각해 보자. 이자율을 인하할 여지가 있다고 하자. 다시 말해 경제가 유동성 함정에 놓일 때 어떤 정책을 사용해야 하는지와 같은 훨씬 더 어려운 문제는 잠시 뒤로하자. 중앙은행이 통제하는 이자율 인하부터 산출 증가까지의 일련의 연결관계, 즉 이자율을 인하해야 할지의 여부와 얼마나 인하할지와 관련하여 중앙은행이 직면하는 모든 질문을 생각해 보자.

- 현재의 높은 실업률은 자연실업률을 상회하는 것일까, 아니면 자연실업률이 높아져서일

까? (7장)

- 만약 실업률이 자연실업률에 가깝다면 통화확장이 자연실업률 이하로 실업률을 감소시키고 인플레이션을 심화시킬 위험은 없을까? (9장)
- 정책 이자율의 하락은 장기 이자율에 어떤 효과를 낳을까? (14장) 주가는 얼마나 상승할까? (14장) 통화가치는 얼마나 절하될까? (19장과 20장)
- 낮아진 장기 이자율과 높아진 주가가 투자와 소비지출에 영향을 미치는 데 얼마나 오랜 시간이 소요될까? (15장) 환율절하는 무역수지를 얼마나 개선할 것인가? (18장) 이들 효과가 지나치게 늦게 실현되어 경제가 이미 회복된 뒤일 위험성은 얼마나 될까?

이 질문들을 평가하는 데 있어 중앙은행 또는 일반적으로 거시경제 정책 당국자들이 진공 상태에서 업무를 보는 것은 아니다. 특히 이들은 거시계량 모형에 의존한다. 이 모형에서 방정식들은 이들 개별 연결관계가 과거에 어떻게 보여왔는지를 알려준다. 그러나 모형이 달라지면 답도 달라진다. 모형의 구조와 방정식 그리고 변수들이 달리 구성되기 때문이다.

그림 21-2는 이러한 다양성의 예를 보여준다. 이 예는 IMF가 조율하는 진행 중인 연구에서 비롯하며, 10개의 주요 거시경제 모델에 유사한 질문에 답하도록 했다. **미국 정책금리가 2년 동안 100베이시스포인트(1%) 하락할 경우 산출량에 대한 파급 효과를 추적하라.**

더 많은 모델의 비교는 다음을 참고하라. Günter Coenen et al., "Effects of Fiscal Stimulus in Structural Models," *American Economic Journal: Macroeconomics*, 2012, 4(1): pp. 22–68.

10개 모형 모두 통화확장에 대응해 일정 기간 동안 산출이 증가할 것으로 예측하지만, 생산 반응의 크기와 기간에 대해서는 답변의 범위가 크다.

이 모델 중 세 가지는 중앙은행에서 개발 및 사용되었다. 4개는 IMF나 OECD와 같은 국제기구에서 개발 및 사용되었으며, 3개는 학술기관이나 일반기업에서 개발 및 사용되었다. 이들은 대체로 비슷한 구조를 가지고 있는데, 9장에서 살펴본 IS-LM-PC 체계를 상세하게 확대한

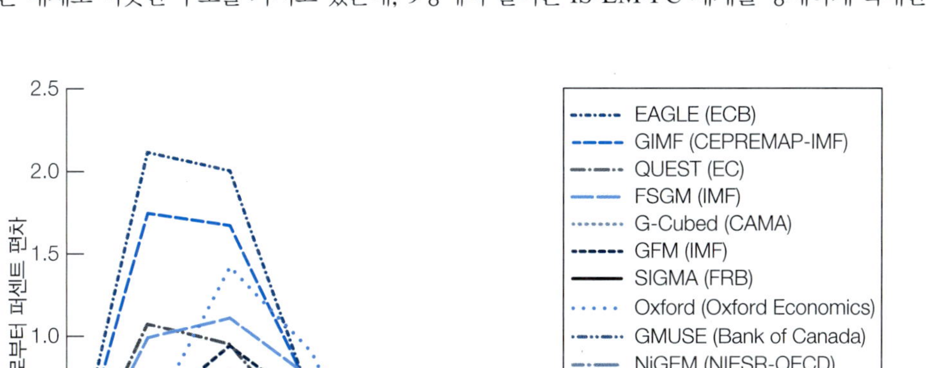


**그림 21-2**

**통화확장에 대한 산출의 반응: 10개 모형으로부터의 예측**

출처: Simulation from IMF Conference on Spillovers in Global Models, 2015.

것으로 생각할 수 있다. 그러나 그림에서 본 것처럼 이들 모형은 질문에 대해 다소 차이 나는 답을 제공한다. 평균적인 반응은 1년 후 미국 산출이 0.8% 증가한다는 것이지만 개별 응답은 0.1%에서 2.1%까지 다양하다. 2년 후 미국 산출은 평균 1.0% 증가하는데, 범위는 0.2%에서 2%이다. 간단히 말해서 이 모델들이 제공한 답의 범위를 기준으로 불확실성을 측정한다면 정책 효과에는 실제로 상당한 불확실성이 존재한다. 거시경제 데이터, 그리고 함축적으로 거시경제 모델은 한목소리를 내지 않는다.

이는 비교적 간단한 실험이다. 심각한 금융위기를 겪고 있는 나라에서 다음과 같이 질문하는 것을 생각해 보자. 금리 변화는 금융 시스템, 투자자들의 리스크 인식 등에 어떤 영향을 미칠까?

## 불확실성을 고려할 때 정책 당국자는 제약되어야 하는가

정책 효과에 관한 불확실성이 정책 당국자의 활동을 축소시킬 이유가 될 수 있을까? 일반적으로 답은 '그렇다'이다. 방금 살펴본 시뮬레이션에 기초해 다음의 예를 고려하자.

경제가 경기침체에 놓여 있다고 하자. 실업률은 6%이고, 중앙은행은 산출 증가를 위해 통화 정책을 사용하려 한다. 정책 효과에 대한 불확실성에 집중하기 위해 중앙은행은 다른 모든 것에 대해서는 확실히 알고 있다고 하자. 자신의 예측치에 기초할 경우 통화 정책의 변화가 없다면 다음 해 실업률은 여전히 6%일 것임을 안다고 하자. 중앙은행은 자연실업률이 4%라는 것을 알고 있고, 따라서 실업률이 자연율보다 2% 높다는 것을 알고 있다. 그리고 오쿤의 법칙으로부터 1년간 경제성장률이 1% 높아지면 실업률은 0.4% 감소한다는 것을 알고 있다.

물론 현실세계에서 중앙은행은 이 중 어떤 것도 확실히 알지 못한다. 단지 추정만을 할 수 있을 뿐이다. 중앙은행은 자연실업률의 정확한 값이나 오쿤의 법칙의 계수를 알지 못한다. 이와 같은 불확실성을 야기하는 원인을 도입하면 위의 기본적 결론이 강화될 것이다.

이 가정들하에서 중앙은행이 통화 정책을 사용해 다음 해에 5% 더 높은 성장률을 달성할 수 있다면 지금부터 1년 후 실업률은 0.4×5%=2%만큼 낮아져 자연실업률 4%로 되돌아갈 것임을 알고 있다. 그러나 중앙은행은 정책금리를 얼마나 인하해야 하는가?

그림 21-2에서 모델들이 제공하는 응답의 평균을 취하면 정책금리가 1% 감소하면 산출은 첫해에 0.8% 증가한다. 중앙은행이 이 평균적 관계가 **확실하게** 성립하는 것으로 받아들인다고 하자. 이 경우 중앙은행이 취해야 할 조치는 단순하다. 실업률을 1년 안에 자연율로 돌리기 위해서는 경제성장률이 5% 더 필요하다. 5%의 경제성장률을 위해서는 중앙은행이 정책금리를 5%/0.8%=6.25% 인하하는 것이 요구된다. 경제의 반응이 10개 모형에서 얻은 평균 반응과 일치한다면, 이러한 정책금리의 인하는 경제를 연말에 자연실업률로 복귀시킬 것이다.

중앙은행이 실제로 정책금리를 6.25%만큼 인하했다고 하자. 그러나 이제 그림 21-2에서 상이한 모형의 반응 범위로 측정한 불확실성을 고려하자. 정책금리 1% 인하에 대한 산출의 반응 범위는 0.1%에서 2.1%까지 다양하다. 이는 정책금리 인하 시 산출의 반응이 모형별로 0.625%(0.1×6.25%)에서 13.1%(2.1×6.25%)까지 달리 나타난다는 것을 의미한다. 이러한 산출 수치는 0.25%(0.4×0.625%)와 5.24%(0.4×13.1%) 사이의 실업 감소를 의미한다. 즉, 실업률은 1년 후 0.76%(6%−5.24%)와 5.75%(6%−0.25%) 사이가 될 수 있다!

결론은 명확하다. 통화 정책의 산출에 대한 효과의 불확실성을 고려할 때 정책금리를 6.25% 인하하는 것은 무책임할 수 있다. 이자율의 산출에 대한 효과가 10개 모형 중 하나가 시사하는 것처럼 강하다면 연말의 실업률은 자연실업률을 밑돌 수 있으며 막대한 인플레이션 압력을 초래할 수 있다. 이러한 불확실성을 고려할 때 중앙은행은 6.25%보다 훨씬 작은 규모로 이자율을 인하해야 한다. 예를 들어 이자율을 3%로 인하하면 1년 뒤 실업률의 범위를 5.9%에서 3.5%로 만드는데 이것이 분명히 더 안전한 범위로 볼 수 있는 결과이다.

◀ 이 예는 '복합적 불확실성(multiplicative uncertainty)'이라는 개념에 의존한다. 정책의 효과가 불확실하므로 보다 적극적인 정책은 불확실성을 높인다. 다음을 참고하라. William Brainard, "Uncertainty and the Effectiveness of Policy," *American Economic Review*, 1967, 57(2): pp. 411-425.

### 불확실성과 정책 당국자에 대한 제약

요약해 보자. 거시경제 정책의 효과에는 상당한 불확실성이 존재한다. 이러한 불확실성에 비추어 볼 때 정책 당국자는 더 주의 깊어야 하며 덜 적극적인 정책을 사용해야 한다. 정책은 오래 끄는 경기침체를 피하고 경기활황을 완화하고, 인플레이션 압력을 피하는 더 광범위한 목표를 추구해야 한다. 실업률이 높아지거나 인플레이션율이 높아질수록 정책은 더 적극적이어야 한다. 한 가지 예는 전례 없는 통화재정 정책변화로 대공황 중이던 1930년대의 상황이 반복되는 것을 피할 수 있었던 2008~2009년의 경기침체이다. 그러나 정상적 시기에 거시경제 정책은 일정한 실업률이나 일정한 경제성장률을 달성하려는 **미세조정**(fine tuning)에도 미치지 못하는 수준에서 멈추어야 한다.

이 결론들은 20년 전에는 논쟁거리였다. 당시 두 집단의 경제학자들이 열띤 논쟁을 벌였다. 시카고의 프리드먼이 주도하는 한 집단은 장기의 변동하는 시차 때문에 적극적인 정책은 좋은 일보다는 나쁜 일을 더 많이 할 가능성이 높다고 주장했다. MIT의 프랑코 모딜리아니가 주도하는 다른 집단은 당시 첫 세대에 해당하는 대규모 거시계량 모형을 막 구축했고, 경제학자의 지식이 경제에 대한 점증적인 미세조정을 허용하기에 충분할 정도로 개선되고 있다고 믿었다. 오늘날 대부분의 경제학자는 정책 효과에 상당한 불확실성이 존재한다고 인식하고 있다. 아울러 이러한 불확실성이 덜 적극적인 정책으로 이어져야 한다는 점도 받아들이고 있다. 또한 2008~2009년과 같은 특별한 상황을 제외하고는 불확실성 때문에 덜 적극적인 정책을 사용해야 한다.

◀ 프리드먼과 모딜리아니는 15장에서 논의한 현대 소비이론을 독립적으로 발전시켰던 바로 그 경제학자들이다.

그러나 지금까지 발전시킨 것은 정책 당국자 스스로의 자율적 제약이 필요하다는 주장이지, 정책 당국자에 대한 제약이 필요하다는 주장은 아니었다. 정책 입안자들이 자애롭고(즉, 국가복지에 관심이 있고) 불확실성의 함의를 이해하고 있다면, 그리고 그렇게 생각하지 않을 특별한 이유가 없다면, 그들은 스스로 덜 적극적인 정책을 따를 것이다. 통화 증가율을 일정하게 하거나 정부예산이 균형되어야 한다는 등의 추가적인 제약을 부과해야 할 이유는 없다. 이제 정책 당국자에 대한 제약이 필요하다는 주장을 살펴보자.

## 21-2 기대와 정책

거시경제 정책의 결과가 불확실한 이유 중 하나는 정책과 기대 간의 상호작용이다. 정책이 어떻게 작동하고, 또 제대로 작동하는지 여부는 현재의 변수들에 어떤 영향을 미치는지뿐만 아니라 미래에 대한 기대에 어떻게 영향을 미치는지에도 의존한다(이는 16장의 주요 주제였다). 그러나 정책에 있어서 기대의 중요성은 정책 효과에 관한 불확실성에 국한되지 않는다. 이는 게임에 대한 논의로 이어진다.

30년 전까지만 해도 거시경제 정책은 복잡한 기계의 통제와 마찬가지 방식으로 보였다. 로켓을 통제하고 안내하기 위해 처음 개발된 **최적 제어**(optimal control)의 기법이 점증적으로 거시경제 정책의 설계에 사용되었다. 경제학자들은 이제 더 이상 이런 방식으로 생각하지 않는다. 경제는 근본적으로 기계와 다르며 매우 복잡한 기계와도 다르다는 것은 분명해졌다. 기계와 달리 경제는 정책 당국자가 무엇을 하려는지 예측하려 하고, 현재의 정책뿐만 아니라 미래 정책에 대한 기대에도 반응하는 사람들과 기업들로 구성된다. 따라서 거시경제 정책은 정책 당국자와 '경제'보다 구체적으로 경제 내 사람들과 기업들 간의 **게임**(game)으로 간주되어야 한다. 따라서 정책을 생각할 때 필요한 것은 **최적 제어 이론**(optimal control theory)이 아니라 **게임 이론**(game theory)이다.

기계조차도 더 똑똑해지고 있다. 1968년 영화 〈2001 스페이스 오디세이〉의 로봇 할은 우주선에서 인간이 무엇을 할 것인지를 예측하기 시작한다. 그 결과는 그리 행복한 것은 아니었다(영화를 보라). 생성형 AI의 발전은 우리가 곧 영화 시나리오에서 현실로 옮겨 갈 수 있음을 시사한다.

경고한다. 경제학자가 '게임'을 이야기할 때는 '오락'을 의미하지 않으며, **참여자**(player) 간의 **전략적 상호작용**(strategic interaction)을 의미한다. 거시경제 정책의 맥락에서 참여자들의 한쪽에는 정책 당국자가 위치하고, 다른 쪽에는 사람들과 기업이 위치한다. 전략적 상호작용은 명확하다. 사람들과 기업들이 무엇을 하는지는 정책 당국자가 무엇을 할 것으로 기대하는지에 의존한다. 거꾸로 정책 당국자가 무엇을 하는지는 사람들과 기업들이 무엇을 할지에 의존한다.

게임 이론은 경제학자들에게 많은 통찰을 제공하며 진행되는 게임의 속성을 이해하게 되면 분명히 이상한 행태가 어떻게 의미를 가질 수 있는지도 종종 설명한다. 이러한 통찰 중의 하나가 정책 당국자에 대한 제약을 논의하는 데 있어 중요하다. 게임에서 때때로 선택 가능한 옵션 중 일부를 포기함으로써 좀 더 나은 성과를 거둘 수 있다. 왜 그런지 살펴보기 위해 경제학을 벗어나 인질범에 대한 정부 정책의 예에서 시작해 보자.

게임 이론은 모든 경제학 분야에서 중요한 수단이 되고 있다. 1994년과 2005년의 노벨경제학상은 게임 이론가들에게 주어졌다. 1994년의 노벨경제학상은 프린스턴대학교의 내시(John Nash), 버클리대학교의 하사니(John Harsanyi), 독일의 젤텐(Reinhard Selten)이 수상했다(내시의 삶은 영화 〈뷰티풀 마인드〉에 묘사되어 있다). 2005년에는 이스라엘의 오먼(Robert Aumann)과 하버드대학교의 셸링(Tom Schelling)이 수상했다.

## 인질과 협상

대부분의 정부는 인질범과 협상하지 않을 것이라는 공개적 정책을 갖고 있다. 이러한 공개적 정책이 존재하는 이유는 분명하다. 애당초 인질을 매력적이지 못하게 함으로써 인질 범죄를 단념시키고자 하는 것이다.

예를 들어 공표된 정책의 억제 효과에도 불구하고 어떤 사람이 인질로 잡혔다고 하자. 어쨌든 인질 상황이 발생했으므로 협상을 안 할 이유가 어디 있는가? 인질범이 요구하는 어떤 보상도 대안, 즉 인질이 살해될 가능성보다는 더 좋을 것이다. 따라서 최선의 정책은 다음처럼 보일 것이다. 공개된 정책에서는 협상하지 않을 것으로 한다. 그러나 실제로 인질 상황이 발생하면 협상하라.

그러나 다시 생각해 보면 사실 이 정책은 정말 나쁜 것임에 분명하다. 인질범의 결정은 발표된 정책에 의존하지 않고, 인질을 잡았을 때 실제로 어떤 일이 발생할 것인지에 대한 기대에 의존한다. 만약 협상이 가능할 것임을 안다면 인질범은 공표된 정책이 무의미하다고 제대로 파악할 것이다. 그리고 인질 상황이 실제로 발생할 것이다.

그렇다면 최선의 정책은 무엇일까? 실제 인질 상황이 발생해도 협상에 나서지 않는 것이 통상 더 나은 결과로 이어진다. 최선의 정책은 정부가 협상하지 않는다는 공약을 지키는 것이다. 협상의 옵션을 포기함으로써 정부가 처음부터 인질 상황을 방지할 가능성이 높아진다.

이제 인플레이션과 실업 간의 관계에 기초한 거시경제 사례로 돌아가자. 여기에도 동일한 논리가 담겨 있다.

이 사례는 당시 카네기멜론대학교의 키들랜드(Finn Kydland)와 미네소타대학교의 프레스콧(Edward Prescott)이 다음에서 발전시킨 것이다. "Rules Rather than Discretion: The Inconsistency of Optimal Plans," *Journal of Political Economy*, 1997. 키들랜드와 프레스콧은 2004년에 노벨상을 수상했다.

## 인플레이션과 실업의 재고찰

8장에서 유도했던 인플레이션과 실업 간의 관계를 다시 생각해 보자[다음은 식 (8.10)에서 단순화를 위해 시간 첨자를 생략한 것이다].

$$\pi = \pi^e - \alpha(u - u_n) \tag{21.1}$$

인플레이션 $\pi$는 기대인플레이션 $\pi^e$, 실제 실업률 $u$와 자연실업률 $u_n$ 간의 차이에 의존한다. 계수 $\alpha$는 기대인플레이션이 일정할 때 실업률의 인플레이션에 대한 효과를 포착한다. 실업률이 자연율을 넘어서면 인플레이션율은 기대치보다 낮아지며, 실업률이 자연율을 밑돌면 인플레이션율은 기대치보다 높아진다.

기억을 되살려 보자. 노동시장 여건과 물가에 대한 기대가 일정할 때 기업과 노동자들은 명목임금을 설정한다. 지불해야 할 명목임금이 결정된 뒤 기업은 가격을 결정한다. 따라서 물가는 기대물가와 노동시장 여건에 의존한다. 마찬가지로 인플레이션은 기대인플레이션과 노동시장 여건에 의존한다. 식 (21.1)은 이를 포착하고 있다.

이제 중앙은행이 0%의 인플레이션율 목표($\bar{\pi}=0$)와 일관성 있는 통화 정책을 추진하기로 발표했다고 하자. 사람들이 이 발표를 믿는다는 가정하에서 임금계약에 담긴 기대인플레이션율($\pi^e$)은 0%이고 중앙은행은 실업과 인플레이션 간의 다음과 같은 관계에 직면한다.

$$\pi = -\alpha(u - u_n) \tag{21.2}$$

만약 중앙은행이 발표한 정책을 계속 따른다면 자연율과 동일한 실업률을 선택할 것이다. 식 (21.2)에서 중앙은행이 발표했고 사람들이 기대했던 것처럼 인플레이션율은 0이다.

단순화를 위해 중앙은행이 실업률 그리고 그에 따라 인플레이션율을 정확히 결정할 수 있다고 가정했다. 그렇게 함으로써 정책의 효과에 대한 불확실성을 무시할 수 있다. 이는 21-1절의 주제였지만, 여기서는 중요한 문제가 아니다.

자연율에 일치하는 실업률과 0%의 인플레이션율을 달성하는 것은 나쁘지 않은 성과이다. 그러나 중앙은행은 실제로 이보다 훨씬 더 좋은 성과를 낼 수 있는 것처럼 보인다.

- 이 계산을 위해 $\alpha$를 0.5라고 가정하자. 식 (21.2)는 중앙은행이 1%의 인플레이션율을 수용함으로써 실업률을 자연실업률보다 1%/0.5=2% 낮출 수 있다는 것을 시사한다. 중앙은행 그리고 다른 경제 주체들은 이 상충관계를 매력적인 것으로 간주해 1%의 인플레이션율과 교환해 실업률을 2% 감소하기로 결정했다고 하자. 게임 이론에서 다른 참여자가 일단 행동을 한 뒤에(이 경우에는 임금설정자들이 임금을 일단 결정한 뒤에) 발표한 정책으로부터 벗어나려는 이러한 동기는 최적 정책의 **동태적 비일관성**(time inconsistency)으로 알려져 있다. 이 예에서 중앙은행은 목표인플레이션율을 0%로 두겠다는 공표된 정책에서 벗어남으로써 금기 동안의 성과를 개선할 수 있다. 약간의 인플레이션을 감수함

자연 실업률은 어떤 의미에서든 자연적이지도 않고, 최고도 아니라는 점을 기억하자(7장 참조). 미 연준을 비롯한 경제계 모두가 자연 실업률보다 낮은 실업률을 선호하는 것이 합리적일 수 있다.

으로써 실업률의 상당한 감소를 달성할 수 있다.

- 불행히도 이야기는 여기에서 끝나지 않는다. 중앙은행이 약속한 것 이상으로 통화를 증가시켰음을 알고 난 후 임금 설정자들은 현명해져 1%의 양의 인플레이션을 기대하기 시작할 것이다. 만약 중앙은행이 여전히 자연율보다 2% 낮은 실업률을 달성하려 한다면 기대가 변했기 때문에 2%의 인플레이션율을 달성해야 할 것이다. 1%의 인플레이션으로는 더 낮은 실업을 유지하기에는 더 이상 충분하지 못하다. 그러나 중앙은행이 실제로 2%의 인플레이션율을 달성하면 임금 설정자들은 자신들의 기대인플레이션율을 더 높일 것이며, 이러한 과정은 계속 반복된다.
- 최종적 결과는 높은 인플레이션율일 것이다. 임금 설정자들은 중앙은행의 동기를 이해하기 때문에 기대인플레이션은 실제 인플레이션을 따라잡을 것이다. 간단히 말해 상황을 개선하려는 중앙은행의 시도가 결국에는 상황을 오히려 악화시킨다. 경제에는 중앙은행이 공표한 정책을 그대로 따를 경우 나타났을 실업률과 **동일한 실업률**이 나타나겠지만, **인플레이션율은 훨씬 더 높아진다**. 간단히 말해 상황을 개선하려는 중앙은행의 노력은 결국 상황을 더 악화시킨다.

1970년대의 인플레이션 상승을 동태적 비일관성의 결과로 해석한 논문은 다음을 참고하라. Henry Chappell and Rob McGregor, "Did Time Consistency Contribute to the Great Inflation?", *Economics & Politics*, 2004.

이 예는 얼마나 현실성이 있을까? 매우 현실성 있다. 8장으로 되돌아가 보자. 필립스 곡선의 역사와 1960년대 말, 1970년대의 인플레이션율 상승이 바로 중앙은행이 실업률을 자연율 아래에서 유지하려는 시도에서 비롯했음을 알 수 있으며, 이로 인해 기대인플레이션율은 상승을 거듭했고 실제 인플레이션율 역시 상승을 거듭했다. 이 점에서 원래의 필립스 곡선의 이동은 중앙은행의 행태에 대한 임금 설정자의 기대 조정으로 간주할 수 있다.

그렇다면 이 경우 중앙은행이 따라야 할 최선의 정책은 무엇일까? 실업률을 자연율 아래로 하락시키지 않을 것이라는 신뢰성 있는 약속을 하고, 이를 지켜야 한다. 발표된 정책으로부터 벗어나는 옵션을 포기함으로써 중앙은행은 자연율과 동일한 실업률과 0의 인플레이션율을 달성할 수 있다. 인질의 예와의 유사성은 분명하다. 상황이 실제로 발생했을 당시에 바람직할 것으로 보이는 일을 하지 않을 것이라고 신뢰성 있게 약속하고, 또 이를 실제로 따름으로써 정책 당국자는 더 나은 결과를 달성할 수 있다. 앞선 예에서 인질 범죄의 소멸은 여기서 인플레이션의 소멸에 해당한다.

### 신뢰성의 확립

중앙은행은 자신이 발표한 정책으로부터 이탈하지 않을 것이라는 점을 어떻게 신뢰성 있게 약속할 수 있을까?

신뢰성을 확립하는 한 가지 방법은 중앙은행이 자신의 정책결정 권한을 포기하거나 법률에 의해 불가능하게 하는 것이다. 예를 들어 중앙은행이 따라야 할 준수사항을 단순한 규칙에 의해 법률로 정의할 수 있다. 명목통화 증가율을 영원히 0%로 설정하는 것이 이 규칙의 예이다.

(20장에서 논의했듯이 대안으로 통화위원회나 심지어 달러라이제이션과 같이 완전고정환율제도를 수용하는 방법도 있다. 이 경우 통화 증가율을 변화시키는 능력을 포기하는 대신 환율과 이자율을 정책수단으로 활용할 수 있는 능력을 포기한다.)

이 법률은 분명히 동태적 비일관성 문제를 해소할 것이다. 그러나 이로 인한 엄격한 제약은 빈대를 잡으려 초가삼간을 태우는 것에 가깝다. 자연율 아래로 실업률을 떨어뜨리기 위해 중앙은행이 지나치게 높은 통화 증가율을 추구하는 것은 바람직하지 않다. 중앙은행은 21-1절에서 논의했던 제약하에서 실업률이 자연율을 크게 넘어설 때 통화공급을 늘려 정책금리를 낮추고, 자연율을 크게 밑돌 때 통화공급을 줄여 정책금리를 높이는 것이 바람직하다. 통화 증가율을 일정하게 유지해야 하는 경우 이 행동은 불가능하다. 실제로 동태적 비일관성 문제를 다룰 수 있는 더 나은 방법이 존재한다. 앞선 논의는 통화 정책의 경우 문제를 다루는 다양한 방법이 있음을 말해준다.

1단계로 중앙은행을 독립적 기관으로 만드는 것이다. **독립적 중앙은행**(independent central bank)이란 현재 선출된 정치인의 영향력으로부터 독립적으로 이자율과 통화공급에 대한 결정이 이루어지는 중앙은행을 말한다. 빈번한 재선을 치러야 하는 정치인들은 후에 인플레이션을 심화시키더라도 지금 당장 실업률을 낮추려 할 가능성이 높다. 중앙은행이 독립적으로 행동하게 하고 정치인들이 중앙은행장을 해임하는 것을 어렵게 만든다면, 중앙은행이 실업률을 자연율 아래로 하락시키도록 요구하는 정치적 압력에 저항하는 것이 더 쉬워질 것이다.

그러나 이것만으로는 충분하지 않다. 중앙은행이 정치적 압력에 종속되지 않는다고 해도 중앙은행은 여전히 실업률을 자연율 아래로 하락시키려는 유혹에 빠질 수 있다. 그렇게 한다면 단기에는 더 나은 성과가 생겨날 것이다. 따라서 2단계는 중앙은행이 장기적 시야를 갖도록, 즉 인플레이션율 상승으로 인한 장기적 비용을 고려하도록 유인하는 것이다. 이렇게 하는 한 가지 방법은 중앙은행장의 임기를 장기화하는 것이다. 그렇게 함으로써 중앙은행은 장기적 시야를 가지며 동시에 신뢰성을 구축하려 하는 유인을 가질 수 있다.

3단계는 '보수적', 즉 인플레이션을 아주 싫어하며 자연율에 이미 도달한 실업률을 더 낮추려고 인플레이션의 악화를 감수하는 경향이 약한 중앙은행장을 임명하는 것이다. 경제가 자연율에 있을 때 보수적 중앙은행장은 통화확장을 감행하려는 유혹에 덜 빠질 것이다. 따라서 동태적 비일관성의 문제는 완화된다.

이상은 많은 국가들이 지난 20년간 취해왔던 조치들이다. 중앙은행에게 더 많은 독립성이 주어지고 있고 중앙은행장의 임기는 증가해 왔다. 그리고 정부는 통상 정부 자체보다 더 '보수적인', 즉 정부보다 인플레이션을 더 우려하고 실업에 대해서는 덜 우려하는 중앙은행장을 임명해 왔다(FOCUS '블라인더가 진실을 말한 것이 잘못인가?' 참조).

이러한 조치는 성공적이었을까? 그림 21-3은 중앙은행의 독립성을 강화하는 것이 최소한 인플레이션을 낮추는 데 있어 성공적이었음을 보여준다. 수직축은 1960~1990년 기간 중 18개 OECD 국가들의 연평균 인플레이션율이다. 수평축은 정부가 중앙은행장을 해임할 수 있는

그림 21-3

**인플레이션과 중앙은행의 독립성**

OECD 국가들의 경우 중앙은행의 독립성이 높을수록 인플레이션율이 낮다.

출처: Vittorio Grilli, Donato Masciandaro, and Guido Tabellini, "Political and Monetary Institutions and Public Financial Policies in the Industrial Countries," *Economic Policy*, 1991.

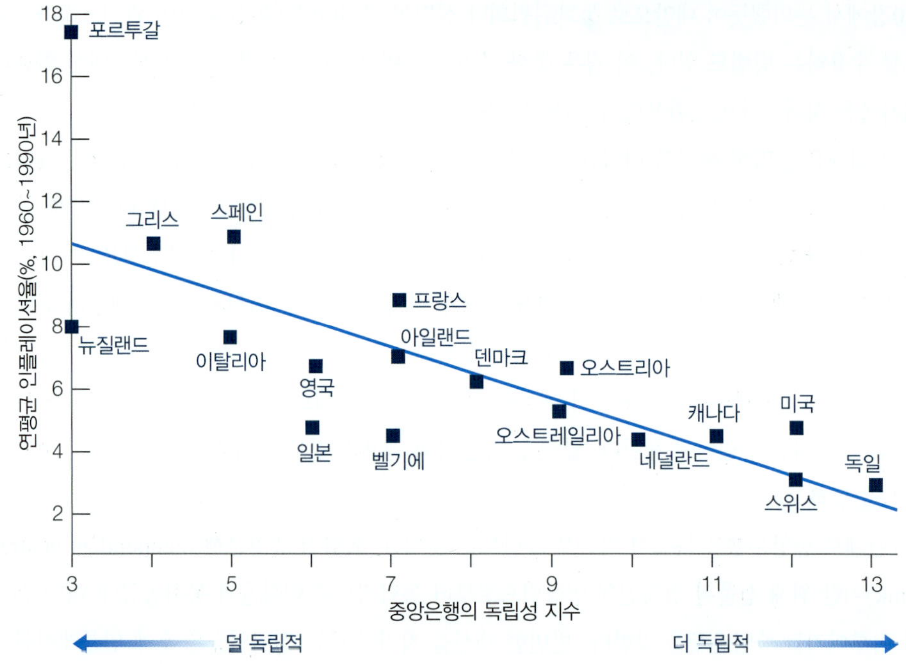


지와 어떻게 해임하는지 등 중앙은행법상의 법률적 조항을 토대로 구축한 '중앙은행의 독립성' 지수의 크기를 나타낸다. 이들 두 변수 간에는 회귀선이 요약하듯이 눈에 띄는 역의 관계가 존재한다. 즉, 중앙은행의 독립성이 높을수록 인플레이션율은 체계적으로 낮아지는 것으로 나타나고 있다.

주의하라. 그림 21-3은 상관관계를 보이지만 반드시 인과관계를 나타내는 것은 아니다. 인플레이션을 싫어하는 국가들은 중앙은행장에게 더 많은 독립성을 주고 더 낮은 인플레이션을 갖는 경향이 있기 때문이다. (이는 이 책의 부록 3에서 논의한 상관관계와 인과관계 간의 차이를 보여주는 또 다른 예이다.) ▶

메커니즘은 다음과 같다. 중앙은행의 독립은 발표된 인플레이션 목표를 더욱 신뢰할 수 있게 만든다. 이로 인해 인플레이션 기대치가 발표된 목표치에 근접해서 유지되고, 이는 다시 중앙은행이 목표치를 달성하기 쉽게 만든다. 그러나 8장에서는 신뢰 구축이 하루아침에 이루어지지 않는다는 것을 살펴본 바 있다. 미 연준은 일찍이 1980년대 초반에 낮은 인플레이션을 약속했지만, 1990년대 중반에 들어서야 인플레이션 기대치가 목표 인플레이션율에 고정되었다.

주요 중앙은행들이 높은 수준의 신뢰도를 달성했다는 또 다른 증거는 COVID로 촉발된 인플레이션 폭발 기간 동안 장기 기대인플레이션이 안정성을 보였다는 것이다. 이는 앞서 1년 인플레이션 전망치, 10년 인플레이션 전망치, 그리고 2019년부터 미국의 실제 인플레이션을 나타낸 그림 8-7에서 확인할 수 있다. 실질 인플레이션이 10% 이상으로 상승했음에도 불구하고 10년 전망치는 거의 움직이지 않아 2022년 말 2.4%에 도달했고, 그 이후로 하락했다. 예측가들은 연준이 목표치인 2%로 복귀하기 위해 필요한 모든 조치를 취할 것이라고 믿었다.

## 동태적 일관성과 정책 당국자에 대한 제약

이 절에서 학습한 내용을 정리해 보자.

동태적 비일관성 문제에 기초해 정책 당국자에게 제약을 가해야 한다는 주장을 검토했다.

FOCUS

## 블라인더가 진실을 말한 것이 잘못인가?

1994년 여름, 빌 클린턴 대통령은 프린스턴대학교의 경제학자 블라인더(Alan Blinder)를 연방준비위원회 부의장(의장에 이어 2위 자리에 해당)에 임명했다. 몇 주 후에 블라인더는 경제 콘퍼런스에서 연설하면서, 미 연준은 실업률이 높을 때 통화 정책을 사용해 경제가 회복되도록 도울 수 있는 책임과 능력을 모두 갖는다는 자신의 신념을 드러냈다. 문제는 이러한 발언이 잘못 받아들여졌다는 데 있었다. 채권가격은 하락했고, 많은 신문이 블라인더에 대해 비판적인 사설을 게재했다.

시장과 신문의 반응은 왜 그렇게 부정적이었을까? 분명히 블라인더가 잘못된 것은 아니었다. 통화 정책은 경제가 경기침체에서 벗어나도록 도울 수 있고, 또 그렇게 해야 한다는 것에는 의문의 여지가 없다. 사실상 1977년 연방준비은행법은 미 연준으로 하여금 낮은 인플레이션율뿐만 아니라 완전고용도 도모하라고 요구하고 있다.

본문에서 발전시켰던 주장을 기준으로 볼 때 블라인더는 자신이 보수적인 중앙은행인이 아니며, 인플레이션뿐만 아니라 실업에도 유념한다는 것을 직접 말로 나타냈기 때문에 반응이 부정적이었던 것이다. 당시 실업률이 자연실업률로 여겨졌던 수준에 근접한 6.1%였으므로, 시장은 블라인더의 표현을 블라인더가 실업률을 자연율 이하로 하락시키길 원한다는 것으로 해석했다. 결과적으로 기대인플레이션이 상승해 이자율은 상승했고, 채권가격은 하락했다.

이 이야기의 교훈은 이렇다. 중앙은행인은 자신이 가진 견해가 무엇이든 간에 상관없이 보수적으로 비추어져야 하고 보수적으로 들리도록 노력해야 한다는 것이다. 이것이 바로 일부 중앙은행장이 심지어 단기에서조차도 실업과 인플레이션 간 상충관계의 존재를 인정하는 것을 최소한 공개적으로 주저하는 이유이다.

동태적 비일관성 문제가 생겨날 때 정책 당국자에 대한 엄격한 제약, 예를 들어 통화 정책의 경우 고정된 통화 증가율을 유지하는 것과 재정 정책의 경우 균형예산을 유지하는 것과 같은 제약은 대체적인 해결책을 제공할 수 있다. 그러나 이 해결책은 거시경제 정책을 사용할 수 없게 만들기 때문에 상당한 비용을 수반한다. 통상적으로 더 나은 해결책은 독립적인 중앙은행이나 예산절차의 개선과 같이 동태적 비일관성 문제를 완화할 수 있도록 더 나은 제도를 설계하고, 이와 동시에 산출 안정화를 위한 정책의 사용을 허용하는 것이다. 그러나 이는 실행에 옮기는 것이 쉽지 않다. 자세한 내용은 이제 살펴보자.

## 21-3 정치와 정책

지금까지는 정책 당국자가 박애적이라고, 즉 경제에 대해 최선인 것을 도모한다고 가정해 왔다. 그러나 상당히 공개적으로 이 가정은 도전받고 있다. 정치인들이나 정책 당국자들은 자신들에게는 최선이지만, 국가에게는 꼭 최선이 아닐 수 있는 것을 행한다는 주장이다.

이런 주장을 들은 적이 있을 것이다. 정치인들은 어려운 의사결정을 회피하며 유권자들의 비위를 맞추고, 파벌정치는 교착 상태를 낳으며 아무것도 되는 것이 없다. 민주주의의 결함을 논하는 것은 이 책의 범위를 크게 넘어선다. 여기서 할 수 있는 것은 이러한 주장이 거시경제 정책에 어떻게 적용되는지를 간단히 검토하고, 실증적 증거에 기초해 정책 제약의 문제에 대한

◀ 정부가 잘못된 행동을 하면 엄격히 제약되어야 한다는 견해의 선도적 주창자는 조지메이슨대학교의 뷰캐넌(James Buchanan)이다. 뷰캐넌은 공공선택에 관한 그의 저작에 기초해 1986년 노벨상을 수상했다. 예를 들어 와그너(Richard Wagner)와의 공저인 다음 책을 참고하라. *Democracy in Deficit: The Political Legacy of Lord Keynes*(1977, Liberty Fund).

시사점을 살펴보는 것이다.

## 정책 당국자와 투표자 간의 게임

거시경제에 관한 많은 정책결정이 단기적 손실과 장기적 이득 간의 상충관계 또는 역으로 단기적 이득과 장기적 손실 간의 상충관계를 동반한다.

예를 들어 세금 인하의 경우를 보자. 정의에 따라 세금 인하는 현시점에서의 세금 인하를 가져온다. 아울러 세금 인하는 경제활동 증가로 이어져, 결과적으로 일정 기간 세전 소득의 증가로 이어진다. 그러나 세금 인하가 동일 규모의 정부지출 감소에 의해 상쇄되지 않는 한 재정적자 증가를 초래하고, 미래에 세금 인상의 필요성을 유발한다. 만약 유권자들이 단기에 집착한다면 정치인들은 세금 인하의 유혹을 거부할 수 없을 것이다. 최소한 정부부채가 과도해 정치인들이 구체적 조치를 취하는 것에 두려움을 느끼지 않는 한 정치 상황은 체계적인 재정적자를 야기할 수 있다.

이제 세금에서 일반적인 거시경제 정책으로 관심을 돌려보자. 다시 한번 유권자들이 단기에 집착한다고 가정하자. 정치인들의 주요 목표가 유권자들을 만족시켜 재선되는 데 있다면 선거 이전에 총수요를 확대해 성장률 상승과 실업률 하락을 도모하는 것보다 더 좋은 정책이 어디 있는가? 사실 잠재성장률을 초과해 성장하는 것은 지속될 수 없으며, 결국 경제는 잠재산출 수준으로 되돌아가야 한다. 현시점에서의 성장률 상승은 미래 시점에서의 성장률 하락으로 이어질 수밖에 없다. 그러나 적절한 타이밍과 단기에 집착하는 유권자가 결합하면 높은 성장이 선거에서의 승리를 가져온다. 따라서 선거 후보가 선거 전에 평균적으로 성장률이 높아지는 분명한 **정치적 경기변동**(political business cycle, 선거가 야기하는 경제변동)을 기대할 수 있는 것이다.

9장에서 통화 정책이 단기에 산출을 높이는 데 사용되지만, 중기에 있어 산출은 잠재산출 수준으로 복귀하고 실업률은 자연실업률 수준으로 복귀한다는 점을 보았다.

이런저런 형태로 이러한 논의를 과거에 들어본 적 있을 것이다. 그리고 이들의 주장은 그럴듯해 보인다. 문제는 이들이 얼마나 사실과 잘 맞아떨어지는지이다.

우선 재정적자와 부채를 살펴보자. 위에서의 주장은 재정적자와 높은 정부부채가 항상 있어 왔고 앞으로도 항상 존재할 것이라는 것을 예상하게 만든다. 1900년 이래 미국에서 GDP 대비 정부부채 비율의 추이를 보여주는 그림 21-4는 현실이 이보다 훨씬 복잡함을 보여준다.

먼저 1900~1980년까지 GDP 대비 부채비율의 추이를 살펴보자. 그림에서 음영 처리된 부분은 부채가 크게 누적되었던 시기로, 이들 각각은 특별한 상황과 관련이 있다. 첫 번째 누적기는 제1차 세계대전, 두 번째는 대공황기, 세 번째는 제2차 세계대전에 해당한다. 이 시기는 비정상적으로 높은 군비 지출이 있었거나 산출이 비정상적으로 위축되었던 시기였다. 이들 세 시기 각각은 모두 유권자들을 만족시키기 위한 것보다는 불리한 상황이 대규모 재정적자와 그에 따른 부채 증가를 야기했음을 보여준다. 아울러 각 경우에 있어 어떻게 부채의 누적이 부채의 지속적인 감소로 이어지고 있는지 주목하자. 특히 1946년 120%까지 높아졌던 GDP 대비 부채비율이 지속적으로 낮아져 1981년에 전후 가장 낮은 31%까지 감소했다.

재정적자, 부채 그리고 부채/GDP 비율의 추이 간의 정확한 관계는 22장에서 자세히 살펴본다. 여기서는 재정적자가 부채 증가를 야기했다는 사실을 아는 것만으로도 충분하다.

**그림 21-4**

**GDP 대비 미국 국채 비율의 추이(1900년 이후)**

1900년 이래 부채가 크게 누적되었던 세 경우는 제1차 세계대전, 대공황, 제2차 세계대전과 관련된다. 1980년 이래의 부채 누적은 그 속성이 달라 보인다.

출처: 1900 to 1939: Historical Statistics of the United States; US Census Bureau. 1939: Federal Reserve Economic Data (FRED) Series GFDGDPA188S.

그러나 더 최근의 증거에 따르면 그다지 안심할 수 없다. 2009~2011년과 2020년에 있었던 두 번의 급격한 증가는 각각 글로벌 금융위기와 COVID-19 사태와 관련이 있다. 이 역시 정당화될 수 있다. 그러나 1980년대 초부터 글로벌 금융위기까지, 그리고 글로벌 금융위기와 COVID 위기 사이에 부채비율이 증가한 것을 주목하자. 이는 큰 악재가 아니라 1980년대 초 레이건 행정부의 대규모 감세와 2000년대 초 부시 행정부의 또 다른 대규모 감세에서 비롯된 것이다.

◀ GDP 대비 부채/GDP 비율이 2020년 127%로 사상 최고치를 기록한 후, 2022년 121%로 소폭 하락한 점에 주목하자. 이는 긴축 재정 정책이 아니라 저금리와 물가상승률의 조합으로 부채의 실질 가치가 감소한 효과를 반영한 것이다. 이는 22장에서 자세히 설명한다.

두 차례에 걸친 대규모 감세의 동기는 무엇이었을까? 단기적인 이익에 초점을 맞춘 유권자들의 환심을 사려는 욕구에서 비롯된 것일까? 아마 그렇지 않거나, 적어도 주로는 아닐 것이다. 다음에 논의되는 한 가지 동기는 나중에 지출을 삭감하라는 정치적 압력을 야기할 수 있는 적자를 만들기 위해 '야수를 굶주리게' 하는 것이다. 다른 하나는 **공급측면 이론**(supply side theory)에 근거한 것인데, 감세가 사람들로 하여금 더 많은 일을 하게 하고 기업의 생산성을 더 높여 미래에 더 큰 잠재산출과 세수를 가져올 것이라는 믿음에 근거한 것이다. (감세가 세수 증가로 이어지리라는 희망은 실현되지 않았고, 결국 부채가 더 늘어났다.)

◀ 공급측면 이론의 주요 주창자는 아서 래퍼(Arthur Laffer)라는 경제학자였다. 1974년 그는 냅킨에 세율에 대한 세수 그래프를 그려 당시 포드 대통령을 설득했다고 한다. 그는 미국의 경우처럼 세율이 너무 높은 상황에서는 세율을 낮추는 것이 오히려 수입을 증가시킬 것이라고 주장했다.

요컨대 냉소적인 정치인과 근시안적인 유권자의 결합이 반드시 꾸준한 적자와 높은 부채로 이어져야 한다는 단순한 가설은 사실과 맞지 않는다.

정책 입안자들이 선거 전에 높은 경제성장률을 시도하여 재선에 성공한다는 정치적 경기순환론은 어떤가? 정치적 경기순환이 중요하다면 선거 이후보다 더 빠른 성장을 기대할 수 있을 것이다. 이를 보기 위해 표 21-1은 1948년부터 2018년까지 미국 각 행정부의 4년 동안의 평균 경제성장률을 공화당과 민주당 대통령 행정부로 구분하여 제시하고 있다.* 표의 마지막 행을 보자. 성장률은 실제로 행정부의 마지막 해에 평균적으로 가장 높았다. 첫해의 2.8%에 비해

* 역자 주: 표 21-1은 자료 기간이 2년 연장되면서 공화당 및 평균 3~4년 차 성장률이 다소 변경되었다.

**표 21-1** 민주당 행정부와 공화당 행정부하에서의 성장률(1948~2020년)

| 구분 | 집권 연차 | | | | |
|---|---|---|---|---|---|
| | 1년 차(%) | 2년 차(%) | 3년 차(%) | 4년 차(%) | 평균(%) |
| 민주당 | 2.4 | 5.1 | 3.8 | 3.4 | 3.7 |
| 공화당 | 3.3 | 0.9 | 3.2 | 3.0 | 2.6 |
| 평균 | 2.8 | 3.0 | 3.5 | 3.2 | 3.1 |

출처: Calculated using Series GDPCA, from 1948 to 2022: Federal Reserve Economic Data (FRED) https://fred.stlouisfed.org.

3.6%에 달한다. (앞으로 표의 또 다른 흥미로운 특징, 즉 공화당과 민주당 행정부의 차이점을 다시 볼 것이다.) 이는 선거에서 승리하기 위해 경제 정책을 조작했다는 증거를 뒷받침하는 것으로 볼 수 있다.

요약해 보자. 정책 입안자들은 자신들의 선거 전망에 무관심하지 않으며, 유권자들은 종종 단기에만 집중한다. 정치적 경기순환에 대한 증거는 이것이 거시경제 정책의 결정에서 역할을 한다는 것을 시사한다. 그러나 부채와 적자의 진화를 설명하려면 전쟁, 위기, 특이한 경제 이론, 다음 절에서 살펴볼 정책 입안자 간의 게임과 같은 다른 요인이 필요하다는 것이 분명하다.

## 정책 당국자 간의 게임

예를 들어 여당이 정부지출을 감축하려 하지만 의회에서는 반대한다고 하자. 의회와 미래의 여당에 압력을 가하는 한 가지 방법은 세금을 인하하고 적자를 허용하라는 것이다. 시간이 흐르면서 부채가 증가하고 이로 말미암은 재정적자 감소압력의 증가는 다시 의회와 미래의 여당으로 하여금 지출을 줄이도록 강제한다. 물론 이는 다른 경우라면 기꺼이 이루어졌을 리 없는 일일 것이다.

이 전략에는 '야수 굶겨 죽이기'라는 보기에는 불쾌하지만, 실상을 잘 드러내는 이름으로 불린다. 이 표현은 레이건 행정부의 한 참모로부터 기인한 것이다.

아니면 방금 보았던 이유나 다른 이유로 인해 대규모 재정적자에 직면해 있다고 하자. 의회에서 각 정당은 적자감축을 원하지만, 감축 방법에는 일치된 의견을 보이지 못한다. 어떤 정당은 주로 세금 인상을 통해 적자를 감축할 것을 요구하지만, 어떤 정당은 주로 지출 감축을 통해 적자를 줄일 것을 원한다. 두 정당 모두 상대방의 정당이 먼저 포기할 것이라는 희망을 하며 타협을 거부할 것이다. 부채가 충분히 증가할 경우에만, 그리고 재정적자를 감축하는 것이 긴박한 경우에만 한 정당이 포기할 것이다.

게임 이론가들은 이 상황을 **소모전**(wars of attrition)이라 부른다. 상대방이 포기할 것이라는 희망은 장기적이고 때로는 상당한 손실을 낳는 지연을 야기한다. 이 소모전은 재정 정책의 경우 종종 발생하며, 재정적자 감축은 필요한 시점에 비해 상당한 시간이 흐른 후에야 현실화된다.

경제학을 넘어선 또 다른 예로 2004~2005년 미국에서의 북미 아이스하키리그 폐쇄가 있다. 당시 구단주와 선수들이 합의에 도달할 수 없어 시즌의 전체 경기가 취소되었다. 2011년 여름에 미국 농구협회 선수권 대회도 유사한 폐쇄를 겪었다.

소모전은 예를 들어 초인플레이션 기간 중 다른 거시경제적 맥락에서도 발생한다. 22장에서 보겠지만 초인플레이션은 통화 증발을 통해 대규모 재정적자를 조달할 때 야기된다. 재정적자 감축의 필요성은 일찌감치 인식되지만, 재정적자 소멸을 위한 강력한 조치를 포함한 안정화 프로그램에 대한 지지는 통상 경제활동이 심각하게 영향을 받을 만큼 인플레이션율이 높아진 후에야 생겨난다.

이 게임은 1980년대 초 이후 미국에서 부채/GDP 비율의 상승을 설명하는 데 도움을 준다. 레이건 행정부가 1981~1983년까지 세금을 인하했을 때 목표 중 하나는 정부지출의 증가 속도를 늦추는 것이었음을 의심하기 어렵다. 아울러 1980년대 중반 정책 당국자들 간에 재정이 감축되어야 한다는 일반적 합의가 존재했다는 점에 대해서도 의문의 여지가 적다. 그러나 재정적자 감소가 주로 증세를 통해서 이루어질지 지출 감소로 이루어질지에 관한 민주당과 공화당 간의 의견 불일치 때문에 적자 감소는 1990년대 말이 되어서야 현실화되었다. 2000년대 초반 부시 행정부의 감세에서도 같은 역학관계가 이어졌으며, 이러한 역학관계는 다시 작동할 수 있다. 트럼프 행정부의 감세와 트럼프·바이든 양대 행정부가 취한 COVID-19 대책은 더 큰 재정적자를 초래했다. 증세나 지출 삭감을 통해 이 적자가 결국 감소할지는 공화당과 민주당 간의 또 다른 소모전의 결과에 달려 있다.

19장의 FOCUS '통화긴축과 재정팽창: 1980년대 초 미국의 사례'의 논의를 참조하라.

현재 미국의 재정 상황에 대한 자세한 논의는 22장을 참조하라.

정당 간의 게임에 관한 다른 예는 여당의 교체로 야기되는 경제활동의 변동이다. 전통적으로 공화당은 통상 민주당보다 인플레이션에 대해 더 우려하는 반면, 실업에 대해서는 민주당보다 덜 걱정한다. 따라서 공화당 행정부보다 민주당 행정부하에서 더 강한 성장세(더 낮은 실업률과 더 높은 인플레이션율)를 보일 것으로 기대할 수 있을 것이다. 이 예측은 사실과 아주 잘 맞는 것 같다. 표 21-1을 다시 보자. 지난 52년 동안 민주당 행정부 기간의 평균 성장률은 3.7%인 반면, 공화당 행정부 기간의 성장률은 2.6%였다. 가장 두드러진 차이는 2년 차에 있다. 민주당 행정부에서는 5.1%, 공화당 행정부에서는 0.9%였다.

이는 흥미로운 질문을 제기한다. 행정부의 2년 차에 있어 왜 이러한 효과가 그렇게 강하게 나타나는 것일까? 8장에서 발전시킨 실업과 인플레이션에 대한 이론이 한 가지 타당성 높은 가설을 제시한다. 정책의 파급 효과에는 시차가 존재하기 때문에 새로운 행정부가 경제에 영향을 미치는 데는 1년의 시간이 걸린다. 그리고 정상보다 더 높은 성장률을 지나치게 장기간 유지하는 것은 인플레이션의 심화를 야기한다. 따라서 민주당 행정부라 하더라도 정권을 잡은 동안 더 높은 성장률을 지속하는 것을 원치 않을 것이다. 따라서 공화당 행정부이든 민주당 행정부이든 상관없이 정권의 전반부보다 후반부에 성장률이 훨씬 더 유사할 것이다.

## 정치와 재정 제약

만약 정치가 때때로 장기적이고 지속적인 재정적자를 야기하면 이러한 부정적 효과를 제한하기 위한 규칙을 확립할 수 있을까?

미국에서 1994년에 제안된 수정안처럼 예산균형을 위한 헌법 수정은 그 정의상 분명히 재정적자 문제를 제거할 것이다. 그러나 통화 정책에 있어 일정한 통화 증가율을 유지하려는 정책처럼 이는 동시에 거시경제적 수단으로서 재정 정책의 역할도 함께 제거한다. 이는 너무 비싼

대가를 치르는 것이다.

더 나은 방법은 재정적자나 부채에 대해 제한을 설정하는 규칙을 확립하는 것이다. 그러나 이를 시행하는 것은 겉보기보다 어렵다. 적자/GDP 비율이나 부채/GDP 비율에 대한 제약과 같은 규칙은 균형예산 규칙보다 신축적인 것이 사실이다. 그러나 이는 경제가 특별히 불리한 충격에 영향받고 있을 때 요구되는 신축성을 확보하기에는 여전히 미흡할 수 있다. 이는 유럽에서 안정 및 성장을 위한 협약(SGP)이 직면한 문제로 인해 분명해졌다. 이 문제는 FOCUS '유로 지역 재정규칙: 짧게 본 역사'에 더 자세히 논의되어 있다. 특별한 상황을 고려하는 규칙이나 경제의 상태를 고려하는 규칙처럼 더 신축적이거나 더 복잡한 규칙은 설계하기 더 어려우며, 특히 집행하는 것도 더 어렵다. 예를 들어 실업률이 자연율보다 더 높을 때 재정적자의 증가를 허용하려면 자연율이 얼마인지에 관한 단순하고 모호하지 않은 계산 방식이 필요한데, 이는 거의 불가능한 작업이다.

이를 보완하는 한 가지 방법은 적자가 발생할 경우 적자를 감축하는 메커니즘을 확립하는 것이다. 예를 들어 적자가 과도해지면 자동적인 지출 삭감을 촉발하는 메커니즘을 고려할 수 있다. 적자가 과도해져 지출을 전반적으로 5% 감소시키는 것이 바람직하다고 하자. 국회의원은 선거구민들에게 이들이 좋아하는 지출 프로그램이 왜 5% 감축되어야 하는지 설명하는 데 어려움을 겪게 될 것이다. 이제 재정적자가 자동적으로 전반적 지출의 5% 감소를 강제한다고 하자. 다른 프로그램이 감축될 것이라는 사실을 안다면 국회의원들은 자신들이 선호하는 프로그램의 감축을 받아들일 것이다. 아울러 국회의원들은 감축에 대한 비난도 좀 더 쉽게 피해 갈 수 있을 것이다. (다른 프로그램을 더 감축하여 전반적인 지출 수준을 낮게 유지하도록 국회를 설득함으로써) 우선시하는 프로그램의 감축을 이를테면 4%로 제한하는 데 성공한 국회의원은 선거구민들에게 돌아가 더 큰 규모의 감소를 성공적으로 막았다고 주장할 수 있을 것이다.

사실상 이것이 바로 1990년대 미국에서 재정적자를 감축하는 데 사용한 일반적 접근 방식이다. 1990년에 통과되었고, 1993년과 1997년에 새로운 입법조치로 확대된 예산강제법(Budget Enforcement Act)은 두 가지 중요한 규칙을 도입했다.

- 지출에 대해 제약을 부과했다. 지출은 두 가지 종류, 즉 재량적 지출(대체로 국방지출을 포함한 재화와 용역에 대한 지출)과 의무적 지출(대체로 개인에 대한 이전지출)로 분류되었다. 다음 5년간에 걸쳐 재량적 지출에 대해 **지출상한**(spending cap)이라 불렸던 제약이 설정되었다. 이 제약은 재량적 지출(실질 기준)에 대해 소규모지만 지속적인 감축을 요구하는 방식으로 설정되었다. 비상시를 위한 명시적인 조항도 설정했다. 예를 들어 1991년 걸프전 때의 '사막의 폭풍' 작전을 위한 지출은 이 상한 제약에 해당되지 않았다.
- 새로운 이전지출 프로그램은 (새로운 수입원을 확보하거나 기존 프로그램에 대한 지출을 감소시킴으로써) 미래에 적자를 증가시키지 않을 것임을 보일 수 있어야만 추가될 수 있도록 요구했다. 이 규칙은 빚을 추가하지 않는 규칙(pay-as-you-go rule) 또는 PAYGO

## 유로 지역 재정규칙: 짧게 본 역사

1991년 EU 회원국들 간에 협의된 '마스트리히트 협약'은 각국이 유로에 가입하기 위해 만족해야 하는 일련의 수렴조건이다(유로에 대한 더 자세한 역사는 20장의 FOCUS '유로: 짧게 본 역사' 참조). 이 중 두 가지가 재정 정책에 대한 제약이었다. 하나는 GDP 대비 재정적자 비율이 3%를 하회해야 한다는 것이고, 다른 하나는 GDP 대비 부채비율이 60%를 하회해야 하거나 아니면 최소한 "이 값에 만족할 만한 속도로 접근하고 있어야 한다"는 것이다.

1997년 유로의 잠재적 회원국들은 이 기준의 일부를 항구적인 것으로 만드는 데 동의했다. 1997년에 서명된 안정 및 성장을 위한 협약(SGP)은 유로 지역의 회원국이 다음과 같은 재정규칙을 준수하도록 요구했다.

- 각국은 중기에 있어서의 재정균형을 약속한다. 각국은 EU 당국에 이러한 중기 목표를 향해 어떻게 진행할지를 보이기 위해 현재와 향후 3년간에 대한 목표를 구체화한 프로그램을 제출한다.
- 각국은 과도한 예외적 상황을 제외하고는 과도한 재정적자를 피해야 한다. 마스트리히트 협약 기준을 따르면 과도한 재정적자는 GDP의 3%를 초과하는 적자로 정의한다. 예외적 상황은 GDP의 하락이 2%보다 큰 경우로 정의한다.
- 과도한 적자를 보이는 국가들에 대해서는 제재를 부과한다. 이들 제재는 GDP의 0.2~0.5%까지이다. 따라서 프랑스와 같은 국가는 약 100억 달러에 상당한다.

그림 1은 1995년 이후 재정적자의 추이를 유로 지역 전체를 대상으로 보여준다.

1995~2000년까지 재정수지는 유로 지역 GDP의 7.5%에 달하는 적자에서 재정균형 수준에 근접했다. 회원국 중 일부 국가의 성과는 특히 인상적이다. 그리스는 적자를 GDP의 13.4%에서 GDP의 1.4%로 줄였다. (20장에서 언급한 것처럼 2004년에 그리스 정부가 적자수치를 조작했고, 실제 개선은 인상적이긴 하지만 보고한 것보다는 작다는 사실이 알려졌다. 2000년 중 적자는 4.0%로 추정된다.) 이탈리아는 1993년 GDP의 10.1%에 달하던 적자를 2000년에 0.9%의 흑자로 전환시켜 적자를 소멸시켰다(다시 수정된 수치에 따르면 2000년 재정적자는 2%까지만 감소했다).

이 모든 개선은 마스트리히트 기준과 SGP 규칙에 기인했는가? 그렇지는 않다. 1990년대 후반의 강한 팽창이 중요한 역할을 했다. 그러나 재정규칙도 의미 있는 역할을 했다. 유로 지역의 회원 자격이라는 당근은 많은 국가로 하여금 재정적자를 감축시키기 위해 강력한 조치를 시행하게 하는 데 충분히 매력적이었다.

그러나 2000년 이후에 상황은 반전되어 재정적자는 증가하기 시작했다. 제한선을 넘어선 첫 번째 국가는 2001년에 4.4%의 재정적자를 기록한 포르투갈이었다. 이어진 두 국가는 프랑스와 독일로, 두 국가 모두 2002년 이후 GDP의 3%를 초과하는 적자를 보이고 있다. 각 경우에 있어 각국의 정부는 SGP의 규칙을 만족시키는 것보다 경제성장률

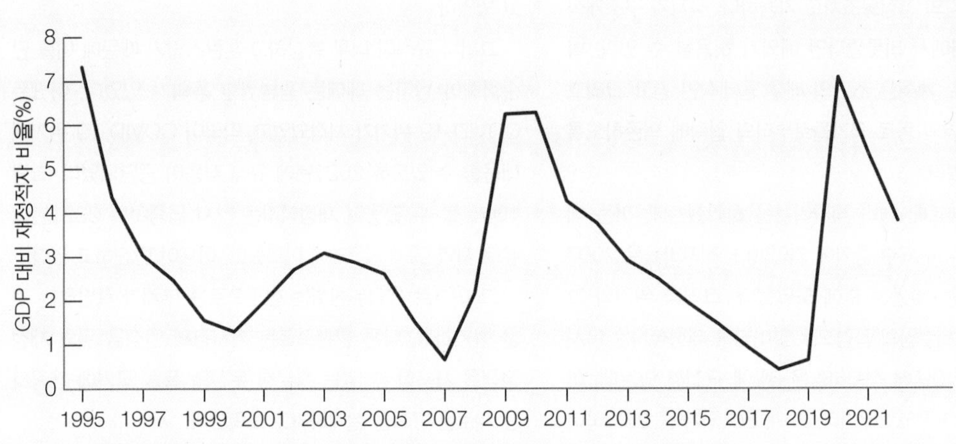


그림 1

**유로 지역의 GDP 대비 재정적자 비율(1995~2022년)**

출처: IMF WEO database April 2023.

을 더 낮출 수 있는 금융긴축을 피하는 것이 더 중요하다고 결정했다.

(각 국가의 산출이 낮았지만, 양의 값을 보여 예외적 상황에도 속하지 않는 상태에서 발생한) 분명한 '과도한 재정적자'에 직면한 EU의 정책 당국자들은 곤경에 빠졌다. 포르투갈이 벌금을 기꺼이 지불할 의향이 있는지는 의심스럽지만, 소규모 국가인 포르투갈이 과도한 재정적자 시정 프로그램을 시작하는 것은 정치적으로 가능할 수 있을 것이다. 그러나 유로 지역의 두 최대 회원국인 프랑스와 독일에 동일한 조치를 취한다는 것은 정치적으로 불가능한 것으로 드러났다. 두 주요 EU 당국인 유럽위원회와 유럽의회 간의 내부 논쟁(유럽위원회는 과도한 재정적자 시정조치가 지속되기를 원했지만, 각국을 대표하는 유럽의회는 그렇지 않았다)이 있은 후 이 조치는 철회되었다.

위기는 규칙이 지나치게 경직적이라는 점을 분명히 했다. 유럽위원회 의장인 프로디(Romano Prodi)는 이 점을 인정한다. 2002년 10월의 인터뷰에서 그는 "경직적인 모든 의사결정이 그러하듯이 안정성 협약이 멍청한 것이라는 점을 아주 잘 안다"고 했다. 그리고 프랑스와 독일 양국의 태도는 과도한 적자를 가진 국가에 대한 거액의 벌금 위협은 간단히 말해 믿을 수 없는 것임을 보여주었다.

이에 따라 2년간 유럽위원회는 더 신축적이고 그에 따라 더 신뢰성을 얻을 수 있도록 규칙을 개선할 수 있는 방안을 모색했다. 2005년에 새롭게 수정된 SGP가 수용되었다. 이는 3%의 재정적자와 60%의 부채 수치를 바람직한 목표로 유지하되, 규칙으로부터의 이탈에 대해 더 많은 신축성을 허용했다. 규칙이 유예되기 위한 조건으로 성장률이 더 이상 2% 미만일 것을 요구하지 않는다. 음의 성장률이나 지속적으로 낮은 양의 성장률조차도 가능하다. 적자가 구조개혁이나 공공투자에서 비롯한다면 예외가 허용될 수 있다. 벌금은 사라졌고, 계획은 조기의 매우 공개적인 경고 그리고 다른 유로 지역의 동료 국가들로부터의 압력에 의존하도록 하는 것이 되었다.

잠시 동안 GDP 대비 적자비율은 하락했는데, 이는 대체로 강한 성장과 세수 증가에 기인했다. 적자비율은 2007년에 0.5%라는 낮은 수준에 도달했다. 그러나 위기와 그로 인한 정부 세수입의 급감으로 말미암아 재정적자는 다시 급증했다. 2010년에 적자비율은 6%에 근접해 있는데, 이는 SGP 임계수준의 2배이다. 27개 EU 국가 중 23개국이 3% 적자비율을 위반하고 있어 이 규칙은 재고되어야 하는 것이 분명하다. 결국 2012년에 EU 회원국들 간에 **재정협약**(Fiscal Compact)이라는 새로운 정부 간 조약이 체결되었다.

이 조약은 네 가지 주요 조항을 가지고 있다. (1) 회원국은 헌법 개정이나 기본법을 통해 균형예산안을 입법화해야 한다. (2) 정부예산은 균형을 이루거나 흑자를 보여야 한다. 이 조약은 균형예산을 GDP의 3.0%를 초과하지 않는 예산적자와 국가별 목표를 초과하지 않는 경기조정 재정적자로 정의한다. 후자의 경우 부채/GDP 비율이 60%를 초과하는 국가의 경우 GDP 대비 0.5% 이하로, 60% 이하인 국가는 1.0% 이하로 설정할 수 있다. (3) 정부부채/GDP 비율이 60%를 초과하는 국가는 초과된 %p 중 매년 평균 1/20(5%)을 축소해야 한다. [예를 들어 정부부채/GDP 비율이 100%이면 부채비율은 적어도 GDP의 0.05(100−60)=2%만큼 감소해야 한다.] (4) 특정 국가의 예산이 두 번째 규칙에서 크게 벗어나면 과잉적자 절차(Excessive Deficit Procedure, EDP)를 따르는 자동교정 메커니즘이 시작된다. 이 메커니즘의 실제 집행은 국가별로 정의되지만 유럽집행위원회(European Commission)가 제시한 기본원칙을 준수해야 한다.

2015년에는 네 가지 조항에 대해 새로운 기준이 추가되었다. 이 기준은 한 국가가 EDP의 적용 여부를 결정할 때 구조개혁(예: 연금, 노동, 재화, 서비스 시장)의 이행 정도도 고려될 것임을 규정했다.

2018년까지 유로 지역 국가들의 평균 재정적자는 0.7%로 떨어졌고, 19개 유로 회원국 중 1개국(스페인)만이 재정협약의 다른 규정을 위반해 여전히 과잉적자 절차를 적용받고 있었다.

그러나 규칙이 너무 복잡하고 혼란스럽기 때문에 이를 단순화해야 한다는 데에는 광범위한 동의가 있었다. 어쨌든 COVID-19 위기가 시작되었고, 각국이 COVID-19 위기에 대응할 수 있도록 2021년에 규칙 적용이 중단되었다. 그림 1에서 볼 수 있듯이 재정적자는 다시 급증하여 2021년에 유로 지역 GDP의 7%에 이르렀고, 이제야 반전하고 있다.

그 이후로 유럽위원회는 한편으로는 부채가 폭발하는 것을 방지하고, 다른 한편으로는 거시경제 안정을 위해 재정정책을 사용할 수 있는 충분한 운신의 폭을 국가에 제공하는 새로운 규칙을 설계하려고 노력했다.

위원회는 유럽 재정 규칙의 역사를 볼 때 단순하고 좋은 규칙을 만드는 것이 불가능하다고 주장했다. 세계는 너무 복잡하기 때문이다. 위원회는 성장률, 금리 및 적자에 영향을 미치는 기타 사건에 대한 불확실성을 고려하여 GDP 대비 부채비율의 경로에 대한 시뮬레이션을 평가의 중심에 둘 것을 제안했다. 이러한 시뮬레이션을 **부채 지속 가능성 분석**(debt sustainability analysis, DSA)이라고 하며, 부채가 지속 가능할 확률, 즉 부채비율이 폭발적으로 증가하지 않을 확률을 평가하는 데 사용할 수 있다. 부채가 지속 불가능할 상당한 위험이 있는 것으로 나타나면 국가는 이를 방지하기 위한 재정 조치를 취하도록 요구받을 수 있다.

그러나 많은 국가, 특히 독일은 회의적인 입장이다. 그들은 이러한 시뮬레이션에는 합리적인 사람들이 받아들이기 어려운 많은 가정이 필요하며, 국가에 의해 조작될 수도 있다고 지적한다. 그들은 더 엄격하고 정량적인, 이를테면 시한부 부채비율 감축 하한 같은 제약조건을 원한다.

이 글을 쓰는 현재, 기존 규칙은 여전히 적용 중단 상태며 타협안은 나오지 않았고 논의는 계속 진행 중이다.

**규칙**(PAYGO rule)으로 알려져 있다.

▲ 현재 규칙의 복잡성을 알고 싶다면 Wikipedia에서 해당 항목을 읽어보자. https://en.wikipedia.org/wiki/European_Fiscal_Compact

적자 자체보다 지출에 초점이 맞춰진 정책은 한 가지 중요한 시사점을 갖는다. 지출 감소를 유발하지 않더라도 경기침체, 그에 따라 세수 감소가 발생하면 적자가 증가할 수 있다. 정부지출의 상한 제약을 만족했음에도 불구하고 경기침체로 재정적자가 증가했던 1991년과 1992년에 이런 상황이 생겨났다. 지출에 대한 초점은 두 가지 바람직한 효과를 갖는다. 경기침체 동안 세수 감소에 따른 재정적자를 허용할 수 있을 뿐만 아니라 경기침체 동안 규칙을 이탈하라는 압력도 감소시킨다. 전자는 거시경제 정책적 관점에서 바람직한 것이며, 후자는 정치적 관점에서 바람직한 것이다.

1998년 재정적자는 사라졌고, 20년 만에 처음으로 연방 재정수지가 흑자를 기록했다. 재정적자 감소의 모든 것이 '예산강제법'에 기인한 것은 아니었다. 냉전의 종결에 따른 국방비 감소와 1990년대 후반의 강한 경기확장에 따른 대규모의 세수 증가가 중요한 요인이었다. 그러나 다른 지출의 증가보다 국방비 지출감소와 증세가 적자감축에 확실하게 사용되도록 만드는 데 있어 재정규칙이 중요한 역할을 했다는 점에 광범위한 동의가 존재한다.

그러나 일단 재정흑자가 발생하자 미 의회는 점점 자신의 규칙에서 기꺼이 이탈했다. 지출상한제는 체계적으로 무시되었고 PAYGO 규칙은 2002년에 종료되었다. 이 사례나 FOCUS '유로 지역 재정규칙: 짧게 본 역사'가 주는 교훈은 규칙이 도움이 될 수는 있지만, 정책 당국자의 결단력 부족을 대체할 수 없다는 것이다.

## 요약

- 거시경제 정책의 효과는 항상 불확실하다. 이러한 불확실성을 고려할 때 정책 당국자로 하여금 더 주의 깊고 덜 적극적인 정책을 사용하게 해야 한다. 정책은 지속적인 경기침체의 회피, 과열의 완화, 인플레이션 압력의 회피 등 광범위한 목표를 추구해야 한다. 실업률이나 인플레이션율이 높을수록 정책은 더 적극적이 되어야 한다. 그러나 일정한 실업률이나 일정한 경제성장률을 유지하려는 미세조정은 피해야 한다.
- 거시경제 정책을 사용해 경제를 통제하는 것은 기계를 통제하는 것과 근본적으로 다르다. 기계와 달리 경제는 정책 당국자가 하려는 것이 무엇인지를 기대하려 하고, 현재의 정책뿐만 아니라 미래 정책에 대한 기대에도 반응하는 사람들과 기업으로 구성된다. 이런 의미에서 거시경제 정책은 정책 당국자와 경제 내 사람들 간의 게임으로 생각될 수 있다.
- 게임을 할 때 경기 참여자들이 활용할 수 있는 일부 옵션을 포기하게 하는 것이 때때로 더 나을 수 있다. 예를 들어 인질 상황이 발생할 때 인질범과 협상하는 것이 더 좋다. 그러나 인질범과 협상하지 않는다는 것을 신뢰성 있게 약속하는 정부, 즉 협상의 옵션을 포기하는 정부는 인질 상황이 발생하는 것을 실제로 억제할 가능성이 더 높다.
- 동일한 주장이 거시경제 정책의 다양한 측면에 적용된다. 자연율 아래로 실업률을 하락시키는 통화 정책을 사용하지 않는다고 신뢰성 있게 약속함으로써 중앙은행은 통화 증가율이 높아질 것이라는 우려를 덜 수 있고, 그 과정에서 기대와 실제 인플레이션이 감소할 것이다. 동태적 비일관성 문제가 관련된 경우 정책 당국자에 대한 엄격한 제약, 예를 들어 통화 정책의 경우 고정된 통화 증가율 규칙은 하나의 대체적 해법이 될 수 있다. 그러나 이 해법이 거시경제 정책의 사용을 막는다면 큰 비용이 발생할 수 있다. 더 나은 방법은 거시경제 정책 수단으로서 통화 정책의 사용을 없애지 않고 동태적 비일관성 문제를 경감할 수 있는 양질의 제도(예: 독립적인 중앙은행)를 설계하는 것이다.
- 정책 당국자들이 대중 혹은 (정당) 서로 간에 게임을 할 수 있으며, 이 게임은 바람직하지 않은 결과로 이어질 수 있다는 점도 정책 당국자들에 대한 제약을 부과할 이유가 된다. 정치인들은 단기에 편익을 낳지만, 장기적으로 대규모 비용, 예를 들어 대규모 재정적자를 초래하는 정책을 선택함으로써 단기에만 집중하는 유권자들을 속이려 할 수 있다. 정당들은 다른 정당이 조정을 하고 비난을 받을 것이라는 희망에서 고통스러운 결정을 지연할 것이다. 이 상황에서 정책에 대한 엄격한 제약, 예를 들어 균형예산을 의무화하는 헌법 수정은 하나의 대안을 제공할 것이다. 그러나 통상적으로 더 나은 제도 그리고 정책과 결정이 이루어지는 과정에 대한 더 나은 설계 방식을 갖는 것이 우월한 대안이다. 그러나 미국과 유럽연합에서 보듯이 이러한 재정체계의 설계와 일관성 있는 집행은 현실적으로 매우 어려운 것으로 나타나고 있다.

## 핵심용어

게임(game)
게임 이론(game theory)
공급측면 이론(supply side theory)
독립적 중앙은행(independent central bank)
동태적 비일관성(time inconsistency)
미세조정(fine tuning)
부채 지속 가능성 분석(debt sustainability analysis, DSA)
소모전(wars of attrition)
안정 및 성장을 위한 협약(Stability and Growth Pact, SGP)
재정협약(Fiscal compact)
전략적 상호작용(strategic interaction)
정치적 경기변동(political business cycle)
지출상한(spending cap)
참여자(players)
최적 제어(optimal control)
최적 제어 이론(optimal control theory)
PAYGO 규칙(PAYGO rule)

## 연습문제

### 기초문제

1. 이 장의 내용에 기초하여 다음에 대해 '사실', '거짓' 또는 '불확실' 여부를 밝히고, 그 이유를 간단히 설명하라.
   a. 통화 정책은 효과에 있어 상당한 불확실성이 존재하므로 사용하지 않는 편이 좋다.
   b. 정책금리 1%p 인하는 사용된 모델에 따라 금리 인하 연도에 경제성장률을 최소 0.1%p 높이는 것으로 추정된다.
   c. 정책금리 1%p 인하는 사용된 모델에 따라 금리 인하 연도에 경제성장률을 최대 2.1%p 높이는 것으로 추정된다.
   d. 낮은 실업률을 원한다면 민주당 출신을 대통령으로 선출하라.
   e. 미국에서 정치적 경기변동에 대한 분명한 증거가 존재한다. 선거 기간 중에는 실업률이 낮고 나머지 기간에는 실업률이 높다.
   f. 미국의 재정지출 규칙은 재정적자 축소에 효과적이지 못했다.
   g. 유럽의 균형예산규칙은 재정적자를 제한하는 데 효과적이었다.
   h. 정부는 인질범들과는 협상이 없다는 정책을 발표하는 것이 현명하다.
   i. 정부가 비협상 정책을 발표했다 해도 인질 상황이 일단 발생하면 인질범과 협상하는 것이 분명히 현명하다.
   j. 보다 독립적인 중앙은행을 가진 국가가 일반적으로 인플레이션을 낮춘다는 증거가 있다.
   k. '야수 굶겨 죽이기' 재정 정책에서는 감세 전에 지출 삭감이 이루어진다.

2. 정치적 경기변동의 구체화

   여러분이 새로이 선출된 대통령에 대한 경제자문관이라 하자. 4년 뒤에 다시 선거를 치를 것이다. 유권자들은 낮은 실업률과 낮은 인플레이션율을 원한다. 그러나 투표결정은 선거 전년의 실업률과 인플레이션율의 크기에 크게 영향을 받는다. 취임 후 처음 3년간의 경제성과는 투표 행태에 사소한 영향을 미친다. 작년의 인플레이션율이 10%이고 실업률은 자연율과 같다고 하자. 필립스 곡선은 다음과 같다.

$$\pi_t = \pi_{t-1} - \alpha(u_t - u_n)$$

   재정 및 통화 정책을 사용해서 다음 4년 각각에 대해 원하는 실업률은 어떤 수준이라도 달성할 수 있다고 가정하자. 여러분의 임무는 대통령을 도와 임기 4년 동안 낮은 실업률과 낮은 인플레이션율을 달성하는 것이다.

   a. 다음 선거 전년(지금으로부터 4년째)에 낮은 실업률(자연율을 하회하는 실업률)을 달성하려 한다고 하자. 4년 차에 인플레이션율은 어떻게 되겠는가?
   b. 문제 a에서 구한 인플레이션에 대한 영향을 고려한다면 4년 차에 낮은 인플레이션을 달성하기 위해 대통령에게 집권 초기에 무엇을 권고하겠는가?
   c. 이제 필립스 곡선이 다음과 같다고 하자.

$$\pi_t = \pi_t^e - \alpha(u_t - u_n)$$

   이에 더해 사람들의 기대인플레이션 $\pi_t^e$의 형성은 (전년의 인플레이션만 살펴보는 것이 아니라) 미래에 대한 고려에 기초하며, 대통령은 위의 문제 a와 b에서 발견한 정책을 수행할 유인을 갖는다고 가정하자. 문제 a와 b에 설명된 정책은 성공적이겠는가? 그 이유는 무엇인가?

3. 정부가 헌법을 수정해서 정부 관료가 테러리스트와 협상하는 것을 금지했다고 하자.

   이 정책의 장점과 단점은 무엇인가?

4. 1989년에 뉴질랜드는 낮은 인플레이션의 달성을 유일한 목표로 삼기 위해 중앙은행의 헌장을 다시 제정했다.

   뉴질랜드가 이러한 일을 한 이유는 무엇인가?

5. 2018년에 뉴질랜드는 높은 고용과 낮은 인플레이션을 목표에 포함하도록 중앙은행의 헌장을 다시 제정했다. 2023년 아르헨티나에서는 하비에르 밀레이가 아르헨티나 페소를 달러로 대체하는 등 급진적인 경제 개혁을 공약으로 내세워 대통령에 당선되었다.

   아르헨티나에서 달러라이제이션이 합리적인 정책이 될 수 있는 이유와 뉴질랜드에서 높은 고용 유지를 위해 중앙은행의 임무를 확대하는 것이 합리적인 정책이 될 수 있는 이유는 무엇인가? 필요한 경우 아르헨티나 통화 역사에 대한 배경지식은 20장의 FOCUS '아르헨티나의 통화위원회'를 읽어보라.

## 심화문제

6. 정치적 기대, 인플레이션 그리고 실업

민주당과 공화당의 두 정당을 가진 국가를 고려하자. 민주당은 공화당보다 실업률에 더 유념하고, 공화당은 민주당보다 인플레이션에 더 유념한다. 민주당 정권이 들어서면 $\pi_D$의 인플레이션을 선택하고, 공화당이 정권을 잡으면 $\pi_R$의 인플레이션율을 선택한다. 다음을 가정하자.

$$\pi_D > \pi_R$$

필립스 곡선 관계는 다음과 같다.

$$\pi_t = \pi_t^e - \alpha(u_t - u_n)$$

선거가 예정되어 있다. ($\pi_t^e$로 나타나는) 내년의 인플레이션에 대한 기대는 선거 이전에 형성된다고 하자. (본질적으로 이 가정은 내년의 임금이 선거 전에 결정된다는 것을 의미한다.) 더욱이 민주당과 공화당이 선거에서 이길 가능성은 똑같다고 하자.

a. 기대인플레이션율을 $\pi_D$와 $\pi_R$로 나타내라.

b. 민주당이 선거에 이겨 목표인플레이션율 $\pi_D$를 실제로 집행한다고 하자. 문제 a의 기대인플레이션에 대한 답에 기초해 볼 때 실업률은 자연율에 대비할 때 어떻게 되겠는가?

c. 공화당이 선거에 이겨 목표인플레이션율 $\pi_R$을 실제로 집행한다고 하자. 문제 a의 기대인플레이션에 대한 답에 기초해 볼 때 실업률은 자연율에 대비할 때 어떻게 되겠는가?

d. 이 결과들은 표 21-1의 증거와 맞아떨어지는가? 그 이유는 무엇인가?

e. 이제 모두 민주당이 선거에서 이길 것으로 기대한다고 하고 실제로 민주당이 이겼다고 하자. 민주당이 자신의 목표인플레이션율을 집행하면 실업률은 자연율과 비교할 때 어떻게 되겠는가?

f. 중앙은행이 인플레이션 목표치를 설정하며, 중앙은행이 독립적이어서 누가 선거에서 이기느냐에 따라 통화 정책이 영향을 받지 않는다면 공화당과 민주당의 선호가 중요한가? 연준이 진정으로 독립적이라면 표 21-1의 결과를 어떻게 설명할 수 있을까?

7. 죄수의 딜레마 게임과 재정적자 감축

재정적자가 있다고 하자. 재정적자 감축은 군비지출 감소나 복지 프로그램의 축소 또는 두 가지를 동시에 감축함으로써 달성될 수 있다. 민주당은 복지 프로그램의 축소를 지지할지 여부를 결정해야 한다. 공화당은 국방비 지출 감축을 지지할지 여부를 결정해야 한다.

가능한 결과는 다음 표로 나타낼 수 있다.

| | | 복지 프로그램 축소 | |
|---|---|---|---|
| | | 찬성 | 반대 |
| 국방비 감축 | 찬성 | ($R$=1, $D$=−2) | ($R$=−2, $D$=3) |
| | 반대 | ($R$=3, $D$=−2) | ($R$=−1, $D$=−1) |

이 표는 다양한 결과하에서 각 정당이 얻게 되는 이득을 보여준다. 이득은 주어진 결과에서 각 정당이 얻는 행복의 측정치라고 생각하자. 예를 들어 민주당이 복지 프로그램 축소에 찬성하고 공화당이 국방비 감축에 반대한다면, 공화당은 3의 이득을, 민주당은 −2의 이득을 얻는다.

a. 공화당이 국방비 감축을 결정할 경우 민주당의 최선의 대응은 무엇인가? 이런 대응에 기초해 볼 때 공화당의 이득은 무엇인가?

b. 공화당이 국방비 감축에 반대할 경우 민주당의 최선의 대응은 무엇인가? 이런 대응에 기초해 볼 때 공화당의 이득은 무엇인가?

c. 공화당은 어떤 선택을 할 것인가? 민주당은 어떠한가? 재정적자는 줄어들 수 있는가? 그 이유는 무엇인가? (이 문제와 같은 이득 구조 그리고 방금 설명한 것과 같은 결과를 초래하는 게임은 '죄수의 딜레마'로 알려져 있다.) 성과를 개선하는 방법이 있는가?

## 보충문제

8. 뉴스에서의 게임, 사전 공약과 동태적 비일관성

현재 발생하는 경제적 사건들은 정당들이 게임 상황에 있고 사전에 일련의 행동에 스스로 공약하려 하며 동태적 일관성 문제에 직면하고 있음을 보여주는 풍부한 쟁점의 사례를 제공한다. 국내의 정치적 과정, 국제 문제 그리고 노사관계가 대표적인 사례이다.

a. 살펴볼 만한 당면한(또는 최근에 해소된) 쟁점을 선택하라. 논쟁에 관련된 문제, 현재까지 각 정당이 취한 행동 그리고 각 정당의 현재 대응 상황을 알기 위해 인터넷을 검색하라.

b. 어떤 방식으로 정당들은 미래의 일정한 행동에 대해 공약하려 하는가? 이들은 동태적 비일관성 문제에 직면하고 있는가? 정당은 자신들이 위협했던 행동을 행동에

옮기는 데 실패했는가?

c. 쟁점은 죄수의 딜레마(문제 7에서 설명한 바와 같은 이득 구조를 가진 게임)를 닮았는가? 다시 말해 각 정당의 개별적 유인이 우호적이지 못한 결과, 즉 협조를 통해 두 정당 모두 개선될 수 있는 결과를 초래할 것처럼 보이는가? 성공적인 협상이 존재하는가? 각 정당이 협상하도록 하기 위해서는 어떻게 해야 하는가?

d. 쟁점은 어떻게 해소될 수 있는가? (또는 어떻게 해소되어 왔는가?)

9. 연방준비이사회를 규제하는 법안

1977년 도입한 연방준비제도법(Federal Reserve Act, 1978년, 1988년, 2000년 개정)은 미 연준의 운영을 지배한다.

a. 이 법안에서 발췌한 다음 조항은 미 연준의 정책목표를 분명히 하는가?

**2B절. 통화 정책 목표**

연방준비제도이사회와 연방공개시장위원회(Federal Open Market Committee)는 최대 고용, 물가안정, 적절한 장기 이자율의 목표를 효과적으로 촉진하기 위해 생산 증가를 위한 경제의 장기적 잠재력에 비례하여 통화신용 총액의 장기적 증가를 유지해야 한다.

b. 이 법안에서 발췌한 다음 조항은 그림 21-3에 나타난 미국의 입장과 일치하는가?

**2B절. 의회에의 출석과 보고**

(a) 의회에의 출석

일반적으로 이사회 의장은 2항에 명시된 바와 같이 통화 정책의 수행과 관련하여 이사회와 연방공개시장위원회의 노력, 활동, 목표, 계획과 B. 부속 조항(b)에서 요구되는 보고서에 기술된 미래 경제 추이와 전망과 관련하여 의회의 반기청문회에 출석해야 한다.

**10절. 연방준비제도이사회**

1. 이사의 임명 및 자격

연방준비제도이사회(이하 '이사회')는 1935년 은행법 제정 이후 상원의 권고와 동의를 얻어 대통령이 임명하는 7명의 14년 임기의 이사로 구성한다.

# 재정 정책: 종합

# 22

선진국의 GDP 대비 부채 비율은 2001년 45%에서 2022년 81%로 높아졌다. 이탈리아는 133%, 일본은 162%에 달하는 등 일부 국가에서는 훨씬 높았다. 각국 정부가 직면한 주요 거시경제적 문제는 이러한 비율을 줄여야 하는지, 줄여야 한다면 어느 정도의 속도로 줄여야 하는지이다.

이 장의 목적은 지금까지 재정 정책에 대해 배운 것을 검토하고, 재정적자와 부채의 동학을 더 깊이 탐구하며, 높은 부채의 비용을 논의하고, 앞의 질문에 대한 잠정적 답을 찾는 것이다.

◀ 이 수치는 다른 국가 기관이 보유한 정부부채와 국가가 보유한 금융자산을 상쇄한 '순부채' 비율에 해당한다. 뉴스에서 종종 보도되는 '총부채' 비율은 이러한 조정이 이루어지지 않고 훨씬 더 높을 수 있다. 예를 들어 2022년 일본의 총부채 비율은 261%인 반면, 순부채는 162%였다. 자세한 내용은 22-5절에서 확인할 수 있다.

**22-1** 이 책에서 지금까지 재정 정책에 대해 배운 바를 정리한다.

**22-2** 정부의 예산제약식을 더 자세히 살펴보고 재정적자, 이자율, 성장률 그리고 정부채권 간의 관계에 제공하는 시사점을 검토한다.

**22-3** 정부의 예산제약이 중심적 역할을 하는 세 가지 재정 정책 문제를 검토한다. 여기에는 재정적자가 실질적으로 중요하지 않다는 명제, 경기변동기에 재정 정책을 어떻게 운영해야 하는지 그리고 정부채무 조달에 있어 조세와 국채 발행 간의 선택 문제가 포함된다.

**22-4** 증세, 고이자율, 고인플레이션 등 과도한 국가채무와 관련된 위험을 논의한다.

**22-5** 오늘날 미국 재정 정책이 직면하고 있는 도전을 다룬다.

**이 장의 핵심 주제 :** 재정 정책은 강력한 거시경제 정책 도구가 될 수 있다. 재정 정책을 사용할 때는 단기, 중기 및 장기 효과에 대해 모두 생각해야 한다. ▶▶▶

## 22-1 재정 정책: 지금까지 학습한 내용과 현 위치

재정 정책에 대해 지금까지 배운 것을 정리해 보자.

- 3장에서는 단기에서 수요와 산출을 결정하는 데 있어 정부지출의 역할을 살펴보았다.

  단기에 재정팽창, 즉 정부지출 증가나 감세는 산출을 증가시킨다는 것을 보았다.

- 5장에서는 재정 정책의 산출과 이자율에 대한 단기적 효과를 살펴보았다.

  재정축소가 처분가능소득을 감소시켜 사람들이 소비를 줄이는 것을 보았다. 이어서 수요 감소는 승수 효과를 통해 산출과 소득을 감소시킨다. 정책금리가 일정할 때 재정긴축은 결국 산출감소로 이어진다. 그러나 중앙은행의 정책금리 인하는 재정긴축의 부정적 영향을 부분적으로 상쇄할 수 있다.

- 6장에서는 글로벌 금융위기 상황에서 재정 정책이 어떻게 산출감소를 제한하는 데 사용되었는지 보았다.

  경제가 유동성 함정에 빠졌을 때 금리를 인하해도 산출을 증가시킬 수 없으므로 재정 정책이 중요한 역할을 하게 된다는 것을 알았다. 그러나 지출 증가와 세금 삭감은 경기침체를 피하기에 충분하지 못했다.

- 9장에서는 단기와 중기에서의 재정 정책의 효과를 살펴보았다.

  중기(즉, 자본량은 여전히 주어진 대로 일정하지만 물가의 조정은 허용하는 기간)에서 재정건전화는 산출에 영향을 미치지 않지만, 지출의 다른 구성 요소에 반영된다는 것을 배웠다. 그러나 단기에 산출은 감소한다. 즉, 산출이 잠재 수준인 상황에서 다른 관점에서는 바람직했더라도 재정건전화는 초기에 경기침체로 이어진다.

- 11장에서는 장기에 있어 민간저축과 공공저축을 포함한 저축이 자본 축적과 산출 수준에 영향을 미친다는 것을 살펴보았다.

  장기에서 자본 축적을 고려할 경우 재정적자 증가와 그에 따른 국민저축률 감소는 자본 축적을 위축시켜 일시적인 성장 감소와 산출 하락을 가져온다는 것을 보았다.

- 16장에서는 재정 정책의 단기적 효과로 돌아가 조세와 정부지출을 통한 직접적 효과뿐만 아니라 기대에 대한 파급 효과도 고려했다.

  재정 정책의 효과는 미래의 재정 정책과 미래의 통화 정책에 대한 기대에 의존한다. 특히 재정긴축은 경우에 따라 사람들이 미래의 처분가능소득 증가를 기대함에 따라 단기에서조차 산출 증가를 유발할 수 있다는 것을 보았다.

- 18장에서는 재화시장이 개방된 경제에서 재정 정책의 효과를 살펴보았다.

  재정 정책의 산출과 무역수지에 대한 파급 효과와 재정적자와 무역적자 간의 관계를 검토했다.

- 19장에서는 재화와 금융시장이 모두 개방된 경제에서 재정 정책의 역할을 살펴보았다.

국제 자본 이동이 존재하는 경우 재정 정책의 효과는 환율제도에 의존한다. 재정 정책은 변동환율제하에서보다 고정환율제하에서 산출에 훨씬 더 강한 영향을 미친다는 것을 보았다.

- 21장에서는 정책 효과에 대한 불확실성부터 동태적 일관성과 신뢰성까지 정책 당국자가 일반적으로 접하는 문제를 검토했다. 이러한 문제는 통화 정책뿐만 아니라 재정 정책 분석에서도 발생한다. 지출상한제, 균형예산에 대한 헌법 수정 등 재정 정책 집행에 대한 제약의 장점과 단점을 검토했다.

이 결론들을 도출하는 데 있어 지금까지는 부채, 재정적자, 지출, 조세 간의 관계에 대한 정부예산제약을 자세히 검토하지 않았다. 그러나 이러한 관계는 오늘날 우리의 상황에 어떻게 도달했는지 그리고 정책 당국자가 직면한 문제가 무엇인지를 이해하는 데 중요하다. 이 점이 다음 절에서 다룰 주제이다.

## 22-2 정부의 예산제약: 재정적자, 부채, 지출, 조세

균형예산에서 출발해 정부가 세금을 인하함에 따라 재정적자가 발생했다고 하자. 시간이 흐르면서 정부채무에는 어떤 일이 발생하는가? 정부는 후에 세금을 인상할 필요가 있는가? 만약 그렇다면 얼마나 인상해야 하는가?

◀ 적자와 부채를 혼동하지 말라(많은 저널리스트와 정치인이 혼동한다). 부채는 저량으로, 정부가 과거 적자의 결과로 진 빚이다. 재정적자는 해당 연도 동안 정부가 빌린 금액이다.

### 재정적자와 채무의 계산

이러한 질문에 답하려면 재정적자의 정의에서 출발해야 한다. $t$년도의 재정적자는 다음과 같이 나타낼 수 있다.

$$\text{재정적자}_t = rB_{t-1} + G_t - T_t \qquad (22.1)$$

모든 변수는 물가의 영향을 배제한 실질 변수이다.

- $B_{t-1}$은 $t-1$년도 말 또는 $t$년도 초의 정부채무이고, $r$은 실질이자율로서 일정한 값을 갖는다고 가정된다. 따라서 $rB_{t-1}$은 $t$년도의 정부부채에 대한 실질 이자지급이다.
- $G_t$는 $t$년도에서의 정부의 재화와 용역에 대한 지출이다.
- $T_t$는 $t$년도의 조세수입에서 이전지출을 차감한 것이다.

◀ 이전지출은 실업급여나 메디케어와 같은 개인에 대한 정부의 이전지출이다.

이를 말로 표현하면 재정적자는 정부부채에 대한 이자지급을 포함한 정부지출에서 이전지출을 차감한 조세수입을 뺀 값과 같다.

식 (22.1)의 두 가지 특성에 주의하자.

- 이자지급은 실제 이자지급액(명목이자율에 기존 부채를 곱한 금액)보다는 실질 이자지급

(실질이자율에 기존 부채를 곱한 금액)으로 측정한다. FOCUS '인플레이션 회계와 재정적자의 측정'에 나타나 있듯이 이런 방식으로 해야 이자지급액을 올바르게 계산할 수 있다. 그러나 재정적자의 공식적 수치는 (명목) 이자지급액을 사용하므로 부정확하다. 인플레이션율이 높을 때 공식적 측정치는 상당히 잘못된 판단으로 이끌 수 있다. 적자의 올바른 측정치는 때때로 **인플레이션 조정 재정적자**(inflation-adjusted deficit)라 불린다.

- 앞서 재화와 용역에 대한 정부지출을 $G$로 정의했던 것과 일관성을 유지하기 위해 $G$는 이전지출을 포함하지 않는다. 이전지출은 대신 $T$에서 차감되며, 이에 따라 $T$는 조세수입에서 이전지출을 차감한 값을 나타낸다. 정부지출에 대한 공식적 측정치는 재화와 용역의 지출에 이전지출을 더하며, 수입은 이전지출을 차감한 조세수입이 아니라 조세수입으로 단순하게 정의한다.
- 이것들은 단지 회계 관행일 뿐이다. 이전지출을 지출에 더했는지 아니면 조세수입으로부터 차감했는지의 여부는 $G$와 $T$의 측정에 차이를 유발하지만, 분명히 $G-T$에는 영향을 미치지 않고, 따라서 재정적자의 측정에는 영향을 미치지 않는다.

$G$를 정부의 재화와 용역에 대한 지출, $Tr$을 이전지출, $Tax$를 총세금이라 하자. 단순화를 위해 이자지급 $rB$는 0으로 두어 식에서 제외하자. 이 경우 다음과 같다.
재정적자=$G+Tr-Tax$
이는 두 가지 대등한 방식으로 나타낼 수 있다. (1) 재정적자=$G-(Tax-Tr)$: 재정적자는 재화와 용역에 대한 지출에서 순조세(세금−이전지출)를 차감한 값과 일치한다. 본문은 이 방식을 따랐다. 또는 이렇게도 쓸 수 있다. (2) 재정적자=$(G+Tr)-Tax$: 공식통계는 이 방식을 따른다(이 책의 부록 1 표 A1-4 참조).

결국 **정부예산제약**(government budget constraint)은 단순하게 $t$년도의 정부부채의 변화가 $t$년도에서의 재정적자와 일치함을 말한다.

$$B_t - B_{t-1} = 재정적자_t$$

정부가 적자를 보이면 세입을 넘어서는 초과지출에 필요한 자금을 차입하므로 정부부채는 증가한다. 정부가 흑자를 보이면 예산흑자를 채무 상황에 사용하므로 정부부채가 감소한다.

재정적자의 정의[식 (22.1)]를 사용해 정부예산제약은 다음과 같이 나타낼 수 있다.

$$B_t - B_{t-1} = rB_{t-1} + G_t - T_t \tag{22.2}$$

정부예산제약은 정부부채의 변화를 최초의 부채 수준(이는 이자지급 규모에 영향을 미친다)과 현재의 정부지출 그리고 조세수입에 연결한다. 재정적자를 두 항의 합으로 분해하는 것이 대개 편리하다.

- 부채에 대한 이자지급, $rB_{t-1}$
- 지출과 조세수입의 차, $G_t - T_t$. 이 항은 **기초 재정적자**(primary deficit)라 불린다[마찬가지로 $T_t - G_t$는 **기초 재정흑자**(primary surplus)라 불린다].

이러한 분해를 사용해 식 (22.2)는 다음과 같이 나타낼 수 있다.

$$\overbrace{B_t - B_{t-1}}^{\text{부채변화}} = \overbrace{rB_{t-1}}^{\text{이자지급}} + \overbrace{(G_t - T_t)}^{\text{기초 재정적자}}$$

$B_{t-1}$ 항을 우변으로 옮겨 다시 정리하면 다음과 같다.

## 인플레이션 회계와 재정적자의 측정

재정적자에 대한 공식적 측정치, 즉 공식적 재정적자는 (여기서는 불필요한 시간 첨자를 제외하고) 명목이자지급액 $iB$에 재화와 용역에 대한 지출 $G$를 더하고 이전지출을 제외한 세금 $T$를 차감하면 구할 수 있다.

$$\text{공식적 재정적자} = iB + G - T$$

이는 정부의 현금흐름에 대한 정확한 측정치이다. 양의 값을 보인다면 정부는 수입보다 많은 지출을 하는 것이고, 이에 따른 새로운 부채를 발행해야 한다. 음이라면 정부는 이전에 발행한 채권을 되산다.

그러나 이는 '실질부채의 변화'를 나타내는 정확한 측정치는 아니다. 즉, 달러가 아니라 재화를 기준으로 해서 정부가 갚아야 하는 부채의 변화를 나타낸 것이 아니다.

그 이유를 파악하기 위해 다음의 예를 살펴보자. 재정적자에 관한 공식적 측정치가 0과 같아 정부는 부채를 발행하지도 상환하지도 않는다고 하자. 명목부채는 결과적으로 일정하다. 이제 인플레이션율이 양의 값을 가져 10%라고 하자. 이 경우 연말이 되면 부채의 실질가치는 10% 감소한다. 만약 마땅히 그래야 하듯 재정적자를 정부부채의 실질가치의 변화로 정의하면, 부채는 1년에 걸쳐 실질부채를 10% 감소시킨 것이다. 다시 말해 사실상 초기 부채 규모의 10%에 달하는 재정흑자를 기록한 셈이 된다.

보다 일반적으로 $B$를 부채, $\pi$를 인플레이션율이라 하면 재정적자의 공식적 측정치는 올바른 측정치를 $\pi B$만큼 과도하게 나타낸 것이다. 다시 말해 재정적자의 올바른 측정치는 공식적 측정치에서 $\pi B$만큼을 차감함으로써 구해진다.

$$\begin{aligned}\text{재정적자의 올바른 측정치} &= iB + G - T - \pi B \\ &= (i - \pi)B + G - T \\ &= rB + G - T\end{aligned}$$

여기서 $r = i - \pi$는 (실현된) 실질이자율이다. 그렇다면 재정적자의 올바른 측정치는 실질이자지급액에 정부지출을 더하고 이전지출을 제외한 세금을 차감한 값이다.

재정적자에 관한 공식적 측정치와 올바른 측정치 간의 차이는 $\pi B$와 같다. 따라서 인플레이션율 $\pi$가 높을수록 또는 부채 $B$의 수준이 높을수록 공식적 측정치는 정확도가 떨어진다. 인플레이션율과 부채가 모두 높은 국가에서는 사실상 실질 정부부채가 감소하고 있을 때 공식적 측정치는 매우 큰 규모의 재정적자를 기록할 수 있다. 재정 정책의 상황에 대한 결론에 도달하기에 앞서 항상 인플레이션에 대한 조정을 해야 하는 이유가 바로 여기에 있다.

그림 1은 1969년 이후 미국의 (연방) 재정적자에 대한 공식적 측정치와 인플레이션율이 조정된 측정치를 보여준다. 공식적 측정치는 1970~1997년까지 매년 재정적자가

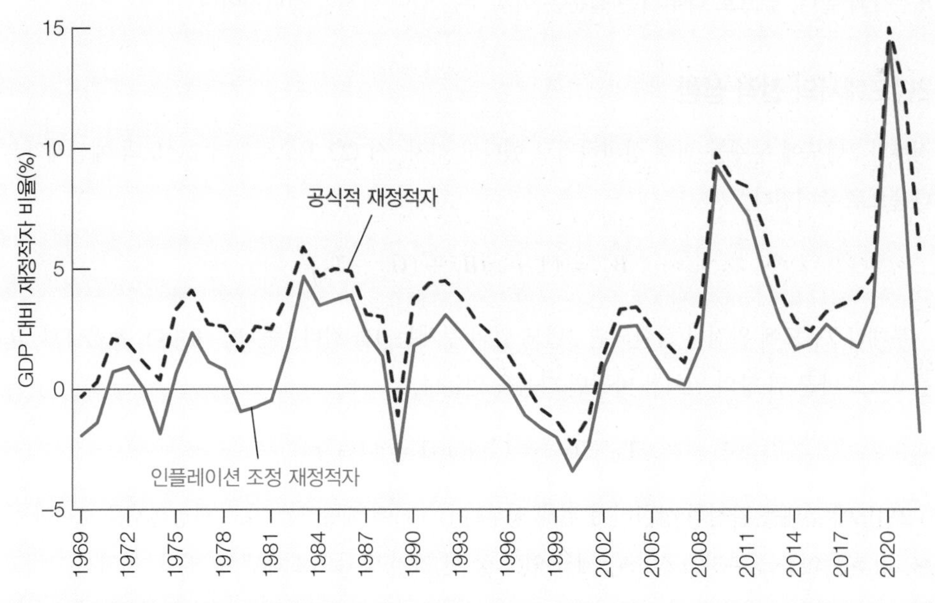


**그림 1**

**미국의 GDP 대비 연방재정적자에 대한 공식적 측정치와 인플레이션 조정 측정치(1969년 이후)**

출처: FRED: GDP price deflator: (A191RI1Q225SBEA) and Table B–46 *Economic Report of the President*, 2022.

발생했음을 보여준다. 대신에 인플레이션이 조정된 측정치는 1970년대 말까지 적자와 흑자가 번갈아 가며 발생했음을 보여준다. 하지만 두 측정치 모두 재정적자가 1980년대에 얼마나 악화되었으며, 1990년대에는 어떻게 상황이 개선되었는지, 그리고 2000년 이후 어떻게 다시 악화되었는지를 보여준다. 마지막으로 이 기간의 맨 마지막에 두 측정치 사이에 큰 차이가 있다는 점에 주목하자. 2022년 공식 적자는 5.8%였다. 그러나 2022년의 높은 인플레이션을 감안하면 인플레이션 조정으로 인해 재정적자는 1.8%의 흑자로 전환되었다.

이는 인플레이션이 (적어도 부채를 줄이기를 원할 때) 마법의 지팡이라는 것을 의미하는가? 그렇지 않다. 2022년의 특징 중 하나는 명목이자율이 실제 인플레이션보다 훨씬 낮았기 때문에 인플레이션 조정이 명목이자 지급에 비해 컸다는 것이다. 일반적으로 명목금리가 인플레이션과 대체로 같이 움직인다면 명목금리가 높아짐에 따라 공식 적자액이 더 높아지고, 인플레이션이 높아지기 때문에 인플레이션 조정이 더 높아질 것이다. 효과는 대략적으로 상쇄될 것이다.

$$B_t = (1+r)B_{t-1} + \overbrace{(G_t - T_t)}^{\text{기초 재정적자}} \qquad (22.3)$$

이 관계는 $t$년도 말의 부채는 $(1+r)$과 $t-1$년도 말의 부채를 곱한 뒤 $t$년도 중의 기초 재정적자 $G_t - T_t$를 더한 값과 같음을 보여준다. 이 관계가 제공하는 시사점을 살펴보자. (이 절에서는 실질이자율이 양수라고 가정하며, 이 경우 기초 재정적자가 0이면 부채는 시간이 지남에 따라 증가한다. 이는 항상 그런 것은 아니며, 나중에 이 가정에 대해 다시 다룰 것이다.)

## 현재와 미래의 세금

1년간의 감세가 부채와 미래 세금의 경로에 제공하는 시사점을 살펴보자. 1년도 이전까지 정부가 균형예산을 유지해 왔다고 하자. 결과적으로 초기 부채는 0과 같다. 1년도 중에 정부는 세금을 1년간 1만큼(예: 10억 달러라고 간주하라) 감소시켰다고 하자. 따라서 1년도 말에 부채 $B_1$은 1과 같다. 앞으로 다루려는 질문은 이후 무슨 일이 발생할 것인지이다.

## 2년도에서의 전액 상환

정부가 2년도에 부채를 전액 상환하기로 했다고 하자. 식 (22.3)으로부터 2년도의 예산제약은 다음으로 주어진다.

$$B_2 = (1+r)B_1 + (G_2 - T_2)$$

부채가 2년도에 완전히 상환되면 2년도 말의 부채는 0과 같다. 즉, $B_2 = 0$이다. $B_1$을 1로, $B_2$를 0으로 바꾼 뒤 항의 위치를 바꾸면 다음을 얻는다.

$$T_2 - G_2 = (1+r)1 = (1+r)$$

2년도에 부채를 완전히 상환하기 위해 정부는 $(1+r)$에 해당하는 기초 재정흑자를 보여야 한다. 정부는 이를 정부지출 감소나 세금 인상 중 한 가지 방식으로 해낼 수 있다. 여기서 그리고 앞으로 조정은 조세를 통해 이루어진다고 가정하자. 결과적으로 지출 경로는 영향을 받지 않는

**그림 22-1**

**세금 인하, 부채 상환 그리고 부채 안정화**

(a) 부채가 2년도에 완전히 상환되려면 1년도의 1단위의 세금 인하는 2년도에 $(1+r)$과 같은 조세 증가가 필요하다. (b) 부채가 5년도에 완전히 상환되려면 1년도의 1단위의 세금 인하는 5년도에 $(1+r)^4$과 같은 조세 증가가 필요하다. (c) 부채가 2년도 이후 안정화되려면 세금은 2년도 이후 $r$만큼 항구적으로 상승해야 한다.

다. 1년도의 세금 감소는 2년도의 $(1+r)$만큼의 세금 증가로 상쇄되어야 한다.

◀ 2년도에 부채를 완전히 상환하면 다음과 같다.
$T_1$이 1만큼 감소 ⇒
$T_2$는 $1+r$만큼 증가

이 경우에 대응하는 조세와 부채의 경로는 그림 22-1(a)에 나타나 있다. 만약 부채가 2년도에 완전히 상환되려면 1년도의 세금 감소는 2년도에 $(1+r)$에 해당하는 세금 증가를 요구한다.

## $t$년도에서의 완전한 상환

이제 정부가 $t$년도까지 기다린 뒤 부채를 상환하기로 했다고 하자. 따라서 2년도부터 $t-1$년도까지 기초 재정적자는 부채에 대한 이자지급을 포함하지 않아 조세수입과 지출이 일치하므로 0과 같다.

2년도 중 기초 재정적자는 0과 같다. 따라서 식 (22.3)으로부터 2년도 말의 부채는 다음과 같다.

$$B_2 = (1+r)B_1 + 0 = (1+r)1 = (1+r)$$

여기서 두 번째 등호는 $B_1 = 1$이라는 사실을 사용한다.

3년도에 기초 재정적자가 여전히 0과 같으므로, 3년도 말의 부채는 다음과 같다.

$$B_3 = (1+r)B_2 + 0 = (1+r)(1+r)1 = (1+r)^2$$

이어서 4년도 말의 부채에 대해 풀고 이러한 과정을 반복하면 **정부가 기초 재정적자를 0으로 유지하는 한** 부채는 이자율과 같은 비율로 증가하며, 그에 따라 $t-1$년도 말의 부채는 다음과 같이 주어진다.

$$B_{t-1} = (1+r)^{t-2} \tag{22.4}$$

세금이 1년도에만 인하된다는 사실에도 불구하고 부채는 시간이 지남에 따라 이자율과 같은 율로 계속 증가한다. 이유는 간단하다. 기초 재정적자는 0과 같지만 부채는 이제 양의 값을 가지며, 그에 따라 부채에 대한 이자지급액 역시 양의 값을 갖는다. 매년 정부는 기존 부채에 대한 이자를 지급하기 위해 더 많은 정부채권을 발행해야 한다.

정부가 부채를 상환하기로 예정된 $t$년도에 예산제약은 다음과 같다.

$$B_t = (1+r)B_{t-1} + (G_t - T_t)$$

지수를 더하라. $(1+r)(1+r)^{t-2}=(1+r)^{t-1}$ 이 책의 부록 2를 참조하라.

부채가 $t$년도에 완전히 상환된다면 $t$년도 말의 부채 $B_t$는 0이다. $B_t$를 0으로 대체하고 $B_{t-1}$은 식 (22.4)로 바꾸어주면 다음이 성립한다.

$$0 = (1+r)(1+r)^{t-2} + (G_t - T_t)$$

식을 정리하고 $(G_t - T_t)$를 좌변으로 이동하면 다음과 같다.

$$T_t - G_t = (1+r)^{t-1}$$

5년도의 총상환액: $T_1$이 1만큼 감소 ⇒ $T_5$는 $(1+r)^4$만큼 증가

부채를 상환하기 위해서는 정부가 $t$년도에 $(1+r)^{t-1}$에 해당하는 기초 재정흑자를 기록해야 한다. 만약 이 조정이 조세를 통해 이루어지면 1년도의 1만큼의 최초의 세금 인하는 $t$년도 중의 $(1+r)^{t-1}$에 해당하는 세금 인상을 초래한다. 5년도에 부채가 상환되는 경우의 세금과 부채의 경로는 그림 22-1(b)에 주어져 있다.

이상의 예는 첫 번째 결론을 제시한다.

- 정부지출이 변화하지 않는다면 세금 인하는 결국 미래의 세금 인상으로 상쇄되어야 한다.
- 세금 인상 시점을 뒤로 미룰수록 또는 실질이자율이 높을수록, 정부의 궁극적 세금 인상 규모는 증가한다.

### 2년도에서의 부채 안정화

지금까지는 정부가 부채를 완전히 상환한다고 가정했다. 이제 정부가 세금을 안정시키는 데만 만족한다면 세금에 어떤 변화가 생겨나는지 살펴보자. (단, 여기서 부채를 안정화한다는 것은 세금이나 지출을 변화시켜 부채를 계속해서 일정하게 유지하는 것을 의미한다.)

정부가 2년도부터 부채를 안정화시키기로 결정했다고 하자. 2년도부터 부채를 안정화한다는 것은 2년도 말과 그 이후의 부채를 1년도 말의 부채 수준과 동일하게 유지한다는 것을 의미한다.

식 (22.3)으로부터 2년도의 예산제약은 다음과 같이 주어진다.

$$B_2 = (1+r)B_1 + (G_2 - T_2)$$

2년도에 부채가 안정화된다는 가정하에서 $B_2 = B_1 = 1$이 성립한다. 앞의 방정식에 이를 대입하면 다음과 같다.

$$1 = (1 + r) + (G_2 - T_2)$$

이를 정리하고 $(G_2 - T_2)$를 좌변으로 옮기면 다음과 같다.

$$T_2 - G_2 = (1 + r) - 1 = r$$

1년도에 부채가 더 증가하는 것을 막기 위해서는 정부가 기존 부채에 대한 실질이자지급액과 동일한 규모의 기초 재정흑자를 기록해야만 하며, 이어지는 각 연도에도 같은 조치를 취해야 한다. 각 연도에 이자지급액을 감당하기에 충분할 정도로 기초 재정흑자가 발생해야 부채 규모가 변하지 않는다. 세금과 부채의 경로는 그림 22-1(c)에 나타나 있다. 부채는 1년도부터 계속해서 1의 값으로 유지된다. 세금은 2년도부터 계속해서 $r$의 크기만큼 영원히 높아진다. 즉, 2년도부터 계속해서 정부는 $r$에 해당하는 기초 재정흑자를 보여야 한다.

◀ 2년도부터 부채를 안정화: $T_1$이 1만큼 감소 ⇒ $T_2$, $T_3$,…는 $r$로 증가

이 주장에 담긴 논리는 정부가 안정화를 시작하는 시점을 $t$년도까지 미루는 경우에도 그대로 확장된다. 부채의 안정화를 시작하는 순간부터 정부는 계속해서 부채에 대한 이자지급에 필요한 만큼 기초 재정흑자를 보여야 한다.

이 예는 두 번째 결론을 제공한다.

- 과거의 재정적자는 정부부채 증가라는 유산을 남긴다.
- 부채 안정화를 위해서는 정부가 재정적자를 소멸시켜야 한다.
- 재정적자를 소멸시키기 위해 정부는 기존 부채에 대한 이자지급과 같은 규모의 재정흑자를 기록해야 한다. 이는 세금이 항구적으로 높아질 것을 요구한다.

## 부채/GDP 비율의 추이

지금까지는 부채의 절대 규모(level) 추이에 초점을 맞춰왔다. 그러나 시간이 지남에 따라 산출이 증가하는 경제에서는 **부채/산출 비율**(ratio)에 초점을 맞추는 것이 더 적절하다.

이러한 초점의 변화가 앞서의 결론을 어떻게 수정하는지를 보기 위해서는 식 (22.3)으로부터 **부채/GDP 비율**(debt-to-GDP ratio), 간단히 **부채 비율**(debt ratio)의 추이를 보여주는 방정식으로 관심을 돌릴 필요가 있다.

부채 비율의 추이를 유도하기 위해서는 몇 가지 단계를 거쳐야 한다. 하지만 최종적으로 유도되는 방정식은 이해하기 쉬우므로 걱정할 필요가 없다.

우선 식 (22.3)의 양변을 실질산출 $Y_t$로 나누면 다음을 구할 수 있다.

$$\frac{B_t}{Y_t} = (1 + r)\frac{B_{t-1}}{Y_t} + \frac{G_t - T_t}{Y_t}$$

이어서 $B_{t-1}/Y_t$을 $(B_{t-1}/Y_{t-1})(Y_{t-1}/Y_t)$로 바꿔주면(즉, $Y_{t-1}$로 분자와 분모를 곱하면) 다음과 같이 구할 수 있다.

$$\frac{B_t}{Y_t} = (1+r)\left(\frac{Y_{t-1}}{Y_t}\right)\frac{B_{t-1}}{Y_{t-1}} + \frac{G_t - T_t}{Y_t}$$

이제 방정식의 모든 항은 산출 $Y$에 대한 비율로 표현되었다. 이 방정식을 단순화하기 위해 경제성장률이 $g$로 일정하다고 가정하면 $Y_{t-1}/Y_t$은 $1/(1+g)$로 쓸 수 있다. 아울러 $(1+r)/(1+g) \approx 1+r-g$라는 근사식을 적용하자.

$Y_t=(1+g)Y_{t-1}$에서 출발해 양변을 $Y_t$로 나누어 $1=(1+g)Y_{t-1}/Y_t$을 얻은 뒤 다시 정리하면 $Y_{t-1}/Y_t=1/(1+g)$을 얻는다.

이러한 근사는 이 책의 부록 2의 명제 6에 유도되어 있다.

이상의 두 가정을 사용하면 앞의 방정식은 다음과 같이 다시 나타낼 수 있다.

$$\frac{B_t}{Y_t} = (1+r-g)\frac{B_{t-1}}{Y_{t-1}} + \frac{G_t - T_t}{Y_t}$$

마지막으로 방정식을 정리하면 다음을 얻을 수 있다.

$$\frac{B_t}{Y_t} - \frac{B_{t-1}}{Y_{t-1}} = (r-g)\frac{B_{t-1}}{Y_{t-1}} + \frac{G_t - T_t}{Y_t} \qquad (22.5)$$

지금까지 많은 단계를 거쳤지만 마지막으로 나타난 관계는 해석이 단순하다.

시간이 지남에 따른 부채 비율의 변화(식의 좌변)는 두 항의 값과 같다.

- 첫 항은 실질이자율과 성장률의 차를 초기 부채 비율로 곱한 것이다.
- 둘째 항은 GDP 대비 기초 재정적자의 비율이다.

GDP 대비 부채 비율의 추이를 보여주는 식 (22.5)와 부채 규모 그 자체의 추이를 보여주는 식 (22.2)를 비교해 보자. 기초 재정적자(및 GDP 대비 기초 재정적자 비율)가 0이라고 가정하자. 이때 부채가 증가하느냐 감소하느냐는 이자율이 양수냐 아니냐에 달려 있다. 그러나 GDP 대비 부채 비율의 증가 또는 감소 여부는 이자율이 성장률보다 큰지 작은지에 따라 달라진다(자세한 내용은 22-5절 참조).

두 변수(여기서는 부채와 GDP)가 $r$과 $g$의 비율로 각각 증가하면 이들의 비율(여기서는 부채/GDP 비율)은 $(r-g)$의 비율로 증가한다. 이 책의 부록 2의 명제 8을 참조하라.

식 (22.5)는 다음과 같을 경우 GDP 대비 부채 비율의 증가율이 더 커질 것임을 시사한다.

- 실질이자율이 높을수록
- 경제성장률이 낮을수록
- 초기 부채 비율이 높을수록
- GDP 대비 기초 재정적자 비율이 높을수록

이 관계에 기초하여 FOCUS '제2차 세계대전 이후 각국은 어떻게 부채 비율을 감축했는가?'는 전후 매우 높은 부채 비율을 물려받은 정부가 낮은 실질이자율, 높은 성장률 그리고 기초 재정흑자의 결합을 통해 어떻게 부채 비율을 지속적으로 감축했는지를 보여준다. 다음 절은 지금까지의 분석이 다른 많은 재정 정책 문제의 이해에 있어서 어떻게 사용되는지를 보여준다.

## 제2차 세계대전 이후 각국은 어떻게 부채 비율을 감축했는가?

FOCUS

제2차 세계대전 이후 많은 국가들이 매우 높은 부채 비율을 보여 종종 GDP의 100%를 넘어섰다. 그러나 20~30년 후에 부채 비율은 훨씬 낮아져 종종 50%를 하회했다(21장에서 미국의 사례를 살펴봤었다). 어떻게 이렇게 되었는가? 답은 표 1에 있다.

표 1에는 4개국, 즉 호주, 캐나다, 뉴질랜드, 영국이 나타나 있다. 1열은 부채 비율이 하락했던 시기를 보여준다. 첫 해는 1945년이나 1946년이다. 마지막 해는 부채 비율이 가장 낮아진 해이다. 조정 기간은 캐나다의 13년부터 영국의 30년까지 다양하다. 2열은 기초와 기말의 부채 비율을 보여준다. 여기서 가장 두드러진 것은 영국이다. 초기 부채 비율은 1946년 GDP의 270%였는데, 인상적으로 하락하여 1974년에는 47%로 감소했다.

표의 수치를 해석하기 위해 식 (22.5)로 가보자. 이는 부채 비율을 하락시킬 수 있는 2개의 상호 배타적이지 않은 방식이 있음을 말해준다. 하나는 높은 재정흑자를 통해서이다. 예를 들어 $(r-g)$를 0이라 하자. 이 경우 일정 기간에 걸친 부채 비율의 하락은 그 기간의 GDP 대비 기초 재정흑자 비율의 단순합일 것이다. 다른 하나는 낮은 $(r-g)$를 통해서이다. 즉, 낮은 실질이자율이나 높은 성장률 또는 그 둘의 결합을 통해서이다.

이를 염두에 두고 3, 4, 5열은 각각 해당 기간에 있어서 GDP 대비 기초 재정수지 비율의 평균, GDP의 평균성장률 그리고 평균 실질이자율을 나타낸다.

우선 3열의 기초 재정수지를 보자. 4개국 모두 해당 기간에 평균적으로 기초 재정흑자를 실제로 기록했음에 주의하자. 그러나 동시에 이들 기초 수지는 부채 비율 하락에서 작은 비중을 차지한다는 점에도 주의하자. 예를 들어 영국의 경우를 보자. 해당 기간에 GDP 대비 기초 재정흑자 비율의 합계는 GDP 대비 2.1%×30=63%로서, GDP 대비 부채 비율 하락 규모(270%−47%=233%)의 1/3보다 작다.

이제 4열과 5열의 경제성장률과 실질이자율을 보자. 해당 기간에 성장률이 얼마나 높았고, 실질이자율이 얼마나 낮았는지 주목하자. 예를 들어 호주를 보자. 해당 기간에 $(r-g)$의 평균값은 −6.9%(=−2.3%−4.6%)였다. 이는 비록 기초 수지가 0이라 해도 부채 비율은 매년 6.9%만큼 하락했을 것임을 시사한다. 다시 말해 부채의 감소는 주로 기초 재정흑자의 결과가 아니라 지속적인 고성장과 지속적인 음의 이자율에 따른 결과였던 것이다.

이는 마지막 질문으로 이어진다. 실질이자율이 그렇게 낮은 이유는 무엇일까? 답은 6열에 있다. 해당 기간에 평균 인플레이션율은 상대적으로 높았다. 이러한 인플레이션율은 지속적으로 낮은 명목이자율과 결합하여 음의 실질이자율을 초래했던 것이다. 달리 말해 부채 비율 하락의 많은 부분은 채권 보유자에게 수년 동안 음의 이자율을 지급했기 때문에 가능했던 것이다.

**표 1** 제2차 세계대전 이후 부채 비율의 변화

| 국가 | 1 | 2 | 3 | 4 | 5 | 6 |
|---|---|---|---|---|---|---|
| | 기간(년) | 기초 및 기말 비율 | 기초 수지 | 경제성장률 | 실질이자율 | 인플레이션율 |
| 호주 | 1946~1963 | 92~29 | 1.1 | 4.6 | −2.3 | 5.7 |
| 캐나다 | 1945~1957 | 115~59 | 3.6 | 4.3 | −1.4 | 4.0 |
| 뉴질랜드 | 1946~1974 | 148~41 | 2.3 | 3.9 | −2.9 | 4.9 |
| 영국 | 1946~1975 | 270~47 | 2.1 | 2.6 | −1.5 | 5.5 |

주: 2열과 3열은 GDP 대비 비율, 4~6열은 %

출처: S. M. A. Abbas et al., "Historical Patterns and Dynamics of Public Debt: Evidence from a New Database," *IMF Economic Review*, 2011 (November): pp. 717–742.

## 22-3 리카디안 동등성, 경기조정 재정적자 그리고 전비조달

정부예산제약의 동학을 살펴보았으므로, 이제 예산제약이 중심적 역할을 하는 세 가지 주제를 다룰 수 있다.

### 리카디안 동등성

정부의 예산제약에 대한 고려는 재정적자가 산출에 미치는 영향에 대해 생각하는 방식을 어떻게 바꾸는가?

한 가지 극단적인 견해는 일단 정부예산제약을 고려하면 재정적자나 정부부채 모두 경제활동에 영향을 미치지 못한다고 주장한다. 이 주장은 **리카디안 동등성**(Ricardian equivalence) 명제로 알려져 있다. 19세기 영국 경제학자인 리카도(David Ricardo)는 이 논리를 처음으로 명확히 밝혔다. 그의 주장은 1970년대에 당시 시카고대학교에 재직했으며 현재 하버드대학교에 있는 배로(Robert Barro)가 더 발전 및 부각시켰다. 이에 따라 이 주장은 **리카도-배로 명제**(Ricardo-Barro proposition)로도 알려져 있다.

Robert Barro, "Are Government Bonds Net Wealth?" *Journal of Political Economy*, 1974, 82(6): pp.1095–1117. ▶

리카도는 이 주장의 논리를 밝혔지만, 동시에 현실적으로 이 주장이 성립하지 않는 많은 이유도 주장했다. 반대로 배로는 이 주장이 논리적으로 옳을 뿐만 아니라 현실을 잘 설명한다고도 주장한다. ▶

이 명제의 논리를 이해하는 최선의 방법은 22–2절의 세금 변화의 예를 사용하는 것이다.

- 정부가 금년에 세금을 1만큼 감소시켰다고 가정하자(10억 달러로 생각하자). 그리고 이에 따라 정부는 부채를 상환하기 위해 다음 해에 $(1+r)$만큼 세금을 인상한다고 발표했다. 최초의 세금 인하가 소비에 미치는 영향은 무엇일까?
- 한 가지 가능한 답은 전혀 효과가 없다는 것이다. 그 이유는 무엇일까? 소비자들은 세금 인하가 선물이 되지 못한다고 인식하기 때문이다. 금년의 낮아진 세금은 현재가치 기준으로 다음 해의 높아진 세금으로 정확히 상쇄된다. 달리 말해 소비자들의 인적자산(세후 근로소득의 현재가치)은 영향을 받지 않는다. 현재의 세금이 1만큼 감소하면 다음 해의 세금의 현재가치는 $(1+r)/(1+r)=1$만큼 상승하며, 이러한 두 가지 변화의 순효과는 정확히 0과 같다.

인적자산의 정의와 소비에서의 역할은 15장을 참조하라. ▶

IS-LM 모형으로 돌아가자. 리카디안 동등성이 성립할 때 현재의 세금 감소 관련된 승수는 무엇인가? ▶

- 동일한 답에 이르는 다른 방식은 소비 대신 저축을 살펴보는 것이다. 소비자가 세금 인하에 반응하여 소비를 변화시키지 않는다는 것은 민간저축이 재정적자만큼 증가한다는 것을 말한다. 따라서 리카도 명제는 정부가 일정한 지출 경로를 재정적자로 조달할 경우 민간저축은 공공저축이 감소한 만큼 증가하고 총저축은 변화하지 않을 것이라고 말한다. 즉, 투자를 위해 남겨진 총액은 영향을 받지 않는다. 정부의 예산제약식은 시간이 지남에 따라 정부부채가 증가할 것임을 시사한다. 그러나 이 증가가 자본 축적의 희생으로 생겨난 것은 아니다.

리카디안 동등성 명제에 따르면 장기간의 재정적자와 정부부채의 증가에 대해 걱정할 이유가 없다. 정부가 음의 저축을 함에 따라 사람들은 높아질 세금에 대비해 저축을 더한다. 공공저축의 감소는 민간저축이 동일한 규모로 증가하여 상쇄된다. 따라서 총저축은 아무런 변화도 없고, 투자 역시 그렇다. 경제는 부채 증가가 없었을 경우와 같은 규모의 자본량을 갖는다. 높은 부채는 우려할 것이 아니다.

리카디안 동등성 명제는 얼마나 심각하게 받아들여야 할까? 대부분의 경제학자는 다음과 같이 말할 것이다. "심각하게 받아들여야 한다. 그러나 재정적자와 부채가 무관하다고 생각할 정도로 심각하게는 아니다." 이 책의 주요 주제 중 하나는 기대가 중요하다는 것이었다. 즉, 소비는 현재 소득뿐만 아니라 미래 소득에도 의존한다. 금년의 세금 인하가 내년의 세금 증가로 상쇄될 것으로 광범위하게 믿는다면 소비에 대한 파급 효과는 아마도 작을 것이다. 대부분의 소비자는 내년에 높아질 세금을 예상해서 감소된 세금의 대부분 또는 전부를 저축할 것이다. ('연'을 '월' 또는 '주'로 교체하면 이 주장은 더 설득력 있게 들린다.)

이는 지출이 변하지 않는다는 것을 가정한다는 점에 주의하자. 사람들이 미래 지출의 감소를 기대한다면 어떤 행동을 할까?

물론 감세가 그에 상응하는 1년 뒤의 증세 발표를 동반하는 경우는 드물다. 소비자들은 언제 그리고 어떻게 세금이 결국 증가할지 추측해야 한다. 이 사실은 그 자체로서 리카디안 동등성 명제를 무효화하지 않는다. 세금이 언제 증가하더라도 정부의 예산제약은 여전히 미래에 증가하는 세금의 현재가치가 현재의 세금 감소액과 항상 일치한다는 것을 시사한다.

22-2절[그림 22-1(b)]에서 살펴보았던 두 번째 예를 고려해 보자. 이 예에서 정부는 $t$년을 기다린 뒤 $(1+r)^{t-1}$만큼 세금을 증가시킨다. 이러한 기대된 세금 증가의 0년도에서의 현재가치는 $(1+r)^{t-1}/(1+r)^{t-1}=1$로서, 정확히 최초의 세금 감소 규모와 일치한다. 세금 인하로 인한 인적자산의 변화는 여전히 0이다.

$t$년도의 세금 증가는 $(1+r)^{t-1}$이다. 지금부터 $t$년도 후의 달러에 대한 할인인자는 $1/(1+r)^{t-1}$이다. 따라서 지금부터 $t$년도 후의 세금 증가의 가치는 $(1+r)^{t-1}/(1+r)^{t-1}=1$이다.

그러나 세금 인상 시점이 더 멀리 떨어진 것처럼 보일수록 그리고 더 불확실하게 보일수록 소비자들은 사실상 이 점을 더욱더 무시할 것이다. 소비자들이 세금 인상 이전에 사망할 것으로 기대하거나 아니면 더 현실적으로는 단지 그렇게 먼 미래를 생각하지 않기 때문이다. 두 경우 모두 리카디안 동등성은 실패할 가능성이 크다.

따라서 재정적자는 경제활동에 중요한 영향을 미친다고 결론 내리는 것이 안전하다. 물론 그 규모는 리카디안 동등성 주장을 감안하기 전에 생각했던 것보다는 아마도 작을 것이다. 단기에 있어 재정적자의 증가는 수요 증가와 산출 증가를 초래할 가능성이 크다. 장기에 있어 정부부채의 증가는 자본 축적을 낮추고, 그에 따라 산출을 낮춘다.

## 재정적자, 산출 안정화 그리고 경기조정 재정적자

재정적자가 자본 축적 그리고 그에 따라 산출에 대해 장기적으로 부정적인 효과를 미친다는 사실은 재정 정책이 산출변동을 완화하는 데 사용되어서는 안 된다는 것을 시사하지는 않는다. 이는 오히려 경기침체기의 재정적자가 경기활황기의 재정흑자로 상쇄되도록 함으로써 부채의 지속적인 증가를 야기하지 않아야 한다는 것을 시사한다.

통화 정책과의 유사성에 주의하라. 통화 증가율의 상승이 장기에 인플레이션의 심화를 초래한다는 사실은 통화 정책이 산출 안정화에 사용되어서는 안 된다는 것을 시사하지 않는다.

재정 정책의 적절성을 평가할 수 있도록 경제학자들은 기존의 세금과 지출규칙하에서 산출이 잠재산출 수준에 놓일 경우 재정적자 규모가 얼마인지 알려주는 적자지표를 구축해 왔다.

이 측정치는 **완전고용 재정적자**(full-employment deficit), **경기 중립적 재정적자**(midcycle deficit), **고용 수준으로 표준화된 재정적자**(standardized employment deficit), **구조적 재정적자**(structural deficit, OECD가 사용하는 용어) 등 다양한 이름을 갖는다. 이 책에서는 **경기조정 재정적자**(cyclically adjusted deficit)라는 이름을 사용할 것인데, 이 명칭이 가장 직관적이기 때문이다.

경기조정 재정적자는 재정 정책의 방향을 판단하는 단순한 기준을 제공한다. 만약 실제 재정적자는 크지만 경기조정 적자가 0이라면, 현재의 재정 정책은 시간이 지남에 따라 부채를 체계적으로 증가시키지 않는다. 부채는 산출이 잠재산출 수준을 밑도는 경우 증가하겠지만 산출이 잠재 수준으로 복귀함에 따라 사라질 것이며 결국 부채는 안정화될 것이다.

그렇지만 재정 정책의 목표가 경기조정 적자를 항상 0과 일치하도록 유지하는 데 있다는 것을 시사하는 것은 아니다. 경기침체 시에 정부는 경기조정 적자조차도 양의 값을 가질 정도로 충분히 큰 규모의 재정적자를 기록하려 할 수 있다. 이 경우 경기조정 적자가 양이라는 사실은 유용한 경고를 제공한다. 그것은 산출의 잠재 수준으로의 복귀가 부채를 안정화시키기에 충분하지 않을 수 있다는 것이다. 정부가 미래의 일정 시점에서 재정적자를 감소시키려면 세금 인상에서 지출 감소까지 구체적 조치를 취해야 할 것이다.

경기조정 적자의 개념에 담긴 이론은 단순하다. 그러나 이를 현실세계에서 구체화하는 것은 어려운 일로 알려져 왔다. 그 이유를 보기 위해서는 어떻게 경기조정 재정적자지표가 구축되는지를 살펴볼 필요가 있다. 지표의 구축은 두 단계를 필요로 한다. 첫째, 산출이 이를테면 1% 높아진다면 적자가 얼마나 낮아질지를 파악해야 한다. 둘째, 산출이 잠재 수준에서 얼마나 멀리 떨어져 있는지를 평가해야 한다.

- 첫 번째 단계는 간단하다. 믿을 만한 관행은 미국의 경우 1%의 산출 증가가 GDP의 0.5%에 해당하는 재정적자 증가를 자동적으로 발생시킨다는 것이다. 이 증가는 대부분의 세금이 산출에 비례하지만, 대부분의 정부지출은 산출 수준에 의존하지 않기 때문에 발생한다. 즉, 산출 감소는 세입 감소를 초래하지만, 지출에 대한 영향은 크지 않으므로 자연적으로 재정적자의 증가를 야기한다.

  이에 따라 예를 들어 산출이 잠재 수준을 5% 하회한다면 GDP 대비 재정적자의 비율은 산출이 잠재산출 수준에 있을 때보다 2.5%가량 증가할 것이다. [경제활동의 재정적자에 대한 영향은 **자동안정장치**(automatic stabilizer)라고 한다. 경기침체는 자연적으로 재정적자 그리고 그에 따라 재정팽창을 이끄는데, 이는 부분적으로 경기침체를 완화시킨다.]
- 두 번째 단계는 더 어렵다. 7장에서 살펴보았듯이 잠재산출 수준은 경제가 자연실업률에서 움직일 때의 산출 수준이다. 자연실업률 추정치가 너무 낮으면 잠재산출 수준의 추정치는 지나치게 커지고 그에 따라 지나치게 낙관적인 경기조정 재정적자 추정치가 만들어진다.

이러한 어려움은 1980년대 유럽에서 발생한 상황을 부분적으로 설명한다. 자연실업률이 변하지 않는다는 가정하에서 1980년대의 경기조정 재정적자는 그리 나빠 보이지 않았다. 만약 유럽의 실업률이 1970년대 수준으로 복귀했다면, 관련된 산출의 증가는 대부분의 국가에서 재정균형을 다시 회복하는 데 충분했을 것이다. 그러나 실업률 증가의 상당 부분은 자연율 증가를 반영한 것으로 드러났으며, 실업률은 1980년대 내내 매우 높은 상태를 지속했다. 결과적으로 대부분의 국가에서 1980년대는 높은 재정적자와 부채 비율의 대규모 증가가 나타난 시기로 특징지어졌다.

## 전쟁과 재정적자

전쟁은 통상 대규모의 재정적자를 야기한다. 21장에서 보았듯이 20세기에 있어 미국 정부부채의 두 차례의 기록적인 증가는 제1차 세계대전과 제2차 세계대전 기간 중이었다. 제2차 세계대전의 경우는 FOCUS '제2차 세계대전 기간 중 미국에서의 재정적자, 소비 그리고 투자'에서 더 자세히 다룬다.

◀ 그림 21-4에서 제1, 2차 세계대전과 관련된 두 정점을 살펴보라.

정부가 전쟁비용의 상당 부분을 재정적자에 의존하는 것이 적절하다고 할 수 있을까? 결국 전쟁 중인 경제는 통상적으로 낮은 실업률하에 놓여 있는 것이며, 그에 따라 앞에서 검토한 산출 안정화를 위한 재정적자 운영은 이 경우 무관하다. 그럼에도 불구하고 답은 '그렇다'는 것이다. 사실상 전쟁 기간 중 재정을 적자로 운영해야 할 두 가지 좋은 이유가 있다.

- 첫째는 소득분배와 관련된 이유이다. 재정적자를 통한 전쟁비용 조달은 전쟁 후에도 살아남은 사람들에게 전쟁 부담의 일부를 넘기는 방식이며, 미래 세대에게 전쟁이 요구하는 희생의 일부를 부담하는 것은 공정해 보인다.
- 둘째는 훨씬 좁은 경제적 이유에 근거한다. 적자 지출은 조세에 따른 왜곡을 감소시키는 데 도움을 준다. 각 이유를 순서대로 살펴보자.

### 전쟁비용 부담의 전가

전쟁은 정부지출을 크게 증가시킨다. 지출 증가로 인한 자금 조달의 필요성이 어떤 시사점을 주는지를 보기 위해 세금을 인상하는 경우와 부채를 증가시키는 경우로 나누어 살펴보자. 단, 앞서의 산출 안정화 논의와 구별하기 위해 산출은 잠재산출 수준에서 고정되어 있다고 가정하자.

- 정부가 재정적자에 의존한다고 가정하자. 정부지출이 급증함에 따라 재화에 대한 수요는 크게 증가할 것이다. 산출이 동일한 수준에 머물 것이라는 가정하에서 균형이 유지되기 위해서는 이자율이 충분히 증가해야 한다. 그리고 이자율에 의존하는 투자는 급격히 감소한다. (좀 더 현실적으로는 전시 경제에서 정부가 고금리에 의존하지 않고 전쟁과 무관한 투자를 줄이기 위한 직접적인 조치를 취할 수 있다.)

FOCUS

## 제2차 세계대전 기간 중 미국에서의 재정적자, 소비 그리고 투자

1939년에 미국 GDP 중 재화와 용역에 대한 정부지출의 비중은 15%였다. 1944년에 이는 45%로 증가했다! 이 상승은 1939년 GDP의 1%에서 1944년 36%로 증가한 국방지출의 증가에 기인했다.

이러한 막대한 지출 증가에 직면해 미국 정부는 대규모 세금 인상으로 대응했다. 미국 역사상 처음으로 개인소득세는 수입의 주요 원천이 되었다. 1939년 GDP의 1%였던 개인소득세 수입은 1944년 8.5%로 증가했다. 그러나 세금 인상은 지출 증가에 여전히 크게 못 미쳤다. 1939년 GDP의 7.2%에서 1944년 22.7%로 늘어난 연방수입의 증가 규모는 지출 증가의 절반을 조금 상회했을 뿐이다.

결과적으로 대규모 재정적자가 이어졌다. 1944년 미국의 재정적자는 GDP의 22%에 도달했다. 대공황 중 정부가 보였던 재정적자로 인해 1939년 이미 53%로 상승했던 GDP 대비 부채 비율은 1944년에는 110%에 달했다!

정부지출의 증가는 소비 또는 민간투자의 희생을 대가로 가능했던 것일까? (18장에서 보았듯이 원칙적으로 수입 증가와 경상수지 증가로부터 생겨날 수 있다. 그러나 미국은 전쟁 기간 중 어느 누구로부터도 차입하지 않았다. 오히려 미국은 연합국의 일부 국가들에 대출을 하고 있었다. 미국 정부에서 외국 정부로의 이전지출은 1944년에 미국 GDP의 6%였다.)

- 이는 대부분 소비 감소에 의해 만족되었다. GDP 중 소비의 비중은 74%에서 51%로 감소해 23%p 감소했다. 소비 감소의 일부분은 전후의 세금 증가에 기인했을 것이다. 아울러 일부분은 많은 소비자 내구재를 이용할 수 없었던 데 기인한다. 그리고 사람들로 하여금 저축을 증가시키고 정부가 전비를 조달하기 위해 발행했던 전쟁 채권을 매입하게 한 애국심도 일정한 역할을 했을 것이다.
- 그러나 정부 구매 증가는 GDP에서의 (민간)투자 비중이 10%에서 4%로 6%p 감소함으로써 메워졌다. 결과적으로 전쟁 부담의 일부는 전후 세대를 위한 자본 축적의 감소라는 형태로 전가된 것이다.

*Y*=*C*+*I*+*G*가 성립하는 폐쇄경제를 고려하자. *G*가 증가했지만 *Y*는 그대로라고 하자. 이 경우 *C*+*I*는 감소해야 한다. 증세가 없다면 대부분의 감소는 *I*의 감소로 나타날 것이다. 세금이 증가한다면 대부분의 감소는 *C*의 감소로 나타날 것이다. ▶

- 대신에 정부가 세금 인상, 예를 들어 소득세 인상을 통해 지출 증가에 필요한 자금을 조달한다고 가정하자. 소비는 급격히 감소할 것이다. 정확히 얼마나 감소할 것인지는 소비자의 기대에 의존한다. 예상되는 전쟁 종료 시점이 멀면 멀수록 소비자들은 더 높은 세금이 더 오래 지속될 것으로 예상하고 소비를 더 많이 줄일 것이다. 어떤 경우라도 정부지출 증가는 소비 감소로 부분적으로 상쇄된다. 이자율 상승폭은 재정적자의 경우보다 작고, 그에 따라 투자 감소 규모도 줄어든다.

간단히 말하면 산출 수준이 고정되어 있을 때 정부지출 증가는 소비 감소나 투자 감소를 필요로 한다. 세금 인상에 의존하는지 아니면 재정적자에 의존하는지 여부가 정부지출 증가 시 소비나 투자 중 무엇이 더 많은 조정 역할을 담당하는지를 결정한다.

이러한 사실이 전쟁비용 부담을 누가 하는지에 어떤 영향을 미칠까? 정부가 재정적자에 더 의존할수록 전쟁 기간 중 소비 감소폭은 작을 것이고 투자 감소폭은 클 것이다. 투자 감소는 전쟁이 끝난 뒤의 자본량 감소를 의미하며, 그에 따라 전후 산출 수준의 하락을 의미하기도 한다. 자본 축적을 위축시킴으로써 재정적자는 전쟁비용 부담의 일부를 미래 세대에게 전가한다.

### 조세 왜곡의 완화

전쟁 기간 등 정부지출이 예외적으로 높아지는 시기에 재정적자를 활용해야 할 또 다른 이유가 있다. 예를 들어 지진 후의 재건 사업이나 1990년대 초 독일의 재통일에 소요된 비용을 생각해 볼 수 있다.

이유는 다음과 같다. 정부가 증가된 지출의 재원 조달을 위해 증세해야 한다면 조세율은 매우 높아야 할 것이다. 매우 높은 세율은 매우 높은 경제적 왜곡을 야기할 수 있다. 매우 높은 소득세율에 직면하면 사람들은 일을 덜 하려 하거나 불법적이고 세금이 부과되지 않는 경제활동에 가담한다. 항상 균형예산을 맞추기 위해 세율의 인상과 인하를 반복하기보다는 (왜곡을 완화한다는 관점에서) 상대적으로 안정적인 세율을 유지하는, 즉 세금의 평탄화를 도모하는 것이 더 좋을 것이다. **세금 평탄화**(tax smoothing)는 정부지출이 이례적으로 높아질 때 대규모의 적자를 기록하고, 다른 기간 중에는 소규모 흑자를 기록한다는 것을 시사한다. 현재와 관련된 예를 들어보겠다. 지구 온난화 방지를 위해서는 당분간 친환경 에너지에 대한 매우 높은 수준의 투자가 필요하다. 이 중 일부는 부채를 통해 자금을 조달하는 것이 합리적일 수 있다.

◀ 정치·경제적 측면도 고려해야 한다. 유권자들은 훨씬 더 높은 조세부담을 꺼릴 수 있으며, 세금 인상을 통해 녹색(친환경) 투자자금을 전액 조달하려는 시도는 결국 불충분한 투자로 이어질 수 있다. 성공적인 투자를 위해서는 그 일부를 부채로 조달해야 할 수도 있다.

## 22-4 과다한 부채의 위험

지금까지 과도한 부채는 미래의 세금 증가를 요구한다는 점을 보았다. 역사가 주는 교훈은 높은 부채가 악순환을 야기할 수 있고 재정 정책의 사용을 극단적으로 어렵게 만든다는 것이다. 이를 더 자세히 살펴보자.

### 고부채, 채무불이행 위험 그리고 악순환

식 (22.5)로 되돌아가자.

$$\frac{B_t}{Y_t} - \frac{B_{t-1}}{Y_{t-1}} = (r-g)\frac{B_{t-1}}{Y_{t-1}} + \frac{(G_t - T_t)}{Y_t}$$

높은 부채 비율, 예를 들어 100%의 부채 비율을 가진 국가를 생각해 보자. 실질이자율은 3%이고, 경제성장률은 2%라고 가정하자. 우변의 첫 항은 (3%−2%)×100%로, GDP의 1%에 달한다. 더 나아가 정부가 부채 비율을 현 수준에서 정확히 유지할 수 있는 1% 규모의 기초 재정흑자를 유지한다고 가정하자[이 경우 식의 우변 전체는 (3%−2%)×100%+(−1%)=0%가 된다].

이제 금융투자자들이 정부가 부채를 완전히 상환할 능력이 없다고 걱정하기 시작했다고 하자. 이들은 자신들이 보기에 부채에 대해 더 높아진 채무불이행 위험에 대한 보상으로 더 높은 이자율을 요구한다. 그러나 이에 따라 정부는 부채 안정화에 더 큰 어려움을 갖게 된다. 예를 들어 이자율이 3%에서 8%로 높아졌다고 하자. 이 경우 정부가 부채를 안정화시키기 위해서는 6%에 달하는 재정흑자를 기록해야 할 필요가 있다[이 경우 방정식의 우변은 (8%−2%)×100%

+ (−6%) = 0이다].

이자율 상승에 대응하여 정부가 실제로 재정흑자를 6%로 높이는 조치를 취했다고 하자. 필요한 지출 삭감과 증세는 정치적 부담으로 작용할 가능성이 있으며, 잠재적으로 더 큰 정치적 불확실성을 만들어내고 채무불이행 위험을 높이며, 그에 따라 이자율을 더 상승시킬 것이다. 아울러 급격한 재정긴축은 경기침체를 야기해 성장률을 하락시킬 가능성이 있다. 실질이자율의 증가와 성장률의 하락 모두 $(r-g)$를 더 높이므로, 결국 부채를 안정화시키기 위해 필요한 재정흑자의 규모는 훨씬 더 커진다. 일정 시점에서 정부는 재정흑자를 충분히 증가시킬 수 없게 되고, 그 결과 부채 비율은 증가하기 시작한다. 이에 따라 금융시장은 훨씬 더 우려하게 되고 더욱 높은 이자율을 요구할 것이다. 이자율의 상승과 부채 비율의 상승은 서로를 자극한다. 결국 부채 폭증이 발생한다. 간단히 말해 GDP 대비 부채 비율이 높아질수록 파국적인 부채 동학의 가능성은 더 커진다. 처음에는 정부가 부채를 완전히 상환할 수 없을 것이라는 두려움은 근거가 없었다고 해도 쉽게 자기실현적으로 될 수 있다. 정부가 지급해야 하는 이자지급액의 증가는 정부의 예산 통제 능력을 상실하게 하고 정부가 상환할 수 없는 수준까지 부채 규모를 증가시켜 결국 최초의 두려움을 타당하게 만들 수 있다.

이는 은행인출쇄도와 6장의 논의를 상기하게 한다. 은행이 지불 능력이 없다고 기대하여 인출하기로 하면 은행은 자산을 급매가격에 매각해야만 하고, 실제 지불 능력이 사라져 최초의 기대가 실현된다. 여기서는 투자자가 자금 인출을 요구하지 않고 대신 더 높은 금리를 요구한다. 그래도 결과는 마찬가지이다.

이는 추상적 문제가 아니다. 2012년 유로위기 때 유로 지역에서 일어난 일을 다시 살펴보자. 그림 22-2는 이탈리아, 스페인의 2012년 3월부터 12월까지의 국채이자율 추이를 보여주고 있다. 그림은 각 국가별 2년 국채와 독일 2년 국채 간의 이자율 차이, 즉 **스프레드**(spread)를 나타낸다. 이자율들을 독일 이자율과 비교하는 이유는 독일 국채가 거의 위험이 없는 채권으로 간주되고 있기 때문이다. 스프레드는 수직축에 퍼센트의 1/100인 **베이시스포인트**(basis point, bps)를 기준으로 했다.

20-2절로 돌아가 고정환율하에서 평가절하의 기대가 어떻게 이자율의 상승으로 이어지는가를 검토하라.

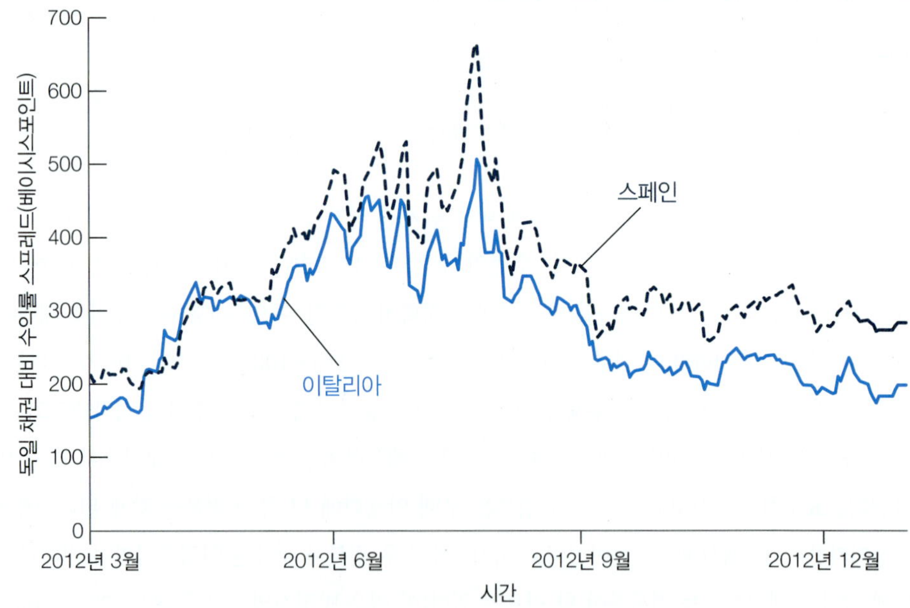


**그림 22-2**

**유럽 채권 스프레드의 증가**

독일 2년 채권 대비 스페인, 이탈리아의 2년 채권의 스프레드는 2012년 3~7월 사이에 급증했다. 7월 말, 유럽중앙은행(ECB)은 유로의 붕괴를 막기 위해 필요한 모든 조치를 취할 것임을 언급했고, 스프레드는 감소했다.

출처: Haver Analytics.

두 스프레드는 2012년 3월에 상승하기 시작했다. 7월 말까지 이탈리아 채권의 스프레드는 500bp(5%)에 달했고, 스페인 채권의 스프레드는 660bp(6.6%)였다. 이러한 스프레드는 두 가지 우려를 반영했다. 이탈리아와 스페인 정부의 채무불이행과 평가절하 가능성이 그것이었다. 유로 지역과 같은 통화동맹에서는 시장에서 통화동맹이 붕괴되어 각국이 절하된 환율로 자국 통화를 다시 도입할 수 있다고 생각되지 않는 한 원칙적으로 평가절하를 기대해서는 안 된다. 이것이 바로 2012년 봄과 여름에 발생한 일이다. 이 절 앞부분의 자기실현적 채무위기에 대한 논의로 돌아가면 그 이유를 알 수 있다.

예를 들어 이탈리아를 고려하자. 3월에 이탈리아의 2년 채권에 대한 이자율은 3% 미만이었다. 이는 1%를 약간 밑도는 독일의 2년 채권에 대한 이자율과 이탈리아 정부의 신용도에 대한 투자자들의 우려로 인한 2%의 위험 스프레드를 더한 값이었다. 당시 (그리고 아직도) 이탈리아의 부채/GDP 비율은 130%를 상회했다. 부채 부담은 높았지만 3% 이하의 이자율로는 지속 가능했다. 이탈리아는 부채를 안정적으로 유지하기에 충분한 기초 재정흑자를 창출했다. 이탈리아는 (부채가 너무 많아서) 취약했지만 '좋은 균형' 상태에 있었다. 이 지점에서 투자자들은 어떤 이유에서건 이탈리아 채권에 대한 이자율이 2배인 6%에 도달하면 어떻게 될지 자문하기 시작했다. 만약 그런 일이 벌어지면 이탈리아가 부채를 안정적으로 유지할 만큼 충분한 흑자를 올릴 수 없을 것이라고 결론 내렸다. 이탈리아가 부채 악순환에 빠져 채무불이행을 수행할 가능성이 더 컸다. 그 지점에서 이탈리아는 통화동맹을 포기하고 경쟁력을 향상시키고 성장을 지원하기 위해 평가절하에 의존할 수 있다. 채무불이행은 보통 급격한 경기침체를 동반하기 때문이다. 이런 상황이 전개될 수 있다는 두려움은 이탈리아는 '좋은' 균형에서 '나쁜' 균형으로 바꿔놓았다. 투자자들이 채무불이행과 유로 탈퇴 가능성을 인식함에 따라 이자율은 6%로 뛰었으며, 이는 초기의 두려움을 입증해주었다. 결국 유럽중앙은행(ECB)은 이탈리아를 좋은 균형으로 복귀시켰다. 2012년 7월 26일에 드라기(Mario Draghi) ECB 총재는 유로붕괴는 가능성이 없으며 ECB는 유로붕괴를 피하기 위해 필요한 모든 조치를 취할 것이라고 분명히 주장했다. 투자자들은 그 약속을 믿었고 이탈리아는 좋은 균형으로 복귀했다.

◀ 이 주장을 통해 드라기 총재는 낮은 이자율을 유지하고 '좋은 균형'으로 복귀하기 위해 스페인이나 이탈리아 채권을 언제나 사들일 것임을 시사할 것이다. 이 상황에서 이러한 약속은 이자율을 낮추기에 충분했고, ECB는 전혀 개입할 필요가 없었다.

따라서 이탈리아와 스페인은 ECB의 도움을 받아 부실채권 동학과 채무불이행을 피하는 데 성공했다. 정부가 부채 안정화에 실패하고 부채 악순환에 접어들면 어떻게 될까? 그 경우 역사적으로 둘 중 하나가 발생한다. 정부가 부채를 명시적으로 채무불이행을 하거나 통화증발을 통해 재원조달에 대한 의존성을 높여갈 것이다. 각 경우를 차례로 살펴보자.

## 채무불이행

어느 시점에서 정부가 미지급 부채를 상환할 수 없게 되면 채무불이행을 결정할 수 있다. 그러나 채무불이행은 부분적인 경우가 많으며, 채권자들은 **부채탕감**(haircut)이라는 조치를 취한다. 예를 들어 30%의 부채탕감은 채권자들이 원금의 70%만을 받게 되는 것이다. 채무불이행은 많은 이름으로 불리고 있는데, 다수가 완곡어들이다. 아마도 이는 채권자들에게 더 호

소력 있는 (또는 덜 불만스러운) 전망을 주기 위해서인 것 같다. 이들은 **채무구조조정**(debt restructuring, debt rescheduling)이라 불리고(이자 지급을 취소하는 것이 아니라 유예하는 경우), 또는 아이러니하게도 **채권자 참여**(private sector involvement)라 불린다(민간 부문, 즉 채권자가 참여, 즉 부채탕감을 받아들이도록 요청받는 것). 이는 정부에 의해 일방적으로 강제되거나 또는 채권자와의 협상의 결과물일 수도 있다. 채권자들은 어떤 경우에도 완전상환이 어렵다는 것을 아는 상황에서 정부와 함께 해결방안을 모색하는 것을 선호할 것이다. 민간의 채권자들이 약 50% 부채 탕감안을 받아들인 2012년 그리스에서 바로 이런 상황이 전개되었다.

부채가 막대할 경우 채무불이행은 매력적인 해결책일 것 같다. 채무불이행 이후 부채 비율이 낮아지면 필요한 재정긴축의 규모도 감소하여 신뢰성이 높아질 것이다. 필요한 세수입도 낮추고, 고성장의 가능성도 열리게 된다. 그러나 채무불이행은 매우 높은 비용을 수반한다. 만약 부채를 연금기금에서 보유하고 있다면, 은퇴자들은 채무불이행으로 인해 큰 고통을 겪을 것이다. 채무를 은행이 보유하고 있다면, 은행이 파산하여 경제에 상당한 부정적 파급 효과를 초래할 수 있다. 대신 부채의 대부분을 외국인이 보유하고 있다면, 이 국가의 평판이 훼손되고 정부는 장기간 차입이 상당히 어려워질 것이다. 따라서 일반적으로 그리고 당연하게 정부는 채무불이행을 상당히 꺼린다.

본원통화에 대한 기억을 되살리려면 4장의 4-3절을 참조하라.

## 통화증발을 통한 재원조달

부채가 많을 때 또 다른 결과는 통화증발을 통한 재원조달이다. 지금까지는 정부의 유일한 재원조달 방법은 채권매각이라고 가정했다. 그러나 다른 가능성도 있다. 정부는 통화증발을 통해 효과적으로 재원을 조달할 수 있다. 이 방법은 실제로 통화 그 자체를 인쇄하는 것이 아니라 정부가 채권을 발행하고 중앙은행으로 하여금 통화로 채권을 매입하도록 강제하는 것이다. 이 과정을 통화증발을 통한 **재원조달**(money finance) 또는 **부채의 화폐화**(debt monetization)라고 한다. 이 경우 통화 발행률은 중앙은행의 결정이 아니라 정부의 재정적자에 의해 결정되므로, 통화 정책에 대한 **재정지배**(fiscal dominance)라고도 한다.

'세뇨리지'라는 단어 자체는 많은 것을 말해준다. 통화를 발행할 수 있는 권리는 과거의 '군주(seigneurs)'에게 있어서는 소중한 자원이었다. 그들은 스스로 발행한 통화를 사용하여 원하는 재화를 구매할 수 있었다.

정부가 이러한 통화증발을 통해 조달할 수 있는 재정적자의 규모는 얼마나 될까? $H$를 경제 내에 존재하는 본원통화의 규모라 하자. (앞으로 본원통화를 간단히 통화라 하겠다.) $\Delta H$를 통화증발, 특히 1개월간의 명목통화스톡의 변화 규모라 하자. 정부가 통화증발 $\Delta H$를 통해 창출해야 하는 수입은 실질 기준으로(즉, 재화 기준으로) 나타내면 통화증발 규모를 물가로 나눈 $\Delta H/P$이다. 통화증발을 통한 수입을 **세뇨리지**(seignorage)라 한다.

$$\text{세뇨리지} = \frac{\Delta H}{P}$$

세뇨리지는 통화증발 규모를 물가로 나눈 것이다. 특정 규모의 세뇨리지를 얻기 위해 필요한 (중앙은행의) 명목통화 증가율을 보기 위해 $\Delta H/P$를 다음과 같이 나타내자.

$$\frac{\Delta H}{P} = \frac{\Delta H}{H}\frac{H}{P}$$

이를 말로 표현하면 세뇨리지($\Delta H/P$)는 명목통화 증가율($\Delta H/H$)과 실질통화량($H/P$)이 곱해진 것이다. 이 표현을 앞의 식에 대입하면 다음과 같다.

$$\text{세뇨리지} = \frac{\Delta H}{H}\frac{H}{P}$$

이는 세뇨리지, 명목통화 증가율 그리고 실질통화량 간의 관계를 제공한다. 관련된 수치로 생각해 보기 위해서는 양변을 월간 GDP, $Y$로 나눠보자.

$$\frac{\text{세뇨리지}}{Y} = \frac{\Delta H}{H}\left(\frac{H/P}{Y}\right) \tag{22.6}$$

이제 정부가 GDP의 10%의 재정적자를 기록하고 있고 이를 전부 세뇨리지를 통해 조달하려 한다고 하자. 즉, (적자/$Y$)=(세뇨리지/$Y$)=10%이다. 선진국의 경우 월간 GDP 대비 본원통화의 평균 비율은 대체로 1 수준이다. 이에 따라 $(H/P)/Y=1$로 두자. 이는 명목통화 증가율이 다음을 만족시켜야 함을 시사한다.

$$10\% = \frac{\Delta H}{H} \times 1 \Rightarrow \frac{\Delta H}{H} = 10\%$$

즉, 월간 GDP 대비 중앙은행 화폐가 1일 때 GDP의 10%에 달하는 재정적자를 세뇨리지를 통해 조달하기 위해서는 명목통화 증가율의 월간 증가율이 10%가 되어야 한다.

이는 아주 높은 통화증가율이지만, 재정적자를 조달하기 위해 필요한, 수용할 수 있는 부담이라고 결론 내릴 수도 있을 것이다. 불행히도 이러한 결론은 잘못된 것이다. 통화 증가율이 높아짐에 따라 인플레이션도 이를 닮아간다. 그리고 매우 높은 인플레이션이 발생할 경우 사람들은 통화수요를 줄이려 하고, 이는 본원통화에 대한 수요를 감소시킨다. 다시 말해 통화증가율이 높아짐에 따라 사람들이 보유하고자 하는 실질화폐잔고는 감소한다. 예를 들어 인플레이션이 낮을 때 1개월 소득에 해당하는 금액을 보유하려 한 경우 인플레이션이 10%에 도달하면 일주일 이내의 소득으로 제한하는 결정을 내릴 수 있다. 식 (22.6)을 기준으로 ($\Delta H/H$)가 증가함에 따라 $(H/P)/Y$가 감소한다. 그리고 동일한 수준의 수입을 얻으려면 정부는 통화 증가율을 더 높일 필요가 있다. 그러나 더 높은 통화 증가율은 더 높은 인플레이션, $(H/P)/Y$의 추가적 하락 그리고 더 높은 통화증가율이 요구된다.

이는 일반적 명제의 한 가지 예이다. 세율을 증가시키면 (본문의 경우 인플레이션율), 과세표준(tax base, 본문의 경우 실질화폐잔고)은 김소한다.

곧 높은 인플레이션은 **초인플레이션**(hyperinflation)으로 바뀐다. 초인플레이션은 경제전문가들이 매우 높은 인플레이션을 지칭하는 용어로, 일반적으로 월 30%를 초과하는 인플레이션을 의미한다. FOCUS '통화증발을 통한 재원조달과 초인플레이션'은 가장 유명한 에피소드 중 일부를 설명한다. 초인플레이션은 재정 정책이 극적으로 개선되고 적자가 없어지는 경우에만 소멸된다. 하지만 그때쯤이면 이미 피해는 충분히 발생한 뒤이다.

FOCUS

## 통화증발을 통한 재원조달과 초인플레이션

이 장에서는 통화창출을 통한 재정적자의 재원조달이 어떻게 높은 인플레이션을 유발할 수 있는지, 심지어 초인플레이션을 초래할 수 있는지 알아보았다. 이 시나리오는 과거에 여러 번 반복되었다. 아마도 제1차 세계대전 이후 독일에서 일어났던 초인플레이션에 대해 들어봤을 것이다. 1913년에 독일에서 유통되는 모든 통화의 가치는 60억 마르크였다. 10년 후인 1923년 10월에 60억 마르크는 베를린에서 1킬로의 호밀빵을 사기에도 부족할 정도였다. 한 달 후 동일한 빵의 가격이 4,280억 마르크로 상승했다. 그러나 독일의 초인플레이션만이 전부가 아니다.

표 1은 제1차 세계대전과 제2차 세계대전에 이어서 나타난 7차례의 중요한 초인플레이션을 요약한 것이다. 이들은 몇 가지 특징을 공유한다. (1년 정도 지속되었지만) 모두 짧았고 강렬했으며, 통화증가율과 인플레이션율은 월간 50%를 넘어섰다. 모든 경우에 물가 상승은 현기증이 날 정도이다. 보다시피 가장 큰 규모의 물가상승은 실제로 독일에서 일어난 것이 아니라 제2차 세계대전 이후 헝가리에서 발생했다. 1945년 8월에는 1펭괴(pengö)를 지불하면 충분했던 것이 1년도 안 되어 3,800조 펭괴를 지불해야 했다. 헝가리는 한 번이 아니라 두 번의 초인플레이션을 겪었는데, 제1차 세계대전 후에 한차례를 겪은 뒤, 제2차 세계대전 이후에도 또 한차례의 초인플레이션을 겪었다.

이 정도의 인플레이션율은 1940년대 이후로 보이지 않았다. 그러나 많은 국가들이 통화를 통한 재정적자 조달로 인해 높은 인플레이션을 경험했다. 1980년대 말, 많은 중남미 국가에서 월간 인플레이션이 20%를 넘어섰다. 가장 최근의 높은 인플레이션 사례는 짐바브웨로, 2009년 초에 안정화 프로그램이 채택되기 전에 2008년 월간 인플레이션이 500%에 달했다. 2018년 베네수엘라의 월간 인플레이션은 300%에 달했다. 사진은 베네수엘라 화폐인 볼리바레스의 창의적이고 가치 있는 사용을 보여준다.

초인플레이션이 엄청난 경제적 비용을 초래한다는 것은 놀랄 일이 아니다.

- 거래체계의 효율성이 약화된다. 비효율적인 거래의 유명한 예가 초인플레이션 말기에 독일에서 발생했다. 사람들은 매일 거래에 필요한 막대한 현금을 운반하기 위해 손수레를 사용해야만 했다.
- 가격 신호의 유용성이 점점 감소한다. 가격이 너무 자주 변하므로 소비자나 생산자가 재화의 상대가격을 평가하거나 가격정보에 기초한 의사결정을 하기 어렵다. 실제 사례를 보면 인플레이션율이 높을수록 재화 간 상대가격의 변동성은 커진다. 따라서 시장경제의 기능에 핵심적인 가격체계의 효율성 역시 점점 더 떨어진다. 1980년대 과도한 인플레이션을 경험했던 이스라엘에서 들을 수 있었던 농담이 이를 잘 보여준다. "버스보다 택시요금이 낮은 이유는? 버스요금은 탈 때 내지만, 택시요금은 내릴 때 낸다."
- 인플레이션율의 변화폭이 더 커진다. 가까운 미래에 인플레이션율이 어떻게 될지 예측하기 어려워진다. 예를 들어 내년에 500%가 될지 아니면 1,000%가 될지 예측하기 어려워진다. 일정한 명목이자율로 차입하는 것은 점점 더 도박이 되어간다. 1년간 1,000%의 이자율로 차입한다면 실제로는 500% 또는 0%의 실질이자율을 지불하는 셈이 될 수 있다. 이는 막대한 차이이다. 초인플레이션이 끝날 무렵에 차입과 대여는 통상적으로 거의 중지된 상태에 이르고 결국 투자는 크게 위축된다.

Natan Marti/Shutterstock

**표 1** 7대 초인플레이션(1920년대와 1940년대)

| 국가 | 시점 | 종점 | $P_T/P_0$ | 월평균 인플레이션율(%) | 월평균 통화증가율(%) |
|---|---|---|---|---|---|
| 오스트리아 | 1921년 10월 | 1922년 8월 | 70 | 47 | 31 |
| 독일 | 1922년 8월 | 1923년 11월 | $1.0\times10^{10}$ | 322 | 314 |
| 그리스 | 1943년 11월 | 1944년 11월 | $4.7\times10^{6}$ | 365 | 220 |
| 헝가리 1 | 1923년 3월 | 1924년 2월 | 44 | 46 | 33 |
| 헝가리 2 | 1945년 8월 | 1946년 7월 | $3.8\times10^{27}$ | 19,800 | 12,200 |
| 폴란드 | 1923년 1월 | 1924년 1월 | 699 | 82 | 72 |
| 러시아 | 1921년 12월 | 1924년 1월 | $1.2\times10^{5}$ | 57 | 49 |

$P_T/P_0$: 초인플레이션이 발생한 마지막 달의 물가를 첫 달의 물가로 나눈 값

출처: Philip Cagan, "The Monetary Dynamics of Hyperinflation," in Milton Friedman ed., *Studies in the Quantity Theory of Money* (University of Chicago Press, 1956), Table 1. (또 하나의 고전 명저이다)

독일의 초인플레이션에 대한 자세한 내용은 다음을 참조하라. Steven Webb, *Hyperinflation and Stabilization in the Weimar Republic* (Oxford University Press, 1989)

경제학자들이 초인플레이션에 대해 알고 있는 것과 모르는 것에 대한 좋은 검토는 다음을 참조하라. Rudiger Dornbusch, Federico Sturzenegger, and Holger Wolf, "Extreme Inflation: Dynamics and Stabilization," *Brookings Papers on Economic Activity*, 1990, Vol. 2.

인플레이션이 크게 높아지면 이를 막아야 한다는 공감대가 높아진다. 결국 정부는 적자를 줄이고 더 이상 통화증발에 의존하지 않게 된다. 인플레이션은 멈추지만, 경제가 상당한 비용을 치른 뒤에야 그렇게 된다.

## 22-5 미국 재정 정책의 당면 과제

오늘날 미국의 부채 상황은 얼마나 심각한가?

2022년 초에 연방 정부가 발행한 부채[일반적으로 신문에 인용되는 **총부채**(gross debt)라고 하는 숫자]는 2022년 GDP의 122%에 달했다. 그러나 이 부채의 일부는 사회보장 신탁기금과 같은 일부 정부기관에 의해 보유되고 있다. 보다 관련성이 높은 수치, 즉 일반 대중이 보유한 부채인 **순부채**(net debt)는 GDP의 99%로 총부채 비율보다 훨씬 낮은 비율이지만, 역사적으로 여전히 높은 수치이다.

2022년 연방정부 적자는 GDP의 5.5%에 달했다. GDP 대비 이자지급 비율은 1.9%이므로, 기초 재정적자(즉, 이자지급 차감 후 순 적자)는 5.5%−1.9%=3.6%였다. 이는 전쟁이나 경기침체가 없는 상황에서는 역사적으로 높은 수치이다.

이것이 부채 동학에 시사하는 바를 보기 위해 식 (22.5)로 돌아가 보자. 부채 비율의 변화는 두 가지 항으로 구성된다. 첫째 항은 이자율과 성장률의 차이에 GDP 대비 부채 비율을 곱한

수치이며, 둘째 항은 GDP 대비 기초 재정적자 비율이다.

$$\frac{B_t}{Y_t} - \frac{B_{t-1}}{Y_{t-1}} = (r-g)\frac{B_{t-1}}{Y_{t-1}} + \frac{(G_t - T_t)}{Y_t}$$

2022년 국채에 대한 실질이자율은 정부부채의 평균 명목이자율인 1.9%와 GDP 디플레이터로 측정한 인플레이션율인 7.0%의 차이인 −5.1%였다. 경제성장률은 2.1%였다.

초기 GDP 대비 부채 비율은 99%이므로 위의 첫째 항은 (−5.1%−2.1%) × 99%=−7.1%와 같다. 기초 재정적자가 없었다면 GDP 대비 부채 비율은 −7.1% 감소했을 것이다. 그러나 기초 재정적자는 3.6%로 양수였다. 이 두 항을 합하면 부채 비율이 −7.1%+3.6%=−3.5%, 즉 3.5%만큼 감소하여 2023년 초에는 96%에 도달한다는 것을 의미한다.

이 수치는 미국 의회예산처(CBO)의 10년 예산 전망에서 나온 것이다. www.cbo.gov/data/budget-economic-data#3.

이는 인플레이션이 부채에 미치는 영향을 설명할 때 공식 적자액이 어떻게 부채의 변화를 잘 나타내지 않는지를 보여주는 예이다. 2022년 공식 적자는 컸지만, GDP 대비 부채 비율은 크게 감소했다. 전체 그림을 보려면 1차 적자, 성장, 명목 금리, 인플레이션을 살펴봐야 한다.

2022년 GDP 대비 부채 비율이 감소했다는 사실로 향후 미국 부채 비율의 경로를 낙관할 수 있을까? 대답은 '아니다'이다. 책의 여러 부분, 특히 8장에서 논의한 바와 같이 2022년 인플레이션은 이례적으로 컸고, 미 연준의 느린 명목금리 인상으로 금리는 인플레이션을 훨씬 밑도는 수준에 머물렀다. 앞으로 인플레이션은 더 낮아지고 명목금리는 더 높아질 가능성이 크다. 예를 들어 이 글을 작성하는 시점에서 CBO는 부채 비율이 2023년에 증가하여 연말에 98%에 이를 것으로 예측한다.

2023년 이후를 내다볼 때, 부채 폭발에 대해 걱정해야 할까?

비이자지출부터 시작하자. 이는 국방비 지출이나 공무원 급여와 같은 **재량지출**(discretionary spending)과 사회보장, 메디케어 및 메디케이드와 같은 이전 프로그램과 같은 **비재량지출**(nondiscretionary spending)로 나눌 수 있다. 미국 인구의 고령화는 이러한 프로그램에 따른 지출이 증가할 것임을 의미한다. CBO는 사회보장 지급액이 2023년 GDP의 5.2%에서 2050년 6.2%로 증가하고, 메디케어와 메디케이드가 2023년 5.8%에서 2050년 8.5%로 증가할 것으로 예측한다. 다른 조건들은 동일하고 규칙의 변경이나 세금 인상이 없다는 것은 2050년까지 비이자지출이 GDP의 3.7%로 증가함을 뜻한다.

재량지출 삭감이 이러한 지출 증가를 상쇄할 수 있을까? 그럴 가능성은 거의 없다. 첫째, 재량지출은 정부지출 총액의 3분의 1, 즉 GDP의 23% 중 7%에 불과하며, 국방비는 전체 지출의 약 절반을 차지한다. 지정학적 긴장을 감안할 때 국방비 지출이 삭감될 가능성은 낮으며, 나머지는 대부분 공무원 임금이다. 지구 온난화에 맞서 싸워야 할 필요성을 감안할 때 정부 보조금과 녹색 투자는 정부지출을 증가시킬 것이다. 이전지급금의 증가로 인한 기초 재정적자의 증가를 없애려면 거의 모든 공무원을 해고해야 할 것이다. 그런 일은 분명히 일어나지 않을 것이기 때문에, 기초 재정적자의 감소는 더 높은 세금이나 더 낮은 이전지출에서 나와야 할 것이다. 앞서 공화당과 민주당 사이의 소모전이라고 묘사한 것 때문에 어느 쪽도 그러하기 어려울 것이고, 그 결과 GDP 대비 기초 재정적자가 증가할 것이라고 우려할 수도 있다.

그러나 부채의 진화에 대한 함의는 기초 재정적자뿐만 아니라 이자율과 성장률에 따라서도 달라진다. 부채 동학에 대한 방정식을 상기해 보자.

$$\frac{B_t}{Y_t} - \frac{B_{t-1}}{Y_{t-1}} = (r-g)\frac{B_{t-1}}{Y_{t-1}} + \frac{(G_t - T_t)}{Y_t}$$

$(r-g)$가 양수이면 부채 비율을 안정시키기 위해 정부는 기초 재정흑자를 운영해야 한다. 예를 들어 실질이자율이 성장률을 2% 초과하고 부채 비율이 100%인 경우 정부는 부채 비율 안정화를 위해 2%의 기초 재정흑자를 운영해야 한다. 그러나 $(r-g)$가 음수일 경우 정부는 기초 재정적자를 기록하면서도 부채 비율을 안정화할 수 있다. 예를 들어 성장률이 실질이자율을 2% 초과하면 정부는 2%의 기초 재정적자를 운영할 수 있다.

이는 재정 정책 입안자들이 직면한 주요 쟁점 중 하나로 이어진다. 그들이 미래에 채권에 대해 지불해야 할 실질이자율은 얼마가 될 것인가? 이 질문의 동기는 그림 22-3에서 확인할 수 있는데, 이 그림은 1990년 이후 10년 만기 국채의 실질금리를 나타낸 것이다. 실질금리는 10년 만기 국채 명목금리에서 향후 10년간 인플레이션 전망치(전문가 예측치의 평균값을 사용)를 차감하여 계산한 것이다.

보다시피 1990년부터 COVID 위기까지 장기 실질금리는 1990년 4.5%에서 2019년 음수인 −1%까지 꾸준히 하락했다. 대부분의 선진국에서 흔히 볼 수 있는 이러한 하락은 자연이자율($r_n$)의 하락을 반영했으며, 이러한 하락의 이면에는 높은 세계 저축, 낮은 세계 투자, 안전 자산에 대한 수요 증가라는 강력한 힘이 숨어 있어 투자자들이 미국 국채와 같은 자산에 대해 매우 낮은 금리를 받아들이게 된다는 것이 일반적인 견해였다.

◀ 자연이자율에 대한 복습을 원한다면 9장의 9–2절로 돌아가자.

2019년에는 이러한 추세를 감안할 때 실질금리가 낮은 수준을 유지해 성장률보다 낮을 가능성이 높다는 것이 일반적인 의견이었다. 예를 들어 2019년 실질금리 −0.5%와 전문 예측가

**그림 22-3**

**10년 채권 실질이자율 변화 추이(1990년 이후)**

1990년부터 COVID 위기까지 10년 만기 실질이자율은 지속적으로 하락했다. 그 이후 상승했지만 여전히 역사적으로 낮은 수준이다.

출처: 10년 채권 이자율: FRED IRLTLT01USM156N; 10년 기대인플레이션: FRED EXPINF10YR.

들의 설문조사에서 나온 향후 10년 동안의 생산량 증가율 예측치인 2.0%를 고려하면 $(r-g)$의 값은 −2.5%가 된다. 따라서 부채 비율을 안정화하면서 2.5%의 기초 재정적자가 허용될 수 있음을 의미한다.

그러나 그림에서 볼 수 있듯이 2021년 이후 장기 실질금리는 증가하여 2022년 말 1.5%를 기록했다. 이러한 금리는 주로 연준의 반응을 반영한다. 연준은 2021년부터 높은 인플레이션에 대응하여 정책이자율을 인상하기 시작했다. 여기서 제기되는 질문은 인플레이션과의 싸움에서 승리했을 때 자연 실질이자율은 어떻게 될 것인가 하는 것이다.

한 가지 견해는 COVID 이전의 실질금리로 돌아가지 않을 것이라고 생각할 이유가 없다는 것이다. 만약 그렇다면 미국은 GDP의 1~2% 정도의 기초 재정적자를 감당할 수 있을 것이다. 하지만 이는 기초 재정적자의 현재 값 및 예측치(약 4%)보다는 여전히 작은 규모이다.

보다 비관적인 견해는 향후 경제가 코로나 이전과 달라질 가능성이 높으며, 인플레이션이 목표치로 되돌아간다고 해도 실질금리가 COVID 이전보다 높은 수준을 유지할 수 있다는 것이다. 지구 온난화와의 싸움은 대규모의 투자 증가를 요구할 수 있으며, (성장률보다 여전히 낮을지라도) 더 높은 자연이자율로 이어질 수 있다. 그렇다면 $(r-g)$는 0에 가깝거나 약간 양수로 유지될 수 있다. 만약 이것이 사실이라면 부채 비율을 안정시키기 위해서는 기초 재정적자 요소를 완전히 없애야 할 것이며, 이는 GDP의 4%에 달하는 대규모의 재정위축을 의미할 것이다. 정치적으로 볼 때 이는 달성하기가 매우 어려울 수 있으며, 그 결과 기초 재정적자가 지속되고 부채 비율이 꾸준히 증가할 수 있다. 일본의 매우 높은 부채 비율은 국가들이 현재 미국보다 훨씬 더 높은 부채 비율을 감당할 수 있음을 시사하지만, 이러한 꾸준한 증가는 금융시장의 투자자들에게 우려를 불러일으킬 수 있으며, 이는 미국 채권의 스프레드 확대로 이어질 수 있다.

따라서 미국 정부가 기초 재정적자를 줄이기 시작하는 것은 현명해 보인다. 그러나 주의할 점이 있다. 책의 앞부분(3장부터)에서 보았듯이 급격한 재정긴축(지출감소든 세금인상이든)은 단기적으로 수요 감소, 그리고 주어진 이자율하에서 생산량 감소로 이어질 가능성이 높다. 이러한 부작용은 통화확장, 즉 중앙은행의 명목이자율 하락을 통해 어느 정도 상쇄될 수 있다. 그러나 명목금리를 낮출 수 있는 여지는, 예를 들어 경제가 명목이자율 하한에 가까운 경우 제한될 수 있다. 통화 정책이 도움이 되지 않는다면 부채 감축과 생산량 감소 사이의 상충관계는 매력적이지 않을 수 있다.

여기서 어림 계산해 보는 것이 유용하다. 예를 들어 승수가 1인 경우 GDP의 2% 수준의 재정긴축은 생산량을 2% 감소시키고 정부 수입을 1% 감소시키며 부채 비율을 0.5% 감소시켜 100%에서 99.5%로 줄일 수 있다. 다른 말로 하면 이는 심각한 경기침체를 초래할 수 있음에도 부채 비율에는 미미한 영향만 줄 수 있다는 것이다.

이 논의의 요지는 재정위축이 바람직하고 지금 시작해야 하지만, 중앙은행이 금리를 인하하여 경제활동 위축 효과를 제한할 충분한 여력이 있는지 확인하면서 천천히 진행되어야 한다는 것이다. 이는 결코 쉬운 일이 아니다.

## 요약

- 정부의 예산제약은 지출과 조세의 함수로서 정부부채의 추이를 보여준다. 이 제약을 나타내는 한 가지 방법은 부채의 변화(적자)를 기초 재정적자 및 부채에 대한 이자지급의 합계와 같도록 두는 것이다. 기초 재정적자는 재화와 용역에 대한 정부지출 $G$와 이전지출을 제외한 세금 $T$의 차이이다.
- GDP 대비 부채 비율의 추이는 이자율, 경제성장률, 초기 부채 비율, 기초 재정흑자(적자)의 네 가지 요인에 의존한다.
- 리카디안 동등성 명제하에서 재정적자의 증가는 민간저축의 동등한 증가로 상쇄된다. 재정적자는 수요와 산출에 아무런 영향을 미치지 않는다. 부채의 누적은 자본 축적에 아무런 영향을 미치지 않는다. 리카디안 동등성이 성립하지 않는다면 적자의 증가는 단기에 있어 수요와 산출의 증가로 이어진다. 부채의 누적은 자본 축적의 감소와 장기에 있어서의 산출 하락을 초래한다.
- 경제를 안정화하기 위해 정부는 침체기에는 적자를, 활황기에는 흑자를 기록해야 한다. 경기조정 재정적자는 기존의 조세 및 지출규칙하에서 산출이 잠재산출 수준에 있을 경우 발생할 적자 규모를 말해준다.
- 재정적자는 전쟁과 같이 지출 규모가 큰 시기에는 정당화된다. 세금 인상과 달리 재정적자는 전쟁 동안 소비 증가와 투자 위축을 초래한다. 따라서 이들은 전쟁 중에 사는 사람들로부터 전쟁 후에 사는 사람들에게로 전쟁의 부담을 이전시킨다. 재정적자는 세금을 평탄화하고 조세왜곡을 감소시키는 데에도 도움이 될 수 있다.
- 높은 부채 비율은 악순환의 위험성을 높인다. 채무불이행 위험에 대한 인식이 커지면 이자율이 높아지고 부채가 증가할 수 있다. 부채의 증가는 다시 채무불이행 위험에 대한 인식을 높이고 이자율을 높인다. 결국 이 둘은 결합해서 채무를 폭증시킨다.
- 막대한 부채에 직면한 정부는 채무불이행이나 통화증발을 통한 적자조달 외에 다른 대안이 없게 된다. 통화증발은 다시 초인플레이션으로 이어진다. 두 경우 모두 경제적 비용은 매우 높을 것이다.
- 미국의 GDP 대비 부채 비율은 높고, 현재의 정책하에서는 시간이 지날수록 증가할 가능성이 높다. 요구되는 재정긴축의 효과에 대응하기 위한 통화 정책의 사용에는 한계가 있으며, 이는 감축이 점진적이고 제한적이어야 함을 뜻한다.

## 핵심용어

경기조정 재정적자(cyclically adjusted deficit)
경기 중립적 재정적자(midcycle deficit)
고용 수준으로 표준화된 재정적자(standardized employment deficit)
구조적 재정적자(structural deficit)
기초 재정적자(primary deficit)
기초 재정흑자(primary surplus)
리카도-배로 명제(Ricardo-Barro proposition)
리카디안 동등성(Ricardian equivalence)
베이시스포인트(basis point, bps)
부채 비율(debt ratio)
부채의 화폐화(debt monetization)
부채탕감(haircut)
부채/GDP 비율(debt-to-GDP ratio)
비재량지출(nondiscretionary spending)
세금 평탄화(tax smoothing)
세뇨리지(seignorage)
순부채(net debt)
스프레드(spread)
완전고용 재정적자(full-employment deficit)
인플레이션 조정 재정적자(inflation-adjusted deficit)
자동안정장치(automatic stabilizer)
재량지출(discretionary spending)
재원조달(money finance)
재정지배(fiscal dominance)
정부예산제약(government budget constraint)
채권자 참여(private sector involvement)
채무구조조정(debt restructuring, debt rescheduling)
초인플레이션(hyperinflation)
총부채(gross debt)

## 연습문제

### 기초문제

1. 이 장의 내용에 기초하여 다음에 대해 '사실', '거짓' 또는 '불확실' 여부를 밝히고, 그 이유를 간단히 설명하라.
   a. 재정적자는 실질 정부지출과 이전지출을 차감한 세금과의 차액이다.
   b. 기초재정수지 적자는 실질 정부지출과 이전지출을 차감한 세금과의 차액이다.
   c. 지난 세기에 미국의 GDP 대비 부채 비율은 크게 변동했다.
   d. 세금 평탄화와 재원조달은 전쟁 부담을 세대 간에 분산시키는 데 도움이 된다.
   e. 정부는 경기조정 재정적자를 소멸시키기 위해 항상 즉각적인 조치를 취해야 한다.
   f. 리카디안 동등성이 성립하면 소득세 증가가 소비나 저축에 아무런 영향을 미치지 않을 것이다.
   g. 부채/GDP 비율은 100%를 초과할 수 없다.
   h. 채무탕감은 미지급 정부부채의 가치를 감소시킨다.
   i. 경기조정 재정적자는 항상 실제 적자보다 작다.
   j. 인플레이션 조정 재정적자는 항상 실제 적자보다 작다.
   k. GDP 대비 부채 비율이 높을 때 최선의 정책은 재정건전화이다.
   l. 초인플레이션은 인플레이션율이 월 30%를 초과하는 것을 말한다.
   m. 초인플레이션은 가격을 왜곡할 수 있지만, 실질산출에 아무런 영향을 미치지 못한다.

2. 다음 주장을 고려하자.
   "전쟁 동안의 재정적자는 좋은 일이 될 수 있다. 첫째, 적자는 일시적이므로 전쟁이 끝나면 정부는 과거 수준의 지출과 조세 수준으로 곧바로 되돌아갈 수 있다. 둘째, 리카디안 동등성 명제를 지지하는 증거에 비춰 볼 때 재정적자는 전쟁 동안 경제를 자극해 실업률을 낮게 유지하는 데 도움이 될 것이다."
   이 문장에서 오류를 밝혀보라. 이 주장에서 옳은 부분이 있는가?

3. 다음과 같은 특성을 갖는 경제를 고려하자.
   i. 공식적 재정적자는 GDP 대비 4%이다.
   ii. 부채/GDP 비율은 100%이다.
   iii. 명목이자율은 10%이다.
   iv. 인플레이션율은 7%이다.
   a. GDP 대비 기초 재정적자/흑자 비율은 얼마인가?
   b. GDP 대비 인플레이션 조정 재정적자/흑자 비율은 얼마인가? 산출이 자연 수준 아래로 떨어질 때 실제 적자가 어떻게 변하는지 이해할 수 있는 '경험 법칙'이 이 장에 있다.
   c. 산출이 잠재 수준을 2% 하회한다고 하자. GDP 대비 경기조정, 인플레이션 조정 재정적자/흑자 비율은 얼마인가?
   d. 대신 산출이 잠재 수준에서 출발했다고 하고 경제성장률이 정상성장률 2%에서 일정하게 유지된다고 하자. 부채/GDP 비율은 시간이 지남에 따라 어떻게 변하는가?

4. 통화수요가 다음과 같은 형태를 갖는다고 하자.

$$\frac{M}{P} = Y[1 - (r + \pi^e)]$$

   단, $Y=1{,}000$이며 $r=0.1$이다.
   a. 단기에 $\pi^e$는 일정하며 25%라고 가정하자. 통화 증가율 $\Delta M/M$이 다음과 같을 때 세뇨리지 규모를 계산하라.
      i. 25%
      ii. 50%
      iii. 75%
   b. 중기에 있어 $\pi^e=\pi=\Delta M/M$이다. 문제 a에서 주어진 통화 증가율에 대해 관련된 세뇨리지 규모를 계산하라. 답이 a와 다른 이유를 설명하라.

### 심화문제

5. 문제 3에서 설명된 경제를 고려하고 환율은 $\bar{E}$에서 고정되었다고 가정하자. 투자자들은 부채 규모가 너무 크고 정부가 부채 상환을 위해 생산의 촉진과 그에 따른 세수 증가를 위해 평가절하를 할지 모른다고 우려한다고 하자. 투자자들은 10%의 평가절하를 기대하기 시작한다. 달리 말해 기대환율 $E^e_{t+1}$이 이전의 $\bar{E}$에서 10% 상승한다고 하자.
   a. 커버되지 않은 이자율 평형조건은 다음과 같았다.

$$i_t = i^*_t - \frac{E^e_{t+1} - \bar{E}}{\bar{E}}$$

   외국 이자율이 10%에 머문다면 $E^e_{t+1}$이 10% 하락한다면 국내 이자율에는 어떤 변화가 발생하는가?

b. 국내 인플레이션율은 동일한 수준에 머물러 있다고 하자. 국내 이자율에는 어떤 변화가 발생하는가? 경제성장률에는 어떤 변화가 있는가?

c. 공식적 재정적자에는 어떤 변화가 있는가? 인플레이션 조정적자에는 어떤 변화가 있는가?

d. 경제성장률이 2%에서 0%로 감소했다고 하자. 부채 비율에는 어떤 변화가 발생하는가? (경제성장률의 하락은 세금 수입을 줄이겠지만 GDP 대비 기초 재정적자/흑자 비율은 변화하지 않는다고 가정하라.)

6. 리카디안 동등성과 재정 정책

리카디안 동등성이 성립하지 않는 경제를 고려하자.

a. 정부는 균형예산에서 출발한다고 하자. 이어서 정부지출 증가가 발생했지만 세금에는 아무런 변화가 없었다고 하자. IS-LM 그림을 이용해서 단기에 있어 이 정책이 산출에 미치는 영향을 나타내라. 정부는 정부지출의 증가를 어떻게 조달하는가?

b. 문제 a에서처럼 정부는 균형예산에서 출발했고 이어서 정부지출이 증가했다고 하자. 그러나 이번에는 정부지출과 같은 규모로 세금도 증가했다고 가정하자. IS-LM 그림을 이용해 단기에서 이 정책의 효과를 나타내라. (3장의 승수에 대한 논의를 상기하면 도움이 될 것이다. 정부지출 또는 조세 정책은 더 큰 승수를 갖는가?) 문제 a에서의 효과와 비교하여 산출은 어떤 변화를 보이는가?

이제 이 경제에서 리카디안 동등성이 성립한다고 하자. (다음 문제 c와 d는 그림을 사용하지 않는다.)

c. 다시 세금 증가를 동반하지 않는 정부지출 증가를 고려하자. 문제 a와 b의 산출 효과와 비교해 볼 때 산출에 대한 효과는 어떠한가?

d. 동일한 규모의 세금 증가를 동반하는 정부지출 증가를 다시 고려하자. 문제 a와 b의 산출 효과와 비교해 볼 때 산출에 대한 효과는 어떠한가?

e. 다음 각 문장에 대해 평가하라.

i. "리카디안 동등성하에서 정부지출 변화는 산출에 아무런 영향을 미치지 못한다."

ii. "리카디안 동등성하에서 세금 변화는 산출에 아무런 영향을 미치지 못한다."

## 보충문제

7. 다음과 같은 경제를 고려하자.

i. 부채/GDP 비율은 40%이다.

ii. 기초 재정적자는 GDP의 4%이다.

iii. 정상성장률은 3%이다.

iv. 실질이자율은 3%이다.

a. 스프레드시트 소프트웨어를 사용해서 10년 후의 부채/GDP 비율을 계산하라. 단, 각 연도의 기초 재정적자는 GDP의 4%에서 유지되고, 각 연도에 경제는 정상성장률로 성장하고 실질이자율은 3%로 일정하다.

b. 실질이자율만 5%로 증가하고 나머지 변수들은 문제 a에서와 같이 유지된다고 하자. 10년 후의 부채/GDP 비율을 계산하라.

c. 정상성장률이 1%로 하락하고 경제는 각 연도에 정상성장률로 성장한다고 하자. 나머지 변수들은 문제 a에서와 같이 유지된다고 하자. 10년 후의 부채/GDP 비율을 계산하라. 문제 b에 대한 답과 비교하라.

d. 문제 a의 가정으로 되돌아가자. 정책 당국자는 부채/GDP 비율이 50%를 상회하면 위험하다고 결정한다고 하자. 기초 재정적자를 즉각 1% 감소하고 이 적자를 10년간 유지하면 10년 뒤 부채/GDP 비율은 50%가 된다는 것을 나타내라. 이후 부채/GDP 비율을 50%로 유지하는 데 필요한 기초 재정적자의 값은 얼마인가?

e. 문제 d의 문제를 계속해서 정책 당국자가 재정 정책을 변화시키기 전에 5년을 기다린다고 하자. 5년 동안 기초 재정적자는 GDP의 4%로 유지한다. 5년 뒤 부채/GDP 비율은 얼마인가? 5년이 지난 후에 정책 당국자들은 부채/GDP 비율을 50%로 감소시키기로 결정한다고 하자. 6~10년도까지 10년 차 말에 부채/GDP 비율을 50%가 되게 하려면 기초 재정수지는 어떤 일정한 값을 가져야 하는가?

f. 정책 당국자가 문제 d 또는 e의 정책을 수행한다고 하자. 이 정책들이 일정 기간 경제성장률을 감소시킨다면 이것이 10년 뒤 부채/GDP 비율 50%를 달성하는 데 필요한 기초 재정적자의 감소 규모에는 어떤 영향을 미치겠는가?

g. 문제 d의 정책이나 문제 e의 정책 중 어떤 것이 경제의 안정성에 더 위험하다고 생각하는가?

8. 미국과 다른 국가의 재정 상황

FRED 경제 데이터베이스에서 2개의 시계열을 구하라. 시계열은 미국의 총일반정부부채(GGGDTAUSA188N)와 미국의 모든 정부의 기초수지적자(USAGGXONLBGDP)이다. 이들은 GDP 대비 비율로 측정한 것이며, 모든 수준의 정부를 통합한 수치이다. 이 데이터는 IMF가 작성한다. IMF나 다른 국제기구의 데이터를 사용하면 여러 국가를 비교할 수 있다. 데이터는 정치색이 약화되어 제공되는 경우가 많다.

a. 최근 연도 데이터로 미국의 부채/GDP 비율은 얼마인가? 지난 10년간 변수의 추이를 설명하라.

b. 전년 데이터로 전년의 부채/GDP 비율의 변화는 얼마인가? 기초수지적자가 발생해도 부채/GDP 비율은 하락할 수 있는가?

c. 부채/GDP 비율과 기초수지적자 비율의 변화에 대한 수치를 이용하여 데이터의 마지막 해에 대해 식 (22.5)에서 누락된 항을 추산한다. 이러한 계산이 의미가 있는가?

d. 모든 국가를 대상으로 해서 유사한 데이터가 있다. G7 국가의 정부부문 전체의 재정 상황은 캐나다 재무부의 'Fiscal Reference Tables'를 이용하면 편리하게 비교할 수 있다. 이 문서 말미의 International Fiscal Comparisons는 최신 데이터를 제공한다. 총부채/GDP 비율이 가장 높은 국가는 어디인가? 가장 낮은 국가는 어디인가? 재정적자/GDP 비율이 가장 높은 국가는 어디인가? 가장 낮은 국가는 어디인가? 이는 총적자인가, 기초수지적자인가?

9. 의회예산국(CBO)은 매년 연방재정 상황을 전망해야 한다. 이 문제는 2023년 2월의 전망을 사용한다. 'A Visual Summary of The Budget and Economic Outlook 2023 to 2033'을 참고하자. 다음 질문에 답하는 데 도움이 되는 관련 수치를 참고하라.

a. 연방정부가 10년 동안 적자(또는 흑자)를 기록할 것으로 예상되는가?

b. 이 전망치에서 지출에 부채에 대한 이자가 포함되는가? 그들은 이전지출을 포함하는가?

c. GDP 대비 부채 비율은 10년 동안 증가(또는 감소)할 것으로 예상되는가?

d. GDP 대비 부채 비율의 변화를 설명하는 식의 $(r-g)$ 항에 대해 CBO는 어떻게 가정하는가?

# 23

# 통화 정책: 종합

글로벌 금융위기 이전 20년간 대부분의 중앙은행은 **인플레이션 목표제**(inflation targeting)라고 하는 통화 정책 체계에 대체로 수렴했다. 이는 두 가지 원리에 기초했다. (1) 통화 정책의 주요 목표는 인플레이션을 안정적이고 낮게 유지하는 데 있다. (2) 이 목표를 달성하는 최선의 방법은 명시적 혹은 암묵적으로 **이자율 규칙**(interest rate rule)을 따르는 것이다. 이 규칙은 중앙은행이 직접 통제하는 이자율이 인플레이션과 경제활동에 반응하여 움직이도록 하는 것이었다.

글로벌 금융위기 전까지 이 체계는 잘 작동하는 것으로 보였다. 인플레이션은 하락해서 대부분의 국가에서 낮은 수준에 머무르며 안정화되었다. 산출변동성은 진폭이 감소했다. 이 시기는 **대안정기**(Great Moderation)라고 알려졌다. 많은 연구자는 이러한 안정의 원인을 살펴보았으며 개선된 통화 정책이 이러한 개선을 이끈 주요 요인 중 하나라고 결론 내렸다.

그리고 글로벌 금융위기가 찾아왔다. 위기로 인해 거시경제학자들과 중앙은행장들은 최소한 두 가지 측면에서 재평가해야 했다.

첫째는 유동성 함정이 낳은 문제이다. 경제가 유동성 함정에 있을 때 이자율은 더 이상 경제활동을 촉진하는 데 사용될 수 없다. 이는 두 가지 질문을 유발한다. 첫째, 통화 정책은 우선 유동성 함정에 놓이지 않도록 수행될 수 있는가? 둘째, 일단 경제가 유동성 함정에 놓이면 중앙은행이 경제활동을 촉진하는 데 도움을 줄 수 있는 다른 정책 수단은 있는가?

두 번째 차원은 중앙은행의 권한과 통화 정책의 수단에 관한 것이다. 2000년대 초부터 위기가 시작될 때까지 대다수 선진국의 경제성과는 긍정적으로 보여 지속적인 경제성장과 안정적 인플레이션이 나타났다. 그러나 6장에서 보았듯이 무대 뒤에서는 모든 것이 좋았던 것은 아니다. 중요한 변화가 금융 시스템에서 발생하고 있었다. 레버리지가 크게 증가했고 은행들의 도매금융에 대한 의존도가 커졌다. 아울러 많은 국가에서 주택가격이 급등했다. 이들 요인은 위기의 원인으로 드러났다. 이 시나리오는 다시 최소한 두 가지 문제를 제기한다. 미래를 보았을 때 중앙은행은 인플레이션과 전반적인 경제활동 수준뿐만 아니라 자산가격, 주식시장 호황, 주택호황, 금융 부문에서의 과도한 위험을 피하기 위한 규제의 도입과 집행을 고민해야 하는 것이 아닐까? 만약 그렇다면 중앙은행은 어떤 수단을 사용할 수 있는가?

이러한 문제를 탐구하는 동안 또 다른 사건이 발생했는데, 바로 COVID로 인한 인플레이션의 급등이었다. 이는 목표치보다 훨씬 높은 인플레이션으로 이어졌다. 이 새로운 사건이 제기한 질문은 분명하다. 통화 정책의 실패였을까? 그렇다면 인플레이션 목표제의 실패인가, 아니면 인플레이션 목표제를 추구하지 않은 실패인가?

이 장의 목적은 통화 정책에 대해 지금까지 배운 바를 정리하고, 이어서 인플레이션 목표제의 논리와 이자율 규칙의 사용을 설명하고, 마지막으로 글로벌 금융위기와 COVID 사태가 제기한 문제에 대한 입장을 논의하는 것이다.

**23-1** 지금까지 통화 정책에 대해 배운 바를 요약한다.

**23-2** 인플레이션 목표제 체계를 설명한다.

**23-3** 인플레이션의 비용과 편익을 재검토하고 목표 인플레이션율의 선택에 대한 시사점을 검토한다.

**23-4** 중앙은행들이 명목금리 하한에 도달했을 때 취한 비전통적 통화 정책 조치를 설명한다.

**23-5** 금융안정성을 확보하는 데 있어 중앙은행의 잠재적 역할에 대해 논의한다.

**23-6** COVID 위기에 대한 통화 정책 대응에 대해 논의한다.

**이 장의 핵심 주제:** 위기 이전에 통화 정책은 인플레이션 목표제라는 틀로 수렴되었다. 최근의 위기들로 인해 통화 정책의 책임과 수단 모두에 대한 재평가가 요구되었으며, 재평가는 여전히 진행 중이다. ▶▶▶

## 23-1 통화 정책: 학습한 내용

- 4장에서는 통화수요와 통화공급 그리고 이자율의 결정에 대해 살펴보았다.

  중앙은행이 통화공급 변화를 통해 정책금리를 통제할 수 있는 방법을 알아보았다. 또한 정책금리가 0%에 도달했을 때(유동성 함정 또는 명목금리 하한으로 알려진 상황) 통화공급의 추가적 증가는 정책금리에 아무런 영향을 미치지 않는다는 사실을 알았다.
- 5장에서는 통화 정책이 산출에 미치는 단기적 효과를 살펴보았다. 통화공급의 증가는 이자율 하락을 통해 지출 증가와 산출 증가로 이어진다는 것을 보았다. 통화 정책과 재정 정책이 단독 혹은 조합을 이루어 사용됨으로써 산출 수준과 그 구성에 어떤 영향을 미치는지를 보았다.
- 6장은 명목이자율과 실질이자율의 차이점 그리고 차입금리와 정책금리의 차이점을 소개했다. 실질이자율은 명목이자율에서 기대인플레이션을 차감한 값과 같다. 차입금리는 정책금리에 위험 프리미엄을 더한 값과 같으며, 후자는 차입자의 특성에 따라 달라진다.

  민간지출 결정에 중요한 것은 실질 차입금리임을 알았다. 금융 시스템의 상태가 정책금리와 차입금리 간의 관계에 어떤 영향을 미치는지 논의했다.
- 9장에서는 중기에 있어 통화 정책의 효과를 살펴보았다.

  중기에 통화 정책은 산출이나 실질이자율에 영향을 미치지 않는 것을 보았다. 산출은 잠재 수준으로 복귀하고 실질이자율은 **자연이자율** 또는 **빅셀이자율**이라 부르는 자연율로 복귀한다. 산출이나 실질이자율에 영향을 미치지 않기 때문에 높은 통화증가율은 인플레이션 상승으로 이어진다.

그러나 명목금리 하한은 조정을 방해한다는 것을 보았다. 높은 실업률은 디플레이션을 야기할 수 있는데, 명목금리 하한에서 실질이자율이 높아지므로 수요가 감소하고 실업은 증가한다.

- 14장에서 단기 이자율과 장기 이자율의 차이점을 도입했다.

  장기 이자율은 미래의 단기 이자율 기대치와 기간 프리미엄에 의존한다. 주가는 미래의 단기 이자율, 미래의 배당 그리고 주식 프리미엄에 의존한다. 주가는 거품이나 유행의 영향을 받아 기본적 가치와 다를 수 있다.

- 16장에서 소비와 생산에 대한 기대 효과와 이런 맥락에서의 통화 정책의 역할을 살펴보았다.

  통화 정책이 단기 명목이자율에 영향을 미치지만, 지출은 현재와 기대되는 미래의 단기 실질이자율에 의존한다. 통화 정책의 산출에 대한 영향은 기대가 통화 정책에 어떻게 반응하는지에 결정적으로 의존한다.

- 19장에서는 재화시장과 금융시장이 모두 개방된 경제에서 통화 정책의 효과를 검토했다.

  개방경제에서 통화 정책은 이자율을 통해서뿐만 아니라 환율을 통해서도 지출과 산출에 영향을 미친다는 것을 보았다. 통화의 증가는 이자율 하락과 평가절하를 초래하며, 이들 변화는 모두 지출과 산출의 증가를 야기한다는 것을 보았다. 고정환율제하에서 중앙은행은 통화 정책을 정책 수단으로 사용하지 못한다.

- 20장에서는 상이한 통화 정책 체제, 즉 변동환율제와 고정환율제를 대비하여 각각에 대한 찬반론을 논의했다.

  변동환율제하에서 이자율 변화는 환율의 대규모 변화를 유발할 수 있다. 고정환율제하에서 투기는 환율위기와 급격한 절하로 이어질 수 있다.

- 21장에서는 일반적인 거시경제 정책과 더불어 통화 정책이 직면하는 문제들을 살펴보았다.

  정책 효과에 대한 불확실성은 더 주의 깊은 정책을 요구한다. 좋은 의도를 가진 정책 당국자도 때때로 최선의 정책을 펴지 않고, 정책 당국자에 제약을 부과할 필요가 있는 경우도 존재한다. 독립적인 중앙은행을 보유하고 보수적인 중앙은행장을 지명하는 데 따른 혜택도 존재한다.

이 장에서는 분석을 확장하여 위기 전의 인플레이션 목표제를 먼저 살펴보고 최근의 위기가 제기한 통화 정책에 대한 도전과제를 살펴본다.

## 23-2 통화량 목표제에서 인플레이션 목표제로

통화 정책의 목표는 두 가지로 생각할 수 있다. 첫째, 낮고 안정적인 인플레이션을 유지하는 것이다. 그리고 둘째, 잠재산출을 중심으로 한 산출의 안정화, 즉 경기침체나 호황을 피하거나 아니면 최소한 제한하는 것이다.

## 통화량 목표제

1980년대까지 통화 정책의 전략은 목표성장률을 선택하고, 경제활동에 따라 목표치로부터의 이탈을 허용하는 것이었다. 이유는 간단했다. 낮은 통화증가율 목표는 낮은 평균 인플레이션율을 시사했다. 경기침체기에 중앙은행은 통화증가율을 높여 이자율 하락과 산출 증가를 얻을 수 있다. 경기 활황기에 중앙은행은 통화증가율을 낮추어 이자율 상승과 산출 감소를 얻을 수 있다.

이 전략은 잘 작동하지 않았다.

주의하라. M1 데이터를 살펴보면 2020년 미 연준은 저축 예금 계좌의 거래 및 인출 횟수에 대한 제한을 없애 저축계좌를 당좌예금과 비슷하게 만들었다. 이후 이러한 저축계좌도 포함하도록 M1을 재정의했고, 그 결과 M1은 4월의 5조 달러에서 5월에 15조 달러로 급증했다. 측정된 M1의 3배 증가는 경제에 분명히 아무런 영향을 미치지 않았다. ▶

첫째, 통화증가율과 인플레이션율 간의 관계는 중기에서조차도 엄격하지 않은 것으로 나타났다. 이는 그림 23-1에서 볼 수 있는데, 1970년부터 2007년까지의 10년간의 평균 통화증가율(10년 평균)에 대해 미국의 인플레이션율의 평균을 그래프로 나타낸 것이다(예: 2000년의 인플레이션율과 통화증가율은 1991~2000년까지의 평균 인플레이션율과 평균 통화증가율이다). 인플레이션율은 소비자물가지수를 사용하여 계산된다. 명목통화 증가율은 M1통화와 요구불 예금의 합계를 기준으로 한 통화량을 사용하여 계산했다.

10년 평균을 사용하는 이유는 분명히 할 필요가 있다. 단기에 명목통화 증가율의 변화는 물가 상승보다는 대부분 산출에 영향을 미친다. 중기에만 명목통화 증가율과 인플레이션율 간의 관계가 나타난다. 명목통화 증가율과 인플레이션율 모두를 10년 평균으로 계산하는 것은 이러한 중기의 관계를 포착하는 한 가지 방법이다. 2007년에서 멈춘 이유는 4장에서 살펴보았듯이 경제가 (2008년 말 미국 경제처럼) 명목금리 하한에 도달한 경우 통화공급의 증가는 더 이상 정책금리에 영향을 미치지 않으며, 그에 따라 중앙은행은 더 이상 산출과 인플레이션에 영향을

**그림 23-1**

**M1 증가율과 인플레이션율: 10년 평균치(1970~2007년)**

M1 증가율과 인플레이션율 간에는 중기에서조차도 엄밀한 관계가 존재하지 않는다.

출처: FRED: CPIAUCSL, M1NS.

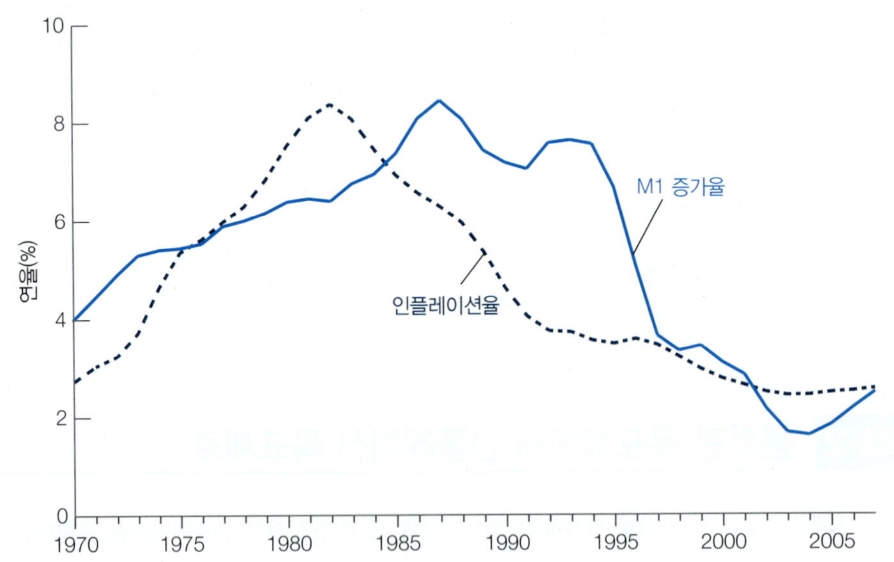

미칠 수 없다. 따라서 미국 경제가 명목이자율 하한에 갇혀 있던 기간은 포함하지 않기로 한다.

그림 23-1은 미국에서 M1 증가율과 인플레이션율 간의 관계가 그리 밀접하지 않았음을 보여준다. 사실 두 값은 1970년대에는 같이 상승했고, 이후 같이 하락했다. 그러나 1980년대 초에 인플레이션율이 하락하기 시작했지만, 명목통화 증가율은 다음 10년간 높은 상태를 지속했고 1990년대에 들어서야 하락하기 시작했음에 주목해야 한다. 1981~1990년까지 평균 인플레이션율은 4%로 하락했지만 동 기간 평균 통화증가율은 여전히 7.5%에 머물렀다.

둘째, 단기에 통화공급과 이자율 간의 관계도 신뢰할 수 없다는 것이 밝혀졌다. 예를 들어 저조한 경제활동에 따른 통화증가율의 감소는 이자율에 상이한 영향을 미치며, 그에 따라 단기에 수요와 산출에 영향을 미치는 수단으로서 통화증가율은 신뢰할 수 없는 수단이 되었다.

5장에서 LM 방정식인 식 (5.3)에서 실질통화공급(좌변)은 실질통화수요(우변)와 일치해야 한다.

$$\frac{M}{P}=YL(i)$$

신용카드 도입으로 인해 실질통화수요가 절반으로 감소하면 다음과 같다.

$$\frac{M}{P}=\frac{1}{2}YL(i)$$

중기에 통화증가와 인플레이션 간의 취약한 관계와 단기에 이자율의 통화공급에 대한 일관되지 않은 관계라는 두 가지 문제는 같은 요인, 즉 **화폐에 대한 수요의 이동**에서 기인한다. 예제가 도움이 될 것이다. 신용카드가 도입된 결과, 사람들은 이전에 보유하던 화폐의 절반만을 보유하기로 했다고 가정하자. 즉, 화폐에 대한 실질수요가 절반으로 줄어들었다. 단기에 주어진 물가 수준 및 통화량에서 화폐수요의 이러한 큰 폭의 감소는 이자율의 큰 하락을 야기할 것이다. 다시 말해 통화공급의 변화 없이 이자율이 크게 감소할 것이다. (4장의 그림 4-2를 설명하면, 통화수요는 왼쪽으로 이동해 균형이자율의 하락을 낳을 것이다.) 중기에 이자율이 일정할 때 물가가 조정되고 실질통화량은 결국 절반으로 감소한다. 명목통화량이 주어진 상황에서 물가는 결국 2배가 될 것이다. 따라서 명목통화량이 일정하게 유지되더라도 물가 수준은 2배가 되면서 인플레이션이 발생할 것이다. 이 기간에 명목통화증가율(0%)과 인플레이션율(양의 값) 간에는 밀접한 관계가 없다.

◀ 단기에 $P$는 변화하지 않으므로 이자율이 조정되어야 한다. 산출과 이자율이 일정할 때 $M/P$ 역시 절반이 되어야 한다. $M$이 주어졌을 때 이는 $P$가 2배가 되어야 함을 의미한다.

1970년대와 1980년대에 걸쳐 이렇게 대규모의 통화수요 변화가 빈번하게 발생하여 중앙은행에 심각한 문제를 야기했다. 중앙은행은 통화증가율 목표를 안정적으로 유지해야 하는 목표와 (신뢰성을 유지하기 위해) 발표된 범위 안에 머물러야 하는 또는 통화수요의 변동에 맞춰나가야 하는 (단기에는 산출, 중기에는 인플레이션의 안정화를 위한) 목표 사이에서 심각한 갈등을 겪게 된다. 1990년대 초반부터 통화 정책에 대한 극적인 사고전환이 발생했다. 그것은 명목통화증가율 목표보다는 인플레이션율 목표에 기초해야 한다는 것이었으며 이자율 규칙을 사용하는 것이었다. 이제 인플레이션 목표제가 어떻게 진화해 왔는지 살펴보자.

## 인플레이션 목표제

중앙은행의 주요 목표 중 하나가 낮고 안정적인 인플레이션을 달성하는 것이라면 통화증가율보다는 인플레이션율을 직접 목표으로 삼는 것이 좋지 않을까? 단기에 경제활동에 영향을 미치기 위해 이자율의 지출에 대한 효과에 의존한다면 통화 증가는 이자율에 직접 초점을 맞추는 것이 좋지 않을까? 이것이 인플레이션 목표제에 대한 의존을 가져온 추론이다. 중앙은행은 목표 인플레이션율 달성에 전념했다. 그리고 중앙은행은 이를 달성하기 위한 수단으로 이자율을

◀ 인플레이션 목표제에 대한 초기 설명은 다음을 참조하라. "Inflation Targeting: A New Framework for Monetary Policy?" by Ben Bernanke and Frederic Mishkin, *Journal of Economic Perspectives*, 1997, 11(3): pp. 97-116. (이 논문은 버냉키가 연준위 의장이 되기 전에 쓴 글이다.)

사용하기로 결정했다. 이러한 통화 전략의 두 부분을 살펴보자.

중기에 특정 인플레이션 목표에 전념하는 것에는 논쟁의 여지가 거의 없지만, 단기에 있어 주어진 인플레이션율 목표를 달성하려 하는 것은 훨씬 더 논쟁의 여지가 많은 것처럼 보일 것이다. 인플레이션율만을 목표로 삼는 것은 산출변동을 완화하는 데 통화 정책의 역할을 소멸시키는 것처럼 보일 수 있다. 그러나 사실 그렇지 않다.

왜 그런지를 보기 위해 인플레이션 $\pi_t$와 기대 인플레이션 $\pi_t^e$, 자연실업률 $u_n$으로부터 실업률 $u_t$의 이탈 정도 간의 관계에 관한 필립스 곡선으로 되돌아가자[식 (8.10)].

$$\pi_t = \pi_t^e - \alpha(u_t - u_n)$$

목표 인플레이션율을 $\bar{\pi}$라 하자. 중앙은행이 항상 인플레이션 목표를 정확히 달성할 수 있다고 가정하자. 이 경우 위 관계는 다음과 같다.

$$\pi_t = \bar{\pi} - \alpha(u_t - u_n)$$

산술적으로 나타내면 다음과 같다. $0 = -\alpha(u_t - u_n) \Rightarrow u_t = u_n$ ▶

중앙은행이 인플레이션 목표를 정확히 맞출 수 있어서 $\pi_t = \bar{\pi}$라고 하면, 실업은 자연율과 일치할 것이다. 중앙은행은 인플레이션 기대치에 부합하는 일정한 목표 인플레이션율을 설정하고 달성함으로써 실업률을 자연율로 유지하고, 그에 따라 산출을 잠재 수준으로 유지한다.

강하게 말하자면 정책 당국이 인플레이션 그 자체에는 관심이 없고(실제로는 그렇지 않다), 산출에 대해서만 유념한다 해도 인플레이션 목표제는 여전히 의미가 있다. 인플레이션을 안정적으로 유지하는 것은 산출을 잠재 수준으로 유지하는 한 가지 방법이다. 이러한 결과는 (아이러니하게도) **섭리**(divine coincidence)로 불려왔다. 필립스 곡선이 식 (8.10)의 형태로 주어질 경우 인플레이션을 일정하게 유지하는 것과 산출을 잠재 수준으로 유지하는 것 사이에는 모순이 없다. 따라서 인플레이션을 안정적으로 유지하는 것은 단기와 중기 모두에서 통화 정책에 대한 올바른 접근 방식이다.

이 결과는 유용한 기준이긴 하지만 너무 강한 주장이다. 삶은 그리 간단하지 않다. 주요 반론은 8장에서 보았듯이 필립스 곡선 관계가 그리 정확한 관계가 아니라는 것이다. 매기에 목표 인플레이션율을 달성하려고 하기보다는 실업률의 큰 변동을 감수하고 시간이 지나면서 목표 인플레이션율을 달성하려고 노력하는 것이 바람직하다. 따라서 대부분의 중앙은행은 이른바 **유연한 인플레이션 목표제**(flexible inflation targeting)라 불리는 것을 채택하고 있다. 인플레이션이 목표치에서 멀어지면 즉시 목표로 되돌리기보다는 시간이 지나면서 목표 인플레이션으로 돌아가도록 이자율을 조정한다.

## 이자율 규칙

인플레이션은 중앙은행의 직접 통제하에 있지 않지만, 정책금리는 통제하에 있다. 따라서 제기되는 질문은 목표 인플레이션율을 달성하기 위해 정책금리를 어떻게 설정하는지이다. 대답은 간단하다. 인플레이션이 목표치보다 높으면 정책금리를 인상하여 물가상승 압력을 감소하라. 목표 인플레이션율보다 낮으면 정책금리를 낮추라. 이 원칙을 염두에 두고 1990년대 스탠퍼드 대학교의 테일러(John Taylor)는 **테일러 규칙**(Taylor rule)으로 알려진 정책금리에 대해 다음과 같은 규칙을 제안했다.

- $\pi_t$를 인플레이션율, $\bar{\pi}$를 목표로 하는 인플레이션율이라 하자.
- $i_t$를 중앙은행이 통제하는 명목이자율인 정책금리, $\bar{i}$를 목표로 하는 명목이자율, 즉 중립적 이자율 $r_n$과 목표인플레이션율 $\bar{\pi}$와 관련된 명목이자율이라 하자. 이에 따라 $\bar{i} = r_n + \bar{\pi}$가 성립한다.
- $u_t$를 실업률, $u_n$을 자연실업률이라 하자.

◀ 기억을 되살리려면 9장의 9–1절을 참고하라.

중앙은행이 명목이자율 $i$를 선택한다고 하자(4장에서 유동성 함정을 무시할 경우 공개시장 운영을 통해 중앙은행은 원한다면 어떤 수준의 단기 이자율도 달성할 수 있음을 보았다). 테일러는 이 경우 중앙은행이 다음과 같은 규칙을 따라야 한다고 주장했다.

$$i_t = \bar{i} + a(\pi_t - \bar{\pi}) - b(u_t - u_n)$$

여기서 $a$와 $b$는 중앙은행이 선택하는 계수로 양의 값을 갖는다.

이 규칙에 담겨 있는 내용을 보자.

- 인플레이션율이 목표인플레이션율과 일치하고($\pi_t = \bar{\pi}$), 실업률이 자연실업률과 일치하면($u_t = u_n$), 중앙은행은 명목이자율 $i_t$를 목표치 $\bar{i}$와 일치하도록 설정해야 한다. 이런 방식으로 경제는 인플레이션율은 목표 인플레이션율과 동일하고 실업률은 자연실업률과 일치하는 동일한 경로에 머물 수 있다.
- 만약 인플레이션율이 목표치보다 높다면($\pi_t > \bar{\pi}$), 중앙은행은 명목이자율 $i_t$를 $\bar{i}$보다 높게 인상해야 한다. 이자율 인상은 실업률을 증가시킬 것이고, 이러한 실업률의 증가는 결국 인플레이션율의 감소로 이어질 것이다. 따라서 계수 $a$는 중앙은행이 실업률에 대비해 인플레이션을 얼마나 더 유념하는지를 반영해야 한다. $a$의 값이 클수록 중앙은행은 인플레이션에 대응해 이자율을 더 증가시킬 것이고, 경제는 더 감속될 것이며, 실업률은 더 증가할 것이고, 인플레이션율은 목표 인플레이션율로 더 빨리 복귀할 것이다.
- 어떤 경우에도 테일러는 $a$가 1보다 커야 한다고 지적했다. 그 이유는 무엇인가? 지출에 중요한 것은 명목이자율이 아니라 실질이자율이기 때문이다. 인플레이션율이 상승할 때 중앙은행이 지출과 산출을 감소시키려면 실질이자율을 상승시켜야 하기 때문이다. 달리 말해 중앙은행은 인플레이션에 대해 일대일 이상으로 명목이자율을 상승시켜야 한다.
- 실업률이 자연실업률보다 높다면($u_t > u_n$), 중앙은행은 명목이자율을 인하해야 한다. 명목이자율 하락은 산출 증가를 가져오고, 그 결과 실업률 감소로 이어진다. 계수 $b$는 중앙은행이 인플레이션에 대비해 실업률을 얼마나 더 유념하는지를 반영해야 한다. $b$가 클수

◀ 일부 경제학자들은 1970년대 미국에서의 인플레이션율 상승은 미 연준이 인플레이션에 대해 일대일 미만으로 명목이자율을 상승시켰다는 사실에 기인한다고 주장한다. 이들은 결과적으로 인플레이션율의 상승이 실질이자율의 하락을 초래해 수요 증가, 실업률 감소, 인플레이션율의 추가 상승, 추가적인 실질이자율의 하락 등이 생겨났다고 주장한다.

록 중앙은행은 실업률을 자연실업률 수준에 근접하게 유지하기 위해 목표 인플레이션율로부터 기꺼이 벗어나려 할 것이다.

이 규칙을 제안하는 데 있어 테일러는 이자율 규칙을 맹목적으로 추종해야 한다고는 주장하지 않았다. 많은 다른 사건, 예를 들어 환율위기, 지출의 구성과 그에 따른 통화 정책과 재정 정책의 조합을 변화시킬 필요성 등은 위 규칙에 담긴 것 이외의 이유로 명목이자율의 변경을 도모하는 것을 정당화한다. 그러나 테일러는 이자율 규칙이 통화 정책을 생각하는 유용한 방식을 제공한다고 주장한다. 일단 중앙은행이 목표 인플레이션율을 선택한 뒤에는 명목이자율을 조정해 그 목표를 달성하기 위해 노력해야 한다. 따라야 할 규칙은 현재의 인플레이션율뿐만 아니라 현재의 실업률도 고려해야 한다.

규칙의 논리는 설득력이 있었고, 2000년대 중반경 선진국에서는 대부분의 중앙은행이 일정한 형태의 인플레이션 목표제를 취하고 있다. 즉, 이자율 규칙의 사용과 함께 인플레이션 목표제를 채택했다.

이어서 글로벌 금융위기가 닥쳤고 많은 문제를 던졌다. 여기에는 인플레이션 목표의 선택, 이자율 규칙이 시사하는 이자율이 명목금리 하한에 도달했을 때의 정책대안, 인플레이션과 경제활동 수준 외에 금융안정성에 대한 중앙은행의 고려 여부와 방법이 포함된다. 다음 절에서는 인플레이션 목표의 선택과 이번 위기로 인해 제기된 몇 가지 다른 질문에 대해 논의한다.

## 23-3 최적 인플레이션율

이 책의 여러 곳에서 이미 살펴봤듯이 COVID 위기는 2020년 이후 인플레이션의 폭발로 이어졌고, 이것이 표가 2019년에서 멈추는 이유이다. 그 폭발은 무슨 일이 일어났고 무슨 일이 일어날 것인지에 대한 질문을 분명히 제기하며, 이러한 질문은 이 장 후반부에서 다시 다룬다.

표 23-1은 선진국의 인플레이션이 1980년대 초반부터 꾸준히 감소했음을 보여준다. 1981년에 OECD 평균 인플레이션은 10.5%였다. 2019년에는 2.1%로 하락했다. 1981년 (당시 24개 OECD 회원국 중에서) 2개국만이 5% 미만의 인플레이션율을 보였다. 2019년에는 36개국 중 35개국으로 증가했다.

인플레이션 목표제로의 전환에서 대부분의 중앙은행은 약 2%의 인플레이션율을 목표로 선택했는데, 이는 오늘날에도 여전히 명시된 목표이다. 이것은 적절한 목표일까? 답은 인플레이션의 비용과 편익에 의존한다.

### 인플레이션 비용

5% 이상의 인플레이션을 기록한 국가는 2019년의 튀르키예(15%)였다.

22장에서는 매우 높은 인플레이션율, 예를 들어 월 30%나 그 이상의 인플레이션율이 경제활동을 심하게 교란시킬 수 있음을 보았다. 그러나 오늘날 선진국에서의 논쟁은 월간 30%나 이를 넘어서는 인플레이션율의 비용에 관한 것이 아니다. 오히려 연간 인플레이션율이 예를 들어 4%보다는 0%가 되는 데 따른 이득에 관한 것이다. 이 범위 내에서 경제학자들은 네 가지 중요한 인플레이션 비용을 제시한다. 이는 (1) 구두창 비용, (2) 조세 왜곡, (3) 화폐 환상, (4) 인플

**표 23-1** OECD의 인플레이션율(1981~2019년)

| 연도 | 1981년 | 1990년 | 2000년 | 2010년 | 2019년 |
|---|---|---|---|---|---|
| OECE 평균* | 10.5% | 6.2% | 2.8% | 1.2% | 2.1% |
| 인플레이션율이 5% 미만인 국가의 수** | 2/24 | 15/24 | 24/27 | 27/30 | 35/36 |

* PPP가격을 가중치로 하여 측정한 상대 GDP를 사용해 계산한 GDP 디플레이터 기준 평균 인플레이션율

** 두 번째 수치는 당시 회원국 수

출처: OECD: https://data.oecd.org/price/inflation-cpi.htm#indicator-chart

레이션 변동성이다.

### 구두창 비용

중기에 있어 인플레이션율의 상승은 명목이자율의 상승을 유발하고 화폐 보유의 기회비용을 높인다. 결과적으로 사람들은 은행에 더 자주 방문함으로써 화폐잔고를 감소시키며, 바로 이런 이유로 **구두창 비용**(shoe-leather cost)이라는 표현이 등장한 것이다. 인플레이션율이 낮다면 이러한 방문은 피할 수 있고, 사람들은 일을 더 하거나 여가를 즐기는 등 대신 다른 일을 할 수 있다.

초인플레이션이 발생하는 경우 구두창 비용은 상당히 커질 수 있다. 그러나 완만한 인플레이션이 발생하는 기간에 이들의 중요성은 제한적이다. 예를 들어 4%의 인플레이션율은 사람들로 하여금 매월 은행을 한 번 더 방문하게 하거나 아니면 매월 MMF와 예금계정 간의 거래를 한 번 더 하게 만들 것이다. 하지만 이것이 인플레이션의 주요 비용이라고 보기는 어렵다.

### 조세 왜곡

인플레이션의 두 번째 비용은 조세제도와 인플레이션 간의 상호작용에 기인한다.

예를 들어 자본이득에 대한 세금을 고려해 보자. 자본이득에 대한 세금은 통상 매입했을 때의 자산가격과 매각할 때의 자산가격 간의 차이에 기초한다. 이에 따라 인플레이션율이 높아질수록 세금 규모도 커진다. 한 가지 예를 보면 명확해질 것이다.

- 인플레이션율이 지난 10년간 연간 $\pi\%$를 꾸준히 보였다고 하자.
- 이제 주택을 10년 전에 100,000달러에 구입했고, 오늘 100,000달러에 $(1+\pi\%)^{10}$을 곱한 금액에 매각했다고 하자. 즉, 실질가치는 변하지 않았다.
- 자본이득세가 30%라면 주택매각에 따른 **유효세율**(주택매각가격 대비 납부세액의 비율)은 다음과 같다.

◀ 분자는 판매가격에서 매입가격을 뺀 값이다. 분모는 판매가격이다.

$$(30\%)\frac{100{,}000(1+\pi\%)^{10}-100{,}000}{100{,}000(1+\pi\%)^{10}}$$

- 처음 샀을 때와 똑같은 실질가격으로 주택을 매각해 실질자본이득은 0이므로 세금을 지불해서는 안 된다. 사실상 $\pi=0\%$, 즉 인플레이션이 없었다면 유효세율은 0%이다. 그러

나 $\pi$=4%라면 유효세율은 9.7%이다. 실질자본이득이 0이라는 사실에도 불구하고 높은 세금을 지불하는 셈이 된다.

조세와 인플레이션 간의 상호작용으로 발생하는 문제는 자본이득세를 넘어 확장된다. 자산에 대한 실질수익률은 명목이자율이 아니라 실질이자율이라는 것을 알지만, 소득세를 목적으로 한 소득은 실질이자수입이 아니라 명목이자수입을 포함한다. 또 다른 예로서 미국의 경우 1980년대 초반까지 상이한 소득세율이 적용되는 기준소득이 인플레이션과 더불어 증가하지 않았다. 결국 사람들은 명목소득이 계속 증가함에 따라 더 높은 소득세율이 적용되는 구간으로 밀려 올라갔다. 물론 실질소득이 반드시 함께 올라간 것은 아니었으며, 이는 **세율 등급 상승**(bracket creep)으로 불렸다.

일부 경제학자들은 세율 등급의 비용이 훨씬 더 크다고 주장한다. 세금수입이 지속적으로 증가함에 따라 정부의 지출통제에 대한 압력은 경미해진다. 결과적으로 1960년대와 1970년대에 있어 정부의 규모는 바람직한 규모를 크게 초과했다.

이러한 비용은 그 자체로서 인플레이션이 초래하는 비용이라기보다는 잘못 설계된 조세체계의 산물이라 할 수 있다. 주택의 예에 있어서 주택매입가격을 물가에 연동해 매입시점 이후의 인플레이션만큼 구입가격을 상향 조정하고 매각가격과 조정된 구입가격 간의 차액에 세금을 부과했다면 문제를 해소할 수 있을 것이다. 이 경우 자본이득은 존재하지 않으며, 그에 따라 자본이득세도 지불할 필요가 없을 것이다. 그러나 조세 조항은 이러한 체계적 조정을 허용하지 않으므로 인플레이션은 문제가 되고 왜곡을 야기한다.

### 화폐 환상

세 번째 비용은 **화폐 환상**(money illusion)으로부터 온다. 화폐 환상이란 사람들이 실질 변화와 명목 변화를 평가하는 데 있어 체계적 실수를 하는 것처럼 보인다는 것을 말한다. 물가가 안정적일 때 단순했을 수많은 계산이 인플레이션이 발생하면 더 복잡해진다. 올해의 소득을 과거의 소득과 비교할 때 사람은 인플레이션의 역사를 추적해야 한다. 사람들은 상이한 자산 간의 선택을 하거나 소비와 저축 간의 선택을 할 때 실질이자율과 명목이자율의 차이를 계속 추적해야 한다. 일상적 증거를 살펴보면 많은 사람은 이런 계산을 어렵게 느끼고 종종 관련된 구별을 하지 못한다. 경제학자들과 심리학자들은 더 엄밀한 증거를 수집해 왔고, 그 결과 인플레이션으로 말미암아 사람들과 기업들은 종종 잘못된 의사결정을 한다는 것을 보여주고 있다(FOCUS '화폐 환상' 참조). 만약 그렇다면 단순한 해결책은 인플레이션율을 0%로 만드는 것이다.

### 인플레이션 변동성

이 비용은 인플레이션율 상승이 통상 인플레이션 변동성의 증가와 관련된다는 사실에서 비롯한다. 그리고 인플레이션 변동성의 증가는 미래에 확정된 명목금액을 약속하는 채권과 같은 금융자산의 위험도가 증가한다는 것을 의미한다.

10년 뒤 1,000달러를 지급해야 하는 채권을 고려하자. 10년간 인플레이션율이 일정하므로 10년 후 채권의 명목가치뿐만 아니라 채권의 실질가치까지 확실히 알 수 있다. 즉, 10년 후 1달러가 어느 정도 가치를 가질지 정확히 계산할 수 있다. 그러나 인플레이션율이 변동할 경우 10년 뒤 1,000달러의 실질가치는 불확실해진다. 인플레이션율의 변동성이 클수록 그것이 야기할

## 화폐 환상

FOCUS

많은 사람이 자신의 금융 계산에서 인플레이션에 적절히 적응하는 데 실패한다는 일화적 증거가 많다. 최근 경제학자들과 심리학자들은 화폐 환상을 더 자세히 살펴보기 시작했다. 최근 연구에서 심리학자인 프린스턴대학교의 샤피르(Eldar Shafir)와 스탠퍼드대학교의 트버스키(Amos Tversky), 경제학자인 MIT의 다이아몬드(Peter Diamond)는 화폐 환상이 얼마나 보편적이고, 무엇이 이를 야기하는지 알아보기 위해 설문조사를 설계했다. 다양한 그룹(뉴아크 국제공항의 사람들, 뉴저지주 소재 2개 쇼핑몰의 사람들, 프린스턴대학 학부 학생)의 사람들에게 던졌던 많은 질문 중에는 다음과 같은 내용이 있다.

애덤, 바버라, 카를로스가 각각 20만 달러의 상속을 받아 모두 주택을 구입하기 위해 즉각 사용했다고 하자. 모두 자신의 집을 매입한 지 1년이 지나고 나서 매각했다. 각 경우에 있어 경제적 상황은 모두 다르다.

- 애덤의 주택 소유기간 동안 25%의 디플레이션(모든 재화와 용역의 가격이 대체로 25% 하락)이 발생했다. 주택을 매입한 지 1년 뒤에 그는 (자신이 지급했던 금액보다 23% 작은) 154,000달러를 받고 주택을 팔았다.
- 바버라의 주택 소유기간 동안 인플레이션도 디플레이션도 없어서 모든 재화와 용역의 가격은 연중 내내 의미 있는 변화를 보이지 않았다. 바버라는 주택을 매입한 지 1년 후 (자신이 지급했던 금액보다 1% 작은) 198,000달러를 받고 주택을 팔았다.
- 카를로스의 주택 소유기간 동안 25%의 인플레이션이 발생해 모든 재화와 용역의 가격이 대체로 25% 상승했다. 칼은 주택을 매입한 지 1년 후 (자신이 지급했던 금액보다 23% 높은) 246,000달러를 받고 주택을 팔았다.

주택거래에서의 성과를 기준으로 애덤, 바버라, 카를로스의 순위를 매겨라. 가장 거래를 잘한 사람에게 '1'을 부여하고 가장 최악의 거래를 한 사람에게 '3'을 부여하라.

명목금액 기준으로 볼 때 카를로스의 거래가 가장 뛰어났고, 이어서 바버라 그리고 애덤 순서로 성과를 보였다. 그러나 중요한 것은 인플레이션율을 고려한 뒤의 실질금액 기준으로 이들 거래가 어떠했는지이다. 실질금액 기준으로 보면 순위는 뒤바뀐다. 2%의 거래이득을 보인 애덤이 가장 좋은 거래를 했고 이어 바버라(1% 손실), 카를로스(2% 손실) 순서로 거래 성과가 나타난다.

설문조사의 답변은 다음과 같았다.

| 순위 | 애덤 | 바버라 | 카를로스 |
|---|---|---|---|
| 1 | 37% | 15% | 48% |
| 2 | 10% | 74% | 16% |
| 3 | 53% | 11% | 36% |

응답자 중 48%가 카를로스를 1위로, 53%가 애덤을 3위로 꼽았다. 이들 답변은 화폐 환상이 매우 보편적이라는 것을 보여준다. 달리 말해 사람들(심지어 프린스턴대학교의 학부 학생조차도)이 인플레이션율에 따른 조정을 하는 데 어려움을 갖고 있다.

출처: Eldar Shafir, Peter Diamond, and Amos Tversky, "Money Illusion," in D. Kahneman and A. Tversky, eds., *Choices, Values, and Frames* (New York: Cambridge University Press & Russell Sage Foundation, 2000).

불확실성은 더 커진다. 은퇴를 위한 저축은 더욱 어려워진다. 채권에 투자한 사람에게 있어 기대했던 것보다 낮은 인플레이션율은 더 나은 은퇴를 의미하지만, 높은 인플레이션율은 빈곤을 의미할 수 있다. 이것이 바로 다른 인구집단에 비해 퇴직자들이 인플레이션에 대해 더 걱정하는 이유 중 하나이다. 퇴직자의 경우 그 소득의 일부가 명목금액 기준으로 고정되어 있기 때문이다.

◀ 제2차 세계대전 중 이탈리아에서 고정연금을 받으며 생존하는 삶을 다룬 명작 비극 영화로는 비토리오 데 시카(Vittorio de Sica)의 1952년 작품인 〈움베르토 D(Umberto D)〉가 있다.

세금의 경우처럼 이들 비용은 인플레이션에 기인하기보다는 금융시장이 금융자산 보유자를 인플레이션으로부터 보호할 수 있는 자산을 제공할 수 없기 때문이라고 할 수 있다. 정부나 기업은 미래에 고정된 명목금액을 약속하는 채권인 명목채권만을 발행하기보다는 인플레이션이 조정된 명목금액을 약속하는 채권인 **물가연동채권**(indexed bond)을 발행할 수 있고, 사람들은 자신들이 은퇴할 때 채권의 실질가치가 어떻게 될지 걱정할 필요가 없다. 사실 14장에서 보았듯이 미국을 포함한 많은 국가들이 오늘날 물가연동채권을 도입하고 있으며, 사람들은 인플레이션 변동에 대해 자신들을 더 잘 보호할 수 있다.

## 인플레이션의 혜택

인플레이션이 실제로 모두 나쁜 것만은 아니다. 실제로 인플레이션은 세 가지 혜택을 제공한다. 바로 (1) 세뇨리지, (2) 거시경제 정책을 위한 음의 실질이자율의 형성 가능, (3) (다소 역설적이지만) 화폐 환상과 인플레이션 간의 상호작용을 통한 실질임금의 조정 촉진이다.

### 세뇨리지

통화증발(인플레이션의 궁극적 원천)은 정부지출을 조달할 수 있는 방법 중 하나이다. 달리 말해 통화증발은 일반대중으로부터의 차입이나 증세를 하는 대신 사용할 수 있는 정책대안이다.

22장에서 살펴보았듯이 통상적으로 정부는 정부지출의 지급을 위해 통화를 '찍어내지' 않는다. 오히려 정부가 채권을 발행해 매각한 수입금으로 지출한다. 그러나 중앙은행이 정부채권을 매입하고 이를 지급하기 위해 통화를 발행해도 그 결과는 동일하다. 다른 조건이 똑같을 때 통화증발로부터의 수입, 즉 **세뇨리지**는 정부로 하여금 일반대중으로부터의 차입을 줄이거나 세금을 낮출 수 있게 한다.

식 (22.6)을 다시 보자. $H$를 중앙은행이 발행한 통화, 즉 본원통화라 하자. 그러면 다음이 성립한다.

$$\frac{\text{세뇨리지}}{Y}=\frac{\Delta H}{PY}=\frac{\Delta H}{H}\frac{H}{PY}$$

여기서 $\Delta H/H$는 본원통화증가율, $H/PY$는 명목 GDP 대비 본원통화비율이다.

현실적으로 세뇨리지의 규모는 얼마나 될까? 초인플레이션 시기에 세뇨리지는 종종 중요한 정부 재원이 된다. 그러나 오늘날 OECD 국가에 있어, 그리고 우리가 고려하는 인플레이션율 범위에서 중요성이 훨씬 더 제한적이다. 미국의 경우를 보자. GDP 대비 중앙은행이 발행하는 비이자지급 통화, 즉 본원통화의 비율은 약 9%이다. 명목통화 증가율이 연간 4% 증가하면(이는 결국 인플레이션율을 4% 증가시킨다), GDP 대비 4%×9% 또는 0.36%에 달하는 세뇨리지의 증가를 이끌 것이다. 이는 4% 더 높은 인플레이션율에 대한 대가로는 작은 수입이다.

여기서 '이자를 지급하지 않는 화폐'라고 했다. 위기가 초래한 변화 중 하나가 현재 많은 중앙은행이 이자를 지급하지 않는 화폐(현금)와 이자를 지급하는 화폐(은행 지급준비금)를 동시에 발행하기 때문이다. 이에 대한 자세한 내용은 23-4절에서 설명한다. 이자를 지급하는 화폐잔고는 채권과 유사한 이자율을 지불한다는 점을 감안할 때 채권과 같으며 세뇨리지 수익을 내지 못한다.

따라서 세뇨리지에 기초한 주장이 때때로 타당하긴 하지만(예: 양호한 재정체계를 아직 갖지 못한 경제의 경우), 오늘날 OECD 국가가 0%의 인플레이션율 대신 4%의 인플레이션율을 가져야 하는지에 관한 논의에 있어서는 타당성이 매우 적어 보인다.

### 화폐 환상의 재검토

화폐 환상이 역설적으로 양의 인플레이션율을 요구하는 한 가지 이유가 될 수 있다.

왜 그런지 살펴보기 위해 두 가지 상황을 고려하자. 첫 번째 상황에서 인플레이션율은 4%이고 명목임금은 1% 상승한다. 두 번째 상황에서는 인플레이션율은 0%이며 명목임금은 3% 하락한다. 노동자들은 어느 상황이든 무관할 것이다. 그러나 실제 증거를 살펴보면 많은 사람이 두 번째 상황보다는 첫 번째 상황에서 실질임금 인하를 더 쉽게 받아들일 것이다.

이 예가 우리의 논의와 관련될까? 13장에서 보았듯이 현대 경제를 특징짓는 지속적인 변화 과정으로 말미암아 일부 노동자들은 때때로 실질임금의 하락을 받아들여야 하기 때문이다. 따라서 주장을 따르면 인플레이션의 출현은 인플레이션이 0일 때에 비해 실질이자율의 하향조정을 허용한다. 8장의 높거나 낮은 인플레이션하에서 포르투갈의 임금변화 분포에 대한 증거는 이것이 실제로 적절한 논증임을 시사한다.

◀ 다음과 같은 표현에서 은유의 충돌이 발생한다. 인플레이션은 실질임금의 조정을 더 쉽게 하므로 일부 경제학자들은 인플레이션을 경제에 있어 '윤활유'라 부른다. 다른 경제학자들은 인플레이션의 상대가격에 대한 부정적 효과를 강조하기 위해 인플레이션은 경제에 '모래를 넣는 것'이라 한다.

### 음의 실질이자율 정책대안

인플레이션의 증가는 명목금리 하한에 도달할 확률을 감소시킨다. 이 주장은 가장 중요할 수 있는데, 4장의 명목금리 하한에 대한 논의에서 비롯한다. 수치를 사용한 예가 도움이 될 것이다.

- 잠재 실질이자율이 2%로 동일한 두 경제를 고려하자.
- 첫 번째 경제에서 중앙은행은 4%의 평균 인플레이션율을 유지하고, 그에 따라 명목이자율은 평균적으로 2%+4%=6%와 같다.
- 두 번째 경제에서 중앙은행은 0%의 평균 인플레이션율을 유지하고, 그에 따라 명목이자율은 평균적으로 2%+0%=2%와 같다.
- 이제 두 경제가 유사한 부정적 충격을 받았다고 가정하자. 부정적 충격은 주어진 이자율에서 단기적으로 지출과 산출의 감소를 유발한다.
- 첫 번째 경제에서 중앙은행은 명목이자율을 6%에서 0%로 감소시킬 수 있어 6%의 감소를 초래한다. 기대인플레이션율이 즉각 변화하지 않고 4%에서 유지된다는 가정하에서 실질이자율은 2%에서 −4%로 감소한다. 이는 지출에 강한 긍정적 영향을 미칠 것이며 경제가 회복되도록 도울 것이다.
- 두 번째 경제에서 중앙은행은 명목이자율을 2%에서 0%로만 감소시켜 2%의 감소만을 초래할 수 있다. 기대인플레이션이 즉각적으로 변화하지 않고 0%로 계속 유지된다는 가정하에서 실질이자율은 2%에서 0%로 단지 2%만 감소한다. 이러한 실질이자율의 사소한 하락은 지출을 그리 많이 증가시키지 않을 것이다.

간단히 말하면 평균 인플레이션율이 더 높은 경제는 더 여유 있게 통화 정책으로 경기침체에 대처할 수 있다. 평균 인플레이션율이 낮은 국가는 산출을 잠재산출 수준으로 되돌리는 데 통화 정책을 사용할 수 없음을 알게 될 것이다. 6장에서 살펴보았듯이 이러한 가능성은 단지 이론적인 것만은 아니다. 글로벌 금융위기 초기에 중앙은행들은 금리를 더 이상 인하할 수 없는 명목이자율 하한에 빠르게 도달했다. 문제는 이를 고려해 미래에 약간 더 높은 평균 인플레이션율을 선택해야 하는지이다. 일부 경제학자들은 현재의 위기가 예외적 상황으로 미래에 각국이 유동성 함정에 빠질 가능성은 낮으며, 따라서 더 높은 평균 인플레이션율을 수용할 필요는 없다고 주장한다. 다른 경제학자들은 유동성 함정에서 각국이 직면하는 문제는 지나치게 심각해서 재발 위험을 피해야 하며, 그에 따라 인플레이션율의 상향은 실제로 정당화된다고 주장한다. 그러나 확실한 것은 인플레이션이 영구적으로 낮아지면 중앙은행이 실질이자율에 영향을 줄 수 있다는 것이다.

### 최적 인플레이션율: 현재의 논쟁 상황

현 단계에서 부국의 중앙은행들은 대부분 2% 수준의 인플레이션 목표치를 갖고 있다. 그러나 이에 대해서는 두 가지 측면에서 도전이 있다. 일부 경제학자들은 물가안정성, 즉 0%의 인플레이션을 달성하길 희망하지만, 다른 경제학자들은 대신 더 높은 인플레이션, 예를 들어 4%의 인플레이션을 희망한다.

0%를 목표로 삼아야 한다는 사람들은 0%는 다른 모든 목표와는 상당히 구별된다고 지적한다. 0%는 물가안정에 해당하며, 그 자체로서 바람직하다. 물가가 10년 또는 20년 뒤에도 현재와 대체로 동일하다면 복잡한 의사결정도 감소하고 화폐 환상의 여지도 제거할 수 있다. 아울러 중앙은행이 직면한 동태적 비일관성(21장 참조)을 감안할 때 목표인플레이션율의 신뢰성과 단순성은 중요하다. 일부 경제학자들과 일부 중앙은행장들은 물가안정성, 즉 0%의 목표는 2% 수준의 목표인플레이션율보다 이러한 목표를 더 쉽게 달성할 수 있다고 믿고 있다. 그러나 지금까지 실제로 0%의 목표인플레이션을 선택한 중앙은행은 없다.

더 높은 수준의 인플레이션을 목표로 삼길 원하는 사람들은 미래에 유동성 함정에 빠지지 않는 것이 중요하며, 이 목표를 위해서는 더 높은 목표인플레이션율, 예를 들어 4% 수준이 도움이 될 것이라고 주장한다. 그들은 2% 목표의 선택은 명목이자율 하한에 도달할 가능성이 거의 없을 것이라는 믿음에 기초한다고 주장하며, 이러한 믿음이 틀렸음이 드러났다고 말한다. 현재 이들의 주장은 각국의 중앙은행 사이에서 지지를 거의 받지 못하고 있다. 중앙은행가들은 목표인플레이션율을 2%에서 4%로 높일 경우, 사람들은 곧 목표가 5%가 되고, 이어서 6% 등 계속해서 높아질 것이라고 기대하기 시작할 것이며, 인플레이션 기대는 더 이상 안정적으로 머물지 않을 것이라고 주장한다. 따라서 이들은 현재의 목표 인플레이션 수준을 유지하는 것이 중요하다고 본다.

이러한 사고방식은 때때로 '미끄러운 기울기(slippery slope)' 논리라 불린다.

논쟁은 아직 끝나지 않았다. 그리고 2021~2022년 인플레이션 폭발 이후 중앙은행들이 인플레이션을 목표치로 되돌리기 위해 노력함에 따라 논쟁은 더욱 긴급한 국면으로 접어들었다. 인플레이션이 감소함에 따라 다음과 같은 질문이 제기된다. 만약 인플레이션 목표치를 상향 조정해야 할 강력한 근거가 실제로 존재한다면 중앙은행들이 한동안의 실업률 상승이라는 대가를 치르더라도 인플레이션을 2%로 되돌리는 것은 좋은 생각일까? 중앙은행이 신뢰를 잃지 않고 목표치를 중도에 변경할 수 있을까? 현재로서는 대부분의 중앙은행이 낮지만 양(+)의 인플레이션, 즉 약 2%의 인플레이션율을 공식적으로 목표로 하고 있다.

## 23-4 비전통적 통화 정책

위기가 시작된 시점에서 중앙은행의 직접 통제하에 있는 이자율(미국의 경우 연방기금금리)이 명목금리 하한에 도달하자, 중앙은행들은 더 이상 이자율을 인하할 수 없어서 **전통적 통화 정**

**책**(conventional monetary policy)을 사용할 수 없었다. 이 책에서 지금까지 통화 정책이 무력화되었다고 가정해 왔다. 그러나 이는 단순화한 것이다. 중앙은행들은 경제활동에 영향을 미치는 다른 방법, 즉 **비전통적 통화 정책**(unconventional monetary policy)으로 알려진 일련의 조치를 모색했다.

아이디어는 간단했다. 정책금리가 0%인 동안에도 위험 프리미엄을 반영하여 다른 이자율은 여전히 양의 값을 가졌다. 6장에서 정책금리와 차입금리의 관계에서 위험 프리미엄을 도입했지만, 그것이 무엇에 의존하고 또 금리정책이 어떻게 영향을 미칠 수 있는지는 구체적으로 논의하지 않았다. 사실 자산에 대한 위험 프리미엄이 자산에 대한 수요와 공급에 의해 결정되는 것으로 간주할 수 있다. 매입자의 위험 기피도가 커지거나 아니면 일부 투자자가 자산을 보유하지 않기로 결정해서 자산에 대한 수요가 감소하면 프리미엄이 증가할 것이다. 대신 수요가 증가하면 프리미엄은 감소한다. 이는 수요 증가가 민간 투자자에서 비롯하건 아니면 중앙은행에서 비롯하건 사실이다.

이 논리에 기초하여 중앙은행은 경제활동을 자극하기 위해 단기채권 이외의 자산을 사들여 이들 자산에 대한 프리미엄을 하락시키고, 그에 따라 상응하는 차입금리를 줄이려 했다. 중앙은행은 통화창출을 통해 채권매입에 필요한 자금을 조달했으며, 이는 통화공급을 크게 증가시켰다. 통화공급의 증가는 정책금리에 아무런 영향을 미치지 못했지만, 다른 자산의 매입은 그들의 프리미엄을 감소시켜 차입금리를 낮추고 지출을 증가시켰다. 이러한 채권구매 프로그램은 **양적완화**(quantitative easing) 정책 또는 **신용완화**(credit easing) 정책이라고 한다.

미국의 연준은 2008년 11월 1차 양적완화 프로그램을 시작했다. QE1(Quantitative Easing 1)로 알려진 정책에서 미 연준은 특정 유형의 주택담보증권을 매입하기 시작했다. 6장에서는 이에 대한 이유를 알아보았다. 위기의 원인 중 하나는 그 증권이 기초를 둔 저당권의 가치를 평가하는 것이 어렵다는 데 있었다. 그 결과 많은 투자자들이 주택담보증권의 보유를 그만두기로 결정했으며, 상대적으로 안전하다고 판단되는 증권에 대해서도 프리미엄이 매우 높게 상승했다. 이러한 증권을 매입함으로써 연준은 프리미엄을 줄이고 금융시스템과 지출에 미치는 영향을 제한했다. QE2라고 알려진 2차 양적완화 프로그램은 2010년 11월, 장기채권에 대한 기간 프리미엄을 낮추기 위해 연준이 장기채권을 매입하기 시작하면서 개시되었다. 3차 양적완화 프로그램인 QE3는 주택담보증권의 추가 매입으로 2012년 9월에 시작되어 모기지 비용을 줄이고 주택시장 회복을 도우려 했다. 이러한 프로그램들을 통해 연준의 보유 자산은 2008년 약 1조 달러에서 2015년에는 약 4조 달러로 증가했다. COVID 위기가 시작되면서 촉발된 네 번째 프로그램인 QE4는 2020년 3월에 시작되어 연준의 대차대조표가 2020년 3월 약 4조 달러에서 2022년 3월에는 9조 달러에 육박하는 규모로 증가하게 되었다.

위험 프리미엄 감소에 대한 양적완화의 효과를 평가하기 위해 많은 연구가 진행되었다. QE1이 큰 차이를 만들었다는 것에는 넓은 합의가 있다. 기능장애를 보이는 시장에 개입하여 연준은 프리미엄의 상승을 제한했다. 더 이상 기능장애를 보이지 않는 시장에 연준이 개입한 그 이

그림 23-2

**미국 본원통화의 추이 (2005~2018년)**

양적완화로 인해 2005~2015년 사이에 본원통화는 4배 이상 증가했다.

출처: FRED: RESBALS BOGMBASE.

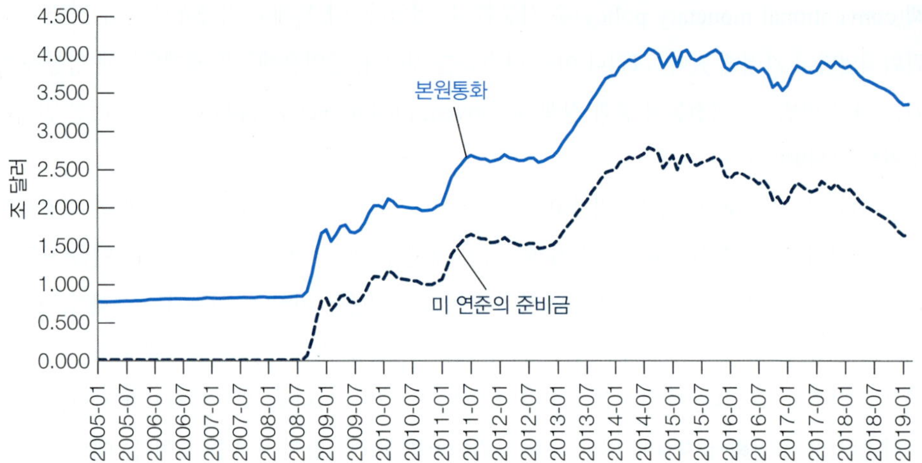


후의 QE들의 효과는 논쟁의 여지가 많다. 장기 국채에 대한 기간 프리미엄을 인하했다는 것은 널리 받아들여지고 있다. 문제는 얼마나 인하했는지에 달려 있다.

미국과 다른 나라의 양적완화 정책에 대한 일반적 평가는 차입금리에 일정한 영향을 미침으로써 통화 정책이 여전히 명목금리 하한에서도 경제활동에 영향을 미칠 수 있다는 것이다. 그러나 이 정책이 기존의 통화 정책보다 복잡하고 신뢰가 떨어지는 방식으로 작동한다는 점에 대해서도 광범위한 합의가 존재한다. 달리 말해 명목금리 하한은 통화 정책을 무력화시키지 않을 수도 있지만, 효과성을 분명히 제한한다.

이제까지 연준이 무엇을 매입했는지 살펴보았다. 자금을 어떻게 조달했을까? 통화를 발행함으로써이다. 이자율이 (거의) 0%이므로 은행은 채권을 보유하거나 현금을 보유하는 것에 무차별했다. 그래서 은행들은 연준에 준비금의 형태로 본원통화를 기꺼이 적립했다. (실제로 연준은 0.25%의 소폭의 양의 이자율을 지불할 용의가 있었기 때문에 은행이 준비금을 보유하는 것이 매력적이었다.) 그 결과 본원통화, 즉 중앙은행이 발행한 통화는 2008년 9월 GDP의 약 6.6%인 8,500억 달러에서 2015년에는 GDP의 약 22%인 4조 달러로 증가했다. 이러한 전개는 그림 23-2에서 하늘색 선으로 나타냈다. 남색 선은 은행이 보유한 준비금을 나타내는데, 증가액의 대부분은 연준의 은행 준비금 증가에 반영되었다. 그 결과 미 연준의 대차대조표는 위기 이전보다 훨씬 더 커졌고, COVID 위기에 대응한 QE4로 인해 규모가 2배로 늘어났다.

## 유동성 함정 종식 후의 통화 정책

미 연준은 위기 동안 획득한 모든 자산을 즉각 매각하려 하지 않았다. 자산시장에 큰 혼란을 초래할 수 있으므로 매도는 시간이 지남에 따라 천천히 이루어져야 한다고 생각했다. ▶

2015년 말, 경제를 더 건실하게 하기 위해 연방기금금리를 다시 인상해야 한다고 결정했을 때 미 연준은 뚜렷한 문제에 직면했다. 준비금에 대한 이자를 계속 지불하지 않는다면(더 정확하게는 매우 낮은 금액을 지불하기 위해) 은행은 준비금을 보유하려고 하지 않을 것이다. 은행들은 연방기금시장에서 이를 모두 매각하려 할 것이고, 연준이 기꺼이 이를 모두 다시 매입하려 하지 않는 한(그리고 그에 따라 QE로 축적한 모든 채권을 매각하지 않는 한) 연방기금금리는

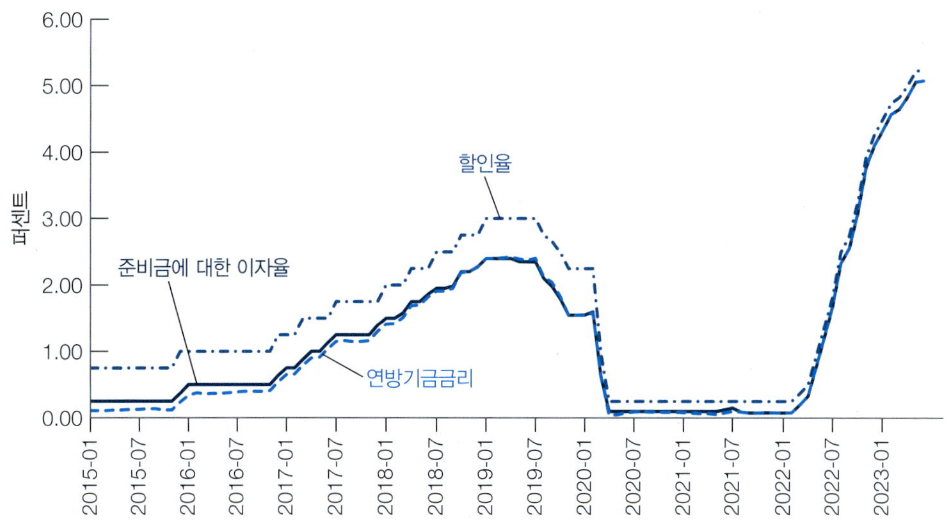


**그림 23-3**

**준비금에 대한 이자율, 연방기금금리, 할인율(2015년 이후)**

연방기금금리는 준비금에 대한 이자율과 함께 변화해 왔다.

출처: FRED: Interest on reserves: IOER, IORB, federal funds rate: FEDFUNDS, DFF discount rate: INTDSRUSM193N, DPCREDIT.

0%로 돌아갈 것이다. 미 연준이 이런 일이 일어나기를 원치 않는다면 준비금에 대한 이자를 지급하기 시작해야 했다. 미 연준은 그렇게 했고, 오늘날에도 여전히 그렇다.

미 연준은 현재 **회랑 시스템**(corridor system)을 운영하고 있다. 이는 두 가지 이자율을 설정하는데, (은행이 실질적으로 연준에 대출할 때 적용하는) 준비금에 대한 이자율과 (은행이 연준으로부터 차입할 때 적용되는) 할인율이 그것이다. 연방기금금리는 여전히 연방기금시장에서 결정되지만, 두 금리가 설정하는 범위에 놓여야 한다. 그 이유를 보기 위해 연방기금금리가 준비금 이자율보다 낮다고 가정해 보자. 연준에 대출을 하면 더 좋은 이자율을 주기 때문에 어떤 은행도 다른 은행에 대출하려고 하지 않는다. 대신 연방기금금리가 할인율보다 높다고 가정하자. 연준에서 차입하면 더 낮은 이자를 주므로 어떤 은행도 다른 은행에서 차입하기를 원하지 않는다. 따라서 연방기금금리는 여전히 연방기금시장에서 결정되지만, 두 이자율이 설정하는 범위 내에서만 차이가 날 수 있다. 세 가지 이자율 변화는 그림 23-3에 있으며, 준비금 이자율과 함께 연방기금금리가 어떻게 변동했는지 보여준다.

◀ 본문의 주장과 달리 연방기금금리가 준비금 금리보다 약간 낮은 상태를 유지하고 있음을 알 수 있다. 이는 기술적 문제 때문이다. 일부 금융기관은 연준 준비금에 접근할 수 없으며, 준비금 금리보다 낮은 금리로 대출하려 한다. 결국 연방기금금리의 하한선은 대부분 준비금 금리에 의해 결정된다는 사실을 알 수 있다.

요약해 보자. 통화 정책은 유동적이다. 위기는 일반적으로 중앙은행이 인플레이션 목표제에 초점을 맞추는 것에 의문을 제기했고, 정책이자율 이외의 도구를 모색하도록 강요했다. 명목이자율이 하한에 도달했던 기간에 비전통적인 정책을 사용한 결과 중앙은행의 대차대조표는 예전보다 훨씬 커졌다. 그들은 위기 이전보다 훨씬 더 많은 양의 자산을 보유하고 훨씬 더 많은 부채를 가지고 있다. 그들은 부채의 많은 부분, 즉 중앙은행에서 은행이 보유하는 준비금에 대해 이자를 지불한다. 주요 정책도구는 연준의 준비금에 대해 은행에 지불하는 이자율이 되었다. 이 시점에서 중앙은행이 직면한 주요 선택은 큰 대차대조표를 유지할 것인지, 아니면 대부분 무이자부채로 구성된 적은 대차대조표로 위기 이전의 상황에 더 가깝게 돌아갈 것인지이다. 대부분의 경우 안정화되거나 대차대조표가 감소하기 시작했지만, 종점은 아직 결정되지 않았다.

## 23-5 통화 정책과 금융안정성

글로벌 금융위기가 시작되자 중앙은행들은 수요가 크게 감소했을 뿐만 아니라 금융 시스템에 심각한 문제가 있음을 알게 되었다. 6장에서 보았듯이 주택가격 하락이 위기의 방아쇠였다. 이어서 이는 금융 시스템 실패로 증폭되었다. 자산의 불투명성으로 인해 금융기관의 지급 능력에 의문이 제기되었다. 지급 능력에 대한 의문은 다시 투자자들이 자금을 회수하려는 인출쇄도를 야기했고, 이는 급매를 초래하여 지급불능에 대한 의문은 더 커졌다. 중앙은행이 직면한 첫 번째 현안은 앞 절에서 이미 설명한 조치를 넘어서 취해야 할 조치였다. 두 번째 문제는 미래에 통화 정책이 또 다른 유사한 금융위기의 가능성을 줄이기 위해 어떤 노력을 해야 하는지 그리고 어떻게 줄여야 하는지였다. 두 가지 문제를 차례대로 다뤄보자.

위기 동안 금융 부문의 문제와 미국 통화 정책에 대해 길지만 대단한 책으로는 미 연준의장이 저술한 다음을 참고하라. Ben Bernanke, *The Courage to Act: A Memoir of a Crisis and Its Aftermath* (Norton, 2017). ▶

### 유동성 공급과 최종적 대부자

중앙은행은 오랫동안 은행인출쇄도에 대해 알고 있었다. 6장에서 살펴봤듯이 은행의 대차대조표 구조는 인출쇄도 위험에 취약하다. 대출과 같은 자산의 대부분은 비유동적이다. 요구불예금과 같은 많은 부채는 유동적이다. 이름에서 알 수 있듯이 특히 요구불예금은 투자자의 **요구**가 발생하면 상환되어야 한다. 따라서 예금자들의 우려는 근거가 있든 없든 자금을 인출하려는 심리로 이어질 수 있으며, 이는 은행이 문을 닫거나 자산을 헐값에 매각하는 결과를 초래할 수 있다. 대부분의 국가에서 전통적으로 은행인출쇄도를 제한하기 위해 두 가지 조치를 취했다.

- 예금보험: 투자자에게 은행이 파산하더라도 자금을 돌려받을 수 있을 것이라는 확신을 제공하므로 애초에 인출쇄도할 유인을 갖지 않는다.
- 인출쇄도가 실제로 발생할 경우 담보에 기초한 중앙은행의 유동성 공급: 즉, 중앙은행은 은행의 일부 자산을 담보로 잡고 유동성을 은행에 제공한다. 이렇게 하면 은행은 자산을 매각하지 않고도 예금자에게 지불해야 하는 유동성을 확보할 수 있다. 중앙은행의 이 기능은 **최종적 대부자**(lender of last resort)라 하며, 1913년 창설 이래 미 연준의 기능 중 하나였다.

그러나 위기가 보여준 것은 은행이 인출쇄도의 대상이 될 수 있는 유일한 금융기관이 아니었다는 점이다. 자산이 부채보다 유동성이 낮은 기관은 유사한 위험에 처해 있다. 투자자들이 자금을 상환받기를 원하면 금융기관은 필요한 유동성을 얻기가 어려울 수 있다. 위기 시의 긴박감을 감안해서 미 연준은 은행 이외의 다른 일부 금융기관에도 유동성 공급을 확대했다. 당시에는 선택의 여지가 거의 없었지만, 앞으로는 중앙은행으로부터 유동성을 공급할 때 어떤 규칙이 있어야 하며 또 어떤 기관이 대상기관이 될 수 있는지에 대한 문제가 있다. 문제는 해결되지 않았다. 중앙은행은 자신이 은행만큼 엄격하게 규제하지 않는 기관에 그러한 유동성을 제공하기를 원할까?

## 거시건전성 규제

2000년대 중반부터 미국 연준은 주택가격의 상승을 우려했다. 그러나 유사한 주택가격 상승에 직면했던 연준과 다른 중앙은행들은 개입하길 꺼렸다. 여기에는 여러 가지 이유가 있었다. 첫째, 가격 상승이 기본적 요인(예: 낮은 이자율)의 상승을 반영하는지 아니면 버블(기본적 요인으로 정당화되는 수준을 넘어선 가격 상승)을 반영하는지 평가하는 데 어려움이 있었다. 둘째, 이들은 이자율의 상승이 주택가격의 상승을 실제로 정지시킬 수 있겠지만, 경제를 둔화시켜 경기침체를 촉발할 수 있다는 점을 우려했다. 셋째, 이들은 주택가격의 상승이 실제로 버블이고, 후에 버블이 파열하여 주택가격 하락을 야기해도, 자신들이 개입하여 이자율의 적절한 인하를 통해 수요에 미치는 부정적 효과에 대응할 수 있다고 생각했다.

위기는 이들에게 재고할 것을 요구하고 있다. 앞서 보았듯이 주택가격 하락은 금융 시스템에서의 위험 누적과 결합하여 중대한 금융위기와 거시경제적 위기를 초래했다.

결과적으로 두 가지 측면에서 광범위한 합의가 형성되었다.

- 기다리는 것은 위험하다. 자산가격의 상승이 기본적 요인을 반영하는지 아니면 버블을 반영하는지 의심이 되어도 가만히 있는 것보다는 무엇이든 하는 것이 더 좋다. 버블이 축적되다 파열해 중대한 부정적 거시경제 효과를 야기하도록 하기보다는 잠시라도 기본적 요인에 의한 상승을 방해하고 잘못된 것으로 드러나는 것이 더 좋은 것이다. 동일한 논리가 금융위험의 누적에도 적용된다. 예를 들어 과도한 은행의 레버리지가 그렇다. 누적되도록 놔두어 금융위기의 위험을 높이기보다는 은행대출이 위축되는 위험을 감수하더라도 높은 레버리지를 억제하는 것이 더 좋은 것이다.

이는 "사후 수습하기보다 사전 대응하는 게 낫다(Better lean than clean)"는 격언으로 이어진다. 여기서 lean은 자산가격 상승에 적극 반응하는 것이며, clean은 자산가격 붕괴 후에 청소를 하는 것이다.

- 버블, 신용호황 또는 금융 시스템의 위험한 행태를 다루는 데 있어 이자율은 적절한 정책 수단이 아니다. 너무 거친 수단이어서 당면한 문제를 해소하기보다는 전체 경제에 영향을 미친다. 적절한 정책 수단은 **거시건전성 정책**(macroprudential tool)이다. 이는 상황이 요구하는 대로 차입자, 대출자 또는 은행과 기타 금융기관을 직접 목표로 하는 것이다.

거시건전성 정책은 구체적으로 어떤 형태를 취할까? 차입자를 목표로 하는 수단에는 다음이 있다.

- 중앙은행이 주택가격의 과도한 상승을 인식하여 우려하고 있다고 하자. 중앙은행은 차입자들의 주택담보대출 조건을 강화할 수 있다. 많은 국가에서 사용되는 조치가 주택 매입가격 대비 차입 가능한 금액의 규모에 상한을 두는 것이다. 이 조치는 최대 **담보대출비율**(loan-to-value ratio) 또는 간단히 최대 LTV라 불린다. 최대 담보대출비율의 인하는 수요를 위축시키고 주택가격 상승을 둔화시킬 것이다. (FOCUS '2000~2007년간 LTV 비율과 주택가격 상승'은 위기에 이르는 기간 동안의 최대 LTV와 주택가격 상승 간의 관계를 검토한다.)

- 중앙은행이 외국통화로 지나치게 과도한 차입이 이루어지고 있다고 우려한다고 하자. 한 가지 예가 이해에 도움이 될 것이다. 2010년대 초반에는 헝가리에서 주택대출의 2/3 이상이 스위스 프랑 표시로 이루어졌다. 이유는 간단했다. 스위스의 이자율이 매우 낮기 때문에 헝가리인들 입장에서는 헝가리 이자율보다 스위스 이자율로 차입하는 것이 매우 유리했다. 그러나 차입자들이 고려하지 못한 위험은 헝가리 포린트화(forint)가 스위스 프랑에 비해 절하될 위험이었다. 이러한 절하가 실제로 발생하면 헝가리 사람들이 상환해야 할 주택대출의 포린트화 가치는 평균적으로 50% 이상 증가할 것이다. 많은 가계들이 더 이상 주택대출금 상환을 할 수 없고, 그에 따라 거시경제적 위기를 야기한다. 이러한 상황은 가계에 의한 외국통화 표시 대출의 양에 제한을 부과하는 것이 현명했을 것이라는 점을 시사한다.

이에 따라 헝가리 정부는 보다 유리한 환율로 스위스 프랑 표시 주택담보대출을 헝가리 포린트 표시 대출로 전환하도록 했다. 결과적으로 가계의 상황은 개선되었지만, 가계에 대출을 해줬던 은행들의 사정은 악화되었다. ▶

일부 성책 수단은 은행이나 외국 투자자와 같은 대출기관을 목표로 할 수 있다.

- 중앙은행이 은행 레버리지의 증가를 우려한다고 하자. 6장에서 이러한 상황이 관심대상이 되어야 하는 이유를 검토했다. 높은 레버리지는 주택가격 하락이 금융위기를 초래하는 주요 원인 중 하나였다. 중앙은행은 최소 자본 비율을 부과하여 레버리지를 제한할 수 있다. 이는 다양한 형태를 취할 수 있다. (예: 자산 대비 자본 비율에 최저 수준을 설정하거나 위험한 자산일수록 더 큰 중요도를 갖도록 위험가중자산 대비 자본 비율에 최저 수준을 설정하는 것이다.) 사실 Basel II와 Basel III라 불리는 두 가지 협정을 통해 많은 국가들이 자국 은행들에게 동일한 최저 수준을 설정하기로 합의한 바 있다. 더 어렵고 해소되기 어려운 문제는 경제금융 상황이 바뀜에 따라 이러한 자본 비율을 어떻게 조정해야 하는지 또 얼마나 조정해야 하는지에 관한 것이다. (예: 과도한 신용팽창이 발생한 것으로 판단되는 경우 자본 비율은 높여야 하는지이다.)

레버리지와 자본 비율 간의 관계에 대해 다시 살펴보려면 6장을 참조하라. ▶

- 중앙은행이 과도한 자본유입을 우려한다고 하자. 이는 위에서 논의한 헝가리의 경우에 해당한다. 중앙은행은, 대출기관들이 헝가리에 낮은 이자율로 대출을 주려 해도 마음을 바꿀 수 있으며, 이 경우 급정지가 생겨날 수 있다는 점을 우려한다. 이 경우 중앙은행은 유입에 대한 **자본통제**(capital controls)를 부과해 자본유입을 제한하길 원할 것이다. 이는 상이한 자본유입 유형에 대한 조세 부과의 형태를 취할 수 있다. 예를 들어 외국인이 물리적 자산을 구입하는 **외국인 직접투자**(foreign direct investment)와 같이 급정지에 큰 영향을 받지 않는 자본유입에 대해서는 낮은 조세를 부과하고 국내 거주자의 외국으로부터의 대출에 대해서는 직접적인 제한을 부과하는 것이다.

19장의 FOCUS '자본흐름, 급정지 그리고 이자율 평형조건의 한계'를 참조하라. ▶

한편 이와 같은 거시건전성 수단이 바람직하다는 데에는 상당한 합의가 존재하지만, 아직 많은 질문이 남아 있다.

- 많은 경우 이러한 수단이 얼마나 잘 작동할지 모른다. (예: 최대 LTV를 얼마나 하락시키

## 2000~2007년간 LTV 비율과 주택가격 상승

FOCUS

2000~2007년간 차입에 대해 더 엄격한 제한을 가한 국가들이 더 낮은 주택가격 상승을 경험했는가? 그림 1에 답이 나타나 있다. 그림은 IMF 연구 결과로서 데이터를 구할 수 있는 21개 국가에 대한 증거를 보여준다.

수평축은 각국별로 새로운 주택대출에 대한 최대 담보대출(LTV) 비율을 나타낸다. 최대치가 반드시 법적 최대치는 아니지만, 방침일 수도 있고 때에 따라서는 차입자에게 모기지 보험과 같이 추가적인 요건을 요구하는 한계선일 수도 있다. 100% 비율은 차입자가 주택 가치만큼 차입할 수 있다는 것을 의미한다. 실제 비율은 한국의 60%에서 미국을 포함한 많은 수의 국가의 100%, 네덜란드의 125%까지 있다. 수직축은 2000년부터 2007년까지의 명목주택가격의 상승률을 나타낸다(실질가격으로 측정해도 매우 유사할 것이다). 그림에는 관찰치를 가장 잘 설명하는 회귀선도 나타나 있다.

그림은 두 가지 결론을 제시한다.

첫째, 실제로 LTV 비율과 주택가격 상승 간에는 양의 관계가 존재하는 것으로 보인다. 낮은 LTV 비율을 부과했던 한국과 홍콩에서 주택가격 상승률은 작았다. 더 높은 비율을 가진 스페인과 영국에서 주택가격 상승률은 훨씬 더 높았다.

둘째, 둘 간의 관계는 그리 엄밀하지 않다. 다른 많은 요인이 주택가격 상승에 영향을 미치므로 놀랄 일도 아니다. 그러나 다른 요인을 통제하더라도 LTV 비율의 정확한 효과를 신뢰도 높게 식별하는 것은 어렵다. 전망하건대 LTV 기반 규제수단을 믿을 만한 거시건전성 수단으로 사용할 수 있기 전에 LTV 기반 규제수단이 어떻게 작용하는지에 관해 더 많은 것을 알아야 한다.*

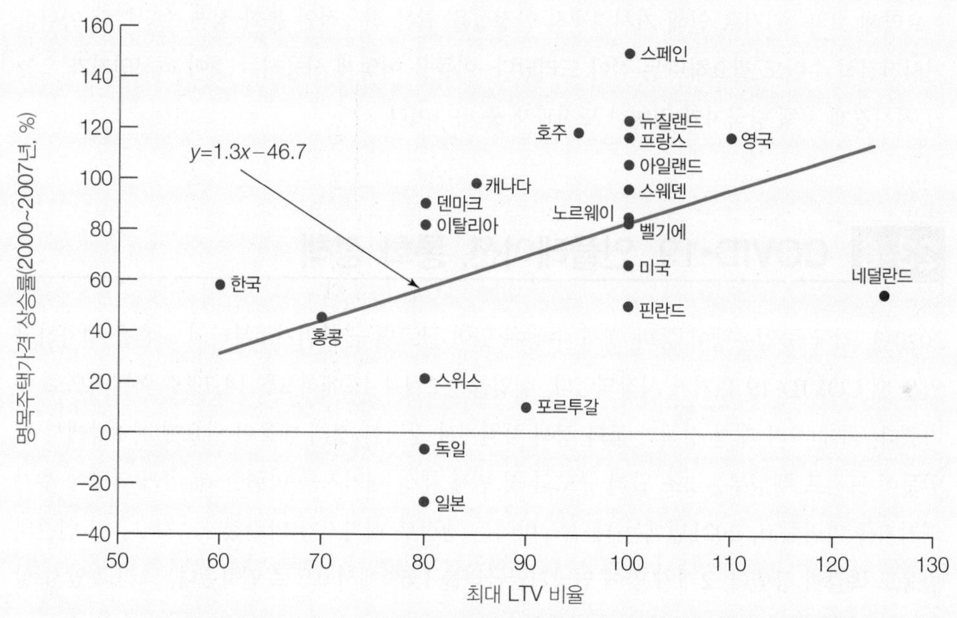


그림 1

최대 담보대출 비율과 주택가격 상승(2000~2007년)

* 출처: Christopher Crowe, Giovanni Dell'Ariccia, Deniz Igan, Pau Rabanal, "Policies for Macrofinancial Stability: Options to Deal with Real Estate Booms," Staff Discussion Note, IMF, February 2011.

는 것이 주택 수용에 영향을 미치는지, 그리고 외국인 투자자들이 자본통제를 피할 수 있는 방법을 어느 정도 찾을 수 있는지 불확실하다.)

■ 전통적인 통화 정책 수단과 이상의 거시건전성 정책 수단 간에는 복잡한 상호작용이 발

생할 수 있다. 예를 들어 매우 낮은 이자율은 투자자나 금융기관 모두로 하여금 과도한 위험을 취하게 한다는 증거가 일부 존재한다. 그렇다면 거시경제적 이유에서 이자율을 인하해야 하는 중앙은행은 잠재적인 위험 증가를 상쇄하기 위해 다양한 거시건전성 수단을 사용해야 할 것이다. 다시 반복하지만 이를 어떻게 구체화하는 것이 적절한지에 대해 아는 바가 상당히 제한적이다.

- 거시건전성 수단이 전통적인 통화 정책 수단과 함께 중앙은행의 통제하에 놓여야 하는지, 아니면 별도의 정책 당국의 통제하에 있어야 하는지에 대한 문제가 제기된다. 중앙은행이 두 정책 수단을 모두 보유해야 한다는 주장은 이들 정책 수단이 상호작용하기 때문에 단일의 집중화된 정책 당국에 맡겨야 적절한 방식으로 사용할 수 있다는 것이다. 그러나 반대론자들은 이러한 정책 수단의 통합이 독립적인 중앙은행에게 지나치게 많은 권력을 줄 수 있다는 점에서 반론을 제기한다.

  현 단계에서는 국가마다 취하는 방식이 다르다. 영국의 경우 중앙은행이 두 정책 수단을 모두 보유하지만, 미국의 경우 재무부의 공식적 통제를 받는 위원회에 책임을 주고 미 연준이 이 위원회에서 주요 역할을 맡도록 하고 있다.

요약해 보자. 위기로 인해 거시경제적 안정성을 위한 전통적인 통화 정책 수단뿐만 아니라 거시건전성 수단도 필요하다는 점이 드러났다. 이들을 어떻게 사용하는 것이 최선인지가 오늘날 거시경제 정책 당국자가 직면한 도전과제 중 하나이다.

## 23-6 COVID-19, 인플레이션, 통화 정책

2020년, 각국 중앙은행이 통화 정책 수행에 있어 글로벌 금융위기로부터의 교훈을 평가하고 있을 때 COVID-19 위기가 시작되었다. 실업률은 2월 4.4%에서 3월 14.7%로 폭발적으로 증가했다. 이에 따라 재정 정책과 통화 정책 차원에서 강력한 정책 대응이 필요했다. 8장에서 보았듯이 트럼프 행정부는 2조 달러 규모의 첫 번째 재정 패키지를 마련한 데 이어 연말에 추가 패키지를 마련했고, 2021년에는 대규모 바이든 행정부 패키지가 마련됐다. 그러나 미 연준의 반응도 똑같이 강했다. 2개월 만에 연방기금금리를 1.6%에서 0으로 인하했다. 그리고 앞서 살펴본 바와 같이 대규모 양적완화 조치에 착수했다.

2019년 1월부터 실업률, 연방기금금리, 물가상승률을 그래프로 나타낸 그림 23-4에서 실업률의 급격한 초기 상승과 연방기금금리의 급격한 초기 하락을 확인할 수 있다. 그러나 눈에 띄는 것은 그 이후에 일어난 일이다. 인플레이션율은 2020년에 2% 아래로 잠시 하락한 후 꾸준히 상승하기 시작하여 2022년 중반에는 약 8%에 도달했다. 동시에 연방기금금리는 2022년 초까지 명목이자율 하한선을 유지했다. 이 금리는 2023년까지 인플레이션보다 훨씬 낮은 수준을 유지했다. 이 글을 쓰는 시점에서 연방기금금리는 5%이며, 인플레이션은 3.3% 정도이다.

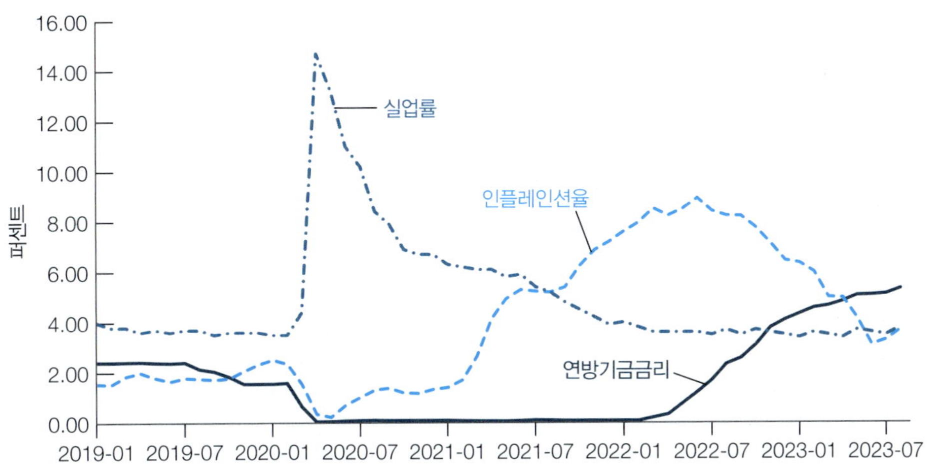


**그림 23-4**

**실업률, 인플레이션, 연방기금금리(2019년 이후)**

미 연준은 인플레이션에 대응하여 연방기금금리를 인상하기까지 오랜 시간을 기다렸다.

출처: FRED, Federal Funds Rate: FEDFUNDS; Inflation: Rate of change over 12 months, CPIAUCSL.PC1; unemployment rate: UNRATE.

여기서 제기되는 질문은 당연한 것이다. 실업자 수가 꾸준히 감소하고 인플레이션이 목표치를 훨씬 웃도는 상황에서 앞서 살펴본 테일러 법칙에 따르면 정책금리가 인플레이션에 맞춰 훨씬 일찍 조정되어 실질금리가 플러스로 돌아섰을 것이다. 그렇다면 연준이 반응하는데 왜 그렇게 오래 걸렸을까?

두 가지 주요 이유가 있었다.

첫 번째 이유는 연준이 두 가지 조건이 충족될 때까지 정책이자율을 인상하지 않겠다고 발표했기 때문이다. 바로 (1) 노동시장이 위원회의 최대고용률 평가와 일치하는 수준에 도달하고, (2) 인플레이션이 2% 이상으로 상승하는 것이다. 금리 인상 조건 중 하나는 빠르면 2021년 중반에 충족되었지만, 미 연준은 두 번째 조건이 충족되지 않았다고 평가하여 연방기금금리 인상이 지연된 이유를 설명했다.

COVID 위기 동안 연준의 정책에 대한 훌륭한 분석은 다음을 참조하라. Gauti Eggertsson and Donald Kohn, "The Inflation Surge of the 2020s, The Role of Monetary Policy," https://www.brookings.edu/articles/the-inflation-surge-of-the-2020s-the-role-of-monetary-policy.

미 연준은 왜 그토록 엄격한 조건을 고수했을까? 이 약속의 의도는 금융시장에게 그들이 꾸준한 회복세를 기대할 수 있으며, 미 연준이 너무 일찍 금리를 인상함으로써 이를 방해하지 않을 것이라는 분명한 신호를 보내는 것이었다. 미 연준은 이러한 신호를 보냄으로써 견조한 지출로 이어지고, 실제로 더 빠른 회복을 달성할 수 있다고 믿었다. 돌이켜 보면 대부분의 관측자들은 그 약속이 너무 강했으며, 연준이 더 신중했어야 했다고 생각한다. 실제로 이는 중앙은행이 불확실한 경제 환경에서 특정 정책 경로를 약속하는 것이 타당한지에 대한 보다 일반적인 논의를 불러일으킨다. 이번 발표가 초기에는 더 강력한 효과를 가져올 수 있지만, 명확한 예외 조항이 없는 경우 나중에 중앙은행이 더 이상 적절하지 않은 정책을 고수하도록 강요할 수 있다.

좀 더 구체적으로 말하자면 이는 미국의 통화 정책 결정을 내리는 연방공개시장위원회(FOMC) 위원들의 예측치 중간값이다. 이를 SEP(Summary of Economic Projections) 전망이라고 한다.

두 번째 이유는 연준이 인플레이션이 빠르게 사라질 것으로 예상했기 때문이다. 이는 그림 23-5에서 확인할 수 있으며, 2020년 2분기부터 시작되는 각 분기마다 향후 2년 또는 3년에 대한 연준이 내놓은 인플레이션 예측치를 그래프로 표시한 것이다. 2020년 말까지 연준은 인플레이션이 2% 미만으로 유지될 것으로 예상했으며, 2021년에야 전망치를 상향 조정하기 시작했음을 확인할 수 있다. 그러나 인플레이션이 상승했음에도 불구하고 연준은 이후 인플레이

그림 23-5

**실제 인플레이션과 미 연준의 예측(2020~2026년)**

인플레이션이 증가함에 따라 미 연준은 다음 분기에 인플레이션이 감소하기 시작할 것으로 예측했다. 2022년 중반이 되어서야 인플레이션이 실제로 하락하기 시작했다.

출처: Gauti Eggertsson, Don Kohn, The Inflation Surge of the 2020s; The Role of Monetary Policy, Hutchins Center Working Paper 87, August 2023.

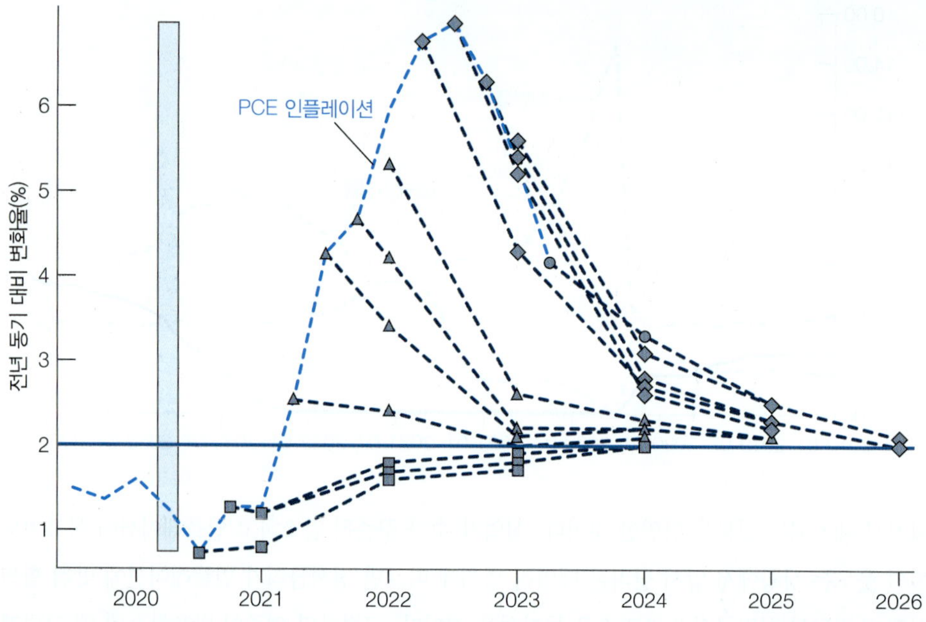


션이 꾸준히 하락할 것으로 일관되게 예측하고 있다. 2022년 중반이 되어서야 실제 인플레이션이 감소하기 시작했고, 전망이 더 정확해졌다.

인플레이션이 저절로 빠르게 진정될 것이라는 예측을 감안할 때 미 연준은 정책이자율을 조정할 필요를 느끼지 못했다. 인플레이션이 장기간 높은 수준을 유지할 것이 분명해졌을 때에야 비로소 긴축을 해야 한다고 느꼈다. 연준은 왜 그렇게 잘못 판단했을까?

8장에서 그 이유를 보았다. 연준은 노동시장에 초점을 맞추고 강력한 재정팽창이 낮은 실업률로 이어진다 하더라도 필립스 곡선이 비교적 평평하기 때문에 실업률이 임금 상승률에 미치는 영향은 제한적일 것이라는 결론을 내렸다. 중앙은행이 예상하지 못했던 것은 주어진 임금 인플레이션하에서 가격 인플레이션의 증가였는데, 이는 강력한 수요와 공급 제약의 결합, 그리고 원자재 가격의 전반적인 상승이 반영된 결과였다. 연준이 인플레이션의 원인을 파악하고 정책이자율을 인상하기 시작하는 데는 시간이 걸렸다.

이 글을 쓰는 시점에서 정책이자율은 인플레이션율보다 약간 높으며, 이는 양의 실질금리를 암시한다. 그러나 지금까지는 이러한 실질금리 상승이 수요의 큰 감소로 이어지지 않았으며 실업률은 매우 낮은 수준을 유지하고 있다. 현재 논의되고 있는 것은 이것이 장기간의 시차를 반영해 결국 경제가 둔화될 것인지, 아니면 연준이 정책이자율을 더 인상해야 할 것인지에 대한 것이다. 독자들이 이 장을 읽을 때쯤이면 답을 알게 될 것이다. 어쨌든 이 인플레이션 사례에서 얻을 수 있는 몇 가지 교훈이 있다. 매우 불확실한 환경에서 특정 정책 경로를 고수하는 것은 위험하다. 그리고 인플레이션은 낮은 실업률과 노동시장뿐만 아니라 상품시장의 공급 제약에서도 발생할 수 있다.

## 요약

- 1980년대까지 통화 정책의 설계는 명목통화 증가율에 초점이 맞춰졌다. 그러나 인플레이션율과 명목통화 증가율 간의 미흡한 관계 때문에 대부분의 중앙은행은 이 접근 방식을 포기했다.
- 중앙은행들은 이제 명목통화 증가율 목표보다는 인플레이션율 목표에 초점을 맞춘다. 그리고 명목통화 증가율의 결정보다는 명목이자율의 결정을 통해 통화 정책을 판단하려 한다.
- 테일러 규칙은 명목이자율 선택에 관한 유용한 사고방식을 제공한다. 이 규칙하에서 중앙은행은 두 가지 주요 요인, 즉 목표인플레이션율과 실제 인플레이션율의 괴리와 실제 실업률과 자연율의 괴리에 대응해 이자율을 변경해야 한다. 이 규칙을 따르는 중앙은행은 중기에 있어 경제 활동을 안정화하고 목표인플레이션율을 달성할 것이다.
- 최적 인플레이션율은 인플레이션의 비용과 편익에 달려 있다. 높은 인플레이션은 특히 세금제도와 상호작용할 때 더 많은 왜곡을 초래한다. 그러나 인플레이션율 상승은 평균 명목이자율의 상승을 통해 최근의 위기에서 비용을 초래하는 것으로 나타난 명목금리 하한에 직면할 가능성을 감소시킨다.
- 선진국 경제가 명목이자율 하한에 직면하자 중앙은행은 양적완화와 같은 비전통적 통화 정책도구를 모색했다. 이들 정책은 중앙은행의 자산매입이 다양한 자산의 위험 프리미엄에 미치는 효과를 통해 작동했다. 이러한 매입으로 인해 중앙은행의 대차대조표가 크게 증가했다. 중앙은행의 대차대조표 감소 여부와 정상 시기에서의 비전통적 통화 정책 사용 여부는 향후 풀어야 할 과제이다.
- 위기를 통해 안정적 인플레이션이 거시경제적 안정성을 위한 충분조건이 아님을 알 수 있었다. 이에 따라 중앙은행들은 거시건전성 정책 수단을 모색해 왔다. 이들 수단은 원칙적으로 버블을 제한하고, 신용팽창을 통제하고, 금융 시스템의 위험을 줄이는 데 기여할 수 있다. 그러나 이들을 어떻게 사용하는 것이 최선인지는 여전히 제대로 이해되지 못하고 있으며, 오늘날 거시경제 정책 당국자가 직면한 도전 중 하나인 상황이다.
- 미 연준은 최근 COVID로 촉발된 인플레이션 폭발에 늦게 대응했다. 이는 금리를 오랫동안 낮게 유지하겠다는 너무 강한 약속과 인플레이션의 요인에 대한 오독에 근거한 것이다.

## 핵심용어

거시건전성 정책(macroprudential tool)
구두창 비용(shoe-leather cost)
담보대출비율(loan-to-value ratio)
대안정기(Great Moderation)
비전통적 통화 정책(unconventional monetary policy)
세율 등급 상승(bracket creep)
섭리(divine coincidence)
신용완화(credit easing)
양적완화(quantitative easing)
외국인 직접투자(foreign direct investment)
유연한 인플레이션 목표제(flexible inflation targeting)
이자율 규칙(interest rate rule)
인플레이션 목표제(inflation targeting)
자본통제(capital controls)
전통적 통화 정책(conventional monetary policy)
최종적 대부자(lender of last resort)
테일러 규칙(Taylor rule)
화폐 환상(money illusion)
회랑 시스템(corridor system)
Basel II
Basel III
M1
QE1
QE2
QE3
QE4

## 연습문제

### 기초문제

1. 이 장의 내용에 기초하여 다음에 대해 '사실', '거짓' 또는 '불확실' 여부를 밝히고, 그 이유를 간단히 설명하라.

   a. OECD 국가에서 양의 인플레이션율을 찬성하는 가장 중요한 근거는 세뇨리지이다.

   b. 인플레이션에의 대응이 중앙은행의 유일한 목적이 되어야 한다.

   c. 1970~2009년까지 인플레이션과 통화 증가율은 함께 움직였다.

   d. 대부분의 사람은 명목가치와 실질가치를 구별하는 데 큰 어려움을 느끼지 못하므로 인플레이션은 의사결정을 왜곡하지 않는다.

   e. 세계 각국에 있는 대부분의 중앙은행은 4%의 인플레이션 목표치를 갖고 있다.

   f. 인플레이션율이 높을수록 자본이득에 대한 유효세율은 높다.

   g. 테일러 규칙은 중앙은행이 경기변동에 따라 통화 증가율을 어떻게 조정하는지를 설명한다.

   h. 인플레이션 목표제가 시작될 때 명목 정책금리에 대한 명목금리 하한이 통화 정책의 정상적 특징이 될 것으로 예상되었다.

   i. 연방준비제도는 회원 은행이 보유하고 있는 지급준비금에 대해 이자를 지급한다.

   j. 양적완화는 중앙은행이 자산의 수익률에 직접적 영향을 미칠 의도로 자산을 구매하는 것을 의미한다.

   k. 위기 상황에서 중앙은행들은 자신이 규제하지 않은 금융기관에 유동성을 제공했다.

   l. 위기의 한 가지 결과는 은행에 대한 자본요건과 규제체제의 강화였다.

   m. COVID 위기 동안 연준은 금리를 제로(명목이자율 하한)까지 인하했지만 양적완화에는 나서지 않았다.

2. 중기에서의 통화증가와 인플레이션 사이의 연계 단절

   4장의 화폐수요 관계는 그림 23-1에서 암묵적으로 사용되었다. 그 관계는 다음과 같다.

$$\frac{M}{P} = YL(i)$$

   중앙은행은 정부당국과 연계하여 인플레이션 목표 $\pi^*$를 선택한다.

   a. 중기 균형에서 목표 명목이자율을 유도하라.

   b. 잠재산출이 증가하지 않는 중기 균형을 고려하자. 통화 증가와 인플레이션 사이의 관계를 유도하라. 이에 대해 설명하라.

   c. 잠재산출이 매년 3%씩 증가하는 중기 균형을 고려하자. 이제 통화 증가와 인플레이션 사이의 관계를 유도하라. 인플레이션이 통화 증가율보다 높을 것으로 예상되는가, 낮을 것으로 예상되는가? 이에 대해 설명하라.

   d. 그림 23-1을 고려하라. 먼저 대체로 1995년으로 끝나는 기간을 살펴보자. 이는 문제 b와 c의 결과와 어떤 관련이 있는가?

   e. 모든 통화가 현금인 경우를 고려하자. 이 경우 통화수요는 현금에 대한 수요로 간주할 수 있다(필요한 경우 4장의 부록을 다시 참조하라). 지난 50년 동안 다음과 같았다.

      i. 현금자동인출기는 은행의 정상업무 시간 외에 현금을 출금할 수 있도록 했다.

      ii. 구매 시 신용카드 사용이 크게 확대되었다.

      iii. 구매 시 직불카드 사용이 크게 확대되었다.

      iv. 최신 기술로 금전등록기 근처의 결제 단말기를 통해 신용카드와 직불카드에 의한 소액 구매가 가능해졌다.

      이상의 혁신들은 각각 통화수요에 어떤 영향을 미칠까?

   f. 세인트루이스 연방준비은행의 FRED 데이터베이스에는 통화(CURRVALALL)에 대한 연간 시계열 자료가 있다. 이 시계열 자료와 명목 GDP(GDPA)에 대한 연간 시계열 자료를 다운로드하라. 통화 대비 명목 GDP 비율을 계산해 보라. 1993년부터 2018년까지 이 시계열 자료는 어떤 모습을 보이는가? 결과는 놀라운가?

3. 인플레이션 목표: 거의 모든 주요 중앙은행은 인플레이션 목표를 2%로 설정해 왔다.

   a. 0%와 같은 더 낮은 목표를 설정하지 않은 이유는 무엇인가?

   b. 4%와 같은 더 높은 목표를 설정하지 않은 이유는 무엇인가?

4. 물가연동채권과 인플레이션 불확실성

14장의 FOCUS '채권시장의 기초 용어'에서 인플레이션 물가연동채권을 도입했다. 이러한 채권은 일반적으로 만기가 길지만, 다음 예는 표준적인 1년 국채와 인플레이션 연동 1년 국채를 비교한다.

a. 100달러의 표준적 1년 국채는 1년 뒤 100달러의 지불을 약속하며, 판매가격은 $P_B$(4장 기호)달러이다. 국채의 명목이자율은 얼마인가?

b. 물가가 현재 $P$, 내년 $P(t+1)$이고 국채는 현재 $P_B$달러에 판매된다고 가정하자. 국채의 실질이자율은 얼마인가?

c. 물가연동채권은 발행시점과 상환시점 간의 인플레이션을 보상하기 위해 내년에 더 많이 지급한다. 물가지수가 100일 때 채권이 현재 발행되면 1년 뒤 물가지수가 110으로 오르면 내년의 상환액은 어떻게 되는가? 오늘 $P_B$로 매각된 인플레이션연동 채권에 대한 실질이자율은 얼마인가?

d. 투자자는 표준적인 채권과 인플레이션 연동채권 중 무엇을 보유하겠는가?

5. 비전통적 통화 정책의 해소

본문에서 미 연준은 양적완화의 일환으로 국채와 함께 주택담보부증권과 장기국채를 대량 매입하는 것으로 지적되었다. 그림 23-2는 2015년에 본원통화로 약 4조 달러의 자산이 있음을 나타낸다. 2018년까지 총자산은 3조 5,000억 달러로 감소했다. 아래 표는 세 가지 유형의 연방준비은행 자산에 대한 세부 정보를 수십억 달러 단위로 보여준다.

| 자산 | 2015년 말 | 2017년 말 |
|---|---|---|
| 만기 1년 미만의 국채 | 216.1 | 443.7 |
| 만기 1년 이상의 국채 | 2,245.4 | 2,010.5 |
| 주택담보부증권 | 1,747.5 | 1,764.9 |

출처: Annual Reports of the Federal Reserve Board, Table 2, Federal Reserve Bank holdings of US Treasury and federal agency securities

a. 미 연준이 주택담보증권을 매입한 이유는 무엇인가?

b. 미 연준이 장기국채를 매입한 이유는 무엇인가?

c. 미 연준이 주택담보증권 5,000억 달러를 매각하고 만기 1년 미만의 국채 5,000억 달러를 매입할 경우 어떤 파급 효과가 발생하는가?

d. 미 연준이 만기 1년 이상의 국채 5,000억 달러를 매각하고 만기 1년 미만의 국채 5,000억 달러를 매입할 경우 어떤 파급 효과가 발생하는가?

e. 연준은 2015년과 2017년 사이에 대차대조표의 구성을 어떻게 바꾸었는가? 양적완화 축소의 증거가 있는가?

6. 최대 LTV 비율

대부분의 주택 구매자는 현금 계약금과 주택담보대출을 통해 주택을 구입한다. LTV 비율은 주택 구매 시 허용되는 최대 담보대출 규모를 설정하는 규칙이다.

a. 주택가격이 300,000달러이고 최대 LTV 비율이 덴마크에서와 같이 80%인 경우 최소 계약금은 얼마인가?

b. 최대 LTV가 감소한다면 이는 주택수요에 어떤 영향을 미칠 것인가?

c. 14장에서는 The Economist House Price Index를 검토했다. 이 지수를 이용해서 1970~2015년의 캐나다와 미국의 주택가격 추이를 살펴보라. 2015년 12월 10일, 캐나다 재무부 장관은 50만 달러 이상의 모기지에 대해 최소 계약금을 인상한다고 발표했다(발표문은 http://www.fin.gc.ca/n15/15-088-eng.asp에서 확인할 수 있다). 이러한 조치가 취해진 이유는 무엇인가? 캐나다의 주택가격에 어떤 효과가 나타나는가? 어떤 결론을 내릴 수 있는가?

7. 금리 회랑에서의 은행 행동

미국에는 (다른 나라와 달리) 두 가지의 유형의 은행과 같은 금융기관이 있다. 회원 은행은 연준에서 할인율로 차입할 수 있으며 통화를 자신들의 금고에 보관하거나 연준에 예치하여 예금금리를 준비금으로 적립해야 한다. 이 비율은 그림 22-3에 나타나 있다. 비회원 은행은 준비금을 화폐로 보유하거나 회원 은행에 예치할 수 있다. 연방기금금리는 금융시장에서의 당일 대출에 대한 이자율로, 회원 및 비회원 은행 모두의 수요와 공급에 의해 결정된다. 4장은 준비금 요건과 대차대조표를 모두 소개했다.

a. 지급준비율이 10%이고 연준에 예치할 수 있는 회원 은행이 다음과 같은 대차대조표를 가지고 있을 때 이 은행에 초과지급 준비금이 있는가? 예금금리가 0.5%이고 연방기금금리가 0.4%인 경우 회원 은행이 이익을 극대화하는 초과 준비금은 얼마인가?

| 은행 | |
|---|---|
| 자산 | 부채 |
| 통화 60 | 요구불예금 1000 |
| 연준 예금 50 | |
| 대출 600 | |
| 채권 290 | |

b. 지급준비율이 10%이고 연준에 예치할 수 있는 회원 은행이 아래와 같은 대차대조표를 갖고 있을 때 이 은행에 초과지급 준비금이 있는가? 할인율이 0.75%이고 연방기금금리가 0.8%라면 이윤극대화 회원 은행은 준비금 요건을 충족하기 위해 얼마나 차입해야 하는가?

| 은행 | |
|---|---|
| 자산 | 부채 |
| 통화 30 | 요구불예금 1000 |
| 연준 예금 50 | |
| 대출 600 | |
| 채권 320 | |

c. 미국의 모든 은행이 회원 은행이라면 연준이 연방기금금리가 예금금리와 할인율 사이에 놓였다고 확신할 수 있는 이유를 설명하라.

d. 그림 22-3에서 연방기금금리는 예금금리보다 약간 낮다. 다음의 비회원 은행의 대차대조표를 사용하여 이러한 상황이 어떻게 발생하는지 설명하라. 비회원 은행은 필요 준비금의 일부를 회원 은행에 예치한다.

| 비회원 은행 | |
|---|---|
| 자산 | 부채 |
| 통화 50 | 요구불예금 1000 |
| 연준 예금 20 | |
| 대출 330 | |
| 채권 100 | |

## 심화문제

8. 세금, 인플레이션, 주택 소유

이 장에서는 인플레이션의 주택매각에 대한 유효 자본이득세율에 대한 효과를 논의했다. 이 문제에서는 조세의 다른 특징, 즉 주택담보대출 금리에 대한 세금공제가 인플레이션에 미치는 영향을 살펴본다.

5만 달러의 주택담보대출을 받았다고 하자. 기대인플레이션율은 $\pi^e$이고 주택담보대출에 대한 명목이자율은 $i$이다. 두 경우를 고려하자.

i. $\pi^e = 0\%$, $i = 4\%$

ii. $\pi^e = 10\%$, $i = 14\%$

a. 각 경우에 있어 주택담보대출에 대해 지급하는 실질이자율은 얼마인가?

b. 미국과 같이 주택담보대출에 대한 이자 지급액을 소득세 지급 전에 소득에서 공제할 수 있다고 하자. 세율이 25%라 가정하자. 지급하는 주택담보대출 이자 1달러에 대해 세금을 25센트 덜 내며, 이는 실질적으로 주택담보대출의 이자비용에 대해 정부로부터 보조금을 얻는 것과 같다. 각 경우에 있어 이 보조금을 고려할 때 주택담보대출에 대해 지급하게 되는 실질이자율을 계산하라.

c. 자본이득세는 무시하고 주택담보대출 이자율의 공제만을 고려한다면 인플레이션은 주택 소유자에게 좋은 것인가?

9. 여러분이 국회의원으로 선출되었다고 하자. 어느 날 동료 중 한 사람이 다음과 같은 주장을 했다.

"중앙은행장은 이 국가에서 가장 강력한 경제 정책 당국자이다. 우리는 선출되지 않았고, 그에 따라 설명의무도 갖지 않은 사람에게 경제에 대한 열쇠를 넘겨서는 안 된다. 의회는 중앙은행에게 명시적인 테일러 규칙을 부과해야 한다. 의회는 목표로 하는 인플레이션 규칙뿐만 아니라 인플레이션과 실업률 목표치 간의 상대적 비중에 대해서도 결정해야 한다. 민주적이고 법적인 절차를 통해 표현된 대중의 의지를 개인의 특정한 선호로 대체해야 한단 말인가?"

동료의 의견에 동의하는가? 명시적인 테일러 규칙을 중앙은행에 부과하는 방식의 장점과 단점에 대해 논의하라.

## 보충문제

10. 세계 각국에서의 명목이자율 하한의 발생빈도

FRED 데이터베이스를 이용해 4대 주요국의 월평균 명목정책금리를 구하라. 미국 연방기금금리(FEDFUNDS), 영국(INTDSRGBM193N), 유럽중앙은행(이탈리아, 프랑스, 독일을 포함하는 유로존 국가 포함), 유로 정책금리(IRSTCI01EZM156N), 일본은행, 엔 정책금리(IRSTCI01JPM156N), 캐나다은행, 정책금리(IRSTCB01CAM156N).

a. 이들 중앙은행 가운데 2000년 이후 상당 기간 동안 명목이자율 하한선을 유지한 중앙은행은 어디인가?

b. 단기 금리를 대폭 인하하여 COVID-19 팬데믹에 대응할 수 있었던 은행은 어디인가?

c. 팬데믹 이후 인플레이션이 급등하자 가장 먼저 단기 금리를 인상한 은행은 어디인가?

11. 현재의 통화 정책

4장의 연습문제 10번에서는 현재의 통화 정책 기조를 고려하도록 요구했다. 여기서는 이를 반복하되 이 장과 앞 장들의 추가적인 통화 정책에 대한 논의를 바탕으로 하여 다루어보자.

(4장의 연습문제 10번에 답했다면) Federal Reserve Board of Governors의 웹사이트(www.federalreserve.gov)에 가서 4장에서 보았던 보도자료나 가장 최근에 공표된 연방공개시장위원회(FOMC)의 보도자료를 다운로드하라.

a. 보도자료에 설명된 통화 정책의 기조는 무엇인가?

b. FOMC가 이자율을 설정하는 데 있어 테일러 규칙이 시사하는 바와 같이 인플레이션과 실업을 동시에 고려한다는 증거가 있는가?

c. 보도자료의 표현은 인플레이션 목표치를 구체적으로 밝히고 있는가?

d. 보도자료는 자연이자율 또는 목표실질이자율에 대해 구체적으로 언급하고 있는가?

e. 보도자료의 표현은 금융기관에 대한 거시건정성 규제와 관련한 문제를 제기하고 있는가?

# 24

# 에필로그: 거시경제학 이야기

지금까지 23개 장에 걸쳐 대부분의 경제학자들이 거시경제 문제를 생각할 때 사용하는 프레임워크, 그들이 도출하는 주요 결론, 그리고 그들이 동의하지 않는 이슈를 소개했다. 시간이 지남에 따라 이 프레임워크가 어떻게 구축되었는지는 흥미로운 이야기이다. 이 장에서 하고 싶은 이야기는 바로 이 이야기이다.

**24-1** 케인스와 대공황을 시작으로 현대 거시경제학의 시작을 살펴본다.

**24-2** 1970년대 초까지 거시경제학을 지배했던 신고전파 종합, 즉 케인스의 사상과 초기 경제학자들의 사상을 종합한 신고전파 종합에 대해 설명한다.

**24-3** 신고전파 종합에 대한 강력한 공격으로 1970년대부터 거시경제학을 전면적으로 개편하게 된 합리적 기대에 대한 비판에 대해 설명한다.

**24-4** 글로벌 금융위기까지의 거시경제학의 주요 연구 흐름을 살펴본다.

**24-5** 글로벌 금융위기를 계기로 금융과 거시경제학이 어떻게 더 잘 통합되었는지를 보여준다.

**24-6** 거시경제 연구 분야의 새로운 연구 방법과 방향에 대해 설명한다.

**이 장의 핵심 주제 :** 현대 거시경제학은 구축, 위기, 재구축(재건)이라는 길고 풍부한 과정의 결과물이다. ▶▶▶

## 24-1 케인스와 대공황

현대 거시경제학의 역사는 1936년 케인스(John Maynard Keynes)의 『고용, 이자 및 화폐에 관한 일반 이론(General Theory of Employment, Interest, and Money)』 출판과 함께 시작된다. 이 책을 집필하던 중 케인스는 친구에게 이렇게 털어놓았다. "경제 이론에 관한 책을 쓰고 있는데, 한 번에 혁명을 일으키지는 않겠지만 앞으로 10년 동안 세계가 경제 문제에 대해 생각하는 방식에 큰 변화를 가져올 것이라고 자신한다."

출처: J. M. Keynes, *The General Theory of Employment, Interest, and Money* (London: Palgrave Macmillan, 1936).

케인스의 말은 옳았다. 이 책이 즉각적인 성공을 거둔 이유 중 하나는 타이밍이었다. 대공황은 경제적 재앙이었을 뿐만 아니라 당시 거시경제학에서 **경기변동 이론**(business cycle theory)을 연구하던 경제학자들에게는 지적 실패이기도 했다. 대공황의 깊이와 기간에 대해 일관된 설명을 할 수 있는 경제학자는 거의 없었다. 루스벨트 정부가 뉴딜 정책의 일환으로 취한 경제 대책은 경제 이론보다는 본능에 근거한 것이었다. 『일반 이론』은 사건에 대한 해석, 지적 틀, 정부 개입에 대한 명확한 논거를 제공했다.

주의하라. 사진 갤러리는 압도적으로 백인 남성이 많다. 이는 안타깝게도 이 분야의 역사를 반영하는 것이다. 좋은 소식은 상황이 변화하며 여성의 역할이 커지고 있다는 것이다. 2019년에는 40세 미만 최고의 경제학자에게 수여되는 전미경제학회상(American Economic Association Prize)이 버클리의 거시경제학자 나카무라(Emi Nakamura)라는 여성에게 돌아갔다.

『일반 이론』은 **유효수요**(effective demand), 즉 현재 **총수요**라고 부르는 것을 강조했다. 케인스는 단기적으로는 유효수요가 산출을 결정한다고 주장했다. 결국 산출이 잠재산출량으로 돌아간다고 해도 그 과정은 기껏해야 느리기만 하다. 케인스의 가장 유명한 명언 중 하나는 다음과 같다. "장기적으로 보면 우리는 모두 죽는다."

유효수요를 도출하는 과정에서 케인스는 현대 거시경제학의 많은 구성 요소를 도입했다.

존 메이너드 케인스

- 소비와 소득의 관계, 수요에 대한 충격이 어떻게 증폭되어 더 큰 산출 변화로 이어질 수 있는지를 설명하는 승수
- 케인스가 화폐 수요에 부여한 용어로, 통화 정책이 금리와 총수요에 어떻게 영향을 미칠 수 있는지에 대해 설명하는 **유동성 선호도**(liquidity preference)
- 소비와 투자에 영향을 미치는 기대의 중요성, 동물적 충동(기대의 변화)이 수요와 산출 변화의 주요 요인이라는 생각

『일반 이론』은 경제학자들을 위한 논문, 그 이상이었다. 일반 이론은 명확한 정책 권장 사항을 제시했으며, 시대와도 잘 맞아떨어졌다. 경제가 저절로 회복되기를 기다리는 것은 무책임한 일이었다. 공황 상황에서 예산의 균형을 맞추려는 시도는 현명하지 못할 뿐 아니라 위험했다. 미국을 높은 고용률로 되돌리려면 재정 정책의 적극적인 활용이 필수적이었다.

## 24-2 신고전파 종합

몇 년 만에 『일반 이론』은 거시경제학을 변화시켰다. 모든 사람이 전향한 것도 아니었고 이론의 모든 것에 동의한 사람도 거의 없었다. 하지만 대부분의 논의가 『일반 이론』을 중심으로 정리되었다.

1950년대 초에는 케인스의 많은 아이디어와 초기 경제학자들의 아이디어를 통합하여 큰 합의가 이루어졌다. 이 합의를 **신고전파 종합**(neoclassical synthesis)이라고 한다. 최초의 현대 경제학 교과서인 『경제학(Economics)』의 1955년 판에서 새뮤얼슨(Paul Samuelson)의 말을 인용하면 다음과 같다.

폴 새뮤얼슨

> "최근 몇 년 동안 미국 경제학자의 90%는 '케인스 학파 경제학자' 또는 '반케인스 학파 경제학자'가 되는 것을 그만두었다. 대신 그들은 오래된 경제학 이론과 현대 소득결정 이론에서 가치 있는 모든 것을 종합하기 위해 노력했다. 그 결과물은 신고전학파 종합이라고 불릴 수 있으며, 대략적인 윤곽은 극좌파 그리고 극우파의 약 5%를 제외한 모든 사람에게 인정받았다."

출처: Paul A. Samuelson, *Economics* (New York: Tata McGraw-Hill Education, 2010).

신고전파 종합은 이후 20년간 지배적인 견해로 남았다. 1940년대 초부터 1970년대 초까지를 거시경제학의 황금기라고 부르는 사람들이 많을 정도로 놀라운 발전을 이루었다.

## 모든 측면에서의 진보

『일반 이론』을 발표한 후 가장 먼저 해야 할 일은 케인스가 의미하는 바를 수학적으로 공식화하는 것이었다. 케인스는 수학을 알고 있었지만 『일반 이론』에서 수학을 사용하는 것을 피했다. 그 결과 케인스가 무엇을 의미하는지, 그리고 그의 주장 중 일부에 논리적 결함이 있는지에 대한 논쟁이 끝없이 이어졌다.

### IS-LM 모형

케인스의 아이디어를 공식화한 여러 가지 모델이 제시되었다. 가장 영향력 있는 것은 1930년대와 1940년대 초에 힉스(John Hicks)와 한센(Alvin Hansen)이 개발한 IS-LM 모형이다. 이 책의 5장에서 살펴본 버전에 가까운 IS-LM 모형의 초기 버전은 케인스의 많은 통찰을 무력화시켰다는 비판을 받았다. 기대는 명시적인 역할을 하지 않았고, 가격과 임금의 조정은 전혀 고려되지 않았다. 하지만 IS-LM 모형을 구축할 수 있는 기초를 제공했고, 그 결과 엄청난 성공을 거두었다. IS-LM 곡선의 기울기, 두 관계에서 누락된 변수, 가격과 임금에 대한 방정식을 모형에 추가해야 할 것 등을 중심으로 토론이 이루어졌다.

### 소비, 투자, 화폐 수요 이론

케인스는 소비 및 투자 행동, 그리고 화폐와 다른 금융자산 사이의 선택의 중요성을 강조했다. 곧 세 가지 측면에서 모두 큰 진전이 있었다.

1950년대에 모딜리아니(Franco Modigliani, 당시 카네기멜론대학교 재직, 현재 MIT 교수)와 프리드먼(Milton Friedman, 시카고대학교 교수)은 15장에서 다룬 소비 이론을 독자적으로 발전시켰다. 두 사람 모두 현재의 소비 결정을 결정하는 데 있어 기대가 중요하다고 주장했다.

프랑코 모딜리아니

제임스 토빈

토빈(James Tobin, 예일대학교 교수)은 이익의 현재 가치와 투자 간의 관계를 바탕으로 투자 이론을 개발했다. 이 이론은 조르겐슨(Dale Jorgenson, 하버드대학교 교수)에 의해 더욱 발전하고 검증되었다. 이 이론은 15장에서 학습했다.

토빈은 또한 화폐수요 이론과 더 일반적으로 유동성, 수익률, 위험에 따른 다양한 자산 간의 선택 이론을 개발했다. 그의 연구는 거시경제학에서 금융시장을 개선할 뿐만 아니라 일반적인 금융 이론의 기초가 되었다.

### 성장 이론

로버트 솔로

변동에 대한 연구와 병행하여 성장에 대한 관심이 새롭게 집중되었다. 제2차 세계대전 이전의 침체기와는 달리 1950년대와 1960년대에는 대부분의 국가가 빠른 성장을 경험하고 있었다. 경기변동이 있긴 했지만 생활 수준은 빠르게 향상되고 있었다. 솔로(Robert Solow, MIT 교수)가 1956년에 개발한 성장 모형(11, 12장 참조)은 성장의 결정 요인에 대해 생각할 수 있는 틀을 제공했다. 그 후 성장을 결정하는 데 있어 저축과 기술 진보의 역할에 대한 연구가 폭발적으로 증가했다.

### 거시경제학 모형

로렌스 클라인

이러한 모든 기여는 점점 더 큰 거시경제 모형에 통합되었다. 1950년대 초, 클라인(Lawrence Klein, 펜실베이니아대학교 교수)이 개발한 최초의 미국 거시경제학 모형은 16개의 방정식으로 구성된 확장된 IS 관계였다. 국민소득 및 국민계정(더 나은 데이터를 이용할 수 있게 되었다)과 계량경제학 및 컴퓨터의 발달로 모형의 규모가 빠르게 커졌다. 가장 인상적인 노력은 1960년대에 모딜리아니가 이끄는 팀이 개발한 MPS 모형[MIT-Penn-SSRC의 약자로, 모형 구축 과정에 참여한 두 대학교와 연구소(Social Science Research Council)에서 유래]의 구축이었다. 이 모형의 구조는 IS-LM 모형의 확장 버전에 필립스 곡선 메커니즘을 더한 것이었다. 그러나 소비, 투자, 통화수요 등 모든 구성 요소는 케인스 이후 엄청난 이론적, 경험적 진보를 반영했다.

## 케인스 학파와 통화주의자

밀턴 프리드먼

이러한 급속한 발전으로 많은 거시경제학자, 즉 자신을 **케인스 학파**(Keynesian)라고 지칭한 사람들은 미래가 밝다고 믿게 되었다. 경기변동의 본질이 점점 더 잘 이해되고 있었고, 모형의 발달로 정책 결정을 더 효과적으로 내릴 수 있게 되었기 때문이다. 경제를 미세조정하고 경기침체를 없앨 수 있는 시대가 멀지 않은 것처럼 보였다.

이러한 낙관론은 소수지만 영향력 있는 소수의 **통화주의자**(monetarist)들에 의해 회의론에 부딪혔다. 통화주의자들의 지적 리더는 프리드먼이었다. 프리드먼은 거시경제학의 주요 공헌 중 하나인 소비 이론의 아버지로, 많은 진전이 이루어지고 있음을 보았지만, 일반적인 열광에 동참하지는 않았다. 그는 경제에 대한 이해가 여전히 매우 제한적이라고 생각했으며, 정부의 동기뿐만 아니라 정부가 실제로 거시경제적 성과를 개선할 만큼 충분히 알고 있다는 생각에 의문을 제기했다.

1960년대에는 케인스 학파와 통화주의자 간의 논쟁이 경제 헤드라인을 지배했다. 논쟁은 (1) 통화 정책과 재정 정책의 효과, (2) 필립스 곡선, (3) 정책의 역할이라는 세 가지 이슈를 중심으로 이루어졌다.

## 통화 정책과 재정 정책

안나 슈워츠

케인스는 경기침체 극복의 열쇠로 **통화 정책**보다는 **재정 정책**을 강조했고, 이는 여전히 지배적인 통념으로 남아 있었다. 많은 사람은 IS 곡선이 매우 가파르기에 이자율의 변화가 수요와 생산에 거의 영향을 미치지 않는다고 주장했다. 따라서 통화 정책은 그다지 효과적이지 않았다. 수요에 직접 영향을 미치는 재정 정책이 더 빠르고 안정적으로 산출에 영향을 미칠 수 있다는 것이었다.

프리드먼은 이 결론에 강력하게 이의를 제기했다. 프리드먼과 슈워츠(Anna Schwartz)는 1963년 저서 『미국의 통화 역사, 1867~1960(A Monetary History of the United States, 1867–1960)』에서 한 세기에 걸친 미국의 통화 정책과 화폐와 산출 간의 관계에 대한 증거를 면밀히 검토했다. 이들의 결론은 통화 정책이 강력할 뿐만 아니라 화폐의 움직임이 산출 변동의 대부분을 설명한다는 것이었다. 이들은 대공황을 통화 정책에 있어 중대한 실수에서 기인한 것으로 해석했다. 즉, 은행 실패로 인한 통화공급의 감소는 사실 중앙은행이 본원통화를 증가시키기만 했다면 피할 수 있었지만 그렇지 못했다는 것이다.

프리드먼과 슈워츠의 도전 이후 활발한 토론과 재정 정책과 통화 정책의 각 효과에 대한 치열한 연구가 이어졌다. 결국 지적 합의에 도달했다. 재정 정책과 통화 정책 모두 경제에 분명한 영향을 미친다는 사실이 밝혀졌다. 그리고 정책 입안자들이 산출 수준뿐만 아니라 그 구성에도 주의를 기울인다면 최선의 정책은 통상 재정 정책과 통화 정책의 적절한 조합이다.

## 필립스 곡선

두 번째 토론은 필립스 곡선에 초점을 맞추었다. 필립스 곡선은 초기 케인스 학파 모형의 일부가 아니었지만, 시간에 따른 임금과 물가의 움직임을 설명하는 데 매우 편리하고 신뢰할 수 있는 방법을 제공했기 때문에 신고전파 종합 모형의 일부가 되었다. 1960년대에는 그때까지의 경험적 증거를 바탕으로 많은 케인스 학파 경제학자들은 장기적으로도 실업자와 인플레이션 사이에 신뢰할 수 있는 균형이 있다고 믿었다.

에드먼드 펠프스

프리드먼과 에드먼드 펠프스(Edmund Phelps, 컬럼비아대학교 교수)는 이에 강하게 반대했다. 그들은 이러한 장기적인 상충관계의 존재는 기본적인 경제 이론에 정면으로 위배된다고 주장했다. 이들은 정책 입안자들이 실제로 이를 이용하려 한다면, 즉 높은 인플레이션을 받아들여 낮은 실업률을 달성하려 한다면 겉으로 보이는 상충관계는 금방 사라질 것이라고 주장했다. 필립스 곡선의 진화를 연구한 8장에서 보았듯이 프리드먼과 펠프스의 주장은 분명 옳았다.

1970년대 중반이 되자 실제로 인플레이션과 실업자 수 사이에 장기적으로 유용한 상충관계가 존재하지 않는다는 합의가 이루어졌다.

### 정책의 역할

세 번째 토론은 정책의 역할에 관한 것이었다. 프리드먼은 경제학자들이 산출을 안정시킬 만큼 충분히 알고 있으며 정책 입안자들이 옳은 일을 할 것이라고 믿는 데 회의적이었고, 일정한 통화 증가율(23장 참조)과 같은 단순한 규칙을 사용할 것을 촉구했다. 1958년에 그가 말한 내용은 다음과 같다.

> "통화공급에 있어 일정한 증가율의 유지는 과거에 때때로 경험했던 바와 같은 과도한 경기변동을 막을 수는 있겠지만 완전한 안정성을 의미하지는 않을 것이다. 한 발 더 나아가 통화 변화를 통해 팽창과 긴축을 발생시키는 다른 요인을 상쇄하려는 유혹이 강렬하다. … 지금까지 이용 가능한 증거는 최소한 현재와 같은 지식 상태하에서 통화 정책의 미세조정을 통해 경제활동의 미세한 조정을 가져올 가능성에 대해 상당한 의문을 제기한다. 따라서 재량적 통화 정책의 가능성에는 심각한 한계가 존재하며, 그러한 정책은 상황을 개선하기보다는 악화시킬 상당한 위험이 존재한다.
>
> 상대적으로 완만한 물가 상승 또는 상대적으로 완만한 물가 및 고용 감소에 직면하여 '무언가를 해야 한다'는 정치적 압력은 현재 대중의 태도 상태에서는 분명히 매우 강하다. 앞의 두 가지 사례에서 얻을 수 있는 주요 교훈은 이러한 압력에 굴복하는 것은 종종 득보다 실이 많을 수 있다는 점이다."

출처: Milton Friedman. *The Optimum Quantity of Money*, Aldine Transaction; Revised edition (October 1, 2005). ["The Supply of Money and Changes in Prices and Output," Testimony to Congress, 1958].

21장에서 보았듯이 거시경제 정책의 역할에 대한 이러한 논쟁은 아직 해결되지 않았다. 논쟁의 성격은 약간 바뀌었지만 오늘날에도 여전히 유효하다.

## 24-3 합리적 기대에 대한 비판

로버트 루카스

케인스 학파와 통화주의자 간의 논쟁에도 불구하고 1970년의 거시경제학은 성공적이고 완성된 분야처럼 보였다. 사건을 성공적으로 설명하고 정책 선택을 안내하는 것처럼 보였다. 대부분의 논쟁은 공통의 지적 틀 안에서 이루어졌다. 하지만 몇 년 지나지 않아 이 분야는 위기에 처했다. 이 위기의 원인은 두 가지였다.

한 가지 원인은 사건 때문이었다. 1970년대 중반까지 대부분의 국가는 높은 실업자 수(경기침체)와 높은 인플레이션이 동시에 존재하는 것을 나타내기 위해 당시 만들어진 단어인 **스태그플레이션**(stagflation)을 경험하고 있었다. 거시경제학자들은 스태그플레이션을 예측하지 못했다. 그 후 몇 년간의 연구 끝에 인플레이션과 산출 모두에 대한 부정적인 공급 충격의 영향에 근거하여 설득력 있는 설명이 제시되었다. (8장 및 9장에서 이러한 충격의 영향에 대해 논의했다.) 하지만 이미 손상된 학문의 이미지를 되돌리기에는 너무 늦었다.

토머스 사전트

다른 하나는 아이디어 때문이었다. 1970년대 초, 루카스(Robert Lucas, 시카고대학교 교수), 사전트(Thomas Sargent, 당시 미네소타대학교 재직, 현재 뉴욕대학교 교수), 바로(Robert Barro, 당시 시카고대학교 재직, 현재 하버드대학교 교수) 등 소수의 경제학자들이 주류 거시경제학에 대한 강력한 공격을 주도했다. 그들은 말을 아끼지 않았다. 1978년 논문에서 루카스와 사전트는 다음과 같이 말했다.

> "케인스 학파 경제학의 예측이 크게 틀렸고, 그 예측의 근거가 된 교리에 근본적인 결함이 있다는 것은 이제 경제 이론의 미묘한 문제와는 무관한 단순한 사실의 문제이다. 경기변동을 연구하는 현대 학생들이 직면한 과제는 잔해를 분류하고, 케인스 혁명이라는 놀라운 지적 사건의 어떤 특징을 살려서 잘 활용하고, 어떤 특징을 버려야 하는지를 결정하는 것이다."

◀ 출처: Robert E. Lucas and Thomas J. Sargent, *Rational Expectations and Econometric Practice*, Volume 2, (Minneapolis: University of Minnesota Press, 1981).

## 합리적 기대의 세 가지 함의

루카스와 사전트의 주요 주장은 케인스 경제학은 기대가 행동에 미치는 영향의 전체 함의를 무시했다는 것이었다. 이들은 사람들이 자신이 가진 정보를 바탕으로 최대한 합리적으로 기대치를 형성한다고 가정해야 한다고 주장했다. 사람들이 **합리적 기대**를 한다고 고려하면 세 가지 주요 함의가 생기는데, 모두 케인스 학파 거시경제학에 큰 타격을 주었다.

### 루카스 비판

첫 번째 함의는 기존의 거시경제 모형을 정책 설계에 사용할 수 없다는 것이었다. 이러한 모형은 기대가 행동에 영향을 미친다는 사실을 인정했지만, 기대가 명시적으로 통합되지는 않았다. 모든 변수는 정책 변수를 포함한 다른 변수의 현재 및 과거 값에 의존한다고 가정했다. 따라서 모형들이 포착하고 있는 것은 과거의 정책하에서 경제변수들 간에 과거에 성립했던 관계들이었다. 루카스는 이러한 정책이 바뀌면 사람들이 기대를 형성하는 방식도 바뀔 것이고, 따라서 기존의 거시경제학 모형을 사용해 추정된 관계, 즉 시뮬레이션은 새로운 정책하에서 어떤 일이 일어날지에 대해 안내해 줄 수 없다고 주장했다. 거시경제학 모형에 대한 이러한 비판을 **루카스 비판**(Lucas critique)이라 한다. 필립스 곡선의 역사를 예로 들어 다시 설명하자면, 1970년대 초반까지의 데이터는 실업자 수와 인플레이션 사이에 상충관계가 있음을 시사했다. 정책 입안자들이 이를 이용하려고 시도하면서 이 상충관계는 사라졌다.

로버트 바로

### 합리적 기대와 필립스 곡선

두 번째 함의는 케인스 학파 모형에 합리적 기대가 도입되었을 때 이 모형들이 실제로는 매우 케인스 학파적이지 않은 결론을 내렸다는 것이다. 예를 들어 이들 모형은 케인스 학파 경제학자들이 주장한 것보다 훨씬 더 자연스러운 수준에서 산출의 편차가 짧게 나타난다는 것을 암시했다.

이 주장은 필립스 곡선 관계에 대한 재검토를 기반으로 한다. 케인스 학파 모형에서 산출이 자연적 산출 수준으로 천천히 회복되는 것은 필립스 곡선 메커니즘을 통한 물가와 임금의 지연된 조정에서 비롯된 것이다. 예를 들어 통화량이 증가하면 먼저 산출이 증가하고 실업자 수가 감소했다. 그런 다음 실업자 수가 감소하면 명목임금이 상승하고 물가가 상승했다. 이러한 조정은 임금과 물가가 명목 화폐와 같은 비율로 증가하여 실업률과 산출이 모두 자연 수준으로 돌아올 때까지 계속되었다.

그러나 루카스는 이러한 조정이 임금 결정자들의 인플레이션에 대한 과거 지향적 기대에 크게 의존한다고 지적했다. 예를 들어 MPS 모형에서 임금은 현재와 과거의 인플레이션과 현재 실업자 수에만 반응했다. 그러나 임금 결정자가 합리적 기대를 지녔다고 가정하면 조정 속도가 훨씬 빨라질 가능성이 높다. 예상되는 범위 내에서 화폐의 변화는 산출에 영향을 미치지 않을 수 있다. 예를 들어 내년에 화폐가 5% 상승할 것으로 예상하면 임금 결정자는 내년 계약에 설정된 명목 임금을 5% 인상할 것이다. 그러면 기업은 가격을 5% 인상할 것이다. 그 결과 실질 화폐 규모에는 변화가 없고 수요나 산출에도 변화가 없다.

따라서 케인스 모형의 논리에서는 **예상치 못한 화폐의 변화만이** 산출에 영향을 미쳐야 한다고 루카스는 주장했다. 예측 가능한 화폐의 움직임은 활동에 영향을 미치지 않아야 한다는 것이다. 보다 일반적으로 임금 결정자들이 합리적 기대를 가지고 있다면 수요의 변화는 명목임금이 정해져 있는 한, 즉 1년 정도만 산출에 영향을 미칠 가능성이 높았다. 케인스 모형은 그 자체로도 수요가 산출에 미치는 장기적인 효과에 대한 설득력 있는 이론을 제공하지 못했다.

### 최적 제어와 게임 이론

세 번째 함의는 사람과 기업이 합리적 기대를 지녔다면 정책을 복잡하지만 수동적인 시스템의 통제라고 생각하는 것은 잘못된 생각이라는 것이었다. 오히려 정책을 정책 입안자와 경제 간의 게임으로 생각하는 것이 옳다. 올바른 도구는 **최적 제어**가 아니라 **게임 이론**이었다. 그리고 게임 이론은 정책에 대한 다른 시각으로 이어졌다. 눈에 띄는 예는 쉬들란(Finn Kydland, 당시 카네기멜론대학교 재직, 현재 캘리포니아대학교 산타바바라캠퍼스 교수)과 프레스콧(Edward Prescott, 카네기멜론대학교 교수)이 논의한 **동태적 비일관성** 문제였다. 21장에서 논의한 바와 같이 정책 입안자의 좋은 의도가 실제로 재앙으로 이어질 수 있다.

요약해 보자. 합리적 기대가 도입되면 케인스 학파 모형을 정책 결정에 사용할 수 없고, 케인스 학파 모형은 자연적 산출 수준에서 장기간 지속되는 산출의 편차를 설명할 수 없으며, 게임 이론의 도구를 사용해 정책 이론을 다시 설계해야 한다.

## 합리적 기대의 통합

루카스와 사전트의 인용문에서 짐작할 수 있듯이 1970년대 초 거시경제학계의 지적 분위기는 긴장감이 감돌았다. 하지만 몇 년 지나지 않아 (사람이 아닌 아이디어의) 통합 과정이 시작되었고, 이는 1970년대와 1980년대를 지배하게 된다.

합리적 기대가 올바르게 작동하는 가정이라는 생각은 상당히 빠르게 널리 받아들여졌다. 거시경제학자들이 사람, 기업, 금융시장 참여자들이 항상 합리적 기대를 형성한다고 믿었기 때문이 아니었다. 그들은 그렇지 않다. 그러나 적어도 경제학자들이 실제 기대가 합리적 기대와 체계적으로 어떻게 다른지, 언제 다른지 이해하는 데 더 많은 진전을 이루기 전까지는 합리적 기대가 자연스럽거나 적어도 출발 기준이 되는 것처럼 보였다.

그 후 루카스와 사전트가 제기한 문제에 대한 연구가 시작되었다.

### 합리적 기대의 함의

첫째, 재화시장, 금융시장, 노동시장에서 합리적 기대의 역할과 함의를 체계적으로 탐구했다. 밝혀진 많은 내용이 이 책에 소개되어 있다. 예를 들면 다음과 같다.

- 홀(Robert Hall, 당시 MIT 재직, 현재 스탠퍼드대학교 교수)은 (15장에서 정의한 의미에서) 소비자에게 선견지명이 있다면 소비의 변화를 예측할 수 없다는 것을 보여주었다. 내년 소비에 대한 가장 좋은 예측은 올해 소비일 것이다. 다시 말해 소비 변화는 예측하기 어려워야 한다. 이 결과는 당시 대부분의 거시경제학자들에게는 놀라운 결과였지만, 사실 단순한 직관에 근거한 것이다. 소비자에게 선견지명이 있다면 미래에 대해 새로운 정보를 알게 될 때만 소비를 변화시킬 것이다. 그러나 정의상 그러한 뉴스는 예측할 수 없다. **소비의 임의보행 가설**(random walk of consumption)로 알려진 이러한 소비 행동은 이후 소비 연구의 기준이 되었다.

로버트 홀

- 돈부시(Rudiger Dornbusch, MIT 교수)는 변동환율제하에서 비합리적 투자자의 투기의 결과로 간주되던 환율의 대규모 변동이 합리성과 완전한 일관성을 갖는다는 것을 보였다. 20장에서 보았던 그의 주장은 통화 정책의 변화가 명목이자율의 장기적인 변화를 초래할 수 있고, 현재와 기대 명목이자율의 변화가 차례로 큰 환율 변화로 이어진다는 것이었다. 환율 오버슈팅(overshooting) 모형으로 알려진 돈부시의 모형은 환율 변동에 대한 논의에 있어 기준이 되었다.

루디거 돈부시

### 임금 및 가격 설정

둘째, 필립스 곡선 관계를 훨씬 뛰어넘어 임금과 물가 결정에 대한 체계적인 탐구가 이루어졌다. 피셔(Stanley Fischer, MIT 교수)와 테일러(John Taylor, 당시 컬럼비아대학교 재직, 현재 스탠퍼드대학교 교수)가 두 가지 중요한 공헌을 했다. 두 사람 모두 실업자 수의 변화에 따른 물가와 임금의 조정이 합리적 기대하에서도 지연될 수 있음을 보여주었다.

피셔와 테일러는 임금과 가격 결정의 중요한 특징, 즉 **임금과 가격 결정의 시차**(staggering of wage and price decisions)를 지적했다. 물가상승을 예상해 모든 임금과 가격이 동시에 상승한다는 앞서 설명한 단순한 이야기와 달리, 실제 임금과 가격 결정은 시간에 따라 시차를 두고 이루어진다. 따라서 모든 임금과 가격이 통화량 증가에 따라 갑자기 동시에 조정되지 않는다. 오히려 이러한 조정은 속도가 느려질 가능성이 높으며, 임금과 물가는 시간이 지남에 따라 도약 과정을 통해 새로운 통화 수준으로 조정된다. 따라서 피셔와 테일러는 합리적 기대에 대한 비판이 제기하는 두 번째 쟁점, 즉 산출물이 자연적 산출 수준으로 서서히 돌아가는 것이 노동시장의 합리적 기대와 일치할 수 있다는 것을 보여주었다.

스탠리 피셔

### 정책 이론

셋째, 게임 이론의 관점에서 정책을 생각하면서 정책 입안자와 경제뿐만 아니라 정책 입안자 간, 즉 정당 간, 중앙은행과 정부 간 또는 여러 국가 정부 간에 이루어지는 게임의 본질에 대한 연구가 폭발적으로 증가했다. 이 연구의 주요 성과 중 하나는 '신뢰성', '평판', '헌신'과 같은 모호한 개념에 대해 보다 엄격한 사고방식을 개발했다는 것이다. 그와 동시에 '정부가 해야 할 일'에서 '정부가 실제로 하는 일'로 초점이 뚜렷하게 선환되어 경제학자들이 정책 입안자에게 조언할 때 고려해야 할 정치적 제약에 대한 인식이 높아졌다.

존 테일러

요컨대 1980년대 말 합리적 기대에 대한 비판이 제기한 도전은 거시경제학의 전면적인 개편으로 이어졌다. 초기의 기본 구조는 합리적 기대 또는 더 일반적으로 사람과 기업의 미래 지향적 행동의 함의를 고려하도록 확장되었다. 이러한 주제는 이 책에서 중심적인 역할을 한다.

## 24-4 글로벌 금융위기까지 거시경제학의 발전

1980년대 후반부터 글로벌 금융위기까지 새로운 고전학파, 새로운 케인스 학파, 새로운 성장 이론가라는 세 집단이 연구의 헤드라인을 지배했다. ('새로운'이라는 단어를 아낌없이 사용한 것에 주목하자. 세탁세제 생산자들과 달리 경제학자들은 '새롭고 개선된'이라는 단어를 사용하지 않는다. 하지만 잠재적인 메시지는 동일하다.)

### 새로운 고전학파 경제학과 실물경기순환 이론

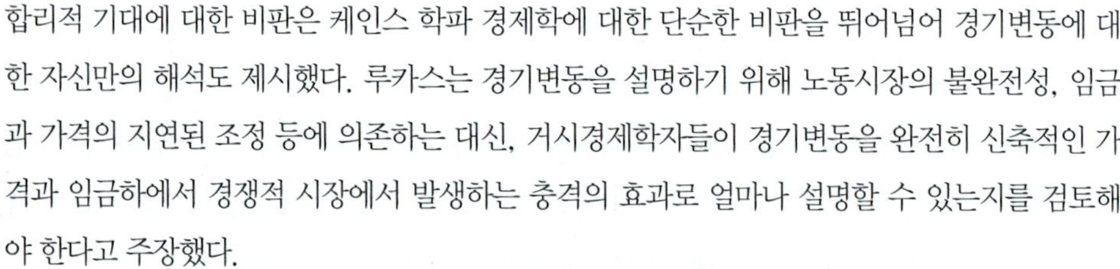
합리적 기대에 대한 비판은 케인스 학파 경제학에 대한 단순한 비판을 뛰어넘어 경기변동에 대한 자신만의 해석도 제시했다. 루카스는 경기변동을 설명하기 위해 노동시장의 불완전성, 임금과 가격의 지연된 조정 등에 의존하는 대신, 거시경제학자들이 경기변동을 완전히 신축적인 가격과 임금하에서 경쟁적 시장에서 발생하는 충격의 효과로 얼마나 설명할 수 있는지를 검토해야 한다고 주장했다.

에드워드 프레스콧

이는 **새로운 고전학파**(new classicals)가 추구해 왔던 연구 주제이다. 지적인 리더는 프레스콧(Edward Prescott)이었으며, 그와 그의 추종자가 발전시킨 모형은 **실물경기순환 모형**[real business cycle(RBC) model]이라 한다. 이들의 접근 방식은 두 가지 전제에 기초했다.

첫 번째 전제는 방법론이었다. 루카스는 이전의 함정을 피하기 위해 거시경제 모형은 명시적인 미시적 기초(예: 노동자의 효용 극대화, 기업의 이윤 극대화, 합리적 기대)를 바탕으로 구축되어야 한다고 주장했다. 컴퓨터가 개발되기 전에는 불가능한 것은 아니었지만 달성하기가 어려웠다. 이런 방식으로 구성된 모형은 분석적으로 풀기에는 너무 복잡했을 것이다. 실제로 거시경제학의 많은 기술은 모형을 풀 수 있을 만큼 단순하게 유지하면서 모형의 본질을 포착하는 간단한 지름길을 찾는 데 있었다(이는 여전히 좋은 교과서를 쓰는 데 필요한 기술이다). 계산할 수 있는 능력의 발달로 이러한 모형을 수치적으로 풀 수 있게 되었고, 점점 더 강력한 수치적 풀이 방법을 개발하여 더욱 풍부한 모형을 개발할 수 있게 되었다. 이것이 실물경기순환 이론의 중요한 공헌이다.

두 번째 전제는 개념적인 측면이다. 1970년대까지만 해도 대부분의 변동은 불완전성의 결과, 즉 천천히 움직이는 잠재산출량 수준에서 실제 산출량의 편차로 인한 것으로 간주되었다. 루카스의 제안에 이어 프레스콧은 일련의 영향력 있는 기고문을 통해 가격 및 임금이 완전히 유연한 경쟁 시장에서 기술 충격의 영향으로 변동이 실제로 발생하는 것으로 해석할 수 있다고 주장했다. 즉, 실제 산출의 변동은 잠재산출량의 편차가 아니라 잠재산출량 수준에서의 변동으로 볼 수 있다고 주장했다. 그는 새로운 발견이 이루어지면 생산성이 증가하고, 이는 산출 증가로 이어진다고 주장했다. 생산성 증가는 임금 상승으로 이어지고, 임금은 노동의 매력을 높여 근로자들이 더 많이 일하도록 유도한다. 따라서 생산성 증가는 현실 세계에서 관찰되는 것처럼 산출과 고용 모두의 증가로 이어진다. 경기 변동은 경제의 바람직한 특징이지 정책 입안자들이 줄이려고 노력해야 할 대상은 아니다.

당연히 경기변동에 대한 이러한 급진적 관점은 여러 측면에서 비판을 받았다. 12장에서 논의했듯이 기술 발전은 수많은 혁신의 결과이며, 각 혁신이 경제 전체로 확산되는 데는 오랜 시간이 소요된다. 어떻게 이 과정이 실제로 관찰되는 것처럼 산출을 단기에 대규모로 변동시킬 수 있는지를 이해하기는 쉽지 않다. 아울러 경기침체를 기술 후퇴의 시기, 즉 생산성과 산출이 동시에 낮아지는 시기로 간주하는 것도 어렵다. 마지막으로 앞서 살펴본 바와 같이 RBC 모형에서는 산출량에 영향을 미치지 않는 화폐의 변화가 실제로는 현실 세계에서 산출량에 큰 영향을 미친다는 강력한 근거가 있다. 그럼에도 개념적 RBC 접근 방식은 영향력 있고 유용한 것으로 입증되었다. 모든 산출변동이 자연 수준에서 벗어난 것이 아니라 자연 수준 자체의 움직임이라는 중요한 점을 지적한 것이다.

## 새로운 케인스 학파 경제학

**새로운 케인스 학파**(new Keynesian)라는 용어는 합리적 기대에 대한 비판에 대응하여 등장한 종합적 관점이 기본적으로 옳다고 믿는 연구자 집단을 나타낸다. 그러나 이들은 각 시장에서의 불완전성의 특성에 관해 그리고 이러한 불완전성이 거시경제에 주는 시사점에 관해 더 많은 것이 밝혀져야 한다는 믿음도 공유한다.

**명목 경직성**(nominal rigidity)의 본질에 대한 추가 연구가 진행되었다. 이 장의 앞부분에서

조지 애컬로프

재닛 옐런

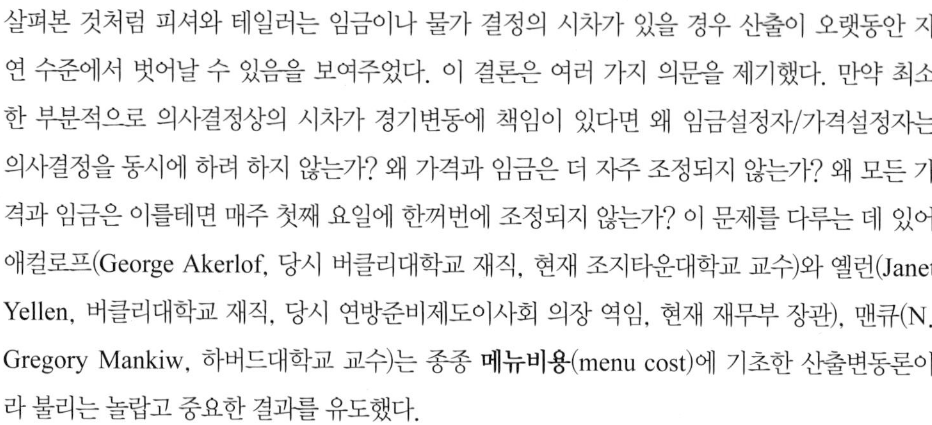
살펴본 것처럼 피셔와 테일러는 임금이나 물가 결정의 시차가 있을 경우 산출이 오랫동안 자연 수준에서 벗어날 수 있음을 보여주었다. 이 결론은 여러 가지 의문을 제기했다. 만약 최소한 부분적으로 의사결정상의 시차가 경기변동에 책임이 있다면 왜 임금설정자/가격설정자는 의사결정을 동시에 하려 하지 않는가? 왜 가격과 임금은 더 자주 조정되지 않는가? 왜 모든 가격과 임금은 이를테면 매주 첫째 요일에 한꺼번에 조정되지 않는가? 이 문제를 다루는 데 있어 애컬로프(George Akerlof, 당시 버클리대학교 재직, 현재 조지타운대학교 교수)와 옐런(Janet Yellen, 버클리대학교 재직, 당시 연방준비제도이사회 의장 역임, 현재 재무부 장관), 맨큐(N. Gregory Mankiw, 하버드대학교 교수)는 종종 **메뉴비용**(menu cost)에 기초한 산출변동론이라 불리는 놀랍고 중요한 결과를 유도했다.

각 임금설정자 또는 가격설정자는 언제 그리고 얼마나 자주 자신의 임금 또는 가격을 변경해야 할지에 대해 대체로 무차별하다(소매상의 경우 선반 위의 가격을 매일 변경하느냐 아니면 매주 변경하느냐는 가게의 전체 이익에 비춰 볼 때 그리 큰 차이를 갖지 않는다). 따라서 예를 들어 새로운 메뉴판의 인쇄비용과 같은 사소한 가격 변경 비용이 존재해도 가격 조정은 빈번하지 않고 시차를 가지며 발생하게 될 수 있다. 이러한 시차를 둔 조정은 물가의 지연된 조정 그리고 총수요 변동에 따른 총산출의 대규모 변동으로 이어진다. 간단히 말해 개인 수준에서 그리 중요하지 않은 결정(얼마나 자주 가격 또는 임금을 변경하는지의 결정)이 대규모의 거시경제적 효과(물가의 지연된 조정과 산출에 대규모 효과를 지닌 총수요의 변동)를 유발한다.

다른 연구 계열은 노동시장의 불완전성에 초점을 맞췄다. 7장에서는 **효율성 임금**이라는 개념을 논의한 바 있다. 이는 노동자가 임금이 너무 낮다고 인식할 경우 직무 기피와 근로의욕 저하를 유발하고 양질의 노동자를 구하거나 유지하기 어렵게 만든다는 것이다. 이 분야에서 영향력 있는 연구자는 애컬로프(George Akerlof)로, 어떤 조직(이 경우에는 기업)에서 무엇이 공정하고 불공정한지를 평가하기 위해 발전된 규칙인 '규범'의 역할을 탐구했다. 그와 다른 연구자들은 이 연구를 과거 사회학과 심리학에 미루었던 문제들에 대한 탐구와 이 문제들의 거시경제적 시사점의 검토로 연결하였다. 또 다른 계열로, 다이아몬드(Peter Diamond, MIT 교수)와 모텐슨(Dale Mortensen, 코넬대학교 교수), 그리고 피서라이즈(Christopher Pissarides, 런던정치경제대학교 교수)는 노동시장을 끊임없는 인력 배분, 대규모 인력흐름, 노동자와 기업 간의 협상으로 특징지을 수 있는 시장으로 보았다. 이러한 관점은 극히 유용한 것으로 알려졌고, 이 책의 7장도 이 관점에 기초했다.

벤 버냉키

위기가 발생했을 때 매우 유용한 것으로 판명된 또 다른 연구 분야는 신용 시장의 불완전성의 역할을 탐구하는 것이었다. 대부분의 거시 모형은 통화 정책이 금리를 통해 작동하고, 기업은 시장 이자율에 따라 원하는 만큼 차입할 수 있다고 가정했다. 실제 많은 기업은 은행에서만 대출을 받을 수 있다. 그리고 은행은 자사가 부과하는 이자율을 지불할 의사가 있음에도 불구하고 잠재적 차입자를 거절하는 경우가 많다. 이런 일이 발생하는 이유와 이것이 통화 정책의 작동 방식에 대한 이해에 어떤 영향을 미치는지는 특히 버냉키(Ben Bernanke, 당시 프린스턴대 재직, 미 연준 의장 역임, 현재 브루킹스연구소 근무)와 거틀러(Mark Gertler, 뉴욕대 교수)가 집중적으로 연구한 주제였다.

## 새로운 성장 이론

1960년대에 가장 활발한 연구 주제 가운데 하나였던 성장 이론은 지적 침체기에 접어들었다. 그러나 1980년대 후반부터 **새로운 성장 이론**(new growth theory)이라는 이름으로 부활했다.

폴 로머

합리적 기대에 대한 비판을 주도한 루카스와 로머(Paul Romer, 당시 버클리대학교 재직, 현재 뉴욕대학교 교수)라는 두 명의 경제학자가 이 문제를 정의하는 데 중요한 역할을 했다. 1960년대 후반에 성장 이론이 사라졌을 때 두 가지 주요 이슈는 거의 해결되지 않은 채로 남아 있었다. 하나는 규모의 수익률 증가의 역할, 즉 자본과 노동을 2배로 늘렸을 경우 실제로 산출이 2배 이상 증가할 수 있는지의 여부였다. 다른 하나는 기술 발전의 결정 요인이었다. 이것이 새로운 성장 이론이 집중한 두 가지 주요 쟁점이다.

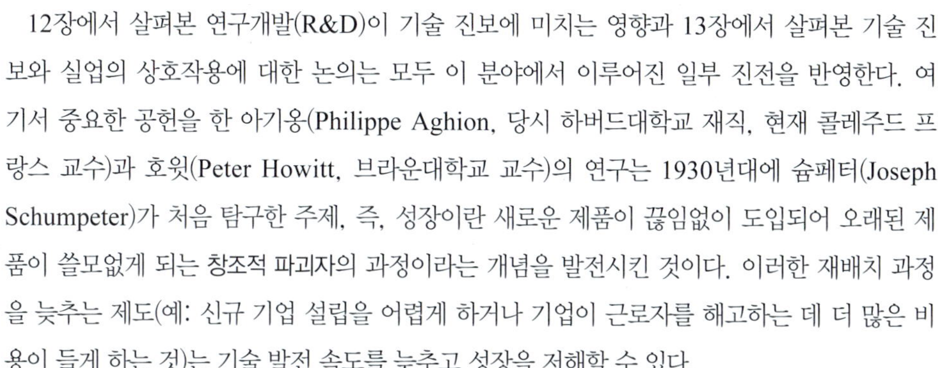

12장에서 살펴본 연구개발(R&D)이 기술 진보에 미치는 영향과 13장에서 살펴본 기술 진보와 실업의 상호작용에 대한 논의는 모두 이 분야에서 이루어진 일부 진전을 반영한다. 여기서 중요한 공헌을 한 아기옹(Philippe Aghion, 당시 하버드대학교 재직, 현재 콜레주드 프랑스 교수)과 호윗(Peter Howitt, 브라운대학교 교수)의 연구는 1930년대에 슘페터(Joseph Schumpeter)가 처음 탐구한 주제, 즉, 성장이란 새로운 제품이 끊임없이 도입되어 오래된 제품이 쓸모없게 되는 **창조적 파괴자**의 과정이라는 개념을 발전시킨 것이다. 이러한 재배치 과정을 늦추는 제도(예: 신규 기업 설립을 어렵게 하거나 기업이 근로자를 해고하는 데 더 많은 비용이 들게 하는 것)는 기술 발전 속도를 늦추고 성장을 저해할 수 있다.

필립 아기옹

성장을 결정하는 데 있어 특정 기관의 정확한 역할을 규명하려는 연구도 있었다. 슐라이퍼(Andrei Shleifer, 하버드대학교 교수)는 금융시장에서 노동시장에 이르기까지 경제 조직에 영향을 미치는 다양한 법 제도의 역할과 이러한 경로를 통해 법 제도가 성장에 미치는 영향을 탐구했다. 아제모을루(Daron Acemoglu, MIT 교수)는 제도와 성장 간의 상관관계(예: 민주주의 국가가 평균적으로 더 부유하다)에서 제도와 성장 간의 인과관계로 나아가는 방법을 탐구했다. 이 상관관계는 민주주의가 더 높은 1인당 산출을 초래한다는 것을 시사하는가? 상관관계는 더 높은 1인당 산출이 민주주의를 불러온다는 것을 시사하는가? 아니면 다른 어떤 요인이 동시에 더 나은 민주주의와 더 높은 1인당 산출로 이어지는가? 아제모을루는 과거 식민지의 역사를 검토하면서 식민지 성장의 성과는 식민지 지배자들이 어떤 제도를 도입했는지에 따라 형성되었으며, 이는 경제 성과에서 제도와의 강력한 인과관계를 보여준다고 주장했다.

피터 호윗

## 통합을 향해

1980년대와 1990년대에는 이 세 집단, 특히 새로운 고전학파와 새로운 케인스 학파 사이의 논의가 종종 격렬했다. 새로운 고전학파는 새로운 케인스 학파가 변동을 믿을 수 없는 설명에 의

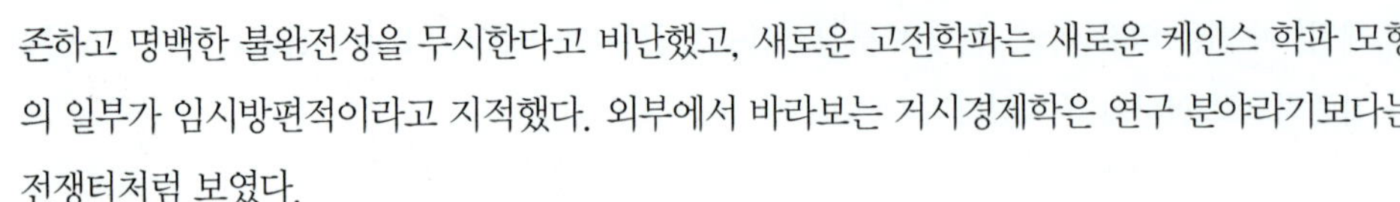

존하고 명백한 불완전성을 무시한다고 비난했고, 새로운 고전학파는 새로운 케인스 학파 모형의 일부가 임시방편적이라고 지적했다. 외부에서 바라보는 거시경제학은 연구 분야라기보다는 전쟁터처럼 보였다.

안드레이 슐라이퍼

하지만 2000년대 들어 종합적인 거시경제학이 등장하기 시작했다. 방법론적으로는 RBC 접근법과 인간과 기업의 최적화 문제에 대한 세심한 설명을 기반으로 했다. 개념적으로는 RBC와 새로운 성장 이론이 강조하는 기술 발전 속도의 변화의 잠재적 중요성을 인식했다. 그러나 임금 결정에서 교섭의 역할, 신용 및 금융시장에서 불완전한 정보의 역할, 총수요가 총산출에 영향을 미치는 명목 경직성의 역할 등 새로운 케인스 학파가 강조한 많은 불완전성을 허용했다. 단일 모형이나 중요한 불완전성의 단일 목록에 대한 수렴은 없었지만 프레임워크와 진행 방식에 대해서는 폭넓은 합의가 이루어졌다.

다론 아제모을루

이러한 수렴의 좋은 예는 우드퍼드(Michael Woodford, 컬럼비아대학교 교수)와 갈리(Jordi Galí, 폼페우파브라대학교 교수)의 작업이었다. 우드퍼드, 갈리, 그리고 여러 공동 저자들은 효용과 이윤 극대화, 합리적 기대, 명목 경직성을 구현하는 **새로운 케인스 학파 모형**으로 알려진 모형을 개발했다. 이 모형은 16장에 제시된 모형의 하이테크 버전이라고 생각할 수 있다. 이 모형은 23장에서 설명한 인플레이션 목표제에서 금리 규칙에 대한 의존에 이르기까지 통화 정책의 재설계에 매우 유용하고 영향력 있는 것으로 입증되었다. 이는 단순한 구조를 기반으로 하지만 더 많은 불완전성을 허용하고, 따라서 수치적으로 풀어야 하는 더 큰 모형의 개발로 이어졌다. 현재 대부분의 중앙은행에서 표준으로 사용되는 이러한 대형 모형을 '동태적 확률 일반균형(DSGE) 모형'이라고 한다.

마이클 우드퍼드

이러한 모형을 비방하는 사람들이 없는 것은 아니다. 이들은 미시적 기초는 종종 임시방편적이고 비현실적이라고 주장한다. 또한 모형이 너무 복잡한 블랙박스와 같아서 어떤 가정이 특정 결과를 초래하는지 정확히 이해하기 어렵다고 주장한다. 실제로 이 책에 제시된 것과 같이 지나치게 단순화할 수 있는 단순한 모형과 완전히 이해하기 어려울 수 있는 대규모 모형 사이에는 상충관계가 있다. 크고 상세한 모형의 한계는 FOCUS '과학의 정확성에 관하여'에 잘 설명되어 있다. 다른 많은 분야에서도 이러한 논의는 계속되고 있다.

## 24-5 글로벌 금융위기의 교훈

조르디 갈리

새로운 종합이 가시화되고 거시경제학자들이 경제를 이해하며 정책을 설계할 수 있는 도구를 갖췄다고 생각했을 때 금융위기가 시작되었고, 이는 대대적인 경기침체로 이어졌다. 24-1절에서 대공황이 거시경제학에 대한 극적인 재평가로 이어져 케인스 학파 혁명이 시작되었음을 확인했다. 글로벌 금융위기는 그러한 지적 혁명으로 이어지지는 않았지만, 그럼에도 불구하고 대대적인 재평가가 이루어졌다.

## 과학의 정확성에 관해

FOCUS

대형 모형의 한계에 대해 라틴아메리카 작가 호르헤 루이스 보르헤스의 단편소설을 소개한다.

〈과학의 정확성에 관해(On Exactitude in Science)〉

그 제국에서 지도제작 기술은 한 지방의 지도가 한 도시 전체를, 제국의 지도가 한 지방 전체를 차지할 정도로 완벽에 가까워졌다. 시간이 지나자 비양심적인 지도는 더 이상 만족스럽지 못했고, 지도 제작자 길드는 제국 지도와 크기가 같고 한 점 한 점이 일치하는 제국 지도를 만들었다. 지도제작 학문에 조상들만큼 흥미를 느끼지 못했던 후세대들은 그 거대한 지도가 쓸모없다고 여겼고, 약간의 냉정함을 가지고 그것을 태양과 겨울의 혹독함 속에 내던져 버렸다. 지금도 서부의 사막에는 그 지도의 너덜너덜해진 폐허에 짐승과 거지들이 살고 있으며, 모든 땅에는 지리학의 유물이 남아 있지 않다.

Suarez Miranda, *Viajes devarones prudentes*, Libro IV, Cap. XLV, Lerida, 1658

출처: Jorge Luis Borges, "Collected Fictions." (Suarez Miranda에 대한 인용은 허구이다.)

위기가 거시경제학의 지적 실패를 반영했다는 데는 의심의 여지가 없다. 실패는 그렇게 대규모의 위기가 발생할 수도 있다는 것과 미국의 주택가격 하락과 같은 상대적으로 사소한 충격이 중대한 금융과 거시경제적 글로벌 위기를 초래할 수 있는 경제의 특성을 인식하지 못했다는 데 있었다. 그리고 실패의 원인은 경제에서 금융기관이 갖는 역할에 초점을 맞추지 못했다는 데 있었다. [면밀히 말하면 금융 시스템을 더 밀접하게 살펴보고 있던 소수의 거시경제학자들이 경고위기를 보낸 바 있다. 이 중 가장 널리 알려진 것이 루비니(Nouriel Roubini, 뉴욕대학교 교수)와 스위스 바젤 국제결제은행의 경제학자들로, 이들은 금융 상황을 면밀히 주시하는 일을 하고 있다.]

벵트 홀름스트룀

대체로 금융 시스템과 대출자 및 차입자 간의 자금 중개에서 은행 및 기타 금융 기관의 복잡한 역할은 대부분의 거시경제 모형에서 무시되었다. 예외도 있었다. 1980년대 다이아몬드(Doug Diamond, 시카고대학교 교수)와 디비그(Philip Dybvig, 워싱턴대학교 세인트루이스 캠퍼스 교수)의 연구는 은행인출쇄도의 본질을 명확히 밝혀냈다(6장 참조). 비유동자산과 유동부채는 건실한 은행에도 은행인출쇄도의 위험을 초래했다. 이러한 문제는 중앙은행이 필요한 시점에 유동성을 공급해야만 회피할 수 있다. 홀름스트룀(Bengt Holmström, MIT 교수)과 티롤(Jean Tirole, 당시 MIT 재직, 현재 툴루즈대학교 교수)의 연구는 유동성 문제가 현대 경제의 고질적인 문제라는 것을 보여주었다. 은행뿐만 아니라 기업도 역시 지급능력은 있지만 유동성이 없는 상황에 빠져 투자 프로젝트를 완수하는 데 필요한 추가적 현금을 확보하지 못하거나, 상환을 원하는 투자자들에게 상환할 수 없는 상황에 빠질 수 있다. 슐라이퍼(하버드대학교 교수)와 비시니(Robert Vishny, 시카고대학교 교수)는 '차익거래의 한계(The Limits of Arbitrage)'라 불리는 중요한 논문을 통해 자산가격이 기본적 가치 밑으로 하락한 후 투자자들은 차익거래 기회를 이용하지 못할 수 있음을 보였다. 실제로는 자산을 매각해야만 하는 상황에 몰려 가격이 추가로 하락하고 기본적 가치에서의 이탈이 심화될 수 있다. 탈러(Richard Thaler, 시카고대

장 티롤

학교 교수)와 같은 행동경제학자들은 사람들은 경제학에서 통상 사용하는 합리적 인간 모형과 다른 방식으로 행동한다는 것을 지적하며 금융시장에 대한 시사점을 유도했다.

따라서 위기를 이해하는 데 필요한 대부분의 요소는 구할 수 있었다. 그러나 대부분의 연구는 거시경제학 외부, 즉 금융이나 기업 금융 분야에서 이루어졌다. 이러한 요소는 일관된 거시경제 모형에 통합되지 않았고, 그 상호작용도 제대로 이해되지 않았다. 6장에서 보았듯이 레버리지, 복잡성, 유동성 등이 결합하여 위기를 초래한 요인들은 중앙은행에서 사용하는 거시경제 모형에는 거의 완전히 빠져 있었다.

2018년에 출간된 이 책의 이전 판에서는 이 절을 다음과 같이 마무리했다. "그러나 현실성이 있어야 한다. 역사가 어떤 지침을 제공한다면 경제는 상상하지 않은 유형의 새로운 충격에 의해 영향을 받을 것이다." 그리고 실제로 COVID 충격이 일어났다. ▶

위기가 시작된 지 15년이 지난 지금, 상황은 극적으로 변했다. 당연히 연구자들은 금융 시스템과 거시금융 연계의 본질에 주목하기 시작했다. 다양한 부분에 대한 추가 연구가 진행 중이며, 이러한 부분은 거시경제 모형에 통합되고 있다. 거시건전성 수단의 사용이나 높은 공공부채의 위험성 등 정책을 위한 교훈도 도출되고 있다. 아직 갈 길이 멀지만, 결국 거시경제 모형은 금융 시스템에 대한 이해를 바탕으로 더욱 풍성해질 것이다.

이번 위기의 교훈은 거시경제 모형과 분석에 금융 부문을 추가하는 것 이상의 의미를 지닌다. 대공황을 겪으면서 대부분의 경제학자들은 시장 경제의 거시경제적 속성에 의문을 제기하고 정부 개입의 역할이 더 커져야 한다고 주장했다. 글로벌 금융위기도 비슷한 의문을 제기했다. 새로운 고전학파와 새로운 케인스 학파 모형은 적어도 중기적으로는 경제가 자연적으로 자연스러운 수준으로 돌아간다는 믿음을 공유했다. 새로운 고전학파는 산출이 항상 자연 수준에 있다는 극단적인 입장을 취했다. 새로운 케인스 학파는 단기적으로는 산출이 자연 수준에서 벗어날 가능성이 있지만, 중기적으로는 자연의 힘에 의해 결국 경제가 잠재 수준으로 돌아갈 것이라고 주장했다. 1990년대 일본의 대공황과 장기 불황은 잘 알려져 있지만, 이는 일탈로 간주되었으며 피할 수 있었던 상당한 정책 실수로 인해 발생한 것으로 여겨졌다. 오늘날 많은 경제학자들은 이러한 낙관론이 과도했다고 생각한다. 미국의 유동성 함정에서 보낸 7년의 시간은 일반적인 조정 메커니즘, 즉 저생산에 대응한 금리 인하가 무너지고 실제로 정상으로의 복귀를 막을 수 있다는 것을 분명히 보여주었다.

작은 충격과 정상적인 변동에 대해서는 조정 과정이 작동하지만, 크고 예외적인 충격에 대해서는 정상적인 조정 과정이 실패할 수 있고 정책의 여지가 제한되며 경제가 스스로 회복하는 데 오랜 시간이 걸릴 수 있다는 것이 합의된 결론일 수 있다.

## 24-6 현재 연구 방향

연구는 자체 논리의 함의를 탐구하고(예: 케인스의 거시경제 관점의 함의 탐구), 외부 사건에 대해 대응하며(예: 대공황, 글로벌 금융위기, COVID-19에서 교훈 도출), 가용한 연구를 활용하는 것(예: 복잡한 모형을 푸는 방법, 접근 가능한 데이터)을 통해 진행된다.

오늘날에는 3차원이 중요한 역할을 하고 있다. 80년 전 국민소득계정의 구축이 거시경제학을 보다 정량적이고 데이터 기반의 학문으로 발전시키는 데 핵심적인 역할을 했던 것처럼 오늘날에는 세분화된 데이터의 가용성이 중요한 역할을 하고 있다. 1970년대와 1980년대에 '종교전쟁'이라 불린 격렬한 이론적 논쟁에 초점을 맞추었던 과거와 대조적으로, 오늘날 거시경제학의 많은 흥미는 경제에서 발생하는 현상을 보다 심층적으로 이해하기 위해 대규모 데이터세트에 의존하거나 이를 새롭게 구축하는 연구에서 비롯된다.

◀ 국민계정 구축에 대한 자세한 내용은 2장을 참조하라.

여기에서는 세 가지 사례를 제시하는데, 이들 모두는 10년 전만 해도 접근하거나 추적할 수 없었던 데이터를 활용한 연구들이다.

이 논문의 공저자가 21명이라는 사실은 연구의 범위와 팀워크의 필요성을 반영한다. 경제학에서는 드물지만 점점 증가하는 추세로, 물리과학에서는 더 일반적인 현상이다. ◀

첫 번째 예는 수많은 동료들과 함께 민간 및 공공 정보를 기반으로 매우 큰 데이터를 구축하여 경제를 더 세밀하게 이해할 수 있도록 한 체티(Raj Chetty, 하버드대학교 교수)의 연구이다. (COVID-19의 경제적 영향에 관한 최근 논문이 좋은 예이다.) 체티는 상황을 이해하기 위해 신용카드 회사, 중소기업 데이터 집계업체, 급여관리 회사, 노동시장 매칭 사이트 등 여러 민간 기업의 데이터와 실업급여 청구, COVID-19 확진자 및 사망자 데이터, 구글 이동 보고서 등 공공 정보를 결합한다. 이를 통해 개별 우편번호 수준에서 주별 COVID-19, 소득, 고용, 인구통계 및 소득분포에 대한 데이터를 얻을 수 있다. 체티는 이 데이터를 바탕으로 COVID-19 초기에 고소득층이 서비스 지출을 줄이면서 소규모 지역 기업이 매출을 잃고 고용이 감소하여 저소득층에 영향을 미치게 된 과정을 보여준다. 그는 트럼프와 바이든 정부의 소득 지원 프로그램의 효과를 살펴본 결과, 2020년 3월의 첫 번째 프로그램은 소비에 큰 영향을 미쳤지만, 그 이후의 이전지출 대부분 저축되었다고 결론지었다. 이러한 결과의 세분성을 총소득에 대한 총소비의 회귀분석과 비교해 보면 빅데이터를 통해 거시경제의 동학을 훨씬 더 잘 이해할 수 있는 방법을 알 수 있다.

라즈 체티

출처: Raj Chetty, John N. Friedman, Michael Stepner, and The Opportunity Insights Team, "The Economic Impacts of Covid-19. Evidence from a New Public Database Built Using Private Sector Data," *Quarterly Journal of Economics*, 2024 (May): 135 pp. ◀

두 번째 사례는 공동 저자와 함께 미국의 필립스 곡선을 새롭게 바라본 나카무라(Emi Nakamura, 버클리대학교 교수)의 연구이다. 그녀의 경험적 전략은 미국의 필립스 곡선을 추정할 때 어려운 문제를 해결하기 위해 주(state) 단위의 데이터를 사용하는 것이었다. 8장의 필립스 곡선 관계에 따르면 인플레이션은 실업률과 기대 인플레이션에 모두 의존한다는 점을 상기하자. 근본적으로 중요한 것은 실업률이 인플레이션에 미치는 영향, 즉 소위 필립스 곡선의 기울기이다. 실업률에 대한 계수가 작으면 기대인플레이션을 고려할 때 경제과열은 인플레이션이 직접적인 영향을 거의 미치지 않음을 보여준다. 반대로 인플레이션을 목표 수준으로 낮추려면 실업자 수가 크게 증가할 수 있다. 경험적으로 이 기울기 계수를 추정하는 것은 기대인플레이션을 측정하고 이를 통제하기 힘들기 때문에 어려웠다. 이 논문의 관점과 주 단위 데이터를 사용하는 이유는 미국 수준의 기대인플레이션이 미국 주 전체에서 비슷할 가능성이 높기 때문이다. 따라서 주별로 살펴보면 주별 인플레이션의 차이는 실업률의 차이에 기인할 수 있으며, 이를 통해 보다 신뢰할 수 있는 기울기 계수 추정치를 얻을 수 있다. 이 논문은 각 주에서 분리된 가격 데이터에서 출발하여 거래 불가능한 재화에 대한 주 수준의 가격 인플레이션을 측

에미 나카무라

출처: Jonathan Hazell, Juan Herreño, Emi Nakamura, & Jón Steinsson, "The Slope of the Phillips Curve: Evidence from US States," *Quarterly Journal of Economics*, 2022, 137(October): pp. 1299–1344.

출처: Antoine Dechezie-pretre, Adrien Fabre, Tobias Kruse, . . . & Stefanie Stantcheva, "Fighting Climate Change: International Attitudes toward Climate Policies," NBER Working Paper 30265, 2023 (April).

스테파니 스탠체바

정하고 주 수준의 실업자 수와의 관계를 살펴보았다. 결론은 그 기울기가 실제로 매우 평탄하며 지난 40년 동안 크게 변하지 않았다는 것이다. 이는 중요한 정책적 결론이다. 왜냐하면 현재 미 연준이 목표로 하고 있는, 인플레이션을 목표 수준으로 되돌리는 일이 당분간 높은 실업률이 필요할 수 있음을 시사하기 때문이다.

세 번째 사례는 많은 공동 저자가 참여한 스탄체바(Stefanie Stantcheva)의 연구이다. 일반적으로 경제학자들이 이산화탄소 배출을 줄이기 위한 가장 효과적인 수단으로 간주하는 탄소세가 대중에게는 인기가 없다는 사실은 잘 알려져 있다. 예를 들어 미국 정부는 배출량 감축을 달성하기 위해 환경에 유해한 에너지에 대한 세금 대신 친환경 에너지에 대한 보조금에 의존하고 있다. 그러나 보조금은 더 큰 재정적자를 수반하고, 결국 세금 인상으로 이어지며, 로비와 그에 따른 왜곡에 더 쉽게 노출될 수 있다. 따라서 사람들이 지구 온난화를 믿지 않든, 대책이 효과가 있을 것이라고 믿지 않든, 세금의 분배적 영향에 대해 걱정하든 상관없이 반대의 성격을 이해하는 것이 필수적이다. 이를 파악하여 정책 설계에 도움을 주기 위해 스탄체바는 20개국 4만 명을 대상으로 인터넷 기반의 사회적 경제 설문조사를 설계하여 다양한 조치에 대한 사람들의 의견을 묻고 이러한 조치가 사회경제적 특성에 따라 어떻게 달라지는지 살펴봤다. 연구의 두 번째 단계에서 그녀는 설문조사 대상자 중 일부에게 기후 변화에 대한 사실과 다양한 기후 정책의 효과를 보여주는 두 가지 동영상을 보여주었다. 그녀의 논문은 탄소세 수익이 친환경 투자에 사용될 것이라고 인식하거나 정책 수단의 효과를 보여줄 경우 탄소세에 대한 반대 정도가 감소한다는 결론을 내렸다. 이는 정부에 마법과 같은 비법을 제시하지는 않지만, 정책 설계와 커뮤니케이션의 틀을 개선하는 데 도움이 될 것이다.

이 세 가지 사례는 인터넷, 빅데이터, 온라인 설문조사, 그리고 곧 등장할 생성형 AI가 경제학, 사회학, 심리학, 정치경제학의 통합과 함께 거시경제학에 대한 이해를 높이는 데 어떻게 활용될 수 있으며, 앞으로 이 분야를 어떻게 변화시킬지 보여주는 예시이다.

## 요약

- 현대 거시경제학의 역사는 1936년 케인스의 『고용, 이자 및 화폐에 관한 일반 이론』의 출판과 함께 시작되었다. 케인스의 공헌은 1930년대와 1940년대 초에 힉스와 한센의 IS-LM 모형으로 공식화되었다.
- 1940년대 초부터 1970년대 초까지의 시기는 거시경제학의 황금기라고 할 수 있다. 소비, 투자, 화폐 수요, 포트폴리오 선택 이론, 성장 이론, 대규모 거시경제 모형 등 핵심적인 이론적 발전이 이루어졌다.
- 1960년대의 주요 논쟁은 케인스 학파와 통화주의자 간의 논쟁이었다. 케인스 학파는 거시경제 이론의 발전으로 경제를 더 잘 통제할 수 있다고 믿었다. 프리드먼이 이끄는 통화주의자들은 정부가 경제를 안정시킬 수 있는 능력에 대해 회의적이었다.
- 1970년대에 거시경제학은 스태그플레이션의 출현으로 대부분의 경제학자들이 놀라움을 금치 못했다는 것과, 루카스가 주도한 이론적 공격으로 위기를 겪었다. 루카스와 그 추종자들은 기존의 표준 케인스 모형에 합리적 기대가 도입되면 (1) 케인스 모형을 정책 결정에 사용할 수 없고, (2) 케인스 모형은 자연 수준에서 장기간 지속되는 산출의 편차를 설명할 수 없으며, (3) 게임 이론의 도구로써 정책 이론을 재설계해야 함을 보여주었다.
- 1970년대와 1980년대의 대부분은 합리적 기대를 거시경제학에 통합하는 데 소비되었다. 거시경제학자들은 20년 전보다 충격과 정책의 효과를 결정하는 데 있어 기대의 역할과 정책의 복잡성에 대해 훨씬 더 잘 이해하고 있다.
- 글로벌 금융위기까지 거시경제 이론에 대한 최근 연구는 세 가지 노선을 따라 진행되었다. 새로운 고전학파 경제학자들은 산출변동을 자연적 산출 수준에서 멀어지는 움직임이 아니라 자연적 산출 수준에서의 움직임으로 설명할 수 있는 정도를 탐구했다. 새로운 케인스 학파 경제학자들은 변동에서 시장 불완전성의 역할을 보다 공식적으로 탐구했다. 새로운 성장 이론가들은 기술 진보의 결정 요인을 탐구했다. 이러한 이론은 점점 더 중첩되었고, 위기 직전에 새로운 종합 이론이 등장했다.
- 글로벌 금융위기는 거시경제학의 주요 지적 실패, 즉 금융 시스템의 거시경제적 중요성을 이해하지 못한 실패를 반영한다. 위기를 이해하는 데 필요한 많은 요소가 위기 이전에 개발되었지만, 거시경제적 사고의 중심이 아니었고 대규모 거시경제 모형에 통합되지 않았다. 위기 이후 많은 연구가 거시경제와 금융 간의 상호작용에 초점을 맞추게 되었다.
- 위기는 또한 산출이 자연스러운 수준으로 돌아가는 조정 과정에 관한 더 큰 문제를 제기했다. 작은 충격과 정상적인 변동에 대해서는 조정 과정이 작동하고 정책이 이러한 회복을 가속화할 수 있지만, 크고 예외적인 충격에 대해서는 정상적인 조정 과정이 실패하고 정책의 여지가 제한되며 경제가 스스로 회복하는 데 오랜 시간이 걸릴 수 있다는 것이 합의된 결론이다.
- 현재 대부분의 연구는 경험적 연구이며, 공공이든 민간이든 훨씬 더 큰 데이터 세트의 가용성을 활용한다. 이를 통해 거시경제 관계를 훨씬 더 세밀하게 이해할 수 있다.

## 핵심용어

경기변동 이론(business cycle theory)
루카스 비판(Lucas critique)
메뉴비용(menu cost)
명목 경직성(nominal rigidity)
새로운 고전학파(new classicals)
새로운 성장 이론(new growth theory)
새로운 케인스 학파(new Keynesian)
소비의 임의보행 가설(random walk of consumption)
신고전파 종합(neoclassical synthesis)
실물경기순환 모형[rcal business cycle(RBC) model]
유동성 선호도(liquidity preference)
유효수요(effective demand)
임금과 가격 결정의 시차(staggering of wage and price decisions)
케인스 학파(Keynesian)
통화주의자(monetarist)

# 부록

## 부록 1 국민소득 및 생산계정 소개

이 부록은 국민소득 및 생산계정의 기본구조와 용어를 소개한다. 총체적 경제활동에 대한 기본 척도는 국내총생산(GDP)이다. **국민소득 및 생산계정**(national income and product account, NIPA) 또는 간단히 **국민계정**(national account)은 GDP의 두 가지 분해를 중심으로 구성된다.

하나는 GDP를 소득 측면에서 분해한다. 누가 무엇을 받는가?

다른 하나는 GDP를 생산 측면에서 분해한다. 무엇을 생산하고 누가 그것을 사는가?

### 소득 측면

표 A1-1은 GDP의 소득 측면을 살펴본다. 즉, 누가 무엇을 받는가를 보여준다.

표의 윗부분(1~8행)은 GDP에서 국민소득(상이한 생산 요소에 따른 소득의 합계)으로 이어진다.

- 1행의 출발점은 **국내총생산**(gross domestic product, GDP)이다. GDP는 국내에 소재한 노동과 자본에 의해 생산된 재화와 용역의 시장가치로 정의된다.
- 다음 3개의 행은 GDP에서 **국민총생산**(gross national product, GNP, 4행)으로 이어진다. GNP는 총산출을 측정하는 또 다른 방법이다. 이는 국내 거주자가 제공하는 노동과 자본에 의해 생산되는 재화와 용역의 시장가치로 정의된다.

1990년대까지 대부분의 국가는 총체적 활동의 주요 측정치로 GDP보다는 GNP를 사용했다. 미국 국민계정의 초점은 1991년에 GNP에서 GDP로 바뀌었다. 이 둘의 차이는 '미국에 소재한'(GDP)과 '미국 거주자에 의해 공급된'(GNP) 간의 차이에서 비롯한다. 예를 들어 미국 소유의 일본 소재 공장의 이윤은 미국 GDP에서 포함되지 않지만, 미국 GNP에는 포함된다.

| 표 A1-1 | GDP: 소득 측면(2022년, 단위: 10억 달러) | | |
|---|---|---|---|
| 1 | 총국내생산(GDP) | 25,462 | |
| 2 | +: 해외로부터의 요소소득 수취 | | 1,256 |
| 3 | −: 해외로의 요소소득 지급 | | −1,078 |
| 4 | =: 총국민생산 | 25,640 | |
| 5 | −: 고정자본의 소비 | | −4,284 |
| 6 | =: 순국민생산 | 21,355 | |
| 7 | −: 통계적 불일치 | | −162 |
| 8 | =: 국민소득 또는 국민생산 | 21,518 | |
| | 국민소득의 분해 | | |
| 9 | 간접세 | 1,648 | |
| 10 | 피용자보수 | 13,564 | |
| 11 | 임금 및 급여 | | 11,189 |
| 12 | 보완적 급여 | | 2,374 |
| 13 | 기업이윤과 기업의 이전지출 | 2,952 | |
| 14 | 순이자 수입 | 542 | |
| 15 | 자영업자 소득 | 1,848 | |
| 16 | 개인의 임대소득 | 781 | |

출처: *Survey of Current Business*, August 2023, Tables 1–7–5 and 1–12

GDP에서 GNP로 가기 위해서는 우선 **해외로부터의 요소소득 수취**(receipt of factor income from the rest of the world), 즉 해외의 미국 자본이나 미국 거주자의 소득(2행)을 더해야 한다. 이어서 **해외로의 요소소득 지급**(payments of factor income to the rest of the world), 즉 미국 내에서 외국자본이나 외국거주자가 받은 소득(3행)을 차감해야 한다.

2022년에 해외로부터의 수취는 지급액을 1,780억 달러만큼 초과했으므로, GNP는 GDP보다 1,780억 달러 컸다.

- 다음 단계는 GNP에서 **순국민생산**(net national product, NNP, 6행)으로 가는 것이다. GNP와 NNP의 차이는 자본의 감가상각으로 국민계정에서는 **고정자본에 대한 소비**(consumption of fixed capital, 5행)로 불린다.
- 마지막으로 7행과 8행은 NNP에서 **국민소득**(national income, 8행)으로 이어진다. 국민소득은 미국의 거주자가

공급한 재화와 용역의 생산에서 기인하는 소득으로 정의된다. 이론적으로는 국민소득과 순국민생산은 같아야 한다. 실제로는 이 둘 간에 차이가 발생하는데, 이는 이 둘이 다른 방식으로 구축되기 때문이다.

순국민생산은 GDP에서 출발하여 방금 표 A1-1에서 거쳐온 것처럼 하향식으로 구성된다. 대신 국민소득은 요소소득의 상이한 요소(근로자에 대한 보상, 기업이윤 등)가 더해져 상향식으로 구성된다. 모든 것이 정확히 측정된다면 두 측정치는 같아야 한다. 실제로는 두 수치가 다를 수 있으며, 둘 간의 차이는 **통계적 오차**라 불린다. 2022년에 상향식으로 계산된 국민소득(8행의 수치)은 하향식으로 계산된 순국민생산(6행의 수치)보다 1,620억 달러만큼 더 컸다. 통계적 오차는 국민소득 계정의 구축에 관련된 통계학적 문제를 잘 상기시켜 준다. 1,620억 달러는 큰 오류로 보이지만, GDP 대비로 볼 때, 약 0.7% 정도이다.

표의 아랫부분(9~15행)은 국민소득을 상이한 유형의 소득으로 분해한다.

- **간접세**(indirect tax, 9행): 국민소득의 일부는 판매세 형태로, 국가로 곧바로 귀속된다.(간접세는 판매세의 또 다른 이름일 뿐이다.)

나머지 국민소득은 근로자나 기업에게 돌아간다.

- **피용자보수**(compensation of employees, 10행) 또는 노동소득: 근로자에게 가는 부분이다. 노동소득은 국민소득의 가장 큰 부분으로 국민소득의 63%를 차지한다. 노동소득은 피고용자가 수행한 업무의 대가로 고용주로부터 받은 임금 및 급여(11행)와 연금, 이윤분배, 퇴직금, 사회보험료 등의 보완적 급여(12행)도 포함된다. 여기에는 사회보장기금에 납부한 고용주의 분담금(가장 큰 항목이다)부터 치안판사에 대한 혼인수수료까지 이례적 항목을 포함한다.
- **기업이윤과 기업의 이전지출**(corporate profit and business transfer, 13행): 이윤은 수입에서 이자를 포함한 비용과 감가상각액을 차감한 것이다. (기업 이전지출은 2조 9,520억 달러 중 1,830억 달러를 차지하는데, 개인 재해에 대한 지급과 비영리기관에 대한 기업의 기여와 같은 항목을 포함한다.)
- **순이자**(net interest, 14행): 기업이 지급한 이자에서 기업이 수령한 이자를 차감하고 해외로부터 수령한 이자를 더하고 해외로 지급한 이자를 차감한 것이다. 2022년에 대부분의 순이자는 기업이 지급한 순이자를 나타냈다. 미국은 해외로 지급한 만큼 해외로부터 이자를 수령했다. 따라서 기업이윤의 합계에 기업이 지급한 순이자를 더하면 2조 9,520억 달러+5,420억 달러=2조 8,400억 달러 또는 국민소득의 16%이다.
- **자영업자 소득**(proprietor's income, 15행): 자영업자가 받은 소득이다. 이는 **단독 소유주, 합명회사, 면세 적용을 받는 협동조합**의 소득으로 정의된다.
- **개인의 임대소득**(rental income of persons, 16행): 부동산 임대소득에서 부동산에 대한 감가상각을 차감한 것이다. 주택은 주거 서비스를 제공하고, 임대소득은 이 서비스에 대해 수령한 소득을 측정한다.

  국민계정이 실제 임대료만 집계했다면 임대소득은 소유자가 소유한 주택 대신 임대된 아파트와 주택의 비율에 의존할 것이다. 예를 들어 모든 사람이 자신이 살고 있는 아파트 또는 주택의 소유자가 된다면 임대소득은 0으로 갈 것이며, 측정된 GDP의 규모는 감소할 것이다. 이 문제를 피하기 위해 국민계정은 주택과 아파트를 모두 임대된 것처럼 간주한다. 따라서 임대소득은 실제 임대료에 이들 소유주가 살고 있는 주택과 아파트에 대한 귀속임대료의 합계로 구축된다.

생산 측면으로 가기에 앞서 표 A1-2는 어떻게 국민소득에서 개인 처분가능소득, 즉 이전지출을 수령하고 세금을 낸 후 개인이 이용할 수 있는 소득으로 갈 수 있는가를 보인다.

- 모든 국민소득(1행)이 개인에게 배분되는 것은 아니다.

소득의 일부는 간접세 형태로 국가에 귀속되므로, 1단계는 우선 간접세를 차감하는 것이다. (표 A1-2의 2행은 표 A1-1의 9행과 동일하다.)

기업이윤의 일부는 기업에 의해 기업 내부에 유보된다. 이자지급의 일부는 은행이나 해외로 나간다. 따라서 두 번째 단계는 모든 기업이윤(표 A1-1에서 3행과 13행은 같다)과 모든 순이자지급(표 A1-1에서 4행과 14행은 같다)을 차감하고 개인이 수령하는 다른 자산으로부터의 모든 소득(배당과 이자지급)을 더하는 것이다(5행).

- 국민들은 소득을 생산으로부터만 받는 것이 아니라 이전

| 표 A1-2 | 국민소득에서 개인 처분가능소득까지(2022년, 단위: 10억 달러) | | |
|---|---|---|---|
| 1 | 국민소득 | 21,518 | |
| 2 | -: 간접세 | | -1,648 |
| 3 | -: 기업이윤 | | -2,952 |
| 4 | -: 순이자수입 | | -542 |
| 5 | +: 자산소득 | | 3,349 |
| 6 | +: 이전지출 | | 3,910 |
| 7 | -: 사회보험료 | | -1,672 |
| 8 | =: 개인소득 | 21,777 | |
| 9 | -: 개인소득세와 비조세지급 | | -3,196 |
| 10 | =: 개인 처분가능소득 | 18,580 | |

출처: *Survey of Current Business*, August 2023, Tables 1-7-5, 1-12, 2-1

지출(6행)을 통해서도 받는다. 이전지출은 2022년에 3조 9,100억 달러를 기록했다. 이전지출에서는 사회보장에 대한 개인의 기여분 1조 6,720억 달러(7행)를 차감해야 한다.

- 이 조정의 최종적 결과는 **개인소득**(personal income)이라 하는데 개인이 실제로 수령한 소득을 말한다(8행). **개인 처분가능소득**(personal disposable income, 10행)은 개인소득에서 개인세금과 비과세 급여(9행)를 차감한 금액과 같다. 2022년에 개인 처분가능소득은 18조 5,800억 달러로 GDP의 약 73%에 달했다.

## 생산 측면

표 A1-3은 국민계정의 생산 측면, 즉 무엇이 생산되었고, 누가 그것을 구입했는가를 살펴본다. 국내수요의 세 가지 요소, 즉 소비, 투자, 정부지출에서 출발하자.

- **개인소비지출**(personal consumption expenditure, 2행)로 불리는 소비는 단연코 수요의 가장 큰 항목이다. 이는 미국에 거주하는 개인들이 구입하는 재화와 용역의 합계로 정의한다.

  국민계정이 귀속된 임대소득을 소득 쪽에 포함시키는 것과 마찬가지로 귀속 주거 서비스를 소비에 포함시킨다. 주택 소유자들은 해당 주택의 귀속임대소득과 동일한 가격으로 주택 서비스를 소비한다고 가정된다.

  소비는 **내구재**(durable goods, 3행), **비내구재**(nondurable goods, 4행), **서비스**(service, 5행)의 3요소로 구분한다. 내구재는 최소 3년 이상의 평균 수명을 지닌 저장 가능한 상품으로, 이 중에서 자동차 구입이 가장 큰 항목이다. 비내구재는 저장 가능하지만 3년 미만의 수명을 지닌다. 서비스는 저장될 수 없고, 구입한 장소와 시점에 소비되어야 한다.

- 투자는 **총민간국내고정투자**(gross private domestic fixed investment, 6행)로 불린다. 이는 두 가지 매우 상이한 요소의 합계이다.

  **비주거용 투자**(nonresidential investment, 7행)는 기업에 의한 새로운 자본재의 구입이다. 이는 **구조물**(structure, 8행, 대부분 새로운 설비)이거나 기계, 컴퓨터나 사무실 기자재와 같은 **장비 및 소프트웨어**(equipment and software, 9행)이다.

  **주거용 투자**(residential investment, 10행)는 개인에 의한 새로운 주택이나 아파트의 구매이다.

- **정부구매**(government purchase, 11행)는 정부 구매에 공무원에 대한 보상(정부는 공무원의 서비스를 구입하는 것으로 간주)의 합계이다.

  정부구매는 연방정부의 구매[12행, 이는 다시 국가 방위를 위한 지출(13행)과 비방위용 지출(14행)로 구분될 수 있다]와 주 및 지방정부에 의한 구매(15행)를 더한 것과 같다.

  정부구매는 정부로부터의 이전지출이나 정부부채에 대한 이자지급을 포함하지 않는다는 점에 주의하자. 이는 재화나 용역의 구입에 대응하지 않기 때문에 포함하지 않는다. 이는 표 A1-3에서 표시된 정부구매 수치가 이전지출과 이자지급을 포함하는 정부지출보다 상당히 적다는 것을 의미한다.

- 소비, 투자, 정부지출의 합계는 미국 기업, 미국의 개인, 미국 정부의 재화에 대한 수요를 제공한다. 미국이 폐쇄경제라면 이는 미국 재화에 대한 수요와 같은 것이다. 그러나 미국경제는 개방되어 있으므로 두 수치는 다르다. 미국 재화에 대한 수요로 가기 위해서는 두 가지 조정을 해야 한다. 첫째, 외국인에 의한 미국 재화의 구매, 즉 **수출**(export, 17행)을 더해야 한다. 둘째, 미국의 외국재화 구매, 즉 **수입**(import, 18행)을 차감해야 한다. 2022년에 수출은 수입보다 9,750억 달러 적었다. 따라서 **순수출**(net export), 또는 **무역수지**(trade balance)는 -9,750억 달러와 같았다(16행).

| 표 A1-3 | GDP: 생산 측면(2022년, 단위: 10억 달러) | | | |
|---|---|---|---|---|
| 1 | 국내총생산 | 25,462 | | |
| 2 | 개인소비지출 | 17,357 | | |
| 3 | 내구재 | | 2,185 | |
| 4 | 비내구재 | | 3,755 | |
| 5 | 서비스 | | 11,415 | |
| 6 | 총민간국내고정투자 | 4,632 | | |
| 7 | 비주거용 | | 3,347 | |
| 8 | 구조물 | | | 651 |
| 9 | 장비 및 소프트웨어 | | | 2,695 |
| 10 | 주거용 | | 1,126 | |
| 11 | 정부지출 | 4,448 | | |
| 12 | 연방정부 | | 1,646 | |
| 13 | 국방 | | | 924 |
| 14 | 국방 외 | | | 721 |
| 15 | 주 및 지방정부 | | 2,801 | |
| 16 | 순수출 | −975 | | |
| 17 | 수출 | | 2,975 | |
| 18 | 수입 | | −3,950 | |
| 19 | 기업재고의 변화 | 158 | | |

출처: *Survey of Current Business*, August 2023, Table 1-1-5

- 소비, 투자, 정부구매, 순수출을 더하면 미국 재화에 대한 총지출을 얻는다. 그러나 생산은 지출보다 작을 수 있다. 기업이 생산과 지출 간의 차이를 재고감소로 만족시키기 때문이다. 반대로 기업이 재고를 누적하고 있다면 생산은 지출을 초과할 수 있다. 표 A1-3의 마지막 행은 **기업재고의 변화**(change in business inventories, 19행) 또는 때때로 '재고투자'로 불리는 항목을 제공한다. 이는 기업이 보유한 재고의 물리적 규모의 변화를 의미한다. 기업재고의 변화는 양의 값을 가질 수도 있고, 음의 값을 가질 수도 있다. 2022년의 경우 그 값은 작은 양의 값이었다. 미국 산출은 전체 미국재화에 대한 지출보다 1,580억 달러 많았다.

### 국민소득계정의 연방정부

표 A1-4는 2022년 연방정부의 경제활동을 설명하는 기본 수치를 NIPA수치로 보여준다.(수치는 때때로 역년이 아닌 회계연도 기준으로 제시된다. 일반적으로 예산 전망이 회계연도 기준으로 제시되기 때문이다. 회계연도는 이전 역년의 10월 1일부터 현재 역년의 9월 30일까지이다.)

공식 예산수치보다 NIPA수치를 사용하는 이유는 예산문서에 제시된 수치보다 정부가 경제에서 무엇을 하고 있는지를 더 잘 나타내므로 경제적으로 의미가 있기 때문이다. 정부가 제시한 예산수치는 국민소득 회계 관례를 따를 필요가 없으며, 때로는 창조적 회계처리를 수반하기도 한다.

2022년 연방정부 수입은 5조 500억 달러(1행)였다. 이 중 개인세(personal tax) 또는 소득세(income tax)는 수입의 51%인 2조 6,090억 달러를 차지했고, 사회보험기여(payroll tax)는 수입의 33%인 1조 6,540억 달러를 차지했다.

이자지급을 제외하지만 개인에 대한 이전지출을 포함한 지출은 5조 4,580억 달러(7행)였다. 소비지출(대부분 공무원의 임금과 급여 그리고 자본의 감가상각)이 1조 6,450만 달러로 지출의 30%를 차지했다. 국방비를 제외하면 소비지출은 7,210억 달러에 불과했다. **개인에 대한 이전지출**(transfer to persons, 주로 실업, 퇴직, 건강 급여)은 훨씬 더 큰 3조 9,270억 달러였다.

따라서 연방정부는 4,080억 달러의 기초수지적자를 보여

**표 A1-4** 미국 연방정부 예산의 수입과 지출(2022년, 단위: 10억 달러)

| | | | | |
|---|---|---|---|---|
| 1 | 수입 | 5,050 | | |
| 2 | 개인소득세 | | 2,609 | |
| 3 | 법인세 | | 335 | |
| 4 | 간접세 | | 201 | |
| 5 | 사회보험료 | | 1,654 | |
| 6 | 기타 | | 252 | |
| 7 | 지출(순이자지급 제외) | 5,458 | | |
| 8 | 소비지출 | | 1,645 | |
| 9 | 국방 | | | 924 |
| 10 | 국방 외 | | | 721 |
| 11 | 개인에 대한 이전지출 | | 3,927 | |
| 12 | 주 및 지방정부에 대한 보조금 | | 951 | |
| 13 | 기타 | | −106 | |
| 14 | 기초수지(+: 흑자, −: 적자) | −408 | | |
| 15 | 순이자지급 | 710 | | |
| 16 | 실질이자지급 | | −1,118 | |
| 17 | 인플레이션에 따른 지급 | | 1,909 | |
| 18 | 공식 재정수지: 1−7−15 | −1,118 | | |
| 19 | 인플레이션 조정 흑자: 18+17 | 791 | | |

출처: *Survey of Current Business*, August 2023, Tables 3–2 and 3–9–5. Inflation adjustment calculated using debt from Table B–45, Economic Report of the President.

(1행에서 7행을 차감), 14행에서 **기초수지**(primary balance)는 음의 값을 기록했다.

국민이 보유한 국가채무에 대한 순이자 지급액은 총 7,100억 달러(15행)이다. 따라서 **공식 재정수지**(official deficit)는 1조 1,180억 달러(14행−15행)이었다. 그러나 우리는 이 측정치가 잘못되었다는 것을 알고 있다(22장의 FOCUS '인플레이션 회계와 재정적자의 측정' 참조). 인플레이션이 공공채무의 실질 가치를 하락시키는 점을 고려하여 공식 재정수지를 수정하는 것이 적절하기 때문이다. 실제로 **인플레이션 조정 적자**(inflation-adjusted deficit, 공식 재정수지+실질 이자지급)는 7,910억 달러(19행)로 2022년에 흑자를 보였다.(22장에서 논의했듯이 이는 모든 것이 양호하다는 것을 의미하지는 않는다. 그리고 향후 전망에 따르면 현재의 예측치는 인플레이션 조정 적자를 시사한다.)

### 경고

국민계정은 총체적 경제활동에 대해 내부적으로 일관성 있는 설명을 제공한다. 그러나 이들 계정의 하위 범주에 무엇을 포함하고 무엇을 포함하지 않을 것이며, 어떤 유형의 소득이나 지출을 포함할 것이냐 등에 대한 많은 선택을 해야 한다. 여기 다섯 가지 예가 있다.

- 가사 노동은 GDP에 포함하지 않는다. 예를 들어 두 여성이 각자의 아이를 보살피는 데 있어 자기 아이 대신 상대방 아이를 보살피고 서로 돌봄 가격을 지급하면 측정된 GDP는 상승한다. 물론 실제 GDP는 명백히 상승하지 않는다. 가사 노동을 GDP에 포함시키는 해결책은 주택 소유자가 거주하는 주택에 대해 귀속임대료를 계산한 것과 같은 방식일 것이다. 그러나 지금까지 이런 계산은 이루어지지 않고 있다.
- 주택 구입은 투자로, 주거 서비스는 소비의 일부로 취급한다. 이와 대비되는 것이 자동차이다. 이들이 장기간 서비스를 제공하지만(집처럼 길지는 않겠지만) 자동차 구입은 투자로 간주되지 않는다. 이들은 소비로 취급되어 구입된 연도에만 국민계정에 나타난다.
- 기업의 기계 구입은 투자로 처리한다. 교육의 구매는 교육

서비스에 대한 소비로 간주된다. 그러나 교육은 분명히 부분적으로 투자이다. 사람들은 부분적으로 자신의 미래소득을 증가시키기 위해 교육을 받는다.

- 정부구매의 상당수는 시장거래가 없는 상황에서 국민계정으로 평가되어야 한다. 의무교육의 일환으로 국가에 의해 교육이 제공될 때 아이들에게 읽기를 가르치는 교사의 노동을 어떻게 평가해야 할까? 사용되는 규칙은 그 비용을 계산하는 것으로 교사에 대한 월급을 사용하는 것이다.
- 정부의 재정적자와 부채를 정확하게 계산하는 것은 도전적 과제이다. 한 가지 문제를 보자. 교사들이 일부는 현금으로, 일부는 미래 퇴직연금에 대한 약속으로 급여를 받는다고 가정해 보자. 연금은 정부부채(즉, 납세자의 미래 부채)와 같다는 점에서 중요한 의미가 있다. 그러나 이러한 부채는 표 A1–4의 재정적자 측정치나 공채의 표준 측정치에 반영되지 않는다. 또 다른 문제는 연방정부나 주 정부가 보증한 민간 부문 부채에 대한 보증의 처리에 있다. 이러한 우발부채는 공공채무의 일부로 계산되어야 할까?

이러한 열거는 계속될 수 있다. 그러나 이러한 예시의 요점은 국민계정이 잘못되었다는 것이 아니다. 방금 본 대부분의 회계기록 결정에는 상당한 근거가 있다. 종종 데이터의 이용 가능성이나 단순화 때문에 이루어진 경우가 많다. 중요한 점은 국민계정을 가장 잘 이용하기 위해서는 이들 논리를 이해하면서도 선택과 그에 따른 한계를 이해해야 한다는 것이다.

## 핵심용어

간접세(indirect tax)
개인소득(personal income)
개인소비지출(personal consumption expenditure)
개인에 대한 이전지출(transfer to persons)
개인의 임대소득(rental income of persons)
개인 처분가능소득(personal disposable income)
고정자본에 대한 소비(consumption of fixed capital)
공식 재정수지(official deficit)
구조물(structure)
국내총생산(gross domestic product, GDP)
국민계정(national account)
국민소득(national income)
국민소득 및 생산계정(national income and product account, NIPA)
국민총생산(gross national product, GNP)
기업이윤과 기업의 이전지출(corporate profit and business transfer)
기업재고의 변화(change in business inventories)
기초수지(primary balance)
내구재(durable goods)
무역수지(trade balance)
비내구재(nondurable goods)
비주거용 투자(nonresidential investment)
서비스(service)
수입(import)
수출(export)
순국민생산(net national product, NNP)
순수출(net export)
순이자(net interest)
인플레이션 조정 적자(inflation-adjusted deficit)
자영업자 소득(proprietors' income)
장비 및 소프트웨어(equipment and software)
정부구매(government purchase)
주거용 투자(residential investment)
총민간국내고정투자(gross private domestic fixed investment)
피용자보수(compensation of employees)
해외로부터의 요소소득 수취(receipt of factor income from the rest of the world)
해외로의 요소소득 지급(receipt of factor income to the rest of the world)

## 더 읽을거리

보다 상세한 내용은 다음을 참고하라. "A Guide to the National Income and Product Accounts of the United States," May 2019(www.bea.gov/national/pdf/nipaguid.pdf)

## 부록 2 수학 기초

이 책에서 사용되는 수학적 도구를 소개한다.

### 기하급수

**정의: 기하급수**(geometric series)는 다음 형태와 같은 수치들의 합이다.

$$1 + x + x^2 + \cdots + x^n$$

여기서 $x$는 1보다 클 수도, 작을 수도 있는 수이다. 그리고 $x^n$은 $x$를 $n$제곱, 즉 자기 자신을 $n$번 곱한 것이다. 이러한 수열의 예로는 다음이 있다.

- 반복되는 지출의 합인 승수(3장). $c$가 소비성향이면 $n$회 후의 지출 증가분의 합은 다음과 같다.

$$1 + c + c^2 + \cdots + c^n$$

- 이자율이 $i$일 때 $n$년간 매년 1달러를 지급하는 지급흐름의 현재할인가치(14장)는 다음과 같다.

$$1 + \frac{1}{1+i} + \frac{1}{(1+i)^2} + \cdots + \frac{1}{(1+i)^{n-1}}$$

이러한 수열을 마주할 때 답하고자 하는 질문은 통상 두 가지이다.

1. 합계가 얼마인가?
2. $n$이 증가할 때 그 합계가 발산하는가 아니면 유한한 값을 갖는가? 유한하다면 그 값은 얼마인가?

다음 명제는 이러한 질문에 답하기 위해 알아야 할 것들이다. 명제 1은 전체 합계를 어떻게 계산하는지 알려준다.

**명제 1**

$$1 + x + x^2 + \cdots + x^n = \frac{1 - x^{n+1}}{1 - x} \qquad \text{(A2.1)}$$

증명: 우변의 합계 $1 + x + x^2 = \cdots + x^n$를 $(1-x)$로 곱하고 $x^a x^b = x^{a+b}$(곱할 때는 지수를 더한다)이라는 사실을 사용하라.

$$\begin{aligned}(1 + x + x^2 + \cdots + x^n)(1-x) &= 1 + x + x^2 + \cdots + x^n \\ &\quad - x - x^2 - \cdots - x^n - x^{n+1} \\ &= 1 \qquad\qquad\qquad\qquad - x^{n+1}\end{aligned}$$

첫 항과 마지막 항을 제외하고는 우변의 모든 항은 상쇄된다. 양변을 $(1-x)$로 나누면 (A2.1)을 구할 수 있다.

이 공식은 $x$와 $n$이 어떤 값을 갖더라도 사용될 수 있다. 예를 들어 $x$가 0.9이고 $n$이 10이라면 합계는 6.86이다. $x$가 1.2이고 $n$이 10이라면 합계는 32.15이다.

명제 2는 $n$이 커지면 어떻게 되는가를 알려준다.

**명제 2**

$x$가 1보다 작을 때 $n$이 커지면 그 합은 $1/(1-x)$로 간다. $x$가 1과 같거나 클 때에는 $n$이 커지면 합은 발산한다.

증명: $x$가 1보다 작을 때 $x^n$은 $n$이 커지면 0으로 간다. 따라서 식 (A2.1)로부터 합은 $1/(1-x)$로 간다. 만약 $x$가 1보다 크면 $x^n$은 $n$이 증가할수록 커지며, $1-x^n$은 더 큰 음의 값이 되고, $(1-x^n)/(1-x)$는 더 큰 양의 값이 된다. 따라서 $n$이 커지면 이는 발산한다.

**14장에서의 응용**: 이자율이 $i$일 때 내년부터 영원히 계속되는 매년 1달러 지급의 현재가치를 생각해 보자. 현재가치는 다음과 같다.

$$\frac{1}{(1+i)} + \frac{1}{(1+i)^2} + \cdots \qquad \text{(A2.2)}$$

$1/(1+i)$를 추출하여 현재가치를 다시 정리하면 다음과 같다.

$$\frac{1}{(1+i)}\left[1 + \frac{1}{(1+i)} + \cdots\right]$$

중괄호 안의 항은 $x = 1/(1+i)$인 기하급수이다. $i$가 양이면 는 1보다 작다. 명제 2를 적용할 경우 $n$이 커지면 중괄호 안의 값은 다음이 된다.

$$\frac{1}{1 - \frac{1}{(1+i)}} = \frac{(1+i)}{(1+i-1)} = \frac{(1+i)}{i}$$

중괄호 안의 값을 $(1+i)/i$로 대체하면 다음과 같다.

$$\frac{1}{(1+i)}\left[\frac{(1+i)}{i}\right] = \frac{1}{i}$$

내년부터 영원히 계속되는 매년 1달러 지급의 현재가치는 1달러를 이자율로 나눈 값과 같다. $i$가 연간 5%라면 현재가치는 \$1/0.05 = \$20이다.

### 유용한 근사식

이 책에서는 계산을 쉽게 하기 위해 많은 근사식을 사용했다.

이 근사식은 다음에서 $x$, $y$, $z$ 변수가 예를 들어 0%와 10% 사이의 수처럼 작은 값을 가질 때 가장 유용하다. 밑의 명제 3~10의 수치 예는 $x=0.05$와 $y=0.03$인 경우이다.

**명제 3**

$$(1+x)(1+y) \approx (1+x+y) \tag{A2.3}$$

증명: $(1+x)(1+y)$를 전개하면 $(1+x)(1+y)=1+x+y+xy$이다. $x$와 $y$가 작다면 곱인 $xy$는 아주 작으며 근사치로서 무시될 수 있다. (예: $x=0.05$이고 $y=0.03$이면 $xy=0.0015$이다.) 따라서 $(1+x)(1+y)$는 근사적으로 $(1+x+y)$와 같다. 예를 들어 위에서 주어진 $x$와 $y$의 값에 대해 근사치(우변)로 1.08을 구할 수 있으며 정확한 값(좌변)은 1.0815이다.

**명제 4**

$$(1+x)^2 \approx 1+2x \tag{A2.4}$$

증명: $y=x$로 두고 명제 3에서 직접 유도한다. $x=0.05$라면 근사치는 1.10이고 정확한 값은 1.1025이다.

**14장에서의 응용**: 재정으로부터 2년 이자율과 현재 및 기대되는 1년 이자율간의 관계는 다음과 같이 주어진다.

$$(1+i_{2t})^2 = (1+i_{1t})(1+i^e_{1t+1})$$

좌변에 명제 4를 적용하면 다음과 같다.

$$(1+i_{2t})^2 \approx 1+2i_{2t}$$

우변에 명제 3을 적용하면 다음과 같다.

$$(1+i_{1t})(1+i^e_{1t+1}) \approx 1+i_{1t}+i^e_{1t+1}$$

이 식을 이용해 원래의 재정관계식에서 $(1+i_{1t})(1+i^e_{1t+1})$를 대체하면 다음과 같다.

$$1+2i_{2t} = 1+i_{1t}+i^e_{1t+1}$$

이를 정리하면 다음과 같다.

$$i_{2t} = \frac{(i_{1t}+i^e_{1t+1})}{2}$$

즉, 2년 이자율은 현재와 미래의 기대되는 1년 이자율의 평균과 근사적으로 같다.

**명제 5**

$$(1+x)^n \approx 1+nx \tag{A2.5}$$

증명: 명제 3과 4를 반복적으로 적용하면 유도할 수 있다. 예를 들어 명제 4에 의해 $(1+x)^3=(1+x)^2(1+x)\approx(1+2x)(1+x)$ 그리고 명제 3에 의해 $\approx(1+2x+x)=(1+3x)$가 된다.

그러나 근사치는 $n$이 증가함에 따라 악화된다. 예를 들어 $x=0.05$와 $n=5$에 대해 근사치는 1.25이고, 정확한 값은 1.2763이다. $n=10$인 경우 근사치는 1.50이지만 정확한 값은 1.63이다.

**명제 6**

$$\frac{(1+x)}{(1+y)} \approx (1+x-y) \tag{A2.6}$$

증명: 곱 $(1+x-y)(1+y)$를 고려하자. 이 곱을 전개하면 $(1+x-y)(1+y)=1+x+xy-y^2$이다. $x$와 $y$가 모두 작다면 $xy$와 $y^2$는 매우 작으며, 결국 $(1+x-y)(1+y)\approx(1+x)$이 성립한다. 이 근사식의 양변을 $(1+y)$로 나누면 명제가 유도된다.

$x=0.05$이고 $y=0.03$이면 근사치는 1.02이고, 정확한 값은 1.019이다.

**14장에서의 응용**: 실질이자율은 다음과 같이 정의된다.

$$(1+r_t) = \frac{(1+i_t)}{(1+\pi^e_{t+1})}$$

명제 6을 사용하면 다음과 같다.

$$(1+r_t) \approx (1+i_t-\pi^e_{t+1})$$

이를 단순화하면 다음과 같다.

$$r_t \approx i_t - \pi^e_{t+1}$$

이는 이 책의 많은 곳에서 사용한 근사식이다. 실질이자율은 명목이자율에서 기대인플레이션율을 차감한 값과 근사적으로 일치한다. 이 근사식은 성장률을 다룰 때에도 매우 편리하다. 이제 $x$의 성장률을 $gx \equiv \Delta x/x$로 정의하고 $z$와 $y$에 대해서도 $g_z$와 $g_y$를 유사하게 정의하자. 밑의 수치 예는 $g_x=0.05$와 $g_y=0.03$에 기초한다.

**명제 7**

$z=xy$이면 다음과 같이 나타낼 수 있다.

$$g_z \approx g_x + g_y \quad \text{(A2.7)}$$

증명: $x$가 $\Delta x$만큼 증가하고 $y$가 $\Delta y$만큼 증가할 때 $z$의 증가 규모를 $\Delta z$라 하자. 그렇다면 정의에 의해 다음과 같이 정리할 수 있다.

$$z + \Delta z = (x + \Delta x)(y + \Delta y)$$

양변을 $z$로 나누면 좌변은 다음과 같다.

$$\frac{(z + \Delta z)}{z} = \left(1 + \frac{\Delta z}{z}\right)$$

우변은 다음과 같다.

$$\frac{(x + \Delta x)(y + \Delta y)}{z} = \frac{(x + \Delta x)}{x}\frac{(y + \Delta y)}{y} = \left(1 + \frac{\Delta x}{x}\right)\left(1 + \frac{\Delta y}{y}\right)$$

여기서 첫 번째 등호는 $z=xy$에서 유도되며, 두 번째 등호는 두 분수를 단순화하면 얻을 수 있다.

좌변과 우변의 표현을 정리하면 다음과 같다.

$$\left(1 + \frac{\Delta z}{z}\right) = \left(1 + \frac{\Delta x}{x}\right)\left(1 + \frac{\Delta y}{y}\right)$$

또는 다음과 같다.

$$(1 + g_z) = (1 + g_x)(1 + g_y)$$

명제 3으로부터 $1+g_x \approx 1+g_x+g_y$이므로, 다음과 같이 정리할 수 있다.

$$g_z \approx g_x + g_y$$

$g_x=0.05$이고 $g_y=0.03$이라면 근사식은 $g_z=8\%$가 되며, 정확한 값은 8.15%이다.

**13장에서의 응용**: 생산함수가 $Y=NA$라 하자. 단, $Y$는 생산, $N$은 고용, $A$는 생산성이다. $Y$, $N$, $A$의 성장률을 $g_Y$, $g_N$, $g_A$로 각각 두자. 명제 7은 다음 식을 시사한다.

$$g_Y \approx g_N + g_A$$

산출성장률, 즉 경제성장률은 근사적으로 고용 성장률과 생산성 증가율의 합계와 근사적으로 같다.

**명제 8**

$z=x/y$이면 다음과 같이 나타낼 수 있다.

$$g_z \approx g_x - g_y \quad \text{(A2.8)}$$

증명: $x$가 $\Delta x$만큼 증가하고 $y$가 $\Delta y$만큼 증가할 때 $z$의 증가 규모를 $\Delta z$라 하자. 정의에 의해 다음이 성립한다.

$$z + \Delta z = \frac{x + \Delta x}{y + \Delta y}$$

양변을 $z$로 나누면 좌변은 다음과 같다.

$$\left(\frac{z + \Delta z}{z}\right) = \left(1 + \frac{\Delta z}{z}\right)$$

우변은 다음과 같다.

$$\frac{(x + \Delta x)}{(y + \Delta y)}\frac{1}{z} = \frac{(x + \Delta x)}{(y + \Delta y)}\frac{y}{x} = \frac{(x + \Delta x)/x}{(y + \Delta y)/y} = \frac{1 + (\Delta x/x)}{1 + (\Delta y/y)}$$

여기서 첫 번째 등호는 $z=x/y$라는 사실에서 유도되며, 두 번째 등호는 항을 정리한 것이고, 세 번째 등호는 단순화하면 얻을 수 있다.

좌변과 우변의 표현을 정리하면 다음과 같다.

$$1 + \Delta z/z = \frac{1 + (\Delta x/x)}{1 + (\Delta y/y)}$$

대입하면 다음과 같다.

$$1 + g_z = \frac{1 + g_x}{1 + g_y}$$

명제 8에 의해 $(1+g_z) \approx (1+g_x-g_y)$이므로, 다음과 같이 나타낼 수 있다.

$$g_z \approx g_x - g_y$$

$g_x=0.05$이고 $g_y=0.03$이라면 근사식은 $g_z=2\%$를 주고 정확한 값은 1.9%이다.

**9장에서의 응용**: 명목 통화를 $M$, 물가를 $P$라 하자. 이 경우 실질통화량 $M/P$의 성장률은 다음과 같다.

$$g_{M/P} \approx g_M - \pi$$

여기서 $\pi$는 물가상승률 또는 인플레이션율이다.

## 함수

이 책에서는 특정 변수가 하나 이상의 다른 변수에 어떻게 의존하는지 나타내기 위해 함수를 사용했다.

어떤 경우에 특정 변수 $Y$가 다른 변수 $X$와 어떻게 함께 움직이는지 살펴보자. 이 관계를 다음과 같이 기재할 수 있다.

$$Y = \underset{+}{f(X)}$$

$X$ 밑의 양의 부호는 양의 관계를 나타낸다. $X$의 증가는 $Y$의 증가를 이끈다. $X$ 밑의 음의 부호는 음의 관계를 나타낸다. $X$의 증가는 $Y$의 감소를 불러온다.

일부 경우에 있어 $Y$는 하나 이상의 변수에 의존할 수 있다. 예를 들어 $Y$가 $X$와 $Z$에 의존하는 경우 다음과 같이 나타난다.

$$Y = \underset{(+,\ -)}{f(X, Z)}$$

부호는 $X$의 증가가 $Y$의 증가를 유발하고, $Z$의 증가가 $Y$의 감소를 초래한다는 것을 나타낸다.

이러한 함수의 예로 5장의 투자함수 (5.1)이 있다.

$$I = \underset{(+,\ -)}{I(Y, i)}$$

이 식은 투자가 생산 $Y$가 증가할 때 증가하고 이자율 $i$가 증가할 때는 감소한다는 것으로 말한다.

어떤 경우에는 2개 이상의 변수 간의 관계가 **선형관계**(linear relation)라고 가정하는 것이 합리적일 수 있다.

$X$가 일정한 만큼 증가하면 $Y$도 항상 같은 크기만큼 증가할 때의 함수는 다음과 같다.

$$Y = a + bX$$

이 관계는 $X$의 모든 값에 대해 그에 대응하는 $Y$의 값을 표시하는 선으로 나타낼 수 있다. 모수 $a$는 $X$가 0일 때 $Y$의 값을 나타낸다. 이는 관계를 나타내는 선이 수직축을 '절편'(교차)할 때의 $Y$값을 나타내므로 절편이라고 한다. 모수 $b$는 $X$가 1단위 증가할 때 $Y$가 얼마나 증가하는지를 나타낸다. 관계를 나타내는 선의 기울기와 같으므로 기울기라고 한다.

간단한 선형 관계는 $Y = X$인데, 이는 45도 선으로 표시되며 기울기가 1이다. 선형 관계의 또 다른 예는 3장의 소비함수 (3.2)이다.

$$C = c_0 + c_1 Y_D$$

여기서 $C$는 소비이고 $Y_D$는 처분가능소득이다. $c_0$은 처분가능소득이 0일 때 소비가 얼마인지를 나타낸다. $c_1$은 소득이 1단위 증가할 때 소비가 얼마나 증가하는지를 나타낸다. $c_1$은 한계소비성향이라고 한다.

## 로그 척도

일정한 성장률로 증가하는 변수는 시간이 지남에 따라 점점 더 큰 단위로 증가한다. 예를 들어 매년 일정하게 3%의 성장률로 증가하는 변수 $X$를 생각해 보자.

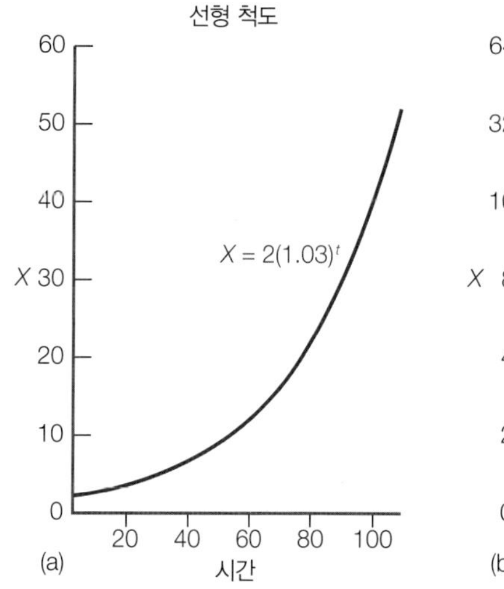


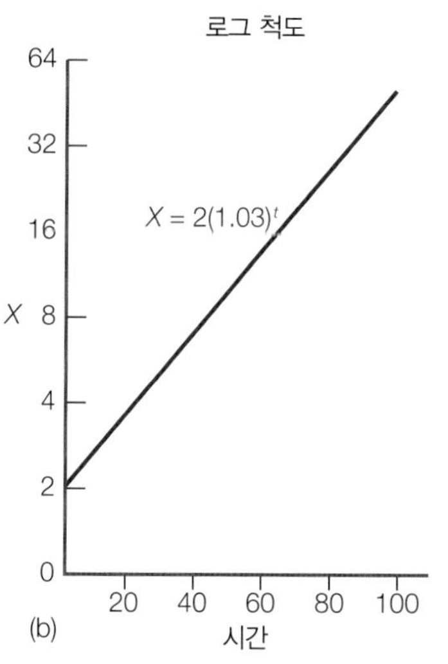


**그림 A2-1**

(a) $X$의 추이(선형 척도 기준), (b) $X$의 추이(로그 척도 기준)

- 0년 차에 $X=2$라고 가정하자. 이때 $X$가 3% 증가하면 0.06(= 0.03 × 2)만큼 증가한다.
- 20년 차로 옮겨가 보자. 이제 $X$는 $2(1.03)^{20}=3.61$이다. 이제 $X$가 3% 증가하면 0.11 = (0.03 × 3.61)만큼 증가한다.
- 100년 차로 옮겨가 보자. $X$는 $2(1.03)^{100}=38.4$이다. 3% 증가는 1.15 = (0.03 × 38.4)의 증가를 나타내며, 이는 0년 차의 증가보다 약 20배 더 큰 증가이다.

표준(선형) 수직 척도를 사용하여 $X$를 시간에 대해 표시하면 그림 A2-1(a)와 같다. $X$의 증가는 시간이 지남에 따라 점점 더 커진다(0년 0.06, 20년 0.11, 100년 1.15). 시간별로 $X$의 수준을 나타내는 곡선은 점점 더 가파르게 된다.

$X$의 변화를 나타내는 또 다른 방법은 로그 척도를 사용하여 수직축에서 $X$를 측정하는 것이다. 로그 척도는 이 변수의 동일한 비례적 증가가 척도에서 동일한 수직 거리로 표시된다는 특성을 갖는다. 따라서 매년 동일한 비례(3%)로 증가하는 $X$와 같은 변수의 변화는 이제 선으로 표시된다. 그림 A2-1(b)는 이번에는 수직축에 로그 척도를 사용하여 $X$의 변화를 나타낸다.

관계가 직선으로 나타난다는 사실은 $X$가 시간이 흐름에 따라 일정률로 성장한다는 것을 나타낸다. 성장률이 높아질수록 직선의 기울기는 가팔라진다.

$X$와 대조적으로 GDP와 같은 경제변수들은 매년 일정율로 증가하지 않는다. 이들의 성장률은 일부 시기에는 높아질 수 있고, 다른 시기에는 낮아질 수 있다. 경기침체는 수년간 음의 성장을 초래할 수도 있다. 그러나 이들 변수의 시간에 따른 추이를 살펴볼 때 선형 척도보다는 로그 척도를 사용하는 것이 더 많은 정보를 제공할 수 있다. 그 이유를 살펴보자.

그림 A2-2(a)는 1890년부터 2022년까지 미국의 실질 GDP 추이를 표준적인 (선형)척도로 나타냈다. 미국의 실질 GDP는 1890년보다 2022년에 약 76배 커졌으므로, GDP에 있어서 동일한 비례적 증가하면 2022년의 GDP 증가 규모는 1890년보다 76배 커진다. 따라서 시간이 흐름에 따른 GDP의 추이를 나타내는 곡선은 시간이 흐를수록 가팔라진다. 그림을 통해서는 미국 경제가 50년 전이나 100년 전보다 더 빨리 성장하는지 또는 더 느리게 성장하는지 파악하기가 정말 어렵다.

그림 A2-2(b)는 미국 GDP를 1890년부터 2022년까지 다시 보여주는데, 이번에는 로그 척도를 사용하고 있다. GDP의 성장률이 매년 동일하다면(즉, GDP의 비례적 증가가 매년 동일하다면) 그림 A2-1(b)에서 $X$가 직선으로 나타났던 것처럼 GDP의 추이는 직선으로 나타났을 것이다. 그러나 GDP의 증가율은 연도별로 일정하지 않으므로, 즉 GDP의 비례적 증가 규모는 매년 동일하지 않으므로, GDP의 추이는

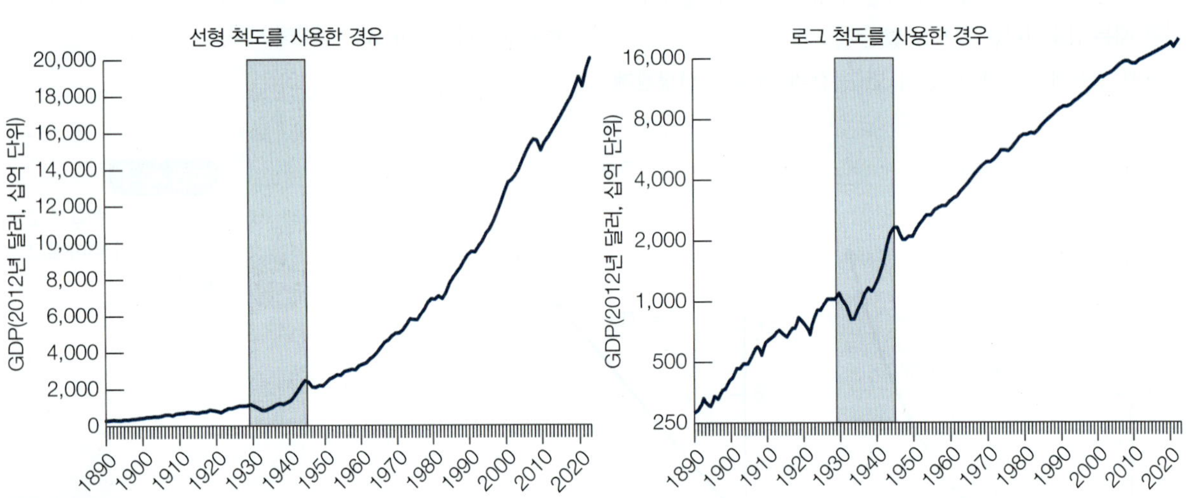


**그림 A2-2**

**(a) 미국 GDP(1890년 이후, 선형 척도), (b) 미국 GDP(1890년 이후, 로그 척도)**

출처: 1890~1928년은 Historical Statistics of the United States, Table F1-5를 1929년 시계열과 일관되도록 그 수준을 조절, 1929~2011년은 BEA(2005년 기준 10억 연쇄 달러). www. beg.gov/national/index.htm#gdp.

더 이상 직선으로 나타나지 않는다

그림 A2-2(a)와 달리 GDP는 시간이 지나더라도 폭증하지 않으며, 그림은 보다 많은 정보를 준다. 여기 두 가지 예가 있다.

- 그림 A2-2(b)에서 1890년에서 1929년까지의 곡선에 적합한 직선을 그리고 1950년부터 2011년까지의 곡선에 적합한 또 다른 직선을 그린다면[그림 A2-2(b)에서 두 시기는 분리되어 있다], 두 직선은 대체로 동일한 기울기를 갖는다. 이것이 말해주는 바는 두 기간에 있어 평균성장률이 대체로 동일했다는 것이다.
- 1929년부터 1933년까지 산출의 하락은 그림 A2-2(b)를 보면 아주 생생하다. (대공황과 대조적으로 대침체는 대공황에 비해 규모가 작아 보인다.) 뒤이은 강력한 회복 역시 생생하다. 1950년대에 이르러 산출은 과거의 추세선에 되돌아간 것으로 보인다. 이는 대공황이 항구적으로 낮아진 산출 수준과 관련된 것이 아님을 시사한다.

이러한 결론은 그림 A2-2(a)에서 유도할 수 없지만, 그림 A2-2(b)를 이용하면 유도할 수 있다. 이는 로그 척도의 유용성을 보여준다.

### 핵심용어

기울기(slope)
선형관계(linear relation)
절편(intercept)

## 부록 3 계량경제학 소개

소비가 처분가능소득에 의존한다는 것을 어떻게 알 수 있을까? 소비성향의 값을 어떻게 알 수 있을까?

이러한 질문에 답하기 위해 또는 보다 일반적으로 행태관계를 추정하고 관련된 모수의 값을 찾아내기 위해 경제학자들은 **계량경제학**, 즉 경제학에서의 활용을 위해 설계된 통계 기법을 사용한다. 계량경제학은 매우 기술적일 수 있지만, 이 부록은 그 이면에 놓인 기본적 원리를 3장에서 소개한 소비함수를 예로 삼아 소개한다. 처분가능소득의 소비성향을 나타내는 $c_1$의 추정에 집중하여 보자. (주의: 분명히 이는 보다 현실적인 소비함수의 실제 형태의 단순화된 형태이지만, 계량경제학의 추정의 기본원리를 보여준다.)

### 소비의 변화와 처분가능소득의 변화

소비성향은 처분가능소득의 변화와 관련해 소비가 얼마나 변화하는가를 보여준다. 자연스러운 첫 단계는 소비의 변화와 처분가능소득의 변화를 그림에 나타내고 둘 간의 관계가 어떻게 보이는지 살펴보는 것이다. (단순화를 위해 소득 측정치로 GDP를 사용한다. 분명히 보다 좋은 설정은 부 같은 다른 변수와 더불어 가처분 개인소득을 사용하고 소비가 현재소득뿐만 아니라 과거소득에도 의존하도록 하는 것이다. 여기서는 이들 요인을 무시한다.)

그림 A3-1은 이 관계를 나타내고 있다.

그림 A3-1의 수직축은 소비의 연간 변화에서 1970년부터 2022년의 소비의 연간 평균 변화를 뺀 값을 각 연도에 대해 보여준 것이다. 좀 더 정확하게 살펴보자.

이제 $C_t$를 $t$년도의 소비라 하자. $\Delta C_t$를 $C_t - C_{t-1}$, 즉 $t-1$년도에서 $t$년도까지의 소비의 변화라 하자. 1970년 이후 소비의 평균 연간 변화를 $\overline{\Delta C}$라 하자. 수직축의 변수는 $\Delta C_t - \overline{\Delta C}$를 나타낸다. 변수가 양의 값을 보이면 소비의 증가가 평균보다 컸다는 것이고, 음의 값은 소비의 증가 규모가 평균보다 작았다는 것을 나타낸다.

마찬가지로 수평축은 처분가능소득의 연간 변화에 1970년 이후의 처분가능소득의 평균 연간 변화를 차감한 $\Delta Y_t - \overline{\Delta Y}$이다.

그림에서 사각형 부호는 1970~2022년 사이에 특정 연도의 소비와 처분가능소득이 각각의 평균으로부터 얼마나 편차를 보이는가를 나타낸다. 예를 들어 2022년에 소비의 변화는 평균보다 1,660억 달러 컸으며, 처분가능소득의 변화는 평균보다 1,190억 달러 컸다. (우리의 목적상 어떤 사각형이 어떤 연도를 가리키는지는 중요하지 않으며 그림에서 점들의 집합이 무엇으로 보이는지가 중요하다. 그래서 2022년도를 제외하곤 사각형에 연도 표시를 하지 않았다.)

그림 A3-1은 두 가지 중요한 결론을 제안한다.

- 첫째는 소비의 변화와 처분가능소득의 변화 간에는 분명한 양의 관계가 존재한다는 것이다. 대부분의 점은 그림에서 1사분면과 3사분면에 놓인다. 처분가능소득이 평균

**그림 A3-1**

**처분가능소득 변화 대비 소비의 변화(1970~2022년)**

소비의 변화와 처분가능소득의 변화 간에는 분명한 양의 관계가 존재한다.

출처: FRED: PCECCA, GDPC1.

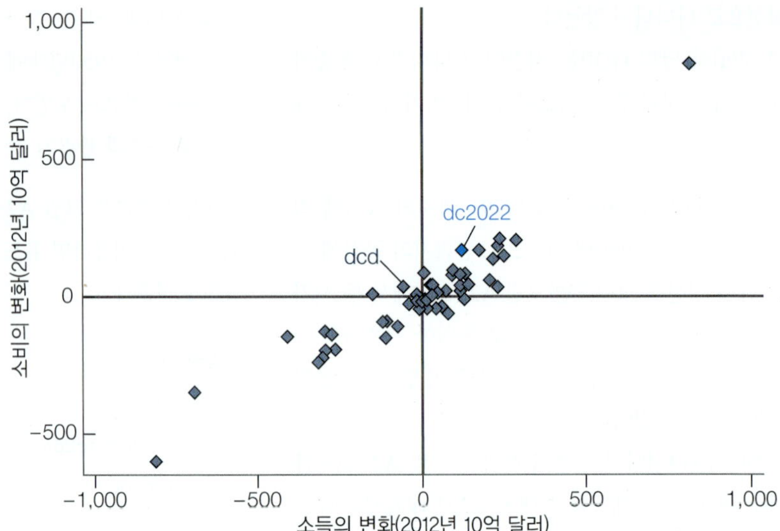


**그림 A3-2**

**소비의 변화와 처분가능소득의 변화: 회귀선**

회귀선은 산재된 점을 가장 잘 적합하는 직선이다.

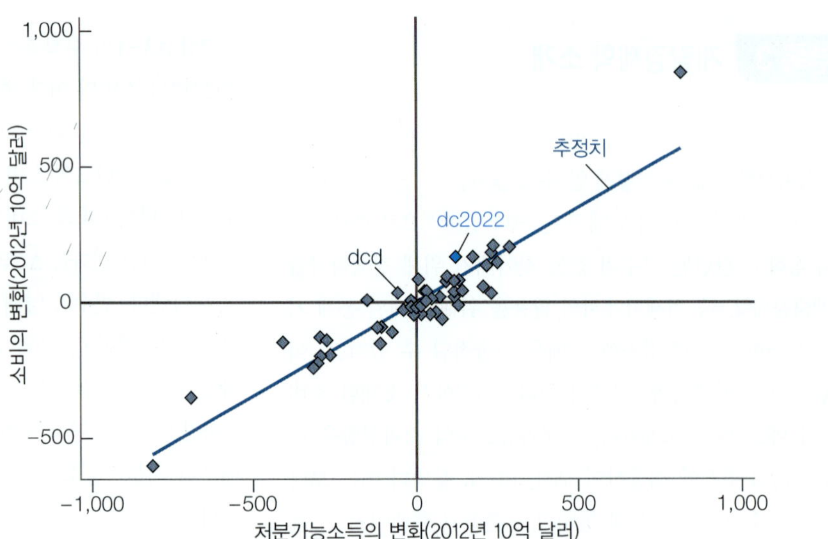


보다 높게 증가하면 소비 역시 통상 평균보다 크게 증가한다. 또한 처분가능소득이 평균보다 낮게 증가하면 소비 역시 통상 평균보다 낮게 증가한다.

- 둘째는 두 변수 간의 관계는 좋아 보이지만 완전한 것은 아니라는 점이다. 특히 일부 점은 2사분면에 나타난다. 이 점들은 평균보다 작은 처분가능소득의 증가가 평균보다 큰 소비 변화와 관련되는 연도에 대응한다.

계량경제학은 이상의 두 결론을 보다 정확하게 나타내고 소비성향의 추정치를 얻도록 도와준다. 계량경제 소프트웨어를 사용하여 그림 A3-1에서 구름 같은 점들에 가장 적합한 선을 발견할 수 있다. 이처럼 적합한 선을 찾는 과정은 **통상 최소자승**(ordinary least squares, OLS)이라 한다.* 선에 대응하는 추정식은 **회귀**(regression)라 하며, 선 자체는 **회귀선**(regression line)이라 부른다.

이 경우 추정된 식은 다음과 같다.

* 최소자승(least square)은 점들로부터 선까지의 거리를 제곱한 값의 합을 최소화한다는 사실에서 유래되었다. 즉, '자승'을 '최소'로 만드는 것이다. 통상(ordinary)은 이 방법이 계량경제에서 가장 단순하고 널리 사용한다는 사실로부터 유래한다.

$$(\Delta C_t - \overline{\Delta C}) = 0.69(\Delta Y_t - \overline{\Delta Y}) + \text{잔차}$$
$$\bar{R}^2 = 0.85 \qquad \text{(A3.1)}$$

이 추정식에 대응하는 회귀선은 그림 A3-2에 나타나 있다. 식 (A3.1)은 두 가지 중요한 수치를 제공한다(계량경제 소프트웨어는 앞서 보고된 것보다 더 많은 정보를 제공한다. 통상적인 출력물과 더 자세한 설명은 FOCUS '계량경제학 결과의 해석 소개' 참조).

- 첫 번째 중요한 수치는 추정된 소비성향이다. 식은 처분가능소득이 정상적인 경우보다 10억 달러 증가하면 소비도 정상 수준보다 5억 6,000만 달러 더 증가한다는 것을 말한다. 즉, 추정된 소비성향은 0.69이다. 양의 값이지만 1보다 작다.
- 두 번째 중요한 수치는 $\bar{R}^2$로, 이는 회귀선이 얼마나 적합한가를 말해주는 측정치이다.

처분가능소득이 소비에 미치는 효과를 측정한 후 각 연도에 대해 소비의 변화를 처분가능소득의 변화에 기인하는 부분[식 (A3.1)의 우변의 첫 항]과 **잔차**(residual)로 부르는 나머지 부분에 기인하는 부분으로 분해할 수 있다. 예를 들어 2022년의 잔차는 그림 A3-2에서 2022년에 대응하는 점들에서 회귀선까지의 수직거리로 나타나 있다. 2022년에 대응하는 점은 회귀선이 근접하여 잔차가 작게 나타난다.

만약 그림 A3-2의 모든 점이 추정된 선에 있었다면 모든 잔차는 0이었을 것이다. 모든 소비의 변화는 처분가능소득 변화로 설명되었을 것이다. 그러나 이 경우는 그러한 상황이 아니다. $\bar{R}^2$는 직선이 얼마나 잘 적합한지 말해주는 통계량이다. $\bar{R}^2$는 항상 0과 1 사이의 값을 갖는다. 1의 값은 두 변수 간의 관계가 완벽하며 모든 점은 정확히 회귀선상에 놓인다는 것을 시사할 것이다. 0의 값은 컴퓨터가 두 변수 간에 어떠한 관계도 찾아볼 수 없음을 시사할 것이다. 식 (A3.1)에서 $\bar{R}^2$의 값 0.85는 높으므로 그림 A3-2의 메시지를 확정해 준다. 처분가능소득 변화는 분명히 소비에 영향을 미치지만, 처분가능소득 변화로 설명할 수 없는 소비의 변화가 여전히 어느 정도 존재한다.

### 상관관계와 인과성

지금까지 발전시킨 것은 소비와 처분가능소득이 통상적으로 함께 움직인다는 것이다. 보다 형식적으로 말하면 소비의 연간 변화와 처분가능소득의 연간 변화 간에 양의 **상관관계**(correlation, 'co-relation'에 대한 기술적 용어)가 존재한다는 것이다. 그리고 여기서는 이 관계를 **인과관계**(causality)를 보여주는 것으로, 즉 처분가능소득의 증가가 소비의 증가를 야기하는 것으로 해석했다.

이 해석에 대해 다시 생각해 볼 필요가 있다. 소비와 처분가능소득 간 양의 관계는 처분가능소득이 소비에 미치는 영향을 반영할 수 있다. 하지만 이는 동시에 소비가 처분가능소득에 미치는 효과를 반영할 수도 있다. 사실 3장에서 발전시킨 모형은 어떤 이유로든 소비자가 더 소비하기로 결정한다면 산출, 그에 따른 소득, 그리고 다시 처분가능소득이 증가할 것이라고 말한다. 만약 소비와 처분가능소득 간의 관계의 일부가 소비가 처분가능소득에 미치는 영향으로부터 기인한다면 식 (A3.1)을 처분가능소득이 소비에 미치는 영향에 대한 설명으로 해석하는 것은 옳지 않다.

한 가지 예가 도움이 될 것이다. 소비가 처분가능소득에 의존하지 않는다고 가정해서 $c_1$의 참된 값을 0이라 하자. (이는 그리 현실적이지 않지만 요점을 가장 명확히 보여줄 것이다.) 이 경우 소비함수는 그림 A3-3에서 수평선(0의 기울기를 갖는 선)으로 나타난다. 이어서 처분가능소득이 $Y$와 같다고 하자. 따라서 최초의 소비와 처분가능소득의 조합은 점 $A$가 된다.

이제 신뢰의 향상으로 인해 소비자가 소비를 증가시켜 소비선이 위로 이동했다고 하자. 소비가 산출에 영향을 미친다면 소득과 처분가능소득 역시 증가할 것이고, 소비와 처분가능소득의 새로운 조합은 예를 들면 점 $B$가 될 것이다. 한편 소비자가 더 비관적으로 된다면 소비선은 아래로 이동하고 산출 역시 감소하여 점 $D$와 같은 소비와 처분가능소득의 조합이 나타날 것이다.

경제를 살펴보면 $A$, $B$, $D$를 관찰할 수 있다. 그리고 앞서 한 것처럼 이들 점에 가장 적합한 선을 그려보면 양의 기울기를 갖는 직선을 추정할 수 있다. 예를 들어 $CC'$과 같은 선이 나타날 것이다. 이 경우 양의 값을 갖는 소비성향 $c_1$이 추정된다. 그러나 $c_1$의 참값은 0이라는 점을 기억할 필요가 있다. $c_1$의 참값이 0임에도 불구하고 왜 양의 값이라는 잘못된 답을 얻었을까? 이는 처분가능소득과 소비 간의 양의 관계를 처분가능소득이 소비에 미친 영향을 보여주는 것으로 해석했기 때문이다. 그러나 사실상 이 관계는 소비가 처분가능소득

FOCUS

## 계량경제학 결과의 해석 소개

책을 읽으면서 계량경제학을 사용한 추정 결과를 마주할 수 있다. 다음은 약간 단순화했지만 큰 변화가 없는 식 (A3.1)에 대한 컴퓨터 산출물이다.

$\bar{R}^2$은 적합도이다. 1에 가까울수록 회귀선의 적합도는 더 좋다. 0.85의 값은, 종속변수의 전부는 아니지만 상당 부분을 독립변수의 변화로 설명할 수 있음을 나타낸다.

추정기간은 1970~2022년의 사이의 모든 연도를 포함한다. 따라서 53개의 **이용 가능한 관찰치**(usable observation)가 회귀에 사용되었다. **자유도**(degree of freedom)는 관찰치수에서 추정해야 하는 모수의 수를 뺀 것이다. 여기에는 1개의 추정 모수가 있다. $\Delta Y$의 계수가 그것이다. 따라서 53－1＝52의 자유도가 있다. 단순한 규칙은 최소한 추정되어야 하는 모수의 수많은 관찰자가 필요하다는 것이다. 물론 훨씬 더 많은 것이 좋다. 즉, 자유도는 양의 값을 가져야 하며, 더 높을수록 좋다.

설명하려는 변수는 **종속변수**(dependent variable)라 불린다. $\Delta C_t - \overline{\Delta C}$로, 소비의 연간 변화에서 연간 변화의 평균을 뺀 것이다.

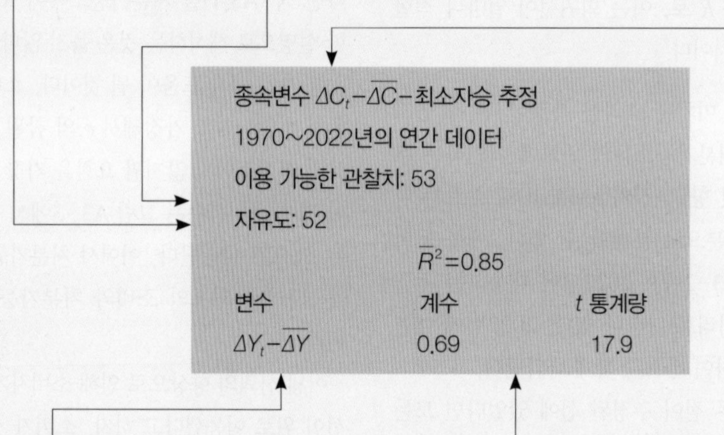

종속변수 $\Delta C_t - \overline{\Delta C}$ – 최소자승 추정
1970~2022년의 연간 데이터
이용 가능한 관찰치: 53
자유도: 52

$\bar{R}^2$=0.85

| 변수 | 계수 | $t$ 통계량 |
|---|---|---|
| $\Delta Y_t - \overline{\Delta Y}$ | 0.69 | 17.9 |

종속변수를 설명하기 위해 사용한 변수를 **독립변수**(independent variable)라 한다. 여기에는 1개의 독립변수 $\Delta Y_t - \overline{\Delta Y}$(처분가능소득의 연간 변화에서 연간 변화의 평균을 뺀 값)가 있다.

각 독립변수에 대해 컴퓨터는 추정된 계수와 ***t* 통계량**($t$-statistic)을 제공한다. 각 추정계수와 관련된 $t$ 통계량은 참된 계수가 0과 일치하지 않는다는 것을 얼마나 확실할 수 있는지를 보여준다. 2를 넘는 $t$ 통계량은 최소 95%의 유의수준으로 계수가 0과 다르다는 것을 나타낸다. 처분가능소득과 관련된 계수에 대한 17.9의 $t$ 통계량은 매우 높으므로 참된 계수가 0과 다르다고, 즉 처분가능소득의 변화가 소비 변화를 유발한다고 거의 완전히(99.9% 이상으로 확실하게) 확신할 수 있다.

에 미친 영향을 반영하는 관계이다. 즉, 소비의 증가는 수요의 증가, 산출의 증가 그리고 그에 따른 처분가능소득의 증가를 초래한다.

여기에 중요한 교훈이 있는데, 그것은 상관관계와 인과관계 간의 차이이다. 두 변수가 함께 움직인다는 사실은 첫 번째 변수의 변화가 두 번째 변수의 변화를 야기하는 것을 시사하지 않는다. 아마도 인과관계는 반대 방향일 수 있다. 두 번째 변수의 변화는 첫 번째 변수의 변화를 야기한다. 아니면 아마도 이 경우도 그럴 것이겠지만 인과관계는 쌍방으로 성립할 수 있다. 처분가능소득은 소비에 영향을 미치고, 소비는 처분가능소득에 영향을 미친다.

이러한 인과관계와 상관관계의 문제에서 벗어나는 방법은

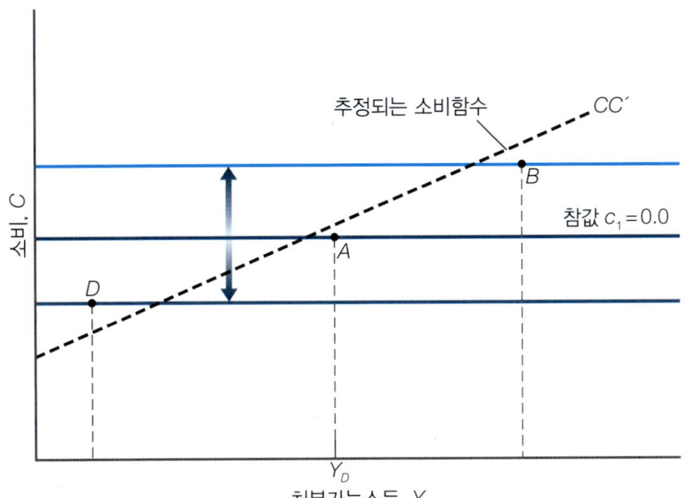


**그림 A3-3**

**오도하는 회귀**

처분가능소득과 소비의 관계는 소득이 소비에 미치는 영향보다는 소비가 소득에 미치는 영향에서 기인한다.

있을까? 처분가능소득이 소비에 미친 영향에 관심이 있다면 (그리고 실제로 그렇다) 여전히 데이터로부터 무엇인가 배울 수 있을까? 답은 '그렇다'는 것이다. 그러나 정보를 더 사용해야만 가능하다.

이제 처분가능소득의 특정한 변화가 소비의 변화에 의해 야기되지 않았다는 것을 알고 있다고 하자. 이 경우 처분가능소득의 변화에 대한 소비의 반응을 살펴봄으로써 처분가능소득에 소비가 얼마나 반응하는지 배울 수 있다. 즉, 소비성향을 추정할 수 있다.

이러한 답은 새로이 가정하여 문제를 없애버리는 것처럼 보일 수 있다. 언제 처분가능소득의 변화가 소비의 변화로부터 기인하지 않는다고 할 수 있을까? 사실상 때때로 말할 수 있는 경우가 있다. 예를 들어 정부가 국방지출을 상당한 규모로 증가시키기 시작했다고 하자. 이는 수요의 증가를 유발하고, 다시 이는 산출 증가로 이어질 것이다. 이 경우 처분가능소득과 소비의 증가를 동시에 관찰한다면 소비의 변화가 처분가능소득의 소비에 미친 영향을 반영한다고 안전하게 가정할 수 있으며, 그에 따라 소비성향을 추정할 수 있다.

이 예는 일반적인 전략을 제안한다.

- 외생변수를 찾으라. 즉 처분가능소득에 영향을 미치지만 거꾸로 처분가능소득에는 영향을 받지 않는 변수를 찾으라.
- 앞의 회귀에서 했던 것처럼 처분가능소득의 모든 변화에 대한 소비의 반응이 아니라 외생변수의 변화로 설명할 수 있는 처분가능소득의 변화에 대한 반응을 찾아보라.

이 전략을 따른다면 여기서 추정하고 있는 것은 처분가능소득가 소비에 미친 영향이지 반대의 것은 아니라는 것을 확신할 수 있다.

이러한 외생변수를 발견하는 문제는 계량경제학에서 **식별문제**(identification problem)라고 한다. 이렇게 발견된 외생변수는 **도구변수**(instrument)라 한다. 도구변수의 사용에 의존하여 추정하는 방법은 **도구변수법**(instrumental variable method)이라고 한다.

식 (A3.1)에 대해 앞서 통상최소자승을 사용했던 것과 달리 수출을 도구변수로 사용하는 도구변수법을 사용하면 다음 식을 얻을 수 있다.

$$\left(\Delta C_t - \overline{\Delta C}\right) = 0.63\left(\Delta Y_t - \overline{\Delta Y}\right)$$

이제 처분가능소득의 계수는 0.63으로, 식 (A3.1)의 0.69보다는 작다. 추정된 소비성향의 감소는 정확히 기대했던 바이다. 식 (A3.1)에 대한 앞서의 추정치는 처분가능소득이 소비에 미친 영향뿐만 아니라 다시 소비이 처분가능소득에 미친 영향도 반영한다. 도구변수의 사용은 두 번째 효과를 제거하는 것으로, 이것이 바로 처분가능소득이 소비에 미친 영향의 계수 추정치가 작았던 이유이다.

이상과 같은 계량경제학에 대한 짧은 소개는 물론 계량경제학 과정의 대안이 될 수 없다. 그러나 이는 경제학자들이 관계와 모수를 추정하고 경제변수 간에 존재하는 인과관계를 식별하는 데 데이터를 어떻게 사용하는지에 관한 감을 제공한다.

**핵심용어**

독립변수(independent variable)

상관관계(correlation)

이용 가능한 관찰치(usable observation)

인과관계(causality)

자유도(degree of freedom)

잔차(residual) $\bar{R}^2$

종속변수(dependent variable)

통상최소자승(ordinary least square, OLS)

회귀(regression)

회귀선(regression line)

*t* 통계량(*t*-statistic)

# 용어 사전

**가격 설정 관계(price-setting relation)** 기업이 설정한 가격과 명목임금, 마크업 간의 관계

**가격 위험(price risk)** 자산가격이 하락하여 그 보유자에게 손실을 초래하는 위험

**가속도론자의 필립스 곡선(accelerationist Phillips curve)** '수정된 필립스 곡선' 참조

**간접세(indirect tax)** 재화와 용역에 대한 조세. 미국 등에서는 주로 물품세를 지칭

**개인 처분가능소득(personal disposable income)** 개인소득에서 개인의 세금과 세외 부담, 즉, 이자지급 등 비소비지출을 공제하고 여기에 이전소득(사회보장금, 연금 등)을 더한 것으로 개인소비와 개인저축으로 사용될 수 있음

**개인소득(personal income)** 개인이 실제로 수령한 소득으로 개인이 받는 요소소득에 이전소득을 합계한 금액에서 법인유보와 법인세를 공제한 금액

**개인소비지출(personal consumption expenditure)** 국민소득계정에서 국내 거주자가 구매하는 재화와 용역의 합계

**개인의 임대소득(rental income of persons)** 국민계정에서 실물 재산으로부터의 임대소득에서 그 재산의 감가상각액을 차감한 값

**거시건전성 정책(macroprudential tool)** LTV 비율이나 자본 비율 요건과 같은 금융 시스템 규제를 위한 정책수단

**게임(game)** 경기자 간의 전략적 상호작용

**게임 이론(game theory)** 게임의 결과를 예측하는 이론

**경기변동(business cycle)** '산출변동' 참조

**경기변동 이론(business cycle theory)** 국민 경제의 단기적 변동에 대한 연구

**경기조정 재정적자(cyclically adjusted deficit)** 산출이 정상 수준이라는 가정하에서 측정된 정부세입과 세출 간의 차이. '완전고용 실업률', '경기중립적 재정적자', '고용을 정규화한 재정적자', '구조적 재정적자'라고 부르기도 함

**경기중립적 재정적자(mid-cycle deficit)** 경기변동에 따른 재정수지의 변화를 배제하여 조정된 재정적자

**경기침체(recession)** 음(−)의 GDP 증가율이 나타나는 시기. 최소 2분기 이상 연속되어 음의 GDP 증가율이 나타나는 경우를 지칭

**경기확장(expansion)** GDP가 양(+)의 성장률을 보이는 기간

**경상 GDP(GDP in current dollars)** '명목 GDP' 참조

**경상계정(current account)** 국제수지표에서 한 나라가 다른 나라와 행한 상품 및 서비스 거래와 소득의 이전 상황을 요약한 계정

**경상수지(current account balance)** 순수출, 순해외소득, 순경상이전의 합계

**경상수지 적자(current account deficit)** 경상수지가 음수인 경우

**경상수지 흑자(current account surplus)** 경상수지가 양수인 경우

**경제성장률(GDP growth)** 특정 연도에 있어 실질 GDP의 증가율. $t$년도의 경우 $(Y_t - Y_{t-1})/Y_{t-1}$로 계산

**경제협력개발기구(Organization for Economic Cooperation and Development, OECD)** 다수의 국가에서 경제 데이터를 수집하고 연구하는 국제조직. 세계 대부분의 부유한 나라를 포함

**경제활동인구(labor force, 노동력)** 취업자와 실업자의 합계. 일하고 있거나 일자리를 찾는 사람들의 수

**경제활동참가율(participation rate)** 생산가능인구 대비 경제활동인구의 비율

**계량경제학(econometrics)** 경제학에 응용된 통계적 방법

**고용률(employment rate)** 노동력 대비 고용 비율

**고용보호(employment protection)** 기업이 근로자를 해고

할 수 있는 조건을 정한 일련의 규정

**고용 수준으로 표준화된 재정적자(standardized employment deficit)** 경기변동이 조정된 재정적자

**고정(anchored)** 실제 인플레이션에 반응하지 않는 인플레이션 기대를 의미(관련 용어: 비고정, 재고정, 고정되지 않은)

**고정자본에 대한 소비(consumption of fixed capital)** 자본의 감가상각

**고정투자(fixed investment)** 장비 및 구조물 구매(재고투자에 대비됨)

**고정환율(fixed exchange rate)** 일정 수준에서 고정되고 간헐적으로만 조정되는 2국가 이상의 통화 간의 환율

**공개시장운영(open market operation)** 통화공급량을 변화시키기 위한 중앙은행의 국채 매매

**공급중시론자(supply sider)** 세율 인하가 결과적으로는 조세수입의 증가를 불러옴으로써 경제활동의 활성화를 유발한다고 주장했던 1980년대의 일부 경제학자들

**공식적 재정수지(official deficit)** 명목이자 지급을 포함한 정부지출과 정부수입의 차이

**공통통화(common currency)** 공통통화 지역의 구성원인 국가에서 사용되는 통화

**관세(tariff)** 수입재화에 대한 조세

**교역재(tradable goods)** 국내외시장에서 외국재화와 경쟁하는 재화

**구두창 비용(shoe leather cost)** 요구불예금 계정에서 현금을 인출하기 위해 은행을 이용하는 과정에서 소요되는 시간이나 교통비 등의 각종 비용

**구매력(purchasing power)** 화폐가 아닌 일반 재화의 단위로 나타낸 소득

**구매력평가(purchasing power parity, PPP)** GDP의 국제비교를 위해 사용되는 환율조정 방법

**구조물(structure)** 국민소득계정에서 공장설비, 사무실, 호텔 등

**구조적 실업률(structural rate of unemployment)** '자연실업률' 참조

**구조적 재정적자(structural deficit)** 경기변동이 조정된 적자

**구조화 투자회사(Structured Investment Vehicle, SIV)** 은행이 설립한 금융기관. SIV는 통상 단기부채 형태로 투자자로부터 차입하여 증권에 투자함

**국내수요(domestic demand for goods)** 소비, 투자, 정부지출의 합계

**국내재에 대한 수요(demand for domestic goods)** 국내와 해외의 가계, 기업, 정부에 의한 국내재화의 수요. 재화에 대한 수요에 순수출을 더한 금액

**국내총생산(gross domestic product, GDP)** 국내에서 부가된 가치를 측정. 국민총생산(GNP)은 국내생산요소에 의해 부가된 가치를 측정

**국민계정(national account)** 국민소득과 생산계정

**국민소득(national income)** 국내의 거주자에 의해 이루어지는 재화와 용역의 생산으로부터 비롯된 소득

**국민소득과 생산계정(national income and product accounts, NIPA)** 총산출의 합계, 구성 그리고 배분을 묘사하는 데 사용하는 계정 체계

**국민총생산(gross national product, GNP)** 국민계정에서 총산출의 측정치. 특정 국가에 속한 노동과 자본에 의해 생산된 재화와 용역의 시장가치

**국제수지(balance of payments)** 일정 기간 동안 일국이 다른 나라와 행한 모든 거래를 체계적으로 분류한 것

**국제통화기금(International Monetary Fund, IMF)** 국제금융시장의 안정을 목적으로 설립된 주요 국제경제기구. 매년 *World Economic Outlook*, 매월 *International Financial Statistics*(IFS)를 발간

**국채(government bond)** 정부나 공공기관이 발행하는 채권

**규모에 대한 수확불변(constant returns to scale)** 생산과정에서 모든 투입 요소를 동일한 비율로 증가(감소)시켰을 때 산출도 동일한 비율로 증가(감소)한다는 명제

**균제 상태(steady state)** 기술 진보가 발생하지 않는 경제에서 1인당 산출과 자본 규모가 더 이상 변화하지 않는 상태. 기술 진보가 발생하는 경제에서는 유효노동 한 단위당 산출과 자본 규모가 더 이상 변화하지 않는 상태를 말함

**균형(equilibrium)** 수요와 공급이 일치하는 상태

**균형성장(balanced growth)** 산출, 자본 그리고 유효노동이 모두 동일한 성장률을 보이는 상황

**균형재정(balanced budget)** 조세수입과 정부지출이 일치하는 재정

**균형조건(equilibrium condition)** 수요와 공급이 일치하는 조건

**그림자 은행(shadow banking)** SIV, 헤지펀드 등 비은행 금융기관의 총칭

**근원 인플레이션율(core inflation rate)** 식료품과 에너지 가격같이 변동성이 큰 품목을 제외한 인플레이션율

**금본위제(gold standard)** 정부에서 통화의 가격을 금의 양으로 표시하고 통화 보유자가 요청할 경우 언제든지 공표된 가격으로 금으로 교환해 주는 제도

**금융계정(financial account)** 한 국가의 외국과의 금융거래를 기록하는 국제수지의 계정

**금융계정수지(financial account balance)** 특정 국가의 타국으로부터의 차입과 타국에의 대여의 차이

**금융계정 적자(financial account deficit)** 음(−)의 금융계정 수지

**금융계정 흑자(financial account surplus)** 양(+)의 금융계정 수지. 타국에의 대여보다는 타국으로부터의 차입이 많은 경우로 금융계정 흑자는 경상수지 적자에 상응

**금융시장의 개방(openness in financial market)** 투자자가 국내외 금융자산 간의 투자 선택을 자유롭게 할 수 있는 기회

**금융자산(financial wealth)** 개인의 모든 금융자산에서 모든 금융부채를 차감한 값

**금융중개기관(financial intermediary)** 가계, 기업 또는 다른 금융기관으로부터 자금을 받아 대출을 하거나 금융자산을 구입하는 금융기관

**금융투자(financial investment)** 금융자산의 구매

**급매가격(fire sale prices)** 판매자가 판매하려 하지만 유동성 제약으로 충분한 구매가 없어 형성되는 매우 낮은 자산가격

**급정지(sudden stop)** 외국인 투자자가 특정 국가의 채권을 보유하려는 동기가 급작스럽게 감소하는 경우

**기간 프리미엄(term premium)** 장기채권 이자율과 단기채권 이자율의 차이

**기다림의 옵션가치(option value of waiting)** 되돌릴 수 없는 결정의 경우 불확실성이 해소될 때까지 기다려 더 많은 정보에 기초한 결정을 내리는 옵션

**기대 가설(expectations hypothesis)** 투자자가 위험중립적이라는 가설로서 모든 금융자산에 대한 기대수익이 동일해야 함을 함축

**기대현재할인가치(expected present discount value)** 기대되는 미래 지급액의 현재 시점 기준의 가치. '현재할인가치' 또는 '현재가치'라고도 함

**기술 수준(state of technology)** 특정 국가나 특정 산업에서 기술 발전의 정도

**기술 실업(technological unemployment)** 기술 진보에 의해 발생하는 실업

**기술 진보(technological progress)** 기술 수준의 개선

**기술 프런티어(technology frontier)** 기술 지식의 상태

**기업이윤과 기업의 이전지출(corporate profit and business transfer)** 국민계정에서 기업의 수입에서 비용(이자 포함)과 감가상각을 뺀 금액

**기업재고의 변화(changes in business inventories)** 국민계정상에서 기업이 보유한 재고 규모의 변화를 지칭

**기울기(slope)** 두 변수 간의 선형관계를 나타내는 직선에서 한 변수가 한 단위 증가할 때 다른 변수가 증가하는 규모

**기준연도(base year)** 물가 변화를 제외한 실질 GDP를 계산하기 위해서는 특정 연도의 가격으로 각 연도의 산출량 가치를 측정하는데, 이때의 특정 연도를 지칭

**기초 재정적자(primary deficit)** 국채에 대한 이자지급액을 제외한 정부지출에서 정부 세수입을 차감한 금액('기초 재정흑자'의 반의어)

**기초 재정흑자(primary surplus)** 정부 세수입에서 국채에 대한 이자지급을 제외한 정부지출을 차감한 금액

**기하급수(geometric series)** 인접한 두 항 간의 비율이 일정한 수열. $1+c+c^2+\cdots+c^n$ 형태를 취함

**긴축적 공개시장운영(contractionary open market operation)** 중앙은행이 채권을 매각하여 시중의 통화를 흡수하

는 공개시장운영

**내구재(durable goods)** 저장 가능하며 평균 수명이 최소 3년인 재화

**내로우뱅킹(narrow banking)** 은행이 단기 정부채권만을 보유하도록 요구하는 제약

**내부 자금(internal finance)** 이익잉여금을 통한 기업의 자금 조달

**내생변수(endogenous variable)** 모델 내 다른 변수에 의해 설명되는 변수

**내생적 성장 모형(model of endogenous growth)** 기술 진보 없이 물리적 자본과 인적자본의 축적만으로도 지속적 성장이 가능하다는 모형

**네 마리 호랑이(four tigers)** 한국, 싱가포르, 대만, 홍콩의 아시아 4개 경제

**노동가능인구(non-institutional civilian population)** 민간 부문에서 고용될 수 있는 사람들의 수

**노동생산성(labor productivity)** 근로자 수에 대비한 산출의 비율. 산출을 근로자 수로 나눈 비율

**노동시장 경직성(labor market rigidity)** 기업이 자신의 고용 규모를 조정하는 데 있어서의 제약

**노동에 대한 수확체감(decreasing returns to labor)** 고용 규모가 증가함에 따라 추가적인 노동으로 인한 산출의 증가 규모가 감소하는 경향

**노동저장(labor hoarding)** 기업이 매출 감소에 대응하여 일부 초과 근로자를 유지하는 결정

**다국간 환율(multilateral exchange rate, multilateral real exchange rate)** 한 국가와 그 교역 상대국 간의 실질환율. 2국간 실질환율의 가중평균으로 계산. '무역가중 실질환율' 또는 '유효 실질환율'이라고도 함

**단기(short-run)** 최대 2~3년에 미치지 못하는 기간

**단기수익률(short-term interest rale)** (일반적으로 1년 이하의) 단기채권에 대한 이자율

**단체협상(collective bargaining)** 사용자와 노동조합 간의 임금에 대한 협상

**달러 GDP(dollar GDP)** '명목 GDP' 참조

**달러라이제이션(dollarization)** 미국 이외의 국가에서의 자국 내 거래를 위한 달러의 사용

**담보(collateral)** 대출을 받기 위해 제공한 자산. 채무불이행이 발생할 경우 해당 자산은 채권자에게 넘겨짐

**담보대출비율(loan-to-value ratio, LTV 비율)** 사람들이 매입하려는 주택이나 아파트의 가치 대비 차입 가능한 금액의 비율

**대금융위기(Great Financial Crisis)** 2008년과 2009년에 전 세계에 걸쳐 경기침체를 야기한 금융위기

**대안정기(Great Moderation)** 1980년대 중반에서 2000년대 중반까지 산출의 변동성과 인플레이션의 변동성이 모두 감소했던 기간

**대역(band)** 환율 변동의 상·하한 범위

**대침체(Great Recession)** 2008년에 시작된 금융위기가 촉발한 전 세계에 걸친 경기침체

**도구변수(instrument)** 계량경제학에 있어 식별문제의 해결을 허용하는 외생변수

**도구변수법(instrumental variable method)** 계량경제학에 있어 상이한 변수 간의 인과관계를 추정하기 위해 도구변수를 사용하는 추정 기법

**도매금융(wholesale funding)** 예금이 아니라 단기부채 발행을 통해 조달하는 자금

**독립변수(independent variable)** 어떤 관계나 모형에서 주어진 것으로 받아들이는 변수

**독립적 중앙은행(independent central bank)** 정부로부터 독립적으로 정책결정을 내리는 중앙은행

**독립적 지출(autonomous spending)** 재화에 대한 수요 중 산출 변화에 의존하지 않고 독립적으로 결정되는 지출

**독성 자산(toxic asset)** 서브프라임 모기지부터 부실대출까지 포함하여 부실 상태에 빠진 자산

**동물적 충동(animal spirit)** 케인스가 도입한 용어로 경제변수의 움직임에 의해 설명될 수 없는 투자의 변화를 지칭

**동태적 비일관성(time inconsistency)** 게임 이론에서 어떤 경기자가 다른 경기자의 행동이 실현된 뒤에 자신이 이전에 공표한 행동으로부터 이탈하려는 유인

**동학(dynamics)** 하나 이상의 경제변수의 시간에 걸친 변화

**디스인플레이션(disinflation)** 인플레이션율의 하락

**디플레이션(deflation)** 물가의 지속적 하락. 음의 인플레이션

**디플레이션 악순환(deflation spiral)** 디플레이션이 실질이자율을 증가시켜 경제활동이 감소하고 추가적인 디플레이션과 실질금리의 추가 상승이 발생하는 메커니즘

**디플레이션 함정(deflation trap)** 디플레이션 악화를 겪고 있는 경제 상황

**레버리지 비율(leverage ratio)** 은행 자산을 은행 자본으로 나눈 비율. 즉, 자본 비율의 역수

**로그값(logarithmic scale)** 동일한 비례적 증가가 척도상에서 동일 거리로 나타내는 척도. 동일한 비율로 증가하는 변수는 직선으로 나타남

**루카스 비판(Lucas critique)** 정책이 변화할 때 경제변수 간의 기존의 관계도 변화한다는 루카스의 명제. 인플레이션과 실업 간의 뚜렷한 상관관계도 정책당국이 이를 활용하려 한다면 사라질 수 있다는 것이 대표적인 예

**리카도-배로 명제(Ricardo-Barro proposition)** '리카디안 동등성' 참조

**리카디안 동등성(Ricardian equivalence)** 정부 재정적자나 정부부채는 경제활동에 아무런 영향도 미치지 못한다는 명제. '리카도-배로 명제'라고도 알려져 있음

**마셜-러너 조건(Marshall-Lerner condition)** 실질환율 절하가 순수출의 증가를 이끌 조건

**마스트리히트 협약(Maastricht treaty)** 1991년에 유럽공동체의 공동통화체제로의 이행을 위한 제 단계를 정의한 협정

**마크업(markup)** 생산원가 대비 가격의 비율

**만기(maturity)** 금융자산, 특히 채권이 그 소유자에게 지급을 약속한 기간

**만기수익률(yield to maturity)** $n$년 만기의 채권가격과 미래 지급액의 현재가치를 서로 일치하게 하는 일정한 이사율. '$n$년 이자율'이라고도 함

**맬서스의 함정(Malthusian trap)** 생산성이 증가하면 사망률이 감소하고 인구가 증가하여 1인당 소득이 변하지 않는 경제의 상황

**머니마켓펀드(money market fund, MMF)** 일반 대중으로부터 자금을 받아 단기채권에 투자하는 금융기구

**먼델-플레밍 모형(Mundell-Fleming model)** 개방경제에 있어 재화시장과 금융시장의 동시적 균형에 관한 모형

**메뉴비용(menu cost)** 가격을 변화시킬 때 소요되는 비용

**명목 GDP(nominal GDP)** 특정 국가에서 생산된 최종재 수량에 그 가격을 곱한 뒤 합계한 금액. '경상 GDP'라고도 함

**명목 경직성(nominal rigiditiy)** 경제활동 변화에도 불구하고 명목임금과 가격의 조정이 지연되는 상황

**명목이자율(nominal interest rate)** 통화를 기준으로 한 이자율. 현재 1원을 빌렸을 때 미래에 얼마나 많은 원화를 상환해야 하는지를 알려줌

**명목절하(nominal depreciation)** 국내통화의 외국통화 표시가격의 감소. 환율의 상승에 해당

**명목환율(nominal exchange rate)** 국내통화로 표시한 외국통화의 가격. 외국통화의 한 단위를 얻기 위해 포기해야 하는 국내통화의 단위 수

**모기지 대출기관(mortgage lender)** 가계에 주택담보대출을 제공하는 금융기관

**모수(parameter)** 행태방정식의 계수

**무역가중 환율(trade-weighted exchange rate)** '다국간 (실질)환율' 참조

**무역수지(trade balance)** 수출과 수입의 차이. 순수출

**무역적자(trade deficit)** 수입이 수출을 초과하여 발생하는 음(−)의 무역수지

**무역흑자(trade surplus)** 수출이 수입을 초과하여 발생하는 양(+)의 무역수지

**무작위 보행(random walk)** 변수의 변화 방향이 예측 불가능한 경로

**물가(price level)** 특정 국가에서의 가격의 일반적 수준

**물가연동임금제도(wage indexation)** 물가 상승에 따라 임금을 자동적으로 상승시키는 규칙

**물가연동채권(indexed bond)** 인플레이션이 조정된 지급을 약속한 채권

**미국 경제회복 및 재투자법(American Recovery and Rein-**

vestment Act, ARRA) 미국 행정부가 2009년에 도입한 재정팽창 프로그램

**미국 물가연동채권(Treasury Inflation Protected Securities, TIPS)** 명목금리가 아닌 실질금리를 지급하는 미 정부의 채권

**미국 의회예산처(Congressional Budget Office, CBO)** 미국 의회에서 의회에 의한 예산 심의 과정을 보완하기 위하여 정부 재정에 대한 미래 추정치를 계산하여 발표하는 역할을 하는 기관

**미세조정(fine-tuning)** 일정한 실업률이나 일정한 경제성장률 등 주어진 목표를 정확히 달성하는 것을 도모하는 거시경제 정책

**민간저축(private saving, *S*)** 민간 부문에 의한 저축. 소비자의 처분가능소득에서 소비를 차감한 금액

**민간지출(private spending)** '총민간지출' 참조

**배당금(dividend)** 기업의 이윤 중 주주에게 자본 사용의 대가로 지급되는 금액

**배당락가격(ex-dividend price)** 배당이 지급된 직후의 주가

**범용 기술(general-purpose technology)** 다수의 부문에 걸쳐 응용될 수 있는 기술

**베이시스포인트(basis point, bp)** 100분의 1퍼센트 이자율이 100bp 상승하면 이자율은 1% 상승함

**변동(float)** 환율이 중앙은행의 간섭 없이 외환시장에서 결정되도록 함

**복리 효과(force of compounding)** 지속적 성장이 변수의 수준에 미치는 큰 효과

**본원통화(central bank money, high-powered money)** 중앙은행에 의해 발행된 화폐. '중앙은행 통화', '고성능 화폐'라고도 함

**본질적 가치(fundamental value)** 기대되는 배당의 현재가치

**부가가치(value added)** 기업이 생산과정에서 부가하는 가치이며 생산액에서 중간투입물의 가치를 차감한 가치

**부과식 사회보장제도(pay-as-you-go social security system)** 퇴직자에게 제공되는 사회보장급부의 자금원이 당시 근로자의 납부액에 기초하는 퇴직연금제도

**부도위험(insolvency)** 개인, 기업, 정부 등 채무자가 부채를 상환하지 못하는 경우

**부실대출(underwater)** 가치가 대응한 담보가치보다 높은 대출. 예를 들어 모기지는 그 가치가 주택가격을 초과하면 부실대출이 됨

**부실자산구제 프로그램(Troubled Asset Relief Program, TARP)** 미국 행정부에 의해 2008년 10월에 도입된 프로그램으로, 독성자산을 구입하고 후에는 문제가 있는 은행 등의 금융기관에 자본을 공급

**부채금융(debt finance)** 대출이나 채권 발행을 통한 자금조달

**부채담보부증권(cdlateralized debt obligation, CDO)** 자산의 포트폴리오에 기초해 발행된 증권

**부채 비율(debt ratio)** '부채/GDP 비율' 참조

**부채/GDP 비율(debt-to-GDP ratio)** 국채의 GDP 대비 비율. 간단히 '부채 비율'이라고도 함

**부채의 화폐화(debt monetization)** 정부의 재정적자를 상쇄하기 위한 화폐의 발행

**부채탕감(haircut)** 부채의 명목가치 감액

**북미자유협정(North American Free Trade Agreement. NAFTA)** 북미지역에서 자유무역 지대를 창출하려 이루어진 미국, 캐나다, 멕시코 3개국 간의 협정

**불변 GDP(GDP in constant dollars)** '실질 GDP' 참조

**비경제활동인구(not in the labor force, out of the labor force)** (시장경제에서) 고용되지도 않았고 구직활동도 하지 않는 사람 수

**비내구재(nondurable goods)** 저장 가능하지만 평균 수명이 3년 미만인 재화

**비인적자산(nonhuman wealth)** 개인이 보유한 부 중에서 금융자산과 주택자산

**비전통적 통화 정책(unconventional monetary policy)** 정책금리가 0%보다 낮은 수준에 도달했을 때 경제활동을 자극하기 위한 통화 정책 수단

**비주거용 투자(nonresidential investment)** 기업에 의한 신규 자본의 구매. 구축물과 생산에 내구적으로 사용할 수 있는 장비

**빅셀이자율(Wicksellian rate of interest)** '중립적 이자율' 또는 '자연이자율' 참조

**사용자 비용(user cost)** 1년 또는 일정 기간 자본을 사용하는 데 따른 비용. 실질이자율과 감가상각률의 합이며, '자본의 임대비용'이라고도 함

**사유재산권(property rights)** 재산 소유자에게 부여되는 법적 권리

**사회보장신탁기금(Social Security Trust Fund)** 미국의 사회보장제도의 운영 과정에서 과거의 흑자가 누적되어 축적된 기금

**산출갭(output gap)** 실제 산출과 잠재 산출 간의 차이

**산출변동(output fluctuations)** 추세 주변에서 산출의 변동. 통상 '경기변동'이라 불림

**상관관계(correlation)** 두 변수가 함께 움직이는 정도. 양의 상관관계는 두 변수가 동일한 방향으로 움직이는 상관관계를, 음의 상관관계는 두 변수가 반대 방향으로 움직이는 상관관계를 나타내며, 0의 상관관계는 두 변수 간에 명백한 상관관계가 없는 경우를 지칭

**새로운 고전학파(new classicals)** 경기변동이 완전히 신축적인 물가와 임금을 가진 경쟁적 시장에 주어지는 충격으로 발생한다고 해석하는 경제학자 집단

**새로운 성장 이론(new growth theory)** 성장 이론 분야에서 기술 진보의 결정요인과 성장에서의 규모에 대한 수확체증의 역할을 탐구하는 최근의 흐름

**새로운 케인스 학파(new Keynesians)** 경기변동에서 명목경직성의 중요성을 믿고 시장 불완전성의 역할을 탐구하는 일련의 경제학자들로서 효용극대화, 이윤극대화, 명목경직성에 기초한 모형을 사용함

**생계비(cost of living)** 특정 소비품목 묶음의 평균가격

**생산함수(production function)** 생산과정에 사용된 생산요소의 투입량과 산출된 생산량 간의 관계

**생활 수준(standard of living)** 1인당 실질 GDP

**서브프라임 모기지(subprime mortgage)** 주택담보대출 차입자의 파산 위험이 높은 모기지

**서비스(service)** 저장할 수 없고 특정 장소와 구매 시점에서 소비되어야만 하는 상품

**석유수출국기구(Organization of Petroleum Exporting Countries, OPEC)** 오랫동안 석유 생산 카르텔로 활동해 온 산유국의 모임

**선순위 증권(senior security)** 지급불능(파산) 상황에서 후순위 증권보다 먼저 상환되는 증권

**선의 위쪽 거래, 선의 아래쪽 거래(above the line, below the line)** 국제수지표를 구성하는 각 항목을 양분하는 선을 긋고 선의 위쪽은 경상수지 항목을, 아래쪽은 자본수지 항목을 기재

**선형관계(linear relation)** 두 변수 간의 관계 중 한 변수의 변화가 다른 변수에 있어 항상 $n$단위만큼의 변화를 발생시키는 경우

**섭리(divine coincidence)** 인플레이션의 안정적 유지가 실제 산출이 잠재산출과 일치한다는 것을 알려주는 신호라는 주장

**성장(growth)** 총산출의 시간에 걸친 지속적 성장

**세금 평탄화(tax smoothing)** 조세율을 대체로 일정하게 유지함으로써 정부가 정부지출이 이례적으로 높을 경우 대규모 재정적자를 기록하고, 그렇지 않은 경우 소규모의 재정흑자를 기록하는 원리

**세뇨리지(seignorage, 화폐주조세)** 화폐의 발행으로부터 얻는 수입

**세율 등급 상승(bracket creep)** 명목소득이 증가하지만 명목 과세구간이 고정되어 개인의 한계세율이 증가하는 현상

**소득(income)** 임금, 임대소득, 이자수입, 배당

**소모전(war of attrition)** 분쟁 중인 두 당사자가 상대방이 결국 포기할 것이라는 기대하에 자신의 입장을 고수하는 상황

**소비(consumption, C)** 소비자가 구매한 재화와 용역

**소비성향(propensity to consume)** 처분가능소득이 추가로 한 단위 증가할 때 소비에 미치는 영향

**소비의 생애주기 이론(life cycle theory of consumption)** 모딜리아니가 처음 제안한 소비이론으로, 소비자의 계획기간이 생애 전체임을 강조

**소비의 임의보행 가설(random walk of consumption)** 소비자가 완전한 예측력을 가진 경우 소비의 움직임은 예측이 불가능해야 한다는 명제

**소비의 항상소득 이론(permanent income theory of consumption)** 프리드먼이 제안한 소비이론으로, 소비자는 현재 소득보다는 항상 소득에 의존하여 소비 의사결정을 한다고 주장

**소비자물가지수(Consumer Price Index, CPI)** 대표적인 도시 가구가 소비하는 일정한 재화와 용역을 소비하는 데 드는 비용을 지수화한 지표

**소비함수(consumption function)** 소비와 그 결정요인 간의 관계를 나타내는 함수

**솔로 잔차(Solow residual)** 산출 증가 중 노동과 자본의 성장에 의해 설명하고 남은 부분

**수렴(convergence)** 1인당 산출이 낮은 국가의 성장이 빨라지면서 1인당 산출이 국가별로 동일해지는 현상

**수익률(yield)** 채권의 가치에 대비한 이자지급의 비율

**수익률곡선(yield curve)** 상이한 만기를 가진 채권들에 있어 수익률과 만기 간의 관계. '이자율의 기간구조'라고도 함

**수익성(profitability)** 이윤의 기대현재할인가치

**수입(import, *Q*)** 국내 소비자, 기업, 정부에 의한 외국재화와 용역의 구입

**수입압축(import compression)** 내수 감소로 인한 수입 감소

**수정된 필립스 곡선(modified Phillips curve)** 실업률 변화에 대해 인플레이션 변화를 나타낸 곡선. '기대조정 필립스 곡선', '가속도론자의 필립스 곡선'이라고도 불림

**수출(export, *X*)** 외국인에 의한 국내재화와 용역의 구입

**숙련 편향적 기술 진보(skill-biased technological progress)** 새로운 기계나 새로운 생산 방법이 과거보다 더 많은 숙련 근로자를 필요로 한다는 명제

**순국민생산(net national product, NNP)** 국민총생산에서 자본에 대한 감가상각을 차감한 값

**순부채(net debt)** 정부의 금융채무의 가치에서 정부가 보유한 금융자산의 가치를 차감한 가치

**순수출(net export)** 수출에서 수입을 차감한 값. '무역수지'라고도 불림

**순이자(net interest)** 국민계정에서 기업이 지급한 이자에서 수령한 이자를 차감하고, 여기에 해외로부터 수령한 이자와 해외로 지급한 이자의 차이를 더한 값

**순이전지출의 수취(net transfers received)** 경상계정에서 외국으로부터의 원조 수입에서 외국에 대한 원조 지급액을 차감한 순가치

**순자본흐름(net capital flow)** 국내로의 자본유입에서 해외로의 자본유출을 차감한 금액. '금융계정 수지' 참조

**순자산(saving)** 과거 저축의 누적된 값. '부(富)'라고도 함

**스태그플레이션(stagflation)** 경제의 정체와 인플레이션이 함께 발생하는 상황

**스프레드(spread)** 위험 채권에 대한 이자율과 안전 채권에 대한 이자율 간의 차이

**승수(multiplier)** 외생변수의 변화에 따른 내생변수의 변화 비율. 예를 들어 독립적 지출의 증가에 대응하는 산출의 변화 비율

**시장소득 불평등(market income inequality)** 조세·이전 전 소득을 기준으로 한 불평등(처분가능소득 불평등과 대비)

**식별문제(identification problem)** 계량경제학에서 변수 $X$와 $Y$ 간의 상관관계가 $X$에서 $Y$로의 또는 $Y$에서 $X$로의 인과관계를 시사하는지를 발견하는 문제. 이 문제는 도구변수라 불리는 외생변수를 찾아냄으로써 해결됨. 도구변수는 $X$에는 영향을 미치지만 $Y$에는 직접적으로 영향을 미치지 못하거나, $Y$에는 영향을 미치지만 $X$ 변수에는 직접적으로 영향을 미치지 못하는 변수임

**신고전파 종합(neoclassical synthesis)** 1950년대에 나타났던 거시경제학자들 간의 일치된 견해로, 케인스의 아이디어와 케인스 이전 경제학자의 아이디어 통합에 기초

**신뢰대역(confidence band)** 한 변수가 다른 변수에 미친 동태적 파급 효과를 추정하는 데 있어 실제의 동태적 효과가 놓여 있으리라고 확신할 수 있는 범위

**신뢰성(credibility)** 일반 국민과 시장이 정책당국의 정책발표가 실제로 집행되고 계속되리라고 믿는 정도

**신용완화(credit easing)** 은행의 신용공급 증가를 목표로 하는 통화 정책

**실망실업자(discouraged worker)** 취업 탐색을 포기한 사람

**실물경기순환 모형[real business cycle(RBC) model]** 산

출이 항상 자연산출 수준에 있다고 가정하며, 경기변동이 자연산출 변동이라고 보는 모형

**실업률(unemployment rate)** 경제활동인구 중 실업 상태에 있는 사람들의 비율

**실업보험(unemployment insurance)** 국가가 실업자에게 지불하는 실업 급여

**실업자 수(unemployment)** 일하지 않고 있지만 일자리를 구하고 있는 사람들의 수

**실업지속기간(duration of unemployment)** 근로자가 실업 상태를 지속하는 기간

**실질 GDP(real GDP)** 국민경제의 총산출수준의 측정치. 특정 국가에서 생산된 산출량에 기준연도의 가격을 곱해 유도. '재화 표시 GDP', '불변 GDP', '인플레이션 조정 GDP'로도 불림. 현재 미국의 실질 GDP는 2012년을 기준으로 산출되고 있으며, 이에 따라 미국의 실질 GDP는 2012년(연쇄) 달러 표시 GDP라 불림

**실질이자율(real interest rate)** 재화로 표시한 이자율. 현재 한 단위의 재화를 차입했을 때 미래에 얼마나 많은 재화를 상환해야 하는지를 말해줌

**실질절상(real appreciation)** 외국재화로 나타낸 국내재화의 상대가격의 상승. 실질환율의 하락

**실질절하(real depreciation)** 외국재화로 표시한 국내재화 가격의 하락. 실질환율의 상승

**실질환율(real exchange rate)** 외국재화로 나타낸 국내재화의 상대가격

**쌍둥이 적자(twin deficits)** 1980년대 미국을 특징지었던 재정수지와 무역수지의 동시 적자

**안전투자처(safe haven)** 금융투자자가 안전하다고 생각하는 국가

**안정 및 성장을 위한 협약(Stability and Growth Pact, SGP)** 유럽연합의 공공지출, 적자 및 부채를 관리하는 일련의 규칙

**액면가(face value)** 할인채에 있어 만기에 지급하기로 약속된 단일 지급액

**양국간 환율(bilateral exchange rate)** 두 나라 사이의 실질 환율

**양적완화(quantitative easing)** 명목이자율하한에서의 중앙은행에 의한 금융자산의 구매로서 중앙은행 대차대조표의 증가를 유발함

**연구개발(Research and Development, R&D)** 새로운 아이디어나 제품의 발견이나 개발을 목표로 한 지출

**연구 산출력(fertility of research)** 연구개발에 대한 지출이 새로운 아이디어와 상품으로 전환되는 정도

**연기(backloading)** 정책이 현재가 아닌 미래에 집행될 경우 정책 지연이 발생했다고 함

**연방기금금리(federal funds rate)** 연방기금시장이 균형을 이룰 때의 이자율. 대개의 경우 중앙은행의 통화 정책에 의해 직접적인 영향을 받음

**연방기금시장(federal funds market)** 은행 영업시간 종료 후 과도한 지급준비금을 보유한 은행이 그렇지 않은 은행에 자금을 대여하는 시장

**연방예금보험(federal Deposit Insurance)** 정부가 은행 예금자의 예금에 대해 제공하는 보험(각 예금자에 대해 계좌당 250,000달러까지 보호)

**연방준비제도(Federal Reserve Bank, Fed)** 미국의 중앙은행

**연쇄 실질 GDP(real GDP in chained dollars)** '실질 GDP' 참조

**연장협정(extension agreement)** 노조와 기업 간의 협상 결과를 특정 산업 부문의 모든 기업으로 확대하기로 한 협약

**오쿤의 계수(Okun coefficient)** 경제성장률의 실업률 변화에 대한 파급 효과

**오쿤의 법칙(Okun's law)** GDP 성장과 실업률 변화 간의 관계

**완전고용 재정적자(full-employment deficit)** 경기변동요인이 조정된 재정적자

**완전고정환율제(hard peg)** 환율을 고정된 수준으로 유지하려는 중앙은행의 강한 의지가 있는 고정환율제도

**완전적립식 사회보장제도(fully funded social security system)** 현재 근로자의 사회보험료가 금융자산에 투자되고

그에 따른 원리금을 해당 근로자들이 은퇴할 때 받는 사회보장제도

**외국인 직접투자(foreign direct investment)** 외국인 투자자에 의한 기존 기업의 매입이나 새로운 회사의 설립

**외부 자금(external finance)** 외부 자금을 통한 기업 자금조달('내부유보'와 반대되는 개념)

**외생변수(exogenous variable)** 모형 내부에서 설명되지 않고 주어진 것으로 가정되는 변수

**외환(foreign exchange)** 외국통화. 특정 국가의 국내통화 이외의 모든 통화

**외환보유고(foreign exchange reserves)** 중앙은행이 보유하고 있는 외국자산

**요구불예금(checkable deposit)** 수표를 발행할 수 있는 은행 및 금융기관의 예금

**요구불예금(demand deposit)** 예금자로 하여금 예치된 금액 내에서 언제든지 인출하거나 수표를 발행하는 것이 허용된 은행 계정

**요소시장의 개방(openness in factor markets)** 기업은 자유롭게 공장입지를 선정할 수 있고 근로자는 근로지역과 거주지를 자유로이 선택할 수 있는 기회

**원래의 필립스 곡선(original Phillips curve)** 인플레이션율과 실업률 간의 관계('가속도론자의 필립스곡선'은 인플레이션율의 변화와 실업률 간의 관계를 파악함)

**위험기피(risk aversion)** 어떤 사람이 불확실한 금액보다는 그 기댓값과 동일한 규모의 확실한 금액을 더 선호하는 경우

**위험 프리미엄(risk premium)** 일정한 채권에 대해 지급되는 이자율과 최우량 등급의 채권에 지급되는 이자율 간의 차이

**유동성 공급(liquidity provision)** 중앙은행의 은행에 대한 유동성 제공

**유동성 공급장치(liquidity facilities)** 중앙은행이 금융기관에 대출할 수 있는 구체적 방법

**유동성 선호도(liquidity preference)** 케인스가 화폐에 대한 수요를 나타내기 위해 도입한 용어

**유동성 함정(liquidity trap)** 명목이자율이 0이 되어 통화 정책이 더 이상 이자율을 감소시킬 수 없는 상황

**유동적(liquidity)** 신속한 매각이 가능한 자산은 유동성이 있다고 표현함. 금융기관이 자산을 신속히 매각할 수 있다면 유동성이 있는 기관임

**유량(flow)** 소득, 소비와 같이 일정한 단위 시간을 지정하고 그 기간에서의 양으로 표현할 수 있는 변수

**유럽중앙은행(European Central Bank, ECB)** 유로 지역 통화 정책을 결정하는 프랑크푸르트 소재 중앙은행

**유럽통화제도(European Monetary System, EMS)** 1979~1998년 동안 유럽 국가들 간 양자 환율의 변동 범위를 설정한 규칙 체계

**유로(euro)** 2002년에 유럽 11개 국가의 통화를 대체한 새로운 유럽통화. 현재는 19개국이 사용함

**유로 지역(Euro area)** 유로를 공통통화로 공유하는 국가들의 모임

**유보임금(reservation wage)** 취업하거나 실업 상태로 있거나 무차별하게 생각하는 임금 수준

**유연한 인플레이션 목표(flexible inflation targeting)** 시간이 지남에 따라 인플레이션을 목표인플레이션으로 되돌리려는 통화 정책의 집행 방법

**유행 추종(fad)** 유행이나 과도한 낙관으로 인해 투자자들이 주식의 본질 가치보다 높은 가격을 지불하는 시기

**유효노동(effective labor)** 특정 국가의 근로자 수에 기술 수준을 곱한 것

**유효수요(effective demand)** '총수요'의 동의어

**유효 실질환율(effective real exchange rate)** '다국간 환율' 참조

**은행인출쇄도(bank run)** 은행 파산을 우려해 은행으로부터 돈을 인출하려는 예금주들의 집단적 행동

**이력현상(hysteresis)** 일시적 충격이 항구적인 파급 효과를 낳는 경우. 예를 들어 경기침체는 경제활동 참가에 항구적 파급효과를 초래함

**이스털린의 역설(Easterlin paradox)** 일국의 소득 증가가 행복 수준의 증가와는 관련이 없다는 주장

**이용 가능한 관찰치(usable observation)** 회귀분석에서 분석 중인 모든 변수의 값 중 회귀 목적상 이용 가능한 관찰치

**이자율 규칙(interest rate rule)** 산출과 인플레이션에 따라 이자율이 조정되는 통화 정책 규칙

**이자율 평형조건(interest parity condition)** '커버되지 않은 이자율 평형조건' 참조

**이자율의 기간구조(term structure of interest rates)** '수익률곡선' 참조

**이전지출(transfers to persons)** 국가에 의한 실업, 은퇴, 건강 및 기타 급여의 지급

**이직(separation, quit)** 직장을 그만두거나 잃게 되는 것

**이표채(coupon bond)** 만기와 만기 이전에 일정한 자급을 약속하는 채권

**인과관계(causality)** 어떤 현상과 다른 현상 간의 원인과 효과 관계

**인구동향조사(Current Population Survey, CPS)** 미국에서 가계를 대상으로 매월 실시하는 조사. 실업률 등을 계산하는 데 사용됨

**인적자본(human capital)** 특정 국가에서 근로자들이 소유하고 있는 일련의 기능

**인적자산(human wealth)** 자산에 있어 노동소득에 해당하는 부분

**인플레이션(inflation)** 일반 물가 수준의 지속적인 상승

**인플레이션 목표제(inflation targeting)** 주어진 인플레이션율을 달성하는 것을 목표로 하는 통화 정책

**인플레이션율(inflation rate)** 물가상승률

**인플레이션 조정 GDP(GDP adjusted for inflation)** '실질 GDP' 참조

**인플레이션 조정 재정적자(inflation-adjusted deficit)** 재정적자에 대한 적절한 경제학적 측정치. 기초 재정적자와 실질 이자지급액의 합계

**임금 설정 관계(wage-setting relation)** 임금 설정자에 의해 선택된 임금, 물가, 실업률 간의 관계

**임금과 가격 결정의 시차(staggering of wage and price decisions)** 직종별로 상이한 임금이 상이한 시점에 조정됨으로써 명목임금 인플레이션을 동시에 감소시킬 수 없는 상황

**임대비용(rental cost)** '사용자 비용' 참조

**입직(hire)** 기업에 의한 근로자의 새로운 고용

**자기자본금(equity finance)** 주식 발행에 기초한 자금조달

**자동안정장치(automatic stabilizer)** 세율과 총산출 대비 정부지출 비율이 일정할 때 산출 감소로 인한 재정적자의 증가 현상. 재정적자의 증가는 총수요를 자극하며 결국 산출을 안정화시킴

**자본계정(capital account)** 타국과의 순자본이전을 기록한 국제수지의 계정

**자본 비율(capital ratio)** 은행의 총자산 대비 자본의 비율

**자본에 대한 수확체감(decreasing returns to capital)** 생산에 있어 자본이 증가함에 따라 추가적인 자본으로 인한 산출의 증가 규모가 점차 감소하는 경향

**자본의 황금률 수준(golden-rule level of capital)** 정상 상태의 소비가 극대화되는 자본 수준

**자본 축적(capital accumulation)** 자본 저량의 증가

**자본통제(capital control)** 국내 거주자의 외국자산 보유나 외국인의 국내자산 보유에 대한 제약

**자산(wealth)** '순자산' 참조

**자연실업률(natural rate of unemployment)** 가격 의사결정과 임금 의사결정이 서로 일관성이 있을 때 나타나는 실업률 수준

**자연이자율(natural rate of interest)** 총수요가 잠재산출과 일치하는 경우의 이자율 수준

**자영업자 소득(proprietors' income)** 국민소득계정에서 일인회사, 합자회사, 면세대상 상호조합이 획득한 소득

**자유도(degrees of freedom)** 회귀분석에 있어 관측치 수에서 추정하고자 하는 모수의 수를 차감한 수

**잔존기간[life (of a bond)]** 채권의 이자지급이 이루어지는 기간으로 원금 상환과 더불어 종료됨

**잔차(residual)** 변수의 실제값과 회귀선이 함축하는 값과의 차이. 잔차가 작을수록 적합도가 높음을 나타냄

**잠재산출(potential output)** 실제 실업률이 자연실업률과 일치하는 산출 수준

**장기(long run)** 수십 년에 걸친 기간

**장기수익률(long-term interest rale)** 장기채에 대한 이자율

**장비 및 소프트웨어**(equipment and software) 회사의 기계와 소프트웨어

**재고투자**(inventory investment) 생산액과 매출액 간의 차이

**재무부 단기채권**(Treasury bill, T-bill) 만기가 1년 이하인 미국 정부 발행 채권

**재무부 장기채권**(Treasury bond, T-bond) 만기가 10년 이상인 미국 정부 발행 채권

**재무부 중기채권**(Treasury note, T-note) 만기 1~10년의 미국 정부 발행 채권

**재원조달**(money finance) 통화발행을 통해 재정적자에 필요한 자금을 조달하는 경우

**재정긴축**(fiscal austerity) 재정적자 감축을 목표로 한 공공지출의 감소 또는 세금 인상

**재정건전화**(fiscal contraction) 정부지출 감소나 증세를 통해 재정적자를 감소를 도모하는 정책

**재정승수**(fiscal multiplier) 정부지출이 산출량에 미치는 영향의 크기

**재정위축**(fiscal consolidation) '재정긴축' 참조

**재정적자**(budget deficit) 정부지출이 정부 세입을 상회하는 상황

**재정 정책**(fiscal policy) 조세나 정부지출에 대한 정부의 정책

**재정지배**(fiscal dominance) 통화 정책이 재정 정책에 종속되는 상황. 예를 들어 중앙은행이 적자를 조달하기 위해 화폐를 발행하는 경우

**재정팽창**(fiscal expansion) 정부지출 증가나 감세로 재정적자의 확대로 귀결

**재정흑자**(budget surplus) '정부저축' 참조

**재화로 평가한 GDP**(GDP in terms of goods) '실질 GDP' 참조

**재화시장의 개방성**(openness in goods markets) 소비자나 기업이 국내재화와 외국재화 간의 선택을 자유롭게 할 수 있는 기회

**재화시장의 균형**(equilibrium in the goods market) 재화에 대한 공급이 그 수요와 일치하는 상태

**저량**(stock) 부(富)와 같이 특정 시점에서의 수량으로 나타낼 수 있는 변수

**저축**(saving, $S$) 민간저축과 공공부문의 저축을 합계한 금액

**저축률**(saving rate) 소득 중 저축되는 비율

**저축성향**(propensity to save) 처분가능소득이 추가로 한 단위 증가할 때 저축에 미치는 영향

**저축의 역설**(paradox of saving) 개인들의 저축 증가에도 불구하고 국민 경제 전체의 산출이 감소하거나 국민저축이 일정한 상태가 지속되는 현상

**적응적 기대**(adaptive expectation) 과거의 실수를 반영해 기대를 형성하는 과거 회고적 기대 형성 방법

**전략적 상호작용**(strategic interactions) 한 참여자의 행동이 다른 참여자의 행동에 의존하는 동시에 영향도 미치는 상황

**전유 가능성**(appropriability) 기업이 자신의 연구개발 결과에서 얻게 되는 혜택의 정도

**전통적 통화 정책**(conventional monetary policy) 경제활동에 영향을 미치는 주요 통화 정책 수단으로 정책금리를 사용하는 경우

**절상**(appreciation) (명목) 외국통화에 대비한 국내통화 가치의 상승. 환율 하락에 해당

**절약의 역설**(paradox of thrift) '저축의 역설' 참조

**절편**(intercept) 두 변수 간의 선형관계에서 한 변수가 0의 값을 가질 때 다른 변수의 값

**절하**(depreciation) 자국 통화의 가치가 외국 통화 대비 하락하는 것(이 책의 $E$ 환율이 하락하는 것과 대응)

**정부구매**(government purchases) 국민계정에서 정부에 의한 재화의 구입과 공무원에 대한 급료를 합계한 금액

**정부예산제약**(government budget constraint) 정부가 지켜야 하는 예산제약

**정부이전지출**(government transfer) 반대 급부 없이 정부가 개인에게 행한 지출. 사회보장지출이 대표적인 예

**정부저축**(public saving) 정부에 의한 저축으로, 정부의 세수입에서 정부지출을 차감한 금액. '재정흑자'라고도 함[재정적자는 공공부문의 음(−)의 저축을 말함]

**정부지출**(government spending, $G$) 중앙정부와 지방정부가 구입한 재화와 용역

**정책금리(policy rate)** 중앙은행이 설정한 이자율

**정책 조합(policy mix)** '통화–재정 정책 조합' 참조

**정책 협조(policy coordination)** 두 나라의 경제 상황 개선을 위해 거시 정책을 공동으로 설계하는 것

**정치적 경기변동(political business cycle)** 선거에서의 승리를 위해 경제를 조절함으로써 발생하는 경제활동의 변동

**정크본드(junk bond)** 높은 채무 불이행 위험을 가진 채권

**정태적 기대(static expectation)** 미래가 과거와 같을 것이라는 가정에서 형성되는 기대

**제로금리하한(zero lower bound)** 중앙은행이 채권 보유보다 현금 보유가 더 유리하게 만들기 전까지 달성할 수 있는 최저이자율

**종속변수(dependent variable)** 그 값이 다른 변수들에 의해 결정되는 변수

**주거용 투자(residential investment)** 일반 국민의 신규 주택 구입

**주식(stock)** 재고나 지분에 대한 또 다른 용어

**주식 프리미엄(equity premium)** 투자자가 단기채권 대신 주식을 보유하기 위해 필요한 위험 프리미엄

**주택자산(housing wealth)** 주택 저량의 가치

**주택저당증권(mortgage-based security, MBS)** 모기지(주택담보대출)를 기초자산으로 하여 구성된 증권

**중간재(intermediate goods)** 최종재의 생산에 사용된 재화

**중기(medium run)** 단기와 장기 사이의 시기

**중립적 이자율(neutral rate of interest)** '자연이자율' 참조

**중심 환율(central parity)** 고정환율제도하에서 변동이 허용된 환율변동폭의 중심

**증권화(securitization)** 주택담보대출 또는 기업어음과 같은 자산 포트폴리오에 기초한 증권의 발행

**지급준비금(reserve)** 예금지급의 준비에 충당하기 위해 은행이 보유하는 중앙은행 통화. 예금자의 예금에서 대출이나 유가증권 투자를 하지 않은 잔여액

**지급준비율(reserve ratio)** 금융기관의 예금에 대한 지급준비금의 비율

**지니계수(Gini coefficient)** 불평등의 측정치. 0은 완전 평등을 1은 완전 불평등(모든 소득이 1명에게 귀속)인 상태에 대응함

**지분(share)** 기업이 미래에 있어 배당이라 하는 지급을 지속적으로 지급할 것을 약속하며 발행한 금융자산. '주식'이라고도 불림

**지수(index number)** GDP 디플레이터와 같이 자연스러운 수준이 없어 특정 기간에 대해 일정한 값(통상 1이나 100)과 같다고 정하는 수

**지출상한(spending cap)** 공공 지출에 대한 법적 한도

**지하경제(underground economy)** 국민 경제활동 중 불법성이나 세금회피로 인해 공식 통계 지표로는 측정되지 않는 부분

**직접 금융(direct finance)** 채권이나 주식을 발행해 금융시장을 통해 자금을 조달하는 것

**차익거래(arbitrage)** 두 가지 금융자산으로부터의 기대수익률은 동일해야 한다는 명제로, '위험 차익거래'의 줄인 말. 두 가지 금융자산에 대한 실제 수익률은 동일해야 한다는 명제는 '무위험 차익거래'라고 함

**차입금리(borrowing rate)** 개인이나 기업이 금융기관으로부터 차입할 수 있는 이자율

**참여자(player)** 게임의 참여자. 사용 맥락에 따라 개인이나 기업이 될 수 있으며 정부도 가능

**창조적 파괴(creative destruction)** 성장이 직업의 창조와 소멸을 동시에 초래한다는 명제

**채권(bond)** 일정한 기간에 걸쳐 알려진 금액의 지급을 약속하는 금융자산

**채권 등급(bond rating)** 채무를 이행하지 않을 위험에 기초한 채권의 평가

**채권에 대한 위험 프리미엄(risk premium on bonds)** 채권의 채무불이행 위험을 반영하여 채권이 지불해야 하는 추가 이자율

**채권자 참여(private sector involvement)** 부채조정 또는 부채구조조정에서 민간 부문이 보유한 부채를 감액시키는 경우

**채권평가기관(rating agencies)** 다양한 채무증권과 채무발행기관의 신용가치를 평가하는 기업

**채무구조조정(debt rescheduling)** 통상적으로 현재의 상환액을 줄이기 위한 이자지급이나 원금 상환액의 재조정

**채무구조조정(debt restructuring)** 원금 상환액 감소나 이자지급 감소를 통한 부채 규모의 감소

**채무불이행 위험(default risk)** 채권에 대한 원리금 상환이 제대로 이행되지 못할 위험

**처분가능소득(disposable income)** 소득에서 정부에 대한 세금을 차감하고 정부로부터의 이전지출을 더한 금액

**초인플레이션(hyperinflation)** 매우 높은 수준의 인플레이션

**총민간국내총투자(gross private domestic fixed investment)** 국민계정에 있어 건설투자와 설비투자의 합계

**총민간지출(aggregate private spending)** 정부 이외의 경제 주체에 의한 지출의 합계

**총부채(gross debt)** 정부의 금융채무(순채무는 정부의 금융채무에서 금융자산을 차감한 값)

**총산출(aggregate output)** 국민 경제에서 생산한 산출의 총량

**총생산함수(aggregate production function)** 요소투입량과 총산출 간의 관계

**총요소생산성 증가(total factor productivity growth, TFP growth)** 기술 진보율

**총요소생산성 증가율(rate of growth of total factor productivity)** '솔로 잔차' 참조

**총자산(total wealth)** 인적자산과 비인적자산의 합계

**최적 제어(optimal control)** 수리적 방법에 의한 시스템(기계, 로켓, 경제)의 제어

**최적 제어 이론(optimal control theory)** 최적 제어를 위해 사용되는 수리적 방법론

**최적통화지역(optimal currency area)** 공통통화가 원활하게 작동하는 데 필요한 속성

**최종재(final goods)** 생산 또는 투자에 직접 사용되는 재화(생산 과정에서 사용되는 중간재와 대비됨)

**최종적 대부자(lender of last resort)** 지급불능에 빠지지 않은 은행이 스스로 자금을 조달할 수 없는 경우 최종적 대부자로 활동하는 중앙은행에서 차입이 가능

**충격(shock)** 총수요와 총공급에 영향을 주는 요인의 움직임

**취업자 수(employment)** 고용된 사람의 수

**커버되지 않은 이자율 평형조건(uncovered interest parity relation)** 국내 채권과 외국 채권은 공통의 화폐로 나타낼 경우 동일한 기대수익을 가져야 한다는 차익거래 관계

**콥-더글라스 생산함수(Cob-Douglas production function)** 노동과 자본의 가중 기하 평균으로 산출이 결정되는 생산함수

**쿠폰이자(coupon payment)** 이표채에 있어서 만기 이전에 지급하는 금액

**쿼터(quota)** 수입 가능한 재화의 수량에 대한 제약

**크롤링 페그(crawling peg)** 사전에 설정한 공식에 따라 환율이 변화하도록 허용하는 환율제도. 통상 중심 환율의 좁은 범위 내에서 변동하도록 하되, 중심 환율을 수시로 그러나 아주 작은 폭으로 변경함

**테일러 규칙(Taylor rule)** 인플레이션이 인플레이션 목표치로부터 이탈하거나 실업률이 자연실업률 수준에서 이탈할 경우 중앙은행이 이자율을 어떻게 조정하는지 알려주는 준칙으로, 경제학자 테일러가 제안

**토빈의 *q*(Tobin's *q*)** 기업이 보유한 자본설비를 대체하는 비용에 대비한 주식의 시장가치

**통계적 오차(statistical discrepancy)** 일치해야 할 두 숫자 간의 차이. 두 숫자의 자료원이나 구축 방법에서의 차이에서 기인함

**통상최소자승(ordinary least squares, OLS)** 2개 이상의 변수 간의 관계를 가장 잘 설명하는 관계를 찾는 통계적 방법

**통화(money)** 재화를 구매하는 데 있어 직접 사용할 수 있는 금융자산

**통화기초(monetary base)** 중앙은행이 발행하는 통화(현금과 중앙은행에 예치된 지급준비금의 합)

**통화긴축(monetary contraction)** 이자율의 상승을 초래하는 통화 정책의 변화. '통화위축'이라고도 불림

**통화위원회(currency board)** 환율제도의 하나로서 (i) 중앙은행이 공식적으로 지정된 환율을 기준으로 언제든지 외환을 공급하거나 매입하며, (ii) 중앙은행이 정부채권의 매매를 통

해 공개시장 조작을 할 수 없는 제도

**통화위축(monetary tightening)** '통화긴축' 참조

**통화-재정 정책 조합(monetary-fiscal policy mix)** 일정 시점에 있어서 통화 정책과 재정 정책을 동시에 사용하는 정책

**통화주의, 통화주의자(monetarism, monetarists)** 1960년대에 통화 정책이 경제활동에 대해 강력한 영향을 미친다고 주장한 프리드먼에 의해 주도된 일련의 경제학자 집단과 그 주장

**통화확장(monetary expansion)** 이자율의 감소를 초래하는 통화 정책의 변화

**투자(investment, *I*)** 개인들에 의한 새로운 주택의 구입과 기업에 의한 새로운 자본재(기계와 구조물)의 구입

**특허(patent)** 일정 기간 동안 제품의 생산이나 새로운 제품이나 기술의 사용을 배타적으로 사용할 수 있는 법적 권리

**파급경로(propagation mechanism)** 국민 경제에 발생한 충격이 산출과 그 구성 요소에 미치는 동태적 효과

**패널 자료(panel dataset)** 다수의 개인이나 기업에 대해 일정 기간에 걸쳐 수집된 데이터

**페그(peg)** 고정환율제도하에서 한 나라가 그 수준에서 유지하기로 설정한 환율

**평가절상(revaluation)** 고정환율제도하에서 환율의 하락

**평가절하(devaluation)** 고정환율제도하에서의 환율의 상승

**포용적 성장(inclusive growth)** 모든 사람에게 성장의 혜택을 누리는 성장

**표면이자율(coupon rate)** 이표채에 있어 채권의 명목가격 대비 이자지급액의 비율

**피용자보수(compensation of employees)** 국민계정에서 노동을 제공한 대가로 가계에 분배한 급료와 임금

**필립스 곡선(Phillips curve)** 인플레이션과 실업 간의 관계를 나타내는 곡선

**할인계수(discount factor)** 미래 1원 또는 1단위의 명목통화의 현재가치

**할인율(discount rate)** (i) 미래에 발생하는 지급의 흐름을 할인하는 데 사용하는 이자율. 지급액이 명목금액이면 명목이자율임. (ii) 중앙은행이 시중은행에 자금을 대여할 때 적용하는 이자율

**할인채(discount bond)** 만기일에 단 한 번의 상환만을 약속하는 채권

**합리적 기대(rational expectation)** 과거의 자료를 단순히 미래에 연장시키기보다는 이용 가능한 모든 정보를 바탕으로 이루어지는 합리적 예측에 기초한 기대의 형성

**합리적인 투기적 버블(rational speculative bubble)** 미래에 있어 자산가격이 추가로 상승하리라는 합리적 기대에 바탕을 둔 자산가격의 상승 현상

**항등식(identity)** 정의상 항상 성립하는 방정식으로 기호≡로 나타냄

**해고(layoff)** 일시적으로 또는 항구적으로 자신의 직업을 잃는 것

**해외로부터의 요소소득 수취(receipts of factor income from the rest of the world)** 외국에 있는 내국인이나 그가 소유한 자본이 획득한 소득

**해외로부터의 요소소득 지급(payments of factor income to the rest of the world)** 외국인 자본 소유자나 외국인 거주자가 획득하는 소득. 세입을 초과한 정부지출은 반드시 차입에 의해 조달되어야 하고, 이는 결국 국가채무의 증가로 귀결됨

**행태방정식(behavioral equation)** 경제 주체의 일정 행태를 설명하는 방정식

**헤도닉 가격책정(hedonic pricing)** 재화가 다양한 서비스를 제공하며 각각의 서비스에 대해 암묵적 가격이 존재한다고 간주하여 실질 GDP를 계산하는 접근 방식

**현금(currency)** 동전과 지폐

**현금흐름(cash flow)** 기업이 획득하고 있는 현금의 순흐름

**현재가치(present value)** '기대현재할인가치' 참조

**현재수익률(current yield)** 이자를 지급하는 채권에 있어 가격 대비 이자지급액의 비율

**현재할인가치(present discounted value)** '기대현재할인가치' 참조

**협상력(bargaining power)** 협상이나 쟁의에 있어 대응하는 능력

**화폐 중립성(neutrality of money)** 명목통화의 증가는 산출

이나 이자율에 아무런 영향을 못 미치고 오로지 물가 수준의 비례적 상승만을 유발한다는 명제

**화폐 환상(money illusion)** 사람들이 명목 변화와 실질 변화를 평가하는 데 있어 체계적인 실수를 한다는 명제

**확장적 공개시장운영(expansionary open market operation)** 중앙은행이 통화공급을 증가시키기 위해 채권을 매입하는 공개시장운영

**회귀(regression)** 통상최소자승의 결과물. 변수 간의 추정된 관계를 나타내는 방정식과 적합한 정도 그리고 각 변수의 상대적 중요성에 관한 정보를 제공함

**회귀선(regression line)** 통상최소자승을 이용해 얻은 방정식에 대응해 가장 높은 적합도를 보이는 직선

**회랑 시스템(corridor system)** 중앙은행이 2개의 이자율을 설정하는 통화제도. 중앙은행이 은행들에 대출하는 이자율을 설정하고 이보다 낮게 은행들이 중앙은행에 대출하는 이자율이 설정됨

**회사채(corporate bond)** 회사가 발행하는 채권

**효율성 단위로 측정한 노동(labor in efficiency unit)** '유효노동' 참조

**효율성 임금 이론(efficiency wage theory)** 임금인상은 근로자의 참여 증대와 생산성 향상을 가져올 수 있다는 주장

**후순위 증권(junior security)** 지급불능 시 선순위 증권의 상환 이후에 상환이 이루어지는 증권

**Basel II, Basel III** 은행 부문에 대한 규제를 권고하는 국제협정

**GDP 디플레이터(GDP deflator)** 명목 GDP/실질 GDP. 특정 국가에서 생산된 최종재의 평균가격, 즉 전체 물가수준의 측정치

**G20** 세계 산출의 85%를 차지하는 20개 국가 그룹으로, 글로벌 금융위기 시에 정기적으로 모임을 갖고 경제 정책의 조정을 위한 포럼으로 역할

**IS 곡선(IS curve)** 산출과 이자율 간의 관계를 보여주는 우하향 곡선. 재화시장의 균형조건인 IS 관계에 대응하는 곡선

**IS 관계(IS relation)** 재화에 대한 수요와 재화의 공급이 일치할 것을 요구하는 균형조건. 또는 투자와 저축이 일치할 것을 요구하는 균형조건. 재화시장의 균형조건

**J-곡선(J-curve)** 실질환율의 절하로 인해 무역수지가 초기에는 감소하지만 시간이 지남에 따라 증가하는 현상을 나타내는 곡선

**LM 곡선(LM curve)** 이자율과 산출의 관계를 보여주는 우상향 곡선. 금융시장의 균형조건을 나타내는 LM 관계에 대응하는 곡선

**LM 관계(LM relation)** 화폐에 대한 수요가 화폐 공급과 일치하는 균형조건. 금융시장에 대한 균형 조건

**M1(통화)** 현금, 여행자수표, 요구불예금의 합으로 거래에 즉시 사용할 수 있는 자산

**M2(총통화)** M1에 MMF 및 저축성예금을 더한 값. 광의의 통화

**M3(총유동성)** 연준이 추계하는 통화지표

***n*년 수익률(*n*-year interest rate)** '만기수익률' 참조

**PAYGO 규칙(PAYGO rule)** 신설되는 지출 항목은 새로운 수입원으로부터 조달해야 하는 예산 규칙

**QE1, QE2, QE3, QE4** '금융위기 당시 미국의 비전통적 통화 정책의 첫 번째, 두 번째, 세 번째, 네 번째 사례

**$\bar{R}^2$** 회귀방정식의 적합도로 0과 1 사이의 값을 가짐. 0의 값을 갖는 경우 변수들 간에 뚜렷한 관계가 없다는 것이며 1인 경우 관계가 극단적으로 분명하다는 것을 말함

***t* 통계량(*t*-statistic)** 회귀방정식의 추정계수와 관련하여 실제 계수값이 0과 다를 것이라고 신뢰할 수 있는 정도를 나타내는 통계량

**VIX** 변동성 지수. 주식시장 변동성에 대한 지수

**1인당 산출량(output per person)** 한 나라의 GDP를 그 인구수로 나눈 값

**1인당 실질 GDP(real GDP per person)** 실질 GDP를 인구수로 나눈 값

**2012년 연쇄 GDP[GDP in chained (2012)dollars]** '실질 GDP' 참조

# 이 책에서 사용된 기호

| 기호 | 정의 | 해당 장 |
|---|---|---|
| $(\ )^d$ | 상첨자 $d$는 수요를 의미 | |
| $(\ )^e$ | 하첨자 $e$는 기대를 의미 | |
| $A$ | 총민간지출 | 16 |
| | 또는 노동생산성/기술 수준 | 7, 12 |
| $\alpha$ | 실업의 인플레이션율에 대한 파급 효과의 크기 | 8 |
| $B$ | 정부채권 | 22 |
| $C$ | 소비 | 3 |
| $CU$ | 현금 | 4 |
| $c$ | 현금으로 보유한 통화의 비율 | 4 |
| $c_0$ | 처분가능소득이 0과 같을 때의 소비 | 3 |
| $c_1$ | 소비성향 | 3 |
| $D$ | 요구불예금 | 4 |
| | 또는 주식에 대한 실질배당 | 14 |
| $\$D$ | 주식에 대한 명목배당 | 14 |
| $\delta$ | 감가상각률 | 11 |
| $E$ | 명목환율(국내통화로 표시한 외국통화의 가격) | 17 |
| $\bar{E}$ | 고정 명목환율 | 19 |
| $E^e$ | 기대되는 미래의 환율 | 17 |
| $\varepsilon$ | 실질환율 | 17 |
| $G$ | 정부지출 | 3 |
| $g_A$ | 기술진보율 | 12 |
| $g_K$ | 자본 증가율 | 12 |
| $g_N$ | 인구증가율 | 12 |
| $g, g_y$ | 산출 증가율 | 8 |
| $H$ | 본원통화/중앙은행 통화/고성능 화폐 | 4 |
| | 또는 인적자산 | 11 |
| $I$ | 고정투자 | 3 |
| $IM$ | 수입 | 3 |
| $i$ | 명목이자율 | 4 |
| $i_1$ | 1년 명목이자율 | 14 |
| $i_2$ | 2년 명목이자율 | 14 |
| $i^*$ | 외국의 명목이자율 또는 중앙은행의 목표금리 | 17 |
| $K$ | 자본스톡 | 10 |
| $L$ | 경제활동인구 | 2 |
| $M$ | 통화량(명목) | 4 |
| $M^d$ | 통화수요(명목) | 4 |
| $M^S$ | 통화공급(명목) | 4 |
| $m$ | 임금 대비 가격의 마크업 | 7 |
| $N$ | 고용 | 2 |
| $N_n$ | 자연고용 수준 | 9 |
| $NI$ | 국외로부터의 순소득지급 | 17 |
| $NX$ | 순수출 | 18 |
| $P$ | GDP 디플레이터/CPI/물가 | 2 |
| $P^*$ | 외국 물가 | 17 |
| $\pi$ | 인플레이션 | 2 |
| $\Pi$ | 자본 한 당위당 이윤 | 15 |
| $Q$ | 실질주가 | 14 |
| $\$Q$ | 명목주가 | 14 |
| $R$ | 지급준비금 | 4 |
| $r$ | 실질이자율 | 6 |
| $S$ | 민간저축 | 3 |
| $s$ | 민간저축률 | 11 |
| $T$ | 순조세(세금-이전지출) | 3 |
| $Tr$ | 정부이전지출 | 22 |
| $\theta$ | 지급준비율 | 4 |
| $U$ | 실업 | 2 |
| $u$ | 실업률 | 2 |
| $U_n$ | 자연실업률 | 7 |
| $V$ | 실질지급 흐름의 현재가치 | 14 |
| $\$V$ | 명목지급 흐름의 현재가치 | 14 |
| $W$ | 명목임금 | 7 |
| $Y$ | 실질 GDP/산출/생산 | 2 |
| $\$Y$ | 명목 GDP | 2 |
| $Y_D$ | 처분가능소득 | 3 |
| $Y_L$ | 노동소득 | 15 |
| $Y_n$ | 잠재산출 | 9 |
| $Y^*$ | 외국산출 | 18 |
| $X$ | 수출 | 3 |
| $Z$ | 재화에 대한 수요 | 3 |
| $z$ | 임금에 영향을 미치는 실업률 이외의 요인 | 7 |
| | 또는 실질지급액 | 14 |
| $\$z$ | 명목지급액 | 14 |

# 찾아보기